国家哲学社会科学成果文库

NATIONAL ACHIEVEMENTS LIBRARY
OF PHILOSOPHY AND SOCIAL SCIENCES

中国近代民族复兴思潮研究（上）
——以抗战时期知识界为中心

郑大华 著

中国社会科学出版社

郑大华 1990年北京师范大学毕业，获历史学博士学位。现任湖南省政府参事，首批"芙蓉学者"，湖南师范大学特聘教授；中国社会科学院近代史所研究员，中国近代思想研究中心主任，研究生院教授；并任国内外多所大学和科研机构的兼职教授、兼职研究员和国际学术顾问，享受国务院特殊津贴专家。

从事中国近代思想文化史研究，主持国家社科基金青年课题、一般课题、特别委托课题、重点课题，中国社会科学院重大招标课题和重大、重点课题，国家民委重大委托课题、重大课题以及湖南省重大委托课题15项，出版著作16种，译著5种（含合译），整理资料9种13册，发表学术论文170多篇，获部省级优秀成果特别奖2项，一等奖3项，二等奖3项，著作入选《国家哲学社会科学成果文库》《中国社会科学院文库》和《湖南省哲学社会科学成果文库》。

《国家哲学社会科学成果文库》
出版说明

  为充分发挥哲学社会科学研究优秀成果和优秀人才的示范带动作用，促进我国哲学社会科学繁荣发展，全国哲学社会科学规划领导小组决定自 2010 年始，设立《国家哲学社会科学成果文库》，每年评审一次。入选成果经过了同行专家严格评审，代表当前相关领域学术研究的前沿水平，体现我国哲学社会科学界的学术创造力，按照"统一标识、统一封面、统一版式、统一标准"的总体要求组织出版。

全国哲学社会科学规划办公室
2011 年 3 月

目　　录

（上）

绪论 ………………………………………………………………（1）
一　学术史回顾 …………………………………………………（2）
二　本课题研究的主要问题及章节结构 ………………………（21）
三　几个关键词的说明 …………………………………………（22）

第一章　民族复兴思潮的历史考察 ……………………………（27）
一　19世纪末20世纪初：民族复兴思想的萌发 ………………（27）
　　（一）孙中山的"振兴中华"口号 ……………………………（31）
　　（二）梁启超的"少年中国"梦想 ……………………………（64）
　　（三）国粹派的"古学复兴"主张 ……………………………（85）
二　五四时期：民族复兴思想的发展 ……………………………（98）
　　（一）李大钊的"青春中华之创造"和"中华民族
　　　　　之复活"的思想 …………………………………………（99）
　　（二）孙中山的"大中华民族"和"要恢复民族
　　　　　地位"必先"恢复民族精神"的思想 …………………（116）
　　（三）"东方文化派"复兴东方文化的思想 ………………（142）
三　"九一八"后：民族复兴思潮的形成 ………………………（160）
　　（一）民族危机与民族复兴思潮的形成 ……………………（160）
　　（二）费希特民族复兴思想的系统传入及其影响 …………（166）

（三）蒋介石及国民党人对民族复兴思潮形成的推动 …………（182）
　　　（四）知识界关于民族复兴问题的讨论 ………………………（196）
　四　"七七"后：民族复兴思潮的高涨 ………………………………（212）
　　　（一）"抗战建国"与民族复兴 …………………………………（213）
　　　（二）"民族复兴节"的设立和纪念 ……………………………（228）
　　　（三）中国共产党有限度地使用"民族复兴"的话语 …………（243）

第二章　民主政治与民族复兴 …………………………………………（250）
　一　为什么要实行民主政治 …………………………………………（250）
　　　（一）实行民主政治有利于救亡图存 …………………………（250）
　　　（二）实行民主政治有利于国家统一 …………………………（262）
　　　（三）实行民主政治有利于国家认同 …………………………（275）
　　　（四）实行民主政治有利于民族复兴 …………………………（283）
　二　中国政治发展的取向：民主还是独裁 …………………………（291）
　　　（一）民主政治与独裁政治的价值比较 ………………………（293）
　　　（二）民主政治与独裁政治的现状分析 ………………………（300）
　　　（三）中国的政治出路是民主还是专制或独裁 ………………（306）
　　　（四）国难中自由主义知识分子的选择 ………………………（318）
　三　宪政运动的兴起与宪法的制定 …………………………………（322）
　　　（一）"九一八"后的宪政运动 …………………………………（322）
　　　（二）"五五宪草"的制定及其批评 ……………………………（340）
　　　（三）"七七"后的两次宪政运动 ………………………………（362）
　　　（四）战后围绕制定宪法的斗争 ………………………………（385）

第三章　发展经济与民族复兴 …………………………………………（398）
　一　民族复兴必须发展经济 …………………………………………（398）
　　　（一）中国经济的落后状况 ……………………………………（399）
　　　（二）经济落后的原因分析 ……………………………………（418）
　　　（三）发展经济的重要意义 ……………………………………（437）
　　　（四）发展经济的对策和建议 …………………………………（445）

二　发展经济的道路选择 …………………………………… (458)
　　（一）"以农立国"论的由来 ………………………………… (458)
　　（二）批评"以农立国"论 …………………………………… (464)
　　（三）反驳"以工立国"论 …………………………………… (468)
　　（四）其他主张的提出及争论 ……………………………… (471)
三　发展经济的制度选择 …………………………………… (481)
　　（一）"九一八"后"苏俄热"的兴起 ………………………… (482)
　　（二）知识界的社会主义思潮 ……………………………… (488)
　　（三）社会主义还是资本主义 ……………………………… (494)
　　（四）计划经济还是自由经济 ……………………………… (501)

（下）

第四章　学术研究与民族复兴 …………………………………… (509)
一　学术研究于民族复兴的重要意义 ……………………… (509)
　　（一）学术创作是民族复兴之基础 ………………………… (509)
　　（二）"抗战建国"与"学术建国" …………………………… (521)
二　从"整理国故"到"国故整理" …………………………… (535)
　　（一）"整理国故"以及学术界的反思 ……………………… (536)
　　（二）"九一八"后的"国故整理" …………………………… (546)
　　（三）"七七"后的"国故整理" ……………………………… (573)
三　"学术中国化"和"文艺的民族形式" …………………… (622)
　　（一）"学术中国化"的提出 ………………………………… (623)
　　（二）"学术中国化"的成果 ………………………………… (636)
　　（三）"学术中国化"的评价 ………………………………… (647)
　　（四）"文艺的民族形式"及其讨论 ………………………… (654)

第五章　民族文化与民族复兴 …………………………………… (690)
一　复兴民族文化的必要与可能 …………………………… (690)

（一）复兴民族文化以实现民族复兴 …………………………（690）
　　（二）中国文化在世界文化史上占有重要地位 ………………（702）
　　（三）中国文化自身具有复兴的质素和能力 …………………（715）
　　（四）西方文化的"没落"与中国文化复兴 …………………（726）
　二　如何实现民族文化的复兴 ……………………………………（730）
　　（一）树立民族的自尊心和自信心 ……………………………（730）
　　（二）认同和大力弘扬民族精神 ………………………………（748）
　　（三）正确认识和处理好中西文化关系 ………………………（761）
　　（四）民族文化复兴的道路选择 ………………………………（782）
　三　现代新儒家复兴民族文化的努力 ……………………………（788）
　　（一）批判西化思潮和历史虚无主义 …………………………（789）
　　（二）阐释中国文化的特殊性 …………………………………（798）
　　（三）探索中国文化复兴的道路 ………………………………（807）
　　（四）儒家思想的新开展 ………………………………………（813）

结语　中国近代民族复兴思潮留给我们的启迪 …………………（822）
　一　民族复兴不是汉族或某个少数民族的复兴，而是包括
　　　汉族和所有少数民族在内的整个中华民族的复兴 …………（822）
　二　民族复兴不是复古，而是中华民族的浴火新生或再生 ……（838）
　三　民族复兴是一个系统工程，不能片面强调某一方面，
　　　更不能将民族复兴等同于文化复兴 …………………………（844）
　四　要实现民族复兴，就必须调动一切积极因素，实现
　　　全国的大联合、大团结 ………………………………………（848）

附录一　本书主要参考文献 ………………………………………（867）
附录二　民族复兴文章目录（1931—1945） ……………………（889）
人名索引 ……………………………………………………………（977）
书成后记 ……………………………………………………………（988）

Contents

(Vol. I)

Introduction ··· (1)
  I   The Review of the Academic History ···························· (2)
  II The Main Questions of the Research and the Chapter Structure ······ (21)
  III The Definition of Several Key Words ···························· (22)

Chapter One The Historical Investigation of the Ideological Trend of Chinese National Rejuvenation ························ (27)
  I   From the End of 19th Century to Early 20th Century: the Germination of the Idea of Chinese National Rejuvenation ············ (27)
  II The May 4th Movement Period: the Development of the Idea of Chinese National Rejuvenation ································ (98)
  III After the September 18th Incident: the Making of the Ideological Trend of Chinese National Rejuvenation ···························· (160)
  IV After the July 7th Incident: the Upsurge of the Ideological Trend of Chinese National Rejuvenation ································ (212)

Chapter Two Democratic Politics and Chinese National Rejuvenation ··· (250)
  I   Why Should China Implement Democratic Politics ··············· (250)

Ⅱ The Rise and Fall of National Rejuvenation as a School of Thought in Modern China

  Ⅱ The Direction of Chinese Political Development: Democracy or Dictatorship ··· (291)
  Ⅲ The Rise of Constitutionalism Movement and the Establishment of the Constitution ··· (322)

Chapter Three Economic Development and Chinese National Rejuvenation ··· (398)
  Ⅰ Chinese National Rejuvenation Depends on Economic Development ··· (398)
  Ⅱ The Choice of Economic Development Path ····················· (458)
  Ⅲ The Choice of Economic Development System ··················· (481)

(Vol. Ⅱ)

Chapter Four Academic Research and Chinese National Rejuvenation ··· (509)
  Ⅰ The Importance of Academic Research in Chinese National Rejuvenation ··· (509)
  Ⅱ From "Reorganizing the National Heritage" to "Rearranging the National Heritage" ··· (535)
  Ⅲ "Sinicization of Academic Studies" and "the National Style of Literature and Art" ··· (622)

Chapter Five National Culture and Chinese National Rejuvenation ··· (690)
  Ⅰ The Necessity and Possibility of the Rejuvenation of Chinese National Culture ··· (690)
  Ⅱ How to Achieve the Rejuvenation of Chinese National Culture ······ (730)

Ⅲ　The Efforts of Modern New Confucianism on the Rejuvenation of
　　Chinese National Culture ·· (788)

**Conclusion　The Enlightenment Given by the Ideological Trend of
　　　　　　　National Rejuvenation in Modern China** ················· (822)
　Ⅰ　Chinese National Rejuvenation Is Not Rejuvenation of the Han
　　Ethnic or Other Minorities, but the Entire Chinese Nation
　　Including the Han and All Minorities ································ (822)
　Ⅱ　Chinese National Rejuvenation Is Not Back to the Ancients, but
　　the Rebirth or Reproducing of Chinese Nation ····················· (838)
　Ⅲ　Chinese National Rejuvenation Is a Systematic Project, We Should
　　Not Emphasize on One – Sided, nor Equate Chinese National
　　Rejuvenation with the Rejuvenation of National Culture ············ (844)
　Ⅳ　To Achieve Chinese National Rejuvenation, We Must Mobilize All
　　Positive Factors and Achieve the Great Joint and Unity of the Whole
　　Country ··· (848)

Appendix Ⅰ　Main References ·· (867)
**Appendix Ⅱ　Contents of the Articles about Chinese National
　　　　　　　Rejuvenation (1931 – 1945)** ································ (889)
Name Index ·· (977)
Postscript ·· (988)

绪　　论

习近平总书记2012年10月29日在参观"复兴之路"展览时指出："何谓中国梦？我以为实现中华民族的伟大复兴就是中华民族近代最伟大的中国梦，因为这个梦想，它是凝聚和寄托了几代中国人的这样的一种宿愿，它体现了中华民族和中国人民的整体利益，它是每一个中华儿女的一种共同的期盼。"实现中华民族伟大复兴的"中国梦"，既是当代国人的强烈愿望，也是近代以来中华民族孜孜以求、魂牵梦萦的大事。早在19世纪末20世纪初，民族复兴思想即已孕育或萌发，从孙中山的"振兴中华"口号，到梁启超的"少年中国"梦想，再到国粹派的"古学复兴"主张，实际上都包含有民族复兴的思想内容。到了五四时期，民族复兴思想有了进一步发展，李大钊提出了"青春中华之创造"和"中华民族之复活"的思想，孙中山提出了"大中华民族"的"国族主义"和"要恢复民族的地位，便要首先恢复民族的精神"的思想，梁漱溟、梁启超等"东方文化派"提出了复兴东方文化的思想，王光祈在《少年中国运动》一书的序言中，提出了"中华民族复兴运动"的思想。特别是孙中山"要恢复民族的地位，便要首先恢复民族的精神"的思想的提出，是对民族复兴思想的重大发展。九一八事变发生后，由于民族危机的空前严重，中华民族不当亡国奴则必须复兴的思想在社会各界迅速扩散，特别是当时的知识界，纷纷从政治、经济、学术、文化等各方面探讨民族复兴的路径，提出各自的主张，因而很快形成一种具有广泛社会影响力的民族复兴思潮。七七事变，是中华民族全面抗战的开始，同时，亡国灭种的现实危险也进一步推动了民族复兴思潮的高涨。但遗憾的是，由于种种原因，长期以来学术界缺乏对中国近代民族复兴思潮的研究，迄今为止，不仅没有出版一部研究中国近代民族复兴思潮的专著，就是公开发表的专题论文数量也非常有限。因此，本课题既有重要的学术价值，也有很强的现实意义,鉴古知今,研究中国近代民族复兴思潮,能为我们实现中华民族伟大复兴的"中国梦"提供有益的历史借鉴。

一 学术史回顾

如前所述,长期以来学术界缺乏对民族复兴思潮的研究,甚至很少提到"民族复兴思潮"一词,就是吴雁南主编的《中国近代社会思潮》这样一部皇皇数百万字的四卷本"思潮大全",其中也只有"抗日救亡思潮""文化复兴思潮"的论述,而没有"民族复兴思潮"的内容。当然,个别学者在研究近代民族主义时,也顺带涉及"民族复兴"问题。比如,陈廷湘的《论抗战时期的民族主义思想》一文,考察了国民党当权派、文化保守主义者与战国策派的战时民族主义思想,认为各派民族主义的思想形态亦大体同旨,都有通过复兴民族文化以加强民族自信心、实现民族复兴的明确意向。文中虽然提及"蒋介石的民族复兴论"与各派实现民族复兴的宗旨,但是着笔较少,其主题仍是民族主义。[①] 曹跃明的《中国现代史上的三大思潮与民族主义运动》,主旨在于分析自由主义、保守主义、马克思主义与民族主义运动,只是在论述自由主义时提及中国自由主义者"对个人自由与个人主义的宣传都只有一个目的,即民族的复兴"。[②] 另外,个别学者在相关人物思想的研究中也提及"民族复兴"或"中华文化复兴"。如郑大华的《张君劢学术思想评传》一书认为,张君劢在30年代的诸多言论都是围绕民族复兴展开的。[③] 吴雁南的《孙中山与20世纪中华文化复兴思潮》一文指出,孙中山在19世纪末至20世纪20年代提出对传统文化要"翻陈出新",主张融合中西,"创获"一种民族的、民主的、为人民为社会服务的、科学的、文明的新文化,科学地将文化的民族性和时代性结合起来,成为中华文化复兴思潮中的一面旗帜。[④]

真正从思想史角度研究中国近代民族复兴思想或思潮始于2006年。这

[①] 参见陈廷湘《论抗战时期的民族主义思想》,《抗日战争研究》1996年第3期。
[②] 参见曹跃明《中国现代史上的三大思潮与民族主义运动》,《天津社会科学》1992年第1期。
[③] 参见郑大华《张君劢学术思想评传》,北京图书馆出版社1999年版。
[④] 参见吴雁南《孙中山与20世纪中华文化复兴思潮》,《贵州师范大学学报》2001年第1期。

一年发表了两篇对后来研究产生过较大影响的学术论文：一是郑大华发表在《学术月刊》第4期上的《"九一八"后的民族复兴思潮》，该文是作者向2005年8月在北京召开的"纪念中国人民抗日战争暨世界反法西斯战争胜利60周年学术研讨会"提交的参会论文；一是黄兴涛、王峰发表在《中国人民大学学报》第3期上的《民国时期"中华民族复兴"观念之历史考察》。此后，尤其是中共十八大后习近平提出"中国梦"以后，近代史学界研究中国近代民族复兴思想或思潮的成果逐渐增多，《近代史研究》2014年第4期还专门编发了一组"中国近代民族复兴思潮"笔谈，刊出郑大华、金冲及、罗志田、黄兴涛、郑师渠、郭双林、俞祖华、王先明、荣维木等人撰写的9篇文章。这年的10月18日至20日，中国社会科学院中国近代思想研究中心与西北大学合作，在西安共同主办了以"中国近代民族复兴思想和实践"为主题的"第五届中国近代思想史国际学术研讨会"，来自海内外的70余位专家学者出席会议。会后一大批参会文章相继刊出，极大地推动了中国近代民族复兴思想或思潮的研究。概而言之，截至2014年底，发表或出版的有关民族复兴的成果（不包括未公开发表或出版的博士、硕士学位论文）主要涉及以下一些内容。

第一，"中华民族"之观念的形成研究。我们要研究"民族复兴"，首先必须研究作为"民族复兴"之主体的"中华民族"这一观念是怎样形成的，换言之，研究"中华民族"观念的形成，是研究"民族复兴"的基础或前提。实际上，中华民族观念的形成过程，同时也是近代中国民族复兴思潮的形成过程。因为，中华民族形成虽然很早，但民族的自我意识十分淡薄，借用费孝通先生的话说，古代的中华民族是一个"自在"的民族实体，而不是一个"自觉"的民族实体。中华民族的自我意识是在1840年的鸦片战争后，尤其是1895年的甲午战争后，随着中华民族危机的日益加深而逐渐形成的。近代史学界最早对"中华民族"观念之形成开展研究的是中国人民大学的黄兴涛教授，2002年，他在香港《中国社会科学评论》创刊号上发表长篇论文《民族自觉与符号认同："中华民族"观念的萌生与确立的历史考察》，以"中华民族"一词的出现、内涵的演变及其传播为线索，对清末民国时期"中华民族"观念的萌芽、形成、变异和认同的重要历史过程，首次展开了全面深入的自觉探索，对各个时期体现或影响这一观念的关键因素，如体制、政策、代表性人物的思想与著述活动等，进行了较为系统、简明的梳理和分析，进而结合对"民族"概念的认知，深入讨论了此一认同过程的历史特点与性质问题，并对有关的学界见解予以回应，阐发了不少独到的看法。该文对"中华民族"观念的形成研究做出了重要贡献。此后，他又有《现代"中华民族"观念的最初形成——兼论辛亥革命与中华民族认同之关系》（《浙江社会科学》2002 年第 1 期）、《清末民国时期"中华民族"观念认同性质论》（《北京档案史料》2004 年第 2 期）等文发表。

近年来，郑大华在黄兴涛研究的基础上，结合研究中国近代民族复兴思潮，对"中华民族"之观念的形成做了进一步的研究。2013 年他在《民族研究》第 3 期发表《中国近代民族主义与中华民族自我意识的觉醒》一文，认为"中华民族"这一表示中国境内各民族是统一的民族共同体之观念从提出到确立，再到被各族人民普遍认同，与中国近代民族主义的兴起、发展和高涨有着非常密切的关系。具体来说，清末民初是中国近代民族主义的兴起阶段，也是"中华民族"观念的提出和使用阶段，最早提出和使用这一观念的便是最早引进和介绍西方民族主义的梁启超。1902 年，梁启超在《论中国学术思想变迁之大势》一文中首先使用"中华民族"一词。在清末使用"中华民族"一词的还有杨度（《金铁主义说》，1907 年）和章太炎（《中华民国解》，1907 年）。中华民国的成立，尤其是孙中山在《临时大总统就职宣言书》和《中华民国临时约法》中提出的"五族共和""五族平等"的建国主张，对"中华民族"自我意识的形成起了极大的促进作用。五四前后是中国近代民族主义的发展阶段，受第一次世界大战后民族解放运动和民族自决理论的影响，这一时期民族主义的理论构建是民族自决，在民族自决理论的推动下，"中华民族"这一表示中国境内各民族是统一的民族共同体之观念开始为越来越多的人所接受和采用，当时活跃于中国政治和思想舞台上的三大政治力量或政治派别，即以孙中山为代表的国民党人、以李大钊为代表的早期共产主义者和以梁启超为代表的研究系知识分子，对接受和使用"中华民族"都有一定的自觉性。九一八事变后，尤其是华北事变和七七事变后，日益加重的民族危机促进了中国近代民族主义的高涨，民族主义的高涨又进一步推动了"中华民族"这一表示中国境内各民族是统一的民族共同体之观念的接受和流行，人们常说，抗日战争的胜利是中华民族复兴的枢纽，奠定这一枢纽的基础则是全国各族人民对"中华民族"之观念的普遍认同。[①] 2014 年，郑大华又在《民族研究》第 2 期上发表《论晚年孙中山"中华民族"观的演变及影响》一文，指出晚年（1919 年后）孙中山的"中华民族"观有一个演变的过程：1919 年到 1922 年，他的"中华民族"观是一种以同化为基础的一元一体的"中华民族"观，就实质而言，这是一种大汉族主义的民族观；1923 年到他病逝，他的"中华民族"观是一种以平等为基础的多元一体的"中华民族"观，既承认"中华民族"是中国的"国族"，但同时又不否认境内各民族的存在，主张在平等的基础上实现各民族的融合。孙中山逝世后，国民党和蒋介石继承和发展了他的以同化为基础的一元一体的"中华民族"观，认为中国只有一个中华民族，其他民族只能称之为"宗族"；而共产党和毛泽东则继承和发展了他的以平等为基础的多元一体的"中华民族"观，承认中国是一个多民族的国家，中华民族是各民族的共同称谓，中华民族内部各民族不论大小一律平等。[②] 同年，郑大华还在《史学月刊》第 2 期、《近代史研究》第 4 期上分别发表了《民主革命时期中共的"中华民族"观念》《"中华民族"自我意识的形成》两文。前一文认为，新民主主义革命时期，中国共产党的"中华民族"观念经历过从汉族的代称到汉族与汉化民族的统称再到中国境内各民族的共同称谓的演变。从 1922 年 7 月第一次使用"中华民族"到抗日战争全面爆发之前，中国共产党所讲的"中华民族"在多数情况下指的是"汉族"。从抗日战争全面爆发到 1938 年 8 月中国共产党六届六中全会召开之前，中国共产党所讲的"中华民族"是汉族与汉化民族的统称，其代表作是杨松的《论民族》一文。1938 年 9 月召开的中国共产党六届六中全会，在党的"中华民族"观念的演变和民族政策的形成中具有十分重要的意义，而 1939 年 12 月毛泽东在《中国革命与中国共产党》一文中对中华民族的论述，则标志着中国共产党的"中华民族"观念的最终形成。[③] 后一文进一步考察了"中华民族"观念从提出到形成的历史过程，认为在清末，不仅只有梁启

[①] 参见郑大华《中国近代民族主义与中华民族自我意识的觉醒》，《民族研究》2013 年第 3 期。
[②] 参见郑大华《论晚年孙中山"中华民族"观的演变及影响》，《民族研究》2014 年第 2 期。
[③] 参见郑大华《民主革命时期中共的"中华民族"观念》，《史学月刊》2014 年第 2 期。

超、杨度或章太炎使用过"中华民族",而且他们主要是在"汉族"的含义上使用"中华民族"的。民国初年到"五四"前后,尽管有越来越多的人开始认同和使用"中华民族",但第一,"中华民族"观念还没有为全国各族人民所普遍认同和使用,当时还有一些人认同和使用的是"中国民族""吾民族""全民族"等;第二,在认同和使用者中,包括以孙中山为代表的国民党人、以李大钊为代表的早期共产主义者和以梁启超为代表的研究系知识分子,也往往是在"汉族"的含义上接受和使用"中华民族"观念的。"中华民族"观念为全国各民族人民普遍认同并成为中国境内各民族之共同称谓,是在九一八事变之后,尤其是华北事变和七七事变之后。其原因在于:首先,日本帝国主义是把中国作为一个整体来侵略的,他们在屠杀、烧抢、掠夺中国人民的时候,并没有什么汉族、满族、蒙古族、藏族、回族、苗族等民族的区分,这在客观上教育了中国各族人民,增强了他们不分你我的"中华民族"的认同感。其次,国共两党对于"中华民族"的认同和宣传,尤其是抗日民族统一战线的建立和全民族抗战局面的形成,对于增强各族人民对中华民族整体的认同感起了非常重要的作用。最后,"九一八"后兴起的中华民族复兴思潮,对于增强各民族对中华民族整体的认同感同样起了重要的作用。[①]

第二,"民族复兴"之观念的形成研究。黄兴涛、王峰的《民国时期"中华民族复兴"观念之历史考察》一文认为,"民族复兴"观念的萌芽状态至少可以追溯到孙中山先生等在清末时所喊出的"振兴中华"口号,但作为一种带有现代民族意识,并以全民族整体作为思考对象的影响广泛的社会强势话语和时代思潮,那种明确以"中华民族复兴"为表述符号的观念形态和有关话语的正式而大量地出现,还是在国民党形式上统一全国之后,尤其是1931年"九一八"后。该观念一旦形成,随即流行于整个20世纪三四十年代。其中,国社党、国民党等对这一观念和话语的流播,起到了某种倡导作用,而日本帝国主义入侵的刺激,则成为其直接的动因。在讨论"民族复兴"一词的源流时,该文强调指出,李大钊,这位后来成为中国共产党创始人的先驱者,也是"中华民族复兴"理念最早自觉的导引人之一。

---

① 参见郑大华《"中华民族"自我意识的形成》,《近代史研究》2014年第4期。

1917年初，他曾作《新中华民族主义》和《大亚细亚主义》两文，不仅自觉"揭新中华民族之赤帜"，且声言谈大亚细亚主义者，"当以中华国家之再造，中华民族之复活为绝大关键"。这里的"复活"与"复兴"用词略异，意思并无大的差别。① 张可荣认为"中华民族复兴"观念的演进轨迹大致可分为近代和现当代两个阶段，近代的"中华民族复兴"观念是现当代中华民族复兴思想的直接源头。② 而就近代的"中华民族复兴"观念而言，它滥觞与萌生于19世纪末20世纪初，是革命派、立宪派和国粹派的共同心声；其雏形于五四时期，出现了以李大钊为代表的早期马克思主义者和以孙中山、梁漱溟等文化保守主义者较为系统的"民族复兴"思想主张；普遍流行于"九一八"后的抗日战争时期。③ 郑大华在《近代"中华民族复兴"之观念形成的历史考察》一文中指出，实现中华民族的伟大复兴是近代以来中国人民矢志不渝的愿望和追求，但"中华民族复兴"之观念的形成则有一个历史的发展过程。19世纪末，孙中山提出"振兴中华"口号，这是"中华民族复兴"之观念的最初表达；20世纪初，梁启超提出"中华民族"一词，这对"中华民族复兴"之观念的形成起了重要的推动作用；五四前后，李大钊提出"中华民族之复活"思想，这是"中华民族复兴"之观念基本形成的重要标志；到了"九一八"后，"中华民族复兴"之观念最终形成并成为具有广泛影响力的社会思潮，推动"中华民族复兴"之观念形成的根本原因是日益严重的民族危机，促进了中华民族的觉醒。④ 俞祖华、赵慧峰的《"中华民族复兴"观念源流考》《近代中华民族复兴观念的生成及其衍化》等文也认为，"中华民族复兴"观念的提出与形成和近代以后中华民族危机的加深与民族意识的觉醒密切相关，在文字表述上经历了从"民族复兴"到"中华民族复兴"再到"中华民族伟大复兴"的不断丰富过程，其源头可追溯到1894年孙中山提出的"振兴中华"口号，五四时期基本成

---

① 黄兴涛、王峰：《民国时期"中华民族复兴"观念之历史考察》，《中国人民大学学报》2006年第3期。
② 参见张可荣《民族复兴中国梦的生长历程》，《长沙理工大学学报》2013年第5期。
③ 参见张可荣《近代"中华民族复兴"观念形成的历史考察》，《长沙理工大学学报》2010年第5期。
④ 参见郑大华《近代"中华民族复兴"之观念形成的历史考察》，《教学与研究》2014年第4期。

型并出现了"民族复兴"一词,"九一八"后民族复兴观念迅速定型并很快流衍为一种广为传播、影响力广泛的社会思潮,抗日战争时期趋于深化、高涨,学界与政界对中华民族复兴的内涵包括恢复民族独立、恢复民族地位、恢复民族朝气、恢复民族文化、恢复民族精神等,进行了广泛的探索,并对复兴之路从文化上、政治上作了不同的设计,到新中国成立前后,毛泽东从不同角度论述了中华民族的复兴问题。① 俞祖华还专文探讨了近代中日关系对于中华民族复兴观念的生成和发展的影响,他指出中日关系史上的1894年、1915年、1931年、1937年、1945年是民族复兴观念形成与发展的重要时间节点。中华民族的觉醒、中华民族复兴观念的萌生,是从中国在1894—1895年的甲午战争中失败后开始的。1915年1月18日,日本帝国主义提出了灭亡中国的"二十一条",紧接着又抢夺德国在山东的侵华权益,使民族危机继续加深,刺激了民族复兴话语的进一步发酵,中华民族复兴观念初具雏形。1931年九一八事变把中华民族推到了灾难的深渊,推到了生死存亡的危急关头。巨大的国耻再度强烈地刺激着濒临厄运的中华民族,民族复兴思潮蓬勃兴起。1937年七七事变的发生,使"中华民族到了最危险的时候"。在生死存亡之际,中华民族空前觉醒,民族复兴思潮持续发展并不断深化、不断高涨,成为支持全民族抗战的强大精神力量。1945年抗日战争的胜利,中华民族实现了从向下沉沦到走向复兴的伟大转折。② 黄兴涛的《民国各政党与中华民族复兴论》一文特别强调了1924年在"中华民族复兴"思想或思潮形成过程中的重要地位,因为:其一,是年1月至3月,孙中山发表"民族主义"演说,提出要"恢复民族地位""发扬民族精神",甚至还使用了"民族复兴"的提法;其二,3月,王光祈在《少年中国运动》一书的序言中公开倡导一种"中华民族复兴运动";其三,几乎同时,此时已是共产党创始人之一的李大钊发表《人种问题》一文,重新阐述其"中华民族复兴"论。黄兴涛认为,上述种种大体可以表明,这时"中华民族复兴"作为一种时代思潮已然初步形成。其中,王光祈的《少年中国运

---

① 参见俞祖华《"中华民族复兴"观念源流考》,《北京日报》2013年12月9日;俞祖华、赵慧峰《近代中华民族复兴观念的生成及其衍化》,《天津社会科学》2014年第3期。

② 参见俞祖华《近代中日关系与中华民族复兴观念及历程》,《河北学刊》2014年第2期。

动》一书序言，堪称近代"中华民族复兴"思潮正式兴起的宣言书，具有标志性的思想文本意义。①

第三，三四十年代的民族复兴思潮研究。尽管学者们对"民族复兴"之观念生成和发展的历程有不同的认识，但几乎都认为，民族复兴成为一种具有广泛影响力的社会思潮则是在九一八事变之后。最先对"九一八"后的民族复兴思潮进行研究的是郑大华。2006年，他发表在《学术月刊》第4期上的《"九一八"后的民族复兴思潮》一文指出，九一八事变引起的民族危机，促进了民族复兴思潮的兴起，当时的许多报刊都刊登过相关文章，有的还发表社评，开辟专栏，就"民族复兴问题"进行讨论，一些以探讨民族复兴为主要内容的书籍也相继出版。人们当时讨论了以下一些主要问题：一是中华民族有无复兴的可能和如何实现复兴；二是民族自信心与民族复兴的关系；三是学术研究如何为民族复兴服务。尽管因知识结构、政治背景以及所擅长的专业不同，人们的认识千差万别，但他们都认为只要发愤图强，中华民族就一定能够实现复兴，而要实现民族复兴，首先就必须树立民族的自尊心和自信心，学术研究必须服务和服从于民族复兴，这在当时的历史背景下，对于帮助广大国民树立战胜日本军国主义的侵略、实现中华民族复兴的信念是有积极作用的。② 2009年，他又在《近代史研究》第6期上发表《"九一八"后费希特民族主义思想的系统传入及影响》一文，进一步探讨了"九一八"后民族复兴思潮形成的原因，认为除了日益严重的民族危机激化了人们的民族认同感和民族责任感，从而为中华民族复兴思潮的形成提供了契机这一主要原因外，"九一八"后费希特在《对德意志国民的演讲》中所阐述的民族主义思想的系统传入及影响也是原因之一。因为正如费希特《对德意志国民的演讲》摘要本的译者张君劢所指出的那样，费希特的《对德意志国民的演讲》阐述了民族主义的三个重要原则：其一，在民族大受惩创之日，必须痛自检讨过失；其二，民族复兴，应以内心改造为重要途径；其三，发扬光大民族在历史上的成绩，以提高民族的自信力。"此三原则者，亦即吾国家今后自救之方策也。"受费希特这一思想的影响，"九一八"后

---

① 参见黄兴涛《民国各政党与中华民族复兴论》，《近代史研究》2014年第4期。
② 参见郑大华《"九一八"后的民族复兴思潮》，《学术月刊》2006年第4期。

的中国思想界也普遍认为，其一，"欲复兴中华民族，必先恢复中国之固有民族精神"；其二，树立民族自信心对于民族复兴有着极其重要的意义；其三，在民族认同的基础上，认真反省中华民族自身存在的问题以及坚信教育救国的效益和功能。郑大华分析了费希特在《对德意志国民的演讲》中所阐述的民族主义思想之所以在"九一八"后能系统传入并产生重要影响的原因：一是费希特提出民族主义思想时的德国处境与20世纪30年代中国的处境十分相似；二是费希特身体力行，在国难时为复兴民族而置生死于度外的精神极大地体现了爱国主义情怀，这与近代中国知识界对于民族主义的爱国主义理解有异曲同工之处；三是近代中国，不仅仅是政治、经济、军事不如人，更让人担忧的是民族意识与民族凝聚力的缺乏，而费希特在《对德意志国民的演讲》中阐发的民族主义思想就是在德国政治、经济、军事各方面都不如人的情况下，通过自我反省、树立民族自信心和实施新式教育来实现民族复兴，因此他的民族主义思想更适合中国的国情，也最能得到中国人的青睐。[①] 张可荣在2010年发表的《费希特〈对德意志民族的演讲〉与"九一八"后的民族复兴思潮》则认为费希特爱国主义思想在"九一八"后民族复兴中传播的原因，一是马克思主义和德国古典哲学在中国传播逐渐深入的反映；二是在日益严重的民族危机面前，费希特爱国主义思想契合了中国学人确立民族复兴之志、探索民族复兴之路、掀起民族复兴思潮的现实需要。[②] 郑大华还发表有《论九一八事变后的文化民族主义》一文，主要对九一八事变后的文化复兴思潮进行了考察，他指出，九一八事变后的文化民族主义的一个重要表现，是对文化复兴问题的探讨。因为文化民族主义的实质是以民族文化为民族和国家认同的核心依据，并期以民族文化的复兴来实现民族和国家的振兴或复兴。所以，"九一八"事变后，随着民族复兴思潮的兴起，学术界就文化复兴与民族复兴的关系以及如何实现文化复兴并通过文化复兴实现民族复兴等问题进行了热烈的讨论。就文化复兴与民族复兴的关系而言，当时人们的一个基本观点，即是认为文化复兴是民族复兴的基础或

---

① 郑大华：《"九一八"后费希特民族主义思想的系统传入及影响》，《近代史研究》2009年第6期。
② 参见张可荣《费希特〈对德意志民族的演讲〉与"九一八"后的民族复兴思潮》，《长沙理工大学学报》2010年第3期。

前提，因此，要实现民族复兴，首先就必须努力于民族文化的复兴。而要实现民族文化的复兴，就必须树立国人对民族和文化的自信心；而要树立国人对民族和文化的自信心，就必须尊重和表彰本国的历史和文化，并对那种否定中国历史和文化的现象提出批评。但人们在尊重和表彰中国的历史和文化的同时，并不认为"吾国文化已臻绝顶，而无求于外人"，相反，强调向西方学习的必要性，借用张君劢的话说："欲复兴中华民族，无论如何，逃不出西方文明的影响。"换言之，要复兴民族和文化，就必须向西方学习。[①]杨兆贵的《"九一八"后的抗战民族复兴思潮》一文认为，"九一八"后的抗战民族复兴思潮的主要内容，一是通过抗战来恢复民族自信，二是探索民族复兴的道路，三是从理论上揭露"攘外安内"政策的谬误。这一思潮产生了强烈的社会效应，在中国近代历史上占有重要的地位。[②] 刘祖辉在考察了"九一八"后民族复兴思潮的尚武倾向后指出，在"九一八"后民族复兴思潮空前高涨的背景下，"提倡优秀传统文化，弘扬民族精神，增强民族凝聚力"，成了当时中国思想界的共识。围绕这一思想，国民政府加强了国民教育，并希望通过"尚武教育"这一途径，促进民族复兴。源于祖先的古老武术，经历了几千年发展已经与中华优秀传统文化中多种"基因"紧紧相连，密不可分。因为其承载的"厚德载物、自强不息"等民族精神品质，在这股复兴思潮中显得尤为耀眼夺目。由此，武术受到知识界、思想界，甚至"党国要人"的高度重视，成为"尚武教育"的主要手段，在社会全面推广开来，从而奠定了武术在民国时期的重要地位。承载着五千年古老传统文明的中华武术，被寄予了民族复兴的厚望而推向历史的前沿，并由此进入了一个辉煌的发展时期。[③]

黄兴涛、王峰在分析民族复兴话语流行于20世纪30—40年代的原因时，重点分析了以张君劢为代表的国社党人和以蒋介石为代表的国民党人的推动作用，在他们看来，尽管张君劢的所谓"民族复兴"主要倾注在学术文化方面，致力于确立所谓"民族复兴的精神基础"，但他的有关努力，对

[①] 郑大华：《论九一八事变后的文化民族主义》，《天津社会科学》2011年第4期。
[②] 参见杨兆贵《"九一八"后的抗战民族复兴思潮》，《井冈山学院学报》2009年第1期。
[③] 刘祖辉：《"九一八事变"后民族复兴时期的尚武倾向研究》，《浙江体育科学》2008年第5期。

于"中华民族复兴"话语在30年代初的整体勃发和延续产生了值得重视的积极影响。与此同时，掌握政权的国民党及其蒋介石政府也自觉而迅速地抓住了"中华民族复兴"这一时代的主题，并竭力将其塑造成带有国家意识形态性质的霸权话语。一方面，以此来抨击共产党及其领导的无产阶级文化运动为"非民族"，攻击其为民族复兴的破坏力量；另一方面，则以之激发民众的抗日情绪，为其自身的抗战建国目标服务。在这场以"中华民族复兴"为主旨的舆论宣传中，以蒋介石为首的国民党大僚们是相当积极的，他们到处演讲，或撰写专论，俨然以"民族复兴"唯一可靠的领导者自居，从而推动了民族复兴话语在30—40年代流行。此外，国民政府1934年及其后所发动的一些全国性的运动，一般也多打着复兴整个大中华民族的旗号。所谓"新生活运动""国民经济建设运动""本位文化建设运动""国民精神总动员运动"等，均无不如此。像"新生活运动"本身就直接自诩为"民族复兴运动"。这些运动对于"中华民族复兴"观念和话语的广泛传播与社会认同，也产生了相当明显的影响。① 魏万磊的《20世纪30年代中国民族复兴话语谱系的形成》一文指出，20世纪30年代"民族复兴"话语的兴起具有特定含义，它与国民党内黄埔系发起的、以力行社为组织核心的民族复兴运动有很大关系。同时，它与农村破产的历史语境又有很大瓜葛。这套话语谱系的内容和所表现出来的各种倾向，可以看作文化民族主义的情感表达，它的出现是自鸦片战争之后中国人民族自卑感的"投射机制"，但与此前相比又有着新的内涵。② 魏万磊的《20世纪30年代"再生派"学人的民族复兴话语》一书是现有研究成果中为数不多的专著之一，此书主要考察了张君劢、张东荪、罗隆基、梁实秋、诸青来等"再生派"学人群体在20世纪30年代的民族复兴话语，展现了30年代中国思想史上一个极为重要的面向，即他们心目中的现代性观念。魏万磊将重心放在该派学人现代性方案的阐发上，认为这一套方案是在民族复兴话语谱系中提出的，所以冠之以"民族复兴话语"，其实质则是他们心目中的现代性方案，具体包括"科学"

---

① 参见黄兴涛、王峰《民国时期"中华民族复兴"观念之历史考察》，《中国人民大学学报》2006年第3期。

② 参见魏万磊《20世纪30年代中国民族复兴话语谱系的形成》，《复旦学报》2010年第2期。

与"民主"的再阐发、国家社会主义（经济之途）、修正民主政治与民治主义（政治之途）、理性的文化民族主义（文化之途）。作者强调其话语实际上是浑然一体、不可分割的，而分经济、政治、文化等三个方面论述只是出于理解习惯的需要。① 另一本研究30年代民族复兴思潮的专著是王毅的《〈再生〉民族复兴思想研究（1932—1937）：兼与〈独立评论〉比较》，该书以《再生》杂志为中心，探讨了从"九一八"到"七七"之间的民族复兴思潮，指出创刊于1932年5月的《再生》明确揭示自己的宗旨是"致中华民族于复生"，张君劢等人从政治、经济、文化、教育等方面，提出了一个系统的民族复兴纲领。同时论著还将《再生》与《独立评论》的救国言论进行一个对比性的考察，探讨了以胡适为代表的无党派学人与以张君劢为代表的组党派学人救国言论的异同，展现了当时30年代民族复兴思想的丰富内涵。② 孙新彭考察了意大利与德意志民族复兴运动及其对20世纪30年代兴起的民族复兴思潮的影响，认为发生在19世纪意大利与德意志以民族独立与统一为目标的民族复兴运动，是人类近代史上具有重要意义的事件。它的发展进程及其遗产，特别是其民族主义在后来的演化，对人类近代史的发展产生了重要影响。20世纪30年代在面临巨大的外患时，我国社会曾经兴起过强大的民族复兴思潮，在它的形成和发展的过程中，也明显地感受到意大利与德意志民族复兴运动的影响存在。③ 王先明的《民族复兴之基石——农村复兴思潮的兴起与演进》一文，考察了20世纪30年代农村复兴思潮的源起、演进、背景与内涵，认为在30年代之际，"农村复兴"成为民族复兴或民族自救的一种主导思潮，即"民族复兴之基石"。④

张可荣的《试论全面抗战时期的民族复兴思潮》一文，比较全面地考察了七七事变后的全面抗战时期民族复兴思潮的历史成因、主要特点和历史

---

① 参见魏万磊《20世纪30年代"再生派"学人的民族复兴话语》，中国社会科学出版社2011年版。

② 参见王毅《〈再生〉杂志的民族复兴思想研究（1932—1937）：兼与〈独立评论〉比较》，广西人民出版社2012年版。

③ 参见孙新彭《意大利与德意志民族复兴运动及对我国20世纪30年代兴起的民族复兴思潮的影响》，《探求》2014年第3期。

④ 参见王先明《民族复兴之基石——农村复兴思潮的兴起与演进》，《近代史研究》2014年第4期。

局限性。就历史成因而言主要有四点：其一，中国人民对民族与国家出路的长期思考与苦苦求索，是全面抗战时期民族复兴思潮迸发的内在动因。其二，日本帝国主义发动侵华战争引起的空前民族危机，是 20 世纪 30 年代民族复兴思潮发生的直接诱因，而全面抗战时期的民族复兴思潮，则是九一八事变以来民族复兴思潮的持续展开与不断深化。其三，孙中山在三民主义学说和建国方略中阐发的民族复兴思想，以及辛亥革命以来其他各种复兴民族的主张，既是留给后人的重要精神财富，也是抗战时期民族复兴思潮的重要思想基础。可以说，抗战时期的民族复兴思潮是对以孙中山为代表的革命先贤的民族复兴思想的继承与发展。其四，九一八事变以来，在空前的民族危机面前，中国政治思想舞台上各种党派对"民族复兴"这一话语几乎一致地认同（尽管理解各异），这是抗战时期民族复兴思潮持续高涨的政治基础。全面抗战时期民族复兴思潮有如下几个主要特点：其一，把对争取抗战胜利和实现民族复兴"必胜必成"的信念，变成思考与研究的动力，并寓于学术研究的过程与成果中。其二，高度评价孙中山的三民主义学说和建国思想，并誉其为中华民族"唯一复兴的路径"。其三，探讨的重点突出，涉及的内容广泛。全面抗战时期民族复兴思潮，围绕民族复兴的本质内涵及其实现途径等根本性问题展开，涉及了与民族复兴有关的一系列重大问题，包括民族复兴的本质要求、历史依据和根本途径，民族复兴与抗战建国及现代化的关系，民族复兴与中国文化及外来文化的关系，民族复兴与国家统一、中国革命、和平的国际环境的关系，民族复兴的长期性和艰巨性，民族复兴对于维护世界和平的作用，教育事业与人才培养对于民族复兴的意义，等等。全面抗战时期民族复兴思潮的历史局限性主要体现在：其一，存在着某种程度上的看重民族文化而轻视外来文化的倾向，甚至于复古的倾向。这种倾向在张君劢、梁漱溟、贺麟、钱穆、马一浮等思想大家的言论中都程度不同地有所反映。其二，反对中国共产党的革命救国之路。其三，蒋介石及其国民党政府以"民族复兴"的领袖自居，且把民族复兴当作对付革命的手段和口号。①

第四，文化重建、学术研究与民族复兴。郑师渠在《近代的文化危机、

---

① 参见张可荣《试论全面抗战时期的民族复兴思潮》，《长沙理工大学学报》2008 年第 4 期。

文化重建与民族复兴》一文中指出，在近代中国，文化危机是更为深刻的民族危机，国人亟谋文化重建，以复兴民族。不过，新文化运动之前尤其是在晚清，人们追求的目标多表述为对固有文化的"保"或"存"。如康有为主"保教"，张之洞主"存古"，晚清国粹派则讲"存学"。各家不容等视，也多不乏创新发展之意，但受时代的局限，终不免于消极，未能提出复兴民族文化这个更加宏大的目标。新文化运动之后，这个宏大的目标才被明确揭示，并且接连掀起了两次各具规模、影响深远的重建民族文化运动。第一次发端于新文化运动，为"再造文明"的"整理国故"运动；第二次发端于抗日战争，为"抗战建国"中的"全国文化建设运动"。第二次的"全国文化建设运动"不仅第一次提出了"文化建设""民族文化建设""全国文化建设运动""民族文化复兴"等一系列重要概念，这些概念较五四时期"再造文明"的提法，更显通俗与平实，而且与"整理国故"运动主要是由少数民间学者发起与推动且限于具体的学术研究领域不同，此次文化建设运动是由国民党及国民政府由上而下发起与推动的，它是抗战建国总体战略中的一个重要的有机组成部分。"抗战建国纲领"既然成了包括中国共产党在内各党派所认同的共同"国策"，此次文化建设运动便不仅具有全国的规模，且举全国之力，其声势与影响，自然与单纯从事学术研究的"整理国故"运动不可同日而语。简言之，"抗战建国"中的文化建设运动是国家行为、民族意志。复兴民族文化以助益中华民族的伟大复兴，仍是当今国人的"中国梦"。郑师渠总结了近代以来国人对文化重建的思考，得出以下几点启示：其一，近代国人思考文化问题虽历经艰辛，却表现了智慧上的远见，不容低估。例如，不仅指出了文化危机的存在，而且强调这是更为深刻的民族危机，故亟谋文化重建以图民族复兴；坚持科学与民主乃是中国新文化的本质规定；以民族文化建设与抗战建国相统一，将文化的纷争最终引向了认同复兴民族文化共同的方向以及相信文化复兴才是真正的民族复兴，如此等等。这些精辟的识见与论断，显然已成今人欲完成先贤未竟事业必须认真加以继承的重要精神遗产。其二，如何正确处理政治与文化的关系，是文化重建中关键性的问题。"文化决定"论并不可取。"整理国故，再造文明"，但国已不国，单靠在书斋中整理国故，如何能再造文明！其后在抗战建国中，文化与政治得到初步整合，前者在助益抗战的同时，也为民族文化复兴真正打下了基础。但其时国民党在抗战名义下,坚持"一个政党、一个主义、一个领袖"的独裁政治,实行所谓文化"统制政策",又严重束缚了文化的发展。抗战后内战爆发,政治的乱象终使文化重建的良好前景毁于一旦。复兴民族文化需坚持政治与文化间的良性互动。脱离政治的文化是无本之木,无视文化的政治则是无源之水。其三,正确处理中西文化关系,最终存乎其人。如何正确处理中西文化关系是文化重建中另一难点。人们提出过诸如"中体西用""本位文化""全盘西化""此时此地的需要""当务之急""现代化"等所谓必须遵循的"标准"。但如胡适所言,言人人殊,这些标准都不能成立。事实上任何政治经济问题都离不开文化背景,能将现实具体问题解决好了,文化问题的解决也就自在其中了。中西文化问题的解决最终是"心知其意,存乎其人",即取决于国人,首先是主政者的素质、视野与心胸。① 俞祖华的《中华民族复兴论与国民性改造思潮》一文认为,近代民族复兴思潮与国民性改造思潮是互有交集且互相推动的,国民性改造被视为实现民族复兴的重要途径甚至是"复兴之基点",民族复兴则是国民性改造的依据所在与追求目标。恢复传统美德、优秀精神、"民族优性",是国民性改造的基本途径,也成为实现中华民族复兴的重要内涵。解剖、批判导致近代中华民族衰弱的国民性弱点,是民族复兴思潮的又一重要内容。实现中华民族的伟大复兴,需要民族精神的强大支撑,需要全面提高国民素质,需要培育健全的国民心态与成熟的民族性格,需要树立民族自信心、自信力,需要以人的现代化推动中国社会的现代化。因而先驱者对国民性改造与民族复兴问题的探索,依然值得我们的重视与珍视。②

郭双林的《民族复兴话语下的中国现代学术》一文,从哲学、文学、史学、科学四个方面考察了"九一八"之后知识界在民族复兴话语下的现代学术建设,认为20世纪三四十年代民族复兴语境下的学术研究,除自然科学外,具有如下特点:一是以民族文化为本位,甚至带有文化决定论的色彩。从中可以看出欧洲文化形态史观传入中国后所留下的痕迹。二是走融会创新的研究路径,也就是陈寅恪所说的"一方面吸收输入外来之学说,一方

---

① 参见郑师渠《近代的文化危机、文化重建与民族复兴》,《近代史研究》2014年第4期。
② 参见俞祖华《中华民族复兴论与国民性改造思潮》,《近代史研究》2014年第4期。

面不忘本来民族之地位"。与清末"中体西用"论不同的是，此时外来学说所占之比重，已远远超过本土思想资源，但在形式上却是本土的、民族的，"新酒旧瓶"。这反映了现代国家建设过程中民族文化重构的时代特点。三是眼光向下，即中华民族文化的活力或根不在庙堂，也不在江湖，而在乡村、在胡同、在寻常百姓的日常生活中。这反映了自戊戌以来中国社会重心下移的整体趋势。如果借用1934年冯友兰在布拉格召开的第八次国际哲学会议上的发言中，以正—反—合的辩证逻辑来形容中国自戊戌以来时代精神的变化，那么，中国自戊戌到20世纪三四十年代的学术研究，也经历过"正—反—合"的发展历程，"合"是民族复兴语境下中国现代学术建设的最本质特征。民国年间在民族复兴语境下所取得的学术研究成果，将成为构建未来中华民族新文化的一块基石。① 刘波儿的《中国知识精英对民族复兴的理论设想——以民国时期的优生学思潮为中心》将优生思潮作为中国知识界追求民族复兴的一环，考察了20世纪30年代"民族复兴追求中的优生学话语"，指出晚清以来，中国面临西方世界的强大压力，在亡国亡种的威胁之下，以严复为代表的中国知识精英通过《天演论》等译著，将人种改良知识介绍给大众，试图以"优种"的方式实现民族复兴。随着西学东渐的展开，优生学以西方现代科学的姿态进入中国知识精英的视野，被崇尚人种改良的知识精英们视作可依附应用的科学实体，并以优生学为视角展开了如何复兴民族的讨论，民国优生学的发展是19世纪以来中国社会在外部威胁下转型的一个侧影。②

第五，历史人物的民族复兴思想研究。历史是人创造的，近代"民族复兴"观念之所以能够生成和发展，之所以能够从一种思想发展成为一种具有广泛影响力的社会思潮，其原因也在于知识界的积极参与，为民族复兴各抒己见、出谋划策。因此，要研究中国近代民族复兴思潮，就必须研究历史人物的民族复兴思想。各个历史人物的民族复兴思想是一棵一棵的树木，他们的思想汇合在一起便成了森林，成了思潮。就目前学术界的研究来看，涉及

---

① 参见郭双林《民族复兴话语下的中国现代学术》，《近代史研究》2014年第4期。
② 参见刘波儿《中国知识精英对民族复兴的理论设想——以民国时期的优生学思潮为中心》，《自然辩证法研究》2012年第2期。

孙中山、李大钊、张君劢、钱穆、翁文灏、毛泽东等人的民族复兴思想。林家有在《孙中山和中华民族复兴思想》一文中指出，作为20世纪变革时代的杰出人物，孙中山不仅为复兴中华、振兴中国提出了用民主共和政治体制替代封建君主专制体制，在经济上建立以国营经济为主导、多种经济成分共存的社会经济体系，还提出用先进的文化作为复兴中国的源泉，建立优势互补的多元文化共存共荣的文化架构，努力实现建立一个"天下为公"和世界大同的理想社会。孙中山为了改造中国、实现中华民族的伟大复兴而耗费了毕生的精力，真是鞠躬尽瘁，死而后已。我们今天研究孙中山复兴中华、振兴中国的思想和实践，在于了解他的精神和他的经历，从中吸取创造新中国的有益启迪和教诲。① 陈翠玉对孙中山的复兴民族文化思想进行了研究，认为孙中山的复兴民族文化思想主要包括以下一些内容，即提出复兴民族文化的思想基础，科学改造传统哲学，继承健康向上的传统文化精神，批判继受传统伦理道德，思辨与创新传统政治制度文化等，从上述内容来看，孙中山的复兴民族文化思想已跳出了狭隘的民族本位主义，而具有了整合超越中西古今文化的思想意义。② 熊月之探讨了孙中山文化复兴思想的时代特色，指出孙中山的文化复兴思想主要从三个方面着力：一是横的方面，从全世界范围，弄清中国在人类文明中的地位，包括历史地位、现有地位和应有地位；二是纵的方面，厘清中华文化结构及其演变脉络，厘清何者当革、何者当因；三是在未来蓝图设计方面，审慎地考量各种变革主张，取其合理内核。这三个着力点形成了融会中西、贯通古今与统摄各家的三个特色。③ 刘源俊在《孙文思想与中华民族复兴的道路》一文中提出，重新检视孙中山对中华民族复兴道路的探索，从民族主义到民生主义，进而到民权主义，孙中山思想值得进一步重视，其中有些被曲解、被误用之处尚需研究，其中的真知灼见，历久弥新，相信未来更会受到肯定，从而为中华民族复兴的道路发出有价值的启示。④

---

① 参见林家有《孙中山和中华民族复兴思想》，《历史教学》2005年第8期。
② 参见陈翠玉《中西古今文化整合与超越的尝试——论孙中山先生复兴民族文化的思想》，《兰州学刊》2010年第9期。
③ 参见熊月之《孙中山文化复兴思想的三个特色》，《近代中国》第23辑。
④ 参见刘源俊《孙文思想与中华民族复兴的道路》，《中国政法大学学报》2012年第1期。

张可荣的《李大钊民族复兴思想初论》一文将李大钊的民族复兴思想历程分为三个阶段：辛亥革命前后（以 1916 年 5 月回国为界）为早期探索与酝酿时期；1916 年 5 月至 1919 年五四运动之前，为初步形成与集中阐发时期；其后是继续探索与修正、发展时期。文章在重点探讨了李大钊的"第三新文明"说、"崇今"说和"中心势力"说后认为，孙中山对"中华民族复兴"观念的生成和发展具有开山之功，继之而起且有卓著思想者则非李大钊莫属；在中国共产党历史上，率先自觉地从"中华民族复兴"理念出发探索国家出路，并初步奠定中共的民族复兴思想基础的，也非李大钊莫属。[①] 张可荣还探讨了"九一八"后张君劢的民族复兴思想，认为在"九一八"后的抗日救亡运动与民族复兴思潮中，张君劢是率先倡导和自觉传播民族复兴思想并身体力行的典型代表，其民族复兴思想的内容主要包括："民族自信心"是民族复兴的"根本问题"；民族主义是民族复兴的"根本目标"；"对于今后世界新文化之贡献"是民族复兴的"最大责任"。[②]

郑大华对抗战时期钱穆的文化复兴思想进行了探讨，认为钱穆的文化复兴思想主要体现在三个方面：批判历史虚无主义，主张对中国历史文化要有"温情与敬意"；阐释中国文化特殊性，提出了其独特的中国文化演进过程的四期说；探索文化复兴之道路，主张以"儒家思想为中心"来接纳或吸取西方的科学。就这第三方面而言，钱穆是一个"中体西用"论者。[③] 蔡洁、高翔宇考察了九一八事变到抗战前夕翁文灏的民族复兴思想，指出九一八事变引起了中国思想界的变动，其中之一是民族复兴思潮的兴起。中国地质学家、时任南京国民政府国防设计委员会秘书长的翁文灏为当时的民族复兴提出了许多建设性意见，其民族复兴的主张涵盖了政治、文化、经济等各个方面。比如在政治上，主张增进国民的国家认同、发挥政府的领导作用；在文化上，主张提高民族自信力、改进国民教育、培养实用人才；在经济上，主张开展国情调查、加强大后方建设等。这些思想的产生与他的西方教育背景和对国情的深刻了解等因素有着密切联系，并对抗战前夕国民政府产

---

① 参见张可荣《李大钊民族复兴思想初论》，《长沙理工大学学报》2009 年第 2 期。
② 参见张可荣《九一八后张君劢民族复兴思想初探》，《云梦学刊》2014 年第 1 期。
③ 参见郑大华《抗战时期钱穆的文化复兴思想及评价》，《齐鲁学刊》2006 年第 2 期。

生了一定的影响。①

　　作为中国共产党第一代领导集体的核心，毛泽东为实现中华民族伟大复兴做出了巨大贡献。党的十五大报告对毛泽东在中华民族伟大复兴中的历史地位给予了充分肯定和科学评价，学术界也先后发表了一些研究毛泽东与中华民族伟大复兴的文章，如张启华的《毛泽东与中华民族的伟大复兴》(《当代中国史研究》2003 年第 6 期)、杨胜群的《毛泽东和中华民族的伟大复兴》(《人民日报》2004 年 1 月 19 日) 等，但这些文章主要是论述和评价毛泽东领导中国人民在建立中华人民共和国、完成社会主义三大改造和进行社会主义建设的过程中为中华民族伟大复兴所建立的丰功伟绩，而很少论述和评价毛泽东有关中华民族伟大复兴的思想及其意义。郑大华的《论毛泽东的中华民族复兴思想》认为，毛泽东虽然很少使有"中华民族伟大复兴"或"民族复兴"一类的词，但这并不能说明他对中华民族伟大复兴没有系统而深入的思考。文章认为毛泽东民族复兴思想的内涵主要包括：其一，什么是中华民族伟大复兴，即中华民族曾创造过灿烂的古代文明，但在近代走向了沉沦，在中国共产党的领导下，中华民族一定能够走向复兴，把中国建设成为一个民主、独立、文明、富强的社会主义现代化国家，中华民族的优秀品质、中国的地大物博和社会主义制度的优越性是实现中华民族伟大复兴的三个有利条件；其二，中华民族伟大复兴的历史进程，即必然要经历新民主主义革命、社会主义革命和建设两个阶段；其三，如何实现中华民族伟大复兴，即三个立足点，分别是要加强党的领导和建设，要相信和依靠人民群众，要自力更生、艰苦奋斗。②

　　综上所述可以看出，近十多年来，尤其是近两年来，中国近代民族复兴思潮的研究虽然取得了一些成果，与此前相比，有了长足进步，但总体来看，其研究还处于起步阶段，无论是从成果数量来看，还是从广度、深度与系统性来看，都还很不充分，在研究的理论、方法和内容上还存在诸多不足，尤其是迄今为止，还没有出版一部研究中国近代民族复兴思潮的专著，

---

　　① 参见蔡洁、高翔宇《九一八事变至抗战前夕翁文灏民族复兴思想的考察》，《文史博览》(理论) 2011 年 10 月。
　　② 参见郑大华《论毛泽东的中华民族复兴思想》，《当代中国史研究》2013 年第 5 期。

这不能不说是中国近代史学界的一大遗憾或缺失。

二 本课题研究的主要问题及章节结构

基于上述研究现状，本课题主要研究以下内容：

第一，民族复兴思潮的演变研究。实现中华民族的伟大复兴是近代以来中国人民矢志不渝的愿望和追求，但"民族复兴"思想有一个从萌发、到发展、再到成为社会思潮的历史过程。厘清民族复兴思潮演变的脉络或轨迹，并分析其原因，是本课题要研究的内容之一。

第二，民族复兴思潮的内容研究。民族复兴问题，说到底是如何实现从传统社会向现代社会成功转型的问题。因此，民族复兴思潮涉及政治、经济、学术和文化等各个方面的内容。"九一八"后的抗日战争时期，知识界就民主政治与民族复兴、发展经济与民族复兴、学术研究与民族复兴、民族文化与民族复兴等问题进行过深入探讨和激烈争论。认真梳理和分析这些探讨和争论，对民族复兴思潮所涉及的政治、经济、学术、文化等内容进行深入研究，这是本课题最主要的内容。

第三，民族复兴思潮的影响研究。民族复兴思潮的兴起和高涨，产生过重要的社会影响，当时活跃于中国政治舞台上的国民党、共产党以及介于国共两党之间的第三种政治势力，都提出过民族复兴方案和主张，并进行过激烈斗争。除此，民族复兴思潮的兴起和高涨，还影响到人们对国民性的认识、对中西文化的认识以及学术研究。

为了对上述主要问题展开深入研究，本课题的章节结构是：首先在"绪论"部分，就本课题的学术价值、现实意义、研究现状以及民族复兴的理论问题进行初步探讨。接着在"正文"部分，分"民族复兴思潮的历史考察""民主政治与民族复兴""经济发展与民族复兴""学术研究与民族复兴""民族文化与民族复兴"五章，对"九一八"后的抗日战争时期的民族复兴思潮的各个方面做较为深入的研究。

在第一章"民族复兴思潮的历史考察"中，主要考察清末民初民族复兴思想的萌发、五四时期民族复兴思想的发展、"九一八"后民族复兴从思想发展成为一种有影响的社会思潮、"七七"后民族复兴思潮走向高涨的历史过程，并分析其原因。

在第二章"民主政治与民族复兴"中，主要探讨知识界对要实现民族复兴必须建立民主政治的认识，以及他们为了实现民族复兴，在"九一八"后对中国政治发展方向是民主还是独裁的讨论，以及对民主宪政追求和围绕宪法的制定各派的政治斗争。

在第三章"经济发展与民族复兴"中，主要探讨知识界对发展经济于民族复兴之重要性的认识、他们提出的发展中国经济的各种具体方案，以及他们围绕发展经济的道路选择、发展经济的制度选择等问题发生的种种争论。

在第四章"学术研究与民族复兴"中，主要探讨知识界对学术研究与民族复兴思潮关系的讨论，他们对学术研究于民族复兴之重要意义的认识，并在反思五四以来"整理国故"运动的基础上，开始从"整理国故"转向"国故整理"，即通过对中国传统学术和文化的发掘和阐释，来增强民族的自尊心、自信心和自豪感，以建设民族新文化，抵御日本的侵略，从而实现中华民族的伟大复兴。

在第五章"民族文化与民族复兴"中，主要探讨在民族危亡的紧急关头，在中华文化遭到摧残的危急时刻，知识界在思考和探索民族复兴问题时，对民族文化与民族复兴之关系的认识，对民族文化复兴的必要性和可能性以及如何实现民族文化复兴等问题的讨论，现代新儒家为复兴中国文化而做出的种种努力。

最后在"结语"部分，总结近代以来尤其是"九一八"后的抗日战争时期的民族复兴思潮留给我们的启迪，概而言之，有以下四个方面的启迪：第一，民族复兴不是汉族或某个少数民族的复兴，而是包括汉族和所有少数民族在内的整个中华民族的复兴；第二，民族复兴不是复古，而是中华民族的浴火新生或再生；第三，民族复兴是一个系统工程，不能片面强调某一方面，更不能将民族复兴等同于文化复兴；第四，要实现民族复兴，就必须调动一切积极因素，实现全国的大联合、大团结。

三　几个关键词的说明

民族复兴思潮。本书研究的是近代中国的民族复兴思潮，而非近代中国的民族复兴运动。因此，本书只研究近代中国的民族复兴思想是何时和如何孕育或萌发的，又何时和如何得到发展的，并最终成为一种有影响的社会思潮，而不涉及中国人民为谋求民族复兴而进行的反帝反封建斗争，不涉及戊戌变法、辛亥革命、五四运动、国共合作、抗日战争、新民主主义革命、中华人民共和国成立等一系列在中国人民为实现民族复兴的斗争中具有重要意义的历史事件。这后一任务，笔者将在承担的国家社科基金特别委托课题"中国梦与中华民族伟大复兴历程研究"中去完成。与此相一致，在历史人物方面，本书研究的是他们的民族复兴思想，而非他们的民族复兴实践。比如，孙中山，他既是思想家，又是革命家，既提出过"振兴中华"的民族复兴思想，又为"振兴中华"奋斗了整整40年，把一生都献给了谋求中华民族复兴的伟大事业。但本书只研究孙中山的民族复兴思想，而不涉及他的民族复兴实践活动，不涉及对他一生事业功过的评价。其他历史人物也都如此处理。

抗日战争时期。关于抗日战争时期，目前学术界有两种主张：一种主张是14年，即从1931年的九一八事变到1945年的日本投降；一种主张是8年，即从1937年的七七事变到1945年的日本投降。本课题采纳的是第一种主张。笔者曾多次讲过，除鸦片战争外，中国近代史上有两次战争对中国近代思想史的发展历程产生过重大影响，一次是发生在1895年的中日甲午战争，一次是发生在1931年的九一八事变。关于第一次战争的重大影响，梁启超曾有过论述，他说："唤起吾国四千年之大梦，实自甲午一役始也。"[①] 中国近代的民族复兴思想，就是孕育或萌发于甲午战争。当然，甲午战争对中国近代思想发展历程的影响，不仅仅是民族复兴思想的孕育或萌发，比如，中国的对外开放从学西方转向学日本、戊戌变法思潮和辛亥革命思潮的先后兴起，等等，都与甲午战争有关。这里主要就1931年的九一八事变对中国近代思想的发展历程的影响谈谈自己的看法。

首先从社会思潮的演变来看。民族主义思潮是中国近代最主要的社会思潮之一。而民族主义的理论，就经历过从清末民初的"民族建国"，到五四

---

① 梁启超：《戊戌政变记》，《饮冰室合集》第6册，专集之一，中华书局1989年版，第113页。

时期的"民族自决",再到九一八事变后的"民族复兴"的建构过程①,"民族复兴"之所以会成为九一八事变后民族主义的理论建构,原因就在于九一八事变所引发的中华民族危机的日益加深。自由主义是近代中国又一主要的社会思潮,但自由主义在九一八事变之前和之后发生了明显变化,不仅一些自由主义者如蒋廷黻、钱端升、丁文江等人从九一八事变之前的主张民主,转变为九一八事变之后的主张专制或新式独裁,就是九一八事变后仍坚持民主的胡适、罗隆基等人,其主张民主的理由也发生了位移。九一八事变之前,胡适、罗隆基等人曾发起过一场人权运动。在人权运动中,胡适、罗隆基等人批评国民党的一党专制,要求国民党制定约法,实行民主的目的,是保障人权和个人自由。九一八事变之后,胡适、罗隆基等人之所以主张民主,是由于他们认为,民主更适合于中国,能使中国达于统一和民族国家的现代化,解决当前国家所面对的严重危机。主张民主的胡道维就一再强调:"惟民主政治始能培养民族的粘贴性,惟民族粘贴性始能产生团结而统一国家。"② 由此可见,胡适等人反对专制或独裁,并不是由于专制或独裁不利于个人自由,而是由于专制或独裁不能实现国家的统一或富强;他们主张民主,也不是由于民主有利于个人自由,而是由于民主能实现国家的统一或富强。这也就是说,是国家的统一或富强,而不是个人的自由,是他们思考和提出问题的出发点。就此而言,尽管胡适、罗隆基等人和蒋廷黻等人的主张不同,并为此展开过激烈争论,但他们思考和提出问题的出发点则都是国家的统一或富强。换言之,能否实现国家的统一或富强,是他们主张采纳什么政治制度或不主张采纳什么政治制度的唯一标准。胡适、罗隆基等人主张民主的理由在九一八事变前和九一八事变后之所以会发生位移,原因就在于九一八事变前,虽然日本不断在东三省和京津地区制造事端,为其日后的侵略中国寻找借口,但它还没有公开对中国进行军事侵略,因而中华民族与日本帝国主义之间的矛盾还不是那时社会的最主要矛盾,那时社会的最主要矛盾是国民党及其政权与人民大众之间的矛盾,尤其是南京国民政府建立后国民

---

① 参见拙作《论中国近代民族主义的理论建构及其过程》,《华东师范大学学报》2010年第5期;《中国近代民族主义及其理论建构》,《中国近代史》(英刊)2012年第2期。
② 胡道维:《中国的歧路》,《国闻周报》第12卷第7期,1935年2月25日,第6页。

党的一党独裁以及打着训政的旗号对人民自由权利的肆意践踏，引起了自由主义知识分子的强烈不满。然而到了九一八事变后，日本帝国主义的军事侵略，使中华民族第一次真正感受到了生死存亡的严重危机，并且随着危机的不断加深，中华民族与日本帝国主义之间的矛盾逐渐取代了国民党及其政权与人民大众之间的矛盾而成了社会的最主要矛盾，包括自由主义知识分子在内的中国人民的民族主义激情也因此而急剧地高涨起来，如何救亡图存已成为国人首先必须思考和解决的一个问题。正如迈克尔·弗里登所说："民族主义只有在短暂的时段内变得极为重要，即在民族建构、征服、外部威胁、领土争议、或内部受到敌对族群或文化群体的主宰等危机时，民族主义才显得极为重要。"[①] 和自由主义一样，文化保守主义同样是中国近代的一种主要社会思潮，九一八事变之前，尽管先后出现了清末以章太炎为代表的"国粹派"和五四时期以梁启超、梁漱溟为代表的"东方文化派"，但总的来看，其时认同传统、反对西化的文化保守主义是一种背时之论，整个的社会趋向是向西方学习，从洋务时期的学习西方的器物文明，到戊戌辛亥时期的学习西方的制度文明，再到五四时期的学习西方的精神文明，除"国粹派"和"东方文化派"等少数知识精英人物外，绝大多数人拥抱的是西方文化和西方文明，这也是五四时期的"文化论战"尤其是"科玄论战"中，"东方文化派"尤其是"玄学派"虽然在学理上占优，却得不到大多数人的认同、最终败下阵来的重要原因。然而到了九一八事变后，情况则发生了变化，因民族危机的加深，社会需要通过大力表彰和弘扬中国传统文化来树立起国民对民族、国家的自信心和凝聚力，于是，原来属于背时之论的文化保守主义这时则成了顺时之论，大力发掘和弘扬中国传统文化，批判西化和历史虚无主义成了一种学术风尚。由此我们也可理解，为什么现代新儒学发端于五四时期，但作为一种学派形成和发展则是在九一八事变之后的三四十年代。与此相联系，学术研究也发生了明显变化。比如，九一八事变后学术界掀起了一股研究中国文化和历史热。以文化研究为例，据不完全统计，民国时期出版的有关文化和中国文化史著作大约50种，其中大部分出版于九一

---

① ［英］安东尼·史密斯：《民族主义：理论，意识形态，历史》，上海人民出版社2006年版，第24页。

八事变后。正如有的研究者指出的那样，"以文化史振奋民族精神"，提高民族的自信力，这是九一八事变后"许多学者研究文化史的目的"。① 王德华的《中国文化史要略》出版于30年代中，他在该书的"叙例"中就这样写道："中国人应当了解中国文化，则无疑问，否则，吾族艰难奋斗、努力创造之历史，无由明了，而吾人之民族意识，即无由发生，民族精神即无由振起。……兹者国脉益危，不言复兴则已，言复兴，则非着重文化教育，振起民族精神不可。本书之作，意即在此。"基于上述理由，本书认为，至少从中国近代思想史的角度而言，中国的抗日战争时期应从1931年的九一八事变算起，到1945年的日本战败投降结束，共计14年时间。

  知识界。本书没有采用学术界通常喜欢使用的"知识分子"或"学人"来指称"九一八"后的抗日战争时期那些发文讨论民族复兴问题的人们。因为"知识分子"一般是指那些接受过相当教育、对现状持批判态度和反抗精神的人，他们在社会中形成一个独特的阶层，而本书中提到的一些人，比如在《复兴月刊》上发表文章讨论民族复兴问题的一些作者，他们并不对现状持批判态度或反抗精神，相反，作为既得利益者，他们还可能是现状的坚定维护者，然而他们和那些对现状持批判态度或反抗精神的作者一样，也关心民族复兴，积极参与民族复兴问题的讨论。所以用"知识分子"来指称本书中所有参与民族复兴问题的讨论者则不太合适。"学人"，顾名思义，一般是指在高校或科研机构中从事教学和学术研究的人，总之要与学术有着或多或少的联系，如果一个人他是企业老板、是银行家、是政府官员，从不与学术打交道，称他为学人恐怕不太合适，而本书中的一些参与民族复兴问题讨论的作者就是企业老板、银行家（如张公权）、政府官员，这是本书弃用"学人"的重要原因。而"知识界"则是一个比较中性的词，与特定的政治或文化取向和职业无关，凡是接受过教育、有一定的文化知识的人我们都可以称他为知识人，众多的知识人则构成一个群体或阶层，即"知识界"，这些人的政治和文化取向可能不同，甚至差异很大，从事的职业也千差万别，但他们有知识，都关心中华民族的复兴，积极参与民族复兴问题的讨论，因而我们完全可以把他们放在一起加以研究。

---

① 周积明：《本世纪上半叶中国文化史研究的特点》，《光明日报》"史学版"1997年10月14日。

第一章
民族复兴思潮的历史考察

早在 19 世纪末 20 世纪初,民族复兴思想即已孕育或萌发,从孙中山的"振兴中华"口号,到梁启超的"少年中国"梦想,再到国粹派的"古学复兴"主张,实际上都包含有民族复兴的思想内容。到了"五四"时期,民族复兴思想有了进一步发展,李大钊提出了"青春中华之创造"和"中华民族之复活"的思想,孙中山提出了"大中华民族"的"国族主义"和"要恢复民族的地位,便要首先恢复民族的精神"的思想,梁漱溟、梁启超等"东方文化派"提出了复兴东方文化的思想,王光祈在《少年中国运动》一书的序言中,提出了"中华民族复兴运动"的思想。但"民族复兴"成为一种具有广泛影响力的社会思潮则是在九一八事变之后。其主要原因是,九一八事变后日益严重的民族危机,激化了人们的民族认同感和民族责任感,从而为中华民族的复兴提供了契机。除民族危机这一主要原因外,费希特民族复兴思想的系统传入及影响和以蒋介石为代表的国民党人的大力推动,也是民族复兴思潮能于"九一八"后迅速形成的原因之一。七七事变后亡国灭种的现实危险,推动了民族复兴思潮走向高涨。

一 19 世纪末 20 世纪初:民族复兴思想的萌发

有学者根据西方民族主义产生于近代这一事实,否认中国古代有民族主义的产生。这值得商榷。西方近代各民族,如法兰西民族、德意志民族、意大利民族等是在文艺复兴和宗教改革的过程中逐渐形成的。由于西方近代各民族形成较晚,其民族主义的产生自然也就较晚。一般认为,西方的近代民族主义兴起于 18 世纪末到 19 世纪中叶,"三大事态构成其主要的直接原因:一是法国大革命,特别是在这场革命中出现的人民主权论;二是作为对启蒙运动及其世界主义思想之反应的德意志浪漫主义和历史主义;三是工业革命及其引起的社会大转型,亦即现今惯称的现代过程"。① 但和西方不同,中国的民族则形成很早,最迟到春秋战国时期,华夏族(汉代以后称之为汉族)即已形成。由于中国民族形成较早,其民族主义的产生自然也就较早。章太炎就说过:"民族主义,自太古原人之世,其根性固已潜在,远至今日,乃始发达,此生民之良知本能也。"② 孙中山也认为:"盖民族主义,实吾先民所遗留,初无待于外铄者也。"③ 中国传统的民族主义思想,主要体现在三个方面:一是"华夏中心"观,二是"华尊夷卑"观,三是建立在"华尊夷卑"观基础之上的"华夷之辨"或"夷夏大防"的观念。

中国传统民族主义的"华夏中心"观,是以信仰"天圆地方"说为其认识前提的。中国古人认为天是圆的,地是方的,相信自己居住的地方是天下的中心,有中心,就有四边,他们故称"居天地之中者曰中国,居天地之偏者曰四夷,四夷外也,中国内也"。④ 这种信仰"天圆地方"说、认为中国是天下之中心的"华夏中心"观,由于中国特殊的地理位置和封闭的小农经济结构而得到不断强化,这在中国历代刻印的"华夷图""广舆图"中表现得非常明显,这些图"都把周边国家的位置标得模糊不清,中国的区域画得颇大,而汪洋大海却绘得很小"。⑤ 明末来到中国的西方传教士利玛窦一踏上中国土地就强烈地感受到了这一点。《利玛窦中国札记》写道:"他们(指中国人——引者注)认为天是圆的,但地是平而方的,他们深信他们的国家就在中央。他们不喜欢我们把中国推到东方一角的地理概念。"⑥

与"华夏中心"观相联系的,是传统民族主义的"华尊夷卑"观。中国自古以来就是一个多民族的国家,由于地理环境的差异,各民族之间的社

---

① 时殷弘:《民族主义与国家增生的类型及伦理道德思考》,《知识分子产场:民族主义与转型期中国的命运》,时代文艺出版社 2000 年版,第 137 页。
② 章太炎:《驳康有为论革命书》,《章太炎政论选集》上册,中华书局 1977 年版,194 页。
③ 孙中山:《孙中山全集》第 7 卷,中华书局 1985 年版,第 60 页。
④ (宋)石介:《中国论》,载陈植锷点校《徂徕石先生文集》,中华书局 1984 年版,第 116 页。
⑤ 邹振环:《晚清西方地理学在中国》,上海古籍出版社 2000 年版,第 41 页。
⑥ 同上书,第 42 页。

会和文化发展参差不齐。早在先秦时代,在中原黄河流域即形成了早期的华夏文明,这一文明在当时的中华文明中居于中心或主导地位,而周边的诸族、诸国则处于相对落后的局面。久而久之,中国古代的先民们便形成了一种"华尊夷卑"的观念,认为华夏民族文明程度最高,中国是"天朝上国",而周边的少数民族都是一些不知华夏文明、未受礼仪熏沐的落后民族,并依其与中原所处的方位,分别称他们为"东夷""西戎""南蛮""北狄"。中国士大夫的一个责任,就是要"以夏变夷",用礼仪来教化周边的少数民族,使他们接受华夏文明(或汉族文明)。中西交通后,这种传统的"华尊夷卑"观念又被用来处理与欧美各国的关系,认为这些国家和古代中国周边的少数民族相类似,无论社会还是文化都比中国落后,故此称它们为"番"或"夷"。因为"番"或"夷"在中国的汉字中都是贬义词,与未开发或不文明联系在一起。

既然"华尊夷卑",四周的少数民族都是一些不知华夏文明、未受礼仪熏沐的"夷狄",所以中国传统民族主义特别强调"华夷之辨"或"夷夏大防",也就是强调民族之间的区隔。这种区隔包含两方面含义:一是种族的区隔,即所谓"非我族类,其心必异",种族是区隔"夷"和"夏"的标准,换言之,判断一个人是"夷"还是"夏",主要是看他出生于何种种族,出生于华夏族(汉族)的是"夏",出生于少数民族的是"夷";一是文化的区隔,即所谓"诸侯用夷礼则夷之,夷而进于中国则中国之",文化作为区隔"夷"和"夏"的标准,换言之,判断一人是"夷"还是"夏",主要是看他的文明程度,文明程度高的是"夏",文明程度低的是"夷"。就此而言,那种认为中国传统民族主义是一种种族民族主义的观点是片面的,种族民族主义只是中国传统民族主义的一个方面,另一方面它又是一种文化民族主义;反之亦然。这种强调民族之间区隔的"华夷之辨"或"夷夏大防"观念历来又被称为"春秋大义",是儒家思想的重要组成部分,尤其当华夏的农耕文化面临周边少数民族的游牧文化入侵时,这种"春秋大义"便成了激励华夏民族(亦即汉民族)抵御外来侵略、保卫先进农耕文化的有力武器。

然而到了鸦片战争后,这种传统民族主义的"华夏中心"观、"华尊夷卑"观和建立在"华尊夷卑"观基础之上的"华夷之辨"或"夷夏大防"

的观念，随着西方入侵引起的中国人思想观念的变化而开始受到挑战。首先，人们在"开眼看世界"的过程中逐渐认识到，天是圆的，地也是圆的，地既然是圆的，也就没有所谓的中心和边缘；世界上有五大洲、四大洋，有100多个国家，中国只是这近百个国家中的一国，位置不在地球的中央，而在亚细亚之东南；中国虽然版图广袤，物产丰富，土地肥沃，是世界大国，但不是世界上唯一的大国，像中国这样的大国还有好几个，比如"南北亚墨利加，袤延数万里，精华在米利坚一土，天时之正，土脉之腴，几与中国无异"。① 其次，人们在"开眼看世界"的过程中还逐渐发现，中西交通后，被中国人沿用传统民族主义的"华尊夷卑"观而称为"夷"的西方国家，是那样的繁荣昌盛，城市"殿阙巍峨，规模闳钜"，交通十分便利，铁路、轮船四通八达，店铺林立，机器轰鸣，制造精美，重视教育，学校和藏书楼各地皆有，人民读书识字，生活非常富裕，政治民主，社会清明，如此等等，无论从哪方面讲，这些国家都不比中国落后，甚至比中国还要文明、开发、进步一些。比如，魏源在《海国图志》中就公开承认"夷"有"长技"，不仅军事武器比中国先进，养兵练兵之法中国也不如人。徐继畬的《瀛寰志略》称赞美国的政治制度有"三代之遗意"。"三代政治"在中国仅是士大夫们梦寐以求的一种理想，但它在美国却成了现实。

随着上述这两种认识和发现的增加，民族的一些先知先觉者开始萌发出新的世界观念和民族意识，即认识到中国只是世界各国中的一国，中华民族只是世界民族中的一员，民族之间的先进与落后，不仅仅是由种族或文化决定的，而是由军事、社会、经济、文化甚至政治等多方面因素决定的，中国在许多方面都落后于西方国家。就目前所发现的资料来看，最早具有这种新的世界观念和民族意识的人是第二次鸦片战争后的冯桂芬。他在《校邠庐抗议》的"采西学议"中说："顾今之天下，非三代之天下比矣。……据西人舆图所列，不下百国。"并且他认为中国在经济、政治、军事、人才、学术等五个方面都不如西方人，中国再不"制洋器""采西学"，向西方侵略者学习，"不独俄、英、法、米为之患也，我中华且将为天下万国所鱼肉，何

---

① 徐继畬：《瀛寰志略》卷9，上海书店出版社2001年版，第290页。

以堪之"!① 此后,具有此种观念和意识的人逐渐增多起来。如郑观应在《易言·论公法》中便写道:"若我中国,自谓居地球之中,余概目为夷狄,向来划疆自守,不事远图。……地球圆体,既无东西,何有中边。同居覆载之中,奚必强分夷夏。"因此,他希望中国人能放弃传统民族主义的"华夏中心"观,"自视为万国之一"。② 王韬则公开批评传统民族主义的"华尊夷卑"观是"大谬不然","苟有礼也,夷可进为华;苟无礼也,华则变为夷。岂可沾沾自大,厚己以薄人哉"?他主张区别"华夷"的标准应是"系于礼之有无也"。③ 这一认识上的进步,是近代民族主义和民族复兴思想产生的重要前提。因为只有认识到中国只是世界各国中的一国,中华民族只是世界民族中的一员,才有可能产生近代意义上的民族认同和民族平等意识;同时也只有认识到民族之间的先进与落后,不是仅仅由种族或文化决定的,而是由其军事、社会、经济、文化甚至政治的状况决定的,中国在许多方面都落后于西方国家,才能产生一种民族危机感或民族忧患意识。而近代民族主义和民族复兴思想就是建立在民族认同、民族平等意识和民族忧患意识之基础上的。

1894年的中日甲午战争以及由此而造成的中国割地赔款,是中国近代史上的一次巨大灾难。这场灾难不仅使早已存在的民族危机变得日益严重起来,同时也促进了中华民族的觉醒和"中华民族复兴"之思想的孕育或萌发,借用梁启超的话说:"唤起吾国四千年之大梦,实自甲午一役始也。"④

(一) 孙中山的"振兴中华"口号

近代中国最早具有民族复兴思想的是孙中山。孙中山的民族复兴思想贯穿于其民主主义革命的理论和实践之中。早在1894年11月,孙中山在檀香山组织成立兴中会时,便提出了"振兴中华"的口号。

孙中山之所以能成为"振兴中华"口号的最早提出者,首先,他有一种强烈的忧国忧民意识和以挽救民族危亡为己任的使命感。他在檀香山和香

---

① 郑大华点校:《采西学议——冯桂芬、马建忠集》,辽宁人民出版社1994年版,第79页。
② 郑观应:《易言·论公法》,《郑观应集》上册,上海人民出版社1982年版,第67页。
③ 王韬:《华夷辨》,《弢园文录外编》,上海人民出版社2002年版,第245页。
④ 梁启超:《戊戌政变记》,《饮冰室合集》第6册,专集之一,中华书局1989年版,第113页。

港的《兴中会章程》中写道:"我中华受外国欺凌,已非一日","方今强邻环列,虎视鹰瞵,久垂涎我中华五金之富、物产之繁。蚕食鲸吞,已效尤于接踵;瓜分豆剖,实堪虑于目前。""堂堂华国,不齿于邻邦,济济衣冠,被轻于异族。有志之士,能无痛心?""有心人不禁大声疾呼:亟拯斯民于水火,切扶大厦之将倾。"① 在《致港督卜力书》,他于揭露"政府冥顽","疆臣重吏,观望依违"的同时,强调"天下安危,匹夫有责,先知先觉,义岂容辞"?② 这些动情的语言,充分表达了一位爱国志士的满腔悲愤和强烈的以挽救民族危亡为己任的使命感。他之所以要反对清王朝、要革命,其中一个重要原因就是清王朝已成了"洋人的朝廷",成了外国列强奴役和掠夺中国人民的傀儡和工具,只有推翻清王朝,才能使中国免遭帝国主义国家的瓜分。孙中山一生充满了挫折和失败,上书李鸿章失败、多次领导反清起义失败、二次革命失败、两次护法运动失败,但他能屡败屡起,并且能从失败中吸取教训,而不断前进。之所以如此,强烈的忧患意识和以挽救民族危亡为己任的使命感是其巨大的推动力。其次,他有一种强烈的民族自豪感和民族自信心。孙中山始终坚信,中国只要善于向西方学习,就能够实现富强,不仅能够迎头赶上欧美强国,而且还可以"驾欧美而上之"。在《兴中会章程》中他写道:"以(中国)四百兆人民之众,数万里土地之饶,本可发雄,无敌于天下",只要"举国之人皆能通晓"和"切实讲求当今富国强兵之学,联智愚为一心,合遐迩为一德,群策群力,投大遗艰,则中国虽危,无难挽救。"③ 在1904年写给美国人民的呼吁信中他指出:"拯救中国完全是我们自己的责任。""一旦我们革新中国的伟大目标得以完成,不但在我们的美丽的国家将出现新纪元的曙光,整个人类也将得以共享更为光明的前景。普遍和平必将随中国的新生活接踵而至。一个从来也梦想不到的宏伟场所,将要向文明世界的社会经济活动而敞开。"④ 第二年,在东京留学生欢迎大会上他又热情洋溢地演说道:"中国土地、人口为各国所不及,吾侪生在中国,实为幸福。各国贤豪欲得如中国之舞台者利用之而不可得。吾

---

① 孙中山:《兴中会章程》,《孙中山全集》第1卷,中华书局1981年版,第19、21页。
② 孙中山:《致港督卜力书》,《孙中山全集》第1卷,中华书局1981年版,第192页。
③ 孙中山:《兴中会章程》,《孙中山全集》第1卷,中华书局1981年版,第21、22页。
④ 孙中山:《中国问题的真解决》,《孙中山全集》第1卷,中华书局1981年版,第255页。

侪既据此大舞台,而反谓无所措手,蹉跎岁月,寸功不展,使此绝好山河仍为异族所据,至今无有能光复之,而建一大共和国以表白于世界者,岂非可羞之极者乎?"① 只有对自己的国家和民族满怀深情的人,只有以挽救民族危亡为己任的人,才有可能在当时中华民族正被一些自我感觉良好的西方人视为"劣等民族"的年代里,说出如此热情洋溢的语言,憧憬中华民族的美好未来,也才能响亮地提出"振兴中华"的口号。

强烈的忧国忧民的忧患意识和强烈的民族自豪感、自信心,这是孙中山能提出"振兴中华"口号的重要原因。二者相得益彰,相辅相成。正如梁启超在《自由书·忧国与爱国》中所指出的:"今天下之可忧者,莫中国若;天下之可爱者,亦莫中国若。吾愈益忧之,则愈益爱之;愈益爱之,则愈益忧之。"忧之,"使人作激愤之气";爱之,"使人厉进取之心"。② 孙中山的"振兴中华"口号的提出就是建立在"激愤之气"与"进取之心"的基础上的。只有忧国忧民的人,才会对祖国、对人民产生深厚的爱;而只有对祖国、对人民爱之愈深,才能对祖国、对民族的悲惨处境痛之愈切,也才能以坚忍不拔的精神投身于"振兴中华",亦即民族复兴的伟大事业。

孙中山"振兴中华"的民族复兴思想是在革命的实践中逐渐丰富和完善起来的。兴中会成立不久,他即着手组织乙未广州起义。但这次起义未及发动就失败了。孙中山被清廷通缉,在国内无法安身,被迫流亡海外,先后去了日本、檀香山、美国和英国。在英国伦敦期间,他曾被清驻英公使馆诱捕,后经英国友人康德黎的营救才化险为夷。孙中山脱险后,在伦敦继续居住了一年。在这期间,他几乎天天去大英博物馆,"潜心研读和从事著述,探求救国救民的真理"。据康德黎记述,孙中山读书的兴趣非常广泛,西方国家出版的有关政治、经济、军事、外交、哲学、文学、艺术及农业、畜牧、矿业、机械工程等书籍都是他涉猎的对象。当时伦敦是流亡者活动的中心,是政治人才荟萃的地方,如法国的雨果,俄国的赫尔岑、奥加辽夫等都在这里避难,孙中山和他们都有交往,他曾在大英博物馆的图书馆里和几个

---

① 孙中山:《在东京中国留学生欢迎大会的演说》,《孙中山全集》第1卷,中华书局1981年版,第282—283页。
② 梁启超:《自由书·忧国与爱国》,《饮冰室合集》第6册,专集之二,中华书局1989年版,第40页。

俄国革命者交换过对两国革命的看法，对俄国人的"计划稳健，气魄伟大"深感钦佩。他还会晤过俄国民粹派杂志《俄罗斯财富》的记者。除读书和会见各国革命者外，孙中山还多次赴英国宪政俱乐部调查访问，到爱尔顿农业馆家畜展览会、李勤街工艺展览会等处参观，与英国各阶层人物接触交往，考察英国社会经济状况，认真观察资本主义的社会政治制度。

　　通过大量阅读、与各国革命者的交往和对英国社会经济政治制度的考察，孙中山"振兴中华"的民族复兴思想有了质的升华。孙中山后来自述，他在伦敦居留期间，所见所闻，殊多心得，"始知徒致国家富强，民权发达，如欧洲列强者，犹未登斯民于极乐之乡也，是以欧洲志士，犹有社会革命之运动也。予欲为一劳永逸之计，乃采取民生主义，以与民族、民权问题，同时解决，此三民主义之主张所由完成也"。1903年，他到檀香山组建"中华革命军"，以"驱除鞑虏、恢复中华、创立民国、平均地权"十六字为誓词。与兴中会誓词比较，除改"创立合众政府"为"创立民国"外，还增添了"平均地权"的新内容。这是孙中山革命思想的一大进步，标志着他三民主义思想开始形成。也就是这一年，受"拒俄运动"和"《苏报》案"的影响，越来越多的资产阶级、小资产阶级知识分子成了反清革命的参加者或同情者。与此相适应，国内先后出现了一些资产阶级的革命小团体。1905年8月，经过孙中山的努力，在这些革命小团体的基础上成立了革命组织"中国革命同盟会"，简称"中国同盟会"，以"驱除鞑虏、恢复中华、创立民国、平均地权"为宗旨。同年11月，孙中山在《〈民报〉发刊词》中把这个纲领概括为"三大主义，曰民族、曰民权、曰民生"，也就是三民主义。"中国同盟会"的成立和"民族、民权、民生"之"三大主义"的提出，标志着孙中山"振兴中华"的民族复兴思想的进一步升华和三民主义思想的最终形成。

　　概而言之，孙中山和以他为代表的革命党人"振兴中华"的民族复兴思想包含有以下几方面的内容。

　　第一，革命"排满"——民族复兴之前提。满族人入关建立清王朝之初，对汉族和其他民族曾实行过民族屠杀、民族压迫和民族歧视政策。所以，清朝发生的很多农民或会党起义，都打出"反满"的旗号，号召和争取民众参加反清斗争。孙中山和以他为代表的革命党人也把"排满"作为他们革命的主要目标。1904年孙中山在一篇题为《中国革命问题的真解决》中概述了他"排满"的理由：（1）"满清王朝"的一切举动，都是为了他们自己的私利，而不是为了被统治者的利益；（2）"满清王朝"阻碍包括汉族在内的其他民族在知识上和物质上的发展；（3）"满清王朝"把包括汉民族在内的其他民族作为被征服民族来对待，不许这些民族享受与"满清"同等的权利；（4）"满清王朝"侵犯了被统治者不可让与的生存权、自由权和财产权；（5）"满清王朝"自己从事，或者纵容官场中的贪污和行贿；（6）"满清王朝"压制言论自由；（7）"满清王朝"禁止结社自由；（8）"满清王朝"不经被统治者同意就向他们征收沉重的苛捐杂税；（9）"满清王朝"在审讯他们所指控的犯人时，往往使用最野蛮的酷刑拷打，逼迫所指控犯人招供认罪；（10）"满清王朝"往往不经过法律程序，就剥夺了被统治者的权利；（11）"满清王朝"不能依其职责保护其管辖区内所有居民的生命与财产。[①]革命党人在进行革命和宣传中，喊得最响、影响最大的一个口号就是"排满"革命。章开沅先生就曾指出："社会动员的主要手段是制造舆论，而'排满'则是革命鼓动的主旋律。"[②]

革命党人从事革命宣传，起始于20世纪初。1901年5月创刊的《国民报》，是东京留学生界第一份宣传革命的刊物，其"宗旨在宣扬革命、仇满二大主义"，发表的文章"措辞激昂""峻削锋利"，矛头直指清政府，认为"支那欲立新国，则必自亡旧始"。[③] 此后，尤其是1903后，受"拒俄运动"和"《苏报》案"的影响，宣传革命的刊物日益增多起来，如《开智录》《游学译编》《大陆》《浙江潮》《童子世界》《江苏》《国民日日报》《觉民》《中国白话报》《杭州白话报》《女子世界》《二十世纪之支那》等。与此同时，一大批宣传革命的书籍也被印刷出版，得到广泛流传。在这些宣传革命的书籍中，邹容的《革命军》、陈天华的《猛回头》和《警世钟》、章太炎的《驳康有为论革命书》的影响最大。邹容的《革命军》一问世，立即"不胫而走"，前后共印20余版，总印数超过100多万册，产生了不可估

---

① 参见孙中山《中国问题的真解决》，《孙中山全集》第1卷，中华书局1981年版，第252页。
② 章开沅：《辛亥革命时期的社会动员——以"排满"宣传为实例》，《社会科学研究》1996年第5期。
③ 《亡国篇》，《辛亥革命前十年间时论选集》第1卷上册，三联书店1960年版，第92页。

量的影响。1905年同盟会成立，革命党人对于革命思想的宣传更为重视。同盟会成立的当天，即通过黄兴的提议，把《二十世纪之支那》杂志改为同盟会机关报，定名为《民报》。从此，《民报》成了革命党人宣传革命的主要阵地。同盟会成立前，革命党人创办的期刊不足30种，而在同盟会成立后至辛亥革命前，革命党人创办的期刊在40种以上；同盟会成立前，革命党人经营的报纸只有10余种，而同盟会成立后革命党人经营的报纸达到了65种以上。

革命党人宣传的内容主要是"排满"。据学者的统计，1902—1903年间革命党人创办的《湖北学生界》《游学译编》《浙江潮》等杂志，所发表的文章中涉及"排满"宣传的占总数的15%—20%，《江苏》杂志涉及"排满"宣传的文章比例更高，达到了30%以上。[1] 同盟会成立后，"三民主义"成了革命党宣传的主要内容，而在"三民主义"中，宣传得最多的是"民族主义"，亦即"驱除鞑虏、恢复中华"的"排满"思想。据同盟会会员李书城回忆："同盟会会员对孙先生多提'建立民国，平均地权'的意义不大明白，以为是革命成功以后的事，现在不必推求。……因此同盟会会员在国内宣传革命、运动革命时，只强调'驱除鞑虏，恢复中华'这两句话。……辛亥武昌起义以及各地顺应起义所用的共同口号，只是排满革命。"[2]

为了唤起汉族民众的历史记忆，革命党人对满族贵族在建立和维护清王朝的过程中所实行的民族屠杀、民族压迫和民族歧视政策进行了揭露和批判。众所周知，清入关并建立王朝之初，曾对汉族实行过残暴的民族屠杀和民族压迫政策，那时候满汉矛盾十分激烈。但当清王朝统治稳定下来后，清统治者采取了一些缓和民族矛盾的措施，加上岁月的流逝，人们已逐渐习惯了清王朝的统治，满汉矛盾也逐渐缓和了下来。然而到了19世纪末尤其是20世纪初，满汉矛盾又开始激化。造成满汉矛盾激化的原因非常复杂，既有清朝贵族主动挑起的，也有汉族进步知识界尤其是以孙中山、章太炎为代表的革命派宣传鼓动起来的，还有其他方面的原因。比如，康有为发动和领导的戊戌变法的目的是救亡图存，但以刚毅为代表的一些满族亲贵则将戊戌变

---

[1] 参见陶绪《晚清民族主义思潮》，人民出版社1995年版，第186页。
[2] 转引自李良玉《辛亥革命时期的排满思潮》，《南京大学学报》1989年第2期。

法与满汉民族利益联系并对立起来,认为康有为发动和领导的戊戌变法只救汉人的中国,而非保满人的大清,甚至散布所谓"汉人强,满洲亡,汉人疲,满人肥"一类的言论,从而挑起满汉之间的矛盾。在汉族进步知识界方面,早在戊戌变法期间,出于对清王朝统治导致了民族危机日益加深以及清朝贵族为了一族一姓一家私利而反对变革的强烈不满,谭嗣同、唐才常等人就流露或宣传过一些排满思想。到了20世纪初,以孙中山为代表的革命派为了唤起汉族人民的历史记忆,以达到动员他们参加排满革命的目的,他们大量翻印那些控诉清朝入关时所实行的民族屠杀和民族压迫之罪行的旧籍,如《扬州十日记》《嘉定屠城记》等。他们还搜集这方面的史料,编写成《清秘史》《光汉室丛谭》等出版。明末清初一些具有强烈反满倾向的思想家的著作,如王夫之的《黄书》、黄宗羲的《明夷待访录》等也被他们大量翻印发行。除了翻印和出版上述书籍外,他们还在文章中对清王朝的民族屠杀、民族压迫和民族歧视政策进行了揭露和批判,从扬州十日、嘉庆三屠说到"剃发令""文字狱",从镇压太平天国说到杀害维新志士,从垄断政权说到各省驻防,从滥刑苛法说到虐待士人,从对农民的重征浮收说到对工商的诛求盘剥,清政府的所作所为几乎都在揭露和批判之列。"虐我者仇",既然"满洲之对于汉民也,无一而非虐,则汉民之对满洲也,亦无一而非仇"。①

革命党人还把"排满"与"反帝"结合起来,控诉和批判清王朝的种种卖国罪行。他们历数了自鸦片战争以来清政府丧权辱国、出卖中国领土和主权的历史,指出清政府与外国列强所签订的大小条约,"无一非损己以益人者","大则为领土权、独立权之侵蚀,小则为铁路、矿产、航道等权利之授予,使吾国民触处伤心、穷于无告"。② 总之,清政府是一个"放弃主权,分裂河山,今日卖铁路,明日赠矿山,罪恶滔天,神人共愤"的卖国政府③,帝国主义所以"乐存此旧政府,以其为桃梗土偶",完全是为了"便于盗窃",以"亡中国"。④ 因此,要抵抗列强,就绝对不能依赖这样的卖国

---

① 豕伟之裔(刘师培):《普告汉人》,《民报》增刊《天讨》,1907年,第28—29页。
② 汉民(胡汉民):《排外与国际法》,《民报》第10号,1906年,第20、32页。
③ 金马:《云南讨满洲檄》,《民报》增刊《天讨》,1907年,第106页。
④ 寄生(汪东):《革命今势论》,《辛亥革命前十年间时论选集》第2卷下册,三联书店1963年版,第798页。

政府，要挽救民族危机，实现中华民族的独立和复兴，"除革去卖国之旧政府，建设救国之新政府，其道未由"。①孙中山曾沉痛指出："曾亦知瓜分之原因乎？政府无振作也，人民不奋发也。政府若有振作……外人不敢侧目也。"中国"欲免瓜分，非先倒满洲政府，别无挽救之法也"。②陈天华在《猛回头》中写道：《辛丑条约》签订后的清王朝不过是"替洋人，做一个，守土官长；压制我，众汉人，拱手投降"。这样的卖国政府如果不推翻，中国的救亡图存就没有任何希望。章太炎在《驳康有为论革命书》中强调："满洲弗逐，而欲士之争自濯磨，民之敌忾效死，以期至于独立不羁之域，此必不可得之数也。浸微浸衰，亦终为欧美之奴隶而已矣。"③

除将"排满"与"反帝"结合起来外，孙中山和以他为代表的革命党人还把"排满"与反专制压迫结合了起来。孙中山就一再强调，"排满"革命不仅要推翻清王朝的统治，解除民族歧视和民族压迫，而且要"将满洲政府所有压制人民之手段，专制不平之政治，暴虐残忍之刑罚，勒派加抽之苛捐，及满洲政府所纵容之虎狼官吏，一切扫除，不容再有膻腥余毒存留在我中华民国之内"。因此，他指出：我们推翻清政府，从驱除满洲人那一面是民族革命，从颠覆君主政体那一面说是政治革命，并不是把民族革命和政治革命分作两次去做。章太炎在《定复仇之是非》一文中也明确指出："夫排满即排强种矣，排清主即排王权矣。譬如言捕狮子，则不必别以捕猛兽为名，何以故？闻狮子之名而猛兽在是故。然必举具体之满洲清主，而不举抽象之强种王权者，强种与王权，其名无限，满洲与清主，其名有限。"④很显然，在章太炎这里，"排满"已成为反对民族压迫（强种）和封建压迫（王权）的替代词，"满"即是"强种"和"王权"的具体化身。在《"社会通诠"商兑》一文中，章太炎又着重阐述了"军国社会"和"宗法社会"之民族主义的区别。所谓"军国社会"，大体指的是资本主义社会；所谓

---

① 汉驹：《新政府之建设》，《辛亥革命前十年间时论选集》第1卷下册，三联书店1960年版，第592页。
② 孙中山：《驳保皇报书》，《孙中山全集》第1卷，中华书局1981年版，第233、234页。
③ 章太炎：《驳康有为论革命书》，《章太炎政论选集》（上），中华书局1977年版，第207页。
④ 太炎（章太炎）：《定复仇之是非》，《辛亥革命前十年间时论选集》第2卷下册，三联书店1963年版，第771—772页。

"宗法社会",大体指的是封建社会。他认为,革命党人的"排满革命""则惟军国社会是务,而宗法社会弃之如脱屣耳矣"。①刘师培在《普告汉人》中宣称:"近日之满洲,乃一族肆于民上者。以一人肆于民上犹不可,况以一族肆于民上耶!故就种界而言,则满洲之君为异族;就政界而言,则满洲之君为暴主。今日之讨满,乃种族革命与政治革命并行者也。"②从"种界"立论,"满洲之君"是"异族",但就"政界"而言,"满洲之君"又是"暴君"。因此,就"种界"一面而言,"讨满"是"种族革命",但从"政界"一面来看,"讨满"又是"政治革命"。

当然,排满的最终目的是要建立民族国家,从而实现中华民族的振兴。孙中山在《中国问题的真解决》一文中写道:"显而易见,要想解决这个紧急的问题,消除妨害世界和平的根源,必须以一个新的、开明的、进步的政府来代替旧政府。这样一来,中国不但会自力更生,而且也就能解除其他国家维护中国的独立与完整的麻烦。在中国人民中有许多极有教养的能干人物……把过时的满清君主政体改变为'中华民国'的计划,经慎重考虑之后,早就制定出来了。"他还指出:"一旦我们革新中国的伟大目标得以完成,不但在我们的美丽的国家将会出现新纪元的曙光,整个人类也将得以共享更为光明的前景。普遍和平必将随中国的新生接踵而至,一个从来也梦想不到的宏伟场所,将要向文明世界的社会经济活动而敞开。"③孙中山认为,建立一个开明、进步的新政府,才能承担"振兴中华"的重任。当时很多革命志士都把"排满"与"民族建国""振兴中华"联系在一起,这些革命志士都认识到"排满"是实现民族建国、完成"振兴中华"梦想的第一步。当时华兴会成员杨笃生在《新湖南》一书当中就明确指出:"今日吾辈所研究者,在存中国,在存湖南以存中国。苟有不必排满而得存湖南者,吾辈不必排满可也;苟其不出于排满而必不得存湖南者,帝国主义也……故欲横遏此帝国主义之潮流者,非以民族主义建筑坚埠以捍之……民族建国主义,不得个人权利主义以辅翼之……其势力犹未能达于全

---

① 太炎(章太炎):《"社会通诠"商兑》,《辛亥革命前十年间时论选集》第2卷下册,三联书店1963年版,第658页。
② 氽伟之裔(刘师培):《普告汉人》,《民报》增刊《天讨》,1907年,第9—10页。
③ 孙中山:《中国问题的真解决》,《孙中山全集》第1卷,中华书局1981年版,第254、255页。

盛也。"① 而另一位反满革命志士欧榘甲在《新广东》中说道："意者中国为满洲所灭，满洲之国……断无振兴之想，则中国者亦随之用死永散乎？非也。中国者，今日将死而复生，散而复聚，静而复动，灭而复兴之大机会也。"② 当时的革命志士已经深刻地意识到了只有"排满"才能建立一个民族国家，实现中华民族的振兴。

孙中山和以他为代表的革命党人的"革命排满"宣传有它一定的历史合理性和积极的革命意义，尤其是他们把"排满"与"反帝"，"排满"与反封建专制主义，"排满"与建立民族国家、实现振兴中华的目标结合起来，从而使他们的"革命排满"有了新的时代内涵。但也毋庸否认，在他们的"革命排满"的宣传中也充满了非理性的大汉族主义的仇满情绪。如邹容的《革命军》虽然集中阐述的是民主共和思想，但在抨击清朝政府时对满族的不切实际的攻击乃至污蔑，就是一种大汉族主义的仇满情绪的反映。刘师培在他的《两汉学术发微论》一文中也一再强调："诸儒内夏外夷之言，岂可没欤！"③ 他们甚至认为，清朝取代明朝，并非一般皇室更替的改朝换代，而是中国被外族灭亡。黄节在《〈国粹学报〉叙》中就以凄怆的笔调写道："悲夫痛哉！风景依然，举目有江河之异，吾中国之亡也，殆久矣乎！栖栖千年间，五胡之乱，十六州之割，两河三镇之亡，国于吾中国者，外族专制之国，而非吾民族之国也。"④ 革命党人倡言"亡国"的目的，是为了"亡清"，推翻清王朝的统治。因为只有"亡清"，推翻清王朝的统治，才能"恢复中华"，建立一个汉人居于统治地位的新中国。这也就是以章太炎为精神领袖的国粹派（他们是革命派的一翼）主办的《国粹学报》自创刊号起，便以凄怆的笔调大肆宣扬汉民族亡国之痛的真正原因。

很显然，这种非理性的大汉族主义的仇满情绪是不利于"排满革命"的，如果听任这种情绪发展，乃至失控，就会造成满汉民族的严重对立，甚至仇杀，其后果不堪设想。孙中山最可贵的品质之一就是能与时俱进，不断

---

① 杨笃生：《新湖南》，《辛亥革命前十年间时论选集》第 1 卷下册，三联书店 1960 年版，第 612 页。
② 欧榘甲：《新广东》，《辛亥革命前十年间时论选集》第 1 卷下册，三联书店 1960 年版，第 295 页。
③ 刘师培：《两汉学术发微论》，《刘师培卷》，中国人民大学出版社 2015 年版，第 204 页。
④ 黄节：《〈国粹学报〉叙》，《国粹学报》第 1 卷第 1 期，1905 年，第 1 页。

地修正或放弃一些不合时宜的甚至错误的思想或主张。当他认识到这一点后，即向革命党人反复宣讲这样一个道理："排满"不等同于"仇满"，推翻清政府并非要实行民族复仇主义。1906年孙中山在《民报》周年纪念大会上的演说中就明确告诉革命党人：有人说"'民族革命，是要尽灭满洲民族'，这话大错。民族革命的原故是不甘心满洲人灭我们的国家，主我们的政，定要扑灭它的政府，光复我们的民族国家。这样看来，我们并不是恨满洲人，是恨害汉人的满洲人。假如我们实行革命的时候，那满洲人不来阻害，我们决无寻仇之理"。[①] 作为孙中山主要理论助手和三民主义阐释人的汪精卫这时也开始积极宣传孙中山的"排满"非"仇满"的思想："汉人之所以排满者，以其覆我中国，攘我主权也，非谓国家内不许他民族存在，排满不已，更进而排蒙、排回、排藏也。况汉人非惟无排斥蒙回藏之心，且将实行平等制度。"[②] 正是在孙中山的耐心宣传和教育下，弥漫在革命党人中间的大汉族主义的仇满情绪得到了一定程度的消解。就是"仇满"思想甚为浓厚的章太炎在1908年6月撰写的《排满平议》中对此前自己所着力宣传的民族复仇论进行了修正，指出"排满者，排其皇室也，排其官吏也，排其士卒也。若夫列为编氓，相从耕牧，是满人者，则岂欲剚刃其腹哉"？[③] 孙中山把"排满"与"仇满"区别开来，强调推翻清政府并非要实行民族复仇主义，这无论在当时，还是在以后，对于各民族的团结和实现民族复兴都具有十分重要的历史意义

第二，建构民族国家——民族复兴之基础。民族复兴的基础是民族国家的建构问题，即完成革命之后建立一个什么样的民族国家。实际上，民族国家观念是近代民族主义的一个核心观念，也是国家由专制走向共和、文明进步的重要标志。西方近代民族主义就是西方各国在从前近代的"王朝国家"走向近代的"民族国家"的过程中产生和发展起来的。依据李宏图的研究，前近代的"王朝国家"与近代的"民族国家"的区别就在于：（1）在"王

[①] 孙中山：《在〈民报〉周年纪念大会上的演说》，《孙中山全集》第1卷，中华书局1981年版，第329页。
[②] （汪）精卫：《研究民族与政治关系之资料》，《民报》第13号，1907年，第17页。
[③] （章）太炎：《排满平议》，《辛亥革命前十年间时论选集》第3册，三联书店1977年版，第51页。

朝国家"中，专制帝王具有至高无上的权力，其意志就是法律，广大民众只是帝王的臣民，帝王对他们有生杀予夺之权，"建立在这种专制与压迫基础之上的国家看似统一，实则离心离德，四分五裂，人民根本没有爱国心，而且，封建特权阶级与其他阶级之间的差别、对立和相斥也阻碍了统一民族国家的形成"；而在近代的"民族国家"中，人民主权取代了专制王权，从前的臣民变成了公民，每个人都有权参与国家事务的管理，对国家大政方针发表自己的看法。因此，和"王朝国家"不同，构成"民族国家的基础的不是王权和许多不平等的阶级，而是具有相同权利的独立公民，人民主权成为这个新型国家的中心"。（2）在"王朝国家"中，王朝的利益高于一切，尽管专制帝王有时也能采取某些有利于国家或整体民族利益的政策，但从根本上来说，他们的"主要目的是要维护封建王权和封建特权的王朝利益"，当王朝利益和民族利益发生矛盾时，他们往往以牺牲民族利益为代价来换取对王朝利益的维护。所以，"这种王朝利益从本质上阻碍着整体民族利益的形成，也阻碍着统一民族的形成"。而在近代的"民族国家"中，民族利益高于一切，西方国家的资产阶级在建立民族国家的过程中，往往以民族利益的代表者自居，认为整个国家的政治、经济都应掌握在全体人民手中，国家的一切方针、政策和措施都应服从和服务于民族利益的实现和发展。尽管正如马克思指出的那样，资产阶级在这里所讲的"民族利益"仍然不过是他们自己的一个阶级的利益而已，但民族利益的提出和确立，则有利于统一的民族国家的形成和稳定。①

　　尽管与西方国家的历史不同，自秦始皇统一中国后，中国在绝大多数的时期内是作为统一的国家而存在，但在辛亥革命之前，中国也是一个前近代的"王朝国家"而非近代的"民族国家"。因为，其一，它实行的是封建专制制度，君主大权独揽，整个国家机器不过是执行君主意志的工具而已，而作为君主之臣民的广大民众，则毫无权利可言，专制君主可以随意处置他们，所谓"君要臣死，臣不得不死"，讲的就是这个道理。其二，在封建专制制度下，作为国家构成要素的土地和人民都是君主的私人财产，"普天之

---

①　参见李宏图《西欧近代民族主义思潮研究——从启蒙运动到拿破仑时代》，上海社会科学院出版社 1997 年版，第 256—258 页。

下，莫非王土；率土之滨，莫非王臣"，君主的一切作为，其根本目的是维护和扩充封建王权和封建特权的王朝利益。除这两点和西方前近代的"王朝国家"相似外，辛亥革命之前中国的"王朝国家"还有两点与西方前近代的"王朝国家"不一样的地方：一是西方的"王朝国家"大多是主权独立的国家，而中国自1840年鸦片战争起，就不断受到东西方资本主义列强亦即后来的帝国主义的侵略和掠夺，其领土和主权遭到巨大破坏，到了20世纪初，已完全沦为了半殖民地半封建社会。二是西方的"王朝国家"民族相对来说比较单一，基本上是一个民族一个国家（如英、法、德、意），而中国自古以来就是一个多民族的国家，清王朝的建立者是满族贵族，他们对汉族和其他民族实行民族压迫和民族歧视政策，各民族之间没有平等可言。

既然和西方国家一样，辛亥革命前的中国是一个前近代的"王朝国家"，那么，建立近代的"民族国家"也就成了民族复兴的追求目标。用梁启超在《论民族竞争之大势》一文中的话说："今日欲救中国，无他术焉，亦先建设一民族主义之国家而已。以地球上最大之民族，而能建设适于天演之国家，则天下第一帝国之徽号，谁能篡之。特不知我民族自有此能力焉否也。有之则莫强，无之则竟亡，间不容发，而悉听我辈之自择。"[①] 这可以说是包括梁启超在内的先进中国人的基本共识。但就建立近代的"民族国家"的任务而言，如前所述，由于辛亥革命前的清王朝与西方前近代的"王朝国家"既有相同之处，也有不同的地方，所以要建立近代的"民族国家"，中国人民除了要完成西方在建立近代的"民族国家"的过程中所要完成的推翻封建统治、建立民主制度、实现法律上的人人平等的任务外，还要完成西方所没有的两项任务：一是推翻东西方资本主义列强亦即帝国主义对中国的统治，改变中国的半殖民地半封建社会的性质，实现国家的独立和中华民族的解放；二是处理好国内各民族之间的关系，确立各民族在国家中的地位，实现各民族之间的一律平等和共同发展。显而易见，与西方比较，中国建立近代"民族国家"的任务要繁重得多、艰巨得多，也复杂得多。这也是近代民族国家在中国迟迟不能很好地构建起来的重要原因。

[①] 梁启超：《论民族竞争之大势》，《饮冰室合集》第2册，文集之十，中华书局1989年版，第35页。

受20世纪初传入的西方近代民族主义有关一个民族建立一个国家思想的影响①，孙中山和以孙中山为代表的革命党人也主张建立一个将满族和其他少数民族排除在外的单一的汉民族国家。《浙江潮》上的一篇文章就强调，所谓民族主义，其实质就是"合同种异异种，以建一民族的国家""惟民族的国家，乃能发挥本民族之特性；惟民族的国家，乃能合其权以为权，合其志以为志，合其力以为力"。所以，一国之内不能"容二族"。否则，"以言特性，则各异其异，孰从而发挥之；以言合其意、合其权，则其意相背，其权消长，又孰从而合之。故曰：一国之内而容二族，则舍奴隶以外，无以容其一"。②既然一国之内不能"容二族"，那么该文的结论自然是：中国要民族建国，就必须"排满"，建立单一的汉民族国家。柳亚子在《民权主义！民族主义！》一文中也明确指出："凡是血裔风俗语言同的，是同民族；血裔风俗语言不同的，就不是同民族。一个民族当中，应该建设一个国家，自立自治，不能让第二个民族占据一步。"③汪精卫也曾公开声明："吾愿我民族实行民族主义，以一民族为一国民。"④就是孙中山本人，在革命的初始阶段，主张建立的也是单一的汉民族国家，所以他的三民主义的"民族主义"的内容，是要"驱除鞑虏、恢复中华"，也就要把建立清王朝的满族人赶回到东北老家去，以恢复汉族对中国的统治。1906年孙中山在日本与黄兴、章太炎制定《中国同盟会革命方略》时是这样解释"驱除鞑虏、恢复中华"的："一、驱除鞑虏：今之满州，本塞外东胡。昔在明朝，屡为边患。后乘中国多事，长驱入关，灭我中国，据我政府，迫我汉人为其奴隶……义师所指，覆彼政府，还我主权。……二、恢复中华：中国者，中国人之中国；中国之政治，中国人任之。驱除鞑虏之后，光复我民族的国家。敢有为石敬瑭、吴三桂之所为者，天下共击之！"⑤

---

① 参见郑大华《论近代中国民族主义的思想来源和形成》，《浙江学刊》2007年第1期。
② 余一：《民族主义论》，《辛亥革命前十年间时论选集》第1卷下册，三联书店1960年版，第486—487页。
③ 弃疾（柳亚子）：《民权主义！民族主义！》，《辛亥革命前十年间时论选集》第2卷下册，三联书店1963年版，第814页。
④ 汪精卫：《民族的国民》，《辛亥革命前十年间时论选集》第2卷上册，三联书店1963年版，第100页。
⑤ 孙中山：《中国同盟会革命方略》，《孙中山全集》第1卷，中华书局1981年版，第269、297页。

正是从建立单一的汉民族国家的主张出发，革命党人特别强调满、汉不同种，不是一个民族。刘师培在《辨满人非中国之臣民》一文中就一再强调，"满、汉二民族，当满族宅夏以前，不独非同种之人，亦且非同国之人，遗书具在，固可按也"[1]。为了辨明满、汉"种界"，证明满、汉不是一个民族，刘师培还特作《中国民族志》一书。陶成章在《中国民族权力消长史叙例七则》中把满族归入蒙古族，以证明满族与汉族不是同种同族。自称为"革命军中马前卒"的邹容，在《革命军》一书中不惜以大量篇幅证明"吾同胞今日所谓朝廷、所谓政府、所谓皇帝，即吾畴昔之所谓曰夷、曰蛮、曰戎、曰狄、曰匈奴、曰鞑靼，其部落居于山海关之外，本与我黄帝神明之子孙不同种族也"[2]。更有甚者，一些排满思想十分浓厚的革命党人，不仅认为满、汉不同种，而且认为满族和其他民族不是中国人，满族和其他民族的聚居地不是中国土地，只有汉族才是中国人，只有汉族的聚居地才是中国土地。比如《浙江潮》第7期发表的《四客政论》一文中就强调："中国者，中国人之中国也，孰为中国人？汉人种是也。"[3]《江苏》第6期的"补白"也声称："中国者，中国人之中国，非胡虏之中国也。"既然满族和其他民族不是中国人，满族和其他民族的聚居地不是中国土地，所以当时一些革命党人提出的民族建国，其领土只包括汉族聚居的十八省，而没有把东北、内外蒙古、西藏和新疆包括在内。比如，1907年，两湖的一些革命党人在同盟会内部组织了一个革命小团体"共进会"，采用的便是只代表汉族聚居的十八省的"十八星旗"。

革命党人建立单一的汉民族国家的主张，无论就历史而言，还是就现实来看，都是极其错误的，也根本不可能实现。因为，中国自古以来就是一个统一的多民族国家，生活在中国境内的各个民族，在长期的生产、生活和交往中，在血缘上已形成你中有我、我中有你的关系，我们不可能找到一个纯血统的民族存在，在文化上各民族之间相互影响，共同创造了以儒家思想为核心的中华文化，并形成了共同的历史和文化记忆。作为中华民族的一员，

---

[1] 伟裔（刘师培）：《辨满人非中国之臣民》，《民报》第14期，1907年，第1页。
[2] 邹容：《革命军》，《辛亥革命前十年间时论选集》第1卷上册，三联书店1960年版，第663页。
[3] 愿云：《四客政论》，《浙江潮》第7期，1903年，第2页。

各民族都为中华民族的形成和发展作出过自己的贡献。即使当时居于统治地位的满族,尽管在入主中原、建立和维护清王朝的过程中,曾实行过民族屠杀、民族压迫和民族歧视政策,但这只是少数满族贵族的行为,我们不能因此而否认整个满族就不属于中华民族,更不能得出满族对中国的统治是异族统治的结论。如果像革命党人所主张的那样,通过排满革命,以建立一个单一的汉民族国家,那么历史上形成的统一的多民族国家就会发生分裂,满汉民族之间就会发生仇杀,其结果不仅近代的民族国家建立不起来,而且还会给帝国主义侵略和瓜分中国提供机会,从而更进一步加重中国的民族危机。杨度在《〈中国新报〉叙》中便指出:"汉人组织共和国家,满人无复有土地之可守,必以反抗而尽败灭;蒙、回、藏之人,必以民族主义而各离立……是其时必以汉、蒙、回、藏四族,分为四小中国。此四小中国中,其始终能立国者,唯汉人,而蒙、回、藏皆不能……于时俄必得蒙与回,英必得藏,法、德、日本等必下手于二十一行省,其影响遂波及汉人之国,亦就灭亡。以内部瓜分之原因,而得外部瓜分之结果,此皆欲成民主国所必至之符也。"① 在《金铁主义说》中杨度又进一步写道:要是近代中国的民族建国真的像革命派所主张的,是要建立一个单一的汉民族国家,那么满、蒙、回、藏等民族也将建立自己的民族国家,结果是"分一大国为数小国,分一大国之人民为数小国之人民,分一大国之领土为数小国之领土",那些本以瓜分中国为基本国策的西方列强,如俄国和法国,"一见我五族分立,领土瓜分,岂有不欢欣鼓舞投袂而起,一从北方以取蒙、回,一从南方以取黔、粤者乎?以国内瓜分之原因,而得外国瓜分之结果,此不待蓍龟而可决者。而主张五族分立论或汉族独立论者,实俄、法之所乐闻,而思利用之,以为先驱者也。故中国之在今日世界,汉、满、蒙、回、藏之土地,不可失其一部,汉、满、蒙、回、藏之人民,不可失其一种",否则,"一有变动,则国亡矣"。②

我们前面已经提到,孙中山最可贵的品质之一就是能与时俱进,不断地修正或放弃一些不合时宜的甚至错误的思想或主张。因此,在他放弃狭隘的民族复仇主义思想、声明"排满"只反对压迫仇视汉人的满族统治者而不

---

① 杨度:《〈中国新报〉叙》,《杨度集》(一),湖南人民出版社1986年版,第211页。
② 杨度:《金铁主义说》,《杨度集》(一),湖南人民出版社1986年版,第304页。

是普通的满族民众的同时，他也开始放弃了建立单一的汉民族国家的主张，而承认汉、满、蒙、回、藏之聚居地都是中国之土地，汉、满、蒙、回、藏之人民都是中国之国民，革命后所建立的民族国家是一个包括汉、满、蒙、回、藏等各族人民在内的统一的多民族的国家。孙中山认识上的这一变化，为后来革命党人"五族共和""五族平等"之建国主张的提出奠定了思想基础。1911年10月10日，武昌起义爆发，各地纷纷响应，宣布起义或"光复"。在武汉光复次日，起义的领导人便议定"改政体为五族共和"；"国旗为五色，以红、黄、蓝、白、黑代表汉、满、蒙、回、藏为一家"。虽然湖北军政府实际上并没有将五色旗作为国旗，而采用的是代表汉族聚居的十八省人民团结和铁血精神的十八星旗，但此议一出，实开"五族共和"之建国主张的先声。12月4日，江苏都督程德全、浙江都督汤寿潜、沪军都督陈其美，以及黄兴和各省留沪代表在上海江苏省教育总会开各省代表会，议决"公电孙中山回国主持大政，公举黄兴为大元帅，黎元洪为副元帅，国名定为中华民国。黄兴等建议规定国旗式样。经过反复研讨，取五族共和的意义，决定以五色为国旗。红、黄、蓝、白、黑，象征汉、满、蒙、回、藏"。① 12月25日，孙中山自海外回到上海，29日，会议正式选举孙中山为临时大总统。1912年1月1日，孙中山在南京宣誓就职，宣告中华民国临时政府成立。在《临时大总统就职宣言书》中，孙中山向海内外明确宣布了"五族共和"的建国方针："国家之本，在于人民。合汉、满、蒙、回、藏诸地为一国，即合汉、满、蒙、回、藏诸族为一人。是曰民族之统一。武汉首义，十数行省先后独立。所谓独立，对于清廷为脱离，对于各省为联合，蒙古、西藏意亦同此。行动既一，决无歧趋，枢机成于中央，斯经纬周于四至。是曰领土之统一。"② 此后不久颁布的《中华民国临时约法》，又将"五族共和""五族平等"之建国方针以国家根本大法的形式确定下来。

孙中山和以他为代表的革命党以"五族共和""五族平等"之建国主张取代他们早先提出的建立单一的汉民族国家的主张，这具有非常重要的历史

---

① 黄炎培：《我亲身经历的辛亥革命事实》，《辛亥革命回忆录》（一），中国文史出版社2012年版，第66页。

② 孙中山：《临时大总统宣言书》，《孙中山全集》第2卷，中华书局1982年版，第2页。

意义，它不仅避免了统一的多民族国家的分裂，也避免了一些多民族国家在发生重大的政局变动时民族间相互仇杀的悲剧发生，从而为后来中国统一的多民族国家的不断巩固和发展、为中华民族的伟大复兴奠定了较好的政治基础和社会基础。尽管后来袁世凯窃取了革命的胜利果实，但南京临时政府所确立的"五族共和""五族平等"的建国方针还是被他继承了下来。4月22日，也就是袁世凯继任南京临时大总统后不久，他在发布的大总统令中重申："现在五族共和，凡蒙、藏、回、疆各地方，同为我中华民国领土，则蒙、藏、回、疆各民族，即同为我中华民国国民。"①

中华民国的成立，是中国近代民族国家建立的重要标志。其一，新成立的中华民国用近代的民主制度取代了封建的专制制度，用人民主权取代了专制王权，从前的臣民变成了公民，每个人都有参与国家事务管理的权利。《中华民国临时约法》就明确规定"中华民国之主权，属于国民全体"（第二条）；人民享有人身、居住、财产、言论、出版、集会、结社、通信、信仰等自由，享有请愿、诉讼、考试、选举及被选举等权利（第六至第十二条）。其二，新成立的中华民国废除了封建等级制度，在法律上实现了人人平等。孙中山在任南京临时大总统期间，曾就改变所谓"贱民"身份和保证他们各项权利的问题令内务部通令各地，对在清朝专制统治下的所谓贱民，不得再有歧视。"凡以上所述各种人民，对于国家社会之一切权利……均许一体享有，毋稍歧异，以重人权，而彰公理。"② 不久又将"中华民国人民一律平等，无种族、阶级、宗教之区别"写进了作为国家根本大法的《中华民国临时约法》的第五条。其三，新成立的中华民国确立了各民族平等的基本国策。中华民国成立后颁布的各种文告和文件中一再强调"五族平等"，而且还特别制定了《关于满、蒙、回、藏各族待遇之条件》，强调各族平等共处。

当然，我们在肯定中华民国的成立对于中国近代民族国家的建立之重要意义的同时，也必须看到，这种建立还只是初步的，因为以孙中山为代表的

---

① 《中国大事记》，民国元年四月二十二日大总统令，《东方杂志》第8卷第12号，1912年。
② 孙中山：《令内务部通令蛋户惰民等一律享有公权私权文》，《孙中山全集》第2卷，中华书局1982年版，第244页。

革命党人为中华民国所确立的近代民主制度，在袁世凯窃取了辛亥革命的胜利果实后，很快就成了一块有名无实的空头招牌，广大人民并没有像《中华民国临时约法》所规定的那样实现人人平等，封建专制制度和封建等级制度并没有彻底退出历史舞台，民族压迫和民族歧视的现象依然存在，尤其是孙中山为代表的革命党人，他们在建构中国近代的民族国家时，不仅没有提出反对帝国主义的口号和措施，而且还对帝国主义抱有不切实际的幻想，中华民国建立后，帝国主义对中华民族的压迫和掠夺依然存在，民族危机不仅没有减缓，相反还在进一步加深。所以，建立一个完整意义上的近代民族国家、实现民族复兴还任重而道远，需要包括以孙中山为代表的革命派在内的中国人民的继续努力。

第三，"赶超"西方——民族复兴之目标。古老的中国曾经是"天朝上国"，经济、政治、文化、科技都曾领先于世界，但进入近代以后，地位一落千丈，逐渐沦为资本主义列强的半殖民地、殖民地。因而"赶超"西方，实现中华民族的伟大复兴，则成了近代知识分子的不懈追求。鸦片战争结束不久，魏源在《海国图志·筹海篇》中不仅提出了"师夷之技以制夷"的主张，而且还憧憬过古老的中国"风气日开，智慧日出，方见东海之民，犹西海之民"的图景。[①] 冯桂芬在《校邠庐抗议·制洋器议》中虽然认为中国"人无弃材不如夷，地无遗利不如夷，君民不隔不如夷，名实必符不如夷……至于军旅之事，船坚炮利不如夷，有进无退不如夷"，各个方面都与西方列强存在着不小的差距，但他同时又相信，中国只要"采西学"，"制洋器"，对于西方就一定能"始则师而法之，继则比而齐之，终则驾而上之"[②]，赶上并超越它们。陈炽在《续富国策·劝工强国说》中也明确地提出了赶超西方的思想："他日富甲环瀛，踵英而起者，非中国之四百兆人民莫与属也。"但这些知识分子心中有着"赶超"的梦想，却没有切实可行的措施，没有对中国为什么能"赶超"西方和如何"赶超"西方进行论述。孙中山的"赶超"西方的思想是对他们"赶超"思想的继承和发展。

[①] 魏源：《海国图志》卷2，岳麓书社1998年版，第31页。
[②] 冯桂芬：《校邠庐抗议·制洋器议》，《采西学议——冯桂芬、马建忠集》，辽宁人民出版社1994年版，第77页。

早在1894年，孙中山在《上李鸿章书》中就提出了赶超西方的思想。他在陈述了"人能尽其才，地能尽其利，物能尽其用，货能畅其流"的变法主张后写道："此四者，富国之大经，治国之大本也。四者既得，然后修我政理，宏我规模，治我军实，保我藩邦，欧洲其能匹哉！"他要李鸿章相信，只要实行他的改革主张，"以中国之人民材力，而能步武泰西，参行新法，其时不过二十年，必能驾欧洲而上之，盖谓此也"。① 而这种"赶超"思想贯穿孙中山一生，也可以说孙中山一生都在为"赶超"西方、实现"振兴中华"的梦想而不断奋斗着。继《上李鸿章书》后，1905年，孙中山在东京中国留学生欢迎大会的演说中讲："鄙人此次由美而英而德、法，古时所谓文明之中心点如埃及、希腊、罗马等，皆已不可复睹。今日阿利安民族之文明，特发达于数百年前耳。而中国之文明已著于五千年前，此为西人所不及，但中间倾于保守，故让西人独步。然近今十年思想之变迁，有异常之速度。以此速度推之，十年、二十年之后不难举西人之文明而尽有之，即或胜之焉，亦非不可能之事也。"② 1912年，孙中山在一系列的演说中再次表达了他的赶超思想。比如，在安徽都督府欢迎会的演说中他强调：中国的物质文明现在虽然比较落后，但只要虚心向西方学，把西方好的东西拿过来，"我们物质上文明，只须三、五年便可与外国并驾齐驱"。而我们道德上文明，外国本来就不如我们。"结果岂不比东西各国更加倍文明？彼时我中华文明在地球上，不特要在列强中占一席，驾乎列强之上，亦意中事。"③ 在上海机器公会成立大会上的演说中他又指出："中国地大物博，矿产丰富，全仗吾人脑力思想，利用此天然之利。今日之会，为中国自古未有之事，尚望诸公努力，自用聪明才力，发明种种机器，庶几驾乎各国之上，方不负今日开会之盛也。"④ 1913年，孙中山在东京留日三团体欢迎会的演说中又进一步强调："令全国人民具有此种道德（即民党的政党道德——引者），

---

① 孙中山：《上李鸿章书》，《孙中山全集》第1卷，中华书局1981年版，第15页。
② 孙中山：《东京中国留学生欢迎大会的演说》，《孙中山全集》第1卷，中华书局1981年版，第282页。
③ 孙中山：《在安徽都督府欢迎会的演说》，《孙中山全集》第2卷，中华书局1982年版，第533页。
④ 孙中山：《在上海机器公会成立大会上的演说》，《孙中山全集》第2卷，中华书局1982年版，第560页。

具有此种思想（即国民党的政党思想——引者），则中华民国之政治可以立见发达，中华民国之基础可以立见巩固，中华民国之势亦可以蒸蒸日上，凌驾欧美而上之。"① 1918—1919年间孙中山制定了《建国方略》，其目的就在于"教吾国人行民权第一步之方法也。傥此第一步能行，行之能稳，则逐步前进，民权之发达必有登峰造极之一日。语曰：'行远自迩，登高自卑。'吾国人既知民权为人类进化之极则，而民国为世界最高尚之国体，而定之以为制度矣，则行第一步之工夫万不可忽略也。苟人人熟读此书，则人心自结，民力自固。如是，以我四万万众优秀文明之民族，而握有世界最良美之土地、最博大之富源，若一心一德，以图富强，吾决十年之后，必能驾欧美而上之也。四万万同胞行哉勉之！"② 到了晚年，孙中山的"赶超"之志越发强烈。1923年，他在广州中国国民党恳亲大会的演说中告诉广大听众，中国国民党的三民主义"确是适合中国国情，顺应世界潮流，建设新国家一个最完全的主义"。大家要将三民主义宣传到全国，使全国人民都赞成它，都欢迎它，用它来统一全国人民的心理。"到了全国人民的心理都被本党统一了，本党自然可以统一全国，实行三民主义，建设一个驾乎欧美之上的真民国。"③ 可以说"赶超"思想是孙中山"振兴中华"的民族复兴思想的重要内容。

与前人相比，孙中山的"赶超"思想不再是几句响亮的口号，而是有一套完备和系统的设想。首先，他曾多次阐述了赶超的目标以及实现目标的时间。孙中山始终把"中国变成世界第一"作为自己的奋斗目标，在文章或者演说中他不止一次地提到，要把中国建设成为世界上最强大、最文明、最先进的国家。如1905年他在东京中国留学生欢迎大会的演说中指出："如此看来，将来我中国的国力能凌驾全球，也是不可预料的。所以各志士知道我们中国不得了，人家要瓜分中国，日日言救中国。倘若是中国人如此能将一切野蛮的法制改变起来，比米国还要强几分。"在演说中他还自豪地表示：

---

① 孙中山：《东京留日三团体欢迎会的演说》，《孙中山全集》第3卷，中华书局1984年版，第38页。
② 孙中山：《建国方略》，《孙中山全集》第6卷，中华书局1985年版，第414页。
③ 孙中山：《在广州中国国民党恳亲大会的演说》，《孙中山全集》第8卷，中华书局1985年版，第284页。

"建一头等民主大共和国,以执全球的牛耳,实为可叹!"① 我们翻阅《孙中山全集》,"把中国变成为世界上头一等强国"、"全球第一强国"、"恢复到头一个地位"等语在其文章、演说中多次出现。比如,1912年7月,孙中山在上海中华民国铁道协会欢迎会的演说中指出,美国现在铁路70多万里,已成全球"最富之国"。中国的土地是美国的5倍,如果能建造350多万里铁路,"即可成全球第一之强国"。② 10月,他在南昌军政学联合欢迎会的演说中希望大家,"发奋为雄,研究军学,使四万万同胞,均有尚武之精神,使中华民国富武力之保障",中国的海陆强盛了,就一定能进入世界上"一等国之地位"。③ 直到晚年他在"三民主义·民族主义"的系列演讲中还一再强调:"从前虽然是退后了几百年,但是现在只要机变便可以赶上","中国便可以恢复到头一个地位"。④ 这说明孙中山"赶超"西方、把中国建设成世界第一等强国的思想是明确而坚定的。同时,孙中山也规定了"赶超"西方、把中国建设成"世界第一等强国"的期限。他在《建国方略》中曾写道:"自一千七百七十六年七月四日宣布独立,至今民国八年,为时不过一百四十三年耳,而美国已成为世界第一富强之国矣。日本维新之初,人口不及我十分之一,其土地则不及我四川一省之大,其当时之知识学问尚远不如我之今日也。然能翻然觉悟,知锁国之非计,立变攘夷为师夷,聘用各国人才,采用欧美良法,力图改革。美国需百余年而达于强盛之地位者,日本不过五十年,直三分之一时间耳。准此以推,中国欲达于富强之地位,不过十年已足矣。"⑤ 后来,他又提出过二十年赶超西方、"把中国变成世界上头一等的强国"的设想。以十年、二十年为限,"把中国变成世界上头一等的强国",这"充分表明了孙中山以最快的速度实现中华民族振兴的强烈愿望

---

① 孙中山:《在东京中国留学生欢迎大会的演说》,《孙中山全集》第1卷,中华书局1981年版,第279页。
② 孙中山:《在上海中华民国铁道协会欢迎会的演说》,《孙中山全集》第2卷,中华书局1982年版,第391页。
③ 孙中山:《在南昌军政学联合欢迎会的演说》,《孙中山全集》第2卷,中华书局1982年版,第536页。
④ 孙中山:《三民主义·民族主义》,《孙中山全集》第9卷,中华书局1986年版,第253页。
⑤ 孙中山:《建国方略》,《孙中山全集》第6卷,中华书局1985年版,第202页。

和焦灼心情；也充分表达了近代以来一代又一代炎黄子孙的共同心声"。①

在孙中山论述"赶超"西方的过程中，笔者发现他的这种十年、二十年把中国变成世界"头一等强国"的设想不是一种盲目的自信，而有它的充分根据。首先，中国地大物博，人口众多，且有着五千年灿烂文明。民国初年，孙中山在一次演说中谈道：中国"人口繁殖，占地球全人口四分之一，为他国所莫及；版舆辽阔，除英、俄二国以外，无与比伦。然美（英）属地虽多，过于散漫，将（来）难免不分裂。俄则领地瘠寒，可生产之沃土不多。惟中国地带温和，物产较（繁）（盛），占天然之优胜。加以人物聪秀，比白晳人种有过之无弗（及）"。从前中国之所以衰弱，原因在于不良的专制制度。现在"国体已改定共和，人民生活在良政治之下，其文化进步甚速，不出十年八年，必成一至强极盛之国无疑"。② 后来，他在《建国方略·知难行易》中又写道："夫国之贫弱，必有一定之由也，有以地小而贫者，有以地瘠而贫者，有以民少而弱者，有以民愚而弱者，此贫弱之四大原因也。乃中国之土地则四百余万方咪之广，居世界之第四，尚在美国之上。而物产之丰，宝藏之富，实居世界之第一。至于人民之数则有四万万，亦为世界之第一。而人民之聪明才智自古无匹，承五千年之文化，为世界所未有，千百年前已尝为世界之雄矣。四大贫弱之原因，我曾无一焉。"中国以前的贫弱是官吏贪污、政治腐败之"国害"造成的。只要这"国害一除，则国利自兴，而富强之基于是乎立。是中国今日欲富强则富强矣，几有不待一跃之功也"。③ 这是孙中山自信能"赶超"西方的主要原因。其次，中国具有后发优势，可以径直将欧美这些先进国家中最先进的东西学习过来，从而减少弯路，实现跨越式的发展。以机器制造为例，他指出："有谓中国今日无一不在幼稚时代，殊难望其速效。此甚不然。各国发明机器者，皆积数十百年始能成一物，仿而造之者，岁月之功已足。中国之情况，亦犹是耳。"又如修铁路，"铁路之汽车，始极粗恶，继渐改良，中国而修铁路也，将用

---

① 俞祖华：《孙中山赶超西方思想评述》，《江西社会科学》2002年第8期。
② 孙中山：《在北京五族共和合进会与西北协进会的演说》，《孙中山全集》第2卷，中华书局1982年版，第439—440页。
③ 孙中山：《建国方略》，《孙中山全集》第6卷，中华书1985年版，第223—224页。

其最初粗恶之汽车乎？抑用其最近改良之汽车乎？"① 答案不言而喻，当然要用"最近改良之汽车"。这就是后发优势。美国本来也是一个落后国家，之所以一跃而成了"最富最强之国"，就是利用了后发优势，"其发展实业之初也，资本则悉借之欧洲，人才亦多聘之欧洲"，技术工艺亦多从欧洲引进。② 这是美国之所以从一个落后国家一跃成为世界上"最富最强之国"的重要原因。美国能做到的，中国当然亦能做到。"夫以中国之地位，中国之富源，处今日之时会，倘吾国人民能举国一致"，充分发挥后发优势，引进欧美国家的资本、人才和技术，"以发展我之生产事业，则十年之内吾实业之发达必能并驾欧美矣"。③ 第三，与中国同文同种、同作为东亚国家的日本"赶超"西方的成功，更增加了孙中山的信心。他在《上李鸿章书》中，要李鸿章相信实行他的改革主张、中国二十年内"必能驾欧洲而上之"后写道："试观日本一国，与西人通商后于我，仿效西方亦后于我，其维新之政为日几何，而今日成效已大为可观。"④ 1912年，他在安徽都督府欢迎会的演说中又对中日作了一番对比：日本的土地不过中国的两省土地之大，人民亦不过中国的两省人民之多，四十年前还是一个最小、最穷、最弱的国家。但自明治维新以后，实行"开放主义"，仅仅用了四十年时间，就成了世界强国。"全球上能称为列强者，不过六、七国，而日本俨然是六、七国中之一国。……我中华民国土地比日本大二十倍，人民比日本亦多二十倍，要照日本办法，亦采用开放主义，不到三、五年后，兄弟可决定，比日本富强十倍。"⑤ 第四，历史在客观上给中国提供了难得的发展机遇。比如，欧战期间欧洲各国新设了许多专为战争服务的工厂，"今大战已息，此等工厂将成废物矣。其佣于此等工厂之千百万工人，亦将失业矣。其投于此等工厂之数十万万资本，将无从取偿矣。此为欧美战后之一大烦难，而彼中政治家尚无解决之方也。倘我中国人能利用此机会，借彼将废之工厂，以开发我无

---

① 孙中山：《东京中国留学生欢迎大会的演说》，《孙中山全集》第1卷，中华书局1981年版，第283页。
② 孙中山：《建国方略》，《孙中山全集》第6卷，中华书1985年版，第225页。
③ 同上书，第227页。
④ 孙中山：《上李鸿章书》，《孙中山全集》第1卷，中华书局1981年版，第15页。
⑤ 孙中山：《在安徽都督府欢迎会的演说》，《孙中山全集》第2卷，中华书局1982年版，第533页。

穷之富源，则必为各国所乐许也。此所谓天与之机"。①

孙中山在"赶超"西方的战略上有明确的目标以及时间期限。那么，如何才能实现"赶超"呢？概括孙中山的思想：首先，振兴实业。经济实力是综合国力最重要的衡量标准，振兴实业是实现赶超最重要的步骤。孙中山曾指出："我中华之弱，由于民贫。余观列强致富之原，在于实业。"所以，"兴实业实为救贫之药济，为当今莫要之政策。""中国乃极贫之国，非振兴实业不能救贫。"② "振兴中国惟一之方法，止赖实业。"③ 只有振兴实业，加速经济的发展，才能实现"赶超"欧美的宏伟目标，实现中华民族的伟大复兴。"中国将来矿产开辟，工业繁盛，把国家变成富庶，比较英国、美国、日本，还要驾乎他们之上。"④ 振兴实业对于"赶超"西方是如此重要。那么怎样才能振兴实业呢？为此，他提出："振兴实业，当先以交通为重要。计划交通，当先以铁道为重要。建筑铁道，应先以干路为重要。谋议干路，尤当先以沟通极不交通之干路为重要。盖交通尚便之地，人见僻远之干路正在兴筑，而投资相应起营稳便之内部干路者必多。"⑤ 正是出于修建铁路对于振兴实业之重要性的认识，民国初年，孙中山辞去临时大总统后，到处发表演说，表示要在十年内修筑二十万铁路，"使中国全境，四通八达"，成为全球第一强国，不再受外国列强的欺负。他还亲自草拟了一份修筑铁路的计划，计划通过修筑南路（自南海至天山之南）、中路（自扬子江口达伊黎）和北路（自秦皇岛达蒙古乌梁海）三条沟通全国的主要铁路干线，建立起全国铁路网。不久（1912 年 9 月 9 日），他又应袁世凯之聘，担任了全国铁路督办，积极为修筑二十万里铁路奔走呼号。后来，孙中山又著《实业计划》一书，提出"振兴实业"的十大建设计划，即：（1）交通之开

---

① 孙中山：《建国方略》，《孙中山全集》第 6 卷，中华书局 1985 年版，第 225 页。
② 孙中山：《在上海中华实业联合会欢迎会的演说》，《孙中山全集》第 2 卷，中华书局 1982 年版，第 341、339 页。
③ 孙中山：《在上海与〈民立报〉记者的谈话》，《孙中山全集》第 2 卷，中华书局 1982 年版，第 383 页。
④ 孙中山：《在广东第一女子师范学校校庆纪念会的演说》，《孙中山全集》第 10 卷，中华书局 1986 年版，第 22 页。
⑤ 孙中山：《在上海与〈民立报〉记者的谈话》，《孙中山全集》第 2 卷，中华书局 1982 年版，第 384 页。

发；(2) 商港之开发；(3) 建设全国铁路系统和新式街市；(4) 水利之发展；(5) 设立制铁、制钢、造士敏土三大工厂；(6) 矿业之发展；(7) 农业之发展；(8) 蒙古、新疆之灌溉；(9) 于中国北部及中部建造森林；(10) 移民于东北、蒙古、新疆、青海、西藏。他还就十大建设计划的前六大计划进行了详细规划。关于第一计划：首先建设北方大港，他主张北方大港建设在直隶湾秦皇岛与葫芦岛之间，大沽口与秦皇岛两地之中途，青河与滦河两口之间，因为这里水深不冰，可建设一个如纽约港那样的大港。同时建设西北铁路系统，与此大港连成一片。再浚运河，以联络中国北部中部通渠及北方大港，开发直隶、山西煤矿铁矿，设立冶铁制钢工厂，移民蒙古和新疆。第二计划：首先建立东方大港。他主张将东方大港建立在上海港之外，以上海港作为东方大港的辅助港。东方大港的最佳位置在杭州湾乍浦岬与澉浦岬之间。此两岬相距约15英里，应建一海堤，而于乍浦一端，离山数百尺之处，开一缺口，以为港之正门。为了和已成东方之商港的上海港相区别，此港可称为计划港。其次为解决扬子江口的泥沙问题，以便充分发挥上海港作为东方商港的重要作用，他建议分六节整治扬子江，即：(1) 由海上深水浅起，至黄浦江合流点；(2) 由黄浦江合流点至江阴；(3) 由江阴至芜湖；(4) 由芜湖至东流；(5) 由东流至武穴；(6) 由武穴至汉口。第三是在镇江及其北岸、南京及浦口、芜湖、安庆及南岸、鄱阳港和武汉等地建设内河商埠。第四是改良北运河、淮河、江南水路系统、鄱阳水路系统、汉水、洞庭湖系统和扬子江上游等现存水路及运河。第五是创建大士敏土厂，以及港口、码头、水利建设等配套工程。第三计划：主张改良广州港为一世界港。广州港面水界应至第一闩洲为止，由此处起，港面应循甘布列治水道（乌涌与大吉沙之间），经长洲、黄埔两岛之间，以入亚美利根水道。与此同时，改良广州水路系统，重点整治广州河汊、西江、北江和东江，并修筑（甲）广州—重庆线，经由湖南；（乙）广州—重庆线，经由湖南、贵州；（丙）广州—成都线，经由贵州、泸州；（丁）广州—成都线，经由梧州、叙府；（戊）广州—云南、大理、腾跃线，至缅甸边界为止；（己）广州—思茅线；（庚）广州—钦州线，至安南界东兴为止七条铁路，建立西南铁路系统。另外，在沿海建设商埠及渔业港，设立造船厂。第四计划：专讲铁路建设，分中央铁路系统、东南铁路系统、东北铁路系统、西北铁路系统和高原铁路系统,加上第三计划中的西南铁路系统,使全国各地均脉络贯通,四通八达,连为一体,以保证各地地尽其力,货畅其流。为配合铁路建设,满足因铁路的扩张对机车的大量需要,他主张兴办大型的机车客车货车制造厂。第五计划:专讲兴办各种工业。根据"生活之物质原件"的需要,分粮食工业、衣服工业、居室工业、行动工业和印刷工业。每一大项中又分若干小项,如粮食工业,内分食物生产、食物制造与保存、食物分配与输出,衣服工业,内分丝工业、麻工业、棉工业、毛工业、皮工业和制衣机器工业六小项。前四项内容与人民的物质生活休戚相关,后一项主要"以知识供给人民"。第六计划:专讲矿业建设,分铁矿、煤矿、油矿、铜矿、特种矿之开采,矿业机器之制造和冶矿机器厂之设立等七个方面,务必使各种资源能"物尽其用",以为人民生活和工业建设服务。孙中山提出的实业计划,规模宏大,设计详细,论证充分,在中国近代经济史上可谓空前绝后。比如,在交通方面,根据计划,仅铁路就要修筑十万英里,公路(碎石路)一百万英里。孙中山不仅提出了一份规模宏大的实业计划,而且还探讨了实现这些计划的途径、原则和方法。他认为:"中国实业之开发应分两路进行:(一)个人企业;(二)国家经营是也。凡夫事物之可以委诸个人,或其较国家经营为适宜者,应任个人为主,由国家奖励,而以法律保护之。……至其不能委诸个人及有独占性质者,应有国家经营之。"① 而其发展的原则是:(1)必选最有利之途以吸外资;(2)必应国民之所最需要;(3)必期抵抗之至少;(4)必择地位之适宜。② 根据当时中国资金人才都十分匮乏的实际情况,他主张大力吸收外资,引进人才,"凡诸工业国,其资本有余者,中国能尽数吸收之。"但在吸收外资引进人才的同时,一定要避免主权操于外人之手,因为,"发展之权,操之在我则存,操之在人则亡"。③ 此外,孙中山还提出化兵为工的意见,主张将裁撤的士兵,以为筑港建路及开发长城以外沿线地方之先驱者。其次,发展教育。早在《上李鸿章书》中,孙中山就认为"泰西诸邦崛起近世",一个重要原因就是重视教

---

① 孙中山:《建国方略》,《孙中山全集》第6卷,中华书局1985年版,第253页。
② 同上书,第254页。
③ 同上书,第248页。

育。"庠序学校遍布国中,人无贵贱皆奋于学。凡天地万物之理,人生日用之事,皆列于学之中,使通国之人童而习之,各就性质之所近而肆力焉。又各设有专师,津津启导,虽理致幽微,事至奥妙,皆能有法以晓谕之,有器以窥测之。其所学由浅而深,至简及繁,故人之灵明日廓,智慧日积也。"所以,中国要改变自己落后挨打的局面,就必须向西方国家学习,兴办学校,"以培育人才为急务"。① 1895 年,他又把"立学校以育人才"写进了《香港兴中会章程》。不久,在《拟创立农学会》一文中他又强调:"故欲我国转弱为强,反弱(衰)为盛,必俟学校振兴,家弦户诵,无民非士,无士非民,而后可与泰西诸国并驾齐驱,驰骋于地球之上。"② 1921 年,孙中山在《广东省第五次教育大会闭幕式的演说》中进一步指出:"欲使中国教育居世界第一等位置,必也(当)使全国人民无不识字,有一百数十万的专门学者,有一万几千的发明家,必如此乃可以为世界第一等教育。"③ 孙中山认识到,教育的发展是本国科技、文明进步的原动力,所以赶超西方必须建立世界第一等教育,尊重知识人才。再次,国防建设。经历革命的洗礼以及西方列强的侵略,孙中山对国防建设的重要性有深刻认识。他 1912 年 4 月在广州军界欢迎会的演说中就强调:"想我中国未有革命之前,列强环伺,欺陵侵并,无非以我国武力不足。今日民国正当草创,欲中国成为强固之民国,非有精强陆军不可,故民国前途倚赖我军人之力正多。今日要务在乎扩张军备,以成完全巩固之国,然后可与世界列强并驾齐驱。"④ 不久,在《陈其美函》中他又指出:"今日中国欲富强,非厉行扩张新军备建设不可。同志谓中国国防不有相当武备建设,此中国不富强之原因,诚是也。故中国欲勤修军备,然后可保障国家独立、民族生存也。"⑤ 到了晚年,孙中山对国防建设的重视有增无减,他在《致廖仲恺函》中制定了详细的国防计划,并强调说:"予鉴察世界大势及本国国情,而中国欲为世界一等大强国,及

---

① 孙中山:《上李鸿章书》,《孙中山全集》第 1 卷,中华书局 1981 年版,第 9、16 页。
② 孙中山:《拟创立农学会》,《孙中山全集》第 1 卷,中华书局 1981 年版,第 25 页。
③ 孙中山:《广东省第五次教育大会闭幕式的演说》,《孙中山全集》第 5 卷,中华书局 1985 年版,第 565 页。
④ 孙中山:《在广州军界欢迎会的演说》,《孙中山全集》第 2 卷,中华书局 1982 年版,第 345 页。
⑤ 孙中山:《陈其美函》,《孙中山全集》第 2 卷,中华书局 1982 年版,第 390 页。

免重受各国兵力侵略,则须努力实行扩张军备建设也。若国民与政府一心一德实行之,则中国富强,如反掌之易也。"① 强大的国防力量为赶超西方提供强有力的保障作用。

这里需要指出的是,孙中山的"赶超"是一个全方位的概念,包括政治、经济、教育、军事、社会、文化等各个方面。所以,除了振兴实业、发展教育、重视国防外,他尤其重视在政治上和社会上的"赶超"西方。在政治上,一方面他提出了民权主义,主张推翻清政府的封建专制制度,建立像美国那样的民主共和国;但另一方面,他又认为美国三权分立的民主共和政体有它的弊端和缺陷。其弊端和缺陷之一,美国官吏或由选举产生,或由委任得来,但无论是选举还是委任,"皆有很大的流弊",选举往往将那些有口才而无真才实学的人选上来,而那些有才学但无口才的人则经常落选,委任则随委任者大总统共进退,结果造成美国政治的腐败散漫。其弊端和缺陷之二,立法机关兼有监督的权限,从而容易导致立法院专权,生出种种弊端。孙中山于是在继承资产阶级行政、立法、司法三权分立学说的基础上,提出了自己的"五权分立"的思想,也就是把考试从行政中分出,监察从立法中分出,使行政、立法、司法、考试、监察五权各自独立,互相监督,并认为这样就可以使西方国家出现的"政治腐败"和"议员专制"等现象得以根除。孙中山强调,他的"五权分立"思想,"不但是各国制度上所未有,便是学说上也不多见,可谓破天荒的政体"。② 这是对西方"三权分立"的共和政体的继承与超越。孙中山后来又根据"五权分立"思想主张在国家机构中设立行政、立法、司法、考试、监察五院,他称之为"五权宪法",并把它视为民主共和国的命脉。他曾把自己的学说概括为八个字:"三民主义,五权宪法"。在社会上,孙中山认为西方国家先即先进矣,但"犹未能登斯民于极乐之乡"。因为他在考察西方社会时发现,由于机器的使用,西方国家是富者愈富,贫者愈贫,贫富差距不断扩大。以近代英国为例,"统计上,英国财富多于前代不止数千倍,人民的贫穷甚于前代也不止

---

① 孙中山:《致廖仲恺函》,《孙中山全集》第 5 卷,中华书局 1985 年版,第 572 页。
② 孙中山:《在东京〈民报〉创刊周年庆祝大会的演说》,《孙中山全集》第 1 卷,中华书局 1981 年版,第 331 页。

数千倍，并且富者极少，贫者极多"。①"贫富悬殊"的结果，是"社会革命"的必然发生。"观大同盟罢工和无政府党、社会党之日炽，社会革命其将不远。吾国纵能媲迹于欧美，犹不能免于第二次之革命，而况追逐于人已然之未轨者之终无成耶！"② 于是他提出了他的"民生主义"主张。民生主义内容，在清末是"平均地权"，在民初又加上了"节制资本"。民生主义可以说是孙中山最具特色的思想之一。他在《〈民报〉发刊词》中曾无不自豪地写道："吾国治民生主义者，发达最先，睹其祸害于未萌，诚可举政治革命、社会革命毕其功于一役。还视欧美，彼且瞠乎后也。"③

　　孙中山这种不甘落后、赶超西方的精神也激励着其他革命党人为实现这一目标而不断努力奋斗。首先，在振兴实业方面。黄兴从近代欧美各国日新月异的发展中清醒地看到，"各国国力发展之基础，皆立根于实业与教育"。④ 近代中国之所以积贫积弱、落后挨打，原因就在于实业和教育的落后。所以，民国建立后的当务之急是振兴中国的实业。1912 年 7 月 30 日，黄兴《在旅沪湖南同乡会欢迎会上的答谢词》中就明确提出："实业为发展国力之母"，尽管中国现在还很贫穷落后，但只要"吾人苟能各视其能力，发奋经营实业，父老兄弟互相劝勉，则国家之繁荣，亦实可计日而待"。他以德国为例。"昔德意志之初兴也，其国内讧不绝，人民以农业为本位，素无进取之气，与吾国人相伯仲。"但后来德国重视实业建设，加大投入，大力发展化学、冶金、机械、纺织等产业，"乃未及三、四十年，竟压倒欧洲大陆之竞争国，使握世界商业霸权之英吉利亦生恐惧"。⑤ 他在答词中还明确表示，自己退职之后将关注于实业建设。这年 8 月，他又在《〈铁道杂志〉序》中强调："今者共和成立，欲苏民困，厚国力，舍实业莫由。"和孙中山一样，黄兴也十分强调修建铁路在实业建设中的重要地位："实业犹人身血液，铁路则其脉络。脉络滞塞，血液不贯注，自然之理也。"因此，

---

① 孙中山：《在东京〈民报〉创刊周年庆祝大会的演说》，《孙中山全集》第 1 卷，中华书局 1981 年版，第 327 页。
② 孙中山：《〈民报〉发刊词》，《孙中山全集》第 1 卷，中华书局 1981 年版，第 288—289 页。
③ 同上书，第 289 页。
④ 黄兴：《答上海〈民国日报〉记者问》，《黄兴集》，中华书局 1981 年版，第 452 页。
⑤ 黄兴：《在旅沪湖南同乡会欢迎会上的答谢词》，《黄兴集》，中华书局 1981 年版，第 243、244 页。

中国的当务之急，是修建铁路，否则，"实业决难发展"。[①] 不久，在北京湖南同乡会欢迎会上的演讲中他又强调："欲兴实业，当谋铁路，铁路不发达，实业即不振兴。"[②] 正是出于对修建铁路在实业建设中之重要性的认识，民初自动取消留守府、辞去南京留守职务后，黄兴担任了川汉铁路督办一职，和孙中山一道，积极为振兴实业、修建铁路而四处奔走。黄兴把发展实业看成民国初建后关系国家能否安定、民族能否复兴的头等大事。如果实业不能振兴，国民经济得不到发展，中国在近世工业革命的潮流中将被淘汰。用他的话说："兴思二十世纪世界共同解决者，实为发展国民生计问题。而本问题锁钥，则在国民之企业力与日俱高。苟此着不行，则小之不能应新文明之要求……大之国民总体之企业力不强，则不能利用新器械，计划新组织，纷集大资本，因不能为大开大阖之生产运动，以最少之资本，最少之劳力而出产最大之额，在近世工业革命潮流之中立得住脚。甚矣，其可危矣。"[③] 和黄兴一样，另一位革命党人宋教仁也认为，民国初立，"万端初创"，振兴实业乃当务之急，因为只有"实业发达"，而后国家才能"富强"。[④] 1913年3月，宋教仁作为由同盟会与其他几个小党合并改组而成的国民党的代理理事长，草拟了一份《国民党之大政见》，提出政策主张10条，其中第五条就是"主张开发产业"，认为"中国今日苟欲图强，必先致富，以国内贫乏之状况，则目前最亟之举，莫若开发产业"。其具体计划包括：兴办国有山林，治水，放垦荒地，振兴矿业，奖励仿造洋货工业，奖励输出品商业等。[⑤] 正是在以孙中山为代表的革命党人的号召和努力下，辛亥革命后出现了一股实业救国的热潮。其次，在发展教育方面。1912年10月，宋教仁与蒋翊武、石瑛等人发起成立江汉大学，在呈请教育部的呈文中他们写道："窃以措国家于磐石，端赖贤豪，范人士于炉锤，全资教育。"因此，"强国之要，学战为先"，教育是立国根本。[⑥] 在我们上面提到的那份《国民党之大政见》

[①] 黄兴：《〈铁道杂志〉序》，《黄兴集》，中华书局1981年版，第252页。
[②] 黄兴：《在北京湖南同乡会欢迎会上的演讲》，《黄兴集》，中华书局1981年版，第265页。
[③] 黄兴：《筹办旅沪湖南公学募捐启事》，《黄兴集》，中华书局1981年版，第244页。
[④] 宋教仁：《湘省提倡国货农务总会工业总会商务总会木业公司联合欢迎会演说辞》，《宋教仁集》，中华书局1981年版，第454页。
[⑤] 宋教仁：《代草国民党之大政见》，《宋教仁集》，中华书局1981年版，第493—494页。
[⑥] 宋教仁：《江汉大学之前途》，《宋教仁集》，中华书局1981年版，第431、432页。

中，宋教仁提出的10条政策中的第八条便是"主张振兴教育"，强调"教育为立国根本，振兴之道，不可稍缓"。其具体计划是：振兴法政教育，使国民多得政治常识；振兴工商教育，输进工商新知识，发达工商；振兴中学教育，为小学教育树立模范，为大学教育打下基础；振兴中小学师范教育，养成师范人才；振兴女子教育，增进女子知识，发达女权。① 黄兴对发展中国的教育事业也十分重视，民国初年，他明确提出："教育为当今之急务，无论公私，在所必设"②；"广设学校，使人民教育发达，致一般社会子弟，自幼至成人，吸纳一种高尚知识于脑海，脱离依赖性质"③。在黄兴看来，当今世界国与国之间的竞争，实际上就是教育之竞争，因为"国家之富强在于民智，民智之增进在于教育。今日国与国争，有教育则为文明国，无教育则为野蛮国，野蛮必被征服于文明，固世界竞争公例也。是故立国之基本，以振兴教育为急务。教育普及，而后人民知识日进，文明之程度日高，始能立足于国竞之漩涡中"。他之所以要反对袁世凯的倒行逆施，其原因之一，就在于"今袁世凯极端专制，反视国民教育为仇物，所有全国小学堂停废，外国留学生学费裁撤，以致中国变为无教育之国，外人目为野蛮，恐自此民智日塞，国脉断绝，将有亡国灭种之痛，沉沦万劫而不复"。④ 黄兴尤其重视中小学教育，视中小学教育为一切教育之基础。再次，在国防建设方面。中华民国成立后，黄兴作为临时政府最高军事领导人曾多次强调：军队是国家的军队，"军人之利害，即系民国之安危兴亡"，故军队"以国利民福为唯一之宗旨"，"维系社会、保卫国家，为军人固有之天职"。⑤ 宋教仁起草的《国民党之大政见》所提出的10条政策，其第一条便是"主张整理军政"，认为"今日处于武装和平之世，对外方面，军备亟须扩张"，因为只有建立起一支强大的军队，才能保障国家的独立和安全。但"扩张军备，当自整理军政始"，并提出了"整理军政"的具体计划：划分军区，实行军民分治；统一军制，改变目前各省军队编制混乱的状况；裁汰冗员，其操练不

---

① 宋教仁：《代草国民党之大政见》，《宋教仁集》，中华书局1981年版，第495页。
② 黄兴：《在湖南政界欢迎会上的演讲》，《黄兴集》，中华书局1981年版，第296页。
③ 黄兴：《在北京社会党政界欢迎会上的演讲》，《黄兴集》，中华书局1981年版，第268页。
④ 黄兴：《在屋仑华侨欢迎会上的演讲》，《黄兴集》，中华书局1981年版，第382页。
⑤ 黄兴：《致各省督都等电》，《黄兴集》，中华书局1981年版，第144—145页。

勤、老弱无用者一律遣返回乡；振兴军事教育，培养一般将校人才；扩充兵工厂，实现武器装备的现代化。① 最后，在依法治国、保障人权方面。居正就明确指出："建国之道，经纬万端，欲求庶政之推行、国民之振作，根本大计，舍法治莫由。"② 民国建立之初，黄兴也明确地提出了依法治国的主张，认为"建设共和国家之第一著，首在制定宪法。宪法者，人民之保障、国家强弱之所系焉也。宪法而良，国家日臻于强盛；宪法不良，国家日即于危弱"。他希望革命党人于各项工作之中，"首先注意宪法，以固国家之基础"。③ 宪法和依据宪法而制定的各种法律是捍卫共和、保障人权的有力武器。什么是"人权"？所谓"人权"，也就是"人类自由平等之权能也"。世界人类，无论黑白，都应享有固有之自由权，如果被人剥夺，就必须想方设法加以恢复，这也是美国发生独立战争、法国爆发大革命的根本原因。人民的各项权利能否得到法律的保障，这是民主共和国家和专制君主国家的根本区别所在。在民主共和国家中，"人民被治于法治国之下，得享受法律之自由；人民被治于专制政府之下，生杀由一人之喜怒，无所谓法律，人民之生命财产，无法律正当之保护，民权亦从此泯绝。故共和立宪政体，以保障民权为前提，南京政府颁布约法，中华民国人民有居住之自由，信教之自由，言论出版之自由，此法律保障人民自由之特权"。④ 宋教仁也一再强调："国民为国家政治之主体，运用政治之作用，此共和之真谛也。"国民既然是"国家政治之主体"，那么"天赋人权，无可避也"。只有在共和政体之下，人民才可以享受到种种自由权利。而保障共和政体之运作的则是宪法。所以"宪法者，共和政体之保障也"。中国能否建立起真正的能给人民种种自由权利的共和政体，"当视将来之宪法而定"，如果制定宪法时为外力所干涉，或为居心叵测者所变更"共和精义"，而"造成不良宪法，则共和政体不能成立"。即使有了一部良宪法，但在实行过程因外力干涉，造成宪法的精神得不到贯彻，"则共和政体亦不能成立"，人民的种种自由权利同样得不到

---

① 宋教仁：《代草国民党之大政见》，《宋教仁集》，中华书局1981年版，第490—491页。
② 罗福惠等主编：《居正文集》，华中师范大学出版社1989年版，第678页。
③ 黄兴：《〈国民〉月刊出世词》，《黄兴集》，中华书局1981年版，第316页。
④ 黄兴：《在屋仑华侨欢迎会上的演讲》，《黄兴集》，中华书局1981年版，第381页。

保障。① 当时的革命党人的一个基本观点是，中国之所以长期落后于欧美各国，一个重要原因是，欧美各国实行的是依法治国的民主制度，人民的种种权利得到保障，而中国实行的是专制制度，没有宪法和法律保障人民的种种权利。所以，中国要实现跨越式的发展，赶超欧美等发达国家，就必须依法治国，保障人权。国民党之所以要发动"二次革命"，根本原因也就在于袁世凯登上临时大总统宝座后倒行逆施，企图"推翻共和，将临时约法全行打消，以达其专制魔皇之目的，封禁报馆，摧残舆论，纵兵搜掠，草菅人命，种种残酷，弄成民国为无法律之国，民权蹂躏至于此极！"②

总之，围绕着"把中国变成世界上头一等的强国"，以孙中山为代表的革命派在经济、教育、军事上都制订了相应的计划，他们认识到中国要想复兴，要想赶超西方，需要的是全方位的赶超，这样才能成为真正的世界强国，实现中华民族的伟大复兴。

（二）梁启超的"少年中国"梦想

在孙中山提出"振兴中华"口号、开始为实现中华民族伟大复兴这一目标而不断努力奋斗的同时，梁启超也开始了对中华民族复兴之路的探索。但与孙中山不同的是，孙中山认为只有推翻清王朝，才能"振兴中华"，"挽大厦之将倾"，实现中华民族的伟大复兴；而在梁启超看来，中国要从贫弱走向富强，就必须进行资本主义性质的改革，变封建主义的君主专制制度为资产阶级的君主立宪制度。为此，他协助其师康有为发动和领导了戊戌变法运动。变法运动失败后，他又痛定思痛，开始了重新探索中华民族复兴之路的艰难历程。1900 年，梁启超在《清议报》发表了一篇时政性散论——《少年中国说》。该文可以说是他复兴中华民族的宣言书，他之后的一切思想实际上都是围绕着如何建立起"称霸宇内，主盟地球"③ 的"少年中国"，以实现中华民族的伟大复兴而展开的。在他看成来，"老年中国"代表了中国的过去，"少年中国"才是中国未来的希望，而"制出将来之少

---

① 宋教仁：《国民党沪交通部欢迎会演说辞》，《宋教仁集》，中华书局1981 年版，第459、460 页。
② 黄兴：《在屋仑华侨欢迎会上的演讲》，《黄兴集》，中华书局1981年版，第381—382页。
③ 梁启超：《少年中国说》，《饮冰室合集》第 1 册，文集之五，中华书局1989 年版，第 8 页。

年中国者，则中国少年之责任"。①"少年"决定着中国的未来，承载着中国的梦想。那么，要具备什么样品质的少年才能"制出将来之少年中国"，承载民族复兴的大任呢？在 1902 年发表的《新民说》中，梁启超对此做了回答，即必须具备公德、国家思想、进取冒险、权利思想、自由、自治、进步、自尊、合群、生利分利、毅力、义务思想等品质或精神。由此可见，梁启超的民族复兴思想，从"少年中国"出发，围绕"新民"与"新国"展开，最终是希望通过"新民"来实现中华民族的复兴，而不论是"新民"还是"新国"，前提都是近代的民族主义。

第一，"少年中国"——民族复兴之憧憬。"少年中国"是与"老年中国"相对立的一个概念。在《少年中国说》一文的开头，梁启超就写道："日本人之称我中国也，一则曰老大帝国。再则曰老大帝国，是语也，皆袭译欧西人之言也。呜呼，我中国其果老大矣乎？梁启超曰：恶是何言？是何言？吾心目中有一少年中国在。"②

为了辨明什么是"少年中国"？什么又是"老年中国"？"少年中国"与"老年中国"有何不同？梁启超从"欲言国之老少，请先言人之老少"的角度进行了阐述。他指出：老年人因"常思既往"，所以易"生留恋心"，"故保守""永旧"，做事"惟知照例""多忧虑""灰心""怯懦""苟且"，"故能灭世界"；与老年人相反，少年人因"常思将来"，所以易"生希望心"，"故进取""日新"，做事"常敢破格""好行乐""气盛""豪壮""冒险"，"故能造世界"。老年人"常厌事"，"故常觉一切事无可为"；少年人"常喜事"，"故常觉一切事无不可为"。概括言之，"老年人如夕照，少年人如朝阳；老年人如瘠牛，少年人如乳虎；老年人如僧，少年人如侠；老年人如字典，少年人如戏文；老年人如鸦片烟，少年人如泼兰地酒；老年人如别行星之陨石，少年人如大洋海之珊瑚岛；老年人如埃及沙漠之金字塔，少年人如西伯利亚之铁路；老年人如秋后之柳，少年人如春前之草；老年人如死海之潴为泽，少年人如长江之初发源；此老年与少年性格不同之大

---

① 梁启超：《少年中国说》，《饮冰室合集》第 1 册，文集之五，中华书局 1989 年版，第 8 页。
② 同上书，第 7 页。

略也"。①

梁启超认为，国家就和人一样，也有老有少。想当年，唐虞三代，是何等的"郅治"，秦皇汉武，是何等的"雄杰"，汉唐时的文学，是何等的"隆盛"，康乾间的武功，是何等的"显赫"，如此等等，"何一非我国民少年时代良辰美景赏心乐事之陈迹哉"？但今天的中国已"颓然老矣"。梁启超在文中描绘了老迈中国的种种现象："昨日割五城，明日割十城，处处雀鼠尽，夜夜鸡犬惊。十八省之土地财产，已为人怀中之肉；四百兆之父兄子弟，已为人注籍之奴，岂所谓'老大嫁作商人妇'者耶？呜呼！凭君莫话当年事，憔悴韶光不忍看！楚囚相对，岌岌顾影，人命危浅，朝不虑夕。国为待死之国，一国之民为待死之民。"② 所以老迈的中国，待死的国民，注定了国家的灭亡。在这种情况下，梁启超认识到，中国亟待解决的就是国老、人老的问题，而解决国老、人老的关键是如何尽快地建立起"称霸宇内，主盟地球"的"少年中国"，实现民族的伟大复兴。

梁启超为了进一步辨明"少年中国"与"老年中国"的区别，他第一次对"国"之概念进行了界定："夫国也者，何物也？有土地，有人民，以居于其土地之人民，而治其所居之土地之事，自制法律而自守之；有主权，有服从，人人皆主权者，人人皆服从者。"就梁启超对"国家"的界定来看，其中已包含了近代民族国家的基本要素：领土、人民、自治、独立、法律、主权。而梁启超心目中的"少年中国"，就是这样的近代民族国家。他称这样的近代民族国家为"完全成立之国"，并认为成为"完全成立之国"这是"壮年之事"，未能完全成立而渐进于完全成立之国是"少年之事"，欧洲各国已成为近代民族国家，因而"在今日为壮年国"；中国还不是一个近代民族国家，但正在努力成为一个近代民族国家，因而"在今日为少年国"。与"少年中国"不同的是，"古昔之中国者，虽有国之名，而未成国之形也。或为家族之国，或为酋长之国，或为诸侯封建之国，或为一王专制之国，虽种类不一，要之其于国家之体质也，有其一部而缺其一部"。③ 简

---

① 梁启超：《少年中国说》，《饮冰室合集》第 1 册，文集之五，中华书局 1989 年版，第 7—8 页。
② 同上书，第 8 页。
③ 同上书，第 9 页。

言之，过去的中国是一个传统的"王朝国家"。而传统的"王朝国家"的特征之一，就是构成国家要素的土地和人民都是君主的私人财产。所以，梁启超在文中写道："我中国畴昔，岂尝有国家哉？不过有朝廷耳。我黄帝子孙，聚族而居，立于此地球之上者既数千年，而问其国之为何名，则无有也。夫所谓唐虞夏商周秦汉魏晋宋齐梁陈隋唐宋元明清者，则皆朝名耳。朝也者，一家之私产也。国也者，人民之公产也。"① 就此而言，"少年中国"与"老年中国"的区别，也就是民族"近代国家"与传统"王朝国家"的区别。而建立近代民族国家，是包括梁启超在内的清末进步知识界的共同追求。

除了描绘出"少年中国"这一近代民族国家的形象外，梁启超还探讨了如何实现"少年中国"梦想、建立近代民族国家的问题。他指出，"造成今日之老大中国者，则中国老朽之冤业也。制出将来之少年中国者，则中国少年之责任也"。假如举国之少年真的都是少年的话，那么，"中国为未来之国，其进步未可量也"；假如举国之少年都变成了老人的话，那么，"中国为过去之国，其澌亡可翘足而待也"。因此，实现"少年中国"梦想的责任，"不在他人，而全在我少年"，"少年"决定着国家和民族的未来命运，具体来说，"少年智则国智，少年富则国富，少年强则国强，少年独立则国独立，少年自由则国自由，少年进步则国进步，少年胜于欧洲则国胜于欧洲，少年雄于地球则国雄于地球"。② 在这段读来让人心潮澎湃的假设句中，梁启超不仅阐述了"少年"与"少年中国"之间的因果关系，同时也阐述了负有实现"少年中国"梦想之责任的少年所应具备的品质，这就是"智""富""强""独立""自由"和"进步"。从某种意义上说，梁启超在《少年中国说》中对少年品质的论述，为他后来塑造的"新民"奠定了早期的思想原型。

在文章的最后，梁启超翘首以待"少年中国"的横空出世，并用诗一样的语言写下了这段千古绝唱："红日初升，其道大光；河出伏流，一泻汪洋。潜龙腾渊，鳞爪飞扬；乳虎啸谷，百兽震惶。鹰隼试翼，风尘吸张；奇花初胎，矞矞皇皇。干将发硎，有作其芒。天戴其苍，地履其黄。纵有千

---

① 梁启超：《少年中国说》，《饮冰室合集》第1册，文集之五，中华书局1989年版，第9—10页。
② 同上书，第11—12页。

古,横有八荒。前途似海,来日方长。美哉我少年中国,与天不老!壮哉我中国少年,与国无疆!"①

追本溯源,在中国传统的文学作品中,不乏讴歌青春少年的文学作品,梁启超在《少年中国说》中就引用过岳飞的《满江红》的"莫等闲,白了少年头,空悲切"的诗句;提到了龚自珍的长诗《能令公少年行》,并表示"吾尝爱读之"。但与此前的这些文学作品不同,梁启超是放在与老年的对比中来讴歌少年的,老年代表了过去,少年代表了未来。尤其需要指出的是,受意大利"三杰之魁"的玛志尼"少年意大利"之思想的影响,梁启超也把老年与老大或老年中国等同了起来,把少年与少年中国等同了起来,以老大或老年中国比喻中国过去民族的衰老、国家的沉沦,而以"少年中国"象征中国未来民族的复兴、国家的强盛。因此在他的笔下,老大或老年中国已风烛残年,毫无生机,成了待死之国,而"少年中国"犹如初升的红日,腾渊的潜龙,充满着无限的生机与活力。

正因为"'少年中国'象征着民族复兴的历史憧憬,一时之间,它成为政治、文化、教育等诸多方面最为激进的表达"。② 1902年南洋公学学生组织"少年中国之革命军",是为现代中国之"学生运动"的历史开端。1905年,吴趼人以"老少年"的署名,撰写长篇章回小说《新石头记》,采用虚实结合的创作手法,为人们描绘了一幅新中国的美好图景。"老少年"既是作者的化名,同时也是小说中的一个重要人物,即贾宝玉漫游"文明境界"的向导。1910年,汪精卫密谋刺杀摄政王载沣不成,被判终身监禁,在狱中他写下传颂一时的诗作《慷慨篇》,其中有"引刀成一块,不负少年头"的名句。可以说,犹如严复翻译《天演论》,介绍达尔文的进化论思想影响了清末民初整整一代的中国人一样,梁启超创作的《少年中国说》,其"少年"和"少年中国"的喻意也影响了清末民初整整一代的中国人,人们以"少年"和"少年中国"这一符号来寄托他们对社会变革、政治革命、民族复兴的渴望。即使到了五四时期,因陈独秀创办《青年杂志》(后改为《新

---

① 梁启超:《少年中国说》,《饮冰室合集》第1册,文集之五,中华书局1989年版,第12页。
② 宋明炜:《从"少年中国"到"老少年"——清末文学中的"青春"想象及其问题性》,中华励志网2011年9月10日。

青年》），发表《敬告青年》一文，"青年"和"青春中国"成了人们喻意人生、国家、民族美好未来的核心符号，但"少年"和"少年中国"仍然有着它的影响力，五四时期有个著名的社团，就取名为"少年中国学会"。

梁启超发表《少年中国说》，以"少年中国"来喻意"民族复兴"之两年后，又发起"小说界革命"，创办《新小说》杂志。《新小说》第一期的第一篇文章，便是他的《论小说与群治之关系》，梁启超开宗明义地指出，"欲新一国之民，不可不先新一国之小说。故欲新道德，必新小说；欲新宗教，必新小说；欲新政治，必新小说；欲新风俗，必新小说；欲新学艺，必新小说；乃至欲新人心、欲新人格，必新小说。何以故？小说有不可思议之力支配人道故"。[①] 同一期还连载有他创作的长篇新小说《新中国未来记》，小说开篇描写的便是60年后中国已成为世界强国之时，大中华民主国为纪念政治改革50周年而在上海举行博览会的盛况，不仅有数千计的各国专门名家、大博士和数万计的各国大学生参加，"处处有演说坛，日日开讲论会，竟把偌大一个上海，连江北连吴淞口连崇明县，都变成博览会场了"，其盛况空间，而且诸友邦皆特派兵舰前来祝贺，英国的皇帝和皇后、日本的皇帝和皇后、俄国的大总统及夫人、菲律宾的大总统及夫人、匈牙利的大总统及夫人，"皆亲致祝"，其余列强也都派有头等钦差，前来表示贺意，"好不匆忙，好不热闹"。[②] 如果我们把梁启超的《少年中国说》和《新中国未来记》联系起来看，他两年前做的"少年中国"梦想，在《新中国未来记》得到了实现。就此而言，《新中国未来记》是《少年中国说》的继续，所表达的也是梁启超"少年中国"的民族复兴思想。

第二，"中华民族"——民族复兴之主体。中华民族形成很早，但民族意识十分淡薄，借用费孝通先生的话说，古代的中华民族是一个"自在"的民族实体，而不是一个"自觉"的民族实体。这也是一些人认为中国古代没有形成民族和民族主义的重要原因。然而，1840年的鸦片战争后，尤其是1895年的甲午战争后，日益严重的民族危机，促进了中华民族自我意

[①] 梁启超：《论小说与群治之关系》，《饮冰室合集》第2册，文集之十，中华书局1989年版，第6页。
[②] 梁启超：《新中国未来记》，《饮冰室合集》第11册，专集之八十九，中华书局1989年版，第3页。

识的觉醒。中华民族自我意识觉醒的主要标志，便是中华民族这一表示中国境内各民族是统一的民族共同体之观念的形成，它包括这一观念的提出、确立和得到各族人民的普遍认同。①

最早提出和使用"中华民族"一词的是梁启超。1899 年，他在《东籍月旦》一文中，首次使用了现代意义上的"民族"，在评论当时有影响的世界史著作时梁启超指出，这些论著"于民族之变迁，社会之情状，政治之异同得失……乃能言之详尽焉"。又说："著最近世史者，往往专叙其民族争竞变迁，政策之烦扰杂错。"② 1901 年，在《中国史叙论》一文中，梁启超又首次使用了"中国民族"，并将中国民族的演变历史划分为三个时代："第一，上世史，自黄帝以迄秦之一统，是为中国之中国，即中国民族自发达、自竞争、自团结之时代也"；"第二，中世史，自秦统一后至清代乾隆之末年，是为亚洲之中国，即中国民族与亚洲各民族交涉、繁赜、竞争最激烈之时代也"；"第三，近世史，自乾隆末年以至于今日，是为世界之中国，即中国民族合同全亚洲民族与西人交涉、竞争之时代也"。③ 在同年发表的《国家思想变迁异同论》一文中，梁启超还率先向国人介绍了"民族主义"和"民族帝国主义"这两个新名词。他认为"今日之欧美，则民族主义与民族帝国主义相嬗之时代也；今日之亚洲，则帝国主义与民族主义相嬗之时代也"。欧美的"民族主义全盛于十九世纪，而其萌达也在十八世纪下半叶"，自法国大革命后欧洲"百年来种种之壮剧，岂有他哉，亦由民族主义磅礴冲激于人人之胸中，宁粉骨碎身，以血染地，而必不肯生息于异种人压制之下"。概而言之，先是拿破仑征服欧洲以失败告终，后是希腊、比利时、罗马尼亚、塞尔维亚、爱尔兰等分别获得自治或独立，就是"数百年憔悴于教政帝政下之德意志、意大利，皆新建国称雄于地球矣"。就此而言，"民族主义者，世界最光明正大之主义也"。因为民族主义"不使他族侵我之自由，我亦毋侵他族之自由。其在于本国也，人之独立；其在于世界也，国之独立"。世界各国如果都能遵守民族主义的原则，"各明其界限以及未来永

---

① 参见郑大华《中国近代民族主义与中华民族自我意识的觉醒》，《民族研究》2013 年第 3 期。
② 梁启超：《东籍月旦》，《饮冰室合集》第 1 册，文集之四，中华书局 1989 年版，第 94、96 页。
③ 梁启超：《中国史叙论》，《饮冰室合集》第 1 册，文集之六，中华书局 1989 年版，第 11—12 页。

劫",那么天下也就不会有侵略和压迫的事情发生。然而"自有天演以来,即有竞争,有竞争则有优劣,有优劣则有胜败,于是强权之义,虽非公理而不得不成为公理。民族主义发达之既极,其所以求增进本族之幸福者,无有厌足,内力既充,而不得不思伸之于外",于是自19世纪下半叶以来民族帝国主义开始"萌达"。民族帝国主义在本质上不同于18世纪以前的帝国主义,18世纪以前的帝国主义"之政府,以一君主为主体,故其帝国者,独夫帝国也"。19世纪下半叶以来的帝国主义"之政府,以全国民为主体,故其帝国者,民族帝国也"。所以,"凡国未经过民族主义之阶级者,不得谓之为国"。也就像人的成长一样,"民族主义者,自胚胎以至成童所必不可缺之材料也。由民族主义而变为民族帝国主义,则成人以后谋生建业所当有事也"。这也是"萌达"于19世纪下半叶的民族帝国主义到了20世纪后之所以会进入其"全盛"时期的重要原因。但反观中国,民族主义"犹未胚胎",面对欧美民族帝国主义的竞争,国人还"墨守十八世纪以前之思想,欲以与公理相抗衡",这只能是以卵击石,"不足道矣"。为此,梁启超大声呼吁国人迅速培养民族主义,以谋抵御欧美的民族帝国主义的侵略,用他的话说:"知他人以帝国主义来侵之可畏,而速养成我所固有之民族主义以抵制之,斯今日我国民所当汲汲者也。"[①] 1902年,梁启超又在"中国民族"的基础上正式提出了"中华民族"的观念。在是年发表的《论中国学术思想变迁之大势》一文中,他开篇便用诗一样的语言对"中华"的内涵做了说明:"立于五洲中之最大洲而为其洲中之最大国者,谁乎?我中华也;人口居全地球三分之一者,谁乎?我中华也;四千余年之历史未尝一中断者,谁乎?我中华也。我中华有四百兆人公用之语言文字,世界莫能及。我中华有三十世纪前传来之古书,世界莫能及。"[②] 接着,在论述战国时期齐国的学术思想时他第一次使用了"中华民族"一词:"齐,海国也。上古时代,我中华民族之有海权思想者,厥惟齐。故于其间产出两种观念焉,一曰国家

[①] 梁启超:《国家思想变迁异同论》,《饮冰室合集》第1册,文集之六,中华书局1989年版,第19—22页。
[②] 梁启超:《论中国学术思想变迁之大势》,《饮冰室合集》第1册,文集之七,中华书局1989年版,第1页。

观；二曰世界观。"①

　　需要指出的是，此时的梁启超对"中华民族"内涵的认识还比较混乱，有时指的是汉民族，有时指的是中国境内的所有民族。而在1903年《政治学大家伯伦知理之学说》一文中，梁启超提出了"小民族主义"和"大民族主义"的区分，认为"吾中国言民族者，当于小民族主义之外，更提倡大民族主义。小民族主义者何？汉族对于国内他族是也。大民族主义者何？合国内本部属部之诸族以对于国外之诸族是也……中国而亡则已，中国而不亡，则此后所以对于世界者，势不得不取帝国政略，合汉合满合蒙合回合苗合藏，组成一大民族。"② 而这一大民族，也就是包括汉、满、蒙、回、苗、藏在内的"中华民族"。1905年，梁启超在《历史上中国民族之观察》一文中，又从历史演变的角度考察了先秦时除华夏族之外的"苗蛮族""蜀族""巴氐族""徐淮族""吴越族""闽族""百粤族"和"百濮族"等中国的其他8个民族，以及它们最后大多都融进华夏族的史实，并得出结论："前所论列之八族，皆组成中国民族之最重要分子也。其族当邃古之时，或本为土著，或自他地迁徙而来，今不可考。要之，自有史以来即居于中国者也。而其中除苗濮二族外，率皆已同化于中华民族，无复有异点痕迹之可寻，谓舍诸族外更无复华族可也。"③ 所以"中华民族自始本非一族，实由多数民族混合而成"。④ 最早提出"中华民族"的观念，并认为"中华民族"自始便由"多数民族混合而成"，这是梁启超对"中华民族"这一观念的重大贡献。

　　继梁启超之后，另一位立宪派代表人物杨度在1907年发表的《金铁主义说》一文中不仅多次使用"中华民族"，并且还比较清楚地说明了"中华"作为民族名称的由来和特征："中国向来虽无民族二字之名词，实有何等民族之称号。今人必目中国最旧之民族曰汉民族，其实汉为刘家天子时代

---

① 梁启超：《论中国学术思想变迁之大势》，《饮冰室合集》第1册，文集之七，中华书局1989年版，第21页。

② 梁启超：《政治学大家伯伦知理之学说》，《饮冰室合集》第2册，文集之十三，中华书局1989年版，第75—76页。

③ 梁启超：《历史上中国民族之观察》，《饮冰室合集》第8册，文集之四十一，中华书局1989年版，第13页。

④ 同上书，第4页。

之朝号,而非其民族固有之名也。中国自古有一文化较高、人数较多之民族在其国中,自命其国曰中国,自命其民族曰中华。即此义以求之,则一国家与一国家之别,别于地域,中国云者,以中外别地域之远近也。一民族与一民族之别,别于文化,中华云者,以华夷别文化之高下也。"① 和梁启超一样,杨度也特别强调历史上那些接受了中华文化而非华夏血统的民族实际上已成为中华民族的一部分。他在《金铁主义说》中写道:"中华之名词,不仅非一地域之国名,亦且非一血统之种名,乃为一文化之族名。故《春秋》之义,无论同姓之鲁、卫,异姓之齐、宋,非种之楚、越,中国可以退为夷狄,夷狄可以进为中国,专以礼教为标准,而无亲疏之别。其后经数千年混杂数千百人种,而称中华如故。以此推之,华之所以为华,以文化言,不以血统言,可决知也。故欲知中华民族为何等民族,则于其民族命名之顷,而已含定义于其中。与西人学说拟之,实采合于文化说,而背于血统说。华为花之原字,以花为名,其以之形容文化之美,而非以之状态血统之奇,此可于假借令意而得之者也。"② 他并且要人们相信,随着各民族之间融合的加强,不久的将来,"不仅国中久已无满、汉对待之名,亦已无蒙、回、藏之名词,但见数千年混合万种之中华民族,至彼时则更加伟大,益加发达而已矣"。③ 就梁启超尤其是杨度对"中华民族"的论述来看,他们不仅认识到了"中华民族"的"多元一体"的民族特征,而且已经初步具有了"中华民族"是中国境内各民族共同称谓的思想。

除梁启超和杨度外,在清末使用过"中华民族"一词的还有著名的革命党人章太炎。1907年,章太炎在《民报》第15号上发表《中华民国解》一文。此文是章太炎专为批驳杨度的《金铁主义说》而写的,他不同意梁启超和杨度关于"中华民族"是一"文化"而非"血统"的称谓、历史上那些接受了中华文化而非汉民族血统的民族实际上已成为中华民族的一部分的观点,而认为血统对"中华民族"的作用比文化的作用更大一些。他批评杨度"中华之名词,不仅非一地域之国名,亦且非一血统之种名,乃为一

---

① 杨度:《金铁主义说》,《杨度集》(一),湖南人民出版社1986年版,第373—374页。
② 同上书,第374页。
③ 同上书,第369页。

文化之族名"的说法有"三惑":一是"未明于托名标识之事,而强以字义皮傅为言";二是"援引《春秋》,以诬史义";三是"弃表谱实录之书,而以意为衡量"。在他看来,杨度对"华"字本意的理解是错误的,"华"的本意或第一义是地域名和国名,不是族名,不能随意将"华"作"文化""华美"或"文明"解。他虽然亦承认历史上的汉族对其他民族的融合或同化作用,其他一些民族已成为汉族的一部分,但同时又强调现实中汉族与满族没有完全同化,汉族是汉族,满族是满族,满、汉之间还存在着明显的血缘区别。用他的话说:"夫言一种族者,虽非铢两衡校于血统之间,而必以多数之同一血统者为主体。何者?文化相同,自同一血统而起,于此复有殊族之民,受我抚治,乃得转移而龛受之。若两血统立于对峙之地者,虽欲同化莫由。"而现实中的汉族和满族就"立于对峙之地",满族不仅不受汉族的"抚治",相反还统治汉族,对汉族实行民族歧视和民族压迫,所以满、汉之间不可能像杨度所说的那样完全同化,成为一个民族。①

　　实际上,章太炎与梁启超、杨度认识上的这些不同,是与他们不同的"民族建国"主张联系在一起的。如前所述,受20世纪初传入中国的西方近代民族主义的影响,"民族建国"是以孙中山、章太炎为代表的革命派和以梁启超、杨度为代表的立宪派的共同要求,但在建立一个什么样的民族国家的问题上二者之间又存在着严重分歧。概而言之,以孙中山、章太炎为代表的革命派则主张"排满",建立一个单一的汉民族国家,这也就是同盟会十六字纲领中的"驱除鞑虏、恢复中华"的内容。章太炎在《中华民国解》中所描绘的中华民国,基本上是个单一民族的国家,即由汉族一个民族构成的"中华民国",从否定清朝为中国正统王朝、中国要以汉族为主的立场出发,将"中华民国"的法统上溯到汉王朝,按照汉王朝或明王朝的国家构成模式,描绘了他理想中的"中华民国"。②而以梁启超、杨度为代表的立宪派主张"合满",建立一个包括满族在内的统一的多民族国家,为此,他

---

　　① (章)太炎:《中华民国解》,《辛亥革命前十年间时论选集》第2卷下册,三联书店1963年版,第735—737页。
　　② 参见王柯《构筑"中华民族国家"——西方国民国家理论在近代中国的实践》,《近代中国与世界——第二届近代中国与世界国际学术讨论会论文集》第1卷,社会科学文献出版社2010年版,第65页。

们曾展开过激烈论战。

在论战中,以梁启超、杨度为代表的立宪派从"合满"的需要出发,继承了传统的"华夷之辨"观念中所包含的"诸侯用夷礼则夷之,夷而进于中国则华夏之"的文化民族主义思想,强调满族已经与汉族同化,"不能谓为纯粹的异民族"。[①] 康有为的《辨革命书》一文,从种族、文化等多方面论证满族已为汉族的一部分,他说:"今上推满洲种族,则出于夏禹,下考政教礼俗,则全化华风,帝位只如刘、李、赵、朱,满族类于南阳、丰沛,其余无不与汉人共之,与汉人同之。""故满洲在明时则为春秋之楚,在今则为汉高之楚,纯为中国矣。"[②] 梁启超在《申论种族革命与政治革命之得失》一文中针对革命派引用社会学者对于民族的定义(即(1)同血统;(2)同语言文字;(3)同住所;(4)同习惯;(5)同宗教;(6)同精神体质)以及据此认为满族是中国的异民族的观点一一做了批驳,他以大量的事实说明,"民族之六大要素中","语言文字""住所""习惯"和"宗教"这四大"要素",满洲人已"纯然同化于我","血统"和"精神体质"这两大要素虽然还"不能奋下武断",说满洲人已与汉人同化或没有同化,但满洲人与汉人有血统关系,以及满洲人在精神体质上与汉人有许多相同之处,则是不容否定的事实。所以,"以社会学者所下民族之定义以衡之,彼满洲人实已同化于汉人,而有构成一混同民族之资格者也"。[③] 杨度也一再强调,在汉、满、蒙、回、藏这"五族之中,满人文化又已全同于汉,一切语言、文字、宗教、习惯无不同也"[④],已为"同一民族"。[⑤] 他还批驳了革命派所宣传的满人建立清朝是中国亡国的观点,指出:满族的发祥地建州既为中国之地,那么居住在建州的满族人理所当然地也就是中国之人,以中国之人为中国皇帝,何自而发生亡国不亡国之一问题?如果说满族建立清朝取

[①] 梁启超:《申论种族革命与政治革命之得失》,《辛亥革命前十年间时论选集》第 2 卷上册,三联书店 1963 年版,第 224 页。

[②] 康有为:《辨革命书》,《辛亥革命前十年间时论选集》第 1 卷上册,三联书店 1960 年版,第 217、216 页。

[③] 梁启超:《申论种族革命与政治革命之得失》,《辛亥革命前十年间时论选集》第 2 卷上册,三联书店 1963 年版,第 224—226 页。

[④] 杨度:《金铁主义说》,《杨度集》(一),湖南人民出版社 1986 年版,第 305 页。

[⑤] 同上书,第 374 页。

代明朝谓之亡国,那么从历史上算起,"中国易朝数十次,不亦为亡国数十次乎?故明末清初之变,乃同国异种之人竞争天子之变,而于国家之存亡无丝毫之关系。明末之烈士,皆殉朱家,而非殉中国"。国家的元素有三,一是土地,二是人民,三是统治权。三者缺一则亡国,否则其国无自而亡。满人建立清朝后,"中国之领土如故,人民如故,统治权如故。立国之三要素,无一缺乏",怎么能说满人建立清朝中国就亡国了呢?[①] 革命派和立宪派争论的结果是孙中山接受了梁启超、杨度等人主张的"合满"、建立包括满族在内的统一的多民族国家的思想,于辛亥革命爆发后提出了"五族共和""五族平等"的建国方针。

由梁启超最早提出和使用的"中华民族"这一表示中国境内各民族是统一的民族共同体之观念,经过辛亥革命的洗礼,到了民国初年,尤其是五四运动前后,开始为越来越多的人所接受和采用。[②] 这对于"中华民族复兴"之观念的形成起了巨大的促进作用。如前所述,孙中山的"振兴中华"口号中的"中华",指的并不是现代意义上的"中华民族",而是居住在中华大地上的"汉族"。到了民国初年,尤其是五四前后,由于"中华民族"这一表示中国境内各民族是统一的民族共同体之观念的广泛使用,人们开始把"中华民族"作为"民族振兴"或"民族复兴"的主体,实现民族振兴或民族复兴,不是汉族或其他某一民族或几个民族的振兴或复兴,而是居住在中华大地上的所有民族亦即"中华民族"的振兴或复兴。于是有了李大钊的"中华民族之复活"思想的提出。[③] 此是后话,于此不论。

第三,培养"新民"——民族复兴之力量。所谓"新民",也就是革新国民,用梁启超的话说:"吾民之各自新而已"。实际上,早在维新变法时期,严复就已认识到:国家要富强,基础在国民,国民的智慧、德行、体力正是国家富强的最根本的因素。"今日要政,统于三端:一曰鼓民力,二曰开民智,三曰新民德。"国之"强弱存亡莫不视此"。[④] 梁启超也曾主张,欲"兴民权",先"开民智"。他的一个重要观点,是认为"权生于智","有

[①] 杨度:《金铁主义说》,《杨度集》(一),湖南人民出版社1986年版,第269页。
[②] 参见郑大华《中国近代民族主义与中华民族自我意识的觉醒》,《民族研究》2013年第3期。
[③] 参见郑大华《近代"中华民族复兴"之观念形成的历史考察》,《教学与研究》2014年第4期。
[④] 严复:《与〈外交报〉主人书》,《严复集》,中华书局1986年版,第560页。

一分之智，即有一分之权；有六七分之智，即有六七分之权；有十分之智，即有十分之权"。"权之与智相倚者也。"由于两千多年的君主专制统治，以"塞民智为第一义"，造成中国"民智极塞，民情极涣"，因此，"今日要伸民权，必以广民智为第一义"①，只有民智一天天提高，民权才能一天天增多、一天天实现。所以他一再强调，"开民智"是"兴民权"的根本和起点，"攸攸万事，惟此为大，虽百举未遑，犹先图之"。② 变法失败后，梁启超痛定思痛，更进一步认识到，中国所以积弱不振，根源就在于国民公德缺乏，智慧不开。因此，"欲维新吾国，当先维新吾民"，只有国民的素质提高了，才能实现"少年中国"梦想，实现中华民族的伟大复兴。1899 年，他在《论支那宗教改革》中写道："凡一国之强弱兴废，全系乎国民之智识与能力，而智识能力之进退曾减，全系乎国民之思想。思想之高下通塞，全系乎国民之所习惯与所信仰。然则欲国家之独立，不可不谋增进国民之识力；欲增进国民之识力，不可不谋转变国民之思想；而欲转变国民之思想，不可不于其所习惯所信仰者，为之除其旧而布其新。此天下之公言也。"③不久，在《自由书·文野三界之别》中他又指出："故民智民力民德不进者，虽有英仁之君相，行一时之善政，移时而扫地以尽矣……故善治国者，必先进化其民。"④ 在《自由书·加布儿与诸葛孔明》中他进一步强调："故善谋国者，必自养国民之气、开国民之智始。"⑤ 为此，他创办《新民丛报》，并以"中国之新民"的笔名发表系列文章，取名《新民说》，在此前《少年中国说》有关少年应具备的素质之基础上，进一步阐述了"欲维新吾国，当先维新吾民"的"新民"思想。

梁启超首先论证了"新民"的重要性。他指出，"国也者，积民而成"，

---

① 梁启超：《论湖南应办之事》，《饮冰室合集》第 1 册，文集之三，中华书局 1989 年版，第 41 页。
② 梁启超：《变法通议·学校总论》，《饮冰室合集》第 1 册，文集之一，中华书局 1989 年版，第 20 页。
③ 梁启超：《论支那宗教改革》，《饮冰室合集》第 1 册，文集之三，中华书局 1989 年版，第 55 页。
④ 梁启超：《自由书·文野三界之别》，《梁启超合集》第 6 册，专集之二，中华书局 1989 年版，第 9 页。
⑤ 梁启超：《自由书·加布儿与诸葛孔明》，《梁启超合集》第 6 册，专集之二，中华书局 1989 年版，第 29 页。

"民"是国家的基础,立国的根本。可是,中国数千年来,统治者以民为奴隶、为妾妇、为机器、为盗贼,从而造成了中国人的"愚陋、怯弱、涣散、混浊",他们缺乏公德意识,只享权利而不尽义务;只顾一身一家的荣华富贵,不顾国家的兴亡盛衰;不知有国家,只知忠于君,不知忠于国,甘为一姓之家奴走狗;不敢冒险,主柔好静,不尚竞争;缺乏"不自由毋宁死"的精神,习为古人之奴隶、世俗之奴隶、境遇之奴隶、情欲之奴隶;无自尊心,无毅力,无义务思想,缺乏独立人格;缺乏公共观念,不能合群,没有自治能力;思想保守,不思进取,如此等等。他认为,国民的这种落后的劣根性不加改造,中华民族就没有复兴的希望和可能。因为,"国之有民,犹身之有四肢、五脏、筋脉、血轮也。未有四肢已断,五脏已瘵,筋脉已伤,血轮已涸,而身犹能存者;则亦未有其民愚陋、怯弱、涣散、混浊,而国犹能立者"。所以,"欲其身之长生久视,则摄生之术不可不明;欲其国之安富尊荣,则新民之道不可不讲"。①

梁启超进一步指出,"新民"不仅是立国之本,也是解决"内治"和"外交"问题的"当务之急"。就"内治"而言,要改革国家政治,必从"新民"入手。因为政府与人民的关系,就像温度计里的水银与室内的温度一样,室内的温度高,温度计里的水银必然会升高,室内的温度低,温度计里的水银必然会下降;同理,人民的文明程度高,政治就会清明,人民的文明程度低,政治便一定混浊。所以,"苟有新民,何患无新制度,无新政府,无新国家";反之,如果没有"新民","则虽今日变一法,明日易一人,东涂西抹,学步效颦",也无济于事。他总结"吾国言新法数十年"而成效不大的原因,即是"于新民之道未有留意焉者也"。②从"外交"来看,我们面临的是"民族帝国主义"的侵略威胁,"民族帝国主义"与"古代之帝国主义"不同,后者以一人之力,前者则合民族之力;后者的侵略不过一时,前者的侵略则图久远,因此,"欲抵挡列强之民族帝国主义,以挽浩劫而拯生灵,惟有我行我民族主义之一策",亦就是集合全民族力量与敌人进行长

---

① 梁启超:《新民说·叙论》,《饮冰室合集》第6册,专集之四,中华书局1989年版,第1页。
② 梁启超:《新民说·论新民为今日中国第一急务》,《饮冰室合集》第6册,专集之四,中华书局1989年版,第2页。

期的斗争,"而欲实行民族主义于中国",则"舍新民未由",只有使"吾四万万人之民德、民智、民力",皆可与实行民族帝国主义的列强"相垺"①,列强就不敢侵略中国。

"新民"是立国之本,是解决"内政"与"外交"问题的"当务之急"。那么怎样"新民"?换言之,"新民"应该采取何种方法或途径?梁启超的回答是:"新民云者,非欲吾民尽弃其旧以从人也。新之义有二:一曰,淬厉其所本有而新之;二曰,采补其所本无而新之。二者缺一,时乃无功。"② 也就是说"新民"既非民族虚无主义,搞全盘西化,也非抱残守缺,搞复古倒退,而是在批判地继承传统思想文化中的有用成分并加以发扬光大的同时,"采补"西方思想文化中中国所缺乏的民主主义内容而加以消化吸收。所以梁启超一再指出:"所谓新民者,必非如心醉西风者流,蔑弃吾数千年之道德学术风俗,以求伍于他人;亦非如墨守故纸者流,谓仅抱此数千年之道德学术风俗,遂足以立于大地矣。"③ 他认为每个民族都有自己"独具之特质",中华民族亦不例外。作为一个能数千年立于亚洲大陆的文明古国,中华民族存在着不同于其他民族的"宏大高尚完美"之"特质",对于这种特质,"吾人所当保存之,而勿使失坠也"。但这种"保存","非任其自生自长",而要加以"日新"。"日新"的方法,便是要"博考各国民族所以自立之道,汇择其长者而取之,以补我之所未及"。④ 梁启超尤其强调,所谓"新民",是"自新"而非"他新":"新民云者,非新者一人,而新之者又一人也,则在吾民之各自新而已。孟子曰:'子力行之,亦以新子之国。'自新之谓也,新民之谓也。"⑤ 亦就是充分发挥人的主观能动性,通过自我教育、自我改造,去掉身上的"旧习染",做一个有理想人格,适合时代要求的"新民"。

---

① 梁启超:《新民说·论新民为今日中国第一急务》,《饮冰室合集》第 6 册,专集之四,中华书局 1989 年版,第 4—5 页。
② 梁启超:《新民说·释新民之义》,《饮冰室合集》第 6 册,专集之四,中华书局 1989 年版,第 5 页。
③ 同上书,第 7 页。
④ 同上书,第 6 页。
⑤ 梁启超:《新民说·论新民为今日中国第一急务》,《饮冰室合集》第 6 册,专集之四,中华书局 1989 年版,第 3 页。

在论证了"新民"的重要性和如何"新民"的方法或途径后,梁启超从思想启蒙的要求出发,根据他对西方思想文化的理解,重点阐述了什么样的人才能称之为"新民",也就是说,"新民"应该具有什么样的品格。

首先,"新民"应具有利群、爱国的公德。梁启超指出,德有公德、私德之分,"人人独善其身者,谓之私德;人人相善其群者,谓之公德"。前者讲的是个人的道德修养,后者讲的是个人与群体之间的关系,"二者皆人生所不可缺之具也"。但就二者的比较而言,公德更为重要一些。这是因为,人作为"善群之动物",如何"合群"是第一要紧的事。而要"合群",乃"必有一物焉贯注而联络之,然后群之实乃举",这"一物"便是公德。"公德者何?人群之所以为群,国家之所以为国,赖此德焉以成立者。"① 所以公德的基本精神是利群、爱国。公德的有无,直接关系到群体、国家的兴衰。可是,当时的中国,"所最缺者"就是公德。因为中国自古以来"皆知有私德,不知有公德",重视个人的道德修养,而不重视个人与群体之间的关系,"国民中无一人视国事为己事者",这也是造成中国"政治之不进,国华之日替"的重要原因。为了振兴中国,实现民族复兴,他大声疾呼提倡公德:"知有公德,而新道德出焉矣,而新民出焉矣……公德之大目的,既在利群,而万千条理即由是生焉。"② 他再三强调,群之最大者是国家,所以"新民"应当具有国家思想,个人和小群都要服从国家利益。

其次,"新民"应具有国家思想。梁启超认为,有无"国家思想",这是古代"部民"和近代"国民"的根本区别:"群族而居、自成风俗者,谓之部民;有国家思想、能自布政治者,谓之国民。"③ 而所谓国家思想,主要体现在以下四个方面:"一曰对于一身而知有国家,二曰对于朝廷而知有国家,三曰对于外族而知有国家,四曰对于世界而知有国家。"④ 他指出,对于个人来讲,飞不如禽,走不如兽,难以独自生活在世上,于是有了国家

---

① 梁启超:《新民说·论公德》,《饮冰室合集》第6册,专集之四,中华书局1989年版,第12页。
② 同上书,第15页。
③ 梁启超:《新民说·论国家思想》,《梁启超合集》第6册,专集之四,中华书局1989年版,第16页。
④ 同上。

的产生，国家的好处就在于能够给大家带来"彼我相团结、相补助、相撼救、相利益之道也"，为了这种"利益永不穷"，大家就该知道人人一身之上还有"大而要者"——国家，否则"则团体终不可得成，而人道或几乎息矣"。① 这是梁启超从国家之所以产生的角度来论述国民应具有国家思想的合理性。对于朝廷来说，梁启超认为朝廷对于国家就好比一公司的事务所对于公司本身，朝廷的掌权人就相当于事务所的负责人，国家是不能没有朝廷的，就好像公司不能没有事务所一样，所以要将爱国之心推及朝廷。当然如果朝廷的成立是正式的、有合法性的，那就代表了国家，爱朝廷就相当于爱国家了；如果朝廷的成立不是正式的，不具有合法性，那这样的朝廷就不需要爱了。梁启超既区分了国家与朝廷的不同，又巧妙地将国民引导到爱国家就要爱朝廷的思路上来，当然爱朝廷的前提是朝廷必须能够代表国家、具有合法性。对于外族来说，人类分居各地，语言风俗、思想法制都是不同的，在这样一个物竞天择的时代，难免会起冲突，然而真正爱国的人，是绝不肯将本族的丝毫利益让予他族的。梁启超试图说明，爱国就要在激烈的国际竞争中维护国家的利益。对于世界而言，应该有并列国家的存在，不能随便灭亡别国，否则"竞争绝，文明亦与之俱绝"。② 这是梁启超站在人类发展的角度，论述为了整个世界能在竞争中发展，任何一个国家都是有存在的必要和价值的，这体现了梁启超国家思想的宏大视野。

再次，"新民"应具有进取冒险精神。梁启超指出，"天下无中立之事，不猛进则倒退矣"。中国就是不进则退的典型。欧美各国之所以能后来居上，"优强于中国者，原因非一，而其富于进取冒险之精神，殆其尤要者也"。如哥伦布发现美洲新大陆，马丁·路德的宗教改革，麦哲伦的环绕地球的航行，俄国彼得大帝的改革，克林威尔领导的英国革命，华盛顿领导的美国独立战争，如此等等，便是其明证。和欧美各国相反，"吾中国人无进取冒险之性质，自昔已然，而今且每况愈下也"。③ 这是中国之所以落后的重要原因。他认为，是否具有进取冒险精神，是文明人区别于动物和野蛮人的一个

---

① 梁启超：《新民说·论国家思想》，《梁启超合集》第 6 册，专集之四，中华书局 1989 年版，第 16 页。
② 同上书，第 18 页。
③ 同上书，第 23—29 页。

标志。动物和野蛮人饥则求食，饱则嬉焉，知有今日而不知有明日。文明人则不同，他们有理想，有抱负，不满足于今日，而希望于明日，"惟明日能系我于无极，而三日焉，而五日焉，而七日焉，而一旬焉，而一月焉，而一年焉，而十年焉，而百年焉，而千万年焉，而亿兆京垓无量数不可思议年焉，皆明日之积也"。否则，"保守今日故进取之念消，偷安今日故冒险之气亡，若此者，是弃其所以为人之具，而自侪于群动也"。① 人如果没有进取冒险精神，便是自己将自己降到了动物与野蛮人的行列。所以，他一再强调，进取冒险精神是"新民"必须具有的品格。

再其次，"新民"应具有权利、义务观念。梁启超指出，权利"生于强"，即任何权利都是凭借暴力或强力实现的，人们要想得到和保持自己的权利，就必须树立权利思想，这也是"固其群善其群之不二法门也"。中国人的最大弱点，就是缺乏权利思想，自己的权利受到侵害也不觉痛苦，甚至麻木不仁。西方人对于权利则非常重视，绝不允许自己的权利受丝毫的侵害。所以，中国讲仁，西方讲义。"仁者人也，我利人，人亦利我，是所重者常在人也。义者我也，我不害人，而亦不许人之害我，是所重者常在我也。"仁与义虽然很难说谁最好，但"在今日，则义也者，诚救时之至德要道哉"。② 他认为，要使中国人养成权利观念，"必自个人始"，人人都应具有绝"不肯损一毫"之精神。提倡这种精神，"非争此一毫，争夫人之损我一毫所有权也"，而"所有权即主权"。这样，只有人人都争得和保住自己的那一份权利，那么，"一部分之权利，合之即为全体之权利；一私之权利思想，积之即为一国家之权利思想"。③ 而有无权利思想，这对于一个国家来说意义非同小可，如果把国家比之为一棵大树，那么"权利思想譬犹根也"，没有根已腐烂而树不死亡的。因此，他要求政治家以勿摧压权利思想为第一义，教育家以养成权利思想为第一义，广大国民各以坚持权利思想为第一义。"国民不能得权利于政府也，则争之；政府见国民之争权利也，则让之，欲使吾国之国权与他国之国权平等，必先使吾国中人人固有之权皆平

---

① 梁启超：《新民说·论国家思想》，《饮冰室合集》第6册，专集之四，中华书局1989年版，第26页。
② 同上书，第35页。
③ 同上书，第36页。

等，必先使吾国民在我国所享之权利与他国民在彼国所享之权利相平等。"①当然，他进一步指出，讲权利不要忘义务，因为"义务与权利对待者也，人人生而有应得之权利，即人人生而有应尽之义务"。② 权利与义务相辅相成，有权利无义务，或有义务无权利，都不是正常的现象，亦都不可能持久。中国人不仅没有权利思想，也缺乏义务意识，所以中国在培养国民的权利思想的同时，也要加强对国民义务思想的培养。

最后，"新民"应是自由的。梁启超指出，自由包括"我之自由"亦即人身自由和"精神自由"，这两种自由虽然都很重要，不可或缺，但就两者的比较而言，"精神自由"对于人的自由更具有其重要意义。所以他称人身自由为"小者"，精神自由为"大者"，认为在争取自由的过程中，只有"先立乎其大者，则其小者不能夺也"；"小不夺大，由自由之极轨焉矣"。他还将人身不自由比之为"身奴"，精神不自由比之为"心奴"，认为"心奴"比"身奴"更可怕、可悲，因为"身奴"可以借助于外力获得解放，然而"心奴"却"如蚕在茧，著著自缚，如膏在釜，日日自煎"，是无法借外力获得解放的。所以"辱莫大于心奴，而身奴斯为末也"。"若有欲求真自由者乎，其必自除心中奴隶始"。③ 在他看来，"心奴"主要表现在以下几个方面：一是诵法孔子，"为古人之奴隶"；二是俯仰随人，"为世俗之奴隶"；三是听天由命，"为境遇之奴隶"；四是心役于形，"为情欲之奴隶"。因此，要破除"心奴"，获得"精神自由"，就必须"勿为古人之奴隶""勿为世俗之奴隶""勿为境遇之奴隶""勿为情欲之奴隶"。④ 总之，作为"新民"，应具有这样的品格："我有耳目，我物我格，我有心思，我理我穷，高高山顶立，深深海底行，其于古人也，吾时而师之，时而友之，时而敌之，无容心焉，以公理为衡而已。"⑤

除上述这些品质外，梁启超认为，作为"新民"，还应具有自治、进

---

① 梁启超：《新民说·论国家思想》，《饮冰室合集》第6册，专集之四，中华书局1989年版，第39—40页。
② 同上书，第104页。
③ 梁启超：《新民说·论自由》，《饮冰室合集》第6册，专集之四，中华书局1989年版，第47页。
④ 同上书，第47—50页。
⑤ 同上书，第48页。

步、自尊、合群、生利、分利、尚武等思想、观念或精神。

在"新民"应具有的这些品质中，梁启超特别强调了爱国心对于"新民"的重要意义。因为在他看来，爱国心的淡薄是导致近代中国落后、民族沉沦的诸多因素中的最重要的因素。他在《中国积弱溯源论》一文指出："国家之强弱，一视其国民之志趣品格以为差。而志趣品格，有所从出者一物焉，则理想是已。理想者何物也？人人胸中所想像，而认为通常至当之理者也……中国人脑中之理想，其善而可宝者固不少，其误而当改者亦颇多。欧西、日本有恒言曰：中国人无爱国心。斯言也，吾固不任受焉。而要之吾国民爱国之心，比诸欧西、日本殊觉薄弱焉，此实不能为讳者也。而爱国之心薄弱，实为积弱之最大根源。"他认为导致中国人"爱国之心薄弱"的原因有三："一曰，不知国家与天下之差别也"；"二曰，不知国家与朝廷之界限也"；"三曰，不知国家与国民之关系也"。而"以上三者，实为中国弊端之端，病源之源，所有千疮百孔，万秽亿腥，皆其子孙也"。因此，我们不致力于救亡图存、民族复兴则已，如果要致力于救亡图存、民族复兴，那就"非拔其本，塞其源，变数千年之学说，改四百兆之脑质"不可。否则，"虽有善者，无能为功"。① 所以，他在论述"新民"应具有的品质时，首先论述的便是"公德"，认为"我国民所最缺者，公德其一端也"，而公德的基本精神便是利群、爱国。所以，要实现中国的富强、民族的复兴，国民首先须知有公德。"知有公德，而新道德出焉矣！而新民出焉矣！"② 由此可见，梁启超心目中的"新民"，必须将中华民族的利益放在至高无上的地位，而只有国民具有了利群、爱国的公德心，才能达到民族利益至上的目的，他希望通过新民之公德心的培养，亦即利群、爱国思想的培养，来改变国人一盘散沙、缺乏凝聚力的状态。其他诸如进取冒险、权利义务、自由、自治、进步、自尊、合群、生利、分利、尚武等思想、观念或精神的培养，都是以公德心的培养为前提的，公德心是在民族危机、民族竞争尤为激烈的情况下，最需要培养的品格。梁启超培养以公德心亦即利群、爱国思想为核

---

① 梁启超：《中国积弱溯源论》，《饮冰室合集》第1册，文集之五，中华书局1989年版，第14—17页。

② 梁启超：《新民说·论公德》，《饮冰室合集》第6册，专集之四，中华书局1989年版，第12、15页。

心的新民的目的，是国家的强盛和民族的复兴。换言之，要实现中华民族的伟大复兴，就必须培养具有利群、爱国思想的"新民"。"新民"是实现中华民族伟大复兴的力量。

（三）国粹派的"古学复兴"主张

早在1902年，受日本明治维新后由三宅雪岭、贺志重昂提出的"保存国粹，可以强国"思想的影响，邓实、黄节等人在上海创办了一份从事国粹宣传的革命报刊《政艺通报》，先后发表了一些宣传国粹、激发民族主义和爱国思想的文章，认为"国必有学而始立，学必以粹为有用，国不学则不国，学非粹则非学，非学不国，其将何以自存矣！"[①] 他们强调为了避免亡国灭种的危险，只有振兴国学、发扬国粹。到1905年初，为推动国学研究，进一步宣传国粹主义，邓实、黄节和刘师培等人，又在上海发起成立了以"研究国学，保存国粹"为宗旨的"国学保存会"，并发行《国粹学报》，由邓实任总纂，作者主要有邓实、黄节、陈去病、章太炎、刘师培、黄侃、马叙伦、王国维、罗振玉、王闿运、廖平、柳亚子、郑孝胥等50多人，多数是国学保存会成员，1909年南社成立后，又多数是南社成员。这些人的共同特点是出生旧学，有的还是经学世家，长期受中国传统文化的熏陶，不少人是著名的国学学者，是刚刚从旧士大夫营垒中转化（或正在转化）的知识分子。作为国学保存会的机关刊物，《国粹学报》自1905年初创刊到1911年初停刊，7年间从未间断，共出82期，内分政、史、学、文等栏目，除刊载有60份《国学保存会报告》外，还先后发表了诸如《国学微论》《国学通论》《国学今论》《读〈国粹学报〉感言》《论国粹无阻于欧化》《古学复兴论》《国学真论》《国学无用辨》《某君与人论国粹书》《论中土文字有益于世界》等研究国学、宣传国粹的文章，以及上千篇的国学权威著作和明末清初诸儒遗文，在当时的思想界和学术界产生了较大的影响。在编辑《国粹学报》的同时，邓实、黄节等人还大规模地从事古籍的校勘整理工作，先后编辑出版有《国粹丛书》《国粹丛编》《神州国光集》《国学教科书》等著作，又在上海设藏书楼一所、印刷所一处，并曾计划开设国粹学堂。1906

---

① 邓实：《国粹学》，《政艺通报》甲辰政学文编，1902年。

年章太炎来到日本,在东京留学生举行的大会上他号召人们"以国粹激励种性,增进爱国的热肠"。① 经过他的活动,"国学讲习会"和"国学振起社"在东京相继开办成立,刘师培任国学讲习会正讲习,章太炎任国学振起社社长,积极从事国粹主义的宣传。东京也因此继上海之后成了国粹主义思潮较为活跃的又一中心。

除《政艺通报》和《国粹学报》外,当时主要从事国粹主义宣传的刊物还有出版于日本东京的《学林》和出版于广州的《保国粹旬报》。这两份刊物虽然创刊较晚(《学林》创刊于1909年,《保国粹旬报》创刊于1910年),存在的时间也不长(《学林》只存在两个年头,即1909—1910年,《保国粹旬报》只存在3个月,即1910年2—4月),但还是产生了一定的影响。《民报》作为同盟会的机关刊物,在章太炎主编期间,也发表过不少宣传国粹主义的文章。据统计,章太炎前后共编发14期,发文总数160篇,其中属于国粹研究的文章57篇,占总数的36%。章本人在第7—24期上共发表文章64篇,其中有关国粹研究的文章34篇,占总数的53%。在刘师培总共发表的7篇文章之中,有5篇是研究国粹的文章,占总数的71%。尤其是第14期共刊文四篇,章太炎、刘师培各二篇,内容全部为国粹研究,不啻成了国粹研究的专集。在《民报》的影响下,《醒狮》《河南》《复报》《汉帜》《江苏》《云南》《粤西》等革命刊物也都从事过国粹主义的宣传。

以章太炎、刘师培、邓实、黄节诸人为代表的晚清国粹派一身二任,既是反清的革命派,又是一批精通国学的学者。他们以国学保存会为纽带,以《国粹学报》为平台,提出了"保种、爱国、存学"的口号,呼吁人们重视保持民族文化的独立性。他们不仅孜孜以复兴中国文化为己任,而且鲜明地提出了以固有文化为主体、为基础,整合西方文化、发展民族新文化的新思路。他们认为只有保存国粹,复兴国学,实现民族文化的复兴,才能最终实现中华民族的复兴。"古学复兴"是国粹派民族复兴思想的主旋律。

第一,"国粹"与民族自信力。国粹派虽然主张复兴本民族文化,但是"国粹"二字却舶之于日本。黄节在《国粹学社发起辞》中说:"国粹,日

---

① (章)太炎:《演说录》,《辛亥命前十年间时论选集》第2卷上册,三联书店1963年版,第448页。

本之名辞也,其名辞已非国粹也。"而日本的国粹思潮最初出现于明治中期,其缘起是对明治政府推行"欧化主义"政策的反拨。19世纪中叶的日本在自强过程中,积极推行"脱亚入欧"的"欧化主义"政策,当时的外相井上馨就表示:"要使我国化为欧洲的帝国主义,要使我国人化为欧洲的人民。"受此"欧化主义"的影响,有人公然提倡改换日本人种,废除日本文字,改行罗马文字,鼓吹全盘西化。此种盲目欧化思潮的泛滥引起了社会的不满。1888年三宅雪岭等发起成立政教社,倡言"国粹保存"。政教社同人认为国粹是本民族的"民族性""特性",是"顺应大自然法则的产物",因此不是主观的而是客观的存在。日本独特的国粹,"即国家民族独立的体系"。[①] 国粹被认为是日本的"民族精神"或"民族精髓",具体来说包括三方面内容:"(一)一种无形的民族精神;(二)一个国家特有的遗产;(三)一种无法为其他国家模仿的特性。"[②]

　　清末国粹派的出现,和日本当时的境况有类似之处。20世纪初,受民族危机和殖民地半殖民地环境的影响,在部分中国知识分子中滋生出一种"言非同西方之理弗道,事非合西方之术弗行,掊击旧物,惟恐不力"的"醉心欧化"的思想倾向,认为中国这个数千年老大帝国已成了"陈尸枯骨",虽欲保存,但其"臭味污秽,令人掩鼻作呕",只能起阻碍青年吸收新理新学的作用,而不会有其他任何积极意义,西方新的文明既已诞生,那么,已成为"陈迹"的中国过去的历史文化自然"当在淘汰之列","醉心欧化"才是中国文化出路的唯一选择。正如章太炎所指出的那样:"近来有一种欧化主义的人,总说中国人比西洋人所差甚远,所以自甘暴弃,说中国必定灭亡,黄种必定剿绝。因为他不晓得中国的长处,见得别无可爱,就把爱国爱种的心,一日衰薄一日。"[③]鲁迅在《破恶声论》一文中对此也有揭露:"时势既迁,活身之术随变……掣维新之衣,用蔽其自私之体……倘其游行欧土,遍学制女子束腰道具之术以归,则再拜贞虫而谓之文明,且倡言不纤腰者为野蛮矣。""见中国式微,则虽一石一华,亦加轻薄,于是吹索

---

① 中里良男:《志贺重昂》,《近代日本哲学思想家辞典》,1982年。
② 郑师渠:《晚清国粹派——文化思想研究》,北京师范大学出版社1997年版,第2页。
③ (章)太炎:《演说录》,《辛亥革命前十年间时论选集》第2卷上册,三联书店1963年版,第452页。

抉剔，以动物学之定理，断神龙为必无。"① 这种具有民族虚无主义之特征的"欧化主义"思潮的兴起，就不能不引起以章太炎、刘师培、邓实为代表的一些出身经学世家、从小就受中国传统文化熏陶的国粹派知识分子的警觉和反对，认为这种盲目的欧化主义，会让中国人丧失独立的民族精神，从而导致亡国灭种的危险。用邓实在《第七年政艺通报题记》中的话说："欧化东渐，国学几灭，著者抱亡学亡国之惧。"② 他们因此挺身而出，批判"欧化主义"，提倡保存国粹，发扬光大中国的传统文化和古老文明。《〈国粹学报〉发刊词》写道："不自主其国，而奴隶于人之国，谓之国奴；不自主其学，而奴隶于人之学，谓之学奴。奴于外族之专制，谓之国奴，奴于东西之学，亦何得而非奴也。同人痛国之不立而学之日亡，于是瞻天与火，类族辨物，创为《国粹学报》，以告海内。"③ 国粹派提倡国粹主义的目的在于通过弘扬国粹来增强国民的民族精神，提升中华民族的民族自信力，借用许守微的话说："所以进吾民德修吾民习者，其为术不一途，而总不离乎爱国心者近是，此国粹之所以为尚也。"④ 国粹派知识分子的一个基本观点，便是认为民族危机说到底是文化危机。因此，认同和复兴本民族文化，增强民族自信力，才是挽救民族危机、实现民族复兴的根本前提。

为了提高民族自信力，国粹派知识分子针对思想和学术界所流行的一些消解民族自信力的言论，进行了有力的反驳。首先，关于中国的人种问题。受西方人种论的影响，有的人认为中华民族在近代的衰落是因为人种的低劣。这也就意味着中国人的任何努力都是徒劳的，这种论调在很大程度上瓦解了国民的民族自信力。针对这种论调，章太炎从人类进化的角度反驳说："民生之初，东海、西海侗愚。"⑤ 邓实在《鸡鸣风雨楼民书·民智第一》一文中指出，中西民族同为地球之智种，没有理由因中国文化在近代的式微便将其归结为"其脑角之高低，心包络之通塞有以致之"⑥，实际上日俄战争

---

① 迅行（鲁迅）：《破恶声论》，《辛亥革命前十年间时论选集》第3册，三联书店1977年版，第370、374页。
② 邓实：《第七年政艺通报题记》第7卷第1期，1908年，第1页。
③ 《〈国粹学报〉发刊词》，《国粹学报》第1卷第1期，1905年，第1—2页。
④ 许守微：《论国粹无阻于欧化》，《国粹学报》第1卷第7期，1905年，第1页。
⑤ 章太炎：《章太炎全集》（四），上海人民出版社1985年版，第67页。
⑥ 邓实：《鸡鸣风雨楼民书·民智》，《政艺通报》第3卷第6期，1904年，第4页。

中黄种人的日本战胜白种人的俄国的事实，已经让西方白人人种优越于东方黄人人种的种族优劣论不攻自破。其次，关于中国的语言文字的问题。语言文字是一个民族以及民族文化得以延续的重要工具，也是一个民族文化的象征。而当时的西方列强贬低中国文化及其语言文字，认为中国的语言文字具有"缺乏严密性、易于误解和乐观自我封闭三大特征"。受此影响，一些西化论者提出了取消中国语言文字，"以万国新语代之"的主张。对此，章太炎在《驳中国用万国新语说》一文中写道：汉语汉字不仅是中国文明的结晶，而且是沟通国人的情感、维系民族精神的纽带，是极其宝贵的国粹。[①]田北湖的《国定文字私议》一文则从语言结构的角度，说明中国的文字比西方的文字更具有表现力："言其体制，则连法者不若独立；言其义意，则其拼母者不若形声之蘖生，况运用词句，变动位置，无中土之神妙简易。"[②]最后，关于中国地理环境决定论。20世纪初，西方的"地理环境决定论"风行一时，受其影响，也有人常常将中国文化的衰败归结为地理环境，比如，1905年《东方杂志》第2年第1期发表的《论中国人天演之深》一文就写道：人类最早诞生地在中亚，后分为东西两支，西进一支进入地中海，衍成"民政之国"；东进一支进入中国，衍成"专制之国"和内陆性文明，这是造成中国近代落后的根本原因。针对这种观点，邓实指出：正因为地理、人种条件的差异，中西各自形成了主"静"与主"动"的两大类区域文化，因此，除非能全然改变中国的地理与人种，西方文化是不能替代中国文化的，中国文化有其独特之价值。国粹派知识分子力图从人种、语言文字和地理环境等方面证明中国人、中国的语言文字和中国的地理环境并不逊于西方或其他民族，从而达到增强民族自信力的目的。

除了从人种、语言文字和地理环境等方面增强民族的自信力之外，国粹派知识分子还大力宣扬爱国主义思想，以此来增强中华民族的凝聚力。章太炎认为当时的欧化主义者缺少爱国心，缺少对民族精神的认同，"若他晓得，我想就是全无心肝的人，那爱国爱种的心，必定风发泉涌，不可遏抑的"。[③]

---

① 章太炎《驳中国用万国新语说》，《章太炎全集》（四），上海人民出版社1985年版，第337页。
② 田北湖：《国定文字私议》，《国粹学报》第4卷第12期，1908年，第3页。
③ （章）太炎：《演说录》，《辛亥革命前十年间时论选集》第2卷上册，三联书店1963年版，第452页。

当时还有国粹派知识分子号召"欲求爱国,必自保存国粹始"。① 由此可见,国粹派知识分子是把历史文化作为民族精神、爱国主义的有无来看待的,这也就不难理解他们为什么会提出"保种、爱国、存学"以及"爱国存学"等口号了。

国粹派知识分子的"保存国粹"是针对当时存在的欧化主义而提出来的,主要目的是希望通过"保存国粹"来提升民族自信力,通过提倡民族精神来增强民族凝聚力,他们认为"保存国粹"是实现救国以及民族复兴的最重要途径。

第二,由"古学复兴"实现民族复兴。国粹派知识分子认为,中国之所以积弱不振,民族危机日益加深,其根本原因就是没有提倡国粹。因为在他们看来,一个国家之所以能立于世界民族之林,不仅在于武力,更重要的还在于有赖以自立的民族"元气",这就是各国固有的"国粹"。然而自清政府举办洋务运动以来,中国不是在提倡国学、发扬国粹的基础上学习西方,而是依样画瓢,先学习西方的科学技术,进而学习西方的政治制度,其结果"将三十年,而卒莫收其效,其更敝焉"。② 画虎不成反类犬。所以,要振兴国家,挽救民族危机,并进而实现国家和民族复兴,其关键就在于讲求国学,提倡国粹,"国学"或"国粹"有关乎国家的存亡。他们在《拟设国粹学堂启》一文强调:"夫国于天地,必有与立。学也者,政教礼俗之所出也。学亡则一国之政教礼俗均亡;政教礼俗均亡,则邦国不能独峙……是则学亡之国,其国必亡,欲谋保国,必先保学。"③ 邓实在《国学无用辨》中写道:"学以为国用者也,有一国之学,即以自治其一国,而为一国之用。无学者非国,无用者亦非学也。今之忧世君子,睹神州之不振,悲中夏之沦亡,则疾首痛心于数千年之古学,以为学之无用而致于此也。"④ 在《古学复兴论》中邓实又说:"学以立国,无学则何以一日国于天地。"⑤ 黄节在

---

① 《论保存国粹与爱国心之关系》,《神州日报》1907 年 7 月 7 日。
② 许守微:《论国粹无阻于欧化》,《国粹学报》第 1 卷第 7 期,1905 年,第 1 页。
③ 《拟设国粹学堂启》,《国粹学报》第 3 卷第 1 期,1907 年,第 1 页。
④ 邓实:《国学无用辨》,《国粹学报》第 3 卷第 5 期,1907 年,第 1 页。
⑤ 邓实:《古学复兴论》,《国粹学报》第 1 卷第 9 期,1905 年,第 2 页。

《〈国粹学报〉叙》中指出:"国界亡则无学,无学则何以有国也。"① 许守微的《论国粹无阻于欧化》同样认为:"国粹者,一国精神之所寄也。其为学,本之历史,因乎政俗,齐乎人心之所同,而实为立国之根本源泉也。是故国粹存则其国存,国粹亡则其国亡。"② 他们甚至认为,只要国粹尚存,即使不幸亡国,也终有复国之一日;要是国粹不保,中国所面临的将不仅是亡国,而且是亡天下,即将陷于万劫不复的灭种之灾:"学亡则亡国,国亡则亡族。"③ 他们因此提出了"保种、爱国、存学"的口号,大声疾呼爱国之士不仅当勇于反抗外来侵略,而且当知"爱国以学,读书保国,匹夫之贱有责焉"的道理④,奋起保存国学、国粹,以挽救民族危亡,实现国家的富强和民族的复兴。

既然"国学"或"国粹"有无关乎国家的存亡,那么怎样的国学才能救中国、实现民族的复兴呢?弘扬国粹是否意味着完全回归传统?对于这些问题,国粹派知识分子给出了他们的回答。

首先,要对传统文化进行精华与糟粕的区分,取其精华而去其糟粕。邓实在《国学无用辨》一文中,把传统文化分为"在朝之学"和"在野之学",即"君学"和"国学"。"君学"就是历代帝王尊崇的"治国之大经""经世之良谟","国学"就是"为帝王所不喜"的在野君子之学。⑤ 这实际上是把传统文化分为了为统治阶级所利用的封建专制文化和具有批判精神以及民主性的在野文化。在《国学今论》一文中邓实进一步指出,作为封建国家意识形态的儒学不属于"国学",而属于"利君不利民"的"君学"。⑥ 国粹派要复兴的主要是"国学",而对于"君学",他们持的是激烈的批判态度。邓实就曾指出:"呜呼!学术至大,岂出一途;古学虽微,实吾国粹。孔子之学,其为吾旧社会所信仰者,固当发挥而光大之;诸子之学,湮没既千余年,其有新理实用者,亦当勤求而搜讨之。夫自国之人,无不爱其自国

---

① 黄节:《〈国粹学报〉叙》,《国粹学报》第1卷第1期,1905年,第1页。
② 许守微:《论国粹无阻于欧化》,《国粹学报》第1卷第7期,1905年,第1页。
③ 黄节:《〈国粹学报〉叙》,《国粹学报》第1卷第1期,1905年,第1页。
④ 邓实:《国学保存会小集叙》,《国粹学报》第1卷第1期,1905年,第1页。
⑤ 参见邓实《国学无用辨》,《国粹学报》第3卷第5期,1907年,第1—2页。
⑥ 参见邓实《国学今论》,《国粹学报》第1卷第4期,1905年,第1—7页。

之学，孔子之学固国学，而诸子之学亦国学也。"① 章太炎虽然将先秦诸子之学进一步推而广之，认为"所谓诸子学者，非专限于周秦，后代诸家，亦得列入"，但他同时又强调指出，在论述诸子之学时要以"周秦为主"。② 许之衡的《读〈国粹学报〉感言》在批判孔学的同时，提高了"在野之学"的地位。而他所说的"在野之学"，"包括诸子学和后世某些有异端思想的在野知识分子的学说"③。刘师培的《周末学术史序》批评儒家轻视法制，是不圆满的政治法学；赞扬墨家主张平等，比儒家进步；称许道家对君主的指斥；赞佩荀子在逻辑学方面的成就；多方阐述墨子、庄子、关尹子、亢仓子、孙子、管子的学说中与近代自然科学的相通之处。④ 在《孔学真论》中，他又对孔子的学术思想、政治观点等进行了批判，尤其批判了孔子倡立君臣之义、排斥异说、重政轻艺等反民主反科学的思想。⑤ 章太炎的《诸子学略说》一文，批判孔子热心利禄："《艺文志》说儒家云，辟者随时抑扬，违离道本，苟以哗众取宠。不知哗众取宠，非始辟儒，即孔子固已如是。庄周述盗跖之言曰：'鲁国巧伪人孔丘，不耕而食，不织而衣，摇唇鼓舌，擅生是非，以迷天下之主。使天下学士，不反其本，妄作孝悌，而侥幸于封侯富贵者也。'此犹曰道家诋毁之言也，而微生亩与孔子同时，已讥其佞，则儒者之真可见矣。"⑥ 邓实更是推崇具有近代启蒙意识思想的顾炎武、黄宗羲、王夫之、龚自珍、魏源等人，认为如果这些人的主张得以实行，那么中国早已建成"地方自治之制"，早已破除"专制之局"，早已建成"民族独立之国"。⑦ 由此可见，国粹派知识分子并不盲目地推崇传统文化，而是对传统文化进行了精华与糟粕的区分，他们推崇的只是传统文化的精华部分，所以他们不同于传统的守旧派，当然他们理想中的传统文化的精华是否真的是精华，则另当别论。

---

① 邓实：《古学复兴论》，《国粹学报》第1卷第9期，1905年，第3页。
② 章太炎：《诸子学略说》，《章太炎政论选集》上册，中华书局1977年版，第289—290页。
③ 房德邻：《论国粹主义》，《中州学刊》1991年第3期。
④ 参见刘师培《周末学术史序》，《国粹学报》第1年第1期，1905年。
⑤ 参见刘师培《孔学真论》，《国粹学报》第2卷第5期，1906年。
⑥ 章太炎：《诸子学略说》，《章太炎政论选集》上册，中华书局1977年版，第289—290页。
⑦ 邓实：《国学无用辨》，《国粹学报》第3卷第5期，1907年，第2页。

其次,"引西学以重新研究古学"①,实现中西文化和学术的相互结合。国粹派虽然推崇传统文化,但是这并不意味着对待西方文化就必然要盲目排斥,他们从历史立论,认为西学的输入从来都是"中国学术变迁之关键"。元代地连欧洲,西学因之东渐,"此历数音韵舆地之学,所由至元代而始精也"。②明清之际,诸子学与西学,"相因缘而并兴",尤为引人注目。进入近代,西学愈益东渐。"外学日进,而本国旧有之古学亦渐兴。"因此,要研究中国学术和文化,保存"国粹",就必须引进"西学",实现中西学术和文化的会通融合。用邓实的话说:"以诸子之学,而与西来之学,其相因缘而并兴者,是盖有故焉。"③许守微的《论国粹无阻于欧化》一文,在广征博引大量例子以说明中西文化的交流对研究古学的作用后,"一言以蔽之"地得出结论:"国粹者也,助欧化而愈彰,非敌欧化以自防,实为爱国者须臾不可离也云尔。"④发表于《政艺通报》上的《国粹保存主义》在解释什么是"国粹"时也再三强调:"本我国之所有而适宜焉者为国粹也,取外国之宜于我国而足以行焉亦国粹也。"章太炎在《国学讲习会序》中反复指出,新学或西学不是没有用,而是用法不对,实际上"新学则固与国学有比例为损益之用,非词章帖括之全属废料者比。前之言国学者,可绝对弃置科举;而今之言国学者,不可不兼求新识"。⑤那么如何才能把新学与国学很好地结合起来呢?章太炎给出了自己的见解:"时固不乏明达之士,欲拯斯败,而以其无左右偏袒之道,即无舍一取一之方,二者之迷离错杂,不知所划,几别无欧脱地,以容吾帜。则有主张体用主辅之说者,而彼或未能深抉中西学术之藩,其所言适足供世人非驴非马之观,而毫无足以餍两方之意。以此之故,老生以有所激而顽执益坚,新进以视为迂而僻驰益甚。"⑥总之,国粹派知识分子在对待西学问题上,不同于传统的守旧派,他们并不对西方文化采取盲目的排斥态度,而是在坚持传统文化为核心的前提下,去

---

① 郑师渠:《晚清国粹派——文化思想研究》,北京师范大学出版社1997年版,第136页。
② 刘师培:《国学发微》,《国粹学报》第2卷第11期,1906年,第2页。
③ 邓实:《古学复兴论》,《国粹学报》第1卷第9期,1906年,第3页。
④ 许守微:《论国粹无阻于欧化》,《国粹学报》第1卷第7期,1905年,第4页。
⑤ 章太炎:《国学讲习会序》,《辛亥革命前十年间时论选集》第2卷上册,三联书店1960年版,第499页。
⑥ 同上书,第499页。

吸收西学当中的精华为我民族文化所用。

最后，通过"古学复兴"，以期望实现传统文化的复兴。"古学复兴"原是欧洲文艺复兴的一种别称。国粹派知识分子中最先使用"古学复兴"一词的是许守微，1905年他在《国粹学报》上刊登《论国粹无阻于欧化》一文，其中写道："西哲之言曰：今日欧洲文明，由中世纪倡古学之复兴，亚别拉脱洛查诸子之力居多焉。……视我神州，则蒙昧久矣，昏瞀久矣，横序之子，不知四礼；矜缨之士，不读群经。盖括帖之学，毒我神州者六百有余年，而今乃一旦廓清，复见天日，古学复兴，此其时矣。"又说："欧洲以复古学，科学遂兴，吾国至斯，言复古已晚，而犹不急起直追，力自振拔，将任其沦坟典于草莽，坐冠带于涂炭，侪于巫来由红棕夷之列而后快乎？必不然矣！"①邓实在同年10月发表《古学复兴论》一文，不仅论述了欧洲"古学复兴"的历史，而且对中国"古学复兴"的必然性、重要意义与途径都做了相当具体的阐发。他说："吾人今日对于祖国之责任，唯当研求古学，刷垢磨光，钩玄提要，以发见种种之新事理，而大增吾神州古代文学之声价。是则吾学者之光也。学者乎！梦梦我思之，泰山之麓，河洛之滨，大江以南，五岭以北，如有一二书生，好学信古，抱残守缺，伤小雅之尽废，哀风雨于鸡鸣，以保我祖宗旧有之声名之物，而复我三千年史氏之光者乎，则安见欧洲古学复兴于十五世纪，而亚洲古学不复兴于二十世纪也。呜呼，是则所谓古学之复兴者矣。"②

中世纪欧洲通过文艺复兴，开启了近代文明之路；国粹派知识分子也希望通过复兴古学，来重振中国文化，实现中国文化复兴，进而推动民族复兴的实现。因为在国粹派看来，包括儒学在内的先秦诸子之学与古希腊学术文化有许多相似之处，"夫周秦诸子之出世，适当希腊学派兴盛之时。绳绳星球，一东一西，后先相映，如铜山崩而洛钟应，斯亦奇矣。然吾取《荀子》之'非十二子篇'观之，则周末诸子之学，其与希腊诸贤，且若合符节"。既然欧洲藉复兴古希腊学术文化，而开近代文明的先河；那么中国也可以通过复兴与古希腊学术文化相似的先秦诸子学，"吹秦灰之已死，扬祖国之耿

---

① 许守微：《论国粹无阻于欧化》，《国粹学报》第1卷第7期，1905年，第2页。
② 邓实：《古学复兴论》，《国粹学报》第1卷第9期，1905年。

光",振兴中国文化,实现国家富强,"亚洲古学复兴,非其时耶"。① 这正如郑师渠所指出的那样,国粹派知识分子之所以会提出古学复兴,"其一,自认'古学复兴'是世界各国文化复兴的普遍性规律","其二,通过追寻东西文化各自演进的轨迹,从比较二者的异同得失中,体认复兴中国文化的必由之路","其三,出自'国学'论的演绎"。②

国粹派知识分子不仅大力提倡"古学复兴",而且还身体力行,以《国粹学报》为平台,积极从事"古学"的研究和宣传。马叙伦曾回忆说,其时的《国粹学报》"有文艺复兴的意义"。之后还提出拟设国粹学堂,后虽然因为经费问题而作罢,但是《拟国粹学堂学科预算表》的制定,足以让人们看到更加宏大的复兴古学的计划。其章程规定:"略仿各国文科大学及优级师范之例,分科讲授,惟均以国学为主。"从其课程设置看,学制六学期,共分社会学、实业学、博物学、经学、哲学、伦理学、考古学、史学、宗教学、译学等21个学科,开设了包括"经学源流及其派别""古代社会状态""古代哲学""文字学源流考""历代实业学史"等在内共约百门课程。

郑师渠在《晚清国粹派——文化思想研究》一书中认为:"国粹派将自己以固有文化为主体发展民族新文化的主张,最终概括为'国粹保存主义'。因为,在他们的眼里,国粹绝非是过往僵死的东西,而是日新的创造物:'以研究为国粹学之始基,庶几继破坏而有以保存'——国粹是旧文化的血脉、新文化的萌点,体现着新旧的结合……国粹既体现着民族独立的精神,更体现着民族文化对欧化的吸纳和整合。"③ 从国粹派对待传统文化的态度、处理传统文化与外来文化的关系以及所倡导的"古学复兴"这三方面来看,郑师渠的上述观点是站得住脚的。实际上国粹派是以复兴古学之名,行塑造具有中国特色的新民族文化之实。因此,与其说是"复古",还不如说是"创新",即对传统文化的再创造。而他们重塑民族文化的目的,就在于希望通过增进民族文化的认同,来增进民族的认同,提升民族自信

---

① 邓实:《古学复兴论》,《国粹学报》第1卷第9期,1905年。
② 郑师渠:《晚清国粹派——文化思想研究》,北京师范大学出版社1997年版,第133—135页。
③ 同上书,第140页。

力，最终是为了实现民族复兴的梦想。

第三，保存"国粹"与革命"排满"。国粹派知识分子一个显著特点就是"一身二任"：在文化取向上，他们是文化保守主义者，希望通过保存国粹、复兴古学来实现中华文化的伟大复兴；在政治取向上，他们是激进的革命党人，希望通过革命排满来建立起近代的民族国家。正因为这种"一身二任"的特点，所以与那些纯粹的文化保守主义者不同，他们的倡言国粹和他们的政治诉求也不无关系。丁伟志就曾指出："从表面上看，国粹派的文化观是向守旧派文化观的复归，但事实上二者之间在宗旨上存在着本质的差异。守旧派之鼓吹崇经卫道复古，是为着维护清王朝君主专制制度和既有的宗法秩序，排拒引进资本主义文明成果；而国粹派之提倡国学，却不是针对资本主义文明成果而发的，他们主张'反本以言国粹'，不是为保护清政权提供依据而是为彻底推翻清朝统治制造舆论。也就是说，提倡国学，'以国粹激励种性'，其直接目的，并不在于反对外来的欧美资本主义文明，而是为着推进'逐满复汉'的民族革命。"[①]

在国粹派知识分子的国学宣传当中，我们很明显地能感触到他们的"排满"情怀。比如，国粹派知识分子在批判"君学"时，其矛头所指往往是清王朝的专制统治。黄节在《〈国粹学报〉叙》中就指出："吾国之国体，则外族专制之国体也。吾国之学说，则外族专制之学说也。"[②] 邓实曾将宋明以来反抗异族入侵的忠臣节士、遗民故老的诗文，编辑成一本《正气集》，并在"识语"中称颂这是"神州国粹之林"，而他编辑此书的用意，就在于"以摅怀旧之蓄念，发思古之幽情，光祖宗之玄灵，振大汉之天声。庶几天地之正气犹有所系，天命民彝不至终绝，而汉祚藉为一线之延，顾不重哉"。1906 年，章太炎在东京留学生欢迎会上，演讲激励人们感情的两件大事：一是"用宗教发起信心，增进国民的道德"；二是"用国粹激励种性，增进爱国的热肠"。[③] 显而易见，国粹派知识分子在保存国粹、复兴民族文化的同时，也配合了当时革命党人的"排满"革命的宣传。但与孙中

---

① 丁伟志：《晚清国粹主义述论》，《近代史研究》1995 年第 2 期。
② 黄节：《〈国粹学报〉叙》，《国粹学报》第 1 卷第 1 期，1905 年，第 1 页。
③ （章）太炎：《演说录》，《辛亥革命前十年间时论选集》第 2 卷上册，三联书店 1963 年版，第 448 页。

山为代表的革命派相比，国粹派知识分子的狭隘的种族主义色彩或许更浓烈一些。

以章太炎、刘师培、邓实为代表的国粹派知识分子在 20 世纪初民族危机日益严重之际，把目光投向了历史悠久的民族文化，认为"民族危机与文化危机的一致性，相信文化危机是更本质更深刻的民族危机。他们认为一个国家所以能自立于世界民族之林，不仅在于武力，更重要还在于有赖于以自立的民族'元气'，这是各国固有的'文化'。文化是民族生命的'内层'，国家及法律、政府则是保护前者的'外层'"。[①] 他们坚信只有实现文化复兴才能增强民族的自信力、凝聚力，也才能最终实现中华民族的伟大复兴。国粹派之所以会将民族复兴的重任寄希望于民族文化的复兴，文化民族主义则是其理论基础。费正清在《美国与中国》一书中说：进入 20 世纪后，中国人"对自身文化或'文化素养'的世代相传的自豪感已经激起了一股新的'文化民族主义'，这在将来很可能会胜过那发生在欧洲的单纯政治上的民族主义"。[②] 郑师渠在《近代中国的文化民族主义》一文中对近代中国的民族主义进行了梳理，认为"从普遍的意义上说，所谓文化民族主义，实为民族主义在文化问题上的集中表现。它坚信民族固有文化的优越性，认同文化传统，并要求从文化上将民族统一起来"。[③] 而国粹派也就是从民族文化的角度去解读近代民族主义，而得出了民族复兴首先需要民族文化复兴的结论。

以上我们介绍了孙中山、梁启超和以章太炎为代表的国粹派的民族复兴思想，概而言之，包括以下几个方面的内容：（1）民族复兴的主体。在孙中山那里，民族复兴的主体是以"中华"为代称的"汉族"，而到了梁启超那里，民族复兴的主体是"中华民族"，尽管此时梁启超的"中华民族"的含义与我们现在所讲的"中华民族"的含义还有所差异。[④]（2）民族复兴的目标。在孙中山那里是"赶超"发达资本主义国家，使中国成为世界头等强国，在梁启超那里是建立一个"称霸宇内，主盟地球"的"少年中国"。

---

① 郑师渠：《近代中国的文化民族主义》，《历史研究》1995 年第 5 期。
② 费正清：《美国与中国》，商务印书馆 1987 年版，第 74 页。
③ 郑师渠：《近代中国的文化民族主义》，《历史研究》1995 年第 5 期。
④ 参见郑大华《近代民族主义与中华民族自我意识的觉醒》，《民族研究》2013 年第 3 期。

（3）民族复兴的力量。梁启超在《少年中国说》中对此作了论述，即具有"智""富""强""独立""自由"和"进步"之品质的"少年"，后来在《新民说》中他又进一步对此作了阐释，即具有公德、国家思想、进取冒险、权利思想、自由、自治、进步、自尊、合群、生利分利、毅力、义务思想等品质或精神的"新民"。（4）民族复兴的途径。在孙中山那里是反清革命，在梁启超那里是政治改革，而在以章太炎为代表的国粹派那里是"古学复兴"，即由"古学复兴"来实现民族复兴。国粹派由"古学复兴"来实现民族复兴的思想对后来影响巨大，五四时期的东方文化派、30年代的本位文化派和发端于五四前后、形成于抗战时期的现代新儒家都是这一思想的继承者和发展者。

这里需要指出的是，19世纪末20世纪初，人们对"民族复兴"的认识还相对比较模糊。尽管孙中山、梁启超和以章太炎为代表的国粹派分别提出了"振兴中华""少年中国""古学复兴"这些接近于民族复兴的话语，此外，欧榘甲1902年在《新广东》中提出"中国者，今日将死而复生，散而复聚，静而复动，灭而复兴之大机会也"，《新民丛报》1903年刊出的《〈大同日报〉缘起》一文使用了"复兴中国""振兴民族"的提法，华兴会1904年提出过"驱除鞑虏、复兴中华"的主张，但是他们都没有明确提出"民族复兴"这一观念，并把它与"中华民族"结合起来，清晰地表达出"中华民族复兴"的含义，这也是我们把这一时期的中华民族复兴之思想称为孕育或萌发期的主要原因。

二 五四时期：民族复兴思想的发展

萌发于19世纪末20世纪初的民族复兴思想，到五四时期有了新的发展。究其原因不外乎以下几个方面：一是辛亥革命的推动。1911年的辛亥革命给思想界带来了史无前例的大解放，不论是从辛亥革命的成功角度还是失败角度而言，它造就了许多新的精神，促进了民族思想和精神世界的重大变化。二是第一次世界大战的影响。第一次世界大战的爆发及其给西方文化造成的前所未有的巨大灾难，使曾追慕西方文明的中国人开始立足自身进行反思。在反思的过程中，有识之士深刻领悟到民族的复兴不能依靠简单的

"拿来主义"，在中国文明与西方文明的碰撞过程中，要重新审视中西文化和世界格局，创造性地吸收和转化西方文化，才能切实可行地实现中华民族的复兴。三是五四新文化运动促进了国人的觉醒。1915年9月，陈独秀在上海创办《青年》杂志，并在创刊号上发表《敬告青年》一文，由此而揭开了轰轰烈烈的五四新文化运动的序幕。五四新文化运动以"民主"和"科学"为两面大旗，提倡引进西方新思想，开拓救亡的新道路。因此，这一场运动包含了两个方面：一是对民族文化的反思，一是民族文化的振兴。诚如李大钊所言："由来新文明之诞生，必有新文艺为之先声，而新文艺之勃兴，尤必赖有一二哲人，犯当世之不韪，发挥其理想，振其自我之权威，为自我觉醒之绝叫，而后当时有众之沉梦，赖以惊破。"[①] 在新文化运动的熏陶下，中国知识界展开了对民族复兴问题的新思考。四是十月革命给民族复兴思想注入了新的内容。毛泽东说："十月革命一声炮响，给我们送来了马克思列宁主义。十月革命帮助了全世界的也帮助了中国的先进分子，用无产阶级的宇宙观作为观察国家命运的工具，重新考虑自己的问题。走俄国人的路——这就是结论。"[②] 正如毛泽东所说的那样，十月革命后，以李大钊、陈独秀为代表的先进中国知识分子，成为中国早期马克思主义者，他们用无产阶级的宇宙观作为观察国家命运的工具，重新思考国家和民族复兴的途径，使中国看到了民族解放和民族复兴的希望。

（一）李大钊的"青春中华之创造"和"中华民族之复活"的思想

"十月革命一声炮响，给我们送来了马克思列宁主义。"五四运动后，马克思主义在中国进步知识界中得到广泛传播，并成了与自由主义思潮、文化保守主义思潮三足鼎立的主要社会思潮之一。李大钊、陈独秀、瞿秋白、蔡和森、恽代英、毛泽东等一大批先进知识分子，面对日益严重的民族危亡，积极探索如何救亡图存、实现民族复兴的理论和道路，他们最后都殊途同归地选择了马克思主义，成了中国早期的马克思主义者。李大钊是他们中的最杰出代表。本节讨论的便是五四时期李大钊的民族复兴思想。这里需要

---

① 李大钊：《〈晨钟〉之使命——青春中华之创造》，《晨钟》创刊号，1916年8月15日。
② 毛泽东：《论人民民主专政》，《毛泽东选集》第4卷，人民出版社1991年版，第1471页。

说明的是，李大钊成为中国早期马克思主义者是在五四运动之后，其标志是1919年下半年他发表的《我的马克思主义观》一文，但为了论述的方便，同时考虑到思想的连续性和继承性，对于他在五四运动之前的思想（按照传统的说法，那时他还是激进的民主主义者），凡是与民族复兴思想有关的，也放在一起加以论述，而没有把它们加以阶段性的区分。

第一，"青春中华之创造"。1916年5月，年仅27岁的李大钊结束了在日本两年多的留学生活，回到上海，参与《晨钟报》的筹办和编辑工作。这年8月15日，《晨钟报》创刊，李大钊在创刊号上发表《〈晨钟〉之使命——青春中华之创造》一文，提出了"青春中华之创造"的中华民族复兴思想。他在该文中开宗明义地指出："一日有一日之黎明，一秋有一秋之黎明，个人有个人之青春，国家有国家之青春。今者，白发之中华垂亡，青春之中华未孕，旧秋之黄昏已去，新秋之黎明将来"，中国正处于一个"方死方生、方毁方成、方破坏方建设、方废落方开敷"的新旧交替的重要变革时期。

和清末的梁启超一样，李大钊也把整个中华民族的发展存亡设置在一个整体的发展过程中，将现今中国的衰败看作"白发之中华"，在这个基础上又孕育着青春（即梁启超的"少年"）之中华，"青春之中华"是中华民族的美好未来。既然中华未亡，中华民族定当努力为之，"发愤为雄"，而不是斤斤计较于外人言论，忌讳"衰老""颓亡"等字眼。因为，依据"宇宙大化之流行，盛衰起伏，循环无已，生者不能无死，毁者必有所成"的自然规律，"健壮之前有衰颓，老大之后有青春，新生命之诞生，固常在累累坟墓之中也"。更何况作为一个拥有几千年发展历史的民族，中华民族能够"巍然独存，往古来今，罕有其匹"，实有她独特的存在价值。"吾人须知吾之国家若民族，所以扬其光华于二十秋之世界者，不在陈腐中华之不死，而在新荣中华之再生；青年所以贡其精诚于吾之国家若民族者，不在白发中华之保存，而在青春中华之创造。《晨钟》所以效命于胎孕青春中华之青年之前者，不在惜恋奄奄就木之中华，而在欢迎呱呱坠地之中华。"就此而言，中华民族是"以青年之运命为运命"的，只要"青年不死，即中华不亡……国家不可一日无青年，青年不可一日无觉醒，青春中华之克创造与否，当于青年之觉醒与否卜之矣"。

也许是受了梁启超的影响，李大钊在论述"青春中华"之创造时，同样将老辈（在梁启超那里是"老大"）与青年（在梁启超那里是"少年"）作了一番比较，并和梁启超一样，他也把所有的褒词都给了青年："老辈之灵明，蔽翳于经验，而青年脑中无所谓经验也。老辈之精神，局牖于环境，而青年眼中无所谓环境也。老辈之文明，和解之文明也，与环境和解，与时代和解，与经验和解。青年之文明，奋斗之文明也，与环境奋斗，与时代奋斗，与经验奋斗。故青年者，人生之王，人生之春，人生之华也。青年之字典，无'困难'之字，青年之口头，无'障碍'之语；惟知跃进，惟知雄飞，惟知本其自由之精神，奇僻之思想，锐敏之直觉，活泼之生命，以创造环境，征服历史。"青年是人生最美好的阶段，富于生命力、想象力和创造力，他因而希望"老辈"能"尊重"青年的精神、思想、直觉和生命，而不可"抑塞"青年的精神、思想、直觉和生命。否则，"苟老辈有以柔顺服从之义规戒青年，以遏其迈往之气、豪放之才者，是无异于劝青年之自杀也"。如果更进一步，"苟老辈有不知苏生，不知蜕化，而犹逆宇宙之进运，投青年于废墟之中者，吾青年有对于揭反抗之旗之权利也"。

"老辈"与"青年"的上述不同，也就决定了"老辈所有"的"过去之中华"，是"历史之中华，坟墓中之中华也"；而"青年所有"的"未来之中华"，是"理想之中华，胎孕中之中华也"。对于"坟墓中之中华"，我们可以视它为"老辈之记录"，而"拱手"让给"老辈"，"俾携以俱去"；但对于"胎孕中之中华"，则坚决不能允许"老辈以其沉滞颓废、衰朽枯窘之血液，侵及其新生命"。因为，"青春中华之创造"，是"吾青年独有之特权"，对于"老辈"其他种种要求或批评，甚至对青年人的"轻蔑""嘲骂""诽谤"和"凌辱"，青年"皆能忍受"，唯独这一"特权"，则不允许"老辈"侵夺之，否则，只能"毅然以用排除之手段，而无所于踌躇，无所于逊谢"。

既然"青春中华之创造，为青年而造，非为彼老辈而造也"，是青年的特权，那么，青年就应该勇敢地承担起这一责任，"厚"其"修养"，"畅"其"精神"，"壮"其"意志"，"砺"其"气节"，为实现民族复兴而贡献自己的力量。为此，李大钊发出了"期与我慷慨悲壮之青年，活泼泼地之青年，日日迎黎明之朝气，尽二十稘黎明中当尽之努力，人人奋青春之元气，发新中华青春中应发之曙光，由是一一叩发一一声，一一声觉一一梦，俾吾民族之自我的自觉，自我之民族的自觉，——彻底，急起直追，勇往奋起，径造自由神前，索我理想之中华，青春之中华"的呼唤。他还以德国、土耳其和印度为例，肯定了青年在民族复兴中无可取代的重要作用，以鼓励中国青年树立起"创造青春之中华"的勇气。他指出，德意志民族之所以能够从分裂走向统一，从沉沦走向复兴，求其因果，"非俾斯麦、特赖克、白伦哈的之成绩"，而是致力于国家再造、民族复兴的德意志青年之成绩也；土耳其作为与中国并称的一个老大帝国，"其冥顽无伦"的亚布他尔哈米德王朝，之所以能在一夜之间被推翻而土崩瓦解，土耳其因此而获得新的生命，是与青年土耳其党的"愤起之功"分不开的；久已僵死的印度民族，其国内革命之烽烟之所以"直迷漫于西马拉亚山之巅者"，也是青年印度革命家努力奋斗的结果。因此，"神州之域，还其丰壤，复其膏腴"，皆在于培育"菁菁茁茁之青年"，"开敷青春中华"。李大钊还认为，欧战的爆发及其进程说明，"今后之问题，非新民族崛起之问题，乃旧民族复活之问题也。而是等旧民族之复活，非其民族中老辈之责任，乃其民族中青年之责任也"。他希望"青年当努力为国家自重"，"以青春中华之创造为唯一使命"。①

《〈晨钟〉之使命》发表后不久（9月1日），李大钊又在《新青年》第2卷第1号上发表了《青春》一文，继续阐述他的"青春中华之创造"的中华民族复兴思想。他指出："人类之成一民族国家者，亦各有其生命焉。有青春之民族，斯有白首之民族，有青春之国家，斯有白首之国家。吾之民族若国家者，果为青春之民族、青春之国家欤？抑为白首之民族、白首之国家欤？苟已成白首之民族、白首之国家焉，吾辈青年之谋所以致之回春为之再造者，又应以何等信力与愿力从事，而克以著效。此则系乎青年之自觉何如耳！"青年是"青春中华之创造"、实现中华民族复兴的关键。外国人动辄就说中国"是老大之邦"，中华民族是"濒灭之民族"，中华国家是"待亡之国家"，中国之所以会成为"老大之邦"，中华民族之所以会成为"濒灭之民族"，中华国家之所以会成为"待亡之国家"，原因就在于经过数千年的发展，"民族之精英，濒灭尽矣"，国民都成了白首老者，在这种情况之下，中国"而欲不亡，庸可得乎"？结论当然是否定的。但是"生命者，死

---

① 李大钊：《〈晨钟〉之使命——青春中华之创造》，《晨钟》创刊号，1916年8月15日。

与再生之连续也",有死就有生,"否极"便"泰来","白首之中国"的死去,也就意味着"青春之中国"的诞生。所以"吾族青年所当信誓旦旦,以昭示于世者,不在龈龈辩证白首中国之不死,乃在汲汲孕育青春中国之再生。吾族今后之能否立足于世界,不在白首中国之苟延残喘,而在青春中国之投胎复活",也就是中华民族的浴火重生。实际上不唯中国,就整个人类来看,"今后人类之问题,民族之问题,非苟生残存之问题,乃复活更生、回春再造之问题也"。

李大钊还进一步从"中华"一词的含义,论证了"白首中华"与"青春中华"之间否极泰来的辩证关系,以及青年在"青春中华之创造"中的责任。他指出,首先就"中华"一词的"中"字来看。"中者,宅中位正之谓也。"综观世界历史,"古往今来,变迁何极"!我们应该以"今岁之青春",为其"中点","中以前之历史",记录的是"人类民族国家之如何发生、如何进化"一类的事情;而"中以后之历史",则以记录"人类民族国家之更生回春"为"中心之目的"。"中以前之历史",是"封闭之历史,焚毁之历史,葬诸坟墓之历史也";而"中以后之历史",是"洁白之历史,新装之历史,待施绚绘之历史也"。"中以前之历史",是"白首之历史,陈死人之历史也";而"中以后之历史",是"青春之历史,活青年之历史也"。作为处于"中点"的青年,应"以中立不倚之精神,肩兹砥柱中流之责任,即由今年今春之今日今刹那为时中之起点,取世界一切白首之历史,一火而摧焚之,而专以发挥青春中华之中,缀其一生之美于中以后历史之首页,为其职志,而勿逡巡不前"。其次来看"中华"一词的"华"字。"华者,文明开敷之谓也,华与实相为轮回,即开敷与废落相为嬗代。"就此而言,"白首中华者,青春中华本以胚孕之实也。青春中华者,白首中华托以再生之华也。白首中华者,渐即废落之中华也。青春中华者,方复开敷之中华也。有渐即废落之中华,所以有方复开敷之中华。有前之废落以供今之开敷,斯有后之开敷以续今之废落,即废落,即开敷,即开敷,即废落",如是因果相继,延绵无穷。青年的责任,不是在那里空发意愿,"愿春常在华常好也,愿华常得青春,青春常在华也",而是要通过自己实实在在的努力,从而使"宇宙有无尽之青春,斯宇宙有不落之华"。即使"华不得青春,青春不在于华",青年"亦必奋其回春再造之努力,使废落者复为开敷,开敷者终不废落，使华不能不得青春，青春不能不在于华之决心也"。他并强调指出，只要中国青年能像辛勤的园丁一样从事于"青春中华之创造"，"栽之、培之、灌之、溉之"，那么"不数年间，将见青春中华之参天蓊郁，错节盘根，树于世界，而神州之域，还其丰穰，复其膏腴矣"。①

　　李大钊在《〈晨钟〉之使命》和《青春》中以"白首中华"来象征中华民族的过去和现在，而以"青春中华"来喻意中华民族的美好未来，亦就是中华民族的伟大复兴，并以"青春中华之创造"来激励广大青年"进前而勿顾后，背黑暗而向光明"，为实现中华民族的伟大复兴贡献自己的智慧和力量，尤其是文中使用了"中华之再生""民族之复活"等具有民族复兴之思想含义的词汇，这些都是对清末民初萌发的中华民族复兴思想的发展，具有十分重要的思想意义。

　　第二，"中华民族之复活"。在《新青年》第2卷第1号上发表《青春》一文后的第4天，即1916年9月5日，李大钊发表启事，脱离与《晨钟报》的关系。不久，《甲寅》日刊在北京创刊，李大钊接受其创办者章士钊的邀请，担任日刊主笔。1917年2月19日，李大钊在《甲寅》日刊上发表《新中华民族主义》一文，在此前的"青春中华之创造"的基础上，又提出了"新中华民族主义"的思想。他的"新中华民族主义"主要是针对日本的"大亚细亚主义者"提出来的。

　　大亚细亚主义，又称大亚洲主义，有论者亦将它称之为泛亚洲主义或日本亚洲主义，是流行于19世纪末至20世纪20年代日本社会的一种政治思潮，在早期，其主要内容可以概括为抵御西方列强侵略的"亚洲同盟"论和"中日连携"论，即主张以日本为主导，在中日合作的前提下实现亚洲的联合，以共同抵御西方列强对亚洲各国的侵略。后来，随着日本侵略中国和亚洲野心的进一步滋长，大亚细亚主义也完全成了日本侵略中国和亚洲各国的一种赤裸裸的侵略理论，即主张以日本为盟主，将亚洲各国联合起来，结成以日本为宗主国的军事同盟，以共同对付西方列强在亚洲的存在。后来日本提出的所谓"亚洲共荣圈"就是在这一理论的基础上形成的。

　　李大钊写道：19世纪以来，随着国民精神的勃兴，民族运动遂继之以

---

① 李大钊：《青春》，《新青年》第2卷第1号，1916年9月1日。

起,于是德国唱大日耳曼主义,俄罗斯、塞尔维亚唱大斯拉夫主义,英国唱大盎格鲁撒克逊主义,美国唱门罗主义,日本近来亦大唱所谓"大亚细亚主义"。他指出,虽然日本大唱"大亚细亚主义"的"旨领何在,吾不得知","但以吾中华之大,几于包举亚洲之全陆,而亚洲各国之民族,尤莫不与吾中华有血缘,其文明莫不以吾中华为鼻祖"。因此,今天不讲"大亚细亚主义"则罢,而要讲"大亚细亚主义",则"舍新中华之觉醒,新中华民族主义之勃兴",断无成功之可能。并强调指出,"斯非吾人夜郎自大之说",而有其历史地理的逻辑根据。

他说:我们中华民族既然在亚洲居于如此重要的地位,那么"保障其地位而为亚细亚之主人翁者,宜视为不可让与之权利,亦为不可旁贷之责任",这也就是"新民族的自觉"。因为,所谓民族主义,"乃同一之人种,如磁石之相引,不问国境、国籍之如何,而遥相呼应,互为联络之倾向也"。而就目前世界上的不少国家来看,"或同一国内之各种民族有崩离之势,或殊异国中之同一民族有联系之情",前者如此次欧战之导火索奥地利,其境内之民族最为杂沓,后者如英国之爱尔兰独立问题,在爱尔兰的英国人支持英国,而在美国的爱尔兰人支持爱尔兰,如此等等。唯独具有悠久历史、"积亚洲由来之数多民族冶融而成"的中华民族,在"高远博大"之民族精神的铸筑下,早已"畛域不分,血统全泯",凡籍隶于中华民国的人,"皆为新中华民族矣"。因此他认为,汉、满、蒙、回、藏之五族的称谓,是辛亥革命特定时期的产物,现今五族的文化早已渐趋于一致,而又共同生活在统一的民国之下,所谓汉、满、蒙、回、藏之五族以及其他苗族、瑶族都已成为"历史上残留之名辞",没有再保留的必要,所有五族和其他各族都应统称为"中华民族"。与此相适应,今后民国的政教典刑,也应以新民族精神的建立为宗旨,统一民族思想,这也就是所谓的"新中华民族主义"。只有当"新中华民族主义"能发扬于东方的时候,"大亚细亚主义始能光耀于世界"。否则,"幻想而已矣,梦呓而已矣"!为此,他呼吁"新中华民族之少年",要以"民族兴亡,匹夫有责"的精神,肩负起"民族复兴"的大任,致力于"新中华民族主义"的勃兴。①

---

① 李大钊:《新中华民族主义》,《甲寅》(日刊),1917年2月19日。

李大钊不仅在文中第一次使用了"中华民族"一词，并且阐述了中华民族的复兴与"大亚细亚主义"之间的关系。这具有十分重要的思想意义。我们前面已经讲到，"中华民族"一词最早是梁启超于 1902 年第一次使用的。但在清末，使用"中华民族"一词的只有三个人，即除了梁启超外，还有另一位立宪派代表人物杨度和著名的革命党人章太炎。1911 年的辛亥革命推翻了清王朝，中华民国宣告成立。中华民国的成立，尤其是孙中山在《临时大总统就职宣言书》和《中华民国临时约法》中提出的"五族共和""五族平等"的建国主张，对"中华民族"自我意识的形成起了极大的促进作用。常燕生在《中华民族小史》一书中就曾指出："民族之名多因时代递嬗，因时制宜，无一定之专称。非若国家之名用于外交上，须有一定之名称也。中国自昔为大一统之国，只有朝代之名，尚无国名。至清室推翻，始有中华民国之名出现。国名既无一定，民族之名更不统一。或曰夏，或曰华夏，或曰汉人，或曰唐人，然夏、汉、唐皆朝代之名，非民族之名。惟'中华'二字，既为今日民国命名所采纳，且其涵义广大，较之其他名义之偏而不全者最为适当。"[①] 因此，民国初年使用"中华民族"概念的人不断增多。比如，1912 年 1 月 5 日，孙中山在以中华民国临时大总统名义发布的《对外宣言书》中郑重宣示："今幸义旗轩举，大局垂定，吾中华民国全体，用敢以推翻满清专制政府、建设共和民国，布告于我诸邦……盖吾中华民族和平守法，根于天性，非出于自卫之不得已，决不肯轻启战争。"[②] 就目前发现的资料来看，这是孙中山第一次使用"中华民族"一词，也是中国的官方文件对"中华民族"名称的第一次使用。同年秋，商务印书馆出版的《共和国历史教科书》第四册，在讲到"民国统一"时说："我中华民族本部多汉人，苗瑶各土司杂居其间。西北各地，则为满、蒙、回、藏诸民族所居，同在一国之中，休戚相关，谊属兄弟。今民国建立，凡我民族，权利义务皆平等……同心协力，以肩国家之任。"[③] 这是历史教科书对"中华民族"观念的第一次使用。1913 年 1 月，乌兰察布盟和伊克昭盟蒙古族各王公在

---

① 常乃惪（即常燕生）：《中华民族小史》，爱文书局 1928 年版，第 5—6 页。
② 孙中山：《对外宣言书》，《孙中山全集》第 2 卷，中华书局 1982 年版，第 8 页。
③ 《共和国历史教科书》第 4 册，商务印书馆 1912 年版，第 301 页。

呼和浩特集会，反对哲布尊丹巴等部分蒙古王公贵族在沙俄的策动下，在库伦成立所谓的"大蒙古国"、从事分裂中国的活动，他们在给库伦民族分裂主义分子的文告中表示："蒙古疆域，向与中国腹地，唇齿相依，数百年来，汉蒙久成一家。""现在共和新立，五族一家……我蒙同系中华民族，自宜一体出力，维持民国。"① 就目前发现的资料来看，这不仅是中国少数民族第一次采用政治文告的形式，公开承认自己是"中华民族"的一部分，而且就其含义来看，已初步具有了"中华民族"是中国境内各民族共同称谓的意识。到了五四时期，受第一次世界大战后兴起的民族自决思潮的影响，越来越多的人开始认同和使用"中华民族"一词。在当时中国的政治舞台上，除北洋军阀外，主要有三大政治力量或政治派别，即以孙中山为代表的国民党人、以李大钊为代表的早期马克思主义者和以梁启超为代表的研究系知识分子。而这三大派别对认同和使用"中华民族"都有一定的自觉性。② 在早期马克思主义者中，李大钊不仅是第一个使用"中华民族"的人（参见本书"结语"的第一子目的有关内容），而且就他在《新中华民族主义》一文中对"中华民族"的阐释（凡籍隶于中华民国的人"皆为新中华民族矣"）来看，他讲的"中华民族"是中国境内各个民族的共同称谓，而非"汉族"的代称。

如果说在写作《新中华民族主义》时李大钊还不十分清楚日本提出的"大亚细亚主义"的具体内容的话，那么，当他同年4月18日发表《大亚细亚主义》一文时，由于他读到了刊发于日本东京《中央公论》4月号上的《何谓大亚细亚主义》一文，对于日本欲借所谓大亚细亚主义而谋在亚洲的霸权、以侵略和奴役中国和其他亚洲国家的阴谋已有所了解。因此，他在文中写道：如果日本真的有建立大亚细亚主义之理想的觉悟，那么，倘若有外来势力对亚洲国家进行侵略，不仅不能"助虐"，而且还应念同洲同种之谊，帮助和支持亚洲人民反侵略的斗争，以"维护世界真正之道义，保障世界确实之和平"。他尤其强调指出，日本如果挂羊头卖狗肉，"假大亚细亚

---

① 《西盟会议始末记》，载上海经世文社编《民国经世文编》第18册，1914年刊行，第15—16页。

② 参见郑大华《近代民族主义与中华民族自我意识的觉醒》，《民族研究》1913年第3期。

主义之旗帜，以掩饰其帝国主义，而攘极东之霸权，禁他洲人之掠夺而自为掠夺，拒他洲人之欺凌而自相欺凌，其结果必遭白人之忌，终以嫁祸于全亚之同胞，则其唱大亚细亚主义，不独不能维持亚细亚之大势，且以促其危亡，殊非亚细亚人所宜出"。他希望日本人对此要深加省思。

在指出日本的大亚细亚主义之实质的同时，李大钊也阐述了中国人所主张的"大亚细亚主义"。他指出，中国人主张的大亚细亚主义，"并非欲对于世界人类有何侵略压迫之行为"，不要说我们现在没有这种势力，"即势力之所许，亦非吾人理想之所容"，这是由中国几千年的文化决定的，只要看看我们祖先的所作所为，就可以得出这样的结论。"吾人但求吾民族若国家不受他人之侵略压迫，于愿已足，于责已尽，更进而出其宽仁博大之精神，以感化诱提亚洲之诸兄弟国，俾悉进于独立自治之域，免受他人之残虐，脱于他人之束制。"总括起来一句话，"于世界人道无损，于亚洲大局有益"，这就是中国人所主张的大亚细亚主义。"非然者，则非吾国人所敢与知矣。"

李大钊还进一步阐述了他曾在《新中华民族主义》一文中阐述过的"舍新中华之觉醒，新中华民族主义之勃兴"，真正的"大亚细亚主义"断无成功之可能的思想。他指出："苟无中国即无亚细亚，吾中国人苟不能自立，即亚细亚人不能存立于世界，即幸而有一国焉，悍然自居为亚细亚之主人翁，亦终必为欧美列强集矢的，而召殄灭之祸。"因为，"吾中国位于亚细亚之大陆，版图如兹其宏阔，族众如兹其繁多，其势力可以代表全亚细亚之势力，其文明可以代表全亚细亚之文明，此非吾人之自夸，亦实举世所公认"。就此而言，他强调指出，不主张"大亚细亚主义者"便罢，而要主张"大亚细亚主义者，当以中华国家之再造，中华民族之复活为绝大之关键"。[①]

就字义来说，"复活"虽然完全不能等同于"复兴"，但具有很强的"复兴"意义。李大钊提出的"中华民族之复活"思想，第一次将"中华民族"与"复活"或"复兴"联系了起来，明确了"复活"或"复兴"的主体是"中华民族"，而且就他在《新中华民族主义》一文中对"中华民族"的解释（凡籍隶于中华民国的人"皆为新中华民族矣"）来看，他讲的"中华民族"

[①] 李大钊：《大亚细亚主义》，《甲寅》（日刊）1917年4月18日。

是中国境内各个民族的共同称谓。这是自孙中山提出"振兴中华"和梁启超提出"中华民族"以来,对"中华民族复兴"之思想的巨大贡献。因为如前所述,孙中山的"振兴中华"中的"中华",指的是汉族,而不包括满族和其他少数民族;梁启超虽然于1902年第一个提出了"中华民族"的概念,但其中并没有包含"复活"或"复兴"的含义。就此而言,李大钊"中华民族之复活"思想的提出,标志着"中华民族复兴"之观念的基本形成。[①] 1924年6月20日,已成为中共党员的李大钊在《新民国杂志》第1卷第6期上发表《人种问题》一文,不仅重申了他此前的"中华民族之复活"论,而且还与"复活"一词并列使用了"复兴"一词,他在文中写道:"我们中华民族在世界上贡献,大都以为是老大而衰弱。今天我要问一句,究竟他果是长此老大衰弱而不能重振复兴吗?不的!从'五四'运动以后,我们已经感觉得这民族复活的动机了。但我又要问一问,这民族究竟真能复活吗?时机倒也到了,只看我们是怎么的奋斗和如何的努力!我们如能使新的文化、新的血液日日灌输注入于我们的民族,那就是真正新机复活的时候。"[②]

继《大亚细亚主义》之后,他又先后发表《pan...ism之失败与Democracy之胜利》(1918年7月15日)、《大亚细亚主义与新亚细亚主义》(1919年2月1日)、《再论新亚细亚主义》(1919年12月12日)等文,进一步批判了日本的"大亚细亚主义"的侵略实质,认为"大亚细亚主义"是"并吞中国主义的隐语",是"大日本主义的变名",并提出"新亚细亚主义"与之相对,与"大亚细亚主义"主张由日本做亚细亚的盟主,在日本的主导下来解决亚洲问题不同,"新亚细亚主义"则"主张拿民族解放作基础……凡是亚细亚的民族,被人吞并的都该解放,实行民族自决主义,然后结成一个大联合,与欧、美的联合鼎足而三,共同完成世界的联邦,益进人类的幸福"。[③]

第三,民族复兴的道路选择。李大钊不仅提出了"中华民族之复活"或"复兴"的思想,而且还探讨了如何实现"中华民族之复活"或"复兴"

---

① 参见郑大华《中国近代"中华民族复兴"观念之形成的历史考察》,《教学与研究》2014年第4期。
② 李大钊:《人种问题》,《新民国杂志》第1卷第6期,1924年6月20日。
③ 李大钊:《大亚细亚主义与新亚细亚主义》,《国民杂志》第1卷第2期,1919年2月1日。

的问题。在十月革命之前,他把实现"中华民族之复活"或"复兴"的希望寄托在中国青年的身上,这也就是他写作《〈晨钟〉之使命》和《青春》等文、呼吁青年努力于"青春中华之创造"的重要原因。"十月革命一声炮响,给我们送来了马克思列宁主义"后,受十月革命的影响,他把实现"中华民族之复活"的希望寄托在了马克思主义的身上,走俄国 Bolsheviki 的道路,这便是李大钊对实现"中华民族之复活"或"复兴"的道路选择,也是他能成为中国早期马克思主义者杰出代表的重要原因。

1918 年 1 月,经章士钊推荐,李大钊接替章士钊担任北京大学图书馆主任一职。此前一年,陈独秀受聘为北京大学文科学长,并将《新青年》杂志从上海迁到北京,不久,因胡适、钱玄同、刘半农、沈尹默、周作人等北大教员以及鲁迅的加入,《新青年》成了北大的同人刊物。李大钊到北大后,也参加了《新青年》的编辑工作。当时,以《东方杂志》主编杜亚泉为代表的一些文化保守主义者正与以陈独秀为代表的新文化派围绕东西文化问题展开激烈论战,而论战的主要问题之一,便是东西文化的比较。陈独秀曾在《青年杂志》(从第二卷起改名《新青年》)上发表《东西民族根本思想之差异》一文,比较东西方文化的不同特点,认为"东西洋民族不同,而根本思想亦各成一系,若南北之不相并,水火之不相容也"。具体来说,东方文化的特点:(1)"以安息为本位";(2)"以家族为本位";(3)"以感情为本位"。而与东方文化不同,西方文化的特点,则(1)"以战争为本位";(2)"以个人为本位";(3)"以法治为本位,以实利为本位"。既然东西方文化的特点不同,所以中国未来文化,不是东西文化的调和,而是以西方文化取代东方文化。① 与陈独秀相反,在杜亚泉看来,东西文化的不同,首先源于东西社会的不同,西方是"动的社会",东方是"静的社会",由"动的社会"发生"动的文明",由"静的社会"发生"静的文明",这两种文明各有优点,也各有缺点,因此,今后中国的文化,就是西方"动的文明"与东方"静的文明"的取长补短,折中调和。当然,这种调和"不可不以静为基础"。② 双方的论战也由此展开。

---

① 陈独秀:《东西民族根本思想之差异》,《青年杂志》第 1 卷第 4 号,1915 年 12 月。
② 伧父(杜亚泉):《静的文明与动的文明》,《东方杂志》第 13 卷第 10 号,1916 年 10 月。

李大钊担任北京大学图书馆主任不久（1918年7月），便写了《东西文明根本之异点》，发表在《言治季刊》第3期上。和杜亚泉一样，他也把西方文明和东方文明的特点概括为"动的文明"和"静的文明"，并且由此推演出几十项两种文明的具体差异。他同时也赞同杜亚泉的东西文化调和论，认为"东洋文明与西洋文明，实为世界进步之二大机轴，正如车之两轮、鸟之两翼，缺一不可。而此二大精神之自身，又必须时时调和，时时融会，以创造新生命，而演进于无疆"。但和杜亚泉不同的是，在他看来，"今日立于东洋文明之地位观之，吾人之静的文明，精神的生活，已处于屈败之势。彼西洋之动的文明，物质的生活……则实居优越之域"。因此，东西文化的调和互补，主要是以西方"动的文明"之长，来补东方"静的文明"之短。当然，李大钊比较东西文化的着眼点，是"中华民族之复活"或"复兴"问题。他在文中写道："中国文明之疾病，已达炎热最高之度，中国民族之运命，已臻奄奄垂死之期，此实无庸讳言。中国民族今后之问题，实为复活与否之问题，亦为吾人所肯认。顾吾人深信吾民族可以复活，可以于世界文明为第二次之大贡献。然知吾人苟欲所努力以达此志之者，其事非他，即在竭力以受西洋文明之特长，以济吾静止文明之穷，而立东西文明调和之基础。"[①]

在同一期的《言治季刊》上，还刊载有李大钊的《法俄革命之比较观》一文。这是李大钊发表的第一篇评论俄国十月革命的文章。李大钊在文章中充分肯定了十月革命的社会意义，认为"俄国今日之革命，诚与昔者法兰西革命同为影响于未来世纪文明之绝大变动"。"法兰西之革命是十八世纪末期之革命，是立于国家主义上之革命，是政治的革命而兼含社会的革命之意味者也。俄罗斯之革命是二十世纪初期之革命，是立于社会主义上之革命，是社会的革命而并著世界的革命之彩色也。"由于时代不同、性质各异，因此，法国革命表现出来的是一种爱国精神，而俄国革命表现出来的是一种人道精神；前者根于国家主义，而后者根于世界主义；前者恒为战争之泉源，后者足为和平之曙光。

在充分肯定俄国革命的社会意义的同时，李大钊也对俄罗斯文明给予了

[①] 李大钊：《东西文明根本之异点》，《言治季刊》第3期，1918年7月1日。

充分肯定。我们在前面已经指出，李大钊是赞成东西文化调和的。实际上，早在1916年，他在一篇题为《第三》的短文中就指出，第一文明偏于灵，第二文明偏于肉，他欢迎的是"第三"之文明。"盖'第三'之文明，灵肉一致之文明，理想之文明，向上之文明也。"① 在《东西文明根本之异点》中他又写道：当时的"东洋文明既衰颓于静止之中，而西洋文明又疲命于物质之下，为救世界之危机，非有第三新文明之崛起，不足以渡此危崖。俄罗斯之文明，诚足以当媒介东西之任"。为什么俄罗斯之文明能够充当"媒介东西之任"呢？对此，他在《法俄革命之比较观》一文中进行了说明。他指出：从地理位置来看，"俄国位于欧亚接壤之交，故其文明之要素，实兼欧亚之特质而并有之"。林士在论东西文化之关系时就认为："俄罗斯之精神，将表现于东西二文明之间，为二者之媒介而活动。果俄罗斯于同化中国之广域而能成功，则东洋主义，将有所受赐于一种强健之政治组织，而助以显其德性于世界。"林士的话虽然是在1900年说的，近来的"沧桑变易，中国政治组织之变迁"，发生在俄国革命之前，因此所言"未必一一符合"历史事实，但"俄罗斯之精神，实具有调和东西文明之资格，殆不为诬"。比如，东方的亚洲人富有宗教的天才，西方的欧洲人富有政治的天才，故亚洲只有基于宗教之精神的专制主义之神权政治，没有自由民主政治，而欧洲"乃为近世国家及政治之渊源，现今施行自由政治之国，莫不宗为式范"。而考察俄国国民，则有"三大理想"，即"神"也、"独裁君主"也、"民"也，"三者于其国民之精神，殆有同等之势力"。其原因就在于，俄罗斯人既受东洋文明之宗教的感化，又受西洋文明之政治的激动，"人道""自由"之思想，得以深入人心。"故其文明，其生活，半为东洋的，半为西洋的。"现在，"俄人因革命之风云，冲决'神'与'独裁君主'之势力范围，而以人道、自由为基础，将统制一切之权力，全收于民众之手。世界中将来能创造一兼并东西文明特质、欧亚民族天才之世界的新文明者，盖舍俄罗斯人莫属。"②

如果我们把李大钊的《东西文明根本之异点》和《法俄革命之比较观》

---

① 李大钊：《第三》，《晨钟报》1916年8月17日。
② 李大钊：《法俄革命之比较观》，《言治季刊》第3期，1918年7月。

联系起来看，就会发现李大钊是怀着对"中华民族之复活"或"复兴"的希望来认识和肯定十月革命和俄罗斯之文明的。因为他认为，"中华民族之复活"或"复兴"，有赖于东西文明的调和，"即在竭力以受西洋文明之特长，以济吾静止文明之穷，而立东西文明调和之基础"。而"其文明、其生活，半为东洋的、半为西洋的"俄国人则通过十月革命给中国人树立了如何调和东西文明之长的典范，即"冲决'神'与'独裁君主'之势力范围，而以人道、自由为基础，将统制一切之权力，全收于民众之手"。所以，中华民族要想实现"复活"或"复兴"，就应该向俄国人学习，在调和东西文明之长的基础上，"创造一兼并东西文明特质"的"新文明"。

1918年11月，持续了四年之久、给世界人民尤其是欧洲人民带来了前所未有的巨大灾难的第一次世界大战，以协约国战胜同盟国而宣告结束。当中国举国上下沉浸在作为"战胜国"的喜庆之中时，李大钊尖锐地提出了这样的问题，即这次战胜的，"究竟是那一个"？我们的庆祝，"究竟是为那个庆祝"？李大钊的回答是：这次战胜的，"不是联合国的武力，是世界人类的新精神。不是那一国的军阀或资本家的政府，是全世界的庶民"。我们的庆祝，也不是为哪一国或哪一国的一部分人庆祝，"是为全世界的庶民庆祝"。所谓"庶民"，亦就是广大劳工阶级，所谓"庶民的胜利"，也就是"民主主义劳工主义的胜利"，是"资本主义失败"。①李大钊是在《庶民的胜利》一文中提出这一观点的。该文刊发在《新青年》第5卷第5号上。同期的《新青年》还刊发有他的《Bolshevism的胜利》一文。在该文中，李大钊更进一步指出，这次战争的胜利，是"社会主义的胜利，是Bolshevism的胜利，是赤旗的胜利，是世界劳工阶级的胜利，是二十世纪新潮流的胜利"。而"Bolshevism就是俄国Bolsheviki所抱的主义"，Bolsheviki"是奉德国社会主义经济学家马客士（Marx）为宗主的，他们的目的，在把现在为社会主义的障碍的国家界限打破，把资本家独占利益的生产制度打破"。②

通过俄国的十月革命，李大钊看到了"庶民"亦即广大劳工阶级创造历史、改变历史的伟大力量，意识到代表"庶民"亦即广大劳工阶级利益

---

① 李大钊：《庶民的胜利》，《新青年》第5卷第5号，1919年1月。
② 李大钊《Bolshevism的胜利》，《新青年》第5卷第5号，1919年1月。

的 Bolshevism 以及十月革命已成为"世界的新潮流"。面对"这种潮流，是只能迎，不能拒的"。因为，"人类的历史，是共同心理表现的记录，一个人心的变动，是全世界人民变动的征几。一个事件的发生，是世界风云发生的先兆。一七八九年的法国革命，是十九世纪中各国革命的先声。一九一七年的俄国革命，是二十世纪中世界革命的先声"。① "Bolshevism 这个字，虽为俄人所创造，但是他的精神，可是二十世纪全世界人类人人心中共同觉悟的精神。所以 Bolshevism 的胜利，就是二十世纪世界人类人人心中共同觉悟的新精神的胜利。"② 正是基于上述认识，李大钊开始接受和研究他早年在日本留学时曾接触过的马克思主义，并迅速发生思想转变，从一个激进的民主主义者转变成了中国第一个马克思主义者③；开始认识到要实现"中华民族之复活"或"复兴"，就必须把"庶民"亦即广大劳工阶级动员和组织起来，走俄国 Bolsheviki 的道路，"把现在为社会主义的障碍的国家界限打破，把资本家独占利益的生产制度打破"，实行社会主义革命。

具体来说，李大钊认为，要实现"中华民族之复活"或"复兴"，首先，要依靠广大人民群众，充分发挥他们在民族复兴进程中的伟大作用。1919 年初，他在《青年与农村》一文中就认识到，"我们中国是一个农国，大多数的劳工阶级就是那些农民"，农民的问题就是中华民族全体国民的问题，农民的问题不解决，那么全体国民的问题也无法解决，中华民族也就不可能实现"复活"或"复兴"。因此，"开发他们，使他们知道要求解放，陈说苦痛，脱去愚昧"，是一项非常重要的工作。④ 不久，他在《我的马克思主义观》中又明确指出，"推倒资本主义"，实现"社会主义"，"离开人民本身，是万万做不到的"，并认为"这是马克思主义一个绝大功绩"。在他看来，阶级斗争的关键是要民众认识到问题之所以存在的原因，掌握分析问题和解决问题的理论武器，进而起来为救亡图存、实现"中华民族之复活"或"复兴"做斗争。在《要自由集合的国民大会》一文中他更进一步

---

① 李大钊：《庶民的胜利》，《新青年》第 5 卷第 5 号，1919 年 1 月。
② 李大钊：《Bolshevism 的胜利》，《新青年》第 5 卷第 5 号，1919 年 1 月。
③ 学术界一般认为，李大钊成为中国早期马克思主义者的标志，是他发表在《新青年》第 6 卷第 5 号（1919 年 9 月）、第 6 号（1919 年 11 月）上的《我的马克思主义观》一文。
④ 李大钊：《青年与农村》，《晨报》1919 年 2 月 20—23 日。

肯定"民众的势力,是现代社会上一切构造的唯一的基础",并相信只有民众才"是永久的胜利者"!①

其次,"知识阶级要和劳工阶级打成一气",在争取"中华民族之复活"或"复兴"的斗争中实现二者的结合。在我们前面引用过的《青年与农村》一文中,李大钊就号召"我们的青年到农村去,拿出当年俄罗斯青年在俄罗斯农村宣传运动的精神,来做些开发农村的事",并强调"这是不容缓"的事情。因为"要把现代新文明,从根底输入到社会里面去,非把知识阶级与劳工阶级打成一气不可"。②后来,他在《再论问题与主义》一文中又指出:社会问题的解决,必须依靠社会上多数人共同的运动;而要想成为社会上多数人共同的运动,就必须设法使它成为社会上多数人共同的问题;而要使它成为社会上多数人共同的问题,就必须使社会上多数人"先有一个共同趋向的理想、主义,作为他们实验自己生活上满意不满意的尺度(即是一种工具)",这样社会问题的解决才有希望。否则,"你尽管研究你的社会问题,社会上多数人却一点不生关系。那个社会问题,是仍然没有解决的希望;那个社会问题的研究,也仍然是不能影响于实际"。③也就是说,要解决社会问题,必须实现知识阶级与劳工阶级的结合,经过知识阶级的宣传和教育,使劳工阶级觉悟到自己的历史使命。在《由纵的组织向横的组织》一文中他更进一步强调,要打破以力为基础的分上下阶级的纵的组织,建立以爱为基础的平等的横的组织,"劳工阶级、无产阶级联合起来,为横的组织,以反抗富权阶级、资本阶级"。④在《知识阶级的胜利》一文中他又重申了这一原则,认为知识阶级的意义就在于:"知识阶级做民众的先驱,民众做知识阶级的后盾。"⑤

最后,要建立先进的无产阶级政党,中华民族才能真正实现"复活"或"复兴"。1921年,李大钊发表《团体的训练与革新的事业》一文,阐述了建立无产阶级政党的必要性和紧迫性。他指出:人类社会的观念和组织能

---

① 李大钊:《要自由集合的国民大会》,《晨报》1920年8月17日。
② 李大钊:《青年与农村》,《晨报》1919年2月20—23日。
③ 李大钊:《再论问题与主义》,《每周评论》第35号,1919年8月17日。
④ 李大钊:《由纵的组织向横的组织》,《解放与改造》第2卷第2号,1920年1月15日。
⑤ 李大钊(署名孤松):《知识阶级的胜利》,《新生活》1920年1月25日。

力，与文化是有相互影响的，文化高的民族，社会的观念和组织能力也高；而社会的观念和组织能力提高，反过来又能促进文化的进步。中国人虽然也是文化动物，但几千年专制的压迫、思想的束缚，和消极的、懒惰的、厌世的学说的浸染，闹得死气沉沉，组织能力严重地退化了。然而中国目前的腐败，又不能不急求改革。而改革要取得进展和成功，就必须依靠广大民众的势力，那么没有团体的训练，民众势力是组织不起来的。"所以我们现在还要急急组织一个团体。这个团体不是政客组织的政党，也不是资产阶级的民主党，乃是平民的劳动家的政党，即是社会主义团体，中国谈各种社会主义的都有人了，最近谈 Communism 的也不少了，但是还没有强固精密的组织产生出来。各国的 C 派朋友，有团体组织的很多，方在跃跃欲试，更有第三国际为之中枢，将来活动的势力，必定一天比一天扩大。中国 C 派的朋友，那好不赶快组织一个大团体以与各国 C 派的朋友相呼应呢？"① 这是在中国最早公开号召建立共产党的极为重要的文章之一。正是在李大钊的积极呼吁、推动和组织下，1921 年 7 月中国共产党成立，中华民族的伟大复兴也由此而进入了一个新的纪元或时期。

（二）孙中山的"大中华民族"和"要恢复民族地位"必先"恢复民族精神"的思想

辛亥革命虽然推翻了清王朝，结束了两千多年的君主专制制度，但革命的果实不久即被袁世凯所窃取。为捍卫辛亥革命成果，孙中山进行了不屈不挠的斗争，先后发动和领导了二次革命、护国战争、护法运动，并将同盟会先后改组为国民党、中华革命党和中国国民党，继续为实现中华民族的伟大复兴而斗争。到了五四时期，与清末民初比较，孙中山的民族复兴思想有了新的发展，这种发展主要表现在三个方面：一是从"五族共和"到"大中华民族"的"国族主义"的转变；二是从对帝国主义的幻想到明确提出反对帝国主义口号、主张民族自决的转变；三是提出大力恢复和弘扬民族精神，以"恢复民族的固有地位"。研究孙中山及其思想的著名学者林家有教授曾经指出："孙中山强调弘扬民族精神是在'五四'运动以后，这是跟他

---

① 李大钊（署名 S.C）：《团体的训练与革新的事业》，《曙光》第 2 卷第 2 号，1921 年 3 月。

对中国国情和帝国主义侵略本质的认识密切相关,也同当时国人对救国道路的探索,提出的各种救国主张的启导有关联。"[1]

第一,"大中华民族"的"国族主义"。如前所述,辛亥革命时期,孙中山主张"驱除鞑虏、恢复中华",建立一个单一的汉民族国家。武昌起义爆发前后,他接受了以梁启超、杨度为代表的立宪派提出的建立一个包括满族在内的多民族国家的思想,提出了"五族共和""五族平等"的建国方针。民国初年,他对宣传和倡导"五族共和""五族平等"不遗余力。比如,1912年9月3日,他在北京五族共和合进会及西北协进会的演说中指出:"民国成立,五族一家,地球所未有,从古所罕见,洵为(盛)世!……今者五族一家,立于平等地位,种族不平等之问题解决,政治不平等之问题亦同时解决,永无更起纷争之事。所望者以后五大民族,同心协力共策国家之进行,使中国进于世界第一文明大国,则我五大民族共同负荷之大责任也。"[2] 于此前后,孙中山在北京、张家口、太原等地会见少数民族代表时又多次重申"五族共和""五族平等"的理论和主张,如9月7日,他在张家口各界欢迎会的演说中强调:"今日中华民国成立,汉、满、蒙、回、藏五族合为一体,革去专制,建设共和,人人脱去奴隶圈,均享自由平等之幸福,实中国四千年来历史所未有……此五族共和之所以贵,而孟子'民为贵,社稷次之,君为轻'之言为不诬也。"[3] 9月19日,他在太原界欢迎会的演说中又说:"今日五族共和,天下一家,建设方法非各省联络一气,同舟共济,万不足以建稳固之基础。"[4]

但是到了1919年后,孙中山则对"五族共和"提出了尖锐的批评。这年他在《三民主义》一文中写道:"我国人自汉族推覆满清政权、脱离异族羁厄之后,则以民族主义已达目的矣。更有无知妄作者,于革命成功之初,

---

[1] 林家有:《孙中山的民族精神对中国社会建设的启迪》,《河北经贸大学学报》(综合版)第10卷第2期,2010年6月。

[2] 孙中山:《在北京五族共和合进会及西北协进会的演说》,《孙中山全集》第2卷,中华书局1982年版,第438—439页。

[3] 孙中山:《在张家口各界欢迎会的演说》,《孙中山全集》第2卷,中华书局1982年版,第451页。

[4] 孙中山:《在太原界欢迎会的演说》,《孙中山全集》第2卷,中华书局1982年版,第470页。

创为汉、满、蒙、回、藏五族共和之说。"① 1920年11月4日,他在上海中国国民党本部会议的演说中又指出:"现在说五族共和,实在这五族的名词很不切当。"② 1921年3月6日,他在中国国民党本部特设驻粤办事处的演说中强调:"自光复之后,就有世袭底官僚,顽固底旧党,复辟底宗社党,凑合一起,叫做五族共和。岂知根本错误就在这个地方。"③ 同年12月10日,他在桂林对滇赣粤军的演说中再次强调:"今则满族虽去,而中华民国国家,尚不免成为半独立国,所谓五族共和者,直欺人之语!"④

孙中山为什么要批评和否定自己曾积极宣传和倡导过的"五族共和"呢?归纳孙中山的观点,主要有以下三个理由:(1)旧官僚是"五族共和"的附和者,中华民国的国旗"五色旗",表面上代表的是汉、满、蒙、回、藏五个民族,实际上它是清朝一品武官的旗帜,代表的是四分五裂,这是"民国成立以来,所以长在四分五裂之中"的重要原因。在我们前引的《三民主义》一文中,孙中山在批评了"无知妄作者,于革命成功之初,创为汉、满、蒙、回、藏五族共和之说"之后写道:"此民国之不幸,皆由不吉之五色旗有以致之也。夫清朝之黄龙帝旗,我已不用,而乃反用其武员之五色旗,此无怪清帝之专制可以推覆,而清帝武人之专制难以灭绝也。"⑤ (2)"五族共和"中的"藏人不过四、五百万,蒙古人不到百万,清人只数百万,回教虽众,大都汉人",而且这几个民族目前都处于帝国主义的控制之下,如满洲就处于日本的势力之下,蒙古向为俄国的势力范围,西藏几成英国的囊中之物。总之,"他们皆无自卫底能力",需要我们汉族的"帮助"。因此,不能搞"五族共和"。⑥ (3)"我们国内何止五族呢?"⑦ 除汉、

---

① 孙中山:《三民主义》,《孙中山全集》第5卷,中华书局1985年版,第187页。
② 孙中山:《在上海中国国民党本部会议的演说》,《孙中山全集》第5卷,中华书局1985年版,第394页。
③ 孙中山:《在中国国民党本部特设驻粤办事处的演说》,《孙中山全集》第5卷,中华书局1985年版,第473页。
④ 孙中山:《在桂林对滇赣粤军的演说》,《孙中山全集》第6卷,中华书局1985年版,第21页。
⑤ 孙中山:《三民主义》,《孙中山全集》第5卷,中华书局1985年版,第187页。
⑥ 孙中山:《在中国国民党本部特设驻粤办事处的演说》,《孙中山全集》第5卷,中华书局1985年版,第473页。
⑦ 孙中山:《在上海中国国民党本部会议的演说》,《孙中山全集》第5卷,中华书局1985年版,第394页。

满、蒙、回、藏这五族外,还有其他民族存在,"五族共和"并不能代表国内所有的民族。

就孙中山的这几条理由来看,除第三条能够成立外(因为中国确实不止汉、满、蒙、回、藏这五族),其他都似是而非。民国初年出现军阀割据,导致国家四分五裂,这与实行五族共和、以五色旗为民国国旗没有必然的联系,因为军阀的出现,是半殖民地半封建中国的特征之一。毛泽东在《中国的红色政权为什么能够存在?》一文中曾分析过军阀存在的原因,"即地方的农业经济(不是统一的资本主义经济)和帝国主义划分势力范围的分裂剥削政策"。① 至于说汉族之外的其他几个民族人口较少,且都处于帝国主义控制之下,需要汉族人的帮助,因而不能搞"五族共和",这理由就更不能成立了。"五族共和"思想的渊源是1907年杨度在《金铁主义说》一文中提出的在立宪的基础上实现汉、满、蒙、回、藏五族共同建国的主张。杨度之所以要提出这一主张,是因为在他看来,各帝国主义虎视眈眈,想瓜分中国,如果像革命派所主张的那样,"驱除鞑虏,恢复中华",建立单一的汉民族国家,那么满、蒙、回、藏民族也可以建立自己的民族国家,结果是分一国领土为数国领土,分一国人民为数国人民,这就给帝国主义瓜分中国提供了绝佳的机会。因此,中国各民族只有团结起来,建立包括满族在内的统一的多民族国家,才能避免国家的分裂和被帝国主义瓜分。应该说杨度的这一认识是深刻的,这也是后来以孙中山为代表的革命派于武昌起义后迅速放弃建立单一的汉民族国家的主张而以"五族共和"为建国方针的重要原因。②

实际上,孙中山之所以要批评和否定自己曾积极宣传和倡导过的"五族共和",其目的是要提倡一种"大中华民族"的"国族主义"。因为在孙中山看来,"在今日号称世界最强、最富底民族国家"的美国,"为世界中民族最多底集合体",有黑种人的民族、白种人的民族,总共不下数百种,仅就白种人的民族而言,就有"英国人、荷兰人、德国人、法国人,参加入他

---

① 毛泽东:《中国的红色政权为什么能够存在?》,《毛泽东选集》第1卷,人民出版社1991年版,第49页。

② 参见郑大华《辛亥革命与中国近代民族国家的初步建立》,《教学与研究》2011年第10期。

底组织中。美国全部人口一万万，德国人种在美国的约有二千万，实占他底人口总数五分之一；其他英、荷、法各种人在美国的数也不少"。但美国为什么不称英、荷、法、德、美，而称美利坚呢？"要知美利坚底新民族，乃合英、荷、法、德种人同化于美而成底名词，亦适成其为美利坚民族，为美利坚民族，乃有今日光华灿烂底美国"。他称美国的这种以美国原有民族为基础同化其他不同民族为一个民族的民族主义为"积极底民族主义"。据此，他认为，中国要改变长期落后的局面，从一个半独立的国家成为一个独立国家，实现中华民族的伟大复兴，就应该像美国那样，实行"积极底民族主义"，也就是"今日我们讲民族主义，不能笼统讲五族，应该讲汉族底民族主义"。所谓"汉族底民族主义"，依据孙中山的解释，是"拿汉族来做个中心，使之（指满、蒙、回、藏等其他民族——引者）同化于我，并且为其他民族加入我们组织建国底机会。仿美利坚民族底规模，将汉族改为中华民族，组成一个完全底民族国家"。①孙中山要人们相信，只要我们实行"积极底民族主义"，以汉族为中心同化满、蒙、回、藏等其他民族而为一新的"大中华民族"，亦即中国的"国族主义"，中国就一定能够"驾欧美而上之"，成为世界上最发达富强的国家，实现中华民族的伟大复兴。他在《三民主义》一文中写道："夫汉族光复，满清倾覆，不过只达到民族主义之一消极目的而已，从此当努力猛进，以达民族主义之积极目的也。积极目的为何？即汉族当牺牲其血统、历史与夫自尊自大之名称，而与满、蒙、回、藏之人民相见于诚，合为一炉而冶之，以成一中华民族之新主义，如美利坚之合黑白数十种之人民，而冶成一世界之冠之美利坚民族主义，斯为积极之目的也。五族云乎哉。夫以世界最古、最大、最富于同化力之民族，加以世界之新主义，而为积极之行动，以发扬光大中华民族，吾决不久必能驾美迭欧而为世界之冠，此固理所当然，势所必至也。国人其无馁！"②从"五族共和"到"大中华民族"的"国族主义"，这是孙中山民族主义思想的一大变化或发展。

---

① 孙中山：《在中国国民党本部特设驻粤办事处的演说》，《孙中山全集》第5卷，中华书局1985年版，第475页。

② 孙中山：《三民主义》，《孙中山全集》第5卷，中华书局1985年版，第187—188页。

需要指出的是，为了使中国能像美国一样成为世界强国，实现中华民族的伟大复兴，五四时期的孙中山提倡和主张"大中华民族"的"国族主义"，但就"国族主义"本身的含义而言，它前后又有所变化。1923年之前，孙中山提倡和主张的是一种以同化为基础的一元一体的"大中华民族"的"国族主义"。我们说它以同化为基础，因为它是以汉族为中心同化满、蒙、回、藏等其他民族而形成的。孙中山曾多次强调以汉族为中心同化其他民族的重要性。比如，1921年3月6日，他在中国国民党本部特设驻粤办事处的演说中指出："将来无论何种民族参加于我中国，务令同化于我汉族。"① 1921年12月10日，他在桂林对滇赣粤军的演说中又强调，要"发扬光大民族主义，而使藏、蒙、回、满，同化于我汉族，建设一最大之民族国家者，是在汉人之自决"。② 我们说它是一元一体的，因为除中华民族外，中国境内不会有其他民族的存在，包括满、蒙、回、藏在内的其他民族都被同化成为一个民族了。孙中山曾明确指出："吾国今日既曰五族共和矣，然曰五族，固显然犹有一界限在也。欲泯此界限，以发扬光大之，使成为世界上有能力、有声誉之民族，则莫如举汉、满等名称尽废之，努力于文化及精神的调洽，建设一大中华民族。"③ 而孙中山所讲的中华民族，用他自己的话说，只不过是汉族的"改称"而已。

然而到了1923年后，孙中山的这种以同化为基础的一元一体的"大中华民族"的"国族主义"，开始为以平等为基础的多元一体的"大中华民族"的"国族主义"所取代。1923年1月1日的《中国国民党宣言》在阐释"民族主义"时指出："吾党所持民族主义，消极的为除去民族间之不平等，积极的为团结国内各民族，完成一大中华民族。欧战以还，民族自决之义，日益昌明，吾人当仍本此精神，内以促全国民族之进化，外以谋世界民族之平等。其大要如左：甲、励行教育普及，增进全国民族之文化。乙、力图改正条约，恢复我国国际上之自由平等之地位。"④ 1924年1月23日通过

---

① 孙中山：《在中国国民党本部特设驻粤办事处的演说》，《孙中山全集》第5卷，中华书局1985年版，第474页。
② 孙中山：《在桂林对滇赣粤军的演说》，《孙中山全集》第6卷，中华书局1985年版，第24页。
③ 陈旭麓、郝盛潮主编：《孙中山集外集》，上海人民出版社1990年版，第29页。
④ 《中国国民党宣言》，《孙中山全集》第7卷，中华书局1985年版，第3页。

的《中国国民党第一次全国代表大会宣言》郑重宣布："国民党之民族主义，有两方面之意义：一则中国民族自求解放；二则中国境内各民族一律平等。"① 在解释第二方面之"意义"时宣言写道："今后国民党为求民族主义之贯彻，当得国内诸民族之谅解，时时晓示其在中国国民革命运动中之共同利益。今国民党在宣传主义时，正欲积集其势力，自当随国内革命势力之伸张，而渐与诸民族为有组织的联络，及讲求种种具体的解决民族问题之方法矣。国民党敢郑重宣言，承认中国以内各民族之自决权，于反对帝国主义及军阀之革命获得胜利以后，当组织自由统一的（各民族自由联合的）中华民国。"②

从上述内容可以看出，这时候的孙中山的"大中华民族"的"国族主义"，其一，是建立在各民族平等之基础上的。他曾一再强调"中国境内各民族一律平等"，并认为"民族无平等之结合，民权无确立之制度，民生无均衡之组织"，这是造成"革命战争循环不已，盛衰起伏，视为固然，而未由睹长治久安之效"的重要原因。③ 在《中国革命史》（1923 年 1 月 29 日）一文中他指出："余之民族主义，特就先民所遗留者，发扬而光大之，且改良其缺点，对于满洲，不以复仇为事，而务与之平等共处于中国之内，此为以民族主义对国内之诸民族也。"④《中国国民党第一次全国代表大会宣言》在论述孙中山领导辛亥革命、推翻清王朝的历史时写道："故知革命之目的，非仅仅在于颠覆满洲而已，乃在于满洲颠覆以后，得从事于改造中国。依当时之趋向，民族方面，由一民族之专横宰制过渡于诸民族之平等结合。"⑤ 与此相一致，孙中山在谈到各民族之间的关系时，用"融化"一词取代了以前常用的"同化"一词。比如，1923 年 1 月 18 日，他在《致耳把都拉而吉子函》中指出："支持三民主义，首即以融化五族，普及教化为务，独惜所谋多阻，大功莫集。"⑥ 同日，他在《复马文元函》中又强调："西北以交

---

① 《中国国民党第一次全国代表大会宣言》，《孙中山全集》第 9 卷，中华书局 1986 年版，第 118 页。
② 同上书，第 119 页。
③ 《中国国民党宣言》，《孙中山全集》第 7 卷，中华书局 1985 年版，第 1 页。
④ 孙中山：《中国革命史》，《孙中山全集》第 7 卷，中华书局 1985 年版，第 60 页。
⑤ 《中国国民党第一次全国代表大会宣言》，《孙中山全集》第 9 卷，中华书局 1986 年版，第 114 页。
⑥ 孙中山：《致耳把都拉而吉子函》，《孙中山全集》第 7 卷，中华书局 1985 年版，第 37 页。

通滞阻，积障未除，滑吏凶横，坐据自大，致使政教坏于废弛，回、汉苦于隔阂，乃眷西顾，使我心忧。文持三民主义以治国，既求民族之融化，更图西北之发展，惟以时机未暇，莫告成功。"①"融化"和"同化"虽然只有一字不同，但它体现的是孙中山各民族平等的观念。因为"同化"的主体是汉族，其他民族处于被汉族同化的地位；而"融化"是各民族之间的平等交往，不存在谁被谁同化的问题。其二，是一种多元一体的民族观。一方面，孙中山并不否认中国各民族的存在，比如，他在宣言、文章或演说中就多次使用"中国各民族""国内之弱小民族""中国以内各民族""诸民族"等表示中国境内存在着多民族的词汇，并将"国内之弱小民族，政府当扶植之，使之能自决自治"②作为《国民政府建国大纲》的内容之一提了出来。另一方面，孙中山又极力主张，"以本国现有民族构成大中华民族，实现民族的国家"③，"团结国内各民族，完成一大中华民族"。④尽管和以前一样，孙中山持的也是一种"大中华民族"或"国族主义"，但它不是建立在"以汉族为中心同化其他民族"之基础上的，而是建立在"团结国内各民族"之基础上的，这说明1923年后孙中山所说的"大中华民族"是中国境内各民族的统称，是一种"上位民族"的概念，除中华民族外，还存在着构成中华民族的其他民族。当然，在构成中华民族的各民族中，汉族人口最多，是主体民族。孙中山在《三民主义·民族主义》的"第一讲"中就一再强调："就中国的民族说，总数是四万万人，当中参杂的不过是几百万蒙古人，百多万满洲人，几百万西藏人，百几十万回教之突厥人。外来的总数不过一千万人。所以就大多数说，四万万中国人可以说完全是汉人。"⑤

孙中山之所以在1923年后能够提出以平等为基础的多元一体的"大中华民族"的"国族主义"，而取代以前的以同化为基础的一元一体的"大中华民族"的"国族主义"，一个重要原因是受了共产国际和新成立的中国共产党提出的"民族自决权"思想的影响。此是后话，于此不论。孙中山的

---

① 孙中山：《复马文元函》，《孙中山全集》第7卷，中华书局1985年版，第38页。
② 《国民政府建国大纲》，《孙中山全集》第9卷，中华书局1986年版，第127页。
③ 《中国国民党党纲》，《孙中山全集》第7卷，中华书局1985年版，第4—5页。
④ 同上书，第3页。
⑤ 孙中山：《三民主义·民族主义》，《孙中山全集》第9卷，中华书局1986年版，第188页。

这两种"国族主义",曾分别对国共两党产生过重要影响。孙中山逝世后,国民党和蒋介石继承和发展了他的以同化为基础的一元一体的"大中华民族"的"国族主义",认为中国只有一个中华民族,其他民族只能称之为宗族;而共产党和毛泽东则继承和发展了他的以平等为基础的多元一体的"大中华民族"的"国族主义",认为中国是一个多民族的国家,中华民族是各民族的共同称谓,中华民族内部各民族不论大小一律平等。①

第二,反对帝国主义与民族自决。辛亥革命时期,面对以梁启超为代表的立宪派提出的革命会引起动乱、从而招致帝国主义干涉的问题,以孙中山为代表的革命派天真地以为,只要将革命限制在一定的范围内,并有秩序地进行,不使帝国主义的利益受到任何侵害,就不会引起帝国主义干涉。所以,他们一再声明:革命的目的是"排满",而非排外。他们甚至在宣言里郑重其事地承认帝国主义与清政府签订的所有不平等条约,企图以此来换取帝国主义对革命的同情和支持。1906年冬,由孙中山、黄兴、章太炎在日本拟定的《中国同盟会革命方略》在"对外宣言"中就承诺:"一、所有中国此前与各国缔结之条约,皆继续有效。二、偿款外债照旧担认,仍由各省洋关如数摊还。三、所有外人之既得利益,一体保护。四、保护外国居留军政府占领之城内人民财产。"② 但事实证明,这只能是一厢情愿的幻想。辛亥革命之所以失败,一个重要原因就是帝国主义对革命的干预。

到了五四时期,孙中山的反帝爱国思想则逐渐明确起来,尤其在经历陈炯明叛变后,孙中山更是看清了帝国主义的本质面目,开始认识到"帝国主义不仅是中国达到民族独立的主要障碍,同时又是反革命势力最强大的部分"③,并对中国所处的殖民地半殖民地的地位有了一定的认识。1921年3月6日,他在中国国民党本部特设驻粤办事处的演说中,称中国是"半独立国"。1924年3月在论述"民族主义"的时候,孙中山将中国与安南、高丽比较,认为"中国现在还不能够到完全殖民地的地位,比较完全殖民地的地位更要低一级"。为此,他创造了一个新名词——"次殖民地"。④ 他甚至认

---

① 参见郑大华《论晚年孙中山"中华民族"观的演变及其影响》,《民族研究》2014年第2期。
② 孙中山:《中国同盟会革命方略》,《孙中山全集》第1卷,中华书局1981年版,第310—311页。
③ 孙中山:《与外国记者的谈话》,《孙中山全集》第11卷,中华书局1986年版,第40页。
④ 孙中山:《三民主义》,《孙中山全集》第9卷,中华书局1986年版,第241页。

为，中国虽然在名义上还不是一个完全的殖民地，而是一个"次殖民地"或"半殖民地"，但实际上中国的地位还不如殖民地的高丽和菲律宾，因为，"高丽和菲律宾所奉承的主人都只有一国的人，做奴隶的要得到一国主人的欢心，当然很容易。中国现在所奉承的主人有十几国，如果专得英国人的欢心，美国、日本和其他各国的人便不喜欢；若是专得美国和日本人的欢心，英国和其他各国人便不喜欢。正是俗话所说'顺得姑来失嫂意'。要得到众主人的欢心，是很艰难的"。① 他因而大声疾呼："中国最要急之问题，乃在民国的统一之完成，与完全国家的独立之获得。"②

孙中山之所以要反帝，理由有二：第一，帝国主义以武力侵略和瓜分中国，破坏了中国的领土和主权的完整。他在《"九七"国耻纪念宣言》中指出，"自从鸦片战争以来，我们的藩属安南、缅甸等等，次第被他割去，我们的海口胶州湾、旅顺、大连、威海卫、广州湾、九龙、香港等等，次第被他抢去，各省势力范围，次第被他划定"，帝国主义瓜分中国可谓"到了极盛的时代"。③《在广州庆祝十月革命节的演说》中他又讲道："中国自与外国通商以来，同外国立了种种不平等条约，将中国主权、领土送与外国。所以，中国与外人订立通商条约之日，即中国亡国之日。此等通商条约即系我们卖身契约。今日中国的地位是半殖民地的地位，所有中国地方都为外国的殖民地，中国人民都成为外人的奴隶。"④ 除"瓜分豆剖"中国、破坏中国的领土和主权的完整外，帝国主义还对中国进行疯狂的经济掠夺和"经济的压迫"，这主要表现在以下六个方面："其一，洋货之侵入，每年夺我权利的五万万元；其二，银行之纸票侵入我市场，与汇兑之扣折、存款之转借等事，夺我利权者或至一万万元；其三，出入口货物运费之增加，夺我利权者约数千万至一万万元；其四，租界与割地之赋税、地租、地价三桩，夺我利权者总在四五万万元；其五，特权营业一万万元；其六，投机事业及其他种

---

① 孙中山：《在上海招待新闻记者的演说》，《孙中山全集》第 11 卷，中华书局 1986 年版，第 336 页。
② 孙中山：《孙文与越飞联合宣言》，《孙中山全集》第 7 卷，中华书局 1985 年版，第 52 页。
③ 孙中山：《"九七"国耻纪念宣言》，载陈旭麓、郝盛潮主编《孙中山集外集》，上海人民出版社 1990 年版，第 531 页。
④ 孙中山：《在广州庆祝十月革命节的演说》，《孙中山全集》第 11 卷，中华书局 1986 年版，第 287 页。

种之剥夺者当在几千万元。这六项经济之压迫，令我们所受的损失总共不下十二万万元。此每年十二万万元之大损失，如果无法挽救，以后只有年年加多"，其结果必然是"国亡种灭而后已"！① 第二，帝国主义与中国军阀相勾结，妨碍中国的统一。"庚子、辛丑以后，中国人的脾气，被帝国主义者认识清楚了些，知道一味的强硬手段，还不济事；必须用些柔和方法，才能将爱和平讲礼貌的中国人压服得住。"于是帝国主义改变侵略策略，寻求在中国的代理人，实行"共管"，"留心地寻着一个傀儡，颠之倒之，无不如意"。帝国主义的"代理人"和"傀儡"便是大大小小的军阀。所以，"中国现在祸乱的根本，就是在军阀和那援助军阀的帝国"。中国的国民革命，"第一点就要打破军阀；第二点就要打破援助军阀的帝国。打破了这两个东西，中国才可以和平统一，才可以长治久安"②，中华民族也才能够实现伟大复兴。

与反对帝国主义相联系的，是废除一切不平等条约。孙中山"废除"一切不平等条约的思想有一个发展的过程。③ 开始时，他提出是"改正"不平等条约。1923年1月1日发表的《中国国民党宣言》在谈到民族主义的任务时写道："力图改正条约，恢复我国国际上自由平等之地位。"④ 一年后（1924年1月），在中国国民党第一次全国代表大会上他提出的是"取消"和"修改"不平等条约。如大会通过的宣言所列举的"国民党之政纲"中"对外政策"之第一条："一切不平等条约，如外人租借地、领事裁判权、外人管理关税权以及外人在中国境内行使一切政治的权力侵害中国主权者，皆当取消，重定双方平等、互尊主权之条约。"⑤ 与宣言同日通过的《国民政府建国大纲》的第四条提出："对于国外之侵略强权，政府当抵御之；并同时修改各国条约，以恢复我国际平等、国家独立。"⑥ 此后，孙中山又多

---

① 孙中山：《三民主义》，《孙中山全集》第9卷，中华书局1986年版，第208—209页。
② 孙中山：《在上海招待新闻记者的演说》，《孙中山全集》第11卷，中华书局1986年版，第338页。
③ 目前学术界几乎一致认为，孙中山自始即主张"废除"一切不平等条约，其代表作有李育民教授的《中国废约史》，但笔者认为此种观点值得商榷。
④ 《中国国民党宣言》，《孙中山全集》第7卷，中华书局1985年版，第3页。
⑤ 《中国国民党第一次全国代表大会宣言》，《孙中山全集》第9卷，中华书局1986年版，第122页。
⑥ 孙中山：《国民政府建国大纲》，《孙中山全集》第9卷，中华书局1986年版，第127页。

次提出过"取消"或"修改"不平等条约的问题。如1924年9月18日，他在《中国国民党北代宣言》中指出："此次爆发之国内战争，本党因反对军阀而参加之。其职任首在战争之后，以革命政府之权力扫荡反革命之恶势力，使人民得解放而谋自治；尤在对外代表国家利益，要求重新审定一切不平等之条约，即取消此等条约中所定之一切特权，而重定双方平等互尊主权之条约。"①

众所周知，国民党第一次全国代表大会是第一次国共合作开始的标志，而当时共产党提出的是"废除"一切不平等条约，但大会通过的宣言和《国民政府建国大纲》提出的是"取消"和"修改"一切不平等条约，这两字之差，实际上反映的是中国共产党和中国国民党对于帝国主义之态度的差异。换言之，与"取消"和"修改"比较，"废除"的反帝态度更坚决一些，它没有任何商议或讨价还价的余地。孙中山之所以采用的是"取消"和"修改"一切不平等条约，而非共产党提出的"废除"一切不平等条约，除了他本人的思想认识外，一个重要原因是为了弥合国民党内部的思想分歧。据鲍罗廷记载，国民党第一次全国代表大会期间，国民党内部的右派分子极力反对将"废除"一切不平等条约的反帝条款写入大会的宣言之中，"他们每天晚上都聚在一起。他们经常从后门跑到孙中山那里，竭力用通过宣言会产生的危险后果来恐吓他。他们的朋友从海外给孙中山打来电报，表示担心国民党落入布尔什维克手中"。"那些在海外的资产阶级化的国民党人现在感到忧心忡忡的是，党会赞成反对帝国主义，这一来他们会被从东南亚撵走。"邓泽如等联名上书孙中山，称宣言中废除不平等条约等反帝条款是中共阴谋。在这样的背景下，孙中山是不可能接受中国共产党的"废除"一切不平等条约之主张的。就是"取消"一切不平等条约，也曾遭到国民党右派的坚决反对，他们赞成的是"修改"，后来"经过长时间的说服工作"，"取消"一切不平等条约才被写入中国国民党第一次全国代表大会宣言，并获得通过。②

---

① 孙中山：《中国国民党北代宣言》，《孙中山全集》第11卷，中华书局1986年版，第77页。
② 以上参见《鲍罗廷笔记》，《鲍罗廷在中国的有关资料》，第20—22页，转引自李育民《中国废约史》，中华书局2005年版，第442页。

孙中山明确提出废除一切不平等条约是在1924年底到1925年初他应邀北上与段祺瑞等共商国是的途中。1924年11月19日，他北上途中在上海招待新闻记者的演说中指出："大家知道，不平等的条约是什么东西呢？就是我们的卖身契！我这次到北京去，讲到对外问题，一定要主张废除中外一切不平等条约，收回海关、租界和领事裁判权。"① 同年11月23日，他途经日本长崎时对中国留日学生代表发表演说，在谈到组织国民会议的目的时他强调，组织国民会议的目的之一，是要打破列强的侵略，"废除一切不平等的条约，收回海关、租界和领事裁判权"。② 25日，在神户欢迎会的演说中，孙中山重点谈了为什么要废除不平等条约的问题，他指出："废除了一切不平等的条约，才可以收回租界、海关和领事裁判权，中国才可以脱离外国的束缚，才可以还我们原来的自由。"否则，"我们中国便不是世界上的国家，我们中国人便不是世界上的国民"。③ 此后，孙中山又多次提到要废除一切不平等条约以及它的重要意义。

孙中山之所以在这时能明确提出废除一切不平等条约的问题，分析起来大约有两方面的原因：其一是受当时蓬勃兴起的废除不平等条约运动的影响。国民党第一次全国代表大会后，在中国共产党的领导下，全国范围内兴起了一场声势浩大的废除不平等条约的运动，1924年7月13日，北京学生联合会等50多个团体的代表及各界人士共230多人召开会议，成立反帝国主义大联盟，提出建立联合战线，"扑灭帝国主义的侵略政策，废除压迫中国弱小民族所订一切不平等条约"。④ 18日，北京国立专门以上八校教职员工代表召开联席会议，发表废约宣言，主张"废止国际一切不平等条约之运动，举凡对我一切不平等待遇，彻底撤销，另本相互平等原则，重新构成国际关系"。⑤ 同年8月，上海学生联合会等30个团体组成反帝大同盟，要求

---

① 孙中山：《在上海招待新闻记者的演说》，《孙中山全集》第11卷，中华书局1986年版，第337页。
② 孙中山：《在长崎对中国留日学生代表的演说》，《孙中山全集》第11卷，中华书局1986年版，第368页。
③ 孙中山：《在神户欢迎会的演说》，《孙中山全集》第11卷，中华书局1986年版，第385、387页。
④ 《祝反帝国主义大联盟》，《政治生活》第9期。
⑤ 《北京八校联席会废约宣言》，《向导》第76期。

废除帝国主义与中国订立的一切不平等条约。9月初，反帝大同盟发起了全国性的反帝运动周，并得到北京、天津、武汉、广州、长沙、杭州等地人民群众的热烈响应，废除不平等条约运动在全国迅速展开。废除不平等条约运动的兴起，就不可能不影响到一生都在与时俱进的孙中山。其二是中苏签订的《解决悬案大纲协定》的影响。经过一系列的秘密交涉，1924年5月31日北京政府外交总长顾维钧和苏联代表加拉罕签订《解决悬案大纲协定》及相关申明书，其中有这样的内容：中国与前俄所订立之一切公约、条约、协定、议定书及合同等项概行废止，另本平等、相互、公平之原则，暨1919与1920两年苏联政府各宣言之精神，重订条约、协约、协定等项。苏联声明前俄与第三者所订立之一切条约、协定等项，有妨碍中国主权及利益者，概为无效。双方声明，嗣后无论何方政府，不订立有损对方主权及利益之条约及协定。苏联允许抛弃前俄在中国境内之一切租界等之特权及特许；允许抛弃俄国部分之庚子赔款；允许取消治外法权及领事裁判权。双方同意两国关税税则采取平等相互主义。[①] 协定明确废止了中国与俄国签订的一切不平等条约，取消了俄国在华享有的种种特权，尤其是领事裁判权、租界和协定关税权。因此，协定一经公布，立即获得了中国各政党、团体和国民的高度肯定，推动了中国废约运动的兴起和走向高潮。同时，它也不能不对孙中山产生思想上的影响，使他认识到废除一切不平等条约的可能性。他在当年庆祝俄国十月革命节的演说中就讲到：近代以来帝国主义强迫中国订立了种种不平等条约，"但自俄国革命以来，俄政府即将旧时俄皇所订立的一切不平等条约及权利都归还中国……退回从前侵略所得的权利，系一件破天荒的事"。[②]

除了反对帝国主义和要求取消或废除不平等条约外，五四时期的孙中山还提倡和主张民族自决。"民族自决权"最初是由资产阶级和小资产阶级于17、18世纪提出的，原属资产阶级民主主义革命的一个要求。马克思、恩格斯从支持资产阶级民主革命和争取社会主义的利益出发，对民族自决权一

---

① 《解决悬案大纲协定》，载王铁崖编《中外旧约章汇编》第3册，三联书店1962年版，第423—425页。
② 孙中山：《在广州庆祝十月革命节的演说》，《孙中山全集》第11卷，中华书局1986年版，第287页。

向持的是赞成态度。1878年，马克思在给国际工人协会总委员会的建议中，更明确地提出了这个原则。到了帝国主义和无产阶级革命时代，列宁更进一步把它作为无产阶级社会主义世界革命的一个武器提了出来。他在《社会主义与战争》一文中指出："帝国主义是少数'大'国不断加紧压迫世界各民族的时代，因此，不承认民族自决权，就不可能为反帝的国际社会主义革命而斗争。'压迫其他民族的民族是不能获得解放的。'（马克思和恩格斯语）无产阶级如果容许'本'民族对其他民族采取一点点暴力行为，它就不成其为社会主义的无产阶级。"① 民族自决权的基本内容也成为殖民地半殖民地人民从帝国主义压迫下实现民族独立、民族解放的问题。具体来说，它包括三个基本要点：其一，反对帝国主义的民族压迫，去殖民化，实现被压迫民族的解放与独立。其二，反对无条件的民族自决要求，不笼统主张国家分裂，认为民族融合才是民族自决的最终归宿。其三，民族自决权的行使必须遵循被压迫民族的自由自愿原则，反对外部势力用暴力或非正义手段影响民族自决。②

十月革命一声炮响，给我们送来了马克思列宁主义。同时，也把民族自决权思想以及十月革命后俄国根据民族自决权而实行的联邦制及其理论送到了中国。根据马克思列宁主义的原理，一切民族都"划分为压迫民族和被压迫民族"。③ 在半殖民地半封建的旧中国，包括汉族和少数民族在内的中国各民族亦即中华民族是帝国主义压迫的对象，是被压迫民族，而在中国各民族亦即中华民族内部，也存在着民族压迫和民族不平等。辛亥革命之前，满族是统治民族，处于统治地位，汉族和其他各少数民族是被统治民族，处于被统治地位；辛亥革命之后，在北洋政府的统治下，汉族成了统治民族，包括满族在内的少数民族是被统治民族。因此，在当时的中国，民族自决权实际上包含有两层意义：一是中国各民族亦即中华民族对于外国帝国主义的自决，也就是中华民族的独立和解放；二是在中国各民族亦即中华民族内部，处于被统治地位的各弱小民族对于处于统治地位的汉族的自决，也就是各民

---

① 列宁：《社会主义与战争》，《列宁选集》第2卷，人民出版社1995年版，第528页。
② 参见尚伟《列宁的"民族自决权"理论及其意义》，《马克思主义研究》2011年第12期。
③ 列宁：《民族和殖民地问题委员会的报告》，《列宁选集》第4卷，人民出版社1972年版，第333页。

族都有权实行自治，甚至成立"民族自治邦"。1922年7月召开的中国共产党第二次全国代表大会所通过的《关于国际帝国主义与中国和中国共产党的决议案》和《中国共产党第二次全国代表大会宣言》就体现了这两种民族自决权思想。就第一层意义的民族自决权而言，《决议案》和《宣言》都提出要"推翻国际帝国主义的压迫，达到中华民族的完全独立"；从第二层意义的民族自决权来看，《决议案》和《宣言》主张，"统一中国本部（东三省在内）为真正民主共和国"，"蒙古、西藏、回疆三部实行自治，成为民主自治邦"，"用自由联邦制，统一中国本部、蒙古、西藏、回疆，建立中华联邦共和国"。[①] 1923年6月召开的中国共产党第三次全国代表大会通过的《中国共产党党纲草案》提出了12项要求，包括"取消帝国主义的列强与中国所订一切不平等的条约"和"西藏、蒙古、新疆、青海等地和中国本部的关系由各该民族自决"。[②]

列宁的"民族自决权"尤其是中国共产党的两种民族自决权思想，都对孙中山产生过重要影响。早在中共筹建阶段，孙中山就与共产党人有过接触和交往。1920年孙中山在上海会见共产国际远东局派到中国来的第一位使者维金斯基，就是陈独秀介绍的。1921年孙中山在桂林时，曾与陪同马林前往的张太雷详细讨论了如何动员广大青年参加革命运动的问题，希望刚成立的中国共产党能帮助他做好这项工作。1922年8月下旬，亦就是陈炯明叛变事件发生、孙中山从广州回到上海后几天，受中共中央的委派，李大钊专程赶到上海和他进行了多次交谈，讨论"振兴国民党以振兴中国"等种种问题。李大钊的广博知识，对形势的精辟分析，尤其是他的真诚态度，深得孙中山的好感，有时一谈就是好几个小时，"几乎忘食"。在与孙中山的交谈中，李大钊不可能不谈到刚刚闭幕的中国共产党第二次全国代表大会以及会议通过的《关于国际帝国主义与中国和中国共产党的决议案》和《中国共产党第二次全国代表大会宣言》。此时，李大钊还正在构思和写作《平民主义》一文，在文中李大钊提出了中国各民族平等的问题，认为"今

---

① 《中国共产党第二次全国代表大会宣言》，载中共中央统战部编《民族问题文献汇编》，中共中央党校出版社1991年版，第17页。
② 《中国共产党党纲草案》，载中共中央统战部编《民族问题文献汇编》，中共中央党校出版社1991年版，第21页。

后中国的汉、满、蒙、回、藏五大族,不能把其他四族作那一族的隶属"。①此后,孙中山改组国民党,筹备召开国民党第一次全国代表大会,都有共产国际代表和共产党人的积极参与。1923年8月,孙中山委派蒋介石率领孙逸仙博士代表团赴俄国考察。11月26日,共产国际执行委员会召开会议,听取蒋介石向共产国际执行委员会递交的关于中国国民运动和国民党的报告说明。11月28日,共产国际执行委员会主席团就中国民族解放运动和国民党问题作出决议,建议国民党重新解释"三民主义",以"符合时代精神"。其中"民族主义"的一项内容是:"中国民族运动同受中国帝国主义压迫的各少数民族的革命运动进行合作",即"国民党应公开提出国内各民族自决的原则,以便在反对外国帝国主义、本国封建主义和军阀制度的中国革命取得胜利以后,这个原则能体现在由以前的中华帝国各民族组成的自由的中华联邦共和国上"。②第二天,蒋介石及他率领的孙逸仙博士代表团带着该决议回国。这年的12月,中国共产党、中国社会主义青年团中央局就即将召开的中国国民党第一次全国代表大会提出意见,表示大致赞同党纲草案,"惟关于民族主义内容的解释,我们主张是:对外反抗侵略主义的列强加于我人之压迫,对内解除我人加于殖民地弱小民族(如蒙古、西藏)之压迫"。③共产国际执行委员会主席团的决议和中国共产党、中国社会主义青年团中央局对于国民党第一次全国代表大会的意见,原则上为孙中山所采纳,写进了《国民党宣言》(1923年1月1日),尤其是《中国国民党第一次全国代表大会宣言》(1924年1月23日)以及国民党的其他文件之中。比如,《中国国民党第一次全国代表大会宣言》在解释"民族主义"时写道:"国民党之民族主义,有两方面之意义:一则中国民族自求解放;二则中国境内各民族一律平等。第一方面,国民党之民族主义,其目的在使中国民族得自由独立于世界⋯⋯第二方面⋯⋯国内诸民族宜可得平等之结合,国

---

① 李大钊:《平民主义》,载中共中央统战部编《民族问题文献汇编》,中共中央党校出版社1991年版,第56页。

② 《共产国际执行委员会主席团关于中国民族解放运动和国民党问题的决议》(1923年11月28日),载中共中央党史研究室第一研究部译《联共(布)、共产国际与中国国民革命运动(1920—1925)》,北京图书馆出版社1997年版,第342—343页。

③ 《中国共产党、中国社会主义青年团中央局对于国民党全国大会意见》,载中共中央统战部编《民族问题文献汇编》,中共中央党校出版社1991年版,第23页。

民党之民族主义所要求者即在此。"① 第一次代表大会后，民族自决权又成了改组后的国民党的基本国策。据长期追随于孙中山左右、参加过国民党第一次全国代表大会、并被大会选为中央执行委员的国民党元老邹鲁后来在《中国国民党史稿》一书中记载，孙中山曾再三强调："'民族自决'一说，就是本党的民族主义。"② 这也是国共能实现第一次合作的思想和政治基础之一。实际上，《中国国民党第一次全国代表大会宣言》就是在孙中山亲自过问和主持下，由国民党、共产党和共产国际代表共同制定出来的。其初稿由孙中山委托共产国际代表鲍罗廷起草，作为鲍罗廷的助手和翻译，共产党员瞿秋白将鲍罗廷起草的俄文稿译成了中文，在翻译过程中，瞿秋白不仅做了不少文字修饰工作，而且也对个别内容进行了修改。后来汪精卫作为受国民党临时中央执委会委派的宣言起草员，又在瞿秋白所译中文稿的基础上，另外草就了一份中文稿。《宣言》的草稿出来后，孙中山又指定胡汉民、廖仲恺、汪精卫和鲍罗廷四人组成委员会，对它进行反复的讨论、审议和修改，每次讨论瞿秋白都在场（因他是鲍罗廷的助手和翻译），孙中山有时也参加，最后由孙中山审定。可以说《中国国民党第一次全国代表大会宣言》本身就是国共（包括共产国际和中国共产党）合作的产物。曾参加过国民党第一次全国代表大会的包惠僧后来回忆说："中国国民党的宣言和政纲，都经过了孙中山、鲍罗廷及中共中央负责同志作最后的决定。虽然孙中山和他的亲信干部，如廖仲恺、胡汉民、汪精卫等也有他们的意见，则主要的内容如'反帝'、'反封建军阀'、'联俄'、'联共'、'工农政策'等，都是由共产党方面提出，孙中山同意决定的。"③ 所以，时任苏联驻中国代表加拉罕对《中国国民党第一次全国代表大会宣言》十分满意。他在致苏俄外交人民委员契切林的信中写道："我寄给您的党的宣言、纲领和章程很有意思，它是由三部分组成的。第一部分是对以前工作的批评和对中国相互争斗的军阀集团的批评；第二部分是最重要的，这是以最概括的形式提出的国民党的原则即民族主义、民权主义和民生主义。关于民族主义一条非常有意思，那

---

① 《中国国民党第一次全国代表大会宣言》，《孙中山全集》第9卷，中华书局1986年版，第118—119页。
② 邹鲁：《中国国民党史稿》，中华书局1960年版，第618页。
③ 包惠僧：《回忆大革命时代》，《包惠僧回忆录》，人民出版社1983年版，第143页。

里民族主义是按照共产国际的声明的精神解释的,而且还发挥了关于民族斗争的两个方面的思想,即一方面是同压制中国民族独立的帝国主义的斗争,另一方面是通过赋予中国境内各民族以自决权的办法实现各民族的解放,而这一条还发挥了去年11月28日共产国际执委会有关决议的部分。"①

这里需要指出的是,我们说《中国国民党第一次全国代表大会宣言》是国共(包括共产国际和中国共产党)合作的产物,但并非在所有问题上孙中山以及以他为代表的国民党与共产国际和中国共产党的观点完全一致。就民族自决权而言,孙中山接受了共产国际和中国共产党关于第一种民族自决权,亦即中华民族对于外国帝国主义的自决的思想,而对于第二种民族自决权,亦即中华民族内部处于被统治地位的各弱小民族对于处于统治地位的汉民族的自决则持有保留意见。日本学者松本真澄在他的《中国民族政策之研究——以清末至1945年的"民族论"为中心》一书中就曾指出,在起草《中国国民党第一次全国代表大会宣言》的过程中,孙中山和汪精卫等国民党人与共产国际代表鲍罗廷在"自决"和"联邦制"、"自由联合"和"统一国家"等概念的理解上存在着明显的分歧。② 实际上,《中国国民党第一次全国代表大会宣言》既是国共合作的产物,也是国共妥协的结果。所以,《中国国民党第一次全国代表大会宣言》在文字表述上,是"承认"国内民族有"民族之自决权",而非如共产国际和共产党在一系列文件中所使用的"主张"或"提倡"国内民族的"民族自决权",就是"承认"也是有前提条件的,即在"中国以内"的民族自决,而非脱离中国的民族分裂或独立,"于反对帝国主义及军阀之革命获得胜利以后,当组织自由统一的(各民族自由联合的)中华民国"。③ 关于国共两党在"民族自决权"问题上的相同之处与分歧所在及其原因,我们将有专文予以研究,在此不作详细讨论。这里需要指出的是,在国内民族自决的问题上,孙中山的思想要比当时还处于思想不成熟时期的中国共产党的思想更成熟一些,也更正确一些。

---

① 中共中央党史研究室第一研究部译:《联共(布)、共产国际与中国国民革命运动(1920—1925)》,北京图书馆出版社1997年版,第412页。

② 参见[日]松本真澄《中国民族政策之研究——以清末至1945年的"民族论"为中心》,鲁忠慧译,民族出版社2003年版,第116—119页。

③ 《中国国民党第一次全国代表大会宣言》,《孙中山全集》第9卷,中华书局1986年版,第119页。

第三,恢复和弘扬"民族精神",以"恢复民族的固有地位"。"民族精神"一词最早出现于18世纪的德国。当时,由于法兰西文化的大规模涌入,德国知识分子感觉到民族认同和民族自尊受到外来文化的严重挑战,为了捍卫民族尊严,他们于是大力提倡德意志文化,并提出了"民族精神"(Volksgeist)的概念。他们认为,Volksgeist指的是一个民族的禀赋,它伴随着民族与生俱来,每一民族自身的文化、特性、气质即是Volksgeist的体现。在他们看来,每个民族都有自己的特质,这些特质由民族精神所决定,并且反映在以语言、文学、艺术、风俗为代表的民族文化上。在此思想指导之下,德意志知识分子开始致力于从德意志历史、文学、民间艺术中探求德意志民族精神的源泉,以此来展示德意志民族的独特性与优越性。他们的努力不仅为德意志国家的统一奠定了文化基础,同时也为世界上其他民族争取民族解放、独立和统一提供了思想资源,对19、20世纪的世界民族主义运动产生过深刻影响。[1]

就目前发现的资料来看,中国最早以"民族精神"为题的文章,是1903年发表在留日学生创办的《江苏》杂志第7、8期上的《民族精神论》一文。该文在谈到"欧人今日之振兴"的原因时写道:"彼所以能振兴如今日者,实自当时种种不可思议之原因而来。其结果之最早乃生民族之精神,其结果之最终遂成民族之膨胀……谓欧人技艺之精,则当日所谓蒸汽、电线,独未有所发明,而火车、轮船、军舰、枪炮以及杀人灭种之法,犹一切未闻于世也。而欧人之所以能致此者何哉?则以彼有一种如痴如狂不可思议之民族精神在也。"由欧人"而反观吾国今日之现状,则可谓腐败空虚,种种奇异谬悠之态,几无足自存于大地",究其原因,"虽谓吾族之精神已死可也"。该文认为,既然民族精神的有无是欧洲"所以能振兴"和中国"几无存于大地"的原因,那么中国要在"凄风苦雨之中"实现"早自振臂",作为"后来之师表"和"同胞之干城"的青年,就应"振其气,坚其志,固其操,不以富贵撄其心,不以生死挠其志,不以目前之小小成败挫折其目

---

[1] 参见唐海涛《近代中国对民族精神的探索》,载郑师渠、史革新主编《近代中国民族精神研究读本》,北京师范大学出版社2006年版,第303—304页。

的,夫如是亦可以称民族之牺牲者乎"!① 但在清末民初,"民族精神"一词并没有得到广泛使用,人们更多的是受明治维新日本的影响,用"国魂""国粹""国性""立国精神"等来表达"民族精神"的含义。比如,梁启超就先后有《中国魂安在否》(1899年)、《国性篇》(1912年)等谈民族精神的文章发表,但用的都不是"民族精神",而是"国魂""国性"等源于日本的词汇。中国知识界比较多地使用"民族精神"一词是在五四时期。

1919年12月,《东方杂志》第16卷第12号发表"隐青"的《民族精神》一文,作者认为:"凡人种、语言、文字、宗教、地理等关系,皆不足为建设民族之根本条件。为今日之民族计,人种之化合澌灭不足忧也,语言文字之灭亡不足忧也,宗教之盛衰变迁之不足忧也,国土之存亡亦不足忧也,所可忧者,其唯民族精神之有无乎!"在作者看来,所谓"民族精神",既非"以血族为根据"的"人种之意思",也非"重统治重命令"的"国家之意思",更非"各个独立"的"个人意思之集成",而是"自然发生浑然一体之民族自觉的精神而已"。它的形成,必须具备两个条件,即"外受强敌之压迫,内感生活之困难"。只有在这两个条件下,民族才会有"努力向上之运动",并在长期的"共同防御、共同生活"中,形成一种"特立不可同化之精神"。民族精神一旦形成,其民族"虽丧地灭国,离散而之四方,其形式上特征遗亡殆尽,而彼国固有之文化与民族的精神,终不能湮没也"。据此作者指出,第一次世界大战后,尤其是美国总统威尔逊发表十四点宣言后,"民族自决"思潮和运动兴起,"世界各殖民地之民族,咸跃跃欲试;而列强之对付殖民地也,亦不得不一变其方针"。但实际上"彼列强对殖民地之政策,非真心服人道主义而自愿改变也,亦权其利害之轻重,然有不得不然耳"。所以,广大殖民地之民族,尤其是"吾东亚诸民族",要想实行"民族自决",真正获得自由,就必须"扩大其同类意识而努力此民族精神之培养",否则,所谓"民族自决",只能是一句空话而已。② 一年后,陈嘉异在《东方杂志》第18卷第1、2号上连载《东方文化与吾人之大任》一文,认为与西方文化比较,东方文化具有四大优点,其中第三点,

---

① 佚名:《民族精神论》,《江苏》第7、8期,1903年10月20日、1903年11月19日。
② 隐青:《民族精神》,《东方杂志》第16卷第12号,1919年12月15日。

"东方文化（此亦单就中国言），在有调节民族精神与时代精神之优越性，而尤以民族精神为根底，最能运用发展者也"。他和"隐青"一样，也认为一个民族能否成立，"所恃者非仅血统、语言、地理、宗教等关系使然"，而在于能否"形成浑然一体之民族精神"。而民族成立之后，要善于运用民族精神，否则，"则易流为固性的传统思想，而不克随时代之变易以适应其环境，则此精神或且为一时代之障碍物"，这也就是所谓的"时代错误"。各国之所以会发生革命，原因就在于民族传统思想与其新时代思想之间的严重冲突。而中国自戊戌变法后西方的新思想新学说纷纷传入，社会思潮发生突变，旧政制和旧思想犹如"落叶之扫"，在西方新思想新学说的进攻面前败下阵来。人们以为这是西方的新思想战胜中国的旧政制旧思想的结果。但实际上中国的旧政制旧思想之所以败得"如是之易且速"，根本原因在于"此等自身已腐朽，早不适于时代之新要求，即无外来之新思想，亦当归于淘汰者，而具有此淘汰作用之根本潜伏力"，便是中国文化所具有的"调节民族精神与时代精神之优越性，而尤以民族精神为根底"。比如，"三王不沿乐，五帝不袭礼"，"周虽旧邦，其命维新"，"天行健，君子以自强不息"等传统和精神，就是这种优越性的体现。就此而言，陈嘉异强调指出，"吾民族精神之伟大，实有未可妄自菲薄者"。[①]

　　隐青和陈嘉异等人虽然讨论了"民族精神"，但他们并没有将"民族精神"与"民族复兴"联系起来，认识到"民族精神"对于"民族复兴"的重要意义。五四时期，真正认识到"民族精神"对于"民族复兴"重要意义的是伟大的民主革命先行者孙中山。1924年初，亦即国民党第一次全国代表大会不久，孙中山应邀到广州国立师范学校礼堂作"三民主义"的系列演讲，在讲演中他指出：中国以前是一个很强盛很文明的国家，是世界首屈一指的强国，其地位比现在的列强，如英国、美国、法国和日本还要高得多，因为那个时候的中国是"世界独强"。然而进入近代以后，中国的地位则"一落千丈"，从"世界独强"沉沦为"次殖民地"，而"次殖民地"的地位"还不如殖民地"。中国之所以从"世界独强"沉沦为"次殖民地"，其原因"是由于我们失去了民族的精神"。所以，"我们今天要恢复民族的

[①] 陈嘉异：《东方文化与吾人之大任》，《东方杂志》第18卷第2号，1921年1月25日。

地位",实现中华民族的伟大复兴,"便要首先恢复民族的精神"。①

孙中山认为,"恢复民族的精神,要有两个条件":第一个条件,是要知道中华民族现在所处在危险的地位;第二个条件,"是要善用中国固有的团体",如家族团体和宗族团体,并在此基础上联合成一个大的"国族团体",也就是前面所讲的"大中华民族"的"国族主义"。"结成了国族团体,有了四万万人的大力量,共同去奋斗,无论我们民族处于什么地位,都可以恢复起来。所以,能知与合群,便是恢复民族主义的方法。"把这个方法"推广"开来,让全国四万万人都知道,"那么,我们从前失去的民族精神便可以恢复起来"。他进一步打比喻道:"从前失去民族精神,好比是睡着觉;现在要恢复民族精神,就要唤醒起来。醒了之后,才可以恢复民族主义。到民族主义恢复了之后,我们便可以进一步去研究怎么样才可以恢复我们民族的地位。"② 按照孙中山的上述说法,我们要恢复中国民族的地位,实现中华民族的伟大复兴,就必须恢复民族主义,也就是四万万人民联合成为一个"国族团体";而要恢复民族主义,必先恢复民族精神。这也就是民族精神对于民族复兴的重要意义。

那么,什么是"民族精神"呢?孙中山认为,"民族精神"主要体现为"固有的道德""固有的知识"和"固有的能力"三个方面。

首先,就"固有的道德"而言。他指出,中国之所以能创造出灿烂的古代文明,"达到很强盛的地位",原因是多方面的,但其中一个重要的原因,就是中国"固有的道德"要比"外国民族的道德高尚得多"。"因为我们民族的道德高尚",所以能够"维持民族和国家的长久地位",尽管中间曾先亡于"元蒙",又再亡于"满清",但"国家虽亡,民族还能够存在;不但是自己的民族能够存在,并且有力量能够同化外来的民族"。既然"固有的道德"能够使昔日的中国"达到很强盛的地位",那么,"我们要恢复民族的地位",就应大力恢复和弘扬"固有的道德","有了固有的道德,然后固有的民族地位才可以恢复"。③ 具体来说,中国"固有的道德""首是忠

---

① 孙中山:《三民主义·民族主义》,《孙中山全集》第9卷,中华书局1986年版,第242页。
② 同上。
③ 同上书,第243页。

孝、次是仁爱、其次是信义、其次是和平"。虽然历史在发展,社会在进步,但以"忠孝""仁爱""信义""和平"为其内容的"固有的道德",并不像"醉心新文化的人"所说的那样过时了,要加以"排斥",相反,我们要将它们恢复起来、发扬光大起来。比如"忠",有的人以为,忠是"忠君",现在是民国,没有了皇帝,也就不要再讲什么"忠"了。但在孙中山看来,"这种理论,实在是误解"。因为"忠",不仅仅是"忠于君",也可以作"忠于国、忠于民、忠于事"来解。现在没有了君主,我们"不忠于君"了,但我们还"要忠于国,要忠于民,要为四万万人去效忠。为四万万人效忠,比较为一人效忠,自然高尚得多。故忠字的好道德还要保存。"其他如"孝""仁爱""信义""和平"也是一样,都是没有过时的"好道德"。尤其是"和平",是"驾乎外国人"的"一种极好的道德"。外国人讲战争,只有中国人讲和平,因而世界上的战争连年不断,特别是第一次世界大战,给人类带来了前所未有的灾难。经过第一次世界大战后,人们才开始认识到和平的重要性,于是才有各种和平会议,如海牙会议、凡尔赛会议、华盛顿会议和最近的洛桑会议的相继召开。和平"这种特别的好道德,便是我们民族的精神。我们以后对于这种精神不但是要保存,并且要发扬光大,然后我们民族的地位才可以恢复"。[1]

其次,从"固有的知识"来看,孙中山指出,当"固有的道德"处于沉睡状态、被人们遗忘的同时,"固有的知识"也处于沉睡的状态,被人们遗忘了。因此,"我们今天要恢复民族精神,不但要唤醒固有道德,就是固有的知识也应该唤醒他"。所谓"固有的知识",也就是"人生对国家的观念",具体来说,"就是《大学》中所说的'格物、致知、诚意、正心、修身、齐家、治国、平天下'的那一段话"。这段话"把一个人从内发扬到外,由一个人的内部做起,推到天下为止",是一种"精微开展的理论"。无论外国的什么政治哲学都是没有这样的理论的,它是"我们政治哲学的知识中独有的宝贝"。然而"自失了民族精神之后,这些知识的精神当然也失去了"。比如,以"修身"为例,现在"中国人的一举一动都欠检点","像吐痰、放屁、留长指甲、不洗牙齿"这些"修身上寻常的工夫",中国人都

---

[1] 孙中山:《三民主义·民族主义》,《孙中山全集》第9卷,中华书局1986年版,第243—247页。

非常随意、"不检点"。普通的外国人之所以说"中国人没有教化,是很野蛮的",究其原因,"就是大家对于修身的工夫太缺乏"。所以,我们要"齐家、治国,不受外国的压迫,根本上便要从修身起,把中国固有知识一贯的道理先恢复起来,然后我们民族的精神和民族的地位才都可以恢复"。①

最后,来看"固有的能力"。孙中山指出,现在西方的机器发达,科学昌明,而中国与西方比较要落后得多,因此,"中国人现在的能力当然不及外国人"。但在古代,在几千年之前,"中国人的能力还要比外国人大得多。外国人现在最重要的东西,都是中国从前发明的"。如指南针、印刷术、火药,等等。只是"后来失去了那种能力",民族的地位也因而"逐渐退化",乃至成了比殖民地还不如的"次殖民地"。因此,我们要恢复民族"固有的地位,便先要把我们固有的能力一齐都恢复起来"。②

孙中山强调指出,我们要恢复民族的固有地位,就必须大力恢复和弘扬"民族精神",也就是"我们固有的道德、知识和能力"。但在大力恢复和弘扬"民族精神"的同时,我们"还要去学欧美之所长,然后才可以和欧美并驾齐驱。如果不学外国的长处,我们仍要退后"。孙中山还提出,我们学习外国,不是要"向后跟着他学",而是要"迎头赶上去"。比如学习外国的科学,不是亦步亦趋地从头再来,而是直接学习外国最先进的东西,这样"便可以减少二百多年的光阴"。"向后跟着他学",我们永远都会落在别人的后面,只有"迎头赶上去",我们才有可能"后来居上",赶上和超过欧美和日本等发达国家,也才有可能使我们的国家"恢复到头一个地位"。③

以上是孙中山在"三民主义"的讲演中对"民族精神"的阐述,它涉及什么是民族精神、恢复和弘扬民族精神对于民族复兴的重要意义以及如何处理好恢复和弘扬民族精神与向外国学习的关系等问题。就孙中山对上述这些问题的阐述来看,他既不同于那些对中国传统思想和文化持否定态度的西化派(孙中山在讲演中称他们为"醉心新文化的人"),也与那些固守传统、反对学习西方的守旧派区别了开来。蔡元培在《三民主义的中和性》一文

---

① 孙中山:《三民主义·民族主义》,《孙中山全集》第9卷,中华书局1986年版,第247—250页。
② 同上书,第250—251页。
③ 同上书,第251—253页。

中在谈到孙中山的以上阐述时就曾指出：当时中国"主张保存国粹的，说西洋科学破产；主张输入欧化的，说中国旧文明没有价值，这是两极端的主张。孙先生讲民族主义的时候，说中国要恢复民族的地位，要把固有的道德、固有的知识、固有的能力先恢复起来，是何等的看重国粹"！然而孙中山又说"恢复我一切国粹之后，还要去学欧美之所长"；又说"我们要学外国，要迎头赶上去，不要在后跟着他，这又何等的看重欧化"！[①] 因此，目前学术界存在的那种认为孙中山要恢复和弘扬包括"固有的道德"在内的"民族精神"就是"复古""倒退""开历史倒车"的观点是站不住脚的。实际上，从孙中山对中国"固有的道德"的阐述可以看出，他所讲的"固有的道德"，不仅只限于"忠孝""仁爱""信义""和平"，而非所有的"固有的道德"（中国"固有的道德"当然不止这些），并且对"忠孝""仁爱""信义""和平"也做了新的解释，如他解释"忠"，为"忠于国、忠于民、忠于事"，而非"忠于君"，这样就剔除了原先所具有的封建主义的思想因素。

孙中山强调我们要恢复民族的地位，实现中华民族的伟大复兴，就必须大力恢复和弘扬"民族精神"，这对于重新认识我们的民族文化、树立民族的自信心和凝聚力，是有积极意义的，应该给予充分的肯定。当然，这只是问题的一方面或主要方面，问题的另一方面我们也应看到，孙中山对"民族精神"的理解又是狭隘的，至少是不全面的。什么是民族精神？民族精神是相对于时代精神的一个概念。任何文化都是时代性与民族性之集合体，时代性中那些代表历史前进方向的内容形成时代精神，民族性中那些代表民族生命力的内容形成民族精神。民族精神是一个民族在艰难困苦的环境中得以繁衍、发展、壮大的精神支柱，是激励和鼓舞本民族成员为着自己美好的目标积极奋进的精神动力，是沟通和联结本民族成员心灵的感情纽带，人们无论走到天涯海角，都会因本民族的民族精神而产生一种民族的认同感、自豪感和献身民族事业的责任感。所以，民族精神的绵延不绝和不断振兴，是一个民族具有勃勃生机的重要标志。无论哪一种民族文化都有自己的民族精神，

[①] 蔡元培：《三民主义的中和性》，载刘真主编《中山思想要义》，台湾书店1994年版，第15—16页。

正是这种民族精神才决定了一种民族文化的价值和意义。就此而言,那些具有"比较广泛的影响""能激励人们前进、有促进社会发展的作用"的中华民族的思想或精神都可以称为"民族精神"。① 比如,孙中山自己在长达几十年的革命生涯中所体现出来的"为实现民族独立和统一的奋斗精神,争取民族自由、平等和博爱的献身精神,振兴中华,为国家民族求强求富的精神,爱好和平与发展美好未来,'天下为公'、'世界大同'与'济弱扶倾'的民族互助精神,还有争取实现民族融和、共同进步的民族共和精神等等"②,都是中华民族的民族精神的具体体现。但这些却没有包括在孙中山所论述的"民族精神"之内。说到这里,有一个问题不得不提出来,即孙中山所论述的民族精神和孙中山自身所具有的或体现出来的民族精神不是一回事,我们要把它们区别开来,不能以孙中山所论述的民族精神来说明他自身所具有的民族精神,也不能以他自身所具有的民族精神来说明他所论述的民族精神。但遗憾的是,在实际的研究中,不少学者将二者混为一谈,没有对这两种不同性质的问题进行区分。

(三)"东方文化派"复兴东方文化的思想

继清末的国粹派后,倡导通过文化复兴来实现民族复兴的是五四时期的"东方文化派"。"东方文化派"是五四时期人们对当时出现的一些反对西化、提倡东方文化人物的统称③,其代表人物有《东方杂志》主编杜亚泉及其后继者钱智修;有1919年访欧回国不久即发表《欧游心影录》一文,宣告西方"物质文明"和"科学万能之梦"已经"破产"的梁启超;有《东西文化及其哲学》一书的作者梁漱溟;有自称是"东方文化之信徒"的陈嘉异;有反对科学对人生观指导的"玄学鬼"张君劢;有主张新旧调和与"以农立国"的章士钊。需要指出的是,人们虽然把这些人统称为"东方文

---

① 张岱年:《文化传统与民族精神》,《学术月刊》1986年第12期。
② 林家有:《孙中山的民族精神对中国社会建设的启迪》,《河北经贸大学学报》(综合版)第10卷第2期,2010年6月。
③ 最早使用"东方文化派"这一提法的是瞿秋白(见瞿著《东方文化与世界革命》,载《新青年》季刊第1期,1923年6月);最早给"东方文化派"定名作解的是邓中夏(见邓著《中国现在的思想界》,载《中国青年》第6期,1923年11月);1934年3月出版的第一本关于新文化运动的专著《中国新文化运动概观》(作者伍启元),进一步将这一提法固定化。从此,这一提法沿用至今。

化派",但实际上他们的主张并不完全相同,把他们统称为一派是很不科学的。早在20世纪20年代中叶,就有人指出:"'东方文化派'这个名词,似稍嫌笼统,且包含的类别很复杂。"[1] 当然,人们之所以把他们统称为"东方文化派",是因为他们有着基本一致的文化取向和理论特征,即反对西方化,提倡东方化,肯定民族文化的固有价值,以复兴中国文化来解决民族面临的一系列问题,从而实现民族的振兴或复兴。所以,为叙述的方便起见,本书仍沿用了"东方文化派"这一人们比较熟悉的用法,尽管它并不科学。这是首先要向读者予以说明的。

"东方文化派"在五四时期出现的原因是多方面的。其中一个重要原因,便是第一次世界大战及战后西方兴起的"东方文化救世论"思潮对中国知识界的影响。本来自19世纪70年代西方资本主义结束其自由发展而进入垄断阶段后,西方社会所面临的文明危机就日益严重起来。休斯(H. Stuart Hughes)于1950年出版的《意识与社会》一书就描绘过19世纪90年代到20世纪10年代一群西欧杰出的思想家所体现出来的对西方文明的信心危机。斯拉夫主义的传人之一但尼夫斯基(Nikolai Danielwsky)的《俄罗斯与欧洲》(1869)预告西方文明在不久的将来会出现败坏和沉沦,该书在19世纪末被译成多种欧洲文字,非常流行。就是在欧洲国家最自信和乐观的日不落帝国——英国,也有人对西方文明失去了信心,如亚当斯兄弟在他们各自的著作中,"表露了对西方日盛的种种政经价值的厌恶和弃绝"。[2] 而第一次世界大战的爆发和它所造成的巨大灾难,更使西方文化固有的弊端暴露无遗。如果说在此之前,对西方文明失去信心还是个别现象或部分人的行为,那么,这时则已"成为西方思潮、大学,甚至宗教生活的主流"[3],西方人普遍觉得自己的文化已经"没落"或"衰败"。英国作家如弗里曼(Richard Austin Freeman)在1921年出版的一部著作中,宣告西方文明正在退化之中,引起退化的原因是工业主义和科学技术的过度发展,以及这种发展对诸如土地、空气、海洋等自然环境,特别是人性的破坏。小说家乔伊斯

---

[1] 昌群:《什么是文化工作》,《中国青年》1926年第142期。
[2] [美]艾恺(Guy S. Alitto):《世界范围内的反现代化思潮》,贵州人民出版社1991年版,第89页。
[3] 同上。

（James Joyce）在他的伟大实验小说《尤里西斯》中，用主人翁的流落失魄象征和批判了"西方文明的愚蠢、污秽、无意义及其最终的荒芜"。当时影响最大也最能反映战后西方人对西方文明失望之感的，是德国历史哲学家斯宾格勒（Oswald Spengler）着笔于战前、脱稿于战中、出版于战后的《西方的没落》一书。正如美国著名哲学史学家列维指出的那样："该书的主要论题，即是提供西方文化目前危机的理论。"其理论"是浪漫主义的、悲观主义的、'世纪末'的"。① 该书认为文化是一个生命有机体，具有自己的生命周期：青春、生长、成熟、衰败，无论何种文化都必须经历这几个发展阶段，最终逃脱不了死亡的归宿；世界上一共出现过八个文化，其中七个（埃及文化、巴比伦文化、印度文化、中国文化、古典文化、阿拉伯文化、墨西哥文化）已经死亡，只剩下一种无历史、无生气的存在，另一个西方文化虽然还活着，但其生命机制也早已进入衰败的阶段，必将为其他新的文化所取代。尽管《西方的没落》一书内容庞杂，晦涩难懂，但因其主题鲜明、书名醒目，能满足生活在战后不安与悲观气氛中的欧洲人想知道西方文化未来命运的需要，而大受读者的欢迎，"一时风行之盛，势力之伟，其在战后德国，盖与安斯坦（今译爱因斯坦——引者）氏所为相对论并称"。② 作者本人也因此从"一位籍籍无名的中学教师立刻跻身于本世纪最有影响力的社会思想家之列"。③ 德国另一位当代著名思想家卡西勒对《西方的没落》一书之所以会引起如此巨大的社会反响的原因做过分析。他指出："斯宾格勒成功的原因，宁在其题目，而不在其内容。《西方的没落》这题目是个电火花，点燃了他的读者们的幻想而发出火焰。这书出版于1918年6月，正值第一次世界大战的末端。在这个时间里，我们的受到赞美的西方文明中，有些事物腐烂了。斯宾格勒的书，在尖锐得当的方式下，表现了这样一个一般性的不安。"④

欧战的爆发和战争给人类造成的巨大灾难，不仅使西方世界笼罩在一片"世纪末"的悲凉气氛之中，同时也使本来对学习西方文化充满热情和

---

① 《哲学与现代世界》，台北志文出版社1986年版，第168、178页。
② 李思纯：《论文化》，《学衡》第22期，1923年10月。
③ 索罗金语，转引自刘述先《文化哲学》，黑龙江教育出版社1988年版，第1页。
④ 卡西勒：《国家之精神》，转引自刘述先《文化哲学》，黑龙江教育出版社1988年版，第2页。

希望的一些中国人产生了怀疑和动摇,他们不断地反身自问:这种给人类造成了巨大灾难的文化还值得中国学习吗?早在1916年,亦即欧战还正残酷进行之时,《东方杂志》主编杜亚泉在《静的文明与动的文明》一文中就写下了这样一段文字:"近年以来,吾国人之羡慕西洋文明无所不至,自军国大事以至日用细微,无不效法西洋,而于自国固有之文明,几不复置意。然自欧战发生以来,西洋诸国日以其科学发明之利器戕杀其同类,悲惨剧烈之状态,不但为吾国历史之所无,亦且为世界从来所未有。吾人对于向所羡慕之西洋文明,已不胜其怀疑之意见。"① 不久,他又在《战后东西文明之调和》一文中指出,此次欧洲大战使西洋文明破绽毕露,同时也使原来崇拜西洋文明的中国人懂得了西洋各国所以获得富强的原因与因富强而得的结果"无一非人类间最悲惨最痛苦之生活"。于是,"信赖西洋文明,欲借之以免除悲惨与痛苦之谬想,不能不为之消灭"。② 化鲁的《欧战给我们的教训与儆戒》一文在谈到欧战对中国的影响时也写道:这场从古未有的战争,使世界人类的神经受到了重大的刺激,中国虽因距离战场较远,受的直接刺激相对来说较小些,但受的思想刺激则"非常重大"。因为战争至少放大了中国人的眼光,展开了中国人的视力,使向来与世界很少接触、对西方人的政治社会组织特别是文化知道不多的中国人,关心起西方世界来,知道自己是世界的一员,于是对西方有了了解。"在战场炮火闪耀的光中,我们照见了西洋政治社会生活的暗黑面,发见了世界是怎样残酷无情的世界。"③ 欧战结束不久即到中国访问讲学的罗素同样发现:战后中国人"对西洋之文化,亦抱怀疑之态度。有数人告予曰,彼在一九一四年之前,尚不胜怀疑;及欧洲战争,乃不能不思欧洲之文化,必有缺点者在"。④ 战后中国人特别是知识界产生的这种怀疑西方文化的心理,即使像胡适这样著名的西化派人士也未能幸免。⑤

---

① 伧父(杜亚泉):《静的文明与动的文明》,《东方杂志》第13卷第10号,1916年10月。
② 伧父(杜亚泉):《战后东西文明之调和》,《东方杂志》第14卷第4号,1917年4月。
③ 化鲁:《欧战给我们的教训与儆戒》,《东方杂志》第21卷第14号,1924年7月。
④ 罗素:《中国之问题》,中华书局1924年版,第190—191页。
⑤ 参见1922年7月3日胡适的日记,载近代史研究所编《胡适的日记》下册,中华书局1985年版,第391页。

因此，西方文化向何处去？中国文化向何处去？西方文化还值不值得中国学习？便成了第一次世界大战后西方思想界和中国思想界各自关切的焦点。就西方思想界而言，当时有两种思潮较为活跃：一是社会主义思潮，特别是马克思的科学社会主义思潮。俄国十月社会主义革命的成功，扩大了马克思主义的影响，走十月社会主义革命道路，成了广大无产阶级和被压迫民族的共同意愿，在德国、匈牙利、美国、英国、法国、意大利等西方资本主义国家都发生过无产阶级领导的社会主义革命或社会主义运动。二是"东方文化救世论"思潮。这股思潮认为，西方文化已出现严重危机，只有东方文化特别是中国的儒家文化才能解救其弊，从而使西方文化获得新生。1919年法国著名文学家罗曼·罗兰在致印度诗人泰戈尔的信中便指出：大战之惨祸，已明白昭示欧洲文化弊病深重，非吸取东方文化之精髓，熔东西文化于一炉，不足以言自存。① 英国哲人高秉德"亦叹美东洋文明，而尤渴仰中华文明，居恒指摘欧洲文明之弊害，于多数欧洲人向所冷视轻蔑之中国文明，则极力提倡，以为最宜学步"。因此，他在其新著《产业上之自由》一书中对中国文明给予了极高的赞赏，认为战后的欧洲人欲"创造新文明之欧洲"，就必须"取中国文明所有精神的特质之优越部分，以实行之"。否则，"过饱于机械的欧洲文明"便不可能获得新生。② 1919—1920年曾到西欧参观访问过的梁启超在他的《欧游心影录》中对兴起于战后的"东方文化救世论"思潮有过生动的描述。据他记载：他们一行五六人自到欧洲以后，所到之处，目睹的是一片残垣断壁、凄惨衰落的破败景象；耳闻的是西方文明已经破产、世界已临近末日的悲观论调。有一次，一位名叫赛蒙氏的美国记者和梁闲谈，他问梁回到中国准备干什么事，是否要把西洋文明带些回去。梁回答道，"这个自然"。但不料赛蒙氏不无感叹地说："唉，可怜。西洋文明已经破产了。"梁启超问赛蒙氏回美国准备干什么。赛蒙氏答："我回去就关起门老等，等你们把中国文明输进来救拔我们。"还有一次，梁和几位德国社会党的名人闲谈，梁说起儒家的"四海之内皆兄弟"，"不患寡而患

---

① 转引沈松侨《五四时期章士钊的保守思想》，(台)《近代史研究所集刊》1986年6月第15期。
② 君实译自日本《新公论》文章《新欧洲文明思潮之归趋及基础》，《东方杂志》第16卷第5号，1919年5月。

不均",跟着又讲到"井田制",以及墨子的"兼爱""寝兵"等,这几位社会党名人听后都跳起来,埋怨中国人"家里有这些宝贝却藏起来不分给"他们,真有些对不起人。梁启超起初听见这些话,还以为别人是在奚落他,"后来到处听惯了,才知道他们许多先觉之士,着实怀抱无限忧危,总觉得他们那些物质文明,是制造社会险象的种子,倒不如这世外桃源的中国,还有办法,这就是欧洲多数人心理的一斑了"。① 欧战结束不久便到欧美游历了数月的日本人内崎博士也发现,饱受战争之苦的欧洲各国之视线,"现皆集中于中国,盖以其为世界之乐土也",以为"人类一切困难,将借东方人民以为解决。(以中国为代表的)东方人将为环球最高尚、最纯洁、最有幸福之人类矣"。②

战后西方思想界活跃的社会主义思潮和"东方文化救世论"思潮,都对中国思想界产生了重大而深远的影响。因社会主义思潮,特别是俄国十月革命的影响,李大钊、陈独秀等人开始接受和宣传马克思主义,成了中国早期的马克思主义者。因"东方文化救世论"思潮的影响,杜亚泉、梁启超、梁漱溟等人"精神得以振作"起来③,开始重新认识中国文化的价值及其在世界文化对话中的地位,并从实现民族复兴先须实现文化复兴的立场展开了他们对民族复兴思想的论述,成了所谓的"东方文化派"。概而言之,"东方文化派"的民族复兴思想主要体现在以下三个方面。

第一,中国文化的独特价值。东西文化存在差异,这是五四新文化运动时期人们的普遍共识。但这种差异的实质何在?东西文化孰优孰劣?对此,人们的认识又大相径庭。以陈独秀、胡适为代表的一些人认为是"古今之别"。比如,陈独秀在《新青年》第1卷第1号发表的《法兰西人与近世文明》一文中,就依据进化理论,把人类的文明划分为古代与近代两个时期,并从思想上对其特征作了说明:"古代文明,语其大要,不外宗教以止残杀,法禁以制黔首,文学以扬神武。此万国之所同,未可自矜其特异者也。""近代文明之特征,最足以变古之道,而使人心社会划然一新者,厥有三事:

---

① 梁启超:《欧游心影录》,《饮冰室合集》第7册,专集之二十三,中华书局1989年版,第15页。
② [日]内崎:《东西两洋文化之比较观》,《东方杂志》第18卷第9号,1921年5月。
③ 梁启超:《在中国公学之演说》,《东方杂志》第17卷第6号,1920年3月。

一曰人权说，一曰生物进化论，一曰社会主义。"以此特征来观察东西文化，陈氏认为，东方的印度和中国这两种文明"虽不无相异之点，而大体相同，其质量举未能脱古代文明之窠臼"。因此，尽管在生物时间上它们也属于"近世"，但从文化进化的程度而言，"犹古之遗也"，是古代文明。真正可称为"近世文明者，乃欧罗巴人之所独有，即西洋文明也，也谓之欧罗巴文明。移植亚美利加，风靡亚细亚者，皆此物也"。[①] 继陈独秀之后，胡适也对东西文化之差异的实质作了"古今"的说明。他指出，由于人类生理的构造根本上大致相同，所面临的问题也大同小异，因此走的都是"生活本来的路"。只"因环境有难易，问题有缓急，所以走的路有迟速的不同，到的时候有先后的不同"。胡适由此要人们相信，东西文化的差异不是什么类型或"路向"的不同，而是"时间上、空间上的一种程度的差异"，是发展速度的差异，是时代性的差异，是"古今之别"，已"赶上几步"的西方文化进入了近代，而东方的中国文化和印度文化仍停滞在古代时期。[②] 把东西文化之差异的古今性质表达得再清楚不过的大概要算常燕生了。1920年他在《国民》第2卷第3号发表的《东方文明与西方文明》一文中认为，"一般所谓东洋文明和西洋文明之异点，实在就是古代文明和现代文明的特点"。人们之所以会把这两种文明的差异说成是"东西之别"，一个重要的原因是，他们一方面"误以近代文明的特质当作西方文明的特点"，另一方面又"误以古代文明的特质当作东方文明的特点"。

但与陈独秀、胡适等人把东西文化的差异归结为"古今"不同，"东方文化派"则认为中西文化的差异"乃性质之异，而非程度之差"，或者换句话说，是"中"与"外"之间的差异。1916年杜亚泉在《东方杂志》第13卷第10号上著文，将东西文化概括为"静的文明"与"动的文明"，认为中西社会之民族构成和地理环境的不同，导致了中西文化之间的多种差异：西方"注重于人为"，中国"注重于自然"；"西洋人之生活为向外的"，以个人为中心；"我国人之生活为向内的"，"勤俭克己，安心守分"；西方"有种种之团体"；中国"无所谓团体"；西方重私利、轻道德，中国重道

[①] 陈独秀：《法兰西人与近世文明》，《独秀文存》，安徽人民出版社1987年版，第10页。
[②] 胡适：《读梁漱溟先生的〈东西文化及其哲学〉》，《读书》杂志1923年第8号。

德、轻私利；西方以"战争为常态，和平为变态"，中国以"和平为常态，战争为变态"。"综而言之，则西洋社会为动的社会，我国社会为静的社会。由动的社会，发生动的文明，由静的社会，发生静的文明。两种文明各现特殊之景趣与色彩。"① 梁漱溟的《东西文化及其哲学》的第二章"如何是东方化？"和第三章"如何是西方化？"，主要讲的也是东西方文化的差异问题。西方文化走的是意欲"向前面要求"的第一文化路向，中国走的是"对于自己的意欲变换调和持中"的第二文化路向，印度文化走的是"反身向后面去要求"的第三文化路向。这三种不同的文化路向导致了西方文化、中国文化和印度文化"根本精神"的不同或根本差异。所以，他认为中西文化差异的根源就在它们是"一中一外"，并不是由于中国文化比西方文化走得慢，少走了几十里路，而是它走的不是与西方同一条文化路向，既然走的是不同的文化路向，也就不存在落后与否的问题。除上述这两种观点外，"东方文化派"提出了另一颇有影响的东西文化是"中外或类型之异"的理论，是所谓东方是精神文明、西方是物质文明的东西文化比较论。梁启超就认为："东方的学问，以精神为出发点；西方的学问，以物质为出发点。""东方的人生观无论中国、印度，皆以物质生活为第二位，第一位就是精神生活。物质生活仅视为补助生活的一种工具。"② 张君劢在他1923年于清华学校所作的《人生观》的讲演中也指出：中国"自孔孟以至宋元明之理学家，侧重内心生活之修养，其结果为精神文明。三百年来之欧洲，侧重以人力支配自然界，故其结果为物质文明"。

实际上，就文化理论而言，"古今之别"和"中外之异"指涉的是文化的时代性和民族性。所谓文化的时代性和民族性是文化的两种属性。文化的时代性，是指为社会发展特定历史阶段上的一般状况所决定的文化之时代特征，它反映的是世界各民族在相同的时代或相同的社会发展阶段上的文化之共同要求。文化的民族性，是指体现在特定民族文化类型中、并作为基本内核而存在的民族文化心理素质的特征，它是形成民族文化的基础，具有与民

---

① 伧父（杜亚泉）：《静的文明与动的文明》，《东方杂志》第13卷第10号，1916年10月。
② 梁启超：《东南大学课毕告别辞》，《梁启超哲学思想论文选》，北京大学出版社1984年版，第434页。

族共存亡的超时代性。民族性是不能作善恶之价值判断的,各民族文化之民族性没有高下优劣之分,都有存在的理由和意义。时代性是可以并应该做出价值之善恶判断的,文化的性质由时代性所决定,处于不同时代和历史发展阶段的民族文化因此而划分出先进与落后、优越与低劣。作为文化的两种属性,时代性与民族性既彼此联系,又相互依存。任何文化形态,既是一定时代的文化,又是一定民族的文化,既是特定民族在一定时代的文化,又是一定时代的特定民族文化,是时代性与民族性的集合体。① 以文化的这两种属性分析东西或中西文化,从文化的时代性来看,中国传统文化在性质上是古代,特别是封建时代的文化,而西方近代文化是近代资本主义文化,它们是一古一今,在时代性上后者比前者具有不可比拟的优越性;但就文化的民族性来考察,中西文化体现的是两种不同民族的文化特征,彼此并无高下优劣之分。"东方文化派"之所以把中西文化的差异归结为"中外之异",而否认它是"古今之别",不认为中国文化落后于西方文化,其中一个重要原因,就是希望人们认识到中国文化的独特价值和它的存在意义,从而增强民族的自豪感和自信心。因为,只有增加了人们的民族自豪感和自信心,中华民族的伟大复兴才有可能。比如,陈嘉异在《东方文化与吾人之大任》一文中就开宗明义地强调指出,他所讲的"东方文化","其内涵之意义,决非仅如所谓'国故'之陈腐干枯。精密言之,实含有'中国民族之精神',或'中国民族再兴之新生命'之义蕴"。具体来说,他认为东方文化具有西方文化不具有的四大优点:其一,它是独立的、创造的。其二,它具有调和精神生活与物质生活的优越性,尤其能以精神生活统御物质生活,使二者融为一体。其三,它具有调节民族精神和时代精神的优越性,而尤以民族精神为根底,最能运用于发展。其四,它有由国家主义而达于世界主义的优越性,而尤以世界主义为其归宿,因此,东方文化将来必然会成为世界文化。② 钱智修虽然不太同意陈嘉异对中西文化的上述对比,认为所持"文化二元说过严",但他特别赞赏陈嘉异以"振起中国民族再生之新生命"而撰

---

① 参见许苏民《文化哲学》的有关章节,上海人民出版社1990年版。
② 陈嘉异:《东方文化与吾人之大任》,《东方杂志》第18卷第1、2号,1921年1月。

写此文的目的，称赞陈"手眼之高，自非一般国粹论者所能企及"。①

第二，传统文化的现代意义。五四时期，流行着这样一个观点，即外来的西方文化是新文化，而中国传统文化是旧文化，中国的旧文化在古代虽然有它的价值，但到了现代则成了过时的东西，已失去存在的价值和意义，用常燕生的话说："我们诚然记得周秦的学术，汉唐的文章，宋元的技艺，都是文明界上伟大的出产。但这是过去的，过去的文明只应和过去的文明并论。汉唐宋明的文明，纵然在当时超越一切，但现在已经不是汉唐宋明的那个时代了。陈年的流水账，救不了现在的饥荒。我们怎么就能拿汉唐宋明的老牌号来遮掩目前的丑态呢？"② 因此，根据进化论的新胜于旧、今胜于古的理论，要实现中国文化的现代化，就应"破旧立新""以新代旧"或"弃旧图新"，反对新旧调和，反对保存中国旧的文化传统。

与此种观点相反，"东方文化派"则认为新旧是一个历史的范畴，其含义因时、因地和内容的变化而异，"昨以为新，今日则旧"。如戊戌时期，"主张仿效西洋文明者为新，而以主张固守中国习惯者为旧"。但欧战以后，时移势异，西洋文明破绽百出、弊端丛生，西方劳动阶级正谋创造新文明，因此"吾人若因时代之关系而以新旧二字为之标志，则不能不以创造未来文明者为新，而以主张现代文明者为旧"。与此相应，在中西文化关系上，"则不能不以主张刷新中国固有文明贡献于世界者为新，而以主张革除中国固有文明同化于西洋者为旧。故现时代之所谓新旧，与戊戌时代之所谓新旧，表面上几有倒转之观"。③ 而且，就文化演化的趋向而言，也是新中有旧、旧中有新，是一个由新而旧、由旧而新的递嬗过程，新旧不能也无法分开，新是旧的发展，旧是新的根基，没有旧也就没有新。"新也，旧也，不过一程度问题。"章士钊举了一个例子，以说明"新""旧"是不能截然"析疆分界"的。他说，胡适提倡白话文，"在一定范围以内，其说无可驳者"。可是胡适一定要提倡"说话须说现在的话，不说古人的话"，那就行不通了。因为"不说古人的话"，现在不就"无话可说"了吗？现在的话是

---

① 坚瓠（钱智修）：《文化发展之径路》，《东方杂志》第18卷第2号，1921年1月。
② 常乃德（常燕生）：《东方文明与西方文明》，《国民》第2卷第3号，1920年10月。
③ 伧父（杜亚泉）：《新旧思想之折衷》，《东方杂志》第16卷第9号，1916年9月。

从古人那里承续来的。① 所以，那种以"新胜于旧""今胜于古"为理由，反对新旧调和、反对保存中国旧的文化传统的观点是根本站不住脚的。章士钊在《新时代之青年》中指出："凡欲前进，先必自立于根基。旧者，根基也。不有旧，决不有新；不善于保旧，决不能迎新；不迎新之弊，止于不进化，不善保旧之弊，则等于自杀。"② 杜亚泉在《接续主义》一文中也认为："有保守而无开进，复何所谓其接续乎？若是则仅可谓之顽固而已。……反之，有开进而无保守，使新旧间之接续截然中断，则国家之基础必为之动摇。"故此，"东方文化派"不同意一些人提出的"破旧立新""以新代旧"或"弃旧图新"的主张，而赞同"新旧杂糅""新旧调和"或"存旧立新"，肯定传统文化的现代意义。

"东方文化派"的一个基本观点，就是认为中国传统文化中包含着许多不为特定的历史时期和社会形态所规定的恒常价值，如儒家的人文主义，它注重人文教化，强调人在道德上的自主、自强和自勉，视道德主体的挺立为人与动物的根本区别，引导人们去追求至美的人格和至善的境界，并由此实现人与自然、人与他人、人自身的普遍和谐。这些不仅在古代，在现代社会也有甚至更有它的价值和意义。譬如，梁启超在《欧游心影录》中就指出，强调"心物调和"，是近来西方哲学的发展趋势。但实际上，"我们先秦学术，正是从这条路上发展出来"的。孔子、老子、墨子这三位中国文化的"大圣"，其学术观点虽然各不相同，但"求理想与实用一致，却是他们共同的归着点"。孔子的"尽性赞化""自强不息"，老子的"各归其根"，墨子的"上同于天"，这些"都是看出有个'大的自我'、'灵的自我'和这'小的自我'、'肉的自我'同体，想要因小通大，推肉合灵。我们若是跟着三圣所走的路，求'现代的理想与实用一致'，我想不知有多少境界可以辟得出来哩"！③ 又譬如，几乎所有的"东方文化派"都视中国传统伦理和道德为"立国之本"，具有永恒的价值，从而对它采取继承和弘扬的态度。杜亚泉就指出："吾以为中国道德之大体，当然可以不变，不特今日不变，即

---

① 章行严（章士钊）：《新时代之青年》，《东方杂志》第16卷第11号，1919年11月。
② 同上。
③ 梁启超：《欧游心影录》，《饮冰室合集》第7册，专集之二十三，中华书局1989年版，第36页。

再历千万年亦可以不变。"① 陈嘉异之所以认为中国固有文化比西方近代文化优越，其理由之一，就是他认为"吾族所有之德目，如仁爱等名词，以及'四海一家'，'民胞物与'之语，无不含有极普遍极博大之精神。质而言之，吾族之传统道德，实世界道德、人类道德，而非仅国家道德"。② 梁启超也认为："道德是永久的，无所谓适于古者不适于今，合于今者不合于古的。"③ 这也是"东方文化派"认为中国是"精神文明"，西方是"物质文明"，要用"精神文明"去解救"物质文明"所带给西方人的种种弊端的重要原因。梁漱溟在他的成名作《东西文化及其哲学》一书的"自序"中，谈到他之所以"弃佛归儒"、成为20世纪中国著名的文化保守主义者的原因时就写道："我又看着西洋人可怜，他们当此物质的疲敝，要想得精神的恢复，而他们所谓精神又不过是希伯来那点东西，左冲右突不出此圈，真是所谓未闻大道，我不应当引导他们于孔子这一条路来吗？"④ 答案当然是肯定的。

第三，文化调和、文化救世与民族复兴。实际上，无论是强调中国文化的独特价值，还是肯定传统文化的现代意义，其最终目的，都是对中国文化出路作出选择，以实现民族的复兴。当时，一些人从中国文化是旧文化，根本不适应现代需要，西方文化是新文化，比中国固有文化优越这一前提出发，认为中国文化的出路只能是"西方化"，而不是"东方化"或其他。将这一思想表达得最清楚不过的是陈独秀的一段话。他说："无论政治学术道德文章，西洋的法子和中国的法子，绝对是两样，断断不可调和牵就的。这两样孰好孰歹，是另外一个问题，现在不必议论，但或是仍旧用中国的老法子，或是改用西洋的新法子，这个国是，不可不首先决定。若是决计守旧，一切都应该采用中国的老法子，不必白费金钱派什么留学生，办什么学校，来研究西洋学问。若是决计革新，一切都应该采用西洋的新法子，不必拿什

---

① 伧父（杜亚泉）：《国民今后之道德》，《东方杂志》第10卷第5号，1913年11月。
② 陈嘉异：《东方文化与吾人之大任》，《东方杂志》第18卷第1—2号，1921年1月。
③ 梁启超：《教育应用的道德公准》，《梁启超哲学思想论文选》，北京大学出版社1984年版，第416页。
④ 梁漱溟：《东西文化及其哲学·自序》，《梁漱溟全集》第1卷，山东人民出版社1989年版，第543页。

么国粹，什么国情的鬼话来捣乱。"① 陈氏当然是要"决计革新"，采用"西洋的新法子"，用西方文化来取代中国文化的。所以有的研究者称这一主张为"文化取代论"。

对于"文化取代论"，"东方文化派"是不赞成的。钱智修在《功利主义与学术》一文中就批评"文化取代论""于学术必推尊欧美，或以欧美为师承之日本，而本国儒先之说，皆弁髦而土苴之。盖以本国与欧美较，国势有强弱之不同，因之论学亦存主奴之见"。钱氏认为，"夫谓学术无国界，是也。然是特谓学者当放宽眼界，揽古今中外之菁英，而供其采择耳。即言采择，则必有弃取，既有弃取，则本以学术本体之短长为弃取之标准"。但"文化取代论"则"不问其本体之短长，而惟以隶属洋籍者为长"，甚至"欲废本国文字，而用英语为世界语，以为可芟除旧学之根株，容纳世界之新学"。其结果"不惟吾国归学，不能因其与欧美世系不同，遽拜以族灭之刑；即以容纳新学论，亦未为得当"。② 梁漱溟在《东西文化及其哲学》中对"文化取代论"进行了清算，在他看来，以西方文化取代中国文化的主张，"没有给人以根本的人生态度，无根的水不能成河，枝节的作法，未免不切"。③

在批评"文化取代论"的同时，"东方文化派"提出了他们自己对于中国文化之出路的主张。他们认为，中西文化是"中外之异"，类型之别，彼此难分优劣，不存在谁取代谁的可能，更何况它们各有所长，也各有所短，而且这种长短又正好互补。因此，中国文化的出路只能是"一面开新，一面复旧"，取西方文化之长，补中国文化之短，实现以中国文化为本位、为主体的中西文化的折中调和。例如，杜亚泉就指出，中国文化的出路，在于一面"统整吾固有之文明，其本有系统者则明了之，其间有错出者则修整之。一面尽力输入西洋学说，使其融合于吾固有文明之中。西洋之断片的文明如满地散钱，以吾固有文明为绳索，一以贯之"。他并相信，"今后果能融合西洋思想以统整世界之文明，则非将吾人之自身得赖以救济，全世界之救济

---

① 陈独秀：《今日中国之政治问题》，《独秀文存》，安徽人民出版社 1987 年版，第 152 页。
② 钱智修：《功利主义与学术》《东方杂志》第 15 卷第 6 号，1918 年 6 月。
③ 梁漱溟：《东西文化及其哲学》，《梁漱溟全集》第 1 卷，山东人民出版社 1989 年版，第 531 页。

亦在于是"。① 梁启超则主张："拿西洋的文明来扩充我（国）的文明，又拿我（国）的文明去补助西洋的文明，叫他化合起来成一种新文明。"为此，他提出了著名的调和中西文化的"四步论"："第一步，要人人存一个尊重爱护本国文化的诚意；第二步，要用那西洋人研究学问的立法去研究他，得他的真相；第三步，把自己的文化综合起来，还拿别人的补助他，叫他起一种化合作用，成了一个新文化系统；第四步，把这新系统往外扩充，叫人类全体都得着他好处。"② 陈嘉异在吸收梁启超主张的基础上，也提出了自己调和中西文化的"四步论"："第一，以科学方法整理旧籍，将吾先民之学术思想乃至吾国社会所以形成之原理，一一抉择阐发为系统之说明，使人感知东方文化之真面目究竟安在，而后东方文化确有可存在与其讨论之范围。第二，既知东方文化真义之所在，即当择善而从，笃信其说，复本其原理以求实现为奋斗的生涯，以建一有意义有价值的生活。第三，吾人即本此奋斗之精神，以文字的译述，团体的宣传，尽管灌输东方文化之精蕴于欧美人士，以为文化之交换。第四，一面以极精锐之别择力，极深刻之吸收力，融合西方文化之精英，使吾人生活上内的生命（精神）与外的生命（物质），为平行之进步，以完成个人与社会最高义的生活。同时，即本互助之努力，以创造一最高义的世界文化。"③ 在"东方文化派"中，梁漱溟提出的中西文化调和论最具特色。他提出，一方面，我们要"对于西方文化是全盘接受，而根本改过，就是要对其态度改一改"；另一方面，要"批评的把中国原来的态度重新拿出来"。④ 而梁漱溟所说的"中国原来的态度"，也就是中国传统的人生态度，即他在《东西文化及其哲学》中大力赞赏的"孔颜乐处"。他强调指出："只有昭苏了中国人的人生态度，才能把生机剥尽死气沉沉的中国人复活过来，从里面发出动作，才是真动。中国不复活则已，中国而复活，只能于此得之，这是唯一无二的路。有人以清代学术比作中国的文艺复兴，其实文艺复兴的真意义在其人生态度的复兴，清学有什么中国人

---

① 伧父（杜亚泉）：《迷乱之现代人心》，《东方杂志》第15卷第4号，1918年4月。
② 梁启超：《欧游心影录》，《饮冰室合集》第7册，专集之二十三，中华书局1989年版，第37页。
③ 陈嘉异：《东方文化与吾人之大任》，《东方杂志》第18卷第1—2号，1921年1月。
④ 梁漱溟：《东西文化及其哲学》，《梁漱溟全集》第1卷，山东人民出版社1989年版，第528页。

生态度复兴的可说？有人以五四而来的新文化运动为中国的文艺复兴，其实这运动只是西洋化在中国的兴起，怎能算得中国的文艺复兴？若真中国的文艺复兴，应当是中国自己人生态度的复兴，那只有如我现在所说可以当得起。"① 在这里，梁漱溟提出了通过中国人生态度的"复活"或"复兴"，从而实现中国的"复活"或"复兴"的问题。

笔者曾在一篇文章中指出，中国文化保守主义具有浓厚的民族主义色彩，但这并不意味着文化保守主义者只关切中国的命运及其特殊的历史处境，实际上他们在关切中国命运的同时，也在关切人类遇到的普遍问题，并力图将二者协调一致起来。② 五四时期的"东方文化派"就是这样的文化保守主义者，一方面，他们以中西文化的调和为中国文化出路的选择，来实现民族的复兴；另一方面，他们又受"东方文化救世论"的影响，认为东方文化或中国文化优越于西方文化，并力主以东方文化或中国文化来拯救西方文化之弊。杜亚泉说，西洋文明虽令人"目眩神迷，欲置身其中以为乐"，但这只是西洋文明的表面，殊不知"彼都人士方疾首蹙额，焦心苦虑于子矛我盾之中，作出死入生之计乎"。因此，"吾国固有之文明，正足以救西洋文明之弊，济西洋文明之穷者。西洋文明浓郁如酒，吾国文明淡泊如水，西洋文明腴美如肉，吾国文明粗粝如蔬，而中酒与肉之毒者则当以水及蔬疗之也"。③ 柳诒徵提出了"中国文化西被"说。他认为，当时中国人应该讨论的，不是如何引进西方文化，而是如何向西方输出中国文化，亦就是中国文化的西被问题。具体来说，他指出，西方立国以宗教，中国立国以人伦。中国"今虽礼教陵迟，然而流风未沫，父子夫妻之互助，无东西南朔皆然，此正西方个人主义之药石也"。在道德方面，中国最重"礼义之辨"，所以"吾国圣哲之主旨，在不使人类为经济之奴隶，厚生利用，养欲给求，固亦视为要图，然必揭所谓义者，以节制人类私利之心，然后可以禽群而匡国。……故吾国之学，不讲超人之境，而所悬以为人之标准者，最平易亦最艰难"。这和西方不同，"西方人士，日日谋革命，日日谋改造，要之日日

---

① 梁漱溟：《东西文化及其哲学》，《梁漱溟全集》第1卷，山东人民出版社1989年版，第539页。
② 参见郑大华《中国文化保守主义研究的几个问题》，《天津社会科学》2005年第2期。
③ 伧父（杜亚泉）：《静的文明与动的文明》，《东方杂志》第13卷第10号，1916年10月。

责人而不责己，日日谋利而不正义，人人为经济之奴隶，而不能自拔于经济之上"。西方人或则又走向另一极端："惟宗教为依贩，不求之上帝则求之佛国，欲脱人世而入于超人之境，而于人之本位，漠然不知其定义及真乐。"西方人的这种种流弊，"苟得吾国之学说以药之，则真火宅之清凉散矣"。在文学方面，虽然自古以来，中国文学家的作品其精神面目无一人相似，"然其所以为文学之中心者，群臣、父子、夫妇、兄弟、朋友之伦理也"。而不像西方文学那样，或"赞美教主"，或"觉溺恋爱"，或"崇拜武士"，或"奔走金钱"。"故论吾国文学"，其场面之大，发为长篇累千百万言，戛戛乎独开生面，则"视西方文学有逊色"，中国文学的特色，在以道德为本，"务趋和平温厚，不务偏激流荡使人读之狂惑丧心"。它因而讲求的是"一种恬适安和之境，凡其审谛物性，抚范天机，纯使自我与对象相融，而不徒特使感情之冲动，假物以抒其愤懑。故深于此种文学者，其性情亦因以和厚高尚，不致因环境之逼迫无聊失望，而自隳其人格以趋极端之暴行"。如果中国文学能传入西方，则可以"救济（西方）人生之苦恼者也"。总之，柳诒徵强调："鄙意以为中国文化可持以西被者在此，中国文化在今日之世界具有研究之价值者亦在此。"① 梁漱溟则依据他的文化路向说理论，提出了"东方文化复兴"说。他在《东西文化及其哲学》一书中指出：在人类之初，最需要解决的是如何生存下去、求得种族繁衍的问题，因此，当时合乎时宜的是西方的第一文化路向，而中国的第二文化路向和印度的第三文化路向则不合时宜；一旦生存问题和种族繁衍问题获得解决之后，人们则开始要求获得情感的充实和内在生活的满足，而这时合乎时宜的是中国的第二文化路向，西方的第一文化路向和印度的第三文化路向是不合时宜的；一旦情感的充实和内在生活的满足之问题也得到解决之后，人们又要求解决身与心、灵与肉、生与死的矛盾，消除人生无常的痛苦，这时合乎时宜的是印度的第三文化路向，而西方的第一文化路向和中国的第二文化路向则成为不合时宜的了。与此相适应，人类文化也是按照第一文化路向—第二文化路向—第三文化路的序列向前演发的。据此他认为，曾经创造了灿烂的物质文明的西方文化，随着人类生存问题和种族繁衍问题的解决，已失去了继续存

---

① 柳诒徵：《中国文化西被之商榷》，《学衡》第 27 期，1924 年 3 月。

在的理由和价值，而原来不合时宜，在征服自然、科学方法和"德谟克拉西"精神方面均不如西方文化的东方中国文化和印度文化，由于人类需要的不断提高，则将相继出现复兴。他说："人类文化之初，都不能不走第一路，中国人自也这样，却他不待把这条路走完，便中途拐弯到第二路上来，把以后要走到的提前走了，成为人类文化的早熟。……不料虽然在以前为不合时宜而此刻则机运到来。盖第一路走到今日，病痛百生，今世人都想抛弃他，而走这第二路，大有往者中世纪人要抛弃他所走的路而走第一路的神情。尤其是第一路走完，第二问题移进，不合时宜的中国态度遂达其真必要之会，于是照样也拣择批评的重新把中国人态度合出来。印度文化也是所谓人类文化的早熟，他是不待第一路第二路走完，而径直拐到第三路上去了。……他的问题是第三问题，前者略说，而最近未来文化之兴，实足以引进了第三问题，所以中国化复兴之后，将继之以印度化复兴。"[①] "有似希腊文化在近世的复兴那样。"[②] 梁启超在他的《欧游心影录》的最后，也号召中国青年以"孔、老、墨三大圣"的学说去拯救西方："我们可爱的青年啊！立正，开步走！大海对岸那边有好几万万人，愁着物质文明破产，哀哀欲绝的喊救命，等着你来超拔他哩！我们在天的祖宗三大圣和许多前辈，眼巴巴盼望你完成他的事业，正在拿他的精神来加佑你哩！"[③]

五四时期中国所面临的国内外情势以及中国学习西方的失败局面是"东方文化派"思想产生的社会根源，但究其学理，无论是中西文化调和论，还是中国文化救世论，"东方文化派"的思想中都存在着内在的紧张，存在着文化自大的情绪，但"东方文化派"从自身民族文化特性和文化体系出发，发掘能服务于中国现代化的东西，为中国找一个"立国的精神根基和民族的内在生命力"[④]，顺应了当时兴起的民族自救和民族复兴的思想潮流，对重新树立民族文化自信心和恢复民族自尊心有积极的意义。

---

① 梁漱溟：《东西文化及其哲学》，《梁漱溟全集》第 1 卷，山东人民出版社 1989 年版，第 526—527 页。
② 同上书，第 525 页。
③ 梁启超：《欧游心影录》，《饮冰室合集》第 7 册，专集之二十三，中华书局 1989 年版，第 38 页。
④ 张汝伦：《现代中国思想史研究》，上海人民出版社 2000 年版，第 172 页。

综上所述，发端于19世纪末20世纪初的中华民族复兴思想在五四时期得到了进一步发展，这主要体现在三个方面：其一，19世纪末20世纪初虽然提出了"振兴中华"（孙中山）、"少年中国"（梁启超）、"古学复兴"（以章太炎为代表的国粹派）这些接近于民族复兴的话语，但并没有明确提出"民族复兴"这一观念。到了五四时期，李大钊提出了"中华民族之复活"、陈嘉异提出了"中国民族再兴之新生命"、梁漱溟提出了"中国而复活"、王光祈提出了"中华民族复兴运动"[1] 等明确含有"民族复兴"之观念的思想。尤其需要指出的是，在19世纪末20世纪初，孙中山的"振兴中华"口号中的"中华"，指的并不是现代意义上的"中华民族"，梁启超的"中华民族"的含义与我们现在所讲的"中华民族"的含义也还有所不同，而到了五四时期，无论是李大钊，还是孙中山（特别是在1923年后），他们所讲的"中华民族"已完全是我们现在所讲的"中华民族"了，这是"中华民族"观念上的一大进步。其二，孙中山提出了我们要"恢复民族的地位"，必先"恢复我们民族的精神"的思想，特别是他对什么是民族精神、恢复和弘扬民族精神对于民族复兴的重要意义，以及如何处理好恢复和弘扬民族精神与向外国学习的关系等问题的阐述，是对民族复兴思想的重大发展。因为此前虽然有人讨论过中华民族的民族精神，但并没有把它与中华民族的复兴联系起来，没有认识到恢复和弘扬中华民族的民族精神，是实现中华民族伟大复兴的必要前提。此后，中国知识界根据孙中山的这一思想，就民族精神与民族复兴的关系问题展开了充分讨论，认识到"欲复兴中华民族，必先恢复中国之固有民族精神"[2]；"重唤起中国民族固有之精神"，这是"实现民族复兴之必要的原则"[3]；"复兴民族是要复兴我们中华民族的精神"[4]。其三，20世纪初以章太炎为代表的"国粹派"提出了"古学复兴"的民族复兴思想，他们希望通过复兴古学，来重振中国文化，实现中国文化

---

[1] 1924年，少年中国学会的主持人王光祈在《少年中国运动》一书的序言中，主张开展两种重要运动，"一、民族文化复兴运动，二、民族生活改造运动"，并合称这两种运动为"中华民族复兴运动"。参见王光祈《民族文化复兴与民族生活改造运动》，《醒狮》1924年第4号第3版。

[2] 杨兴高：《恢复中国固有民族精神与吸收外来文化》，《新文化月刊》第6期，1937年6月25日。

[3] 《民族复兴之精神基础》，天津《大公报》1934年5月15日"社评"第3版。

[4] 郭沫若：《复兴民族的真谛》，转引自《中国现代思想史资料简编》第4册，浙江人民出版社1983年版，第11页。

复兴，进而推动民族复兴的实现，从而开启了中国近代以来倡导以文化复兴来实现民族复兴之思想的先河。五四时期以梁启超、梁漱溟为代表的"东方文化派"在继承"国粹派"之"古学复兴"思想的基础上，进一步阐述了中国文化的独特价值和传统文化的现代意义，尤其是他们提出的中国文化出路只能是"一面开新，一面复旧"，取西方文化之长，补中国文化之短，实现中西文化之折中调和的主张，与国粹派的"古学复兴"思想比较，更具有现代性，也更有利于实现中华民族的伟大复兴。

三 "九一八"后：民族复兴思潮的形成

萌发于19世纪末20世纪初的民族复兴思想虽然在五四时期有了进一步发展，但它还没有成为一种社会思潮，因为它还只是李大钊、孙中山、陈嘉异、梁漱溟、梁启超、王光祈等少数几个人的思想，知识界的大多数人并没有涉及这一问题，更没有引起社会的广泛讨论，而所谓"思潮"，诚如梁启超所说的那样，潮起潮落，汹涌澎湃，它不是少数几个人而是一大群人甚至是社会大多数人的思想。民族复兴从思想发展成为思潮则是在九一八事变之后。民族复兴从思想发展成为一种思潮的主要原因，是九一八事变后日益严重的民族危机，激化了人们的民族认同感和民族责任感，从而为中华民族的复兴提供了契机。除民族危机这一主要原因外，费希特民族复兴思想的系统传入及影响和以蒋介石为代表的国民党人的大力推动，也是民族复兴思潮能于九一八事变后迅速形成的原因之一。

（一）民族危机与民族复兴思潮的形成

我们说九一八事变后民族复兴从思想发展成了思潮，主要基于以下三个方面的理由。

首先，一些以"民族复兴"为宗旨的刊物相继创刊。如1932年5月20日于北平创刊的《再生》杂志，即明确宣布以"民族复兴"作为办刊的宗旨，并提出了较为系统的民族复兴方案供社会讨论，其"创办启事"写道："我中华民族国家经内忧外患已濒临绝地，惟在此继续之际未尝不潜伏有复生之潮流与运动。本杂志愿代表之精神，以具体方案，谋真正建设，指出新途径，与国人共商榷，因定其名曰再生（The National Renaissanci）……兹拟一方面根据历史之教训，他方面博征世界之通例，提出另一新方案，以为惟循此途可致中华民族于复生。"括号里的英文，直译出来就是"民族复兴"。当时明确以"民族复兴"为办创宗旨的刊物，还有创刊于天津的《评论周报》和创刊于上海的《复兴月刊》等。1932年9月1日创刊的《复兴月刊》的"发刊词"说："新中国建设学会同人，集议筹复兴月刊，夫'复'有重新之意，'兴'待建设而成。换言之，即中国今日，内忧外患，国难重重，物质精神，俱形枯槁，实离总崩溃之时期，已不在远，试问吾四万万人同立在此'不沦亡即复兴'之分水岭上，究竟将何以自处？吾敢断言，无男无女，无老无幼，全国中无一人甘沦为亡国之民，故吾又不能不要求，无男无女，无老无幼，全国中无一人不应起而共负建设之责。盖中国之能否复兴，实在乎新中国之能否建设而已。"① 其"本刊启事"更是明确强调，《复兴月刊》的宗旨，是要集合全国有识之士，"研究现代建设计划，探讨民族复兴诸问题"。② 除这些以"民族复兴"为办刊宗旨的刊物外，其他许多未标明以"民族复兴"为办刊宗旨的报刊也都大量地刊登过相关文章，有的还发表"社论"（如天津《大公报》1934年5月15日"社评"《民族复兴之精神基础》），开辟专栏（如《东方杂志》31卷第18号就开辟过"民族复兴"专栏，发表赵正平的《短期间内中华民族复兴之可能性》、潘光旦的《民族复兴的一个先决问题》、吴泽霖的《民族复兴的几个条件》等文章；《妇女共鸣》第5卷第3期开辟"妇女运动与民族复兴"特辑，发表贾书英的《从民族危机说到妇女在复兴运动中的地位》等文章），就"民族复兴问题"进行讨论。就是由南京中央大学中国教育社编辑并发行的《教育与中国》杂志（1933年5月1日创刊），其"发刊词"也一再强调："我们深信，中国教育一定要整个的建设在含有五千年历史，四万万人口，三千万方里的土地之上。我们对于一切帝国主义的教育学者带有颜色的论调，及其盲从的宣传，要加以相当的批判；同时，对于国内一切侵犯民族利

---

① 黄郛：《发刊词》，《复兴月刊》第1卷第1期，1932年9月1日。
② 编者：《本刊启事》，《复兴月刊》第2卷第1期，1933年9月1日，《本刊第二纪元之序言》文后。

益的非科学的教育设施，要加以严重的检讨和暴露。我们只知道以全体的精神，贡献给中国教育，复兴中华民族，却不计我们话语之为罪为功。"① 所以，《教育与中国》创刊后，先后发表了《我国教育改造与民族复兴》《民族复兴与教育建设》《民族复兴与中等教育》《民族复兴与初等教育》《民族复兴与幼稚教育》等一批讨论教育与民族复兴之关系的文章。中华学艺社"感觉到现代国家地位危险的症结在民族，且认定挽救民族，是国家复兴的先决条件"②，还公开向全国征求"民族复兴方案"，并将评选出来的方案集中发表在该社主办的《学艺杂志》第 13 卷的各期上。

其次，一些以探讨民族复兴为主要内容的书籍相继出版。如张君劢的《民族复兴之学术基础》、吴庚恕的《中国民族复兴的政策与实施》、周佛海的《精神建设与民族复兴》、王之平的《民族复兴之关键》等。张君劢的《民族复兴之学术基础》出版于 1935 年 6 月，书中收录了他此前的一些演讲稿和文章，如《民族复兴运动》《思想的自主权》《学术界之方向与学者之责任》《科学与哲学之携手》《中华民族复兴之精神的基础》《中华新民族性之养成》《中华历史时代之划分及其第三振作期》《历史上中华民族中坚分子之推移与西南之责任》《山西对于未来世界战争之责任》《十九世纪德意志民族之复兴》等，在该书的"凡例"中张君劢写道："全书分为上下两卷，上卷为学术思潮，下卷为民族复兴，其要旨不外乎民族之自救，在以思想自主、文化自主为基础。"③ 周佛海的《精神建设与民族复兴》一书，除"自序"外，正文分为五章。第一章说明精神建设于民族复兴的意义和重要性，认为中国的道德只是消极地训勉人有所不为，而没有积极地训勉人有所为，这是导致中国衰弱不振的重要原因，因此，所谓"精神建设"就是要建设积极的道德以补足消极的道德。第二章从历史上观察时代精神和民族盛衰的关系，证明五胡乱华、五代之乱、辽金元的侵入和清朝的专制，都是由于时代精神的不健全，即风气的败坏所造成，并认为唐晋宋明亡国的原动力是贪图禄位不重名节、夺利争权不顾公益、萎靡颓废不事进取等六种风气。

---

① 中国教育社：《教育与中国发刊词》，《教育与中国》第 1 期，1933 年 5 月 1 日。
② 邱康乐：《民族复兴方案》，《学艺杂志》第 13 卷第 4 号，1934 年。
③ 张君劢：《民族复兴之学术基础》，商务印书馆 1935 年版，"凡例"第 1 页。

第三章分析近数十年来各种运动的演进及其失败的总因，即营私、舞弊、因循、虚浮、逞意气、争权利，所以要救国家、救民族，实现民族复兴，就需要有一种健全纯正的精神做动力，制造这种动力就是精神建设。第四章提出了精神建设的目标：一要扫除因私害公的风气，建设为公忘私的精神；二要铲除敷衍、应付和虚伪的风气，建设忠于所事、忠于职责的精神；三要铲除互相推诿、互相责难的风气，养成任劳、任怨、任咎的精神；四要铲除冷淡的心理，养成狂热的风气；五要铲除个人自由的风气，养成严守纪律的精神；六要铲除卑鄙贪污的恶习，树立尚名节、重廉耻的风气。第五章是精神建设的方案，包括领袖人物要以身作则，要选好人才，政府要赏罚分明，要制造社会舆论，要厉行训练等。[①]

最后，知识界纷纷发表文章，就"中华民族复兴"的有关问题各抒己见，出谋划策，借用1933年9月1日出版的《复兴月刊》第2卷第1期的一篇文章的话说："中国今日，内则政治窳败，财尽民穷；外则国防空虚，丧师失地；国势岌岌，危如垒卵。忧时之士，深虑神明华胄，将陷于万劫不复；于是大声疾呼，曰'复兴'！'复兴'！绞脑沥血，各本其所学，发抒复兴国族之伟论。"[②] 以《复兴月刊》为例，第一期的11篇文章，其主题全是民族复兴，即寰澄的《中华民族复兴与世界之关系》、赵正平的《中华民族复兴问题之史的观察》、资耀华的《经济复兴与经济政策》、刘麟生的《复兴时代的文学》、沈亦云的《复兴？匹妇有责》、张水淇的《产业复兴之进路》、葛敬中的《农业复兴与中国之出发点》、何杰才的《复兴与外交》、孙几伊的《战后德国人民对于复兴底努力》、寿宇的《欧战后意大利的复兴》、岑有常的《波兰复兴伟人毕尔苏斯基》。就上述文章的标题来看，内容非常广泛，涉及民族复兴的各个方面。第二期的10篇文章中，有5篇的主题是民族复兴。第三期的10篇文章中，以民族复兴为主题的有3篇。第四期的10篇文章中，谈民族复兴的文章也有3篇之多。此后各期，谈民族复兴的文章都在3—5篇左右。就作者的身份而言，据蒋红艳博士研究，《复兴月刊》的作者群主要分为三大类：一是服务于学术界者，如在高等学校和研究

---

① 转引见朱国庆《精神建设与民族复兴》（书评），《独立评论》第218号，1936年5月13日。
② 吴钊：《复兴之基点》，《复兴月刊》第2卷第1期，1933年9月1日。

机构工作的大概有 37 人，占 16%。二是服务于政界者，约有 52 人，占 23%。三是自由职业者，这类作者有 17 人，占 10%，也就是说其作者主要以大学教授、政界人士和金融界人士居多，占 80% 左右。① 其他报刊，如《东方杂志》《独立评论》《时代公论》《反省月刊》《西北公论》《正中半月刊》《妇女共鸣》以及天津《大公报》等，也都刊发过不少以民族复兴为主题的文章，只是刊发的量不如《复兴月刊》那么多、那么密集。如《反省月刊》第 9—10 期刊发的《民族复兴运动之内容及其前途之展望》，《西北公论》第 1 卷第 5 期刊发的《中华民族之危机与复兴及民族复兴运动之史的证论》，《文化与社会》第 2 卷第 6 期刊发的《民族复兴运动之认识》，《清华校刊》第 2 卷第 1、2 期刊发的《复兴民族必需的几个条件》，《妇女共鸣月刊》第 3 卷第 8 期刊发的《妇女运动与民族复兴运动》，《交大学生》第 6 卷第 1 期刊发的《民族复兴与青年运动》，《江汉思潮月刊》第 3 卷第 3 期刊发的《中国民族复兴运动的现状》，《晨光周刊》第 6 卷 18 期刊发的《民族复兴运动的回顾与前瞻》，《正中半月刊》第 1 卷第 10 期刊发的《复兴民族中的妇女运动》，《师中集刊》第 3 卷第 12 期刊发的《家事教育与中华民族复兴运动》，等等，可以说在"九一八"后的 30 年代，几乎没有人不讲民族复兴，没有报刊不发表民族复兴的文章，没有什么问题不与民族复兴联系起来的。当时有一个名叫"智藏"的出家人，在看到《东方杂志》的"民族复兴问题"的专栏后，"就想到佛教在这个问题里的重要，于是本着'各尽所能'的原则，费了两三天的功夫"②，写了篇《民族复兴与佛教》的文章，发表在 1934 年出版的《海潮音》第 15 卷第 11 号上。据我们的初步统计，九一八事变后到七七事变前，各种报刊发表的标题中包含有"民族复兴"一词的文章有 1000 多篇。这正如时人所指出的："'中国复兴'四字，现在几乎成了口头禅。各种复兴运动，也就应运而起。"③ "'民族复兴'的呼声，现在已经喊遍了全国。"④

---

① 蒋红艳：《〈复兴月刊〉民族复兴思想研究——以政治话语为中心》，博士学位论文，湖南师范大学，2014 年。
② 智藏：《民族复兴与佛教》，《海潮音》第 15 卷第 11 号，1934 年。
③ 黄伯樵：《自觉、自给、自卫、自主、自存》，《复兴月刊》第 2 卷第 9 期，1934 年 5 月 1 日。
④ 编者：《编后余谈》，《同钟》第 1 卷第 5 期，1935 年。

"民族复兴"之所以在九一八事变后迅速成了一种具有广泛影响力的社会思潮，其主要原因是日益严重的民族危机，激发了人们的民族认同感和民族责任感，从而为中华民族复兴思潮的形成提供了契机。这正如张君劢等人在《我们要说的话》中开篇明义所指出的那样："中国这个民族到了今天，其前途只有两条路，其一是真正的复兴，其一是真正的衰亡。"日本的残暴侵略使中华民族陷入了生死存亡的严重危机之中，但"危机"也就意味着"转机"，"这个转机不是别的：就是中华民族或则从此陷入永劫不复的深渊，或则从此抬头而能渐渐卓然自立于世界各国之林"；"所谓转机的关键就在以敌人的大炮把我们中华民族的老态轰去，使我们顿时恢复了少年时代的心情。这便是民族的返老还童"。[1] 沈亦云在《复兴？匹妇有责》一文中也写道："内忧外患，至于今日，强邻压境，可以亡国。政治紊乱，可以亡国。军纪废弛，可以亡国。土匪遍野，可以亡国。教育失宰，可以亡国。经济涸绝，可以亡国。风俗颓靡，可以亡国。人心腐败，可以亡国。有一于此，殆将不免，况兼之乎？然则此四千余年之古国，四百兆方里之土地，全世界人口四分之一之民族，享有过去历史上之光荣者，竟忍视其沦亡已乎？曰：绝续之交，其道惟二，不沦亡，即复兴耳！"[2] 汤德民在题为"中华民族复兴之路"的演讲中指出："我们的国家，今日已到了存亡绝续的关头，这是谁也不能否认的。内忧外患万箭穿心般的迫来，灭亡和复兴，两条大路，已迫我们作最后的决定，不能再作一分一秒的姑息。"[3] 傅斯年的《"九一八"一年了》一文，称"'九一八'是我们有生以来最严重的国难，也正是近百年中东亚史上最大的一个转关"，它与"世界大战"和"俄国革命"一样，"是二十世纪世界史上三件最大事件之一"。而作为九一八事变的受害者，"假如中国人不是猪狗一流的品质，这时候真该表示一下国民的人格，假如世界史不是开倒车的，倭人早晚总得到他的惩罚。所以今天若把事情浅看出来，我们正是无限的悲观，至于绝望；若深看出来，不特用不着悲观，

---

[1] 记者：《我们所要说的话》，《再生》第 1 卷第 1 期，1932 年 5 月。
[2] 沈亦云：《复兴？匹妇有责》，《复兴月刊》第 1 卷第 1 期，1932 年 9 月 1 日。
[3] 汤德民：《本会委员在本部纪念周值讲的演辞：中华民族复兴之路》，《交通职工月报》第 2 期，1933 年。

且中国民族之复兴正系于此"。① 邹文海在文章中同样写道:"感谢日本飞来的炸弹,因为它无形中启发了我们新的政治生命。外寇的压迫,引起了国人自尊的心理,对外的抵抗,破除了向来自私的习惯。我们中华民国的国民,从此以后,要在一致努力之下,建立一个真正的民主国家",实现中华民族的伟大复兴。②署名"平凡"的作者在《中华民族之危机与复兴及民族复兴运动之史的证论》中说:"在达尔文氏定论下,堕落消沉之中华民族,的确走进了生存最后的厄运!九一八的痛事,是血钟从迷梦中向中华民族最后之警告。在敌人烽火连天的袭击中,吾人深信五千年中华民族的血魂,是不甘心于征服毁灭,民族复兴之火焰,必然的要爆发,要成功。"③ 方元英在《中华民族复兴方案》中提出:"现在,中华民族的危机,一天深似一天,不谋复兴,即归死灭,再不容我们徘徊瞻顾了!唯一出路是:前进,前进,认定方向前进。'山穷水复疑无路,柳暗花明又一村',就是中华民族复兴的前景。"④ 王荣骥在谈到"九一八"后民族复兴思潮的兴起时也认为:"'九一八'的重鞭,很残酷地打在了中华民族的背上,虽然毁伤了我们的肢体,却因此使我们感觉惨痛,而警觉,而反抗。就从这时起,仇恨敌人的情绪,普遍了全国,民族解放斗争的火焰,就从每个国民的心中燃烧起来了。"⑤ 所以,"自'九一八'国难发生以来,全国上下无日不以复兴中华民族为口号"。⑥

除这一主要原因外,费希特民族复兴思想的系统传入及其影响和以蒋介石为代表的国民党人的推动也是民族复兴思潮在九一八事变后能迅速形成的原因之一。

(二) 费希特民族复兴思想的系统传入及其影响

费希特是德国著名的古典哲学家和爱国主义思想家,当1806年拿破仑

---

① 孟真:《"九一八"一年了》,《独立评论》第18号,1932年9月18日。
② 邹文海:《选举与代表制》,《再生》第2卷第9期,1934年6月1日。
③ 平凡:《中华民族之危机与复兴及民族复兴运动之史的证论》,《西北公论》第1卷第5期,1933年。
④ 方元英:《中华民族复兴方案》,《学艺杂志》第13卷第3号,1934年。
⑤ 王荣骥:《青年运动与民族复兴》,《新青年》第8期,1939年。
⑥ 王禧忠:《家事教育与中华民族复兴运动》,《师中集刊》第3卷第12期,1934年。

的军队侵入和占领柏林时,他不顾个人安危发表了著名的《对德意志民族的演讲》,希望德意志国民树立起民族的自信心,并在此基础上对"自私"等民族性的阴暗面进行反省,通过创办新国民教育实现德意志民族的复兴。正如费希特的学生、波恩大学历史学教授 J. W. 吕贝尔所说:"费希特并不像他经常做的那样,是从世界公民的立场出发,而是恰恰从民族主义的立场出发,作了那次告德意志民族的演讲,以慰藉这个民族,唤醒它的希望;这次演讲是在多疑的敌人的窥视下,以激昂的热情和大丈夫的勇气作的。"① 概而言之,在《对德意志民族的演讲》中,费希特主要阐述了这样一些民族复兴思想:

第一,力陈德意志民族的独特性与民族精神,树立民族自信心。费希特说:"在这里,我们将一如既往,也从最高、最普遍的东西开始,说明什么是德意志人——不管其目前遭遇的命运怎样——自他们存在以来本身具有的基本特点,同时也说明,正由于德意志人具有这种特点,所以他们有接受这种教育的能力,非其他一切欧洲民族所能及。"② 费希特认为德意志民族具有欧洲其他民族所没有的独特性和优越性。为证明德意志民族具有自我改造的能力,他提出了"原初民族"说,以说明唯有德意志人能使用活的语言,或曰纯粹德语,而不掺以外族之语言元素,故能依据自己的语言,体会其语言所指示之对象,而其他日耳曼裔民族则不能。因为:"(1)在具有活生生的语言的民族那里,精神文化影响着生命;在不具有这种语言的民族那里,精神文化和生命则各行其道,互不相干。(2)出于同样的理由,前一民族对所有精神文化采取真正认真的态度,并希望它能影响生命;与此相反,后一种民族则宁可把精神文化看做一种天才的游戏,除此以外,对它不再抱更多希望。后一种民族只有精神,前一种民族除了精神,还有心灵。(3)由第二点得出的结果是,前一种民族做一切事情,都很诚实、勤奋与认真,而且不辞辛苦;与此相反,后一民族则作风懒散,随遇而安。(4)由所有这一切得出的结果是,在前一种民族那里,广大民众都是可以教育的,而且这

---

① 转引自 E. 伏克斯《费希特思想在德国民族运动中的痕迹》,《世界哲学》1994 年第 2 期。
② [德] 费希特:《对德意志民族的演讲·第四讲》,梁志学等译,辽宁教育出版社 2003 年版,第 48 页。

种民族的教育者都做出实验,将他们的发明用于民众,希望能对民众产生影响;与此相反,在第二种民族那里,有教养的阶层则与民众分离,无非是把民众视为实现他们的计划的盲目工具。"[1] 他认为德意志的精神文化在于德意志人信仰人本身的绝对第一位的和本原的东西,信仰自由,信仰他们族类的无限改善和永恒进步。

第二,在民族认同的基础上进行自我反省。费希特认为德国的战败是由于德意志民族利己主义充分的发展,因为"利己主义充分的发展以后,丧失了它的自我,丧失了独立地给自己设定自己的目的的能力,从而自己毁灭了自己"。[2] 当利己主义在"首先掌握了全体被统治者以后,如果也从被统治者出发,侵袭了统治者,成为他们生活的惟一动力,那就发展到了登峰造极的程度"。其时,这种"登峰造极的"利己主义的统治,在对外方面会放弃把德意志民族联合起来的纽带,而抱有一种只要自己的疆界不受侵犯,自己就拥有和平的可悲幻想;在对内方面会表现出优柔寡断,会使管理国家的机构涣散无力,举措没有威严。其结果,就是德意志民族的"完全腐败","变得自私自利",因而在遇到"外来暴力"的打击时便很快"没落"下来,丧失了自己的独立性。[3] 而"独立性"的丧失,也就意味着德意志民族"丧失"了影响时代潮流的能力,使自己的生存和发展不得不受制于支配它的命运的外来暴力。所以,德意志民族不图复兴则已,要实现复兴,就必须革除这种"所有其他腐败现象的根源"的"利己主义"。[4]

第三,复兴德意志的唯一途径——国民教育。费希特说:"我作为维护德意志民族生存的惟一手段提出建议,就是完全改变迄今的教育制度。"[5] 他认为法国革命的理想之所以没有实现,是因为法兰西民族的教育水平和文化水准不够高,德意志民族可以也应该改变这种状况,建立起一个合乎理性的国家。而要建立起一个合乎理性的国家,"一个民族首先必须获得文化素

---

[1] [德]费希特:《对德意志民族的演讲·第四讲》,梁志学等译,辽宁教育出版社2003年版,第61—62页。

[2] 同上书,第一讲,第10页。

[3] 同上书,第一讲,第11页。

[4] 同上。

[5] 同上书,第一讲,第14—15页。

养，教育水准必须得到提高。一个民族只有依靠脚踏实地的工作，首先解决了培养全面发展的人的教育课题，然后才能解决建立完善的国家的课题"。① 费希特提倡的这种新教育不同于以往的旧教育，在他那里，受教育不再只是上层极少数人的权利，而是广大的民众都应该享有这种权利。他说："由此可见，给我们留下的惟一办法就是不折不扣地、毫无例外地把新的教养施给一切德意志人，以致这种教养不是成为一个特殊阶层的教养，而是不折不扣地成为这个民族本身的教养，并且毫无例外地成为它的一切单个成员的教养；在这种教养方面，即在使人对公正事情衷心表示满意的教养方面，各个阶层将来在其他发展部门可能发生的一切差别都会完全消失；所以，按照这种方式，就在我们当中决不会形成民众教育，而是会形成特有的、德意志的民族教育。"② 费希特认为旧教育培养的国民是言行不一的利己主义者，而新教育要培养的是言行一致的善良公民。他的新教育的实质在于世界主义与爱国主义的统一。他说："这种需要加以培养的精神本身直接体现了对祖国的高度热爱，它把它的尘世生活理解为永恒的生活，把祖国理解为这种永恒生活的载体，它如果要在德意志人当中建立起来，就会把对德意志祖国的爱理解为自己的必然组成部分，在自身直接体现出来；从这种爱中自然会产生出保卫祖国的勇士和安分守法的公民"；其"精神的本质把我们完全摆脱一切压迫我们的苦难的解救工作同我们光复民族和振兴祖国的事业不可分割地联系在了一起"。③

中国人最早知道费希特和他的《对德意志民族的演讲》是在1915年。是年梁启超在北京《大中华》上发表《菲斯的（即费希特——引者）人生天职论述评》一文。当时正值袁世凯与日本政府讨价还价，企图以签订丧权卖国的"二十一条"来换取日本对他称帝计划的支持。梁启超为揭露并批判这种阴谋，发表此文，以唤醒国人对袁世凯卖国行径和日本侵略行径的正确认识。以前学者都认为梁氏是从哲学方面对费希特进行介绍的，但我们认为梁氏更注重的是费的民族复兴思想尤其是民族复兴思想所带来的现实意

---

① ［德］费希特：《对德意志民族的演讲·第六讲》，梁志学等译，辽宁教育出版社2003年版，第86—87页。
② 同上书，第一讲，第16—17页。
③ 同上书，第九讲，第129页。

义。梁在文中写道：1807年拿破仑占领德国后，"当时所谓日耳曼民族者，无贫富贵贱智愚贤不肖，人人皆惟亡国是忧，惟为奴是惧，志气销沉，汲汲顾影，而忽有唤醒其噩梦，蹶起其沈疴，拔诸晦盲绝望之渊，而进诸缉熙光明之域者，则菲斯的其人也……菲斯的之在围城也，著一小册子曰《告德意志国民》，至今德国儿童走卒，犹人人能举其辞。盖其文章之神力，支配全德人心理者百年如一日。（此文吾只见其断片耳，常以不得视全豹为憾，容当求得而翻译之）……以菲斯的时代之德国，仅数十年而能一变为俾斯麦时代之德国，更一变为维廉第二时代之德国。而吾国人以区区目前之困心衡虑，进乃神志落寞，奄奄然若气息不属，曰吾更有何事，吾待亡而已。鸣呼，其亦未闻菲斯的之教也。菲斯的所著哲学书甚富，吾学力未充，不敢妄译。今所述者，则其通俗讲演为一般人说法者也，吾以为是最适于今日中国之良策"。①

梁启超是最早将西方近代民族主义介绍到中国的思想家之一，也是中国最早具有近代民族主义思想的思想家之一，如前所述，"中华民族"这一概念就是他首先提出来的。在《菲斯的人生天职论述评》一文中，梁启超运用自己深厚的国学功底，并结合中国传统文化，对费希特人生天职论进行述评，阐述了费希特的"知行合一"说，认为费希特的人生观以"人生实有天职为前提"，"可谓最健全者也"；论述了其建立理性王国的最高理想。尤其需要指出的是，是文中，梁启超高度赞扬了费希特在民族危亡时积极参加反对拿破仑侵略战争，为唤醒德意志民族而置生死于度外，在法军的监视下作对德意志民族的演讲，"其言鞭辟近理，一字一句，皆能鼓舞人之责任心，而增长其兴会，孟子所谓奋乎百世之上，百世之下闻者莫不兴起也"。② 他盛赞费希特为缔造德国的"四哲"之一："四哲为谁？一曰忧特，二曰西黎尔，三曰康德，四曰菲斯的。此非兜逊一人之私言，凡稍习于欧洲国故者皆所认同也。"同时，他也为费希特的思想学说尤其是民族主义思想未能传入中国并为中国人民所接受而感到遗憾和羞愧："四哲著述，在德国家弦户诵，

---

① 梁启超：《菲斯的人生天职论述评》，《饮冰室合集》第4册，文集之三十二，中华书局1989年版，第71页。

② 同上书，第70—71页。

固无论矣。世界各国,有井水饮处,殆莫不有其全集之译本,读者无不受至大之感化。独至我国人,惟康德之名,或尚为少数学子所尝耳食,自余三子,则并姓氏亦罕能举之,遑论学说。呜呼,我国之可耻可痛可怜,一至此极也。"①

正如梁启超所说的那样,在20世纪20年代之前中国几乎没有人知道费希特,他的民族复兴思想对当时的中国也没有产生过任何影响。但进入20年代后这种状况有了改变。1926年5月,曾留学德国、师从倭伊铿学习哲学的张君劢在《东方杂志》上发表《爱国的哲学家——菲希德(即费希特——引者)》一文,介绍费希特的生平和思想。他开宗明义地写道:"现在的中国,是在很严重时期:国内四分五裂,军阀横行;国外受列强政治的压迫,和不平等条约的牵制。在这时候,稍有良心的人都想替国家开一条新路,同时也想自己以后应采什么方针,怎样做人。"而费希特所处时代的德国的情形"比我们现在恐怕还要差几十倍罢",但费希特并未因此而失去信心,相反承担起了觉醒国民、一致对外的重任。在生命受到威胁的情况下,费希特不畏艰险,作对德意志民族的演讲,积极宣传救国主张,建立民族自信,开展教育救国、精神救国,最终成就了德意志的复兴。"一八七〇年俾士麦统一德国的成功,就在这时立下基础。"因此,他极力呼吁以费希特作为中国的指导者:"我们今后应遵行的途径如何,菲氏不是一个极好的指导者吗?所以我希望诸君对于菲氏的言行加以深思!"在文中,张君劢较多地介绍了费希特的《对德意志民族的演讲》,认为费氏的演讲主要有三个要点:(1)自责:费氏推论1806年德国败亡的原因,在国民的自私自利,因为自私自利,才受外人的压迫,而不能自由独立。因此,德国不想救亡,不想复兴则已,要想救亡,要想复兴,就必须深刻地自我反省。(2)道德的再造:费氏认为既然德国败亡的原因,在于道德的堕落,所以救亡的方法就在道德的革新,建立一种新的民族精神,否则,"是无法可以救亡的"。(3)爱国的原理:费氏认为国民之所以爱国,不是为了个人利益,而是为了一国的文化,为了国民性的永久保存。"这种爱国之念,发于求国家的天

---

① 梁启超:《菲斯的人生天职论述评》,《饮冰室合集》第4册,文集之三十二,中华书局1989年版,第70页。

长地久而来,实含有宗教的神秘性,决不是股东合组公司,只为谋利的,所可同日而语。"① 他依据这三点对"现在我们国内学界上所谓救亡方略"提出了批评。就目前我们收集到的资料来看,张君劢的这篇文章,是国内第一篇相对来说较为全面介绍费希特及其民族复兴思想的文字。

除张君劢外,在20年代,介绍费希特及其民族复兴思想并受其影响的还有以曾琦、李璜等为领导的中国青年党人。和张君劢一样,中国青年党的许多领导人和骨干都在法国、德国或欧洲其他国家留过学,对费希特的民族复兴思想有或多或少的接触和了解。但和张君劢不同的是,中国青年党人介绍和接受影响的主要是费希特通过国民教育来实现国家复兴的民族复兴思想。费希特认为在法国的侵略之下,实现民族复兴的唯一途径就是教育,他说:"能够拯救德意志的独立性的,绝对仅仅是教育,而不是其他可能的手段。"② 费氏的这一思想得到了青年党的高度认同。该党的机关刊物《醒狮》周报上曾发表过《追怀德意志民族的先觉者:菲希特与席勒》一文,作者"驾生"在文中写道:"试看周围!在全国境不是充满了豺狼的军队吗?况且在德意志恃有什么武力!德意志复兴的唯一途径,就是得依仗教育:费希特像这样的高叫了。(《告德意志国民》第九、十一讲)唯有教育才是拿破仑遗留给德意志的唯一的自由的领域;我们得从这个教育之下,要更生全德意志的自由的。教育是什么?教育是给人以灵感,使着人们感激,就是能在人的精神方面点火的。"③ 青年党的其他人也普遍赞同这种观点,认为救国的主要手段即是国家主义的教育,并有《国家主义的教育》一书出版。余家菊说:"在国家受大创之后,思以教育之力求国民复甦者,则为德国之菲希的(即费希特——引者)氏。菲氏当德国大败于法之后,见国家穷困人民沮丧,乃大唱新教育论而极力宣传教育救国之说。"④ 陈启天在《国家主义与教育》一文中写道:"当一八〇七年普败于法,菲斯的(即费希特——

---

① 张君劢:《爱国的哲学家——菲希德》,《东方杂志》第23卷第10号,1926年1月25日,第74—75页。
② [德]费希特:《对德意志民族的演讲·第九讲》,梁志学等译,辽宁教育出版社2003年版,第127页。
③ 驾生:《追怀德意志民族的先觉者:菲希特与席勒》,载陈正茂编《醒狮》周报,台北"国史馆"1993年版,第33页。
④ 余家菊:《教育建国论发微》,载陈正茂编《醒狮》周报,第59页。

引者）欲以教育上的国家主义再兴德国，而普国国家学校制度完全成立，教育经费由国家担任，学校事物由国家经营，以求教育可完全普及。"①

实际上，思想界探求教育救国早已有之，而国家主义教育在清末民初就已初见端倪。早在维新变法时期，康、梁就特别注重国民意识的培养。1898年康有为在《请开学校折》中分析了中西教育的异同，认为"百业千器万技，皆出于学"，西方各国"分途教成国民之才"，而中国"乃鞭一国之民以从事八股枯困搭截之题"，故其"才不足立国也"。为此，他主张应效法"普之先王大非特力"，兴办"国民学"。"令乡皆立小学，限举国之民，自七岁以上必入之"，如"其不入学者，罚其父母"。②梁启超在《与林迪臣太守书》中指出，泰西各国特别重视国民素质尤其是政治素质的提高，"其为学也，以公理公法为经，以希腊罗马古史为纬，以近政近事为用，其学成者授之以政，此为立国基第一义"。明治维新后的日本"所以不三十年而崛起于东瀛"，也是由于它"变法则独先学校，学校则独重政治"，重视对国民素质的培养。中国要想实现富强，就应向西方和日本学习，"以振兴学校为第一义"，培养出更多的"中西兼举，政艺并进"的国民来。③在1902年发表的《新民说》中，梁启超更进一步丰富了他的国家主义教育思想，认为培养具有自由思想、权利思想、义务思想、国家思想、利群思想、生利思想、合群思想、尚武精神以及自治自尊、自治自立观念的新国民，是中国的立国之本和解决"内治""外交"的"当务之急"。④"国家主义教育"一词最早见于中国教育界是1906年，那一年梁启超主编的《新民丛报》发表了一篇题为《国家主义教育》的译文，该文阐述了国家主义教育的起源、发展和变迁。从此，国家主义教育也就渐为国人所知晓。到了20年代，由于青年党的主要领导人大多从事的是教育事业，如曾琦回国后在大夏大学教书，并在同济、政法、学艺等大学兼任讲席，余家菊回国先后担任国立武昌

---

① 陈启天：《国家主义与教育》，《国家主义论文集》，中华书局1926年版，第155页。
② 康有为：《请开学校折》，《康有为政论集》（上），中华书局1981年版，第305页。
③ 梁启超：《与林迪臣太守书》，《饮冰室合集》第1册，文集之三，中华书局1989年版，第2—4页。
④ 梁启超：《新民说·论新民为今日中国第一急务》，《饮冰室合集》第6册，专集之四，中华书局1989年版，第2—5页。

师范大学（后改为武昌大学）哲学系主任、东南大学教授、金陵军官学校总教授（后任监督）、冯庸大学教授、河南大学教育系主任等，陈启天曾任教于文华大学、长沙第一师范学校、成都大学，担任上海知行学院院长，他们也就很自然地接受了费希特的从教育着手来复兴国家的民族复兴思想，把国民教育作为救国的主要手段而加以积极宣传和实践。

虽然早在 20 年代，张君劢以及青年党的李璜、左舜生等人对费希特的民族主义和民族复兴思想做过一些介绍，但这些介绍还是零星的、不成系统的，其影响也十分有限。只是到了九一八事变后，费希特的民族主义和民族复兴思想才被系统地介绍到中国并产生了广泛的社会影响。最早系统地介绍费氏之民族主义和民族复兴思想的是我们前面提到的张君劢。九一八事变后不久，刚从德国回来的他即着手翻译费希特的《对德意志民族的演讲》之摘要本，在译稿前面的引言中张君劢写道："有人于'国难期中应读何书'之标题下，首列黑格尔氏之大伦理学两册；黑氏书名曰伦理学，与国难若风马牛之不相及。"然后他笔锋一转："数千年之历史中，大声疾呼于敌兵压境之际，胪举国民之受病处，而告以今后自救之法，如菲希德氏之《对德意志国民之演讲》，可谓人间正气之文字也。菲氏目的在提高德民族之自信心，文中多夸奖德人之语，吾侪外国人读之者，原不求必之一字一句之中，故取倭伊铿氏关于菲氏演讲之摘要本译之，繁重处虽删，而绝不影响于菲氏真面目……呜呼！菲氏之言，既已药亡国破家之德国而大收其效矣，吾国人诚有意于求苦口之良药，其在斯乎。"[①] 他认为费氏在演讲中阐述了民族复兴的三个重要原则：其一，在民族大受惩创之日，必须痛自检讨过失；其二，民族复兴，应以内心改造为重要途径；其三，发扬光大民族在历史上的成绩，以提高民族的自信力。"此三原则者，亦即吾国家今后自救之方策也。世有爱国之同志乎！推广其意而移用之于吾国，此则菲氏书之所以译也。"[②] 1932 年 7 月 20 日起译稿开始分五期（即从第一卷第三期到第一卷第七期）在《再生》月刊上连载，并于年底集结成书，由《再生》杂志社正式出版。

---

① 张君劢：《菲希特〈对德意志国民演讲〉摘要》，《再生》第 1 卷第 3 期，1932 年 7 月 20 日，第 1 页。

② 同上书，第 13 页。

张君劢的好友教育家瞿菊农和哲学家林志钧分别为该书作序。《菲希德对德意志国民讲演节本》出版后"颇受人们欢迎,不久即销售一空。翌年春夏,又两次再版"。①

除张君劢外,另一位现代新儒家的代表人物贺麟也对费希特民族复兴思想的系统传入做出过重要贡献。贺麟曾长期留学欧美,九一八事变前夕才回到国内。九一八事变发生后,面对日本帝国主义的凶残侵略,他不顾旅途劳顿,开始着手撰写《德国三大哲人处国难时之态度》一长文,向中国读者介绍歌德、黑格尔和费希特的爱国主义事迹,表彰他们的爱国主义精神,并号召国人向他们学习,积极投身于抗日救亡的斗争行列。比如,贺麟在谈到费希特1807年8月底返回柏林,拟作对德意志民族的演讲时写道:"他这次一回到被敌人占领的柏林,就好像被什么天神鼓舞着似的,一心一意想献身国家,寻一死所。眼见得前不几天德国有位出版家因发行一本爱国的小册子,冒犯法军忌讳,被拿破仑枪毙,他也毫不畏惧。""当他演讲时,空气异常紧张,法军派有侦探多人侦察,外间虽不时传出他被捕的消息,但他仍本着大无畏的精神与视死如归的决心,镇静地将他全部激昂的爱国讲演讲完。"普法战争爆发后,费氏又大声疾呼地号召广大爱国学生参加战事,为国效力,而他本人在申请当随军宣讲员没有得到当局的批准后,"复加入军事训练,躬自到场操练",到大学向学生公开演讲,"力言此次战争不是为一人一姓而战,乃是为全民族而战,为德国之自由而战"。贺麟尤其对费希特的民族复兴思想作了较为详尽的介绍和高度评价,认为费氏《对德意志民族的演讲》"句句话差不多都是从他的全部哲学思想出发,而且他认为发展自己的民族性,光大自己的文化,以求精神的与道德的复兴,为复兴德意志民族的根本要图"。"费希特的全部演说可以说是在发扬民族精神,定新教育的根本方针以培养新道德,而为德意志复兴建立精神的根基。"1931年10月21日起该文开始在天津《大公报·文学副刊》上连载,该刊主编、著名学者吴宓在按语中写道:"按此次日本攻占吉辽,节节逼进,当此国难横来,民族屈辱之际,凡为中国国民者,无分男女老少,应当憬然知所以自处。百年前之德国,蹂躏于拿破仑铁蹄之下,其时文士哲人,莫不痛愤警策。惟以

---

① 郑大华:《张君劢传》,中华书局1997年版,第233页。

各人性情境遇不同，故其态度亦异，而歌德（1749—1832），费希特（1762—1814），黑格尔（1770—1831）之行事，壮烈诚挚，尤足以发聋振聩，为吾侪之所取法。故特约请北京大学哲学系讲师贺麟君撰述此篇。"《德国三大哲人处国难时之态度》文笔生动、资料丰富，将传主的生平思想和爱国主义品格有机地结合起来，并对费希特的民族复兴思想作了较为详尽的介绍，颇受读者好评。张岱年回忆自己当年读该文的感受："九一八事件以后，贺麟先生在《大公报·文学副刊》上发表一篇重要文章，题为《德国三大哲人处国难时之态度》，其中着重叙述了费希特的爱国行动。此作情文并茂，表达了贺先生自己热爱祖国、热爱民族的诚挚感情，令人感动。我读后，非常钦佩。"① 1934年《德国三大哲人处国难时之态度》一文由大学出版社出版小册子，人们争相购读，一时造成洛阳纸贵，产生过较大的社会影响。

继张君劢、贺麟之后，知识界的其他一些人也先后加入到了译介费希特民族复兴思想的行列。《国闻周报》第9卷第12期发表"奋勇"的《费希德演说什么叫爱国心》，该文系费希特的《对德意志民族的演讲》中的"第八讲"的翻译。在"译者导言"中，"奋勇"在介绍了费希特的生平以及他发表《对德意志民族的演讲》的背景后写道："译者深感费氏自省精神和新教育的功效，实为中国今日救亡的良药，故不揣谫陋，特将其最关重要且极适合于中国目前环境的选译第八讲介绍于国人之前，俾作借鉴。"② 雷震发表在《时代公论》第29号的《救国应先恢复民族精神》，虽然不是译介费希特的《对德意志民族的演讲》的专文，但其中也以大量的篇幅介绍了他的民族复兴思想，并得出结论："德国之复兴，实菲氏鼓励民族精神之力也。"③ 清华大学教授浦薛凤撰写的讲稿《西洋近代政治思潮》，用近三万字的篇幅对费希特的著作尤其是《对德意志民族的演讲》进行了介绍。在薛氏看来，"具有历史意义，最能脍炙人口的政治思想大抵为时势环境所造成而且为改变环境推动时势的一种无形大力量。菲希特之《向德意志民族讲

---

① 宋祖良、范进编：《会通集：贺麟生平与学术》，生活·读书·新知三联书店1993年版，第39页。
② 奋勇：《费希德演说什么叫爱国心》，《国闻周报》第9卷第12期，1932年3月28日，第2页。
③ 雷震：《救国应先恢复民族精神》，《时代公论》第29号，1932年10月14日，第32页。

话》即属此类"。薛氏认为,"族国主义与教育理想"是费希特演讲的精义。族国主义的要点在以民族和国家为本位,坚持"吾人爱人类必先爱祖国,谋世界和平必先谋族国独立"的基本原则;而教育理想之精神"在养成一般国民为公而不为私,为整个而不为部分,为久远而不为短暂,为理想而不为物质"的品格。① 在介绍完费氏所有著作之后他写道:"以言情感之浓厚,影响之远大,或就思想与事实之关系而论,则《向德意志民族讲话》远在其他之上。无论《讲话》举行之际,在场听众是否踊跃,法国当局曾否注意,讲者生命有无危险,此实法国革命后族国主义之第一本经典而含有划分时代之重要意义。"② 初步统计,九一八事变后,仅《东方杂志》《国闻周报》《时代公论》《复兴月刊》《教育杂志》《再生杂志》和《大公报》等报刊发表的费希特《对德意志国民的演讲》之译文(节译或摘译)或介绍费希特之民族主义思想的文章就达 23 篇之多。其中《教育杂志》和《再生杂志》各 5 篇,《国闻周报》《时代公论》和《复兴月刊》各 3 篇,《东方杂志》2 篇,《国论月刊》和《大公报》各 1 篇。此外,还有一些西方哲学史、政治史、教育史和文化史著作,如加田哲二著、周承福译的《德意志经济思想史》(神州国光社 1932 年版)、陈明志、唐毅译的《近代西洋教育发达史》(商务印书馆 1934 年版),庄则宣、陈学恒著的《民族性与教育》(新民主出版社 1939 年版)等也对费希特在《演讲》中提出的民族复兴思想做过介绍。特别需要指出的是,费希特的《对德意志民族的演讲》之节本,还被收入进了 1934 年出版的《中学国文特种课本》第二册(高中用书)。该课本的文后"题解"写道:"普鲁士之抵抗强敌,复仇雪耻,端赖以是(指费希特《对德意志民族的演讲》——引者)。全书凡十四讲,纵论日耳曼民族之特质,自精神方面所见民族与祖国爱之意义,新国民教育之出发点,达到目的之方法等,极其透辟详尽。"而"现在日寇夺去我东北四省之地,我所受之耻辱,不减当年普鲁士之败,我爱国青年,读斯文其亦将有所感动于中而毅然兴起乎"?

费希特的民族复兴思想之所以于九一八事变后被系统地引介到中国,分

---

① 浦薛凤:《西洋近代政治思潮》,北京大学出版社 2007 年版,第 397、401 页。
② 同上书,第 406 页。

析起来，大致有以下三个方面的原因。

首先，费希特提出民族复兴思想时的德国处境与20世纪30年代时的中国处境十分相似。概而言之，费希特提出民族复兴思想时的德国四分五裂，没有一个统一的强有力的中央政府，1806年又遭到拿破仑的法国军队的入侵，法军并于1807年攻陷柏林，德意志民族面临着亡国灭种的现实危机。同样，30年代的中国，蒋介石虽然凭借其掌控中央政权的有利地位，经过数次战争先后打败了桂系、冯玉祥、阎锡山等地方实力派，但国家并没有实现真正的统一，除华东、华中外，其他地区仍然控制在地方实力派手中。与此同时，日本于1931年制造了举世震惊的九一八事变，并于1932年初占领了中国东北全境。1932年1月28日，日本侵略者又在上海制造一·二八事变，尽管中国守军英勇抗敌，但以避战为目的的南京国民政府却与日本签订了《淞沪停战协定》，撤退中国守军而允许日军驻留上海。国民政府的避战政策不仅没有使日本侵略者停止侵略，相反还进一步刺激了日本的侵略胃口。1933年1月，日军又向山海关发起进攻，相继侵占山海关、承德，并攻占长城各口，5月31日中日之间签订《塘沽协定》，协定实际上承认了日本对东三省以及热河的占领，并将绥东、察北和冀东置于日军的监视之下。之后，日本又把侵略魔爪伸向华北，中华民族所面临的民族危机进一步加深。相同的历史处境，使费希特所提出的民族复兴思想容易在中国知识界产生共鸣。这正如瞿世英为张君劢的《菲希德〈对德意志国民讲演〉节本》所写的序言指出的那样："菲氏的演讲，可以认为不仅是对德国人的演讲，而是对人类的演讲，尤其是国家危险与他当时的普鲁士相仿佛的国家，应当在他的讲演里得到感动，得到安慰，得到努力的方向。他的演讲，'对于惨败者，鼓其勇气与希望，对于愁苦者予以欢欣，对于悲不自胜者，有所以慰藉之。各人不至因惨痛而抑郁无聊，各人有追求事物真相之热心，且有应付当前之难问题之勇气。'"[①]

其次，费希特身体力行，在国难时为复兴民族而置生死于度外的精神极大地体现了爱国主义情怀，这与近代中国知识界对于民族主义的爱国主义理

[①] 瞿菊农（瞿世英）：《菲希德〈对德意志国民讲演〉节本序》，《再生》第1卷第7期，1932年11月20日。

解有异曲同工之处。早在20世纪初,蒋智由在《〈中国民族权力消长史〉序》中就认为爱国主义就是民族主义,他说:"今之昌时论者,曰爱国,又曰民族主义,二者其言皆是也。欲拯中国,舍是道其奚由也?或者谓国家之义,与民族不同。民族者,一种族之称;而国家或兼合数民族而成。若是,则言爱国,与夫言民族主义,二者得毋有相冲突者乎?余曰:夫国家之于民族,固不同物,虽然,此二主义实可并施于中国而无碍。何则?中国之所谓国家者,数千年历史以来,即我民族所创建之一物也。故就中国而言,非民族则无所谓国家……我之所谓国者,我民族所创建之一国是也。然则今日尚得谓之有国乎?曰:呜呼!其谁不知我早为亡国之民矣。然则既无国,曷言爱国?曰:我所谓爱国者,爱吾祖宗之故国,惟爱之,故欲新造之。如是,故言民族主义即为爱国主义,其根本固相通也。"进而,他提出"民族爱国主义"的口号:"会稽先生抱民族爱国主义,其热如火,著是书也,盖欲伸其志也。"[①] 进入20世纪30年代后,由于民族危机的空前严重,人们在高呼"爱国""救亡"口号的同时,也使民族主义与爱国主义的含义更进一步等同起来。因此,费希特那蕴含有强烈爱国主义情怀的民族主义和民族复兴思想极易得到30年代中国知识界的认同。从介绍费希特的文章可以看出,大都是从他的爱国心出发,如奋勇的《费希德演说什么叫爱国心》等,这些文章无一例外地是把费氏作为一个爱国救国的实例进行介绍,以此激励国人,希望国人尤其是像费希特那样的作为社会精英的知识分子能成为爱国主义的表率,为民族复兴贡献自己的力量。姜蕴刚在《论大学教授》一文中就指出,大学教授在社会上占有非常重要之位置,负有非常重大之责任,但是如今的中国大学教授是否担负起了该担负的责任呢?文章举了人们所"熟知的"两个人物处国难时的态度:一个是黑格尔,一个是费希特。在拿破仑的军队打到柏林之时,黑格尔"抱着他的哲学著作就跑……他觉得有他的哲学著作,德国是终不会亡的"。而费希特则大声疾呼,"出来号召全德意志的人民起来为国家之存亡而奋斗,这便是今日所留下的有名的一本充满热力的告德意志国民书。这个热力果然影响了全德意志人民的心灵,于是德意志

---

① 蒋智由:《〈中国民族权力消长史〉序》,见《陶成章集》,中华书局1986年版,第447—448页。

一再失败，而一再复兴了"。他觉得这两种态度值得中国人思考。"大学教授与一般人相比，自然是具着极有组织与系统的头脑，认识事情也较深刻，而且国家社会所盼望于大学教授者，也希望随时予以高明的见解及贡献"，因此遇到重要的事情一般人民总是先看大学教授是如何表态的，如果大学教授都"噤若寒蝉，则其他无知识的人们消沉，便无足怪了"。①《中学国文特种读本》上对费希特的《对德意志民族的演讲》的节录偏重的也是他的爱国主义思想和情怀。

最后，近代中国，不仅仅是政治、经济、军事不如人，更让人担忧的是民族意识与民族凝聚力的缺乏。而费希特在《对德意志民族的演讲》中阐发的民族复兴思想就是在德国政治、经济、军事各方面都不如人的情况下，通过自我反省、树立民族自信心和实施新式教育来实现民族的复兴。因此他的民族复兴思想更适合中国的国情，也最能得到中国人的青睐。用奋勇的话说："世界的思潮，日益变迁，虽今日德国的学术界，多目费氏《告德意志民族》的演说辞为'老古董'，然而费氏所论列的社会情形，和他所深悲隐痛的外侮，正与中国今日的情形深相吻合；他又以自省的要旨，劝告国人，认明自身的过失，亦系中国目前所最急切需要的反省。至于费氏所提倡的新教育，虽经过百余年来的修改，尚未十分完备，然其对于公民道德的训练，则自始至终，即收莫大的效果。中国社会果欲彻底改革者，此点亦亟需注意。"②

费希特民族复兴思想的系统传入，促进了"九一八"后民族复兴思潮的形成。因为费氏的民族复兴思想讲的便是德意志民族面临外族入侵的历史关头如何实现民族复兴的问题。既然德意志民族面临外族入侵能够实现复兴，那么同样面临外族入侵的中华民族为什么就不能实现民族复兴呢？张君劢在《十九世纪德意志民族之复兴》的演讲中指出："东北四省失陷以后，各人对于中国前途，表示无限的失望，无限的悲观，好像中国便由此一蹶不振了。其实，我们不必失望，更不用悲观，只要能够在大失败大挫折之后，肯努力的振作，一定可以有复兴的希望。这种情形，历史上不乏先例。远的

---

① 姜蕴刚：《论大学教授》，《国论月刊》第 1 卷第 12 期，台北"国史馆"1995 年重印本，第 22 页。
② 奋勇：《费希德演说什么叫爱国心》，《国闻周报》第 9 卷第 12 期，1932 年 3 月 28 日，第 2 页。

不必说，即以最近百年来德意志复兴为例，看他当时所处的环境以及其复兴之途径。"① 而费希特复兴德国的民族复兴思想对于德国一再复兴的作用也得到了许多知识分子的肯定。奋勇认为："在社会腐化，元气啄丧，政治受人支配，国土丧失大半之秋，费氏苦心孤诣，倡为新教育之说，有如暮鼓晨钟，发人猛醒，使德意志民族，一心一德，以复兴国家为职志……一九一八年德意志受军阀的祸，虽见败于协约等国，然而于财尽力竭的当时，仍能保持其国家的人格，数年后又能以国民的努力，恢复国际的声誉，此亦不能不谓费氏新教育运动的效果了。"② 郝耀东强调："费希特的精神讲演，为德意志民族复兴的根本力量，为战败法国最有力的利器。"③ 凡是对费希特的爱国救国行动有所知晓的人都无不称颂他对于德国复兴所做出的伟大贡献，费氏民族主义和民族复兴思想影响下的德国所取得的成功无疑对于30年代的中国知识界是一剂良药。吴其昌在《民族复兴的自信力》一文中就写道："我常常这样的想，也常常这样的问：——问一切一切的人，也自问自己——，在菲希特以前的德意志，法国铁蹄下的德意志，在马志尼以前的义大利，奥国控制下的义大利，和现在的中国，被我们的'友邦'铁蹄控制下的中国，比较起来情形相差能有多少？也许恶劣或较我们过之，然而他们竟然能够渐渐变成以后的及现在的德、义。我们中国经此大难，到底是不是也有跃起怒吼的一天呢？我的答案是：德、义是'人'，我们也是'人'，这个'人'所能做得到的，那个'人'自然也一定能做到。如果别人早已做到的事，我们竟然不能做到，那我们除非是猪，是狗。"④ 我们查阅20世纪30年代初中期的报刊就会发现自费希特的《对德意志民族的演讲》（及摘要）被翻译为中文后，中国的思想界特别重视对德国的政治、经济、文化进行研究，试图从德国的复兴史中借鉴成功的经验。与此同时，使用"民族复兴"一词的频率明显增多起来。⑤

---

① 张君劢：《十九世纪德意志民族之复兴》，《民族复兴之学术基础》，再生社1935年版，第115页。
② 奋勇：《费希德演说什么叫爱国心》，《国闻周报》第9卷第12期，1932年3月28日，第1页。
③ 郝耀东：《郝耀东先生的意见》，《教育杂志》第25卷第1号，1935年1月10日，第10页。
④ 吴其昌：《民族复兴的自信力》，《国闻周报》第13卷第39期，1936年10月5日，第7页。
⑤ 参见郑大华《九一八事变后费希特民族主义的系统传入及其影响》，《近代史研究》2009年第6期。

（三）蒋介石及国民党人对民族复兴思潮形成的推动

孙中山逝世后，以蒋介石为代表的国民党人，继承了孙中山在1924年三民主义演讲中提出的"要恢复民族的地位，便先要恢复民族的精神"的民族复兴思想，尤其是以孙中山思想正统的继承者和阐发者自居的戴季陶，在这方面起的作用尤大。1925年夏，亦即孙中山去世不久，戴季陶出版《孙文主义之哲学的基础》和《国民革命与中国国民党》两书，极力强调文化自信力的恢复发扬对于中华民族复兴的重要意义："我们要复兴中国民族，先要复兴中国民族文化的自信力，要有了这一个自信力，才能够辨别是非，才能认清国家和民族的利害，才能够为世界的改造而尽力。"① "三民主义之原始的目的，在于恢复民族的自信力。因为民族的自信力不能恢复，则此弱而且大之古文化民族，其老衰病不可救，一切新活动，俱无从生，即发生亦不脱病理的状态，不能救民族的危亡。"② 1928年，国民党中央执行委员会制定18条国庆纪念口号，其中第二条即为"庆祝中华民族复兴的光荣"，把扫除北洋军阀统治视为中华民族复兴的重要标志。1929年，国民党上海执行委员会宣传部制定国民政府建都南京两周年纪念大会标语，其中一条为"南京是中华民族复兴的纪念地"，同时，为了增强南京建都的合法性，以杜绝"北平建都说"，国民党中宣部还别出心裁地拟定了"北平是千余年来中华民族衰落的中心场"的宣传标语。③

九一八事变后，面对日益严重的民族危机和政治危机，为了取得统治的合法性，同时加强对社会舆论的引导和控制，以蒋介石为代表的国民党人，对宣传民族复兴思想更为主动积极，尤其是蒋介石，可以说是不遗余力。1932年4月11日，他在中央陆军军官学校公开发表了题为"复兴中国之道"的演讲，初步阐述了他的民族复兴思想，随后他又发表了《复兴民族之要道》（1934年2月5日）、《复兴民族之根本要务——教养卫之要义》（1934年2月12日）、《东亚大势与中国复兴之道》（1934年3月5日）、

---

① 戴季陶：《孙文主义之哲学的基础》，上海民智书局1925年版，第9页。
② 同上书，第57页。
③ 以上参见黄兴涛《民国各政党与"中华民族复兴"论》，《近代史研究》2014年第4期。

《抵御外辱与复兴民族（上）》（1934年7月13日）、《抵御外侮与复兴民族（中）》（1934年7月20日）、《抵御外侮与复兴民族（下）》（1934年7月24日）、《四川应作复兴民族之根据地》（1935年3月4日）、《全滇民众应负起复兴民族之责》（1935年5月12日）、《建设新云南与复兴民族》（1935年5月13日）、《为学做人与复兴民族之要道》（1935年5月19日）《御侮与复兴之基本要道》（1936年1月24日）、《民族复兴之路》（1936年5月25日）、《复兴中华》（1936年9月9月）等一系列以"民族复兴"为主题的演讲，就他的民族复兴思想作了进一步的系统阐述。1934年，蒋介石又出版了《复兴民族之要道》一书，收录了他1932年至1934年发表的有关民族复兴的10篇言论。同年，还出版了他对庐山军官训练团的讲话稿《抵御外侮与复兴民族》。概而言之，蒋介石的民族复兴思想主要包括以下几方面的内容。

第一，在第二次世界大战中实现民族复兴。蒋介石指出，面对日本的侵略，国民党理应不惜牺牲来领导全国人民御侮救亡，但鉴于中日两国力量悬殊，如果贸然与日开战，定会导致亡国灭种的危机，中国只有等待时机，联合欧美等国共同对日作战，才有战胜日本的希望。事实上，西方列强也存在着干涉中日问题的可能，因为中日两国的冲突，"不是简单的中日问题，而是整个东亚的问题，也就是所谓太平洋的问题。日本人所争的整个太平洋的霸权，这就不是日本和中国两个国家的问题，而是日本和世界的问题"。① 日本欲将中国变为他独占的殖民地，就必然会与欧美列强的利益发生冲突，"如果日本不能和世界各国来决战，他就掌握不了东亚霸权，也就解决不了太平洋问题；这样，他就不能在东亚做盟主，也就不能并吞我们中国"。"因为中国是世界各国共同的殖民地的缘故，所以日本要求独吞中国，就先要征服世界，日本一天不能征服世界，也就一天不能灭亡中国，独霸东亚。现在日本人虽然具备了一切军事的条件，可以侵略中国，并且可以和任何一个强国开仗，但决没有力量可以战胜列强，可以压倒世界一切，来实现他侵

---

① 秦孝仪主编：《先总统蒋公思想言论总集》卷12，台北：中国国民党中央党史委员会1984年版，第303页。

略的野心。"① 所以，在此国际环境之下，解决中日冲突最有效的办法就是将其放在整个国际环境中来解决。他相信，日本与欧美列强的世界大战一定会爆发，其爆发的时间很可能是1936年，因为，"英美日三国海军条约在这一年满期，日本退出国联后，一切权利义务也在这一年终了，特别是南太平洋委任统治地应当交还国联，美国的海军建设，英国的新加坡筑港，也在这一年完成，这些问题都足以引起世界大战。还有更重要的，苏俄的第二次五年计划在一九三七年也要完成，而且依第一次五年计划进行的速度来计算，或许在一九三六年可以提早完成，这是苏俄的敌人所最焦急而不能等待的"。②

　　蒋介石强调，在世界大战爆发之前，中国应避免与日开战，而把精力主要用于统一国家、发展经济、提高国力、巩固国防等方面，为以后的抗日做准备。他举例道："人家有组织有计划的国家，无论英美法意，或其它国家，如果没有准备好，无论他的敌国如何挑战，他总是沉毅忍耐，不轻易同敌国开战的。因此我们知道，凡是有组织有计划的国家，要爱护自己的国家，保存自己的民族，一定要能操必胜之权，然后才可同敌国开战。"③ 总之，蒋介石认为："这次大战起来的时候，就是我们中国生死存亡的关头，如果我们中国一般国民在这五年中间能够努力准备，到第二次世界大战时候，就可以做一个奋勇无敌的战斗员，就可以从世界大战中建立出一个新的中国，就可以在国际上得到独立平等，就可以富强，就可以复兴。"④

　　蒋介石认为，在为抗日做准备的过程中，最重要的是"剿匪"，是安内，因为"日寇敢来侵略我们的土地，甚至公然要来灭亡我们整个国家，就是因为我们国内有土匪扰乱，不能统一"⑤，只要国内真能统一安定，能够集中全国的力量，攘外就有绝对的把握，就一定可以消灭侵略我们的敌人。我们若能内部安定，一切统一集中，一分力量就可发生十分效用。反之，如

---

① 秦孝仪主编：《先总统蒋公思想言论总集》卷12，台北：中国国民党中央党史委员会1984年版，第304页。
② 同上书，卷12，第126页。
③ 同上书，卷10，第519页。
④ 吴淑凤编注：《蒋中正总统档案·事略稿本》第14册，台北"国史馆"2006年版，第50页。
⑤ 秦孝仪主编：《先总统蒋公思想言论总集》卷11，台北：中国国民党中央党史委员会1984年版，第66页。

果内部不能安定，一切不能统一集中，那么十分力量也不能发生一分效用。所以"外能否攘，就看内能否安，民族能否复兴，就看国家能否统一。所以现在御侮救国、复兴民族惟一要道，就是先求国内的和平、安定、统一、集中"。① 另外，如果在不剿灭"共匪"的情况下谋求"攘外"，会陷自己于腹背受敌之境，在战略上将居于必败之地，这样不仅不能救国，而且会加速国家的灭亡，因此，必须要照着古人所说的"攘外必先安内"来力行。除此之外，他之所以坚持剿灭中国共产党，是因为他认为"赤匪是不要国家不要民族不要祖宗父母的是丧尽天良没有人性的。我们是一个中华民国的国民，就应当要爱我们中华民国，尤其应当要拥护我们中华民国，但是共产党要听苏俄的指挥，要拥护苏俄，苏俄不是外国吗？为什么中国人要不爱中国而爱苏俄，不拥护本国而拥护外国"，这与卖国贼无异，因此必须将其剿灭。② 另外，他还危言耸听道："如果我们不把土匪打完，我们的国家，要变成一个禽兽世界了！所以我们非剿灭赤匪，不能维持从前祖宗遗下来的固有的道德，固有的知能，和继续发扬我们固有的历史文化！"③ 只有这样，中国人民才可以安居乐业，得到休养生息的机会，从而"衣食足、知礼义"，政府也可以从事各项建设，来富国强兵、抵御外侮，"如此国力自然可以天天充实起来，国家当然可以渐渐复形成来"！④

第二，要实现民族复兴，必须恢复固有的民族精神和革命精神。蒋介石认为，中国是一个具有五千年悠久历史的文明古国，不仅具有广袤的幅员、丰富的物产，而且具有优美的道德文化、高尚的立国精神，本应走在世界的前列，却弄到将要灭亡的境地，中华民族成了一个"苟且偷安，麻木萎靡，不能奋发自强的民族"，究其原因是因为当时的中国人具有一种很严重的毛病，即"只讲个人主义，争权夺利，把自己的利害，完全置于国家利害、民族利害与党的利害之上"，而这个毛病的病根则是"国民没有国家与民族的观念，将中华民族固有的民族精神完全丧失殆尽"，使得中国不断衰弱，民

---

① 秦孝仪主编：《先总统蒋公思想言论总集》卷 12，台北：中国国民党中央党史委员会 1984 年版，第 347 页。
② 同上书，卷 11，第 259—260 页。
③ 同上书，卷 11，第 407 页。
④ 同上书，卷 11，第 533 页。

族危机不断加剧,以致现在出现了亡国的危险。① 因此,蒋呼吁道:"我相信如果我们大家都有一个救国家救民族救党的志愿,都知道我们固有的民族精神,是复兴民族的唯一金丹,人人以恢复固有民族精神自任,我相信这毛病就立刻可以革除。"②

中国具有固有的民族精神,我们依靠这个固有的民族精神就可以复兴我们的民族。蒋介石在《革命哲学的重要》一文中指出:"凡是一个民族,能够立在世界上,到几千年不被人家灭亡,这个民族一定有其立国精神的所在,就是所谓'国魂'。""国魂是什么?就是民族的精神。"③ 他认为国家的状况和个人类似,个人由灵魂和躯壳组成,国家亦由国魂和国体组成,没有国魂的国家就像一个没有灵魂的行尸走肉,是不可能在世界上立足的。蒋认为,一个国家最重要的是内部团结、组织完善,而这些需要民族性来维系,一个没有民族性的国家是"散漫、腐败,没有组织,没有机能,遇了外敌侵入的时候,国内的败类、汉奸,不但不能团结抵抗,而且还要投机取巧,做出种种卖国的行为来!这就是现在中国的景象"。中国要复兴,养成优良的民族性是首要条件,而民族性的养成要靠固有民族精神的恢复,他明确指出"没有民族精神,他的民族性是无论如何不会养成功的"④,因此只要我们恢复固有的民族精神,就一定能够复兴我们的民族。

中国民族性的堕落和固有民族精神的丧失,开始于清政府的统治。"从前满清入主中夏,用尽方法把中华民族整个的民族性,完全摧毁;所以三百年来,一直到今天,中国民族性可以说是破碎无存!而全民族散漫懒惰,种种腐败情形,都暴露无遗,使得中国的国家到了今天,陷于不可救的绝境!"⑤ "我们中国的民族、国家,所以衰弱到这个地步,就因为从前满清摧残我们民族性,不许我们有民族的哲学;所以我们今天要抵御外侮,要民族生存,就是要赶快恢复我们的固有民族哲学!"⑥ 清政府被推倒之后,民族

---

① 秦孝仪主编:《先总统蒋公思想言论总集》卷 10,台北:中国国民党中央党史委员会 1984 年版,第 528 页。
② 同上书,卷 10,第 529 页。
③ 同上书,卷 10,第 577 页。
④ 同上书,卷 10,第 578 页。
⑤ 同上书,卷 10,第 579 页。
⑥ 同上书,卷 10,第 588 页。

性继续堕落，固有的民族精神没有得到恢复，原因在于袁世凯和北洋军阀的黑暗统治。他们为巩固统治，不择手段，"专拿金钱来收买军人，以利禄名位来笼络军人，并且背叛民国，造成各地军人拥兵自卫，割据火并的乱局，养成全国军人自私自利，贪污卑劣，骄奢淫逸，偷生怕死，互相欺诈，争权夺利的一切恶习颓风，因此军人的道德和人格，完全丧尽，而国家民族也就日益陷于危殆的境地了"。①

三民主义是中国的国魂，也就是中国固有的民族精神。三民主义思想是中国的正统思想，它渊源于"中国从古以来——尧、舜、禹、汤、文、武、周公、孔子一脉相承所流传下来的道统"②，"是我们救国保种、复兴民族惟一的光明大道"③。三民主义的主要内容是"忠、孝、仁、爱、信、义、和、平"八德，也可说是"礼、义、廉、耻"四维。实行三民主义的指导思想是"知难行易"思想，也可说是王阳明的"致良知"和"知行合一"思想，二者是相通的。"今天所讲的'致良知'三个字，是我们现在实行革命主义最要紧的'心法'，不但不与总理'知难行易'的学说相反，而且这两个学说，是互相阐发，实有相得益彰之效。"④ 实行三民主义要笃行，"笃行就是我们知道三民主义是好的，是可以救国的，无论如何，死心塌地，任何牺牲任何痛苦危险都不顾，我们只是实实在在去实行总理的三民主义；这样才能够说是笃行，才能叫做诚"。⑤

要实行三民主义，要从力行新生活做起。蒋介石认为，新生活就是现代国民合理的生活，只有人人力行新生活，"就可以成功一个堂堂正正的新国民，外国人看了，就不敢再来轻侮、侵略我们，我们就可以进一步来挽救国家，复兴民族"。⑥ 所以说实行三民主义，要从实行新生活开始；实行新生活，乃实行三民主义的初步。蒋所说的新生活是什么样子的呢？关于此点他曾在《新生活运动的意义与推行之方法》中谈道："凡现代国民无不有国家

---

① 秦孝仪主编：《先总统蒋公思想言论总集》卷12，台北：中国国民党中央党史委员会1984年版，第360页。
② 同上书，卷11，第9页。
③ 同上书，卷12，第452页。
④ 同上书，卷10，第542页。
⑤ 同上书，卷10，第607页。
⑥ 同上书，卷13，第196页。

观念，无不知人民应遵守法律，拥戴政府，爱护国家。中国一般民众固昧昧然不知有国家，更不知人民对于国家有如斯之神圣义务也。再就生活习惯行动而言：凡现代国民必求整洁，简朴，勤劳，迅速，确实，处处能守纪律，重秩序，有条理。而中国国民则处处表现零乱，散漫，污秽，浪费，偷惰，迟钝，虚伪，不重秩序不守纪律之情况。再就道德而言：凡现代国民必知爱同胞，孝父母，敬长上，有礼守法，重公忘私，舍己救人，互助合作。而中国国民，则处处表现自私自利，相争相害，冲突矛盾，幸灾乐祸，甚至落井下石之种种无礼义无道德之情形。以如此非现代之国民，当然不能构成巍然独立之现代国家，而与世界各国立于平等地位。外人视我国民之知识道德精神行动如此堕落，当然不认我为现代国民，亦不认中国为现代国家，而敢于任意侵侮压迫。吾故曰，中国民族之危亡，非由于飞机大炮不足，武力不如他人，乃由于丧失民族固有之精神与固有之美德，以及不能充实新时代之智识以继续发扬我民族固有之文化所致。故救亡复兴之道，首在恢复民族之固有美德以提高我民族精神，发扬我历史文化。新生活运动，即系应此时代要求而以复兴民族为其指归者也。"①

恢复中国固有的民族精神，是抵御外侮的根本方略。蒋介石认为要打败日本的侵略，首先要战胜它的侵略思想，日本的侵略思想也就是它的民族精神，即武士道精神。日本的武士道精神是什么样子呢？蒋认为它没什么稀奇，也不是日本固有的宝贝，"而是中国旧货被他们偷去，成了他们的民族精神"②，这个旧货就是王阳明的"致良知"和"知行合一"的哲学思想。蒋介石认为王阳明的"知行合一"思想和孙中山的"知难行易"思想是相通的，它们都是中国固有民族精神的一部分。因此，"我们要复兴我们固有的民族精神，方能打破日本的民族性——'武士道'"③；"惟有致良知才可以复兴我们的中国，惟有致良知才可以打败我们的敌人"④；"我们先要打破

---

① 秦孝仪主编：《先总统蒋公思想言论总集》卷13，台北：中国国民党中央党史委员会1984年版，第135—136页。
② 同上书，卷10，第601页。
③ 同上书，卷10，第604页。
④ 同上书，卷10，第530页。

他这种精神，才可以消灭他侵略的野心"①。

蒋介石认为国民革命军的革命精神与中国固有的民族精神是相通的，"要打倒日本侵略的精神，先要完成自己应该具备的革命精神——固有的民族精神"，那么这种革命精神是什么呢？"就是智、仁、勇。"② 这三达德与传统军人德性的五德"智、信、仁、勇、严"，"只有繁简之不同，基本的德性仍旧相同"。③ 在这三达德中，最重要的是"仁"，什么是"仁"呢？"就是我所说的'礼义廉耻'，乃为仁之内容，这礼义廉耻，就是我们的革命精神。"④ "'仁'性是我们军人精神的基本，亦是我们中国一切固有道德的一个中心，又可说是统摄诸德的一个最重要的元德，为我们中国尧、舜、禹、汤、文、武、周公、孔子，一直传下来的基本伦理，亦即中国数千年以来以道统相承的中心。"⑤

固有民族精神不断丧失的一个很重要因素是国民革命军革命精神的急剧丧失，使得国家蒙受了"丧师失地，分崩离析这样莫大的耻辱"⑥，恢复革命军的革命精神要靠军队中党政人员对广大官兵的精神教育。蒋认为党务工作人员或政治工作人员"是军队里一般官兵的教师"，他们应该负起军队精神教育的整个责任。要负起这个责任，"不是仅仅讲一讲主义，解释解释党义，并不是贴贴标语，叫他们喊喊口号，就可了事的"。这种只有形式、没有精神的做法不仅会丧失党政人员在军队中的威信，更会造成整个军队精神的堕落，"于是军队的党政工作全没有效果，而军队的精神也就一天不如一天，到现在已经堕落得不堪了"!⑦

因此，恢复革命军的革命精神应从恢复军队中党政人员的革命精神做起。蒋认为党政人员应以"礼义廉耻"为自身人格修养的准则和军队教育的中心原则，而军队教育的主要内容应是"体、智、德、群四育"。这四育

---

① 秦孝仪主编：《先总统蒋公思想言论总集》卷10，台北：中国国民党中央党史委员会1984年版，第605页。
② 同上书，卷10，第611页。
③ 同上书，卷12，第363页。
④ 同上书，卷11，第463页。
⑤ 同上书，卷12，第363页。
⑥ 同上书，卷11，第461页。
⑦ 同上书，卷11，第466页。

之中最重要的是体育，"因为一个人成功事业最要紧的条件也就是要有健全的体格和精神"。他宣扬应以德国、意大利、土耳其等国的"空气、日光、水"为口号，"时时与自然环境相接触，和一切自然的压力抗争，以锻炼成功我们钢铁般的身体和精神"！① 教育应分教和育两方面，教为知识的灌输，育为生活习惯（衣、食、住、行）的更正，即所谓的"一方面要做教师，一方面要做保姆"。②

综上所述，蒋介石认为："今后我们要想抵抗外侮，建立起一个新的中华民国，就要先恢复国家的灵魂，增进国家的人格，如要恢复国家的灵魂，就先要恢复我们军人的灵魂；要增进国家的人格，就先要恢复我们军人的人格。具体地讲，就是要扫除自袁世凯以来到现在为止的中国军人一切贪污卑劣自私自利，骄奢淫逸，偷生怕死的思想和行为，而恢复整个的中华民族固有的武德——智信仁勇严，继续中华民族一贯的道统，来尽忠于国家和民族，完成革命之使命！"③

第三，要实现民族复兴，必须大力发展教育、经济和建设国防。蒋介石认为："现在救国与复兴民族的途径，惟有第一注重教育，第二注重经济。"因为如果经济不能够恢复繁荣，教育不能够进步发达的时候，那么，无论我们国家有多少军队，物质无论怎样丰富，国家也一定会灭亡，不能存在的。关于经济对民族复兴的重要作用是毋庸置疑的。为什么蒋介石如此看重教育呢？因为他认为，当时的教育"既不是革命救国的教育，也不是复兴民族的教育，完全是亡国的教育"。④

当时的中国国力衰弱，屡遭日寇欺凌，"在这种情况之下要复兴民族，唯一的方法，就是要以教育代替武力，以教育的力量来复兴民族"，发展教育不是要放弃武力抵抗，而是希望通过教育增强武力抵抗的强度，他乐观地估计："这个教育的力量，虽不如武力之显明，而其力量之伟大，实超过武

---

① 秦孝仪主编：《先总统蒋公思想言论总集》卷11，台北：中国国民党中央党史委员会1984年版，第471—472页。
② 同上书，卷11，第473页。
③ 同上书，卷12，第364页。
④ 同上书，卷10，第658页。

力十倍百倍还不止。"① 这里所说的教育，可分为"教"和"育"两部分。我们一般所说的"教"是使受教育者懂得看书、写字，懂得算学、物理、化学、政治、经济诸般科学，蒋介石认为这样的教育，决不足以建设国家、复兴民族，这种教育，不能算是真正完善的教育，"真正完善的教育，一定要除这些科目以外，并且在教授一切科目之先，能将受教者教成一'人'！懂得做人的道理——礼义廉耻！"因此这里的"教"主要指人格教育，他认为只有这种教育"才是真正完善的教育"，因为这种教育能使人"明礼义，知廉耻，负责任，守纪律，能担当建设国家、复兴民族的重任"；"养"，又称养育，蒋介石认为，衣食住行虽为人人所能，但真正懂得衣食住行的要领，真正会吃饭、穿衣、住房子、走路的人，是很少的。普通中国人所谓吃饭、穿衣、住房子、走路，并不能算是真的衣、食、住、行！要如何才算得真的衣、食、住、行呢？简单地讲："必须要有一定的规律，一定的样式，必须整齐、清洁、简单、朴素。"他举例道，现在一般中国人，虽有材料很好的衣服也穿不整齐，有扣子不扣，还让它脏得不堪，帽子让它歪戴，鞋子不提鞋跟，这能算会穿衣吗？至于吃饭，不到吃完，就弄得菜汤饭屑满桌满地，狼藉不堪！吃完之后，碗筷随便一丢，乱七八糟就走了，没有人管。他哀叹道："这样一点清洁整齐的道理也没有，试问和普通动物吃东西有何区别！"因此，他要求人们养成"整齐、清洁、简单、朴素"的习惯，他认为具有这种生活习惯的人，是"真正实践礼义廉耻"的人，是真正符合教育目标的人，是真正能够实现民族复兴的人。②

要实现民族复兴，关键在于"攘外"能否成功，因此蒋介石在坚持"剿共"的同时，也在积极地建设国防，做"攘外"的准备。他的准备工作主要是从以下几个方面进行的：其一，整理军队。蒋介石认为，日本敢于侵略中国，虽然主要原因是共产党在国内的捣乱，但是中国军队的指挥不统一也是一个重要原因。所以他指出："我们要想雪耻，要想使国家独立复兴，第一紧要的事就是整理军队，使得军队真正能够统一集中，切实

---

① 秦孝仪主编：《先总统蒋公思想言论总集》卷12，台北：中国国民党中央党史委员会1984年版，第62页。

② 同上书，卷12，第64—66页。

听中央的指挥。"① 其二，发展新式兵种：空军、骑兵和工兵。蒋介石认为，日本的空军非常强大，中国要抵抗日本的侵略，也必须大力发展空军，"我们要挽救国家，复兴民族，要将国家民族从万分艰难危急中救转来，非赶紧建设与发展空军，即奉行总理航空救国的遗训不可"。② 之所以要大力发展骑兵，是因为在现代化的战争中，需要大量的快速反应部队，但是由于中国国力不足，难以建立现代化的机械化部队，只能建立骑兵，因此蒋介石呼吁道："我们要建设国防，复兴民族，不可不将新骑兵尽早建立起来。"③ 另外对工兵的发展也不能轻视，因为在未来的战争中，"敌人的武器之精锐、火力之猛烈，是空前未有的"，我们只有建立坚固的国防工事，才有可能补救我们军队的缺点，所以他认为只有造就健全的工兵，才能"建立健全的国军，来担当复兴民族的责任"。④ 其三，"不仅军队本身要强化，而且要强化整个的社会"。蒋介石认为，国防建设，不能只注重军队方面的建设，也要注意对民众的训练，使国民能够"人人有训练、有组织、有浓厚的国家观念，知道自己对于国家应尽保护的职责，而且都有'执干戈以卫社稷'的尚武精神和军事技能"，并且"要分区实施兵役，逐渐推行征兵制度，以巩固国防基础"。⑤ 其四，建设民族复兴的根据地。蒋介石认为，要实现民族复兴，必须在世界大战爆发之前，竭力准备，积极备战，但在时间紧迫、人财物力缺乏、国家尚未真正统一的情况之下，"只能在整个国家与民族利益之立场择定条件最完备之区域，集中人才物力准备一切，使成为民族复兴之最坚实的根据地"。⑥ 在他的心目中，"川、滇、黔要作我们革命党革命建国与复兴民族最后的最重要的根据地"。⑦ 因为四川具有优越的自然环境，深厚的文化基础，优良的革命传统，"实在不愧为我们中国的首省，天然是复

---

① 秦孝仪主编：《先总统蒋公思想言论总集》卷 10，台北：中国国民党中央党史委员会 1984 年版，第 518 页。
② 同上书，卷 12，第 219 页。
③ 同上书，卷 13，第 506 页。
④ 同上书，卷 14，第 204 页。
⑤ 同上书，卷 14，第 246 页。
⑥ 同上书，卷 12，第 100 页。
⑦ 同上书，卷 13，第 348 页。

兴民族最好的根据地"①；云南具有和美的气候条件，丰富的矿产资源，是发展工业的理想之地，再加上当地民风淳朴，保留了相当多的固有民族精神，能够物质建设与精神建设并举，所以"不要多少时候一定可以造成工业化的新云南，作为复兴民族的基础"②；贵州与川、滇相连，并具有丰富的资源，而且没有受过任何外力侵略的影响，是中国主权最完整的一个地区，所以"贵州最容易建设，也最应迅速建设成为民族复兴的一个基础"③。据此，他乐观地断言："我们本部十八省哪怕失了十五省，只要川滇黔三省能够巩固无恙，一定可以战胜任何的强敌，恢复一切的失地，复兴国家，完成革命。"④

第四，实现民族复兴，必须实行一个主义、一个政党、一个领袖，全党（国民党）全民都要绝对服从他的领导。1933年9月，蒋介石在江西对一批国民党干部发表演讲时，则直接表露了建立法西斯主义个人独裁的野心："法西斯主义的一个重要观点是绝对信任一个贤明和有能力的领袖，除了完全信任一个人外，这里没有其他领袖和主义。"⑤ 然而，当时国民党的主导理念是三民主义，蒋介石本人更是标榜自己是孙中山三民主义最忠实的信徒，在这样的背景之下，蒋介石不可能完全取法西斯主义而舍三民主义。因此，蒋介石把法西斯主义与三民主义进行了嫁接，并将其包装成了民族复兴思想。蒋介石的民族复兴思想为其独裁统治找到了理论依据，为其独裁统治披上了合法外衣，极大地加强了他的独裁统治。

为了贯彻实行蒋介石民族复兴思想中所宣扬的一个主义、一个政党、一个领袖的独裁理论，从1933年开始，军委会每年夏天都在江西庐山举办庐山军官训练团，其训练宗旨是"坚定其对于主义之信仰，陶冶其高尚之道德"。受训单位为全国各部队，包括东北军、晋绥军、西北军等各军系。蒋介石在此期间明确要求各派的军官们，"认定自己是一个中华民国的国民，

---

① 秦孝仪主编：《先总统蒋公思想言论总集》卷13，台北：中国国民党中央党史委员会1984年版，第463页。
② 同上书，卷13，第183页。
③ 同上书，卷13，第177页。
④ 同上书，卷13，第349页。
⑤ [美]易劳逸：《流产的革命：1927—1937年国民党统治下的中国》，中国青年出版社1992年版，第58页。

是中华民国国民革命的军人,要来担负复兴民族,完成革命,实现总理的三民主义之责任,竭尽我们做国民做军人和做革命党员的本分"。① 庐山军官训练团产生了优良的成绩,提高了蒋介石在地方派系军人中的威望,一位受训的军官曾在日记中记载道:"庐山训练的最大成果,为大家都感觉国家需要统一,要统一由军人做起,尤其统一意志集中力量,才能御侮图存,在精神上、意志上趋向于中心信仰最高领袖,每个受训学员都有一种新的醒悟。"② 受训军人对蒋介石民族复兴思想所宣扬的一个主义、一个政党、一个领袖的独裁理论的认可,巩固了其独裁统治地位。

　　蒋介石的民族复兴言论发表以后,其他国民党要员也各取所需,纷纷撰文阐述自己的民族复兴主张。陈立夫对蒋介石的"要实现民族复兴,首先要恢复固有的民族精神"思想进行了进一步发挥,他指出,中华民族是一个适应性、生存性很强的民族,具有优良的民族性,中国之所以会沦落到今天几乎亡国的境地,是因为"民族精神之消沉与国魂之丧失",特别是与中国竞争的国家"富于民族性及具有国魂",其团结力、组织力均强于中国。因此"我们现在要救中国,必须先从恢复我们固有的民族性起",那么民族性是什么呢? 他认为,民族性就是一个民族适合生存的几种精神方面的特殊条件,表之于外面就是通常所说的民族的精神,恢复了民族精神,就能光大民族性。而要恢复民族精神,须先恢复民族的自信力。要恢复民族的自信力,就要认清民族精神的原动力。"原动力为何? 曰诚是也。""诚"既是民族精神的原动力,也是实现民族复兴的原动力。因此,文化复兴是民族复兴的前提,"能建设中国文化,才能谈到复兴民族"。③ 周佛海也对蒋介石的"要实现民族复兴,首先要恢复固有的民族精神"思想表达了自己的看法,他认为单纯恢复民族固有的精神,是不能够达到精神建设的目的的,因为"祖宗遗留的各种美德,自然应该发扬光大;然而一方面发挥道德的民族性,同时不能不承认道德的时代性。中国现在无论哪一方面,经济建设、政治制度以及社会组织都要努力现代化,同样我们的社会道德也要努力现代化。在民族性

---

　　① 秦孝仪主编:《先总统蒋公思想言论总集》卷12,台北:中国国民党中央党史委员会1984年版,第279—280页。
　　② 《万耀煌将军日记》(上),湖北文献社1978年版,第173页。
　　③ 陈立夫:《民族复兴的原动力》,《海外月刊》1932年第1期。

的基础上加以时代性的成份"。① 邵元冲的民族复兴主张和周佛海的主张稍有不同,他认为要实现民族复兴,虽然要注重精神建设或心理建设,但更要注重党的建设。邵元冲认为长久以来,自从孙中山建立兴中会以来,国民党(前期是同盟会)人为实现民族复兴奋斗了很久,但是一直没有成功,除了帝国主义的迫害和反革命势力的侵害之外,党的内部"意志和行动不能统一,所用的力量不能用在该用的地方,不能尽量把力量在有效方面去努力,不能够把非必要的精神力量减省下来,做有效的工作,更是一个重大的原因"。② 因此,要实现民族复兴,一定要注重党的建设。对于蒋介石"实现民族复兴,要从社会下层工作做起"的思想,陈果夫主要针对如何实现农村复兴,提出了自己的主张,他认为复兴农村要从修治水利、限制农产品价格的低落、设立农村金融机构和奖励副产业四个方面来着手。③

蒋介石的民族复兴思想在地方实力派中也产生了一定影响,例如,李宗仁发表了《民族复兴与焦土抗战》(《东方杂志》1937年第34卷第1号)、张学良发表了《中国复兴的前途》(《励志》1936年第43期)、冯玉祥的《复兴民族的基本方策》(《东方杂志》1937年第1期)、傅作义的《用鲜血争取民族复兴》(《月报》1937年第7期)和余汉谋的《国民经济建设与民族复兴》(《广东经济建设月刊》1937年第1期)等。其中值得一提的是李宗仁的言论,他在《民族复兴与焦土抗战》中对蒋介石民族复兴思想进行了多方面的批评:"吾人今兹所亟欲探讨者,尚不在于奢谈复兴民族之任何政治主张或五年十年之远大经济计划,目前唯一要求,即在如何集中全国人力物力以抢救此行将覆亡之国家民族耳!""夷考此不抵抗论之产生,不外基于下列各种观点……第五,认为日俄、日英、日美之冲突日益尖锐,第二次世界大战之爆发当在不远,故中国此时必须隐忍自重,以徐待国际机会之到来。"④

除了发表演讲、文章宣传和提倡民族复兴的思想外,在蒋介石的授意下,国民党及其系统,如力行社、青白团和政学系等,还先后创办了多种报

---

① 周佛海:《精神建设与民族复兴》,《文化建设》第3卷第1期,1936年10月10日。
② 邵元冲:《党的建设与民族复兴》,《中央周刊》1934年第324期,第7页。
③ 参见陈果夫《复兴农村》,《河南教育月刊》1933年第12期,第141—143页。
④ 李宗仁:《民族复兴与焦土抗战》,《东方杂志》第34卷第1期,1937年1月1日,第17页。

刊，进行民族复兴思想的宣传，如力行社创办的《前途》杂志，青白团创办的《政治评论》《文化建设》《晨报》《人民评论》《社会主义月刊》等，其中影响最大的是我们前面提到的《复兴月刊》。1932年6月19日，以政学系成员为主要骨干的新中国建设学会在上海成立，蒋介石的老朋友黄郛任理事长，学会的成立得到了蒋介石的赞许和资助。据黄夫人回忆："几年来膺白（黄郛字——引者）对当局建议，他有两点很显原则：为国家，为国民。建设学会的事，他都陈说于蒋先生，请赞许和帮助。学会不但为问题研究，且须实地考察，其中可能有不少非党员，甚至不赞成党治而亦是爱国有识之人。"① 新中国建设学会"以集合全国有致力学养共图国家及社会之新建设为宗旨"，并于1932年9月1日创办《复兴月刊》，赵正平任主编，将会员调查、研究所得披露于该刊物，以就教于社会，与全国有志之士，"共坚复兴之心，共奋复兴之力，并共敦复兴之品"，为实现民族复兴，共济时艰。② 此外，国民政府1934年及其后所发动的一些全国性的运动，如"新生活运动""国民经济建设运动""本位文化建设运动"等，一般也多打着复兴中华民族的旗号，其中的"新生活运动"本身就直接标榜为"民族复兴运动"。这正如黄兴涛所指出的那样，这些运动对于"九一八"后民族复兴思潮的形成也产生了相当明显的影响。③

在蒋介石及国民党人的推动下，"民族复兴"迅速成为官方和社会舆论的强势话语，这对民族复兴从思想发展成为思潮起了一定的促进作用。

（四）知识界关于民族复兴问题的讨论

随着民族复兴思潮的形成，知识界围绕民族复兴的有关问题展开了热烈讨论。④ 中华民族有无复兴的可能？这是"九一八"后面对日益严重的民族危机，广大国民最为关心的一个问题。对于这一问题，"希声"在《关于民族复兴的一个问题》中作了肯定回答。他在文中写道：现在大家所关心的，

---

① 沈亦云：《亦云回忆》下册，台湾传记文学出版社1980年版，第436页。
② 黄郛：《复兴月刊发刊词》，《复兴月刊》第1卷第1期，1932年9月1日。
③ 参见黄兴涛、王峰《民国时期"中华民族复兴"观念之历史考察》，《中国人民大学学报》2006年第3期。
④ 参见郑大华《"九一八"后的民族复兴思潮》，《学术月刊》2006年第4期。

是"民族复兴到底可能不可能"。从生物学上讲，一种有机体衰老了是不会返老还童的。然而民族不同，其生命的延续全在新生物与旧生物的代谢。假如我们相信环境于生物影响的重要，则每一期新陈代谢之间，都有一个复兴的希望，也就是说，以新环境来造成新生命。"如是则问题也就不在民族复兴的可能与不可能，而在于能不能造成民族复兴的新环境了。"① 换言之，民族复兴不是能不能的问题，而是我们为不为的问题，即能否造成民族复兴的新环境。和"希声"一样，梁漱溟也是从个体生命与集体生命之异同立论，来肯定中华民族能够实现复兴的。他承认，由于文化早熟，中华民族已经衰老，但衰老并不等于死亡，相反有返老还童、"开第二度的文化灿烂之花"的可能。因此，他要人们相信：尽管面临着严重危机，但中华民族不仅不会灭亡，而且一定能够复兴。②

与"希声"、梁漱溟不同，张君劢主要从民族主义思想的发达与否着眼，说明中华民族存在着复兴的可能性。他指出，民族主义思想的发达与否，决定着一个国家的强弱盛衰，中华民族是有几千年历史的伟大民族，其政制、伦理和美术都有其独特价值，然而自从世界大交通后的近百年以来，中华民族却大大落后于"欧美诸国与其他近世国家"了，甚至受欧美列强和日本的任意蹂躏和宰割，其根本原因就在于国民的民族主义思想淡薄。因为自古以来环绕中国四周而居住的都是一些比较落后的"蛮夷"，无论宗教还是经济都远不如中华民族，文化亦不能与中华民族相提并论，而中华民族对待他们又往往以宽大为怀，故在长达几千年的历史期间，形成民族主义思想的环境始终未能具备，中国人民头脑中充满的是"天下"观念，而非民族意识。与中国不同，欧洲国家到处可见发展水平相差不多的民族。因有外民族之故，国民的民族意识特别强烈。这也是近代欧洲国家所以强盛的根本原因。"九一八"后，中华民族的这种淡薄的民族主义思想意识因日本帝国主义的侵略而变得强烈起来。所以日本帝国主义的侵略，既给中华民族带来了深重灾难，同时又在客观上为中华民族的复兴提供了一大转机，使之成为

---

① 希声：《关于民族复兴的一个问题》，《独立评论》第65号，1933年8月27日。
② 梁漱溟：《精神陶炼要旨》，《梁漱溟全集》第5卷，山东人民出版社1992年版，第505—506页。

可能。①

　　张君劢还从中国悠久的历史本身来寻找中华民族具有复兴能力的证明。他指出：历史上中国曾遭遇了种种挫折，但每次挫折之后都能迅速从挫折中奋起，实现自我更新，从而维持了中国几千年的香火不断，成为世界上唯一一个还立于世界国家之林的文明古国。这说明中华民族具有较强的复生能力。他在《中华民族之立国能力》一文中写道："世界史上之古民族，若埃及若安息若希腊若罗马，早成历史上之陈迹，而吾中华之历史，未尝一日中断焉。其他民族盛极一时，不久而衰败，吾中华自汉魏以降，吸收印度与西域之文明，以成唐代文艺宋明儒学之复兴，自政治上言之，亡于元而复于明，亡于清而复于民国，皆吾民族富于复生能力之明证焉。"② 张君劢还进一步详细地剖析了中华民族之所以能够"经久长存"的原因：第一，从文化上看，"历史昭示我们，中华民族因有优越的文化"。这种"优越的文化"具有很大的同化力，能慢慢同化外来的异族且最终将之驱赶出去。这说明了，"这个民族即便在异族政府的黑暗时代，亦能不屈不挠坚贞不渝"。第二，中华文化与其他文化本身存有较大的差别，这些差别也造就了中华民族能够长久存在。第三，传统中国坚持的是大家庭的制度，农业社会对人口的需求及祭祖等风俗使得中国出生率未曾减少，这也是民族能存活至今的重要原因。第四，汉族本身是一个具有较大吸引力的民族。历史上的中国异族之易于同化，足证其对汉族之钦羡。而汉族吸收其附近之异族后，声势益大，成为东方文化之支配者。汉族构成了中华民族能够绵延至今的重要元素。第五，中国只存在一种官话，这对思想的交换、书籍的流通有利，且汉字也能为一般人所识，这为中华民族的长久存在提供了一种语言的基础。第六，中华民族"独有的哲学"为"中华民族之不老"提供了"仙丹"。中国哲学在求"善"，"注重内心的活动"。在这种"以整个的人群为念，不以阶级或个人为意"的"善"的观点引导下，中华民族家庭和谐，阶级斗争也绝无所闻，中华民族与异族和善相处，异族对中国文化自动归于同化。但是，中华

---

① 张君劢：《中华民族复兴之精神的基础》，《民族复兴之学术基础》卷下，再生社1935年版，第68—70页。

② 张君劢：《中华民族之立国能力》，《再生》第1卷第4期，1932年8月20日。

民族并非任何时候都是和善的,在国破家亡的关键时刻,是能起来共同御敌的。① 所以,"以以往四千年历史为凭,中国决能复兴。一二百年的历史不算回事,几十年的盛衰看不出兴亡的关键,总得要从长处看,中国决有办法,决不要悲观"。②

赵正平否认中华民族已经衰老,而是认为"我中华民族实具有至强大的少壮根性,随时有突趋复兴的可能"。他指出,尽管目前的中华民族是十二分的艰难,政治、经济、教育、国防、学术等样样都落后于欧美国家甚至日本,国耻越积越多,而自私者如故,民生穷得垂尽,而争利者如故,但这只能由一小部分人负其责任,而不能归咎于民族全体,更不能指为民族性的衰老。因为民族生命与个人生命截然不同,个人生命有少壮老死几个阶段,民族生命则生死代谢,壮老递嬗,绝不能划分某一时期之民族为少为老。"离离原上草,一岁一枯荣。野火烧不尽,春风吹又生。"这四句诗,正可借来说明民族性。今年的原草,同十年百年后的原草,当然是一样的,不能说哪一种草新些,哪一种草老些,因为草的根株是从老根上长出的新芽,年年推陈出新。而且在人类进化说没有被颠扑以前,人的智力势必演进无已,构成整个民族的各分子,越到后来,其聪明才力,必愈形进化。已立国四千余年之久的中华民族,较之立国仅仅数百年乃至一二千年之久的民族,或较之立国在两千、三千、四千年时候的本民族,现在所有的聪明才力,必有过之而无不及。现在的中华民族,尽管物质创造的天才未能尽量地发挥,然而比较百年前毫无科学观念的时代,已迥然不同。这是中华民族绝对没有衰老的浅证。另外,要研究中华民族性是不是已衰老,历史的变迁是最有价值的资料。假定现在的中华民族已经衰老,那么在历史上必定有一开始衰老的时期,这开始衰老的时期,假定在五百年前,那么五百年来的地位必定是逐渐向下。又使假定在一千年以前,那么一千年来的民族地位也必定逐渐向下。他分七个阶段对几千年来的中华民族历史进行了考察并得出三点结论:"第一,可证明几千年来之中华民族,绝对不能指出哪一个时期有衰老的倾向";"第二,可证明民族的兴衰,非但没有渐变的年龄性,且并没有规则的运命

---

① 张君劢:《中华民族之长生术》,《再生》第3卷第12期,1935年2月15日。
② 张君劢:《中华新民族性之养成》,《再生》第2卷第9期,1934年6月1日。

律";"第三,"我中华民族实具有永久生存伟大动力"。① 不久,他在《短期间内中华民族复兴之可能性》一文中又提出,要回答中华民族能否于短期内实现复兴,首先必须回答这样一个问题,即中华民族的衰落是由民族性引起的,还是有其他方面的原因?如果是前者,那么,要复兴中华民族必先复兴民族性,而民族性的形成与复兴绝非短期内能够实现的,所以中华民族也就不可能在短期内实现复兴;如果是后者,民族性只是造成中华民族衰落的原因之一,而非唯一或主要原因,那么,"我中华之中衰,实为一时的病象,病源剔除,病象自去,事犹一转移间,是最短期间内民族复兴为必可能也"。在他看来,虽然中华民族的民族性存在着一些"短处",但它并不像有些人说的那样已经"衰老"或"堕落",绝不是"八十年来民族中衰之因素",因此,"以现在之民族性",只要我们处置适当,运用得宜,"举国才智,一致为民族复兴努力,则不出十年,国运勃兴,将沛然莫御"。② 为了说明中华民族能够在短期内实现复兴,赵正平还在《复兴月刊》第1卷第1—5期上发表了一篇题为《中华民族复兴问题之史的观察》的几万字长文,通过对几千年中国历史的观察,他得出结论:"几千年来的中华民族曾遭遇多少次的压迫,翻过来曾演出多少次的复兴,以这样悠久健全的民族精神,说是今后没有复兴性,这是万无此理。"因此,"我们要有自觉自信,中华民族的复兴,是必然的可能"。③

  作为清华大学优生学教授,潘光旦也不赞成中华民族"老大"或"衰老"说。他指出,人们常说中华民族是"老大"民族,如果说"老"字指的是中华民族的历史、文化和语言文字,这没有错,但如果指的是中华民族本身,这就有问题了。因为根据澳洲泰雷教授的人种分类方法,形成中华民族的若干种族,实际上出世得都比较晚,年纪也比较轻,在演化的过程中,凡是出世得比较晚的,其"位育力"都较强。就此而言,与其说中华民族是"老大"民族,还不如说中华民族是"一个发育不甚健全的青年"。如以年岁而论,中华民族比西方的很多民族都要小,真正老的是西方民族,但西

---

  ① 赵正平:《中国民族复兴问题之史的考察》,《复兴月刊》第1卷第1期,1932年9月1日。
  ② 赵正平:《短期间内中华民族复兴之可能性》,《东方杂志》第31卷第18号,1934年9月16日。
  ③ 赵正平:《中华民族复兴问题之史的观察》(结论),《复兴月刊》第1卷第5期,1933年1月1日。

方民族"老而不朽"。中华民族因发育不全,"不免有老气横秋之概",是"少老",而不是"真老",更非"衰老"。这也是中华民族有可能实现复兴的重要原因。因为,"要是一个民族真是上了年纪的话,它的前途,当然是不会很大。但只是发育不全,只是元气上受了些磨折,那么,前途便可以大有作为"。[①]

寰澄从"中华民族之复兴与世界之关系"的角度,论证了中华民族复兴的可能性及其重要意义。他指出,世界上有些人因"不知我之文化,不知我之历史",其论中华民族多有"失当之处",比如德皇威廉二世创黄祸之说,"使西方人惕息不宁";更有人以鸦片缠足之旧恶习、军阀土匪之现状,来轻蔑诋毁中国。实际上,"我五千年之文化,五千年之历史,危而不亡,颠而不倾,固自有精湛之特性,而非其他民族所能企及者"。这主要表现在四个方面:"(一)民族极端爱好和平之民族。"中华民族是文化之民族,而不像匈奴、突厥、蒙古、日本等是好战的民族,其代表固有文化、支配数千年之人心的,是孔子老子的学说。他们皆以不争为原则,老子主和同,孔子崇礼让,而厌兵非战,则二氏所同。"(二)我民族为抵抗力极富之民族。"中华民族虽然爱好和平,反对战争,但对于非正义的侵略战争,则予以坚决抵抗。在中华民族的历史上曾涌现出许许多多的反对外族入侵的可歌可泣的英雄人物。中华民族与生俱来就带有抵抗外来侵略的血液,涤之不得,除之不能,中华民族的民族特性如是,数千年之遗传也如是,世界上既然有侵略民族,那么不抵抗就无以保卫和平,"和平之于侵略,似本反而实本成也"。"(三)我民族为同化力极大之民族。"中华民族的同化力强,这是历史学家所公认的事实,不容置疑。有人认为,历史上被中华民族所同化的民族,如匈奴、契丹等,都是些落后民族,中西交通之后,中华民族所面临的是物质文明比中国更进步的西方民族,那么中华民族是否有被西方同化的可能?其实这是杞人忧天之论,因为中华民族的文化根基深厚,非一般没有文化根基的落后民族可比,"东西文化接触之后,将酝酿孕成一种新文化",而不存在中国被西方同化的可能。对此,我们要有充分的自信。"(四)我民族为蕴藏极大富力之民族。"中华民族是勤劳节俭的民族,富于生产力,这已为

---

① 潘光旦:《民族复兴的一个先决问题》,《东方杂志》第31卷第18号,1934年9月16日。

世界各国所公认,加上中国地大物博,资源十分丰富,只要我们善用富力,中国就一定能富强起来,根本无须"以目下之民穷财尽自馁"。总之,他强调指出,具有上述这些"精湛之特性"的中华民族一定能够实现复兴,世界各国也"不必以我民族之复兴而惴惴危惧"。在中华民族复兴的过程中,"各国援我者,不啻自援,助我者,不啻自助"。因为,"必中华民族复兴,然后世界恐慌可以安定;必中华民族复兴,然后世界弭兵可以成功;必中华民族复兴,然后世界资本主义与社会主义可以安稳过渡"。因此"更为一言以告我民族曰:我侪生而为中华民族,不徒负复兴中国之责任,直负复兴全世界之责任"。① 郑重从"历史""事实"和"各国"三个方面,来"作证"中华民族的复兴是完全可能的:(1)以历史来作证:我们翻阅历史,中国受异族压迫,其一为周末匈奴之南侵,其二为魏晋时之五胡乱华,其三为唐初之突厥为患,其四为五代时契丹之割地,其五为宋代辽金入寇并元人入主中原,其六为"满清"入关称帝,这些外患卒因中国民族能努力奋斗,以致一兴于汉,再兴于隋,三兴于唐,四兴于宋,五兴于明,最后更兴于中山先生一手肇造之民国,这"从历史上证明中国民族复兴并不是不可能的事"。(2)以事实来作证:自"九一八"后东三省沦亡,义勇军遍地兴起,如嫩江、长城,特别是上海战役,表现出的是中国民众的伟大力量。前线的军民,以徒手之众,愿入炸弹如雨毒气如云的火窟,以血肉之躯,甘和重炮飞机坦克车相周旋,其意志之坚决,足比日月,其牺牲之精神,更憾敌人;后方的民众,更全体动员,捐衣输食,剧战时,北平与定县公路上,多农民输给养运伤兵之牛车;沪战时,十九路军中,更多数十数百投军之市民,"这些事实证明中国民族精神未死,而且更是复兴中国民族的基础"。(3)以各国来作证:德国是欧战的战败国,割地赔款,民穷财尽,但仅仅10多年的奋斗,就已恢复了大国的国际地位;苏俄从一个非常落后的农业国,经过五年计划,一跃而成为先进的工业国;被称为东亚病夫的土耳其,也只10多年时间,就实现了民族复兴,"这更给我们新的模范与新的勇气——中国民族复兴无疑是可能的"。②

---

① 寰澄:《中华民族之复兴与世界之关系》,《复兴月刊》第1卷第1期,1932年9月1日。
② 郑重:《民族复兴方案》,《学艺杂志》第13卷第6号,1934年。

郑宏述的《文艺之民族复兴的使命》一文用诗一样的语言写道：尽管中华民族面临着空前的生存危机，但中华民族整个的力量并不曾消失，更不曾毁灭，只是沉潜着、蛰伏着而已，稍一拨动，就会如火山的爆发，如巨川的奔腾，像狂飙的倏尔高扬，像怒涛的凭空陡起，在四万万同胞的"振臂一呼"中，中华民族一定能够实现复兴。① 针对少数人对民族能否复兴的怀疑，吴其昌再三强调，中华民族的复兴，"不是'能''不能'"的问题，而是"'为''不为'"的问题，只要我们埋头苦干，努力地"去做复兴的工作"，中华民族就没有不复兴的道理。② 林一新指出："现在是我们中国民族受难的年代，但同时也是我们走向民族复兴的过渡时期。"一个人或一个民族，在他受苦受难的年代，也正是认真研究和总结历史教训的最好时期，痛定思痛，才能"使其沉思默虑，卧薪尝胆，以图振作"。我们要相信，"新的民族复兴依着客观之发展是必然的到来"，现在摆在中国人面前的任务，不是怀疑中华民族能否复兴的总要题，而是如何"学习法兰西的教训"，即在民族复兴之阶段到来之前，"能发生一个大的进步的思想运动，便可加速这个新阶段的到来，且可使在更有利的形式中推往前进"。③ 平凡在《中华民族之危机及复兴与民族复兴运动之史的论证》一文中，"确信中华民族在死里求生的努力之下，尚有发扬光辉之必然结果，盖证以中外古今历史的事实，益信中华民族复兴运动之伟大的成功，是在不久的将来"。因为，"历史上关于民族复兴运动所昭示于吾人"三个"信仰"：其一，"凡一民族，具有其相当文化而已结合成一强固之民族性，则此民族绝不灭亡"。其二，"凡具有相当文化之民族而成为单一民族性之国家者，任何外来势力图谋消灭此民族，其结果外来势力必归失败，而此固有民族之团结，愈形巩固"。其三，"任何强大民族妄欲以其武力征服其他语言文字风俗习惯等一切文化不相同之民族，其统治方法，无论武力政策或同化政策，假使这些被征服民族始终保持其固有民族性，则统治者终必失败而无疑"。④

为了说明中华民族能够实现复兴，一些学者还分别考察了美国、土耳

---

① 参见郑宏述《文艺之民族复兴的使命》，《复兴月刊》第 2 卷第 4 期，1933 年 12 月 16 日。
② 吴其昌：《民族复兴的自信力》，《国闻周报》第 13 卷第 39 期，1936 年 10 月 5 日。
③ 林一新：《中国思想发展之回顾及其前途》，《文化建设》月刊第 1 卷第 7 期，1935 年 4 月 10 日。
④ 平凡：《中华民族之危机及复兴与民族复兴运动之史的论证》，《西北公论》第 1 卷第 5 期，1933 年。

其、俄罗斯、波兰、欧战后的德国和意大利等国家历史上的民族复兴运动,如孙几伊的《战后德国人民对于复兴底努力——从凡尔赛会议(1919)到洛桑会议(1932)》(《复兴月刊》第 1 卷第 1 期,1932 年 9 月 1 日)、寿宇的《欧战后意大利的复兴》(《复兴月刊》第 1 卷第 1 期,1932 年 9 月 1 日)、岑有常的《波兰复兴伟人毕尔苏斯基》(《复兴月刊》第 1 卷第 1 期,1932 年 9 月 1 日)、甘豫立的《土耳其之复兴》(《复兴月刊》第 1 卷第 2 期,1932 年 10 月 1 日)、王雨桐的《美国复兴运动之总检讨》(《复兴月刊》第 2 卷第 8 期,1934 年 4 月 1 日)等,并得出结论:既然历史上的美国、土耳其、俄罗斯、波兰以及欧战后的德国和意大利能够实现复兴,今天的中华民族为什么就不能实现复兴呢?当然,除了论证中华民族亦能像这些国家那样实现复兴外,学者考察美国、土耳其、俄罗斯、欧战后的德国和意大利等国家历史上的复兴运动,还为了给中国的民族复兴提供历史的借鉴。例如,孙几伊的《战后德国人民对于复兴底努力——从凡尔赛会议(1919)到洛桑会议(1932)》一文的"导言"开宗明义便写道:"国难!国难!许多人都这样嚷着。我们如果具体地问,我们所遭的那几种难,综合起来,才叫国难。照一般的答复,一定是去年九一八以来日本的侵略暴行,湘鄂赣皖闽粤等省的赤色恐怖,以及去年全国十六省的大水灾。不错,这确然是国难。但是战后德国所遭的,较诸我们现在所遭的灾难,还要严重得多。我们且看德国国民所遭的难是怎样?他们在难中怎样的挣扎,他们又怎样从难中找着出路。现在我们虽不敢说德国已经复兴了,但是事实告诉我们,德国已经从凡尔赛和约的层层枷锁之下,一步一步地解放出来,无论从政治、经济哪一方面看,它在现代国际间都不失为世界领袖之一。这当然不是侥幸得到的,在过去十四年中,德国国民无时无刻不在挣扎之中,现在还继续挣扎着……不过挣扎不是盲目的叫和跳,也不是可怜的哀号。要知道挣扎的正当方法,请看以下所述的德国国民挣扎的事实。"因此,该文除了简略地介绍了欧战后德领土丧失、海外殖民地全部丧失以及因赔偿及恢复原状所受的经济损失等"国难"外,重点介绍了"德国国民怎样挣扎"和"德国怎样找寻出路"。在文章的结尾,作者又写道:"最后我得声明一句话,我劈头虽提起中国的国难,但决不希望要叫中国同胞来走德国已走的路,因为世界上决没有万应灵药,而且外国的方法,未必适用于中国,我只是忠实地叙述德国国民十三年来挣扎的经过和所得到的成果,使中国同胞知道像德国所遭这样严重的国难,倘有出路可走,可见有志者,事竟成。借此贡献给我国有志者作一种鼓励之资。"[1]《行健旬刊》还开辟了"他山之石"专栏,先后发表了百川、则文的《德国民族之复兴》(第23期)、则文的《波斯民族的复兴》(第27期)、则文的《朝鲜民族之复兴运动》(第31期)、一叶的《土耳其民族之复兴运动》(第32期)、则文的《印度民族之复兴运动》(第34期)和《阿拉伯华哈壁民族复兴运动》(第37期)等一系列文章。

人们在肯定中华民族能够实现复兴的同时,也指出了它的艰巨性。吴泽霖在《民族复兴的几个条件》一文中开篇便写道:"民族复兴在今日的中国,已成为上下一致努力的运动。既云'复兴',就暗示着以前曾有过一个全盛时期和一个中衰时期,否则就用不着'复'了。不过民族复兴并不是一件轻而易举的事,决不是单靠传单、标语、口号等宣传所能济事的。一个民族,正如一个家族一样,发展到某种程度以后,或许以后就无从复兴起来……所以民族复兴,并不在乎复兴意志的强弱,而在复兴条件的是否存在而定。"在他看来,民族不仅仅是一种人口,更不仅仅是一种文化,民族是指一个区域内一群具有相同的言语、习惯、风俗、宗教的人民。所以,民族能否复兴取决三个基本条件:一是物质环境是否丰富以及是否能充分利用,以满足全民族的根本需要;二是生物方面人口能否比以前有较为适当的繁殖,不能太少也不能太多;三是文化方面能否较以前更能适应和对付当代的严重问题。"中国的民族是否有复兴的可能,当以这三个条件为准绳。"就中国的情况来看,不仅物质基础很不健全,人口的压力也很大,大多数中国人"乐岁终身苦,凶岁不免于死"。至于文化方面,虽然极具王道气象,但目前却对付不了霸道文化的侵略。"在这三种限制下而求民族复兴,当然是万分困难的。"正因为困难,所以我们应团结一心,"对症下药",进行改革,以坚忍不拔的精神"彻底做下去",直到民族复兴实现为止。[2]

赵正平指出,中华民族虽然有短期内复兴的可能性,但要将这种可能性

---

[1] 孙几伊:《战后德国人民对于复兴底努力——从凡尔赛会议(1919)到洛桑会议(1932)》,《复兴月刊》第1卷第1期,1932年9月1日。
[2] 吴泽霖:《民族复兴的几个条件》,《东方杂志》第31卷第18号,1934年9月16日。

变为现实需要三个条件。"第一，复兴之信念。"纵观历史上中华民族"复兴先例"，"无不以真诚期求复兴有如饥渴之一念为基"。"第二，复兴之人物。"历史上具有真诚复兴之信念的主权者不少，但真正能实现国家复兴的人并不多，这就与主权者用人是否贤明有关："政得其人，其兴也勃焉；政失其人，其衰也勃焉。所谓一国民之精神气象，随此一二人为转移，恍若一种繁复机械，其工作之效率，恒视一机械师为转移然者。"就此而言，民族能否复兴，"得人"尤为重要。"第三，复兴之政术。""政术"这是传统用语，用现代的话说，也就是"施政计划与用人实施方法"。一个国家或一个民族能否复兴，"政术精疏"与否是其关键，无论"兴国之意念如何真切"，也无论"兴国之人物如何集中"，但只要"政术"偶有疏失，"则国家全盘之政绩，往往随而减色，甚或足以倾陷国家于危亡"。总之，一个国民或民族能否复兴，除了"民族文化精神之全体向上"外，关键是看上述三个条件是否具备，"具此三者必兴"，而"缺此三者，非衰即亡"。现在很多弱小国家之所以受人支配，原因就在于缺乏这三个条件。明乎此义，我们就不要再天天批评"我民族性之堕落，以重自侮辱"，我们更不要自责自弃，实际上现今"我国民之基础，已远胜日本明治之初，只须复兴条件确立"，中华民族就完全能够在短期内实现复兴。①

陈振鹭认为："欲使民族复兴运动发生显著之效果，须全国人民总动员，全国财富总开发。"具体来说，主要在四个方面："一、立民志。"他指出，自帝国主义以炮舰打开中国大门以来，国人慑其威力，早已自贬人格，无志于国家民族伟大事业。其间虽有少数特立独行的志士，努力革命，然而多数国民，心灰意冷，无志于国家和民族的前途，这也是中国日渐衰落的重要原因。因此，"立民志为今日进行民族复兴运动中之第一重要工作"。"二、一民心。"他指出，今日中国党派林立，主义政见各不相同，传统思想、传统态度、传统人生，今犹未改，被"强邻"讥为没有组织之国家，加上帝国主义日在分化中国人民之民族意识，报纸、杂志、官场言论、私人谈话、教育机构、宗教团体，凡帝国主义之代言人，无人不从攻心之计，麻醉国人，使其丧失民族自信力，"如是而欲举中国国家在组织上之效能，岂不更难"？

---

① 赵正平：《短期间内中华族复兴之可能性》，《东方杂志》第31卷第18号，1934年9月16日。

尤其是中国人意见不能统一,"民族愈危,浮言愈多"。国民与政府,国民与国民,政府与政府,"益各离心,一切自取灭亡之道"。因此,"一民心为今日进行民族复兴运动中之第二重要工作"。"三、养民力。"他指出:今日中国,民困已极,到了山穷水尽的地步,大地之上,只有一片荒漠、一堆骷髅。而救济之道,唯有休养民力,予以生息机会,大力减轻科征,多多裁汰不良税吏,额外之征,附加之例,无必要者,一律禁止,以免地方土豪劣绅借端冤民。否则,只有使老百姓"日就坟墓而已",还谈什么复兴?因此,"养民力为今日进行民族复兴运动中之第三重要工作"。"四、开民财。"他指出:养民力,与民休息,这是消极工作,而积极工作则在开民财。一开民间私囊之财,一开民间山泽之财。前者之意,在使民间私藏之财,调用于开发生产之途,务使国无游资,财尽其用。后者之意,在使地下矿产、地上森林、水中动物、陆上荒地,都能得到开发利用。"开民财为今日进行民族复兴运动中之第四重要工作。"他最后写道:目前中华民族处于"垂危"之秋,"欲使机运转变,最切要者,只有全民总动员,洗心革面,手脑齐用,同到复兴之路,一声前进,使奄奄垂毙之死中国,变为飞龙跃虎之活中国"。①陈振鹭还发表有《全民连责与民族复兴》一文,通过对"各国民族复兴之历史"的考察,他发现复兴的"基本条件,在于全民连责运动。此种运动,在昔偏重政治时代,则促全民族政治之统一与独立;在今偏重经济时代,则促全民族经济之协动"。所以,"今日之中国",也应实现"全民连责",从而"集中全民之民族意识,凝结精诚,以谋中华民族之复兴"。②

在沈以定看来,复兴中华民族需要"三种必要力量":第一,是民族的"自信力"。所谓自信力,不是指一种自我的夸大,以为自己什么都比别人好、都比别人强,而是一个民族对自己能力的一种确切的认识,知道只要自己努力,什么危险都可以打破,只要自己认真做好,什么理想都可以实现。对于被压迫民族,自信力是特别需要的,有了这种自信的力量,我们才有勇气奋斗向前进展,来复兴民族。第二,是民族的"战斗力"。我们应该具有一种关于战斗学知识和技能的力量,这种力量是科学化的、实际的,而不是

---

① 陈振鹭:《到复兴之路》,《复兴月刊》第 2 卷第 1 期,1933 年 9 月 1 日。
② 陈振鹭:《全民连责与民族复兴》,《复兴月刊》第 1 卷第 6 期,1933 年 2 月 1 日。

我们所理想的、空虚的、高谈的那一类。我们知道战争是与生俱来的,地球上有生物一日就一日有战争。所以我们现在看一个民族能否生存,也就是看其具有的战斗力量充实与否来决定,谁有铁血则谁能生存,什么公理不公理!我们要知道公理是要从战斗中去找寻的,谁的战斗力充实,谁取得胜利,谁就有公理!因此我们处在这种战斗环境之中,我们要复兴中华民族,要具有充分的战斗能力是必需的。第三,是民族的"忍耐力"。我们有了自信力,我们有了战斗力,可是我们还不够,我们还得有一种能屈能伸的忍耐力。因为在这内忧外患一天天逼进的今日,国势的凌夷,国运的危急,以及民生的凋敝,虽然都足以使我们愤恨,可是我们应该具有一种冷静敏捷的头脑,来压制我们内心的愤恨,因为环境虽是困苦,如果我们有了百折不回的强坚意志,我们有了忍气镇静的能力,埋头苦干地做去,等着时机的到来,那是不难挽狂澜于既倒的。"我们有了自信力,我们有了战斗力,同时我们也有了忍耐力,那么我相信,我们这样的中华民族,终久是能够复兴的,我相信中华民族四五千年的光荣历史,是一定不会自今而断绝的。"①

从中国的问题"在法不在人"这一认识出发,张素民认为"中国一切复兴事业之惟一前提,在改良组织;改良组织之秘诀,在求法律章程之有效;法律章程之执行,尤在执法者之守法"。所以,"执法者"能否得人,是中华民族复兴与否的关键问题。② 在章渊若看来,民族复兴不是一朝一夕的事情,必须经历一个长期的艰苦过程,因此只有建立在"健全的科学文化之基础上,军事、政治、经济、教育,以及一切民族之实力庶几可得发展之源泉",民族才能实现复兴。③ 旭初认为,要实现中华民族复兴,必须加强国人的心理建设。他指出,古人说得好,"哀莫大于心死,而身死次之"。一个民族的兴亡,要看他的心理,究竟是兴国的心理,还是亡国的心理?若是妄自菲薄,自己先就认定自己没出息,这个民族就没有任何希望,非衰亡不可。若是自强自励,并且方法正确,措施得力,这个民族就能起死回生,走向复兴之路。但如果有自强自励之心,然而盲目猛行,一旦受挫,必致大

---

① 沈以定:《复兴民族的三种必要力量——青年应负民族复兴之责》,《浙江青年》第 2 卷第 7 期,1936 年。
② 张素民:《中国复兴之惟一前提》,《复兴月刊》第 2 卷第 1 期,1933 年 9 月 1 日。
③ 章渊若:《复兴运动之基点》,《复兴月刊》第 2 卷第 1 期,1933 年 9 月 1 日。

失所望，意志消沉。因此，为今之计，要加强国民的心理建设，尤其"是有身份有声望的人们，先来以身作则"，"要常常想到我们民族的危险，与我们所担的责任"，不可自暴自弃，"随波逐流"，"做了民族的罪人"。① 黄豪强调了国术在中华民族复兴上的地位。他指出，国术是中华民族固有的民众体育，它对于中华民族的贡献是很大的。然而，西方体育进入中国以后，人们对国术的忽视造成了中国人体质的衰弱。身体为事业之母，一个民族身体衰弱，则无论他的文化怎样悠久，他决不会有精神去发扬，也无论他的富源怎样丰厚，他也决不会有能力去开发。所以，"今欲发扬我国固有之文化，开发我国天然之富源，以复兴我中华民族……势非积极提倡国术，恢复其民众体育之地位，以重振民族之生力不可"。② 郑宏述强调，帝国主义和封建主义是中华民族的两大敌人，"要使民族复兴，希望民族向前迈进，无论如何需要打倒这两重巨大障碍"。③

潘光旦在《民族复兴的一个先决问题》一文中指出：和个人或家族一样，民族的形成和发展也离不开"生物的遗传、地理的环境、历史的文化"这三个因素，而在这三个因素之中，遗传最为基本，其次是环境，最后是文化。既然民族的形成和发展与"这三个因素"有着密切的关系，"那么，一个民族的衰败以至于灭亡，或在将亡未亡之际，想加以挽救，我们便不能不就同一的因素，去找寻所以败亡的解释或可能的挽救的方法了"。然而，自"九一八"后，人们虽然受亡国灭种危机的刺激，而大讲特讲"民族复兴"问题，但检阅其议论，"几乎全部是偏在文化因素一方面的，大家总以为民族目前问题是一个文化失调的问题"，有的人甚至"把（民族衰败）的责任移到各个人的自由意志上"，归罪于大家不努力。实际上，"历史的文化"固然重要，"生物的遗传"和"地理的环境"也应引起我们的重视，只有这三个影响民族形成和发展的问题都得到了很好的解决，中华民族复兴的可能性才会变为现实性。④ 江问渔长期从事社会教育，尤其是农村的社会教育，依据他的观察，"我们真要做民族复兴工夫，真要寻到要点，抓住去做，应

---

① 旭初：《中华民族复兴与吾人的心理建设》，《复兴月刊》第1卷第2期，1932年10月1日。
② 黄豪：《国术在中华民族复兴上的地位》，《复兴月刊》第1卷第5期，1933年1月1日。
③ 郑宏述：《文艺之民族复兴的使命》，《复兴月刊》第2卷第4期，1933年12月16日。
④ 潘光旦：《民族复兴的一个先决问题》，《东方杂志》第31卷第18号，1934年9月16日。

该一眼看到最大多数的下层农民,应该从县政一级做起,而做的方法,便是'政教合一'",也就是通过教育来研究和解决政治问题。具体来说,"在大学里面,研究政治经济的师生,时时要拿本国的政治实情和经济现状作对象,参以各国学说和制度,作比较的研究,设法来解决本国问题;研究教育的师生,时时要看到中国教育的背景,教育的现状,文化的历史,与文化的前途,参以各国学说和制度,作比较的研究,设法来解决本国问题。这就是政教合一"。①

印鲤从政治的角度提出复兴民族需要具备以下几个条件:要"政治修明","能够因势利导,而后除旧布新,则政治自然修明,政治既修明,则政治的力量,必能宏大,整个国家,因政治的力量而推动起来,民族自然强盛,所以说政治修明,是民族复兴的第一个条件";要"国防巩固","要使我全国四万万的同胞,都能成为有组织,有纪律,有训练的国民,都能成为以守则固,以战则胜,能够为国牺牲的战斗员,而后可以复兴民族,巩固国防";要"经济开展","负政治责任的人,若不能把经济问题解决,政治信用,就不能普遍,国防就不能设施,同时也就不能得到民众的信仰",民族复兴就无从谈起;要普及教育,"有了修明的政治,巩固的国防,充分的经济,而无良好的教育,也是不能复兴民族的"。他讲道:"教育的方针,不仅要以各种科学上的智识技能,更须予以一切精神上的训练,改良社会的旧习俗,树立现代国家的新风气,这样的教育,才算是救国救民的教育,才算是复兴民族的教育。"在此条件之外,还需有"军事教育",我们实行"军国民教育,不但可以自卫,而且一定大有造于世界和平与全人类的幸福"。②从这些方面努力,则不难实现民族的复兴。

亚云认为"民族衰亡的原因,一是由于强邻的压迫,二是由于政治的腐败,因为政治的腐败,所以引起强邻的压迫,所谓'人必自侮,而后人侮之'"。所以,"民族复兴",第一,"需要强毅沉着的民族精神,波兰的灭亡而复活,就是民族的精神不死";第二,"需要中坚干练的人民,这种人民,尤须守秩序,有气节,忍辱负重,勇毅沉着,而非纷乱如麻,一盘散沙";

---

① 江问渔:《民族复兴与政教合一》,《复兴月刊》第3卷第11期,1935年7月1日。
② 印鲤:《复兴民族必需的几个条件》,《清华校刊》第2卷第1、2期,1936年。

第三,"需要勇敢精干的伟大民族领袖,全国统治于他一人之下,他有非常的权力,处理一切的政务,如德意志的兴登堡,波兰的皮尔苏斯基"。他指出,中华民族受"强邻政治经济的侵略,尤以最近二年来日本帝国主义者用武力侵占我东北四省,为中华民族的致命伤;而另一方面国内政治纷乱,军权不一,凡百事业,都无一贯的步骤,可以说是亡国灭种的条件,已经具备,且已到了最严重的关头"。我们要起死回生,复兴民族,首先,我们要"服从于拥护伟大的民族领袖";其次,我们要"训练复兴民族的中坚干部人才"。[①] 这显然是出于现实政治的需要,以配合蒋介石的个人独裁。

李启枚认为三民主义作为国民党信奉的意识形态,应该成为民族复兴的指导思想。他指出:"吾国民族到了现在,可说是老弱衰颓极了。言乎体魄,类多东亚病夫;言乎精神,类多畏首畏尾;言乎团结,则无异一盘散沙;言乎统制,则无异各自为政;言乎经济,则衣食难周;言乎农村,则天地荒芜;言乎外交,无不处处失败;言乎国防,无不开门揖盗;言乎军事……一般武人的地盘观念迄未消灭;言乎政治,中央政府政令尚难普及全国,而地方力量亦未能完全集中。所以抱悲观的人,莫不处处悲观。但是天下的事,非消极可以有办法,必须来积极整顿一下,然后才有出路。"这种整顿的方法即"须以三民主义的体系融洽到文学中去";"须以武功文化冒险创造等史实激励衰老的民族性";"须以慷慨激昂的情调引起一般读者的同情心";"须以忠孝仁爱信义和平等诱导走入歧路者趋向正规";"须以科学的脑袋科学的理解为立言行文的基础";"须译作外人特殊优良民族性的杰作藉取他人之所长"。这几点,则成为文化运动的真谛,为"文化运动的实质,改变作风,挽救民族",成为"起衰济弱的紧要关键,复兴民族的先驱。能使文化运动得到成功,则民族复兴的嚆矢,亦自然可以确定了"。[②] 除了三民主义的体系外,还要有中国传统精神文化的复兴,以及要运用科学的方法对民族文化进行系统的解读,只有通过各方面的努力,才能真正地实现民族的复兴,实现文化的创新。

张一清则直截了当地指出要利用三民主义来实现中华民族的复兴。他在

[①] 亚云:《复兴中国民族的基本条件》,《扫荡》第9期,1933年。
[②] 李启枚:《复兴民族与文化运动》,《晨光周刊》第4卷第25期,1935年。

指出中华民族中途衰落之后，提出了如何复兴中华民族的方略："彻底实现三民主义努力完成训政工作"；"拥护革命领袖振起民族精神"；"极力提倡实行礼义廉耻四德以奠定复兴民族之基础"。他的这条实现民族文化复兴的路径，更多地与政权结合在一起，希望能够通过政府而实现民族文化复兴。他特别强调："今日中华民族之危险程度，已达最后阶段，其成败兴废，即在此数载之间，可以决定。时机已迫，再不容吾侪同志瞬息偷安：吾侪若能遵守总理遗教，及委员长训诲，依照各项实施方略，拼命实干硬干快干，不失去片刻之时间，不放过分寸之空间，切实准备，以待时机，则强盗帝国主义者，必歼于吾辈之手，东四省之国土，必可由吾辈恢复，民族复兴之业绩，必能在短时日内，告厥完成！深望海内同志同胞，在此民族生死关头，痛下决心，奋发兴起，集中于委员长领导之下，准备荷枪执弹，奔三万里，歼敌于白山黑水之间。"① 论者希望依靠政权实现中华民族的复兴，这是典型的政治型民族复兴路径。

尽管因知识结构、政治背景以及所擅长的专业不同，人们的认识千差万别，但他们都认为只要发愤图强，中华民族就一定能够实现复兴，并且探讨了如何实现民族复兴的问题（关于民主政治与民族复兴、经济发展与民族复兴、学术研究与民族复兴和民族文化与民族复兴问题的讨论，我们将在以下几章中介绍）。这在当时的历史背景下，对于帮助广大国民树立战胜日本军国主义的侵略、实现中华民族复兴的信念是有积极作用的。

四 "七七"后：民族复兴思潮的高涨

1937年7月7日，日军制造事端，并借机向驻守在北平卢沟桥的中国军队发起进攻，遭到中国军队的顽强抵抗，是为七七事变。七七事变是中华民族全面抗战的开始，也推动了中华民族复兴思潮的走向高涨。这正如张知本1938年在中央大学暑期进修会的演讲中所指出的那样："历史告诉我们，拿破仑是德意志的征服者，但同时也是德意志民族的唤醒者。现在吾人遭此空

---

① 张一清：《中华民族对于世界文明伟大之贡献与夫中途衰微之原因及今后复兴之方略》，《江西省立图书馆馆刊》第2期，1935年。

前的国难，民族的灵魂已被侵略者的号声所唤醒。"① 事变发生后一个星期（7月15日），江海关乐文社举行第四次时事座谈会，请胡愈之、钱俊瑞、钱亦石三位政论专家集体指导，参加者有乐文社的裘社长等130余人。本来此次座谈会拟定的议题有三个，即西班牙内战现阶段、庐山训练及庐山谈话和卢沟桥事变，但由于"最后的问题直接关系中国民族的兴亡，所以那天讨论都集中于此，其余二问题仅仅由二位社员报告，没有什么讨论"。参会者一致认为，卢沟桥事变发生，能进一步促进"国内各党各派的团结"和"民主政治的现实更进"，而"我们抗敌的力量"也会因此"愈力增大，最后的胜利必属我们，我们的民族定会复兴"。② 沈秉成在《"七七"抗战建国纪念日的意义》一文中也写道："'七七'不但是我们拼全民族的生命，抵抗暴力侵略的一天，实是我们的民族复兴，争取独立自由的起点。"③ 除了讨论有关民族复兴问题的报刊、著作和文章大量地涌现之外，七七事变后民族复兴思潮的高涨还表现在三个方面：一是关于"抗战建国"与民族复兴的讨论；二是"民族复兴节"的设立与纪念；三是中国共产党开始有限度地使用"民族复兴"的话语。

（一）"抗战建国"与民族复兴

七七事变后，为了抵抗日本帝国主义的疯狂侵略，拯救民族于危亡之中，国共捐弃前嫌，实现第二次合作，建立起最广泛的抗日民族统一战线。在共产党和其他党派的一再要求下，1938年3月召开的国民党临时全国代表大会，通过了《中国国民党抗战建国纲领》（以下简称《抗战建国纲领》）。纲领的"总则"规定："（一）确定三民主义暨总理遗教为一般抗战行动及建国之最高准绳；（二）全国抗战力量应在本党及蒋委员长领导之下，集中全力，奋励前进。"在"总纲"之下，分别就"外交""军事""政治""经济""民众运动"和"教育"各项提出了"纲领"，以"使全国力量得以集中团结，而实现总动员之效能"。④《抗战建国纲领》第一次将抗

---

① 张知本：《法治与抗战建国》，《新民族》第2卷第8期，1938年。
② 胡愈之等：《卢沟桥事件和民族复兴前途》，《关声》第6卷第1期，1937年。
③ 沈秉成："七七"抗战建国纪念日的意义》，《同仇周刊》第11期，1938年7月8日。
④ 《中国国民党历次代表大会及中央全会资料》（下），光明日报出版社1985年版，第485页。

战的意义提升到了建国的高度,即抗战的终极目的,不仅仅是要取得胜利,把日本侵略者赶出中国,而且还要通过抗战来实现国家的重建和民族复兴。

《抗战建国纲领》公布后,知识界围绕抗战建国的有关问题展开了热烈讨论。人们的一个基本观点,即认为抗战与建国是一件事的两个方面,借用《青年向导周刊》一篇文章的话说:"抗战与建国,这两事本是一事,今日已成国人之常识。"①《战时生活》旬刊第 8 期的"社论"《拥护抗战建国纲领》就明确指出,《抗战建国纲领》的"特点"是将抗战与建国联系了起来:"本来,中国革命在现阶段的任务,一方面是抗战,一方面是建国,抗战与建国并不是孤立的两件事,而是同一件事的两面。不但没有矛盾与先后之分,而且是相辅相成的。"②《现代青年》创刊号的"发刊词"也再三强调:"谁都知道抗战与建国是不可分离的,抗战的目的是在建国,建国的基础是筑在抗战阵线上。固然这一次抗战的损失,是中华民族的不幸,同时这一次抗战的代价,也就是中华民族的光荣。"③ 尉素秋在《抗战与建国》一文中写道:本来,抵抗外侮与建设国家是两回事,不一定有密切的相关性,英法等国家从封建阶段过渡到近代阶段时,并未遇到什么外患。日本的明治维新运动,也不曾发生过对外战争,便一跃而为近代国家。但在沦为殖民地或半殖民地的民族,要从事建设国家的运动,就必然会和帝国主义发生冲突。因为建设国家的意义,在于谋求民族的独立、自由和幸福,反对帝国主义的侵略、剥削和压迫。而当这种冲突达到无法化除的程度时,就必然会诉诸武力,于是,建设国家和抵御外侮就密切地联系起来了。所以,抗战建国是后进民族获得独立自由的唯一途径。中国的情形正是如此。作为半殖民地的国家,中国要完成建设国家的工作,就不能不对日本的侵略进行抵抗,以争取民族的独立和自由。因此,"我们此次抗战,不仅含有消极的意义,而且含有积极的意义。这就是说,我们的抗战不仅在救国,而且在建国",建国才是抗战的目的。但要实现建国的目的,首先就要保证抗战取得最后的胜利,倘若抗战失败了,摆在面前的只是"亡国"而已,更有何"建国"之

---

① 潘谷神:《从复兴民族说到复兴中国科学方法》,《青年向导周刊》第 26 期,1939 年。
② 《社论:拥护抗战建国纲领》,《战时生活》旬刊第 8 期,1938 年 4 月 11 日。
③ 陈范予:《发刊词》,《现代青年》(福州)创刊号,1939 年。

可言？而要保证抗战取得最后的胜利，其前提条件是要有"充实的国力"，一个分裂割据的和生产文化都十分落后的国家，是不可能战胜日本帝国主义的。这就需要我们努力地建设新中国，有了它然后才能确保抗战的胜利。"既然抗战是为了建国，建国又促以保证抗战的胜利，那末我们的任务，便是一面抗战，一面建国。以建国加强抗战的力量，以抗战促短建国的时间，双管齐下，互相补足。"① 郭力文也从"抗战是建国的前提条件""建国才能保证抗战的胜利"的视角出发，对"抗战与建国"的相互关系进行了阐述。首先，就"抗战是建国的前提条件"而言，我们的中心任务，自然是建设一个幸福的自由国家，然而在建国的进程中，会有许多阻碍横在我们的面前，阻挡我们的去路，这阻力当中最重大的一个，自然是帝国主义，特别是日本帝国主义，在它的压迫下，我们的建国工作根本无法进行。因此，我们要完成建国的任务，就必须排除这些阻碍，打倒帝国主义，特别是日本帝国主义，这也就是我们之所以要抗战的根本原因；而且我们的抗战"是不能因任何理由而中途停止的，它必须与敌人战斗到底，战到胜利，战到建国的工作能够顺利的进行为止"。其次，从"建国才能保证抗战的胜利"来看，我们要抗战，要取得抗战的最后胜利，将日本帝国主义赶出中国，就要在抗战的过程中同时进行建国的工作，如果不设法将中国本身加以改造，将使抗战陷于不利，残余封建军阀的铲除，土豪劣绅的肃清，以及民众运动的开放，民众生活的改善，这些工作都必须在抗战的过程中同时进行。"我们可以这样的说，这些内部问题，如果不在对外的抗战中——加以解决，则内部始终不能稳定，因而也就难以保证对外斗争的胜利。"总之，"抗战是我们的出发，建国是我们的归宿，抗战是建国的前提条件，建国是保证抗战胜利的因素，在抗战中建国，在建国中抗战，两者的关系不容我们忽视，两个工作是必须相互并进的"。② 伯阳同样从手段和目的这两方面，阐述了"抗战建国是一件事，不是两件事，要不分先后同时并进的"重要性："因为在抗战期间，假设不同时期建国——对于政治、经济、教育这些工作，漫不注意，那么无由充实抗战实力，也就不能支持抗战，所以我们在抗战中同时不能忽略

---

① 尉素秋：《抗战与建国》，《抗战向导》第10、11期合刊，1938年。
② 郭力文：《抗战与建国》，《动员周刊》第1卷第13期，1938年。

了建国。再进一步说，抗战可以说是建国的手段，建国是抗战的目的。因为前者的任务，仅是驱逐日本，后者是保证中国永远不受别个国家的侵略。"①一位叫作"济孟"的作者将抗战与建国的关系，归纳成两个"为的"，即"抗战是为的扫除建国的障碍，建国是为的增强抗战的力量，二者相因以生，相需而成，片面的努力，是没法争取到最后胜利的"。② 王枚同样认为，"抗战和建国是我们同时并进的共同目标，一面抗战，一面建国，双管齐下"；但他同时又"觉得'抗战建国'四个字，若改为'抗战兴国'字样似乎更为适当"。因为"'建国'二字"不仅容易给人"以不良的暗示"，好像中国还"不成国""未成国""本来没有国""本来不是国""殖民国""亡国"……因此"才需要'建国'"，而且"更容易给敌人汉奸们曲解"提供口实，即攻击国民政府是"无组织的某某政府，现在才在努力提倡建国"。但"事实上中国有四千年的历史和文化，若从黄帝轩辕氏（西元前 2697 年）算起到今年（西元 1939 年）止，可以说，中国已经建国四千六百三十六年了，如果就建立中华民国而论，民国亦建立二十八年了"，就此而言，"中国是国已建而未兴，并非国将建而未成"，"所需要的不是'建国'，而是'兴国'"，也就是如何将一个前近代的传统国家建设成为一个近代的民族国家，"使国家现代化，富强化"，从而实现中华民族的伟大复兴。③

  我们在本章第一节中已经论述过，中国开始建立民族国家的过程起始于20 世纪初的辛亥革命。当时以孙中山为代表的革命派主张"排满"和建立共和制的单一的汉民族国家，而以梁启超为代表的立宪派则主张"合满"和建立立宪制的包括满族在内的多民族国家，双方为此而展开过激烈的论战和斗争，结果是建立一个独立、民主和统一的多民族国家成了革命派和立宪派的基本共识。1912 年 1 月 1 日中华民国的成立，是中国近代民族国家初步建立的重要标志。④ 但不久，袁世凯则篡夺了革命果实，中华民国所确立的近代民主制度成了一块有名无实的空头招牌，广大人民并没有像《中华民国临时约法》所规定的那样实现人人平等，民族压迫和民族歧视的现象依然存

---

① 伯阳：《抗战与建国》，《新军人》（山西）第 2 卷第 5 期，1939 年。
② 济孟：《抗战与建国》，《服务》（陕西）第 32 期，1939 年。
③ 王枚：《抗战建国宜改为抗战兴国》，《协大周刊》第 8 卷第 1 期，1939 年 12 月 4 日。
④ 参见郑大华《辛亥革命与中国近代民族国家的初步建立》，《教学与研究》2011 年第 10 期。

在，帝国主义对中华民族的压迫和掠夺依然存在。近代的民族国家并没有在中国真正地建立起来。

辛亥革命失败后，中国人民继续为建立一个近代的民族国家而奋斗。孙中山在吸取辛亥革命以及后来的护国战争、护法运动相继失败教训的基础上，并借鉴美国的建国经验，于1920年前后提出了建立"大中华民族主义"的民族国家的主张，用他的话说，就是"拿汉族来做个中心，使之（指满、蒙、回、藏等其他民族——引者）同化于我，并且为其他民族加入我们组织建国底机会。仿美利坚民族底规模，将汉族改为中华民族，组成一个完全底民族国家。"① 新成立的中国共产党则于1922年第二次全国代表大会上提出了"统一中国本部（包括东三省）为真正共和国"、"蒙古、西藏、回疆三部实行自治，为民主自治邦"、"用自由联邦制，统一中国本部、蒙古、西藏、回疆，建立中华联邦共和国"的建国方案。② 1924年国共实现第一次合作，标志国共实现合作的《中国国民党第一次全国代表大会宣言》提出的建国方案是："于反对帝国主义及军阀之革命获得胜利后，当组织统一的（各民族自由联合）中华民国。"在中华民国内，"凡真正反对帝国主义之个人及团体，均得享有一切自由及权利"。③ 1828年国民党推翻北洋军阀统治，建立起自己的政权——南京国民政府后，抛弃了《中国国民党第一次全国代表大会宣言》提出的建国方案，没有去完成孙中山未竟的建立近代民族国家的事业，中国仍然是一个前近代的传统国家。陈独秀就曾指出："中国的辛亥革命也是企图步武欧美，建立一个近代国家。虽然成立了民国，产生了宪法与国会，民族工业也开始萌芽，然以国外及国内巨大的阻力，所谓民主革命任务，并未真实的完成。因此乃有1925—1927年的第二次革命和此次抗日战争。辛亥革命、北伐战争，都是建国运动，并且是建立近代国家之主要的基本的运动，即民族的国家独立与统一。"④

---

① 孙中山：《在中国国民党本部特设驻粤办事处的演说》，《孙中山全集》第5卷，中华书局1985年版，第474页。
② 《中国共产党第二次全国代表大会宣言》，载中共中央统战部编《民族问题文献汇编》，中共中央党校出版社1991年版，第18页。
③ 《中国国民党第一次全国代表大会宣言》，《孙中山全集》第9卷，中华书局1986年版，第118、120页。
④ 陈独秀：《抗战与建国》，《政论旬刊》第1卷第9期，1938年4月25日。

抗战的目的是要"建国"或"兴国",即将中国从一个前近代的传统国家建设成为一个近代的民族国家(有人称之为现代国家或现代的民族国家),从而实现中华民族的伟大复兴,这可以说是参与这一问题讨论的绝大多数人的基本共识。罗宝册在《抗战建国之历史哲学与历史使命》一文中就写道:无可讳言的,我们不能不承认中国不是一个现代的国家,但是,我们却不能亦不敢因为中国不是一个现代的国家,就误认中国不是一个国家。中国不但是一个国家,而且是一具有内容、有潜力,世界上寿命最长而且躯体最大的大国,如果我们避免称它是一个"世界"、一个"东方世界"的话。同样是无可讳言的,我们不能不承认,这个古老的大国,因为感受到历史的和哲学的要求,已由不安于他自己的古老,而趋向蜕变之途,要从中古式的生活中过渡到现代。为要达到自己之蜕变的成功,在不同的时空下,它采取的手段是不同的。如果时间从容,而且环境顺利的话,它自然会采取和平的手段。反之,它就不得不采取战争的手段,先解除自身在生存上所受到的威胁和束缚,然后再由一个古老的中国蜕变为一个现代化的中国,或者说,由一个古老的东方世界过渡到一个现代化的东方世界。战争或许是中华民族最不喜欢的东西,然而待到战争变成了唯一可用的手段,可以粉碎外来暴力对自己生存的威胁和扫清自己在蜕变的历程上所遇到的巨大的障碍的时候,它也只有断然地采取战争的手段了。"我们可以这样的说,一面从生存之威胁中获得了解放和另一面从中古过渡到现代的中国,才能负荷起中国的历史使命。同时互为因果的,中国要为能够忠勇地负荷起她自己的历史使命,才促使她自己一面地获得生存威胁之解放和另一面从中古过渡到现代。……今天,东亚大陆上的弥天烽火和震动杀声,正是象征着大地慈母已届临临产前夜之剧烈阵痛的大时代,一个伟大的中华新国即将向世界宣告诞生。"① 李立侠的《民族复兴与抗战建国》一文指出:从各国民族复兴史来看,没有一个民族的复兴不是由抗战得来的,在欧战中获得民族解放成果的波兰及捷克等民族,表面上似乎是由于《凡尔赛条约》的功劳,但其实波兰与捷克民族都经过了几百年的苦斗。同时民族解放的战争,也没有不获得最后胜利的,古今中外之历史,如德、如法、如俄、如土,对侵略者与压迫

---

① 罗宝册:《抗战建国之历史哲学与历史使命》,《新认识月刊》第 2 卷第 1 期,1940 年。

者之抵抗，无论其经过如何艰苦，结果都获得最后的胜利。德意志民族经过30年的奋斗，终于打倒了拿破仑的压迫，而完成德意志民族的复兴，并且从中世纪的封建束缚之下，把德意志帝国解放出来，建设一个新的德意志国家。目前我们抗战的目的，固然是在于抵御日本帝国主义的侵略，以救国家民族于垂亡，但是我们另外一个更大的目的，和德意志民族复兴过程中一样，也是要建立一个新的民族国家。"抵御外侮与反抗侵略者的压迫，只是民族复兴阶段中必经的过程，也可以说只是达到民族复兴目的之必要手段，而真正复兴民族的目的，还是建立一个独立生存的民族国家。"① 陶希圣认为，抗战建国有"消极"和"积极"这样两重意义："在消极方面，我们的抗战是为了维持民族国家的生存，日本侵略我们，使我们民族国家的领土和主权不能保持完整，于是我们起而抗战；在积极方面，我们的抗战是为了建设现代民族国家。"② 余家菊强调说："我们要努力抗战，我们也要努力建国。抗战建国，兼程并进。我们不但要企求抗战的最后胜利，我们也要企求抗战胜利之时，我们整个的国族，能以崭新的姿态出现于世界舞台之上。"③ 所谓"崭新的姿态"是指以近代民族国家的面貌安立于世界民族之林。冯友兰也再三强调，抗战的最终目的，就是使中国成为一个"近代式底国家"。否则，"则所谓中国，无论它是如何底地大物博，将来会只成一个地理上底名词；所谓中国人，无论他是如何底聪明优秀，将来会只成一个人种学上底名词；所谓中国文化，无论它是如何底光耀灿烂，将来会只成历史博物馆中底古董。所以，中国非求成为一个现代式底国家不可"。④

那么，怎样才能"建国"或"兴国"，即将中国从一个前近代的传统国家建设成为一个近代的民族国家，从而实现中华民族的伟大复兴呢？这是知识界讨论的主要问题。李拾豪认为，我们"要建设一个现代国家"，必须要"有几个基本的条件"，这就是：（1）对外求得独立；（2）建立一个宪政制度；（3）建设重工业；（4）农民解放。而在这四个"基本的条件"之中，"对外求独立，是一个建设现代国家的主要条件"；"民主的宪政制度的确

---

① 李立侠：《民族复兴与抗战建国》，《青年向导周刊》第25期，1938年。
② 陶希圣：《抗战与建国》，《政论旬刊》第1卷第16期，1938年7月5日。
③ 余家菊：《国民参政会与中国政治的前途》，《国光》第12期，1938年7月。
④ 冯友兰：《抗战的目的与建国的方针》，《当代评论》第2卷第3期，1942年。

立,又是建设现代国家的各种条件中的中心问题"。因为,在对外未求得独立以前:(1)国内的政治是不会走上轨道的,在帝国主义者与国内军阀官僚,以至于豪绅地主相结托的局面下,不但内乱不会停止,宪政不能建立,就如民国初元的召集议会,实行民治,亦不过是挂了一张民治的招牌,究其内容,还是一个贪污的官僚政治而已。(2)政治不上轨道,帝国主义者经济侵略没有停止,农民生活没有改善,不但重工业无法建设,就是萌芽的轻工业也不能维持。(3)在帝国主义的经济侵略及封建剥削的两重压迫之下,要挽救农村经济的衰落是不可能的。农村的崩溃,农民生活的极度贫乏化,反映出农民要求解放的迫切,以及国内政治与社会的动荡不安。就此而言,"对外求独立,是一个建设现代国家的主要条件"。而要"对外求得独立",在半殖民地的民族解放斗争中,除了军事上的动员外,更需要的是一个良好的政治制度——民主的宪政制度的确立。这是因为:(1)在半殖民地国家与帝国主义者的战争上,人力的要素远超过物力的要素。要人力的要素能够扩大而深入地发挥,需要在政治方面除去动员民众的障碍,健全动员民众的机构,使民众能自发自觉地与抗战的要求相适应,亦只有在自发自觉的基本精神之下,才能使民众感觉到本身的利害,与国家民族相一致。同时也只有农民生活得到了改善,农民大众得到了解放,他们才能够提高其抗战的情绪,发挥其抗战的力量。"这就是对于民众动员上,需要有民主的政治制度的确立的理由。"(2)受了资金、原料、销路等各种限制,抗战时期要发展民族工业是不可能的,重工业更无从说起。但一个国家如果不能把工业建设搞上去,确立工业高度化的基础,所谓现代国家之建设是不可能的。要排除这种困难,当然要对外求独立,解除帝国主义者的经济压迫和掠夺。其次还要改善农民大众的生活,提高他们的购买力,这些都是有相互关系的,但其中最主要而为其中心的,还是政治能上轨道,只有适合于现代的、可以对抗国际经济侵略的政治制度得到了确立,才能保证工业建设的进步。同时也只有政治走上了轨道,才能使各种建设向前迈进。"所以民主的宪政制度的确立,又是建设现代国家的各种条件中的中心问题。"①

陈独秀回顾了"此前五六百年整个民主革命时代",西方各国从一个前

---

① 李拾豪:《抗战建国与确立民主的宪政制度》,《抗战十日》第2期,1938年。

近代的传统国家变成一个近代的民族国家时所完成的"主要的民主任务",这就是"民族的国家独立与统一;立宪政治之确立;民族工业之发展;农民解放"。他强调指出:"在这一时代的各民族,必须完成这些民主任务,才能够摧毁旧的封建经济与政治,开展新的较高的生产力和新的政治制度,以成功所谓近代国家,即多多少少民主制的国家。"他还分析了个中的原因:"为什么要国家独立与统一?因为非脱离国外非民主的压迫和国内的分裂,一切经济政治都不能自由发展。为什么要确立宪法政治?因为非如此不能确立政府的权限,保障人民的权利,使全国人民的智力和道德能够普遍的发展,以增加整个国家的力量。为什么要发展工业?因为非如此不能增高国家物质的力量和提高人民的生活与文化,以减杀整个民族的落后性。为什么要解放农民?因为非如此不能根本摧毁封建的社会势力,繁荣本国工业的国内市场。"既然西方各国是在完成以上这四个"主要的民主任务"后,才从一个前近代的传统国家成了一个近代的民主国家,那么,中国要想成为一个近代的民族国家,也就必须完成这四个主要的民主任务,"这便是我们建国的整个概念"。①

在冯友兰看来,要想建立一个"近代式底国家",首先就必须知道一个"近代式底国家的要素"是什么。自鸦片战争以来,清末咸(丰)同(治)时代的人,以为"近代式底国家的要素"是兵船大炮;光(绪)宣(统)时代的人,以为"近代式底国家的要素"是有国会宪法;民初时代的人,以为"近代式底国家的要素"是有"德先生"和"赛先生"。实际上以上这些认识统统都是不对的,"近代式底国家的要素"是工业化,有了工业,自然会制造兵船大炮,社会工业化以后,人的生活方式改变,"德先生"自然会有人拥护,"赛先生"也自然会有人鼓励。没有工业,而只要兵船大炮,固然是沙上起屋;社会没有工业化,而只请"德先生"和"赛先生",也是纸上谈兵。这是一个真理,这个真理,中国近十年来方才认清,也才真正"自觉底"开始近代化。因此,我们要实现抗战的目的,将中国建设成为一个"近代式底国家",其最重要的工作,"是赶紧工业化"。② 和冯友兰一样,

---

① 陈独秀:《抗战与建国》,《政论旬刊》第1卷第9期,1938年4月25日。
② 冯友兰:《抗战的目的与建国的方针》,《当代评论》第2卷第3期,1942年。

周宪文也认为,"中国工业化问题",是将中国从一个前近代的传统国家建设成为一个近代的民族国家的"基本问题"。他在《中国抗战建国的一个基本问题》一文中写道:建国之道多端,而以国防建设、政治建设和社会建设为重要,而这三项建设都离不开工业化。国防建设离不开工业化,这是连小孩都知道的道理,可以省略不论。就以政治建设和社会建设而言,他指出,"中国政治的建设目标,当然在民主政治",而"近代民主政治的母亲,在机械工业"。如果机械工业不发达,或者说要在农业社会,"实行近代的民主政治,纵非缘木求鱼,其必事倍功半"。这也是近代的民主政治在中国迟迟不能实行的重要原因。所以,"我们要实行近代的民主政治,总非先使中国工业化不可。否则,'建基于沙滩上的高楼',不旋踵就会倒的"。至于社会建设,也是如此。"人们常怪中国人爱家的观念重过爱国,相信命运,相信风水,苟且偷安,不求进取,做事欠迅速,欠正确,少训练,少组织,其实这些都是农业社会的产物……我们现在要把这些坏东西铲除尽净,文字的宣传,尤其如新生活运动及精神总动员固然是极其重要,如果不设法使中国走上工业化的道路,那么这些宣传与运动的效力也就可想而知了"。总之,"中国要求建国成功,只有赶紧工业化,中国工业化愈快,建国成功的时期也愈近"。①

陶希圣则把"现代民族国家的建设"归于"工业的发达""政治的统一"和"有民族独立自主的精神"。②张知本指出,抗战的目的是要建设一个"现代的国家",而要建设一个"现代的国家",不仅仅"需要经济建设、实业建设、交通建设……"建设,更需要一种"法治精神"。经济建设、实业建设、交通建设"不过是一方面的,而不是多方面的,是属于部分的,而不是属于整个的",只有"政治不仅管理国家的事物,而且要管理国家的秩序。管理国家秩序的工具是什么呢?不消说当然是法律"。作为"现代的国家",主要是靠法律"来维系这个国家的组织,来制裁足以妨碍建国力量的人或事,并且由它来产生出一种精神,支配着人民对政府的信仰,因而服从

---

① 周宪文:《中国抗战建国的一个基本问题》,《满地红》第3卷第3期,1941年。
② 陶希圣:《抗战与建国》,《政论旬刊》第1卷第16期,1938年7月5日。

政府。这种精神我们叫做法治精神"。①

在讨论怎样才能"建国"或"兴国",即将中国从一个前近代的传统国家建设成为一个近代的民族国家的同时,还有人讨论了未来建成的"新中国"究竟是一个什么样的国家,或具有什么样的特点的问题。1938年,《新学识》第3卷第1期发表了一篇由"战时社会科学座谈会研究部"拟定的文章,文章的题目叫《抗战建国与新中国的前途》。该文认为:"抗战胜利以后的中国,将进入它的历史的新时期。这个时期的第一阶段,我们可以预见的是:已经驱逐日本帝国主义,但还没有完全解决其他帝国主义在华的特权问题;已经摧坏封建势力的残垒,但还需进一步解决土地问题。"因此,处于这一阶段的中国,既不可能是美国那样的民主国家,"因为新中国的资本主义固然必定发展,但非美国型资本主义,其次新中国的民主政府将是直接民权的实行而非代议制度";也不可能"和明治维新的日本同样,成为一个保留着很多封建成分的资本主义国家","日本资本主义固然从三次的对外战争中发展起来,并且和封建关系结合的,但中国的对外战争不会给民族资产阶级培养三井和三菱,而且平均地权的实行,将给封建势力以极大打击";更不可能"是土耳其型的资本主义国家","中国与土耳其在若干点上类似,但最大的不同是两国社会结构的差异,土耳其没有中国这样有战斗历史的城市革命群众";要成为"苏联这样的社会主义国家"也是不可能的,"社会主义诚然是自中山先生以来的中国的革命者的理想,可是抗战胜利后,还没有具备实现社会主义的条件"。在该文看来:"新中国将继续实行节制资本与平均地权的方针,前者使中国的资本,依照抗战时期的趋势集中于国家而发展,后者就是以土地国有政策消灭封建的土地关系,助长资本主义农业的发展,这里成为问题关键所在的是统一战线的巩固与否。"所以,"新中国"会有三个特点:第一个特点,是"抗日民族统一战线的继续存在以及巩固的统一的国民政府",同时,"国民政府的民主化将提到极高,即实行宪政";第二个特点,是"社会诸势力的比重要发生变动,这种变动的详细情形在当时的国民大会里能测量出来,然根据抗战中的发展趋势,国民党不失为统一战线中的中心力量";第三个特

---

① 张知本:《法治与抗战建国》,《新民族》第2卷第8期,1938年。

点，是"新中国逐渐准备起实行社会主义必须的经济条件，如大工业的发展，农村的合作制度与机械化等等"。该文还大胆预测，虽然抗战胜利后的新中国还不具有实行社会主义的条件，但其前途"必然"是社会主义的，因为："1、社会发展的一般趋向是由资本主义阶段到社会主义阶段。2、苏联的成立已经宣布了资本主义的死刑。目前是处于革命与战争的新调期之前，中国抗战的胜利将引起资本主义世界的覆亡，新中国不能独有资本主义的繁荣。3、中国的国家资本主义因得外国特别是苏联的帮助，将很快的发展，并很快的过渡到社会主义，这是从中山先生的建国方略和民生主义所可做出的结论。4、中山先生说：'共产主义是民生主义的理想'，中山先生也曾预言过中国将进入社会主义社会，所以在统一战线下彻底实行三民主义达到社会主义社会，是完全可能的。5、在直接民权的宪政下，国民的政治上的自动性和积极性是提高了。他们团结一致的建设社会主义，对于个别的私人资本力量的反抗，必然给以打击。6、新中国的社会主义前途，更在国际上获得有利的条件。这就是苏联的强大与发展，西欧的社会革命与日本共和国的社会主义化，印度及其他殖民地半殖民地的革命发展。"该文又认为，新中国的前途是社会主义，这是毫无疑问的，但"根据抗战中的趋势与新中国的良好的国内外条件，估计向社会主义前途的转变，可能采取非流血的方式，这就是说，不必经过国内战争，而通过国民大会来建立社会主义"。① 在罗宝册看来，"正在诞生中"的新中国，"不会像所谓英国之国，法国之国，德国之国，意国之国或美国之国等西方之国，而是一个中国之国，东方之国。这一个中国之国，东方之国，与其说是一个狭意的国家，毋宁说是一个政治的、经济的和文化的旧东方世界体系之适应时代的再生与改建"。② 至于这个经过"再生与改建"而诞生的"新中国"究竟是一个什么样的国家，作者并没有说明。

　　这里需要特别介绍的是，《抗战建国纲领》公布后，中国共产党人也参加了有关问题的讨论和思考。1938 年 8—10 月，亦即中共六届六中全会召开前后，时任中宣部副部长兼秘书长的杨松在中共中央马列学院开设《论民

---

① 战时社会科学座谈会研究部：《抗战建国与新中国的前途》，《新学识》第 3 卷第 1 期，1938 年。
② 罗宝册：《抗战建国之历史哲学与历史使命》，《新认识月刊》第 2 卷第 1 期，1940 年。

族》《论资本主义时代民族运动与民族问题》《论帝国主义时代民族运动与民族问题》的系列讲座，阐述了"中华民族""民族建国""民族自决"等一系列重大的民族理论问题。这也是中国共产党成立以来党的高级领导干部第一次就一系列重大的民族理论问题进行理论阐述。① 讲稿（7万多字）同时在《解放周刊》第3卷第47期至54期（1938年8月1日至10月15日）上连载。就如何将中国从一个前近代的传统国家建设成为一个近代的民族国家而言，杨松指出，西欧各国及美国形成近代民族的过程，也是西欧国家以及美国资产阶级的民族统一、民族独立和民族建国的过程，认真总结西欧各国及美国民族运动与民族建国的历史经验和教训，对于目前中国的民族运动和民族建国有其重要的借鉴意义。② 因此，他在《论资本主义时代民族运动与民族问题》和《论帝国主义时代民族运动与民族问题》的讲稿中，首先考察了英、法等主要西欧国家以及美国的民族运动和民族建国的历史。通过考察他得出了以下一些认识：首先，英、法等主要西欧国家以及美国都是一个民族形成为一个民族国家，民族的形成过程与民族国家的形成过程是同步的，而中国不同，中国是一个多民族的国家，除主体民族汉族外，还有蒙古族、回族、藏族、苗族等其他少数民族。因此，作为主体民族的汉族，"既不能用暴力去吞并和同化其他各少数民族为一个民族，又不能放弃团结其他各少数民族为一个近代的独立民主国家的核心作用"。尤其是在日本帝国主义发动了全面侵华战争、全国各族人民都面临着亡国灭种的今天，"把我国境内各民族团结为一个近代真正独立民主的国家，成为万分迫切的任务"。③ 其次，英、法等主要西欧国家以及美国的民族国家，是通过对外反对外族入侵的民族战争和对内反对封建势力的民主斗争建立起来的，换言之，对外反对外族入侵的民族战争和对内反对封建势力的民主斗争，这是建立民族国家"二者不能缺一的历史任务"。英国如果没有17世纪40年代的反封建的资产阶级民主革命的胜利，也就没有后来反荷兰的民族战争的胜利。法国如果没

---

① 参见郑大华《论杨松对民主革命时期中共民族理论的历史贡献》，《民族研究》2015年第3期。
② 参见杨松《论资本主义时代民族运动与民族问题》，载中共中央统战部编《民族问题文献汇编》，中共中央党校出版社1991年版，第773页。
③ 同上。

有 18 世纪反对封建制度的资产阶级大革命，人民如果没有从革命中得到物质上的经济利益以及政治上的民主自由，那么后来也就不可能战胜欧洲各国反动君主的武装干涉。美国如果在北美独立战争中没有一定的民主自由，则要战胜当时强盛的英国是不可能的。同理，英国如果没有 17 世纪 50 年代反荷兰民族战争的胜利，它的民族统一和民族建国就不可能完成。法国如果 18 世纪末 19 世纪初没有取得反对欧洲反动君主的民族战争的胜利，则法国大革命的胜利果实就不能保存下来，法国也就不能完成民族统一及民族建国的任务。其他如美国、德国、意大利都是如此，它们是在反对外来侵略或干涉的斗争中，建立起自己的民族国家的。就此，他提出，中国要实现抗战建国，完成自辛亥革命以来未完成的民族建国的任务，一方面要坚持抗战，反对与日妥协，树立"抗战必胜、建国必成之坚决信心"，另一方面要"建立国内民主政治的基础"①，"给人民以救国、集会、结社、言论、出版、武装自卫等等之自由"。② 他尤其强调了给人民以民主自由对于抗战建国，完成自辛亥革命以来未完成的民族建国的任务的重要意义。他指出，19 世纪以来印度、埃及、越南、摩洛哥、朝鲜等国家之所以会亡国，成为西方的殖民地，一个重要原因，就是这些国家"社会政治制度黑暗，不给人民以民主自由"。③ 所以，中国在抗战建国，建立近代民族建国的过程中，必须吸取这些国家亡国的教训："对于我国数千年遗留下来的封建残余势力，各地方政治上的黑暗腐败与麻木不仁，不能不实行彻底的刷新与清洗；不能不实行真正全国上下中央和地方的民主政治制度；不能不更加扩大救国的集会、结社、言论、出版及武装自卫之自由。"④ 最后，英、法等主要西欧国家以及美国民族建国的经验还告诉我们，要取得对外战争的胜利，就必须积极争取外援，扩大同盟者，以最大限度地孤立敌人。

如果说以上是杨松对英、法等主要西欧国家以及美国的民族建国之历

---

① 杨松：《论资本主义时代民族运动与民族问题》，载中共中央统战部编《民族问题文献汇编》，中共中央党校出版社 1991 年版，第 774 页。
② 杨松：《论帝国主义时代民族运动与民族问题》，载中共中央统战部编《民族问题文献汇编》，中共中央党校出版社 1991 年版，第 787 页。
③ 同上书，第 786 页。
④ 同上书，第 788 页。

史经验的总结，目的是要为中国的抗战建国、完成自辛亥革命以来未完成的民族建国的任务提供有益借鉴的话，那么，以下则是他对中国未来应该建立一个什么样的民族国家的思考。他指出，英、法等主要西欧国家以及美国民族建国的经验固然值得我们借鉴和学习，但毕竟"我国民族独立及民族建国运动的时代与西欧各国及北美美国民族运动及民族建国的时代不同"，西欧各国及北美美国的民族运动及民族建国是处在封建主义向资本主义过渡的时代，那时的资本主义还有着旺盛的生命力，而中国的民族运动及民族建国是处在帝国主义与无产阶级革命的时代，这时的资本主义已经没落，发生了总危机，这也就规定了中国的民族建国将走一条不同于西欧各国及北美美国的民族建国的"特殊道路"，建立起来的将是一个"新式的独立自由幸福的中华民国"。① 关于这个"新式的独立自由幸福的中华民国"究竟是一个什么样的国家，他只提出两点，第一，是"统一的民主集中制的多民族国家"②；第二，是"真正独立民主的国家"③。至于它的国体是什么？政体又是什么？其政治、经济、文化的性质如何？特点又如何？等等这些问题，杨松都没有论及，他只是强调，中国要建立的这个"新式的独立自由幸福的中华民国"，既"与西欧法国及北美美国民主共和国有别"，同时，当然"也非如苏联社会主义的无产阶级专政的苏维埃国家"。④

继杨松之后，中国共产党人中再次对有关问题进行理论思考的是毛泽东。1938年10月，他代表政治局在六届六中全会上作《论新阶段》的报告，报告提出，中国的民族建国，要建立的是一个"真正三民主义的共和国"，即"'求国际地位平等，求政治地位平等，求经济地位平等'的国家"。具体来说，"第一，这个国家是一个民族主义的国家"。改变了原来的半殖民地地位，实现了独立，不受任何外国干涉，同时它也不干涉别的国家。"第二，这个国家是一个民权主义的国家。"国内人民，政治地位一律

---

① 杨松：《论资本主义时代民族运动与民族问题》，载中共中央统战部编《民族问题文献汇编》，中共中央党校出版社1991年版，第775页。
② 杨松：《论帝国主义时代民族运动与民族问题》，载中共中央统战部编《民族问题文献汇编》，中共中央党校出版社1991年版，第796页。
③ 杨松：《论资本主义时代民族运动与民族问题》，载中共中央统战部编《民族问题文献汇编》，中共中央党校出版社1991年版，第773页。
④ 同上书，第775页。

平等，国家予以人民以言论、出版、集会、结社、信仰、居住、迁徙之自由，并在政治上物质上予以充分的保障。"第三，这个国家是一个民生主义的国家。"它不否认私有财产，保证工人有工作，农民有土地，学生有书读，一句话，"人人有衣穿，有饭吃，有书读，有事做"。① 1939 年底和 1940 年初，毛泽东又相继在《中国革命和中国共产党》（1939 年 12 月）尤其是《新民主主义论》（1940 年 1 月）等文中进一步提出，"今天'建国'工作的唯一正确的方向"②，就是建立的是一个既不同于西方资本主义社会，也与苏联社会主义社会有别的"新民主主义社会"的国家，并论述了新民主主义的政治、经济和文化及其特征，从而完成了中国共产党人的民族建国的理论建构。概而言之，新民主主义的政治，其"国体"是"各革命阶级联合专政"；其"政体"是"民主集中制"。③ 新民主主义的经济，实行"节制资本"和"平均地权"的政策，"决不能让少数资本家少数地主'操纵国民生计'，决不能建立欧美式的资本主义社会，也决不能还是旧的半封建社会"。④ 新民主主义的文化，"就是无产阶级领导的人民大众的反帝反封建的文化"。⑤ 从此，建设一个新民主主义的"新社会和新国家"，实现中华民族的伟大复兴，成了中国共产党人的奋斗目标。用毛泽东的话说："在这个新社会和新国家中，不但有新政治、新经济，而且有新文化。这就是说，我们不但要把一个政治上受压迫、经济上受剥削的中国，变为一个政治上自由和经济上繁荣的中国，而且要把一个被旧文化统治因而愚昧落后的中国，变为一个被新文化统治因而文明先进的中国。一句话，我们要建立一个新中国。"⑥

（二）"民族复兴节"的设立和纪念

1936 年 12 月 12 日，国民党高级将领张学良、杨虎城发动西安事变，以

---

① 毛泽东：《论新阶段》，载中共中央统战部编《民族问题文献汇编》，中共中央党校出版社 1991 年版，第 597 页。
② 毛泽东：《新民主主义论》，《毛泽东选集》第 2 卷，人民出版社 1991 年版，第 677 页。
③ 同上书，第 677 页。
④ 同上书，第 678—679 页。
⑤ 同上书，第 698 页。
⑥ 同上书，第 663 页。

兵谏之名囚禁蒋介石于西安，一时间"电讯不通，莫知详况。各界惊忧，远达极点"。① 各方势力就如何解决西安事变展开了激烈的角逐，国民党内部的一部分人从自身的利益出发，主张军事讨伐，并强调："大家尤须十二分自信，自信叛乱必可由我们一贯的态度去平定，国家民族必可由我们一贯的态度去复兴。"② 而包括共产党在内的绝大多数党派、政治势力和社会舆论则希望和平解决西安事变。但无论是主张军事讨伐还是和平解决，人们都把西安事变看作影响中国政局的关键。在绝大多数的人眼中，西安事变不仅是民族危亡的转折点，更是刷新民国政治，实现民族团结的试金石。因此，西安事变最后的和平解决，得到人们的真心拥护，借用《大公报》的话说：蒋介石能够从西安脱险，"当时全国人心异常鼓舞，异常的欢欣，觉得蒋委员长脱了险，如同中华民国死而复生一样"。③ 在这样的舆论影响之下，"西安事变"和平解决的政治意义被逐步扩大。12月27日，中国社会问题研究会最先提议，将12月25日蒋介石离开西安返回南京的这一天定为"民族复兴节"。④ 这一提议得到武汉《扫荡报》社、武汉记者公会、国民党武汉市党部、鄂保安团队党部以及中国铸魂学社等团体的响应。12月28日，武汉《扫荡报》的"社论"向国民党中央提议，"请定十二月二十五日为复兴节日"，并列举了两点理由："（一）领袖蒙难全国上下无不以国本动摇为忧，民族将亡为虑。今领袖脱险归来，此等恐惧心理，业已扫除，一切复兴计划，当更易推进，治国政策，当更易实施；（二）国人拥护领袖情操，已有充分表现，惟此等情操之效用，全在维持其延续性之久长扩大其忠实性之范度，使其弥久而弥坚，愈广而愈烈，故规定此日为纪念节，实为最有效的运用，盼国人一致响应，早请中央实施。"⑤ 同一天召开的汉记者公会执监联席会也做出决议，"呈请市党部向中央建议，规定每年十二月二十五日为民族复兴节"。⑥ 此外，武汉市党部、鄂保安团党部、中国铸魂学社等也在这

---

① 《西安事变之善后》，《大公报》（天津）1936年12月14日第1张第2版。
② 《一段必要时间内的努力》，《中央日报》1936年12月23日第2张第3版。
③ 《中央昨日举行云南起义纪念》，《大公报》（汉口）1937年12月25日第1张第3版。
④ 《社会问题研究会建议：领袖离镐日定为民族复兴节》，《中央日报》1936年12月28日第4版。
⑤ 《十二月二十五日规定为民族复兴节》，《中央日报》1936年12月29日第4版。
⑥ 同上。

一天纷纷呈请国民党中央或通电全国,"希望规定十二月二十五日为民族复兴节纪念日,俾使国民爱护领袖,爱护民族国家之热忱,得因年年纪念,愈为发扬奋励永垂弗渝也"。① 一年后,亦即西安事变和平解决一周年的时候,有些地方开始将12月25日这一天作为"民族复兴节"加以纪念;据《大公报》1937年12月25日第1张第3版的报道:"沪息,沪租界虽在日军四面包围之中,但各商店住户二十五日均一律自动悬挂青天白日满地红之国旗,藉以庆祝民族复兴节,盖二十五日为蒋委员长西安蒙难一周年纪念日及云南起义纪念日也。"

到了1938年,纪念民族复兴节的气氛高涨起来。这年的12月25日,上海举行盛大纪念活动庆祝民族复兴节,"本市各机关、公园、公司、工厂、商号、住户、暨学各校等今日均悬旗庆祝,银钱业并于星期一补假一天"。上海青年救国同盟还致电蒋介石,电文中称:"民族复兴节为我国最光明之纪念日,抗战以来,钧座运筹帷幄,领袖群伦争取最后胜利,丰功伟业,四海咸钦,我四万万五千万同胞一心拥护,信仰弥坚,抗胜建成,惟公是赖。奉电谨祝,伏祈勋核。"② 同日重庆也举行了纪念活动,出席活动的有各机关团体代表五万多人。"会场情况,异常热烈,而典礼尤为隆重","下午四时,于礼炮隆声中开始大会","即由主席报告大会之意义,继由各军政商业学校团体代表一一鱼贯向领袖献旗"。大会通过了三个提案:"一、重庆七十万民众电委座致敬,二、电前方将士慰劳,三、向中央及行营建议今后以'一二·二五'为民族复兴节。""至暮色苍茫,乃举行火炬游行","沿途观众如堵,情绪紧张达于极点"。③ 在渝各团体还举行了复兴节的义卖活动,"雾雨弥漫着重庆,当晓光映着新搭好的松坊在滴翠时,抗敌会的宣传讲习班同学,已经在沿街高呼'领袖万岁',促人早起,准备欢迎'义卖'",参与义卖的"甚至还有十几岁以下的小同学,他们和颜悦色地一手举着竹筒,一手举着报纸","还有无数妇女在买花"。④ 热烈的场景反映了

---

① 《规定十二月二十五日为民族复兴纪念日,汉市党部等建议中央》,《中央日报》1936年12月30日第4版。
② 《庆祝民族复兴节》,《申报》1938年12月25日第3张第9版。
③ 《纪念一二·二五 渝市举行市民大会》,《中央日报》1938年12月26日第3张第1版。
④ 《盛大纪念'一二·二五'》,《大公报》1938年12月26日第1张第3版。

民众的热情，同时也将纪念活动推向高潮。另据《展望》第 3 期题为《重庆全市民众庆祝民族复兴节》的报道："去岁新都迁重庆，于此抗战期间，前方将士与后方同胞之热情齐相沸腾，以是于二十七年十二月二十五日举行热烈庆祝。是日天微雨，而老幼男女一齐趋市街参与盛举，呼喊声震撼云霄，群祝民族复兴万岁，蒋委员长政躬健康，此情此景，令人至感兴奋也。""宣传大会到处演说民族复兴之进程，最后胜利必属于我。""中央党部于游行中全体党员热烈庆祝，民众追随绵延长数里。""全市民众在夫子池举行庆祝大会，党政学界全体出场参加，热烈情况为民国以来所仅见。""庆祝游行提灯大会，在黑暗中晃耀着光明，蒋委员长肖像英姿飒然，是新中华民族之救主。"①

尽管 1938 年纪念民族复兴节的气氛高涨，但它不是法定的或官方规定的纪念日。这有两条史料可以证明。第一，1938 年 3 月 7 日国民政府在发给"直辖各机关"的《训令》（渝字第七十七号）中称："奉中央执行委员会二十七年三月四日渝字第七四五号公函开，'查革命纪念日简明表规定每年应举行之纪念日为数颇多，现值国难期间，各项纪念日宜暂行归并举行，兹特酌定各项革命纪念日暂行归并举行日期表，提经本会常务委员会第七十次会议决议通过在案。除分行各级党部外，相应检同上开日期表，函达查照并通饬所属知照'等因，奉此，除函复并分行外，合行抄发原件，令仰知照，并转饬所属一体知照。"该《训令》还附有一份 1938 年 3 月 1 日国民党第五届中央常务委员会第七十次会议通过的《各项革命纪念日暂行归并举行日期表》，其中有："十二月二十五日：云南起义纪念日，十二月五日肇和起义纪念并于本日举行。"这份表没有提到"民族复兴节"。第二，1938 年 12 月 25 日出版的第 1 卷第 15 期《黄埔周刊》的《社评·纪念民族复兴节》一文写道："两年前之今日，最高领袖在西安脱险，同志同胞为景仰最高领袖之伟大人格，与夫纪念最高领袖继续领导复兴民族之伟业起见，乃定十二月二十五日为民族复兴节；值兹强寇压境奋力抗战之时，纪念意义，尤为重大。"② 文中讲的是"同志同胞"而非官方（如中央政府或党中央）"乃定

---

① 《重庆全市民众庆祝民族复兴节》，《展望》第 3 期，1939 年。
② 《纪念民族复兴节》，《黄埔周刊》第 1 卷第 15 期，1938 年 12 月 25 日。

十二月二十五日为民族复兴节"。

  1939年1月29日，国民党第五届中央执行委员会第五次全体会议召开，会议通过的《对于政治报告之决议案》中提出："惟现值抗战进入第二期，全国精神物质之总动员已成为迫切之需要，而所以发挥总动员之效能者，尤有赖于国防最高决定机关统筹全局，使全国之人力、财力、物力悉供献于抗战，今后工作更应加紧。"[①] 根据《决议案》的这一提议，3月11日，国民政府在国防最高委员会下设立"精神总动员会"，蒋介石自任会长，并公布《国民精神总动员纲领》和《精神总动员实施办法》。《纲领》向全国军民昭示："今日之所宜致力者，尤当注重于精神振作与集中，质言之，前期抗战，军事与精神并重；而第二期即后期之抗战，则精神尤重于军事。非提高吾全国国民坚强不屈之精神，不足以克服艰危而打破敌人精神致胜之毒计。"[②] 为此，《纲领》提出了三个"国民人人所易知易行之简单而明显"之"共同目标"，即："（一）国家至上民族至上，（二）军事第一胜利第一，（三）意志集中力量集中是也。"[③] 这也是国民精神动员的最高原则。《办法》规定，各省市县组织各级国民精神总动员会，国民以同业公会、学校、机关为单位，每月集会一次，"宣讲总动员纲领，宣读《国民公约誓词》"。次日，亦即孙中山逝世十四周年纪念日，蒋介石通电全国，宣布实行"国民精神总动员"运动。为配合"国民精神总动员"运动，"民族复兴节"在事实上也取得了官定的革命节日的地位。

  我们之所以说"民族复兴节"在事实上取得了官定的革命节日的地位，是因为官方虽然没有明确规定12月25日为"民族复兴节"，但在1939年期间，确切地说在公布《国民精神总动员纲领》和《精神总动员实施办法》之后，人们已普遍接受了"民族复兴节"是官定的革命节日的观念。比如，1939年出版的第6卷第24期《田家半月刊》上的一篇题为《耶稣圣诞节与民族复兴节》的文章就写道："自抗战以来，我全国同胞才

---

  ① 荣孟源主编：《中国国民党历次代表大会及中央全会资料》（下），光明日报出版社1985年版，第557页。
  ② 彭明主编：《中国现代史资料选辑》第5册（1937—1945）（下），中国人民大学出版社1989年版，第114页。
  ③ 同上书，第116页。

恍然大悟，深觉得要想抗战必胜，建国必成，必先使民族复兴。所以有'国民精神总动员'运动，并规定每年十二月二十五日，为民族复兴节。"①这里虽然没有说是谁"规定"的，但既然将"民族复兴节"的"规定"与"国民精神总动员"运动相提并论，那么至少在作者看来，"民族复兴节"出于"官定"必然无疑。1941年出版的《民族复兴节纪念特刊》上的一篇《我们要如何纪念民族复兴节》的文章也提到："在抗战已经四年零五个月的今天来纪念民族复兴节，我们真觉悟到无限的感奋，回忆到五年前的今日，我们团长（这里指的是蒋介石，他当时兼三民主义青年团团长——引者）由西安蒙难脱险，那时举国欣喜若狂，为国家民族前途而庆幸，中央乃定是日为民族复兴节，其意义就是表示我们民族的命运已到万分危险的关头，而遂转复兴的征兆。"②文中明确表示是"中央"规定的，但这一"中央"是"中央政府"，还是"党中央"，文章没有明说。而1946年出版的第12期《抗青一周》上的一篇文章则说是"政府"做出的"规定"："二十五日为真主耶稣诞辰之日，西欧各国对该节气颇为重视与热烈，而我政府乃改定本日为民族复兴节，其象征我民族欣欣向荣，渐趋光明。"③从上述这几篇文章可以看出，人们已将"民族复兴节"看作是"官定"的革命节日了。也正因为人们已将"民族复兴节"看作是"官定"的革命节日了，所以在1939年之前，不断有民间组织或团体上呈"中央"要求将12月25日定为民族复兴节，如上引的1938年12月25日重庆纪念民族复兴节大会的提案。但就我们目前掌握的资料来看，自1939年起，再也没有发现这方面的决议或提案，究其原因就在于，在人们的心目中民族复兴节已是官定的革命节日，没有必要再要求中央政府或国民党中央通过有关的决议或提案了。

正因为自1939年起民族复兴节已在事实上取得了官定的纪念日的地位，所以纪念活动不再局限于上海、重庆这些作为政治、经济中心的大城市，而开始成为全国性的活动，并日益常态化、程式化。据有关报纸的报道，1939

---

① 余牧人：《耶稣圣诞节与民族复兴节》，《田家半月刊》第6卷第24期，1939年。
② 李建帮：《我们要如何纪念民族复兴节》，《民族复兴节纪念特刊》1941年。
③ 《耶稣诞生日 民族复兴节》，《抗青一周》第12期，1946年12月25日。

年上海各界的纪念"民族复兴节"活动，虽因受上海沦陷的影响，其规模和气氛已远不如1938年，"各机关公团学校等，有循例休假者，惟不悬旗，亦不铺张庆祝仪式"，"至于英租界当局，闻于今日临时加紧戒备，以资防范"，"前拟于复兴节印售复兴节纪念书笺"，"今因赶印不及，停止发售，惟少数业已印就，一律改为赠送"。① 但同一天的重庆，民族复兴节纪念则搞得十分热烈，国民政府主席林森出席纪念大会并报告纪念意义，会议"祝颂民族复兴事业迅速完成"。除重庆外，成都、贵阳、福州、长沙等地也举行了"颇为热烈"的集会和游行。② 1940年后，因政治环境的进一步恶化，上海的民族复兴节纪念活动更显平静，"各学校及银钱业，并循例休假"，其间没有任何集会活动，只有"男女青年散发大批五色传单，其内容为'拥护蒋委员长'、'努力奋斗完成抗建大业'、'中华民族复兴万岁'"，此外还有印有"Long Live China"的英文传单，"各界民众拾之，莫不争先睹为快，情绪极为兴奋"。③ 但重庆、成都、福州、贵阳、长沙等城市的民族复兴节活动则都搞得有声有色。如四川大学，为庆祝民族复兴节，学校的"'川大剧社'联合朝大公演国防话剧"。④ 福州的集美学校初中部的纪念活动是在该校大操场举行的，"由教务主任钱念文讲演复兴节意义，及青年应有的努力。词甚恳切。中午十二时举行女青年烹调比赛，分列五组，由团津贴每名二元，余款各人自备，并请教师陈延庭……等十余人分任评判，晚间并举行戏剧比赛，情节精彩，计录取第一名'一刻千金'（五六组）、第二名'烙痕'（五五组），第三名'血祭土地祠'（五八组），第四名'岭上梅'（五七组），该校是日全完在热烈情绪中"。⑤ 在贵阳的"中央各军政学校"组织了"在筑同学纪念民族复兴节同乐会，公推何辑五同学为大会主席，于是日正午十二时假贵阳大戏院举行同乐会茶话会，并请省府吴主席及党部傅主任委员启学讲演，另邀请本市平剧名角公演平剧，共到同学五百七

---

① 《今日民族复兴节　沪各界热烈纪念》，《申报》1939年12月25日第3张第9版。
② 《云南起义纪念》，《大公报》1939年12月26日第2版。
③ 《全市各界庆祝民族复兴节》，《申报》1940年12月25日第2张第7版。
④ 《庆祝民族复兴节本校"川大剧社"联合朝大公演国防话剧》，《国立四川大学校刊》第9卷第8期，1940年。
⑤ 《初中消息·民族复兴节举行女青年烹饪比赛》，《集美周刊》第32卷第11、12期合刊，1942年。

十八人，来宾五百余人，盛况空前。并由贵阳大戏院经理奉送咖啡一千杯，以助兴致"。① 其他一些地方也举行了各具特色的纪念民族复兴节活动，在一些少数民族地区，政府和民间团体通过"举行个人清洁检查，并颁发优胜者奖品，展览各种挂图，放送哨声唱片，讲解重要政令，并派员持茶糖等物慰问穷苦居民"等方式来纪念民族复兴节。②另据第3卷第7期《会声月报》的一则报道，该报派驻河南、安徽、江西、浙江、西康、广西、西昌行辕、黔桂路的"通讯处"，都于民族复兴节那一天，联合当地党政军及其他团体，举行过形式多样的纪念活动。③

除纪念活动外，自1939年起，纪念民族复兴节的文章也迅速增多起来，仅1939年，我们查阅到的纪念民族复兴节的文章就有《学生生活》的《"民族复兴节"纪念》（第28—29期合刊）、《大夏生活》的《前头语·纪念民族复兴节》和《民族复兴节给我的启示》（第6期）、《田家半月刊》的《耶稣圣诞节与民族复兴节》（第6卷第24期）、《妇女新运通讯》的《论坛：纪念民族复兴节》（第4、5期合刊）、《职业生活》的《民族复兴节》（第2卷第9期）、《新知十日刊》的《新知现代语汇：云南起义、民族复兴节》（第3卷第4期）、《方面军》的《社论·民族复兴节》（第2卷第9、10期合刊）等。1940年后，不仅文章增多，有的刊物还编发特辑或特刊，纪念民族复兴节。如《福建青年》第1卷第3期（1940年）就编发过"纪念民族复兴节专辑"，除"编者的话"外，文章有李雄的《复兴民族与三民主义》、黄畛吾的《国家兴亡与民族志气》、朱博能的《民族复兴的资源问题》、姚虚谷的《民族复兴与国民教育》、王懋和的《民族复兴与国民经济建设》、刘有光的《民族复兴与国民体育》、陈掖神的《民族复兴与国民革命》、杨鸣铎的《民族自决问题在中国》、郑永祥的《谁为复兴民族的主干》等。1941年出版的《民族复兴节纪念特刊》，收录有郑杰民的《对于民族复兴应有的认识》、李健邦的《我们要如何纪念民族复兴节》、张广汉的《问题青年与青年问题：为纪念民族复兴节而作》、陈建仁的《国家复兴与民族

---

① 《黔处民族复兴节同乐会之盛况》，《会声月报》第3卷第3、4期合刊，1943年。
② 《第一边胞服务站纪念复兴节》，《新运导报》第1期，1943年。
③ 《消息一束》，《会声月报》第3卷第7期，1944年。

气节：不成功，便成仁，惟成仁，必成功》、陈德清的《庆祝复兴节要发扬民族正气》、余森的《民族复兴节感言》等文章。

除去一般谈民族复兴的文章外，就纯粹的纪念文章来看，大体可以分为三个方面的内容：

第一，从与云南起义纪念日和圣诞日的比较、联系中，肯定民族复兴节的重要意义。12月25日，不仅是西安事变和平解决、蒋介石回到南京的日子，也是1915年蔡锷发动云南起义、反对袁世凯复辟帝制和基督耶稣圣诞的日子。因此，一些纪念民族复兴节的文章，则从与云南起义纪念日和圣诞日的比较、联系中，肯定12月25日对于民族复兴的重要意义。《方面军》第2卷第9、10期合刊的《社论·民族复兴节》就写道：中华民国二十五年12月25日，产生了中华民国的民族复兴节。12月25日这个日子，在人类的日历中，永远是个伟大的纪念日。推翻袁世凯帝制、复活革命的云南起义，是在这一天；而拯救人类、为世界各先进国家所崇奉的基督耶稣，也是在1939年前的今天诞生的。"我们的民族复兴节，正在这一天产生，那是有伟大深长之象征意义，而在人类救主的圣诞日，同时为中华民国的民族复兴节，这个凑合，也是适当。"固然，民族复兴，其重大意义是在我们中华民族自身。因为自从有了这一天，长年被人轻视、被人压迫凌辱、被人目为东亚病夫的老大国家，开始以一鸣惊人的姿态出现于世界的国家中，改变了世界人士轻视中华民族的成见。同时在我们民族自己，也是从这一天起，一洗过去偷生苟安萎靡堕落的恶习，而淬励精神发奋为雄，真正统一与团结，我国的军事政治经济，开始出现了"崭新的姿态，实现了真正彻底的民族复兴"。然而，民族复兴节的重大意义并不止于这一点。在人类一千多年的历史中，基督耶稣之圣诞节和中华民族之复兴节先后辉映。"基督耶稣，为拯救人群的苦难，颁与人类福音而降生；复兴的中华民族，在其对于侵略者之圣战中，也是为世界受暴力凌辱压迫之和平人们，作打击暴力之救世军，为侵略的横流上之中流砥柱。"我们的民族抗战，是为了保卫全球民主国家之权益而战，是民主国家与其敌人间之世界战斗中的一个重要环节。所以，"中华民族复兴节日，同时适为基督耶稣之圣诞节，这种巧合，决非偶然，那是人类历史所已配定，要使十二月二十五日这一天，永为人类历史上一个最伟大而意义深重之纪念日"。① 如果说《方面军》的《社论》主要是通过与基督耶稣圣诞日的比较和联系来肯定民族复兴节的重要意义的话,那么,周僖的《民族复兴与民族战争——民族复兴节讲演》则主要是通过与云南起义日的比较和联系来肯定民族复兴节之重要意义的:"今天是云南起义的纪念日,同时又是民族复兴节——委员长西安蒙难脱险的纪念日——在这两个纪念当中,首先要向各位报告的,就是这两样的事情联贯的地方。"云南起义,是民国再造的一个纪念日,假设没有云南起义,我们现在或许还是帝制下的奴隶,还谈什么民族复兴呢?所以我们今天能为中华民族自由的公民,能自由的为中华民族谋光明的前途,全赖护法之役,打倒袁世凯,恢复共和政体。至于西安事变,可以说是中华民族生死存亡转变的最大关键,假使当时西安事变的解决,得到一个相反的结果,则中华民族的遭遇,或不可想象,今日也根本上谈不到民族复兴问题。云南起义,是国内的政治的革命,此与对外的民族战争比较起来,虽然相对容易一点,但也免不了要有很大的牺牲。而今天从事对外生死存亡的民族战争,当然需要更大的牺牲了!牺牲的目的,是取得最后的胜利,得到国家民族的独立和自由,而牺牲的初步,是放弃我们过去错误的封建思想,提高我们的民族意识,奠定我们的复兴基础。② 杨虎在纪念文章中指出:今天是云南起义纪念日,同时也是民族复兴节,是总裁西安蒙难脱险的纪念日,又因为云南起义和肇和兵舰起义,都是为了打到袁世凯和国内军阀,维系中华民国的命脉,因此,也将肇和起义合并纪念。"我们晓得为了再造共和,而有肇和和云南起义,为了民族复兴,而有总裁的领导抗战。前者是破坏的,后者是建设的,所以纪念民族复兴节的意义更为重大。"③ 在逸云看来,云南起义推翻了野心的袁世凯,警示其他封建余孽不得再作斩断民国生命之梦,但国内割据势力不仅仍然存在,甚至是变本加厉,北伐的成功才建立起了巩固的中央政府,然而并没有实现全国真正的统一,实现全国真正的统一则是在西安事变之后,正是西安事变的和平解决,使"举国上下真心实意地团结在领袖的贤明指导之

---

① 《社论·民族复兴节》,《方面军》第2卷第9、10期合刊,1939年。
② 周僖:《民族复兴与民族战争——民族复兴节讲演》,《青年空军》第1卷第2期,1940年。
③ 杨虎:《云南起义与民族复兴》,《广播周报》第193期,1941年。

下，创建三民主义的新国家"。因此，"云南起义只使民国生命得以延续，而前年的'一二·二五'，则使整个民族团结了。团结便是复兴的第一步"。①《职业生活》上的一篇纪念文章同样通过云南起义日与民族复兴节的比较，肯定了后者所具有的重要意义："这个节日（十二月二十五日）首先是 1915 年云南起义反对帝制复辟的纪念日，这一运动的意义在于保卫民主共和，反对承认二十一条亡国条件的卖国贼袁世凯的帝制复辟，后来袁世凯的迷梦终于被击粉碎，虽则当时在华的帝国主义的阴谋和封建军阀祸国殃民的活动还是继续着，这一运动并没有得到胜利，可是它已向全国人民提出了反帝反封建、建立中华民主共和国的迫切任务。这个节日又是 1936 年西安事变和平解决、蒋委员长安全脱险的纪念日。这一日子开辟了中国历史的新阶段。由黑暗混乱的内战，走向民主团结对外抗战的道路，中国人民接受了 20 余年亲身经历的深刻教训，觉悟到非国内团结各派别各阶级各民族，不能驱逐侵略者，不能建立民族独立、民主自由、民生幸福的新中国，所以这个日子规定为民族复兴节，是有着伟大意义的。"②

第二，从停止一切内战，实现全民族的真诚团结，建立和巩固抗日民族统一战线的视角出发，肯定民族复兴节的重要意义。吴克的《"民族复兴节"纪念》一文开篇明义便写道：12 月 25 日西安事变和平解决，蒋委员长平安回京，也就是所谓"民族复兴节"。假如事变结果，不幸到了悲惨的境地，那么中华民国亦就到了无可救药的地步。"事变的和平解决，使中国踏上新的道路，所以'民族复兴节'是值得我们热烈纪念的一天。"文章认为，纪念民族复兴节，要有以下几个方面的认识：首先，民族复兴节是国内和平的开端，四分五裂的中国从此实现了统一，全国各党各派团结在三民主义的最高旗帜之下，谋求中华民族的独立与解放，"三民主义成了公认的最高原则，最高目标，所以我们今天纪念民族复兴节，要更忠诚地信仰三民主义，拥护三民主义！"其次，民族复兴节奠定了"抗日"为最高国策，为当前的唯一要务，同时采取了总理"容共、联俄、农工三大政策"的遗教。总理当日在广州主持北伐，深知欲求得中华民国革命的成功，唯有容共、联

---

① 逸云：《民族复兴节》，《妇女共鸣》第 8 卷第 3、4 期合刊，1938 年。
② 《民族复兴节》，《职业生活》第 2 卷第 9 期，1939 年。

俄、农工运动，故手订此三大政策。"所以今天纪念民族复兴节，要提高对总理遗教的遵守，助紧实行总理手订的三大政策。"再其次，民族复兴节是全国各党各派大团结的开始，统一战线的产生。抗战一年多以来的历史，证明了统一战线力量的伟大。共产党无论在政治上在军事上都显示出忠于民族、忠于三民主义的诚意，八路军、新四军在南北两战场上，表现出他们最大的勇敢，获取了无数次胜利。"所以我们在今天，要竭力推进统一战线的发展！毫没问题地拥护统一战线！拥护各党各派永久合作！"[1]《大夏生活》的《前头语·纪念民族复兴节》强调，1936 年 12 月 25 日"是中国百年来历史的转折点，是中华民族复兴的大关键，是国内停止一切内战、一致对外的起始，是民族统一战线建立和巩固的一天，是全国人民共同负起抗战建国神圣使命的先声"，是值得我们永远纪念的日子。由于这一天，才有"七七"卢沟桥的抗战；由于这一天，才有"八·一三"淞沪抗战；由于这一天，民族统一战线才会更快地建立和巩固。"尤其是国共两党的加紧亲密合作，共御外侮，于是更加深了抗战必胜的基础。"[2] 邹韬奋的《民族复兴节》一文指出："一二·二五"是我们最高领袖蒋委员长西安出险纪念日，正是由于最高领袖的出险才使全国实现了真诚团结，一致对外，全国的力量集中于我们的唯一敌人日本帝国主义者。"这全国真诚团结的局面是抗战的基础，是争取最后胜利的最基本条件之一，是我们全国同胞所珍视的，而这种局面的形成却是由于'一二·二五'作起点。我们因宝贵全国真诚团结的抗战基础与胜利条件，所以也宝贵这'一二·二五'纪念日。这个纪念日之取名为'民族复兴节'，不是偶然的，它的深切的意义也就在这里。"[3]《妇女新运通讯》的一篇纪念文章认为："民族复兴节是我国和平统一、一致对外、抗战的奠基日"，因此，"我们举行纪念的时候"，一定要"誓死真诚团结，一致对外"。现在日寇正集中力量进攻中国，除了军事上加紧进攻西南之外，在政治上也采取了攻势，使尽一切阴谋来分化我们的团结，引诱中国投降。"所以我们应不分畛域，长官平民男女老幼开诚布公，提供所有的意

---

[1] 吴克：《"民族复兴节"纪念》，《学生生活》第 28—29 期合刊，1939 年。
[2] 《前头语·纪念民族复兴节》，《大夏生活》第 6 号，1939 年 12 月 25 日。
[3] 韬奋：《民族复兴节》，《全民抗战》（五日刊）第 44 期，1938 年。

见和方法，贡献出一切力量，以真诚团结的事实来答复敌人，不妥协，不言和，坚信胜利是我们的。"①刊发于《西南儿童》上的《民族复兴节》一文，通过一个儿童故事，肯定了西安事变的和平解决对于结束内战、一致对外的重要意义：民族复兴节的这天早晨，一个小哥哥和小妹妹因起床时相互拿错了衣服打起架来，这时他们的姐姐走了进来，问他们愿不愿意听民族复兴节的故事。他们说愿意听。姐姐说，你要听民族复兴节的故事，第一不要打架，"因为民族复兴节的意义，就是自己人不打架，要打敌人，复兴中华民族"。在民国二十五年以前，有许多中国人像你们两个小傻瓜一样老是打架，乘着他们打架的时候，日本人杀到中国来，像小猫小狗一样偷中国的东西吃，把中国的性命要咬断了，许多聪明人看了非常着急，要求他们不要打，但他们不听，仍然打，打死了很多人，损失了很多财产，中华民族真危险极了。打到民国二十五年12月12日，张学良大喊大叫说："不要内战，要打日本！"但是他太粗鲁，他竟敢把委员长关起来了，全国人都骂他不讲理，叫他把委员长放出来，大家共同商量好办法打日本。张学良觉悟了，在12月25日这一天，恭恭敬敬的请出了蒋委员长，后来大家商量好了不打内战，全国在蒋委员长领导下团结抗日。于是全国大团结，就在那天开始了，我们就把那天定为民族复兴节了，因为大家团结起来，才晓得民族复兴的重要，才有力量复兴民族。"妹妹听了姐姐的故事，觉得打架真不对，望望哥哥说，'我不和你打架了'。哥哥说：'我也不和你打架了，我们并且要告诉全中国的人，不要自己相互打架，要去打日本'！"②

第三，把西安事变的和平解决归功于蒋介石"伟大人格的感召"，并极力颂扬和美化蒋介石，认为只有绝对服从蒋介石的领导，中华民族才能实现民族复兴。《中央日报》的文章指出，西安事变时"领袖（这里指的是蒋介石）凭什么去抵御暴力？又凭什么去感化叛乱？就是伟大的人格和笃信的主义"，而张学良最后之所以会觉醒，并护送领袖回到首都，也是受"领袖精

---

① 岫深：《纪念民族复兴节》，《妇女新运通讯》第4、5期合刊，1939年12月25日。
② 吉林：《民族复兴节》，《西南儿童》第2卷第10期，1940年。

神力量的压迫"。① 国民党要员白崇禧在复兴节纪念活动的讲话中强调："西安事变的时候，总裁之所以能够出险，完全是靠总裁至大至公的精诚所感召，和至大至刚的勇气所战胜的结果。"② 李大超在题为《民族复兴节论民族复兴》的演讲中告诉华南学校的师生："在民国二十五年的今天，西安事变突起，蒋委员长被蒙难于西安，然终以他伟大人格的感召，结果张学良、杨虎城都先后觉悟了。我国对日抗战五年余来，意志集中，力量集中，皆由总裁伟大人格的感召的结果。回顾五年余来的抗战，我们要深深体会总理创业的艰难及总裁奉行主义的精神。在这抗战期中，我们应该要拿这种精神来支持我们的行动，做我们复兴民族事业的基础。"③《黄埔周刊》的一篇《纪念民族复兴节》的"社评"在引用了蒋介石《西安半月记·二十六日记》的一段话后写道："吾人读此，足见（一）领袖革命人格之伟大，（二）对总理训诲之遵循，（三）为国家忠诚之精神，（四）谦恭感人之美德，孰不肃然起敬。"该"社评"继续写道："领袖为我民族复兴伟业之领导者，不但国人一致拥戴，即外人亦无不推崇"，更有英国记者珊姆逊在谈话中称领袖"为中国有史以来最伟大之民族英雄"，这"实极恰当"。④ 李建帮的《我们要如何纪念民族复兴节》一文，称蒋介石"为中华民族的救星，国民革命的主宰"，只有在他的领导下，"民族才能复兴，国家才能富强"，我们纪念民族复兴节，"就是要效忠民族，不要忘记团长所昭示我们的抗战国策，更不要忘记了我们空前所负的使命"。文中说蒋介石在少年的时候就立定了救国救民的大志，十八岁参加革命工作，出生入死，艰苦奋斗，未有一日间断，"结果成了我们民族的领袖"。他平日一行一言，都是本着三民主义救国救民的宗旨，出自至诚，为中华民族固有文化道德的最高表现，他以诚为立言之本，以发扬三达德、培养武学、习练六艺、实践四维、力行八德为立已立人训勉同志部属的要旨，以伟大人格、至诚言行感召全国国民，他在革命历程中充分表现出坚苦卓绝大无畏的革命精神，无论在何种危险困难当中，总是坚毅果敢当机立断，所以终能克服一切艰难险阻，改造环境，这些

---

① 《昨天的纪念》，《中央日报》1938 年 12 月 26 日第 2 版。
② 《云南起义纪念会》，《中央日报》1940 年 12 月 26 日第 1 张第 3 版。
③ 李大超：《民族复兴节论民族复兴》，《华南校报》第 10 卷第 2、3 期合刊，1943 年。
④ 《社评：纪念民族复兴节》，《黄埔周刊》第 1 卷第 15 期，1938 年。

都是值得我们纪念的。"我们要切实信仰服从团长,更要效法师承,追随前进,仰体团长实行的意旨,身体力行,在团长的指导下,共同完成抗战建国的使命,才不负今天纪念的意义,达到民族复兴的目的。"①《福建青年》第1卷第3期曾编发过一组"纪念民族复兴节专辑",其《编者的话》中有这样一段文字:"民族复兴节的产生,是在民国二十五年十二月二十五日,我们团长从西安事变脱险回京的日子。举国狂欢,顽廉懦立,象征着中华民族的复兴。这是因为团长是全国四万万五千万的核心,是复兴民族统一中国的最高领袖,一身安危关系整个国家民族的缘故。"编者十分赞同《谁为民族复兴的主干》一文的观点,即:复兴民族,必须有一个贤明的领袖和大量的干部,才能达成使命。苏俄的复兴,是靠无数的苏俄青年干部,拥护着他们的领袖斯大林而实现的;德意志的复兴,也是靠无数的德意志青年干部,拥护着他们的领袖希特勒而实现的;意大利的复兴,同样是靠无数的意大利青年干部,拥护着他们的领袖墨索里尼而实现的。像这一类的事例很多很多,足为明训。"因此,我们要图复兴中华民族,自亦非靠无数的中国青年干部,拥护着我们的最高领袖不可。换句话说,我们只有竭诚拥护,忠实信任,把智慧、生命、自由一起呈献于最高领袖,并绝对服从领导,才能加速完成复兴的大业。这是我们青年应有的深切认识。"②"侠子"的《半月评坛:纪念民族复兴节》一文写道:"十二·二五"是总裁蒙难西安的纪念日,也是我们民族复兴的纪念日,这是一个有历史意义的伟大日子,它充分表现总裁的崇高伟大,充分说明全国人民对总裁爱戴的深广。当事变的消息传达到国内外时,举世的人士是如何的震惊忧虑,到事变和平解决时,又是怎样的欢动中外!现在我们纪念这个节日,真不知如何的感奋。我们须得指出,在抗战前,总裁处境的艰辛是无可比拟的。他一面要对待日阀在那时的强暴和未来的进攻,一面要应付国内各地方人士误解政府的责难,他那任劳任怨忠于国家民族一贯抗日的精神,一直到事变解决后才大白于天下!这种精神不仅感召了各党各派,而且也教育了全国的同胞。张学良之所以会从劫持中亲自送回总裁返京,事变之所以能够顺利地和平解决,不正是告诉我们以总裁的伟

---

① 李建帮:《我们要如何纪念民族复兴节》,《民族复兴节纪念特刊》1941 年。
② 《编者的话》《福建青年》第 1 卷第 3 期,1940 年。

大吗?"我们现在严正地认为,对日抗战能够发展到现阶段,胜利能够紧紧操诸我们的手上,固然由于我英勇的将士和觉醒的民众以头胪热血换取得来,但假使没有总裁的苦心孤诣和尽筹硕划,则抗战不会有如今日的伟大收获,是可以断言的!"①

就上述纪念民族复兴节的文章的内容可以看出,由于政治、宗教和文化取向的差异以及关注点的不同等等原因,人们对民族复兴节的内涵或意义有着不同的解读,一般来说,民间的报刊舆论和以邹韬奋为代表的民主爱国人士更多关注和肯定的是民族复兴节在结束内战、实现全民族的真诚团结、建立和巩固抗日民族统一战线方面的重要意义,而以《中央日报》为代表的国民党官方及其舆论更关注的是如何通过民族复兴节的纪念来颂扬和美化蒋介石,树立蒋介石的绝对权威,从而建立起一套以领袖崇拜为中心的话语体系,以服务和服从于蒋介石提出的一个政党、一个主义、一个领袖的个人独裁统治的建立。但无论如何,把12月25日确定为"民族复兴节"并进行纪念,它表达出的是人们对中华民族复兴的渴望和民族复兴思潮在七七事变后的高涨及其巨大的社会影响力。②

(三) 中国共产党有限度地使用"民族复兴"的话语③

我们前面已经提到,在中国近代民族复兴思想的发展历程中,作为中国早期马克思主义者和中国共产党创建者之一的李大钊曾做出过重要贡献,尤其是他的"中华民族之复活"思想的提出,标志着"中华民族复兴"之观念的基本形成。④但自李大钊后,直到西安事变和平解决、国共商谈第二次

---

① 侠子:《半月评坛:纪念民族复兴节》,《建军半月刊》第9期,1939年。
② "民族复兴节"的纪念在1939—1941年间达到高潮,后随着抗战进入相持阶段,尤其是国共两党摩擦不断,抗日民族统一战线内部斗争的日益公开化和激烈化,"民族复兴节"的纪念也一年不如一年,至抗战胜利结束、国共内战全面爆发,"民族复兴"已与中华民族渐行渐远,人们再也没有兴趣和精力来谈论和纪念"民族复兴节"了。我们所查阅到的最晚一篇纪念民族复兴节的文章,是发表在1947年《河北省政府公报》第53、54期上刘多荃所写的《完成革命建国大业——为民族复兴节而作》一文。
③ 本节参考了黄兴涛的《民国各政党与"中华民族复兴"论》,《近代史研究》2014年第4期。
④ 参见郑大华《中国近代"中华民族复兴"观念之形成的历史考察》,《教学与研究》2014年第4期。

合作之前，共产党人不仅很少有人使用"民族复兴"一词①，而且对国民党使用"民族复兴"持的是一种嘲讽和批判的态度。1934年4月12日，《中共中央关于国际十三次全会提纲的决议》中指出："在反对法西斯主义的思想斗争方面"，必须"经常的具体的揭露以蒋介石为首的中国法西斯蒂的利用'民族主义'的武断宣传，而实行卖国辱国与替帝国主义侵略作清道夫的面目，揭露'中国实力不如人'、'以礼义廉耻之提倡为复兴民族之武器'及清洁整齐朴素等原则的'新生活运动'之实际意义，就是在帝国主义疯狂的侵略面前散布失败主义……培养封建的复古的奴隶道德，替帝国主义的侵略者准备顺从的殖民地奴隶"。② 不久（5月5日），中共中央在一封《党、团中央为声讨国民党南京政府告全国劳动群众书》中又写道："出卖中国，在日本及一切帝国主义之前匍匐投降，背叛民族，屠杀民众，血腥的镇压一切反帝斗争，无限制的剥削工农，毁灭中国！这就是国民党法西斯蒂的'民族复兴'政策的实质！"③ 同年7月8日，时任中共领导人的博古在马克思主义研究会发表"为着实现武装民众的民族革命战争中国共产党做了什么和将做些什么？"的演说，谴责"国民党用法西斯蒂的'新生活运动'来麻醉民众。'新生活运动'的口号，是'复兴中国民族'，不是用民众的武装的抗日战争，而是用提倡礼义廉耻，走上复古的旧道路，提倡旧的奴隶顺从的道德，使全国人民安稳的做奴隶"。④

中国共产党人不用"民族复兴"，而用的是"民族解放"。比如，1932年4月20日，中华苏维埃共和国临时中央政府《为对日宣战告全世界无产

---

① 共产党人偶尔也用过"民族复兴"一词，比如，1935年12月20日，毛泽东以中华苏维埃人民共和国中央政府主席身份发布的《中华苏维埃中央政府对内蒙古人民宣言》中就写道："我们认为只有我们同内蒙古民族共同奋斗，才能很快的打倒我们共同的敌人，日本帝国主义及蒋介石；同时相信，内蒙古民族只有与我们共同战斗，才能保存成吉思汗时代的光荣，避免民族的灭亡，走上民族复兴的道路，而获得如土耳其、波兰、乌克兰、高加索等民族一样的独立与自由"。（中共中央统战部编：《民族问题文献汇编》，中共中央党校出版社1991年版，第323页）

② 《中共中央关于国际十三次全会提纲的决议》，载中共中央统战部编《民族问题文献汇编》，中共中央党校出版社1991年版，第214页。

③ 《党、团中央为声讨国民党南京政府告全国劳动群众书》（1934年5月5日），《中共中央文件选集》第9册，中共中央党校出版社1986年版，第250页。

④ 《为着实现武装民众的民族革命战争中国共产党做了什么和将做些什么？——博古同志在马克思主义研究会演讲会上的演说》（1934年7月8日），《中共中央文件选集》第9册，中共中央党校出版社1986年版，第318页。

阶级及被压迫民族通电》指出：在苏维埃临时中央政府领导之下的革命战争，是要推翻国民党统治、驱逐日本帝国主义的军队及其统治中国的一切势力，以实现"整个中华民族解放和独立"。[1] 同年7月7日，中共中央驻北方代表给内蒙党委员会的信中强调："中国革命现阶段上的任务之一，是争取民族解放的问题。"[2]

共产党人之所以不用"民族复兴"，而用"民族解放"，一个重要原因，是因为"民族复兴"思潮不仅是在蒋介石和国民党人的推动下兴起的，而且在蒋介石和国民党人的操控之下，很快就成了国民党的官方话语的一部分。这自然是作为国民党的反对派的共产党所不能接受的，更何况两党还正在进行着你死我活的斗争。所以，一方面共产党对国民党使用"民族复兴"一词予以嘲讽和批判，另一方面，他们又极力辨别"民族复兴"与"民族解放"之间的不同含义，以说服那些受"蒙蔽"而使用"民族复兴"一词的广大非国民党人改用他们使用的"民族解放"一词。1936年《省常期刊》第7期曾发表过一篇题为《辨"民族复兴"与"民族解放"》的文章。该文开篇明义便写道："在整个资本主义社会正在崩溃而走向死亡的阶段，全世界陷于大转变的不安的前夕，帝国主义向弱小民族的加紧压迫下，而汉奸国贼的势焰日益高涨的今日中国，全国人民都陷在悲惨的命运里，在亡国灭种的尖端忍受着一切奴隶生活的煎熬。许多忧国之士，热心爱国的人们，几乎全中国的民众都在窒息的空气中高喊着'救亡'的口号，但在这具有同等热情喊着同一的口号中，却有着两种不同的要求：一种是'民族复兴'，另有一种是'民族解放'。这明显地表明了喊口号的人的背景。在起始喊出这两种不同的要求的人，自然是各具主意的，大约是蒙于热情，蒙于急切的希望，蒙于一切含混不明的意识，后来许多跟着喊口号的人便把此两者混为一谈，不仅此也，甚至把这两种要求认为同一意义。于是这两样要求在全国同一的热望中震天价响着，又因了前一要求，是许多正在执政的有权势的人正猛烈呼唤着的，藉着政治力量推行的缘故，是更普遍地在各处广布着，这样

---

[1] 《中华苏维埃共和国临时中央政府为对日宣战告全世界无产阶级及被压迫民族通电》，载中共中央统战部编《民族问题文献汇编》，中共中央党校出版社1991年版，第184页。
[2] 《中共中央驻北方代表给内蒙党委员会的信——关于内蒙民族问题》，载中共中央统战部编《民族问题文献汇编》，中共中央党校出版社1991年版，第225页。

表面上现着统一而内部完全分裂的现象，反映在政治上的是一种牵匕扯匕的，软弱无力的内政与外交，很显明的，这两种要求不同的意义是绝对不容含混的，而且要严格的分开。"首先，该文指出，就"民族复兴"和"民族解放"的字面意义而言，它们讲的"民族"虽然是同一的，指的都是"中华民族"，但"民族"下面的两个字的意义则相去十万八千里，"复兴是衰败后重新兴起的意思。这里的'重新兴起'，也许是含着一点进步的意思，也许是依样画葫芦把过去再来一次，而这两种意义都是以迷恋过去的光荣为出发点，该是无可置疑的吧"！作者不同意时人把"复兴"这两字扯开起来解释的做法，重在"复"字的，认为"复兴"就是"复古"，重在"兴"字的，认为"复兴"就是进步。在作者看来："'民族复兴'的意义是迷恋中华民族过去的光荣历史，而激起的一种怀旧的情绪，这一思想在事实上的表现是多少有点'开倒车'的意味的。那么，如果中国过去光荣的历史是秦皇汉武时代，则'民族复兴'的要求便是与秦皇汉武同一类型的国家，至少也是一个封建残余的落后的资本主义国家而已。"而"民族解放"则正好与此相反，"是解除一切束缚压迫的意思。这一解释是有着完全进步的意义：从一切旧的桎梏与铁蹄下解脱出来，而朝向一个崭新的理想的境地迈步。这里只有勇敢的进取的精神，与坚韧果决的意志，不容参进一丝一毫保守的成见与士大夫样的怀古的伤感的"。其次，从喊出这两种不同要求的人"所依存的阶层的利益及其观念形态"来看，"只有剥削大众的利益的士大夫与布尔乔亚，才会迷恋封建社会，和憧憬资本主义制度，只有这样的制度才是于他们有利的，他们可以藉着国家的存在，猛烈地压榨大众的血汗，以供其私人的享乐。中国如果能成为一个强有力的资本帝国主义国家，布尔乔亚不仅不再受列强帝国主义者的牵制，剥削国内的劳苦群众，更可以拿大炮军舰去剥削国外的殖民地及半殖民地的劳动大众了。那样资本家的肚子更挺高了，国家独立了，是不再被异族侵略了，但以阶级的剥削为用的国家的存在与劳动大众有什么相干呢？这只是使大众陷于另一批主人的剥削下，忍受种种血腥的压榨"。所以，"剥削大众的利益的士大夫与布尔乔亚"高喊着"民族复兴"的口号，而"已被封建社会的统制者及帝国主义的资本家剥削压榨得够了"的广大劳动大众则要求"民族解放"。他们"要从国内封建残余、资本主义制度的压迫，以及帝国主义的侵略下打出一条血路，谋整个

'民族的解放',取得大众的福利,把老大的国家推向一个新的合理的制度里去"。该文最后强调指出:"中国应该谋民族的'复兴',抑应谋民族的'解放',不怕剥削阶级的故意含糊与巧妙的诱骗,明眼的全国大众是认得最明白的,正更努力于组织被压迫阶层的联合战线,准备英勇的反封建反帝的抗争!"[①]

同年的《北大旬刊》第2—4期合刊上也发表有一篇《"民族复兴"与"民族解放"》的文章,作者剑云的批判矛头直指蒋介石和国民党:"回溯'九一八'事变发生以来,中国'对内'的强有力者除了标榜'攘外先必安内'的'自杀政策'之外,还叫出'民族复兴'——其实是'民族复古'的滑稽口号。一个人的手脚长期被捆绑起来,行动完全失去自由,完全不能自主,但又要严格地要求他身体健康,精神焕发,绝对是一件不可能的事。要想他的身体强健,精神振作,先决条件是解除他的束缚,恢复他的自由,然后教他讲求卫生,按时作息,经常锻炼,这个道理,实在卑无高论,任何人也会明白。由此可知,中国人目前最迫切的共同要求,是前进的'民族解放',而非倒退的'民族复兴'。"该文指出,"民族复兴"与"民族解放"在理论上的"根本不同之点"在于:"民族复兴"论者认为,中国目前的这种状况与别人不相干,只怪自己年老力衰、没有出息,我们可以多吃一些"返老还童剂"和"强心丸",等到这条老命健康起来了,自然就会振作,就会复兴,而无须也千万不能与"帮助"我们的"各个友邦""翻脸"。但在"民族解放"论者看来,我们民族之所以沦落到目前这个地步,一是因为经济落后、生产落后、科学不发达,还停留在农业社会和封建社会的阶段;二是因为政治路线错误,封建军阀长期内乱,地主豪绅盘剥农民,再加上天灾流行,饥荒并至;三是因为自1842年鸦片战争失败后,国际帝国主义者纷纷对中国进行军事上、政治上和经济上的侵略,不平等条约和片面最惠国待遇,使老牌帝国主义享受着利益均沾的好处,而门户开放政策,又给了日本这个新兴帝国主义侵略甚至独霸中国的机会。既然上述三个原因导致了中国的衰落,那么,"要想挽救我们的民族,首先要'民族解放',对外打倒强暴的国际帝国主义,对内廓清残余的封建势力,然后努力'生产建

[①] 叔方:《辨"民族复兴"与"民族解放"》,《省常期刊》第7期,1936年。

设',解决'民生问题'"。据此,作者建议将"民族复兴"改为"民族生存"。"民族生存"是目的,"民族解放"是实现这一目的的手段,而要"民族解放",就必须进行"民族革命"。该文最后写道:"'民族解放'是'民族生存'的先决条件,'民族生存'则是'民族革命'的最后鹄的,'民族革命'又是'民族解放'的唯一手段。舍去条件和手段,高唱'民族复兴'的滥调,完全是一种幻想,也可以说是一种欺骗,不仅永远不会'复兴',而且还会'死灭'!"①

然而,到了七七事变前后,随着抗日民族统一战线的酝酿和建立,中国共产党改变了嘲讽和批判的态度,而开始使用"民族复兴"话语。1937 年 5 月 1 日,时任中共中央总书记的张闻天在《我们对于民族统一纲领的意见》中指出:"我们认为民族统一纲领的基本方针,应该是御侮救亡,复兴中国。因为不御侮救亡,根本谈不到复兴中国,但不复兴中国,也不能御侮救亡。而御侮救亡复兴中国的具体内容,应该是对外的民族独立,对内的民族自由与民生幸福。"② 6 月 27 日,中共中央关于"民族统一纲领草案"问题在致共产国际的电文中又写道:"吾人共同之目标,在于抵抗强邻之侵略,挽救民族之危亡,并使中国复兴为统一的民主共和国。"③ 这年 9 月,张闻天和毛泽东联合署名的《关于国共两党抗日民族统一战线建成后宣传内容的指示》中又再次明确提出:"中华民族之复兴,日本帝国主义之打倒,将于今后的两党团结与全国团结得到基础。"④ 1937 年 7 月后形成的(具体时间不详)《中华民族抗日救国纲领草案》开宗明义便提出了中华民族的复兴问题:"日寇进行灭亡中国的战争和中国实行保卫民族生存的抗战,展开了中华民族发展史上的新时代——或者坚决抗战驱逐日寇,以争取民族的独立复兴,或者屈服失败,沦为日寇牛马奴隶的时代。"⑤

需要指出的是,随着抗日民族统一战线的酝酿和建立,中国共产党开始

---

① 剑云:《"民族复兴"与"民族解放"》,《北大旬刊》第 2—4 期合刊,1936 年。
② 张闻天:《我们对于民族统一纲领的意见》,《张闻天文集》第 2 卷,第 256 页。
③ 《中共中央关于"民族统一纲领草案"致共产国际电》,载中共中央统战部编《民族问题文献汇编》,中共中央党校出版社 1991 年版,第 466 页。
④ 《中共中央抗日民族统一战线文件选编》(下),中国档案出版社 1986 年版,第 43 页。
⑤ 《中华民族抗日救国纲领草案》,载中共中央统战部编《民族问题文献汇编》,中共中央党校出版社 1991 年版,第 755 页。

使用"民族复兴"的话语,但这种使用是有限度的,或者说是有一定条件的。我们查阅有关资料,发现这样两种现象:(1)中国共产党及其领导人使用"民族复兴"的话语,大多是在抗日民族统一战线的酝酿和建立的初期,而此后,尤其是抗战进入相持阶段、国民党不断掀起反共高潮后,中国共产党及其领导人则很少使用这一话语了;(2)就是在抗日民族统一战线的酝酿和建立的初期,也只是在涉及抗日民族统一战线的有关问题时,中国共产党及其领导人才使用"民族复兴"的话语,而在其他场合则很少使用这一话语。实际上,从抗日民族统一战线的酝酿和建立,到抗日战争取得最后胜利,中国共产党及其领导人更喜欢使用的或更经常使用的是"民族解放""抗战建国"的话语。

虽然中国共产党在抗日民族统一战线的酝酿和建立之前,对"民族复兴"话语持的是嘲讽和批判的态度,在抗日民族统一战线的酝酿和建立之后,也只是有限度地使用"民族复兴"的话语,但这并不表明中国共产党不关心中华民族的复兴,实际上,中国共产党从她成立的那一天起,就把建立一个民主、独立、文明、富强的新中国、实现中华民族的伟大复兴确定为自己的奋斗目标,并为之进行了艰苦卓绝的努力和斗争。这正如笔者在《论毛泽东的中华民族复兴思想》一文中所指出的那样:"诚然,毛泽东很少使用'中华民族伟大复兴'或'民族复兴'一类的词,但这并不能说明他对中华民族伟大复兴没有系统而深入的思考。毛泽东是伟大的革命家,也是伟大的思想家,把中国建设成为一个民主、独立、文明、富强的社会主义现代化国家、实现中华民族伟大复兴是他一生实践和思想的出发点和归属点。"①

---

① 郑大华:《论毛泽东的中华民族复兴思想》,《当代中国史研究》2013 年第 5 期。

第二章
民主政治与民族复兴

实行民主政治，既是民族复兴的重要内容，又是民族复兴的重要条件。离开民主政治的发展，难有民族复兴可言。"九一八"后的抗日战争时期，中国知识界基于民族复兴的诉求，围绕民主政治与民族复兴的关系、中国政治制度的选择是民主还是独裁以及宪政运动的兴起和宪法的制定进行了讨论甚至争论。这既促进了民族复兴思潮的形成，也成为民族复兴思潮的重要组成部分。

一　为什么要实行民主政治

为什么要实行民主政治？实行民主政治有利于救亡图存，实行民主政治有利于国家统一，实行民主政治有利于国家认同，实行民主政治有利于民族复兴，这是"九一八"后知识界得出的结论。

（一）实行民主政治有利于救亡图存

在近代中国，民主政治被视为挽救民族危机的重要手段。救亡图存是推动民主思想迅速传播、民主运动蓬勃发展的直接动力。因此，争取民主政治与争取民族独立是紧密联系在一起的。

1840年，资本主义英国通过坚船利炮打开了古老中国的大门。清王朝的战败，暴露了封建专制皇权的腐朽与衰弱。以林则徐、魏源、徐继畬等人为代表的经世派士大夫们，为了寻求国家富强之路，开始睁眼看世界，考察欧美资本主义国家的情况。在考察西方国家的科学技术、历史、地理等知识的同时，西方国家的政治制度给经世派士大夫们留下了深刻的印象。如魏源在1842年编成、此后不断扩编的《海国图志》中，介绍了英、美等国的民主制度。书中用"王后主国""贵臣共十二人"来描述英国的君主立宪制。除"王后"和"贵臣"外，设有"公会所"（即议会），公会所"内分两所，一曰爵房，一曰乡绅房。爵房者，有爵位贵人及耶稣教师处之；乡绅房者，由庶民推择有才识学术者处之。国有大事，王谕相，相告爵房，聚众公议，参以条例，决其可否；辗转告乡绅房，必乡绅大众允诺而后行，否则寝其事勿论。其民间有利病欲兴除者，先陈说于乡绅房，乡绅酌核，上之爵房，爵房酌议，可行，则上之相，以闻于王，否则报罢"。① 书中还肯定美国的选举制度，"议事听讼，选官举贤，皆自下始，众可可之，众否否之，众好好之，众恶恶之，三占从二，舍独徇同，即在下预议之人亦先由公举，可不谓同乎？"② 徐继畲在《瀛环志略》中指出议会制"欧罗巴诸国皆从同，不独英吉利也"。他还赞赏美国"合众国以为国，幅员万里，不设王侯之号，不循世及之规，公器付之公论"的民主制度，是"创古今未有之局，一何奇也"！③ 梁廷枬认为美国"合众为国""视听自民"的政治制度，为"创开辟未为之局"，"以迄于今"。他特别对美国的"以法治国"给予了充分的肯定，他在《〈合省国说〉序》中写道：美利坚"自立国以来，凡一国之赏罚、禁令，咸于民定其议，而后择人以守之。未有统领，先有国法。法也者，民心之公也，统领限年而易，殆如中国之命吏，虽有善者，终未尝以人变法。既不能据而不退，又不能举以自代。其举其退，一公于民，持乡举里选之意，择无可争夺、无可拥戴之人，置之不能作威、不能久居之地，而群命听焉。……为统领者，既知党非我树，私非我济，则亦唯有力守其法，于瞬息四年中，殚精竭神，求足以生去后之思，而无使覆当前之谏斯已耳。"④ 上述魏源、徐继畲、梁廷枬等人对西方资本主义政治制度的肯定和赞许表明：尽管由于历史和阶级的局限，他们还不可能对西方资本主义的政治制度有真正的认识和理解，但作为晚清第一批"睁眼看世界"的先进中国人，

---

① 魏源：《海国图志》卷52，岳麓书社1998年版，第1446页。
② 同上书，第1611页。
③ 徐继畲：《瀛环志略》卷7、卷9，上海书店出版社2001年版，第235、291页。
④ 梁廷枬：《合省国说》，《海国四说》，中华书局1993年版，第50页。

他们已经朦胧地感受到这种制度在某些方面要比中国的君主专制制度优越。

19世纪七八十年代,当郑观应、王韬等早期维新思想家提出采用"君民共主"政制时,其根本目的是通过民主政治实现国家的独立富强,抵抗外族的侵略。在早期维新思想家看来,西方的民主制度的优越性在于,它能有效地消除君主与人民之间的隔阂,这样便能做到上下一心,举国团结。郑观应认为西方的民主制度远比中国的君主专制制度优越,中国的贫弱落后是由于没有实行民主制度的结果。他说:中国"于政事之举废,法令之更张,惟在上之人权衡自秉,议毕即行,虽绅耆或有嘉言,未由上达。……于是利于上者,则不利于下矣。便于下者,则不便于上矣。情谊相隔,好恶各殊,又安能措置悉本大公,舆情咸归允惬也哉"?反观实行民主制度的西方国家,"凡有国事,先令下院议定,详达之上院。上院议定,奏闻国主。若两院意议符合,则国主决其从违。倘彼此参差,则或令停止不议,或覆议而后定。故泰西政事举国咸知,所以通上下之情,期措施之善也"。① 王韬也认为,中国之所以"欺藐于强邻悍敌",原因在于"一人秉政于上,而百姓不得参议于下",没有实行民主制度。既然君主专制制度是造成中国贫弱落后的根本原因,那么,要想中国富强,改变贫弱落后的局面,就必须向西方国家学习,采用民主制度。王韬相信,中国若实行民主制度,"苟得君主于上,而民主于下,则上下之交固,君民之分亲矣。内可以无乱,外可以无侮,而国本有若苞桑磐石焉,由此而扩充之,富强之效亦无不基于此矣"。②

19世纪90年代后,以康有为、梁启超为代表的维新思想家之所以主张兴民权,是因为他们认识到,"民权兴则国权立,民权灭则国权亡",西方富强的原因,就在于西方实行的是民主制度,"人人有自主之权";中国所以贫弱,也就在于中国实行的是封建专制制度,"收人人自主之权,而归诸一人"。既然有无民权,是西方和中国一盛一衰、一强一弱、一富一贫的根本根源,那么,中国要救亡图存,实现富强,其不二法门自然是"兴民权"。用梁启超的话说,"言爱国必自兴民权始"。③ 又例如康有为在著名的

---

① 郑观应:《易言》,《郑观应集》上册,上海人民出版社1982年版,第103页。
② 王韬:《重民下》,《弢园文录外编》卷1,上海书店出版社2002年版,第24页。
③ 梁启超:《爱国论》,《饮冰室合集》第1册,文集之三,中华书局1989年版,第73页。

"公车上书"中，把中国在甲午战争中战败的原因归咎于君主专制。后来在《上清帝第七书》《应诏统筹全局折》中又反复申述了这一观点，"中国败弱之由，百弊丛积，皆由体制尊隔之故"。① 君主专制所造成的"上下隔塞，民情不通"既然是中国败弱的根源，那么要使中国转败为胜、变弱为强，唯一的办法便是"设议院以通下情"，变君主专制为君主立宪。严复将西方民主、民权理论介绍到中国，首先是为满足救国的需要，而不是强调个体的自由权利，所谓"吾国人之所急者，非自由也，在人人减损自由，以利国益群"。② 他通过社会有机体论，阐述了自由对于富强的重要意义，认为西方的民主制度（如议会立法、官吏民选等）都体现了保证和满足人民的"自营"，及公民的争取个人幸福的合理愿望与权利，从而做到"合天下之私以为公"。③ 孙中山之所以要推翻清王朝、创立中华民国，实行资产阶级的民主革命，一个重要原因就是在他看来，中国陷入被列强"瓜分豆剖"之境地的根源，是清王朝的软弱不振和卖国投降。他曾沉痛地指出："曾亦知瓜分之原因否？政府无振作也，人民不奋发也。政府若有振作……外人不敢侧目也。"因此，中国"欲免瓜分，非先倒满州政府，别无挽救之法"。④ 这正如毛泽东所指出的那样："辛亥革命是革帝国主义的命。中国人所以要革清朝的命，是因为清朝是帝国主义走狗。"⑤ 由上可见，近代以来中国人对民主政治的理解和追求多集中于救亡图存的层面。

九一八事变后，空前的民族危机引发了知识界对民主政治的进一步追求。而对民主政治的追求又是与对国民党训政体制的批判紧密联系在一起的。知识界普遍认为，只有结束国民党的训政体制，建立民主政治，才能举国团结、一致对外。九一八事变后第三天，上海光华大学教授王造时发表《日本帝国主义侵略东三省》的演讲，要求国民党还政于民，实行民主政治。这年10月，王造时又发表《救亡两大政策》，提出抗日救亡的两个基本政策，即"对外准备殊死战争"和"对内取消一党专政"，并强烈要求国民

---

① 康有为：《上清帝第七书》，《康有为政论集》（上），中华书局1981年版，第219页。
② 严复：《民约平议》，《庸言》第25、26期合刊，1914年。
③ 转引自胡伟希等《十字街头与塔：中国近代自由主义思潮》，上海人民出版社1991年版，第86页。
④ 孙中山：《驳保皇报书》，《孙中山全集》第1卷，中华书局1981年版，第233、234页。
⑤ 毛泽东：《唯心历史观的破产》，《毛泽东选集》第4卷，人民出版社1991年版，第1513页。

党立即结束训政，废除一党专政，开放党禁，集中全国人才，组织国防政府。他认为只有实行民主政治，恢复人民的言论、出版、集会、结社等民主权利，全国人民才能万众一心，各党派才能通力合作，共同抵御日本侵略。1931年9月26日，中国青年党发表《中国青年党暨中国国家主义青年团为日军占领东北事告全国国民》，批评国民党"平日高标训政之名，对于人民权利剥夺无遗，已不待言，国难临头，尚欲以一党包办民众救国运动，不许他党公开参加，这实在是令人万分失望的事"。《告全国国民》提出五项政治主张："（1）为举国一致共抗强权起见，本党愿暂放弃对国民党的反对态度，但须该党确有觉悟，立即取消一党专政，还政于民；（2）对日彻底经济绝交；（3）各方实力派须立即罢兵，召集代表，速开临时国民会议，以决定救国政策；（4）对日外交须制定计划，凡是有损国权之事，不能丝毫容让，抱定宁为玉碎，不为瓦全之心，不得已而出于一战，亦在所不惜；（5）万一变乱扩大，波及沿海诸省，吾人须抱最后之决心，移政府于西部高原，与日人作持久之殊死战。"① 这年的12月，章太炎、马相伯、黄炎培、沈钧儒等全国各地500多名爱国人士在上海发起成立"中华民国国难救济会"，抨击国民党一党专政，认为一党专政是导致民族危机日益严重的主要原因，要求"解除党禁，进行制宪"。同月，天津《大公报》连续发表社评，称"国家受此奇耻大辱之后，训政制度，自应改革，在三省沦陷束手无策之时，而尚以诸葛亮阿斗之说，解释党治与人民之关系，是徒激动民愤，其危实甚"。② 与此同时，吴博民在《时事新报》上发表文章，呼吁国民党解除党禁，"欲挽救国家危亡，唯有民族自救，自救之道，舍政治公开无他途"。③

　　1932年1月28日，日军进攻上海，制造了一·二八事变。曾琦发表《从速建立国防政府取消一党专政出兵收复失地实行抗日救国议》，呼吁国民党取消一党专政，建立包容各党派在内的国防政府，实行抗日救国。这年6月，王造时在《时事新报》发表《我为什么主张实行宪政》一文，公开要

---

① 《中国青年党暨中国国家主义青年团为日军占领东北事告全国国民》，转引自周淑真《中国青年党在大陆和台湾》，中国人民大学出版社1993年版，第119页。
② 《一中全会通过中央政制案》，《大公报》1931年12月26日"社评"。
③ 吴博民：《政治公开与民族自救》，《时事新报》1931年12月29日。

求国民党当局结束训政,实行宪政,"使各党各派有公开平等竞争的机会,使政治斗争的方式,用口笔去代替枪炮,使一般国民来做各党各派最后的仲裁者"。① 陈启天认为军事是抗战的前驱,而"政治为国事之全体",所以欲取得军事上的胜利,"必须使政治清明,必须使人民感到他所受的种种痛苦都是公平的"。② 1934年2月,爱国民主人士杜重远在上海创办《新生》周刊。《新生》指出,"中国是个国际资本帝国主义统治着的社会","同时也是残余的封建势力支配着的社会"。帝国主义和封建主义相互勾结,共同牵制着中国社会的进步:"帝国主义者利用着中国的封建势力来处处阻挡中国民族资本主义的抬头;中国的封建势力又藉着帝国主义的掩护支持,而顽强的残存着。"③ 中国落后挨打的根源,就在于:"现在中国所处的这个时代和环境:一方面帝国主义的经济势力政治势力好像翻山倒海的压迫进来,一方面封建残余势力还没有肃清,在这样一个黑暗的时代和环境之下,中国人的贫穷、愚昧、昏乱、衰弱,乃是当然的结果。"④ 只有实行民主政治,"尽力设法改革社会制度,提高勤劳大众的经济生活","整个中国民族方才有得救的希望"。⑤ 中国之所以屡遭外侮,"纯由政治窳败之故,否则何以岁耗国帑80%以上豢养之军队,竟不能以之对外,何以明知国际地位低落,列强虎视眈眈,竟无一贯之外交政策,何以数年来仅发行国内公债一项,已达十余万万,竟至财政困乏,濒于危境"。⑥ 张东荪也强调指出,专政不能造成举国一致对付外患的局面,是因为政府在专政的制度下已经失去人民的信任,所以想举国一致去对付外患,也绝不会有结果,势必演成革命。"外患临头,在政治修明的国家立刻可变为举国一致;而在专制虐民的国家必反而引起革命。"我们要救亡图存,就必须实行民主政治。因为民主政治的特征之一是政党政治,而政党政治的最大好处,就是政党之间可以互相纠正对方的错误,带来"政治的弹性"。这种具有"政治的弹性"的国家,能使不合

---

① 王造时:《我为什么主张实行宪政》,《时事新报》1932年6月23日。
② 陈启天:《国防与政治》,《国论》第2卷第1期,1932年1月。
③ 铁心:《中国妇女问题》,《新生周刊》第4期,1934年。
④ 杜重远:《时代与环境》,《新生周刊》第4期,1934年。
⑤ 毕云程:《三谈怎样做人》,《新生周刊》第14期,1934年。
⑥ 吴博民:《政治公开与民族自救》,《时事新报》1931年12月29日。

于人民的政治主张被淘汰,造成政府与人民利害的一致,从而能实现举国一致对外。①

在日本帝国主义大肆入侵之际,要挽救民族危亡,必须最大限度地动员和团结全国各界力量一致对外,而要实现全国各界一致抗日,唯有国家政治体制改弦更张才有办法。这正如朱采真所说的那样:"国民党不交还中央统治权予人民,则人民无从团结其救国之力量,亦无从发挥抗日之精神。"②曾琦等人认为,只有取消一党专政,组织国防政府,才能举国一致、共赴国难。所谓"国防政府"是集中全国人才,由各党各派联合组成,并代表各派政见,实行抗日救国政策的政府。③建立国防政府的主张,无疑是对国民党一党专政的当头棒喝:"一党专政之制既应取消,国民党一党宰制之政府,自应根本改组。依共赴国难之原则,集各方优秀之人才,组织国防政府,一洗前此不重国防,不图抵抗的错误,而引起国民奋发图存的精神。"④ 陈启天指出,"在国家利益之下,互相牺牲个人、地方、党派利益,尽量减少内乱,不要让敌人利用此弱点侵略"。⑤ 国民党作为执政党,"应该平等待遇其他党派且引以为助;其他党派对国民党寄予无限的同情,以在野的资格分任其责"。⑥ 政党之间发生利益冲突时,要以国家为共同理想和共同准则。张申府在《科学与民主》一文中强调说:"实行民主政治的第一步,自在切实保障人民的信仰、思想、言论、出版、集会、结社、爱国救国的自由","没有这种种自由,人民不得发挥独立的意趣,各方力量必然难得集中,国家整个必然难有切实的力量,国基必然难以稳固,对于文明文化尤其必然难有广大深至的贡献,就是科学的研究也必然难得进步。这样说来,争取这种种信仰、思想、言论、出版、集会、结社、爱国救国的自由,显然就是提倡科学,实行民主,联合抗战的先决条件"。⑦ 陈启天指斥国民党把政权当作

---

① (张)东荪:《教训》,《再生》第1卷第11期,1933年3月20日。
② 朱采真:《政治救国之一条和平捷径》,《时事新报》1932年1月18日。
③ 《我们的主张》,《民声周报》第1期,1932年10月。
④ 《中国青年党暨国家主义青年团为日军进攻上海告全国国民》,《民声周报》第17期,1932年2月。
⑤ 陈启天:《中国大变局与非常时》,《国论月刊》第1卷第6期,1935年。
⑥ 季子:《党派问题之我见》,《国光旬刊》第1期,1938年3月29日。
⑦ 张申府:《科学与民主》,《张申府文集》第1卷,河北人民出版社2005年版,第174—175页。

战利品,"一律不许国民染指,同时又自行争夺,闹个不休"。从 1927 年的宁汉之争、1929 年的蒋桂之战、1930 年的中原大战,直到 1931 年的宁粤对峙都是为了互争政权,"虽国难当头,东北沦陷,犹互争不已,到现在还没有真正团结的可能。上次党争尚未完结,下次党争又已开始。争去争来,都是为的独揽政权,独取战利品。如果党治的恶制仍旧,我可断定国民党党内之争将层出不穷,至于亡国灭种而后已"。他还历数了国民党一党专政的四大危害:一是有党国无民国;二是有党权无民权;三是有党员无国民;四是有党争无国政。党即国家,党员成特权阶级,国民只有义务而无权利,"悉天下以奉一党",而国民党把持大权,却只顾内部争权夺利,从事无休无止的党派之争和党内之争,舍国家与民族的安危于不顾,处人民于水火之中,从而招致当前亡国灭种的危险。国难的主要根源在什么地方?不在国难的本身,而在造成国难的党治。救灾、御侮、"剿匪"无论哪一项,不先取消党治,即根本没有办法。我们要彻底救济国难,必须取消党治。① 他呼吁国民党主动结束一党专制,给予其他党派合法地位,在中国实行多党合作的政党政治。

救亡图存与民主政治本无必然联系。九一八事变后,实行民主政治之所以成为广大知识界的呼声,是出于救亡图存的需要。国民党的独裁统治已经成为全国抗日救亡的障碍。只有废除国民党的一党专政体制,实现民主政治,中国才有可能挽救民族的危亡。

七七事变后,抗日战争进入一个新的时期,知识界也进一步认识到实行民主政治对于救亡图存、取得抗战最终胜利的积极意义。

首先,只有实行民主政治,给广大民众民主自由的权利,才能充分调动他们抗战的积极性。1938 年,中国青年党在纪念抗战周年的宣言中指出:"在这个抗战建国的艰巨工作上,我们认为非发动民众共同一致努力,不能收到圆满的成功。而发动民众,则非实现民主政治,不能使民众自动自发的继续牺牲,毫不反顾。因此我们主张为使作战的政府建筑在更广大更热忱更自动的同情基础之上,中国政治是有更进一步地扩大民主化运动之必要,国民参政有更进一步设立各省各县民意机关之必要。"② 1939 年,韬明在《实

---

① 陈启天:《国难与党治》,《民声周报》第 21 期,1932 年 4 月。
② 《中国青年党为抗战周年纪念宣言》,《国光》第 12 期,1938 年 7 月。

行宪政与抗战建国》一文中写道:"两年来抗战的教训指示给我们:抗战必胜、建国必成的重要基础,是建筑在动员全国民众参加抗战建国的上面。而唯有建立起宪政规模,才能收取动员全国民众参加抗战建国的实效。"因为我国抗战的本质是弱小民族抵抗侵略争取生存的战争,与帝国主义间的掠夺战争迥不相同,那么我们争取最后胜利的基本条件也与帝国主义者争取胜利的基本条件是不相同的。也就是说,我们的基本条件在动员全体民众,没有全民参加,是不能获得胜利的。而动员民众并不是一纸命令的强制力可能成功,也不是口惠而实不至油腔宣传可能生效,需要启发民众抗战建国的积极性,使其能自动自发地乐于为抗战建国而奋斗到底!具体来说,就是必须充分发挥民主的精神,树立起宪政的规模,使他们确切地了解到国家是他们的,他们每人都是国家组成的一分子,是国家的主人,而不是被鞭打驱策的奴隶,他们才能积极地负起抗战建国的艰巨而神圣的任务,我们的国家民族才能有独立自由幸福的一日。当然这不是说,单纯地制定了宪法,颁布了宪政,就能像万应散似的使民众立刻动员起来了,最后胜利就会降临了,无疑的这里还要配合着其他许多条件,然而,我们以为,发挥民主精神,建立宪政规模,至少是动员民众最基本的起码条件。[1] 潘梓年在同年发表的《宪政运动与抗战建国》一文中同样强调:"抗战需要宪政",需要实行民主政治,因为抗战要能坚持下去,取得最后胜利,必须依靠广大民众,将全国的人力、物力、财力、智力统统地动员起来,来为抗战服务,来准备起足够的力量,对敌人进行战略上全线的反攻。而要把全国的人力、物力、财力、智力统统动员起来,就需要实行宪政,实行民主政治,借用中山先生的话说,"要人民有充分的政权,可直接去管理国事","要拿本国的政治,弄成到大家在政治上有一个平等地位,以民为主,拿民来治国"。[2] 高灵光的《抗战建国与实行民主政治》一文认为:我们的抗战是以持久消耗敌人的实力为战略,需要动员全国的人力、财力和物力的支持,尤其是人力"为最重要之因素"。已往的民众动员,尽管也在积极推进,但其收效与理想相差甚远,其根本的原因就在于过去的政治漠视民权民意,"盖民权不伸,民意不达,是

---

[1] 韫明:《实行宪政与抗战建国》,《时与潮》第 4 卷第 5 期,1939 年。
[2] 潘梓年:《宪政运动与抗战建国》,《理论与现实》第 1 卷第 3 期,1939 年。

使人民对国家治乱安危,犹秦越人之视肥瘠,欲其毁家纾难,捐躯报国,岂非戛戛其难"?因此,我们要动员全国民众积极投入到抗战中来,"自非尊重民意伸张民权不为功",也就是说,要"动员全国民众争取最后胜利",就"必须实行民主政治"。①

其次,只有实行民主政治,给广大民众民主自由的权利,才能集中他们"抗战必胜建国必成"的意志。邓孝慈在《抗战建国与实施宪政》一文中写道:所谓"全面抗战"或"全民抗战",就是全体国民总动员起来与我们民族的敌寇展开殊死的战斗。所谓全体国民,当然是既无男女老幼之分,亦无种族或职业之别,更不用说有何党何派以及有无党派的不同了,除开几个少数的汉奸而外,自抗战以来,全体国民都已逐渐实践"物质集中""意志集中"了。所谓"有钱出钱有力出力",所谓"前方流血后方流汗",就是"物质集中"的实事表现。但"有钱出钱有力出力"及"前方流血后方流汗"等美德懿行,绝非政府的一纸命令所能普遍推动的,关键是全体国民先要有了"国家至上民族至上""军事第一胜利第一"的信念,然后才会自动地内发地起来"为国家尽忠为民族尽孝",所以要成功抗战建国的大业,"物质集中"固然重要,而"意志集中"更不可或缺。把全体国民的意志集中起来,成为一个铁的意志,其力量之雄伟是无与伦比的,但若只是把有政治意识的各党各派及无党无派的人们,集中在咨询机关的国民参政会,或省市各议会中,这还不够,还必须要把全体国民的代表意志,在法定的权力机关中集中起来,必须使集中起来的全体国民的代表意志,成为法律上一个坚强的力量。就是说把全民意志集中起来,而成为全民政治,由全民政治来实践全面抗战,则"抗战必胜建国必成"可操胜券。②

再次,只有实行民主政治,才能真正实现各阶层各党派的大团结,也才能真正使全国的力量集中起来。李拾豪在批评那种认为"民主政治是不适宜于抗战时期,抗战时期所需要的是集中力量"的言论时指出:在抗战中需要集中各阶层各党派的力量,这是毫无疑义的,但目前各阶层各党派利害的对立是事实,各阶层各党派的"相互猜忌、嫉妒及恐怖"也是事实,无论此

---

① 高灵光:《抗战建国与实行民主政治》,《学生之友》第1卷第2、3期合刊,1940年。
② 邓孝慈:《抗战建国与实施宪政》,《中山公论》第1卷第4期,1939年。

种心理是否根源于个人的私意和私利，但此种心理"终是某种抗战力量的最大障碍"，而要缓和各阶层各党派的利害对立和冲突，缓和这种相互间的"历史的和现实的猜忌、嫉妒及恐怖"，实现各阶层各党派的大团结，"民主的宪政制度的确立是最需要的。不然，民族抗战的意识与为对内的猜忌嫉妒的心理所消灭，一方则宁丧于寇贼，不落于家人；一方则你来一枪，我还一刀，互相摩擦，互相抵消，必致同归于尽而后止"。尽管自七七事变以来，我们建立起了抗日民族统一战线，但"事实告诉我们，还不能算是有很大的成功"，统一战线并没有发挥出它的最大作用。"这不是运用得好不好的问题，而是统一的内容没有确立的缘故。因为统一战线，不仅仅是一个空洞的名词，是要有一个实质。换句话说，是必须是要有一个能够调和各阶级各阶层各团体共同利害的一个政治制度，就是民主的宪政制度。不然没有一个可以调和各种矛盾的共同的范畴，就是要统一也会因各种实际问题的见解不一致，而致各依据局部的利害关系的不同，而发生阻隔和摩擦，这是一定的。"就此而言，民主的宪政制度不仅不会像有的人所说的那样妨碍各阶级各党派力量的集中，相反还能够真正地使各阶级各党派的力量集中起来。因为"民主政治并不是一般所想象的可以制造纠纷增加纷乱的事情，相反的，他可以变紊乱的暗中摸索的相互磨擦，成为公开的、坦白的、光明的、有规律的汇合。中国过去解决政治问题，只是用力的方式来解决，不是用合理的政治方式来解决，所以二十余年来的政治，永远不会走上轨道"，各阶层各党派永远处于分裂内争的状态。法国是一个党派最多的国家，内阁的更迭也很频繁，但由于法国实行的是民主的宪政制度，"军事力量始终统一在整个系统之下"，国力没有受到任何影响。法国的经验告诉我们，要真正实现各阶层各党派的团结，使各阶层各党派的力量真正集中起来，从而保证抗战建国取得最后的胜利，就必须实行民主的宪政制度。①

最后，只有实行民主政治，才能"得道多助"，争取到国际上民主国家的支持。高灵光指出，中国的此次抗战，不仅仅是要争取本国的独立与自由，而且也是为了维护国际正义，其性质与18世纪的美国脱离英国殖民统治的独立战争相类似，美国之所以能以小胜大、以弱胜强，一个重要原因，

---

① 李拾豪：《抗战建国与确立民主的宪政制度》，《抗战十日》第2期，1938年。

就是它是为独立和自由而战,其"宗旨正大",博得了各方的同情和支持。中国现在进行的抗日战争,也是弱者抵抗强者的侵略、公理反抗强权的欺凌的正义战争,其目标也是要争取国家的独立与自由,"故必外由排除暴力羁绊,内则维护全民福利,伸正义于世界,博国际之同情,得道多助,其有造于抗战建国者至要且切,所谓争取独立自由,维护国际正义,必须实行民主政治"。①

除了正面阐述实行民主政治对于救亡图存、取得抗战最终胜利的积极意义外,知识界还对种种怀疑甚至反对抗战时期实行民主政治的观点提出了反驳和批评。笔名为"帆"的作者在《实施宪政与复兴民族》一文中写道:我们要救亡图存、取得抗战建国的最后胜利,从而实现国家富强和民族复兴,就必须实行民主的宪政制度。"或者有人会怀疑我的话是不合时代,以为在抗战期中,正需要全国的力量集中意志集中,哪可以行民主政治。"这话听起来好像是对的,但实际上它是忽略了民主的意义和现实的观察。"民主"并不是说事事都要大家来管,要削弱政府的权力,相反,在抗战这一特殊的时期中会赋予政府更多的权力,我们只有看看正在战争中的民主国家英法是怎样把民主政治与军事行动配合起来的,就可以明白了。在抗战中实施民主政治不仅不会影响抗战,相反对于抗战是绝对有好处的:"民主政治能坚强民族的团结,促进抗战的胜利,因为人民和党派都取得了合法的平等地位,就增大了全国合作抗战的便利条件,各种不幸的国内摩擦也可以消灭了,全国的智力、财力都集中起来,而人民和政府的关系也更密切,这样抗战还会不胜利吗?民族还会不复兴吗?"②韫明的《实行宪政与抗战建国》一文更明确地指出,那种"以为建立宪政的规模是应当的,不过抗战是急事,制宪是缓事,在抗战紧急的阶段里倡议施行迂缓的宪政问题",有些"缓不济急时非所宜"的"看法是不对的",因为,第一,"发扬民主施行宪政是争取最后胜利不可缺乏的主要因素,舍此几乎可以说谈不到最后胜利";第二,"一般所倡议的民主和宪政,也是要机动地适应战时的,并且必须是非汉奸的个人或非汉奸的团体,才能使其享有身体的和言论集会结社的充分

---

① 高灵光:《抗战建国与实行民主政治》,《学生之友》第 1 卷第 2、3 期合刊,1940 年。
② 帆:《实施宪政与复兴民族》,《华东联中期刊》第 6 期,1940 年。

自由";第三,"敌寇政治进攻的花样很多,已导演着汪逆精卫在沪召开过伪国民党代表大会,现正积极筹备伪中央政权的开幕,在这个时期说不定还要演出召开伪国民大会制定宪法等把戏,为了打击汪逆汉奸也有及时从速实施宪政的必要"。① 曾琦也对那种认为军事力量是实现抗战胜利的根本保障,而政治上是否民主根本无所谓的观点进行了驳斥:"殊不知集权国家全凭一人之智能,以决国家之运命,其对内则尚独裁而反民主,对外则主侵略而反和平。民主国家则赖万众之同心,以谋国家之福利,其对内则尚民主而反专制,对外则尚和平而反侵略……能合全民之力以一致御侮",并指出军事与政治是相辅相成的关系,"军事之胜利,有资于政治之调整;而政治之调整,实赖于宪法之纲维。然则宪政运动与'军事第一'、'胜利第一',又何冲突之有哉?"② 沈钧儒批驳了"抗战时期谈不上民主,也不需要民主"的谬论,强调抗战不单纯是军事力量的较量,更是民众力量的比拼;抗日战争旷日持久,"在这样严重的全面持久抗战中间,中国很迫切需要造成一个全国整的力量。这个整的力量,是民众与军事的配合",只有实行民主政治,才能改变"在政治落后于军事的现状下,民众动员还大大的不够"的不利现状,进而取得抗战的胜利。③

总之,要救亡图存,取得反侵略战争的最后胜利,就必须实行民主政治,这是近代以来,尤其是"九一八"后的抗日战争时期知识界得出的结论。

(二) 实行民主政治有利于国家统一

九一八事变后,日本占据中国东北并向华北地区扩张,中华民族所面临的民族危机日益深重。而当日本继续扩大侵华战争时,中国仍然是一个形式上统一而事实上分裂的国家。1927年4月大革命失败后,中国共产党走上了武装反抗国民党统治的道路,国民党对之进行"围剿",两党之间"围剿"与反"围剿"的军事斗争持续不断。同时,自北洋政府时期而来的军

---

① 韫明:《实行宪政与抗战建国》,《时与潮》第 4 卷第 5 期,1939 年。
② 陈正茂:《曾琦先生文集》上册,"中央研究院"近代史研究所 1993 年版,第 212、214 页。
③ 《沈钧儒文集》,人民出版社 1994 年版,第 340、434 页。

阀割据局面在南京国民政府成立后虽有缓和，但各省只是在名义上听从中央政府，事实上尾大不掉，与中央政府貌合神离，内战时有发生。最大规模的一次内战是发生在1930年的中原大战。在这次内战中，中央军队与北方军队的伤亡均十分惨重。内战不已的局面不仅严重消耗了中国的实力，而且为日本帝国主义提供了侵略中国的良机。因此，"九一八"后，社会各界人士强烈要求停止内战，一致抗日。1932年5月25日，全国商会联合会、上海市商会、上海银行公会以及钱业公会等社会团体通电全国发起成立废止内战大同盟，赢得了全国各地以及新加坡华侨的响应和支持。1935年12月，在中国共产党领导下所爆发的"一二·九"爱国运动，打出了"停止内战，一致抗日"的旗号。1936年5月31日，在宋庆龄、何香凝等知名人士的发起下，全国各界救国联合会在上海宣告成立，呼吁"各党各派立即停止军事冲突"，"制定共同抗敌纲领，建立一个统一的抗敌政权"。①

在一致对外的呼声中，以胡适、丁文江、傅斯年为代表的一些知识界人士较为系统地讨论和论述了如何实现国家统一的问题。他们之所以对国家统一问题感兴趣，是因为受到民族危机的刺激。胡适认为，抵御外侮的前提条件是国家统一："我们要抵御外侮，要救国，要复兴中华民族，这都不是在这个一盘散沙的社会组织上所能做到的事业。"② 因此，"今日的真问题，其实不是敌人的飞机何时飞到我们屋上的问题，也不仅仅是抗日联俄的问题，也不是共产党的问题，乃是怎样建设一个统一的、治安的、普遍繁荣的中华国家的问题"。③ 蒋廷黻在任教南开大学期间写的唯一一篇文章中强调："统一是中国富强的第一个步骤。不统一，一切都谈不到。不统一，一切资源都浪费于内战。"④ 傅斯年认为中国现在的危机是有史以来最大的危机："从内说，是文化的崩溃，社会的分裂，从外说，是若干倍危险于1914年的局面。"而造成社会分裂与文化崩溃的原因是国家不统一，"没有政治重心，一有政治重心，中国是能有大组织的"。⑤ 他希望通过某种政治势力来实现

---

① 《"一二·九"以后上海救国会史料选辑》，上海社会科学院出版社1987年版，第151页。
② 胡适：《惨痛的回忆与反省》，《独立评论》第18号，1932年9月18日。
③ 胡适：《中国政治出路的讨论》，《独立评论》第17号，1932年9月11日。
④ 蒋廷黻：《蒋廷黻回忆录》，钟琏译，岳麓书社2003年版，第105页。
⑤ 孟真：《九一八一年了!》，《独立评论》第18号，1932年9月18日。

国家的统一，统一是"我们老百姓的第一愿望"，老百姓"最大的恐惧是不统一；最大的怨恨是对于破坏统一者"。① 君达的《中国应如何应付当前的危局》一文指出："经过九一八事件，甚至如上海和华北这样的战争，中国还没有真正统一"，这"真是可痛心的事"。统一是中国的当务之急，"敌国对付中国最毒的办法是分化，中国应付国难最妙的方法是统一"。只要实现了国家的统一，其他问题都可迎刃而解。② 张其昀在《国难与统一》一文中写道："大家都承认东北四省的沦亡，只是国难的结果，不是造成国难的原因，这是病象，不是病源。中国的病源在于不曾统一，因为国家不曾统一，所以各省未密切联合，人才未尽量利用，国力不能充分集中。名为大国，实际等于多数小国，或'如秦人视越人之肥瘠'，或则'爱莫能助，心有余而力不足'，这就是日本及其外国人目无中国的由来。中国目前最高之问题，即在求中国之真正统一。"③ 翁文灏通过对中国历史的考察得出结论："分裂必成衰弱，统一可臻盛强。"东周末期列国纷争，所以狄兴于北，楚雄于南，卫国被灭于狄，陈、蔡受困于楚，五霸中的第一霸齐桓公的大功便是破狄御楚，所以孔子说："没有管仲，我们都要披发左衽了！"汉朝统一之后便有武帝的大破匈奴，统治中亚。三国纷争，八国扰乱，中原鼎沸，统一既破，故五胡十六国纷纭错杂造成极坏的局面，那时的文化也低落极了。隋唐统一，国势复强，兵力所指，北抵蒙古，西越葱岭。宋室倚河为防，疆土较促，西北两方皆少发展，卒至偏安一隅，终成弱国。明朝混一全国，所威所及，北至克鲁伦河滨，西南至非洲东岸。清朝统一以后，北拒俄罗斯，西灭准噶尔。古语说"前事不忘后事之师"，这许多真确的前例，值得我们认真地吸取。然而不幸的是，近二十年来频发的内战，已使国命危如悬丝，摇摇欲坠。他因而希望"操兵权的先生们，务必自问良心，挽救浩劫，统一是国家的救星，分裂是古今的罪人。取舍从违，快须自决"！④ 陈启天认为近代国家之间的战争是国家整体实力的较量，比的不仅仅是军事武力，政治、经济、文化以及教育都是决定战争胜负的重要因素，而"要将国家完成一个整

---

① 傅斯年：《中华民族是整个的》，《独立评论》第181号，1935年12月15日。
② 君达：《中国应如何应付当前的危局》，《独立评论》第63号，1933年8月13日。
③ 张其昀：《国难与统一》，《独立评论》第150号，1935年5月12日。
④ 翁文灏：《我们应努力拥护统一》，《独立评论》第180号，1935年12月8日。

个集团，运用整个国力，以从事国际斗争，必得先行完成国家的统一"。只有统一的国家才能够塑造出一个整体力量。① 国家统一问题若得不到适当地解决，"国力将永远耗于内争，谈不到国防，更谈不到一致对外"。② 诸青来强调"人必先自侮而后人侮之，阋墙者其因，外侮者其果，有其因必有其果，举国既不一致，暴日乃乘隙而入，今欲抵抗暴日，自须举国一致"。③ 在徐敦璋看来，国家是一个民族图谋生存与发展最好而必要的工具，所以国家的组织，便不能不特别注意。"国家若想达到它的使命，首先要统一。统一的国家才能做事，才能实行一切计划。统一的国家才能对内建设一切，对外才能担负国际的责任。"中国的内忧外患之所以日甚一日，其根本原因也就在于国家的不统一。④ 在民族危机日益深重之际，胡适等人将民族危机日益深重的主要原因归结于国家未能统一。

1932年9月，负责调查九一八事变的国联李顿调查团发表调查报告，建议中日两国都从中国东北撤出武装力量。1932年11月，日本以"中国不是一个有组织的国家""中国处于无政府状态"为由，拒绝从中国东北撤军。日本声称"中国者，乃曾成为统一的国家之现在之广大地域之名称也"，进而为其侵略辩护，"夫领土不可侵之原则，虽应神圣视之，而在无政府之国家则不适用，盖以已陷于无政府状态之国，已不成为国家故也"。⑤ 英国政治学家陶鼒对中国东北问题发表看法时强调说："东三省的命运最后不会在东京和日内瓦，是要在关内的中国决定的。因为东三省论文化和民族完全是中国的。如果日本能割据东三省，那必是因为日本能使用一个有组织的国家的种种力量而中国不能。如果中国也能，那末，东三省一定要受中国的吸力，不受日本的吸力。一句话，就东三省论，中国本可拖延，只要——这是很要紧的——在拖延的时候，中国能够得到内部的安定和团结。"⑥ 言下之意，中国不是一个具备统一组织的近代国家。

---

① 陈启天：《精神统一与政治统一》，《国论月刊》第1卷第1期，1935年。
② 陈启天：《国防与政治》，《国论月刊》第2卷第1期，1936年。
③ 诸青来：《真正举国一致》，《民声周报》第1期，1931年10月。
④ 徐敦璋：《我的见解》，《主张与批评半月刊》第2期，1932年11月15日。
⑤ 转引自马季廉《有组织国家释义》，《国闻周报》第69卷第48期，1932年12月5日。
⑥ R. H. Tawney：《中国的政治》，蒋廷黻译，《独立评论》第36号，1933年1月22日。

日本在九一八事变上的借口，以及国际政治学家的意见，引起了胡适等人的反思。胡适认为："日本军阀政客诋毁中国不统一、无组织、无政府的议论，别人可以不采，负有政治责任的国民党诸公却不可不读，不可不铭刻在心上。如果这样空前的国耻与国难还不能惊醒我们的迷梦，如果敌人这样的公然嘲骂还不能督促我们努力做到统一国家的目标，那么，这个民族真不配自立于天地之间了！"他因而呼吁国民党当局先搁置其他问题，把"怎样建立一个统一的国家，怎样组织一个可以肩负救国大责任的统一政府"的问题摆在首位。① 齐思和在《两粤事变和中国统一》一文中指出："'中国不是一个国家，至少不是一个现代式的国家'，这不但是我们的敌人对我们最得意的考语，也是一大部分欧美人士对我们的看法。最近两粤几个不顾大体的军阀的分裂运动，似乎更证实了外人对我们的传统的、轻蔑的见解。"因此，我们要从"敌人的考语"中，从"外人对我们的传统的、轻蔑的见解"中惊醒过来，"外侮的日亟，适足以激起我们爱国的高潮，唤醒我们的民族意识"，从而"促进统一的完全实现"。这是中国的当务之危，一刻也不能延缓。②

国家的统一既然如此重要，那么怎样才能实现国家的统一呢？对此，人们提出了不同的主张。蒋廷黻主张以武力来统一中国。他在《论专制并答胡适之先生》一文中写道：中国要实现统一，而"统一的敌人是二等军阀和附和二等军阀的政客。每逢统一有成功可能的时候，二等军阀就联合起来，假打倒专制的名，来破坏统一"。由于"破坏统一的就是二等军阀，不是人民，统一的问题就成为取消二等军阀的问题。他们既以握兵柄而割据地方，那末，惟独更大的武力能打倒他们"，从而实现国家的统一。③ 吴景超在总结中国历史发展的规律后也赞同武力统一论："群雄割据的时期，无论久暂，总要演化到统一的途径上去，而在中国历史上，几乎没有例外，统一是以武力的方式完成的。"比如，东汉的统一，是以武力平赤眉、平渔阳、平齐、平陇蜀之后完成的；唐的统一，是以武力平东郡、平河溯、平陇右、平河

---

① 胡适：《统一的路》，《独立评论》第28号，1932年11月27日。
② 齐思和：《两粤事变和中国统一》，《独立评论》第213号，1936年8月9日。
③ 蒋廷黻：《论专制并答胡适之先生》，《独立评论》第83号，1933年12月31日。

西、平河东、平江陵、平江淮、平山东之后完成的;宋的统一,是以武力平荆湖、平蜀、平南汉、平江南之后完成的;明的统一,是以武力平汉、平吴、平闽、平两广、平夏、平滇之后完成的。因此,中国目前要实现统一,也只能够以武力来完成。①

对于蒋廷黻等人提出的武力统一论,参加讨论的大多数人是不赞成的。胡适就明确指出:"武力统一是走不通的。"因为,一方面,中国知识思想界存在着"种种冲突矛盾的社会政治潮流",这不是武力所能打倒和解决的。比如,今日的共产党以及无数左倾的青年,就不是单靠武力所能"扫净"的,武力也许可以破坏红军,特务队也许可以多捉拿几个左倾青年,"但那种种左冲右决的社会潮流"是武力不能统一的。另一方面,"中国疆域之大和交通之不便。这都是武力统一的绝大障碍"。② 退一万步说,即使武力能够统一国家,但也不能持久。"一个国家的统一,决不能单靠武力一项把持各部分使他们不分崩。国家的统一其实就是那无数维系各部分的相互关系的制度的总和。武力统一之后,若没有那种种维系,统一还是不能保持长久的。"他举例说,秦始皇并吞六国,实现了统一的局面,靠的是武力,"他把天下人的兵器收去了,却没有造成一些可以维系全国各部分的制度,所以他的帝国不久就崩解了"。继秦朝而起的汉朝,"并没有收天下的兵器,然而汉朝不但保持了四百年的统一,还留下了两千年的统一规模"。汉朝是如何做到这一点的呢?就在于它实行了"各种维系全国各部分的制度,如统一的法律,统一的赋税,统一的货币,选举的制度等,都逐渐成立,并且实行有效了,所以人民渐渐感觉统一帝国的利益。四百年的统一是建筑在这些维系之上的。二千年的统一的民族国家,也就是建筑在这些大维系之上的"。③ 近二十多年来中国之所以不能统一,其根本原因也就在于"旧日维系统一的种种制度完全崩坏",而新的维系统一的制度没有建立起来,从而导致了"各省缺乏向心力"和"割据的局面"的形成。当然,"这个局面的形成,不完全是这二十多年的事情,是太平天国乱后逐渐形成的"。清朝强

---

① 吴景超:《革命与建国》,《独立评论》第84号,1934年1月7日。
② 胡适:《武力统一论》,《独立评论》第85号,1934年1月14日。
③ 胡适:《政治统一的意义》,《独立评论》第123号,1934年10月21日。

盛时，督抚都不用武人，各地的驻军也很少，当时之所以能维持统一的局面，全靠制度的运用。比如，用官权归于中央，而中央任官有一定的制度；选人主要靠科举，而科举全国是一致的；升迁调转都有一定的资格限制，自中央以至各省都是文官统辖武官，科举虽然不切实用，但人人都承认它的公道无私，"知识阶级感觉有'正途出身'，贫家子弟用了工夫，都可以希冀状元宰相的光荣"。重名轻武的风气形成以后，武官自觉得他们应该受文官的领导，所以文人管兵部、巡抚掌兵权，人人都认为是当然的事情。但这套制度被"太平天国之乱"破坏了。太平天国之乱被平定之后，各省的督抚虽然仍是文人，但他们大多是在平定太平天国之乱中立下赫赫战功的湘、淮军将领，其声望远在中央政府的一班庸碌大官之上。从此以后，"内轻外重"的局势形成了。到了庚子年间，一些不听命于朝廷的督抚搞了一个"东南互保"，这成了"各省对中央独立的起点"。辛亥革命以后，"从前所有一切维系统一的制度都崩坏了"，中央政府没有任官权，没有军权，没有赋税权，而各省的督军都可以自由招兵，自由发动战争，自由扣留国税，自由任命官吏。到了后来，有势力的督军还要干预中央的政治，中央政府变成了军人的附属品。"离心力的发展，造成了一个四分五裂的局面。"国民党北伐的成功，虽然"打开了一个新的局面"，但由于国民党实行的是"以党治国"，政权属于党权，而国民党是一个分裂的政党，党的分裂又导致了国家的分裂，并且呈现出"无法收拾"之势："第一，是党争无法解决，第二，是私怨无法消灭，从党争变到个人恩怨，从党中心变到个人中心，越变离心力越大了。"① 张培均同样认为武力统一是走不通的路，回顾近一二十年的历史，不是没有进行过武力统一，吴佩孚的武力统一创之于先，国民党的武力统一（北伐）继之于后，但都"卒无成就"。旧军阀既去，新军阀又来，敌人之巢穴未捣毁，自己营垒已分化，辗转相杀，国无宁日。"此路不通，已昭然若揭。"②

　　武力不能统一中国，那什么能够统一中国呢？胡适认为，只有政治才能统一中国。为此，他先后在《独立评论》上发表了《政治统一的途径》

---

① 胡适：《政治统一的途径》，《独立评论》第86号，1934年1月21日。
② 张培均：《内政的出路》，《主张与批评》第2期，1932年11月15日。

(《独立评论》第 86 号)和《政治统一的意义》(《独立评论》第 123 号)等系列论文,就"政治统一"的有关问题进行了阐述。他指出:"我们要认清,几十年来割据的局势的造成是因为旧日维系统一的种种制度完全崩坏了,而我们至今还没有建立起什么可以替代他们的新制度。当日'以党治国'的制度,确是一个新制度,如果行得通,也许可以维系一个统一的政权。但民国十六年国共的分裂,就早已显示这个制度的自身无法维持下去了,因为党已不能治党了,也不能治军了,如何还能治国呢?党的自身已不能统一了,如何能维系一国的统一呢?古人说得好:'时移则事异,事异则备变'。旧制度已崩坏了,我们就应该研究新的需要,建立新的制度去替代那无法挽回的旧制度。今日政治上的许多毛病,都只是制度不良的结果。"[1]而所谓"政治统一",就是要建立起能够"维系全国,把中央与地方连贯成一个分解不开"的新制度,从而使中央与各省密切地连贯起来,"使全国各地都感觉在这重重叠叠的关系之中,没有法子分开。历史的旧连锁固然是应该继续培植的,适应新的需要的新维系更是应该赶紧建立的"。民主政治下的"国会制度"就"是一个最扼要又最能象征一个全国大连锁的政治统一的制度"。[2] 因为"国会制度"的功用,"是建立一个中央与各省交通联贯的中枢,它是统一国家的一个最明显的象征,是全国向心力的起点。旧日的统一全靠中央任命官吏去统治各省。如今此事既然做不到了,统一的方式应是反其道而行之,要各省选出人来统治中央,要各省的人来参加中央的政治,来监督中央,帮助中央统治全国。这是国会的根本意义",也是"养成各地方向心力的最有效的一步"。[3] 胡适要人们相信,只要我们建立起民主政治下的国会制度,国家的统一是完全能够实现的。首先,华夏文明大一统的民族国家历史为后人奠定了实现统一的灵魂,共同的历史文化、风俗宗教以及语言文字都是促进中国实现统一的向心力。其次,近代兴起的文化机制(如新式教育、期刊、报纸)、交通通讯工具(如铁路、轮船、邮政、电报),也十分有益于民族国家观念以及爱国思想的传播。"今日我们的民族国家的

---

[1] 胡适:《政治统一的途径》,《独立评论》第 86 号,1934 年 1 月 21 日。
[2] 胡适:《政治统一的意义》,《独立评论》第 123 号,1934 年 10 月 21 日。
[3] 胡适:《政治统一的途径》,《独立评论》第 86 号,1934 年 1 月 21 日。

轮廓的统一，是靠那些老的历史关系和这些新的连锁支撑着的。"①

胡适提出的"政治统一"的主张，得到了常燕生的支持。他说："现在所急切要问的是怎样才能完成中国的统一？中国的民族，文化，语言，文字，乃至经济生活，本来都早已是统一的，所以中国的问题就仅仅余下了个政治统一的问题。怎样才能使中国政治统一？这就是我们目前所迫切要问的问题。"② 和胡适一样，天津《大公报》也认为，武力统一中国不能长久，要真正实现中国的长治久安，只能是政治统一："自来国内纷争，或诉之武力，或运用政治，要视当时之环境如何耳。所可断定者，武力解决为直线的，纵可逞快于一时，结局绝不能秩然就理，悉如人意……要其通弊，在当时则牺牲地方，在后日则流毒国家，盖世未有专恃而可以进国家于平治之域者也。政治解决为曲线的，宜以忍耐心理，多方运筹，极迂回曲折之致，利用民众无形之势力，制止各方面离心力之扩大，期于保全秩序，融消惨劫，其事虽难，其利甚大，观于前此察哈尔事件，以政治解决，于保全华北，厥功甚伟，利民实多，不容否认。"③ 陈启天同样建议利用现代政治制度来实现国家的统一。他认为中国应该实行联邦制，理由是："吾国幅员辽阔，各地情形不同，宜一定事项内得为独立之措施，又于若干事项上得依据中央法令自由权衡，庶几应当集权者操持于中央，可由地方主持者亦得以因应咸宜。"中央政府高度集权，中央掌控国家的外交、军事、财政、经济、教育、内政、交通则可酌情分权于地方。中央在某些方面对地方只要"立于指导和监督的地位，不必过度的干涉"。④ 可见，陈启天既不希望中央权力过大而近于专制独裁，又不希望地方权力过多而不利于一致抗战。齐思和也是主张政治统一的，但他同时认为："有了思想上的统一，然后政治上的统一才能维持永久。"他在《两粤事变和中国统一》一文中写道："现代国家之所以能达到彻底统一的根本原因，是因为一般人民在思想上大体是一致的（至少大多数是一致的），而他们在思想上的一致是根据物质环境。交通的便利扫除了地方间的隔膜，大规模的生产统一了大家的嗜好。"以美国为例，从前

---

① 胡适：《政治统一的途径》，《独立评论》第86号，1934年1月21日。
② 常燕生：《建国问题平议》，《独立评论》第88号，1934年2月4日。
③ 《时局的矛盾性》，《大公报》1933年12月7日"社评"。
④ 陈启天：《国防与政治》，《国论月刊》第2卷第1期，1936年。

美国因面积太大，交通不便，各地方的思想观念很不一样，但自从工业革命以后，交通大大地便利了，而交通的便利促进了信息的传播，地方的偏见也就渐渐地消失了："到了现在，全国人民所看的是同样的电影，所听的是同样的播放，所读的是同样几个风行的报纸，所乘的是同样式的汽车，所用的都是那几个公司的出品，又何怪他们所想的都是同样的问题，所讨论的是同样的事体呢？"因此，他认为目前中国统一的关键，是在大力发展交通的同时，加强各地之间"文化思想上"的"沟通"，如"将内地出版的书籍、报纸、杂志"，尽量向各地尤其是偏远的地方"介绍"，各大学实行教授交换，"借以交换思想"，"而私人方面多组织旅行团、考察团，观摩彼此的情况，促进正确的了解"，从而为"政治统一"打下良好的基础。[①]

和胡适等人不同，王造时认为，中国不统一的根本原因是国民党的不统一造成的。他在《国民党怎么办？》一文中指出：六年的训政告诉我们，国民党本身是绝对不能统一的。武有武的地盘，文有文的系统。党内有派，自昔已然，于今尤烈。这是事实，无可讳言。过去数年的内战，固然是同志打同志，现在各处已发或将发的内战，同样是同志打同志。共产党的炽烈，不能使他们"精神团结"；天灾的奇重，不能使他们"精神团结"；日本占领沈阳，不能使他们"精神团结"；日本占领整个东北，不能使他们"精神团结"；日本屠焚沪淞，不能使他们"精神团结"。日本现在要策划成立伪"满洲国"，要吞并热河，进军平津，还不能使他们"精神团结"，那么，还有什么能使他们"精神团结"呢？事实证明，国民党本身是绝对不能统一的。六年的训政，也同时告诉我们，中国在不统一的国民党的专政之下，是绝对不可能统一的。若是在民主国家，国民党的党争是它内部的事，与国家和我们老百姓无关，"但今日之中国，是国民党的天下，党事就是国事，国事也就是党事，因此，没有统一的党，也就没有统一的国"。就此而言，国民党的不统一，不但是国民党本身的不幸，更是国家的不幸、人民的不幸，我们始终希望国民党能统一，但实际上是国民党始终不能统一。"国民党既不能统一，国民党不统一的专政既使中国也不能统一"，那么，我们要想中国统一，结束分裂的局面，其唯一的方法，就是"结束训政，实行宪政"，

---

① 齐思和：《两粤事变和中国统一》，《独立评论》第213号，1936年8月9日。

让国民有言论自由，让国民有出版自由，让国民有政治结社自由。"有政治结社自由，国民才能组织起来；有组织，才有力量；有力量，才能制止军阀混战。有言论出版自由，社会才能产生舆论；有舆论，才有是非；有是非，才能监督政客捣乱。"也只有实行宪政，各党各派才可以公开竞争，才能够以法治代替人治，以选举代替开枪，政治势力有地方表达他们的政见，谁上台，谁下台，都由人民来决定。如是，军阀就不敢割据、不敢内战，国家也就能实现统一。同是军人，在民主国家里面，为什么不干政，不割据，不内战？而在中国则成了阀，干政、割据、内战成了他们的家常便饭呢？"这由于民主的势力使然，这由于宪政的轨道使然。"[1] 张培均也认为，"唯民主的力量"，方可制裁军阀，"破除割据"，实现国家的统一。他曾游历过四川等地，发现"民主舆论愈薄弱者，军人愈专横；民主舆论愈强毅者，军人愈畏缩"。所以，民主政治的有无，事关国家的统一。[2]

曾仲鸣主张用和平的方式统一中国，而要和平统一中国，就必须实行民主政治，并从多个方面论述了实行民主政治对于和平统一中国的重要意义。他指出，首先，我们要和平统一中国，必须使中国的各民族能够统一，而要中国各民族统一，就只有实行民主政治。因为在民主政治的制度之下，各民族皆处于平等的地位，对于国家所尽的义务，各民族一样的，所享的权利，各民族亦是一样的。各民族既处于平等的地位，自然乐于促成国家的和平统一。欧战以前奥地利民族强迫匈牙利民族联合为一大国家，奥地利皇帝兼任匈牙利国王，以暴虐的刑法，压服匈牙利民族，匈牙利民族不愿做异族的奴隶，时时起而谋独立的运动，卒至欧战结束，奥地利和匈牙利分裂成为两个国家，其原因就在于国家不实行民主政治，两个民族必致争斗，国家终难达到和平统一。再看西班牙，在王国未被推翻的时候，加达朗地区因与西班牙不是同一民族，每次暴动皆以脱离西班牙为目的，1931年春西班牙京城革命军忽然兴起，驱逐国王，成立共和，厉行民主政治，加达朗的独立党立即发表宣言，愿永远与西班牙民族联合，以谋国家统一。其次，我们要和平统一中国，必须使中国的政治能够统一，而要中国的政治统一，亦只有实行民

---

[1] 王造时：《国民党怎么办？》，《主张与批评》第1期，1932年11月1日。
[2] 张培均：《内政的出路》，《主张与批评》第2期，1932年11月15日。

主政治。因为民主政治的制度，是最适宜于现今时代的需要，民主政治的目标，是可以满足现今民众的要求的。只有民主政治的制度与目标确定了下来，政权才能巩固，政治才能统一。我们可以从法兰西的历史得到证明。法国在大革命以前，诸侯割据，各自为政，互相侵略，何曾有和平统一的实现？革命时，指挥政府欲从民主政治设施，创中央集权制以谋政治的统一，但不久拿破仑第一称帝，继拿破仑第一的，又有路易十八的复辟、拿破仑第三的叛国，直至第三次共和以后，民主政治渐以树立，民主势力渐以扩张，从前中央政府的命令只能达至京城附近的各省，至是，素不服从于中央的不颠省与沙芜华各省，皆因赞成民主政治，自愿抛弃向来的主张，以谋政治的统一，法兰西全国始得和平统一了。再次，我们要和平统一中国，必须使中国的军政能够统一，而要中国的军政统一，亦只有实行民主政治。因为实行民主政治，则在军事上可以打破以人治军和划分防区的制度。武力既不寄托于个人，则统率武力的个人，则不仅不敢借武力作恶，亦不能借再武力以作恶，军队既无划分防区的制度，则军饷取之于国家，由国家规定预算，按期发给，军人便不至于视军队如私产，占防区为地盘。最后，我们要和平统一中国，必须使中国的财政能够统一，而要中国的财政统一，亦只有实行民主政治。因为实行民主政治，则要求财政永远公开，人民有监督执政者出纳财政之权，执政者对于财政亦不致有营私行贿之弊，国家财政的收支，从人民的负担而来，为人民的利益而用，人民自乐于缴纳，财政自易于统一。欧美的共和国家，莫不守此制度，所以国家终能和平统一。[1]

  陈之迈既不支持胡适的政治统一论，也不赞成蒋廷黻的武力统一论，他认为所谓统一的局面是向心力比离心力大的局面。促成统一最主要的问题是怎样使向心力加大而使离心力变小。同时，这种力量应是自动而不是强迫的。武力统一论之所以不可行，是因为"用武力、用专制的手段来造成的统一不是健全的统一，因为它是强迫的局面，往往徒具统一的表面而没有统一的实际，并且一定潜伏着许多反抗的势力，遇到武力的方向转移的时候，便爆发出来，遇到武力衰弱的时候则更不必讲"。而用政治制度来谋取统一仍然只是表面的而不是实际的，"一个国家的各部分如果尚没有感觉到统一的

---

[1]　参见曾仲鸣《和平统一与民主政治》，《中央导报》第8期，1931年。

必要，它们即使派几个代表来参加中央政府的机关，也不能便肯和中央'精诚团结'，中国人没有遵从多数的精神，是因为不遵从对他们不会发生什么不良的效果，加之，政治制度——尤其是民治化的政治制度——并没有改造环境的功能；反之，它是随着环境走的，强着环境去适合理想的政治制度，结果只有使政治制度本身崩溃。我国以前曾把世界各国的政治制度搬了回来，但它们未曾改造一些我们的情况"。那么，怎样才能达到"实际的统一"呢？陈之迈提出了"现代经济制度的发展"，"在这个力量没有发展之前，无论用何种方式所得的统一都只是表面的统一"；而"现代经济制度相当发达以后，情形便大不同。现代经济制度是分工的制度，因为分工所以整个经济制度的各部分都有最密切的连锁，它们不顾政治的区域，它们是超越政治区域的……我们所要注意的是一国里现代经济的发展是那国统一最主要的基础，因为它能把历史遗留下来的地方区域的单位性抹杀，而把各部分联络起来成一个整体"。①

同时，不少人观察到"九一八"以来国民联合抗战的意识高涨，于是主张通过对外抗战的方式实现统一。1936年11月30日《大公报》发表的一则社评称："中国统一之凝固，自古以来，无如今日，不仅为民国以来所未见。此无他，全国人心定于一之故也。一者为何？全国军人学子及一切有正当职业者，与夫略受教育训练之一般壮丁，或不甘亡国，或欲奋斗救国，故中国统一之基础，乃完全建于此一致的守卫祖国之热情之上。此时势迫使锻炼而成。三十年乃至二十年前所不能梦见也。"②王造时发表评论说："简而言之，我主张战。我自始至终主张战。战是唯一路线；战可以促成国家统一；战，可以激起爱国精神；战，可以保存民族人格；战，可以引起国际干涉；战，可以促成日本革命。我自始至终主张破釜沉舟的战！"③陈启天认为对日作战才能够振作民族精神，通过战争的洗礼，中华民族的斗志将更加激昂，"对外作战是创造斗争的民族精神之最好方法"。同时，只有对外作战才能够实现国家的统一。原因有以下几点："一、在对日作战中，可以使

---

① 陈之迈：《统一的基础》，《独立评论》第134号，1935年1月6日。
② 《中国之前途》，《大公报》1936年11月30日。
③ 王造时：《国联巴黎决议案的批评及国民对于调查委员会应取的态度》，《东方杂志》第29卷第3号，1932年2月1日。

一般国民打消个人的和家族的观念，不得不共赴国难；二、在对日作战中，可以使各种党派放松党派的利益，而注重国家的利益，决不肯误信'党高于一切'的谬说，只求党派的成功，不顾国家的失败。三、在对日作战中，可使一切个人的、党派的或地方的军队，通向改造成国家的军队，不肯自相残杀，招致外侮。"① 在曾琦看来，在中外历史上，未有不战而能统一立国者。对外战争是实现国家统一的必要手段。他举例说，19世纪中期的普鲁士由一邦而跃为德意志联邦帝国，靠的是三次对外战争。近代日本强国地位的确立，是发动对华战争、侵朝战争、日俄战争以及世界大战的结果。土耳其的独立以及苏联的统一都离不开对外战争。中国要建立统一的国家，也不能离开对外战争。②

在各种统一方案中，胡适、王造时等人的主张显得更为合理，也更适合中国的民主化进程。王造时主张"结束训政，实行宪政"，用民主制度来统一中国。胡适政治统一论的实质也是要通过民主制度来扩大国家的政治基础，增强民众的参政意识，产生一个有计划、有力量的政治大组合，于此国家统一可成。借用胡适在《宪政问题》一文中的话说："我们不信宪政能救中国，但我们深信宪政是引中国政治上轨道的一个较好的办法。"③ 这也是胡适、王造时等人主张在中国实行民主政治的重要原因。

（三）实行民主政治有利于国家认同

早在19世纪末20世纪初，梁启超就认为中国人只有天下观念而国家观念淡薄，这是造成近代以来中国屡遭西方列强侵略，而近代意义上的统一国家始终无法建立起来的重要原因。和梁启超一样，"九一八"后知识界中一些具有自由主义思想的人同样认识到"几千年来的中国，所支配人心者，只有一个天下观念"。④ 受此观念的影响，中国人的"现代国家的意识与组织"极端缺乏，大多数国民，一方面"为传统的天下观念所蒙蔽，以至不能团结自卫"，另一方面"为宗法的家族主义所盘踞，以至有家无国"。其结果是

---

① 陈启天：《我们主张对日作战的理由》，《民声周报》第2期，1931年10月。
② 参见曾琦《长期抗战之心理建设》，《国论周刊》第33期，1938年10月1日。
③ 胡适：《宪政问题》，《独立评论》第1号，1932年5月22日。
④ 张君劢：《中华新民族性之养成》，《再生》第2卷第9期，1934年6月1日。

造成了日本帝国主义对中国的进一步侵略,以及国内军阀割据混战的加剧。[①]为此,他们大声疾呼,要培养和提升国民的国家观念,使他们真正具有爱国之心。这是抵御外侮、廓清内政,建立近代意义上的统一国家的必要前提。因为在对外方面,国家观念能够凝聚全国国民的意志,以抵御日本帝国主义的侵略,维护国家的统一。历史发展的经验告诉我们,国家观念是"被压迫国家求解放的利器,被压迫民族求解放的工具。弱小的国家,由它而强大。分裂的国家,由它而统一。亡了的国家,由它而复兴。无组织的民族,由它而建国"。历史上的意大利和德意志之所以能够统一,法国之所以能够屡危屡安,波兰之所以能够复国,日本之所以能够强大,土耳其之所以能够崛起,一个重要原因,就是"国家观念"的"推动"。在对内方面,国家观念能帮助国民打破旧有的宗法家族观念,促进国民积极参与公共事务,进而推动国民对政府的监督,以建立廉洁的政治。"反而观之,一个国家若无国家观念为之基础,精神必致涣散。道路坏了没人理,古迹倒了没人修,伟大的城市让它毁灭,长久的历史让它忘去,做官吏的只知搜刮地皮,做人民的只知自私自利。总而言之,国家的群体生活,必致趋于腐败堕落而不自知。"历史上的雅典及斯巴达,"他们的公共生活极高尚极兴盛的时候,也就是他们的爱国心最发达的时候"。相比而言,现下中国"军阀不惜混战,贪官不惜搜刮,奸商不惜贩卖日货,东北群丑不惜傀儡登台",其根本原因是国民的国家观念的缺乏。[②]

为了培养和提升国民的国家观念,一方面,他们要求国民党政府开放政权、善待百姓,从而使老百姓感觉到国家可爱,以增强他们对国家的认同感。胡适在《政治统一的途径》一文中就指出:"十八世纪的英国政治家贝尔克曾说:'若要人爱国,国家须要可爱。'若要全国人拥护国家,国家也须要全国人拥护。现在最奇怪的现状是把党放在国家上面,这样如何能养成'公忠'?国会是代表全国的议会,是一个有形的国家象征,人民参加国会的选举,就是直接对那个高于一切的国家尽义务。现在全国没有一个可以代表整个国家的机关,也没有一个国家可以使人民参加干预的机会,人民又何

---

① 王造时:《我们的根本主张》,《主张与批评》第1期,1932年11月1日。
② 王造时:《对国家的认识:我的自供》,《主张与批评》第2期,1932年11月15日。

处去报效他的'公忠'呢?"① 王造时要求建立一个"民主法治的政府",并提出了三点具体主张:第一,"全民政治"。国家主权应属于全体国民,不应为一党派、一个人、一阶级所垄断。凡是国民,不分性别,皆有参与政治的权利和义务,对于不问政治的、消极的与畏缩的心理,必须铲除。第二,"以法治国"。所有国家的组织、职能及事业,国家与个人及团体的关系,个人与个人的关系,个人与团体或团体与团体的关系,皆须建立在国家法律规定之上,国家必须有宪法及其他法律,而为全国国民和政府人员所共同遵守,人民在法律上应一律平等,不能有超过法律的个人、团体或阶级。凡个人或团体有违背法律的行动,不论其居于何地位,有何权势,皆应受同等的制裁。法须为国民公共意志的表现,其制定应有国民直接的或间接的参加。否则,没有统治全民的权威。因此,反对个人立法,党派立法,阶级立法,及一切钦定的宪法、约法、及法律,更反对数千年来的人治主义。第三,"民权保障"。言论、出版、结社、集会及信仰的自由,为发展个人本能、增进社会福利、实现全民政治的必要条件。反对以"党治"或"军治"的名义,剥夺上列民权的高压手段,无论何人,不经司法的法定手续,不受逮捕检查收押,不经正当的法庭判决,不受任何惩罚。② 魏寒铁主张言论自由,因为言论自由对于培养和提升国民的国家观念具有十分重要的意义。他在《言论自由的请求》一文中写道:国民党是自认为国为民的,与他们所要打倒的军阀官僚是截然不同的。处于军阀时代,人民只许钳口结舌,舆论界有敢公然指摘军阀者,不是捉记者,便是封报馆,实行所谓"军法从事"。邵飘萍、林白水的惨死,至今思之,犹觉令人心悸。故军阀既倒,全国欢腾,满以为"救民水火"的国民党,必将一反无知军人们之所为。然而自国民党实行统治的六七年来,我们国民与此前相比真的有点自由了吗?真的能够抒其谋国之诚,发其议论而无所限制了吗?答案是否定的。军阀既去,党人又来,昔日之"军法从事",一变而为"依反革命条例惩办",批评三民主义是大逆不道,指摘国民党过失是"反革命",规责"党国要人"以及"大小同志"的言行是"反动",甚而至于指奸发恶、为民请命的言

---

① 胡适:《政治统一的途径》,《独立评论》第86号,1934年1月21日。
② 王造时:《我们的根本主张》,《主张与批评》第1期,1932年11月1日。

论，亦足召罪戾，系囹圄。一些为民族求出路、为民族求复兴，平心静气，研究救国方略、商量立国大计的刊物，发行不到二三期，即被禁止刊发，只能暗中相互传观。"仅此数事，已足明证当轴者不许小民说话，所谓言论自由何在？所谓人民基本权利何在？法纲密布，动辄得咎，较之军阀时代又何以异？"人民的言论都得不到最起码的自由，你怎么又能要求他们真心地爱党爱国，认同国民党一党专政之下的国家呢？古人说得好，"防民之口，难于防川"。压迫愈重，反抗愈大。秦始皇禁人耳语，道路以目，但结果是一夫发难，四方响应，所期万世之业，不崇朝而覆亡。帝俄时代，人民稍有反抗政府的嫌疑，便或被杀，或被囚，或被流，然而1917年革命一起，沙皇统治即被推翻。魏寒铁因而希望国民党当局能从这两起"中外历史上压迫舆论者的下场"的例证中吸取教训，改变其"消极的禁止言论自由"的政策，给人民以言论自由，同时"积极的真正负起责任来为国为民做一番事业出来，举凡如何长期抗战，如何生聚教训报仇雪耻，如何使政治上轨道，如何开发国家富源，如何奠定国计民生，如何发扬新旧文化，多能采博众论，通盘筹划"，切实推进，真正使人民感受到国家的可爱，人民又怎么不会爱党爱国呢？实际上，"今日争言论自由的人，多非存心推翻国民党，不过欲使有说话的机会，有共谋国是的权利，以期当政者之改过迁善而已"。①

另一方面，他们又致力于对西方国家学说的宣传与介绍。张佛泉在《邦国哲学的改造》一文中指出：国难当头，中国人最可怕的是缺乏现代国家观念："很清楚地我们可以见到给中国树立一个邦国哲学，是一件极难的事情。做这事不但要一个头脑比较清醒的思想家，像弗洛太尔或黑格尔一流的人物，而我们非有一个以上的'头'同'心'长在一起，热情与理智融成一片的先知，像卢骚菲希德一流的人，出来大嚷大闹一下不可。"②孙中山认为民族有五大因素，即血统、生活、语言、宗教、风俗习惯等。张佛泉对孙中山的观点提出了质疑："我们近来听得'民族主义'这个名词太频了。我们很少再有人追问这个字中到底含有什么意义。外国人有许多也说中国'民族'意识渐渐觉醒，近来并且很强。但据我的看法，真正的 Nationalism 中

---

① 魏寒铁：《言论自由的请求》，《主张与批评》第3期，1932年12月1日。
② 张佛泉：《邦国哲学的改造》，《再生》第1卷第11期，1933年3月20日。

国一直到现在还没有。"① 在张佛泉看来，孙中山的"民族主义"实际上是 Nationality（民族性），而不是 Nationalism（民族主义）。张佛泉将 Nationalism 译为"邦国主义"，用以突出国家不同于民族性的"政治共同体"的内涵。在张佛泉看来，"国家"与"民族"是两个很不一样的概念：前者是一个政治共同体，侧重点在自治、法制与宪政；后者是一个文化概念，侧重点在血统、语言、宗教和风俗习惯。国家的建构虽不排斥血缘因素，甚至还以血缘因素为天然依据，但国家首先是一个政治共同体。张佛泉透露出一种"自然"相对于"有意识"的思维：以血缘为基础的民族处于"自然"状态，而组成一个现代国家则必须是"有意识"的建设的工作。张佛泉所谓的"邦国主义"，指的是将中国建设成现代民族国家的政治运动："邦国主义是一个或一个以上的民族达到主权国（Sovereign State）的理论或运动。"中国人若缺乏"邦国"观念，中国若不经过邦国主义运动，那么中国将停留在前近代的国家形态，而不能成为一个"国家"。值得注意的是，张佛泉倡导的邦国主义是以自由主义为价值预设的。张佛泉强调说，邦国主义与自由主义发自同一源泉："人人在权利上既应平等，民族与民族在权利上则亦应平等。我们如不否认'人当人'的原则，则我们亦不能否认'国当国'的原则。我们试想现在帝国主义所用的各种侵略方法，岂非完全是一个民族以另一个民族为达到欲望的工具吗？"② 在《民族主义需要重新解释》一文中，张佛泉进一步指出，"正确的邦国主义（民族主义）不但不与德谟克拉西的原理相反，并且是建筑在同一基础之上的。……邦国主义并是大规模自治的条件，只有有了这种邦国主义的情感时，现代的自治方成为可能"。③

与张佛泉一样，张君劢也认为"中国的唯一问题是如何把中国变成一个近世国家"④，并积极提倡一种"造国"运动。他甚至将有无现代国家观念视为东西政治思想最大的差别："东西政治思想之异同，可以一语别之：曰东方无国家团体观念，而西方有国家团体观念是矣。惟以团体观念为本，然后知国家之为一体，其全体之表示曰总意，全团体号令所自出曰主权，更有

---

① 张佛泉：《邦国主义的检讨》，《国闻周报》第11卷第40期，1934年10月8日。
② 张佛泉：《邦国主义的检讨》（续），《国闻周报》第11卷第41期，1934年10月15日。
③ 张佛泉：《民族主义需要重新解释》，《国闻周报》第13卷第1期，1936年1月。
④ 张君劢：《我们与他们》，《再生》第1卷第10期，1933年2月20日。

政权活动之方式曰政体，与夫本于团体目的之施为曰行政；反之，其无团体观念者，但知有国中之各种因素，如所谓土地，人民，政治，所谓君君臣臣，父父子子是矣。东方惟无团体观念，故数千年来儒、道、法、墨各家政治思想之内容，不外两点：曰治术，所以治民之方术也；曰行政，兵刑、铨选、赋税之条例而已。"① 对于"民族"与"国家"的区别，张君劢也有清楚的认识。他说："德国人称民族曰种族概念，或曰自然概念。至于国家云云，其中要点不外法律、秩序与政治机构等等。这些大抵起源于人类是非善恶等观念，所以德国人名国家曰价值观念（Wert Begriff），英国人名之曰法律概念或政治概念（Legal Concept or Political Concept）。"② 也就是说，民族是一个自然概念，国家则是一个政治概念，因此"一个民族立国于世界，固然离不了民族要素，如语言、风俗、历史之相同；但只有历史、语言、风俗相同之条件，不能成为国家"。③ 张君劢还进一步指出，现代国家最重要的特征是民主政治："国家民主政治者，以西方政治名词译之，则为 national democracy，或 national 一字偏于民族一面，则我宁愿名我之所主张者为 state democracy，以国人所缺乏者，非民族主义中血统、语言、风俗之同一，而为政治的一体之自觉，故以 state 一字译之，无不可也。"④ 他认为个人自由与国家自由是相互一致的："一个国家对于自由与权力，仿佛人之两足，车之两轮，缺其一即不能运用自如。个人自由寄托与国家身上，国家全体亦赖个人自由而得其巩固之道。此即今后立国之要义。从这观点来说，中国民主政治之一线光明，即在自由与权力平衡之中。"并且"个人自由，惟在民族大自由中，乃得保护，乃能养成；民族之大自由若失，则各个人之自由亦无所附丽"。⑤ 同时，思想自由是民主政治的衍生品，只有实现政治民主化才有思想自由可言，思想自由是保障一切主义的条件，而实现思想自由的政治必是民主政治。所以思想自由与民主政治乃是立国的常轨："一切主义由思

---

① 张君劢：《东西政治思想之比较》，《民族复兴之学术基础》，北平再生杂志社 1935 年版，第 179 页。
② 张君劢：《立国之道》，《张君劢集》，群言出版社 1992 年版，第 251、252 页。
③ 张君劢：《菲希德〈对德意志国民演讲〉摘要》，《再生》第 1 卷第 3 期，1932 年 7 月 20 日。
④ 张君劢：《立国之道》，《张君劢集》，群言出版社 1992 年版，第 251 页。
⑤ 张君劢：《明日之中国文化》，商务印书馆 1936 年版，第 130 页。

想自由孳乳出来，一切政党由民主政治孳乳出来。但所孳乳出来的任何主义却决不可把这个保障一切主义的条件打碎，同时所孳乳出来的一切政党也决不可转回身来把这个保障一切政党的常轨拆毁。"① 张君劢认为："精神之自由，有表现于政治者，有表现于道德者，有表现于学术者，有表现于艺术宗教者……个人精神上之自由，各本其自觉自动之知能，以求在学术上政治上艺术上有所表现；而此精神自由之表现，在日积月累之中，以形成政治道德法律，以维持其民族之生存。故因个人自由之发展，而民族之生存得以巩固。此之谓民族文化。"② 张东荪持相同观点。他认为精神自由是维持民族生存的基本条件，而思想自由则是保障社会正常秩序的基本条件："我们可以说就思想本身来讲本来没有自由与不自由的问题。这个问题乃是起于思想的外部。就是思想而受外来力量的干涉，于是乃有不自由。有不自由，然后才争自由，所以思想自由不是一个关于思想本身内容的问题，乃是一个思想在社会上势力的问题。"③

在宣传和介绍现代国家观念之基本内涵的同时，"九一八"后的知识界还对国民的无知愚昧展开了批判。蒋廷黻指出，中国现在还是个"朝代国家"，而不是"民族国家"。在中国，"一班人民的公忠是对个人或家庭或地方的，不是对国家的"。④"欧美各国在民族主义潮流中都已建成了'民族国家'，中国却依然是四分五裂的国家。无疑的，经过这三十余年的革命，我们的民族意识大有进步。无疑的，这民族意识是我们应付世界大变局的必须利器。现在的问题是：这民族意识能否结晶，能否具体化，我们是否从此团结一致来御外侮，我们是否因为受了民族主义的洗礼而就能人人以国事为己任，这些条件会决定我们最后对这个大变局的应付的成败。"⑤ 丁文江强调说："今天青年的责任是什么？青年应该做什么？他们应该要十二分的努力，彻底的了解近代中国的需要，养成功近代国民的人格和态度，学会了最低限度的专门技能，然后可以使他们的一点爱国心，成功结晶品，发生出有效能

---

① 记者（张君劢）：《舆论的造成与保障》，《再生》第 4 卷第 6 期，1937 年 6 月 1 日。
② 张君劢：《明日之中国文化》，商务印书馆 1936 年版，第 121—122 页。
③ 张东荪：《思想自由问题》，《文哲月刊》1937 年 1 月。
④ 蒋廷黻：《革命与专制》，《独立评论》第 80 号，1933 年 12 月 10 日。
⑤ 蒋廷黻：《中国与近代世界的大变局》，《清华学报》第 9 卷第 4 期，1934 年 10 月 4 日。

的行为。抵抗日本，收复失地，一定要到中国能有战胜日本力量的那一天，才会得成为事实。要中国能有那一天，一定要彻底改造一个新式的中国，做这种改造新国家的预备工作，是今天受高等教育的青年唯一的责任！"[1] 胡适认为"一个新社会、新国家，总是一些爱自由爱真理的人造成的，绝不是一班奴才造成的"。[2] 只有自由的个体，才有资格将中国建设成为一个现代国家。张君劢指出，民族的建构必须有三个基础："第一，自信。自己相信自己能居人上，能有作为。先有此信心而后行动随之而来。自己文化，为一个民族之特长，非但不能蔑视，而且要加以表彰。第二，意力。民族有统一的意志，然后能立国……全体人心，既向于一，自能牺牲小我以成其大我，而政治上才能安定，社会才有组织，外交自能向外发展。第三，思想。学术与政治互相表里。"[3] 柳诒徵认为，"他们（国民）根本的毛病是不晓得什么叫做政治，只知道政治就是做官，政治是做官的人们的专利权。我们想要做官就去问国家的政治，我们不想做官任凭什么人去主持政局，统治我们，谁也不去理会"。[4] 1934 年 4 月 30 日《大公报》发表的社评强调说，"当谈到国的时候，个人的利益是不能当作大前提的"，"直到现在，一般中国人还没有自由的观念。前几十年外国军队打到国内的时候，便家家挂起大顺民的牌子。有智识有地位的人，争着住在租界里面，求洋大人的保护。去年日本军队进承德的时候，也是中国人迎进城去的。现在人们又拼命贩卖日货，购买日货，甚至要到伪国去当华工，甚至要帮助敌人在华北做新活动了。并且最妙的是，做这些事的人，根本就没有觉到他的可耻。这实因为我们绝对没有自由观念使然"。[5] 阮毅成指出，由于国民缺乏政治知识和能力，造成了国家政治的反常，"政治轨道的钢铁，是人民的政治知识与政治能力，必先有百炼不挠的人民，乃能锻炼出好的法律制度。这好的法律制度，能载得了政治车厢的重量，能顺利地助益于车辆的开驶"；"中国不缺乏车厢的司机

---

[1] 丁文江：《抗日的效能与青年的责任》，《独立评论》第 37 号，1933 年 2 月 12 日。
[2] 胡适：《个人自由与社会进步》，《独立评论》第 150 号，1935 年 5 月 12 日。
[3] 张君劢：《民族观点上中华历史时代之划分及其第三振作时期》，《再生》第 2 卷第 3 期，1933 年 12 月 1 日。
[4] 柳诒徵：《死马当作活马医》，《时代公论》第 1 卷第 6 号，1932 年 5 月 6 日。
[5] 《国民须有几种基本观念的改革》，《大公报》1934 年 4 月 30 日。

者，也不缺乏政治上的旅客，现在只是没有完善的轨道，根本原因乃在缺乏制造轨道的钢铁"。① 张奚若认为"要有健全的国家须先有健全的人们"，"国家是人们的返照。有怎样的人民便有怎样的国家，有怎样的人民便只能有怎样的国家"。②

在知识界看来，只有具备现代政治知识、现代国家观念的国民，才能应付日益深重的民族危机，从而实现中华民族的伟大复兴。

（四）实行民主政治有利于民族复兴

九一八事变使中华民族亡国灭种的危机迫在眉睫。中国知识界希望通过抗战来实现民族复兴。九一八事变发生后不久，陈启天即撰文指出，中华民族已无退路可言，"中国要起死回生只有对日作战"，只有坚持对日作战，才可以改造我们衰弱不振的民族精神，才可以鼓舞人民的斗志，使一般国民打消个人的和家族的观念，不得不共赴国难，因此"对外作战是创造斗争的民族精神之最好方法"。③ 曾琦等人认为，古今中外，未有不战而能立国者，欧洲的普鲁士与亚洲的日本都是通过战争确立其强国地位的，中国也只有通过艰苦抗战才能实现民族建国伟业，并坚信通过抗战一定可以实现民族复兴："现在正以空前勇敢的精神，接受建国过程中不可避免的流血洗礼，我们相信一个独立自由的全民福利国家，必然在血的洗礼后产生出来，而且也只有在血的洗礼中才能产生出来，因此我们对于抗战的前途，丝毫不悲观，不气馁，我们准备与全体中国同胞携手勇敢地接受这个历史的任务。"④ 冯玉祥指出，民族复兴的问题虽然"关涉的范围至为广大，内容亦千头万绪，非常复杂"，但总的来说是"以救亡图存为中心……即我们必须用抗战手段，以清算'九一八'以来的外来侵略，而达到民族自由平等的目的"，因此中华民族复兴的核心问题"第一个是抗战，第二个是抗战，第三个还是抗

---

① 阮毅成：《政治的轨道是什么》，《时代公论》第 2 卷第 40、41 号合刊，1934 年 1 月 1 日。
② 张奚若：《国民人格之培养》，《大公报》1935 年 5 月 5 日。
③ 陈启天：《我们主张对日作战的理由》，《民声周报》第 2 期，1931 年 10 月。
④ 《中国青年党第九次全国代表大会宣言》，《中国青年党》，中国档案出版社 1988 年版，第 121—124 页。

战"。① 黄炎培回忆说："自从'九一八'事发，吾们内心起了极大的冲动，精神受了极大的影响。吾们亲切地看出，在我们中国这样一个政治上经济上受着种种枷锁的国家，所谓社会问题的解决，必须统一于国家民族的解放。"②

　　知识界的主流观点认为，只有打败日本帝国主义的侵略，彻底实现中华民族的独立与领土主权的完整，才能为民族复兴创造必要的条件。而实行民主政治正是打败日本帝国主义侵略的必要保障。要增强中国抗战的力量，就必须实现政治上的民主化。如前本节第一部分"实行民主政治有利于救亡图存"所述，"九一八"后的整个抗战时期，知识界普遍强调民主政治与民族复兴之间的有机关系，强调以实现民族复兴为目标来推动政治民主化的进程。他们纷纷以著书立说、创办报刊、参政议政等方式，孜孜不倦地宣传他们的抗战思想和民主政治主张。章汉夫强调说，"绝对不是完全工业化后才能实现民主，而是一定要民主，然后才能实行全民动员，抗战到底，扫清工业化发展的障碍"。③ 曾琦认为，国难危急时刻应该立即伸张民权，"自国难发生以来，全国人士，除掉极少数的贪官污吏汉奸国贼以外，对于争取国家生存，伸张民权，解除民生疾苦诸大端，可以说没有不一致的"，也只有民权得到伸张，才有可能出现全民抗战的局面。④ 左舜生指出，中国抗战的胜利必须"以结束党治，立施宪政为第一义"。⑤ 侯外庐则提出了"抗战民主"的概念，认为抗战民主是一种战时民主的特殊形式，是适应抗战需要、取得抗战胜利的必要手段，因为"抗战依赖民力，而民力与民权（民主）则相为因果"，其最低限度的任务是："建立反贪污、反汉奸的，遂行积极动员民众的政治机构；同时在于融洽少数民族，并使自主参加政治的广泛政治机构；抗战民主最主要的，是在抗战过程中，积极淘汰腐朽动摇不定份子，而广泛容纳进步的抗战最力的新的社会力量，使抗战的民主号召的形式，与抗

---

① 冯玉祥：《复兴民族的基本方案——抗战，抗战，抗战！》，《解放日报》1937年1月22日。
② 黄炎培：《从困境中得来》，《黄炎培教育文选》，上海教育出版社1985年版，第284页。
③ 章汉夫：《批判两种错误理论》，转引自虞和平《中国现代化历程》第2卷，江苏人民出版社2001年版，第827页。
④ 转引自左宏禹《抗战建国中之中国青年党》，成都国魂书店1939年4月版，第10、11页。
⑤ 《国民参政会纪实》（上），重庆出版社1985年版，第584、585页。

战牺牲的民主权利的内容,相配合起来。抗战的民主平等形式,同时亦是民主自由形式。"① 梁漱溟发表《怎样应付当前的大战》,提出包括政治民主化的抗战三原则,并且强调指出,要"举国都工具化","有钱的出钱,有力的出力,有知识的出知识",就必须实现"举国主体化,那就是全国国民的感情要求思想意志,必须疏通条达,求其调协而减少矛盾,求其沟通而减少隔阂",而要做到这一点,政治就需要"民主化,政府与社会打成一片,而后统一节制始得顺利进行"。② 邹韬奋认为,中国的抗战只是动员了一部分的军事力量,而未充分调动全国整个的民众力量,如果实行民主政治,让"全国人民都以赤诚拥护政府抗战到底,尽量反映民意,结果只是增强政府抗战的力量,也就是增强全国抗战的力量"。③ 胡愈之也撰文指出:"要支持抗战,得到最后胜利,只有一条路,就是民主。"沈钧儒在《新华日报》上题词:"以团结支持抗战,以民主巩固团结,是目前救国的途径。"④ 陈启天指出,西方民主史上重要的文献如美国的《独立宣言》和法国的《人权宣言》,都是产生于战争时代。因此,中国在抗战时期也应实施民主宪政,并列举出三条理由:"一由于战时需要人民出钱出力,而使人民乐于出钱出力的方法,则莫如实施民主宪政;二由于战时需要人民精诚团结,而使人民易于精诚团结的方法,亦莫如实施民主宪政;三由于战时需要予人民以政治上的希望,而使人民感觉政治有希望的方法,更莫如实施民主宪政。"⑤ 总之,只有实行民主政治,才能最大限度地调动人民的抗战积极性,才能实现各党各派的真诚团结,从而确保抗日战争的最后胜利,实现民族的独立和解放,为中华民族的伟大复兴创造必要的前提。这是民主政治对于民族复兴的第一个重大意义。

民主政治对于民族复兴的第二个重大意义是:民族复兴的基础或根本条件是国家的统一,而只有实行民主政治,国家的统一才有实现的可能。建一

---

① 侯外庐:《抗战建国与民主问题》,《抗战建国论》,生活书店1938年版,第1—9页。
② 梁漱溟:《怎样应付当前的大战》,《梁漱溟全集》第5卷,山东人民出版社1992年版,第1033—1034页。
③ 邹韬奋:《反映民意与抗战前途》,《韬奋全集》第8卷,上海人民出版社1995年版。
④ 沙千里:《漫话救国会》,文史资料出版社1983年版,第97页。
⑤ 陈启天:《民主宪政论》,商务印书馆1945年版,第14、15页。

从民族与国家的关系入手,论证了国家统一对于民族复兴的重要意义。他在《国家统一与民族复兴》一文中指出,民族与国家的关系主要体现在三个方面:第一,民族是构成国家的基本要素,即所谓没有人民即没有国家是也。第二,民族虽是构成国家的基本要素,但国家是民族生存的绝对保障。第三,国家和民族的利害是共通的、一致的。国家之福亦即民族之利,民族之敌亦即国家之害,未有民族受威胁而国家独能安固,亦未有国家受压迫而民族仍能无事者。基于以上三点,我们可以知道国家统一与民族复兴是一件事,没有统一的国家而民族衰亡,也没有复兴的民族而国家不统一。民族虽难构成国家,亦不必一定构成国家;反之,国家虽由民族所构成,但民族非受国家的力量保障不可。就此而言,"我们得到一个结论:就是,要保障民族的独立生存,必须有强固的统一的国家"。中国积弱至今已数十年,其原因虽然很多,然国家不统一实为其主要原因。因为国家不统一,致国力不能集中,外侮乃无由抵抗,国家随陷于次殖民地位。民族随倒在帝国主义的铁蹄蹂躏之下,而危在旦夕。所谓友邦所讥议我们是个为无组织的国家者,也不过就是说明我们的国家不统一,没有一个强固的中央政府罢了。"所以现在中华民族欲谋复兴,非有统一的国家,集中力量,抗御外侮不可,所以统一国家是民族复兴的前提。"[①] 和建一不同,杨锦昱的《复兴民族与巩固统一》一文主要是从各项救国工作的轻重缓急着眼,强调了要实现民族复兴就必须先实现国家的统一。文章写道:复兴民族,是现在喊得最热烈的一个口号,人们纷纷发表文章,拟定方案,就如何实现民族复兴献计献策。有人说,中华民族的衰弱是文化程度的低落造成的,因此要想复兴民族,便要发扬中国的固有文化,同时要大力发展社会教育,使全国民族养成一种强烈的民族意识和深厚的国家观念。也有人认为,中华民族的衰弱是由于产业的落后,因此现在要想复兴民族,就应当从开发生产事业、充裕经济力量入手。还有人认为,中华民族的衰弱是因为武器的笨拙以及中国人尚武精神的缺乏,因此要图民族复兴,只有从训练军队、加强国防开始。除上述的建议和方案外,还有其他一些建议和方案。文章认为,我们在提出种种民族复兴的建议和方案的时候,"首先须注意到一个前提,就是不在于多开些怎样挽救

---

① 建一:《国家统一与民族复兴》,《现代青年》第 5 卷第 3 期,1936 年。

民族危亡的方案，而在要使每一个方案都有实行的可能，因为方案虽好，假使其事实上不能实行，则终不过是纸上谈兵，到底不能发生效力，究有什么用呢"？在作者看来："中国目前所急需进行的工作，不是振兴教育，开发实业，刷新内政，整顿国防，而是在于完成统一，换句话说，就是各种挽救的方案，应该在完成统一以后，才有着手实行的可能。固然我们不能否认，中华民族的衰弱，其最大原因，是因于人民知识之低落，社会组织之松懈，生产事业之落后，与夫内政的腐败，外侮的重来，因此现在要想复兴民族，挽救危亡，就非针对着这几点去努力不可……可是我们知道，这几件事，虽然是我们要进行的一个目标，然而在这几年中，政府当局对于这几个目标，并不是没有努力进行，其所以不能收效的原因，完全是统一没有实现，惟其统一没有实现，以致中央所有的人力财力，完全消耗于应付层出不穷的变乱，致一切建设教育的计划，被其破坏而不按部就班的进行。"就此，作者得出结论："中国现在要想挽救危亡，复兴民族，非先从统一着手不可，换句话说，一切民族复兴的方案，不在完成实质统一之后，则无着手实行的可能。"①

国家的统一对于民族复兴是如此的重要，那么怎样才能实现国家的统一呢？正如我们在本节第二部分"实行民主政治有利于国家统一"中已论述的那样，胡适等人认为，要实现国家的统一，就必须实行民主政治，即所谓的"政治统一"，否则，即使国家一时统一了，也不会持久，也终会分裂。这便是民主政治对于民族复兴的第二个重大意义。

民主政治对于民族复兴的第三个重大意义是：民主政治是创建近代民族国家的基本要素之一，而近代民族国家的创建正是民族复兴的题中应有之义，甚至可以说是民族复兴的最终目的。李立侠在《民族复兴与抗战建国》一文就明确指出："民族和国家的关系，最初是由国家形成民族，而在近代社会中，都是由民族形成国家。近代英美德法之建国，都是如此。抵御外侮与反抗侵略者的压迫，只是民族复兴阶段中必经的过程，也可以说只是达到民族复兴目的之必要手段，而真正复兴民族的目的，还是建立一个独立生存

---

① 杨锦昱：《复兴民族与巩固统一》，《江汉思潮月刊》创刊号，1934年。

的民族国家。"①

中华民族的复兴,不是回复到封建社会的国家形态,而是要采取近代民族国家的国家形态,这可以说近代以来,尤其是"九一八"后抗日战争时期中国知识界的基本共识。我们在本书第一章第一节中已经论及,孙中山"振兴中华"的民族复兴思想的内容之一,就是要建立一个近代的民族国家,并就如何建立和建立一个什么样的近代民族国家的问题,以孙中山为代表的革命派和以梁启超为代表的立宪派展开过激烈争论。"九一八"后,特别是《抗战建国纲领》公布后,知识界围绕抗战建国的有关问题展开了热烈讨论,当时人们的一个基本观点是:抗战的目的是要"建国"或"兴国",即将中国从一个前近代的传统国家建设成为一个近代的民族国家,从而实现中华民族的伟大复兴。而近代的民族国家是人类政治文明发展进步的产物,它不仅是民族独立的国家,而且也是实行民主政治的国家。正如胡秋原所说:"中国革命之实际目的,即在求中国之现代化……使中国由一个农业国家变为一个工业国家,由一个官僚政治国家变为一个民主政治国家。"②马寅初撰文强调说:"现在的世界已成了个民主世界,无论任何国家,在战争结束之后必须走向民主的一条路,否则无以保其生存与独立。"③张澜指出,民主政治,主权在民,人人有独立的人格,人人有共守的宪章,所受之教育、所得之享受,皆期趋于平等。"因为有次列各项优点,所以当前和未来的世界政治,都要以民主政治为最高原则。"④陈启天强调,"所谓建国,即是要将中国建设成功一个现代化的国家而已",而政治民主化正是现代化国家的重要指标之一。⑤沈钧儒撰文指出"加强民主之要求,实已成为今日世界广泛之潮流"。苏联在苏德战争爆发以后实行了全民共享的民主政治,英、美在战时也采取了一系列加强民主、改善民生的措施,中国不能自外于

---

① 李立侠:《民族复兴与抗战建国》,《青年向导周刊》第25期,1938年。
② 胡秋原:《中国革命根本问题》,《中华心——胡秋原政治·文艺·哲学文选》,社会科学文献出版社1995年版,第18—34页。
③ 马寅初:《中国工业化与民主是不可分割的》,《民主与科学》第1卷第1号,1944年12月22日。
④ 张澜:《中国需要真正的民主政治》,《张澜文集》,四川教育出版社1991年版,第188页。
⑤ 陈启天:《中国需要思想家》,《国光》第9期,1938年6月。

世界，只有实施民主政治，"才能使民族走上复兴的大路"。① 张君劢认为现代民族国家既是民族的，同时又是民主的，"未有近世式的国家而不是由民族一体的自觉而组成的。未有民族所成的国家而不是民主的。所以三个名辞却只是指一个事物"。② 他又指出，民族主义"不过建国之一方面，其余有待于政治组织之改善。欧洲民族建国运动开始时，早有一种新的政治运动。如民约论、国民主权论、个人应该享有自由权利、政府应该得被治者之同意等等议论，皆为此新运动之各种条目，求其在各个人自由独立之中能得一个完善的政治组织。……由此可知民族运动以外，同时应该有政治改良运动，应该有国家组织完善运动。当时欧洲人以为政治组织之改善，在乎各个人之自由平等地位，集合各个自由平等者，以成为国家之总汇，此即国民主权之所在。简单地说，以民主运动，当作政治改善之基础。所谓宪法、议会政治、地方自治、立法权之规定等等，就是从民主运动中产生出来的"。③ 周前之指出："中古时期的政治形态已经不能适应今天社会的发展。原因很简单，民族国家的建立就是依靠一种成文的法律才能将民众组织起来，使国家成为一个整体，让国民知道，每个人就是这社会的一个因子，每个人都有应该的责任。"④

民主政治是一种先进的政治制度，代表了人类政治文明的发展方向。伍藻池指出，19世纪下半叶以来，"民主政治的权威，与日俱增，大有所向披靡之势"，其间虽经受了不少曲折和挫败，"然终不能止它向前迈进的洪流"。⑤ 邹文海详细论述了民主国家的四个优点：第一，"民主国家一定是最能保障人民利益，而受人民爱护的"。第二，民主国家像个"大学校"，为国民提供了学习和实践政治知识的条件。第三，"民主政治应当是最合正义的政治"，它以一种中立的立场，赋予各社会团体、阶级以平等的机会。第四，民主国家的"政府已变成服务的机关"，人民有权利监督政府的行动。⑥

---

① 《沈钧儒文集》，人民出版社1994年版，第463、437页。
② 张君劢：《我们对于"救国"问题的态度》，《再生》第2卷第8期，1934年5月1日。
③ 张君劢：《立国之道》，群言出版社1993年版，第254页。
④ 周前之：《中国政治的变革》，《新月》第2卷第1期，1933年。
⑤ 伍藻池：《民主政治的危机与其将来》，《再生》第3卷第9期，1935年11月15日。
⑥ 邹文海：《选举与代表制度》，《再生》第2卷第5期，1934年2月1日。

曾琦具体分析了民主政治在政治思想史上的历史意义，即"以其由人治而趋法治，由专制而趋自由，由黑暗而趋光明，由秘密而趋公开，由少数决而趋多数决，由国家私有而进于国家公有，由决胜疆场而改为决胜议场，实为人类比较合理之政治形态"。① 张佛泉认为，民主政治的精神"在不断地解放一社会内的动力（或在更积极的方面说，使力量得到最多的发挥可能），凡是势能立刻使它变成动能；动能再化成势能，这样成为一种图转迈进不息的拓殖力量与利用力量的过程。这才是理想的政治"。② 王造时认为民主是衡量现代社会文明程度的试金石，"社会文明的程度提升的指标就是民众的自由程度是否符合相关的标准，政府的运行已经不能仅仅依靠威权的手段，而要符合民众的要求才能很好的延续，给予民众充分表达自己声音的权力，从很多方面说都是必要的"。③ 潘光旦指出，"英文中所称的'德谟克拉西'，合而言之，是民主；分而言之，是民有、民享、民治"，其基本内涵包括自由、平等、人民参与政权以及法治等价值理念。④ 作为教育家，潘光旦还强调了民主与教育的关系，认为"没有民主的政治与社会环境，自由的教育是做不到的……从教育的立场上看，唯有一个真正民主的政治环境，始能孕育真正民主自由或通达的教育，才可以造成一个真正的民主国家，二者实在是互为因果的。"⑤ 周谷城在《复兴民族之民主政治论》一文中，以"民族活力"为视角，比较了专制政治与民主政治的不同，从而充分肯定了民主政治的进步性。他指出，专制政治的成功，实为民族活力之失败，"驱人民于政治生活范围之外，为逸民，为流寇；或纳人民于政治生活范围之内，为奴隶，为愚夫，皆非所以发挥民族之活力者"。民族活力之发挥，虽然有赖于生产方法的改进和教育效用的完成，但政治的作用不仅更为"直截"和"深宏"，而且就是生计和教育，也都直接或间接地依据政治为转移。政治能发挥民族活力的，是民主政治。"故就民族活力而言，吾人于此可得一分

---

① 曾琦：《祝三十而立之中华民国》，《曾琦先生文集》上册，"中央研究院"近代史所1993年版，第235、236页。
② 张佛泉：《政治现状如何打开？》，《国闻周报》第13卷第21期，1936年6月1日。
③ 王造时：《治理国家的原则》，《前方日报》1940年3月19日第3版。
④ 潘光旦：《自由之路》，上海三联书店2008年版，第201页。
⑤ 同上书，第33—38页。

野：一方面为窒息民族活力之专制政治，另一方面为发挥民族活力之民主政治。两者之间并无可以徘徊回旋之余地。故当今日民族复兴之会，有识之士，以及当局诸公，皆力言民主政治之重要者，尽为此也。"什么是民族活力呢？民族活力就是全民族中各个人之活力的集合体，各个人的活力如果能够得到充分发挥，那么民族活力也就自然强盛。"专制政治无他长，人民之有活力者，则驱逐于政治生活范围之外，留在政治生活范围之内者，则强其活力萎缩，至等于零。活力萎缩等于零者，奴隶是也。民主政治则不然。首要之图，在尊重国民之人格。……国民而得被人重视为有人格之完人，则其为民族国家效力也，若为自己效力然，能自觉而负责。集自觉而负责之个人，以成民族国家之全体，则其生存之力之大，必远较奴隶似之国民全体为有加。"[①]

要实现中华民族的伟大复兴，首先要打败日本帝国主义的侵略，取得民族的解放和国家的独立；而要打败日本帝国主义的侵略，就必须实现政治的民主化，使全国人民享有各种民主权利，使各党各派能够真诚地团结起来。一个四分五裂的国家，民族是不可能复兴的，而只有实行民主政治，国家才有可能实现长久的统一。同时，民主政治本身也是现代民族国家的基本特征，是中华民族复兴的政治要求和目标。以上就是民主政治对于民族复兴的重要意义。

二 中国政治发展的取向：民主还是独裁

九一八事变后，国际国内形势发生了重大变化。国际上，先是1929年秋，资本主义各国陆续卷入经济危机和由此引起的政治危机。为了应付危机，各主要资本主义国家都加强了国家对经济生活和社会生活的干预。当然由于各国的具体情况不同，所采取的对策也不完全相同。有的是在资产阶级民主范围内，实行某些改革措施，如美国"罗斯福新政"；有的是抛弃资产阶级民主，实行独裁统治和疯狂的对外侵略政策，如德国、日本和此前已经实行法西斯统治的意大利。尤其是前两个国家，它们先后成了新的世界大战的策源地。在国内，日本帝国主义的侵略激起了全中国人民强烈的民族义

---

① 周谷城：《复兴民族之民主政治论》，《宪政月刊》第2号，1944年。

愤。然而与中国人民积极开展反日斗争相反，国民党和南京国民政府却置国家民族安危于不顾，实行"攘外必先安内"的政策，一方面连续调集大军对苏区进行"围剿"，另一方面则对侵略日军采取不抵抗主义，从而使中华民族面临着亡国灭种的现实危险。与此同时，国民党内部的权力纷争也越演越烈。南京国民政府建立后，蒋介石虽然凭借其掌控中央政权的有利地位，先后经过数次战争打败了桂系、冯玉祥、阎锡山等地方实力派，但国家并没有实现真正的统一，除华东、华中外，其他地区仍然控制在地方实力派手中，在中央也有胡汉民派系、汪精卫派系和他明争暗斗。在此情况下，国内阶级关系随着民族危机的空前严重而发生了变化，1927年后一度跟随国民党蒋介石反对革命的上层小资产阶级和民族资产阶级及其知识分子开始改变政治态度，对国民党和南京国民政府的对日妥协政策以及所实行的一党专制制度表示出强烈不满，要求国民党进行政治、经济和教育改革。而国民党蒋介石则为了巩固自己的独裁统治，鼓吹在中国实行法西斯主义。

面临变化了的国际国内形势，一向以天下之忧为己忧的知识界不能不再次思考中国政治的出路问题，亦即建立一种什么样的政治制度才能使中国摆脱严重的民族危机，缓和尖锐的社会矛盾，实现国家的统一，从而保证中华民族能在激烈的国际竞争中，尤其是在即将爆发的世界大战中生存下来，并实现民族复兴。1933年12月，亦即福建事变发生后不久，蒋廷黻在《独立评论》第80号上发表《革命与专制》一文，认为中国现在的局面是"不革命没有出路，革命也没有出路"，中国还不是一个民族国家，而要使中国成为一个民族国家，就得像英、法、俄等国一样经过一个专制时期，以"个人专制"作为向民族国家过渡的方法。接着《东方杂志》又刊出了钱端升的《民主政治乎？极权国家乎？》的文章，认为民主政治"缓不济急"，不能用来应付中国当前的需要，中国需要的"是一个有能力、有理想的独裁"。①蒋、钱的文章发表后，立即遭到胡适批评，争论由此展开。除将、钱、胡三人外，其他一些在学术界和舆论界比较有影响的人物如丁文江、吴景超、陈之迈、张佛泉、张熙若、胡道维、张君劢、张东荪、陶孟和、陶希圣、罗隆基、常燕生、肖公权等人也先后投入了这场争论。争论涉及的问题虽然很广

---

① 钱端升：《民主政治乎？极权国家乎？》，《东方杂志》第31卷第1号，1934年1月1日。

泛，但主要争论的是民主政治与独裁政治的价值比较，民主政治与独裁政治的现状分析和中国应行民主，抑或独裁这三个问题，从中可以看出国难中自由主义知识分子的两难选择。

（一）民主政治与独裁政治的价值比较

民主政治与独裁政治的价值比较是这场民主与独裁之争的主要问题之一。在一些争论者看来，与独裁政治比较，民主政治具有不可克服的严重弊病。张弘在《专制问题平议》一文中就指出："民治主义的本身确有不能讳言的缺点。"具体而言，民主政治的缺点主要表现在三个方面：一是道旁筑室、效率太低，而有些事情是非当机立断不可的，不容许从容讨论；二是一人一票、一票一值的假定错误，抹杀了人与人之间智慧和政治经验的不平等；三是真正的民意不能实现。表面观之，民主政治取决于投票，是多数人的政治，但实际上，"所谓多数，实是少数"。因为投票者在总人口中常常只占少数，加上选票中贿赂、收买、威吓、讲情面之风盛行，这就更使得真的民意无从表现反映出来。[①] 忧患生则以美国为例，揭露了所谓民主政治的虚伪性。他说："美国是民主政治的始祖，民主政治的要塞""生而平等"的口号也是美国革命先辈最早提出来的。然而，美国人虽然把"生而平等"的口号喊得震天响，但事实上在美国不仅白人和黑人、华人以及有色人种之间是不平等的，后者受到前者的种族歧视，而且就是白人之间，也没有实现真正平等，"大王的穷奢极欲，小工的烂额焦头，一样的亚当子孙，而有两种社会的阶级"。据此，忧患生得出结论："民主政治根本上就是一个骗人的公式、一个迷人的幻梦。"[②] 既然民主政治本身具有不可克服的严重弊病，所以张弘和忧患生主张放弃民主，实行独裁。

对于张弘、忧患生所指出的民主政治的这些缺点，多数争论者并不避讳，他们承认"凡是一种制度，都有它的优点和劣点，民主政治也是一样"[③]，但相对于其他政治尤其是独裁政治来说，民主政治"更为合理"一

[①] 张弘：《专制问题平议》，《独立评论》第104号，1934年6月10日。
[②] 忧患生：《民主政治乎？》，《独立评论》第135号，1935年1月13日。
[③] 吴惟平：《论民主》，《再生》第2卷第5期，1934年2月1日。

些。① 吴惟平在《论民主》一文中承认现在的民主政治有人民代表违反民意、议会政党争权夺利和行政效率低下等弊病，但他同时又认为，这些弊病并无损于民主政治的原则，民主政治的原则非但"对此实无须负担连带的责任"，相反，它们都可以在民主的原则上加以有效的纠正。因为那种种弊病，完全出自民主政治的运用上，并非出自民主政治的原则上，"民主主义的原则上，并无容许人民代表可以违反民意的规定，亦无容许政党互相对立互相争夺的一条，更无不许行政敏活，不许政府有力的一回事"。和民主政治不同，独裁政治的"劣点"不仅"实在太多"，而且都是些"不可救药的大缺点"。概而言之，一是独裁领袖来历不明，不能取得人民长期的信任；二是独裁领袖的健康有限，一旦死亡或残废，则后继无人；三是独裁领袖非万能之人，不可能驾驭一切；四是独裁领袖作为个人，其思想必有所偏，事事凭他一人的好恶，难免流为专制和暴虐。据此，吴惟平强调指出，"民主主义的原则是颠扑不破的。无论它过去曾经发生何等不良的现象，我们都只能从那民主主义的运用上去谋补救，断断乎不能因噎废食，对整个的民主发生怀疑"，而主张什么独裁政治。② 邹文海在《选举与代表制》一文中也认为，"民主政治虽有它的缺点，但仍不失为今日比较适宜的制度"。因为，第一，它能激发人民的爱国心。卢梭说过，要人民爱国，首先要使人民觉得这个国家有所可爱。实行民主政治的国家，人民在政治上虽不能发号施令，但有充分的力量制裁政府，自由的思想，公开的言论，能时时给野心家以警告，使他们不敢逾越职权范围。定期的选举和不定期的创制和复决，能时时提醒统治者，使他们知道治权是从人民这一方面来的，"不特不能为人民之害，反且以增进全体福利为职志"。这样的国家，当然是最可爱的，生在这样国家的人民，自然也最知道如何爱护他们的国家。第二，它能增进人民的知识能力。民主政治需要于国民的知识是很多的，同时它亦能给国民以增加知识能力的机会，使他们从不晓得选举到会选举，从不知道参政到会参政，所以有人认为民主国家是一所大学校，每个国民都能在这所学校中得到多量的知识。第三，民主政治是最合正义的政治。因为：（1）它是最合理的，能够

---

① 邹文海：《选举与代表制》，《再生》第 2 卷第 3 期，1933 年 12 月 1 日。
② 吴惟平：《论民主》，《再生》第 2 卷第 5 期，1934 年 2 月 1 日。

给任何个人、任何团体和任何阶级以平等竞争的机会，使其各尽所能、各取所需；（2）它是最有用的，能够容纳任何个人、任何团体和任何阶级的优点，既反对阶级专政，也不搞个人独裁。基于上述三点理由，邹文海相信，民主政治"虽然是阶级独裁和一党专政所讥笑的对象，但它是公正的，无私的，不做一阶级的朋友，也不做一阶级的仇敌。它虽不能永生，但亦不致今日就完毕它的生命"。① 吴景超同样认为，尽管民主政治有种种弊端，但就价值而言，它是各种政治制度中最好的一种政治制度。因为：第一，民主政治是理智的政治，谁能说服大众，谁就能取得政权；第二，民主政治是自由的政治，无论是反对言论，还是赞成言论，都有充分发表的机会；第三，民主政治是和平的政治，政权的更替取决于选票的多少，而不取决于武力；第四，民主政治是大众的政治，凡是公民都有选举和被选举的权力。②

罗隆基则通过对民主政治与独裁政治的理论比较，充分肯定了民主政治的价值。他指出：民主与独裁在它们的理想上有个基本的不同点，那就是对人的态度问题。民主承认各个人有各个人的个性、人格和价值，承认各个人的幸福就是团体的幸福，团体的幸福是各个人幸福的总和。因此，民主政治的理想是拿人做出发点的。而独裁政治却与此相反，它视人为达到团体目的的工具，为了团体的利益而主张牺牲个人的个性、人格和价值。因此，独裁政治的理想的出发点不是人，而是团体（国家或民族）。而所谓团体的幸福，实际上也就是作为团体之主人的独裁者的个人幸福。由于其理想的出发点不同，所以无论在人生哲学上，或在它们所形成的各种制度上，民主政治与独裁政治都具有以下三个不同的原则。

（1）民主政治承认个人的平等，独裁政治不承认个人的平等；
（2）民主政治承认个人的自由，独裁政治不承认个人的自由；
（3）民主政治承认个人的幸福，独裁政治不承认个人的幸福。

以教育为例，罗隆基对民主政治与独裁政治上述三个不同的原则作了进一步的分析。他指出，民主承认个人的平等，所谓平等不是指的天赋人权派的"人生而平等"，或生物学上的人人平等，而是个性的平等、人格的平

---

① 邹文海：《选举与代表制》，《再生》第2卷第3期，1933年12月1日。
② 吴景超：《中国的政制问题》，《独立评论》第134号，1935年1月6日。

等，或者说是做人的机会和权利的平等。因此，民主国家的教育以普及为原则，天才高的人有了教育，固然"成其至善之我"；天才低的人有了教育，亦能"成其至善之我"。"至善之我"虽不必有同样的价值，但彼此都有进步，胜于无教育的我，这就是民主教育的理想和目的。独裁政治不承认人的平等，结论自然是有些人配受教育，有些人不配受教育，教育的机会和权利在人与人之间是不平等的。民主承认个人的自由，所谓自由指的也不是天赋人权派的"生而自由"的自由，或轻视法律、随心所欲的自由，而是个性发展，人格培养的自由，人有个性，人有人格，人有自己不同的思想，而思想在主观上很难判定是非曲直。因此，民主教育的目的在训练思想的方法，却不强迫配置思想的内容。而独裁则不然，它认定有些人天生有思想，有些人天生无思想，认定思想在主观上有是非曲直，并且以为独裁者的思想为是为直，以被独裁者的思想为非为曲，教育的目的就在强非以从是，强曲以从直。因此，独裁教育强调的是思想统一、言论统一和文化统一。民主和独裁虽都讲幸福，但民主讲的是个人幸福，而独裁讲的是团体幸福，判定团体幸福的又是独裁者自己。因此，在教育上，民主教育的目的和方法在于增加个人谋取个人幸福的能力，或者在质上、量上增加普通人的幸福；独裁教育的目的和方法是制造适合用于团体幸福的工具，从而使团体的分子更好地为独裁者个人服务。①

张君劢在比较民主政治与独裁政治的价值之前，首先确定了三条立国准绳："第一，国家政事贵乎敏活切实；第二，社会确立平等基础；第三，个人保持个性自由。"② 依循这三条准绳，张君劢判定民主政治和独裁政治是瑕瑜互见，各有利弊。就民主政治而言，其优点在于：第一，人民的基本权利受宪法保障，所以能自由发表意见，而无被压迫之痛苦；第二，政府的大政方针和预算，皆须预先向民众表示，或取决于民众的同意，政府无法妄作非为；第三，政府有不法之举动，人民有权依法提出弹劾；第四，政府的行动，法律的变更，皆须根据宪法，惟其如是，人民所享有的权利与保障，不会因领导人或执政党的上台、下台而被取消或变更；第五，人民有思想信仰

---

① 罗隆基：《民主与独裁之理论的比较》，《自由评论》第12期，1936年2月21日。
② 张君劢：《国家民主政治与国家社会主义》上篇，《再生》第1卷第2期，1932年6月20日。

等自由，学问家、政治家与技术家能致力于新学说、新理想与新发明；第六，各党各派不论其所代表的是贵族资本家，还是平民百姓，大家皆可自由地发表意见或提出议案，至于这些意见或议案能否被实行，取决于它能否为人民所同意；第七，实行地方自治，人民自治能力因此养成；第八，民主政治以和平方式解决政见之争，而不诉诸武力；第九，民主政治富有伸缩性；第十，民主政治靠宪法和其他种种法律维系一切，没有"人存政举、人亡政息"之虞。一句话，民主政治的好处是给人民以参政权，保障思想、言论和个性发展之自由。民主政治的缺点则在于政出多门，有筑室道谋，三年不成之弊端。独裁政治与民主政治相反，它的优点是权力集中，国家行政统一，施政敏捷灵活，而缺点则在牺牲了个人自由。

在这场民主与独裁的争论中影响最大、引起批评也最多的是胡适对于民主政治与独裁政治的比较：民主政治是"幼稚园的政治"，独裁政治是"研究院的政治"。他在《再论建国与专制》一文中写道："我有一个很狂妄的僻见：我观察近几十年的世界政治，感觉到民主宪政只是一种幼稚的政治制度。"[①] 不久，在《中国无独裁的必要与可能》一文中胡适又进一步指出："民主政治是幼稚园的政治，而现代式的独裁可以说是研究院的政治。……英美都是民主政治的发祥地，而专家的政治却直到最近期才发生，这正可证明民主政治是幼稚的，而需要最高等的专门技术的现代独裁乃真是最高等的研究科政治。"

就"幼稚园的"民主政治与"研究院的"独裁政治之价值的比较而言，胡适指出，首先，"幼稚园的"民主政治是"常识的政治"，"研究院的"独裁政治是"专家的政治"，"常识的政治"易得，而"专家的政治"难为，因此，民主政治比起独裁政治来说，"最适宜于训练一个缺乏政治经验的民族"。其次，"幼稚园的"民主政治较"研究院的"独裁政治的另一好处，"在于给多数平庸的人（阿斗）有个参加政治的机会"，使他们每逢时逢节都得到选举场里想想一两分钟的国家大事，"画个诺、投张票"；而"研究院的"独裁政治与此不同，它只允许少数"阿斗专政"，却"不让那绝大多数阿斗来画诺投票"，不给他们以任何参加政治的机会和权力。与此相联系，

---

① 胡适：《再论建国与专制》，《独立评论》第82号，1933年12月24日。

胡适认为，"幼稚园的"民主政治较"研究院的"独裁政治的第三个好处是，"民治国家的阿斗不用天天干政，然而逢时逢节他们干政的时候，可以画'诺'，也可以画'NO'"。而"独裁政治之下的阿斗，天天自以为专政，然而他们只能画'诺'而不能画'NO'"。所以，民主国家有失政时，还有挽救的法子，法子也很简单，只消把"诺"字改作"NO"字就行了。独裁国家的阿斗则无权改一个"NO"字，一切取决于独裁者的个人意志，就是独裁者残民以逞，他们也只能听之任之。①

胡适的文章发表后，受到了不少人的批评。首先起来批评胡适的是他的老朋友、主张独裁的丁文江。丁氏在《民主政治与独裁政治》一文中批评胡适的民主政治是"幼稚园的政治"的理论"是不可通的"。因为事实已经证明，民主宪政有相当成绩的国家，都是政治经济最丰富的民族。反过来说，政治经济比较缺乏的民族，如俄、如意、如德，都放弃了民主政治，采用了独裁制度。民主政治虽然只要有选举资格的选民好好地使用他的公权，但这是世界上最难做的一件事，到目前为止，所有实行民主政治的先进国家都还没有做到这个地步。②

丁文江对胡适的批评，得到了另一位独裁论者程天放的响应。程在《时代公论》第3卷第46号上发表的《民主与独裁》一文中，批评胡适对民主政治和独裁政治的价值比较，犯了一个很大的错误，而犯错误的原因，是由于他拿18、19世纪的英美式的民主政治，来和近十年中出现的新式独裁政治做比较。18、19世纪时候的民主，国家对经济完全采取放任政策，也不需要多少专家，但是现在不同，现在政府所管的事务一天比一天复杂，经济统制的范围一天比一天扩大，民族间经济竞争一天比一天剧烈，在这样的情况下，无论是独裁，还是民主，都需要特别的英杰和多数专家，才能够胜任。就此而言，民主政治和独裁政治一样，也是专家政治。应该说，丁文江和程天放的批评确实击中了胡适的要害，胡适的目的是要证明实行民主政治比实行独裁政治更容易些，更适合中国这样国民缺少政治经验的国家（详后），但他把民主政治说成是"幼稚园的政治"，则只能得出民主政治在程

---

① 胡适：《中国无独裁的必要与可能》，《独立评论》第130号，1934年12月9日。
② 参见丁文江《民主政治与独裁政治》，《独立评论》第133号，1934年12月30日。

度上还不如独裁政治的结论。

正因为胡适对民主政治和独裁政治的上述比较在理论上存在着明显的漏洞,因此,除受到丁文江、程天放等独裁论者的批评外,也受到了一些赞成民主政治的人们的批评,如王希和在一篇题为《论建国与专制》的文章中就写道:"我赞同胡适之先生所主张的民主宪政,但我不十分相信民主宪政乃是最幼稚的政治制度。……国家大事固然要取决于民众,然而这般民众乃是知识分子,而不是器量狭小、而又下愚的。民主社会里,固然不必有特出的杰才,然而最有才能的人须放在最适宜的地位。再者,民主政治之下,社会的原则是平等与自由,各人虽有职务的不同,但没有阶级的差别。在民主社会里,人民知识大约是平均的发展,而不是畸形的偏在,所以在表面看来,民主政治就好像是最幼稚的政治制度了。民主政治一方面,固然可以训练民众,但另一方面,有相当训练的民众也是民主政治所以成功的最必要的条件。"① 朱亦松也批评胡适对民主政治与独裁政治的比较:(1)使人认为民主政治还劣于独裁政治;(2)使人认为民主政治程度低些,独裁政治程度高些,现代的民主国家都要发展到独裁政治那里去;(3)主要是受了民主政治等于议会政治之学说的影响。②

在当时众多的批评胡适者中,真正有分量有水平的批评者是清华大学政治学教授张熙若。他认为胡适对民主政治的认识至少犯了两个方面的错误。第一,逻辑不通。民主政治有各种程度的不同,如果说它程度低时可称为"幼稚园的"政治制度,那么,等它发展到很高程度时,是否又称它为"大学的政治制度"?胡适说"我们不妨从幼稚园做起,逐渐升学上去",试问升学后所升之"学"是高度的民主政治呢还是专制与独裁?若是高度的民主政治,那时是否还能算为"幼稚园的政治"?如果是专制与独裁,难道在胡适的心目中民主政治在程度上竟比专制和独裁还低,其用处只是为了为后者做预备工具?第二,与事实不合。如丁文江等人所批评的那样,需不需要"出类拔萃"的"专门技术人才",并不是由政治(民主或独裁)决定的,

---

① 王希和:《论建国与专制》,《再生》第 2 卷第 5 期,1934 年 2 月 1 日。
② 参见朱亦松《关于民治与独裁的一个大论战》(下),《再生》第 3 卷第 4—5 期合刊,1935 年 7 月 15 日。

而是由国家的现代化程度决定的,现代化程度越高,所需要的"专门技术人才"就越多,反之,则越少。除此,张熙若认为,胡适的"民主政治"最适宜于训练缺乏政治经验的民族的说法,"也不见得正确"。就欧美各国的实际而言,德意俄是缺乏政治经验的民族,但它们却行的是独裁政治,相反具有丰富的政治经验的英美法各国,行的倒是民主政治。①

实际上,张熙若指出,民主政治不仅不是"幼稚园的政治制度",相反,"在原则上及大体上,乃是人类的聪明至现时止所发明的最高明的政治制度"。因为:第一,民主政治的最高精神便在于它以所谓"被治者的同意"作一切政治设施或活动的根据。这包含积极与消极两方面的含义:从积极方面来讲,治者的一切政治设施或活动需得到被治者的同意;从消极方面来讲,治者又有容忍并接受被治者的不同意见。而独裁政治则只许人民同意,而不许人民持反对的意见。用通俗的话说,民主政治"以理服人",而独裁政治"以力服人"。第二,由于第一个原因,因此实行民主政治需要两个条件,一是一般人民须有相当的知识和了解普通政治的能力,二是一般人民对政治制度有极大的兴趣和关心;而"政治的知识与兴趣"都是教育的结果,都不是本能的表现,都不是幼稚的反映,所以民主政治需要有相当的政治训练才有实现的可能。第三,现代的民主政治离不开代议制度,但是代议制度若要运用得宜,使它达到代表民意的目的,则是很不容易的,至少不是幼稚的简单方法所能解决的。总之,张熙若指出,"在政治原理方面,在实现条件方面,在实际运用方面……民主政治并非如胡适之先生所说是一种幼稚的政治制度,反之,它实在是一种极高明极高等的政治制度"。②

(二)民主政治与独裁政治的现状分析

和比较民主政治与独裁政治之不同价值相联系的是对民主政治与独裁政治之现状的分析。在一些争论者看来,由于经济、社会的变迁和国际间竞争的加剧,民主政治正走向衰颓,而独裁政治则开始兴盛起来,并将取代民主政治而成为世界政治制度的发展潮流。钱端升在《民主政治乎?极权国家

---

① 张熙若:《民主政治当真是幼稚的政制吗?》,《独立评论》第239号,1937年6月20日。
② 张熙若:《我为甚么相信民治》,《独立评论》第240号,1937年6月27日。

乎?》一文中就以大部分篇幅讨论了这一问题。他写道：20世纪初年是民主政治的时代，那时稍具进步眼光的人们都认为民主政治是绝对良好的制度，然而第一次世界大战的结局，却成了"民主政治最后一次的凯旋"。从此，民主政治开始衰颓了下去。他认为，民主政治之所以会衰颓，有两个最大原因：一是无产阶级的不合作，二是民主政治不能应付现代经济问题。如果说无产阶级的不合作还不能算为民主政治本身的弱点的话，那么，民主政治不能应付现代经济问题则是它本身所具有的无法补救的致命弱点。因为现代国家的经济职务是相当繁重的，加上现在又是经济的民族主义汹涌澎湃的时代，国与国的经济战至为激烈，这就要求国家能够根据情况的变化采取一些敏捷迅速的紧急措施。然而，在民主国家，国家的权力受到种种限制，这就造成民主国家的生产和消费不能维持应有的均衡，从而导致生产力的发展迟缓，结果民主国家在国与国的经济战中往往处于不利的地位。

与民主政治的衰颓相反，独裁政治在第一次世界大战后则成了不少国家竞相采用的政治制度。其中有影响的就有苏俄、意大利、土耳其和德国。由于独裁国家的国家权力是无限的，所以它们能够采取一些民主国家无法采取的经济、社会和文化措施，国家既可以经营民主国家所从未经营的事业，也可以限制民主国家所绝不敢限制的个人权利。因此，独裁政治对内可以消除各职业及各阶级间无谓的纷扰及自相抵制，对外则可以举全国的力量以应付国际间的经济竞争。他进一步指出：民主政治的衰颓和独裁政治的兴盛绝不是一时的偶然现象，而是现代经济制度所造成的一种必然趋势。他并且断言，由于近年来经济的民族主义的空前发达，"第一，民主政治是非放弃不可的"；"第二，紧接民主政治而起的大概会是一种独裁制度"；"第三，在民族情绪没有减低以前，国家的权力一定是无所不包的——即极权国家"。[①]

张金鉴也以第一次世界大战的结束为民主政治由盛转衰和独裁政治突飞猛进的标志。他在《民主主义在今日》一文中写道，第一次世界大战不少人认为是英美法之民主主义对德奥俄之专制主义的决战，但其结果却使所谓民主主义的胜利，成了独裁政治的突飞猛进。战后，不仅苏俄、意大利、土耳其、德国和东方日本建立起了独裁统治，就是以民主主义旗帜自溢的美

[①] 钱端升：《民主政治乎？极权国家乎？》，《东方杂志》第31卷第1号，1934年1月1日。

国，其民主党登台后，也一反该党一向主张的州权主义，而采取极度集权的专制政策。曾经风靡世界、被人视为政治最高理想的民主主义，在独裁政治的打击下，出现了"崩溃分解不可收拾之惊人局面"。他认为民主政治的"崩溃"，有其社会、政治和经济诸方面的原因。

首先就社会原因而言，张氏指出，现代民主政治是建立在"自由主义"基础之上的，而自由主义的基础是所谓"平等"，自由主义能否成功，关键要看组成社会的分子是否能立于一律"平等"的地位。如果人民在社会上不能获得平等的机会与地位，则"自由主义"的美名必为在社会上占优势的分子或阶级所借假利用，以满足其私人利益，使所谓自由平等的民主主义发生根本动摇。"平等"的实现与否虽然对民主政治的命运关系至大，但在过去或现在那些所谓民主国家里，"平等"并没有真正实现过。既然"平等"没有实现，那么，以平等为基础的自由主义和以自由主义为基础的民主政治也就不能不因此而土崩瓦解。其次，就政治原因而论，张金鉴认为，"今日民主主义之崩溃，实国际政治之无政府状态有以促成之"。他指出，近年以来，各帝国主义国家为争夺国外市场，竞相扩军备战，国家观念漫澈入云，国际贸易一落千丈，国际金融风起云涌，于是形成了国际政治的无政府状态。国际政治的不合理竞争和无政府状态的形成，又使各资本主义国家内部发生了经济大恐慌。各国为了对内谋经济的恢复和社会秩序的稳定，对外谋国际间的竞争和海外市场的维持，就不得不采取一些"有力""有效"且"迅速"的紧急措施，首先就必须放弃"多言""群愚"和"自由"的民主政治，实行敏捷灵活的独裁政治，于是民主政治土崩瓦解，而独裁政治则应运兴盛起来。最后，从经济原因来看，"今日独裁政治之汹涌澎湃，实经济的国家主义有以助长促进之"。张氏写道，自欧战以后，各国皆高唱经济的国家主义，以谋经济上的自给自足。一方面高筑关税壁垒，采取"比额制度"，以防止外货流入；一方面则鼓励对外贸易，实行"倾销政策"，以谋出口增加。这种以"出超"为国家唯一利益的国家经济主义，不仅足以造成国际贸易的不振和混乱，也使国内经济因此而反蒙不良的结果；加上资本垄断所形成的大量生产过剩，从而导致了世界经济的大萧条。各国为了挽救危机，摆脱萧条，纷纷在"为应付经济的战争"的口号下，放弃民主政治而采行独裁政治。张金鉴最后指出，民主政治的崩溃和独裁政治的兴盛，从根本上来说，实是资本主义制度发展的必然结果。因为资本主义的实质是"营利经营"和"自由竞争"。要"营利"，就不会顾及社会的实际需要，而为无计划无组织的盲目生产；要"竞争"，就不会为整个社会着想，仅为个人或少数人的利益而经营，结果必形成经济界的无政府状态。在此混乱局面下，自然会有人高唱统制之说，以垄断措施和专制政策而谋补救。此外，资本主义国家里工资矛盾的激化和无产阶级阶级意识的日益发达，也是一些国家放弃民主而采行独裁，以维护资本家阶级根本利益的重要原因。①

《大公报》的一篇题为《世界政治思潮与中国》的"社评"也表达了与钱端升、张金鉴相同的看法。"社评"认为当时世界主要有三大政治思潮，即以苏俄为代表的无产阶级专政、以意德为代表的法西斯主义独裁和以英美为代表的民主主义议会政治。欧战以前，以英美为代表的民主主义议会政治"势力最盛"，但"迄至最近，形势大异"，以美国议会之有力，今乃授权总统，紧急处分，以应付经济大萧条；英国政党政治，壁垒森严，今乃为支持危局实现了工党与保守党的合作。故此，是篇"社评"得出了民主政治已江河日下，正在日益走向衰落的悲观结论。②

除钱端升、张金鉴和天津《大公报》"社评"的作者外，朱蔚如、张弘、忧患生等也都认为当今世界政治潮流的发展趋势是放弃民主，采行独裁。朱蔚如甚至耸人听闻地宣称："德谟克拉西将要到字典中去找寻她的意义，后此的婴孩，也将要听着他的老年的爸爸谈到德谟克拉西，正好像听到古代神话故事一样的津津有味呢！"③

但与钱端升、张金鉴等人相反，在胡适一些人看来，民主政治并没有衰颓，独裁政治也没有兴盛起来，它更不可能取代民主政治而成为世界政治发展的潮流和归趋。胡适在《一年来关于民治与独裁的讨论》一文中就钱端升对民主政治与独裁政治的现状分析提出了批评。他指出，钱氏得出民主政治正在衰颓和独裁政治日益兴盛之结论的两个主要观点都是错误的。第一，钱氏说"欧战的结局实为民主政治最后一次的凯旋"。钱氏固然可以举俄、

---

① 张金鉴：《民主主义在今日》，《东方杂志》第31卷第4号，1934年2月16日。
② 《大公报》1933年7月16日"社评"。
③ 朱蔚如：《德谟克拉西的前途》，《时代公论》第3卷第7号，1934年5月11日。

意、土、德诸国作为论证,但历史的大趋势不能完全取决于十几年的短期事实。如果把眼光放得远一些,那么,我们也可以说欧战的结局不仅不是"民主政治最后一次的凯旋",相反,"实在是民主政治进入一个伟大的新发展的开始"。这个新发展在数量的方面是民主政治差不多征服了全欧洲,在质的方面是无产阶级的政治权力的骤增与民主政治的日益社会化。前者的表现有苏俄的无产阶级专政和英国工党的两度上台执政,后者的表现是社会主义运动的高涨。据此,胡适指出,凡能放大眼光观察世变的人,都可以明白 18、19 世纪的民主革命和 19 世纪中叶以后的社会主义运动,并不像钱端升等人所认为的那样是两个相反的潮流,乃是一个大运动的两个连贯又相补充的阶段,乃是民治运动的两个连续的大阶段。所以,我们可以说,欧战以来十几年中,民主政治不但不曾衰颓过,相反,在量的方面有了长足的进展,在质的方面也走上了一条更伟大的新发展的道路。钱端升们的最大错误,就在于他们以英美的民治主义为正宗,把凡在形式上不符合英美模式的民治主义,如苏俄的社会主义,都视成了民主政治的衰颓。第二,钱端升把"经济的民族主义"认作需要统制经济的重要原因,而统制经济的要求又是独裁政治"无可幸免"的主要原因,是忽略了一些同样重要的事实。(1)因受自然资源、经济组织和历史条件的限制,"经济的民族主义"并不是每个国家都能做到的,全世界在天然资源上和经济组织上都充分够此资格的只有美、俄、英三国,以及日、意、法、德七国。(2)为应付危机,欧洲已有一些国家在试行各种自由组合的合作制度,如消费合作、生产合作、运输合作等,并且取得了很好的成绩。这种合作制度显然不是独裁政治下的经济统制。(3)英美近年的国家行政权力的扩大与计划的经济运用,并不意味着这两个国家已放弃民主政治,而向独裁政治的方向发展,其目的也不是如钱端升所说是"经济的民族主义"的推进,或"预备民族间的斗争而起",而是救济国内的经济恐慌。总之,胡适指出,钱端升一是把民主政治的意义下得太狭窄了,所以他不能承认欧战后民主主义的新发展;二是把"经济的民族主义"看得太普遍了,故武断地得出了哪一个国家都不能幸免统制经济,因此也就不能幸免独裁政治的错误结论。①

---

① 胡适:《一年来关于民治与独裁的讨论》,《东方杂志》第 32 卷第 1 号,1935 年 1 月 1 日。

朱亦松也批评了钱端升对于民主政治与独裁政治之现状的分析。他首先指出，钱端升分析民主政治与独裁政治之现状的大前提——战后民主政治已经衰颓——是错误的，因为民主政治与其说产生于欧洲，毋宁说产生于英美瑞士诸国更确切些，而这些真正能代表民主政治的国家并没有放弃民主政治。他承认战后英美行政部门的权力有了扩大，但是这种权力的扩大并没有违背民主政治的基本原则，行政部门在法律上仍对议会和人民负责。因此，在朱亦松看来，人们不仅不能像钱端升那样把英美行政部门权力的扩大与独裁政治相提并论，而视为民主政治衰颓和独裁政治兴盛的例证，相反应该把它看成是民主政治形式的新发展，"是民主政治前途的一个最可庆贺的事件"。接着，朱亦松批评了钱端升对欧战后民主政治所以衰颓的两大原因的认识。就第一个原因而言，他指出，战后不仅没有发生所谓无产阶级对民主政治的不合作问题，相反从一开始独裁政治就遭到了无产阶级的坚决反对。从第二个原因来看，他认为那也纯粹是钱氏的"虚构"。实际上钱本人对这一问题的看法就存在着矛盾，钱既认为民主政治不能应付现代国家的经济问题，但同时又指出英美也有可能用"一种知识阶级及资产阶级的联合"来实现统制经济，而所谓"知识阶级及资产阶级的联合"是不能称独裁政治的。[①]

蒋廷黻虽然是主张中国实行专制的代表人物，但他对于民主政治与独裁政治的现状分析又与同样主张中国采行独裁政治的钱端升大相径庭。他在《三种主义的世界竞争》一文中认为，当时世界主要是三种主义间的竞争，这就是以苏俄为代表的共产主义、以日德意为代表的法西斯主义和以英美法为代表的自由主义，在这三种主义的竞争中，"前途最黑暗的莫过于法西斯主义"。因为就天然物产资源而论，法西斯主义的日德意三国远在共产主义的苏俄和自由主义的英美法之下，它们是七强之中经济最不能自给自足的。从法西斯主义本身来看，由于它对外侵略扩张，国际上得不到任何同情，对内加重人民负担，导致国内矛盾尖锐激化，所以，其失败是可"预期的"。和法西斯主义必然失败不同，蒋廷黻认为，"将来的天下不是共产主义的，

[①] 朱亦松：《关于民治与独裁的一个大论战》（下），《再生》第3卷第4—5期合刊，1935年7月15日。

就是自由主义的"。当然,就苏俄的共产主义和英美法的自由主义比较而言,尽管蒋廷黻认为在目前"双方互有短长",但他更希望也更相信英美法的自由主义会在三种主义的世界竞争中取得最后的胜利,成为世界政治的发展潮流。[①]

(三)中国的政治出路是民主还是专制或独裁

无论是比较民主政治与独裁政治的价值,还是分析民主政治与独裁政治的现状,其目的都是对中国政治的发展取向作出选择。因此,中国应行民主,抑或独裁,就成了这场民主与独裁之争的焦点问题。具体地说,当时主要有三种不同的主张,即专制或独裁论,民主论和修正的民主政治论。

1. 专制或独裁论。在这场民主与独裁的争论中,首先站出来公开主张专制的是清华大学历史学教授蒋廷黻。我们前已提到1933年12月,即福建事变发生后不久,他在《独立评论》第80号上发表《革命与专制》一文,主张以专制求统一,因此而引发了这场争论。在此文中他认为中国近二十年来的革命,甚至动机十分纯洁的革命,其结果都成了"败家灭国"的"奢侈品",不仅人民的生命财产损失惨重,国土国权也因此而大量丧失。究其原因,就在于中国没有经历一段如同英国的顿头(Tudor)王朝、法国的布彭(Bourbon)王朝和俄国的罗马罗夫(Romuwor)王朝那样的专制时期,还没有建立一个民族国家,完成建国的第一步工作。

蒋文发表后,立即引起了胡适的批评,他连续在《独立评论》第81和82号上发表了两篇批评文章。针对胡适的批评,蒋又写《论专制并答胡适之先生》一文,进一步阐述自己主张专制独裁的理由。他不同意胡适关于中国已是一个民族国家的观点,而认为中国人没有国家民族观念,只有省界县界地方观念,只有割据意识。为了消除地方割据,建立统一的民族国家,就既不能搞原来那种祸国殃民的革命,也不能照搬西方的国会和代表制度,而只能实行个人专制。他列举了他之所以主张个人专制的三条理由:第一,中国的现状是数十人的专制,现在应该"拿一个大专制来取消这一些小专制"。而且从人民的立场上看,大专制比众多小专制要有利一些。第二,以

[①] 蒋廷黻:《三种主义的世界竞争》,《国闻周报》第12卷第38期,1934年9月30日。

个人专制来统一中国的可能性比其他任何方式的可能性要大些。因为破坏统一的不是人民，而是二等军阀，统一的问题就是取消二等军阀的问题。他们既以武力割据地方，那么，唯独以更大的武力才能够消灭他们。第三，旧专制之所以不能完成建国的工作，是因为中国几千年来虽有朝代的变更，但无政制和国情的改变，环境始终是一样的，但现在的情况不同了，西方人除给我们以极大的压力外，还给我们带来了科学机械，这样东西可以成为"改造中国，给她一个新生命"的有力武器。[1]

如果说蒋廷黻主张专制的出发点是为了实现国家统一，那么，钱端升主张独裁的出发点则是为了增强国家实力。他在《民主政治乎？极权国家乎？》一文中认为，当时中国在一切方面尤其是经济方面是相当落后的，当务之急是如何奋起直追，尽快发展成为一个有实力的国家，以应付最可怕、最残酷的世界大战的来临；而要尽快发展成为一个有实力的国家，中国应经历的途径与别国无异，即先须"有一强有力的政府"，以增进人民的知识健康、增加人民的生产能力。"欲有一强有力的政府，则提倡民主政治不但是缓不济急，更是缘木求鱼。欲求达到英美那样的民治，即在最佳的情形之下，也非十年、二十年所可办到。而且即使得到英美那样的民治后，国家也是弱而无力，不足以与别的民族作经济上的竞争。"因此，他相信"中国所需要者也是一个有能力、有理想的独裁"；从而使国家具有极权国家的力量，以便在一二十年内实现沿海各省的高度工业化，并使内地各省之农业与沿海各省之工业相依相辅，"只有这样，我们才能于下次世界大战时一方面可以给敌人以相当的抵抗力，而一方面又可以见重于友邦"。当然，蒋氏在主张独裁的同时也一再强调：他主张的是"有组织、有理想，只能为民众谋实际的福利，能对现代经济制度有认识，能刻苦耐劳，先天下之忧而忧、后天下之乐而乐"的新式独裁，而对于那种"残民以逞"的旧式独裁则要严防它们发生。[2]

和蒋廷黻、钱端升不同，丁文江主要是从"有无可能"和"是否必要"两个方面论述自己主张独裁之理由的。首先，就"有无可能"而言，丁文

---

[1] 蒋廷黻：《论专制并答胡适之先生》，《独立评论》第83号，1933年12月31日。
[2] 钱端升：《民主政治乎？极权国家乎？》，《东方杂志》第31卷第1号，1934年1月1日。

江指出,"在今日的中国,独裁政治与民主政治都是不可能的,但是民主政治不可能的程度比独裁政治更大"。因为实行民主政治,不仅"要有普遍的教育,完备的交通、健全的政党,富裕的经济",而且需要普选,需要人民有丰富的政治经验,这些条件中国都不具备,"中华民国的人民百分之八十或是七十五以上是不识字的,不识字的人不能行使选举权"。如果实行独裁政治,并不需要完全具备这些条件,至少也"不至于如此的苛刻"。其次,从"是否必要"方面来说,丁文江指出,当时中国是内战不断,外患严重,不久还有可能发生空前的经济恐慌,在没有渡过这双重国难之前,"民主政治根本谈不到,独裁政治当然是不可避免的"。既然独裁政治既有"可能",又非常"必要",因此,丁文江斩钉截铁地宣称:中国除"试行新式的独裁"之外没有其他什么道路可供选择。目前我们应该努力的就是使新式独裁于短时期内成为现实,而"放弃民主政治的主张就是这种努力的第一个步骤"。至于如何才算是"新式独裁",他提出了以下四条标准:

（1）独裁的首领要完全以国家的利害为利害；

（2）独裁的首领要彻底了解现代化国家的性质；

（3）独裁的首领要能够利用全国的专门人才；

（4）独裁的首领要利用目前的国难问题来号召全国有参与政治资格的人的情绪与理智,使他们站在一个旗帜之下。[①]

程天放也"是赞成中国现在采用独裁制的"。程赞成采用独裁政治的理由,犹如丁文江,"不是就理论上讲独裁政治比民主政治好,是就现在中国实际情形讲,独裁政治有成功的可能,而民主政治几乎完全无成功的可能"。他指出:就俄意与英法的历史比较而言,大家都承认俄意两国的国民,在政治的训练、政治的兴趣、政治的知识方面,都远远不如英美两国的国民,然而俄意则做到了完全的独裁,而英美的民主则只做到一半,这两国的政权并没有真正掌握在全体选民手中。这说明独裁政治比民主政治容易实现。中国人民的程度,不但比不上英美,连俄意都不如,实行民主政治,根本没有成功的希望,而实行独裁政治倒有一些成功的可能。除从"可能"方面陈述了自己主张独裁的理由外,程氏也从"必要"方面对比作了进一步的阐述。

[①] 丁文江:《民主政治与独裁政治》,《独立评论》第133号,1934年12月30日。

他认为当时中国"处于最危险的地位",一方面强邻日本的侵略一天紧似一天,国家随时都有被灭亡的危险,另一方面国民经济的衰落又一天甚于一天,全国人民至少有大半在死亡线上挣扎。因此,对外如何挽国家于将倾,对内如何救人民于水火,就成了中国当前最严重最急迫的问题。要挽国家于将倾,就必须充实国力,扩充军备,以便有能力抵抗强邻日本的侵略;要救人民于水火,就要开发富源,增加生产,以提高大多数人民的生活水平。而要充实国力,扩充军备,开发富源,增加生产,不仅需要许多专家去研究制订计划,而且更需要一个权力集中、意旨统一的政府做发动机,领导人民去实现这些计划。所以,独裁政治不可避免。①

当时赞成独裁论的还有张弘、忧患生、徐道麟等人,除张弘、忧患生主要是从价值方面着眼来反对民主、主张独裁外,其他人和丁文江、程天放一样避开了民主政治与独裁政治的价值评判,主要是从"可能"与"必要"上立论,赞同独裁政治的。

2. 民主论。在这场民主与独裁的争论中,民主论的代表人物要算胡适了,他先后在《独立评论》《东方杂志》和《大公报》等报刊上发表了《建国与专制》(《独立评论》第81号)、《再论建国与专制》(《独立评论》第82号)、《武力统一论》(《独立评论》第85号)、《政治统一的途径》(《独立评论》第86号)、《一年来关于民主与独裁的讨论》(《东方杂志》第32卷第1号)、《中国无独裁的必要与可能》(《独立评论》第130号)、《答丁在君论民主与独裁》(《独立评论》第133号)以及《从民主与独裁的讨论里求得一个共同信仰》(《大公报》1935年2月17日"星期论文")等一系列反对专制独裁、主张民主的文章。概而言之,胡适在这些文章中提出了以下一些观点。

第一,中国无独裁的必要。前面已经论及,蒋廷黻、钱端升等人认为,中国要统一政权,建立民族国家,或增强国力,实现沿海各省的工业化,就必须实行专制,用一个大的武力(军阀)来取消二、三等武力(军阀),或实行新式独裁,建立起极权制度。胡适的看法与他们则正好相反。首先就中国的统一而言,胡适指出,在中国现代史上,武力统一过好几次了,但结果

---

① 程天放:《民主与独裁》,《时代公论》第3卷第46号,1935年2月8日。

都没有实现统一。之所以如此,"毛病不在军阀",而"在中国的意态和物质状况"。因为现在的二、三等军阀,实在不够中央军队的一打,两个月削平了桂系,六个月打倒了冯阎,这足以说明二、三等军阀并不难对付,难对付的倒是中国的意态和物质状况。所谓"意态",不是蒋廷黻说的中国人脑子里的"省界""县界",而指的是"中国知识思想界的种种冲突矛盾的社会政治潮流",包括"打倒专制"的喊声、共产主义的运动、"反对内战"的口号以及在外患的压迫下形成的一种新民族观念;所谓"物质状况",也不单纯是蒋廷黻说的"贫穷",而指的是"中国疆域之大和交通之不便"。尤其是"意态",它的力量很大,有时能做到武力不能做到的奇迹,如满清王朝和袁世凯帝制的先后被推翻以及民国十七年张作霖的自动出关,就不是"武力"之功,而是"意态"的力量。据此,胡适认为,"在今日这些新意态已成为不可忽视的力量的时代,独裁决不是统一政权的方法"。其次就实现沿海各省的工业化来说,胡适指出,蒋廷黻提出"沿海各省的工业化",这提法本身就是很可怀疑的问题,因为沿海各省根本上就缺少工业区域的基本条件,如煤、铁产地等;况且在现时的国际形势之下,像中国这样一个没有海军的国家是无力保护它的沿海工业的。更重要的是,实现工业化与无限度地加强政府权力之间没有必然的联系,政府权力再大,也不能解决工业化所需要的资本、人才和原料。"所以如果独裁只是为了工业化沿海各省的目的,我们不信独裁是必要的。"①

第二,中国无独裁的可能。中国之所以无独裁的可能,主要体现在三个方面:其一,中国今日没有能独裁的人,或能独裁的党,或能独裁的阶级。在《再论建国与专制》一文中胡适写道:"一般人只知道做共和国民需要较高的知识程度,他们不知道专制训政更需要特别高明的天才与知识。……专擅一个偌大的中国,领导四万万个阿斗,建设一个新的国家起来,这是非同小可的事,决不是一班没有严格训练的武人政客所能梦想成功的。今日的领袖,无论是那一党那一派的健者,都可以说是我们的'眼中人物',而我们无论如何宽恕,总看不出何处有一个够资格的'诸葛亮',也看不出何处有

---

① 胡适:《中国无独裁的必要与可能》,《独立评论》第130号,1934年12月9日。

十万五万受过现代教育与训练的人才可做我们专政的'诸葛亮'"。① 其二，中国今日没有什么大魔力的活问题可以号召全国人民的情绪与理智，使全国能站在某个领袖或某党某阶级的领导之下，造成一个新式专制的局面。通过对土耳其、意大利和德国等独裁国家的考察，胡适发现，凡独裁国家，除人才之外，还需要有一个富于麻醉性的热点问题，用以煽动和抓住全国人心，使之成为强有力的政权基础。但中国这几十年中，排满的口号过去了，护法的口号过去了，打倒帝国主义的口号过去了，甚至"抗日救国"的口号也只引起一阵子的热心。据此，胡适问道，既然抗日救国都不能成为号召全国人的情绪与理智、促成全国的团结的活问题，难道我们还能妄想指出一个蒋介石或者别的什么介石来做一个新的全国结合的中心吗？其三，中国民族今日的智慧够不上干那需要高等智识与技术的现代独裁政治。胡适指出，现代独裁政治并不是单靠一个圣明的领袖，尽管领袖占有极其重要的位置，而且还要靠那无数的专门人才，而人才对于"我们这样一个知识太低、经验又太幼稚的民族"，是十分缺乏的。且以意大利为例，意大利有两个一千年的大学，五百年以上的大学则遍地皆是。除此，还有整个欧洲做他的学校和训练场所。所以，意大利的人才很充足。而中国虽号称五千年文明古国，却没有一个满四十年的大学，没有培养和训练专门人才的场所，这种情形下，"专门人才的训练从那里来？领袖人才的教育又从那里来？"故此，胡适得出结论，"在这最近的将来，（中国）怕没有试行新式独裁政治的资格"。②

第三，民主政治"最适宜于训练一个缺乏经验的民族"。我们在前面已经论及，胡适的一个重要观点就是认为民主政治是"幼稚园的"和"常识的"政治，而独裁政治是"研究院的"和"特别英杰的"政治，特别英杰不可得，而常识则比较容易训练。中国是一个既缺乏人才，广大人民又缺少政治训练的国家，因此，只有民主政治"最适宜于收容我们这种幼稚阿斗"。③

在这场民主与独裁的争论中另一位反对独裁、主张民主的有力人物是张

---

① 胡适：《再论建国与专制》，《独立评论》第82号，1933年12月24日。
② 胡适：《中国无独裁的必要与可能》，《独立评论》第130号，1934年12月9日。
③ 胡适：《再论建国与专制》，《独立评论》第82号，1933年12月24日。

熙若。和胡适一样,张也反对蒋廷黻的以武力和专制来统一中国的主张。他指出,由于自由平等、个人解放以及其他许多新时代之思想的作用,武力和专制是统一不了中国的。人们可以咒骂这些新思想,但这些新思想并不会因人们的咒骂而消失。蒋廷黻举英国的顿头王朝和布彭王朝为专制独裁成功的例证,然而,它们之所以成功,一个重要原因是因为当时这些新思想还不十分发达和成熟。如果顿头王朝和布彭王朝的君主们晚生一百几十年,那么,无论他们如何"圣明"也不会成功,而且还会像他们的继承者查理士第一和路易十六那样被人民所推翻,送上断头台。当然,张熙若也承认,中国需要统一,需要打倒消灭那些二、三等军阀。但他认为,打倒军阀,消除内乱,统一国家,这是包括民主政府在内的任何政府的责任,而非专制或独裁政府所拥有的特权,从国家的统一方面绝对得不出非专制或独裁不可的结论。[①] 就专制或独裁与国难的关系而言,张熙若认为,专制或独裁不仅不能使中国渡过国难,相反会使国难进一步加重。因为要渡过国难,首先就必须想尽一切方法唤起人人同仇敌忾的情绪,使人们能自动地、热烈地为国尽力,为国牺牲,但"独裁政治的结果,在平时是为自己制造奴隶,在外患深入时是为敌人制造顺民"。据此,张质问独裁论者:"难道今日中国作奴隶的人还不够?作顺民的人还太少?还须特别制造吗?"

在批评专制论或独裁论的同时,张熙若也陈述了自己之所以主张民主的理由。概括起来,张的理由有两点:其一,从价值方面来说,民主政治值得学习。如前所论,张认为民主政治是人类目前为止最高明的政治制度,既然是最高明的政治制度,那就值得中国学习,这是一个不应忽略的价值问题。其二,从操作方面来说,民主政治能够学习。由于各种工具的发达,社会进化的进程有了明显的加快,从前数百年做不到的事情如今十数年就做到了。随着社会的进步,中国人的知识程度与昔日相比近年有了提高,并且会越来越高。"所以就是在学会的可能方面讲,只要我们肯真心努力去学(民主政治),并不是没有把握的。"[②]

除胡适和张熙若外,北京大学政治学教授胡道维也是反对独裁、主张民

[①] 张熙若:《独裁与国难》,《大公报》1935年1月13日"星期论文"。
[②] 张熙若:《我为甚么相信民治》,《独立评论》第240号,1937年6月27日。

主的有力人物。1935年2月胡在《国闻周报》第12卷第6—7期上发表《中国的歧路——为民治与独裁问题就商于丁文江先生及时下诸贤》一长文，对各种专制或独裁论提出了批评。他首先指出，中国处在今日局势中的当务之急，外要抵抗武力的侵略，内要实行物质的建设，而完成这两项任务的前提条件，是消除割据，实现全国统一。要实现全国统一，就必须增强中央政府的力量，因为一个风雨飘摇中的软弱无能的中央政府，绝不能应付这样重大的局面。但是实现全国统一，建立强有力的中央政府，并不像蒋廷黻等人所主张的那样，一定要实行专制或独裁。"难道中央非独裁或专制就不能强有力吗？我们若将充分的威权赋予全体中央政府而不授给某个人，岂不是一样的可能巩固中枢吗？一样的可以实现统一吗？一样的可以御外侮谋建设吗？"他认为，一国政府能否应付内外的特殊环境，是权威力量充分不充分的问题，而不是执掌权力的人数多少的问题。天下一人的满清政府，权力执掌在皇帝一人之手，但它仍然逃脱不了被推翻的命运。牵制频仍的美国联邦政府，实行的是三权分立，然而它却做到了民富国强。由此可见，专制或独裁和国家统一之间并没有必然的因果联系。

胡道维在文中重点批评了丁文江的独裁论。他指出，丁氏根据"中华民国的人民百分之八十或七十五以上是不识字的，不识字的人不能行使选举权"，而断言"民主政治在中国今日不可能的程度远在独裁政治之上"，这在19世纪以前是"大家应该承认的"，但到了19世纪中叶以后，人们已经逐渐地觉悟到知书识字并不是选举权的必要条件。民主政治诚然是建设在普选权之上的，但选举权则不一定要以知书识字为基础。实际上，在美国，许多不识字的黑人和外国侨民也时常参加总统或国会的选举，但并没有像人们所担心的那样发生洪水猛兽般的灾祸。胡道维认为，现在选举权的唯一条件，是要人们具有一定的政治常识。就此言之，丁氏说"民主宪政有相当成绩的国家，都是政治经验最丰富的民族"，这是完全正确的，但人民若没有参加政治的机会，又怎能会有政治经验呢？没有政治经验，当然也就不会有政治常识。"所以说锻炼人民政治常识的唯一方法，还是只有多给人民以参加政权的机会——换句话说，还是只有实行民治。"其他民主论者，如社会学家陶孟和、清华大学政治研究所学生宋士英、山东大学政治学教授杜光埙等，也大都是从国难时期中国应行、也能行民主政治这一立场来反对专制或独裁论，主张民主的。

3. 修正的民主政治论。修正的民主政治论（又称之为"民主独裁以外之第三种政治"）的提出者是国社党领导人张君劢。1932年5月，张在国民党机关刊物《再生》杂志的创刊号上和张东荪、胡石青以记者的署名联合发表《我们所要说的话》，首次提出了"修正的民主政治"的主张。后来在《国家民主政治与国家社会主义》（《再生》第1卷第2期）、《民主独裁之外的第三种政治》（《再生》第3卷第2期）等文中，又对这一主张作了进一步的阐述。和胡适、张熙若等民主论者一样，张君劢也坚决反对蒋廷黻的武力统一论。他指出，蒋廷黻主张中国应像英国的头顿王朝、法国的布彭王朝和俄国的罗马罗夫王朝那样先行一段时期的专制，以武力统一中国，这是"拿欧洲十五、六、七世纪的时代，比喻中国的现在局面，是不恰当的"，因为，中国的不统一，并不是封建制度的残余局面，而有其他方面的原因：第一，是中国的幅员过于广大，各地缺乏必要的联系；第二，是人民不识字，无知识，不能辨别政治上的是非利害；第三，是身居中央者，不遵守国法，因而引起地方革命。所以要实现统一，关键在于发展交通，提高人民的知识程度和使身居中央者成为一个能容纳众流、知人善任、毫无私心的人，而这些都不是专制和武力所能解决的。

在批评蒋廷黻的武力统一论的同时，张君劢也对丁文江的"民主政治在中国比独裁政治更不可能"的观点提出了批评。他指出，要判定民主政治在中国有无实行的可能，首先必须搞清实行民主政治的条件在中国具备还是不具备。所谓实行民主政治的条件，在张氏看来，主要包括五个方面：第一，有选举人的调查；第二，选举人参加选举，公开检查票额时，不至于调换或毁灭票子证据；第三，选举结果出来后，大家能让多数党执掌政权；第四，假定没有多数党，各党能联合起来组织政府；第五，遵守各国普遍应有的政治道德。就民主政治的这五个条件来看，张君劢认为，有的中国已经具备。譬如，民国以来虽没有过一次准确的选举人名册，但是在不正确的调查之中，选民确实来选举过，来开票过，只要有公正的监督人，只要执政党和反对党都不雇人事乱填选票，不调换票柜内的票子，公正的选举在中国不是不可能的。再如教育会长、商会会长和学生班长都可以用选举方法选举出来，这说明少数服从多数的习惯，中国人也不是完全没有。

因此，我们"只能说中国程度上还不是十分够得上（民主政治），而不能说民主政治在中国比独裁更不可能"。至于丁文江所举新式独裁的四条标准，张认为，它是一切现代国家（无论民主还是独裁）都具有的，而非独裁政治仅有的特点。张君劢虽然与胡适等民主论者一样，反对蒋廷黻、丁文江的独裁论，但他又与胡适等民主论者不同，他不仅承认独裁政治具有"举国一致""注重力行"和"权力集中"三大优点，并且认为："我们国家处在这个时期，尤其是在今日严重国难时期中，以上三点，皆是我们政府组织中所应具备的，三件之中，有一不备，这个政府就不适宜于解决今后的困难。"①

基于以上认识，张君劢提出了"修正的民主政治"的主张，所谓"修正的民主政治"，用张本人的话来解释，"就是超于独裁政治与议会政治外，要求一种第三种政治"。这种第三种政治，既要坚持民主政治的个人自由的基本精神，又要充分吸取独裁政治的"举国一致""注重力行"和"权力集中"的优点，以实现个人自由与政府权力之间的平衡与和谐。因为在张君劢看来，"权力者，所以便行政之执行，自由者，所以保障社会文化与个人思想。二者各有范围，若为之区分适当，则一方得敏捷之政府，他方得自由发展之个人，固有兼容并存之可能"。② 他并且指出，这种实现了个人自由与政府权力之平衡与和谐的"第三种政治"，"乃真是真正的民主政治"，而胡适等民主论者所主张的英美式的议会民主，"却是根据民主原则而生有偏弊的政治制度"。③ 实际上，就实质而言，张君劢的所谓"修正的民主政治"，是在民主政治的框架内向独裁政治的方向修正。

《再生》杂志的王希和也是"修正的民主政治"论的积极主张者。不过他不是称这种"修正的民主政治"为"民主独裁以外的第三种政治"，而称的是"民主独裁制"。首先，和张君劢一样，王希和既不同意蒋廷黻的武力统一论，也不赞成胡适的在中国实行完全的民主政治的主张。就蒋

---

① 张君劢：《民主独裁以外的第三种政治》，《再生》第3卷第2期，1935年4月15日。
② 张君劢：《国家民主政治与国家社会主义》，《再生》第1卷第2期，1932年6月20日。
③ 记者：《我们所要说的话》，《再生》创刊号，1932年5月20日。

氏的武力统一论而言，王希和认为：第一，以武力或以更大武力打倒小武力是一种得不偿失的方法；第二，利用武力或个人专制也绝不能启发人民的忠心，且容易引起社会总崩溃；第三，中国现今不仅没有能专制的人，而且也没有能服从专制的人。此外，以个人专制独裁来统一中国乃是一种背时代、违人心的方法。其次，就胡适的主张来论，王希和指出，他在价值判断上赞同胡适的民主政治论，但是，由于中国的教育不普及和民众缺乏必要的政治训练，所以，仅仅实行民主政治又是不够的。"万一弄不好，还会生出流弊来。"因为，第一，在民主政治下，民选的国会虽能使全国政治的向心力加强，但是国会内以向来缺乏政治经验的代表相聚一堂，"公说公有理，婆说婆有理"，结果必使政治的进行遇到极大的阻碍，所谓政治责任和行政效率无从谈起；第二，胡适的民主政治，实际上指的是英美式的代议政治，在英国维多利亚女王时代，由于当时政府管理的范围狭小，我们也许说它是一种教育民众的利器，但到了现代，国家所管理的事务日益繁多，所引起的问题也日益复杂，缺乏政治经验的民族是不能实行这种代议政治的。

专制或独裁在中国行不通，纯粹的民主政治弄不好又会生出流弊来，那么，中国究竟应该采取怎样的政治制度呢？王希和认为，中国应该采取的政治制度只能是建立在民主政治基础之上的中央政府在行政方面的独裁，也就是所谓的"民主独裁制"。因为在他看来，当时中国最重大而且最主要的问题不是谁应统治这个国家，而是如何先建立一个像样的国家问题。由于中国的疆域太大、交通不便、教育幼稚，凡可以作为建国之用的物质的与心理的基础都不具备，因此只有中央政府在行政方面实行专制独裁，而后才能创立一个有效的行政制度，才能贯彻一切计划，从而使现代国家的规模得以建立起来。但是，这种行政方面的独裁又必须以民主政治为基础，"行使政权者须注意人民的意向，同时须受人民的监督"，唯其如是，政府才能给予人民以实质上的利益，而不至滥用权力。另一方面人民对政府也才能产生普遍的信仰，自然而然地成为政府的拥护者。这也就是他所主张的民主独裁制："一方面是要保障人民的自由，一方面也要顾到国家的权力；前者除给予人民自由外，在现状之下，最大用处就是杜绝一般野心家的口实，免得他们借救国救民的好名有所企图；后者乃是一种较经济的、较敏捷的方法，使一盘散沙的、经济落后的国家，容易渐趋于现代化。"①

朱亦松也对"修正的民主政治"的主张做过说明。他指出，中国民主政治的当前问题，是自由与权力妥协的程度问题，此问题对目前中国具有极大的实际政治意义。我们只有先认清了这个问题，并使之得到圆满的解决之后，国家对外方可以言抵抗侵略，而谋民族之生存暨安全，对内方可以维持和平，加速地促进社会之发展暨进步。具体而言，朱亦松认为，鉴于当时中国所面临的内忧外患的严重危机，首先必须建立一个强有力的中央政府，以便分期实行一种国家全盘根本计划，但同时中央政府又必须建立在民治精神的基础之上，以便保障个人的自由，而不至使它发展成为一个任何形式的独裁政府。

那么，怎样才能实现自由与权力的妥协，既使政府有充分的权力，又能保证它建立在民治精神的基础上，不至于成为独裁政府呢？对此，朱亦松主张：第一，由宪法规定建立此强有力政府的理由，在于完成一个分期实现的国家全盘根本计划。此项计划，经政府提出，征得国会同意后，即与宪法有同等重要性，而为政府所必须分程逐项履行，国会有质问督促政府权、有议决预算决算权和弹劾主管部长权，但无推翻整个政府之权。除此，国会对于宣战、媾和、缔约，都有同意权。第二，在宪法里须规定废除一切不基于社会功效的人为的不平等。此外，亦须规定人民有言论、出版、集会、结社和身体等自由权。第三，在宪法里对于财产权虽然承认，但须明白规定其获得和行使，必不得违反公众福利，以防止18世纪以来西洋人重视财产权所造成的那种空前严重的经济问题和社会问题在中国的出现。第四，在宪法里面须明文规定设立一个由各种从事于生产的职业团体选举代表组织而成的全国经济议会，并使它成为全国经济计划的咨询和建议机关。第五，中央国会议员应完全采用区域选举法选举产生，但不必明文规定某区域，必得选举本区域公民为其议员。第六，设立强有力的司法独立制度，司法官员虽由行政首脑委派，但行政首脑没有黜退他们的权力，法官超出一切党派之上，其地位受法律的严格保护。②

---

① 王希和：《论建国与专制》，《再生》第2卷第5期，1934年2月1日。
② 朱亦松：《新时代的民治主义》，《再生》第1卷第9期，1933年1月20日。

(四)国难中自由主义知识分子的选择

如前所述,这场民主还是专制或独裁争论的发生,有其国际和国内的背景。国际上,第一次世界大战结束之后,尤其是自1929年世界经济大危机之后,为应付国内严重的经济局面,欧洲一些国家先后放弃了民主政治,而采用独裁制度。独裁制度不胫而走,"大有风行一时之概"。先后实行独裁制度的国家有意大利、西班牙、波兰、立陶宛、南斯拉夫、奥地利、德国等,就是在素称"民主国家之垒"的英、法国内也出现了法西斯势力,美国则实行罗斯福新政,扩大政府对经济的干预,扩大政府的权力。在国内,一方面是国民党建立的一党专政的训政制度不仅剥夺了广大民众的种种自由权利,同时也导致了国民党内的不统一,政争乃至内战不断发生;另一方面是在日本帝国主义的侵略面前,国民党不能团结御侮,致使国家和民族面临亡国灭种的现实危险。因此,这场争论是关心国家命运的一些知识分子为挽救民族危机而寻找更适合中国的政治制度的争论。

就争论者的身份来看,他们大多是大学教授、报刊编辑,或科技工作者,其中不少人是自欧美回国的留学生,信仰并长期追求、宣扬过民主和自由,用钱端生的话说,"是受过民主政治极久的熏陶的"自由主义知识分子。[①] 争论的几位主角,如蒋廷黻、丁文江、胡适还都是独立评论社的原始会员,他们之所以将自己合伙创办的刊物取名为《独立评论》,用他们的话说,是"因为我们都希望永远保持一点独立的精神。不倚傍任何党派,不迷信任何成见,用负责的言论来发表我们各人思考的结果:这是独立精神"。[②] 这种"独立精神"正是自由主义精神的体现。

然而就是这样一些具有"独立精神"的自由主义知识分子,他们中的一些人却放弃了对民主和自由的追求而选择了专制和独裁。这些人之所以放弃对民主和自由的追求而选择专制或独裁,并不是他们对民主价值的认识发生了根本变化(除个别人外,他们中的大多数人对民主价值持的是肯定态度),而是在他们看来,在当时内忧外患日益严重的历史背景下,只有实行专制或独裁,

---

① 钱端升:《民主政治乎?极权国家否?》,《东方杂志》第31卷第1号,1934年7月1日。
② 《引言》,《独立评论》第1号,1932年5月20日。

国家才有可能实现统一和富强，应对日益严重的民族危机，也才能使中华民族在激烈的世界资本主义的经济竞争中以及在将要爆发的第二次世界大战中生存下来，并进而实现复兴。因为与民主政治比较，专制或独裁更有利于权力的集中和运用，提高行政效率。而且就中国的实际情况来看，专制或独裁，更适合于中国经济不发达、教育落后、民众识字率低的国情。

实际上，自1840年以来，尤其是甲午战争以后，对国家独立、富强和统一的渴望和追求，就一直是中国知识界包括自由主义知识分子的终极目标，而民主政治的建立，不过是实现这一目标的手段而已。因此，一旦这一目标和他们所信仰的思想或价值发生矛盾时，他们便毫不犹豫地选择了前者。如清末时的梁启超选择"开明专制"，民初时的严复选择洪宪帝制，以及孙中山要求人们为了中华民族的解放和国家的独立，限制自己个人的自由，都是出于这一原因。这也是蒋廷黻、钱端升、丁文江等人在民主与专制或独裁面前之所以选择后者的根本原因所在。丁文江曾发出过宁肯做"苏俄的地质师"，也不做"巴黎的白俄"的感叹，因为在他看来，"在今日的中国，新式的独裁如果能发生，也许我们还可以保存我们的独立。要不然只好自杀或是做日本帝国的顺民了"。而他"宁可在独裁政治之下做一个技师，不愿意自杀，或是做日本的顺民"。[①] 从本质上来说，主张专制或独裁的蒋廷黻、钱端升、丁文江等人既是自由主义者，也是民族主义者，甚至首先是一个民族主义者。当民族面临生死存亡的时候，他们首先关心的是民族的存亡问题，是如何救亡图存。至于民主和自由，则被他们放到了次要的或从属的地位。

在当时的历史背景下，他们把民族的存亡放在头等重要的位置，这不仅无可非议，而且应该给予充分的肯定。他们的问题不在于当他们追求的最终目标与他们所信仰的思想或价值发生矛盾时选择了前者，而在于"他们的这种选择是以一个假设命题为基础的，即只有实行专制政治，才能保证国家统一，挽救民族危亡。这个假命题在理论上是不成立的"。[②] 因为要"保证国家统一，挽救民族危亡"，首先必须实现国内最广泛的团结，各个阶级、阶

---

① 丁文江：《再论民治与独裁》，《独立评论》第137号，1935年1月27日。
② 徐宗勉、张亦工等：《近代中国对民主的追求》，安徽人民出版社1996年版，第417页。

层、党派和政治势力及集团能求同存异,同心同德,共赴国难,并用和平的方式解决彼此争端和政权交替;必须给予广大人民群众各种自由权利,以增强他们的主人翁意识,从而使他们能以满腔热情投身到维护国家统一和挽救民族危亡的斗争之中。而"专制政治"与这些都南辕北辙。1927 年后国民党的一党专制、个人独裁的实践也已证明,"专制政治"不仅不能"保证国家统一,挽救民族危亡",相反还会使国内的分离倾向日益加剧,民族危机更加严重起来。

当然,我们也承认,传统的以代议制为特色的西方民主制度的确存在着种种弊端,尤其是权力的相互制衡,使国家在面临重大的突发事变甚至战争的威胁面前不能及时作出反应,这也是 20 世纪 30 年代后面对日益严重的经济、政治危机和战争威胁,一些老牌的西方民主国家纷纷采取措施加强行政权力的主要原因。就此而言,蒋廷黻、钱端升、丁文江等人对传统的以代议制为特色的西方民主制度的批评并非无的放矢。就中国的具体国情来看,实行西方民主政治制度的条件的确也没有完全具备,交通不便,文盲众多,民众没有受过最基本的民主政治的训练,不知民主为何物,这些都是事实,如果不顾一切地照抄照搬西方的民主政治制度,结果只能是画虎不成反类犬,民国初年民主政治制度实践的失败就是其明证。参与讨论并赞成民主政治的吴景超在《中国的政制问题》一文中便指出:"在今日的中国,或因法律上的阻碍,或因民众的程度不够,或因新习惯还未养成",实行民主政治制度的条件"并没有充分实现。在条件还未完备的时候,便要把在英美实行而有成效的民主政治硬搬到中国来,结果是一定重蹈民国初年的覆辙,使民众对于民主政治更加一层的厌恶而已"。[①] 于此而言,丁文江认为民主政治在中国没有实行的可能,也有其一定的道理,似乎不能一概否定。问题的关键在于:面对西方民主政治制度的弊端,人们是因噎废食、抛弃民主政治而选择比民主政治的弊端不知要多多少倍的专制或独裁,还是想方设法在民主政治制度的体制内采取一些必要的措施,以防止至少减少其弊端的发生?面对中国实行民主政治制度条件的不完全具备,人们是知难而退,放弃对民主政治制度的选择,还是做出努力,在实践中培植实行民主政治制度的条件,探索

[①] 吴景超:《中国的政制问题》,《独立评论》第 134 号,1935 年 1 月 6 日。

出一条适合中国具体国情的政治民主化的道路？作为一个自由主义的知识分子，选择的应该是后者。用吴景超的话说："凡是赞成民主政治的人，都应该努力，在中国的环境中，培植……民主政治的条件。"[①] 蒋廷黻、钱端升、丁文江等人却计不出此，选择了前者，无怪乎要受到人们的指责。他们把希望寄托在蒋介石的自我完善上，想通过他的所谓"新式独裁"来实现国家的统一和挽救日益严重的民族危机。但事实证明，这只能是一厢情愿而已。

争论的另一方即民主论者，特别是他们的代表人物胡适，在当时国际国内都有不少人对民主政治持怀疑甚至反对态度的情况下，仍然坚持其自由主义的信仰和立场，坚持以民主政治为中国政治制度的选择，这是值得肯定的。然而他们又过于理想主义化，对民主政治制度的弊端，尤其是在中国实行的具体国情缺乏清醒的认识，面对专制或独裁论者提出的民初民主政治制度实践失败的问题，提出的封建军阀对民主政治制度的破坏，提出的中国不具备实行民主政治制度的条件，胡适只是以"有一连兵能解散的国会，就有一连兵不能解散的国会"作答，以民主政治制度更适合中国这样的缺乏政治经验的民族作答，而没有认真分析民初民主政治制度的实践所以失败的真正原因，没有令人信服地说明民主政治制度在中国有其实行的可能性。所以综观对于中国的政治出路是民主还是专制或独裁的争论，民主论者的理由显得无力而苍白。相比较而言，以张君劢为代表的修正的民主政治论者，既坚持了其自由主义的信仰和立场，坚持以民主政治为中国政治制度的选择，又能认识到传统的以代议制为特色的西方民主政治制度的弊端，并针对这些弊端提出了具体的补救措施，力争实现个人自由与政府权力的平衡与和谐，无论他们提出的措施有效与否，但其思路无疑是正确的。因此就专制或独裁论者、民主论者和修正的民主政治论者这三派的主张而言，在当时的历史条件下，修正的民主政治论者的主张可能更值得我们的肯定。

总之，民主与独裁的论争，核心的问题是建立什么制度的政府，是民主政府，还是独裁政府，以挽救民族危机，解决中国政治发展面临的当前问题和历史遗留下来的弊病，从而实现民族复兴。因此，这场争论表达了知识界对中国政治发展模式与民族命运的关切，引发了人们对民主政治发展的关注

---

① 吴景超：《中国的政制问题》，《独立评论》第134号，1935年1月6日。

和思考，虽对当时现实政治的发展没有产生实质性的影响，但在中国近代思想史上的意义不能否认。

三　宪政运动的兴起与宪法的制定

宪政是一种在宪法之下使政治运作法律化的理想状态，它要求政府所有权力的行使都纳入宪法轨道并受宪法制约。宪政的实施，对于民主政治发展、中华民族复兴是不可缺少的。国民党坦承："实施宪政以后，于挽救国难、复兴民族必能收很大的效果。"① 抗战时期，在探求民族复兴之路的背景下，中国知识界曾先后发起过一波又一波的宪政运动，要求国民党结束训政，颁布宪法，实行宪政。

（一）"九一八"后的宪政运动

在相当长的时期内，由于种种原因，学术界对民国时期的民主宪政运动少有研究。近年来，随着民国史研究的深入，尤其是研究禁区的突破，这种状况有了改变，相继发表和出版了一批研究成果。但就这些研究成果的内容看，主要集中于对孙中山的宪政思想及其实践、"七七"后的宪政运动以及共产党人的宪政思想及其实践的研究上，而于"九一八"后的宪政运动少有涉及，到目前为止，尚未发现有分量的论文发表。这种情况出现的客观原因是："九一八"后的宪政运动，其思想深度不能与孙中山的宪政思想及其实践、与共产党人的宪政思想及其实践相提并论，其规模和影响又远较"七七"后的宪政运动逊色，所以有人称它为"微弱的宪政运动"。但这并不能说明"九一八"后的宪政运动就不重要、不值得研究，实际上，"九一八"后的宪政运动是在民族危机空前严重的历史背景下兴起的，有自己的特点和意义，而且就抗战时期宪政运动的全过程来考察，"七七"后的宪政运动是"九一八"后的宪政运动的继续和发展，不仅内容基本相同，主要参加者也大多是"九一八"后发起宪政运动的那批人。

---

① 《中国国民党四届六中全会闭会词》，《中国国民党历次代表大会及中央全会资料》（下），光明日报出版社 1985 年版，第 273 页。

要探讨"九一八"后的宪政运动，首先必须对"宪政"和"宪政运动"作一界定。因为就目前学术界对民国时期的宪政运动的研究来看，由于研究者的知识背景、立论角度和使用方法不同，对"宪政"和"宪政运动"的界定也莫衷一是，这直接影响着研究内容的选择。就笔者的认识而言，所谓"宪政"，顾名思义，即"宪法的政治"，亦即通过制定国家根本大法——宪法，来规定国家的基本制度，规定并保障人民应该享有的各种民主自由权利，所以人们有时又将"宪政"称为"民主政治"。而"宪政运动"，也就是追求、争取和实现"宪法的政治"的运动，或者称之为"民主政治"的实现过程。依据笔者对"宪政"和"宪政运动"的上述认识，"九一八"后的民主宪政运动包括两个方面的内容：一是要求国民党结束训政，还政于民；二是对"五五宪草"及其相关法律的批评。前者是要求实行"宪政"，后者是要求实行什么样的"宪政"问题。

国民党夺取全国政权后，依据先总理孙中山的遗教，宣布实行训政，并建立起了一套训政制度。但在理论上，它并不否认宪政。相反，它一再表示训政是为了给宪政做必要的准备。1929年，国民党三届二中全会通过的《训政时期之规定案》中甚至明确提出，"训政时期规定为六年，至民国二十四年完成"。因此，当1928年国民党开始实行训政的时候，虽有不少人批评，但是经历了十多年的动荡而渴望安定的多数国民，其中包括不少自由派知识分子"皆不反对"。[①] 然而，事实是，蒋介石借训政之名，行专制之实：一方面利用训政剥夺人民的种种权利，想方设法拖延被孙中山视为宪政之基础的地方自治的实施，并使之逐渐背离孙中山的设计；另一方面利用训政打击异己政治势力，实行个人独裁。其结果，训政也就越来越遭到有识之士的批评。

九一八事变后，鉴于民族危机的日益加重，要求结束训政，还政于民，以便团结全国人民共同御侮的呼声日渐高涨，宪政运动也由此而兴起，用天津《大公报》的话说："九一八以来，南北党外人士，发生宪政运动。"[②] 九一八事变发生后的第三天，上海光华大学教授王造时在"日本帝国主义侵略

---

① 吴贯因：《民国成立二十三年尚在讨论中之宪法》，《再生》第1卷第11期，1933年3月20日。
② 《熊希龄等请求两事》，《大公报》1932年9月29日"社评"。

东三省"的演讲中,就指出了国民党的训政所造成的严重后果,要求国民党改弦更张,还政于民,实行民主政治。10月中旬,他又在新月书店出版的《救亡两大政策》一书中提出了"对外准备殊死战争"和"对内取消一党专政"的救亡二策,要求国民党立即结束训政,放弃一党专政,实行民主政治,开放党禁,"集中全国人才,组织国防政府"。他强调指出,只有国民党放弃一党专政,还政于民,切实恢复人民的言论、出版、集会、结社等种种民主权利,这样全国人民才可能万众一心,各党各派也才可能通力合作、团结一致,共同去战胜日本侵略者。不久,他又和沈钧儒等上海各大学教授200多人,在联名致信参加宁粤和平会议的国民党全体代表时,再次强调了实行民主宪政的重要性,指出"人民为国家之主人,党治以来,主人之权利剥夺殆尽",只有切实保障人民的各种民主权利,"迅速集中贤能,组织国防政府,共御外侮",才能挽救国家和民族的危亡。① 与此同时,青年党和中华职教社也于事变发生后不久,提出了国民党结束训政、还政于民的要求。1931年10月3日,青年党发表《我们的主张》,提出"为应付国难起见,中国今日应废除一党专政,组织国防政府"的主张,而所谓的国防政府,由"各党各派联合组成",并代表"各派意见"。12月9日,在褚辅成、张耀曾、章太炎等国民党元老和马相伯、黄炎培、沈钧儒、左舜生、陈启天等人的发起下,来自全国16个省的500多名爱国人士,在上海成立"中华民国国难救济会",推举褚辅成等60余人组成理事会,并发表宣言,严厉抨击国民党的一党专政,认为国民党的一党专政是导致外患日益严重的一个重要原因,呼吁国民党当局立即"解除党禁,进行制宪",首先切实保障人民集会结社及一切政治权利,还政于民,不能再"复袭训政之名,行专政之实"。② 12月下旬,诸青来、左舜生等人又在上海发起成立"民治协会",主张立即实行民主政治。在致出席国民党四届一中全会的李烈钧等人的电报中,该会特别强调国民党应该允许人民自由组织政治团体或政党,因为"组党自由为民主政治之最重要元素,否则一国以内,只有一党存在,独行独

---

① 以上参见姜平、姜伟《爱国君子·民主教授——王造时》,江西教育出版社1999年版,第90—91页。

② 《申报》1931年12月12日。

断，蔽聪塞明，不能收他党改错之效，人民亦无法发挥其不同之见解，民主政治，断难实现"。① 这月底，青年党领导人曾琦在天津《大公报》上发表《一致对外与一党专政》的文章，公开提出要"一致对外"，国民党就必须废除"一党专政"。因为在一党专政之下，第一，"惟国民党始有公开活动之权"，而其他政党则被剥夺了活动的权利；第二，"惟国民党人始有领导民众之权"，而其他数万万民众只有接受国民党领导的权利；第三，"国民对于当局必多不满之处"，而这种不满没有地方表达，最后只有铤而走险；第四，"国民党人显然为一特殊的统治阶级"，类似于"满清"贵族，与民众鲜有联系。就是向来以平和著称的天津《大公报》也连续发表"社评"，认为"国家受此奇耻大辱之后，训政制度，自应改革，在三省沦陷束手无策之时，而尚以诸葛亮阿斗之说，解释党治于人民之关系，是徒激动民愤，其危实甚"。② 它要求国民党"今后公开大政，使国民有机会与闻国家政治"。③ 朱采真同样强调：大敌当前，首要的任务是团结全国人民共同抗日，但要是国民党不立即结束训政，"交还中央统治于人民，则人民无从团结其救国之力量，亦无从发挥抗日之精神"。④

不仅一些知识分子和小党派领导人于"九一八"后呼吁国民党立即结束训政，还政于民，实行民主政治，就是在国民党内部也有同样呼声。1931年10月18日，李烈钧等118人连署提案，要求"开放政权，准许人民自由组党"。11月，在国民党召开的四全大会上，蔡元培提出了组织国难会议，以期集思广益、共济时艰的紧急动议。同年12月，在国民党四届一中全会上，孙科、何香凝、李烈钧等人提出数个提案，要求提前结束训政，筹备宪政。据此，会议通过了"召开国难会议、国民救国会议及国民代表会，缩短训政，实行宪政案"。1932年1月，上海、北京、天津等地188名社会名流，被国民政府聘请为国难会议会员。

为了推动国民党早日结束训政，实行宪政，上海、北京、天津的一些国难会议会员自动组织起来，成立"国难会议会员通讯处"，讨论国难会议的

---

① 《时事新报》1931年12月25日。
② 《目前政治上之需要》，《大公报》1931年12月14日"社评"。
③ 《一中全会通过中央政制案》，《大公报》1931年12月26日"社评"。
④ 朱采真：《政治救国之一条和平途径》，《时事新报》1932年1月18日。

议题和提案,认为国难会议应该讨论三件事情,即:(1)取消一党专政,制定宪法;(2)对日采取抵抗主义;(3)罗织人才,成立国难政府。他们以及其他一些地方的国难会议会员还联合一些知识分子,利用国民党同意召开国难会议之机,组织国难救济会、宪政促进会、宪政期成会、民宪协进会等团体,纷纷发表宣言或通电,要求国民党结束训政,还政于民。1932年2月,黄炎培、左舜生等到人以中华民国国难救济会的名义通电全国:"诚以中国为全国人之中国,存亡与共,莫能自外。乃中央诸公犹守党治成见,剥夺人民政权,各地方党部不闻有救亡工作,反于人民救国各种集会结社干涉无所不至。以此歧视民众,拒绝合作,何以集合全力而济大难?本会痛国亡无日,敢请惕然反省,实行五事。"即:(1)宣布废止一党专政;(2)文告不得用党国字样;(3)禁止各级党部干涉人民集会结社;(4)禁止用国库支给党费;(5)限期召集国民代表大会制宪。① 3月,王造时、黄炎培、沈钧儒、史量才等62人,又联名发表救济国难之具体主张,要求国民党对外"应以武力自卫",不惜任何牺牲,以维护国家"领土及主权之完全无缺";对内应实行民主宪政,切实保障人民的自由权利,开放党禁,允许其他政党公开活动,不得用公款支付党费,在宪法未实施前,应首先设立民选的国民参政会,监督政府,筹备宪政,限8个月内制定出宪法。同时,他们还提出了"筹备宪政程序案",就制定宪法的有关问题向国民党建言献策。②

1932年4月1日,国难会议在"行都"洛阳召开。此前,国民政府公布了《国难会议组织大纲》以及《国难会议议事规则》。依据这两个文件,国难会议是国民政府召集一部分社会名流"共订救国大计"的咨询会议,其商议范围为御侮、救灾和绥靖(即"围剿"苏区),而国民党曾经承诺且舆论强烈要求的结束训政、还政于民的问题则被排除在了会议的议题之外。这自然引起了人们的强烈不满。北平、天津的国难会议会员集会,大多数会员主张不参加会议,他们发表通电声明不出席会议之原因:政府"明白限制会议范围为御侮、救灾、绥靖三项,同人以为国难所由来,正由国本有不定,凡政治窳恶,实为上述三项之酿因。倘赴会而默然,则与同人奔走国难

---

① 《中华民国国难救济会致全国各界通电》,《民声周报》第20期,1932年3月19日。
② 《救济国难——沪一部人士之具体主张》,《益世报》1932年4月21日。

之初衷相违反"。① 而在上海的同难会议会员马相伯、王造时、黄炎培、沈钧儒、史量才等62人也联名致电国难会议拒绝出席，内称：国民党"近数年来，更立一党专政之制，杜绝多数民众政治上合作之途，以致党员斗争于内，民众睽离于外，全国嚣然，臭气充溢，日人乘之，乃有九一八以来之奇辱！此局面不变，沦亡可待，惶论御侮"？本来国难会议是"化除杜绝合作之党治，实现全民协力之宪政"的好机会，但不料政府严格限制了会议议题，"使实施宪政案无提出之余地"，因此，"思维再四，与其徒劳往返，无补艰危，不如谢绝征东，稍明素志"。②

尽管不少要求结束训政、实行宪政的国难会议会员没有与会，但是与会的一些国难会议会员，还是冲破了国民党对会议议题的限制，提出了一系列要求结束训政、实行宪政的提案。如杨瑞六提出、钱端升等联署的提案，要求召开国民大会制定宪法，国民大会召开之前，应于1932年8月1日前召集中央民意机构国民代表会；褚辅成提出、谢仲复等联署的提案，要求迅速制定宪法，召集国民大会，组织民选政府，如此等等。在他们的要求下，国民党虽然不同意提前结束训政，但表示将如期结束训政，所谓"如期"指的是1935年，而在宪法未实行前，答应于1932年10月10日前组织中央民意机构国民代表会，国民代表会有议决预算、国债、重要条约之权。国难会议并为此作出了决议。会议发表的宣言也强调："非全国合力同心，则救国御侮之效，乃不可得见。"而欲"全国合力同心"，则"必须确立民主之政治，奠定民权之基础"。为此，在中央应有民意之机关，在地方应谋自治之促进，以使人民有实际行使政权之训练，同时必须保障人民的自由之权利。③ 胡适在评论国难会议的这一决议时写道："最近几个月之中，宪政的运动颇有进展。国难会议开会之前，多数非国民党的会员都表示赞成早日结束训政，实行宪政。政府与国民党的领袖对于这一点颇多疑虑，所以把'内政'一类问题不列入国难会议讨论范围之内。许多会员因此不愿意赴会。然而国难会议开会时，居然也有一个'内政改革案'的产生与通过，决定于

---

① 《国难会议情形不佳》，《国闻周报》第9卷第14期，1932年4月11日。
② 《国难会议沪会员不赴洛》，《申报》1932年4月6日。
③ 《国难会议结束》，《国闻周报》第9卷第15期，1932年4月18日。

本年十月十日以前成立国民代表大会，由各大都市职业团体及各省区地方人民选出代表三百人以上组成之。"①

应该说，如果国民党能依照国难会议决议，积极筹备宪政，并在宪法实施之前，组织国民代表会议作为中央民意机构，则有可能实现国内各种政治力量的团结，共同抵抗日本帝国主义的侵略。但国难会议之后，国民党不仅没有遵照国难会议决议召集国民代表会，一些领导人还相继发表言论，公开反对结束训政。国难会议尚未结束，国民党中委张道藩即在中央党部纪念周上发表演讲，谓参加国难会的会员，分子复杂，情形紊乱，黄红黑绿，无所不有，尤其是提出结束训政案的会员，"大抵为有党派背景之政客，或帝王军阀之走狗，平日摧残民治，根本上无谈政治资格"。② 会议结束不久，国民政府监察院院长于右任在《申报》上发表《放弃训政与中国革命之危机》一文，说什么结束训政，就是"结束（国民）党之领导革命也"，是"毁党毁政"、对反革命分子"自除武装"的行为。他还攻击一些"超然之学者，在野之名流"，要求结束训政，提倡宪政，不过是别有用心。③ 国民政府行政院院长汪精卫在南京的一次演说中，公开批评要求结束训政的言论是错误的，因为实行宪政比实行训政会使国家的情况变得更糟糕。他说："如果说今日要取消党治，无异说要恢复十二年以前的状况，试问十二年以前的宪政的状况是怎么样呢?"便是袁世凯签字于"二十一条"和"北洋军阀的参战贷款"。④ 蒋介石也对提前结束训政、实行宪政的要求很不满意，说它"违背总理遗教"，并诬称提出这类要求的人是一班"只顾一己富贵利禄，不顾国家前途如何，常思予政府以不利"的"官僚政客"。⑤

在国民党官方的默许和鼓励下，一些国民党的御用文人和少数看好蒋介石的知识界人士也纷纷发表文章，认为现在结束训政的条件还不成熟，国民党还不能还政于民。如曾经参加过国难会议的朱经农在《结束训政的时间问题》一文中就认为："现在国内大多数的人民，知识实在不够，切实的训政

---

① 胡适：《宪政问题》，《独立评论》第1号，1932年5月20日。
② 《大公报》1932年4月13日"社评"《国难会议与当局态度》。
③ 于右任：《放弃训政与中国革命之危机》，《申报》1932年5月5日。
④ 《时事新报》1932年4月1日。
⑤ 《内政尚无曙光》，《国闻周报》第9卷第20期，1932年5月23日。

工作实在少不得。日前偶然与梁漱溟先生谈到北方乡间的妇女依然人人缠足，假若不训练他们，使他们得到相当的知识，便给予投票之权，他们一定投票反对禁止缠足。缠足不过是一个例子……人民如果真正希望宪政实行，也应该容许政府再有一些训练民众的时间。"① 许持平在《宪政可以开始了吗》一文中也写道："这样庞大而复杂的国家，具有这样深远的传统的病根，人民是这样缺少政治的素养，生产技术和组织是这样的落后，要想在几年里面，完成这样一件改造历史的事实，本来是属于奢望，国民党之定训政期为六年，实在是不认清事实，不认清自己力量而错签了支票，到今天不能兑现，原是意料中事。平心说一句，训政要不是有二、三十年确确实实有计划的努力，是很难望成功的。"②《国闻周报》的马季廉甚至认为，无论是教育的进步，还是交通的发达，抑或政风的良好（他认为这是实行宪政至少具备的三个条件），目前还远不如民国十二年前，"在这样环境之下，要实现民主政治，设立议会，制定宪法，我们敢自信，一定要演比十二年前还要丑的滑稽剧，对于社会民生，国家大事不仅毫无裨益，并且更增纠纷"。③ 陈之迈也一再强调，在目前条件尚不具备的情况下，便结束训政，实行宪政，"其势必然勾引起许多纷繁复杂的问题无法解决"。因为，在陈看来，每一个国家必须要有一个中心思想才不致陷于混乱，凡信仰这个中心思想的政党或集团，就允许它存在，否之，则必须扑灭，政府决不能允许公开以打倒自己为目的的主义存在，就是最讲民主的美国，怀疑宪法者也得入狱。中国目前的中心思想是国民党的三民主义，如果中国实行宪政，第一个问题是三民主义以外允不允许别的主义或政党存在？要是不允许存在的话，那实行宪政的结果与自己主张的"党外无党，党内有派"的主张并没有什么区别，何必冠之宪政？如果允许存在的话，那就放弃了国家的中心思想，结果国家会陷入混乱，共产党便是解决不了的一大难题。总之，陈之迈认为，"在目前状态之下，开放政权，实行宪治，是不可能也不必要的改革"。④

国民党以及一些国民党御用文人和少数看好蒋介石的知识分子的上述种

---

① （朱）经农：《结束训政的时间问题》，《独立评论》第7号，1932年7月3日。
② 许持平：《宪政可以开始了吗》，《独立评论》第176号，1935年11月10日。
③ 马季廉：《宪政能救中国？》，《国闻周报》第9卷第18期，1932年5月9日。
④ 陈之迈：《再论政制改革》，《独立评论》第166号，1935年9月1日。

种言行，自然引起了广大知识界人士的强烈不满，他们于是纷纷发表文章，阐述早日结束训政、实行宪政的好处，并对种种反对结束训政的言论进行了批驳，要求结束训政的呼声因此而更加高涨起来。

他们首先阐述了为什么要求结束训政的理由。概而言之，理由有三：首先，就理论本身而言，训政说不能成立。国民党主张训政的理论依据，是说民主政体之下的人民必须具备一定的政治经验和常识，但由于几千年的封建统治，中国人民尚不具备，所以需要国民党人如保姆之于婴儿那样加以教训。但在他们看来，上述理论依据不仅是对中国人民人格的一种污辱，而且在理论上也是不能成立的。张君劢等人指出："就中国人民知识能力不及格来说，倘使为事实，则必须是全国的人民都如此，决不能有一部分人民被训，另一部分人民能训。被训的人民因为没有毕业，所以必须被训，试问能训的人民又于何时毕业过呢？何以同一人民一入党籍便显分能训与被训呢？可见训政之说真不值一驳。"① 王造时也认为，国民党的训政说是一种"贤人政治论"，但哪些人是"贤者"，哪些人又是"不肖"，这是过去主张贵族政体和今日主张训政的人都不能回答的问题。主张贵族政体的人，根据的是血统，即认为应该由少数世袭贵族去统治多数平民百姓；而国民党训政的根据是党籍，即认为国民党员应该去统治不是国民党的人，然而，如同贵族政体的理论是不能成立的一样，国民党的训政论也是不能成立的。事实上，"现在的国民党员有许多在人格、学问、才能各方面都不高明"，甚至还不如一个普通的老百姓。②

除指出国民党的训政理论以是否加入国民党为标准，把一国人民划分为"贤"与"不肖"、"先知"与"后觉"、"能训"与"被训"之两部分的错误外，他们还从"训政"与"民主"的关系方面论证了训政说的荒谬性。根据国民党的训政说，训政是手段，而不是目的，训政的目的，是要通过对人民的政治训练，教会他们运用选举、罢免、创制、复决四权，从而使民主政治在中国得以最终建立起来。他们认为，既然讲训政，就不能再讲民主政治，因为，"民权"的发展是自动的，若是"被训出来的"，便不是民权了。

---

① 张君劢：《我们所要说的话》，《再生》创刊号，1932年5月20日。
② 王造时：《对于训政与宪政的意见》，《再生》第1卷第2期，1932年6月20日。

就世界各国的历史来看，无论哪一国的民主政治，都不是由统治者"训"出来的。"训政说希望训政的统治阶级，训练一般人民去夺取他们独占的政权，由训政到宪政"，那只是"欺人之谈"。① 应该说，他们的批判确实击中了训政理论的要害。

其次，从历史事实来看，国民党的训政已经完全失败，不能也不应该再继续下去了，否则，中国将永无实现宪政之日。这也是他们要求立即结束训政的主要理由和原因。吴贯因在解释他之所以要求主张结束训政的理由时写道：本来民国十七年国民党始行训政的时候，全国人民喁喁望治，"除二、三好为高论之书生外，多数国民皆不反对"。然而几年训政的事实则使国民大失所望："一训，而发行公债库券十万万；再训，再增加杂税苛捐二、三倍；三训，而国民党年年挥戈相戎，使国无宁日；四训，而盗贼遍地，四民失业，致以农业国反岁需外国米面一万万两以上；五训，而一夜丧失东三省；六训，淞沪被毁于强敌；七训，而五日断丧热河。"据此，吴贯因认为，训政是无论如何也不能再进行下去了，如果要继续下去，"再加以八训、九训，以至十余训，恐中国前途将不堪设想"。②《申报》上的一篇文章评论国民党的训政："国民党主政今已六载，人民驯服受训亦已三年。训政之效果究安在乎？就政府本身总揽之五权言，权势依庇，违言考试，军阀横暴，几见监察，立法徒为纸上谈兵，司法尤为每况愈下，行政则漆黑一团。"③ 仅此而言，国民党的训政实已破产。

张东荪指出，国民党一再声张自治未办，不能实行宪政。"那么就赶办自治好了"，但实际上它一方面阳奉阴违，对办理地方自治采取消极的态度，一方面又想方设法限制人民已有的言论自由权利。"人民自由权即是宪政要素之一。国民党最后的目的既在宪政，为甚么现在必须先把这个已存在的要素的萌芽拔去了呢？按理应该对于已有的萌芽加以培植。可见国民党的训政是等于斩了已生出来的树苗而偏说另外可以种出新树来"，是一种与宪政南辕北辙的行为。如此训政下去，中国的宪政是永远也不能实现的。④ 张君劢

---

① 张君劢：《生产计划与生产动员》，《再生》第1卷第2期，1932年6月20日。
② 吴贯因：《民国成立二十三年尚在讨论中之宪法》，《再生》第1卷第11期，1933年3月20日。
③ 《由训政达到"真"宪政质疑》，《申报》1932年4月6日。
④ 张东荪：《生产计划与生产动员》，《再生》第1卷第2期，1932年6月20日。

在《国家民主政治与国家社会主义》一文中也写道:"国民党以宪政为最后目的,其所采之手段为训政,意谓全国人民须经训练后,乃能进而实行关于宪政之权利,然自其近年之行为与其党义观之,则吾中华民族在国民党指导之下,永无达于宪政之一日。"①

最后,从现实需要来看,他们认为,要团聚人心,挽救国难,维护社会的安定,就必须结束训政,实行宪政。罗隆基在《训政应该结束了》一文中认为,今日中国最大的病症是人心不统一。由于人心不统一,民族在精神上就不能成为一个统一的团体,国家也因此失去了基础,国家失去了基础,什么改革内政、应付外交自然也就成了一句空话。所以,"设法统一人心,是目前中国一切问题的先决问题"。而要统一人心,除废除党治、结束训政别无他法。因为,人心的不统一是国民党的训政造成的:训政不仅把一国人民分为统治与被统治,"施训"和"被训"两个阶级,而且也使政府与人民脱离了关系,政府是国民党的政府,不是人民的政府,人民被剥夺了参政权,他们对政府有一种冷淡和隔膜的心理。加上这几年的训政功少罪多,人民对训政产生了一种疲倦和厌恶的心理。在上述冷淡和隔膜的心理与疲倦和厌恶的心理的作用下,全国人心又怎能统一?胡适也认为,中国目前最主要的问题,是如何收拾全国人心,而收拾全国人心的方法,"除了一致御侮之外,莫如废除党治,公开政权,实行宪政",把政权还给人民。②

在王造时看来,结束训政,实行宪政的最大好处,是可以避免武力革命,维护社会的安定。他在《我为什么主张实行宪政》一文中指出:大凡实行寡头专制政体的国家,则很容易发生革命。因为所谓寡头政体,不管它表面上采用什么样的统治形式,其实质不外是少数人依赖其武力包办全国的政权,使大多数人民没有参政的机会。由于寡头政体完全是以强权为基础的,谁有势力谁就可以发号施令,而希望发号施令又是人的本性,所以寡头政体之下不断发生内讧,引起革命。国民党的所谓"训政"就是这样一种寡头政体,与其他寡头政体一样,它也面临着发生革命的现实危险性;而在今日强寇已经入室,人民无以聊生的时候,理性告诉我们,革命是万万不能

---

① 张君劢:《国家民主政治与国家社会主义》,《再生》第1卷第2期,1932年6月20日。
② 胡适:《政制改革的大路》,《独立评论》第163号,1935年8月11日。

发生的，但要避免发生革命，维护社会的安定，就必须结束训政，开始宪政。否之，想用其他办法来避免革命，都是缘木求鱼。① 天津《益世报》的一篇名为《果不肯取消党治》的文章也认为，如果国民党不结束训政，取消党治，还政于民，那么，其结果只能"第一，为共产党造机会"，"第二，为内战造机会"，"第三，为一班民众造革命的机会"。②

对于国民党以及一些国民党的御用文人和少数看好蒋介石的知识界人士以条件不具备为理由而反对立即结束训政，实行宪政，他们提出了反驳和批评。他们首先指出并非只有待地方自治完成和人民有能力直接行使四权之后才能开始宪政，实际上地方自治和直接民权之间并没有直接的因果关系。张君劢在《国民党党政之新歧路》一文中就这一问题作了详细的辨析。他承认地方自治的办理完善于人民之政治能力的提高大有裨益，但他同时指出，"若以地方自治为因，以中央宪政为果，若自治完成了乃可语夫宪政者，则直以不相容之二物而视之为一种因果关系矣"。因为中央宪政之行施，在于有国会，在于国会有通过预算监督政府之权，而地方自然完成与否与国会的设立并无必然联系。且以世界上最早实行宪政的英国为例，中世纪英国就设立了国会，1832年进行了国会选举改革，但1835年才颁布市政条例，1836年才设立人口登记官，1851年地方教育才归政府监督（以前由教育监督）。可见，"地方自治之完善与国会设立之为绝然二事"。张氏认为，中国当前问题的关键，是如何使军权隶属于民治之下，如果这点做不到的话，"不独中央宪政为空谈，即地方自治亦为具文，故以地方自治不备为延宕宪政之口实者，不啻与军人同恶相济而已"。至于说人民有能力直接行使所谓"四权"之后才能开始宪政，这在张君劢看来，就更荒谬不通了。首先就直接选举官员和直接罢免官员两权而言，如果说直接选举和罢免的官员指的是一县一乡之一切大小官员的话，那么，一县一乡之民则不胜其选举之繁；如果说所选举者只是一乡的县长，那么，县长之职掌不仅为地方自治行政，且负有行政之责，此种官员之进退，能否可以随便委之于民，这是值得研究的一个问题；如果说所选举者指的仅是一县一乡之议员，那么，此乃万国自然制度

---

① 王造时：《我为什么主张实行宪政》，《时事新报》1932年6月23日。
② 转引自《国闻周报》第10卷第13期"评论选辑"，1933年4月3日。

中当然应有之权利,不必标新立异,名为直接选举与罢免权,并以此来反对马上实行宪政。其次就创制权和复决权来看,就是西欧宪政十分发达的国家也从未闻以此之权为地方人民必应行使之权利,"法英德市民之所不能行者,而必欲强四千年专制下之中国人民行之",谓有待人民有能力直接行使创制、复决等四权之后,才能开始宪政,不过是国民党故意延缓宪政的一种借口罢了。①

张佛泉同样重点分析了四权与宪政的关系。他指出,孙中山所讲的四权,不过是他的一种远大理想,如果我们将孙中山的理想误当为现实,非要待人民有能力行使四权之后而开始宪政,那么,所谓"宪政","便不啻画饼充饥了"。因为四权之中的复决权、创制权和罢免权,就是在欧美各国也未能普遍运用,况且直接民权的使用也不见得就没有弊病。以创制权为例,征税是一个十分重要的问题,但是这个问题取决于民众的代表可,直接取决于民众则不可,因为人民必无自愿增税之理由。除此,遇到紧急情况、秘密案件时,也不容直接取决于人民。由此可见,把直接民权视为民治的最高理想,这本身就是一个值得商讨的问题。② 实际上,宪政不是悬于生活之外的一种理想化的公式,而是一种生活过程。既然宪政是一种生活过程,因此,我们应设法在可能的范围内能实行一分民治便实行一分民治,能实行两分民治便实行两分民治。据此,张佛泉宣称:"任何训政之说,都受不了我们这论证的批评。依我们的说法,宪政随时随处都可以起始。"开始的时候规模不妨小些,范围也不妨狭些,但只要做到"有了一点宪政力量,便容它发挥出来",就算奠定了民治的基础。③

张佛泉的上述见解得到了胡适的赞同和补充。就在发表张文的那期《独立评论》上,刊登有胡适的《再谈谈宪政》一文。在此文中,胡适开宗明义地指出:张佛泉反对把宪政看成一种悬于人民生活之外的、高不可攀的理想,而认为宪政只是一种生活过程,因此"随时随处都可以开始"的观点,打破了向来学者把宪政看得太高的错误见解,具有非常重要的意义。④ 不

---

① 张君劢:《国民党党政之新歧路》,《再生》第1卷第2期,1932年6月20日。
② 张佛泉:《几点批评与建议》,《国闻周报》第12卷第38期,1934年9月30日。
③ 张佛泉:《我们究竟要甚么样的宪法》,《独立评论》第236号,1937年5月30日。
④ 胡适:《再谈谈宪政》,《独立评论》第236号,1937年5月30日。

久，胡适又在《我们能行的宪政与宪法》一文中，进一步补充和发挥了张佛泉的观点。他指出，第一，所谓宪政不过是建立一种规则来做政府与人民政治活动的范围，在规定的范围内，凡有能力的国民都可参与政治，他们的意见都有正当的表现机会，并且有正当方式可以保证其意见发生政治效力，就如同下象棋的人必须遵守象棋的规则，打麻将的人必须遵守麻将的规则，参加田径赛的人必须遵守田径赛的规则一样，这种有共同遵守的规则的政治生活，其中也没有什么太玄妙的地方，我们既然能遵守下象棋、打麻将、参加田径赛的规则，也就能学会民主宪政的生活习惯。第二，宪政既然是一种政治生活习惯，那么，唯一的学习方法就是实地参加这种生活。犹如学游泳的人必须下水，学网球的人必须上场，宪政的学习方法就是实行宪政，民治的训练就是实行民治，"宪政是宪政的最好训练"。但是，"千里之行，始于足下"，这个"下学而上达"的程序是不能免的，换言之，宪政"必须从幼稚园下手，逐渐升学上去"。①

君衡也十分赞成张佛泉的观点，并且指出，"张先生说我们不能在达不到完美宪政理想的时候，'先过几天黑暗的政治生活'，真是十分明快透辟之言，《大学》'未有学养子而后嫁者也'一句话，也可以做一切'训政'论之答复"。他认为，国民党以及一些国民党的御用文人和少数看好蒋介石的知识分子的错误主要表现在两个方面，一是以为宪政是高程度的政治，低程度的人民不能尝试；二是把预备宪政和实行宪政打成两橛，以为先必有训政，然后始有宪政。张佛泉之所以正确，就在于他"主张宪政可以让低程度的人民去实行，并不需要经过训政的形式"。在充分肯定张佛泉的观点和主张的前提下，他也对张的观点和主张提出了三条补充意见：（1）宪政随时可以开始，但比较完善的宪政需要经过相当时日的推广与进步；（2）由低度宪政到高度宪政实行的过程，在实质上包含一个学习的（也可以说是教育的）过程，而且学习的过程和实行的过程融为一片，没有先后之分；（3）宪政是过程，也是目标，由幼稚园的宪政"逐渐升学上去"是过程，大学的（或研究院的）宪政是目标，"从少数有政治能力的人做起"是过

---

① 胡适：《我们能行的宪政与宪法》，《独立评论》第 242 号，1937 年 7 月 11 日。

程，养成少数人的"民治气质"以达到"全民"普选是目标。①

张君劢也表达了与张佛泉、胡适、君衡等人的意见相类似的看法。他指出，宪政的关键在于人民自己组织政府，自己选举国会代表，自己发负责的言论，然后上自中央下至地方之行政，举而措之，而要做到这一点，就必须给人民以实际参与政治的练习机会。因为"宪政之习惯养成在乎实地练习"，只有组织内阁，然后人民才知和舟共济的必要；只有给予决定政策的权利，然后人民才知言论的责任；只有设立国会，然后人民才知发言盈庭的不可。否则，若像国民党以及一些国民党的御用文人和少数看好蒋介石的知识分子所主张的那样，"而谓人民政治能力有增进之一日，窃未之见矣"。②

他们还批驳了汪精卫及一些国民党御用文人举民国十二年前因条件不具备而宪政成绩不佳为例证，反对马上开始宪政的观点。他们指出，由于袁世凯、段祺瑞、曹锟之流以及其他大小军阀、反动政客的反对和破坏，宪政并没有在中国真正实行过，如果实行了，也就不会有袁世凯的帝制自为、国会的被解散、军阀的相互火拼，以及孙中山在广东做非常大总统了。因此，民国十二年前宪政成绩不佳的责任不在宪政本身，而在那些破坏和反对宪政的大小军阀、反动政客身上。由此不仅不能得出宪政不能马上开始的结论，相反它证明了立即开始宪政的必要性和紧迫性。③ 有的人还进一步指出：民国十二年前的宪政虽然成绩不佳，但比之于国民党的训政成绩，则"犹觉天堂乐园，非现在所能望其项背也"。例如，民国十二年前的税捐，其额不及改制之半；当时所取诸民者，也不及今日人之重；民国十二年前的军阀内战，战期较短，并且二三年一见，而不像今日国民党的党内同志，同室操戈，年年相斫；民国十二年前的战乱仅限于都市附近，村落小民，尚得宁居，不像今日之焦符遍地，农村破产，国民须仰仓于外粮；民国十二年前的巧宦兼差，仅限于同地的职务，不像今日一般达官，一身而兼中央及若干省份的差缺；民国十二年前的军阀虽专横跋扈，然将军之外，尚有巡按使，督军之外，尚有省长，文官还分掌有部分权力，不像今日以军人兼省政府主席，政

---

① 君衡：《宪政的条件》，《独立评论》第238号，1937年6月13日。
② 张君劢：《国家民主政治与国家社会主义》，《再生》第1卷第2期，1932年6月20日。
③ 王造时：《对于训政和宪政的意见》，《再生》第1卷第2期，1932年6月20日。

治全由武人把持垄断；民国十二年前的全国兵力，未及百万，不像今日的兵额逾二百万以上，国民之脂膏，全供军阀之脱削。……既然成绩不佳的宪政都比之训政成绩好得多，那么，汪精卫及一些国民党的御用文人又有什么理由反对立即结束训政，开始成绩佳的宪政呢？①

他们不仅认为能够马上开始宪政，而且还讨论了如何开始宪政的方法问题。胡适主张先从有限的选举权下手，从受过小学教育一年以上的公民下手，随着教育的普及再逐渐做到政权的普及。他强调指出：这不是用教育来剥夺多数人的选举权，而是用选举权来鼓励人民读书识字。他也不赞成立即就实行创制、复决、罢免之权，因为这些民治新方式都是在久行民主宪政的国家用来补充代议制之不足的，"我们此时应该从一种易知易行的代议制下手，不必高谈一些不易实行的'直接民治'的理想"。②

和胡适一样，张佛泉也不赞成在宪政开始之时就实行普选，因为在张氏看来，选举既是一种政治权力，也是一种政治负担，只有在证明某人有相当政治能力时，才能将这种政治能力的负担压在他身上，否则，不是官方把持选举，就是土豪劣绅包办一切。而证明某人有无相当的政治能力的计量器，只能是教育程度。他认为，虽然"这不是最理想的办法，但大体上是可能范围内最好的办法"。并且深信，"中国几十年来的新教育，已经为我们贮存了很大的一份新政治力量，如能尽量容这力量发挥出来，便很可以打破现有政治的局势，很可以奠定下（宪政）'制度'的基础"。与此相一致，张佛泉主张自治应由城市起始，渐而推之于地方，而不赞同国民党的自治由地方下手的做法，因为"受过比较完全的新式教育的人多半在都市，都市吸收西方文化最早，这里自然应是新政治的发起点"。③

罗隆基则认为，开始宪政须从以下五个方面的改革入手：（1）消除今日的在上者可以用命令代替法律管束别人，而自己却不受法律管束的现象，使全国人民中没有任何一部分人能站在超越法律的地位，这是宪政能否实现的先决条件；（2）废止诸如有关党部人员可作审判反革命的陪审员、党部

---

① 吴贯因：《民国成立二十二年尚在讨论中之宪法》，《再生》第1卷第11期，1933年3月20日。
② 胡适：《我们能行的宪政与宪法》，《独立评论》第242号，1937年7月11日。
③ 张佛泉：《我们究竟要甚么样的宪法》，《独立评论》第236号，1937年5月13日。

服务人员可以算作公务人员选官升级的资格的法律规定，使全国人民（无论是不是国民党党员）在法律上一律平等；（3）取消诸如政府供给国民党党费和以党义做文官考试的科目等对国民党的政治优待，使全国人民有参加统治的平等机会；（4）取消诸如宪稿第一条"中华民国为三民主义共和国"的条文规定，使全国人民能享有身体、思想、言论、信仰、集会、结社等各种自由权利；（5）改变诸如现役军人兼做中央领袖和地方长官、垄断政权的状况，变武力的政治为和平的政治。①

　　他们还针对国民党所提出的"党外无党"理论，要求开放党禁。所谓开放党禁，也就是除国民党外，还允许其他政党合法存在。《大公报》曾连续发表《论开放党禁》和《再论开放党禁》的"社评"，要求国民党开放党禁，认为宪政之所以为人们拥护，原因就在于它"许各政党之存在，并许其为政治上之自由活动"。② 当然，由于其身份和认识上的差异，他们的要求也有所不同。如胡适虽然主张开放党禁，但是对于政党政治他并不赞成，也不相信"民主政治必须经过政党政治的一个阶段"，"尤不赞成'党权高于一切'的奇谈"，并且表示，"如果此时可以自由组党，我也不会加入任何党去的"。胡适之所以主张开放党禁，既不是为了自己组党，也不是视此为实行宪政的应有之义，而是因为他"总觉得，为公道计，为收拾全国人心计，国民党应该公开政权，容许全国人民自由组织政治团体"。当然，开放党禁，容许全国人民自由组织政治团体，这并不意味着要"国民党交出政权，让其他政党来干"，相反，胡适认为，党禁开放之后，国民党可以也应该继续执掌政权，只是统治形式有所改变而已。在《政制改革的大路》一文中他强调指出："抛弃党治，公开政权，这不是说国民党立即下野。我的意思是说：国民党将来的政权应该建立在一个新的又更巩固的基础之上。那个新基础就是用宪法做基础，在宪政之下，接受人民的命令，执掌政权。"③《大公报》主张与胡适相似，认为开放党禁，"其意义只为承认国民党以外之可以有党，只为承认各党之公开存在，不发生政权问题，与现在训政制度

---

① 罗隆基：《我们要什么样的宪政》，《自由评论》第 1 期，1935 年 11 月 22 日。
② 《论开放党禁》，《大公报》1932 年 3 月 24 日"社评"。
③ 胡适：《政制改革的大路》，《独立评论》第 163 号，1935 年 8 月 11 日。

之基础亦不发生影响,易言之,不过公开若干在野党,听其在不破坏公安秩序之范围以内,发抒政见而已"。①

和胡适、《大公报》不同,张佛泉、张东荪则认为,开放党禁后,国民党只能作为一般性政党而存。张佛泉在《建国与政制问题》一文中分析了现阶段国民党的"训政"与孙中山在理论上所计划的"训政"之间的异同,他认为,现阶段国民党的"训政"与孙中山在理论上所计划的"训政"一个最大的区别就在于:孙中山的训政论虽然没有极详细地说明,但我们可以推定,他绝没有不容许国民党之外的其他政党之存在与滋生,因为民治的基本条件,便须有一个以上的政党,互相角逐,互相砥砺。只有在国民党之外也有其他政党的存在,并经国民党的扶植而得到发展,然后由一个以上的政党互以政纲求决于民众,政党再互相竞选,这样才能够引起民众对政治的兴趣和关心,从而使他们获得越来越多的政党常识,和促使民众政治组织的发展时,才可以达到宪政时期。而现阶段国民党的"训政",最基本的口号便是"党权高于一切","党外无党",所以凡与国民党政见不同的政治组织,国民党都是凭借自己独擅政权的势力加以排斥打击,不容许其他政党也合法存在。张佛泉指出,如果国民党以一党专政为自己政治的最高理想,那么,这种"党外无党"的专政策略当然可以继续下去,相反,假如要想遵循孙中山的遗教,以实现宪政为训政之最终目的的话,那么,就应该放弃这种"党外无党"的专政策略,允许其他政党也合法存在。否之,"则如非英雄欺人,便成缘木求鱼了"。② 不久,张佛泉在《政治改造的途径》中又对国民党的"党外无党"的专政策略提出了批评,他写道:根据孙中山和国民党的训政理论,训政不是目的,是实现宪政的一种途径,而要实现宪政就离不开人民的自由权与自治能力,为了培养人民的自由权和自治能力与习惯,"国民党即使不直接鼓励其他政党……也不应在这时还高悬党外无党的旗号,不容任何异己的政党产生。一面以宪政为理想,希望人民懂得自由,能运用四权,同时却不许有政治活动,不许有政治组织,我实不明白这样如何能自圆其说"。故此,他要求国民党改变"党外无党"的策略,开放党禁,"凡

---

① 《目前政治上之亟务》,《大公报》1932年4月3日。
② 张佛泉:《建国与政制问题》,《国闻周报》第11卷第26期,1934年7月2日。

有政治纲领，党员超过指定数额，并不拟以武力夺取政权的政党，政府全应正式承认"。① 1935 年 11 月，张东荪在《自由评论》上发表《结束训政与开放党禁》一文，认为在普通的含义上来看，可以说结束训政即是取消党治。而所谓取消党治就是取消一党专政。取消一党专政就是同时开放党禁，允许其他政党合法存在。他特别强调，结束训政，开放党禁必须包括下列意义，即：其一，由国库支给国民党党费应该停止；其二，在法律上国民党有指导人民运动的特教应该取消。也就是，国民党只能作为一个普通政党而存在。② 这里尤需指出的是，有的人在讨论开放党禁的问题时，不仅主张开放党禁，而且认为开放党禁应包括共产党在内。如《大公报》的一篇"社评"指出：既然实行宪政，允许"各政党之存在，并其为政治上之自由活动。诚如是，则共党本应在内。易言之，苟其不暴动不割据土地，应本在开放党禁之列是也"。③

九一八事变后，尽管广大知识分子出于救亡图存和民族复兴的需要，呼吁国民党早日结束训政，还政于民，以便团结全国人民共同御侮，实现民族复兴，但国民党仍顽固坚持其一党专政的立场，坚持如期才能结束训政。所谓"如期"，指的是 1935 年。可是直到抗战爆发，国民党都没有履行其"如期"的诺言。就此而言，"九一八"后广大知识分子结束训政的呼声并没有取得任何实际的政治结果，但他们对国民党训政理论及实践的批判，尤其是对于如何开始宪政的论证和设想，剥夺了国民党一党专政的理论合法性，具有十分重要的思想意义。

（二）"五五宪草"的制定及其批评

1936 年 5 月 5 日，在千呼万唤中，国民政府终于公布了《中华民国宪法草案》，简称"五五宪草"。不久，又公布了《国民大会组织法》及《国民大会代表选举法》。"五五宪草"和《国民大会组织法》《国民大会代表选举法》公布后，引起社会舆论的广泛批评。这些批评是"九一八"后宪政

---

① 张佛泉：《政治改造的途径》，《国闻周报》第 12 卷第 34 期，1934 年 9 月 2 日。
② 张东荪：《结束训政与开放党禁》，《自由评论》第 1 期，1935 年 11 月 22 日。
③ 《论开放党禁》，《大公报》1932 年 3 月 24 日"社评"。

运动的继续和发展。

如前所述，按照国民党自己许下的诺言，应于1935年召开国民大会，结束训政，开放宪政。1931年九一八事变后，各界不满于国民党的对日妥协和专制独裁，纷纷要求国民党开放政权，还政于民，并迫使国民党于国难会议上通过了一个如期结束训政、而在宪法未实行前组织中央民意机构国民代表会的决议。国难会议结束后的第三天，即1932年4月25日，立法院长孙科发表了《抗日救国纲领》，主张"促进宪政，建立真正民主政治"。随后，他又向报界发表谈话，提出从速立宪，并主张立即由立法院起草宪法。他认为只要颁布宪法，结束训政，国民党才能受到全国人民的衷心拥戴，国民党政权也才能够真正巩固起来。同年12月，国民党四届三中全会在南京召开，会上通过了孙科等27人所提的《集中国力挽救危亡案》，其中关于宪政的筹备，有下列三项决议：（1）为集中民族力量，彻底抵抗外患，挽救危亡，应于最近期间，积极遵行《建国大纲》所规定之地方自治工作，以继续宪政开始之筹备；（2）拟定民国二十四年三月召开国民大会，议决宪法，并决定宪法颁布日期；（3）立法院应从速起草宪法草案，并发表之，以备国民的研讨。此为立法院起草宪法草案之由来。上述决议的通过，表明一直紧紧抱住训政体制不放的蒋介石，面对内外压力其态度不得不有所松动。

孙科自1932年1月28日辞去行政院院长职务，当天又被国民党中政会选任为立法院院长起，就因和蒋介石、汪精卫的矛盾，一直拒不就任，院务由副院长覃振代理。但在国民党四中全会通过了他的提案后，他即抵南京视事，并遵照国民党四届三中全会的决议组成了宪法起草委员会。委员会由40人组成、孙科自任委员长，副委员长由吴经熊、张知本担任，并聘戴季陶、伍朝枢、覃振和王世杰等为顾问。宪草草案的起草程序是：第一步，研究并提出25条原则，作为宪草起草的指导思想；第二步，由吴经熊草拟宪法草案初稿，于1933年6月以他个人名义在报上公开发表，供国人批评；第三步，在孙科的主持下，参照各方意见和张知本、陈长衡、陈肇英草拟的初稿，对吴经熊的宪法草案初稿进行修改，最后拟成《中华民国宪法草案初稿草案》。初稿共10章160条。1934年3月1日，立法院将初稿在报上公布。至此，宪法草案起草委员会遂告结束，进入立法院审查阶段。

立法院的审查过程是：第一步，由立法院院长孙科指派 36 人为宪法草案初稿审查委员会委员，傅秉常为召集人。第二步，根据审查委员会审查意见，由傅秉常、吴经熊、梁寒操等七人执笔，拟成《中华民国宪法草案初稿审查修正案》。修正案分为 12 章 188 条，并于条文之首，增刊弁言。7 月 9 日，报纸刊布修正案，征求各方面的意见。但社会舆论反应冷淡。胡适曾就个中原因做过分析，他指出："我们猜想，全国对于这回制宪工作的冷淡，其原因有偶然的，也有根本的。偶然的原因是在这国难严重的时期，大家的注意力都在中日的问题，所以制宪事业在一般人的心目中反成了一种不紧急的点缀了。除了偶然的原因之外，还有一个更根本的原因：这就是人民对于宪法的效能的根本怀疑。我们读了报上用五号或六号小字登载的宪法草案委员会的新闻，或读了他们征求意见的广告，总不免微微苦笑，自己问道：'有了新宪法，能执行吗？这还不是和民国元年临时约法以来的许多种宪法同样的添一大堆废纸吗？现今不是已有了一部《训政时期约法》吗？有了和没有，有什么不同呢？那一部八十九条的约法，究竟行了几条没有呢？'"[①] 第三步，从 1934 年 9 月 27 日至 10 月 16 日，立法院先后开会 7 次，审议宪法草案修正稿，最后将草案重加修正、三读通过，同年 11 月，将草案呈报南京国民政府转送国民党中央政治会议审查。

国民党中央对宪法草案的审查过程非常漫长。自 1934 年 12 月召开的国民党四届五中全会决议对宪法草案交付审查，至翌年 10 月国民党中常会才将草案初步审查完竣，并提出了五项修改原则，交立法院重加修改，这五项基本原则是：

（1）为尊重革命之历史基础，应以三民主义、建国大纲及训政时期约法之精神，为宪法草案之所本。

（2）政府的组织，应斟酌实际政治经验，以造成运用灵敏能集中国力之制度，行政权行使之限制，不宜有刚性之规定。

（3）中央政府及地方制度，在宪法草案内应于职权上为大体规定，其组织以法律定之。

（4）宪法草案中有必须规定之条文，而事实有不能即时施行或不能同

---

① 胡适：《制宪不如守法》，《独立评论》第 50 号，1933 年 5 月 14 日。

时施行于全国者，其实施程序，应以法律定。

（5）宪法条款不宜繁多，文字务求简明。

立法院在接到此五项原则后，即指派傅秉常等七人为审查委员，就草案逐条修正（如删去原案中"军人非解职后不得当选总统"一条，原案中司法院和考试院院长"由总统提经立法院任命"改为"由总统任命"），拟成修正案，并经立法院三读通过后，再次呈送国民党中央审查。1935年11月召开的国民党四届六中全会经讨论，决定将草稿送国民党"五大"审查，由五届中央执行委员会"为较长时之精密讨论后，提请国民大会议决颁布之"。国民党"五大"决议接受草案，但应由中央执行委员会依据大会通过的各宪草提案重加修改。随后召开的国民党五届一中全会决议成立19人组成的宪法草案审议委员会，以叶楚伧、李文范为召集人。宪法草案审议委员会成立后，在分别征询国民党各"领袖"意见的基础上，将国民党"五大"发交的各宪草提案归纳为审议意见23项，其核心是进一步扩大总统职权，总统统率海陆空军的权力不仅不受法律的限制，而且必要时可发布紧急命令及执行紧急处分，有权召集五院院长会议，解决关于两院以上事项及总统交议事项，在过渡期间有任命半数立法委员和半数监察委员权，等等。1936年4月23日，国民党中常会通过了这23项审议意见，决议发交立法院依据这23项审议意见对草案再作修改。1936年5月1日，立法院再次三读通过了经第三次修改后的宪法草案。同年5月5日，宪法草案由国民政府正式公布，习称"五五宪草"。至此，宪法的制定工作暂告完成。

"五五宪草"从开始制定到最后完成前后经历三年半之久。如此漫长的过程说明国民党蒋介石缺乏结束训政、还政于民的诚意，他们害怕立宪削弱自己的统治地位，因此，他们要对宪草条文进行反复琢磨修改，以便最大限度地维持一党专政和个人独裁的局面不变，同时借此推延立宪日期。本来国民党四届三中全会决议于1935年3月召开国民大会，议决宪法，但至1936年的5月1日宪草才最终制定立毕。因此，国民党五届一中全会将国民大会召开的日期推迟到1936年11月12日。国民党蒋介石的所作所为，与清末清政府对立宪的拖沓如出一辙。

中华民国宪法草案公布后，颇受舆论的批评。这些批评主要集中在以下几个方面。

一是对"三民主义共和国"之国体规定的批评。无论初稿、修正稿，或公布的正式宪草，其第一条都有"中华民国为三民主义共和国"的规定。尽管自初稿发表以后，此条规定就不断受到舆论的批评，但国民党方面仍坚持此条不变，因为在他们看来，第一，"民国为革命之产物，宪法又为保障革命基础之具，以三民主义名国，正所以示革命之义，而正立国之源"①；第二，中国自有立国之特性，宪法上倘不以三民主义冠国体，而仅言"共和国"或"民主国"，就不能"显示吾国立国之特性"，只有"共和国"上冠以"三民主义"，世人才知中国是民族、民权、民生三合为一的共和国②；第三，三民主义既不同于过激的共产主义和法西斯主义，也不同于落后的英美资本主义，而介于二者之间，这符合中庸之道，中庸之道是我们民族的特性。③ 总之，国民党认为，"三民主义，如日经天，家喻户晓，于国于民究何所不利，而乃必讳言之于宪法中耶"？④

实际上，国民党之所以要坚持在宪草第一条中规定中华民国"为三民主义共和国"，其目的是维持自己的一党专制。具有国民党员身份的萨孟武在《中华民国宪法草案之特质》一文中就毫不讳言地指出，五五宪草的特质之一是"一党专政"。因为，宪草第一条开宗明义就规定"中华民国为三民主义共和国"，把主义写进宪法这不是中国人的发明，而是苏联人的首创。1922年的苏联宪法就将其国体定为苏维埃社会主义联邦共和国，结果在苏联，因为国体为社会主义共和国，所以凡反对社会主义的政党概不许存在。"同样，宪法草案既把中华民国的国体规定为三民主义共和国，那么，凡积极的主张别个主义或消极的反对三民主义的政党，当然都可以视为违宪的政党，而不许其存在。"据此，萨孟武认为，"在宪政开始之时，中国仍只有一个党，即只有中国国民党"。⑤ 也许正是这个原因，"中华民国为三民主义共和国"的条文规定，颇受人们的批评。概括起来，人们批评的理由有以下几点。

---

① 孙科：《中国宪法的几个问题》，《东方杂志》第31卷第21号，1934年11月1日。
② 同上。
③ 吴经熊：《中华民国宪法草案的特色》，《东方杂志》第33卷第13号，1936年7月1日。
④ 孙科：《中国宪法的几个问题》，《东方杂志》第31卷第21号，1934年11月1日。
⑤ 萨孟武：《中华民国宪法草案之特质》，《东方杂志》第33卷第12号，1936年6月16日。

第一，主义是有时间性的，而宪法虽然未必是"行之百世而不悖"的东西，但它毕竟是国家的根本大法，有相当的永久性，宪法所规定的国体，更不能轻易更改。所以，"以具有严切底时间条件的政治主义，附在国家根本大法的宪法之中，这种立法政策，是很可怀疑的"。① 宪法固然应该显示立国特性，但立国特性并不是国中一部分人主观认定的特性，"用三民主义为立国特性，这是国民党人认定的立国特性，未必真是全体中国人立国的特性。用国中一部分人信仰的主义，以显示立国特性，徒引起纠纷而已"。②

第二，三民主义是国民党一党的党义，国民党虽有信仰奉行的义务，国民党以外的国民并没有信仰奉行的义务。宪草第二条规定"具有中华民国之国籍者为中华民国人民"。中华民国人民不一定非信仰三民主义，而宪法则是每一个国民无论他政治信仰如何都必须遵守的。更何况真正的宪政是多党政治，既然是多党政治，每一个党都有自己信仰的主义，都有自己奉行的政策，如果以国民党的党义列入宪法，强迫国人共同信奉，从而使他人无组党之余地，"这仍是一党专政的局面"，结果不仅会引起国人的"反感"，而且与宪政的本质是相互冲突的，只能"证明国民党毫无还政于民的诚意"。③

第三，宪法草案设有人民权利章，其中规定人民有思想、言论、集会、结社、信仰等自由，但宪法草案第一条又规定"中华民国为三民主义共和国"，有了第一条的规定，其他有关人民权利的规定都成了一纸空文，因为以信仰奉行三民主义为前提的所谓思想、言论、集会、结社和信仰等自由，"纯属欺人之谈耳"。④

第四，三民主义解释分歧，就是国民党本身，对三民主义也没有统一的解释。孙中山本人虽对三民主义发挥甚详，但因时代环境的关系，内中矛盾之点也多。因此，如果把三民主义列入宪法，冠于国体之上，成为解释宪法的定本，那么，三民主义就可能随时发生不同的解释，政治上即可随时发生违宪问题。譬如，孙中山说过"民生主义就是共产主义"，这与国民党官方

---

① 林纪东：《关于"三民主义共和国"》，《独立评论》第47号，1933年4月13日。
② 尹思鲁：《三民主义共和国》，《自由评论》第24期，1936年5月26日。
③ 梁实秋：《宪法上的一个问题》，《自由评论》第9期，1936年1月17日；王赣愚：《宪政与党治》，《益世报》1936年5月18日。
④ 诸青来：《请看宪法草案第一条》，《再生》第1卷第12期，1933年4月20日。

对民生主义的解释大异其趣,"那一种解释合于宪法,那一种解释是违背宪法"?就很难回答。再如,"三民主义就是救国主义",这也是孙中山本人的话。既然"三民主义就是救国主义",那么这两个名词可以互用。倘若把宪法草案第一条"中华民国为三民主义共和国",改为"中华民国为救国主义共和国",这岂不成了天大的笑话?[1]

基于以上理由,批评者主张把第一条中的"三民主义"四字删除。否则,他们警告当局说:"一班人看到第一条,他们的反感是这样:这是一党制度的宪法,这是继续党治的宪法,人民有了这种成见,对国民大会、对总统选举、对实施宪政等等,当然是漠不关心,袖手旁观……人民有了这种消极的态度,五月五日所公布的宪草的前途命运,亦可想见了。"[2]

二是对宪草第二章"人民之权利义务"条文的批评。各国宪法关于人民权利自由之规定,主要有两种形式,一是采取直接保障主义,二是采取间接保障主义。前者由宪法规定各种自由权利的范围,宪法一旦实行,人民随即享有宪法规定的各种自由权利;后者则以普通法规定之,只有待有关法律颁布之后,人民才能享受所规定的自由权利。因此两者比较,直接保障主义比间接保障主义更有利于对人民各种自由权利的保障。且就各国的宪法来看,欧美等资本主义发达国家大多采用的是直接保障主义。然而,尽管国民党当局也知道,"为保障人民权利起见",直接保障主义比间接保障主义"为佳"[3],但宪法草案对人民各种自由权利的保障采取的都是间接保障主义,有关条文多有"非依法律不得限制之"的规定。立法院长孙科曾对个中原因做过如下解释:"一曰法治国之通例,未有予人民以绝对之自由者。彼主张'人权'之说者,以为人民之自由,实与有生以俱来,则系十八世纪玄想之陈说,为当时市民阶级所持以抵抗强暴之具。近代社会组织,因产业革命而急变,昔之视自由为可贵者,今则视同劳苦民众之桎梏矣。主张'社会联立主义'之新说者,即释自由为发展个性以致力于社会之工具。此自由之新义,其应受合理的多方之限制,自无待言。总理亦尝谓'只有国家

---

[1] 尹思鲁:《三民主义共和国》,《自由评论》第24期,1936年5月26日。
[2] 《益世报》社论:《宪草第一条》,1936年5月15日。
[3] 吴经熊:《中华民国宪法草案之特质》,《东方杂志》第33卷第13号,1936年7月1日。

自由，更无个人自由'，其义正同。二曰'法律'与行政命令不同，不容混为一谈。彼主张直接保障之说者，亦谓恶法将侵民权而无余，而等宪章于具文。不知过去民权之失保障，非法律之不良，行政机关实有以蹂躏。且宪法颁行以后，法律由民意机关所决议，人民又得运用其创制与复决之权，即有恶法，又何患乎无制？至行政机关之不得擅行僭越，立法以病民，则又属正常之法治所应尔，无待深论已。三曰直接保障之具体规定，挂一而漏万，有时竟陷于不可能。吾人讨论草案，于此亦屡经尝试，顾卒难称意。例如通信之自由，貌似殊少问题。有人即主张规定为'人民有通信秘密之自由，非因犯罪嫌疑，在侦查或处刑期中，不得侵犯'云云。惟学校当局之于学生，父母之于子女，往往有特需查阅其通信者，于此又将何说？诚以社会复杂万状，宪法上所应规定者，为自由保障之原则，其余则均待普通法为之补充，要非宪法条文所能巨细毕举故也。"①

但是，批评者则不像孙科这样认为，他们指出，宪草第二章"人民之权利义务"规定的人民各项自由，"宪法列举，意重保障，此为各国之通则，今草案各条，均有非依法律不得停止或限制云云，是宪法所界予之自由，皆得以普通法律剥夺之，宪法保障，不几等于虚伪乎"。② 宪草第25条虽然规定"凡限制人民自由或权利之法律，以保障国家安全，避免紧急危难，维持社会秩序，增进公共利益所必要者为限"，然而，所谓"维持社会秩序，增进公共利益"是最无标准的，政府不仅完全可以借口维持社会秩序，增进公共利益而颁布新的限制、剥夺人民各项自由权利的法律，而且以前的一些限制、剥夺人民各项自由权利的法律，如《出版法》《危害民国紧急治罪法》也可以援宪草第25条的规定而继续存在。因此，"照现时宪草的规定，就是宪法公布之后，中国人的权利保障仍是一个零"。③ 譬如，宪法草案第15条虽然规定"人民有言论著作出版之自由"，但政府完全可以依据刑法第153条、第235条、第310—313条的规定，《危害民国紧急治罪法》之第二至第六条的规定，以及《出版法》将人民的言论、著作、出版的自由权利剥夺

---

① 孙科：《中国宪法的几个问题》，《东方杂志》第31卷第21号，1934年11月1日。
② 王揖唐：《宪法草案之商榷》，《国闻周报》第11卷第16期，1934年4月23日。
③ 丘汉章：《对于宪法初稿的几个意见》，《东方杂志》第30卷第14号，1933年7月16日。

殆尽。实际上，批评者指出，宪草第二章人民之权利义务的条文，基本上是《中华民国训政时期约法》的抄写，个别条文甚至比训政约法的限制还严格一些。如宪草第 15 条"人民有信仰宗教之自由，非依法律不得限制之"，而训政约法则没有"非依法律不得限制之"的规定。

就历史经验来看，批评者指出，国民党正是利用训政约法有关"非依法律不得停止或限制"人民各项自由权利的规定，先颁布各种停止或限制人民各种自由权利的法律，而后又依法律限制或剥夺人民各种自由权利的。既然训政约法不能使人民的各种自由权利有任何保障，和训政约法类似甚至个别条文的限制还要严格一些的宪法草案难道就能保障人民的各种自由权利？据此，有的批评者写道，"过去的经验已够我们受了"，我们再不能放任当局利用宪草的有关规定来"依法"限制和剥夺人民的各种自由权利了。①

为了保障人民的自由权利，批评者们要求对宪法草案第二章的有关条文加以修改，并提出了两种修改意见：一是采用直接保障主义，"在宪法中逐条明定可以干犯之具体事实"；二是将宪草第 25 条"凡限制人民自由或权利之法律，以保障国家安全，避免紧急危难，维持社会秩序，增进公共利益所必要者为限"中的"维持社会秩序，增进公共利益"两句话删去，"以免易为蹂躏自由者所藉口"。② 当然，国民党当局是不会接受批评者上述之要求的。

三是对第三章"国民大会"之条文的批评。"国民大会"是根据《建国大纲》第 24 条"宪法颁布之后，中央统治权则归于国民大会行使之，即国民大会对于中央政府官员有选举权，有罢免权，对于中央法律有创制权，复决权"的规定而设立的。按照国民党官方钦定的《中华民国宪法草案释义》的解释，国民大会与任何国家之代议机关不同，因为：（1）国民大会为"民权"之代行机关，而非"主权"之代行机关，故与英国之"巴力门"异；（2）国民大会只为"四权"之代行机关，而非"最高权力之机关"，故与苏俄之苏维埃大会不同；（3）国民大会为政府机关以外之监政机关，而

---

① 丘汉章：《对于宪法初稿的几个意见》，《东方杂志》第 30 卷第 14 号，1933 年 7 月 16 日。
② 涂允檀：《评宪草修正案》，《国闻周报》第 11 卷第 36 期，1934 年 9 月 10 日。

非政府之并立机关，故与美国国会亦相去甚远；（4）国民大会为五院政府责任所以出之机关，其自身则不掌有立法权，故又与法国之议会异其性质。"总之，国民大会为代行政权之机关，且仅为代行政权之机关而已。"①

如果说宪法草案第一条和第二章"人民之权利义务"，无论是初稿，还是修正稿或最后公布之草案，都是如此规定的话，那么，关于国民大会，修正稿对初稿作了修正，正式宪草又对修正稿作了修正。初稿中的国民大会由每县市选出代表一人，以及蒙古、西藏代表，国外华侨代表组成，每三年开会一次，其会期以一个月为限。国民大会虽然具有（1）选举和罢免正副总统，立法院和监察院委员，司法院和考试院正副院长，罢免行政院长，（2）创制立法原则，复决法律，制定和修正宪法，（3）收受国民政府的报告，国民政府提交议决的事项权等职权，但其职权"于闭会之日终结"，闭会期间，设立国民委员会，置委员 31 人，委员虽由国民大会选举产生，但必须是 45 岁以上有特殊功德者才能担任，国民委员会不代行国民大会职权，只在平时接管大会秘书处以及筹备下届大会，此外，得受理监察院对于立法委员、监察委员及各院院长、副院长的弹劾案和立法院对于行政院长的不信任案。

初稿公布后，有关国民大会的条文规定，颇受时论指责。胡适在《读宪法初稿》中认为，初稿中的国民大会人数多、会期短，三年才集中开会一次，而且闭会之日，职权就终结了，这些来自全国各县且平时素不相识、又无组织的一千几百名国民大会代表，"到了首都，真成了刘姥姥初入大观园！这一大群刘姥姥如何能负担起那国民大会的极重大的职权呢？这岂不是在宪法里先就准备叫他们被少数伶俐的政客牵着鼻子跟人瞎跑吗"？据此，胡适建议，与其拘守《建国大纲》设立这样一个易为少数政客所操纵的国民大会，还不如叫各省人民选出他们本身的立法委员来组织一个代表全国的立法院。如果非要拘守《建国大纲》的规定不可，那就应该让代表每年在首都多待几个月，多得一点政治经验，多"参与中央政事"，假如担心各县代表每年来往奔波太困难，那就应该老老实实地承认这个"每县得选国民代表一

---

① 金鸣盛：《中华民国宪法草案释义》，世界书局 1936 年 11 月版，第 49 页。

人"的制度不能实行,而另谋别的制度。① 陈受康在《独立评论》上也表达了类似的意见。他指出,国民大会的职权看来似乎很大,但事实上,三年召集一次,每次一个月的规定,已使它成了一个纯粹的代选机关,每次召集,除了选举一个新政府外,国民大会几乎没有别的事可办,也几乎没有办别的事的可能。并且1000多位素昧平生的代表在短短一个月里,选出356个性质不同的中央官吏,31个候选资格严格的国民委员来,这难免不被人利用,做人的傀儡。因此,陈受康主张,干脆将这样的国民大会取消,叫人民组织代选团,选出额定的立法委员组成立法院,使立法院成为政权和治权的沟通机关,也用同样的方法选举总统和监察委员。如果硬要保留国民大会以符合《建国大纲》,那就必须对宪法初稿的有关条文进行修改:(1)改国民大会每三年召集一次为每年召集两次,每次会期由一个月延长为一个月以上。同时,将立法院拥有的立法、预算、决算、修约和宣战等权力收回交国民大会行使,立法院只是根据国民大会通过的有关议案具体起草有关法律的办事机关,总统和五院院长直接对国民大会负责。(2)减少代表人数,提高代表质量,改按县市直接选举代表为先由"知识较高的法团代表"联席推选候选人,然后由全省人民从候选人中直接选举国民大会代表。如果硬要拘守《建国大纲》的规定,使各县市在国民大会中都有自己的代表,那就应该规定一个代表的数率,使人口众多的县市能按比率多选代表,而不是初稿规定的那样无论大小,每县市一人。② 《大公报》在题为《读宪法草案初稿》的"社评"中,也对初稿有关国民大会的代表产生、职权以及国民委员会的组成提出了批评,主张取消国民委员会,改按行政区划为按人口比例选举国民大会代表。

也许是舆论批评的作用,修正稿对有关国民大会的条文作了如下一些修改:(1)改国民代表完全按地域选举制为虽按地域选举,但以人口为比例,凡人口逾30万者,每增加50万人得增选代表一人;(2)改国民大会每三年召集一次,每次一月,不得延长,为国民代表任期四年,每二年开会一次,

---

① 胡适:《论宪法初稿》,《独立评论》第96期,1934年9月15日。
② 陈受康:《读宪法初稿》,《独立评论》第92期,1934年3月18日;《宪法初稿的国民大会》,《独立评论》第99期,1934年5月6日。

每次一月，但必要时可延长一个月，经四分之一以上代表同意，国民大会得自行召集临时大会；（3）明确规定国民大会有复决预算案、宣战案、媾和案、法律案、条约案、戒严案和大赦案等职权；（4）扩大国民委员会的职权和人数，委员以省为单位、人口为比例由国民代表互选。

修正稿公布后，陈之迈在第112号的《独立评论》上发表了一篇题为《读宪法修正稿》的评论文章，他在肯定"修正稿对于原稿增否之处，大部分都是一种进步"的同时，又对国民大会的召开日期提出了意见，他指出："国民大会每两年才开会一次，会期极为短促，将近二千人的大会，又不是行使繁重职权的合宜机关，所以我以为不如令国民大会每四年开会一次，会期不妨较长，每次会期后即行改选。"他的理由是：（1）由国民大会所选举的政府官员的任期修正稿规定为四年；（2）国民大会不开会时，它的职权可以由国民大会委员会代理；（3）遇到特殊事件，可以召开临时国民大会；（4）四年改选一次的人民代表制机关时期不能算为太长；（5）中国幅员广阔，代表的旅行费用甚为浩大，改二年开会一次为四年召集一次，可以"省去许多旅费"。

与陈之迈意见相反，涂允檀则认为，修正稿对国民大会会期的修改仍然嫌少、嫌短。因为在他看来，"以一国最高统治机关，负选官立法之重任，四年中只有少则两月多则四月之会期，而冀其能胜任愉快，不负人民期望，恐等于缘木而求鱼"。故此他主张："国民大会应改为每年开会一次，会期两个月，必要时得延长一月，庶易达提高政权，限制治权之目的。"除此，涂允檀还对修正稿有关国民代表的选举办法提出了批评。他指出，修正稿改初稿的完全按区域选举制为仍按区域选举而以人口为比例虽是一大进步，但是，"修正稿未规定选出一名代表之最低人口额数。边缴荒凉县区，人口不过数千，选代表一人，而人烟稠密，人口达二十余万之县区，亦选代表一人，殊不公平，且有使乡村代表凌驾城市代表之可能，故条文应规定选出一名代表之最低人口数额，其不足此额的县区，则合并于邻近县区，组成一选举区。又修正案规定人口逾三十万者，每增加五十万人，增选代表一人，则逾三十万而不满五十万的县市，即不能增选，亦属不公"。故他建议，此规定应改为："人口满三十万之县市及其同等区域，选出代表一名，如逾此数，每增加三十万人，增选代表一人。"并认为"如此，即可使人口与代表名额，有较公平之比例，又可减少代表总额，使国民大会不至成为人数太多不便议事之机关"。①

1936年5月5日公布的正式宪草，没有采纳涂允檀的建议，仍然规定每县市选国民代表一人，但其人口逾30万者，每增加50万人，增选代表一人，并恢复了初稿有关国民大会每三年召集一次的规定，取消了修正稿"经四分之一以上代表同意，得自行召集临时国民大会"的条文。与初稿、修正稿比较，正式宪草的国民大会的职权也有所减轻，特别是取消了初稿和修正稿都有的"国民大会委员会"，据说是担心这个机关变成太上政府，使政府不能有能，人民不能有权，或者说国民大会即为人民之代表，而国民大会委员会又为代表之代表，将会造成职责不清，政权治权两失其效的弊病。对此陈之迈批评道："修正稿规定有一个国民大会委员会，在国民大会不开会时代行其一部分的职权，并随时质询总统。现在宪草把这个机关完全取消，我以为很不妥当。第一，我们的政权在国民大会闭会期间将无从行使，显然与民权主义不合。第二，人民失去了监督政府的机关，虽然现在立法院及监察院都有质询政府（总统除外）的权力，但那是治权机关质询治权机关，享有政权的国民代表却没有此权。监督政府是民治国家里很重要的权力，修正稿的一个优点亦即在此。第三，立法院及监察院的质询权上限于各院各部会而不及总统，因此，总统是绝不受监督的。"据于上述三点理由，陈之迈认为"宪草对于修正稿的修改是不对的"。②

四是对中央政制的批评。犹如国民大会，初稿、修正稿和正式宪草有关中央政制的条文，前后也有修正。初稿采取的是一种变相的内阁制，总统任期六年，由国民大会选举罢免。作为国家元首，总统虽有发布法律、法令的权力，但必须有有关主管院院长副署，并且不负最高行政责任，负最高行政责任的是行政院院长，他由总统提经国民大会或国民委员会任免之。监察院和立法院可以弹劾或对行政院长提出不信任案，如经国民委员会同意行政院长必须解职，而行政院长则没有解散监察院和立法院的权力。

修正稿则改初稿的变相内阁制为变相总统制。总统任期四年，由国民大

---

① 涂允檀：《评宪法修正案》，《国闻周报》第11卷第36期，1934年5月6日。
② 陈之迈：《评宪草》，《独立评论》第129号，1934年12月2日。

会选举，他既是国家元首，又是享有实权的行政首领，向国民大会负全部行政责任。总统之下的行政院虽仍称为"中央政府行使行政权的最高机关"，但行政院长由总统任免，只对总统个人负责。显然这是一种总统制。但它又与纯粹的总统制不同，国民大会委员会不仅可以召集临时国民大会罢免总统，国民大会委员会自身也具有随时质询总统的权力。此外，也许可总统由行政院向立法院提出法律案。故此，陈之迈认为："修正稿中的行政体制，实并美国的总统制及英法的内阁制而有之。我们叫它做总统制固无不可，叫它做内阁制亦无不可。但它是两者的变相，是制宪者所独具匠心制成的。"[1]

1936年5月5日公布的宪草，根据国民党中常会议决的修订宪案的五项原则和国民党宪法草案审查委员会拟定的修订宪草的二十三项意见，又对修正稿作了一些重大修改：取消了有质询总统权力的国民大会委员会，扩大了总统任免官吏的职权与范围，不仅行政院院长、副院长、政务委员以及行政院内各部会部长、委员长由总统自由任免，司法及考试院院长由总统代国民大会择任，而且过渡时期的立法委员和监察委员之半数也由总统根据各该院院长之提请而任命，特别是增加了"国家遇有紧急事变或国家经济上有重大变故须为急速处分时，总统得经行政会议之议决，发布紧急命令，为必要之处置。但应于发布命令后三个月内，提交立法院追认"的条文。经过如此修改，宪草中的中央政制不仅成了纯粹的总统制，甚而成了总统独裁制。《益世报》的一篇"社论"就批评了那种认为宪草是五权宪法而非一权宪法，非总统独裁制的观点。文章指出，根据五五宪草，总统不仅是行政首脑，他的权力远在立法、司法、考试、监察各院之上。总统向国民大会负责。立法院既不能弹劾总统，总统任免官吏也无须征求立法院的同意。立法院制裁总统的权力在什么地方？总统任命司法院正副院长，但总统被弹劾时，司法院没有审判权，司法院制裁总统的权力又在什么地方？监察院虽可弹劾总统，但弹劾权只限于向国民大会提出弹劾案，这个制裁权确实有限。考试院正副院长为总统任命，他们不能对总统进行考试，考试院制裁总统的权力又在什么地方？再加上第44条规定的紧急命令权，总统对一切事务都可以"为必要的处置"，总统权力当然高高在上，总统当然可以做独裁者。据此，这篇

---

[1] 陈之迈：《读宪法修正稿》，《独立评论》第112号，1934年8月5日。

"社论"得出结论:"五月五日的宪草是一权宪法,不是五权宪法。是行政领袖独裁的宪法,不是行政、立法、司法、监察、考试五权分立的宪法。"①罗隆基在《宪法草案中的总统》的一文中也认为:"倘五月五日公布的宪草将来成为中国的正式宪法,倘将来中华民国的总统真能享受宪法中给予的一切职权,那么,中华民国的大总统是世界上最有权力的一位大总统。不止如此,他是全世界法律上权力最大的政治元首。……(他)名义是总统,实际是个独裁者。"②就是对五五宪草持完全赞成态度的萨孟武也承认,五五宪草的特征之一是"总统独裁"。因为宪草虽然规定总统发布命令须有行政院院长副署(第38条),但由于行政院长、副院长及政务委员是由总统自由任免,概对总统负责(第56条及59条),所以总统可以罢免不肯副署的院长,而任命肯副署的院长,使其副署自己发布的命令,行政权在名义上虽归属行政院(第55条),然而事实上则归总统所有。再如宪草规定立法院之立法委员半数由立法院院长提请总统任命之(第143条第1款),总统既然可任命半数立法委员,则总统提出的一切议案当然在立法院容易得到批准。总统既有总揽行政的权力,又有支配立法的权力,这种制度当然是总统独裁制。③

对于五五宪草所采用的中央政制,除萨孟武、楼桐孙等(见楼文《五权宪法中的总统》,《时代公论》第144—145期合刊)少数主张独裁制的人表示赞同外,多数宪草评论者则提出了批评。陈之迈指出:"修正稿里所规定的中央体制是变相的总统制。宪草把质询总统的国民大会委员会取消,走近了美国式的纯粹总统制。增加行政机关的权力,是近代政制一个普遍趋势,也是现时宪法原理所极端赞成的。然而纯粹的总统制有许多缺点,不特在学理上不妥当,在实行上至少也有减低行政效率的弊病,否则全部宪法将因之牺牲。我不主张采行内阁制,因为我觉得中国目前没有充分实行内阁制的条件,但我也不主张纯粹的总统制。"④罗隆基则着重批评了宪草第44条的规定。他指出,条文中"发布紧急命令,为必要之处置"这两句话很厉

---

① 《五权宪法?一权宪法?》,《益世报》1936年5月19日"社论"。
② 罗隆基:《宪法草案中的总统》,《自由评论》第24期,1936年5月16日。
③ 萨孟武:《中华民国宪法草案的特质》,《东方杂志》第33卷第12期,1936年6月16日。
④ 陈之迈:《评宪草》,《独立评论》第129号,1934年12月2日。

害，这等于说中国将来的总统可以用命令变更法律，甚至废除宪法全部168条的其余167条。条文中固然有两个限制：（1）"紧急事变或国家经济上有重大变故"，（2）"经行政会议的议决"，但这种限制等于没有限制。因为什么是"紧急事变"，什么是"经济上重大变故"的解释权在总统；至于"行政会议的议决"，更不是限制，行政院正副院长和政务委员向总统负责，由总统任免，他们对总统的紧急命令，当然不敢拒绝通过。有关"发布命令后三个月内提交立法院追认"的规定，更是一句空话。紧急命令既已公布三个月之久了。"必要之处置"已成事实，三个月后的追认又能起什么作用？实际上，罗隆基指出，宪法草案的第44条是给总统"一种绝无限制的紧急命令权"，乃至废止宪法权，以便于他的专制独裁。①

除上述这几个方面外，舆论还对五五宪草有关中央政府与地方政府的关系，地方政府的组成，以及经济、教育、宪法的实施和修正的规定，也提出了批评。由于篇幅的关系，在此就不一一作介绍了。

除了决定于翌年5月5日正式公布《中华民国宪法草案》以外，1935年12月召开的国民党五届一中全会还决定于翌年11月12日召开国民大会，以审议通过该宪草。为此，立法院根据宪草第35条："国民大会之组织、国民大会之选举、罢免及国民大会行使职权之程序，以法律定之"的规定，起草了《国民大会组织法》和《国民大会代表选举法》，并经国民党中常会审议通过后，于1936年5月14日公布。犹如《中华民国宪法草案》，《国民大会组织法》和《国民大会代表选举法》公布后，也受到了舆论的批评。

第一，对于国民大会代表之选举制的批评。《国民大会代表选举法》规定：国民大会代表的选举并用区域选举和职业选举这两种不同的选举制度。如果说舆论对于"最自然、最简单"也"最为民治国家普遍采用"的区域选举制没有提出什么异议的话，那么，对于战后在西欧个别国家才开始采用的职业选举制则提出了尖锐的批评。费巩指出：职业选举制的基础是要有组织良好，且经常活动的各种职业团体的存在，但就今日中国的情形而言，职业团体寥寥可数，就是这几个寥寥可数的职业团体也大都集中于都市，各职业团体间缺乏必要的联系，更谈不上有广泛而严密的组织，因此，中国根本

---

① 罗隆基：《宪法草案中的总统》，《自由评论》第24期，1936年5月16日。

不具备职业选举制的条件，假如像《国民大会代表选举法》所规定的那样，除区域选举外，还用职业选举，结果"徒增选举之麻烦，而殊难得职业代表制之好处"。① 张佛泉也认为，中国工业化程度极低，实际上并不存在什么工团或社团这些职业团体组织，虽然各大城市也有工会和商会，但以一种利害为单位的横断全国的组织却极少，即使有，也无活动，并且许多社团的组织都是零星的、散碎的，所以中国还没有达到采用职业选举制的程度。实际上就职业选举制的本身而言，张佛泉指出，也不见得它是一种更理想的选举制度，采用职业选举制的意大利、德国和苏俄，不仅都是一党专政的国家，而且都没有取得满意的成绩。② 天津《益世报》的一篇题为《评国民大会选举法》的"社论"除了指出中国因缺乏集会结社自由，"所谓职业团体除少数都市中有此项名称外，中国又何尝有真实的职业组织"，因而不具备实行职业选举制之条件外，还着重批评了《国民大会代表选举法》对于职业代表人数的分配。《国民大会代表选举法》规定，各职业团体共选举代表380名，其中农会110名、工会108名、商会104名、教育机关18名。"社论"认为，《国民大会代表选举法》对于职业代表人数的上述分配，"太欠斟酌"。因为并不存在，就是存在也不真正代表农民组织的农会在职业代表中人数最多，达110名，而"真有知识参加政治，真有兴趣参加政治的教育界，全国为十八人，每省平均不得一人。中小学教师占教育界服务人员的大多数，在自由职业中却无选举权与被选举权。这种法律，倘非另有用意，即根本抹煞中国社会的现实情形"。"社论"特别对《国民大会代表选举法》没有分配给学生团体国民大会代表的名额提出了批评，指出："学生组织固非职业团体，似不应特别给以参加国民大会权利。然在今日中国特殊环境下，让学生团体参加国民大会，实有利无弊。孙中山先生在世时，有过一篇《学生当赞成国民会议》的演说，里面有这样一段：我们国民党提倡的国民大会，主张用全国有组织的团体做基础。什么是全国已经有了组织的团体呢，就是：（一）实业团体；（二）商会；（三）教育会；（四）大学；（五）各省学生联合会；（六）工会；（七）农会……现在中央一切举措都严遵遗

---

① 费巩：《评国民大会之选举法》，《国闻周报》第13卷第44期，1936年11月9日。
② 参见张佛泉《关于国民大会》，《国闻周报》第13卷第15期，1936年4月20日。

教。学生团体参加国民大会,既为孙先生遗教之一,这种遗教,似亦不应违背。进一步说,让学生参加国民大会,或是应付学潮的最善方法。一班青年学生果有正轨可以发表他们的政治意见,对政府行为自易谅解,学潮亦自可平息。"① 张佛泉就《国民大会代表选举法》对于职业代表的分配也发表了与《益世报》的"社论"相同的观点,他指出:"此次国民大会的选举法……有一个最大的缺欠,国民力量的分配便不均匀。譬如说加在农民身上的责任,若比起自由职业团体来便过重。无疑地,农民是占我们人口的大部,为实现他们的利益,他们便应得到多数代表。但是我们要明白参与政治,如同选举,不只是一种权利,同时还是一种义务。如果他们没有尽选举义务的能力,表面上所得的权利亦不会给他们甚么实际利益的。质言之,在农民政治能力尚未发展到担负某种义务时,而必勉强其担负,则结果必成被劫持之局面。去年我曾遇见一位与国民党有相当关系的人,他说代表大会的选举,是要采取职业制的,因为这样容易控制。依此次选举法的规定,恐怕果然有这种嫌疑。区域代表大多数将为农民代表,同时职业代表中农民代表又占去三分之一,是农民代表已可得大会代表之过半数。这样,表面上似乎是很公平,但实际却未必如此。"②

第二,对选举人资格规定的批评。《国民大会代表选举法》第二条规定:"中华民国人民,年满二十岁,经公民宣誓者,有选举国民大会代表之权。"而所谓"公民宣誓"的誓词是:"×××正心诚意,当众宣誓,从此去旧更新,自立为国民,尽忠竭力,拥护中华民国,实行三民主义,采用五权宪法,务使政治修明,人民安乐,措国基于永固,维世界之和平,此誓!"对此,《益世报》的"社论"指出:本来,除极少数被剥夺了公民权的犯罪分子外,凡中华人民都是公民,也都享有公民所应享有的一切权利。然而,《国民大会选举法》却规定,人民必宣誓"实行三民主义,采用五权宪法",才能取得公民资格,才能参加国民大会选举。这规定显然与国民党一再声称要实行的宪政是不符合的。况且,对于绝大多数国民来说,他们是否肯在这样的誓词上签字,也大有问题。"倘百人中肯签字者只有一人,是否今后中

---

① 《益世报》1936年5月6日"社论"。
② 张佛泉:《政治现状如何打开?》,《国闻周报》第13卷第21期,1936年6月1日。

华民国百人中九十九人被剥夺公权,而一人为公民? 是否今后的国民大会即由中国人口百分之一的人民来选举?"其实,说百分之一还是从容计算的。国民党党员充其量不过百万,而中国人口是四万万,党员只占全国人口的四百分之一。而且就是国民党党员,除举行党员宣誓外,也不见得人人都举行过公民宣誓。如此,举行过公民宣誓者所占人口的比例就更少了。① 张佛泉认为,如果选举人需要资格限制的话,那么其限制标准不是公民宣誓,而是所受"新式教育"的程度。因为,"只有受过新式教育的,方多少有新的人生观,有民族意识,有国家观念"。故此,张佛泉主张,"凡受过新式教育的全应享受选举权",而无论他曾经举行过公民宣誓与否。② 陈之迈则指出,国民党一方面要召集国民大会,制定宪法,"弼成全民政治",但另一方面又通过《国民大会代表选举法》的第二条规定,使那些不肯为公民宣誓者丧失其公民权,这不仅"实令现在热心中国政治的人感觉悲观",也使一般人——包括国民党党员在内——对于中国将来究竟要建立什么样的政制"缺乏清楚认识";同时,由于"现在竞选者固然宣誓过信奉三民主义,选民也宣誓过信奉三民主义,因此关于中国政治,他们彼此间无话可谈,不能提出任何与竞选之对方不同的主张。试问参加竞选者除了自诩本人'正人君子',自吹自擂外,有何方法去竞争"?据此,陈之迈认为,《国民大会代表选举法》的第二条规定,"是逼迫着中国人去尽量运用其本来便根深蒂固'对人不对事'的劣根性,是使得不便自夸的人裹足不前的方法"。③

第三,对选举程序的批评。根据《国民大会代表选举法》的规定,国民大会代表的产生须经三个程序:第一步,区域之候选人,由各选区内各县市之乡长、镇长、坊长等联合推选之,其名额是该选区应出代表名额的十倍(第 11 条);职业团体之候选人,由自由职业团体及各省市职业团体之执行机关人员推选之,其名额是各该团体应出代表名额的三倍(第 20 条、第 26 条);第二步,各选举区所推选的候选人,由国民政府就中指定三倍于各该区应出代表之名额为候选人(第 13 条);自由职业团体及各省职业团体所推

---

① 《评国民大会代表选举法》,《益世报》1936 年 5 月 6 日"社论"。
② 张佛泉:《关于国民大会》,《国闻周报》第 13 卷第 15 期,1936 年 4 月 20 日。
③ 陈之迈:《从国民大会的选举谈到中国政治的前途》,《独立评论》第 232 号,1937 年 5 月 2 日。

选的候选人，由国民政府就中指定二倍于各该团体应出代表之名额为候选人（第 22 条、第 26 条）；第三步，由选民在指定的候选人中投票选出本选区或职业团体应出国民大会之代表（第 14、23 和 26 条）。费巩指出：《国民大会代表选举法》所规定的上述国民大会代表之产生的程序，"使人民对开放党禁、实行宪政之诚意，殊不能无疑"。因为，按《国民大会代表选举法》之规定，国民大会代表之候选人先要由与官厅党部时常接触、受其支配和利用的乡长、镇长和坊长推选，继又要经国民政府的圈定，而且省政府对于各举行区所推选出来的候选人，在呈报国民政府指定前要签署意见（第 14 条），这样经过一层层的"沙漏工夫，'不良分子'已被淘汰"，人民所能选举者，只限于指定之少数候选人，无自由选择之可言。"选举人既无自由表示意见之机会，在事前政府即能预断选举之结果"，这显然违背了召开国民大会，使政权属诸人民的本意。实际上，费巩认为，《国民大会代表选举法》所规定的选举程序，"与意大利之候选议员千人，须经法西斯大评议会圈定四百，由人民投票之办法，殆相近似。但须知意大利所实行者，独裁政治也，一党专政之政治也，非可与揭示已久今日决心实行之'宪政'相提并论也"。如果国民党一定要坚持按《国民大会代表选举法》所规定的选举程序来产生国民大会代表的话，那么，不仅会使特立独行志行高洁之士根本不去参加竞选，而且也会减少人民对代表的信仰，影响至巨。"夫以如此推出之千余人，而称为国民大会，其人既非真正出自民选，自候选以迄当选，恐始终出于被动，则其出席会议也，'势必劳大力者，代为组织而支配之，逢选举总统及各院院长时，预拟名单，分交书写。此千余人者，但唯唯否否，旋进旋退，以完成其出席之任务而已'"。① 《自由评论》的一篇短评也写道：看了《国民大会代表选举法》，我们的感想真不知从何说起！先由乡镇一班小官吏推荐，再由大官核减，再由中央圈定，然后发给曾举行过公民宣誓的人去选举。然而这是真正的选举吗？这是真正的国民大会吗？这是党政府将要还政于民之意诚的表示吗？这是将入宪政时期的一个好脱兆吗？这是国难时期精诚团结的好现象吗？"我们觉得有一点悲观。"②

---

① 费巩：《评国民大会之选举法》，《国闻周报》第 13 卷第 44 期，1936 年 1 月 9 日。
② 《国民大会之悲观》，《自由评论》第 15 期"短评"，1936 年 3 月 13 日。

本来，按照国民党五届一中全会的决定，国民大会应于 1936 年 11 月 12 日召集，但由于国民党根本没有召集国民大会、颁布宪法、还政于民的诚意，因此，不久它就以筹备不及为理由决定将国民大会延期一年至 1937 年 11 月 12 日召集，并于 1937 年 2 月，经国民党五届三中全会授权给中央常务委员会，对国民大会组织法和选举法作些修改，4 月底，立法院遵照国民党中常会议决的修改原则，将国民大会组织法和选举法修改完毕。概而言之，主要对国民大会组织法和选举法作了以下几个方面的修改。

其一，除特种选举外，取消由国民政府指定（或圈定）候选人的选举程序。陈之迈在分析由国民政府指定（或圈定）候选人之选举程序的原因时指出："这种圈定或指定的办法，在国民党内部组织中行之甚久，为一种有效的统制办法。立法院制定国民大会选举法时采用这种办法，其渊源也是从党内的选举来的。但党里的办法，并未能施用于全国；在各地的十倍候选人推出之后，国府便看出这个办法之不妥，因为被推选为候选人而被淘汰的百分之七十的人必然对国府表示不满，而在国府指定时国府又必受种种的运动及钻营。这是这次废指定制的原因。"[1]

其二，缩小第一届国民大会的职权。按照国民大会组织法的规定，第一届国民大会行使宪法草案中国民大会的职权，任期六年，选举总统、副总统，立法院院长、副院长，监察院院长、副院长，立法委员、监察委员及中央其他官吏，并行创制、复决及修正宪法之权。此次修改则将其职权限于制定宪法及决定宪法施行日期，这两事完成后便"任务终了"。经此修改后的第一届国民大会就成了一个纯粹的制宪机关，而不再兼有国家机关的职能。据说缩小第一届国民大会的职权有两个好处：一是能使国民大会代表"集中精力专于制宪，俾求完善之宪法产生"；二是亦因国民大会职权的缩小，可以减低竞争者的热烈情绪，少些钻营。[2]

其三，变更国民大会的内部组成：（1）国民政府主席不列席国民大会。据 4 月 24 日各报载某要人的谈话，内称，之所以要取消国府主席列席国民大会的规定，是因为"国民政府主席原有召集国民大会之权，国府主席当然

---

[1] 陈之迈：《从国民大会的选举说到中国政治的前途》，《独立评论》第 232 号，1937 年 5 月 2 日。
[2] 1937 年 4 月 24 日《大公报》载某要人的谈话。

可以参与，且主席为一国元首，国民大会中并特设主席座位，中常会将此条删去，实为崇敬主席之意"；（2）增国民政府指定之代表240名；（3）特种选举的代表如无法举行选举，亦得由国民政府指定；（4）国民大会当然出席之代表不但包括国民党全体中执监委，而且也包括从前规定只能列席国民大会的全体候补中执监委；（5）列席人员中除国民政府委员及各部会长官外，以前国民大会主席团特许列席人员一项现被取消。

就对国民大会内部组成的上述变更来看，它实际上是国民党采取的一种"田里损失地里补"的措施。虽然由于社会舆论的激烈批评，修改后的《国民大会代表选举法》取消了国民政府指定国民大会代表候选人的选举程序，但通过对国民大会之内部组成的变更，国民党对国民大会的控制不但没有因取消指定选举程序而被削弱，相反得到了进一步的加强。因为按《国民大会组织法》的规定，国民大会有依区域选举方法选出者665名，依职业选举方法选出者380名，依特种选举方法选出者155名，共1200名。修改后又添加经由国民政府指定的240人，再加上当然出席国民大会的国民党中央执监委和候补执监委260名，这样出席国民大会的人数总共达到了1700人。当然，就实际出席的人员而言，或许达不到1700人，因为中央执监委和候补中央执监委都有可能被选为国民大会代表。在列席的国民大会的人员中，国府委员几乎完全是国民党中央委员，各部会长官也大半是中央委员，而非中央委员的国府委员，各部会长官也极有被选举的可能。故所谓列席人员实际上是虚设。在这1700人中，国民党可以把握得住的有全体中央执监委员和候补中央执监委员260人、指定代表240人，如果特选不能办理，又有155人由国民党指定，合计655人，再加上相当数目的各中委及下级党部人员以及政府现任官吏也会被推选和选举为国民大会代表，国民党就能完全操纵国民大会，使它成为自己的御用机关。所以，陈之迈在分析了国民大会组成人员的身份后指出："这次国民大会之极度受党及政府之拘束，则为显而易见的事实。"[1] 宋士英也认为，国民大会组织法和选举法"虽因各方责难而修正，但修正之结果，反而加重国民党特殊之地位"。[2] 对此，柳适中批评道：

---

[1] 陈之迈：《从国民大会的选举谈到中国政治的前途》，《独立评论》第232号，1937年5月2日。
[2] 宋士英：《中国宪政之前途》，《独立评论》第234号，1937年5月16日。

"组织法和选举法的最大缺点也就在于没有充分表现民主的精神，两法规的修正并没有把这种缺点除掉。根据现在的组织法，国民大会的代表几乎有半数是党及政府所可确实把握的，另外的半数照现在的选举法和去年的选举结果看来，恐怕大部分也非是党及政府中人不可。这样利用组织法和选举法使国民党及国民政府在国民大会中占到绝大多数，无异表示政府对于'庶政公诸国民'一点并无充分的诚意。"①

原定 1936 年 11 月 12 日召集的国民大会，因国民党缺乏立宪诚意而借口筹备不及推迟到 1937 年 11 月 12 日召集。但不料这年发生七七事变，中日战争全面爆发，召集国民大会一事只好不了了之，后来国民党又多次"郑重"宣布召集日期，但每次又被国民党自己借故推迟，直到 1946 年底国民大会才在隆隆内战的炮声中由国民党单方面召集。

（三）"七七"后的两次宪政运动

七七事变后，面对日本帝国主义的大举进攻，为挽救中华民族的危亡，与日寇作殊死的斗争，国内各阶级、阶层和政治势力开始结成广泛的抗日民族统一战线。七七事变发生后的第二天，中共中央即发表《为日本进攻卢沟桥通电》，呼吁："全中国同胞、政府和军队团结起来，建筑民族统一战线的巩固长城，抵抗日寇的侵略！""国共两党亲密合作抵抗日寇的新进攻！"接着，中共中央又在 7 月 15 日向国民党递交《中国共产党为公布国共合作宣言》，提出三项主张和四项保证。与此同时，其他在野党派和爱国人士也纷纷发表通电、宣言和谈话，要求全国团结一致，共同抗敌。在中国共产党和其他在野党派、爱国人士的要求和推动下，8 月 11 日，国民党中央政治会议决定撤销五届二中全会和三中全会后组织的"国防会议"与"国防委员会"，而设立"国防最高会议"作为全国国防最高决策机关，并在其下设立咨询机构"国防参议会"，由国防最高会议主席蒋介石、副主席汪精卫聘请"在野党派、社会人望和具有专长的人"担任参议员。被聘任的首批参议员有张耀曾、梁漱溟、曾琦、胡适、蒋百里、陶希圣、傅斯年、张伯苓、张君劢、蒋梦麟、李璜、沈钧儒、黄炎培、马君武、毛泽东、晏阳初 16 人。

---

① 柳适中：《关于国民大会告国民》，《再生》第 4 卷第 5 期，1937 年 5 月 15 日。

以后又陆续增补9人，共25人。从这25人的政治背景来看，他们多为中国共产党、青年党、国家社会党、救国会、职教社、乡村建设派等主要在野党派和社会团体的代表人物及社会名流，即便是少数国民党员，用梁漱溟的话说，也多是"不接近中枢"的人，如张耀曾、马君武。所以，尽管参议员是以个人身份受到聘任的，但就实质而言，如同研究者所指出的那样，国防参议会"实际上已具有了团结各党各派的意义"，是"统一战线初期的一种组织形式"，是"国民党在抗战初期对于政治制度的一种改革"。①

根据国民党制定的《国防最高会议国防参议会组织要纲》的规定，参议会的职权是"听取政府关于军事、外交、财政等之报告"，并"得制成意见书于国防最高会议"。尽管职权有限，条件也很简陋（因日机空袭，会议常在夜间举行，会场设在中山陵旁丛林中的一座临时建筑内），参议员们还是积极为政府抗战出谋划策，如：建议政府立即组织国防研究所，以收集战时情报；派胡适、蒋百里、孙科分别赴美、德、苏等国开展外交活动，以争取国际的同情和支持；组织"袖珍政府"，以提高政府办事效率；成立一个担负全国动员的系统机构，以发动民众，应付大战，等等。有的建议被政府采纳，对于抗战起过较好的作用。

国防参议会作为"统一战线初期的一种组织形式"，虽然对于团结在野党派、社会团体和社会名流共同抗日起过一定的积极作用，但一来由于它的人数太少，无法包容广泛意见，甚至一些重要党派和社会团体（如中华民族解放行动委员会）都没有其代表，二来它的职权十分有限，仅能听取当局的报告和表达对报告的意见，充其量只是一个咨询机构，而不是民意机关，所以很不符合当时的实际需要。因此它成立不久，包括共产党在内的在野党派、社会团体和不少社会名流即纷纷要求国民党或重新成立民意机关，或改组国防参议会，扩大其人数和职权，使它真正具有民意机关的性质。1937年11月9日上海失陷之前，张君劢、梁漱溟、左舜生、黄炎培、沈钧儒、罗文干、马君武、李璜、杨赓陶9人联名向当局呈递四点建议，其中之一就是认为仅仅设立国防参议会还不够，还应成立有各党各派和各方代表参加的民意机关。国民政府迁武汉后的12月下旬，周恩来在与蒋介石面谈中亦郑

---

① 闻黎明：《国防参议会简论》，《近代史研究》1995年第1期。

重表示愿协助政府扩大国防参议会为民意机关。次年 1 月，中共中央于国民党临时全国代表大会召开前夕，再次向国民党建议成立包括各抗日党派、各军队及群众团体代表参加的、统一战线的"民意机关"，特别指出，目前"健全民意机关的设立已经成为刻不容缓的当务之急"，而其民意机关的形式，"或为更扩大的国防参议会"，"或为国民大会，或为其他形式，均无不可"。但是，"此机关要真有不仅建议和备政府咨询的作用，而且能有商讨国事和谋划内政外交的权力"。与此同时，全国各界救国联合会、中华民族解放行动委员会、中华民族革命大同盟等在野党派和社会团体以及宋庆龄、邹韬奋等著名的民主爱国人士，也强烈呼吁国民党尽早成立"一个各党各派的合作抗日会议"，或"召开国民大会"作为民意机关。

　　迫于各在野党派、社会团体及社会舆论的要求，1938 年 3 月国民党临时全国代表大会通过的《抗战建国纲领》和大会宣言决定组织国民参政机关。4 月 12 日，国民政府又公布了由国民党五届四中全会制定和通过的《国民参政会组织条例》。条例规定："国民政府在抗战期间，为集思广益，团结全国力量起见，特设国民参政会。"同时规定了参政员产生的条件、分配名额，以及参政会机构的权力等。与此前的国防参议会相比，无论其人数还是职权，国民参政会都有所扩大。

　　首先，就人数来看。国防参议会参议员共 25 名，而《国民参政会组织条例》规定的国民参政会参政员的人数是 150 名。1938 年 6 月国民党又对有关条款进行修正，规定国民参政会参政员的人数为 200 名。以后又于 1940 年 9 月、1942 年 3 月和 1944 年 9 月三次对有关条款进行修正，最后参政员人数总额达到 290 名。由于人数扩大，其代表性也就比国防参议会广泛得多。不仅各党派（《国民参政会组织条例》称之为"文化团体"，这反映了国民党表面上仍不愿正式承认其他党派合法存在的顽固立场）、重要的社会团体和社会名流有代表，而且各省市、蒙藏地区和海外华侨也有代表。

　　其次，就选任来看。国防参议会参议员由国防最高会议指派或聘任，而国民参政会参政员虽然按《国民参政会组织条例》的规定，概由各省市政府及各省市党部联席会议和国防最高会议提出候选人，然后送报国民党中央执行委员会审批，但实际上各党派的参政员由各党派自己提名，报国民党中央执行委员会审批，至少第一届参政员的选任是如此。

最后，就职权来看。国防参议会只有听取当局的报告权和对报告的意见权，而按照1938年4月12日公布的《国民参政会组织条例》的规定，国民参政会具有决议权（决议政府对内对外之重要施政方针，并形成决议案）、听取权（听取政府施政报告）、询问权（向政府提出询问案）和建议权（向政府提出建议案）。1940年9月修正公布的《国民参政会组织条例》，又规定国民参政会具有调查权（调查政府委托考察事项）。1944年9月修正公布的《国民参政会组织条例》，再次增加国民参政会的职权，使之又具有了初审国家总预算的"审议权"。

尽管由于国民参政会没有立法权和监督政府、对政府提出弹劾不信任案权，其参政员也不是由民选产生，所以它和西方的议会不同，还不是一个代议机关，和各在野党派、社会团体和社会舆论关于成立真正的民意机关的要求也还相差甚远，但与国防参议会比较而言，"在原则上，我们应当承认，这是相当民意机关的初步形成"。[①] 它的成立，不仅有利于集思广益，更好地团结全国人民共同抗战，而且也表明国民党对其他党派的存在在事实上采取了默认的态度。因此，《新华日报》在评论国民参政会的成立时指出："虽然国民参政会产生方法和人员成分不能完全如国人所希望，可是这一战时相当代表民意机关的产生，的确是政治上一个进步的现象。"[②]

国民参政会成立之初，非国民党籍的参政员对国民党期望甚大，希望乘此民族危难、人心振奋之机，厉行政治改革，以期实行宪政，建立起民主制度。因此，在第一届第二次会议（1938年10月28日至11月6日在重庆举行）和第三次会议（1939年2月12日至21日在重庆举行）上，参政员们提出了不少要求改革内政，保证人民思想、言论、结社、出版等自由的议案，如第二次会议上，张君劢等提的《刷新政本以利抗战案》，邹韬奋等提的《请撤销图书杂志原稿审查办法以充分反映舆论及保障出版自由案》，王造时等提的《改善保甲制度案》等，第三次会议上，董必武等提的《加强民权主义实施，发扬民主以利抗战案》，周览、张君劢等提的《请确立民主

[①] 《论国民参政会的职权和组织》，《新华日报》1938年4月16日社论；《国民参政会资料》，四川人民出版社1984年版，第233页。

[②] 《国民参政会产生》，《国民参政会资料》，四川人民出版社1984年版，第236页。

法治制度以奠定建国基础案》，曾琦等提的《尅期成立县参议会案》等。但这些提案经大会通过，转交国民政府办理后，基本上是不了了之，这使非国民党籍参政员，尤其是介于国共两党之间的中间党派参政员大失所望。更使他们感到不安的是，1939年1月在重庆召开的国民党五届五中全会制定了"防共、限共、反共、溶共"的政策，设立"防共委员会"，接着又颁布了《限制异党活动办法》和《共产党处置办法》等法令，将抗战初期共产党和各中间党派争得的一些民主权利一概取消。从此，国共两党的摩擦不断发生，各党派联合抗日的局面受到严重威胁。与此同时，1938年底叛国投日的原国民党副总裁汪精卫及其同伙，于1939年8月底召开汪记国民党第六次代表大会，为混淆视听，以实行所谓宪政相号召。在此形势下，为了加强团结，坚持抗战，推进中国政治民主化的进程，挫败汪精卫集团的阴谋，共产党和各中间党派的参政员以及部分社会贤达共同掀起了一场要求结束党治、实行宪政的宪政运动。

1. 第一次宪政运动的兴起。1939年9月9日，国民参政会第一届第四次会议在重庆开幕。出席会议的参政员共172人，中共和各中间党派的参政员除毛泽东等个别人外，都出席了会议。会议开幕的前一天，即9月8日，中共参政员毛泽东、陈绍禹、秦邦宪、林祖涵、吴玉章、董必武、邓颖超7人共同发表了《我们对于过去参政会工作和目前时局的意见》，提出要加强战时政府，容纳各派人才；实行战时民主，保障人民各项权利；取消各种所谓限制异党活动办法等多项要求。会议开幕后，中共参政员陈绍禹等又根据《我们对于过去参政会工作和目前时局的意见》的基本精神，提出《请政府明令保障各抗日党派合法地位案》，在陈述了各抗日党派之精诚团结的重要意义和《限制异党活动办法》等法令对各党派之精诚团结的巨大危害后，强调指出："为巩固民族团结，以利坚持抗战国策，必须使抗日各党派间之关系，得到公平合理之解决。"为此，提案要求国民党必须：（1）明令保障各抗日党派之合法权利；（2）明令取消各种所谓防制异党活动办法，严令禁止借口所谓"异党"党员或思想问题，而对人民和青年施行非法压迫之行为；（3）在各种抗战工作中，各抗日党派之党员，一律有服务之权利，严禁因党派私见，而摒除国家有用之人才。

继共产党参政员的提案后，各中间党派的参政员也先后提出了五个要求结束党治、实行宪政、改革现行政府的提案。其中包括青年党参政员左舜生、国社党参政员张君劢和第三党参政员章伯钧等提的《请结束党治实施宪政以安定人心发扬民力而利抗战案》，职教社参政员江恒源等提的《为决定立国大计解除根本纠纷谨提具五项意见建议政府请求采纳施行案》，救国会参政员张申府等提的《建议集中人才办法案》，救国会参政员王造时、沈钧儒等提的《为加紧精诚团结以增强抗战力量而保证最后胜利案》，以及张君劢、左舜生、章伯钧等提的《改革政治以应付非常局面案》。"这些议案，要求授权国民参政会组织宪政起草委员会，制定全国共同遵守的宪法，并于最短期内予以颁布，以结束国民党的党治，使各党派一律公开活动；在国民大会召集之前，暂由国民政府行政院对国民参政会负责，等等。"[1] 在共产党和各中间党派提出结束党治、实行宪政、改革现行政府的提案之前，国民党籍参政员孔庚等也提出了一个不到百字且内容空洞的《请政府遵照中国国民党第五次全国代表大会决议定期召开国民大会制定宪法开始宪政案》。

本来，在国民参政会一届四次会议的开幕式上，国民党总裁兼国民参政会议长蒋介石为会议定的调子，是讨论解决"集中人才，建设后方"、"加强军事，争取胜利"和"注意国际形势，推进战时外交"这三个问题，但共产党和各中间党派的提案提出后，要求结束党治，实行宪政，改革现行政府，则成了会议的主题。根据《议事规则》，上述七个提案（即共产党一个，各中间党派五个，国民党一个）由第三审查委员会（即内政）讨论审查。后因各中间党派的强烈要求，改为"扩大会议"，全体参政员均可自由参加讨论。"扩大会议"于晚间在重庆大学的大礼堂举行。会议由第三审查委员会召集人、职教社参政员黄炎培主持，尽管在白天大家已被各种大小会议开得头昏脑涨，但是那天夜里都"如潮水般地涌进"大礼堂参加讨论。据邹韬奋在长篇回忆文章《抗战以来》中的记述，那天夜里，国民党方面"出马参战"的有李中襄、许孝炎、陶百川、刘伯闵等，共产党方面有陈绍禹、董必武、林祖涵等，青年党有曾琦、左舜生、李璜等，国社党有张君劢、罗隆基、徐傅霖等，第三党有章伯钧"匹马当先"，此外还有救国会派、职教派、村治派和无党派的参政员。会议开得非常激烈，"你起我立"，

---

[1] 王永祥：《中国现代宪政运动史》，人民出版社1996年版，第290页。

"没有一分一秒的停止",各方都有"大将出来交战数十合",从晚上七八点钟一直开到凌晨3点。曾参加过无数次各种各样会议的邹韬奋认为,"那热烈的情况虽不敢说是绝后,恐怕可算是空前的"。

舌战主要在国民党参政员和非国民党参政员尤其是中间党派参政员之间展开,争论的焦点是两个问题,一是"关于抗日各党派的合法保障问题",这也是除国民党外的其他党派的提案集中提出的问题。国民党籍的参政员"一致大发挥其'不必要论'",而其他党派的参政员则"一致认为有必要",并举出许多国民党如何压制迫害"异党"和热血青年的暴行的例证。邹韬奋质问国民党参政员,我们许多党派领袖在这里开会,"被允许开口共产党,闭口青年党,似乎是允许党派公开存在似的,但同时何以又有许多青年仅仅因为党派嫌疑,甚至仅仅因被人陷害,就身陷囹圄,呼吁无门。敢问这究竟是怎么回事?"他悲愤地指出:"承认有党派就老实承认有党派,要消灭一切党派就说明要消灭一切党派,否则尽这样扭扭捏捏,真是误尽苍生!"国民党参政员被质问得无言以对。也有的国民党参政员"心中明知是根据事实,不胜同情,在表面上也不得不悻悻然"。争论的第二个焦点是"结束党治",这也是双方辩论的高峰。非国民党籍的参政员一致认为有此必要,一定要把这几个字写成决议案,而国民党参政员又一致大发挥其"不必要论",反对决议案中写入这几个字。国社党的罗隆基和青年党的李璜发言最多、最激昂。国社党的老将徐傅霖也挺身而出,大呼"一党专政不取消,一切都是空论"!由于双方互不相让,"当时空气已紧张到一百二十分,唇枪舌剑,各显身手,好像刀花闪烁,电掣雷鸣"。国民党参政员被驳得理屈词穷,便仗着人多势众,大呼"付表决,付表决"!主席势将表决,李璜见势不妙,跳脚突立,大喊:"'表决'是你们的事,毫不相干,敝党要找贵党领袖说话!"国民党参政员"于是不敢付表决"。①

舌战到凌晨3点钟,大家还不想睡觉,最后由主席宣布,将当夜各人意见的记录,汇交第二天第三审查会再行开会时慎重考虑,务使得到合理的结果。于是关于宪政提案的一场舌战结束。第二天又经过一天的激烈辩论,大

---

① 邹韬奋:《抗战以来》,引自《国民参政会纪实》(续编),重庆出版社1987年版,第441—444页。

会终于通过了《召集国民大会实行宪政决议案》（以下简称《决议案》）。《决议案》提出，（甲）治本方法：（1）请政府明令定期召集国民大会，制定宪法，实行宪政；（2）由议长指定参政员若干人，组织国民参政会宪政期成会，协助政府促进宪政。（乙）治标方法：（1）请政府明令宣布，全国人民，除汉奸外，在法律上，其政治地位一律平等；（2）为应战时需要，政府行政机构应加充实并改进，借以集中全国各方人才，从事抗战建国工作，争取最后胜利。

显而易见，这是一个互相斗争与妥协的产物。《决议案》要求国民政府"明令定期召集国民大会，制定宪法，实行宪政"，这无疑是共产党和各中间党派及无党派参政员斗争的胜利，但其中抽掉了共产党和各中间党派提案中提出的一些具体要求，"把具体的事实或问题尽量抽象化，变为八面玲珑、不着边际的东西"。[①] 比如，"结束党治"是中间党派的具体要求，但《决议案》却讳言"结束党治"，只说"实行宪政"。再如，中共和各中间党派的提案都一致要求对各抗日党派予以"合法保障"，但落实成文字，却变成了"请政府明令宣布，全国人民，除汉奸外，在法律上，其政治地位一律平等"。又如，中共和各中间党派要求"集中全国各方人才"的具体内容是，"政府用人行政，不能因党派关系而有所歧视"，"但问其材不材，不问其党不党"，但《决议案》则去掉了这一具体内容，只保留了"集中全国各方人才"的要求。又再如，《决议案》将"立即建立举国一致之行政院"的要求，变为"政府行政机构应加以充实并改进"，前者的实质是像英国那样成立各党联合内阁，而后者则无须改变国民党一党政府的局面。另外，各中间党派要求"立即"实施宪政，而决议案则将"立即"变成了无具体时间限制的"定期"。这正如邹韬奋所指出的那样，"因为定期可快可慢，一年半载是定期，三年五年是定期，八年十年是定期，而且还可改期延期，此中'方便之门'甚多"。[②] 后来国民党也正是在"定期"二字上做文章，一再拖延宪政的实施。

当然，尽管决议案与中共和各中间党派的具体要求相差甚远，但就其性质而言，它"仍不失为进步的决议"。因为它毕竟反映了全国人民的迫切要

---

① 邹韬奋：《抗战以来》，引自《国民参政会纪实》（续编），重庆出版社1987年版，第441—444页。
② 同上。

求，至少反映了各中间党派要求建立西方式的民主政治制度的政治理想。正因此，在投票表决时，中共和各中间党派的代表都投了赞成票。用黄炎培的话说："各党代表争论虽烈，而卒获圆满解决。"他作为讨论提案、制定决议案的审查委员会主席，也觉得自己"总算对参政会尽了一份心"。①

《召集国民大会实行宪政决议案》通过后，国民参政会议长蒋介石根据决议案（甲）治本办法之第二条，指定张君劢、张澜、周炳琳、杭立武、史良、陶孟和、周览、李中襄、章士钊、黄炎培、左舜生、李璜、董必武、许孝炎、罗隆基、傅斯年、罗文干、钱端升、褚辅成19人为国民参政会宪政期成会委员，黄炎培、张君劢、周览为召集人。10月17日，蒋介石又新指派参政员梁上栋、王家桢、胡兆祥、章伯钧、马亮、李永新6人为宪政期成会委员，从而使宪政期成会委员人数从原来的19人扩大为25人。同年11月，国民党在重庆召开五届六中全会，表示接受国民参政会第一届第四次会议通过的《召集国民大会实行宪政决议案》，并决议于1940年11月12日召集国民大会，"以期早日制定宪法，俾于抗战胜利接近之日，竟建国工作未完之功"。

国民参政会宪政期成会成立后，由黄炎培、张君劢、周览召集，于1939年9月20日召开第一次会议，根据国民参政会第一届第四次会议授予的"协助政府促成宪政"的使命，与会者达成三点协议：（1）"希望最高国防会议提前通过参政会的立宪案，并望在今年的双十节政府能公布实施宪政时期"；（2）"打算在双十节后有长时间的集会，研究讨论关于宪法本身以及国民大会组织法、选举法等问题"；（3）"希望宪政的实施时间有大致的决定，不能将时间太拉长，暂时拟定至迟不能迟过九个月，就要开国民大会，完成宪政"。② 同时会议决议请国民参政会秘书处着手搜集关于宪法草案的各项资料，以便讨论。

11月24日，宪政期成会在黄炎培、张君劢、周览的主持下召开第二次会议，听取国民参政会秘书处报告国民党五届六中全会有关1940年11月12日召集国民大会的决议，以及参政员许孝炎报告国民政府1936年5月5日

---

① 《黄炎培日记》，引自《国民参政会纪实》（续编），重庆出版社1987年版，第542页。
② 见左舜生在宪政座谈会第一次会议上的发言，引自方直《怎样推进宪政运动》，《全民抗战》91号，1939年10月7日。

颁布《宪法草案》（即"五五宪草"）、《国民大会组织法》和《国民大会代表选举法》以及办理代表选举的经过；决议征集各方对于《宪法草案》等文件的意见，汇合研究，并推选左舜生、董必武、褚辅成、罗隆基、许孝炎拟具待研究的问题，以供下次会议讨论。

国民参政会第一届第四次会议闭幕不久，在重庆的中间党派参政员沈钧儒（救国会）、左舜生（青年党）、李璜（青年党）、张君劢（国社党）、胡石青（国社党）、江恒源（职教社）、王造时（救国会），章伯钧（第三党）、张申府（救国会）以及无党派参政员张澜、莫德惠、褚辅成12人，于1939年10月1日共同发起召集宪政问题座谈会，到会的有各界名流100余人，中共参政员董必武、吴玉章以及新华日报社社长潘梓年等也应邀参加。此次会议决定将座谈会经常化，并将发起人从12人增加到25人，其中包括国共两党的参政员。据统计，到国民参政会第一届第五次会议开幕之前，座谈会共举行过8次，对推进宪政运动、宪政与抗战、宪法草案等问题进行过广泛讨论，对国民大会组织法、选举法提出过不少修改意见，并请与"五五宪草"最有关系的立法院长孙科和立法委员张知本分别到会报告。据邹韬奋回忆，参加座谈会的有各界人士，每次座谈会都是"人山人海，会议厅里几无隙地，讨论得非常热烈"。[①]

宪政座谈会开了几次会后，有人建议在宪政座谈会的基础上，发起成立宪政促进会。11月30日，宪政促进会召开筹备会，推定张君劢、沈钧儒、孔庚、董必武、史良（救国会）、沙千里（救国会）、秦邦宪、左舜生、张申府、章伯钧、章乃器（救国会）等人为常务委员会委员，在常委会下设秘书处及宣传、联络、研究三个委员会。12月5日，宪政促进会筹备会举行常委会，决议推举张申府为常委会秘书处主任，沈钧儒为宣传委员会主任，左舜生为研究委员会主任，章伯钧为联络委员会主任。另推张申府、章乃器、于毅夫三人负责起草宪政促进会章程、宣言及工作纲领，推请孔庚、李中襄、张申府、左舜生、章伯钧五人负责办理立案手续。

在各方的推动下，一个颇具声势的要求国民党颁布宪法、实行民主政治的宪政运动迅速兴起。除重庆外，国统区各大城市以及延安也都成立了各种

[①] 邹韬奋：《抗战以来》，引自《国民参政会纪实》（续编），重庆出版社1987年版，第454页。

推进宪政的组织。在成都，邓初民联合教育界、文化界著名人士于1939年10月发起"国民宪政座谈会"，12月10日成都宪政促进会筹备委员会成立；在昆明，1939年12月11日，昆明业余联谊会、青年会、教育会等团体联会召开大会，讨论宪政问题；在广西，1940年5月28日成立了以李宗仁为主席的广西宪政促进会；在延安，1939年11月24日，毛泽东等89人发起筹备成立延安各界宪政促进会，次年2月20日，延安各界宪政促进会宣告成立，吴玉章被推为理事长。宪政运动的迅速兴起表明：国民党的一党独裁已越来越不得人心。

2. 关于修改"五五宪草"的争论。国民参政会宪政期成会第二次会议后，陆续收到各界人士对"五五宪草"及国民大会组织法和选举法的意见，其中包括参政员罗隆基、罗文干、陶孟和、周炳琳、傅斯年、钱端升、张奚若、杨振声、任鸿隽9人提出的《五五宪草修正草案》（上述9人都住在昆明，又称"昆明宪草"）；参政员邹韬奋、沈钧儒、张申府、张友渔、韩幽桐、沙千里、钱俊瑞等对"五五宪草"的意见；参政员董必武对《国民大会组织法》《国民大会代表选举法》和"五五宪草"的意见；参政员胡兆祥对宪草第六章拟增一条的意见；参政员褚辅成提出的宪法草案修正意见；参政员李中襄修正宪法草案第22条并增列一条于第22条之前的建议案，参政员杭立武关于宪法草案、关于制宪国大与行宪国大之间的过渡办法案；以及重庆、成都、昆明、上海等城市促进宪政团体提出的意见。

1940年3月20日，由黄炎培、张君劢、周炳琳召集举行了宪政期成会第三次全体会议，有24人出席。会议共开10天，主题是在参考各方意见的基础上，对"五五宪草"进行修改，并拟成修正案，以供行将召开的国民参政会第一届第五次会议讨论通过。在10天的会议期间，与会者"凛于使命之严重，既不敢轻率从事，亦无人固执成见"，依"五五宪草"条文先后，再汇合各方意见逐项讨论，态度极为认真。[①] 蒋介石曾于28日召集黄炎培、张君劢、周炳琳、张澜、钱端升、李璜、罗文干、罗隆基、左舜生、褚辅成等了解会议情况。经过10天的紧张工作，至29日完成了对"五五宪

---

① 《宪政期成会报告书》，见国民参政会秘书处编《国民参政会第五次大会纪录》，1940年8月，第63页。

草"的修改，"或存或改，或补或删，将八章一百四十七条改为八章一百三十八条，名曰《国民参政会宪政期成会提出中华民国宪法草案〈五五宪草〉之修正草案》"。① 同日下午，参政会驻会委员会开会，黄炎培、张君劢、周炳琳以宪政期成会召集人的身份分别报告讨论经过。随后宪政期成会向国民参政会正式提出《中华民国宪法草案〈五五宪草〉之修正草案》，并附以"对于实施宪政之建议两条"：（1）请政府对于未完成之选举及附逆分子剔除后之补充，切实注意于选举方法之改善。（2）请政府促成宪法及宪政之早日实施。

宪政期成会向国民参政会提出的修正草案与原案（即"五五宪草"）最大的不同之处主要有两点：一是于国民大会休会期间设立"国民大会议政会，"（原案没有这一规定，这主要采纳的是"昆明宪草"的意见），并赋予议政会以下职权：（1）在国民大会闭会期间，议决戒严案、大赦案、宣战案、媾和案、条约案。（2）在国民大会闭会期间，复决立法院所决议之预算案、决算案。（3）在国民大会闭会期间，得创制立法原则并复决立法院之法律案。凡经国民大会议政复决通过之法律案，总统应依法公布之。（4）在国民大会闭会期间，受理监察院依法向国民大会提出的弹劾总统、副总统以及五院院长、副院长的弹劾案。（5）对行政院院长、副院长、各部部长、各委员会委员长提出不信任案，不信任案如获通过，即应去职。（6）对国家政策或行政措施，得向总统及各院院长、部长及委员会委员长提出质询，并听取报告。（7）接受人民请愿。（8）总统交议事项。（9）国民大会委托之其他职权。就其职权言之，正如张君劢代表期成会向国民参政会所作《中华民国宪法草案修正草案说明书》中所指出的那样，国民大会议政会"与各国之国会相似"。② 后来曾任国民参政会副秘书长的雷震，在谈到国民大会议政会的职权时也认为，它大体相当于"在实际政治上能够负起监督政权的责任"的"民主国家之议会"。③ 二是在保持五院制度不变的前提下，对其权限重加厘定，将五院中牵涉行政权之一切事务移归于行政

---

① 《宪政期成会报告书》，见国民参政会秘书处编《国民参政会第五次大会纪录》，1940年8月，第63页。
② 国民参政会秘书处编：《国民参政会第五次大会纪录》，1940年8月，第71页。
③ 雷震：《制宪述要》，《雷震全集》第23卷，台湾桂冠图书有限公司1989年版，第5页。

院，同时删去"五五宪草"中某院为行使某权之最高机关的规定。总之，《宪草修正案》与"五五宪草"的最大不同，就是政府行政部门的权力受到了较多的限制，而国民大会因设立休会期间的议政会的职权有了扩大。这反映了中国共产党尤其是中间各党派及部分无党派人士要求推进民主政治、参与国家政权的期望。

1940年4月1日，国民参政会第一届第五次大会在重庆召开。4月5日下午举行的本次大会第五次会议的议题，就是讨论宪政期成会向国民参政会提出的《中华民国宪法草案〈五五宪草〉之修正草案》。会议由国民参政会议长蒋介石亲任主席。首先由立法院院长孙科报告立法院制定《五五宪草》起草经过，并对"五五宪草"的内容进行说明。继由会议宣读蒋介石以国民参政会议长身份交议的期成会所拟《中华民国宪法草案〈五五宪草〉之修正草案》（以下简称《修正草案》）及《报告书》。最后张君劢以宪政期成会召集人的身份说明该会开会的经过和修正各点的理由。他依据《修正草案》的章节顺序，分六个方面对这次修改的内容作了说明。

也许考虑到了《修正草案》关于增设国民大会议政会的条款会引起国民党方面的反对，张君劢对这部分修改内容的说明最为详细。他首先说明了为什么要增设国民大会议政会的理由，指出国民大会主要是通过审议预算、决算，质询行政方针，参与和战大计以及提出对政府的信任或不信任案来监督政府的。此等事项，亦就是欧美各国所说的政权，"若此等政权人民不能行使，虽谓民国之政权完全落空，固无不可"。而"五五宪草"的最大缺陷，就是人民政权运用不灵。立法院既非政权机关，而国民大会又三年才集会一次，因此政权无从行使。为了补救"五五宪草"的这一缺陷，宪政期成会经过认真讨论，决定采纳"昆明宪草"的意见，在国民大会休会期间增设国民大会议政会（"昆明宪草"中称之为"国民议政会"）。他引用"昆明宪草"注释中的一段文字说，"五五宪草"的上述缺点并非是"昆明宪草"或宪政期成会的同人发现的。其实，"在当年立法院发表宪法征询国民意见时"，就"有人主张将立法院权力扩大，使立法院有裁制政府权"，只是由于作为治权机关的立法院来行使政权，与中山先生政权治权划分之遗教不甚适合，而未被采纳。那时，"另有人主张将国民大会人数减少，会期加多"，但"国民大会每县市选代表一人"，这是孙中山在遗教中规定的，减少代表人数，不仅与孙中山的遗教不符，"且国民大会为代表人民行使四权机关，倘每县市平均不能有一代表亦不甚妥"。然而不减少代表人数，则如此庞大机关会期太多运用又感不灵。由于这些原因，"立法院最初几次草案中，曾有国民大会闭会期间设立委员会之议"，后因一些立法委员"以少数委员代行国民最高统治权似亦不妥"加以反对，而使"此计划终归取消"。

为了争取国民党同意设置国民大会议政会，张君劢特别强调设置国民大会议政会与孙中山的遗训并不违背。他引用"昆明宪草"注释中的话说，国民大会议政会的职权主要有两点：一是复决立法院之决议，二是对行政院可通过不信任案。"复决立法院之决议"，如此可使立法院成为立法技术上之专门机关，这与中山先生五权分立之遗教精神相合。立法院决议，再经议政会审核，则法律案等必有更审慎周详的成绩。立法院有能，议政会有权，又符合中山先生的遗教精神。"对行政院可通过不信任案"，则总统用人必能选贤举能，这样可以使孙中山的"政府有能、人民有权之精神"得到更好的"发挥"。

在说明了为什么要增设国民大会议政会的理由之后，张君劢进一步对比较敏感的国民大会议政会与国民大会和立法院的关系作了说明。就国民大会议政会与国民大会的关系而言，他指出："依理言之，议政会既为在国民大会闭会时行使权力之机关，则议政会之职权应出于国民大会之委托，且其权力不应超出于国民大会权力之外。"然而按照《修正草案》的规定，议政会有议决宣战案、媾和案、大赦案和戒严案，以及对行政院提出不信任案之权，而这些权力则没有列入国民大会职权之中。所以要如此设计，是由于"国民大会为国家最高权力机关，实包括直接与间接政权"。由两千人以上组成的国民大会行使直接政权尚可，而要行使间接政权在事实上则"不宜"，只能将它划归于议政会。"故权力大小问题，不能以闭会或开会为标准而定其是非。"

如果说作为国民大会闭会期间行使其权力的机关，议政会与国民大会之间不存在"权力大小问题"的话，议政会与立法院则各有其职权范围。就《修正草案》的有关规定来看，立法院的职权比之"五五宪草"中有了较大的变更，不仅本来属于立法院行使的决议大赦案、戒严案、宣战案、媾和案和条约案,一律移给了议政会,"立法院所辖者,独有预算、决算及法律案",而且由于预算和决算牵涉政权与治权两方面,所以立法院也只能作出初议,议政会对法律案和预算、决算案拥有复决之权。对于立法院职权的这种变更,张君劢是这样说明的:"国民行使政权之机关,既有国民大会与议政会,若仍'五五草案'中立法院之旧状,不免有叠床架屋之嫌。且立法院为政府之一部,依据中山先生遗教,只能行使治权。因此本会同人对于原有立法院之职权,予以变更。"

张君劢还在说明中指出,国民大会议政会对总统所任命的行政院长及各部部长所拥有的不信任案之权,"仅为消极的限制",并不影响"总统选贤与能之大权"。因为总统如果不以议政会之所为为然,可召集临时国民大会为最后之决定。假如国民大会不赞成议政会的决议,总统则可解散议政会,另举行新议政会之选举。总之,"总统所行使之职权甚广,自能游刃有余,尽瘁于国家之建设"。① 此外,张君劢还对议政会的产生与名额等问题进行了说明。

3. 第一次宪政运动的流产。尽管张君劢使尽了浑身解数,力图使国民党、蒋介石相信,增设国民大会议政会,只是为了补救"五五宪草"的缺失,它不仅不违背孙中山的"遗教",而且也不会对政府尤其是总统的权力造成任何损害,但他无法改变这样一个事实,即与"五五宪草"相比,《修正草案》中的政府行政部门的权力受到了较多的限制,而国民大会及其休会期间的议政会的职权有了较大的扩大,而这是国民党人和他们的领袖蒋介石所不能接受的。

所以,张君劢的说明报告还未讲完,台下的国民党人就坐不住了,他们不断地往上递条子,"有如雪片"。报告毕,蒋介石起立发言。他说,今天"是一个很难得的机会,全国的学问家同来参加,盼能自由发挥意见,公开讨论,俾得良好结果"。接着他话题一转,说:"有几点意见贡献给大会","希望特别注意",即:(1)中国行宪一定要实行"治权与政权"分开,"民元以来,宪政行不通就是不能切实分开的原故"。(2)希望不要忘记"权与能的划分",是孙中山的"特别发明"。同时,他"力言宪法须富于弹

---

① 以上说明见国民参政会秘书处编《国民参政会第五次大会纪录》,1940年8月,第71—72页。

性，使其能推行无阻"。① 待蒋介石讲完话，已是下午 6 时 20 分。于是他宣布"当日休会时间已到，本案于第二日再行详细讨论"。②

6 日下午 3 时，参政会第六次会议继续审议宪政期成会向参政会提出的《修改草案》，蒋介石仍亲任主席。会议一开始，国民党籍参政员与非国民党籍尤其是中间党派参政员就围绕"国民大会闭会期间内"是否需要"设立常设机构问题"展开了激烈辩论。国民党籍参政员刘哲、刘伯闵、黄宇人等坚决反对设立国民大会议政会，认为"将国民大会会期改为每年一次"即可。有一位国民党籍参政员甚至"破口大骂，在实际上简直表示宪政是不必要的"。他的那一顿大骂不仅使非国民党籍参政员"听了为之寒心"，就是参加旁听的国民党中的一位开明分子"也为之摇头叹息"，事后"表示愤慨"。③ 而罗隆基、左舜生、邹韬奋、王造时等中间党派参政员则坚决主张维持原案，认为即使将国民大会会期改为一年一次，也不能使"人民政权运用不灵"的问题得到解决。

正当双方辩论激烈的时候，大会突然宣布休会 10 分钟。待再行开会，秘书长王世杰未等大家发言，便宣读了蒋的两点提议：（1）本会宪政期成会草拟之《中华民国宪法草案之修正草案》暨其附带建议书，及反对设置国民大会议政会之意见，并送政府。前项反对意见，由秘书处征询发言人意见后予以整理。（2）参政员对于宪政期成会修正草案其他部分持异议者，如有 40 人以上之连署，并于 5 月 15 日以前送本会秘书处，应由秘书处移送政府。④ 根据有关规定，议长的提议即是决议，无须大会讨论即获通过。随后，蒋介石作一长篇演说。关于演说的具体内容，因无记录，无从得知，据参加会议的梁漱溟几年后回忆，演说共分两段。头一段，力斥宪政期成会提出的《修正草案》有关增设国民大会议政会的主张，为袭取欧西之议会政治，与孙中山的遗教（指五权宪法）完全不合；次一段，力言制宪必求其能见施行，勿去事实过远。如宪政期成会提出的《修正草案》，就对执政之束缚太甚，是不能实行之制度。如果强行之，必遭破坏。他并引民国元年临

---

① 《大公报》1940 年 4 月 6 日。
② 邹韬奋：《抗战以来》，引自《国民参政会纪实》（续编），重庆出版社 1987 年版，第 463 页。
③ 见国民参政会秘书处编《国民参政会第五次大会纪录》，1940 年 8 月，第 73 页。
④ 邹韬奋：《抗战以来》，引自《国民参政会纪实》（续编），重庆出版社 1987 年版，第 462 页。

时约法为例，谓当时民国初建，实不该以大总统让予袁世凯，既让袁当总统，又不宜因人立法，将总统制改为内阁制，加以束缚，卒致陷约法于破坏。今后国人如以国事倚畀于我，亦就不要束缚我才行。蒋平时城府极深，如此"态度坦率，为向来所少见"。① 时任参政会秘书长的王世杰在当天的日记中也有类似的记载："今日午后国民参政会续议中华民国宪法草案修正案，罗隆基、左舜生、罗文干、周炳琳等主张维持'国民大会议政会'，本党参政员则大多反对。最后余因请议长提议，将赞成及反对意见并送政府。大会遂如此决定。蒋先生于开会时，对于宪草中章制□新权力之规定表示不满，语侵罗隆基等，国社党及青年党诸参政员颇懊丧。"②

张君劢等人怀着极大的热情而辛辛苦苦搞成的《中华民国宪法草案之修正草案》，未经大会表决，甚至未经充分讨论，就被蒋介石的一纸提议和一篇"强有力"的即席演讲而给"无形打消"了（其实，即使付诸表决，在国民党人占绝对多数的国民参政会内，《修正草案》也不可能获得通过。所以梁漱溟认为，蒋用这种"圆滑手段"，使《修正草案》免遭公开否认，还算是给期成会诸人留了一点面子），因为所谓"并送政府"，即等于"不了了之"，故当时人们就"知其无被采用之希望"。③ 果然，不出人们所料，1940年9月，国民政府以交通阻塞，原定当年11月12日召开国民大会实有困难为由，宣布国大延期召开，具体日期另行通知。七七事变后的第一次宪政运动至此宣告流产。

4. 宪政运动的再次兴起及其失败。第一次宪政运动流产不久，为了形成介于国共之间的第三种力量，以便调停国共争论，维护抗日民族统一战线的内部团结，一些中间党派的领导人如梁漱溟、张君劢、张澜、黄炎培、罗隆基、左舜生、沈钧儒等人，发起成立了中国民主政团同盟。中国民主政团同盟成立后，以中国民主政团同盟为代表的"第三者"方面，要求国民党"结束党治，实行宪政"的呼声，不仅没有因为第一次宪政运动的流产而减弱，相反随着对国民党内外政策不满情绪的加剧而更加高涨起来。中国民主

---

① 梁漱溟：《论当前宪政问题》，《梁漱溟全集》第6卷，山东人民出版社1993年版，第553页。
② 《王世杰日记》（手稿本）第2册，台北："中央研究院"近代史研究所1990年版，第252—253页。
③ 梁漱溟：《论当前宪政问题》，《梁漱溟全集》第6卷，山东人民出版社1993年版，第553页。

政团同盟先是把"实践民主精神,结束党治,在宪政实施之前,设置各党派国事协议机关",作为"十大纲领"的第二条提了出来;接着又在1941年11月召开的国民参政会第二届第二次大会上提出了《实现民主以加强抗战力量树立建国基础案》,要求:(1)结束训政;(2)成立战时正式民意机关;(3)不以国库供党费;(4)勿强迫入党;(5)勿在文化机关推行党务;(6)保障人民种种自由;(7)停止特务机关活动;(8)取消县镇乡代表考试制;(9)禁官吏垄断投机;(10)军队中停止党团组织。此提案得到了包括董必武、邓颖超在内的20多位参政员的连署。与此同时,自太平洋战争爆发后,同盟国尤其是美国也不断向蒋介石施加压力,希望他进行军事、政治改革,推进民主政治,以利于加强同盟国方面对轴心国的作战力量。另外,南京汪精卫伪政权这时也不断以实行所谓宪政相号召,企图借此来欺骗人民,挖蒋介石国民政府的墙脚。

面对如此形势,为摆脱困境,减少压力,变被动为主动,国民党在1943年9月召开的五届十一中全会上,通过了《关于实施宪政总报告之决议案》,宣布"国民政府应于战争结束一年内,召集国民大会,颁布宪法,实行宪政"。9月18日至27日,国民参政会第三届第二次大会在重庆召开,蒋介石以国民政府主席的身份(1943年9月,蒋继因车祸去世的林森,任国民政府主席)在会上发表讲话,提到国民党五届十一中全会的决议,并希望设置宪政实施筹备机构,以帮助政府推进宪政工作,达成宪治。此次大会于是根据蒋介石的讲话精神,决议组织"宪政实施协进会"。10月20日,国民政府公布了《宪政实施协进会组织规则》和会员名单,宪政实施协进会正式宣告成立。

和四年前第一次宪政运动期间成立的参政会宪政期成会不同,"宪政实施协进会"直属于国防最高委员会,以国防最高委员会委员长为会长,其会员分为当然会员和由国防最高委员会委员长指定的会员两种,其中包括国民党、共产党和民盟为代表的中间党派代表,孙科、王云五、莫德惠、黄炎培、吴铁城、褚辅成、张君劢、左舜生、董必武、傅斯年、王世杰11人为常务会员,孙科、黄炎培和王世杰为召集人,会长由蒋介石担任。"宪政实施协进会"的重要工作之一,是研究宪草。

也许是吸取了第一次宪政运动失控的教训,国民党一开始就力图通过成立御用的议宪机构，使此次宪政讨论严格控制在官方主办的范围内。但宪政实施协进会成立后，中国共产党，尤其是以民主政团同盟为代表的"第三者"方面，则巧妙地利用了它的合法性，很快就突破了官方主办的范围，使之成为一次有广大群众参加的要求在中国实行民主政治、反对国民党一党独裁的民主宪政运动。

　　1943年11月，左舜生将自己主编的《民宪》杂志交由中国民主政团同盟接办，张澜、沈钧儒、张君劢、李璜、罗隆基、章伯钧、张申府、梁漱溟、左舜生等组成编辑委员会，他们积极撰稿组稿，要求国民党放弃党治，实行宪政，该刊很快就成了宣传宪政的主要阵地和当时最有影响的报刊之一。1944年元旦，以"促进民主、宪政、抗战、团结"为宗旨的《宪政月刊》又在重庆创刊。该刊由黄炎培发行、张志让主编，一直坚持到1946年3月，共出27期，在宣传宪政方面发挥了重要的桥梁作用。1月3日，张君劢、左舜生、沈钧儒、章伯钧等26人在重庆再次发起"民主宪政座谈会"，呼吁开放党禁，实施宪政，保障人权，改革政治。以后又多次举行，规模也越来越大，很有影响。第二天，由宪政月刊社发起的宪政座谈会也在重庆首次召开，它虽比张君劢、左舜生等人组织的座谈会晚一天，可是却坚持时间最久，范围最广，影响最著。最初，参加这个座谈会的人数只有几十人，但很快就扩大至几百人乃至上千人，会场也数次易地，后来不得不在国泰大戏院举行会议。重庆的各大报纸，也经常用较大篇幅刊登他们的座谈记录。5月中国民主政团同盟发表《对目前时局的看法与主张》，对国民党排斥异己、拒绝民主的态度提出批评，要求它改弦更张，结束党治，实行宪政。工商界代表在宪政月刊社组织的座谈会上，呼吁实行政治民主，生产自由，取消统制政策。重庆、成都、昆明各界人士纷纷响应。在成都，张澜等发起组织的"民主宪政促进会"，提出对国事的10项主张，要求切实施行约法，尊重人民的自由权利，刷新政治，给予各级民意机构以必要的权力。6月以后，桂林、成都、乐山、城固等地大学生纷纷举行讲演会、座谈会，要求以实际行动，争取民主与自由。昆明云南大学、中法大学、西南联合大学等校学生3000余人，在"七七"纪念日联合举行的"时事座谈会"上，要求改革政治。这种热烈气氛打破了第一次宪政运动流产后国统区一度沉闷的政治局面，形成了"一般人莫不如大旱之望云霓的需要宪政"的声势。这正如

《宪政月刊》在 1945 年 1 月 1 日的《岁首弁言——去年的检讨与今年的奋斗》中所说的：一年以来社会已有了惊人的进步，"民主已由静默的意愿而成为普遍公开的主张，全国人士都在殷切盼望着宪政民主之实现，积极准备着为其实现而奋斗"。①

中国共产党人也积极参加了这次宪政运动。1 月 3 日，董必武代表共产党出席，由张君劢、左舜生等人发起的宪政问题座谈会，并在发言中指出："民主是讨论宪政的先决条件，更是今天动员人民参加抗战、加强团结的先决条件。没有民主，没有言论、出版、集会、结社的自由，就不能实现人民总动员，也不能认真地由人民研究宪草，宪草也就不可能实现。" 3 月 1 日，中共中央在给各中央局、中央分局并各区党委的《关于宪政问题的指示》中强调："中央决定共产党积极参加宪政运动，以期吸引一切可能的民主分子于自己周围，以达到战胜日本、建立民主国家及壮大自己之目的。除中共代表已参加重庆方面国民党召集的宪政协进会会议外，延安亦已举行宪政座谈会。各根据地亦可于适当时机举行有多数党外人士参加的座谈会，借以团结这些党外人士于真正民主主义的目标之下。" 3 月 12 日，周恩来在延安各界纪念孙中山逝世 19 周年大会上发表《关于宪政与团结问题》的演说，指出："我们主张要实行宪政必须保障人民的民主自由，开放党禁，实行地方自治。这是最重要的先决条件。当前各地人民的宪政运动，一致要求实施宪政，要先给人民以民主自由，只有有了民主自由，抗战力量才能源源不绝地从人民中间涌现出来，反攻准备才有坚实的基础。应立即召开国民大会，实施宪政。"根据中共中央的指示精神，国统区的党组织和共产党员很快就投入到了宪政运动之中，他们对推动国统区的宪政运动的高涨作出了重要贡献。

与第一次宪政运动比较，这次宪政运动不仅参加的阶级、阶层和人数更多，声势更加浩大，而且已不再停留在泛泛地要求结束党治、实行宪政的理想要求上，而是提出了具体的政治诉求，甚至是革命性的或颠覆性的诉求。

第一，要求保障基本人权，以此作为实行宪政的基础。宪法的产生就是人权的法律化，西方各民主国家宪法均以人权保障作为立宪的基石和行宪的目的，宪政的内容和最终目标指向保障人权，它包括言论自由、人身自由、

---

① 《岁首弁言——去年的检讨与今年的奋斗》，《宪政月刊》第 12、13 合号，1945 年 1 月 1 日。

集会结社自由等方面。因此，在宪政实施协进会成立后的首次会议上，针对国民党对新闻和书籍的严格审查，张志让就提出了"关于改善新闻检查及书籍审查办法"案。1943年11月1日，黄炎培以宪政实施协进会召集人名义邀请孔祥熙、吴铁城、熊式辉、张厉生等商量进行事项时，所谈三事中其一即言论开放。这月的31日，在宪政实施协进会第三组（负责研究关于宪政有关法令实施状况人）第三次会议上，作为召集人的黄炎培又极力主张修改国民党的"新闻检查及书籍审查法"，定出新闻检查及书籍审查的标准，并建议由图书杂志审查委员会邀请各方专家组织评议会，凡作家对于审查其作品有不服时，得声请该会复审。

1944年元月3日至5日，成都的《新中华日报》连载张君劢的《人民基本权利三项之保障——人身自由、结社集会自由、言论出版自由》一文。张君劢开宗明义便写道："吾国之语曰：民为邦本。西方之语曰：国之主权在民。然民之所以为民之地位，苟在国中一无保障，而期其成为邦本，期其行使主权，盖亦难矣。"这就是说，要使人民能作为邦本而行使主权，必须先对其地位——"人权"予以切实的保障。而所谓"人权"，张君劢认为它包括信仰思想自由，集会结社自由，迁徙居住自由，通信秘密自由，人身安全自由，以及享有选举权和任公职权等方面，而在这种种人权中，人身自由、结社集会自由和言论出版自由是最基本的三项人权。关于人身自由，张君劢指出，人身自由是最基本的人权，人民只有在违法的情况下才能予以拘捕。关于结社集会自由，张君劢提出，"政党是多数人的集合体，也就是所谓集会结社。凡民主国家，人民都必享有集会结社自由之权"。他特别强调结社集会自由能给人民各抒己见的机会，便于培养政治人才，使其发表负责的言论。关于言论出版自由，张君劢认为，这是民主宪政不可或缺的要素，有之则为民治，无之则为专制，"苟人民无言论自由，则学术上无进步，政治上无改良之途径矣"。张君劢认为，这三项权利的保障问题，"不宜待诸宪法颁布之后，而应着手于宪法未颁布之前"。因为只有使"这三项自由得到切实保障，而后宪政才有基础"，这就犹如造屋之应先有石基、治水之应究其源头一样。①

---

① 张君劢：《人民基本权利三项之保障》，《新中国日报》1944年1月3日。

张君劢这篇文章发表后，立即引起了极大的社会反响。于是，他将此文作为提案交给宪政实施协进会讨论。《黄炎培日记》1944年2月4日记："九时，第四次常务会员会，孙科主席，讨论关于第二次全体会交议各案，对余所提实行约法案，当场修正通过；对张君劢人民之基本权利案讨论颇多。"2月6日和3月21日，《黄炎培日记》又两次提到宪政实施协进会常务会员会讨论张君劢所提人民之基本权利三项保障案的情况。1944年4月，重庆发生市稽查处误拘律师温代荣案，温宅内的信函亦遭查抄，这激起了社会公愤。为此，沈钧儒等80位律师联名向宪政实施协进会呈上《关于保障人权意见》，提出"请政府明令提审法实行日期"和"被损害人得依法向国家请求赔偿"等四项建议。黄炎培随即提出《因八十律师发表关于保障人权意见为进一步之建议》加以呼应。他提出四条建议：首先"请求政府将有逮捕权之机关名称早日公布"；其次要求"逮捕拘禁在手续上时间上"，应纠正于"保障人民身体自由办法令所不许者"；再次，希望严惩故意违法者；最后，凡"遇有贫苦无力者请求辩护"时，"应予以无条件之接受"。[①] 1944年6月14日，宪政实施协进会第三次全体会议通过黄炎培所提《关于滥用职权捕押久禁情事整肃改善办法案》[②]，宪政实施协进会据此起草了保障人民身体自由的八条办法。这个办法除了突出"无逮捕权之机关不得擅自捕人"外，特别强调提前实行提审制度。7月15日，迫于各方压力，国民政府颁布《保障人民身体自由办法》。

《保障人民身体自由办法》是第二次宪政运动取得的一项重要成果，尽管不久它就因国民党政府制定《特种刑事诉讼条例》而成了一纸空文，但《保障人民身体自由办法》颁布本身有它重要的思想意义。

第二，要求改组现行国民政府，组建抗日民主的联合政府。组建联合政府的主张，是中国共产党首先提出来的。1944年9月，中共中央致电在重庆与国民党会谈的林伯渠、王若飞，指出："目前我党向国民党及国内外提出改组政府主张，时机已经成熟。其方案为要求国民政府即召集各党派各军各

[①] 黄炎培：《因八十律师发表关于保障人权意见为进一步之建议》，《宪政月刊》第9号，1944年9月1日。

[②] 《黄炎培日记摘录》，1944年6月14日。

地方政府各民众团体代表开国事会议，改组中央政府，废除一党统治，然后由新政府召开国民大会，实施宪政，贯彻抗战国策，实行反攻。"遵照中共中央的指示，9月15日，林伯渠作为中共参政员出席了第三届国民参政会第三次会议，并在会上提出："希望国民党立即结束一党统治的局面，由国民政府召集各党各派、各抗日部队、各地方政府、各人民团体的代表，开国事会议，组织各抗日党派联合政府。"10月10日，周恩来在延安各界举行的双十节庆祝大会上发表题为《如何解决》的演说，进一步提出了成立联合政府的具体步骤："1. 各方代表由各方自己推选，人数应按各方所代表的实际力量比例规定。2. 国事会议应于最近期间召开。3. 国事会议根据革命三民主义的原则，必须通过切合时要、挽救危机的施政纲领以彻底改变国民党所执行的错误政策。4. 在共同施政纲领的基础上，成立各党派的联合政府，以代替目前的一党专政的政府。5. 联合政府有权改组统帅部，成立联合统帅部。6. 联合政府成立后，立即准备于最短期间内召开真正人民普选的国民大会，以保证宪政的实施。"这样，中国共产党就把宪政运动集中到了建立民主的联合政府的目标上。中国共产党的主张，迅速得到各中间党派和民主人士的热烈响应和国统区各界的大力支持。从此，建立统一的民主联合政府成了第二次宪政运动的主要诉求。刚刚由"中国民主政团同盟"改组而成的"中国民主同盟"，不久即发表《对抗战最后阶段的政治主张》，响应中国共产党号召，要求立即结束一党统治，建立各党派联合政府，迅速实施筹备宪政，召开全国宪政会议，颁布宪法；释放一切政治犯，切实保障人民的各项自由权利；废除一切妨害上述内容的法律法令，开放党禁，承认各党各派的公开合法地位，等等。其他党派和民主人士也纷纷发表宣言、文章或谈话，表示拥护中国共产党提出的建立统一的民主联合政府的主张。

在这样的背景下，国民党不得不在表面上做出让步，同意与共产党谈判成立联合政府问题。1944年11月和1945年1月，周恩来两次亲赴重庆与国民党谈判，力促联合政府尽快成立。但蒋介石却于1945年元旦的广播讲话中，根本不提联合政府的事，只是开了一张空头支票，许诺不久将召开国民大会，制定宪法，国民党还政于民。而"不久"究竟是多久，蒋介石并没有给予具体说明。

人们当然不会满足于蒋介石的这种空头许诺，因为在此之前蒋介石曾多次这样许诺过,但结果都是不了了之。1945年2月,重庆妇女界史良、李德全等发表《对时局的主张》,重庆文化界著名人士300余人联名发表《对时局进言》,3月,昆明文化界数百人联名发表《关于挽救当前时局的主张》,这些"主张""进言"都要求迅速召开有各党派参加的国事会议作为"战时过渡的最高民意机关",由它"产生举国一致的民主政府","决定战时的政治纲领","筹备召集真能代表人民的国民大会"。与此同时,国统区的宪政运动也一浪高过一浪。面对如此高涨的宪政运动的潮流和要求成立民主联合政府的呼声,国民党仍然一意孤行,故技重演。1945年3月1日,蒋介石在宪政实施促进会上发表讲话,宣称国民党"只能还政于全国民众代表的国民大会,不能还政于各党各派的党派会议,或其他联合政府"。再一次公开拒绝了共产党、各中间党派、广大民主人士和全国人民的民主要求,"使国内团结问题之商谈再无转圜之余地"。[①] 第二次宪政运动自此宣告彻底失败。

(四)战后围绕制定宪法的斗争[②]

抗日战争胜利后,国共两党举行重庆谈判,并于1945年10月10日签订了《会谈纪要》,即"双十协定"。根据"双十协定",1946年1月10日至30日,政治协商会议(史称旧政协)在重庆召开。当时,出席会议的38位代表分成政府组织、施政纲领、军事问题、国民大会和宪法草案五个小组讨论有关问题。参加宪法草案组讨论的有国民党的孙科、邵力子,共产党的周恩来、吴玉章,青年党的陈启天、常乃惪,民主同盟的张君劢、罗隆基、章伯钧和无党派社会贤达傅斯年、郭沫若。1月19日的政协第九次大会,专门讨论宪法草案问题。大会首先由孙科对国民党1936年公布的"五五宪草"要点作说明。孙科认为"五五宪草"虽然有"许多疑问和缺点",也可以修改,但"三民主义的最高原则"和"五权制度"则不能变更。在孙科作说明时,会场中"要求发言的条子即纷纷飞传到主席台"。孙科说明以后,黄炎培、沈钧儒、傅斯年等相继发言,提出了各自的主张。

[①] 1945年8月7日周恩来致王世杰的信,《周恩来书信选集》,中央文献出版社1988年版,第261页。

[②] 本节的时间已超出抗战时期,但由于其内容是此前制宪活动的延续,为了叙述的完整性,放置于此,特此说明。

进入小组讨论后，各党派和社会贤达围绕今后中国应采取什么样的宪法问题展开了激烈争论。当时有三种宪法蓝本可供人们选择：一是孙中山的五权宪法，二是英美式宪法，三是苏联式宪法。国民党主张采取孙中山的五权宪法，要求以"五五宪草"为宪法的蓝本。民盟、青年党和无党派人士则大多倾向于英美式宪法。共产党根据当时的情况，也希望有一个英美式宪政，"以期打破国民党垄断政权之局"。①当时的宪法之争，实质上也就是五权宪法与英美式宪法之争，而解决争论的关键，是如何使这两种宪法得到折中调和。正当大家为此而争论的时候，张君劢提出了以五权宪法之名行英美式宪法之实的方案。他根据孙中山直接民权的学说批评"五五宪草"的国民大会制度是间接民权，而非直接民权，故他主张把国民大会从有形改为无形，公民投票运用四权（选举、罢免、创制和复决）就是国民大会，不必另设国民大会；同时，以立法院为国家最高立法机关，行政院为国家最高行政机关，行政院只对立法院负责，而不对总统负责，立法院有权对行政院投不信任票，行政院有解散立法院、重新进行大选之权；限制总统权力，使他仅仅成为一个名义上的国家元首，而不负实际政治责任。张君劢这套方案的实质，是要"把立法院变成英国的众议院，行政院形成英国式内阁，总统相当英国女王，行政院长相当英国首相"。②

张君劢的这套方案提出后，"在野各方面莫不欣然色喜，一致赞成"，周恩来表示"佩服"，国民党代表孙科也表示支持。据参加政协会议的梁漱溟说，孙科所以支持张君劢的方案，有他自己的野心，即"孙科私下安排，他将来是行政院长，当英国式的首相或日本式的首相，把蒋介石推尊为大总统，实际上是英王"，这样他就可以掌管国民党的大权，而置蒋介石于有名无权之地位。由于孙科是孙中山的儿子，在国民党内的地位很高，加上他当时又是国民党出席政协的首席代表，他既然表示支持张君劢的方案，其他国民党代表，包括参加宪法草案组讨论的邵力子也就莫可奈何，不便明言反对。于是，大家以张君劢的方案为基础，结合其他方面的意见，达成了宪草

---

① 梁漱溟：《我参加国共和谈中的经过》，《梁漱溟全集》第6卷，山东人民出版社1993年版，第899—900页。

② 梁漱溟：《国共两党和谈中的孙科》，《梁漱溟全集》第7卷，山东人民出版社1993年版，第195页。

修改的十二条原则。

宪草修改的十二条原则，首先，确立了近代民主的国会制度。原则规定取消大而无用且易于一党操纵的有形国大，代之以全国选民行使四权的无形国大（第一条）；立法院为国家最高立法机关，由选民直接选举产生，其职权相当于各民主国家的众议院或下院（第二条）；监察院为国家最高监察机关，由各省级议会及各民族自治区议会选举产生，其职权相当于各民主国家的参议院或上院（第三条）；司法院为超党派的最高法院（第四条）；考试院为超党派的考选机关（第五条）。其次，确立了中央政体的责任内阁制。原则规定行政院为国家最高行政机关，行政院长由总统提名，经立法院同意任命之，行政院对立法院负责，立法院对行政院有不信任投票之权，行政院有提请总统解散立法院之权（第六条）；总统不负实际政治责任，如果需要依法颁布紧急命令，必须经行政院决议，并于一个月内报告立法院（第七条）。最后，确立了省自治的原则。原则规定省为地方自治之最高单位，省与中央权限的划分依照均权主义原则，省长民选，省得自制省宪（第八条）。另外，十二条原则还对人民的权利义务（第九条）、选民的法定年龄（第十条）、包括国防、外交、国民经济、文化教育等内容在内的基本国策（第十一条）以及宪法修改权（第十二条）都作了明确规定。

根据各方达成的协定，政治协商会议的所有决议都要五方（即国民党、共产党、民主同盟、青年党和无党派社会贤达）一致同意，而无论各方出席的人数多少，都只有一票表决权。这样一个根本否定了"五五宪草"的"变相一党专政和大总统个人极权独裁"的宪草修改原则，所以能够获得国民党的通过，得到蒋介石的同意，并被写进政协决议案，用梁漱溟后来的话来说，是孙科钻了蒋介石的空子。事情是这样的：政协会议期间，国民党出席各小组的代表在每次会后都要向蒋介石汇报，唯有孙科心怀鬼胎，不敢面蒋，只把宪草小组会议记录送蒋介石过目，而蒋却未看。当时国民党的其他代表也屡请蒋介石看，希望他看后不同意，加以反对，但蒋则始终没有看。"蒋介石不看，不阻止，正合孙科的意，孙科就按他的办法进行。"到"政协要闭幕了，蒋介石才看文件，一看不对了，就把邵力子找去"，但为时已晚，要想反对或修改来不及了。于是蒋介石只好先让其通过，以后再作道理。

果然，政协会闭幕不久，国民党代表王宠惠便根据蒋介石的指令，在3月8日宪草审议委员会协商小组举行的首次会议上，正式提出了修改十二条原则的三点要求：（1）国大为有形国大；（2）采总统制，反对责任内阁制；（3）省不能自制省宪，只能制定地方自治法规。周恩来即席发言，反对国民党三点修改要求，认为"宪草与政协全部决案有关，不能单独解决，国民党方面是否负有遵守国大及宪草决议的责任，应当明白表示"。张君劢、章伯钧也指出，民盟"坚持一贯主张，认为宪草问题应与其他问题一并解决"。此后围绕国民党的三点修改要求，国共双方多次发生争执，会议陷入僵局。为了打破这种僵持的局面，使宪草审议工作得以进行下去，在3月15日政协综合小组和宪草审议委员会协商小组联席会议中途休息时，周恩来便与张君劢商量对国民党的要求作出一些让步。据有关资料记载，当时"君劢说：不能让步，要及早堵住才好。周恩来说：政治是现实的事情，走不通就得设法转圈，不能因此而牵动大局"。经周恩来说服，"张君劢也就活动了"。周、张商量的结果，同意：（1）国民大会为有形之国民大会；（2）政治协商会议关于宪草修改原则之第六项第二条，即"如立法院对行政院全体不信任时，行政院或辞职，或提请总统解散立法院，但同一行政院长不得再提请解散立法院"之条文取消；（3）省宪改为省自治法，并就此与国民党方面达成协议。这三点协议虽然将国民大会从无形恢复为有形，取消了立法院对行政院的不信任权和行政院提请解散立法院权，改省宪为省自治法，但它并没有改变国会制、责任内阁制和省自治的原则。张君劢后来在《中华民国宪法十讲》中，就明确指出，各党派"同意放弃了不信任投票之制，但并不是放弃了责任政府之制"。

　　三点协议达成，接下来便是根据宪草修改原则起草宪法条文。当时分十个委员会起草之议。但张君劢认为这不可能，因为"宪草有如一篇文章，有如一幅画，不能分散来作。若由十个委员会合作，甲会以乙会为不对，乙会以丙丁等会为不对，将来不知什么时候才能完成"。于是他便私下动手草拟了一部宪草。他在起草宪草时坚持三个要点，即"（一）欧美民主政治与三民五权原则之折衷；（二）国民党与共产党利害之协调；（三）其他各党主张之顾到"。宪草拟好后，他告诉宪草审议委员会召集人孙科，说他"已草了一部宪草，大家要也好，不要也无所谓。谁想就被接受了，由雷秘书长

（震）印出来，作为讨论的基础"。①

张君劢起草的宪草共14章149条。宪草审议委员会和政协综合小组在审议这部宪草时又发生了激烈的争论。争论最久也最激烈的是行政院对立法院负责的问题。根据政协通过的宪草修改之十二条原则，张君劢起草的宪草规定："行政院为国家最高行政机关，对立法院负责"（第51条）；"立法院对行政院重要政策不赞同时，得以决议移请行政院变更之，行政院对于立法院之决议得移请其复议，复议时，如经出席立法委员三分之二维持原决议，行政院长应予接受或辞职"（第54条）；"行政院对于立法院通过之法律案、预算案、条约案应予执行，但行政院如有异议，得于该案送达后十日内具备理由移请立法院复议，复议时，如立法院仍维持原案，行政院院长就予执行或辞职"（第55条）。4月13日的讨论会上，国民党代表吴铁城表示，国民党要"五五宪草"的总统制，反对行政院对立法院负责，而主张行政院应向总统负责。吴氏的意见立即遭到了中共代表和民盟代表的坚决反对。

国民党要求取消行政院对立法院负责的条款没有实现，又由王世杰提出行政院对立法院负责要有一定的前提条件，并要求对张君劢所拟的上述条款作如下修改：（1）行政院有向立法院提出施政方针及施政报告之责，立法委员在开会时，有向行政院院长及行政院各部首长质询之权。（2）立法院对于行政院之重要政策不赞同时，得以决议移请行政院变更之，行政院对于立法院之决议得经总统之核可，移请立法院复议，复议时，如经出席立法委员三分之二维持原议，行政院院长应即接受该决议或辞职。（3）行政院对于立法院决议之法律案、预算案、条约案，如认为有窒碍难行时，得经总统之核可，于该决议案送达行政院十日内，移请立法院复议，复议时，如经出席立法委员三分之二维持原案，行政院院长应即接受该决议或辞职。显而易见，王世杰所提出的修改之条文，其目的在于加强总统的"核可"权，使立法院受到限制，行政院不能自立，从而失其责任内阁制的基本精神。故此它仍遭到了共产党方面的坚决反对。中共代表李维汉指出，"王世杰修改之条文，与政协所通过的授予行政院之权责的原则不符"，声明保留政协所通过该项原则之立场。据雷震在《制宪述要》中回忆，由于中共的坚决反对，

---

① 张君劢：《中国新宪法起草经过》，《再生周刊》第204期，1948年2月29日。

王世杰的条文"最后仍未获致协议"。①

有关人民自由权利的条款,各方的意见也有分歧。张君劢在起草宪法时,根据政协通过的十二条原则,采用宪法保障主义的形式对人民所应享有的自由权利作了详细规定。然而他在对人民的自由权利作了详细规定之后,又写了这样一条,即"以上各条列举之自由权利,除为防止妨碍他人自由,避免紧急危难,维持社会或增进公共利益所必要者外,不得以法律限制之"。这条条文的用意,用雷震的话说,"显然是要限制上述各种自由权的",不符合宪法保障主义精神。据雷震回忆,在讨论这条内容时,国民党代表主张这一条应广泛而抽象,以便对人民的自由权利施以各种限制,而非国民党的代表则认为这一条应狭窄而具体。因此,这一条文的文字曾数次变更,接下来虽然民盟和青年党的代表同意在狭窄而具体的条件下将这一条文写入宪草,但共产党代表则始终"未予赞同"。

其他如均田制、省自治地位、民族自治、国民大会及选举制度等重大问题,也因各方"争论不一",而被搁置了起来,未达成任何协议。所以在4月24日政协综合小组召开的最后一次会议上,李维汉代表中共声明,"鉴于小组本无协议权,而许多重要争论问题又搁置未议,加以中共负责代表因故未能出席,而由雷震秘书长整理的条文更多不忠实,甚至任意增减,故中共代表团对小组全部工作及雷震整理的全部条文,概采取保留态度"。国民党代表吴铁城也在那次会议上表示,张君劢起草的宪草,对国民党没有任何约束力。

然而,到了这年的9、10月间,亦即国民党单方面召开的制宪国大开幕的前夕,为了欺骗舆论,诱使中间党派和社会贤达出席国民党单方面召开的制宪国大,蒋介石决定采用这部宪草,并派王宠惠、吴经熊等人对它加以修改(将张君劢起草的14章149条修改成14章175条)。1946年12月25日,国民党单方面召开的国民大会通过了这部由张君劢起草,经王宠惠、吴经熊等人修改的《中华民国宪法》。

关于这部在隆隆的内战炮声中、由国民党单方面召开的国民大会所通过的宪法,新中国成立后出版的民国宪法史或政治史著作几乎无一例外地认为,它的"性质与《训政时期约法》的法西斯法统一脉相承,其内容是早

---

① 雷震:《雷震全集》第23卷,台湾桂冠图书有限公司1989年版,第27页。

已被人民唾弃的'五五宪草'的翻版"，"是集旧中国反动宪法之大成的一部彻头彻尾的封建买办法西斯宪法"①，"一部在'民有、民治、民享'词句掩饰下的维护封建买办势力和帝国主义侵华势力在中国进行专制统治的宪法"。② 但实际上，如果我们将1946年《中华民国宪法》与国民党一党制定的《训政时期约法》和"五五宪草"进行比较，就会发现它们之间存在着不少原则性的区别。这些区别说明：1946年的《中华民国宪法》与《训政时期约法》和"五五宪草"不同，它多多少少还具有一些民主性质和色彩。这些性质和色彩是中共、民盟以及全国人民和国民党斗争的结果。

第一，从总纲第一条有关国体的规定来看。"五五宪草"总纲第一条规定：中华民国国体"为三民主义共和国"。国民党如此规定的目的，是维持其"一党独裁"统治。具有国民党官方背景的萨孟武在《中华民国宪法草案之特质》一文中就毫不讳言地指出："五五宪草"的特质之一，是"一党专政"，因为宪草第一条开宗明义规定中华民国国体"为三民主义共和国"，凡不信仰三民主义的政党都不能允许其存在。有了这条规定，不仅在宪政开始之前，中国只能有一个政党，即国民党；就是在宪政开始之后，"中国仍只有一个政党，即只有中国国民党"。③ 也正是这一原因，"五五宪草"公布后，其总纲第一条受到了人们的激烈批评。批评者一针见血地指出，规定国体为"三民主义共和国"，这只能说明"五五宪草"是"一党制度的宪法"，"是继续党治的宪法"。④ 故此，他们坚决要求将"三民主义"四字从总纲第一条中删去。

政协会议宪法小组在讨论宪草修改的原则时，国体问题曾引起过激烈争论。国民党坚持"五五宪草"总纲第一条不能改，要求以"三民主义"为中华民国国体，而中共、民盟和一些社会贤达则坚决反对。张君劢就曾指出："拿三民主义当为共和国的形容词，而且拿三民主义作为思想的标准，将来法院可以利用'三民主义'四字为舞文弄法的工具。对于诚心研究三民主义内容的人，要一律加以违反三民主义的罪名，种种情形在以往二十年

---

① 张晋藩、曾宪文：《中国宪法史略》，北京出版社1979年版，第190、199页。
② 陈瑞云：《现代中国政府》，吉林文史出版社1988年版，第344页。
③ 萨孟武：《中华民国宪法草案之特质》，《东方杂志》第33卷第12期，1936年6月16日。
④ 张君劢：《新宪法施行及培植之关键》，《再生周刊》第184期，1947年10月4日。

中大家是有目共睹的。"故此,他在起草宪法时,遵循"如何使欧美的民主政治与三民主义和五权宪法的原则相折衷"的指导思想,将"五五宪草"总纲第一条"中华民国为三民主义共和国"改为"中华民国基于三民主义,为民有、民治、民享之民主共和国"。条文中虽然仍保留了"三民主义"四字,但其意思已与"五五宪草"完全不同,用张君劢的话说,"说中华民国基于三民主义,是承认民国之造成由中山先生三民主义为主动,至于今后之民国,则主权在于人民,故名'民有、民治、民享之共和国'"。经此一改,也就否定了国民党的"一党独裁"。

第二,就第二章"人民的自由权利"来看。各国宪法对于人民自由权利的规定,主要有两种形式:一是采取宪法保障主义,二是采取法律限制主义。所谓宪法保障主义,即在宪法中对人民权利详加规定,宪法一旦公布,人民即享有宪法中规定的种种权利。所谓法律限制主义,即在宪法中只规定人民享有权利的范围或原则,只有待政府根据宪法制定出有关法律后,人民才能享有有关法律所规定的一些权利。比较而言,宪法保障主义显然更有利于对人民各种自由权利的保障。因此,欧美资产阶级民主国家的宪法,基本上采用的是宪法保障主义。尽管国民党制宪当局也知道,"为保障人权利起见",宪法保障主义比法律限制主义"为佳"①,但他们在制定"五五宪草"时,采用的却是法律限制主义,有关条文后都写有"非依法律不得限制"或"停止"的附加条件。

政协会议期间,共产党和民盟代表坚持宪法应以保障人民的自由权利为目的,而不应以限制为目的,并特别强调指出:"'五五宪草'关于人民权利大都规定'非依法律不得限制'字样,换言之,即是普通法可以限制人民权利,这是不妥当的。"② 政协宪草小组并就此达成协议:"凡民主国家人民应享受之自由及权利,均应受宪法之保障,不受非法之侵犯。""关于人民自由,如用法律规定,须出之于保障之精神,非以限制为目的。"这就是宪草修改十二条原则中的第九条第一、二两项内容。张君劢在起草宪法时,

---

① 吴经熊:《中华民国宪法草案之特色》,《东方杂志》第33卷第13期,1936年7月1日。
② 《呈玉章同志关于宪法原则问题的意见》,《政治协商会议资料》,四川人民出版社1981年版,第244页。

则依据这两项原则，对人民的自由权利采取宪法保障主义，不附条件。张君劢特别看重"身体自由"，认为它是人民最基本的自由权利。为了使人民的身体自由得到保障，他从正反两个方面假定情况，予以规定。在条列了人民所应享有的人身、居住、迁徙、言论、讲学、著作、出版、通信、信仰、集会、结社等自由权，以及生产、生存、工作、诉讼、选举、罢免、创制、复决和考服公职等权利后，他又规定："以上各条列举之自由权利，除为防止妨碍他人自由，避免紧急危难，维持社会秩序，或增进公共利益所必要者外，不得以法律限制之。"（第23条）这条虽不完全符合宪法保障主义精神，因此在宪法讨论会上，中共代表不赞成将它写进宪法，但它和"五五宪草"所采用的法律限制主义还是有区别的。

第三，从中央政制来看。政协通过的宪草修改十二条原则在中央政体上采纳的是责任内阁制。后来政协综合小组和宪草审议委员会协商小组联席会议达成的三点协议，虽然取消了立法院对行政院的不信任投票和行政院解散立法院权，但它并没有改变责任内阁制原则。张君劢根据这一原则，起草了有关条文。如前所述，在宪草审议委员会和政协综合小组审议这些条文时，国民党代表吴铁城、王世杰先后提出修改要求，但遭到共产党和民盟代表的坚决反对。后来王宠惠、吴经熊遵照蒋介石的意旨对张君劢起草的宪法草案进行修改时，偷偷摸摸地将王世杰的修改要求写进了宪法。而王世杰修改要求的实质，在于加强总统的"核可权"，使立法院受到限制，行政院不能自立，从而失其责任内阁制的基本精神。因此，经王宠惠、吴经熊修改后的《中华民国宪法》，形式上采用的是责任内阁制，但实际上确立的则是一种既非总统制又非内阁责任制的中央政体，用张君劢的话说，是"英（责任内阁制）美（总统制）混合制"。孙科称它为"一种修正的总统制"。

经王宠惠、吴经熊的修改，1946年《中华民国宪法》虽然违背了政协通过的宪草修改原则，确立的中央政体不是责任内阁制，而是"英美混合制"或"修正的总统制"，但这种"英美混合制"或"修正的总统制"与"五五宪草"确立的总统独裁制还是有所不同的。这种不同主要表现在《中华民国宪法》中的总统权力要比"五五宪草"中的总统权力小得多。在《中华民国宪法》中，总统虽有高级官吏（如行政院、司法院、考试院三院正副院长、司法院大法官和考试院委员）的提名权，但上述提名须分别经立法院或监察院同意；总统虽有"核可权"，但行政院并不对他负责，而是对立法院负责。而在"五五宪草"中，总统有不需立法院或监察院同意、独立任命行政院、司法院、考试院三院正、副院长之权；行政院正、副院长及政务委员、各部部长、各委员会委员长均对总统个人负责。因此，那种认为1946年《中华民国宪法》与"五五宪草"一样，"规定总统有至高无上的权力"，"既不受任何约束，又不向任何机关负责"一类的观点①，与事实不符。

第四，从中央与地方的权限划分来看。中央与地方的权限有三种划分形式：一是中央集权主义，二是地方分权主义，三是中央与地方均权主义。集权主义易形成中央的专制独裁，分权主义易造成地方的分裂跋扈，均权主义介于二者之间，不易出现上述两种弊端。因此，欧美一些资产阶级民主国家，尤其是联邦制国家，对中央与地方权限的划分大多采用均权主义。均权主义也是国民党先总理孙中山的一贯主张。1924年他手订的《建国大纲》第17条规定："中央与省之权限采均权制度，凡事物有全国一致之性质者，划归中央；有因地制宜之性质者，划归地方，不偏于中央集权或地方分权。"然而口口声声要遵照先总理遗教来制定宪法的国民党人，恰恰在中央与地方权限的划分上违背了其先总理的遗教，"五五宪草"采取的是中央集权主义，没有给省规定任何权力，连财政权也集中在中央，省预算成为中央预算的一部分。

"五五宪草"在中央与地方权限的划分上所采取的中央集权主义，在政协会上受到了共产党、民盟和一些社会贤达的批评，他们要求未来的宪法在中央与地方权限的划分上采取均权主义。这一要求后来写进了政协通过的宪草修改十二条原则。第八条第二项规定："省与中央权限之划分依照均权主义规定。"张君劢在起草宪法时，依照这一修改原则，列了"中央与地方之权限"一章（第十章），并对中央与地方各自的权限范围作了明确的列举规定。其中规定，由中央立法并执行的13项；由中央立法并执行之，或交由省县执行的20项；由省立法并执行之，或交由县执行的12项；由县立法并执行的11项。除以上这些列举的事项外，张君劢在草

---

① 张晋藩、曾宪文：《中国宪法史略》，北京出版社1979年版，第191页。

案中还规定:"如有未列举事项发生时,其事物有全国一致之性质者属于中央,有省一致之性质者属于省,有一县之性质者属于县。遇有争议时,由立法院解决之。"

第五,从国民大会的职权来看。"五五宪草"第32条规定,国民大会有选举和罢免正副总统、正副立法院长和监察院长、立法委员和监察委员权,创制和复决法律权、修改宪法权。上述国民大会的职权,照《五五宪草说明书》所称,是根据孙中山的《建国大纲》第24条赋予的。《建国大纲》第24条规定:"宪法颁布之后,中央统治权则归于国民大会行使之,即国民大会对于中央政府有选举权,有罢免权,对于中央法律有创制权,有复决议。"换言之,即拟以国民大会代表人民行使所谓"直接民权"。孙中山拟以国民大会代表人民行使所谓"直接民权"的目的,是想在实行代议制的同时,兼采直接民主制来补救代议制的缺点,从而使人民能够真正"直接管理国家的政治"。这反映了这位伟大的民主革命家希望人民当家作主、管理国家的政治取向。然而,孙中山设计由国民大会来代表人民行使"直接民权",这在理论上是说不通的,因为所谓"直接民权",顾名思义,就是由人民来直接行使,而不是由少数人民代表来行使,否则,就失去了"直接"意义,仍为"间接民权"。

在中央与地方权限等重大问题上根本违背了孙中山遗教的国民党人,为什么要在国民大会的职权上坚持孙中山的这一在理论上说不通的"直接民权"理论,赋予国民大会选举、罢免、创制、复决等四权呢?其原因就在于:在"五五宪草"的体系中,赋予国民大会四权,有利于国民党对政权的垄断。因为:其一,国民党既以国民大会为民意机关,可以创制法律和复决法律,而同时又在"五五宪草"中规定,立法院为中央行使立法权的最高机关,有议决法律案、预算案、宣战案、条约案等权力。从"五五宪草"的上述设计来看,作为民意机关的国民大会,只能创制立法原则和复决立法院通过的法律之权,而不能具体立法,具体立法权在立法院。这样不仅造成立法程序的架床叠屋,同时也使作为民意机关的国民大会缺少经由具体立法来控制政府的手段。如议决预算案,这是民主政治体制下民意机关控制政府的最重要工具,因为预算案必须一年通过一次,若民意机关不能从预算案来控制政府的活动,那么,所谓政府向民意机关负责,只能是一句空话。其二，国民大会虽拥有四权，但按"五五宪草"规定，它每三年才召开一次，会期一个月，又没有常设机关在闭会期间代行职权，其人数又多达三千人以上。在这样短的会期中，以这样多的人数，它如何能行使四权，监督政府？其结果只能是形同虚设，便于国民党的一党独裁。故此，早年作为蒋介石心腹干将参与制宪工作，20世纪50年代后又从国民党营垒中分离出来，成为蒋介石政治对手的雷震，在《制宪述要》中评价"五五宪草"的这一设计时就一针见血地指出："《五五宪草》上所规定的国民大会的权力，在表面上看来似乎很大很大，而实际上什么作用都不能发生。其结果所致，所谓五权必将变为一权，即总统之权变为万能罢了。"①

也正由于上述原因，张君劢起草的《中华民国宪法》，只规定国民大会有"一，选举总统副总统；二，罢免总统副总统；三，宪法修改之创议；四，复决立法院所提宪法之修正案"的职权。在讨论张氏起草的宪法时，国民党仍要求国民大会拥有广泛的创制权和复决权，而共产党和民盟则坚决反对。最后国民党代表吴铁城提出一个折中方案，即关于创制和复决两权的行使，除宪法规定的三、四两项外，俟全国的半数之县市曾经行使创制、复决两项政权时，由国民大会制定办法并行施之。后来王宠惠、吴经熊遵旨修改宪草时，将吴氏提出的上述折中方案写进了宪法。尽管如此，1946年《中华民国宪法》中的国民大会职权至少比"五五宪草"中的国民大会职权要小得多，这样也就不利于国民党利用大而无用的国民大会来垄断国家政权。

正由于张君劢起草的《中华民国宪法》与国民党一党制定的"五五宪草"存在着上述几方面的不同，因此，国民党单方面召开的制宪国大对它进行审议时，遭到了国民党内守旧势力的激烈反对。蒋介石本来对这部宪法中的不少条文，特别是对总统权力的限制也非常不满，但迫于各方面的压力，尤其是政协会后国内要求国民党实行政治改革呼声的压力，他没敢叫王宠惠、吴经熊将这些不满意的条文全部修改或删除，最后还让国民大会通过了这部宪法。但他同时又声明，下届国大可以对这部宪法中"不妥的地方"进行修改，"使之符合我们的理想"。如果像研究者认为的那样，1946年

---

① 雷震：《制宪述要》，《雷震全集》第23卷，台湾桂冠图书股份有限公司1989年版，第17—18页。

《中华民国宪法》是"'五五宪草'的翻版",那为什么国民党内保守派要反对它,蒋介石又要对它进行修改呢?

当然,正如张君劢在《中华民国未来民主宪法十讲》中指出的,有了一部带有民主性质或色彩的宪法,并不一定就有了民主政治,关键是要看统治者是否有实行宪法的诚意。如我们所指出的,蒋介石是迫于各方压力才同意通过这部宪法的,因此,他一开始就没有打算实行它。宪法公布不久,国民党即先后制定和通过了《维持社会秩序临时办法》《戡乱动员令》和《动员戡乱时期临时条款》,将宪法所规定的人民各种自由权利剥夺殆尽,同时赋予总统,亦即蒋介石本人以不受立法机关限制的紧急处置权,从而使宪法所确立的"英美混合制"成了"总统独裁制",其权力比之"五五宪草"中的总统权力还有过之而无不及。直至国民党政权在大陆覆灭,1946年的《中华民国宪法》并没有给中国人民带来任何民主,中国仍然是一个独裁的国家,民族复兴遥遥无期。

第三章
发展经济与民族复兴

经济是民族复兴的物质基础，知识界对民族复兴问题的思考，自然离不开对发展经济问题的探索。抗战时期的民族复兴思潮，充分肯定了经济发展在民族复兴中的地位，认为："中国复兴问题，首在改造国民经济。盖中国百业凋敝，民不聊生，不振兴产业，何以图存？"[①] 围绕发展经济问题，中国知识界对中国经济落后的原因进行了分析，提出了发展经济的对策和建议，并围绕发展经济的道路选择、发展经济的制度选择等问题展开了激烈的争论。

一 民族复兴必须发展经济

近代中国之所以日益陷入半殖民地半封建社会的泥潭，国人的一个基本共识是由于中国的贫弱。落后挨打的局面也激励了国人多难兴邦的意志，经过一代又一代国人的奋斗，从"师夷长技"到"自强求富"，从"商战"到"实业救国"，无论晚清政府、北洋政府，还是初定政局的国民政府，都在积极倡导发展民族工商业。经历数代创业者的筚路蓝缕，中国经济在一步一步地前进，但又走得那么的艰辛。与政治的风云变幻一样，近代以来的经济发展也历经波折起伏。九一八事变后，中日之间必有一战的阴霾开始笼罩着国人。民族复兴意识的日渐张扬，更让国人意识到经济落后是民族复兴的重要阻碍，若要克服阻碍就要发展经济。因此，发展经济夹带着明显的民族主

---

① 张素民：《中国复兴之惟一前提》，《复兴月刊》第 2 卷第 1 期，1933 年 9 月 1 日。

义情感。这种发展经济的急迫感，既是改变中国经济落后现状的自然反应，也是由日益逼近的战争预期的焦虑感造成的，同样也包含着对建设现代强大国家、实现中华民族伟大复兴的憧憬。

（一）中国经济的落后状况

近代中国的经济史是一部屈辱史、辛酸史和贫弱史。其间，中国经济在某些阶段虽然有相对较高的增长，但总体来看，整个近代中国的经济增长则基本上处于停滞或下降的状态。[1] 作出这样的判断，有三点需要说明：其一，强调中国的经济落后，是考虑到同时期中国经济增长率同其他国家，特别是与日本的经济增长率所做的比较。其二，强调中国经济的落后，并不意味着中国经济的走向呈一条直线式下降趋势，而是一种周期性波动曲线，发展与衰败交织在一起。其三，由于近代中国经济具有半殖民地特征，世界市场的波动往往导致中国经济的剧烈波动。中国经济抗风险能力较弱，急剧的经济波动具有较大的破坏力，暴露出中国经济的脆弱。以下试从四个方面来分析中国经济的落后状况。

第一，中国经济总量在世界中的地位每况愈下。中国有着辉煌的过去，在相当长的时期内，其经济规模处于首屈一指的地位。著名法国经济学家麦迪森（Maddison）长期研究世界经济史，在他的著作《世界经济千年史》中，比较研究了中国、欧洲以及世界上很多国家和地区的长期经济发展历史，结论是，中国直到19世纪中叶还是全世界最大的经济体，而且在之前的17、18世纪将近两百年的时间里，中国也一直是全世界最大最强的经济体。[2] 彭慕兰在《大分流——欧洲、中国及现代世界经济的发展》中也指出，1800年以前是一个多元的世界，没有一个经济中心，西方并没有任何明显的、完全为自己独有的内生优势；只是19世纪欧洲工业化充分发展以后，一个占支配地位的西欧中心才具有了实际意义。[3]

但是，接下来的一百多年间，中国陷入极其屈辱的地位。根据一些研究

---

[1] 参见杨德才《中国经济史新论（1840—1949）》，经济科学出版社2004年版，第15页。
[2] 参见［英］安格斯·麦迪森《世界经济千年史》，北京大学出版社2003年版。
[3] 参见［美］彭慕兰《大分流——欧洲、中国及现代世界经济的发展》，江苏人民出版社2003年版，第2页。

者提供的数据,中国占世界 GDP 相对份额的变动比例,呈现出不断下降的趋势,表明近代中国经济经历了一个从强到弱的历史渐变,从近代之前的经济大国、强国逐渐沦落为近代后期贫困不堪的经济小国、弱国。

1820 年中国 GDP 总量占世界 GDP 总量的 28.7%,居世界首位;到 1890 年降为 13.2%,1919 年又降为 9.1%,1952 年降至 5.2%。1820—1952 年期间中国 GDP 年平均增长率为 0.22%,明显低于同期世界 GDP 年平均增长率 1.62%,中国 GDP 总量占世界 GDP 总量的比例明显下降[1],呈现衰退、萎缩和收敛的特征。(笔者注:1952 年国民经济恢复到历史最高水平,即 1936 年左右水平,因此,1952 年的数据可以大体对应抗战爆发前的经济水平,也可参见表 1。)

表 1　　　　　近代中国 GDP 总量和人均 GDP 总量数据

年份	GDP 总量(单位:1990 年百万美元)	人均 GDP 总量(单位:1990 年美元)	年份	GDP 总量(单位:1990 年百万美元)	人均 GDP 总量(单位:1990 年美元)
1820	199212	523	1933	400530	801
1870	187175	523	1934	365623	727
1890	233517	615	1935	395113	782
1900	260600	652	1936	420090	827
1913	300924	688	1937	409859	803
1929	379465	779	1938	399627	778
1930	384280	786	1950	335530	393
1931	388192	788	1951	373748	443
1932	400530	807	1952	427613	446

资料来源:[英]安格斯·麦迪森:《世界经济二百年回顾》,改革出版社 1997 年版,第 131—132、142—143 页。

从世界范围内国民收入增长率、人均收入增长率的对比来看,近代中国

---

[1] 参见胡鞍钢、邹平《中国发展报告·社会与发展》,浙江人民出版社 2000 年版,第 20 页;杨德才《中国经济史新论(1840—1949)》,经济科学出版社 2004 年版,第 16—17 页。

的经济增长也是当时世界上最缓慢的地区，增长率远远低于其他国家和地区，不断拉大与世界的差距。据 D. H. 阿尔迪克罗夫特的研究，1860—1913年，世界上国民收入增长率最高的是大洋洲，为 4.0%，而最低的则是中国，为 0.4%；同期，人均收入增长率最高的是北美地区，为 1.7%，而最低的仍是中国，为 0.1%。1913—1929 年，世界上国民收入增长率最高的是日本，为 4.0%，而最低的则是中国，为 0.5%；同期，人均收入增长率最高的仍是日本，为 2.8%，而中国仍是最低的国家和地区之一，为 0.2%，仅高于大洋洲。见表 2。

表 2　1860—1929 年间部分地区的国民收入、人均收入的年均增长率　　（%）

地区	1860—1913 年 国民收入	1860—1913 年 人均收入	1913—1929 年 国民收入	1913—1929 年 人均收入
北美	3.8	1.7	2.8	1.2
大洋洲	4.0	0.9	1.7	0.0
西北欧	2.1	1.3	0.9	0.7
苏联	2.2	1.0	1.1	0.6
东南欧	1.9	1.1	1.6	0.3
拉美	2.3	0.9	2.8	0.9
日本	2.4	1.5	4.0	2.8
远东	2.8	1.2	2.4	0.8
东南亚	1.1	0.6	0.9	0.3
中国	0.4	0.1	0.5	0.2

资料来源：D. H. 阿尔迪克罗夫特：《从凡尔赛到华尔街：1919—1929》，哈蒙特斯沃思，1987 年，第 288 页；杨德才：《中国经济史新论（1840—1949）》，经济科学出版社 2004 年版，第 19 页。

以上数据均为当代专家学者的研究数据，民国时期著名经济学家何廉于 1930 年所采用的经济统计数据或更能代表当时国人对中国经济的认知。

何廉所采用的数据是日本学者高侨秀臣《支那之富力》一文的数据，

"现在中国之国富额为一百零六亿一万三千余万元,而每人平均之富力仅二百六十七元五角零七厘,较之其他各国之国富额及每人之平均富力,为数最低。即以中国之生产力言,亦为世界最小之国家,据美国哥伦孙桐理特博士之研究,美国一万万人口,能作世界人口十六万万所作生产百分之五十一。以世界人口十六分之一,而生产之能力,竟占世界之半数有奇。博士又发表世界十五主要产业国生产力之比较表,以中国为最贫弱,较之美之生产力,不过一与三十之比。"[①] 以下三个表格即为何廉采用的统计依据。

表 3　　　　　　　　　　　中国之富力　　　　　　　　（以元为单位）

1. 土地	87037031250
2. 房屋仓库及其他建筑物	5555444000
3. 家产及美术品	1734646800
4. 家畜及其他动物	1661084148
5. 矿产	501267880
6. 水产	250633940
7. 盐产	1423849870
8. 电气煤气自来水及马车铁道	6450000
9. 船舰车辆	91981500
10. 金银货币及金银块	1467975000
11. 各种公司银行事业	71750000
12. 诸货物商品	4224295719
13. 铁路电车电报电话	89950000
14. 图书文籍	11335600
15. 港湾河川	2005558250
总计	106133253957

---

① 何廉:《中国今日之经济根本问题》,载方显廷编《中国经济研究》(上),长沙商务印书馆1938年版,第6页。

表4　　　　　　　　最近中国及世界主要国国富表　　　　　　（以元为单位）

国别	国富总额	每人平均国富额
1. 美国	776993235200	6734
2. 英国	239848336000	5348
3. 俄国	106100758400	771
4. 法国	105507584000	2598
5. 日本	104307985600	1764
6. 德国	73061352000	1163
7. 意国	45596969600	1138
8. 中国	106133253957	267

表5　　　　　　　　中国与世界各国生产力之比较

1. 中国	1.00	2. 英领印度	1.25
3. 俄国	1.75	4. 意大利	2.80
5. 日本	3.52	6. 波兰	6.00
7. 荷兰	7.00	8. 法国	8.25
9. 澳洲	8.50	10. 捷克	9.50
11. 德国	12.00	12. 比利时	16.00
13. 英国	18.00	14. 加拿大	20.00
15. 美国	30.00	—	—

资料来源：表3、4、5均来源于何廉《中国今日之经济根本问题》，载方显廷编《中国经济研究》（上），长沙商务印书馆1938年版，第6—9页。

以上的研究数据均说明了中国国民经济发展已远远落后于西方列强，当时有专家直言中国的国民经济具有"中古性与半殖民地性"，中国经济为地方经济、农业经济、手工经济，而西方列强经济为世界经济、工商经济、机械经济，中国经济的"中古性"，即中国经济的落后，恰恰给予帝国主义国家经济侵略的"良机"。[①] 何廉的观点同样是："今日中国之贫困……在生

---

① 方显廷：《中国经济之症结》，载方显廷编《中国经济研究》（上），长沙商务印书馆1938年版，第31页。

产,中国年来之衰落,岌岌不可终日矣。"①

第二,工业增长缓慢。20世纪前30年,中国工业经济有着缓慢的增长,但是,发展不平衡,基础不牢固,民族工业举步维艰。而同时期的日本经济,特别是工业经济有了突飞猛进的发展,为其军事扩张打下了基础,给中国社会带来严峻的挑战。

中国的工业化,起步于19世纪60年代的洋务运动。洋务官僚们兴办军事工业和民用工业,以"求强"和"求富"。但是这些洋务企业天生就有着封建性和腐朽性,无任何企业效率可言,生产技术落后,产品质量低下。虽有工业之名,却无工业化之实。直到1895年后,清政府允许民间自由办厂,民办的新式工厂涌现,民族工业才开始迈步前进。到1911年,清朝覆灭之时,"大约有六百个中国人自己兴办的使用机器的制造业和矿业企业。已经铺设的铁路约5600英里长。中国人在这些现代的商业冒险事业中的投资总额大概达到160000000元。这个数目相当大,但只合农业投资的百分之六、七"。②

晚清十年的民间投资和民间办厂出现小热潮,为民国建立后出现的经济发展奠定了基础。民国建立后,尤其是在第一次世界大战期间,中国近代工矿交通业得到加速度的发展。研究工业化问题的经济学家张培刚认为,中国的工业化起步于第一次世界大战期间,他说:"因为中国自从与列强接触以来,这是它第一次遇到机会,趁着列强忙于战事,来建立和发展自己的工业。"③ 民间资本和民办企业紧紧抓住这个机遇,一个经济蓬勃发展的"黄金时期"出现了。④

经济史学界把这个"黄金时期"分为两个阶段,即"黄金时期Ⅰ"

---

① 何廉:《中国今日之经济根本问题》,载方显廷编《中国经济研究》(上),长沙商务印书馆1938年版,第27页。
② [美]费正清:《剑桥中国晚清史》下卷,中国社会科学出版社1985年版,第478页。
③ 张培刚:《农业与工业化》,华中工学院出版社1984年版,第204页。
④ 关于"黄金时期",主要是指近代中国经济发展比较快速的时期。经济史学界对近代中国的"黄金时期"有争议。有学者认为有两个"黄金时期",分别为"黄金时期Ⅰ"(1913—1926)和"黄金时期Ⅱ"(1927—1936)。关于"黄金时期Ⅰ"(1913—1926),大多是指这一时期的经济增长速度极其快速,但也有学者认为,"更多是指利润优厚,非必指增长速度"。(许涤新、吴承明主编:《中国资本主义发展史》第2卷,人民出版社1993年版,第858页;杨德才:《中国经济史新论(1840—1949)》,经济科学出版社2004年版,第311页。)

（1913—1926）和"黄金时期Ⅱ"（1927—1936）。在"黄金时期Ⅰ"这个阶段，经济的快速增长主要发生在 1912—1920 年；"黄金时期Ⅱ"，即所谓"南京十年"，南京国民政府实施"诱导增长措施"，并取得显著成效。[①] 根据研究统计数据，我们能够看到工业经济增长的一些表征。

据统计，1903—1908 年，年均注册的厂矿为 21.1 家，1913—1915 年增至 41.3 家，1916—1918 年最高达 124.6 家。1920 年同 1913 年相比，厂矿数从 698 家增至 1759 家，资本额从 33082.4 万元增加到 50062 万元[②]，分别增长了 152% 和 51%。1921 年后，由于西方列强在结束第一次世界大战后卷土而来，中国工业经济陷入萧条。这种状况到南京国民政府成立后，出现转变势头，1927—1930 年是发展阶段，1931—1935 年受世界经济大萧条的影响处于停滞阶段，1935 年至抗战爆发为复苏和发展阶段，可参考 1914 年至 1934 年中国工矿企业的设立及投资额，如表 6 所示。

表 6　　　　1914—1934 年中国工矿企业的设立及其投资额　　　（单位：万元）

年份	新设企业数	资本额 当年币值	资本额 1913年币值	年份	新设企业数	资本额 当年币值	资本额 1913年币值	年份	新设企业数	资本额 当年币值	资本额 1913年币值
1914	102	1487	1487	1921	184	7617	5480	1928	250	11784	7753
1915	114	1961	1691	1922	144	5401	3971	1929	180	6402	4104
1916	86	1391	1159	1923	120	2642	1822	1930	119	4495	2629
1917	105	2627	2325	1924	142	2860	2000	1931	113	2769	1465
1918	132	4475	3442	1925	135	2341	1582	1932	87	1459	874
1919	172	3674	2939	1926	119	1553	1008	1933	153	2440	1574
1920	173	4543	3090	1927	92	926	579	1934	82	1781	1228

---

① 张长治：《中国大陆的工业发展（1912—1949）》，（美）《经济史杂志》第 27 卷第 1 期，1967 年 3 月。当然也有作者认为，中国经济在南京的 10 年停滞不前，"政府在 1937 年比 10 年前更无能力促进经济的发展。"道格拉斯·S. 帕乌夫：《国民党与经济停滞，1927—1937》，《亚洲研究杂志》第 16 期第 2 期，1957 年 2 月，第 220 页，转引自〔美〕费正清等编《剑桥中华民国史》下卷，中国社会科学出版社 1994 年版，第 172 页。

② 参见陈真、姚洛《中国近代工业史资料》第 1 辑，三联书店 1961 年版，第 55—56 页。

续表

年份	新设企业数	资本额 当年币值	资本额 1913年币值	年份	新设企业数	资本额 当年币值	资本额 1913年币值	年份	新设企业数	资本额 当年币值	资本额 1913年币值
7年合计	884	20158	16133	7年合计	936	23340	16442	7年合计	984	31130	19627
每年平均	126	2880	2305	每年平均	134	3334	2349	每年平均	141	4447	2803
平均每家		22.8	18.3	平均每家		24.9	17.6	平均每家		31.6	19.9

资料来源：许涤新、吴承明：《中国资本主义发展史》第3卷，人民出版社1993年版，第120页。

国内研究民国工业的学者认为，从1912年到1936年中国经历了几乎不间断的工业扩张。[①] 这种增长也可以从工业年增长率的估算中得出来。美国学者罗斯基在《战前中国的经济增长》一书中估计1914/1918—1931/1936年期间，中国近代工矿业的年增长率为8.1%。约翰·K.张在《共产党中国以前的工业发展》一书中计算的1912—1936年期间中国工业的年增长率更高达9.4%。具体而言，在第一次世界大战期间和战后，工业明显扩大（1912—1920年，13.4%），随后是1921—1922年的战后衰退。从1923年到1936年，平均增长率为8.7%；1912—1942年为8.4%；而1912—1949年整个时期，1949年是一个低年份，为5.6%。因此，在战前的典型年份，中国现代工业和矿业产量如果用1933年的物价计算，以给人深刻印象的8%—9%的增长率在增长。[②]

由于估算战前中国近代工业发展的速度较快，所以一些西方学者对当时中国经济的前景持乐观的态度，他们认为如果没有日本人的入侵，中国近代工业有可能保持战前的增长速度，那么经过一段时间的发展以后，中国很有

---

① 参见章长基《解放前中国工业的发展》，载张仲礼主编《中国近代经济史论著选译》，第312页。
② 参见约翰·K.张《共产党中国以前的工业发展：计算分析》，第70—74页，转引自费正清等编《剑桥中华民国史》上卷，中国社会科学出版社1993年版，第44页。

可能实现国家的工业化。但是，西方学者的研究明显夸大了工业经济在国民经济中的比例和地位，对于中国近代工业发展所遭遇的困难和问题以及它的落后性，应从更深的层次和更宽的视野上去看。

首先，近代工业在整个中国经济中所占比例不大，工业的增长对其他部门的冲击和影响较小，不足以使整个经济结构得到改造。根据统计，1933年，中国的工厂、手工业、矿业和公用事业的联合产量，仅构成国内净产值的10.5%。手工业产量占工业部分的67.8%；工厂占20.9%；矿业占7.0%；公用事业占4.3%。在估计为4691万的全部非农业工作人口中，有1213万（25.9%）受雇于手工业，113万（2.4%）受雇于工厂，77万（1.6%）受雇于矿场，4万（0.09%）受雇于公用事业。尽管约翰·张的估计有8%—9%的年增长率，但这个增长的起点是很低的，在整个民国时期，工业经济在国内生产中所占比例基本上没有变化。[①]

即使中国工业经济有较高的增长率，但是与同时期的日本相比较，日本的发展速度远高于中国。日本在明治维新后推行了一系列的改革措施，并从19世纪80年代中期开始了真正意义的近代经济增长。自19世纪80年代到20世纪30年代的50年时间里，中国经济发展速度远远落后于日本，因此不但不能弥补起步时所存在的差距，而且距离越拉越大，到20世纪30年代，日本已经成功地实现了国家的工业化，而中国则远未跨入近代化国家的行列。

中国和日本大体上都从19世纪70年代开始，由西方引进近代工业技术，在其后60余年的时间里，日本的近代工业迅速发展，到1936年钢产量已达522.3万吨，人均占有量为74.34公斤，而中国这两项指标只分别为414315吨和0.81公斤，相当于日本的7.93%和1.11%。1936年日本的生铁产量已达200.8万吨，人均为28.58公斤，而中国分别只有809996吨和1.59公斤，相当于日本的40.34%和5.6%。1936年日本发电量为273.15亿度，人均达388.78度，中国分别仅有17.24亿度和3.38度，只相当于日本的6.31%和0.87%。到20世纪30年代，中棉纺织业已成为中国最发达的产业，但是仍落后于日本。1936年日本的棉纱产量为67.3万吨，人均拥有量

---

① 参见［美］费正清等编《剑桥中华民国史》上卷，中国社会科学出版社1993年版，第44页。

为9.58公斤，而中国分别为399260吨和0.78公斤，相当于日本的59.33%和8.14%。其他工业产量和人均拥有量还可以参考表7。

表7　　　　中日两国主要工业品产量和人均拥有量（1936年）

		中国	日本			中国	日本
钢	产量（吨）	414315	5223000	硫酸	产量（吨）	5220	180700
	人均（公斤）	0.81	75.43		人均（公斤）	0.01	2.60
生铁	产量（吨）	809996	2008000	碱	产量（吨）	66000	531000
	人均（公斤）	1.59	29.00		人均（公斤）	0.13	7.66
煤	产量（吨）	39902985	41803000	电力	产量（百万度）	1724	27315
	人均（公斤）	78.12	604		人均（度）	3.38	394.49
水泥	产量（吨）	421596	4876000	棉纱	产量（吨）	399260	673000
	人均（公斤）	0.83	70.42		人均（公斤）	0.78	9.71

资料来源：产量数字：中国，严中平编：《中国近代经济史统计资料选辑》，科学出版社1955年版，第100、103、130、142页。其中水泥为1935年数字，硫酸和碱为1933年数字。日本，《主要资本主义国家经济统计集》，第394—402页。刘佛丁主编：《中国近代经济发展史》，高等教育出版社1999年版，第77页。

从表7可见，中国在主要工业品产量及人均拥有量方面，无法与日本相比。1890年时日本的工业总产值在世界各国工业总产量中的比重不及1%，到1937年日本工业总产量的比重已占4%，使西方国家不得不刮目相看，而到20世纪30年代，中国的工业生产在世界范围内尚无任何地位可言，更是比先进的资本主义国家落后了100—150年。[①]

近代中国工业发展异常落后，但中国人口比别的国家都多，因此，这样微弱的出产是不能做到自给的。据《十年来之中国》（1936年）统计，战前中国工业产品，除丝织品、火柴、植物油有剩余外，其他主要产品，计棉纺织品自给率仅69%，砂糖40%，纸类39%，毛织品27%，酸类89%，碱类85%，石油汽油0.2%，钢铁5%，机械24%，车辆船舶17%，电气50%。

---

① 参见陈真《旧中国工业的若干特点》，载黄逸平编《中国经济史论文选集》第5册，上海师范大学历史系1979年印，第Z6页。

实际上，这个统计并不完善，因为中国工业不发达，工业各部门所用的产品不多，而且这个统计也不是按照全国人口需要所定的自给程度，即使如此，也可见中国工业自给率之低。

就布局来看，近代中国工业也过于集中，近乎畸形。现代制造工业集中于沿海省份，特别是条约口岸城市（以及1931年以后的东北），以最重要的棉纺织工业为例，1924年，中国87.0%的纱锭和91.1%的织机设置在河北、辽宁、山东、江苏、浙江、福建和广东；而上海、天津、青岛三个城市占纱锭的67.7%和织机的71.9%。可以说，在抗战爆发之前，中国内地省份几乎没有现代工厂工业。①

规模偏小、技术和经营落后，这是近代中国工业的又一特征。以纺织业为例，纺织业是中国最具规模的工业，据调查，1936年天津中国五大纱厂资本共计仅1500余万元，平均每厂仅306余万元，与当时资本最少的日本日清纺织公司资本1600余万元比较，五个厂才抵得上日本一家厂，如与日本长崎纺织公司5380万元比较，更显得微少。其他工业资本更少，如机械类，战前最大的"大隆"国工厂，资本才有50万元，当时753家工厂，共有资本数783万余元，每家平均仅有1万余的资本。②

近代中国所新设的工厂，机器设备大多陈旧老化。战前七省华商纱厂调查了41家纺织厂，其中机件使用在20年以内的就占70%左右，而且这些部件大部是七拼八凑的。设备的陈旧，势必降低生产效能，增加成本，出品品质低劣。以效率言，根据巫宝三、汪馥荪的统计，中国工厂工人生产效率只等于美国工人1/19。又据专家估计，战前8个矿工才抵得上1个美国矿工，在纺厂里8个中国男子才等于1个美国女工，30个中国男工才抵得上1个美国男工。③

第三，农村经济陷入衰败。与近代中国工业部门在夹缝中艰难生存相比，中国农业部门因受内外环境的影响更趋于崩溃的边缘。"今日中国社会上最严重的问题，莫过于农村经济之总崩溃。中国为农业国，人民百分之八

---

① 参见［美］费正清等编《剑桥中华民国史》上卷，中国社会科学出版社1993年版，第49页。
② 参见陈真《旧中国工业的若干特点》，载黄逸平编《中国经济史论文选集》第5册，上海师范大学历史系1979年印，第34页。
③ 同上书，第77页。

十以上直接依农业以生活,其余百分之二十,亦间接赖农业生产以为生活之资源。一旦农村经济崩溃,此百分之八十之农民,固首先坠入贫穷界线,有仰不足以事父母,俯不足以畜妻子,凶年不能免于死亡之状况,而其他百分之二十之人民亦以农业生产之衰落,不得不陷于资源匮乏之窘境。"① 有学者从国际市场的角度进行分析:"在日前中国国民经济生活上最大的特征,为中国已完全转入了国际资本势力的威胁之下,而使全国对外贸易的数额,日渐扩大,国内市场也日趋发展,素来占中国全部国民经济重心的乡村农业经济组织和力量,反而不断地崩溃、衰落。"②

当然,农村经济的衰败有一个较长时期的积累,传统农业在清代曾有过较快的发展。但随着土地开发殆尽,人地关系日趋紧张,而土地的兼并加重了这种紧张关系。近代以来随着西方资本势力向中国农村的不断渗透,农民自给自足的自然经济日趋瓦解,落后的农民经济依附于国际资本势力,国际的风吹草动都会对中国农村经济产生巨大影响。进入20世纪20年代后,世界资本主义危机频繁发生,尤其是1929—1932年的经济大恐慌的爆发,各资本—帝国主义国家为了转移经济危机的祸害,对中国进行剩余农产品的大倾销。如此一来,中国农业经济危机在资本—帝国主义的危机转嫁下,出现了"封建性危机"和资本主义性质的危机相交织的局面。③

到了20世纪20年代末30年代初,农村经济出现了严重的衰落。新闻界、教育界还包括工商界的有识之士,逐渐认识到农村问题的严重性。从20年代后期开始,社会各界从不同的角度和立场对农村问题进行了深入调研。比如,以李景汉为代表的乡村调查与乡村建设;陈瀚笙、毛泽东式的农村调查与中国革命;国民政府的社会调查与政权建设等。一些个人、团体以及政府组织的调研报告也相继问世,其中包括:[美] 卜凯《河北盐山县一百五十农家之及社会调查》(金陵大学,1929年)、《江苏省农业调查录·沪海道属》(东南大学农科编,江苏教育实业联合会,1924年)、陈伯庄《平汉沿线农村经济调查》(上海交通大学研究所,1936年)、《广西农村经济调

---

① 蓝名古:《中国农村建设之途径》,商务印书馆1945年版,第1页。
② 何汉文:《中国国民经济概况》,神州国光社1930年版,第105页。
③ 参见郑庆平、岳琛《中国近代农业经济史》,中国人民大学出版社1987年版,第290页。

查报告》(梧州广西省立师范专科学校，农村经济研究会，1934年)、《广东农业概况调查报告书》(广州中山大学农科学院，1925年)以及《广东农业概况调查报告书续编》(广州中山大学农科学院，1929年)、李景汉编《定县社会概况调查》(中华平民教育促进会，1933年)及《定县经济调查一部分报告书》(河北省县政建设研究院，1934年)、陈瀚笙《广东农村生产关系与生产力》(1934年)等。另外，日本人在华北村庄也做了一些详细的调查研究，由南满铁路株式会社华北农村经济调查所进行，出版时名为《中国农村惯行调查》，又称《满洲旧惯调查报告》。

国民政府行政院于1933年5月专门成立了农村复兴委员会来推动复兴农村的工作。农村复兴委员会在1933年7月、8月间组织了对浙、苏、陕、豫等省农村的调查，1934年由商务印书馆相继出版了《浙江省农村调查》《江苏省农村调查》《陕西省农村调查》《河南省农村调查》。1933年冬，又举行了广西、云南两省调查。1935年，《广西省农村调查》和《云南省农村调查》也由商务印书馆出版。

当时参与讨论农村问题的报刊有《东方杂志》《申报》《时报》和天津的《大公报》等。一时间，"农村危机""农村破产""农村崩溃"在社会上形成一股强大的舆论风潮，成为知识界的共识。农村经济衰退主要表现在以下几个方面。

(1) 土地兼并，高度集中。农村经济衰落的第一个突出表现就是土地高度集中。在华北地区，1933年，国民政府行政院农村复兴委员会曾对河南中部的许昌、北部的辉县和南部的镇平等3县1村1248户农家做过挨户调查，结果显示：许昌占总户数6.11%的地主和富农，占有21.78%的农田，而占总户部76.86%的贫农、雇农和其他劳动人民，占有的土地仅有47.81%；辉县1/2的土地被不到人口总数1/8的地主和富农所占有，而占总人数2/3的贫农、雇农和其他劳动人民占有土地仅为1/6以下；镇平占总人口数6.44%的地主，所占土地高达67.15%，而占总人口数58%的贫农，占有土地仅为12.69%，连中农的土地加在一起，也不过22%左右。[1]

江南地区具有大致相同的农村土地占有的基本趋势。商业资本比较发达

---

[1] 参见张锡昌《河南农村经济调查》，《中国农村》第1卷第2期，1934年11月1日。

的浙江省崇德县,占总户数72%以上的贫农、雇农和其他劳动人民,占有的土地不到17.2%。每户不足3亩,而只占总户数3%的地主和富农,却占了27.37%的土地。与崇德同属浙西地区的临安的土地比之崇德更为集中,只占总户数4.7%的地主富农,拥有土地52.1%,其中不到总户数0.2%的17家大地主,占有土地8.7%,每户高达500亩以上,而占总户数48.1%的贫农,占有的土地不足13%,每户平均不过6亩多一点。①

土地的高度集中,使不少自耕农和半自耕农失去土地,成为无地的雇农或只有少量土地的贫农。因此,当时全国农村普遍呈现出中农户数下降和贫雇农户数上升的趋势。据行政院农村复兴委员会的调查,1928—1933年,陕西渭南的中农户数由占农户总数的32.9%下降到26.3%,贫雇农户数则由55.9%上升为62.7%;凤翔的中农户由13.4%下降为9.4%,贫雇农户则由79.9%上升为87.3%;绥德的中农户由15.5%下降为11.4%,贫雇农户则由74.3%上升为79.8%;河南许昌的中农户由21.2%下降为17.0%,贫雇农户则由64.2%上升为68.1%;江苏常熟的中农户由28.1%下降为25.3%,贫雇农户则由60.1%上升为65.6%;启东的中农户由36.3%下降为31.4%,贫雇农户则由50.8%上升为57.8%;浙江龙游的中农户由24.9%下降为17.9%,贫雇农户则由50.5%上升为56.9%。②浙江崇德在20世纪30年代初,中农有6.17%沦为贫农,雇农增加了2.47%。③嘉兴雇农亦有增加趋势,"本地农村衰退,自耕农沦为半自耕农,复沦为佃农,一部分则沦为雇农,无形中增多雇农之数量"。④

(2)农产价格低落,输出减少。农村经济衰落的第二个突出表现是农产价格跌落,输出减少。据国定税则委员会的报告,上海各种粮食的价格,1932年和1933年比1931年平均每年跌落26%。1934年的粮价又比1933年跌落不少。1933年上海趸售粮价指数1月份为78.6%,7月份为69.5%;到1934年1月则降为60.7%,7月份虽好一些,也仅为68.8%。其他农产品在

---

① 参见孙晓村《浙江的土地分配》,《中国农村》第1卷第5期,1935年2月1日。
② 参见严中平《中国近代经济史统计资料选辑》,科学出版社1955年版,第265页。
③ 参见农村复兴委员会《浙江省农村调查》,1934年版,第127页。
④ 冯紫岗编:《嘉兴县农村调查》,转引自段本洛《近代江南农村》,江苏人民出版社1994年版,第605页。

上海趸售价格，也是逐年跌落：1933 年茶叶价格相当于 1931 年的 43%，1932 年的 59%；1933 年蚕丝价格相当于 1931 年的 57%，1932 年的 99%；花生价格 1933 年比 1931 年跌落 40%，比 1932 年跌落 20%。①

上海农产价格的跌落不过是全国农产价格跌落的一个缩影。江苏 1932 年的麦价比 1931 年每石少卖 4 元钱，1932 年的米价只是 1931 年的一半，1931 年每石十三四元，1932 年只能卖六七元②；蚕价 1930—1934 年间跌落了 50%—70%。③

在价格跌落的同时，农产输出也在急剧减少。表 8 是 1929—1936 年全国农产物输出贸易指数。

表 8　　　　　　　1929—1936 年全国农产物输出贸易指数

1929 年	1930 年	1931 年	1932 年	1933 年	1934 年	1935 年	1936 年
109.1	100	101.61	62.99	46.03	42.90	52.29	50.39

资料来源：章有义：《中国近代农业史资料》第 3 辑，三联书店 1957 年版，第 606 页。

表 8 中，自 1932 年始，全国农产物输出贸易指数猛降，反映了中国农产的输出深受国际市场波动的影响。

（3）农民购买力锐减，农民绝对贫困化。农产品价格跌落，最直接的受害者当然是广大农民，所谓"谷贱伤农"。首先是减少了农民的收入，甚至使他们亏本。据设在太原的晋绥经济实业计划委员会所组织的绥远经济建设调查团的调查，安北县塔布渠灌区内农民种田一顷，可收谷子 50 石，如以每石 1.2 元的市价计算，共合洋 60 元，而种一顷田的各项支出合计是 146.92 元，两者相抵，收不抵支高达 86.92 元。这还是耕种自己的田，如果是佃耕，每顷还要另加 60—80 元的地租。④ 在江南，每担茧的生产费用大约

---

① 参见钱俊瑞《中国目下的农业恐慌》，《中国农村》第 1 卷第 3 期，1934 年 12 月 1 日。
② 参见马乘风《最近中国农村经济诸实相之暴露》，《中国经济》第 1 卷第 1 期，1933 年 4 月 15 日。
③ 参见吴晓晨《蚕桑衰落中的吴兴农村》，《东方杂志》第 32 卷第 8 号，1935 年 4 月 16 日。
④ 参见《行政院农村复兴委员会报告第 20 号》，转引自《农村问题——中国农村崩溃原因的研究》，中国复兴研究会 1934 年，第 78—79 页。

是 50 元，而按 1934 年市价，每担茧的价格平均仅为 22 元，也就是说，农民收茧一担，就要赔 28 元。仅此一项，吴兴蚕桑区每年因茧价跌落所导致的亏损就高达 3783240 元。①

和价格跌落一样，农产输出的减少也严重影响到农民的收入。据统计，全国主要农产物输出总值 1931 年为 4.21 亿元，1932 年为 2.53 亿元，1933 年为 2.41 亿元。② 依照上面的数字，1933 年生产这些农产的农民，仅以输出而言，就要比 1932 年少收入现金 1200 万元，比 1931 年少 1.8 亿元。

由于农产价格猛跌，农民增收极为有限，甚至亏本，农民绝对贫困化。农民绝对贫困化主要体现在入不敷出、借债增加和生活质量的恶化上。作为当事人，农民对其生活质量的恶化感受最深。20 世纪 30 年代初，有人在调查北平近郊黑山扈村、马连洼村和东村的 64 户农民的经济状况时，曾问每家当时的生活与 5 年或 10 年前的生活相比是好、差或相等。回答比 5 年前强一点的无一家；回答与 5 年前大致相同的 18 家，占总被问户数的 28%；回答比 5 年前坏些的有 46 家，占总被问户数的 72%；回答与 10 年前相同的有 6 家，赶不上 10 年前的有 58 家。③ 从这 64 户农民的回答中可以看出，这一时期农民生活确是一年不如一年。

盐是生活的必需品，不吃盐，人就会浑身无力，乃至头发、汗毛变白。但在 20 世纪 30 年代初，很多农民因贫困而买不起盐，只能淡食。据调查，河北临城管家村 300 余户人家，完全不吃盐的约 100 户，吃盐不足的约 150 户。④ 河北定县吃不起盐的农户达总户数的 20%。⑤ 农民连盐都吃不起，其生活质量的恶化程度可想而知。

（4）地价下跌，耕地荒芜，农产萎缩。由于农产品价格的跌落，农民种地已无利可图，甚至亏本，于是他们纷纷出卖土地或将土地抛荒。土地是农业最基本的生产资料，没有土地，也就没有农业。因此，地价的下跌，尤

---

① 参见吴晓晨《蚕桑衰落中的吴兴农村》，《东方杂志》第 32 卷第 8 号，1935 年 4 月 16 日。
② 参见《中行月刊》第 8 卷第 1、2 期合刊，转引自钱俊瑞《中国目下的农业恐慌》，《中国农村》第 1 卷第 3 期，1934 年 12 月 1 日。
③ 参见冯和法编《中国农村经济资料》，黎明书局 1935 年版，第 661 页。
④ 参见章有义《中国近代农业史资料》第 3 辑，三联书店 1957 年版，第 800 页。
⑤ 参见李景汉《定县农村经济状况》，《晏阳初与定县平民教育》，河北教育出版社 1990 年版，第 140 页。

其是耕地的大量荒芜，是农村经济衰落的最重要标志。

地价下跌是全国性的现象。据中央农业实验所的调查，1931—1933年，全国21个省，只有云南、绥远、广东、广西、贵州、河南6个省的水田价格有所上涨，其他15个省的水田价格都有不同程度的下跌，其中下跌幅度在30%以上的有河北、山西和安徽3省；在20%以上的有陕西、浙江2省；在15%以上的有山东、江西、福建、察哈尔、青海和江苏6省，在10%以上的有湖北1省，在5%以上的有四川、甘肃、湖南3省。①

在地价下跌的同时，耕地面积也在逐年减少。据全国土地委员会1937年1月对全国19个省547县的统计，共有耕地1737461415000亩，其中抛荒面积135964121137亩，荒地占总耕地面积的7.83%。②

大量耕地的弃耕、生产力下降以及自然灾害等原因，导致了农产的严重萎缩。据统计，1931—1935年，全国主要农作的产量仅是足年（最大产量年）的50%—70%。③

第四，社会问题突出。民族工业发展缓慢，农村经济又复衰败，导致了整个国民经济处于崩溃边缘，这又必然引发社会问题的日益严重和社会的不安定。在农村表现为农民脱离土地，外出谋生流离；城市表现为奇高的失业率，乞丐增多，流民横行；由于经济落后，中国人口的死亡率维持了很高的水平。

中国农民历来安土重迁，但由于农村生活的日趋恶化，使他们在本地无法继续生活下去，于是不得不抛弃眷念的故土，外出谋生。河北定县1924—1933年的十年间外出谋生的农民达到18149人，而且呈逐年上升的趋势。1931年之前，每年外出谋生的人数为400—1500人，1932年增至3367人，1933年达到7849人，比1932年增加了一倍多，而到1934年仅前3个月就超过了15000人，是全县总人口的3.72%。如果以此数类推，1934年定县外出人口即达到60000人，是1933年的7倍多将近8倍。④ 在江浙一

---

① 参见《地政月刊》第2卷第8期，转引自《近代中国农村经济史论文集》，台北近代史研究所1989年版，第174页。
② 参见彭明主编《中国现代史资料选辑》第4册，中国人民大学出版社1989年版，第112页。
③ 参见张培刚《中国农村经济的回顾和前瞻》，《经济评论》第3卷第3期。
④ 参见李景汉《定县人民出外谋生的调查》，《晏阳初与定县平民教育》，河北教育出版社1990年版，第126页。

带，根据1933年的调查资料，江苏189118户农民中，全家外出谋生的有8132户，占总农户数的4.3%，家中青年男女外出谋生的有21181户，约占总农户数的11.2%；浙江省举家外出谋生的与青年男女外出谋生的农家，分别占农户总数的2.7%和5.5%。①

1935年行政院农村复兴委员会曾对全国农村人口外出谋生问题做过一次调查，在有报告的1001县中，农民外出谋生的总数至少在2000万人以上。如河北阜平，1931年有人口12万，但到1934年只剩下9万多人，其减少的部分大多数是到外乡谋生去了。②广东开平人口因农民的外出谋生，在5年之内减少了1/5，从15万下降到12万。四川雷、马、屏、峨4县农民，20年间，由12万减至5万，农村人口，减少过半。合川、綦江、江北农民，仅5年内移往重庆的就达8640人。③

在江南，外出谋生农民主要是到周围城镇和大都市。如无锡礼社外出谋生的755人中，有569人去外县，占外出总人数的3/4，其中又以去上海的为最多，约400人，其次是苏州，本县则以城区为最多，约100人。④北方外出谋生农民则到东北的为最多，西北次之，再其次为本县的其他地方。定县18149人的外出谋生队伍中，有近1万人去了东北。⑤

农民流向城市，但是国民经济形势严峻，民族工商业很不景气，农民到城市要谋得一份工作谈何容易。滞留在城市的农民生计艰辛，能得到做工机会的占少数，大多数便处于失业状态，沦为乞丐，女性坠落为娼妓者为数甚多。据1935年的调查，湖南等省外出谋生的农民能找到活做的只占其总数的35%，其余65%的人处于乞讨和失业之中。⑥

大多数外出谋生农民的命运是非常悲惨的。1934年12月3日的《中华日报》曾对城市贫民的悲惨命运做过报道。报道说："在民族工业枯萎的境况下，原来的工人，已经一批批的被弃于十字街头，离村的农民，自然不易

---

① 参见《农情报告》第4卷第7期。
② 参见章有义《中国近代农业史资料》第3辑，三联书店1957年版，第882—883、890页。
③ 同上书，第890页。
④ 参见余霖《江南农村衰落的一个缩影》，《新创造》第2卷第1、2期合刊。
⑤ 参见李景汉《定县人民出外谋生的调查》，《晏阳初与定县平民教育》，河北教育出版社1990年版，第126页。
⑥ 参见章有义《中国近代农业史资料》第3辑，三联书店1957年版，第895页。

找到工作。结果只有拉黄包车充当牛马,只有踯躅街头过着乞讨的生活。群集沪上的贫民白天吃的是包饭做的残肴剩饭,晚上则宿于垃圾箱旁、屋檐下、房角处或弄堂口,以报纸铺地,以牛皮纸及广告盖身。"在寒冷的冬天,不少寄宿于街头的外出谋生的农民被活活冻死。

从近代以来中国人口增长的特点来看,中国人口的出生率和死亡率都很高,多生多死,保持传统社会人口增长特征。表9是中国人口的出生率、死亡率和自然增长率(1820—1930)。

表9 中国人口的出生率、死亡率和自然增长率(1820—1930)

年份	出生率(‰)	死亡率(‰)	自然增长率(‰)
1820	40.57	32.23	8.34
1830	39.43	35.26	4.17
1840	39.53	35.02	4.51
1850	38.06	38.93	-0.87
1860	37.54	40.31	-2.77
1870	37.78	39.66	-1.88
1880	38.89	36.72	2.17
1890	39.83	34.22	5.61
1900	40.11	33.46	6.65
1910	40.88	31.40	9.48
1920	40.74	31.78	8.96
1930	41.17	30.64	10.53

资料来源:刘克智、黄国枢:《1400年以来大陆中国的人口变化和经济发展》,转引自刘佛丁《中国近代经济发展史》,高等教育出版社1999年版,第61页。

表9中,1850—1870年,中国人口出生率下降,死亡率大幅度上升,自然增长率为负值,这是社会动乱所致。1880年后出生率回升,死亡率下降,但直到20世纪30年代两者仍处于很高的水平上。这种变动与前近代中国在战乱之后的情况并没本质的差别。高死亡率是高疾病率的结果。死亡率的下降标志着人口素质的提高,西方国家在近代化起步后,与之相伴随的死亡率下降的过程在20世纪前半期的中国尚无法找到迹象。这说明近代中国的人

口素质在体力方面的水平是低下的。这对生产的发展和劳动生产率的提高非常不利。由于营养不良和医疗条件低劣,长期以来中国人被说成是"东亚病夫"。① 凡此种种,与近代中国经济落后不无关系。

(二) 经济落后的原因分析

中国的经济落后,这是不争的客观事实,借用杨幸之在《论中国现代化》一文的第一句话说"中国是一个落后的国家",这"有铁般的事实为证"。② 问题的关键在于:中国经济为什么会落后?其原因究竟是什么?对此,"九一八"后的中国知识界进行了认真的探讨。概括他们的观点,主要有以下一些原因。

第一,帝国主义的侵略。西方列强的入侵是导致近代中国经济落后的主要原因之一。1840年英国殖民者发动罪恶的鸦片战争,用大炮打开了中国古老而沉重的国门后,西方列强即开始了对中国的经济侵略。随着一系列不平等条约的签订,这种侵略更加疯狂和无孔不入。朱子帆就曾指出:"中国经济之病根,自是很多很多,但其主要而最严重者,莫过于帝国主义者之经济侵略。"③

列强在中国进行商品倾销和资本输出,深入渗透到中国社会,破坏了中国固有的自给自足的自然经济,把中国一步一步地融入世界资本主义市场中去。世界市场由西方列强创造与主导,西方处于中心地位;中国被迫融入世界市场,处于边缘地位。不平等条约把"中心—边缘"关系强制性地固定下来。处于边缘地位的中国充当了世界市场的原料供应地(输出)和制成品销售地(输入),不论是输入还是输出,都是以列强能否获利为指向的,牺牲的永远是中国人的利益。杨幸之指出:西方资本主义列强的侵略,导致了中国经济自主权的丧失,这严重地桎梏着中国经济的发展。"我们试看欧西各国的产业革命,无不是顺应着历史的要求,遵依着成熟的条件,自然的在农业社会孕育出工业社会,如鸡卵内孵化出雏鸡一样的自然的'蜕变'。

---

① 参见刘佛丁《中国近代经济发展史》,高等教育出版社1999年版,第61—62页。
② 杨幸之:《论中国现代化》,《申报月刊》第2卷第7号,1933年7月15日。
③ 朱子帆:《中国经济政策之我见》,《中国经济》第1卷第1期,1933年4月15日。

可是中国的转变,却是另一种典型,她的转变不是自主的,而是由于外力强迫,农业社会的解体,并不是为了中国工业社会的产生,而是为了外国工业社会的繁荣,存在于中国正在崩溃没落的农业社会废墟上的,只是贫穷、失业、动乱和死亡。然而在另一方面,先进国家的金融家、企业家以至地主们却无不面团团而腹便便,得意欣笑。一言以蔽之,中国工业发展的结果,只是作成了自己的次殖民地的地位。"比如,以发展产业的基础——金融业为例,当时有40多家的外国银行在中国设立了分支机构,它们"一面利用中国的银行钱庄遍伸入中国的穷乡僻壤,成立榨取中国农村的网络,同时又利用其在华的优越的地位,吸收中国大军阀和大政客搜刮民脂民膏得来的赃物。这样,它的庞大的势力,便不仅是实际支配着中国的金融和企业,而且实际支配着中国的政治。质言之,整个中国被搁置在这40多个外国银行的仓库中。在此种情势之下,而欲中国民族工业能得抬头,而欲中国追踪产业先进列强,不致落后,宁非痴人说梦"?再以交通来说,当时中国仅有的几条铁路,亦无一不是借外资筑成。北宁、道清、广九、津浦、沪杭甬、湘鄂、平汉铁路借的是英款,汴洛、陇海铁路借的是比款,正太铁路借的是德款,川粤铁路借的是英、美、德、法四国银行团款,四郑、吉长、吉会、四洮铁路借的是日款。"铁道既系借外资筑成,主权亦自操之人手。"至于水运,"远洋航路中国固未敢问鼎,即沿海航路与内河航路亦几于全部为外国所操纵"。当时外国在华的大轮船公司,英国的有怡和、太古,日本的有日清,而中国只有一家资本十分缺乏的招商局。发展民族工业,"端赖交通发达",交通动脉既为英日所把持,中国的民族工业要想得到发展,"又宁其能得?"最后来看工业本身,我国主要的工业如煤矿与铁矿,"亦完全为帝国主义者所垄断操持",纺织业、面粉业、火柴业及其他消费工业,也"完全处于外国庞大资本压抑之下"。[①] 罗吟圃在列举了帝国主义利用不平等条约,对中国的政治、军事,尤其是经济的种种控制,如"帝国主义列强从十九世纪的下半期起,便从金融业、产业、交通业以及政治贷款诸方面向中国投资",从而"使整个的中国的国民经济及至政治机构完全从属于列强、受列强的支配"后写道:"这样看起来,中国的命脉简直是完全操在外人的掌

[①] 杨幸之:《论中国现代化》,《申报月刊》第2卷第7号,1933年7月15日。

握中。在政治上、军事上、经济上，中国是没有自由活动的余地了。"① 丧失了经济自主权，实际上也就丧失了经济发展的主动权，在关键性的产业和部门已为东西方列强所控制的情况下，"民族资本主义无法抬头"，中国只能"形成目前这样一个落后的非现代的国家"。②

除了经济自主权的丧失外，西方列强的侵略还导致了中国资本主义的畸形发展。罗吟圃指出："近百年来，资本帝国主义对中国的政治的侵略，经济的剥削，结局是造成了少数的附庸在国际资本主义下的中国资本商业者，畸形的使中国的雏形的资本主义，在国际资本主义的孕育中萌芽滋长。在国际资本主义的拥掖下面，在租界，这种畸形的发展最为明显。可是，这已成为资本主义国家组织的一部分的畸形的中国商业，不是基立于中国自身的社会阶段的，是属于另一个社会的。所以，这种畸形的商业发展的结果，一方面是以商业资本剥削大众，破坏农村经济，一方面却把农业者强迫为替资本主义国家生产原料品的奴隶。"③ 袁聘之也指出，"外来的资本主义宰割、压榨和剥削，虽然能促进中国资本主义之进展，但同时又作为中国资本主义之桎梏，使之不能由初期资本主义经济发展到高度的资本主义经济"。在这种情况下，中国的产业资本得不到高度的发展，得到高度发展的是商业资本，而商业资本的高度发展，"不特不能助长民族工业之发展，隶属于产业资本之下，反而积极的转化为金融资本之附庸，与之合流，而瓦解整个的中国经济之基础。其特殊作用，为一面作为商品输入原料输出的枢纽，造成绝大的入超，以致对外贸易之不均衡，而从中取得些残余利润；一方面作为金融资本侵入农村的连环，瓦解农村经济"。④ 买办阶层的出现，也是中国资本主义畸形发展的表现之一。用郑学稼的话说："在国际帝国主义不平等条约下，虽然不能够——或且艰苦地——产生了真正的民族资本家，但却可以大批地制造出远东特殊的商品——买办阶级。"⑤ 中国官僚资本对列强的依赖和勾

---

① 罗吟圃：《对于中国现代化问题的我见》，《申报月刊》第 2 卷第 7 号，1933 年 7 月 15 日。
② 杨幸之：《论中国现代化》，《申报月刊》第 2 卷第 7 号，1933 年 7 月 15 日。
③ 罗吟圃：《对于中国现代化问题的我见》，《申报月刊》第 2 卷第 7 号，1933 年 7 月 15 日。
④ 袁聘之：《论中国国民经济建设的重心问题——重农重工问题之探讨》，《东方杂志》第 32 卷第 16 号，1935 年 8 月 16 日。
⑤ 郑学稼：《现代化与中国》，《申报月刊》第 2 卷第 7 号，1933 年 7 月 15 日。

结，中国民族资本的软弱和妥协，实际上都与西方列强对中国资本主义的钳制有关。西方列强的侵略，是导致中国资本主义畸形发展的重要原因。

帝国主义的侵略，还表现在向中国转嫁经济危机上。实际上，我们考察近代中国的经济发展史就会发现，凡经济增长最迅速的时期，往往是西方列强忙于战争，无暇顾及侵略中国经济的时期。第一次世界大战期间，中国民族资本工商业出现发展的"黄金时期"即是明证。"在欧洲大战当中，中国确有渐渐接近产业革命的演化倾向，但战后各资本主义国马上便兴了国内的产业，恢复从前对中国的剥削状态。"尤其是当世界资本主义市场出现危机的时候，中国都是其中的受害者和西方危机的转嫁场所。"自第三期的世界经济恐慌的狂潮发生以来，各帝国主义列强即陷于经济上应有尽有的恐慌局面。"为了应对这种局面，"资本帝国主义者们，一面不断的演着说也伤心的徒劳的救济把戏，如国际经济妥协会议之类，另一面却是凶残的、比从前更加疯狂的加紧向殖民地进攻，剥削，竭力开拓各自的倾销市场"。而中国则是它们最主要的倾销市场之一。这"一方面亦可以从我国出口货的暴跌说明，另一方面亦可从大宗的农产品的输入见到"。以"大宗的农产品的输入"为例，1931年输入的棉花、小麦、米、烟草四种农产品的进口价值为37268万海关两，比1930年多6300余万海关两。[①] 另据海关统计，"最近三年来棉花的进口，差不多增加了两倍多，小麦在进口差不多增加了四倍多，米的进口较三年也并没有减少，菸草也是一年增加一年，其余一切一切的农产品，也都是有增无减"。[②] 帝国主义列强甚至不惜以政治手段，即通过贷款的方式向中国倾销农产品。如1931年的"美麦借款"和1933年的"美棉麦借款"，支付的都不是货币，而是美国剩余的农产品——棉花和小麦。

大量农产品的输入，严重冲击了中国的农产品市场。以米为例，由于帝国主义国家一般采取的是农场经营方式，生产力比较发达，其生产成本远远低于中国，加上当时南京国民政府给予洋米进口免税优待，因此，洋米的价格要比本国米的价格便宜，据1928—1933年间上海市场统计，洋米价格比国米价格每担要便宜0.13—0.92元。由于洋米比国米便宜，人们纷纷购买

[①] 罗吟圃：《对于中国现代化问题的我见》，《申报月刊》第2卷第7号，1933年7月15日。
[②] 孙怀仁：《中国农业恐慌之解剖》，《申报月刊》第2卷第7号，1933年7月15日。

洋米，洋米于是很快"几乎完全霸占了中国的市场"。①

洋米的倾销，迫使国米降价销售，导致米价一路走低。如南京、湖南等地的米价在1933年、1934年间，跌落到每石5元以下，而这一价格仅及生产成本的一半。广东1932年晚稻登场后，因洋米竞销之故，市价陆续跌落，每石米要比往年少卖1—2元不等，其跌落幅度在15%—20%。福建漳浦是著名的产米县，农村经济全凭稻米的输出，但1933年受洋米倾销的影响，不仅输出之路被堵死，就是本地市场也被洋米占领，致使米价大跌，农民手中的粮食无法出卖。江西米价在洋米的冲击下，每石价格始终在3元上下，1933年更跌至2元左右，"农民叫苦不迭"。其他农产品，如小麦、棉花等，在外国同类产品的冲击下，其价格也是一跌再跌，"国外廉价农产"已"变成中国土产致命的威胁"。② 农产品价格的跌落，不仅使工农业价格的剪刀差进一步拉大，农民收入减少，生活更加贫困，而且也严重挫伤了他们种田的积极性，这又导致了田价的跌落和农产品的萎缩，从而进一步"加深了中国农业恐慌的程度"。③

农村经济的衰败，必然影响民族工商业的销售市场与原材料供应市场，民族工商业也深受其害，百业俱损。近代外国资本的进入，尤其是外国直接投资，对弥补中国经济发展所需资本不足有着非常重要的作用。但是，外资进入中国，是伴随着战争而来的，凭借着各种不平等条约给它们的优厚待遇，它们享受着比中国民族资本要多得多的特权，从而使得中国民族资本在与外资的竞争中处于不平等的劣势地位。再加上中国民族资本从一开始就在资本、管理及技术等方面均落后于外国资本，因而中国民族资本的发展非常艰难。"列强在华政治上的优越与资本的雄厚，使中国的民族资本不得不屈服而形成附庸隶属的现况。"④ 比如，"帝国主义者为要销售其国内的过剩生产而维持资本主义之生存起见，是要使中国永远处于次殖民地的地位，供给他们贱价的原料，销售他们过剩的产品，而决不愿中国之现代化的。帝国主

---

① 孙晓村：《中国农产商品化的性质及其前途》，见中国农村经济研究会编印《中国土地问题和商业高利贷》，1937年版，第194页。
② 钱俊瑞：《中国目下的农业恐慌》，《中国农村》第1卷第3期，1934年12月1日。
③ 孙怀仁：《中国农业恐慌之解剖》，《申报月刊》第2卷第7号，1933年7月15日。
④ 罗吟圃：《对于中国现代化问题的我见》，《申报月刊》第2卷第7号，1933年7月15日。

义者的最初侵略中国的方式是商品输入。现在这时代早已过去了，帝国主义者现在侵略中国的方式是资金的输入，在中国境内建立工厂，利用中国的贱价人工与原料，免避关税的征收，与运费的浪费，并可免避外货的名目，而在中国境内畅销。现在中国的新兴工业，假如不是全外资所创的，那么就是合股或在金融上受他们影响的。真正中国民族资本的工业必然要遭受帝国主义之多方的压迫的"。① 在此情形下，"本国一切生产事业，皆被打倒，全国永作外人之经济奴隶，且因而引起现金之偏集一隅，生产消费之不平衡，全国经济将至破产"。② "中国的国民经济哪有发展的希望？"③

帝国主义对中国的侵略，尤其体现在"利用中国这些封建余孽，煽动丧心病狂的野心军阀发生内战，协助可供驱使的政治团体的政权，买收政客，以为间接侵略和剥削的机关"上。民国以来"中国那一次内战没有帝国主义者在暗中策划。中国那一次内战不是帝国主义所促成。过去十余年间，奉系、直系、政学系、安福系及各军阀的混战，那一次没有奉到帝国主义者的勅谕？亲美的军阀的和受日本接济援助的军阀混战，亲英的又和亲美的对峙。军阀间的吞并离合时常视帝国主义间的冲突而决定，虽然小规模的混乱却是多数基因于争取财富和'地盘'"。其结果，是"军阀内战的频仍"，这不仅给人民的生命财产造成巨大损失，同时也严重地破坏了社会生产力，阻碍了中国经济的发展，"一切的事业都因之停顿而夭亡"。④

第二，封建制度的束缚。封建制度的束缚，包括了封建主义残余对近代工商业的摧残、沉重的苛捐杂税、在农村地区的封建地佃剥削和高利贷盘剥等，破坏了城乡经济发展。

（1）封建制度残余对民族工商业的摧残。自鸦片战争以来，中国经济中近代化的因素日益增多，封建制度的束缚在日渐减少，这是一个大的趋势。但是，封建制度残余在近代中国始终有着顽固的力量，对近代工商业的发展起着摧残作用。杨幸之写道："残余的封建势力对于民族资本主义，也还具有很大的反动作用，其表现于政治的是军阀政治与官僚政治之延续，其

---

① 张良辅：《中国现代化的障碍和方式》，《申报月刊》第2卷第7期，1933年7月15日。
② 资耀华：《经济复兴与经济政策》，《复兴月刊》第1卷第1期，1932年9月1日。
③ 罗吟圃：《对于中国现代化问题的我见》，《申报月刊》第2卷第7号，1933年7月15日。
④ 同上。

表现于经济的则是一切残酷的榨取——地主、豪绅、贪官、污吏、以至大小军阀对农民、商人、与夫民族企业家剥削压榨，如高利贷、重地租、种种苛捐杂税，花样百出，名目繁多。而民国二十二年，无岁不战，每一次内乱爆发，民族企业，即无不遭受直接之打击，工厂之摧毁，交通之破坏，与军阀种种之借端故意留难，无不足以摧毁民族企业之根基，助长列强对华经济侵略之急进。尤有甚者，世界各国对于民族企业，无不加意保护提倡，独有我国，对如潮涌进的外货既无法杜绝，而对国内企业，复多方榨压。即以棉业为例，日人高柳一郎论中日棉业，曾这样说：'日本不产棉花，而纺织工业能大发展；中国产棉花，而纺织工业不能发展。其所以然之故，端在两国财政制度之不同。日本为此项工业请求奖励，棉花之进口与棉制品之出口，一概免税，而对于外国棉制品之进口，则课以重税，以保护国内纺织工业，使其能与外国货竞争。中国则不然，其目的在尽量向工商业者征税……''尽量向工商业者征税'，这便是我国纺织业不能发展的一个大因。纺织业如是，其他企业亦无不如是。总之，在封建式的'割据诸侯'们的魔掌中，在贪婪暴戾称雄称霸的英雄们的馋吻下，中国民族企业决无发展之一日，何况鸦片遍地，匪盗如麻，农村日益破产，市场亦日益萎缩，中国民族企业究将何由而得发展呢？"所以，除帝国主义的侵略这一大因外，"残余的封建势力之反动与阻扰，又正是致使中国落后的另一大因"。① 罗吟圃也指出："中国内政的腐败是中国人民所深知的。自辛亥革命推倒满清建设民主共和政体以来，从没有一次确立过新政治制度的根基。封建的余孽继续扰乱中国的社会秩序……所谓'民国'，只是因为西欧资本主义文化的影响，引起殖民地对先进国的一种政体的仿效而已，并不是中国经济的自发的政治反映。虽然有时也象肺病者的兴奋，中国的政治有了新的情绪和热力反映在一般民众运动上，但不久顽固的封建势力又把这没有持久性的兴奋压住。"在封建势力的种种摧残下，中国的民族工商业没有任何发展的可能。②

　　（2）苛捐杂税的压榨。田赋是国家向农民征收的农业税，是旧中国历代政府财政收入的重要来源。民国时期田赋的一个重要特点，便是税额的不

---

① 杨幸之：《论中国现代化》，《申报月刊》第 2 卷第 7 号，1933 年 7 月 15 日。
② 罗吟圃：《对于中国现代化问题的我见》，《申报月刊》第 2 卷第 7 号，1933 年 7 月 15 日。

断增长，尤其是南京国民政府成立后，这种增长更为迅速。20世纪30年代，孙晓村在《近年来中国田赋增加的速率》一文中，曾引用过中央农业实验研究所编制的1911—1933年各省田赋增长指数，对全国各省田赋的增长有一个统计，如果以1931年为100%，那么，陕西的33个县，水田指数：1911年是42%，1932年是112%，1933年是118%；平原旱地指数：1911年是62%，1932年是104%，1933年是109%；山坡旱地指数：1911年是40%，1932年是118%，1933年是122%。山西的72个县，水田指数：1911年是55%，1932年是97%，1933年是93%；平原旱地指数：1911年是53%，1932年是99%，1933年是98%；山坡旱地指数：1911年是49%，1932年是100%，1933年是99%。河北的106个县，水田指数：1911年是60%，1932年是98%，1933年是93%；平原旱地指数：1911年是39%，1932年是102%，1933年是101%；山坡旱地指数：1911年是33%，1932年是111%，1933年是112%。山东的86个县，水田指数：1911年是47%，1932年是94%，1933年是90%；平原旱地指数：1911年是48%，1932年是102%，1933年是100%；山坡旱地指数：1911年是48%，1932年是97%，1933年是97%。江苏的43个县，水田指数：1911年是63%，1932年是116%，1933年是123%；平原旱地指数：1911年是76%，1932年是105%，1933年是104%；山坡旱地指数：1911年是59%，1932年是102%，1933年是104%。安徽的28个县，水田指数：1911年是60%，1932年是107%，1933年是106%；平原旱地指数：1911年是56%，1932年是118%，1933年是110%；山坡旱地指数：1911年是83%，1932年是110%，1933年是108%。河南的56个县，水田指数：1911年是57%，1932年是102%，1933年是107%；平原旱地指数：1911年是48%，1932年是103%，1933年是106%；山坡旱地指数：1911年是54%，1932年是101%，1933年是108%。湖北的20个县，水田指数：1911年是64%，1932年是110%，1933年是114%；平原旱地指数：1911年是79%，1932年是108%，1933年是109%；山坡旱地指数：1911年是81%，1932年是102%，1933年是102%。四川的51个县，水田指数：1911年是53%，1932年是120%，1933年是123%；平原旱地指数：1911年是67%，1932年是131%，1933年是133%；山坡旱地指数：1911年是63%，1932年是127%，1933年是128%。云南的

19个县，水田指数：1911年是78%，1932年是104%，1933年是108%；平原旱地指数：1911年是77%，1932年是106%，1933年是116%；山坡旱地指数：1911年是77%，1932年是102%，1933年是108%。贵州的15个县，水田指数：1911年是56%，1932年是108%，1933年是104%；平原旱地指数：1911年是63%，1932年是130%，1933年是123%；山坡旱地指数：1911年是74%，1932年是127%，1933年是109%。湖南的35个县，水田指数：1911年是47%，1932年是102%，1933年是108%；平原旱地指数：1911年是58%，1932年是108%，1933年是111%；山坡旱地指数：1911年是53%，1932年是113%，1933年是125%。江西的22个县，水田指数：1911年是44%，1932年是111%，1933年是115%；平原旱地指数：1911年是39%，1932年是113%，1933年是119%；山坡旱地指数：1911年是42%，1932年是108%，1933年是129%。浙江的35个县，水田指数：1911年是66%，1932年是113%，1933年是106%；平原旱地指数：1911年是41%，1932年是102%，1933年是104%；山坡旱地指数：1911年是56%，1932年是113%，1933年是111%。福建的20个县，水田指数：1911年是56%，1932年是103%，1933年是103%；平原旱地指数：1911年是59%，1932年是112%，1933年是118%；山坡旱地指数：1911年是57%，1932年是102%，1933年是104%。广东的36个县，水田指数：1911年是84%，1932年是103%，1933年是108%；平原旱地指数：1911年是76%，1932年是109%，1933年是110%；山坡旱地指数：1911年是81%，1932年是109%，1933年是111%。广西的34个县，水田指数：1911年是73%，1932年是117%，1933年是116%；平原旱地指数：1911年是83%，1932年是109%，1933年是111%；山坡旱地指数：1911年是60%，1932年是109%，1933年是112%。[①] 从上引的这些数据中可以看出，与1911年相比，无论水田，还是平原旱地或山坡旱地，其税率都有较大幅度的增长，有的增长了一倍左右，实现了翻番。

除正税外，田赋还有附加税。1934年何会源在《论田赋附加》一文中写道："自民元以来，特别自十六年以来，这种附税随着新政一天一天的加多。

---

① 参见孙晓村《近年来中国田赋增长的速率》，《中国农村》第1卷第7期，1935年4月1日。

例如办党要钱，办自治要钱，修路修衙门要钱，甚至复兴农村也要钱，这些只好尽先向农民要。到了民国二十年，厘金税裁撤了，有许多经费向来依靠厘金或厘金附加的，现在也要在田赋附加上想办法。"① 当时田赋附加税的种类繁多，名目复杂。根据1934年7月《东方杂志》第31卷第14号上的《中国田赋附加的种类》一文统计，江苏有附加税147种，浙江有73种，湖北和江西各有61种，河北有48种，河南有42种，山西有30种，安徽和广东各有25种，湖南有23种，其他如山东、甘肃、福建、黑龙江、四川等省也都有11—20种不等。② 附加税种类的繁多，也就意味着税额的增加。国民政府虽然曾明文规定："田赋附捐之总额不得超过旧有正税之数"③，但实际上，随着附加税税额的不断增长，超过的现象非常普遍，甚至附加税超过正税的比率，达到惊人的地步。"湖南临武二十年度的田赋是每两正税二元六角，附税十四元另九分，附税占正税百分之五百四十二；四川奉节十九年度的田赋是每两正税一元六角，附税十二元二角八分，附税占正税百分之七百六十八；山东齐东十九年度的田赋，每两正税二元二角，附税十六元二角一分，附税占正税的百分之七百三十七；河南商城十七年度的田赋，每两正税二元二角，附税十元以上，附税占正税百分之六百；他如浙江田赋正税，每两抵洋一元八角，连附税计算，当在五六元至七八元，并有超过十元以上者。这个苛捐杂税的征收，可以说是中国各省普遍的现象。"④ 据20世纪30年代初对江苏、浙江、安徽、江西、湖南、湖北和河南等七省的调查，江苏和浙江两省附加税超过正税的县是百分之百，其他五省也分别在55%—85%，其超过的比率，最高的竟达到86倍。⑤ 另据1934年的调查，江苏61县中，附加税超过正税未及1倍的有16个县，1倍以上的有11个县，2—5倍的有10个县，5—10倍的有16个县，10—20倍的有6个县，20—26倍的有2个县。⑥

---

① 何会源：《论田赋增加》，《独立评论》第89号，1934年2月25日。
② 参见邹枋《中国田赋附加的种类》，《东方杂志》第31卷第14号，1934年7月16日。
③ 《财政部颁发限制田赋附加税办法》，1933年4月，《国民政府财政金融税收档案史料（1927—1937）》，中国财政经济出版社1997年版，第1106页。
④ 孙怀仁：《中国农业恐慌之解剖》，《申报月刊》第2卷第7号，1933年7月15日。
⑤ 参见孙晓村《苛捐杂税报告》，《农村复兴委员会会报》第12号，1934年5月。
⑥ 参见高践四《江苏省立教育学院民众教育实验工作报告》，《乡村建设实验》第2集，中华书局1935年版，第164页。

20世纪20年代末30年代初田赋的征收还存在一种十分奇怪的现象，这就是所谓的"预征"。本来田赋作为农业税应按年征收，但不少地方军阀和统治当局为了榨取农民的血汗，则提前向农民预收下一年乃至下几年、十几年的田赋。如："四川刘文辉防区已预征至民国五十二年，邓锡侯防区预征至民国四十五年，田颂尧防区预征至民国五十四年，刘存厚防区已预征到民国六十一年，此外，如安徽预征到民国二十五年，陕西宁羌沔县预征至民国二十七年，河南预征至民国二十四年，其他预征一年二年的，更不知凡已。同时，这个田赋的预征，也是中国各省普遍的现象。"① 表10便是1935年陈振鹭、陈邦政在他们的《中国农村经济问题》一书中所统计出的1927—1931年各地预征田赋。

表10　　　　　　　　1927—1931年各地预征田赋

地区	征收时间	预征年份	地区	征收时间	预征年份
陕西渭南	1925年春	1927	福建	1929年12月	1930
山东	1927年春	1928	河北元氏	1929年12月	1930
山东德州	1927年秋	1930	河南	1930年4月	1935
河南南官	1927年秋	1932	河北	1930年9月	1931
四川郫县	1927年秋	1939	河北	1930年9月	1931
河南	1928年春	1932	河南	1930年10月	1931
山西	1928年秋	1929	湖南浏阳	1930年12月	1931
山西太原	1929年2月	1930	福建闽侯	1930年	1931
山东诸城	1929年2月	1930	安徽	1930年	1931
河北清苑	1929年10月	1930	广东河源	1931年	1933
河北天津	1929年10月	1930	陕西沔县	1931年3月	1938
河北博野	1929年10月	1930	陕西宁羌	1931年3月	1938
河北静海	1929年11月	1930	河北宁津	1931年6月	1932
福建	1929年11月	1930	湖北	1931年7月	1932

资料来源：陈振鹭、陈邦政：《中国农村经济问题》，大学书店1935年版，第149—152页，转引自郭德宏《中国近现代农民土地问题研究》，青岛出版社1993年版，第144—145页。

① 孙怀仁：《中国农业恐慌之解剖》《申报月刊》第2卷第7号，1933年7月15日。

从表10中可知，预征的省份和地区非常普遍，预征的年限一般在1—7年，个别地区（四川郫县）达到了12年。

除田赋及附加税外，农民还要负担各种捐税。民国时期，"中央地方的捐税种类，名目繁多……政府当局的人，不问民力减到什么程度，总是我财政入不敷出，只有增加人民负担，不知负担尤增，生产费尤大，生产费不敷收入，只好停业停耕，政府税收更短，因税收短而加捐税，捐税愈加，人民愈穷，政府税收更少，尤少则尤加捐税，如此循环不已"。① 当时的捐税按种类可划分为国税、省税和地方捐三种。国税即中央政府收入的税，主要有盐税、烟酒税、烟酒牌照税、卷烟统税、印花税等；省税即各省政府收入的税，主要有契税、牲畜花税、屠宰税等；地方捐即各县政府收入的捐税，如植树有植树捐、养猪牛羊鸡鸭有猪牛羊鸡鸭捐、种花生有花生捐、买花布有花布捐、用河水灌田有水捐、看戏有戏捐、做道士有道士捐、当和尚有和尚捐、做妓女有妓女捐、抬轿子有轿捐、拉大小便有粪溺捐、娶个媳妇有新婚捐、死人有棺材捐、扫地有垃圾捐……真可谓无物不捐、无事不捐。

"苛捐杂税的横征暴敛与各省田赋的预征，是直接向自耕农与地主收取的，而地主更间接转嫁给一般佃农。农民对这种横征暴敛的负担，当然是计算在农产品生产费以内的，尤其如田赋预征的膨胀农产品生产费，更是一件无理绝顶的事，把几十年的租税负担，算入在一年的农产品生产费中，如何还能使农产品生产费不加大呢？这样大的生产费，对着这样暴落的农产品价格，结果自然是农业恐慌暴发与农村破产了"。② 除造成农业恐慌与农村破产外，苛捐杂税也对工商业产生了严重影响，"工业方面，无论原料或制造品，因苛捐杂税，坐令成本增高，不易销售，驯至酿成工厂停闭、工人失业之恐慌"。至于商业方面，"商品因苛捐杂税，价格无形提高，转嫁消费者负担，致使商业萧条，国货滞销，坐令洋货充斥市场，漏（卮）甚巨"。③

（3）封建地租的剥削。近代中国是一个半殖民地半封建社会的国家，全国大部分土地掌握在封建地主阶级手中，他们把大量土地出租给无地或

---

① 张公权：《中国经济目前之病态及今后之治疗》，《复兴月刊》第1卷第2期，1932年10月1日。
② 孙怀仁：《中国农业恐慌之解剖》，《申报月刊》第2卷第7期，1933年7月15日。
③ 贾士毅：《废除苛捐杂税与发展国民经济》，《东方杂志》第31卷第14号，1934年7月16日。

少地的农民耕种，实行地租剥削。地租剥削的主要形态有两种：实物地租和货币地租。在部分经济发达地区，实物地租有向货币地租转变的明显趋势。但无论实物地租还是货币地租，租额都非常高。实物地租的租额一般是收获物的一半，高的达到70%—80%。在江苏沿海产棉区，实物地租以棉花的形式交给地主，每亩从38斤到70斤不等，而租率平均也在50%以上，最低为44%，最高为78%。① 货币地租的租额也很高。据1933年对河南许昌、耀县和镇平3县9村的调查，最高的达到产值的75%，最低的也在36%以上。

20世纪20年代末30年代初中国的地租额不仅高，而且还呈现逐年增长的趋势。据江苏有关县市的调查，1922年有9县平均每亩收租米0.94担，到1927年这9县增长到1.265担；1922年有27县平均每亩收货币地租3.5元，到1927年这27县增长到7.86元；5年间实物地租增加了37%，货币地租增加了124%。② 广东顺德、台山、番禺的租额在1928年至1933年间分别上涨了20%、50%、60%。湖北的黄梅、钟祥、潜江的钱租分别从1927年的2元、5元、1.5元上涨为5元、10元、5元，上涨幅度为150%、100%、240%。③

除高额的正租外，地主还想方设法采用押租、预租以及各种附加租和劳役等手段来提高地租率，加重对佃农的地租剥削。押租，即农民为获得租佃权而交给地主的一笔保证金，各地的称法有所不同，湖南湘潭称"进庄"，常德称"批价"，江苏靖江称"顶首银"，河南光山称"补银"，江西新建称"押脚"。预租，即预收地租，它在商品经济和货币地租比较发达的地区，如江、浙、粤、赣等省比较盛行。附加租的名目繁杂，如过年过节佃农要给地主送鸡、鸭、鱼、肉等各种礼品，订立租约、改佃和收租时，佃农要举办代东酒、退佃酒和招待酒等。除此，佃农还必须为地主提供各种无偿的劳役。

（4）高利贷的盘剥。"中国农村旧有的融资方法，第一是摇会，或称合

---

① 参见苏州市档案馆《土地改革前苏南农村的地租情况》，转引自段本洛、单强《近代江南农村》，江苏人民出版社1994年版，第452页。
② 参见长野郎《中国土地制度的研究》，新世纪书店1933年版，第396—399页。
③ 参见章有义《中国近代农业史资料》第3辑，三联书店1957年版，第258—259页。

会，第二是典质，第三是借入高利贷。这三种方法中的前两者，在目前的现状下已无法应用。……只能降而求之于高利贷。高利贷本来是一个破坏中国农村的原动力，这理由一般人都已很明白了，这里故且省略不讲。一部分受高利贷的压迫而疲敝的农村，现在再依赖着高利贷来维持农村，这结果是雪上加霜，适足以使中国农村更急速的没落。"①

高利贷盘剥的猖獗体现在三点：一是借期短。中华平民教育促进会曾对河北定县6村68户农家1928年的借贷情况做过调查，以3年为期限的有3家，占总户数的4.4%；以1年为期限的有15家，占总户数的22.1%；以10个月为期限的有27家，占总户数的39.8%；以8个月为期限的有12家，占总户数的17.6%；以6个月为期限的有4家，占总户数的5.9%；无定期的有7家，占总户数的10.3%。这68户借贷农户中，有63.3的农户的借贷期限在10个月以下。②借贷期短，也就意味着农民借了钱马上就要还，在经济上根本得不到复苏的机会，农民只有还了再借，从而进一步落入高利贷的网罗。二是利率高。据中国实业志记载，30年代初，江苏59县的最高利率平均在月息4分以上，其中淮阴、睢宁、东海、灌云、涟水、阜宁6县的最高利率达月息10分。③在当时的中国，江苏要算是新式金融业和信用合作社最发达的省份，但利率都如此之高，就更不用说其他省份了。而且高利贷的利率并非固定不变的，它随着求贷者需要的迫切程度而上下波动。有资料表明，20世纪20年代末30年代初，高利贷利率呈现出不断上涨的趋势。如1929—1931年，东北长春增长了40%；1932—1933年，四川卢县增长了100%；1929—1934年，广东的茂名、新兴、信宜、英德、梅县等地增长了10%—40%，同一时期广东台山增长了119%。④三是条件苛刻。农民借贷，必须以土地权或财产作抵押，如到期不还，被抵押的土地或财产就归了高利贷者。在一般情况下，抵押的土地或财产的价值往往要高于所贷的贷款额。除地权或财产外，有的地方的高利贷者甚至要求借贷的农民以人身作为抵押品。如广西就有所谓人身抵押和人口典当。广东罗定的农民在借钱时，要将

---

① 孙怀仁：《中国农业恐慌之解剖》《申报月刊》第2卷第7期，1933年7月15日。
② 参见李景汉《定县社会概况调查》，中国人民大学出版社1986年重印本，第735页。
③ 参见徐正学《中国农村崩溃原因的研究》第六章，中国复兴研究会1934年版，第7—9页。
④ 参见严中平编《中国近代经济史统计资料选辑》，科学出版社1955年版，第349页。

自己的妻女抵押给债主，如在债主家怀孕，所生儿女归债主所有，还债时只能赎回原来抵押的妻女，如过期无力赎取，妻女便归债主所有，此制称为"押妻女"。河北一些地方也盛行此制，但称为"死中"。① 如此残酷的高利贷剥削，使不少借贷农民妻离子散，家破人亡。

第三，天灾人祸的打击。中国地域辽阔，地理条件和气候条件都十分复杂，自古以来，就是一个自然灾害较多的国家。进入民国后，尤其是20世纪20年代末30年代初，由于经济停滞，政治腐败以及连年战乱，使水利失修、河道堵塞，环境遭到严重破坏，自然灾害更加频仍，灾情也一次比一次严重。邓云特（即邓拓）在1937年出版的《中国救荒史》一书中，曾对1912—1937年26年间发生的自然灾害做过统计，全国共发生比较大的灾害77次，平均每年近3次，计水灾24次，旱灾14次，地震10次，蝗灾9次，风灾6次，疫灾6次，雹灾4次，歉饥2次，霜灾雪灾2次。"且各种灾害，几皆同时并发，杂然纷呈"②，造成了生命和财产的巨大损失。"民国二十年全国大水灾，许多农村淹没殆尽，损失财产约达二十万万元之巨，许多地方，至今仍难恢复原状；在大水的前一年，西北诸省如陕西、山西、河北、甘肃诸省，都遭了极大的旱灾，农民所受损失尤多，饿殍载道，杀牛为食，剥树充饥，以及扶老携幼流离失所之种种情形，触目惊心，令人阅而泪下；去年黄河泛滥，平汉铁路曾经中断，山东、河南交界之十余县，尽成泽国，哀鸿遍野，惨不忍睹。"③

自然灾害所造成的巨大的生命财产损失，是"促成目下农业恐慌有力的因素"。据钱俊瑞的研究，主要表现为三个方面："第一，它极度地增加了农民底贫困，使他们绝对没有力量耐受因农产跌价而来的损失；第二，它极度地减低农民大众底购买能力，直接地加甚工业底恐慌，间接地促进了农业恐慌底发展；第三，它减弱了各地当局诛取底来源，令后者不得不多方搜刮，因此更加增进了农民底贫困。"④ 许涤新在《灾荒打击下的中国农村》

---

① 严中平编《中国近代经济史统计资料选辑》，科学出版社1955年版，第352—353页。
② 邓云特：《中国救荒史》，上海书店1994年影印本，第80页。
③ 徐正学：《农村问题——中国农村崩溃原因的研究》第七章"灾害与中国农村"，中国农村复兴研究会1934年版，第1—2页。
④ 钱俊瑞：《中国目下的农业恐慌》，《中国农村》第1卷第3期，1934年12月1日。

一文中指出，灾荒带来五个方面的影响："一为加剧商业资本之剥削；二为加深高利贷之榨取；三为加速土地之集中；四为造成急性的饥饿与死亡；五为促进农民之离村与骚动。"①

除自然灾害外，兵灾、匪灾等人灾也是经常发生的。所谓兵灾，这里是指军阀混战给人民带来的沉重灾难。中国的军阀混战始于北洋军阀统治时期。1927年国民政府推翻北洋军阀统治，建立南京国民政府，军阀混战并未因北洋军阀的覆灭而消亡，相反，新军阀混战也是连年不断。"因为军阀们的混战，实业机关多被摧毁，交通工具多被破坏，农村变成荒野，耕地变成草原。影响所及，全国的经济为之崩坏。"仅以耕地的减少为例，"从1916年到1920年5年间"，因军阀混战减少的耕地就达到"551,263,000亩，近十年来，兵匪灾祸比前更激剧的发生，全国可耕田的亩数的减少，当然是比这个数目大得多"。②"凡此战争，直接间接无不以人民为其牺牲品，乱军所至，鸡犬为罄，炮弹所及，庐墓皆墟。"③"每次战争的损失，不下数万万元之巨。"④

匪灾，指的是土匪给人民带来的深重灾难。进入民国以来，由于杂牌军队、帮会势力和失业流民的互相结合，匪患甚是猖獗。1930年国民党元老胡汉民在一次演讲中感叹："目前国内匪患之烈，已经破了民国以来的纪录。"以河南为例，据《河南各县灾情状况》一书报告，豫西21县及南阳各属，匪祸十分严重，"渑池、新安、洛阳、巩县、偃师、孟津、洛宁、宜阳各县，土匪如毛，大杆攻破县城，小杆焚掠村镇。人民求生无路，傺毙道旁，触目绅是"，"临汝、宝丰、鲁山、郏县、伊阳各县，素为土匪特产之区，近更盘踞城邑，作为巢窟，派人四处，科派金钱，树立旗帜，名目各异"。南阳等10余县，"昼则烽烟遍地，夜则火光烛天，杀声震耳，难民如恒"。⑤盗匪横行的结果，"使人民财产破坏，不能贮蓄，社会不安定，纵有

---

① 许涤新：《灾荒打击下的中国农村》，载陈翰笙编《解放前的中国农村》第1辑，第469页。
② 罗吟圃：《对于中国现代化问题的我见》，《申报月刊》第2卷第7号，1933年7月15日。
③ 杨幸之：《论中国现代化》，《申报月刊》第2卷第7号，1933年7月15日。
④ 徐正学：《农村问题——中国农村崩溃原因的研究》第二章"军阀与中国农村"，中国农村复兴研究会1934年版，第3页。
⑤ 转引自李文海《中国近代十大灾荒》，上海人民出版社1994年版，第194页。

人创办新企业，有资本者亦将为之裹足"。①

第四，生产要素的缺乏。进行生产活动需要各种社会资源，包括劳动力、土地、资本、技术、信息等，现代经济学将这些总称为生产要素。20世纪上半叶中国经济之所以落后，一个重要的原因是各种生产要素的缺乏。

（1）人才缺乏。经济建设需要各种管理人才、技术人才和掌握各种熟练技能的员工，而"技术人才在中国的缺乏，也是大家所承认的"。② 梁潜翰在《中国工业内在的症结》一文中指出，"考我国各工厂中"，既缺乏具有丰富"学识和经验"的各种管理人才，又缺乏训练有素的技术工人，中国工人大多来自农民，农闲时他们进城当工人，农忙时回农村干农活，这种亦工亦农的身份，就使得中国"工人于工作不能驾轻就熟"。③ 中国的人才不仅数量少，极度缺乏，而且就是这为数很少的人才也不能做到人尽其才，才尽其用。"多少工程师，不得不改换职业，学土木工程的到电厂去做事，学技师的去当教员"④，这是人力资源的一种浪费。"我国的人才程度不能一致，高的太高，低的太低，最缺乏的是普通的人才。于是全社会便感到人才分配的不均；高的或者受委屈，低的或者得侥幸；结果使智识、才能、技术、德行上均受有影响。即令程度高低不同的果然能各得其所、各尽其能；但是目前的中国却是蜀中无大将的时代，居然什么人也配高谈阔论，其实和世界的人才比较，却不能不说是十分缺乏。"⑤ 张培刚甚至认为，"因为学术上发展的路线不同，使得中国到现在还没有一个真实的科学家；又因为教育之不普及，使得中国没有具备科学意识的民众"。⑥ 吴景超在《中国工业化问题的检讨》一文中写道："中国不但缺乏上级的技术人才，就是中级的技术人才，也是随都感到不足。这种人才，本来应当由职业学校供给，但中国过去对于职业教育，太不注意了，以至现在一切的工厂，对于此种人才，只好自己训练。许多工厂中，都招收练习生，许多是高中毕业的，也有在高校

---

① 唐庆增：《中国生产之现代化应采个人主义》，《申报月刊》第2卷第7号，1933年7月15日。
② 吴景超：《中国工业化问题的检讨》，《独立评论》第231号，1937年4月25日。
③ 梁潜翰：《中国工业内在的症结》，《东方杂志》第31卷第14号，1934年7月16日。
④ 亦英：《现代化的正路与歧路》，《申报月刊》第2卷第7号，1933年7月15日。
⑤ 戴霭庐：《关于中国现代化的几个问题》，《申报月刊》第2卷第7号，1933年7月15日。
⑥ 张培刚：《第三条道路走得通吗？》，《独立评论》第138号，1935年2月17日。

毕业的，在厂中受过相当时期的训练以后，才可在厂中担任工作。这种办法，在最近的将来，各工厂还会继续下去的，因为社会上训练这种中级技术人才的机关，现在还不够用。"① 管理人才、技术人才与掌握各种熟练技能员工的缺乏，严重地妨碍了经济的发展。

（2）资本缺乏。经济发展需要足够的资本，才能正常运作。但在当时的中国，资本则十分缺乏。亦英在《现代化的正路与歧路》一文中就指出："中国经济破产，为要复兴它或改造它，就需要巨额的资本，贫乏的中国没有这些资本。"② 吴景超在《中国工业化问题的检讨》一文中也写道："一个国家的工业化，需要许多的条件，其中最重要的一个，便是资本。中国是一个缺少资本的国家。"③ 方显廷、陈振汉同样认为："资本的缺乏，是中国工业本身最大的障碍。"④ 据估计，1937年全面抗战爆发之前，全国总资本"约四十万万元，以四万五千万人平均，每人不足十元，与美国每人的平均几千元相较，简直不能比拟"。⑤ 这可从两方面来观察：一是国民经济的落后；二是资本的分散。国民经济的落后，就不可能筹集到巨额资本；资本的分散，尽管有雄厚的资本，亦不能运用。资本的缺乏，严重阻碍了中国经济的发展。以工业为例，由于缺乏资本，无法购买或更新机器设备，所以中国工厂的机器设备"均落人后"。又由于缺乏资本，无须大量资本投入的轻工业尤其是日用品工业因此相对来说发展快些，而需要大量资本投入的重工业则十分落后，并且出现了重工业向轻工业转向的趋势。⑥ 戴霭庐指出："国家想要施行什么政策，说了半天，计划了半天，结果要筹经费，便没有办法，即令居然开办了一件事业，终于因为没有继续经费而停顿。资金缺乏，的确是一件困难的事。"⑦ 资耀华从金融的流通角度，分析了资本的缺乏及其原因。他指出：金融贵在流通，尤其贵在各地区的平衡发展。这是经济上的一大原则。但近年以来，先是西北大旱，继之又是长江流域的大水灾，乡

---

① 吴景超：《中国工业化问题的检讨》，《独立评论》第231号，1937年4月25日。
② 亦英：《现代化的正路与歧路》，《申报月刊》第2卷第7号，1933年7月15日。
③ 吴景超：《中国工业化问题的检讨》，《独立评论》第231号，1937年4月25日。
④ 方显廷、陈振汉：《中国工业现有困难的分析》，天津《大公报》1933年8月23日。
⑤ 方显廷讲，顾浚泉记：《中国工业上的几个问题》，《西南实业通讯》第4卷第5—6期。
⑥ 参见梁潜翰《中国工业内在的症结》，《东方杂志》第31卷第14号，1934年7月16日。
⑦ 戴霭庐：《关于中国现代化的几个问题》，《申报月刊》第2卷第7号，1933年7月15日。

村已在困苦之中，又加上丝茶以及各种土货，受世界经济危机的影响，出口一落千丈，资金无法流向内地，而与此同时，工业品则向农村和内地倾销，内地资金大量"向口岸转移，而集中于上海"。其结果是，"上海现金日多，存款通货膨胀，已成臃肿之势，而内地农村，则日见干枯，陷于贫血之重症"。流入上海的现金，又多"集中于二三人之手"，这"二三人"不是把他们所据有的大量现金用于投资，而是用于炒股。这是造成资本缺乏的一个重要原因。①

（3）土地缺乏。工商业的发展需要一定数量的土地，而农业的规模化经营更需要大量的、成片的而且适于生产的土地。但当时中国的土地，除边陲各省外，"大部分割的已极零碎，而其较大面积的土地，又在少数的旧军阀、旧官僚及各地的土豪劣绅之手"。② 土地过于分散、零碎，不利于农业的机械化生产；土地集中于军阀、官僚、地方手中，且利用土地进行地租剥削，则不利于土地的征用，妨碍工商业的发展。吴知认为，"中国是地少人多，大多数人又从事农业，农场过小，劳动力有余而田不足，故效率低而收益少"。③ 中国的农场与西方各国比较，大小相差甚远。中国最普通的农场面积仅20亩左右，美国最普通的农场面积约1000亩，两者相差50倍。同时，中国的耕地太碎散，一家所有的耕地常分成好几块，有时还相隔甚远。"农场的太小和太碎散，都是阻碍利用机械和科学方法以及糜费时间和劳力的最大原因。"④ 成天一也指出：因个人所有权的存在，土地归于少数不自耕用者的手中，那些有劳力、技术并想耕种土地的人，反而没有土地可耕种，"惟有出于租佃一途，方能达到耕用之目的。租佃制度如立在社会经济的立场上看，是有碍社会经济之发展的"。⑤

人力资源、资金、土地等生产要素的缺乏，使经济发展的基本条件无法满足，经济落后也就在所难免。

总之，在"九一八"后的中国知识界看来，帝国主义的侵略、封建统

---

① 资耀华：《经济复兴与经济政策》，《复兴月刊》第1卷第1期，1932年9月1日。
② 吴觉农：《中国农业的现代化》，《申报月刊》第2卷第7号，1933年7月15日。
③ 吴知：《中国国民经济建设的出路》，天津《大公报》1936年7月15日。
④ 同上。
⑤ 成天一：《中国土地利用与土地所有权问题》，《中国经济》第1卷第8号，1932年11月25日。

治者的掠夺、天灾人祸的打击和生产要素的缺乏，是造成中国经济落后的主要原因。

(三) 发展经济的重要意义

1931年九一八事变是民族复兴思潮勃兴的起点。而在1931年前后，世界经济危机已对中国经济造成了深刻影响，民族工商业萧条，农村经济破产。空前的民族危机和严重的经济衰败，使知识界逐渐将眼光从文化、教育等领域转移到对现实社会经济问题的考察，认识到民族复兴与发展经济之间的内在联系，发展经济对于民族复兴而言，具有紧迫性和重大意义。

1933年7月，《申报月刊》推出"中国现代化问题号"专辑，征集社会各界人士对现代化的看法，经济建设问题就是重要研讨问题之一。针对"现代化"问题，编者明确写道："事实上，中国生产以及国防方面的'现代化'，至今还是十分幼稚落后。到了现在，竟然国民经济程度低落到大部分人罹于半饥饿的状态。对外防卫的实力，微弱到失地四省，莫展一筹的地步。而大家对此宿题，却都好像淡焉若忘，不加深究。这决不是一种很好的现象。须知今后中国，若于生产力方面，再不赶快顺着'现代化'的方面进展，不特无以'足兵'，抑且无以'足食'，我们整个的民族，将难逃渐归淘汰、万劫不复的厄运。"[①] 于是，以《申报月刊》的讨论为契机，其他刊物如《东方杂志》《独立评论》《经济建设季刊》《中国实业》《中国经济》及《三民半月刊》等也刊发了不少这方面的文章，就发展经济的重要意义展开讨论。

首先，要抵御日本的侵略，争取民族独立，就必须发展经济。马寅初对日益严重的日本侵略作了经济学上的分析：其一，日本作为一个东亚小国能利用第一次世界大战称雄亚洲，并与英、美、俄等国相抗衡，其气不可小觑；其二，日本国土狭小，天然资源非常缺乏，其本国市场容纳不了本国大规模产出的工业品，所以觊觎亚洲各国的市场，尤其是中国与印度两个大国。因此，他认为中日战争将不可避免。那么，如何才能在未来的中日战争中保持国家和民族的完整呢？他通过分析得出结论：应对战争必须经济充

---

① 《申报月刊》第2卷第7号，1933年7月15日。

裕，才能易操胜算。① 世界上一些贫弱国家的前车之鉴也足以让知识界忧心忡忡，"如非洲阿比西尼亚之灭亡，欧洲巴尔干诸小邦之贫困，亚洲印度、安南等国之沉沦，凡此无非缺乏工业基础而生产技术落后之农业国家。即如我国，虽以地磊物博、人口众多见称于世，然以工业化未能彻底实现之故，竟致数十年来，成为帝国主义者侵略之目标"。② 翁文灏工业化思想的突出特点之一，就是强调发展经济、实现工业化对于巩固国防、反对侵略的重要意义。他指出："我们工业（化）的目的到底是什么呢？简单言之，是要取得我国独立生存的基础。"③ 又说："立国必有基础，最重要的基础，实为经济力量。"④ 蒋介石认识到民族复兴之物质基础在于发展经济，并明确把民族危亡与经济问题联系起来，1935年他在《国民经济建设运动之意义及其实施》一文中写道："中国今日根本之危机，全在经济之残破，以致国民生活日益困穷，而民族之命运，亦因之岌岌危殆，不能生存于二十世纪之今日，故目前我国唯一急要之问题，乃为如何挽救此已就崩溃之国民经济，而使人民获得相当之生活，为如何解决货弃于地，而民困于野之矛盾可耻的现象，而谋国民经济之发展，因此认为今日须有一种运动，继新生活运动之后而起，即国民经济建设运动是也。"⑤

其次，"经济问题为一切问题之基础，基础巩固，然后才能谈到上层建筑，上层建筑才好。假如下层基础不巩固，则危机立见。"⑥ 朱子帆以经济和政治的关系为例，说明了发展经济的重要意义。他指出：政治为国家的上层建筑，经济为政治的下层建筑，政治势力固然可以变更经济制度，但经济制度对政治的影响更加迅速而巨大。"政治的本身，确无好坏可言，其所以有好有坏者，一则由于政治是有时代性，一则由于政治是有大众性，政治果能合于时代，又能与大众发生关系，则政治即为好政治，否则即为坏政治。换言之，政治是建立于经济基础之上，政治问题之解决，必在于经济问题解

---

① 参见孙智君《民国产业经济思想研究》，武汉大学出版社2007年版，第212页。
② 张肖梅：《实业概论》第二版，商务印书馆1944年版，第18页。
③ 翁文灏：《关于中国工业化的几个问题》，《经济建设季刊》第2卷第3期，1944年。
④ 翁文灏：《国防经济建设之要义》，《资源委员会公报》第1卷第2期，1941年。
⑤ 蒋介石：《国民经济建设运动之意义及其实施》，《国民经济建设运动之理论与实际》，1936年版，第1—2页。
⑥ 朱子帆：《中国经济政策之我见》，《中国经济》第1卷第1期，1933年4月15日。

决之后，故经济问题之解决，实为执政的人和研究政治的人之所不能忽视。"[1] 余捷琼更是认为："一国的国运，系于一国经济的繁荣与否，任何社会的不安，政治的变化，无不有其经济的因素，诚以舍此治本的工作外，别无良策可图。"[2] 在周宪文看来，要解决中国的政治问题，必先救济农村，解决农村的经济问题。他在《申报月刊》召集的有关"中国农村衰落的原因和救济方法"的座谈会上谈道："我们为维持农民的生活起见，固须设法救济农村；而为使政治上轨道起见，更有救济农村的必要。只有农村得到了相当的救济，始能吾国政治纳于正轨。"因为，就消极的方面来说，农村经济如果不发生崩溃，农民能维持基本生活，他们就不会去当土匪，不会铤而走险，"那么，吾国目前的乱源，就可减少大半"。从积极方面来看，"农民有了知识，只要'主义者'肯宣传，他们就容易接受了"。另外，"他们的实力充足以后，贪官污吏要收苛捐杂税，他们可以据理力争。到了全国大部分农民都有了自卫的实力，那时只要有人登高一呼，推翻任何'反动的'官僚，易如反掌，所有'反动的'贪官污吏推翻以后，那么更可利用政治的力量，推动农村，事半功倍，整个的农村问题就得了解决"。[3] 吴景超则从目前的农业财政不足以支撑一个现代国家的角度，强调了发展国民经济的重要性和紧迫性："现在我们的政府，在管、教、养、卫四方面，都想追随欧美诸先进国的后尘，这种企图，自然是应当的，可惜我们的生产基础不够，我们还没有在农业以外，发展其余的实业，还没有以新式的生产方法，来加增我们的生产力量。以一个农业的国家，而想办工业押家所已办或要办的事，所以处处发生困难，处处感到财力不够，而终达不到与欧美诸先进国家并驾齐驱的地步。假如这一观察是正确的，那么我们的政府，于整理税收之外，还要积极的从事于培养税源的工作，所谓培养税源，便是设法使中国的经济生活现代化。我们应当于改良农业的生产方法之外，从事于各种实业的发展。"吴景超的结论是："现在中国的经济基础，支持不住新的政治。为巩固新政的基础起见，中国人民的经济生活，非彻底的现代化不可。因

---

[1] 朱子帆：《中国经济政策之我见》，《中国经济》第 1 卷第 1 期，1933 年 4 月 15 日。
[2] 余捷琼：《经济救国当先改造财政》，《东方杂志》第 32 卷第 5 号，1935 年 3 月 1 日。
[3] 诸家：《中国农村衰落的原因和救济方法》，《申报月刊》第 1 卷第 4 期，1932 年 12 月 1 日。

此，国民经济建设，可以说是目前最基本、最急切的工作。"① 漆琪生指出："我们现在讨论农村建设问题，为着种种关系计，通常是将政治问题作为先决的前提，抽出不论，而专从经济的立场进行讨论，看在经济的立场上农村建设有无可能，假如一定要将政治问题牵入，则不仅问题讨论的范围益增扩大，内容益增复杂，而且还将因政治问题解决之艰难，容易陷溺于悲观的宿论者之泥沼，坐听政治的裁判，放弃一切经济的活动。在这样的情势之下，农村建设固然没有成果，工业建设亦将是同一个运命。"② 政治问题的解决不能替代发展经济的步伐，而只有实实在在地发展经济，发展国民生计，增加国家实力，政治问题的解决才有可能。

最后，要安定社会，改善人民生活，必须发展经济。有学者指出："中国当前最紧急的危机，乃是国民大众的极度贫困，最大多数的国民大众现皆陷溺于山穷水尽饥寒交迫的苦海之中，甚而还有无数灾民专靠采草掘泥土以为生。中国国民大众的贫困问题，如不急速使之解决，匪特国民经济的发展无所凭寄，并且还将恶化中国经济社会整个的安定。"③ 而且，在日益逼近的日本军国主义的侵华面前，在世界经济恐慌给中国经济带来极大冲击之时，国人的生活显得异常的艰辛困苦，从而造成社会矛盾更为尖锐，社会动荡由此而生。首先是农村的衰败引发了离村潮的出现，形成一大批的流民，而流民历来是社会动荡的重要推动因素。在西北地区，"到西北各地的农村中去，走上几十里路，几乎找不到一家农民。尤其是长安以西一带，那简直是赤地千里。中农和贫农，早都死的死了，逃的逃了。……现在遗留在农村里的，真是寥寥无几！"④ 江南地区也好不到哪里去，1934 年，长江中下游的湘、鄂、皖、苏和浙等 6 省碰上"六十年未有之旱灾"，各地灾民涌向上海。但是，"在全国破产声中，流亡也已成为一条走不通的死路；他们几乎到处被人拒绝，因为都市既怕这些不速之客'扰乱治安'或'有碍观瞻'，农村又无力量收容这些难民"。⑤ 事实上，城市也处于工商破败、高失业率

---

① 吴景超：《地方财政与地方新政》，《行政研究》创刊号，1936 年。
② 漆琪生：《由国民经济建设论目前农村之出路》，《实业部月刊》第 1 卷第 5 期，1936 年。
③ 同上。
④ 文华：《西北农村写真》，《中华月报》第 1 卷第 6 期，1934 年。
⑤ 中国经济情报社编：《1934 年中国经济年报》，上海社会书店 1935 年版，第 157 页。

的状态。"四乡百镇无以谋生的人们都群趋于都市,以为城市里面随处都有工做,随处都可以找到饭吃,以致形成'荒漠无人的农村'和'人口过剩的都市'底趋势,但是他们最后得到的教训是城市和乡村一样的贫乏、没落。"① 遥望中国古昔的农村景象,倒也不差,如"日出而作,日入而息,帝力何有于我哉?"这种情况,充分表示当时社会安定与家给人足。但是现在呢?"我们到乡村中去,所看到的,大都是些颓墙断壁,无人居住,间或看见几人,也是非老即幼,绝少壮丁,他们所食的是粗茶淡食,甚至无隔宿之粮;所穿的,是破碎旧衣,甚至难以蔽体,鸡犬不能多见,牛羊更属稀少,以这样一个乡村景观,那里谈得到文化,谈得到教育,谈得到卫生,谈得到经济能力等等?"②

总之,要实现民族复兴,就必须发展经济。这可以说是"九一八"后中国知识界的基本共识。周清绳在《中国民族复兴运动与经济建设》一文中就指出:"民族复兴运动与国民生计有密切之关系,未有国民生计无办法而民族能健全者。所谓国民生计者即适当之民族经济建设也。故民族复兴运动与经济建设至有关系。《论语》:子适卫,冉由仆。子曰:'庶矣哉!'冉由曰:'既庶矣,又何加焉?'曰:'富之。'曰:'既富矣,又何加焉?'曰:'教之'。中华民族占世界四分之一,其数与全欧洲等,以人口论不为不庶矣。第二步工作应为如何使之富。故经济建设不惟与民族复兴运动有关,且成为目前复兴民族运动唯一之要务。"③ 方元英在《民族复兴方案》中也提出:"'经济是民族的命脉'。遇到百业破产的今日,不但人民生计成了问题,就是政府税源也忧断绝,所以说到民族复兴,当然不能与经济建设分开。"④

而要发展经济,必先救济农村,复兴农村。因为中国自古以来就是一个以农立国的国家,农业、农村、农民这"三农"问题是关系中国国运的最重要的问题之一。用晏阳初的话说,首先,乡村是中国的经济基础,离开了农业、农村和农民,国家就不能存在。过去几千年的中国是如此,现在的中

---

① 余之伴:《不景气的城市》,《独立评论》第128号,1934年11月25日。
② 陈琮:《乡村建设与国民生计》,《扫荡旬刊》第34期,1934年。
③ 周清绳:《中国民族复兴运动与经济建设》,《行健月刊》第2卷第5期,1933年。
④ 方元英:《中华民族复兴方案》,《学艺杂志》第13卷第3号,1934年。

国还是如此。我们吃的、住的、穿的，甚至走的路都是由农而来的，是农民生产的，没有了农业、农村和农民，衣食住行以至一切人生需要，就立刻要发生问题。工商业之所以不景气，一个重要原因就是农村破产，农民失去了购买力，工厂的产品没了销路，只好关门大吉。其次，乡村是中国的政治基础。中国的政治基础不在中央，也不在省，而在与农民休戚相关的乡村，只有有了好的乡政，才会有好的区政；有了好的区政，才会有好的县政；有了好的县政，才会有好的省政；有了好的省政，才会有好的国政。所以中国的政治出路，必须从建设最基层的乡村政治开始。"农村不清明，四万万人永不能见天日，中国政治将永是个黑暗政治。"[1] 最后，乡村是中国人的基础。中国人民号称四万万，农民则占了80%以上。因此，真正能代表中国的，不是上海的买办，也不是天津的富户，甚至不是城市的居民，而是居住在两千多个县中无数的乡下佬。就是世居城市里的居民，其祖先也十之八九是农民，农民是中国人的代表。近代以来中国之所以会积弱积贫，受列强的欺侮，一个重要原因就是"放着成千上万的农民，固国强国的雄厚力量，无人去运用，让农民无知无识到底，不给予教育机会，甚至连他们的生死存亡都不管"。[2] 漆琪生从八个方面陈述了发展经济、必先救济农村的理由："第一，农业生产是国民最大多数的农民群众生存与生活之根本，而中国农民现皆困处于贫苦至极的地位，如救济农村，建设农业，则最直接而最迅速的可使贫苦农民获得苏生之机会，国民生计好转，国民贫困之危急解救，因而国民经济积极建设之基础亦建立；第二，农业经济，至今犹为中国国民经济主要而中心的生产部门，不仅是数千年来农本主义之结果，农业经济根深蒂固，并且还因中国国势屈处于半殖民地地位之故，农业中心之国民经济的机构，已成为历史的命运所注定，所以农业经济之消长，关系着整个国民经济之隆替，在此国运日危，经济衰落的时候，复兴农村，建设农业，则可奠定国本，疏缓危急，不然，如轻弃农业而趋重工业，则在眼前工业阻力未除之际，工业建设匪特徒劳，甚至还将此一息仅存之农业命根轻视不顾，终必因农村经济解体，而国民经济全体亦覆亡；第三，中国之农村经济，乃是工商

---

[1] 晏阳初:《乡村建设要义》,《晏阳初全集》第 2 册, 湖南教育出版社 1992 年版, 第 33—34 页。
[2] 同上书, 第 34 页。

各业依凭之所,只有在农村繁荣,农业兴盛,农民富裕的前提下,中国工商各业始有发展兴隆之可能,是以复兴农村,建设农业,乃为工商各业树立发展之前提与基础;第四,农业建设,农村复兴,比较工业化容易而可能,因为外来的帝国主义对于中国农业建设之抑压,较之发展工业的竞争与冲突轻小,而内在的政治权力之指导建设运动,亦较工业便于自由指挥,故属可能而易见效;第五,在中国之外在的国际形势,与内在的经济机构等历史命运支配之下,中国农业资本主义化之前途,比较工业化希望为多,此乃中国经济发展的特殊性(亦即一般殖民地半殖民地国家经济发展之特殊性),不能机械的以与各资本帝国主义国家之发展同日而语;第六,建设农业,改良农作,可以增进农产品之输出贸易,调整入超的关系;第七,发展农村,建设农业,可以解决数千万过剩人口的失业问题,不仅农村的无职业农民可以获得谋生之道,就是都市的失业劳工,亦可回转农村以图生存;第八,救济农村,建设农业,不只是一个重要的经济问题,特别还是一个紧急的政治问题,社会问题,农村经济如不使之积极恢复,农村秩序如不使之迅速安定,则一切经济建设固然是都谈不到,而且政治设施,社会安宁,皆将成为重大的问题,这是中国年来极深刻而极严厉的教训,我们岂可忽视。"[1] 陈琮再三强调:"乡村的破坏,不仅影响人民生计,且为中华民族生存之重大关键,中国政治的不安,经济的困穷,社会的紊乱,这都是乡村破坏的结果,如以为乡村破坏,与国家大体无关,这真是一个大大的错误,因为中国的国家基础和欧美各国向不相同,是建筑在农业经济的发展与农民生活的安定两个要件之上,当此乡村破坏无余,农业经济衰落,农民生活困穷的时候,而不亟谋补救之法,莫说有各帝国主义者的压迫与侵略,即使没有,亦必自趋于灭亡,何况现在各帝国主义者压迫益深,侵略更急呢?"[2] 章渊若明确指出:"农村为中华民族之命脉,惟复兴农村,方能复兴民族,欲复兴民族,必先复兴农村……而后帝国主义者,无机可乘,民族兴起国必富强也。"[3] 月廷同样强调:我国是"以农立国的国家",虽然帝国主义经济侵略势力已深入

---

[1] 漆琪生:《中国国民经济建设的重心安在》,《东方杂志》第32卷第10号,1935年5月16日。
[2] 陈琮:《乡村建设与国民生计》,《扫荡旬刊》1934年第34期,第42—52页。
[3] 《章渊若先生序》,载童成勋《中国农村复兴问题》,世界书局1935年版,第1页。

内地，新兴工业也在各大城市渐具形体，但就现在情形而论，迄至今日，中国还不曾脱离农业社会的状态，所以农业仍不失为立国之本。基于这种原因，农村的继续破产，不仅仅关系农村本身的前途，就是整个的民族亦会受到莫大的影响，"因此'农村复兴'与'民族复兴'二者的关系，异常密切，可以说农村复兴如果不能切实推进，民族复兴就决没有复兴的希望"。[①] 陈光华更是将复兴农村与中华民族之前途联系了起来，指出：从表面上看来，改良农村或复兴农村是局部问题，但实际上农村复兴的结果，能使人民和国家双方的经济稳定，进而至于政治的效果突增，民生问题得以解决。"所以复兴农村，乃是中华民族的前途的生命。复兴农村，能使中华民族的赓续而延长；复兴农村，能洗刷掉中华民族最近所蒙受的污点；复兴农村，能恢复中华民族固有的光荣与地位。"[②]

正是在此背景下，20世纪30年代兴起了一场被称之为乡村建设的社会运动，成千上万的知识分子深入民间，到农村设立实验县、实验区，从事以经济建设为中心的乡村建设实验工作。而乡村建设的根本目的，就是实现中华民族的伟大复兴。作为乡村建设运动的主要领导人之一，晏阳初在《农村运动的使命》一文中写道："中国今日的生死问题，不是别的，是民族衰老，民族堕落，民族涣散，根本是人的问题，是构成中国的主人，害了几千年积累而成的很复杂的病，而且病至垂危，有无起死回生的方药的问题。"乡村建设运动就是为了解决这一问题而兴起的，"它对于民族的衰老，要培养它的新生命；对于民族的堕落，要振拔它的新人格；对于民族的涣散，要促成它的新团结新组织。所以说中国的农村运动，担负着'民族再造'的使命"。[③] 乡村建设运动的另一位主要领导人梁漱溟则形象地将中华民族的复兴比喻为老树上发出新芽来。他说：中国好比一棵大树，近几十年来外面有许多力量来摧残他，因而这棵大树便渐渐地焦枯了。先是从叶梢上慢慢地焦枯下来，进而枝条，而主干，最终直至树根；现在连树根也快要朽烂了！此刻树根还是将朽烂又未朽烂的时候，如果真的连树根都朽烂了，那就糟了！就完了！就没有救的余地了！

[①] 月廷：《复兴农村与复兴民族》，《政治会刊》第3卷第1期，1934年。
[②] 陈光华：《农村复兴与中华民族之前途》，《江苏省立南通中学校刊》第1期，1934年。
[③] 晏阳初：《农村运动的使命》，《晏阳初全集》第1册，湖南教育出版社1989年版，第294页。

就不能发芽生长了!"所以现在趁这老根还没有完全朽烂的时候,必须赶快想法子从根上救活他;树根活了,然后再从根上生出新芽来,慢慢地再加以培养扶植,才能再长成一棵大树。等到这棵大树长成了,你若问,'这是棵新树吗?'我将回答曰:是的!这是棵新树,但他是从原来的老树根上生长出来的,仍和老树为同根,不是另外一棵树。"而中国这棵老树"有形的根"便是"乡村","无形的根"是"中国人讲的老道理",我们要从"根"上救活中国这棵老树,使他发出新芽来,以实现中华民族的伟大复兴,就必须从事乡村建设,"创造新文化,救活旧农村"。①

(四) 发展经济的对策和建议

要实现民族复兴,就必须发展经济。这是"九一八"后中国知识界的基本共识。但如何才能实现经济的发展呢?对此,知识界提出了他们的种种对策和建议。

前已论及,造成中国经济落后的重要原因,一是帝国主义的侵略,二是封建制度的束缚。邓飞黄在《中国经济的衰落程度及其前途》一文中就明确指出:"民族资本发展的最大障碍,就是帝国主义。其次是国内封建势力,军阀官僚政治,以及宗法社会制度等等,都是民族资本的莫大障碍物。"②因此,要实现经济的发展,首先就必须打倒帝国主义,消灭封建残余。杨幸之指出:既然帝国主义和封建残余是造成中国经济落后的重要原因,那么,我们要实现经济的发展,"当然是须先消灭障碍中国前进的反动垒堡,即对外发动民族革命战争,废除不平等条约,摆脱一切经济上与政治之桎梏,推翻国际帝国主义者的统治,同时对内发动广大的民主斗争,扫荡军阀政治,肃清残余的封建势力"。③陈彬龢认为:帝国主义和帝国主义在华的侵略工具,即"二十余年来祸国殃民的军阀"和"为帝国主义经济侵略的代理人",是阻挠中国的经济发展、实现现代化的两种障碍,所以,中国要发展经济、实现现代化,"那它的先决条件也就不得不是:(一)排斥帝国主义

---

① 梁漱溟:《乡村建设大意》,《梁漱溟全集》第 1 册,山东人民出版社 1989 年版,第 612、615 页。
② 邓飞黄:《中国经济的衰落程度及其前途》,《中国经济》第 1 卷第 1 期,1933 年 4 月 15 日。
③ 杨幸之:《论中国现代化》,《申报月刊》第 2 卷第 7 号,1933 年 7 月 15 日。

在华一切势力，取消一切不平等条约；（二）消灭帝国主义在华的工具"。①樊仲云强调，发展经济的"唯一条件，是'打倒帝国主义'六个大字。怎样去打倒帝国主义呢？这当然有赖于政治的力量。对外竭力摆脱对帝国主义的依赖，创造独立自主的环境，对内有一步一步的、由小到大的实施社会的统制——生产的统制、贸易的统制等，以建立坚固不拔的基础，只有把中国锻炼成整个的社会组织，我觉得中国才有出路"。②徐正学在《农村问题——中国农村崩溃原因的研究》一书中的"结语"中写道："我以为今日不欲解决中国之农村问题则已，如要解决的话，则其先决问题即在打倒国际帝国主义，不然，必致'缓不济急'。因为必须先打倒帝国主义，而后中国才能得着自由与独立，中国必须先得着自由与独立，而后才能徐图改善其自身之弱点。如同地主必须驱逐其田地中之一切的猪狗牛羊，而后才可以自由徐图改善其田地一样。"③孙冶方在《为什么要批评乡村改良主义工作》一文中也一再强调："促成中国农村破产的主要因素便是帝国主义和封建残余势力之统治，所以……要挽救中国农村之崩溃，并建立农村改造的必要前提，必定先要铲除这两种因素。"④袁聘之同样强调指出："中国农村经济破产的主要原因，不是内在的农业生产之落后，而是外来的帝国主义之商品侵入于穷乡僻壤，构成一种帝国与农村间的剥削关系，帝国主义对农村不断的残酷榨取。这由一八四二年以前中国农村经济未曾破产，而破产的加速又为近几年资本主义的长期恐慌，对中国大量的倾销的时期，可以证明。农业建设不能阻止帝国主义商品的侵入，也不能增加农民之收入，因为农民收入之增加，一方面固然要增加生产，但同时也要提高农产品的价格，设农业生产增加，而农产品的价格不能提高或保持，则农民的收入不特不能增加，甚至还要减少，（民国）二十二年全国丰收，因农产品价格低落，故农民反以为灾。"⑤因此，不打倒帝国主义，救济农村只能是一句空话，农村经济就没有恢复和发展的可能。金钟麟把"农村经济崩溃之原因"归结于："一、资

---

① 陈彬龢：《现代化的方式与先决条件》，《申报月刊》第2卷第7期，1933年7月15日。
② 樊仲云：《中国现代化的唯一前提》，《申报月刊》第2卷第7期，1933年7月15日。
③ 徐正学：《农村问题——中国农村崩溃原因的研究》"结语"，中国复兴研究会1934年，第2页。
④ 孙冶方：《为什么要批评乡村改良主义工作》，《中国农村》第2卷第5期，1936年5月1日。
⑤ 袁聘之：《论中国国民经济建设的重心问题》，《东方杂志》第32卷第16号，1935年8月16日。

本帝国主义之侵略";"二、封建势力之摧残"。就"资本帝国主义之侵略"而言,主要体现在三个方面:一是帝国主义者商品毁灭了中国农村自给自足的经济,分化了中国农业与手工业之关系,其结果,使中国农民变成了外国机械生产资本榨取的对象。二是帝国主义者以贱价吸收中国的农产品,作为生产原料供给其资本家,然后再以其制造品来榨取已脱离自给自足经济领域的中国农民。三是帝国主义者对华资本输出的榨取。从"封建势力之摧残"来看,帝国主义为了"维生和扩张"对中国农民之剥削与工业原料之取得,不得不与中国封建军阀和豪绅地主相勾结,而维持此封建势力之存在。"故农村经济破产,封建势力之摧残,实为狞恶之要素。"[1]

就帝国主义的侵略而言,列强与中国签订的一系列不平等条约,对中国经济尤其是民族工商业的危害尤甚。徐正学就曾指出:"帝国主义对中国侵略的方式,无论我们背诵了多少,而其中心的认识却只有一个。这个中心的认识是什么呢?就是帝国主义对中国的侵略,无论用那一种方式来实行,其唯一的关键,乃在不平等条约。"[2]正是通过一系列不平等条约,帝国主义列强在中国取得了协定关税权、设厂制造权、开办银行权等一系列特权,从而控制了中国的经济命脉,严重地阻碍了中国的经济发展。具体来说,凭借协定关税权,"帝国主义者可以操纵中国的进出口货,及国际工商业,使中国对外入超日益,对内财源枯竭";凭借设厂制造权,帝国主义"可以就地投资设厂,开工制造,而无须从本国里运货到中国来入口了,更不必运中国的原料去出口,省了很多往返的关税和运费,连最低限度的关税也都逃避了。于是出口的成本愈为降低,而更有利于居心压倒中国民族工业的倾销政策";凭借开办银行权,帝国主义"在中国设立了许多银行,而从事于企业的投资,及政治的借款,使中国的财政权,及国民的经济生活,都被他们所支配了",尤其是他们利用"掠得的"发行纸币的"特权",滥发纸币,造成了中国的通货膨胀和币制混乱。[3] 邓飞黄同样认为:"不平等条约的压迫,无论对于我国政治方面经济方面,均予以极大的危害,实为我国的致命伤。"

---

[1] 金钟麟:《农村复兴与中华民族之前途》,《江苏省立南通中学校刊》,1933年12月。
[2] 徐正学:《农村问题——中国农村崩溃原因的研究》第一章"帝国主义与中国农村",中国复兴研究会1934年,第118—119页。
[3] 同上书,第92、93、66页。

就经济方面而言,"有了协议关税权,于是外货得以低税输入,畅行全国无阻;有了租借地、居留地,于是一切经济的侵略,得以作为根据地大本营;有了势力范围及优先权,于是帝国主义得以充分发展和垄断一切经济利益;有了最惠国条款,于是权利失于一国者,各国得以取夺同等权利;有了内河航运权,于是外轮长驱直入;有了设厂制造权,于是外资工业得以占主要地位;有了内地旅行贸易权,于是帝国主义的商品得以深入农村;有建筑铁路及开矿权,于是得以把握交通的工具,囊括沿路的矿山,垄断沿路的市场"。帝国主义对中国的经济侵略可以说是无孔不入,中国经济"在此层层压迫、束缚与蚕食下",又如何能得到发展?[①] 因此,"废除"或"取消"不平等条约,则成了当时知识界的共同要求。陈彬龢指出,影响中国经济的发展和现代化的一个主要障碍,便是"帝国主义在华的不平等条约。因为这不平等条约的存在,中国的关税遂不能自主。中国的民族工业在控制之下,绝无充分发展的可能。更无充分发展的保护"。所以"取消一切不平等条约",这是发展中国经济、实现现代化的先决条件之一。[②] 唐庆增强调,"不平等条约之束缚,其流弊所及,如航业权之丧失,租界之吸收资本,我国经济命脉,为所束缚,何能发展?"因此,取消不平等条约的"束缚",则是发展经济的当务之急。[③] 徐正学认为,"如果把不平等条约都取消了,则其(指帝国主义——引者)任何侵略方式,都要归于'云消雾散'。"他因而要求,在"中日中英及中美商约都已届满或将届满期"的情况下,"望我国政府将来于改订商约时,应坚持废除各国所享不平等的特惠,而在平等互惠的原则上,另订新约,俾我国得不受任何牵制,以自由发展民族工业"![④]

如果说帝国主义的侵略对中国经济尤其是民族工商业危害是不平等条约的话,那么,封建制度的束缚对中国经济尤其是农业危害最大的是各种苛捐杂税。徐正学在1934年11月出版的《农村问题——中国农村崩溃原因的研

---

① 邓飞黄:《中国经济的衰落程序度及其前途》(续),《中国经济》第1卷第2期,1933年5月15日。

② 陈彬龢:《现代化的方式与先决条件》,《申报月刊》第2卷第7期,1933年7月15日。

③ 唐庆增:《中国生产之现代化应采个人主义》,《申报月刊》第2卷第7期,1933年7月15日。

④ 徐正学:《农村问题——中国农村崩溃原因的研究》第一章"帝国主义与中国农村",中国复兴研究会1934年,第119、118页。

究》一书中就明确指出:"中国的苛捐杂税,对于农民的为害,也是使中国农民陷于绝境,及促成中国农村崩溃的最大原因之一。"① 因此,要发展中国经济,实现农业复兴,就必须取消或废除苛捐杂税成了社会各界的共同呼声。1933年,国民政府曾先后召开内政会议、农村复兴委员会议及八省粮食会议,"各代表痛陈症结,佥以废除苛捐为先决条件"。千家驹在《评第二次全国财政会议》一文中写道:"夫田赋附加之必须减轻,苛捐杂税之必须废除,不但为民众异口同声所呼吁,且亦为政府所决定的政策,今日在任何方面,对此均无丝毫怀疑的余地。"② 在社会各界取消或废除苛捐杂税的呼声中,知识界的呼声最为高涨。贾士毅在《废除苛捐杂税与发展国民经济》一文中指出:"经济为财政之基础,二者互为因果,关系至为密切。故善理财者,应以不妨害国民经济之发展与民生事业之繁荣为原则。近年以来,我国外受世界经济恐慌之影响,内遭天灾人祸之摧残,农村衰落,工商交困,至今已达极点,揆厥原因,固有多端,而苛捐杂税,过于繁重,竭泽而渔,民不聊生,实为厉阶也。考我国古时,以轻徭役、薄赋敛为善政。近世各国理财政策,亦莫不以培养税源、增进生产力为急务。诚以民间纳税过重,势将厌弃生产,国民经济日形崩溃,财政基础因而随之动摇,足以形成国困民穷之现象。今欲图补救,自应在消极方面,废除苛捐杂税以减轻人民负担,积极方面,发展国民经济以充裕人民生活。"③ 许涤新在《苛税繁重与民族产业之没落》一文中写道:"繁重的捐税,不但加速农村经济之破产,且也加速民族产业之没落。在农村方面,它以高度的田赋附加、杂捐杂税和派款勒索的形式,加深大众之穷困化,降低社会购买力,加速市场之狭小;在城市方面,它又以种种负担,加重本国商品的成本,削减其与外货竞争的能力。"因此,"取消这种'不合理'的捐税,自然是发展中国经济的一个前提"。④ 张柱在《整理田赋之我见》一文中强调:今日农村经济之破产,已成不可掩之惨状。而究其原因,"除农村社会不安定外,又因农产品

---

① 徐正学:《农村问题——中国农村崩溃原因的研究》第三章"苛捐杂税与中国农村",中国复兴研究会1934年,第1页。
② 千家驹:《评第二次全国财政会议》,《东方杂志》第31卷第14号,1934年7月16日。
③ 贾士毅:《废除苛捐杂税与发展国民经济》,《东方杂志》第31卷第14号,1934年7月16日。
④ 许涤新:《苛税繁重与民族产业之没落》,《东方杂志》第31卷第14号,1934年7月16日。

价格过跌，农民负担过重，致农民不能维持生存。而农产品价跌，又不外（一）洋货充斥市场，（二）农民纳税繁重。因（一）之倾销，故农产品不易销售，而因（二）之摧迫，又不得不急求脱售并低价出售，由是而演出'农民生活恐慌''农村金融涸竭''农产品无人需要'等惨象，其咎在繁重税捐之摧毁力者实多，故能根本上彻底整理田赋，使适合农民负担能力，则'抽薪熄火'，既减其摧残力，农村经济庶渐有复兴的转机。"①

知识界不仅提出了取消或废除苛捐杂税的要求，而且还就如何取消或废除苛捐杂税提出了他们的建议。马寅初提出，凡田赋附加税不得超过正税总额，正税过少者，即在正税科则原属轻微之处与附税合并计算，以合地价百分之一为度，田赋附加无论是否超过正税，自1934年起，省县均不得以任何急需、任何名目，再有增加，附加带征期满或原标的已不复存在者，应予以废除，不得再变更用途，继续征收。其已超过正税之附税，应限期递减，一切由省政府切实办理。凡有不急之需，皆应裁去，以量入为出为原则，万一至裁无可裁，而收入仍不足支出时，则由中央给予补足，就现有中央之印花税收入，暂行划拨应用，唯印花税之征收权仍归中央所有，"故仍由中央直接征收，妥为分配耳"。当然，以上这些只有临时措施，废除苛捐杂税的根本方法，在"办理土地承报，使土地之所有权，明白登记，则地多粮少，或有地无粮之弊，皆可免去"。②他还提出了一些"抵补方法"，即在废除苛捐杂税后，采取何种措施以满足地方那些必须开支的需要。张柱则提出了整理田赋的"治本"和"治标"之策。其"治本"之策，就是"清丈土地"，并提出了一整套"清丈土地"的方法，如设立清丈机关，省设清丈局，县设清丈分局，专门负责清丈事宜，建立起一套清丈程序，厘定税率及税目，确定清丈的期限、经费及人员的职责。通过清丈，以期达到以下几个目标：（1）分等划则，按则定税，以实现征课平允，负担公平，同时按地价为标准，这样适合农民的纳税力而不累民。（2）以户册为经，按册知户，按户知税，而税不得匿，以前的黑粮（即完纳业户无着之粮）不会再有。（3）以图为纬，按图知亩，按亩知则，而无飞洒之弊，昔日的冤粮（即无

---

① 张柱：《整理田赋之我见》，《东方杂志》第31卷第14号，1934年7月16日。
② 马寅初：《全国财政会议决之重要原则》，《东方杂志》第31卷第14号，1934年7月16日。

田有粮及有田无粮或上田纳轻粮下田纳重粮）不再发生。（4）规定税额税率，简化正附税的税目，从而使征收的胥吏无法从中巧取作弊。其"治标"之策，主要是进行田亩登记。各地可根据实际情况，"或实行根本整理——清丈，或先采用治标办法——田亩登记完竣，再筹行清丈，详密计划，分期举行"。① 千家驹认为："苛捐杂税与田赋附加之所以产生与发育滋长，完全由于今日中国的经济结构与经济组织，换言之，即由于封建割据局面与封建剥削关系之存在，这种局面一日不能打破，则地方财政一日不能有办法，而苛捐杂税一日不能取消。这是一个自明的事实。"所以整理地方财政，如不从政治问题着手，将终无解决之方案。而所谓减轻田赋附加，废除苛捐杂税，又不过为财政之一部分，如想单独剔除，更是不容易。从政治问题着手，即必须裁遣虚靡饷糈的各省军队，改造中央与地方的组织，淘汰赘疣的机关，移中央与地方之冗费以供地方建设的经费。"然而这些问题都非改革全国军制及中央与地方的政制入手不可。这当然不仅是财政问题而是政治问题了。"所以，他提出，要真正达到"减轻田赋附加，废除苛捐杂税"的目的，就应当在"廓清弊源上努力"。具体来说，"在积极方面应为裁撤冗兵，消极方面应为清除中饱。其次则为停止各地方装门面的所谓建设事业，改造目前的省制与县制"。因为只有裁撤军队之后，地方收入的大部分才不至为军费所占，政府得以移此费为事业建设之所需，必剔除中饱，而后民众之负担得以真正减轻，国库之收入得以实际增加。他如各地方不生产之建设，多为装饰门面，或壮都市之观瞻，即令事功告成，与小民经济生活无丝毫裨益，而地方则借口建设所需，增税加捐，尤应严令禁止，与民休息。又如今之省制与县制，若不彻底改造，则骈枝机关终无从淘汰，冗员终无从裁除，地方财政之清理，亦终若河清之无日。② 和千家驹的意见相似，陈明达也认为，废除苛捐杂税，需要在"消极"和"积极"两个方面下功夫。在"消极"方面，各地应停止不必要的新政设施，裁撤有名无实装饰门面的机关，取消徒有虚名、无补实际的团防，禁止驻军随意向人民征税派捐，以减少不必要的财政开支；在"积极"方面，切实整理应予保留的几种捐税，刷新

---

① 张柱：《整理田赋之我见》，《东方杂志》第31卷第14号，1934年7月16日。
② 千家驹：《评第二次全国财政会议》，《东方杂志》第31卷第14号，1934年7月16日。

税务行政，剔除中饱，使一切税收机关都趋于廉洁化、简单化和合理化，同时严禁变相的苛捐杂税的产生，开征遗产税，增征奢侈税，扩大合法税源，以满足正常的财政支出之需。如果通过"开源"（积极的方面）和"节流"（消极的方面），地方经费还是收不敷出的话，"中央应依据实情尽力补足"。① 石西民更是明确提出："一切苛捐杂税，是半封建社会的必然产物，要彻底的清除苛捐杂税的压榨，只有根本从半封建政治的改革着手，否则，换汤不换药，农民的负担是始终不会减除一些的。"②

除了帝国主义的侵略和封建制度的束缚这两大主要原因外，人才、资本和土地等生产要素的缺乏也是导致中国经济落后的原因之一。因此，除要求取消或废除不平等条约和各种苛捐杂税外，知识界还就如何解决人才、资本和土地等生产要素之缺乏的困难，提出了他们的建议。

针对中国熟练工人极度缺乏的现状，郑林庄主张"训练劳工"。他指出：劳工在现代生产程序中占有重要的地位，这已为现代经济学家所明认。因此，中国要发展经济，实现现代化，"亦宜在不使资方完全无利之限度内，改善劳动状况，以达到提高劳动效率的最后目的"。而提高劳动效率的方法，就是对劳工进行职业培训。具体方法，是将"现在似乎已超过需要的中学校"改造成为"训练所"，先让有一些基础的工头到训练所接受培训，"他们学习完毕后，则到工厂里作指导的工夫，厂里工人则不啻间接地受到职业教育，而劳动效率亦自然提高。如此下去，到了最后各经济条件许可之后，则每个工人亦宜使之有直接接受职业教育之机会。做到这地步，生产效率大增，劳动情形亦相当提高"。至于"诸如机械改良、人事管理等等"专门人才，"在接受普通训练之外，更宜受更高深教导"。他并且要人们相信，"有了此辈人才，我国生产方有并驾而超越先进工业国的希望"。③ 梁潜翰提出采纳西方工厂的"先进工人制"，对工人进行技术培训。所谓"先进工人制"，即在工人中挑选那些技术比较好的人名之为"先进工人"，他们在搞好自己的本职工作之余，"须兼指导其他工作较劣之工人，遇有新进工人入

---

① 陈明达：《废除苛捐杂税问题》，《东方杂志》第31卷第14号，1934年7月16日。
② 石西民：《我国田赋的积弊与整理》，《中国农村》第2卷第11期，1936年11月1日。
③ 郑林庄：《生产现代化与中国出路》，《申报月刊》第2卷第7期，1933年7月。

厂，此种先进工人，即为其初步导师。大抵于一工厂之中，每工人十名，即有先进工人一名；每十先进工人，又有'更先进之工人'一名；如是类推，一工厂中，其组织实如军队，工程师及专家居临其上，登高一呼，如响斯应"。① 吴景超主张在政府的主导下，一方面继续推行留学政策和借用"客卿"（外国技术人员）制度，另一方面充实和发展本国的大学及研究院，以培养更多的高技术人才。② 金仲华强调，解决人才缺乏的关键在"发展教育"。他写道："我觉得，一个现代的国家不能建筑于大部分的愚民的身上，那么，怎样使我国的百分之八十以上的文盲受到健全的教育，成为有意识的自觉的国民，乃是我国的现代化的途中的一个切要问题。"③

为了解决资本缺乏的困难，戴蔼庐主张利用外资。他指出："中国现代化的困难，缺乏资金，是其中的一项，不论以前是靠着外资促进现代化，恐怕最近的将来，还是不能不利用外资。当然希望将来总有一天能够借国民资本为自发的现代化，但是现在恐怕绝对不能。现在非利用外资来开发国民的资源不可。"④ 张素民也认为，中国要发展经济，从事现代化建设，"起初非利用外资不可"。⑤ 可以说，在当时民间资本近于枯竭的情况下，利用外资是知识界的基本共识。张良辅就强调指出："国民资本所自发的现代化自然是较好的，但是中国现在有巨大的资本吗？所以外国资本所促成的现代化，也并不是完全要不得的，只要我们不为外资所利用，而是利用外资。"⑥ 吴景超同样强调："切实地奉行总理遗教，大量利用外资以开发中国，是十分必要的。"⑦ 翁文灏甚至把利用外资视为"建国要举"。他指出："中国工业落后甚多，积极建设，非有相当规模不能符建国意义，而时国富民力甚为薄弱，又非有外资匡助不易积极建设，故欢迎外资诚为建国要举。"⑧ 那么应

---

① 梁潜翰：《中国工业内在的症结》，《东方杂志》第31卷第14号，1934年7月16日。
② 参见吴景超《中国工业化问题的检讨》，《独立评论》第231号，1937年4月25日；《中国工业化问题的检讨》（续完），《独立评论》第233号，1937年5月9日。
③ 金仲华：《现代化的关键在普及教育》，《申报月刊》第2卷第7期，1933年7月15日。
④ 戴蔼庐：《关于中国现代化的几个问题》，《申报月刊》第2卷第7期，1933年7月15日。
⑤ 张素民：《中国现代化之前提与方式》，《申报月刊》第2卷第7期，1933年7月15日。
⑥ 张良辅：《中国现代化的障碍和方式》，《申报月刊》第2卷第7期，1933年7月15日。
⑦ 吴景超：《经济建设与资金》，《中国工业建设论文选辑》，中国国民党中央委员会1943年版，第208—209页。
⑧ 翁文灏：《战后工业政策的建议》，《新经济》第9卷第7期，1943年。

当如何利用外资呢？戴霭庐提出，利用外资，要吸取"我国从前的外国投资，数量不能算小，结果都与原定目的互异，所以成绩不佳"的教训，"宜极为谨慎小心，不可使之虚靡浪费"，而"应该很经济的使用"。① 张素民则提出了利用外资的两种方法，"一为借款自办，一为仿照苏俄的办法，将特种产业，如矿产森林之类，与外国资本家办"。② 吴景超强调，"利用外资，不问它是合伙，或是借贷，或由外人单独经营，如国人肯自己努力，结果都可以获得很大的利益。不过在上面所举的利用外资三种方式之中，其由外人单独经营一方式，便是让外人在华设厂，是利弊互见的，我们应当设法去其弊而收其利"。③ 他们尤其强调利用外资，必须坚持独立自主的原则，"以不丧权为先决条件"。④ 方秋苇在《利用外资之检讨》一文中就明确指出："发展我国产业，为我国存亡关键；引用外国资本，又为发展我国产业所必须。利用外资，能在平等互惠条件下则存；否则亡。故利用外资，要在平等互惠条件之下，使外国的资本为中国的土地与人民效劳，不使中国的土地人民为外国资本效劳。说明白一点，我们利用外国资本，只能使它取得中国的债权，并不是要便它取得中国的主权。从前中国利用外资的结果，不但是使外人取得债权，而且取得了主权，如果是这样的'利用外资'，必是为'外资利用'无疑。"⑤ 阎鸿声同样强调："利用外资虽为中国国民经济建设前途之必然的运命，但亦须在正当的限度之范围内与便理的运用。"⑥ 郑庄林在《生产现代化与中国出路》一文中写道：利用外资对于我国的生产现代化非常重要，但"应当在不碍国家权利与国内生产者的利益之原则下"进行，否则便是"引狼入室"。⑦ 方显廷甚至提出，利用外资，如果不能做到以我为主，如果还要受到不平等条约的束缚，那么还不如不用外资。⑧

除利用外资外，知识界还提出了其他一些解决资本缺乏困难的主张。资

---

① 戴霭庐：《关于中国现代化的几个问题》，《申报月刊》第 2 卷第 7 期，1933 年 7 月 15 日。
② 张素民：《中国现代化之前提与方式》，《申报月刊》第 2 卷第 7 期，1933 年 7 月 15 日。
③ 吴景超：《中国工业化问题的检讨》，《独立评论》第 231 号，1937 年 4 月 25 日。
④ 李圣五：《中国现代化的条件与方式》，《申报月刊》第 2 卷第 7 期，1933 年 7 月 15 日。
⑤ 方秋苇：《利用外资之检讨》，《中国经济》第 2 卷第 7 期，1934 年 7 月 1 日。
⑥ 阎鸿声：《现阶段国民经济建设之动向的把握》，《中国经济》第 3 卷第 8 期，1935 年 8 月 1 日。
⑦ 郑庄林：《生产现代化与中国出路》，《申报月刊》第 2 卷第 7 期，1933 年 7 月 15 日。
⑧ 参见方显廷《中国工业资本之筹集与运用》，《新经济》半月刊第 1 卷第 8 期，1939 年。

耀华认为，造成中国资本缺乏的原因之一，是资金大量集中于上海等个别大都市，而广大内地尤其是农村则资金枯竭。因此，要解决资本缺乏，就必须"沟通农村与都市之金融，以免现金之偏集一隅"。其具体方法是："指导农民，设立农民教育机关，创办农民金融机关，使都市与农村之金融，依然来回流畅，使出口渐次增加。"并且他相信，能够如此"则农村兴旺，国家及都市之繁荣斯可期，国民经济斯有发展之望也"。① 吴景超提出了解决资本缺乏的四条途径，除"积极利用外资"外，其他三条途径是：（1）由现有的工业，来供给发展工业的资本；（2）政府取缔投资事业，引导社会上的游资，投资于生产事业；（3）鼓励海外华侨投资国内工业。② 方显廷提出了民族工业筹集资本的四种办法：一是通过扩大农副产品和工业原料出口、出售金银和古物以及吸收华侨投资，来"取得（更多的）外汇"；二是通过税制改良，发行公债，推行节约运动，增加各种生产，来"促进生产和节制消费"；三是通过摊派建设公债，强制建国储金，来"强制储蓄"；四是通过鼓励华侨投资，并为华侨投资提供种种便利，来"招致华侨资本"。③

在土地问题上，罗敦伟主张用国家统制来解决土地缺乏的问题。他将普通土地分为荒地和耕地两种，国家对"能耕的土地行相对的统制，而荒地则可以绝对的统制"。④ 对耕地实施相对统制的政策有：（1）土地改良的指导；（2）土地使用的限制；（3）必要时私人土地的租用。尤其是当国家设置大规模的"国家农场"，需要租用私人的耕地时，私人不能拒绝；若为荒地，则可以不问地主愿意与否，国家可以一律收来实行垦殖。

就中国经济的发展问题，"九一八"后的中国知识界还提出了其他的对策和主张。何廉指出："经济上之大问题，以生产与分配为最要。所谓生产者，即用人力或机力以增进自然物质之经济效用。其增进之方法，或改变其原形，或移易其地点，或收而储之而待时需，三者虽各不同，其为增进效用一也。至平均分配二字，则有两种不同之意义：一为社会之财务或进入，对于社会中各个人之分配；二为各种生产要素，对于出产品所应付之分配。

---

① 资耀华：《经济复兴与经济政策》，《复兴月刊》第1卷第1期，1932年9月1日。
② 吴景超：《中国工业化问题的检讨》，《独立评论》第231号，1937年4月25日。
③ 方显廷：《中国工业资本之筹集与运用》，《新经济》半月刊第1卷第8期，1939年。
④ 罗敦伟：《中国统制经济论》，新生命书局1934年版，第171页。

故分配云者，其要义完全为所有权问题也。"在"生产"与"分配"之间，何廉认为："以国富最少生产力最弱之中国，不急谋促进生产之法，而惟侈言平均分配，无论其能与不能，即强使能之，又将何以为生？此分配之说，所以非今日中国之根本问题也"，"今日中国之根本经济问题也，不在分配，而在生产。"[①] 资耀华认为，要复兴或者发展中国经济，除了"沟通农村与都市之金融，以免现金之偏集一隅"，以解决资本缺乏之困难外，还需"增进中下阶级及农民之购买力"。他指出，当时中国只有少数贵族阶级有一定的购买力，而广大中下阶级尤其是农民的购买力非常"衰弱"，"贵族阶级之购买对象，多为奢侈品，只利于洋货之倾销，无助于国货之振兴，对于国家经济之根基，有害而无益。中下阶级之购买对象，多为衣食住所必需之国货，有利于本国生产事业之发达，即为国民经济之中坚"。因此，我们不谋经济复兴和发展而已，如要谋经济复兴和发展，"惟有一方从速以都市之有余，补农村之不足，使全国农民安居乐业；一方从速救济失业，缓和工潮，增加求职者之出路，养成其必要之购买力，庶几生产事业及农业渐可恢复而发达，不致永受外来的经济之压迫，则国民经济既立，国家治安，始可期也"。[②]

张水淇在分析了我国发展经济的有利条件和不利因素后，提出了发展产业的10条建议：即（1）厉行保护政策，凡阻碍产业上之捐税一律撤除，而对于生产业则予以种种便利；（2）制定产业政策，以治理产业上的种种乱象和问题；（3）训练产业上的技术人才，如果本国技术人才不足，可以聘用外国技术人才，但要以培训本国技术人才为主；（4）清除影响社会治安的匪盗，对于人民的生命财产，予以法律保障；（5）发展交通，打通各地之间的联系；（6）努力输入机械，大力提倡科学，厉行产业革命；（7）国家要对因产业革命而失业者进行职业培训，以便帮助他们重新就业；（8）国家提供低息贷款，鼓励生产者投资产业；（9）国家要实行保护和支持本国产业发展的国际贸易政策；（10）努力建设钢铁、煤炭、石油等基础

---

① 何廉：《中国今日之经济根本问题》，载方显廷编《中国经济研究》，商务印书馆1936年版，第1—29页。

② 资耀华：《经济复兴与经济政策》，《复兴月刊》第1卷第1期，1932年9月1日。

工业，或由国家投资建设，或由国家辅助建设。他相信，只要政府和人民上下一心，"凡碍产业之兴者，上下力除之；助产业之兴者，上下力成之，则产业庶有复兴之望"。① 吴景超强调，中国的经济发展，"工业化的工作，一定是政府与人民的合作进行，政府既非束手旁观，也不能包办一切"。② 为此，他提出：政府在制定有关工业的法律时，应尽量采纳工业界的意见，并据工业界的要求，取消转口税、地方特税，修改进口税率，使原料所纳的税比制造品所纳的税为低，修改税收征收方法，使外资企业无法偷税漏税；政府应大力培养技术人才，特别是中级技术人才；政府应加强检验工作，对于原料加以严格检验，以免购入劣货；政府扶植各业，实施统制；政府应大力发展水陆交通，使制造品得以廉价输入内地；政府应集中若干专家替新兴事业设计，并多设实验工厂，以解决实验过程中的各种难题；政府应设立股票交易所，使工业资本得到更大的来源和流动；政府应降低汇率，鼓励国货出口，同时降低工业贷款利率，减轻企业的资金压力等。③ 吴景超还提出了"众建工业区"和"整套工业"的构想。所谓"众建工业区"，就是将中国经济划分为七个工业区。第一个为东北区，包括黑龙江、辽宁、吉林各省。第二个为华北区，包括察哈尔、绥远、河北、山东、山西、河南六省。第三个为西北区，包括宁夏、陕西、甘肃、青海、新疆五省。第四个为华东区，包括浙江、江苏、安徽三省。第五个为华南区，包括广东、广西、福建三省。第六个为华中区，包括湖北、湖南、江西三省。第七个为西南区，包括四川、西康、贵州、云南四省。④ 所谓"整套工业"，包括10个部门，即冶金工业、机械工业、动力工业、化学工业、兵工工业、食品工业、衣着工业、建筑工业、交通器材工业、印刷工业，各类工业可再分为若干种。

为了探讨救济乡村、发展经济的方法，申报月刊社专门召集了一次"中国农村衰落的原因和救济方法"的讲谈会，参加讲谈会的有张公权、叶恭绰、王志莘、吴觉农、俞庆棠、祝百英、周宪文等影响知识界、舆论界和实业界的重要人物。虽然他们各自的出发点不一样，但都认为中国的农村已达

---

① 张水淇：《产业复兴之进路》，《复兴月刊》第1卷第1期，1932年9月1日。
② 吴景超：《中国工业化的途径》，艺文研究会1938年版，第38页。
③ 参见吴景超《中国工业化问题的检讨》（续完），《独立评论》第233号，1937年5月9日。
④ 参见吴景超《发展都市以救济农村》，《大公报》1935年2月10日。

到它崩溃的边缘,如何安定农村和如何把都市过剩的资金灌注到偏枯的农村中去,实为今日急不容缓的要务。所不同的只在方法上,如张公权是主张"恢复农村生产,平均支配产额,提倡国货工业之保卫与爱护,努力建设新经济单位,以造成国民独立的适应的经济生活,促进生产资金之增加。唤起国民注意,要求政府给我们一极合理而可以负担的规则"来救济中国经济的衰败。唐有壬则提出"政府与民间互相监督各种事业",并将全国金融机关"照他们营业的种类和方向,分别几个系统……以中央的最高金融机关,通过各种系统的金融机关以资助各种产业的发达,如此则政府只须因管理中央最高金融机关,同时间接即可管理全国的各种产业"。陈光甫主张提倡信用合作社,以低利向农民放款。章乃器建议创办大规模的农业金融机关,由政府发行农业金融公债为农业银行之基金,这样使都市的资金通过农业银行而输送到内地去。①

"九一八"后的中国知识界还围绕是以"农业立国",还是"工业兴国",抑或"农工并重",是走英美式的资本主义道路,还是走苏联式的社会主义道路,是采用"自由经济",还是"计划经济",抑或"统制经济"等一系列关系到中国经济发展的道路、制度的重大问题展开过激烈争论。

二 发展经济的道路选择

"九一八"后,中国知识界曾围绕中国经济发展的道路问题发生过一场激烈争论,这场争论一直持续到20世纪40年代,争论的一方是以梁漱溟为代表的主张复兴农村的"以农立国"论者,另一方是以吴景超为代表的主张繁荣都市的"以工立国"论者,除此也有人主张"第三条路"和"先农后工","发展农业资本主义"。从这些不同派别及其思想主张中,我们可以看到发展中国经济、实现民族复兴的种种方案和具体路径。

(一)"以农立国"论的由来

"以农立国"论是一种具有普遍意义的社会经济思潮,其特征为反都市

---

① 千家驹:《救济农村偏枯与都市膨胀问题》,《农村与都市》,上海中华书局1935年版,第2页。

化和工业化，憎恶现代工业社会和都市生活，向往或企图维护和恢复农村那田园牧歌式的生活情趣和生产方式。这种"以农立国"论在亚非拉许多不发达的国家和地区出现过，其中尤以中国最为活跃。实际上它是中国经济长期落后，农民小生产占重要地位之历史传统的反映。

受西方工业化产生的种种弊端，尤其是第一次世界大战的影响，早在20世纪20年代初，就有人提出过"以农立国"的主张，其代表人物是时任北洋政府教育总长的章士钊。1923年8月，章在上海《新闻报》上发表《业治与农（告中华农学会）》一文，主张"吾国当确定国是，以农立国，文化治制，一切使基于农"，而反对"兴工业以建国"。因为在他看来，当时社会是"方病大肿"，而其病源"为工业传染之细菌"，如果"以工济之，何啻以水济水，焉有效能"，更何况"吾艺术之不进，资本之不充，组织力之不坚，欲其兴工业以建国，谈何容易，即曰能之，当世工业国所贻于人民之苦痛何若，昭哉可观，彼正航于断港绝潢而不得出，吾扬帆以穷追之，毋乃与于不智之甚"。① 是年11月，章士钊又以"孤桐"的笔名写了《农国辨》一文，进一步阐述他的"以农立国"主张，并对"农国"和"工国"之间的异同做了一番比较，强调：中国只能"返求诸农，先安国本"，否则，如果"去农而之工"，必将"未举工国之实，先受工国之弊，徘徊歧路，进退失据"。② 当时发表文章支持章士钊"以农立国"主张的有董时进、龚张斧等人。董时进文章的标题就叫作《论中国不宜工业化》，其主要观点是：工业国存在着工厂倒闭、工人失业、社会斗争激烈等"瑕疵"，中国无须"自蹈陷阱"，追求所谓"工业化"，而应坚守传统的"以农立国"的立场，因为"农业国之人民，质直而好义，喜和平而不可侮。其生活单纯而不干枯，俭朴而饶生趣。农业国之社会，安定太平，鲜受经济变迁之影响，无所谓失业，亦无所谓罢工"。③

章士钊、董时进等人宣扬的"以农立国"论，曾遭到主张中国应早日实现工业化的早期马克思主义者恽代英、杨明斋和激进民主主义者杨铨等人

---

① 《新闻报》1923年8月12日。
② 《新闻报》1923年11月3日。
③ 上海《申报》1923年10月25日。

的批评。恽代英写有《中国可以不工业化乎?》(署名载英,文载1923年10月28日《申报》),杨明斋写有《评〈农国辨〉》,杨铨写有《中国能长为农国乎?》(文载1923年10月28日《申报》),其中尤以杨明斋的《评〈农国辨〉》写得最有声色。《评〈农国辨〉》虽然只是杨明斋所著《评中西文化观》一书的第三卷,但文字要比《农国辨》一文长出许多倍,评论的方法是先摘录章文的基本观点,然后逐一进行批驳。最后,在"总解释"中,又着重阐述了"五千年的历史循环在今大变动之所以然是由于农化为工"这一基本命题,并针对章士钊的观点,用自己的语言,通过大量生动事例,阐明了马克思主义的一个基本观点,即"政治法律大部分是维持经济的组织及其社会道德习惯与秩序的,今其经济情形已变,则前之政治法律自然地随之而失其效用"。① 对于杨明斋的《评〈农国辨〉》,有的研究者评价甚高,认为它"是中国早期马克思主义者宣传中国应走工业化道路的珍贵文献"。②

继章士钊之后,主张"以农立国"最有力的是以王鸿一为代表的村治派。1929年在冯玉祥及其部下韩复榘的支持下,彭禹廷、梁耀祖、王怡柯、梁漱溟等人在河南辉县百泉镇成立了一所以培养村治人才为目的的学校——河南村治学院。同时他们还创办了一份《村治》月刊,宣传其村治主张和理论。当时经常在《村治》上发表文章的有王鸿一、茹青浦、米迪刚、王惺吾、尹仲材、梁漱溟等人。人们通常把集合于村治学院和《村治》月刊的这些人统称为"村治派"。村治派的代表人物和精神领袖是王鸿一。"村治"一词就是王鸿一首先使用的。河南村治学院和《村治》月刊也是经他活动才得以成立和创刊的。梁漱溟1930年写《主编本刊〈村治〉之自白》时就承认:"鸿一先生实在是我们的急先锋。他能标揭主义;他能建立名词;他能草定制度。"③

王鸿一是山东恽城的大地主,曾任山东省教育专员和省议会副议长,与冯玉祥、阎锡山关系密切,思想比较保守。1921年暑假,梁漱溟应山东教育厅之聘,到济南作了40天的"东西文化及其哲学"的讲演,其讲演稿整理出版后使他成了现代中国最著名的文化保守主义者和现代新儒学的开启

---

① 转引自罗荣渠主编《从"西化"到现代化》,北京大学出版社1990年版,第152页。
② 罗荣渠:《现代化新论》,北京大学出版社1993年版,第367页。
③ 《梁漱溟全集》第5卷,山东人民出版社1992年版,第16页注①。

者，而邀请梁漱溟讲演的人就是王鸿一。1923年章士钊的《农国辨》发表后，深得王鸿一的赞同，他曾嘱梁漱溟作函介绍自己去拜访章氏（因梁和章是老熟人），当面与章讨论"以农立国"的问题，然因故未能成行。1924年王鸿一与河北定县翟城村的米迪刚合作共同创办了《中华报》，请尹仲材为主笔，组成一个研究部，希望从"以农立国"的原则讨论一个具体的建国方案。经过一段时间的讨论，研究部出版了一本《建国刍言》，内容是先谈原理，后提出一份由王鸿一起草的《中华民国治平大纲草案》。草案共17条，其中第一条规定了"传贤民主政体"，第二条规定了"农村立国制"。①1929年3月《村治》月刊在北平创刊后（此刊得到阎锡山的资助），王鸿一又连续发表了《建设村本政治》和《中国民族之精神及今后之出路》等文章，宣传他的"以农立国"的思想。他指出：中国以农业立国，已有数千年之久。由农业生活及家庭制度二者相互之关系，递经演进，形成十姓百家。全国人民，十分之九皆在农村，而城市区域不过因经济政治之关系，构成临时聚合的团体，其居民十分之九也来自田间。所以城市不过是变相的农村而已。既然全国绝大多数的居民都居住在农村，那么中国的政治、经济和文化都应以农村为基础、为重心。就政治而言，即应建设村本政治。"惟村本政治，一切权利，根本在民，政权操于民众，治权始于乡村，权力无由而齐，阶级无由而生，全国农村组织划一，权虽分而仍无害于统一。"② 他特别强调学术与政治之结合的意义，认为以后建设方针，应确定一面由学术上积极阐发教养精神，而使学者悍然于推恩尽性，服务乡里之本分；一面由政治上积极实施教养原则，痛革中国专制传统和西洋传统之积弊，而使政权操于民众，治权始于乡村。"合学术思想政治制度二者，共同归宿于教养，植基于村本。"③ 几乎与王鸿一同时，茹春浦、段挞庭、王惺吾、谢仁声等人也先后在《村治》月刊上发表了《村治之理论与实质》《进一步的认识村治制度》《建设村治与村治前途的障碍》《村治与三民主义》《村治之危机与生机》等文，宣传"农村立国"思想。后来这些文章被编为《村治之理论与

---

① 见梁漱溟《主编本刊（〈村治〉）之自白》，《梁漱溟全集》第5卷，山东人民出版社1992年版，第15—16页。

② 王鸿一：《建设村本政治》，《村治》第1卷第1期，1929年3月。

③ 同上。

实施》一书，1930年由村治月刊社作为《村治丛书》之一种出版。

"村治派"没有存在多久。1930年7月26日王鸿一在北平逝世。不久，中原大战爆发，河南村治学院被河南省代理主席张钫下令关闭。原村治学院的部分同人迁到山东邹平，在新任山东省主席韩复榘的支持下于1931年6月正式成立了山东乡村建设研究院，并改"村治"为"乡村建设"。王鸿一的逝世和河南村治学院的关闭，尤其是山东乡村建设研究院改"村治"为"乡村建设"，标志着"村治派"已不复存在。从此，主张"以农立国"最有力的是梁漱溟和他代表的"乡村建设派"。

其实，梁漱溟的"以农立国"思想由来已久。据他自己介绍，1923年春他在山东曹州中学演讲时就已提出"农村立国"的主张；对1924年王鸿一起草的《中华民国治平大纲草案》中规定的"传贤民主政体"和"农村立国制"，他也"颇点头承认"。但那时他虽有"以农立国"的思想，但对"以农立国"能否解决中国经济问题还有些怀疑，"不敢信鸿一先生他们几位从那主观的简单的理想，能解决中国的经济问题，而经济问题又是关系一切的重大问题"。[①] 所以他曾谢绝过王鸿一要他参加《中华报》研究部的邀请，也没有应王鸿一之约为《建国刍言》写一序文。直到1927年后，受中国共产党领导的农民运动的影响[②]，他才基本消除怀疑，相信中国问题只有从农村入手才能得到解决。为此，他先去广东劝说广东省主席李济深实验他的"乡治"计划，后又到河南参与河南村治学院的筹建，最后成为山东乡村建设研究院的实际领导人，并先后发表了《中国民族自救运动之最后觉悟》（1933年）、《乡村建设论文集》（1934年）、《乡村建设大意》（1936年）和《乡村建设理论》（1937年）等一系列主张"以农立国"、宣传乡村建设思想的论著和文章。

这里需要指出的是，梁漱溟虽然主张以农立国，但和章士钊、董时进等人有两点不同：第一，他是理论与实践兼而有之，以其理论指导其乡村建设实验活动，因此他的"以农立国"论的影响也更大些；第二，他并不完全

---

① 梁漱溟：《主编本刊〈村治〉之自白》，《梁漱溟全集》第5卷，山东人民出版社1992年版，第15—17页。

② 参见郑大华《梁漱溟传》，人民出版社2001年版，第226—227页。

反对中国发展工业，而是主张以农为本，先振兴农业，然后"从农业引发工业"，他反对的只是走西方和日本"从商业发达工业"的道路。据此，他提出的经济建设的"方针路线"是："散漫的农民，经知识分子领导，逐渐联合起来为经济上的自卫与自立；同时从农业引发工业，完成大社会的自给自足，建立社会化的新经济构造。"他再三强调此"方针路线"包含有三个"要点"："一、非个人营利，也非国家统制，而是从农民的联合以达于整个社会的大组织；二、从农业引发工业，而非从商业发达工业；三、从经济上的自卫自立入手，以大社会自给自足为归，自始即倾向于为消费而生产，最后完成为消费而生产，不蹈欧美为营利而生产的覆辙。"①

为什么中国的经济只能以农为本，"从农业引发工业"，而不能像欧美日本那样，走发展资本主义工商业、"从商业发达工业"的路呢？概括梁漱溟的观点，有以下几个方面的理由。

其一，农业生产是中国国民经济几千年来的基础，关系着最大多数国民的生活，因此，以农为本，"促兴农业"，乃是巩固国本，为最大多数国民谋利益之需要。他说："本来我们缺乏工业，最急需的是工业，工业受限制应当最受不了。然而不然。工业是进一步的要求，农业是活命的根源。原来的农业底子若被破坏，便无活命。"不仅商业、金融业、工业、交通运输无一不受农业形势的影响，而且"军界、政界、教育界更是靠农民吃饭"。"所谓'民以食为天'，问题之急，莫急于此。"②

其二，国际国内环境，不允许中国走欧美日本发展资本主义工商业，"从商业发达工业"的路子。他指出："1. 近代资本主义的路，今已过时，人类历史到现在已走入反资本主义的阶段，所以不能再走此路。2. 近代工商业路为私人各自营谋而不相顾的，不合现在国家统制经济、计划经济之趋势。在今日国际间盛行倾销政策下威胁太大，亦无发展余地。3. 中国没有一个近代工商业所需要的政治环境（政府安定秩序，让工商业发达，兼能保护奖励其发达），所以不能走此路。"③

---

① 梁漱溟：《乡村建设理论》，《梁漱溟全集》第 2 卷，山东人民出版社 1990 年版，第 495—496 页。
② 同上书，第 500、504 页。
③ 同上书，第 157 页。

其三，中国在农业上的根基要比工业上的根基厚一些，因此，促兴农业较发展工业的有利条件为多。（1）工业生产的要件是资本（指机器及一切设备），农业生产的要件是土地。土地在我们是现成的，资本是我们所缺乏的。（2）工业生产需要大量动力，而少要人工，农业生产需要大量人工，而少要动力。人工在我们是现成的，工业上所需动力是不现成的。（3）工业生产得找市场，不要说国外市场竞争不来，就国内市场来说，一则适值中国人购买力普遍降低，二则正在外国人倾销政策之下，恐怕很少希望。农业生产极富于自给性，当此主要农产品还不能自给时，似乎不致像经营工业那样愁销路。"总之，当前的问题，即在急需恢复我们的生产力。增进我们的生产力；而农业与工业比较，种种条件显然是恢复增进农业生产力切近而容易。"①

其四，农业发展，农村繁荣之后，工业才有可能兴盛，而工业的兴盛，又将进一步促进农业的发展，相辅相成，互为因果。首先，从农业生产方面来看，他指出："我们口说恢复农业生产力，复兴农村，而其实旧农业旧农村是无法规复的。农业在今日亦是只有两途，一是毁灭，一是进步……进步而后存在，果能存在，必已进步。而所有进步的技术，没有不是科学化的，没有不是工业化的。"这样在农业的发展进步中，许多工业自然会相缘相引而俱来。例如从土壤肥料等农业化学问题上，而引出化学工业；从农具农业机械农业工程上，又引出机械工业等；从农产加工农产制造上，亦将引出许多工业。诸如此类，都是相因而至的。其次，从农民消费方面来看，他指出，"从农业引发工业，更从工业推进农业；农业工业叠为推引，产业乃日进无疆。同时也就是从生产力抬头而增进购买力，从购买力增进而更使生产力抬头；生产力购买力辗转递增，社会富力乃日进无疆"。②

其五，西方各国工业化过程中出现的种种弊端，说明中国不应走西方各国的老路，而只能走"促兴农业""从农业引发工业"的路子。

（二）批评"以农立国"论

梁漱溟的"以农立国"论及其实践——乡村建设实验遭到了吴景超、

---

① 梁漱溟：《乡村建设理论》，《梁漱溟全集》第2卷，山东人民出版社1990年版，第504—505页。

② 同上书，第508—509页。

陈序经等人的批评。由于批评者的文章大多发表在胡适主编的《独立评论》杂志上,有人又称他们为"独立评论派"。1933年8月,吴景超率先在《独立评论》第62号上发表《知识分子下乡难》一文,针对梁漱溟的关于乡村建设实验必须发挥知识分子作用的观点,指出要知识分子下乡搞乡村建设,用意虽然美好,但是不可能的。事实上知识分子不但不肯下乡搞乡村建设实验,相反还有集中于都市的趋势。他认为知识分子所以不能下乡有四个方面的原因:一是乡村缺乏容纳知识分子的职业;二是乡村缺乏知识分子研究学问的设备;三是乡村中物质文化太落后,不能满足知识分子生活上的需要;四是社会环境不适宜知识分子下乡。吴景超就此断言,想通过知识分子下乡搞乡村建设来解决中国问题,这是行不通的。[①]

此文发表后,或许是因为它本身就缺乏说服力,因此没有产生多大的社会反响。真正产生社会反响的是吴景超1934年9月发表在《独立评论》第118号上的《发展都市以救济农村》一文。吴在该文中着重批评了梁漱溟提出的中国经济只能走促进农业以引发工业、发展乡村以繁荣都市的道路的思想,而认为中国经济应该走发展都市以救济农村、实现工业化的发展道路,并阐述了如何发展都市以救济农村、实现工业化的具体方法,即:(1)兴办工业,使一部分农民迁入城市,以解决农村人口过剩;(2)发展交通,货畅其流,以解决农产品过剩;(3)扩充金融机构,在各地遍设支行和代理处,"一方面吸收内地现金,来做生产的事业;一方面又可放款于内地,使农民减轻利息上的负担"。[②]

犹如吴景超所预料的那样,该文发表后,立即引起了梁漱溟以及一些梁漱溟的支持者的辩护和反驳。于是,针对梁漱溟等人的辩护和反驳,吴景超又先后发表《我们没有歧路》和《再论发展都市以救济农村》等文,进一步批评"以农立国"论。他称"以农立国"论为"经济上的复古论",并明确表示自己对于一切的复古运动,不能表示同情,对于这种经济上的复古论,尤其反对。他认为中国的经济发展不能走"以农立国"的路,而应走"以工立国"(他又称之为"以各种实业立国")的路,因为"以农立国"

---

① 参见吴景超《知识分子下乡难》,《独立评论》第62号,1933年8月6日。
② 吴景超:《发展都市以救济乡村》,《独立评论》第118号,1934年9月16日。

的路"是以筋肉方法生产的路",而"以工立国"的路"是以机械方法生产的路"。前一条路"使人贫穷","使人愚笨","使人短命";后一条路"使人富有","使人聪明","使人长寿"。前一条路的代表是中国,后一条路的代表是美国。这也是中国贫弱而美国富强的根本原因。由此他得出结论:"生存在今日的世界中,我们只有努力走上工业化道路,才可以图存。"① 不久,他的《第四种国家的出路》一书由商务印书馆出版。吴景超在书中将世界上所有国家分为四种,他认为第四种国家亦即中国的出路是实现工业化,发展都市以救济乡村,并对当时方兴未艾的乡村建设运动进行了批评,认为它解决不了中国农民的生计问题。

吴景超对梁漱溟"以农立国"论及其实践——乡村建设的批评得到了陈序经、王子建、贺岳僧等人的响应。1934年11月,主张全盘西化的陈序经在《独立评论》第126号上发表《乡村文化与都市文化》一文,着重批评了梁漱溟称西洋文化为都市文化,中国文化为乡村文化,认为乡村建设的目的就是要以中国乡村文化为主而吸取西洋都市文化,从而创造出一种中西合璧的新文化的观点。他指出,文化可概括都市与乡村,而都市与乡村则不能概括文化,所以梁漱溟称西洋文化为都市文化、中国文化为乡村文化这不合逻辑。至于新文化的创造,在他看来,"与其说是依赖于乡村,不如说是依赖于都市"。因为梁漱溟"所谓以乡村为主体为根据而成为高度的中国文化",在物质方面,是以农业为本的乡村的农业生产;在社会方面,是以宗教为本的乡村的宗族制度;在精神方面,是以保守为本的乡村只知有乡,不知有国、有世界,只知因袭、复古,不知进取、图新的旧思想;而这些正是造成"中国数千年来的文化之所以停滞而不能发达的一个很重要的原因"。② 接着陈又相继发表《乡村建设运动的将来》和《乡村建设的理论检讨》等文,从实践与理论两个方面对乡村建设运动提出了尖锐批评,认为梁漱溟的文章和著作有一种"复古的趋向",而这种"复古的趋向"是导致乡村建设实际工作没有取得多少成效的一个重要原因。他还批评了梁漱溟的从农业引发工业、发展乡村以繁荣都市的观点,而主张优先发展工业,尽快实现中国

---

① 吴景超:《我们没有歧路》,《独立评论》第125号,1934年11月4日。
② 陈序经:《乡村文化与都市文化》,《独立评论》第126号,1934年11月11日。

的工业化，因为"中国工业苟不发展，则农业出路也成问题"。他表示，他并不否认梁漱溟及其支持者提出的农业是工业的基础，农业不发展，则工业不易发达的观点，但发展工业与重视农业并不矛盾，"欧美工业发达的国家并不轻视农业。事实上，人家今日的农业之发达，也为我们所望尘莫及"。①

贺岳僧的文章开门见山便指出："很明显的，关于怎样挽救中国经济衰落的危急，现在有两派不同的主张。"一派以梁漱溟为代表，主张复兴农村；一派以吴景超为代表，主张开发工业。"主张复兴农村者，我可以名之为向后倒退派；主张开发工业者，我可以名之为向前推进派。"他明确表示，自己"是赞成后一派的主张"。他之所以赞成后一派的主张，是因为在他看来，只有优先发展工业，"迅速的利用机械生产来代替手工业生产"，实现工业化，才能抵御帝国主义的经济侵略，挽救中国的危亡，解决中国的经济问题从而实现民族复兴。针对梁漱溟等人提出的农业提供人们的生活必需品，所以"即使以发展工业为目的，也必须以振兴农业为手段"的观点，贺岳僧指出，这种观点"在表面上好像能够自圆其说，其实则完全认错了时代，忽视了人类所以进化的原则，忽视了分工的利益，忽视了供给与需要的相互关系，更忽视了产业革命所给予大多数人类的福利"。因为根据美国等工业化国家的经验，工业发展了，必然会促进农业的发展，如纺织业发展了，需要的棉花就会增多，农民就能扩大种棉面积。所以"农业与工业，是互为目的，互为手段，而不是偏于一方面了"。②

王子建的文章批评梁漱溟和其他"以农立国"论有四点错误：第一，闭关自守，想把中国从近代的工业社会，拉回到"经济自给的社会去"，所以他们强调农业生产的重要性，希望建立自给自足的农本社会。第二，认识不清农业与工业的关系，觉得凡事都应该从"农"出发，以农业来引发工业，然而很多的事例是工业引发农业。第三，没有理解"'农业'和'工业'二者的性质"，他们所说的工业是乡村工业，实质是"利用农隙的一种农村副业"，这种"农村副业"性质的所谓工业是抵挡不住帝国主义工业品的倾销的。第四，错误地认为"中国将永久不能走上近代工商业路"，因为

---

① 陈序经：《乡村建设的理论检讨》，《独立评论》第199号，1936年5月3日。
② 贺岳僧：《解决中国经济问题应走的路》，《独立评论》第131号，1934年12月16日。

他们提出"中国将永久不能走上近代工商业路"的理由：一是说"资本主义工商业已过时"，把"资本主义"与"工业化"画了等号；二是说"近代工商业为私人各自营谋，不合现代国家统制经济之趋势"，而没有认识到工业也可以实行国家的统治经济；三是说中国不具备"近代工商业路所需政治条件"，如安定的秩序，政府的保护和奖励等，"难道农业建设就不需要安定的秩序，不需要保护和奖励吗"？就此，王子建提出，中国的经济发展只能走工业化的道路，"不但要建设工业化的都市，同时还要建设工业化的农村——也就是农业的工业化。如此，都市发达，农村人口减少；但因为农村工业化的关系，田地非特不致荒废而且生产可望增加。这才是工业化的真意义"。① 吴知也提出：不仅制造业要工业化，就是农业也要工业化，"中国为维持发展农业及求得丰富而价廉的食粮和原料品起见，农业也非依工业的组织和方法充分利用科学和机器的力量而工业化不可"。②

（三）反驳"以工立国"论

对于吴景超、陈序经等人的批评，梁漱溟及其支持者进行了辩护和反驳。1935年6月，梁漱溟在山东乡村建设研究院主办的《乡村建设》旬刊第4卷第28期上发表《往都市去还是到乡村来——中国工业化问题》一文，开篇便写道：近来"《独立评论》载有吴景超先生及胡（适）先生几位的文章，认为我们到乡村来的路子不对。他们几位的思想是感受西洋近代潮流，今日的美国是他们认为很好的世界；个人主义，自由主义，近代工商业文明，是他们所满意憧憬的东西。本来信仰什么，憧憬什么世界，含有个人'好尚'问题在内；个人好尚尽可自由，实用不着反对。不过他们希望中国社会仍走个人主义，自由竞争，发达工商业，繁荣都市的路，则为主观的梦想，我敢断定是做不到的事"。接着他进一步分析了中国的经济发展之所以只能走"以农立国"的路，而不能走"以工立国"的路的原因："工业和农业有一根本不同的地方，就是工业竞争性大，农业则较和缓。我们用土法种地，比较可以立足；而用土法开工厂，是完全不行的。……再则工业生产的

---

① 王子建：《农业与工业》，天津《益世报》1934年12月8日。
② 吴知：《中国国民经济建设的出路》，天津《大公报》1936年7月15日。

重要条件是资本机器,适为我们所最缺;而农业生产的重要条件为土地,这在我们是现成的。"当然,他再次重申他并不反对发展工业,但发展工业必须先要发展农业,"这第一因为工业后进国照例必以农业出口,换回机器,而后工业可兴;第二是在我们的经济生活上目前急需喘气,增加农业生产是可能的,马上于工业上想办法实无可能"。总之,他强调指出:"中国根干在乡村,乡村起来,都市自然繁荣。……所以此刻我们唯有到乡村来,救济乡村,亦即救济都市;如往都市去,不但于乡村无好处,于都市也无好处——路线恰好如此。"①

一位名叫姚溥荪的作者,从三个方面反驳了吴景超等人的"以工立国"论。首先,他指出,"在今日世界经济恐慌之狂澜中,列强都以实行统制经济相号召",在此情况下,要实现工业化,则"非有强有力的中央政府"实行保护工业化的政策不可。"然而环顾国内,则仍属四分五裂,中央与省区各自为政",加上关税不能自主,资本主义列强工业品的大量倾销,"努力实现工业化的企图",根本没有成功的可能。其次,"中国若欲企图工业化",必须解决市场问题,而当时中国的工业品根本无能力在国际市场上与人竞争,其市场只能在国内。"但中国为农业国家,百分之八十以上的人口住居乡村;农村没落,经济滞涩,其购买力当亦必随之低落。"加上各种苛捐杂税,农民生活十分困苦,根本没有余力购买工业品。"试问工业之产品既失却农村最大之主顾,尚有畅销之可能否?"所以,要"使国家有早日实现工业化的机会,似尤非先复兴农村不可"。最后,中国农村的没落,既不能促进工业发展,为工业品提供市场,又无法安定社会秩序,使农民安居乐业,而农民占全国人口的百分之八十,他们不安定国家也就不能安定,"故为救民族于危亡"计,应优先发展农业,复兴农村。②

针对吴景超在《发展都市以救济农村》一文中提出的兴办工业、发展交通、扩充金融机构等实现工业化的三条方法,李炳寰、刘子华和万钟庆在他们各自发表的文章中提出了不同意见。关于兴办工业,李炳寰虽然承认工

---

① 梁漱溟:《往都市去还是到乡村来——中国工业化问题》,《梁漱溟全集》第5卷,山东人民出版社1992年版,第637、641、642页。

② 姚溥荪:《不复兴农村中国也可以工业化吗?》,《独立评论》第137号,1935年1月27日。

业是万分急需的，但同时他又指出如果把工业都设在大城市中，不仅不会像吴景超认为的那样使进城的农民"有立足之地，就是留在乡下的农民因争食者减少，生活也可以舒适些"，相反，只会使"都市无立足之地者增多，农村破产益烈"。① 刘子华同样承认"兴办工业是发展都市的急务"，然而他又指出，在不平等条约没有废除、帝国主义侵略无法抵御的情况下，都市工业是不可能发展起来的。② 万钟庆对于发展都市工业提出三点意见：（1）农业中并非无路可走，乡村建设可以解决农村人口过剩问题；（2）兴办工业，不一定都要在都市，除积极发展乡村工业外，也可以在农村兴办轻工业，甚至重工业，因为与都市相比，农村在土地、劳力和原料方面有它的优势；（3）工业的发达，有赖于粮食及原料，也即是农业的发展，所以"欲求民族工业之发展"，首先应该发展农业。③ 关于发展交通，他们都认为，发展交通可以加强乡村与都市的联系，扩大农产品的销路，是救济农村的好方法，但在目前中国仍受帝国主义经济侵略和掠夺的情形下，发展交通的结果只会便利帝国主义商品的倾销，从而加剧农村的破产，用他们的话说："在此交通动脉为外人所把持之情形下，铁路与航运只不过为推销舶来品的运输机关，所以中国今日交通最便利的地方，洋货的侵入更为敏捷，农村的破产更为厉害。"④ "交通发展到那里，帝国主义者经济侵略的巨爪也就伸张到那里。"⑤ "这样既使遍设铁路，也不过助长外货的畅销，促进农村之破产而已。"⑥ 因此他们认为："言发展交通，至少须先把外人操持下的交通权收回，并一面确立产业上保护制度，然后我国农工可以互受其利；否则侈谈发展交通，有何裨益，欲图救济农村之效，不更其渺茫乎？"⑦ 至于扩充金融机构，李炳寰指出，农村的破产，以及治安环境的恶劣，"使银行家对于农村的放款投资全存了戒心"，他们是不可能像吴景超主张的那样，在农村遍

---

① 李炳寰：《评吴景超之发展都市以救济农村》，《众志月刊》第 2 卷第 1 期，1934 年 10 月 15 日。
② 刘子华：《评吴景超的发展都市以救济农村》，《锄声月刊》第 1 卷第 4—5 期合刊。
③ 万钟庆：《发展都市必先救济农村》，《民间半月刊》第 1 卷第 17 期，1935 年 1 月 10 日。
④ 同上。
⑤ 刘子华：《评吴景超的发展都市以救济乡村》，《锄声月刊》第 1 卷第 4—5 期合刊。
⑥ 李炳寰：《评吴景超之发展都市以救济乡村》，《众志月刊》第 2 卷第 1 期，1934 年 10 月 15 日。
⑦ 万钟庆：《发展都市必先救济农村》，《民间半月刊》第 1 卷第 17 期，1935 年 1 月 10 日。

设金融机构，放款于"破产中的农村"的。①万钟庆也认为，"在今日农村破产情形之下，期望都市的金融机关负起放贷于内地的责任，又谈何容易"。因此与其期望都市的金融机关向农村放款，还不如"唤起农民自行组织互助社，经由互助社以转贷于社员"。②而这正是乡村建设实验的内容之一。

万钟庆还对吴景超的"以农立国"的路是"是以筋肉方法生产的路"，"使人贫穷"，"使人愚笨"，"使人短命"，而"以工立国"的路"是以机械方法生产的路"，"使人富有"，"使人聪明"，"使人长寿"的说法提出了批评。因为，第一，落后与"以农立国"并没有必然的联系，实际上，凡是落后的国家，都是农业不发达的国家，而先进的国家，亦非不重视农业，这些国家不仅工业发达，农业也同样居于世界的先进水平。第二，"铲除文盲的运动，不因工农立国而有差别"，乡村建设运动主张"以农立国"，但它也非常重视教育，重视扫除文盲。第三，是工国还是农国，这并不决定人的寿命长短，实际上，"工业国家，工业劳动者多，工作之环境恶劣，死伤与老衰"的现象很普遍，而"农业生活，充满自然的优越，所欠缺者不过为医药及保健的设备，但此等事业的举办，较诸工业卫生为易"。由此可见，吴景超的说法不能成立。③

（四）其他主张的提出及争论

除主张复兴农村的"以农立国"论和主张繁荣都市的"以工立国"论外，有人还提出了不同于这两者的其他主张。如郑林庄不同意梁漱溟等人的"以农立国"论，但他又认为，"在中国今日所处的局面下，我们不易立刻从一个相传了几千年的农业经济阶段跳入一个崭新的工业经济的阶段里去。我们只能从这个落伍的农业社会逐渐地步入，而不能一步地跨入那个进步的工业社会里去。在由农业社会进于工业社会的期间，应该有个过渡的时期来做引渡的工作。换言之，我认为我们所企望的那个工业经济，应该由现有的这个农业经济蜕化而来，而不能另自产生。因此，我们现在所应急图者，不

---

① 李炳寰：《评吴景超之发展都市以救济乡村》，《众志月刊》第2卷第1期，1934年10月15日。
② 万钟庆：《发展都市必先救济农村》，《民间半月刊》第1卷第17期，1935年1月10日。
③ 同上。

是吴先生所主张的如何在农业之外另办都市的工业,而是怎样在农村里面办起工业来,以作都市工业发生的基础"。这也就是他所谓的有别于"以农立国"论和"以工立国"论的"第三条路"。为什么不能走吴景超所主张的"都市工业"的路而只能走他所主张的"农村工业"的路呢?概括郑林庄的观点,他认为发展"都市工业"需要三个条件:(1)一个能够自主的国民经济;(2)一片可做工业化必然产生的过剩生产的销售之尾闾的土地;(3)一群真实的科学家和有科学意识的民众。这三个条件中国一个都不具备。而发展"农村工业"的有利条件则多多:(1)农村工业是分散的,多少可以免除帝国主义的束缚;(2)农村工业主要是满足农民生产生活所需,是自给自足的,不需要向外与工业先进国家争夺市场;(3)它不需要根本的"改造",而只要在现有条件下进行"改良"。①

对于郑林庄提出来的既不同于复兴农村的"以农立国"论,又与繁荣都市的"以工立国"论有别的所谓"第三条路",即发展"农村工业"的路,主张"以工立国"的张培刚提出了不同意见。他在《第三条路走得通吗?》一文中开篇便写道:"我们承认中国经济建设,应走上工业化的路径,同时也承认由农业社会的阶段不能一蹴而达到工业社会的阶段。但是农村工业是否能作为二者间的一架桥梁,在目前的中国,究竟能否使国民经济的基础树立起来",我们的看法与郑林庄是不同的。接着他一一批驳了郑林庄提出的发展农村工业的所谓有利条件:第一,分散的农村工业和集中的都市工业一样,在帝国主义经济侵略之下,也不能免除帝国主义的束缚和压迫。第二,自给自足的农业在洋货倾销下免不了破产;同样,"洋货倾销的结果,不但使农村工业不能做到自给自足,且并其本身亦将因此种竞争而不得不衰亡"。第三,对集中的都市工业和分散的农村工业来说,都需要"一群真实的科学家和有科学意识的民众",否则,不仅集中的都市工业发展不起来,分散的农村工业也不可能得到正常的发展。就此而言,张培刚指出:在机器日益代替人工、经济上的一切组织也都日益标准化和合理化的 20 世纪 30 年代的今天,工厂制度代替家庭制度,工厂生产代替家庭生产,实现国民经济的工业化已是一种必然的趋势,"在这个时候提倡农村工业,尤其是把农村

---

① 郑林庄:《我们可走第三条路》,《独立评论》第 137 号,1935 年 1 月 27 日。

工业当作走上工业经济的过渡方法，自然是倒行逆施。因为这样做来，不但是农村不能走上工业化之路，而工业本身倒反回到产业革命以前的那种工业制度去了"。所以"中国经济建设前途，是走不通农村工业这条路的，换言之，农村工业这条路，不能达到都市工业的发展"。①

面对张培刚的批评，尤其是张培刚说他提倡"农村工业"是要"回到产业革命以前的那种工业制度"，因而是"倒行逆施"的指责，郑林庄又在《独立评论》上发表《论农村工业》一文，专门就他的"农村工业"进行了界定："我们现在所谈的农村工业，就是目前大规模都市工业的分散化。它在形式上和技术上间或与集中的工业不一式一样，但它却保持了集中工业的神髓"，即"科学与工业的密切关系"。因此，尽管与集中的都市工业相比，分散的农村工业"在活动的范围上"不那么广大，"在机械利用的程度上"也比较简单，"但我们却不能因此就指它是落伍的"。因为"机械使用的直接效果是产生了今世西方文明一致崇拜的效率，可是效率这东西并不单凭机械的简单与复杂而生高下"。我们决不能一看"农村工业"就把它与"国内现有的农村工业"等同起来，从现有农村工业在外国工业品的倾销下纷纷破产的事实，而得出"它是没有前途的"结论。②

犹如郑林庄，漆琪生也既不赞成吴景超等人提出的繁荣都市的"以工立国"论，同时对梁漱溟等人提出的复兴农村的"以农立国"论提出了批评，而是认为现阶段的国民经济建设应先农而后工，将重心放置在农业上面，工业立于次要的地位，但在农业建设完成之后，要尽快地将重心放置到工业建设上，实现中国的工业化。在农业建设的方式上，他主张"将中国农业生产方式彻底的资本主义化，农村经济的生产关系极度的合理化与高度化"。③所以，有人称他为"过渡期的农业资本主义派"。④

为什么不赞成吴景超等人提出的繁荣都市的"以工立国"论呢？因为

---

① 张培刚：《第三条路走得通吗？》，《独立评论》第138号，1935年2月17日。
② 郑林庄：《论农村工业》，《独立评论》第160号，1935年7月21日。
③ 漆琪生：《中国国民经济建设的重心安在——重工呢？重农呢？》，《东方杂志》第32卷第10号，1935年5月16日。
④ 袁聘之：《论中国国民经济建设的重心问题——重工重农问题之探讨》，《东方杂志》第32卷第16号，1935年8月16日。

在漆琪生看来，繁荣都市的"以工立国"论没有实现的可能性，"不能解救中国经济衰落的危机"。他在《中国国民经济建设的重心安在——重工呢？重农呢？》一文中指出：中国国民经济之建设，在现阶段之所以不可能以工业化为重心，走繁荣都市的"以工立国"的路，原因有二，"一则由于帝国主义势力之抑制与摧毁，再则由于商品市场之狭滞与杜绝"。这也是"中国民族工业自近世纪以来，即只有步武没落夷亡的悲惨"的境遇的根本原因。退一步说，即使工业化能够进行，其结果不仅"不能解救中国经济衰落的危机"，相反会使危机进一步加深。因为，第一，工业化必将进一步导致农村资本流向都市，从而"愈增加紧农村资金缺乏，农村金融紧迫"，"激化农村经济的危机，进而激化国民经济全般的危机"。第二，在目前，中国只能够"发展为帝国主义所需要的粗制工业，与原料品改造工业，以供给帝国主义的精工业之生产"，但是这样的工业发展，对于中国的国民经济没有任何好处，"反而将因为替帝国主义提供侵略中国市场之资源与原料"，使中国经济进一步衰落下去。第三，工业化的实质，是以机械代替人工，在中国劳动力大量过剩的情况下，以工业化为重心，"则不仅不能解决农村过剩人口的问题，并且还将制造出大批的都市过剩人口"，进一步加深社会危机。[①]

至于梁漱溟等人提出的复兴农村的"以农立国"论，漆琪生认为，复兴农村这本身没有错，因为中国的经济发展只能以农业为重心，"走农村建设这条路"，他还从八个方面进一步论述了中国的经济发展之所以只能以农业为重心，"走农村建设这条路的理由及其可能性"。梁漱溟等人的错误在于："绝对的主张农业是中国国民经济的根本，只有彻头彻尾的将这国家根本巩固坚实，保持着中国固有的特色，方有出路，方是正轨。他们不独在现阶段中不主张工业化，就是将来亦不同意积极的工业化，他们认工业化只有在帮助农业发展的意义下始可遂行。"也正是基于这一错误认识，梁漱溟等人搞的乡村建设，"放弃了最重要而最核心的新的合法则的农业生产关系之建立，不从新的农村经济体制之建设入手，而只从皮毛的或抽象的局部方面着眼，所以他们活动的结果，对于整个农村经济之改善，农村危机之解救，固属无望而失

---

① 漆琪生：《中国国民经济建设的重心安在——重工呢？重农呢？》，《东方杂志》第 32 卷第 10 号，1935 年 5 月 16 日。

败,即是头痛医头,脚痛医脚的暂时的局部效果,亦难实现"。①

漆琪生的文章先后在《东方杂志》和《文化建设》月刊等刊物上发表后,引起了袁聘之的批评,他认为漆琪生的发展农业资本主义的主张与梁漱溟的复兴农村的"以农立国"论和吴景超的繁荣都市的"以工立国"论一样,也"不能解救中国国民经济的危机"。因为造成近代"中国农村经济破产的主要原因,不是内在的农业生产之落后,而是外来的帝国主义之商品侵入与穷乡僻野,构成一种帝国与农村间的剥削关系,帝国主义对农村不断的残酷榨取",而漆琪生提出的发展农业资本主义的主张并不能解决"帝国主义商品之侵入"的问题。帝国主义商品之所以会侵入,是"由于中国民族工业之不发达,日渐衰微";中国民族工业之所以不发达,日渐衰微,"乃是由于帝国主义之经济的政治的压迫,而非由于中国农村经济之破产,以及农民购买力之减低"。漆琪生不从解除"帝国主义之经济的政治的压迫",以振兴中国民族工业入手,而企图通过发展资本主义农业来"解救中国国民经济的危机",这只能是一厢情愿的空想。更何况"资本主义化的农业建设",一方面不仅解决不了千百万过剩人口的失业问题,相反还会使农村失业人口增多,"以致农业劳动大众愈益贫困化",同时资本主义的农村经济生产关系,是一种农业资本家对农业劳动者的剥削关系,在这种关系之下,日益贫困化是广大劳动者面临的唯一命运;另一方面,易引起农业资本家与广大日益贫困化的劳动者的矛盾斗争,致使社会动荡,农民不能安居乐业。总之,袁聘之指出,"农业资本主义,不能救济农村经济,更不能解救中国经济之危机……若勉强行之,结果不惟不能救济农村经济,恐整个的国民经济,亦因民族工业之没落,日趋于覆亡之途,使中华民族愈加殖民地化而已"。

发展资本主义农业"不能解救中国国民经济的危机",那什么样的经济发展道路才能"解救中国国民经济的危机"呢?袁聘之认为,"解救中国国民经济的危机"的唯一正确的道路,是"发展民族工业"。就此而论,他认为吴景超等人主张繁荣都市,"以工立国",尽快实现经济的工业化,这没有错,他们的错误主要在"主张中国民族工业建设,应追踪欧美,走向资本

---

① 漆琪生:《由中国国民经济建设论目前农村之出路》,《文化建设》月刊第1卷第9期,1935年6月10日。

主义道路",而"没有看到资本主义经济到现在已经自身发生不能解决的矛盾,已经腐朽到不能继续存在的程度,已经走向死亡的道路了"!在此种情况下,中国如果还要走资本主义经济的道路,既无必要,也没可能,"因为一则时代已经过去,二则在帝国主义经济侵略的环攻中,自由的、自生的、散漫的、无计划无组织的经济建设,决不能与帝国主义经济对抗,而迅速的发展起来"。在袁聘之看来,发展民族工业,"应走民生主义之计划经济的道路,因为民生主义的计划经济,不偏重于消极的限制,而偏重于积极的发展,把整个的中国国民经济建设,放在完整的通盘的国家计划之下去施行",这样"能使人民与政府合作,群策群力,把中国国民经济建设起来"。①

　　以上是"九一八"后知识界关于中国经济发展道路的争论的一些主要观点和主张。就这些主要观点和主张来看,其争论的焦点在于:是促进农业以引发工业,还是发展工业以救济农业,抑或先农后工?亦即中国的经济发展是走"农化"的道路,还是走"工化"的道路,或者走先"农化"后"工化"的道路的问题,用许涤新批评的话说,"是集中在侧重那一生产部门的问题。像这样的争论,似乎是把握不住问题的本质的"。② 因为无论是走"农化"的道路,还是走"工化"的道路,或者走先"农化"后"工化"的道路,都先对外必须打倒帝国主义,对内推翻封建主义,以扫除帝国主义侵略和封建主义压迫对中国经济发展的严重阻碍。作为"中国农村派"③ 重要成员的千家驹在评论这场争论时便指出:"中国应该走工业化或农业化的路?应以工业来引发农业或以农业来引发工业?这我以为只是一个形式逻辑的问题,双方的论战是不会达到什么结果的。辩论的问题是:在中国目前半殖民地的状况下,乡村建设前途的可能性如何?它能否走得通?工业化前途的可能性又如何?它的阻碍又在那里?"④ 然而对这些根本性的问题,无论是以梁漱溟为代表的"以农立国"论者,还是以吴景超为代表的

---

① 袁聘之:《论中国国民经济建设的重心问题》,《东方杂志》第32卷第16号,1935年8月16日。
② 许涤新:《关于中国以何立国的问题》,重庆《新华日报》1940年6月4日。
③ 中国农村派是20世纪30年代一个由共产党学者和接受党的领导与马克思主义的党外学者组成的学术团体,因他们的文章大多发表在《中国农村》杂志上,故名。
④ 千家驹:《中国的歧路:评邹平乡村建设运动兼论中国工业化问题》,天津《益世报·农村周刊》第57期,1935年4月6日。

"以工立国"论者,以及主张"第三条路"的郑林庄和主张"发展农业资本主义"的漆琪生等人,都很少涉及。梁漱溟认为中国之所以不能走欧美日本发展资本主义工业化,"从商业引发工业"的老路,一个重要原因就在于中国缺乏发展资本主义工商业的国际国内环境:国际上帝国主义竞相倾销商品,国内政治秩序极不安定。那么,"促兴农业"、走"从农业引发工业"的路,难道就没有这两个问题? 因为如前所述,实际上帝国主义的商品倾销,封建主义的残酷剥削,以及连年的天灾人祸,是造成20世纪二三十年代中国农村经济衰败的重要原因。但梁漱溟则认为,造成二三十年代中国农村经济衰败的根本原因,是西方文化的输入和我们学习西方的不伦不类引起的中国传统文化的失落或崩溃。他在《乡村建设大意》一书中就写道,乡村建设运动的兴起,起于乡村的破坏,而引起乡村破坏的原因,一是天灾人祸,二是风气改变。如果说天灾人祸历代都有,近几十年只是加重而已,那么风气改变则是几千年来未有之大变局,这表明乡村破坏程度已经很深。而引起风气变化的原因是西方文化的输入。因为"中国人既与西洋人见面之后,中国文化便发生了变化。自变法维新一直到现在,其中有好几次的变化,有好些地方变化;尤其是近几年来,更一天一天地在那里加深加重加速度地变,这样也变,那样也变,三年一变,二年一变,孙猴子有七十二变,中国人变的也和他差不多了……旧的玩艺几乎通统被变的没有了! 中国乡村就在这一变再变七十二变中被破坏了"。[①] 以吴景超为代表的"以工立国"论者在批评梁漱溟等人的"以农立国"论时,虽然从不同方面论证了"以农立国"的行不通,但他们却没有认识到"以农立国"所以行不通的根本原因,就在于梁漱溟等人对中国社会缺乏正确的认识,不承认帝国主义的商品倾销、封建主义的残酷剥削以及连年的天灾人祸造成20世纪二三十年代中国农村经济的严重衰败,因此只有对外打倒帝国主义,实现民族独立,对内推翻封建主义,人民获得解放,促进农业才有可能,相反他们试图在维护现存社会制度和秩序的前提下实现社会改良,从事以兴办教育、改良农业、流通金融、提倡合作、办理地方自治、建立公共卫生保健制度以及移风易俗为主要内容的乡村建设。改良性质的乡村建设虽然能在某种程度上解决农民

[①] 《梁漱溟全集》第1卷,山东人民出版社1989年版,第607—608页。

(尤其是自耕农)生产生活中的一些困难,但并不能从根本上解决农业的衰落,实现农村经济的复兴,进而实现中华民族的伟大复兴。[①] 在这个问题上,以吴景超为代表的"以工立国"论者和以梁漱溟为代表的"以农立国"论者一样,也是社会改良主义者。他们虽然提出了优先发展工业、实现工业化的主张,但没有回答在帝国主义和封建主义的双重压迫下,中国的民族工业有无生存和发展的可能。如吴景超在《我们没有歧路》一文中面对"以农立国"论者提出的"工业已经给帝国主义包办,市场已为帝国主义垄断,关税已受帝国主义支配,在这种种的压迫之下,本国的工业实无发展的余地"的责难,只是以一句"努力去征服困难,也许有出头之一日"作答。主张"第三条路"的郑林庄和主张"发展农业资本主义"的漆琪生等人也是如此,他们认识到了帝国主义的侵略是造成中国经济落后,乃至破产的重要原因,但都没有回答他们所提出的"第三条路"和"发展农业资本主义"的主张能否免除帝国主义的侵略问题。此其一。

其二,无论是以梁漱溟为代表的"以农立国"论者,还是以吴景超为代表的"以工立国"论者,以及主张"第三条路"的郑林庄和主张"发展农业资本主义"的漆琪生等人,都没有弄清农业与工业、乡村与城市在整个国民经济中的辩证关系。或片面强调了农业和乡村的重要性,因此而主张复兴农村,"以农立国";或片面强调了工业和城市的重要性,因而主张繁荣都市,"以工立国";或者是二者的折中,"先农后工"。实际上,在整个国民经济中,农业是基础,工业是主导,工业需要农业提供充足的粮食、原料和广阔市场,农业需要工业提供先进的农业机器、化肥、农药和其他优质价廉的生产生活用品,离开农业,工业不可能得到稳固发展,离开工业,要健康地发展农业也是不可能的。这场争论结束不久,翁文灏在探讨中国经济发展的道路时,指出了"以农立国"论者和"以工立国"论者各自的片面性,认为中国是一个农业古国,农民约占全国人口的五分之四,农业生产在国民经济中占有"头等重要的地位",出口贸易也是以农业为大宗,中国的经济建设不能不以农业为中心,同时中国又是一个工业非常落后的国家,为了加强国防,提高文明水平,增进人民福利,使我国跻身于现代国家之林,我们

---

① 参见郑大华《民国乡村建设运动》,社会科学文献出版社2000年版。

又必须大力发展工业，尽快实现经济的工业化，因此，"以农立国"论和"以工立国"论"各有其长处，分开来看，都觉太偏，合起来说，才是正道，二者是相辅相成，而不可分的"。翁氏因而综合二者之所长，提出中国的经济应该走"以农立国，以工建国"的发展道路。[1]

其三，如梁漱溟等人批评的那样，以吴景超为代表的"以工立国"论者具有明显的西化取向，他们往往是以西方或美国为准绳来反观中国的都市和乡村，缺乏对中西尤其是中美不同国情的真正了解。他们主张中国走西方国家所走过的工业化道路，但没有对中西不同的历史和社会背景进行认真的分析。李炳寰就批评吴景超对中国及世界的经济结构缺乏深刻认识，不是从实际国情出发，而是照抄照搬西方尤其是美国的经验，"因此把殖民地化的、瓜分前夜的中国都市，比之一九二七年号称金融王国的美国之'纽约、芝加哥'。并将中国之工业比之美国之工业，将中国河北省之农村比之芝加哥附近之农村"；未能正确认识中国都市的性质，以及不可能发展的根本原因，"因此竟一心的羡慕着各帝国主义之物质文明，希望把它照样的搬进中国的都市，使中国都市全变作市街栉比、繁华富丽的'空中楼阁''东方之纽约'"。[2] 而以梁漱溟为代表的"以农立国"论者，保守主义的倾向则十分明显，梁漱溟本人从五四时期起就是中国最著名的文化保守主义者。他理想中的农村社会，就是以儒家伦理思想为本位、以血缘为纽带的传统社会。

当然，尽管存在着上述问题，但这场争论有它重要的思想意义，无论是以梁漱溟为代表的"以农立国"论者，还是以吴景超为代表的"以工立国"论者，以及主张"第三条路"的郑林庄和主张"发展农业资本主义"的漆琪生等人，都提出了一些值得我们重视的有价值的思想和主张。如梁漱溟等人认识到中国是一个农业国家，发展工业必须以农业为基础，注意到经济发展过程中的工业与农业、城市与乡村、生产与消费的协调问题，力求探索出一条超越西方工业化模式，并符合中国国情的经济发展道路，以避免欧美日本工业化过程中所出现的那种工业剥削农业、城市掠夺乡村、生产与消费相脱节的流弊在中国重现。虽然他们的探索并不成功，但探索的本身则值得肯

---

[1] 翁文灏：《以农立国，以工建国》，《中央日报》1940年8月。
[2] 李炳寰：《评吴景超之发展都市以救济乡村》，《众志月刊》第2卷第1期，1934年10月15日。

定，如何使工业与农业、城市与乡村、生产与消费协调发展，这仍然是我们今天从事经济建设时要着力加以解决的难题。至于主张"以工立国"的吴景超等人，他们认识到中国是一个需要工业化最迫切的国家，只有工业化才能使中国富强，才能使中国图存，尤其是他们中有的人提出了"不但要建设工业化的都市，同时要建设工业化的农村——也就是农业的工业化"的主张，使工业化与农业相结合，从而极大地丰富了工业化的内容和含义。

尤其需要指出的是，通过这场争论，中国人对于经济复兴道路的认识上升到了一个新水平，开始认识到发展农业与发展工业相辅相成，互为条件，不存在谁主谁辅、谁先谁后的问题，并在此基础上提出了诸如"以农立国，以工建国"一类的"具有中国特色的工业化思想"。① 1941年7月，翁文灏在《以农立国，以工建国》一文中写道："以农立国"与"以工立国"两种主张"各有其长处，分开来看，都觉太偏，合起来说，才是正道，二者是相辅相成，而不可分的"。② 在他看来，中国的经济复兴道路，应是"以农立国，以工建国"。因为，"工业原料是发展工业的基础，出口农产品是换取外洋军火和建设器材的重要物资，都是抗战建国所不可少的。食粮对于国计民生的重要是大家都知道的。……一个农业大国，在抗战建国期中，最根本最重要的凭借天然便是农业生产。惟有足食足兵，然后方能巩固国基，独立自存。只有农产品增加了，人人衣食无忧，建设的工作方能顺利推进。在这个意义上，'以农立国'这句话可以说是十分正确的"。但"'以农立国'，（又）决不能解释为仅有农业而不顾工业，更不能解释为保守固有的生产方法和技术，使我国农业经济停滞于落后阶段；发展农业必须与工业化相配合，始有远大的前途可言"。就此，他强调指出："中国必须工业化，只有工业化才能使中国富强，使中国成为国际经济发展中的重要一员。……现在还要指出一点，即工业化运动并不限于都市和工业区，而且要推进到广大的农村，使农业生产逐步机械化。"③ 在一定的意义上，翁文灏的文章是对"九一八"后知识界对于中国经济的发展道路争论的总结。当时与翁文灏持

---

① 罗荣渠：《中国近百年来现代化思潮演变的反思》，载罗荣渠主编《从西化到现代化·代序》，北京大学出版社1990年版，第28页。
② 翁文灏：《以农立国，以工建国》，《大公报》1941年7月7日。
③ 同上。

相同观点的还有马寅初、刘大钧、韩稼夫等人。如韩稼夫在《工业化与中国农业建设》一书中指出："中国工业化并非舍农业而代以工业，实以工业推动农业，藉农业以树立工业，犹之苏联及美国，在极高度工业化进展之中，农业生产亦不偏废也。"① 刘大钧在其《工业化与中国工业建设》一书中也强调："农工两业本应相辅相成。然如经济政策不健全，则二者之利害有时不免冲突。我国人口既有百分之八十从事农业，此种冲突自须竭力避免，庶农工两业之进展可以相得益彰，而不至于互相矛盾。"②

中国共产党人虽没有直接参与"以农立国"与"以工立国"的争论，但实际上在毛泽东的一系列讲话和报告中，已表明了其观点和态度。1944年5月，毛泽东在中共中央办公厅为陕甘宁边区工厂厂长及职工代表会议举行的招待会上指出："中国落后的原因，主要的是没有新式工业。日本帝国主义为什么敢于这样地欺负中国，就是因为中国没有强大的工业。""要打倒日本帝国主义，必需有工业；要中国的民族独立有巩固的保障，就必需工业化。"正因为如此，他明确表示："我们共产党是要努力于中国的工业化的"，所有的共产党员都应该"学习使中国工业化的各种技术知识"。③ 在《论联合政府》的报告中，毛泽东又进一步指出："在新民主主义的政治条件获得之后，中国人民及其政府必须采取切实的步骤，在若干年内逐步地建立重工业和轻工业，使中国由农业国变为工业国。""中国工人阶级的任务，不但是为着建立新民主主义的国家而斗争，而且是为着中国的工业化和农业近代化而斗争。"④ 把中国由农业国变为工业国，实现中国的工业化，进而实现中华民族的伟大复兴，也就成了中国共产党人所认定的发展经济的道路选择。

三　发展经济的制度选择

受苏联"一五计划"的影响，"九一八"后在中国知识界兴起了一股社

---

① 韩稼夫：《工业化与中国农业建设》，重庆商务印书馆1945年版，第2页。
② 刘大钧：《工业化与中国工业建设》，重庆商务印书馆1944年版，第90页。
③ 毛泽东：《共产党是要努力于中国的工业化的》，《毛泽东文集》第3卷，人民出版社1996年版，第146—147页。
④ 毛泽东：《论联合政府》，《毛泽东选集》第3卷，人民出版社1991年版，第1081页。

会主义思潮，当时知识界比较一致的看法是：资本主义及其自由放任既不合乎中国国情，也有悖于时代发展的潮流，只有社会主义及其计划经济，才是中国经济发展的制度选择；也只有实行社会主义计划经济，才能挽救民族危亡，实现中华民族的伟大复兴。

（一）"九一八"后"苏俄热"的兴起

鸦片战争后，中国面临着"数千年未有之变局""天朝上国"的没落，民族危机的出现并逐渐加剧，深深地刺激着先进的中国人，他们于是开始了向西方寻求强国之路的艰难历程，学习"外国"成为日益重要的时代主题。在第一次世界大战和十月革命以前，先进的中国人只能向欧美学习，由坚船利炮而君主立宪，再而民主共和，步步深入。但是第一次世界大战的爆发和巴黎和会上中国外交的失败，使先进的中国人向学习西方的理想遭到沉重打击，"西方文明"和"资本主义"两个词语，不再像原来那样完美无瑕，令人神往。十月革命的爆发，给中国指明了新的方向，中国知识界开始发生转向，关注苏俄，谈论苏俄，走俄国人的道路，成了时代的潮流。但时移势异，1927 年国共合作的破裂尤其是中苏断交后，这股潮流沉寂了，知识界中很少有人再关注苏俄和谈论苏俄。然而当历史进入 20 世纪 30 年代后，苏俄"一五计划"的成功再次引起了中国知识界对苏俄的关注。

实际上，早在苏俄"一五计划"开始之际，中国知识界便对它表现出了浓厚的兴趣，不仅大量翻译欧美期刊对"一五计划"的报道，而且也撰写了许多有关"一五计划"的评论。首先人们认为苏俄"一五计划"是社会主义经济建设的一次伟大试验。苏俄作为世界上第一个社会主义国家，而且是在资本主义世界的封锁之下，如何建设经济没有先例可循，只能独自开创，别无他途。因此，"苏俄的五年计划上的新经济生活，不单是该国的一大经济的试验，实在是人类全体的经济生活之一大社会主义的试验"。[①] 1931 年 4 月 10 日出版的《东方杂志》第 28 卷第 7 号转载有美国人奥斯丁的一篇文章，其中论述道，"五年计划的确是一个很伟大的计划，这个计划里包含着很多的事业，他的目的是在很短的时间内，使一个纯粹的农业国，变

[①] 克己：《风靡世界的经济统制论》，《东方杂志》第 30 卷第 9 号，1933 年 8 月 1 日。

成一个工业国"。① 坚冰在同一期《东方杂志》上发表的《英美人眼中之苏俄五年计划》译文则从与资本主义世界对比的视角肯定了这次试验,"举世正闹失业问题,苏俄今竟免此。登记之失业工人在一九二九年四月最大的数目达一百七十四万人,今已减至三十万,现又使此辈报名受工业训练"。"苏俄经济状况尚有一特象,即举世方苦市场充斥,货物滞销,而彼则无销售问题。其所若非生产过剩乃生产不足。"该文并对"一五计划"的创新之处进行了总结:(1)经济理论之大规模试验。"资本主义虽常受人批评,然常以为资本主义虽有过当,如不由利益动机而欲以名计划改革实业制度,则事功未建之前,人类能力已先摧毁,常以此自辨。苏俄今正作此企图。"(2)苏俄作为世界大国,试图在最短的时间内,以命令建设完备工业制度。(3)苏俄人民为实现"一五计划","振起全民精神,若对付战争然,牺牲目前利益,以战胜贫穷、愚昧及混乱"。② 苏俄的"一五计划"的实施在经济理论、建设方式、人民动员三方面都算得上一次伟大的试验。

在"一五计划"的实施过程中,人们热切地期望它能成功,并对"一五计划"的实现充满了信心。九一八事变后,日本侵华的步伐逐渐加快,中华民族面临着空前危机,为了抵御日本侵略,国人要求国民政府停止内战,加快经济建设,增强国防,做好战争准备。于是,围绕中国的现代化问题,中国知识界展开了一场大讨论,由于政治立场和文化背景的不同,讨论中提出的方案也各式各样。知识界对经济问题的关注自然要引起对苏俄"一五计划"的关注。同时,由于1929年爆发的资本主义经济大危机沉重打击了资本主义各国,人们对资本主义的弊端有了更加清醒的认识。中国经济建设怎么才能避免重蹈资本主义的覆辙呢?这是知识界迫切需要思考的问题。人们普遍希望苏联"一五计划"能够成功,好为中国经济建设提供有益的经验。在当时的西方世界流行有这样一种论调:认为"五年计划是乌托邦的理想,苏俄政府已走上经济失败之途"。③ 但与这种论调相反,中国的知识界则认为苏俄五年计划能够成功,至少也会有部分的成功。骏声在《一个美国人对

---

① 骏声译:《一个美国人对苏俄近况的略述》,《东方杂志》第28卷第7号,1931年4月10日。
② 坚冰译:《英美人眼中之苏俄五年计划》,《东方杂志》第28卷第7号,1931年4月10日。
③ 杜若:《脱洛斯基的五年计划谈》,《东方杂志》第28卷第18号,1931年9月25日。

苏俄近况的略述》译文中写道："就是那些没有能仔细观察他的真像的人们，也很容易得着一个结论，就是无论五年计划能否完全成功，但终有一部分的成功。依照苏俄政府的野心计划，俄国可以在五年之中，由中世纪一跃而至二十世纪，但是无论如何，至少可以有一部分的进展。"① 坚冰的《英美人眼中之苏俄五年计划》译文表示出了同样的看法，"苏俄如能集其财力人力以施行其计划，即不能于四年内成功，而成于六年或十年，社会主义已算有所建树矣"。② 曹谷冰在 1931 年出版的《苏俄视察记》中也认为"一五计划"的成功是毫无疑问的："据我个人观察所得，如果今后两三年中，没有意外的阻碍发生，俄国重工业建设的成功，是没有疑问的，不但可以成功，而且平均计算起来，还会超过五年计划里面所预期的成绩。轻工业建设呢？自然没有如期完成的希望，或者竟会和预期的成绩相差十分之二三，也不可知。不过我们眼看俄国的基本工业不待五年便要成功，在俄国的美德各国工程专家也说到了一九三三年，俄国重工业一定可以超过预期之目的，所以我不愿意因为俄国轻工业建设的不能如期完成，便说五年计划没有成功的可能。"

1932 年，苏联"一五计划"提前一年完成。苏联"一五计划"的成功令世人震惊，立即引起了世人的密切关注，世人把目光聚集到这个苏维埃的国度上。有关苏联的言论占据了书报杂志的大量篇幅，苏联建设成就、社会生活等方面的情况迅速为世人所了解。据中国的报刊报道或转载，一些国家还派出考察团到苏联进行深入考察，学习经验。他们到了苏联后大都深深被苏联人民的工作热情、政府官员的领导才能、工人的工作效率及巨大的建设成就所感动。美国奥斯丁建筑公司总经理十分佩服苏联官员的能力和奉献精神，访苏回国后深有感触地说，苏联官员虽然月薪不高，但都乐于奉献，且能力极强，凭他们的能力，若在美国"可得十倍的薪俸"，"苏俄虽然用的是委员制，但是他们的决断和执行，却比美国实业家还要敏捷"。他对五年计划赞不绝口，说它"的确是一个很伟大的计划"。③ 另一名美国人艾迪博士，他是虔诚的基督教信徒，俄国革命后，他先后四次去过苏联。他在《苏

---

① 骏声译：《一个美国人对苏俄近况的略述》，《东方杂志》第 28 卷第 7 号，1931 年 4 月 10 日。
② 坚冰译：《英美人眼中之苏俄五年计划》，《东方杂志》第 28 卷第 7 号，1931 年 4 月 10 日。
③ 骏声译：《一个美国人对苏俄近况的略述》，《东方杂志》第 28 卷第 7 号，1931 年 4 月 10 日。

俄的真相》一书中写道:"没有别的国家能像苏联那样的要藉着自己的统计,又用了全副精神去供给人民的需要。并且要使国家的经济,在生产与消费方面的各部分,都能和人民的需要相适合。"①苏联人民火热的工作热情深深感染了前来访问、游历的外国人,"一般国民燃烧着的工作热情,使我们外国人看了真是触目惊心。……触目惊心的是苏联许多大的建设的事业慢慢把美国在世界上'最大''第一'的地位压倒了。触目惊心的是美国陷入经济恐慌的深渊,而苏联已经开始走上经济的蜜月"。②

同样,苏联"一五计划"的成功自然也引起了中国知识界的极大热情,并出现了一股"苏俄热"。那时,以苏联为主题的报刊书籍如雨后春笋般地涌现了出来。如1930年《俄罗斯研究》月刊创刊,1931年10月《苏俄评论》月刊创刊,1934年《中国与苏俄》创刊。《读书杂志》第3卷第7期设统制经济特辑(1933年9月1日),《申报月刊》第2卷第8号设"苏联研究"专题。就连一向保守,以"无偏无党"为宗旨的《申报》也刊登了许多有关苏联的文章,并于1932年1月25日开始在"专论"一栏中连载了数篇《苏联论》。恪守"不党、不卖、不私、不盲"训条的《大公报》也大谈苏联,且把《苏联五年计划成功史》誉为"记者不可不读"之书。《东方杂志》《益世报》《时事月报》《独立评论》《国际》《国闻周报》《生活周刊》等影响较大的报纸杂志均刊登了关于苏联的专论。20世纪30年代初几乎没有哪种报刊不谈论苏联,谈论苏联成为知识界的一种时尚。

除报刊上的文章外,知识界还出版了大量的谈论苏联和社会主义的图书,如《苏俄革命惨史》、《苏俄合作制度》、《苏俄经济生活》、《苏俄五年计划之工程》、《苏俄新兴的教育与实际》、《苏俄政治制度》、《苏联五年计划奋斗成功史》、《现代苏联政治》、《苏俄的新剧场》、《苏俄革命与宗教》、《苏俄计划经济》(上、中、下)、《苏俄劳动之保护》、《苏俄新法典》、《苏俄之东方经济政策》、《五年计划》、《今日之苏俄:我们能从它学得什么》、《苏俄妇女》、《外国佬俄革命之研究》、《苏俄农业生产合作》、《苏俄五年计划概论》、《苏俄新教育》、《苏俄的五年计划》(上、下)、《五年计划故

---

① 《苏联评论》(一),《申报》专论,1932年1月25日。
② 蒿如:《苏联真的要赶上美国吗?》(上),《新生》第1卷第3期,1934年2月24日。

事》、《苏俄的经济组织》、《苏俄妇女与儿童》、《苏俄公民训练》、《苏俄农业政策》、《苏俄新经济政策》、《苏俄政治之现状》、《掀天动地之苏俄革命》等。据《申报月刊》第2卷第7号末页"申报丛书"栏上的新书信息统计，由申报月刊社出版的12种书籍中，关于兵器的2种，关于日本的5种，关于苏联和社会主义的也是5种。这些书籍从不同方面向中国人民介绍了苏联的历史变迁、政治体制、外交政策、国防运动、生产建设、经济动向、农工现状、教育事业、婚姻家庭、文体娱乐等，大到国家方针大计，小至百姓生活点滴，无一不引起人们的兴趣。

为了更深入地了解苏联和苏联的"一五计划"，还有人到苏联进行实地考察，并将他们在苏联的所见、所闻和所感写成旅行记或随笔，其中较为著名的有胡愈之的《莫斯科印象记》、曹谷冰的《苏俄视察记》、蒋廷黻的《欧游随笔》、丁文江的《苏俄旅行记》等。这些游记和随笔出版或在报刊上发表后受到了读者的热烈欢迎。1932年2月13日，天津《大公报》上登出了这样一份声明："爱读《苏俄视察记》者注意：市面发现伪翻版，奉告诸君勿上当。本书为本报记者曹谷冰先生于二十年（1931年）三月奉社命赴俄考察，历时五月，所撰对于苏俄五年计划过程中之工业生产、国防军备以视察之所得，忠实记述。……初版一万部，未经出书即已售罄，预约当即，赶印再版一万五千部亦经售完，当经翻印三版。因销数畅旺，近来北平等处忽发现伪翻版，书本印刷恶劣，错误滋多，图画漏略，纸张极坏，除究查外特此广告。"① 这些游记和随笔受欢迎程度由此可见一斑。

在这股谈论苏联的热潮中，也包括一些向来主张以西方文明为榜样的自由主义知识分子。作为自由主义领军人物，胡适的一段话颇能反映自由主义知识分子的心态。他说维新变法时期，中国人对于西洋文明的认识并没有"多大的疑义"，"那时代的中国智识界的理想的西洋文明，只是所谓维多利亚时代的西欧文明：精神是爱自由的个人主义，生产方法是私人资本主义……欧战以后，苏俄的共产党革命震动了全世界人的视听；最近十年中苏俄建设的成绩更引起了全世界人的注意。于是马克思列宁一派的思想就成了世间最新鲜动人的思潮，其结果就成了'一切价值的重新估定'：个人主义

---

① 天津《大公报》1932年2月13日第1版。

的光芒远不如社会主义的光耀动人了；个人财产神圣的理论远不如共产及计划经济的时髦了……不上十五年，中国青年人的议论就几乎全倾向于抹杀一九一七年以前的西洋文明了……无论如何，中国人经过了这十五年的思想上的大变化，文化评判上的大翻案，再也不会回到《新民丛报》时代那样无疑义地歌颂维多利亚时代的西洋文明了"。① 胡适流露出了对苏联及其"一五计划"的一种非常无奈的心情，在情感上他是倾向于"维多利亚文明"，但事实摆在面前，在理智上他又不得不赞扬"苏俄的计划经济"。胡适的另一段话更加直接地表明了他的心迹，"我们从落伍的国家要赶上人家，非但要努力，真还要拼命。苏俄的建设工作便是拼命赶的榜样"。② 胡适这一思想的变动，是不是说明他放弃了向来推崇的自由主义呢？答案是否定的。胡适一生主张以实证为依据，实验主义是他的哲学基础，既然苏俄能够用计划的手段在短时期内由落后的农业国一跃而为先进的工业国，那么落后的中国为什么不能向苏俄学习呢？思想家的思想是复杂的、多方面的，往往有着多个思想因素存在，当环境发生变化时，与这一环境相适应的思想因素将会发生作用，使思想家在不同的时期呈现出不同的思想风貌。所以，胡适的这一思想的变动是完全可以理解的。

不仅仅是胡适，被胡适誉为"最有光彩又最有能力的好人"的丁文江，1933年到苏联进行了为期一个月的旅行，亲身感受了苏联"一五计划"的巨大成就，而且清楚地认识到苏联所取得的一切成绩都是在统一的国家、独裁的政治、计划经济三项条件下取得的，他的思想开始发生转变，同情共产主义，主张仿效苏联"新式的独裁"。丁文江归国后的两段文字，颇能反映出他思想的变化。他说："人不但不是同样的，而且是不平等的。十八世纪以来讲平等的人大抵是富于情感的人。二百年来的经验完全可以证明这种情感的错误。宗教心是人人都有的，但是正如人的智慧，强弱相去很远。凡是社会上的真正首领都是宗教心特别丰富的人，都是少数。正因为如此，所以我对于平民政治——尤其是现行的议会政体——没有任何的迷信。"如果说这段话只是说明丁文江这时已经对传统的议会政体失去了兴趣的话，那么，

---

① 胡适：《建国问题引论》，《独立评论》第77号，1933年11月19日。
② 胡适：《独立评论的一周年》，《独立评论》第51号，1933年5月21日。

下面一段话就更清楚地说明了他的思想转变，"我以为假如做首领的能够把一国内少数的聪明才德之士团结起来，做统治设计的工作，政体是不成问题的。并且这已经变为资本主义共产主义国家所共有现象——罗斯福总统一面向议会取得了许多空前的大权，一面在政客以外组织他的智囊团，就是现代政治趋向的风雨表"。① 丁文江的思想之所以会发生这么大的转变，一方面是由于亲身感受到了苏俄"一五计划"的成绩，另一方面是由于"日本的侵略一天紧似一天"与"国民经济的衰落又一天甚于一天"。② 在民族危机的刺激下，丁文江主张"放弃民主政治"，而转为拥护国民党政府仿照苏俄"试行新式的独裁"。曾被鲁迅批评的陈西滢也对苏联大加赞赏，称"苏俄是近二十年变化最多的国家"，苏联的青年"是苏俄的新贵族"，"在物质方面，他们享受许多优先权，在精神方面，他们自命为新国家的柱石。……他们的头脑里没有饭碗问题，他们进学校是学某种技能，而且常常是某一个工厂或某一种职业为了某种需要而进学校的"。③ 向来主张向欧美学习、走资本主义道路的自由主义知识分子也开始赞美苏联，并把苏联作为学习的榜样，这足以说明苏联"一五计划"的成功对中国知识界的巨大影响。

（二）知识界的社会主义思潮

苏联"一五计划"对中国知识界的巨大影响之一，便是促进了社会主义思潮在中国知识界的兴起。众所周知，社会主义是西方的舶来品，它最早传入中国是在19世纪末20世纪初，先是外国传教士，后是资产阶级改良派和资产阶级革命派对它进行过介绍。由于社会主义与中国传统的兼爱、平等、大同思想有某些相似之处，加上受第一次世界大战，尤其是俄国十月社会主义革命和战后西方社会主义运动高涨的影响，五四时期各种社会主义思想得到了广泛传播，其中马克思主义的科学社会主义一枝独秀，成了不少知识分子的信仰和理想追求。1921年潘公展在《近代社会主义及其批评》一文中写道："一年以来，社会主义底思潮在中国可以算得风起云涌了。报章

---

① 丁文江：《我的信仰》，天津《大公报》1936年5月6日。
② 程天放：《民主与独裁》，《时代公论》第3卷第46号（总第150号），1935年2月8日。
③ 陈西滢：《苏俄的青年》，《独立评论》第129号，1934年12月2日。

杂志底上面，东也是研究马克思主义，西也是讨论鲍尔希维主义，这里是阐明社会主义底理论，那里是叙述劳动运动底历史，蓬蓬勃勃，一唱百和，社会主义在今日的中国，仿佛有'雄鸡一唱天下晓'的情景。"① 后来因国共合作的破裂，以及国民党推行的文化专制主义政策，知识界的社会主义的潮流曾一度走向低落。

然而到了"九一八"后，社会主义潮流在知识界里又重新高涨起来。据笔者对20世纪30年代初《东方杂志》《申报月刊》《读书杂志》《大公报》等30种刊物的不完全统计，有100多人在这30种刊物上发表过近200篇谈论社会主义的文章。用胡适晚年的话说：谈论社会主义已成为"九一八"后中国知识界的一种时尚，"一个趋势"。② 表11是这些刊物发表的谈论苏联（尤其是苏联的"一五计划"）和社会主义文章的数量统计。

表11 谈论苏联和社会主义文章的数量统计

刊物名称	篇数统计	刊物名称	篇数统计
《东方杂志》	35	《独立评论》	26
《国闻周报》	8	《申报月刊》	12
《读书杂志》	19	《申报》	10
天津《大公报》	11	《四十年代》	4
《大道》	5	《青年界》	2
《世界杂志》	2	《新社会》	4
《中国杂志》	3	《朝晖》	4
《生存月刊》	3	《晨光》	2
《新地》	4	《社会评论》	3
《国际译报》	7	《平民杂志》	5
《新中国》	2	《新生》	2
《中国与苏俄》	5	《心声》	2

① 潘公展：《近代社会主义及其批评》，《东方杂志》第18卷第4号，1921年2月25日。
② 胡适：《从〈到奴役之路〉说起》，载欧阳哲生编《胡适文集》（12），北京大学出版社1998年版，第834页。

续表

刊物名称	篇数统计	刊物名称	篇数统计
《俄罗斯研究》	5	《民声周报》	2
《再生杂志》	8	《自决》	3
《生活周刊》	8	《复兴月刊》	7
《中央日报》	1	《行健月刊》	1
《经济学季刊》	1	35 种	206

社会主义思潮之所能在"九一八"后重新走向高涨，分析起来主要有两个方面的原因。

一方面，爆发于1929年的资本主义世界经济大危机，使资本主义所固有的各种矛盾，尤其是大量的生产过剩与广大劳动者无力消费的矛盾暴露无遗，资本主义已失去了昔日的吸引力。第一次世界大战后，由于巴黎和会和华盛顿会议所构筑的凡尔赛—华盛顿体系暂时协调了各战胜国的利益，国际关系相对稳定，资本主义世界从而出现了短时间的繁荣期，其中美国发展尤其迅速，一跃成为整个资本主义世界经济运转的轴心。因此，柯立芝总统1928年底离职前在给国会的告别咨文中满怀豪情地写道："全国可以满意地看看现在，乐观地展望将来。"[1] 可是1929年10月24日，纽约证券交易所出现了股票暴跌狂潮，这一天被称为"黑色的星期二"。纽约股市的崩盘以悲剧的方式宣告了"永久繁荣"梦想的破灭和资本主义世界灾难的开始。危机像瘟疫一样迅速蔓延整个资本主义世界，殖民地半殖民地国家也深受其害。危机期间资本主义工业、农业、商业、金融等行业全面萧条。据统计，从1929年至1933年资本主义工业生产缩减了1/3多，世界贸易额削减近2/3，失业工人达3000多万，数百万小农破产，无业人口颠沛流离、生活困苦。危机给资本主义经济造成了巨大的破坏，使资本主义的经济倒退了几十年，只有20世纪初的水平。"总之，现今经济恐慌，已将资本主义的经济退后二十五年了。目下的经济状况，已和一九〇〇年相差不远，这是无待于说明了。"[2]

---

[1] 苏联科学院主编：《世界通史》第9卷上册，吉林人民出版社1975年版，第214页。
[2] 瀛洲译：《世界经济的乐观和悲观》，《东方杂志》第29卷第8号，1932年12月16日。

尽管各资本主义国家为应付危机疲于奔命、殚精竭虑,一面力行微观的经济调控,一面致力宏观的理论模式的变革,然而经济危机却日益严重。危机不但重创了资本主义世界的经济,使其陷入绝境,同时也使资本主义深陷政治危机中,资产阶级的统治地位大大动摇。

随着经济危机的日益恶化,资本主义以往的吸引力在不断丧失。许多人对资本主义制度产生了疑虑乃至否定,资本主义出现了严重的信仰危机。(1)对资本主义前途的疑虑。危机的日益恶化,资产阶级久困其中而束手无策,这让世人对资本主义能否继续存在产生疑虑。"代替着一九二八年末柯立芝的夸大的乐观论而出现于一九三二年末者,是对于资本主义社会制度的将来的深刻的怀疑。"[1] 对于经济危机,"各国之政治家如再不设法解决,求一出路,则现存之制度,颠覆堪虞矣"。[2] (2)对资本主义民主制度失去了以往的热情。经济危机使人们对资本主义民主制度的"热心全变成冰冷了""对于民主政治的信仰,是已经死亡了""现在还有人愿为议会制度而捐躯吗"?[3] (3)对资本主义前途的否定。这时资本主义制度到了"末日"趋于"死亡"之类的言论日见于报端。"此等恐慌的怒涛激荡整个的资本主义世界,今日世界的前途可以说已步到四边临空的悬崖了。"[4] 人们普遍感觉到"资本主义随着恐慌的狂潮,已一天一天走入没落的途中,美国如此,其他欧洲各国与日本都如此。'资本主义的末日!'这凄惨的呼声已响彻全球了"。[5] 就连英国大文豪萧伯纳也表达过此类的观点。他访苏返英途经柏林时曾对新闻记者郑重地说:"如果你在那个地方见过布尔希维克是什么东西。那末你一定能觉得资本主义快要灭亡了。"[6] 资本主义的吸引力在经济危机的加深中不断降低。

另一方面,苏俄"一五计划"的巨大成功彰显了社会主义的诱人魅力,从而使人们对社会主义有了新的认识。如前所述,在资本主义世界陷入经济

---

[1] Varga:《最近世界经济恐慌政治不安之总观察》,《读书杂志》第3卷第5期,1933年5月1日。
[2] 包玉墀:《鲁易乔治最近论世界经济之危机》,《国际》第1卷第3号,1932年9月1日。
[3] J. Barthelemy:《欧洲民主政治的危机》,《东方杂志》第26卷第23号,1929年12月10日。
[4] 周友苍:《通货膨胀政策与世界恐慌》,《东方杂志》第30卷第3号,1933年2月1日。
[5] 叶作舟:《资本主义"计划经济"的检讨》,《东方杂志》第30卷第9号,1933年5月1日。
[6] 《苏联论》(一),《申报》专论,1932年1月25日。

危机的同时，作为当时世界上唯一的社会主义国家的苏联却正在顺利地开展为期五年的经济建设运动。五年计划期间，苏联共新建了1500多个有现代技术装备的工业企业，并投入生产。拖拉机制造业、汽车制造业、飞机制造业、化学工业、机床制造业、现代农业机器制造业以及其他许多工业部门都建立起来了，初步形成了现代化的工业生产体系，向工业化的道路迈进了决定性的一步。1932年，苏联的工业总产值同1913年相比增加近2倍，重工业产值则超过1913年3倍多。①"一五计划"实施前，苏联还是一个以农业为主的落后国家，工业基础非常薄弱，技术陈旧落后，几乎没有汽车、拖拉机、飞机和机械制造业，没有自己独立、完整的工业体系。1925—1927年农业产值在国民经济总产值中占57.9%，农村人口占80%以上，工业人数只占人口总数的14.8%。② 然而五年计划实施后，苏联的工业、农业、社会生活、文教事业、国际地位等方面都有极大的改观。整个世界都为之震惊，这被视为经济史上的一大奇迹。

苏联"一五计划"的巨大成功与资本主义世界的经济危机形成的鲜明对照，对中国知识界的震动是巨大的。这正如时人在谈到苏联"一五计划"成功的意义时所指出的那样："五年计划所以有极重要的世界历史的意义，不单因为它本身的伟大的成功，最主要的还因为这个计划的实现，正是在整个资本主义世界卷入普遍的日益深刻的经济和政治的危机中而不能自拔的时候。五年计划把苏联和其他资本主义国家划分为两个截然不同的世界。"③中国知识界在为苏联的"一五计划"的成功震惊之余，也必然会对"一五计划"之所以取得成功的原因进行思考。他们大多认为社会主义的优越性是苏联"一五计划"取得成功的重要原因。

英国剑桥的一位政治经济学教授坦言："苏联在四年三月中完成五年计划之大部是无可否认的事实。在同一时期中各资本主义国家的生产却有了很大的降落。五年计划证明在社会主义制度下的工业，其能力远胜资本主义制度下的工业。"④ 这话得到了中国知识界不少人的赞同，他们也认为社会主

---

① 参见苏联科学院主编《世界通史》第9卷上册，吉林人民出版社1975年版，第300页。
② 参见王祖绳《国际关系史》第5卷，世界知识出版社1995年版，第41页。
③ 白萍：《苏联劳动民众的生活》，《申报月刊》第2卷第6号，1933年6月15日。
④ 同上。

义制度比资本主义更能促进生产力的发展。这主要体现在：一方面，公有制实现了生产与分配的合理，提高了人民的主人翁地位，进而提高了全社会的生产积极性。"只有在社会主义的制度之下，生产与分配才有合理的处置。现在主要资本主义国家所长的严重的经济恐慌，大部是由于生产与分配方法不合理的缘故。"[①] 他们认为计划经济是"人类社会历史之高度发展的经济形态"，因为它"不是以生产关系支配人类，而是由人类自己来支配生产关系"。[②] 通过观察，他们发现"一五计划"期间苏联人的生产热情极高，不论性别、年龄、职业，都尽职尽责地投身社会主义建设，掀起了建设社会主义的热潮。"苏联的工农群众，没有颓废，消沉，失望和堕落的情绪，他们都是活泼的，勇敢的，坚决的，耐劳的，团结在苏维埃政府的周围，孜孜矻矻，以建设新社会为前提，向着他们所祈望的目标热烈地从事建设。"[③] "举凡苏联之国民，无论其为工人为农民，为妇女为儿童，皆尽量发挥其创造力，以建设苏联新国家，并巩固其基础。抑且每个人都充满生命之活力。"[④] 尤其是"苏联的无产阶级，因为他们明白他们自己的统治阶级的地位，他们遂如是的施展他们的精力，如是的表示他们对社会主义的忠诚，并如是迅速地发展他们政治工程文化的意义，其结果使苏联第一次的五年计划的发展，很胜利地成功，而有第二次五年计划的进行"。[⑤] 另一方面，他们认为社会主义实行的是公有制，公有制的社会主义比私有制的资本主义更容易实行计划经济。当时许多人把苏联成功的秘诀归功于计划经济，而把资本主义世界经济危机的爆发归因于自由经济。1933年初《东方杂志》上的一篇文章写道："近年来东西各国实业巨擘、学术专家、政界名流以及新闻记者、教育家、文学家和工人代表团等等，前往苏俄考察者，回国后大都对苏俄表示同情之美感，有的甚至替它大事鼓吹，以为苏俄成功之秘诀，在于它的社会经济制度，因为这个制度是有计划的，有组织的，它与制造恐慌、产生失业贫

---

① 张良辅：《中国现代化的障碍与方式》，《申报月刊》第2卷第7号，1933年7月15日。
② 张耀华：《苏联计划经济之理论与实际》，《申报月刊》第2卷第7号，1933年7月15日。
③ 克多：《苏联工农生活的素描》，《东方杂志》第30卷第2号，1933年1月15日。
④ 穗：《为苏联考察团进一言》，《申报》"时评"第8版，1933年2月15日。
⑤ 杜若：《苏联的科学与政治》，《东方杂志》第28卷第22号，1931年11月25日。

困、酝酿冲突战争的资本主义截然不同。"① 此种言论为知识界中不少人在思考中国出路时对社会主义道路尤其是对计划经济的选择提供了理论上的支持。

苏联"一五计划"的成功所彰显出来的社会主义优越性，激起了世人对社会主义的向往，从而促进了社会主义思潮在"九一八"后中国知识界的兴起。

（三）社会主义还是资本主义

自20世纪初社会主义传入中国起，中国知识界就围绕中国的经济发展应走社会主义道路还是应走资本主义道路的问题发生过多次争论，如清末以孙中山为代表的革命党人和以梁启超为代表的立宪党人关于"三民主义"中的"民生主义"的争论，五四时期以梁启超为代表的研究系知识分子与以陈独秀为代表的中国早期马克思主义者关于社会主义的争论，等等。但不论是清末还是五四时期，在知识界中，认为中国的经济发展应走社会主义道路的还只是一部分人，甚至是很小的一部分人，然而，随着社会主义思潮在"九一八"后中国知识界的兴起，知识界中的大多数甚至是绝大多数都认为中国的经济发展应走社会主义道路，而不是资本主义道路。借用"觉一"的话说："余谓社会主义之将至，因解决今日经济问题，稍有常识者皆作此答案耳。"② 这种思想在《东方杂志》1933年"新年的梦想"征文、1933年《申报月刊》的"中国现代化问题论争"和1931—1934年"中国社会史论战"中得到集中体现，人们在对未来中国的美好期待和深沉思索的同时，不同程度地体现了他们对未来中国发展道路的社会主义取向，真实地反映了"九一八"后知识界对社会主义的集体诉求。

1932年11月1日，《东方杂志》就"（一）先生梦想中的未来中国是怎样（请描写一个轮廓或叙述未来中国的一方面）？（二）先生个人生活中有什么梦想（这梦想当然不一定是能实现的）?"这两个问题向全国各界知识人物发出"新年的梦想"的征文通知约400份，截止到12月5日，共收到

---

① 志远：《苏俄第二届五年计划之鸟瞰》，《东方杂志》第30卷第1号，1933年1月1日。
② 觉一：《柯尔论资本主义与社会主义》，《平明杂志》第3卷第2、3期合刊，1934年2月1日。

160多份答案，其中142份答案刊登在1933年1月1日出版的《东方杂志》第30卷第1号上（没有刊登的，或篇幅过于冗长，或内容与征文原旨不符）。这142份答案的作者"以中等阶级的自由职业者为最多，约占了全数的百分之九十。自由职业者中间尤以大学教授、编辑员、著作家及新闻记者、教育家为最多。……合计约占总数百分之七十五"。[①] 用《东方杂志》记者的话说，这些"'梦'虽然不能代表四万五千万人的'梦'，但是至少可以代表大部分知识分子的'梦'"。[②] 就中国发展道路而言，梦想未来中国为没有阶级压迫、消除贫富差别、废除私有制度的社会主义社会的就有20多篇，而明确主张走资本主义道路的寥寥无几。这是20世纪30年代初期知识界一次较为全面、真实的民意调查，客观地反映了知识界关于立国方略的思想取向。身为国民党中央监察委员的辛亥老人柳亚子梦想未来世界是一个社会主义大同世界，中国是其中的一部分，在这大同世界里，"没有金钱，没有铁血，没有家庭，没有监狱，也没有宗教；各尽所能，各取所需；一切平等，一切自由"。女作家谢冰莹梦想中的未来世界也是一个没有国界、没有民族、没有阶级区别的大同世界。"而中国就是这一组织系统下的细胞之一，自然也就是没有国家、没有阶级、共同生产、共同消费的社会主义的国家。"神州国光社编辑胡秋原则表达得非常简洁，他说："我是一个社会主义者，我的'梦想'，当然是无须多说的。"燕京大学教授郑振铎梦想未来的中国为"一个伟大的快乐的国土"，"我们将建设了一个伟大的社会主义的国家；个人为了群众而生存，群众也为了个人而生存"。《读者杂志》特约撰述员严灵峯梦想未来中国将要达到"各尽所能各取所需"的地步。《生活周刊》主编邹韬奋梦想中的未来中国是共同劳动、共享平等的社会主义社会。"人人都须为全体民众所需要的生产作一部分的劳动，不许有不劳而获的人，不许有一部分榨取另一部分劳力结果的人。""人人在物质方面及精神方面都有平等的享受机会，不许有劳而不获的人。""政府不是来统治人民的，却是为全体大众计划、执行，及卫护全国共同生产及公平支配的总机关。"读者张宝星梦想未来中国实行计划经济，实现经济组织社会主义化。

---

① 记者：《〈新年的梦想〉读后感》，《东方杂志》第30卷第1号，1933年1月1日。

② 同上。

"经过详细缜密的调查计算之后,实行计划经济。把中国工业化,电气化,把农业集体化机器化。把私有资本的成分渐渐减少,到最后是经济组织完全社会主义化。"小说家郁达夫梦想"将来的中国,可以没有阶级,没有争夺,没有物质上的压迫,人人都没有、而且可以不有'私有财产'"。裕丰纱厂的毕云程"梦想未来的中国,没有榨取阶级,也没有被榨取阶级,大众以整个民族利益为本位,共同努力,造成一个社会主义的新中国"。暨南大学教授李石岑梦想的未来中国,"经过若干年军阀混战之后,又经过几次暴动之后",走上了"社会主义之路"。①

如果说"新年梦想"征文反映了知识界对社会主义大同世界的向往,那么,"现代化讨论"则体现了知识界对中国现代化之道路的社会主义思考和选择。我们前面已经提到,1933年7月《申报月刊》第2卷第7号上发表的"中国现代化问题"特刊,把现代化问题作为中国发展的总问题提出来进行讨论。这次讨论主要围绕两个问题进行:"一、中国现代化的困难和障碍是什么?要促进中国现代化,需要甚么几个先决条件?""二、中国现代化当采取哪一个方式,个人主义的或社会主义的;外国资本所促的现代化,或国民资本所自发的现代化?又实现这方式的步骤怎样?"②当时知识界名流如陶孟和、吴觉农、吴泽霖、金仲华、郑学稼、周宪文、樊仲云等人参加了讨论,共发表文章26篇(16篇专论,10篇短文),洋洋10万余言。粗略统计:讨论中明确主张走个人主义道路即私人资本主义道路的仅1人(唐庆增),明确主张兼采资本主义和社会主义之长的1人(诸青来),明确主张社会主义方式的8人(杨幸之、罗吟圃、陈彬龢、戴霭庐、张良辅、李圣五、樊仲云、吴觉农),没有明确主张社会主义、但表示反对资本主义的2人(董之学、杨素民),其余人对此没有表达意见。这是知识界对民族危机、经济恐慌及苏联计划经济的思索与反馈,反映了知识界中的很大一部分人对社会主义道路的理性追求。杨幸之在《论中国现代化》一文中认为,中国的现代化不仅是生产技术的现代化,更重要的是分配制度的改善。"目前的问题不仅是在于'生产',而尤在于'分配',假如分配制度不善,则

---

① 以上引文见《新年的梦想》,《东方杂志》第30卷第1号,1933年1月1日。
② 《中国现代化问题特辑·编者之言》,《申报月刊》第2卷第7号,1933年7月15日。

生产技术之改进，恰足以招致大众的祸殃，以活人者适足以杀人。"而资本主义经济危机的惨状就是由于制度的不完善造成的。所以，摆在国人面前的路只有两条，一条是资本主义道路，另一条是社会主义道路。"资本主义现在已临到第三期恐慌了，日薄崦嵫，历史早已为它掘好了坟墓，丧钟的撞响，只是时间上的问题。而另一方面社会主义国家的苏联，则正以加速的步武走向胜利的前途，第一次五年计划既已成功，第二次五年计划又已开始。无论是工业劳动者或是农业劳动者，他们所焦灼的，所孜孜以从事的，不是个人财富的积累，而是社会主义国家之基础的建设巩固与世界社会主义前途的争取。这和资本主义体系下的世界对照，恰是两个世界，两个历史范畴。我想，假如我们不愿长此困于泥泞之中，则在这样的对照之下，何去何从？无论是谁，都该知所选择罢！"[1] 戴霭庐在文章中更明确指出，中国的现代化应采用社会主义方式而不能走个人主义道路。因为"采用个人主义的方式（资本主义方式——引者），未免和世界潮流背驰。许多现代化，根本上便以社会主义为基础，如果不采用社会主义的方式，是绝对没有希望的"。"许多现代化是以社会主义为根基的，一旦采用个人主义的方式是绝对办不通的，我虽然看到现在中国个人主义的势力很大，但是决不能因此削足适履。""现代化本身非社会主义不可的。"[2] 罗吟圃也表达过类似的观点。他指出，只有走社会主义道路中国才有希望。中国的个人资本主义力量过于弱小，不能完成改良技术促进生产力发展的历史任务。"在内外层层叠叠的高压状态底下的中国，个人的资本薄弱得可怜，试问怎样改良生产技术而增加生产力呢？如果决心依照社会主义所主张一样，把生产机关收归公有，实行社会主义的政治的，经济的政策，有计划的，图谋根本上使中国现代化，则中国的前途才有希望。"[3] 陈彬龢从现代化的先决条件与方式的角度阐述了中国走社会主义道路的必要性，他说："中国的现代化，自然要排斥殖民地化与资本帝国主义的个人主义化，而采取社会主义的现代化。因为现代化已不是帝国主义的时代，而是打倒帝国主义的时代了。""所以我们处在世界

---

[1] 杨幸之：《论中国现代化》，《申报月刊》第 2 卷第 7 号，1933 年 7 月 15 日。
[2] 戴霭庐：《关于中国现代化的几个问题》，《申报月刊》第 2 卷第 7 号，1933 年 7 月 15 日。
[3] 罗吟圃：《对于中国现代化问题的我见》，《申报月刊》第 2 卷第 7 号，1933 年 7 月 15 日。

经济恐慌的狂潮中，处在国际资本主义的四面楚歌中，只有学苏联实现五年计划的孤军奋斗，应当用国民资本来促进。"① 樊仲云认为现代化的唯一前提是"打倒帝国主义"，中国社会的发展方向一定是社会主义。他说："说到中国的现代化，在二三十年前，其意义不消说就是资本主义化，但是在这资本主义制度已生破绽，濒于没落的今日，则无疑的是指那走向高于资本主义制度的过程而言（由前资本主义走向社会主义）。"② 吴觉农的《中国农业的现代化》一文认为，中国农业现代化的方式应该采用社会主义方式："中国农业的现代化，应该采哪一种方式？这当然不是改良主义的个人方式；而应该采用社会主义的方式了。"③ 张良辅在《中国现代化的障碍与方式》一文中明确写道："至于中国现代化当采取那一种方式，那么第一这当然是社会主义的。只有在社会主义的制度下，生产与分配才有合理的处置，现在主要资本主义国家所遭遇的严重经济恐慌，大部是由于生产与分配方法不合理的缘故。"④

在《东方杂志》的"新年征文"和《申报月刊》刊发"中国现代化问题号"前后，知识界还以《读书杂志》为阵地展开了一场"中国社会史论战"。论战的核心问题有两个：(1) 中国经济性质问题；(2) 中国往何处去的问题。《读书杂志》从1931年底至1934年4月共刊登4辑"中国社会史论战"特辑，收录中外学者论文50余篇。参与论战的大多是知识界的名人，他们分别是新思潮派（斯大林派）的王学文、潘东周、吴黎平等；动力派（托派）的严灵峯、任曙、刘镜园、李季、王宜昌、杜威之等；新生命派（蒋介石派）的陶希圣、陈邦国、朱伯康；改组派（汪精卫派）的陈公博、顾孟余、王法勤等；此外还有《读书杂志》派的胡秋原、孙倬章、王礼锡等人。尽管各派的政治立场分歧很大，对中国社会性质的认识各不相同，但大部分论战文章体现了对资本主义的批判和对苏联社会主义计划经济的赞赏。如《读书杂志》派的胡秋原写道："世界经济的恐慌，已经日益趋于绝境。帝国主义为挽救他不可救药的恐慌，唯有磨牙吮血，向殖民地及劳动者

---

① 陈彬龢：《现代化的方式与先决条件》，《申报月刊》第2卷第7号，1933年7月15日。
② 樊仲云：《中国现代化的唯一前提》，《申报月刊》第2卷第7号，1933年7月15日。
③ 吴觉农：《中国农业的现代化》，《申报月刊》第2卷第7号，1933年7月15日。
④ 张良辅：《中国现代化的障碍与方式》，《申报月刊》第2卷第7号，1933年7月15日。

加紧剥削，并且准备重新分割市场的战争了。""然而，在另一世界的苏联，则在不同的状态。1928—1929 年到 1932—1933 年的所谓五年计划，以庞大而惊人的计划与成功而前进，在工业化、电器化、社会化的口号之下，以'四年完成五年计划'的决心，雷厉风行地进行，确实获得了可敬的成绩。"① 不少论战文章明确主张中国应走社会主义革命的道路。如孙倬章在分析比较中俄两国国情的基础上指出，中国如要发展生产力，就必须走社会主义革命的道路。他说："俄国资本主义发展的开幕，与西欧资本主义先进国，同一个时代；然在一九一七年以前，其发展的程度，不及现在的中国，此由封建势力阻碍之故。十月革命后，彻底肃清封建势力，实行新经济政策，和五年计划，其生产力发展的速度，为任何资本主义先进国所不及。故欲使中国生产力尽量发展，必彻底推倒帝国主义和封建势力"，实行社会主义革命。② 朱伯康认为"中国经济的发展是生产关系的问题，而不是生产技术的问题"。所谓生产关系的问题，也就是走社会主义的道路问题。③ 陈邦国指出中国是经济落后的半殖民地国家，由于国际资本主义的压制和本国军阀的混战，本国经济即使有所发展也是不充分的。如果中国屈服于帝国主义的程度越深，则中国资本主义发展就越趋于殖民地化。因此中国社会历史的发展就只有一条路——社会主义道路。他说："中国社会之历史的发展，只有一条可能的前途，即社会主义的。"④

以上是"九一八"后 20 世纪 30 年代的中国知识界对中国的经济发展是社会主义还是资本主义的选择。七七事变后，由于抗战的全面爆发，全国人民当然也包括知识界都投入到了反抗日本侵略的军事和政治斗争之中，中国的经济发展是走社会主义道路还是资本主义道路的问题被放到了一边，没有再展开大规模的讨论。人们再次关心并对这一问题展开讨论是在 1945 年抗日战争胜利的前后。因为随着抗战的胜利，中国向何处去、建立什么样的政

---

① 胡秋原：《资本主义之"第三期"与日本暴行之必然性》，《读书杂志》第 1 卷第 7、8 期合刊，1932 年 1 月 1 日。
② 孙倬章：《中国经济的分析》，《读书杂志》第 1 卷第 4、5 期合刊，1931 年 11 月 1 日。
③ 参见刘镜园《中国经济的分析及其前途之预测》，《读书杂志》第 2 卷第 2、3 期合刊，1932 年 3 月 30 日。
④ 陈邦国：《中国历史发展的道路》（续），《读书杂志》第 2 卷第 11、12 期合刊，1932 年 12 月 20 日。

治和经济制度的问题摆在了所有党派、政治势力和全中国人民面前，必须作出抉择。就当时中国各中间党派和广大知识分子的认识来看，认为英美是政治民主，苏联是经济民主，今后中国要走的道路就是使这两种民主的结合。1945年10月，中国民主同盟临时全国代表大会通过的《政治报告》，在谈到中国应该建立一种什么样的政治和经济制度时指出：英美民主制度上人民享受自由权利，这是树立中国民主的必要条件。但英美的民主政治，也有它们的缺点，但那些缺点不是从那制度本身发生出来的，而在其社会经济制度缺乏调整，社会上贫富阶级存在，人民间贫富的差距悬殊，因此，人民的自由平等权利，在许多方面就成了有名无实。"调整社会经济制度，从政治上的自由平等扩展到经济上的自由平等，这就是所谓经济的民主。"在这方面，苏联30年来的试验，是中国建立民主制度的极好的参考材料。"拿苏联的经济民主来充实英美的政治民主，拿各种民主生活中最优良的传统及其可能发展的趋势，来创造一种中国型的民主，这就是中国目前需要的一种民主制度。"① 而所谓的"经济民主"，也就是社会主义。张君劢就曾指出，社会主义既不是唯物史观，也不是阶级斗争的理论，而是一种社会经济制度，这种社会经济制度具有三个方面的特征：第一，以全社会各得其所为目的，不以个人谋利为目的；第二，实行计划经济；第三，时时对劳力、资本和土地予以公道的调整，以防止贫富两极分化的发生。②

总之，自"九一八"后的20世纪30年代到抗战胜利前后，中国的经济发展是选择社会主义而不是资本主义，可以说是以知识界为中坚的大多数中国人的基本共识。这也是中国共产党人能从小变大、从弱变强，并最终战胜国民党、夺取全国胜利的重要原因。笔者曾在一篇文章中指出：中国国民党在与中国共产党的较量中之所以败下阵来，并被赶出了中国大陆，一个重要原因就在于孙中山逝世后，它逐渐抛弃了孙中山的民生社会主义，执行的是代表大地主大资产阶级利益的政策，社会不仅没有任何平等和正义可言，相反是富者愈富，贫者愈贫，广大群众尤其是占人口绝大多数的农民群众生活

---

① 《中国民主同盟历史文献》（1941—1949），文史资料出版社1983年版，第77页。
② 参见《民国时期党派社团档案史料丛稿·中国民主社会党》，中国档案出版社1988年版，第226—229页。

在水深火热之中，因而得不到广大群众尤其是占绝大多数人口的农民群众的拥护和支持。与此相反，中国共产党自成立起即高举社会主义的旗帜，主张社会正义和平等，因而得到了广大群众尤其是占人口绝大多数的农民群众的拥护和支持，于是能够由小变大，由弱变强，并最终取得了革命的胜利。①

（四）计划经济还是自由经济

如果说五四时期社会主义思想着眼的是社会主义的伦理价值，即从资本主义的私有制度所必然产生的贫富差别和阶级剥削、阶级压迫着眼，而主张财产公有、消灭剥削和人人平等的话，那么"九一八"后的社会主义思想强调的则是社会主义的计划经济。这是"九一八"后的社会主义思潮不同于五四时期社会主义思潮的一个显著特点。此时社会主义思潮中浓厚的计划经济气息无疑是世风所致。1930—1935年间各国许多有影响力的政治界、经济界人士云集于苏联，探寻其"一五计划"成功的秘诀。他们大多视计划经济为苏联"一五计划"成功的不二法门。于是"计划"一词成为政界最时髦的名词。比利时、挪威的社会民主党开始采用"计划"。英国政府于1930年成立了经济咨询委员会，备受英政府尊重的元老索特爵士特出版了名为《复苏》的书鼓吹计划经济。年青一代的保守党人士中有不少人以计划派发言人自居，如后来任首相的麦克米伦。"甚至连以反共为标榜的纳粹德国，也剽窃了苏联的点子，于1933年推出所谓的'四年计划'。"② 法国和意大利则重组了一些曾经存在的计划机构，如法国的法国国立委员会、意大利的协同组合全国会议等。

这股计划经济劲风自然也征服了中国的知识者，中国知识界对计划经济特别青睐。国内很多有影响的刊物如《东方杂志》《申报月刊》《读书杂志》《大公报》《时事月报》《独立评论》《国际》《国闻周报》《生活周刊》等都刊登了有关计划经济的专论文章或是开辟了专栏。如《读书杂志》第3卷第7期的统制经济特辑（1933年9月1日）、《申报月刊》第2卷第7号的笔谈会（1933年7月15日），《新中华》第1卷第15期的统制经济特辑（1933

---

① 参见郑大华《中国近代社会主义研究的几个问题》，《教学与研究》2010年第11期。
② ［英］霍布斯鲍姆：《极端的年代》上册，江苏人民出版社1999年版，第138页。

年 8 月 10 日）等。"九一八"后的这股计划经济热潮浸染了整个知识界。这主要体现在三个方面。

第一，把资本主义经济危机的发生和苏联"一五计划"的成功、经济发展归因于是否实行计划经济。当时很多人（不管是"左"倾者还是右倾者）认为，资本主义世界之所以发生以生产过剩为特征的经济危机，原因在于资本主义国家实行的是自由经济而不是计划经济。自由经济下，资本家为追求利润可任意扩大生产，从而造成了生产的盲目扩大，最终酿成经济危机。马寅初指出："资本主义最初以自由竞争为主，虽有促进进步发明等之效力，但其流弊极大，产业受其淘汰者不知凡几，并足以召起社会之恐慌。盖自由竞争中生产者各不相谋，生产之多寡恒受物价之支配，物价高，则共同提高生产。结果供过于求，各业均发生生产过剩……社会至此发生绝大恐慌与绝大混乱。"① 杨秉薄认为，"世界资本主义恐慌之一般的原因……就存在于资本主义中所特有的经济组织之内在的矛盾。资本家的生产之特征，第一便是生产之无政府状态"。② 霍宝树强调，自由放任的经济制度"非特生产要素备遭浪费，生产与消费不能适应，而私人利益与国家利益间的矛盾，亦日益显著"，这是造成 1929 年世界经济恐慌的罪魁祸首。③ 亦英对于自由经济同样持的是否定态度。在他看来，"随意的今天一个钢铁厂，明天一个航空公司，任着经济发展的'自然'势趋演进，那是没有结果的。现代资本经济中，各业不平均的发展，尤其是工农业间不平均的发展，造成经济的浪费与破坏。有资者各自为政的各自投资，结果并不是全部经济的发展，而是强吞弱亡的经济破产。所以'统一'的建设，是首要的原素"。④ 穆藕初同样意识到了自由经济制度存在的问题。他说："自由竞争主义之经济固已推使资本主义经济达到繁荣之极巅，但在今日则已弊窦百出，反成为致成整个世界日趋凋敝之症结。""在自由竞争主义之经济范畴内，无论其为工业为农业之生产，皆为无计划生产，初不求其与消费相适合。故统制经济之意义，即为演进放任主义之经济为统制主义之经济，演进自由竞争主义之经

---

① 马寅初：《资本主义欤共产主义欤》，《东方杂志》第 28 卷第 24 号，1931 年 12 月 25 日。
② 杨秉薄：《一九三〇年国际情势概观》，《青年界》第 1 卷创刊号，1931 年 3 月 10 日。
③ 霍宝树：《经济建设当议》，《经济建设季刊》第 1 卷第 1 期，1942 年。
④ 亦英：《现代化的正路与歧路》，《申报月刊》第 2 卷第 7 号，1933 年 7 月 15 日。

济，为协同动作主义之经济。"① "九一八"后的知识界在否定自由经济的同时，认为苏联"一五计划"成功的秘诀就在于计划经济的实施，因为这一经济制度的优势在于使社会生产与分配处于政府计划和组织之下，既不会造成生产的浪费，也不会导致经济危机。如我们上引的志远的《苏俄第二届五年计划之鸟瞰》一文中就持此种观点。②

第二，视计划经济为社会主义的本质属性。当时有不少人把计划经济看作社会主义的本质属性，而视自由经济为资本主义的固有特征。"计划经济是社会主义经济制度的特点"，自由经济是"资本主义的神髓"。③ 二者相互对立，甚至格格不入。"社会主义的计划经济体系与资本主义的无政府的经济体系全然异其性质，且为两个根本对立的体系。"④ 这种认识是建立在所有制性质之基础上。基于这种认识，他们得出如下的结论：（1）计划经济实施的条件是公有制，即只有在生产资料公有的前提下才能实施。计划经济在私有制的资本主义世界绝对不能够成功地实施。"在计划经济的下面，必须将一切的生产手段——土地、矿山、富源、工业、银行、交通、大商业等——社会化。这样才可以全盘自由的统计筹划，不会受到实施上的任何阻碍。""实行计划经济，人剥削人的社会关系，至少是大产业主、地主，以及各种寄生阶级的必须消灭。"⑤ "资本主义的神髓是消费者有需求的自由，生产者有创造的自由，这都是计划经济所不容许的，加以各国都还没有健全的社会主义政党，所以资本主义下实行计划经济显然是不可能的。"⑥ （2）资本主义的统制经济与社会主义的计划经济虽然存在某些类似但实际上却是根本不同的。这种根本不同的原因在于："一面是从财产公有制的原则产生的，一面是从财产的私有制的原则产生的。"⑦ "苏联计划经济与资本主义统制经济，在字义上固极相似。但在其实质上则显然有极大之区别。即

---

① 穆藕初：《统制经济与中国》，《复兴月刊》第 2 卷第 2 期，1933 年 10 月 1 日。
② 志远：《苏俄第二届五年计划之鸟瞰》，《东方杂志》第 30 卷第 1 号，1933 年 1 月 1 日。
③ 马季廉：《资本主义能否施行计划经济》，《国闻周报》第 10 卷第 6 期，1933 年 2 月 13 日。
④ 张耀华：《苏联计划经济之理论与实际》，《申报月刊》第 2 卷第 7 号，1933 年 7 月 15 日。
⑤ 寒松：《统制经济与计划经济》，《生活周刊》第 8 卷第 46 期，1933 年 11 月 18 日。
⑥ 马季廉：《资本主义能否施行计划经济》，《国闻周报》第 10 卷第 6 期，1933 年 2 月 13 日。
⑦ 伍忠道：《统制经济与中国农业》，《读书杂志》第 3 卷第 7 期，1933 年 9 月 1 日。

苏联计划经济彻底收一切生产手段为公有，否定企业自由。"①（3）即使资本主义实行了计划经济但其效果却是消极的，无异于饮鸩止渴，只能加速资本主义的灭亡。"资本主义底'经济统制'是只会成为救济资本主义经济之破绽而失败的'产业合理化'第二。"②"计划经济在社会主义下是积极的，但在资本主义下却是消极的。""原来资本主义国家的所以竟施计划经济，即为弥补资本主义内部的矛盾所发生之缺陷，头痛医头，脚痛医脚，全是一种消极的救济策罢了。""资本主义国家想用计划经济的手段，以挽救其垂危的历史命运，结果反而促进这历史的命运之早日到临。"③

第三，社会主义计划经济救国论。苏联"一五计划"的成功凸显了计划经济的强大优势，一时间计划经济风靡全球。中国知识界也不例外，他们中的一些人对苏联的社会主义计划经济表现出极大的热情，认为中国要摆脱贫穷落后的包袱，实现民族复兴，绝不能步资本主义后尘，搞自由（放任）经济，而只能走苏联社会主义的道路，搞计划经济。因为社会主义计划经济具有如下的优点：生产资料不属于资本家私有而由社会公用；劳动者劳动的结果不再是为资本家、地主赚取利润与地租，而是为了自身生活状态的改善；生产不是服从追求利润和盲目的价格法则，而是服从社会的需要和计划的指导；分配不是由购买力决定，而是由劳动来决定；劳动人民自身的主人翁地位能自觉地实现。总之，如张良辅所说，社会主义计划经济是"人类社会历史之高度发展的经济形态"，因为它"不是以生产关系支配人类，而是由人类自己来支配生产关系"。④ 生活在战火不断、灾荒连年、经济凋敝、民不聊生的困境中的人们易于对理想社会产生深切向往，苏联"一五计划"的成功无疑给在痛苦中挣扎的人们带来了福音，苏联式的以计划经济为特征的社会主义自然成了众望所归。于是，这时期社会主义计划经济救国的呼声甚高。《国闻周报》的马季廉高呼："计划经济是社会主义经济制度的特点，是现今世界经济必然的出路。"⑤ 罗吟圃则在关于"现代化"讨论时说："在

---

① 伟：《论统制经济》，《申报》"时评"，1933年9月24日第6版。
② 克己：《风靡世界的经济统制论》，《东方杂志》第30卷第9号，1933年5月1日。
③ 叶作舟：《资本主义"计划经济"的检讨》，《东方杂志》第30卷第9号，1933年5月1日。
④ 张耀华：《苏联计划经济之理论与实际》，《申报月刊》第2卷第7号，1933年7月15日。
⑤ 马季廉：《资本主义能否施行计划经济》，《国闻周报》第10卷第6期，1933年2月13日。

中国目下的现况，无论从那一方面观察起来，经济上的个人主义（资本主义——引者）是万万不能实施的。使中国现代化，最急需的是在整个地实行社会主义的统制经济和集体生产。中国的国民经济的复兴和进展，绝对不能依靠那些很少数附庸于国际资本主义的暴富户。"①

有的人虽然不主张中国走社会主义道路，但主张中国实行计划经济。吴知认为，要发展中国工业，就必须实行计划经济，实现"产业的合理化"。因为：其一，我们要迅速完成钢铁机器制造等重工业、水力电气等动力工业、三酸酒精等基本化学工业的建设，以奠定我国工业化的基础。"这些工业，需要国家通盘筹划以整个力量来担当，非私人能力所及。"其二，为使各种人力资源与生产要素合理配置，有效发挥作用，非统制产业不可。"在缺乏统制的状态下，各种产业常常不能健全发展，其畸形发达者又常发生不正当的竞争而造自相残杀的局面，这是多么不幸的事。为使我们有限宝贵的资本和人才为最健全适当的配置，互相合作，发挥最大的效能起见，只有通盘打算，实行生产统制。"② 郑林庄指出："经济计划不仅为工业极度发达国之必需，生产落后国要在最短时间完成最高的生产标准，则更为切要。我国地幅广大，气候地质富藏均因地域而异，欲求生产免去重复冲突的弊病，必须按照地域分工的原则，各地发展其'收利最大'或'弊害最小'的工业，以后联合起来，组成全国生产之网。作到此层则非有通盘的筹算全国大计不可。"③ 穆藕初认为，计划经济有三种类型：一为"行使强力之统治权，收一切产业为国有，以国家力量统制全部经济，并以有计划的行动，推进全部经济的活动"，这种类型以苏联的计划经济为典型；二为"同业联合，即各个企业家因感于环境之压迫，以联合之方式分别控制各部门之生产事业，作有计划之活动，甚且将企业家及被雇者强迫组织成一同业团体"，这种类型即为"托拉斯"的内部合理化运动；三为"政府运用其政治上之管理权，对于人民之经济活动作有计划的统制，此既异于苏联之革命方式，复较同业联合之方式为强而有力，易收效果"，这种类型即欧美国家采取的方式。④

---

① 罗吟圃：《对于中国现代化问题的我见》，《申报月刊》第 2 卷第 7 号，1933 年 7 月 15 日。
② 吴知：《中国国民经济建设的出路》，天津《大公报》1936 年 7 月 15 日。
③ 郑林庄：《生产现代化与中国出路》，《申报月刊》第 2 卷第 7 号，1933 年 7 月 15 日。
④ 参见穆藕初《统制经济与中国》，《复兴月刊》第 2 卷第 2 期，1933 年 10 月 1 日。

为顺应世界经济发展潮流，穆藕初认为中国有选择计划经济的必要。因为我国经济已处于最艰难的时期，"若此时我国而尚不准备实施统制经济，以有计划之行动，打破当前经济之紊乱状态，则长此以往，国脉民生断难延续，其结果终必沦于列强经济共管之惨局"。①

当然，在知识界内部也有人对计划经济提出了不同意见，甚至学理上的批评。比如，谷春帆就认为，"以国家来计划经济，来提高人民生活水准，实际上即系以少数人的道德标准、价值观念来干涉多数人的生活，尽管这种干涉，在干涉者是真诚的道德信仰，在被干涉者亦未尝不认为有益，而在理论上，这种政治不免是父道政治，是教道政治，是以少数人统治多数人的政治，而不是民有、民治、民享的政治"。所以，他反对把苏联的"计划经济，一丝不苟地借用到中国来"，认为如此借用是"一件卤莽的事情。"② 穆藕初虽然主张中国实行计划经济，但他又认为当时中国要真正实行起来还有诸多困难，因为实行计划经济必须具备五个条件：（1）应有一坚强有力的中枢政府；（2）应为一能自立自主的独立国家；（3）对于资源、人口、产业都有精确的调查与统计；（4）有可供运用的资本与技术人才；（5）有适合国情的精密计划。而就当时的中国来看，"中央政令尚不能遍及各省，僻远之区，尚多恣意自为者，全国不能打成一片"；中国生产事业无力与列强抗衡，一旦实施统制经济，外国资本势力"必作有力之反动"；无论国营还是民营企业，"资本之短绌，以至人才之缺乏"，亦为莫大的障碍；中国经济以农业经济为主，"农民之意识大抵为散漫无组织，此种散漫无组织之人民"，对于计划经济的实施，亦不无障碍。③

尽管中国知识界对于计划经济存在种种不同的看法，意识到了计划经济将引发的一些问题，但主张选择计划经济制度，乃是当时思想界的主流。

"九一八"后中国知识界得出的以上三点结论，尤其是第二点结论，即计划经济是社会主义的本质属性的结论，对中国历史发展的影响是十分深远的。自此以后，计划经济是社会主义的本质属性这一得自对苏俄"一五计

---

① 参见穆藕初《统制经济与中国》，《复兴月刊》第 2 卷第 2 期，1933 年 10 月 1 日。
② 谷春帆：《中国经济改造的实现方法》，《申报月刊》第 2 卷第 7 号，1933 年 7 月 15 日。
③ 穆藕初：《统制经济与中国》，《复兴月刊》第 2 卷第 2 期，1933 年 10 月 1 日。

划"的认识，被不少人视为绝对真理而加以信奉。无论是抗战胜利后人们在讨论经济民主和政治民主时，还是在新中国成立后选择新中国的经济发展模式时，计划经济是社会主义的本质属性、要搞社会主义就必须实行计划经济都没有引起大多数人的质疑。这也是新中国成立后中国共产党能顺利地领导中国人民搞社会主义的计划经济而没有引起知识界反对的重要原因。直到改革开放，人们才逐渐认识到，无论是市场经济还是计划经济，实际上都是经济运行的一种方式，它与社会性质是资本主义还是社会主义并无必然的联系，资本主义国家也可以实行计划经济，社会主义国家同样可以有市场经济，计划经济并不能与社会主义等同起来。

抗战时期，中国知识界从民族复兴的立场出发，对中国经济发展的诸多问题进行了对话和讨论。不论其观点如何，不论其主张怎样，但都表达了对民族复兴的希望和期盼，有它重要的思想意义。

国家哲学社会科学成果文库

NATIONAL ACHIEVEMENTS LIBRARY
OF PHILOSOPHY AND SOCIAL SCIENCES

中国近代民族复兴思潮研究(下)
——以抗战时期知识界为中心

郑大华 著

中国社会科学出版社

第四章

学术研究与民族复兴

自晚清以来，就存在着一种"学术救国"思潮，这一思潮认为，学术是一个民族的立足之本，要救亡图存，就必须加强学术研究，使中国学术在世界学术中占有一席之地。"九一八"后，随着民族复兴思潮的形成，知识界对学术研究与民族复兴思潮的关系进了讨论，充分认识到学术研究于民族复兴的重要意义，并在反思"五四"以来"整理国故"运动的基础上，开始从"整理国故"转向"国故整理"，即通过对中国传统学术和文化的发掘和阐释，来增强民族的自尊心、自信心和自豪感，以建设民族新文化，抵御日本的侵略，从而实现中华民族的伟大复兴。

一 学术研究于民族复兴的重要意义

学术创作是民族复兴之基础，"九一八"后，知识界从哲学、文艺、科学、教育等各个方面论证了学术创造于民族复兴的重要意义。"七七"后，随着"抗战建国"国策的提出，知识界围绕"抗战建国"和"学术建国"的关系各抒己见，阐述了他们的"学术建国"主张。

（一）学术创作是民族复兴之基础

九一八事变后不久，张君劢出版了一本书，书名就叫作《民族复兴之学术基础》。他在该书的"凡例"中写道：该书的各篇之间虽"鲜联络关系，自愧不如菲希德（即费希特——引者）之《对德意志国民讲演》，然反求诸己之精神与菲氏同"，"其要旨不外乎民族之自救，在以思想为主、文化为主为基础",民族之复兴,在以学术创新为前提。① 譬如,他举例道:大英帝国的发展,以莎士比亚、培根、密而顿为先导;法国大革命的爆发,以笛卡儿、孟德斯鸠、卢梭为前驱;德意志统一事业的完成,有赖于文学、哲学和科学的进步,歌德、席勒的文学,康德、费希特、黑格尔的哲学,哥丁大学的自然科学,孕育了德意志民族的独立精神,从而为俾斯麦完成德意志的统一大业创造了前提。中国民族复兴大业之所以迟迟不能取得成功,其原因之一也就在于近三四十年来,中国的维新派、革命派都自政治上下手以图建设国家,而在学术研究上——合乎国家社会的独立的文艺、哲学和科学上的创作用力不够,政治上用力过多,必然会造成派别林立、内争不断,其结果是全国分崩离析,外敌乘之。如果移一部分全国之心力用于文艺、哲学和科学上的创作,这一定会有裨于民族国家的建立。

张君劢还从四个方面论证了文艺上、哲学上和科学上之创作,对于民族复兴的重要意义。第一,中国思想正处于新旧交替之际,君主、民主,大家庭、小家庭,旧道德、新道德……人们对于这些问题没有统一的认识和主张,因而造成学术界思想争论不断,严重影响着中华民族的复兴事业,"诚欲有以统一之,决非复古二字所能为力",唯有以本时代的中国人自创一种哲学上、社会上、政治上之学说以解决人们所面临的种种问题,这样积日稍久,自为人们所公认而奉为圭臬。这是学术创作有裨于民族复兴者一。第二,三四十年来的中国高等教育,以派遣留学生为唯一长策,美国若干人,英国若干人,法国若干人,俄国若干人,日本若干人,由于所留学的国家、居住的环境不同,受教的师说、闻见的风俗人情的差异,各挟其不同之印象以归,故中国思想界中隐然有美、英、法、德、俄、日的势力范围存在。诚欲补救,"惟有奖励国人的自主的思想,国族本位之学说",这样才能合此众多的"以国为别之学说"而冶于一炉之中。这是学术创作有裨于民族复兴者二。第三,科学虽无国界,但一个国家的科学水平如何,体现的是这个国家的智力和综合国力,中国今日科学界如果能出现德国的洪蒲尔氏、黎比希氏和印度的拉曼氏那样的科学大家,世界各国也必为之肃然起敬。这是学术创作有裨于民族复兴者三。第四,理智的表现为学术,情绪的表现为诗

---

① 张君劢:《民族复兴之学术基础·凡例》,再生社1935年版,第1页。

文,当民族复兴运动尚未成立之际,尤贵有文学家将此愿望形诸诗歌之中,如意大利之但丁,德国之阿恩脱,就是其例证。近年印度诗人泰戈尔在国际上声名大振,并因此而引起世人对印度独立的同情,这绝非偶然的事情。这是学术创作有裨于民族复兴者四。张君劢指出,上述四端,"合而言之,不外乎民族理智、民族情感、民族意志之融化"。[①] 他并且相信,今后中国哲学界诚有如康德辈之大创作,社会科学与自然科学界诚有如黑格尔、李斯德、洪蒲尔辈之大创作,文艺界诚有如但丁、歌德辈之大创作,那么全国思想就会有所折中,人民情绪就会欣欣向荣,民族复兴、民族建国的大业就一定能完成。故他把合乎于国家社会的独立的学术创作视为"民族复兴的基础"。

余荣昌在《复兴民族先要提高学术》一文中强调:"当这国难日深、国际风云最紧急的时候,复兴民族,提高学术,实为救亡图存当务之急。"因为,"(一)学术能提高民族底地位"。学术最重要的部分是科学,而科学是"救国救民族之唯一要素也"。如果一个国家的科学发达,国家的大小事情,无论怎样纷扰,都可以本着科学的精神、知识、经验及方法,来安内攘外。综观当今世界,凡科学昌明的国家,国家的威力弥漫全球;而科学衰落的国家,其民族或人民则不能自立,最终没有不被别国吞并的。因此,我们要谋国家富强,提高民族地位,就必须提高学术,昌明科学,有了科学的智识,才能巩固我们的国防,才能改变我们的物质生活,从而得到更优美的境地。"(二)学术能改变社会"。一个社会的良窳,与学术发达与否有着密切的联系。中国教育的落后、学术的萎靡,导致了中国社会的弊端丛生。我们学术界同人,如果能负起改良社会的责任,使缺乏学术训练的国民能得到受教育的机会,"那末,社会的黑暗也可化为光明,不良的制度也可革新了"。学术在改良社会的过程中,尤其要注重"改良风俗""改良水利""改良农业"这三项工作。"(三)学术能保持中国固有文化"。作为一个中国人,不能不认识中国固有的文化,只有认识了中国固有的文化,才能知道"我们所以能够生活,民族可以复兴";也只有认识了中国固有的文化,当外敌入侵我们的国家、毁坏我们的文化、压迫我们的民族的时候,我们也才有可能同仇敌

---

① 张君劢:《民族复兴之学术基础·绪言》,再生社1935年版,第8—9页。

忾，一致抵御，"保护我们的文化，维持我们的生活，恢复我们的民族地位"。然而"现在一般的中国人"，却对中国固有的文化缺乏必要的认识。要改变这种状况，我们就必须加强学术研究，向国民灌输学术知识，使他们认识到中国是一个"有四五千年光荣历史的文明古国，有别国所没有的文化。所以古埃及亡了，犹太巴比伦亡了，希腊罗马亡了，只有我们中国，至今存在"，其根本原因，"是我们文化的力量"。总之，他指出，既然"学术能挽救危亡，提高民族地位，改进社会利益，保持中国固有文化"，我们今后就应该注意于"学术研究，提高国民之知识，充实个人之技能，增加我们的力量，去复兴民族"。①

郑宏述论述了文艺对于民族复兴的积极意义。他指出，文艺既不是盛世的点缀物，也不是有闲的消遣品，更不是凄凉的葬花之曲，靡靡的亡国之音，相反能以它的"敏锐力""爆发力""感动力""潜热力""传导力"和"创造力"给予民族以强有力的刺激、强有力的策动，能促进民族的复兴。"新的文艺创造着新的时代，力的文艺复兴起力的民族，伟大的文艺创造着伟大的时代，健全的文艺复兴起健全的民族，潜到时代的核心，站在民族的前面，把握着时代的动向，探索到民族的出路，这是现阶段文艺者的伟大的使命"。具体而言，他认为文艺具有"打倒利己的个人主义""肃清残余的封建思想""铲除浅薄的阶级观念""排除颓废的劣等根性""阐发过去的光荣史绩""树立坚强的民族意识""增进正确的世界认识"等社会功能，而这些都有利于民族的复兴。比如，民族意志消沉的民族，决不会努力图谋民族的生存与发展，不知努力图谋生存与发展的民族，当受到外族的侵略或压迫时，即不能努力抵抗，最后结果，必致陷于灭亡。"所以，要复兴民族，树立起坚强的民族意识，遂亦为急迫的要图，而成为文艺的使命之一。"②刘麟生认为，文学既有待于民族复兴，民族复兴又有待于文学，二者存在着一种辩证统一、相互促进的关系，他并从这种辩证关系的角度出发论述了文学如何为民族复兴服务的问题。首先，"复兴时代的文学，应有时代的精神"。而"这种精神，不是靡靡之音，也不是凄惨之调，乃是激昂慷慨发扬

---

① 余荣昌：《复兴民族先要提高学术》，《民钟季刊》第 1 卷第 2 期，1935 年。
② 郑宏述：《文艺之民族复兴的使命》，《复兴月刊》第 2 卷第 4 期，1933 年 12 月 16 日。

蹈厉的气象"，就像法国革命的国歌、英国培根的政治科学论文和美国林肯的演说词一样，能鼓励人们投身于民族复兴的伟业之中。其次，"复兴时代的文学，应多以复兴时代的生活为背景、为材料"。文学是人生的表现，复兴时代的生活，便是我们现在文学的思想中心。而无病呻吟的文学是早不合于现代思潮，为人们攻击得体无完肤。所以文学在复兴时代，要以言之有物为先决条件。①郑善林的《复兴民族与文学》一文中用诗一样的语言写道：我们在这广漠无限的宇宙中，如果没有文学的记载，哪能知道上下五千年、纵横数万里发生的事情呢？文学的内容包含着过去和现在的一切以及将来的希望。人生之所以能够继续地前进、继续地向前努力、继续地绵延不绝，这也有赖于文学给我们的赐予。当我们高吟着《马赛革命歌》时，雄壮的气势，宛如喜马拉雅山峰峦起伏，不知几千里，宛如太平洋狂风巨浪，不知几万里，令人顽廉而懦立；当我们齐唱着岳飞的《满江红》时，未有不热血澎湃于胸腔之中；当我们诵读波特列·亨利的"不自由勿宁死"的演说词和邹容的《革命军·绪论》后，不能不义愤填膺、热血涌沸。这种富有强烈性的刺激，除了文学外，你想还有什么呢？！既然文学与人生的关系是这样的密切，文学的感染力又这样的伟大，那么在复兴民族的历程中，又怎么能够让它缺位呢？18世纪的法国大革命，谁都知道是受了孟德斯鸠、福禄特尔和卢梭诸先生的影响，尤其是卢梭，他大声疾呼着要"返回自然"，这种主义给当时的人们不小刺激，深深地印入法国人的脑筋，化为一粒粒的革命种子，缩短法国革命的爆发期。俄国的大革命，也直接或间接地受了拉台西契夫、都介耶夫、海尔岑、托尔斯泰等大文学家的鼓吹……这些实例，很可以证明文学不能脱离现实，也就是文学在复兴民族的历程中的位置。"照现时代来说，把文学用作茶余酒后的消遣品的时代已经过去了，把文学当作发表个人的哀愁、描写个人身边琐事的时代也过去了，把文学当作空洞的描写社会、预示未来的光明的时代也过去了，现在所要求的文学，是和复兴民族运动连接起来，负起复兴民族运动所应负的使命，也就是民族复兴运动中一支有威权的生力军。"②

---

① 刘麟生：《复兴时代的文学》，《复兴月刊》第1卷第1期，1932年9月1日。
② 郑善林：《复兴民族与文学》，《湘湖学生》第1期，1937年1月。

顾毓琇借用诺贝尔奖获得者郎穆尔博士的话，批评中国的科学家为学术而研究学术，没有把研究学术与民族复兴的伟大事业结合起来，他强调既然学术研究的成果只有一部分可以被用来为民族复兴服务，那么"我们在国难时期，对于学术研究的范围"就应该有所选择，"从国家社会现实问题做出发点，去推求这些问题相关的学术方面"。比如，"我们研究农村组织，而以中国的农村问题为出发点，那么我们虽不妨研究欧美以及印度朝鲜的农村，但是我们注意的目光会引我们着重于某一部分的材料。否则，一个人尽可做一篇十万字的欧美农村概况，而其中选材方面，或者我国所最要参考的几点，反而简略了"。[①] 梁贤达指出，"民族强弱与科学"有着十分密切的关系，现在欧洲强盛的民族，不但政治组织科学化，经济组织科学化，社会组织科学化，教育组织科学化，甚至于他们人民的精神都科学化，人民的体育都科学化，他们的一切，都是应用科学方法，都是科学化，科学的发达是"欧洲强盛民族之所以强盛"的重要原因。美国建国虽晚，但"百余年已达到富强地位，亦因能其创造科学，发达科学，应用科学之故"。而"反观世界红人黑人及各弱小民族，他们的脑筋缺乏科学训练，他们的社会组织缺乏科学的精神，他们的日常生活缺乏科学的应用，一切的一切都是盲动的而非科学的"，所以他们就必然为"科学前进的民族所侵略，侵略之后又不能抵抗"。现在弱小民族，若再不从科学发达下手，力图振作，将来必趋于灭绝之路。历史已经证明，"科学发达的民族必存，科学落后的民族必亡"。我们要复兴民族，就必须使科学发达起来。[②]

马君武将"科学"视为西方文化的主要内容和精髓，认为国人应该运用西方的"科学"来发展中国文化，以此促进中华民族的复兴。他指出："中国古代学者注重思想而研探的对象，则为伦理道德；希腊方面则所崇尚者为科学与实用，于是东西的文化的进展，渐渐不同。"并且，科学本身在西方文化的发展过程中起到了非常重要的作用，经过"现代科学发达，交通工具发明，而科学于民族间的生死存亡，关系异常密切！盖科学即智识的结晶，为现代文化的骨骼"。尤其是"科学"在方法和智识之外，"尚有一种

---

① 顾毓琇：《学术与救国》，《独立评论》第134号，1935年1月6日。
② 梁贤达：《科学与民族复兴》，《皖光半月刊》第5期，1934年。

创造前进的精神"。"科学"也成为"现在世界无论任何民族"都应该遵守的原则,如果没有"科学素养,不知利用科学成果,则结局惟有没落与灭亡,我国东北四省之所以为敌侵占,西北旦夕在危殆当中,里面固有极综错的国际关系存在,而人家能利用现代文化精髓——科学,以制造最新的'生产工具'及'战斗武器',而我则墨守旧习不懂科学,不知利用科学,国家民族遂致不能保障其自由与独立"。所以,"吾人亟应努力科学,发展科学,以适应现代生活的方法,庶几可以奋振民族改进社会"。科学还成了"现代生产方法"的主要内容,在生产的过程中都是以科学作为标的。[①] 马君武非常重视科学,因为科学对民族和国家的重要性在西方文化发展史上已经得到了充分的证明,他由此希望能够运用科学这一现代文化以促进中华民族的复兴。与马君武一样,陈高傭也强调了科学对于中华民族复兴的重要性。他在《怎样使中国科学化》一文中写道:在今日的世界上,虽然先进国家中也还有一部分人不明了科学的真义,落后国家中怀疑科学的人就更多,但在事实上,科学的权威已经把宇宙间一切事物都统制了,自然科学的现象需用科学来说明,社会上的事情需用科学来解释,乃至人类意识中的精神作用亦需用科学来研究,科学不仅成了我们知识上理解一切的工具,而且成为我们生活上实践一切的法则。根据这种法则,我们可以征服自然,改造社会,乃至批判和创造一切思想学术。否则,将为自然力所侵害,为社会制度所压迫,甚至自己的思想意识亦可能成为作茧自缚的工具。"所以就今日的世界看来,民族之文明或野蛮,国家之强盛或衰弱,生产之进步或落后,其根本原因,都在能否接受科学与运用科学之一点。"科学虽然如此重要,然而"从中国文化史上来看,知道中国过去的学术思想上虽有一点科学的遗迹,但是按严切的科学本质来说,则可以说数千年中国人的思想绝没有超脱玄学的范围。"因此,我们要复兴中华民族,"要想使中国民族与各先进民族在世界并驾齐驱,使中国人民同能享受现代的生活,无疑地第一步工作就是把科学的文明迎头赶上去"。[②]

作为教育工作者,江问渔特别重视教育对于民族复兴的重要意义。他认

---

① 马君武:《努力现代文化去复兴中华民族》,《宇宙旬刊》第2卷第2期,1935年。
② 陈高傭:《怎样使中国科学化》,《文化建设》月刊第1卷第2期,1934年11月10日。

为，民族的生命是文化，而"发扬我们的文化，延续我们民族的生命，都是教育的唯一责任"。为此，他根据民族复兴的需要，就今后的教育提出了三点建议："第一、要针对国难。"他认为当时的教育，虽说是要有世界性，不是专门教育国人去和外国人打仗，但当此国难当头的时候，好比一个人家，大盗进了门内，刀已架在我们的脖子上，若再教家里人去从容揖让，这不仅不武，而且也不智，此时只有鼓励起家里人的勇气，一齐拿起刀来，把盗贼驱赶出家门，才算是正当的办法。同样道理，为排除国难，教育界就应负弩前驱，负起万斤的重担，这不独是救国，也是救自己。"能实施救国教育，才可以不至亡国。""第二、对于国民性，要认识清楚，对于世界的大势，也要认识清楚。"他指出：那种认为中国人的生活方法和形态，样样都是好的，或样样都是坏的观点，固然不对，同样那种认为外国人的生活方法和形态，样样都是好的，或样样都是坏的观点，也是不对的，无论是中国的，还是外国的，我们教育界都应下一番审核研究的工夫，然后根据研究的结果加以适当的选择，而选择的标准，则看它是否符合民族的利益，符合的，本国的应保存，他国的也应采取。否则，都应排斥。而"保存采取，也是教育家决定的"。"第三、我们要用特别有效的方法，在短时期内，普及全国教育。"他强调，要通过普及教育，达到以下三个目标：一是改良国民的经济状况，使人人都有饭吃；二是养成国民的集团生活习惯；三是要扩大国家民族的意识，养成爱国的精神。尤其是第三点最为重要，我们要把中国的伟大人物、锦绣山河以及被外国人侵略的历史，灌输到国民头脑中去。具体来说，他建议，作为唤起民族意识的材料，我们应该把鸦片是何时又是怎样进入中国的、对中国产生过什么影响？台湾原来是哪个国家的，为什么会被日本强占了去？中山先生的精神是什么、为什么说他伟大？等等这类材料，应编成五十条或一百条，在学校教育机关和社会教育机关里进行讲授，并作为教材，编入各类课本。最后，他呼吁教育界联合起来，"多用一些脑力，好好研究一番，决定一个具体方案，切切实实的做了十年八年，庶几中华民族前途，才有一些希望"。[①] 郭维屏的《复兴民族与小学教育》一文同样强调了教育尤其是小学教育在民族复兴中的重要意义。他指出，复兴民族

[①] 江问渔：《中国过去的文化与将来的教育》，《复兴月刊》第3卷第10期，1935年6月1日。

的办法固然很多，但最根本最紧要的就是教育。古今中外，以教育的力量复兴民族、强盛国家的先例很多，如德国就是通过教育而实现复兴的。目前中国的国难可以说是前所未有，在这非常时期，一般年纪老大和嗜好太深的人我们对他不能有多大的希望，我们的民族精神，大部分寄托在儿童和青年的身上，我们最大希望也在这些儿童和青年。"我们深信要复兴民族，定要振兴教育，而小学教育，尤为复兴民族根基。"因为，"要民族复兴，先要充实民族的力量，发扬民族的精神。要民族有力量有精神，我们只有从小学教育的军事化、生产化、科学化入手"。① 李思明和萧赋诚特别重视乡村教育在民族复兴中的作用，他们在《民族复兴中的乡村教育》一文中写道：中国是一个以农立国的国家，国家的基础是建筑在农业上面的。因此，我们要实现民族复兴，就先要振兴农业；我们要振兴农业，就先要复兴农村；而要复兴农村，那就必须重视乡村教育。"乡村教育，的确是复兴民族的基本条件。"② 他们并就如何重视和推行乡村教育提出了他们的建议。在上海大夏大学副校长欧元怀看来，"我们要复兴民族，非有民族的教育不可"。而复兴民族的教育可以分三方面，即：养成国民自存的能力，养成国民自治的能力，养成国民自卫的能力。③

华生则强调了历史教育在民族复兴中的重要作用。他在《民族复兴与历史教育》一文中指出，历史教育的功用，"就在于教人不要忘记过去，教人要从过去历史的认识，而更奋发上进"。这具有两个方面的意义："一方面是教人不要忘其所从来；他方面则教人要继承古人，努力振奋，谋民族历史的延续与发展"。在他看来，近年来国人的民族自信力之所以会发生动摇，有人甚至完全丧失了信心，形成了一种"外国的月亮都比中国的圆"的洋奴心理，除自鸦片战争以来中国军事、政治、经济上的一再失败对国人的民族自信力的沉重打击这一原因外，没有充分发挥历史教育在提高民族自信力方面的作用也是其原因之一。"所以我们的需要有适当的历史教育，以恢复民族的自信力，是没有比今日最为近切的了。"而要充分发挥历史教育的作

---

① 郭维屏：《复兴民族与小学教育》，《西北问题季刊》第2卷第1、2期合刊，1936年。
② 李思明、萧赋诚：《民族复兴中的乡村教育》，《遗族校刊》第3卷第4期，1936年。
③ 欧元怀：《复兴民族的教育》，《农村改进》创刊号，1934年。

用，就必须对教材和课程进行改革。比如，今日历史教育中存在的一个重大问题，"是课程中对于本国史的轻视，及中国史与世界史的隔绝，致世界史上没有中国的地位，形成轻重倒置、反客为主的现象"。老师在课堂上讲的所谓历史，实际上都是欧美的历史，举的例证，都是欧美的例证。其结果，学生对欧美的历史文化知道得颇多，谈起来头头是道，如数家珍，而对本国的历史文化反而知之甚少。这不符合历史教育的使命。"历史教育的使命，一方面在使人认识其过去的文化，另一方面则在使人明白本国文化在世界上所占的地位，二者必须同时并进，那才能使人认取其自己所负的责任而对本国及世界文化的创造，知所努力。"故此他要求增加中国历史文化的内容，不仅教材要"力求其中国化"，而且老师上课，"引例举证，苟有本国事实，必须尽先采用"。他最后写道："我们知道一国的文化进步，由于二种力量，即革新与保守。这二者看似矛盾，实是彼此相成的。倘若只有革新创造，没有保守的力量，那么所谓文化势必如无根之花木，转瞬其枯。反之，若只有保守而无革新，那么当然也不会有什么进步。然我们需注意者，革新为少数天才的事，非多数民众所可能，他们只能乐观厥成。为此新文化的保持者，这就需要历史教育，其意义盖在提出一国文化进步的动力，即民族的理想，普及于国民大众，且以传之未来子孙。所以，当此历时数千年的民族理想湮灭不彰之时，我们实有对历史教育加以深切注意的必要，这是中国民族复兴的精神的动力所在。"[①] 1934 年 10 月，河南大学史系史学组主任葛定华、讲座胡石青、文史系主任嵇文甫以及教授杨筠儒、张邃青、刘盼遂、姜亮夫、李雁晴诸先生"鉴于国势日趋危亡，欲谋救亡图存，首在复兴民族精神，而复兴民族精神，则以普及历史知识于民众，为最有效力之良方，爰特纠合同志，组织'中华史学社'"，并以下列两点努力为鹄的：一是历史知识之普及，即求完善之方法，使历史知识普及于全民。二是历史研究之专精，即考究历史之内容，辩证史实，充实史料，以适当之历史知识供奉于社会。[②] 葛定华在为"中华史学社"成立所写的《普及历史知识与民族复兴》的"宣

---

① 华生：《民族复兴与历史教育》，《文化建设》第 1 卷第 9 期，1935 年 6 月 10 日。
② 《葛定华、胡石青等发起组织"中华史学社"，以"普及历史知识复兴民族"》，《河南大学校刊》1934 年 10 月 15 日。

言"中也再三强调:"改造国民心理,振作民族精神,其最有效力之方,当莫如历史知识之传播。"①

柳诒徵认为,中国不讲民族复兴,不讲民族主义,只讲大同主义,那就不必讲中国历史,尽可以把中国史书都烧掉,随便效法英国、法国、德国、美国、苏联、土耳其就行。但要讲民族复兴,要讲民族主义,那就不能空空洞洞地讲我们的民族如何如何的好,实际上仍是照英国、法国、德国、美国、苏联、土耳其等国的事情去做,这叫挂羊头卖狗肉,文不对题。所以要讲民族复兴,要讲民族主义,"只有研究中国的历史,是唯一的方法",要"从历史上求民族复兴之路"。② 一位名叫"孟真"的作者(从发表的刊物和文章的内容看,该作者不是傅斯年,傅斯年字孟真——引者注)在文中写道:过去的历史是我们数千年来民族精神的结晶,但现今却很少有人读中国的历史书,无怪乎民族精神日趋低落了。所以要实现民族文化的复兴,须把过去的一切,用科学的方法重新加以整理,即由恢复国人对于本国民族的信仰言,加深国人对于本国历史的认识言,也有非常的必要。我们需要把中国过去的一切,分门别类地加以历史的研究。不过历史的研究是纵的,这只能给予我们对中国过去的认识,我们要把握现在,这是不够的。我们必须还有一种横的研究工作,那便是系统地计划地译述西方各种科学的名著。我们现在虽然已有许多译品,但因为是无计划无系统,所以不能有什么良好的效果。且以我国知识水准之低下,无计划无系统的翻译,徒使人起无所适从之感。或者不然,竟产生了一知半解的弊病。③

既然合乎于国家社会的独立的学术创作是民族复兴的基础,故张君劢以创作合乎于国家社会的独立的学术为己任。在《民族复兴之学术基础》中,他讨论了中西文化的比较,科学与哲学的关系,中国新哲学的创造,当代政治思想以及黑格尔哲学等一系列学术问题。就中西比较而言,他认为"以孔孟以来之学术,与西方近代科学相对照,则吾国重人生,重道德,重内在之心;西方重自然,重知识,重外在之象。因此出发点之不同,亦即两文化之

---

① 葛定华:《普及历史知识与民族复兴——为中华史学会成立宣言》,《河南大学校刊》1934 年 10 月 8 日。
② 柳诒徵:《从历史上求民族复兴之路》,《国风》第 5 卷第 1 期,1934 年。
③ 孟真:《中国本位的文化建设问题》,《文化建设》第 1 卷第 5 期,1935 年 2 月 10 日。

所以判然各别"。① 在科学与哲学的关系上，他反对科学万能论，但也对以前所持的科学与哲学截然二分的观点进行了修正，主张"科学与哲学之携手"，即"在科学家的立场，用不着排斥哲学家；哲学家当然亦不必排斥科学家，且应引为好友"。② 于中国新哲学的创造，他指出，中国哲学不能只停留在翻译介绍西方各派哲学的阶段，"仅以依样画葫芦了事，而应有独立自主的思想"，创造出自己的新哲学。具体来说，他认为，以后中国新哲学应具有如下几个特征：（1）吸取英、美、德、法等国哲学之长；（2）富于调和性，不走极端；（3）关切伦理、教育、政治以及社会其他方面的实用问题；（4）注重冥想，承认形而上学。③ 至于当代政治思想，他以"混沌"对立，并认为中国今后的政治出路，第一，先应顾到国族利益，而将阶级斗争放置于后，第二，应于自由与权力之间求得平衡。④ 他还依"民族活力"的盛衰对中国历史进行了新的分期。所谓"民族活力"，"即民族的生存力"。他认为那种拿秦朝作为分界线，此前为上古史，此后为中古史的分期法，"把中华民族发展膨胀力之一点完全忽略了"，这是不对的。在他看来，如果以"民族活力"为标准，那么秦汉是中华民族振作的第一期，历经魏晋南北朝长达三百多年的民族大融合而建立起来的隋唐和宋朝是中华民族振作的第二期，如今是中华民族振作的第三期。不久他又出版了《明日之中国文化》一书，主要通过对中、印、欧历史文化的比较，探求中国文化的出路，提出未来中国文化的新方向，应以"造成以精神自由为基础之民族文化"为"总纲领"。⑤

历来强调治史不求致用的著名史学家顾颉刚，在日本帝国主义侵略东三省、策划成立伪满洲国之后，即提出要加强中国民族史与地理学的研究，认为"改造中国历史，即可以改造一般民众的历史观念。第一部史应为民族史"。他除了在北京大学、燕京大学讲授"中国古代地理沿革史"的课程，

---

① 张君劢：《学术界之方向与学者之责任》，《民族复兴之学术基础》（上），再生社1935年版，第6页。
② 张君劢：《科学与哲学之携手》，《民族复兴之学术基础》（上），再生社1935年版，第118页。
③ 张君劢：《中国新哲学之创造》，《民族复兴之学术基础》（上），再生社1935年版，第93—94页。
④ 张君劢：《当代政治思想之混沌》，《民族复兴之学术基础》（上），再生社1935年版，第163—164页。
⑤ 张君劢：《明日之中国文化》，商务印书馆1936年版，第121页。

还与谭其骧、冯家升、史念海等人发起成立"禹贡学会",创办了一份《禹贡》半月刊。之所以用《禹贡》为杂志的名称,是因为"禹贡一篇于吾国地理书中居最早,其文罗列九州,于山川、土壤、物产、交通、民族诸端莫不系焉;今之所谓自然地理、经济地理者,皆于是乎见之。以彼时闭塞之社会而有此广大之认识,其文辞又有此严整之组织,实为吾民族史上不灭之光荣。今日一言'禹域',畴不思及华夏之不可侮与国土之不可裂者!以此自名,言简而意远"。①《禹贡》创刊词则表明了他们创办该刊物的目的:"这数十年中,我们受帝国主义者的压迫真够受了,因此,民族意识激发非常高,在这种意识之下,大家希望有一部《中国通史》出来,好看看我们民族的成分怎样,到底有哪些地方应当归我们的。""民族与地理是不可分割的两件事,我们的地理学既不发达,民族史的研究又怎样可以取得根据呢?"他们还特别强调研究历史地理是为了进行爱国主义教育,增强民族意识,指出:日本用"本部"一名称呼我们的十八省,暗示我们的边陲之地不是原有的,从而为他们的侵略制造历史根据。在此情况下,不研究历史地理,不了解我们自己的历史,"不知《禹贡》九州、汉十三郡为何物,唐十道、宋十五路又是什么",岂不是"我们现代中国人的极端的耻辱"。②

(二)"抗战建国"与"学术建国"

我们在第一章第四节中已经提到,1938 年 3 月召开的国民党临时全国代表大会,通过了《中国国民党抗战建国纲领》。除《抗战建国纲领》外,这次临全大会还通过了陈立夫等 31 人提出的《确定文化政策》案。该提案认为,文化建设与经济建设和国防建设同等重要,都是建国的重要组成部分。抗战是建国的准备阶段和必经过程,建国是抗战的终极目标。因此,建国过程中的所提倡的文化,应以民族国家为本位。它包含三方面的内容:(1)发扬中国固有之文化;(2)文化工作应为民族国家而努力;(3)抵御不适合国情的文化侵略。在该提案所附的实施纲领中,关于学术建设的具体规定也有三条:一是切实整理中国历代发明和原有文献,以发扬固有文化;

---

① 《禹贡学会募集基金启》,《禹贡》半月刊第 4 卷第 11 期,1936 年 1 月 1 日。
② 《发刊词》,《禹贡》半月刊第 1 卷第 1 期,1934 年 3 月 1 日。

二是人文科学之教学，应以中国社会现象为中心；三是在世界上大力弘扬中国固有文化，以促进人类文化之向上，生活之淑善。① 这些规定强调了人文科学应关注中国社会现象，整理和发扬中国固有文化的精神，并促进世界文化的发展。由于此文化政策，特别关注文化学术事业的发展，故被当时的知识分子视为学术建国的决策。

国民党临全大会闭幕不久（5月），贺麟即在《云南日报》上发表了题为《抗战建国与学术建国》的时事评论。他首先充分肯定国民党临全大会通过的《抗战建国纲领》的积极意义，他说："中国多年来内政外交的病根，就在缺乏一个可以集中力量、统一人心、指定趋向、可以实施有效、使全国国民皆可热烈参加工作的国策。而目前中国国民党临时全国代表大会，却正式公布了这样的伟大的中心国策。这国策就是'抗战建国'。抗战建国就是中华民国当今集中力量，统一人心，指定趋向的中心国策或国是……这个国策从远看可以说是积民国成立以来二、三十年的经验与教训，从近看可以说是积卢沟桥事变以来几个月艰苦支持、死中求活、败中求胜的经验与教训而逐渐形成的至当无二的国策。"接着，贺麟对国民党以前所追求的"武力建国"提出了批评，认为"武力建国"实即"内战建国"，而"内战建国"无异于"内战亡国"。正因为九一八事变之后，尤其是"自淞沪抗战以及喜峰口、南口抗战之后"，国民党执行所谓"攘外必先安内"的"内战建国"方针，始终"徘徊于'一面交涉，一面抵抗'的政策之下。但交涉无要领，抵抗无决心，无全盘计划"，其结果是日本帝国主义侵略的得寸进尺和民族危机的进一步加深。

在充分肯定《抗战建国纲领》所提出的"抗战建国"之国策的基础上，贺麟提出了自己的"学术建国"的主张。他指出，中国是一个经济落后、"军备薄弱"的国家，而日本则是"军力雄厚"的"世界第一等强国"。以一个经济落后、"军备薄弱"的国家来抵抗"军力雄厚"的"世界第一等强国"的侵略，并要获得最后的胜利，实现国家的重建和民族复兴，除了"军事的抗战"和"经济的抗战"之外，还必须进行"精神的抗战""道德的抗战"和"文化学术的抗战"。如果说中国在经济上和军事上远远落后于

---

① 《中国国民党历次会议宣言决议案汇编》第2分册，浙江省中共党史学会1985年编印，第344页。

日本的话，那么，在"精神""道德"和"文化学术"这"各个方面"，中国"都有胜过日本的地方"。就道德而言，因发动不义的侵华战争，日本已成为正义与人道的公敌，国际公法的罪犯，道德上已完全失败。就精神抗战而言，日本的军心、民心、民意均不振奋，武士道精神已不复存在，1905年日俄战争时那种内外一致、同仇敌忾的现象"更不可见"。就文化学术而言，日本除了模仿西洋文明的流弊与不消化外，看不出文化学术的"创进与发扬"，日本的学术界对于人民生活、国家政策"并不居领导地位"。在经济和军事上日本是"一等强国"，但在文化学术上则只能"列于第三等国"，"这种先天不足，本末倒置，实为日本的根本危机"。在贺麟看来，学术文化上的一等国，政治军事上虽偶遭挫折，终必复兴。德国就是这方面的例证。第一次世界大战后，德国因战败而政治军力一落千丈，但学术文化上并没有受到什么损失，仍然是一等国，所以没有多久便恢复了一等强国的地位。究其原因，就在于学术文化是培植精神自由的基础。"一个精神自由的民族，军事政治方面必不会久居人下，而学术文化居二、三等国地位、政治军备却为一等强国的国家，有如无源之水，无本之木。若不急从文化学术方面作固本竣源工夫，以期对于人类文化和世界和平有所贡献，终将自取覆亡，此乃势理之必然。"历史上那些以武力横行一时而缺乏学术根基的民族，其结果都难逃脱"一蹶不复振"的命运。

贺麟进一步指出，中国近百年来之所以受东西方列强的"侵凌"，国势不振，其根本原因就在于我们的学术文化不如人。而在目前面临日本帝国主义全面侵略的形势下，中国之所以还能够实现国家重建，民族复兴，其根本原因亦就在于中华民族是一个有文化敏感和学术素养的民族，以数千年深厚的学术文化基础，与外来的学术文化接触，一定能引起新生机，并逐渐得到繁荣滋长。"近数十年来，虚心努力，学习西洋新学术，接受西洋近代文化的结果，我们整个民族已再生了，觉悟了，有精神自由的要求了，已决非任何机械的武力、外来的统制所能屈服了。所以我们现在的抗战建国运动，乃是有深厚的精神背景、普遍的学术文化基础的抗战建国运动，不是义和团式的不学无术的抗战，不是袁世凯式的不学无术的建国。由此来看，我们抗战之真正最后胜利，必是文化学术的胜利。我们真正完成的建国，必是建筑在对于新文化、新学术各方面各部门的研究、把握、创造、发展、应用上。换言之，必应是学术的建国。"

那什么是"学术建国"？又如何实现"学术建国"呢？对此，贺麟提出了三点意见：第一，用"'学治'或'学术治国'的观念以代替迷信武力、军权高于一切的'力治'主义"。"知识就是力量"，这是英国著名哲学家培根的名言。因此，最真实有效的"力治"既不是武力，也不是军权，而是学术上的"真理"与知识上的"学治"。国民党临全大会通过的《抗战建国纲领》虽然提倡军事第一，胜利第一，军令统一，一切建设以抗战为中心，但我们不应崇拜武力，相反要打倒那迷信武力的日本帝国主义，摧毁他们的迷梦。"我们是为正义、人道而战，为自由、平等而战，为生存、独立而战。我们的武力是建筑在全体同胞的精神力、义愤力和积年来培养的文化学术之上的。"第二，用"'学治'来代替申韩式的急功好利、富国强兵的法治"。申韩式的法治实际上是严刑峻法、剥削人民的苛政，是贯彻力治和武力征服的工具。而"真正的法治"是建立在"学术"之基础上的。比如，希腊的法典就大多出于大哲之手，最称完善也最有影响的《罗马法》就深受当时崇信理性主义的斯多噶派哲学的影响。近代民主国家的法令，以"人民自己立法、自己遵守"为根本原则，人民之所以遵守，完全出于他们理智的选择，"而非出于独裁者个人意志的强制"。就此而言，"中国对日抗战之能否成功，就看我们是否能建立一学术基础"。第三，用"'学治'以补充德治主义"。德治是中国几千年来的基本政治观念，司马光在《资治通鉴》中所揭示的历史哲学，可以用"有德者兴，失德者亡"八字加以概括。孙中山提出来的与帝国主义霸道相对立的王道，实际上也就是近代化的德治主义。但"道德基于学术，真道德出于真学术。道德必赖于学术去培养"。这也就是古希腊哲学家苏格拉底所讲的"道德即知识之说"。因此，"德治必须以学治为基础"，"德治"与"学治"相辅相成，如果"离开学治而讲德治，纵不闹宋襄公战败于泓的笑话，也难免霍子孟不学无术的刚愎"。

而要实现以上这三点意见，贺麟认为，"我们民族生活的各方面，国家建设的各部门"，就必须"厉行学术化"。具体来说，即要求"逻辑的条理化，数学的严密化，实验科学、工程学的操作化"。任何一项事业，即使开一小工艺，做一小营生，办一小学校，都要求"有逻辑思考的活动，数学方法的计算，工程实验的建设，以促成之，发挥之，提高之"。而要达到这一点，就应使全国人民的生活，一方面要带几分"书生味"，亦就是"崇尚真理、尊重学术"的"爱智气味"；另一方面又要具有"斗士精神"，即为民族的复兴而"斗争的精神"。这就是"学术建国"。总之，贺麟指出，"学术是建国的钢筋水泥，任何开明的政治必是基于学术的政治。一个民族的复兴，即是那一民族学术文化的复兴。一个国家的建国，本质上必是一个创进的学术文化的建国"。①

大约在贺麟撰写和发表《抗战建国与学术建国》的前后，胡秋原、张其昀、潘梓年、潘菽、张申府、胡先骕、吕振羽、吴泽等人，也就"学术建国"问题提出了自己的建议和主张。

胡秋原认为，要实现"学术建国"，除了要"发挥民族主义"，使之成为"今日抗战建国之中心精神"外，还要"发展科学技术"（注：胡秋原这里所讲的科学和科学知识，包括自然科学、社会科学和理论哲学——引者）。因为现代文明的基础，就是科学技术的文明。而要发展科学技术，就必须把生产、军事和科学打成一片，这样不仅能够满足当前抗战的需要，而且还能提高我们的科学知识，使我们的知识能达到"空前正确精密的水准"。具体而言，他建议：第一，"培养科学人才"。我们要完成抗战建国的任务，除了抗战，还需要建立新工业，改善旧工业和农业。这就需要大量的科学家去帮助去努力。因此，培养科学人才是"学术建国"的一个重要方面，有了人才，不仅可以"改善原有生产"，而且还能得到更多的创造发明。第二，"充实高深科学研究机关"。一方面，要集中人力与智力，研究中国的历史与地理，研究现代理化及电医科学，研究国际政治及中国社会，研究欧美各国建国历史、军事外交的情况，而目标集中于如何抗战建国。另一方面，要介绍他国科学，学习他国的经验，来研究我们当前的问题。他尤其对学术研究中存在的那种"无益空谈、伤国俗说"和"浅薄乱说"的"空陋"学风提出了严厉批评，认为"汰除"这种"空陋"学风的"治本之道"，是"树立笃实高深严肃的学问精神"。第三，"整顿教育"。学校是研究学问和培养人才的根本机关，过去教育的失败，就失败在官僚主义及政客主义。因此，要想教育取得成功，教育当局就要以"神圣的心"来办教育。同时，

---

① 贺麟：《抗战建国与学术建国》，《蜀风月刊》第 4 卷第 3 期，1938 年。

要充实和提高课程及师生水平,改革考试方法,改革留学生制度,派遣具有真才实学的人到国外深造,并多多招聘外国真正专家学者来华担任教师。第四,"传播科学知识,传播现代文明"。现代基本的科学知识,无论是自然科学,还是社会科学,抑或理论哲学的书籍,都应多翻译和介绍,并把它们编成小丛书,以供广大读者阅读。还要多设科学博物馆,以启发民众的科学意识。同时,学术界要提倡一种"建设的批评风气",对于那些违背科学、违背常识和伦理的"荒唐与武断",要"作善意批评",要使伦理学、欧洲现代史以及文化史与中国史一道,成为每一个国民的基本常识。胡秋原希望如今那些从事学术文化事业的人们,要立志做学术文化花园一个辛勤培植的园丁,用心血来浇灌未来中国学术文化的根苗,并以张横渠的"为天地立心,为生民立命,为往圣继绝学,为后世开太平"的"四句教"自勉,为中国的文化复兴和学术建国而"努力"。①

潘梓年指出,"学术是文化的中枢,是其首脑的部分,缺少了它,文化运动不但留着很大一个缺陷,而且是不能'根深叶茂'的"。因此,一个民族,不能一日无文化,更不能一日无学术,我们讲抗战建国,建国需要学术,抗战也需要学术,甚至更需要"适合抗战建国的要求的新学术","一种中国化的学术",以解决抗战建国遇到的"新的材料""新的问题"和"新的要求"。"因此,今日的学术运动,不能只是接续过去而继续开展,应当承接了过去的劳绩,在新的基础上来开展出一个新的前途。"具体来说,潘梓年认为,第一,开展科学化运动,一方面,要研究"现代最进步的科学方法"唯物辩证法,另一方面,要运用唯物辩证法去研究"中国历史,中国的社会形态,中国社会在抗战中所起的各方变化",以尽快"建立起中国的社会科学"。第二,研究并接受中国优秀的民族传统,从经书、子书、史书、学案等有价值的文献中,发掘出中华民族的宇宙观、人生观、哲学思想、科学思想、史学思想以及政治原理、教育原理等范畴,当然,我们在接受优秀的民族传统时不能把它变成复古运动,要有批判地研究和接受,从而使它适应于抗战建国的"历史要求"。第三,大力阐发诸如讲信义、讲气

----

① 胡秋原:《中国文化复兴论》,载《中国现代思想史资料简编》第4卷,浙江人民出版社1983年版,第156—158页。

节、讲廉洁、讲勤奋、讲坚忍不拔、讲从善如流、讲见义勇为等优秀美德，以服务于抗战建国的需要。第四，建设中国的新文学和新艺术。① 潘梓年尤其看重科学在抗战建国中的重要作用。他在《发挥"五四"运动所提倡的科学精神——使科学为抗战建国服务》一文中写道："中国需要科学，抗战建国需要科学更是来得迫切和明显。'五四'运动所提出的科学任务，要求我们在今天的抗战建国中把它完成。"为此，他提出，首先，政府应采取"非常时期"的"非常方法"，筹措相当充裕的资金，并制订出切实可行的计划和实施步骤。其次，国内资金比较雄厚的企业、银行和个人，应出资帮助国家或科学团体来做与抗战建国有关的各项事情。再次，科学家应积极自动地组织起来，为抗战建国的科学事业而努力奋斗。最后，要采取最进步的科学方法，使科学事业在抗战救国中向着新的方向发展，从而获得更多的新的内容。② 在《目前文化工作的具体内容——高度发扬民族的自尊心与自信心》一文中他又指出：我们要抗战建国，就必须好好研究孙中山的三民主义，"三民主义就是救国主义"，它包括三方面的内容，即中华民族要取得国际上的平等地位、中国人民要取得政治上的平等地位和经济上的平等地位，而这都离不开学术研究。具体来说，中华民族要取得国际上的平等地位，就须认识自己的历史、自己的物力、自己的地理条件，那就需要社会科学者、自然科学者，运用目前最进步、最科学的方法，把中华民族的历史、哲学、地理、物产好好地研究清楚，让大家看出我们的力量何在，到底是怎样的一种力量；需要科学家运用最进步的方法，来把中国人的实际生活、社会结构，人与人的彼此关系，中国人的特性与特点，好好研究清楚，让大家可以看出这里有些什么方法来取得这个平等地位。中国人民要取得政治上的平等地位，实行自治，就要有人运用最进步、最完善的方法来好好研究一下，所谓政治、所谓自治或民主，到底是什么样的东西、是怎么回事，让大家看出到底要有一种什么力量才能取得这一平等地位，这种力量要在什么样的条件之下才能具备，中国的广大人民是否能够具备这种力量。尤其要研究

---

① 潘梓年：《新阶段学术运动任务》，《理论与现实》创刊号，1939年4月15日。
② 潘梓年：《发挥"五四"运动所提倡的科学精神——使科学为抗战建国服务》，《群众》周刊第2卷第24、25期，1939年5月15日。

清楚,孙中山的民权主义到底是根据什么提出来的,需要一些什么样的实际条件,这些条件如果现实中还不具备,又要怎样来创造、来争取。中国人民要取得经济上的平等地位,过上幸福生活,就要有人运用最科学的方法好好研究一下,目前中国人在经济上到底是怎样的不平等,要怎样运用孙中山的平均地权、节制资本的方法,才能收到最好的实际效果。除此之外,还有什么补助的方法可以采用?过去采取的一些方法,如二五减租,为什么没有取得成效,甚至是"弊病百出"?总之,他认为,我们要抗战建国,就需要充分利用"社会科学自然科学来研究实现这个主义的许多具体问题"。①

潘菽等人也强调了学术建国对于抗战建国的重要意义,他指出,我们要抗战建国,要建设新的前进的中国,就必须有我们自己的学术,以解决建设上的种种特殊的问题,而同时我们也必须建立起中国自己的新的学术,因为新的学术是新中国的重要组成部分。但这种新的学术的建立,必须用有机的吸收方法和同化方法,而不能用机械的搬取方法。② 一位笔名叫作"山"的作者在《学术建国》的短评中写道:无论从哪国历史看,国势水准是随着学术水准而升降的,因为学术是国力的渊源,是进步的动力,所以一个国家的强弱兴衰系于学术的高低隆替。英国在世界上拥有最强大的海军力量,但是这绝不是几个海军军人造成的,而是国内工商业发展膨胀的必然结果,而繁荣发达的经济是根源于进步深邃的学术。德国于第一次世界大战后,受尽《凡尔赛条约》的束缚,但是由于德国学术的不可屈服,在压迫中他们仍能在机械、设备、器材、技术等方面有惊人的发明和创造,所以德国在第二次世界大战的开始阶段能取得惊人的战果。实际上就整个欧洲文明而论,欧洲资本主义生产制度是建立在产业革命之成功的基础上的,而推其成功的因素和动力,又不能不推究到以前的科学家如牛顿、瓦特,思想家如达尔文、亚当·斯密等,而这些科学家、思想家的成就,又是 15 世纪培根以来文艺复兴和宗教改革运动高潮涤荡的必然结果。因此,中国要在抗战的同时取得建国的成果,就必须加强学术研究。③ 一位笔名叫作"林"的作者更明确指

---

① 潘梓年:《目前文化工作的具体内容——高度发扬民族的自尊心与自信心》,《翻译与评论》第 4 期,1939 年 3 月 1 日。
② 参见潘菽《学术中国化问题的发端》,《读书月报》第 1 卷第 3 期,1939 年 4 月 1 日。
③ 参见山《学术建国》,《读书生活》第 1 卷第 3—4 期,1942 年。

出:"一国家不尊崇文化学术,则一国绝不能进步,不能独立国强。一民族不能吸收世界文化,不能发明创造,没有贡献于世界人类者,则一民族必衰颓沦于灭亡。"① 中国要想强国,中华民族要想复兴,当务之急是要重视学术在建国中的作用和地位。

作为哲学家,张申府在《战时哲学的必要》一文中,从两个方面论述了哲学对于"抗战建国"的必要性。第一,要取得抗战的最后胜利,重建国家,实现民族复兴,每个人都必须把民族利益、国家利益放在首位,要有为民族、为国家肯牺牲自己的一切乃至生命的精神。而要做到这一点,就需要有一种高尚而切实际的理想。哲学的功用之一,便是"教人以伟大的宇宙观或世界观,教人以高尚的人生观或人生理想,教人看破生死关,教人破除了小己的陈见"。第二,要取得抗战的最后胜利,重建国家,实现民族复兴,每个人都必须精诚团结,开诚布公,人我融洽,彼此尊重,要诚,要信,诚在己,信待人。但不论诚,还是信,本质上都是实,诚是"表里如一",信是"今昨不二"。而要做到这一点,就需要有一种"主张切实、注重实践"的品质,哲学尤其是中国哲学,讲求的就是"切实"和"实践"。既然哲学对于"抗战建国"有如此重要的意义,因此,他主张讲哲学、用哲学,用"实的哲学"来武装人们的头脑。用他的话说:"今日的抗战是实战,今日的建国也是一个实国。今日的一切,没有比实更重要的了。因此,遂必需一种实的哲学,实的教育,实的文化,来鼓吹实,来教导实,来养成实。"② 在《抗战建国文化的建立发端》一文中,他进一步探讨了什么是"实的哲学"以及我们应该如何建立"实的哲学"的问题。他指出:"这样的哲学(即实的哲学——引者)必不违背事实,必不根本上背反科学。必承认客观世界的独立存在,必就客观世界的本身而寻求其本身的条理。这样的哲学必是大客观的:站在客观的观点,同时见到主观的作用,因此,它固不违背事实,但也不为目前的事实所限制,更能看出事实的可能,事实的出路,事实的趋势。由此标揭出理想,而鼓群力共趋之。当然,这样的哲学不是只解释世界的,更是指示出来如何变更世界的。"那么,"在今日的时代,今日的

---

① 林:《学术与建国》,《文化先锋》第3卷第12期,1944年。
② 张申府:《战时哲学的必要》,《战时文化》半月刊创刊号,1938年5月25日。

中国"，我们应该如何建立为抗战建国服务的"实的哲学"呢？他认为，我们要建立"实的哲学"，一方面，对中国过去的哲学和文化，应"有所批判，有所扬弃"，凡是中国过去好的思想、好的传统，如实，如仁，如中，如易，如重人重生，如方法上的体辨，如元学上的体用相通，等等，"不管是中间曾经失传或未失传的，都应承受起来，发扬光大起来"。另一方面，对于外国传入的哲学和文化，应"加以批判，加以选择"，凡是有价值的、可以利用的，"都应不惮利用之"，既要"勿固"，又要"勿我"，凡是"天下的利器，天下人都得取而利用之"。正是在这个意义上说，他强调指出："科学是可以利用的，唯物辩证法也是可以利用的。"①

张其昀是著名的历史地理学家，他在《抗战建国与学术研究》一文中指出："今后建国之要目，对内宜注重于民力之恢复与国力之增进，对外宜注重于亚细亚中心与太平洋中心之树立，中国之学术研究，自必与建国大方针之策应。"具体来说，他指出，民力问题，指民族健康而言，根据近来营养学的研究成果，改良膳食，是实现民族复兴的方法之一。食物种类不宜单调，越多越好，这样才有相互补益之功效。而目前中国的老百姓生活俭枯，营养不良，为民族健康计，他建议政府于农作物之外，应大力鼓励畜牧业渔业及果园菜圃等园艺业的发展。此种发展要因地制宜，考虑到各个不同地区之间的差异，比如西北地区就应大力发展畜牧业，如孙中山所设想的那样，要使之成为中国的阿根廷。又如从前的名山胜景，只为高人雅士所欣赏，现在则知高山流水园林古迹，不仅有益于国民的身心休养，而且还能培养国民的民族精神，增强他们的爱国情感。因此，如何开发和利用这些风景名胜也是政府应该考虑的事情。在发掘这些风景名胜之精神价值的同时，也要考虑如何开发其经济价值，使不生产之土地亦能间接生产。国力问题，指的是各种生产事业的改进。中国目前的经济基础还是建立在农业之上的，因此，今后中国要大力发展工业，尽快实现工业化，尤其是要重点发展国防所急需的重工业。而工业的基础是矿业，政府要加大对矿产的开发和利用。他尤其强调，一个国家的农矿工商交通都市，莫不互相扶持，息息相关，"所谓一致而百虑，异辙而交轨，以期形成一伟大完密平均调和之经济组织，内足以谋

---

① 张申府：《抗战建国文化的建立发端》，《战时文化》半月刊创刊号，1938年5月25日。

国防经济之独立，外有以贡献于世界经济之繁荣"。研究此类建国问题是中国学者特别是地理学者义不容辞的责任。他尤其强调中国的地理学要以研究"海陆空三方面之发展"为中心。因为中国既是一个大陆国家，又是一个海洋国家，"亚细亚为世界最大之大陆，太平洋为世界最大之大洋，而中国适居于其间"，加上中国又有800万的海外华侨，所以"中国建国之方针，既非海主陆从，亦非陆主海从，而应采取海陆并进主义"。此外，海国思想与海上精神之发展，又"与天国思想与空中精神之发展，有息息相通之效"。鉴于抗战建国中地理学之重要性，他号召中国的地理学工作者要承担起抗战建国的重任，"诚以民族国家为一切史地研究最高之对象，各国民族复兴运动，研究历史地理之学者无不立于第一线"，并希望中国地理学"因建国之需要，与政府之倡导，当能有长足之进步，以负海内外人士之期望，而于民族复兴运动与世界和平事业，尽其一篑之助力焉"！①

在植物学家胡先骕看来，"当此要建立现代化的三民主义的新中国之时，应当特别注重科学的研究，过去虽然我们是科学落后，现在我们则要急起直追和迎头赶上科学，然后才能将国家建设得稳固强盛"。所以他希望政府"对于科学的注意与提倡，还应该更多下工夫"。苏联近年来之所以经济突飞猛进，一个重要原因就是苏联政府"对科学的积极重视与提倡"。具体来说，"在自然科学的建国工作方面，我们应特别重视两个方面"：第一是对资源的开发和利用。因为一个国家的存在，取决于有无强大的国防，而国防的充实，取决于资源的充足与否。他建议："凡是本国所能出产的（资源），要尽力开发，若某种资源为我们所不能出产的，则当设法用我们有余的资源向其他国家交换。"第二是大力发展工业，尤其要大力发展作为重工业的机器制造业，为国防建设提供坚实的基础。否则，"若我们不能使我们的工业做到自己制造的地步，光是从外国购买，则我们的国防，仍然是危险"。②陈德徵认为"抗战建国与科学研究之关系是很密切的"。以抗战论，战时武器是依据科学制成的，不懂科学，不仅不能制造武器，且使用武器也会感到窒碍。至于战时经济之调整、资源之开发、交通之维持、人力之培养等，也

---

① 张其昀：《抗战建国与学术研究》，《改进》第1卷第6期，1939年。
② 胡先骕：《科学与建国》，《读书通讯》第23期，1941年。

都需要借力于科学。如果偏离或违背了科学的原理原则与应用的法则，那么抗战便无由谈起。以建国论，建国之首要在民生，关于民生的事，有哪一件不需借助于科学的？即便小到户口的调查统一，也大大地需要科学的根据。因此，我们要取得抗战建国的最后胜利，就必须加强科学研究。[①] 顾毓琇同样认为，"无论在抗敌和建设哪一方面，我们都需要科学"。战争的本身，是艺术，亦是科学。军事的基本原则是力量的运用，这个力量包括人力、武器、通讯、运输、给养以及一切帮助战斗的力量。不仅新式武器、新式通讯和新式运输需要科学，而且武器、通讯、运输等都需要有科学训练的人们去应用，倘若使用新式武器的人没有科学的基础同科学的训练，那么同样的工具便不能发挥同样的力量。通讯运输和给养，战时和前方固然需要，但无论在技能和设备材料上，平时和后方必须有充分的准备。新式的战争，必须使全国的力量总动员起来，总动员的力量越大越好。而"科学可以增加我们的力量，集中我们的力量，所以科学对于抗战的影响是很大的"。在抗战建国时期，我们不仅要"有钱出钱，有力出力"，而且我们要用科学来"增加钱，增加力"。增加了"钱"可以支持抗战，增加了"力"可以打击敌人。[②] 袁忠珩在《科学与抗战建国》一文中写道：我们首先要认清目前已不再是人与人争斗的时代了，而早已跨入人与机器或思想相斗的血腥的大时代了。科学既能克服天空，克服陆地，克服海洋，克服一切，当然亦能克服战争，近代战争的科学化，是谁都承认的，科学既能被人类的聪明误用作残杀的工具，那么，要纠正其错误也唯只有科学，除了科学是没有办法遏止近代科学化的战争的。因此，"我深深地相信，要抗战与建国有着美满的结果，必须应用物质科学的力量"，我们这个具有四五千年高超伟大文化的国家，也就不会"再受素不在眼的倭寇的凌辱了"。[③]

既然科学在抗战建国中具有十分重要的地位，薛丹英因而主张开展科学运动。在积极方面，科学运动是要增进大众的科学知识，使大众能确切地认识这次抗战的意义和它的发生、发展和结局，使大众坚信全面的持久战是争

---

① 陈德徵：《抗战建国与科学研究》，《中央周刊》第 1 卷第 8 期，1938 年。
② 顾毓琇：《抗战建国与科学化运动》，《教育通讯》第 12 期，1938 年。
③ 袁忠珩：《科学与抗战建国》，《浙东校刊》第 3 卷第 15、16 期合刊，1939 年。

取最后胜利的唯一办法,使大家去除一切怀疑动摇的心理,启引大众站在各自救国的岗位上,完成全国总动员。在消极方面,科学运动是反迷信、反盲从、反礼教、反复古等封建意识,改善大众生活。不过,他强调,抗战建国时期的科学运动与五四时期的科学运动"有着本质的不同",五四时期的中心精神是个人解放,而抗战建国时期是求民族整个的解放,我们"要培养起民族观念和集体的精神,这是以大众为对象,提倡科学的意义。因此,在文字的写作方面,务必求其通俗;在知识的传导方面,须力求普及,使科学大众化,不是一个空洞的口号,确确实实地实践它"。[①] 汪奠基主张,"以科学技术之生产教育,为抗战建国之最高原则"。具体来说,他提出:(1)从民族生存之科学技术,改造战时教育之基础;(2)从科学生产原则,创立应用之学校教育;(3)从抗战建国之教育环境,改造现存学校设立之混乱状况。[②] 任孟闲就"研究科学以适应抗战建国需要"提出了三条建议:第一,政府应"以大规模之组织,筹设一研究部或研究委员会",集中人才,分门别类,从事研究,并严定考核标准,以期有效。"或特设一领导机构,为国内一切研究机关之指挥者",制订计划,分配工作,务令实事求是,毋谈空言。第二,凡于科学接受过高等教育,或富有研究兴趣的人,当此抗战建国时期,都应"本其所知,继续努力,以其所得,贡之国家",即使只有一技之长的人,也应各尽所能,献身于国。总之,"无论专门学者,或技术要才,均当一致动员,在某某团体某某组织下,集中工作,以发挥科学之奥蕴,以适应时局之需求"。第三,全国青年,"亦应幡然觉悟,一致奋起,致其力于切实有用之科学"。尤其是大学要扩大自然科学招生的名额,而青年学生要多报考理工农各学院,选学自然科学之课程,这样"近可为国家培植多数技术人员,供一切研究机关或现有事业之任用;远可为学术界造成后起之秀,俾未来之文化更放光明"。[③] 黄文山在"检讨过去科学运动"之得失的基础上,提出了今后科学化运动的"四个原则":"第一个原则是科学运动必须贯通自然与社会。"一方面要学习并发明抗战建国所需要的技术,另一

[①] 薛丹英:《抗战建国与科学运动》,《青年科学》第1卷第1期,1939年。
[②] 参见汪奠基《抗战建国与科学教育》,《今论衡半月刊》创刊号,1938年。
[③] 任孟闲:《研究科学以适应抗战建国需要》,《新大复月刊》第1卷第2期,1938年。

方面要改造社会组织与训练,使之能与这些技术相适应。"第二个原则是科学运动必须贯通战时与平时。"没有平时的科学研究,不能应付战时的需要,也只有战时的科学需要,才能提高战时与战后科学研究与教育的水平。"第三个原则是科学运动必须贯通物质与精神。"他同意周佛海的如下观点:"自抗战以来,单就武器的优少来推论抗战的成败,固然是错误;同时抹杀武器及其他物质设备,以为只要有一时的民族情绪,就可以得到胜利,也是错误的。""第四个原则是科学运动必须贯通感情与理智。"对于国民的情绪,在战时自然应当激发,但我们应从感情激发之中,培养理智的观察与理喻,只有靠理智维持情感,情感才可持久,才不可闻胜而骄,闻败而馁,才能坚定抗战必胜建国必成的信心。①

人们常说,以铜为镜,可以正衣冠;以人为镜,可以明得失;以史为镜,可以知兴衰。历史学家吕振羽特别看重历史研究为"抗战建国"所提供的指导意义。1940年,他在《读书月报》第2卷第4—5期上发表《本国史研究提纲》一文,在谈到加强中国史研究的重要性和紧迫性时写道:"历史研究的任务,在究明历史自身的运动和发展过程的规律性,把握其现实的动向,以及构成历史动力的诸契机和与其主导从属的关系,去指导人类社会生活之现实奋斗的方向,提高对历史创造的作用,——加强指导原则和实践能力,同时,适应现实的要求,科学地批判地继承过去人类文化的优良成果——民族文化的优良传统的承袭,世界文化的优良成果的吸取。所以,历史是科学,是'一切科学的基础',是人类生活奋斗的武器。"因此,"抗战建国中的民族革命的战略和策略,都要根据历史作决定,依靠历史作指南;当前一切实际问题,只有历史给予正确的解答,能指示我们实践的方向。所以在目前,对本国史的科学研究,是迫切必要的"。② 同样作为历史学家,吴泽在论及史学研究与抗战建国、民族解放的关系时指出:抗战时期,"如果中国自己能有几本正确完整的中国历史著作,作为民族文化的砥柱,作为民族解放的理论指导,还容得这般'小窃跳梁'吗? 更不幸者,由于中国历史科学水平的一般低下,致这些毒素理论,尚有青年读者误为有承受的可

---

① 黄文山:《抗战建国与科学运动》,《民族文化》第1卷第2期,1938年。
② 吕振羽:《本国史研究提纲》,《读书月报》第2卷第4—5期,1940年。

能，且易为民族'内奸'所阴谋利用，而抗战三年来，史学界'没有'警觉，这不能不说是现阶段学术运动上的一大'缺口'！"为此，他大声呼吁："在抗战日趋深入的现阶段，我们必要时时警戒我们自己的文化战线，作积极的斗争；同时则积极中国历史科学的研究的领导与号召，努力建立科学的中国史学体系。"①刘守曾视"历史教育是复兴民族的原动力"，因为"历史是记载我们祖先功业和国家民族文化发展之所由来，是整个民族遗产和灵魂之所寄托，我们要发扬民族的意识，培养民族的精神，非切实推行历史教育不为功"。并且他提出了在"抗战建国"中历史教育应注意的几个问题：第一，要注意民族固有文化的发扬，以树立民族的自信；第二，要注意民族光荣历史的叙述，以提高民族的精神；第三，要注意叙述忠臣义士的史绩，以培养民族的正气；第四，要注意阐明中华民族的统一性，以启发国民对国族爱护的热忱；第五，要注意说明帝国主义者侵略中国的经过与原因，以激发民族同仇敌忾的情绪；第六，要注意阐述三民主义革命的历史背景，以坚定国民抗战必胜、建国必成的信仰。②

二 从"整理国故"到"国故整理"

五四新文化运动时期，兴起过一场被称为"整理国故"的学术运动，以胡适、顾颉刚等为代表的新文化派人士是这一运动的主力军。新文化派人士整理国故的目的，在于揭示出国故的真相和实际，还原国故的历史价值，以便"化神奇为臭腐，化玄妙为平常"，破除人们对国故亦即传统文化的敬仰或迷信，从而为输入西方的"学理"扫清障碍。九一八事变后，日益严重的民族危机，引发了知识界对"整理国故"运动的反思，认为以胡适、顾颉刚等为代表的新文化派人士那种立足于"批"的"整理国故"，不利于民族自尊心、自信心和自豪感的树立，于是开始从"整理国故"转向"国故整理"，即通过对中国传统学术和文化的发掘、阐释和弘扬，来增强民族

---

① 吴泽：《中国历史著作论：关于几本中国历史著作的批语与介绍》，《理论与现实》第2卷第1期，1940年。
② 刘守曾：《历史教育与民族复兴》，《新湖北季刊》第1卷第2期，1941年。

的自尊心、自信心和自豪感,以抵御日本的侵略,建设民族新文化,在抗战建国中,实现中华民族的伟大复兴。

(一)"整理国故"以及学术界的反思

1918 年 11 月,傅斯年、罗家伦等深受新文化运动影响的北京大学学生,在陈独秀、胡适等新文化运动领袖人物的支持和"运动"下,发起成立"新潮社",以求能够"唤起国人对于本国学术之自觉心"。①"新潮社"的顾问即是胡适。不久(1919 年 1 月),与傅斯年同班的薛祥绥、张煊等人,"慨然于国学沦夷,欲发起学报以图挽救",发起成立了在北京大学的另外一个学术团体——"国故"月刊社,并提出"以昌明中国固有之学术为宗旨"的主张。② 在对待传统文化上,《新潮》和《国故》有着鲜明的不同的态度和观点。受新文化运动的影响,《新潮》主张对传统持批判态度,而《国故》则主张"昌明"中国固有学术和文化,并由此展开了争论。

这场论争虽说在《新潮》与《国故》之间展开,但实际上论战的主要人物是毛子水与张煊。毛子水在《新潮》上发表《国故和科学的精神》一文,对《国故》的办刊旨趣进行了严厉批评,而《国故》对此作出回应。在一来一往中,两者分别阐明自身的观点,直到国故社解体,双方的论争才算结束。有论者分析:此场论争,在"国故之生死"的性质判分上,双方针锋相对,毛子水将"国故"视为"过去的已死的东西",但张煊极力否认此种观点,认为"今之治国故者尚大有人在,以抱残守缺为已足者固偶有之,而肯精益求精不甘自封故步者,亦未尝无其人,谓之已死可乎?"另外,在"国故与欧化"的地位比较上,在"研究国故"的目的上,在"研究国故"的方法上,两者都体现出种种不同。概言之,《新潮》主张研究国故,乃是为了证明国故之弊,以便对它进行彻底批判;而《国故》研究国故,乃是为了发扬国故之长,以便借它来贡献于时势。因此,在针锋相对的背后,两者又存在着相通之处:双方都将"国故"视为"材料",双方都主张

---

① 傅斯年:《〈新潮〉发刊旨趣书》,载岳玉玺等编《傅斯年选集》,天津人民出版社 1996 年版,第 56 页。
② 《国故月刊社记事录》,载王学珍、郭建荣主编《北京大学史料》第 2 卷(1912—1937)第 3 册,北京大学出版社 2000 年版,第 2715 页。

"输入欧化",双方都承认"整理国故"的必要性,双方都具有"再造文明"的潜在目标。① 两者的相似之处暗含了一个共同的命题,即"整理国故,再造文明"。正是因为这一场学术论争,人们开始有意识关注"国故"所具有的重要价值和意义。

作为新文化派的领军人物,胡适也参与了《新潮》与《国故》的论战,他针对张煊的言论,致信毛子水进行声援,指出"张君的大病是不解'国故学'的性质"。② 毛子水将该信附在自己批评张煊的文章之后,以示胡适对自己的支持。正是在这场论争的影响下,胡适撰写了《新思潮的意义》一文,认为新思潮的意义在于:"研究问题,输入学理;整理国故,再造文明。"他在文章中指出:"新思潮的根本意义只是一种新态度。这种新态度可叫做'评判的态度'。评判的态度,简单说来,只是凡事要重新分别一个好与不好。"于胡适而言,这种评判的态度也适应于"中国旧有的学术思想",具体来说,"第一,反对盲从;第二,反对调和;第三,主张整理国故"。其中只有"整理国故"为积极的主张,整理国故就是希望"从乱七八糟里面寻出一个条理脉络来;从无头无脑里面寻出一个前因后果来;从胡说谬解里面寻出一个真意义来;从武断迷信里面寻出一个真价值来"。胡适并就如何整理国故进行了系统的阐述:"因为古代的学术思想向来没有条理,没有头绪,没有系统,故第一步是条理系统的整理。因为前人研究古书,很少有历史进化的眼光的,故从来不讲究一种学术的渊源、一种思想的前因后果。所以,第二步是要寻出每种学术思想怎样发生,发生之后有什么影响效果……故第三步是要用科学的方法,作准确的考证,把古人的意义弄得明白清楚……故第四步是综合前三步的研究,各家都还他一个本来真面目,各家都还他一个真价值。"③ 胡适较为系统地论述了整理国故的主张,称之为对待旧文化的积极主张,目的在于"再造文明"。胡适撰写的《新思潮的意义》一文,既肯定了整理国故的价值和意义,将之作为新思潮运动不可或缺的部分,也揭示出整理国故的理论和方法。由此,"整理国故"的学术运动

---

① 卢毅:《〈国故〉与〈新潮〉之争述评》,《人文杂志》2004 年第 1 期。
② 胡适:《论国故学——答毛子水》,《新潮》第 2 卷第 1 号,1919 年 10 月 30 日。
③ 胡适:《新思潮的意义》,《新青年》第 7 卷第 1 号,1919 年 12 月 1 日。

逐渐开展起来。

　　以胡适、顾颉刚等为代表的新文化派人士，是五四时期整理国故运动的主力军。新文化派人士整理国故的目的，在于揭示出国故的真相和实际，还原国故的历史价值。顾颉刚晚年论及当年整理国故的意义时提道："我要使古书仅为古书而不为现代的知识，要使古史仅为古史而不为现代的政治与伦理，要使古人仅为古人而不为现代思想的权威者"，意在剔除古物的神圣性和权威性。他继续称："我要把宗教性的封建经典——'经'整理好了，送进了封建博物院，剥除它的尊严，然后旧思想不能再在新时代里延续下去。"① 可见当年顾颉刚在提倡"古史辨"风潮时乃是将对古史的"破"作为立足点来进行整理，整理的目的即在于将古史送进"博物馆"。胡适在《整理国故与"打鬼"》通信中也是这样论述他整理国故之目的的："我所以要整理国故，只是要人明白这些东西原来'也不过如此！'本来'不过如此'，我所以还他一个'不过如此'。这叫做'化神奇为臭腐，化玄妙为平常'。"并认为通过整理国故，"充分采用科学方法，把那几千年的烂帐算清楚了，报告出来，叫人们知道儒是什么，墨是什么，道家与道教是什么，释迦达摩又是什么，理学是什么，骈文律诗是什么，那时候才是'最后的一刀'收效的日子。"他最后表明："我披肝沥胆地奉告人们：只为了我十分相信'烂纸堆'里有无数的老鬼，能吃人，能迷人，害人胜过柏斯德发现的种种病菌。只为了我自己自信，虽然不能杀菌，却颇能'捉妖'、'打鬼'。……这是整理国故的目的与功用。这是整理国故的好结果。"② 从顾颉刚和胡适的论述中可以看出，新文化派人士是抱着批判的精神和眼光来整理国故的，其目的在于揭露出国故的真实面目，消解笼罩在国故上的神圣光环，破除人们对国故的敬仰或迷信，以便为输入西方的"学理"扫清障碍。

　　以胡适、顾颉刚为代表的新文化派人士主要是运用西方的科学方法来整理国故的，以求能够发现国故真实的内容和思想。毛子水在一篇文章中提到："我现在敢说，不是曾经抄拾过欧化的人，不是用科学的方法，一定不

---

　　① 顾颉刚：《我是怎样编写〈古史辨〉的?》，《古史辨（一）》，上海古籍出版社1982年版，第28页。

　　② 胡适：《整理国故与"打鬼"》，《现代评论》第5卷119期，1927年3月19日。

能整理国故——就是整理起来,对于世界的学术界,也是没有什么益处的。"① 胡适将整理国故方法归纳为三种,即"归纳的理论""历史的眼光""进化的观念"。② 他尤其强调要把西方的科学方法与中国汉学家的治学方法结合起来,因为在他看来,中国汉学家的治学方法是一种"不自觉"的科学方法,通过与西方科学方法的结合,这种"不自觉"的科学方法就能变成"自觉"的科学方法。他告诉毛子水,他写《清代汉学家的科学方法》一文的"本意,是要把'汉学家'所用的'不自觉的'方法变为'自觉的'",运用到对国故的整理中去。③ 为此,他在1921年《演讲国故的方法》、1923年《国学季刊·发刊宣言》和1924年《再谈谈整理国故》等文章和讲话中,就"如何整理国故",将中国汉学家的"不自觉"的科学方法变成"自觉"的科学方法做了系统阐述,尤其是在《再谈谈整理国故》中,他谈到四种整理国故的方法:(1)最低限度之整理——读本式的整理,需要做的工作有:校雠;训诂;标点;分段;介绍。(2)索引式整理。(3)结账式整理,就是将学术史上各家的学术聚讼结合起来,作一评断。(4)专史式整理。④ 实际上,胡适所讲的这四种整理国故的方法,也就是中国汉学家的治学方法的现代运用。以胡适在五四新文化运动中的地位和影响力,他所提倡的这套所谓"科学方法",很快便被那些投身于整理国故运动的新文化派人士所接受和在实践中运用,成了整理国故的主要方法。

除了以胡适、顾颉刚等为代表的新文化派人士外,五四时期的整理国故运动还有一股势力,就是以梁启超、柳诒徵为代表的文化保守主义者。后来的学者在研究五四时期的整理国故运动时对这派人物研究不多。实际上,早在20世纪40年代,郭湛波在《近五十年中国思想史》一书中就曾明确指出:"整理成绩最佳、影响最大的就算胡适、梁启超、冯友兰……"⑤ 郭氏对梁启超等人在整理国故中的地位是充分肯定的。

都是整理国故,但由于文化取向的不同,以梁启超、柳诒徵为代表的文

---

① 毛子水:《〈驳新潮国故和科学的精神篇〉订误》,《新潮》第2卷第1期,1919年10月。
② 胡适:《胡适留学日记》,台北远流出版公司1986年版,第150—151页。
③ 胡适:《论国故学(答毛子水)》,《新潮》第2卷第1号,1919年10月30日。
④ 参见胡适《再谈谈整理国故》,《晨报副镌》1924年2月25日。
⑤ 郭湛波:《近五十年中国思想史》,山东人民出版社1999年版,第208页。

化保守主义者对整理国故的态度和目的与以胡适、顾颉刚为代表的新文化派人士则大相径庭，他们希望通过对国故的整理而重新让国故发扬光大。比如说在对孔子、老子的研究与整理中，梁启超就认为孔子的"知其不可而为"主义与老子的"为而不有"主义可以救治近世欧美通行的功利主义弊病，并希望能够发扬光大这种主义和思想，推之到全世界。① 此种认识显然与梁启超在他的《欧游心影录》中提出的西方文化在第一次世界大战后已陷入严重危机、需要中国或东方文化拯救其弊的文化保守主义主张是一脉相承的，即希望通过儒家的人生哲学将人从西方的机械人生观中解脱出来，而这正是梁启超欲图从国故中找到的"珍宝"。② 1923 年，东南大学成立以整理国故为宗旨的国学研究院，并创办了一份《国学丛刊》杂志。顾实在《国学丛刊》"发刊词"中对国学赞赏有加，称国学"决不像唐中叶以后的国粹，骈文古文那样'止争形式，不问思想'；也不像八股家那样'高谈义理，力追八家，字尚未识，便诩发明'"。国学于其心中非古文、八股等含义，而是能够对现实起到一定作用的工具，他称"盖'国学之于今日'实'扫千年科举之积毒，作一时救世之良药'"，并"要在阐扬古昔之典籍，昌明世界之公理，而国学公理二者相与互证而益明"。③ 此与梁启超所持观点如出一辙，即认为国学不仅有拯救中国的功能，也有拯救世界之功能。柳诒徵也称国故"不独可以扬我国光，实可由自以翊进世运"④，对现实完善有巨大作用，且通过其历史研究还"欲昌明吾国之真文化……又进而以儒家之根本精神，为解决今世人生问题之要义"。⑤ 1922 年创刊的《学衡》杂志的宗旨是："论究学术，阐求真理，昌明国粹，融化新知。以中正之眼光，行批评之职事。无偏无党，不激不随。"而对于国学的态度，"则主以切实之工夫，为精确之研究，然后整理而条析之，明其源流，著其旨要，以见吾国文化，有可与日月争光之价值，而后来学者，得有研究之津梁，探索之正

---

① 参见梁启超《"知其不可而为"主义与"为而不有"主义》，《饮冰室合集》第 4 册，文集之三十七，中华书局 1989 年版，第 59—69 页。
② 参见刘黎红《"五四"时期两种整理国故活动的比较》，《东方论坛》2006 年第 3 期。
③ 顾实：《国学丛刊·发刊辞》，《国学丛刊》第 1 卷第 1 期，1923 年。
④ 柳诒徵：《柳诒徵史学论文续集》，上海古籍出版社 1991 年版，第 651 页。
⑤ 柳诒徵：《中国文化史》，东方出版中心 1996 年版，第 285—286 页。

轨，不至望洋兴叹，劳而无功，或盲肆攻击，专图毁弃，而自以为得也"。希望通过整理国故，"以见吾国文化，有可与日月争光之价值"，这是吴宓、梅光迪等"学衡派"创办《学衡》杂志、从事国故整理的真正目的。①

文化保守主义者不仅在对待国故的态度和目的上与新文化派人士不同，在国故的研究方法上也与新文化派人士有异，梁启超、柳诒徵等人虽然也重视汉学的考据等研究方法，但真正的目的却不在治汉学，而在"明义理"，治汉学的研究方法只是"明义理"的手段。梁启超对待考据有其明确的态度："欲明其义理，必先通诂训，则有两汉隋唐注疏之学，而前清乾嘉诸儒大汲其流，夫识大识小，各惟其人，考据发明，曷尝不有大功于古籍。然吾以为孔子之道之所以可尊，乃全在其文从字顺之处，初不烦笺释字义，而固已尽人可解，而此派者，兢兢于碎义逃难，耗精神于所难解所未解者，其所易解所已解者则反漠置之。此其蔽也。"②《学衡》杂志的吴宓、梅光迪等人对于以胡适为代表的新文化派人士整理国故的"科学方法"也多有批评："彼等又好推翻成案，主持异义，以期出奇制胜。且谓不通西学者，不足与言'整理旧学'。又谓'整理旧学'须用'科学方法'，其意盖欲吓倒多数不谙西洋文未入西洋大学之旧学家，而彼等乃独怀为学秘术，为他人所不知，可以大出风头，即有疏漏，亦无人敢与之争。然则彼等所倾倒者，如高邮王氏之流，又岂曾谙西文，曾入西洋大学者乎？"③

"整理国故"运动中的新文化派人士与文化保守主义者分别代表着对待传统文化的两种不同态度，也代表着传统文化在现实意义中的"破"与"立"两种不同观点。新文化派人士整理国故运动是为了通过对国故的整理，最终认识国故的真实价值，以批判国故。而文化保守主义者整理国故是为能够弘扬国故。两者整理国故的目的存在着显著的差异。而在整理国故的方法和态度上，前者强调的是所谓西方的科学方法与中国汉学家的治学方法的结合，实际上中国汉学家的治学方法的现代运用，因而提倡的是训诂和考据；而后者则强调的是对国故的义理阐发，希望利用国故来经邦济世，因而

---

① 《学衡杂志简章》，《学衡》第 1 期，1922 年 1 月。
② 梁启超：《孔子教义实际裨益于今日国民者何在欲昌明之其道何由》，《饮冰室合集》第 4 册，文集之三十三，中华书局 1989 年版，第 61 页。
③ 梅光迪：《评今人提倡学术之方法》，《学衡》第 2 期，1922 年 2 月。

更倾向于宋学风格。简言之，以胡适、顾颉刚为代表的新文化派人士和以梁启超、柳诒徵为代表的文化保守主义者在整理国故方法上的差别是汉学与宋学的差别。

九一八事变后，知识界对五四时期以胡适、顾颉刚为代表的新文化派人士所进行的整理国故运动展开了反思，而引起反思的根源是知识界对时局变化的认识。梁启超在《清代学术概论》中曾解析学术思潮的"衰落期"："凡一学派当全盛之后，社会中希附末光者日众，陈陈相因，固已可厌。其时此派中精要之义，则先辈已浚发无余，承其流者，不过捃摭末节以弄诡辩。且支派分裂，排轧随之，益自暴露其缺点。环境既已变易，社会需要，别转一方向，而犹欲以全盛期之权威临之，则稍有志者必不乐受，而豪杰之士，欲创新必先推旧，遂以彼为破坏之目标。于是入于第二思潮之启蒙期，而此思潮遂告终焉。此衰落期无可逃避之运命。"① 梁氏所揭示学术思潮之兴衰转承，其中环境变化、社会需要占据重要的地位和作用。不难看出，就"整理国故"而言，先前对传统文化的批判心理到九一八事变后则显得不合时宜。因为在当时国家和民族面临着空前危机的历史背景下，摆在知识界同人面前的首要任务，是如何通过对传统学术和文化的发掘和阐释，以提高国人的民族自信心、自豪感，从而树立起战胜日本侵略、实现民族复兴的勇气。

因此，九一八事变后，许多学者开始改变以前那种埋首于故纸堆中进行所谓纯学术研究的生活，而关心起时事政治来，甚至为政治而学术，希望学问能够"经世致用"，为民族和国家贡献一分力量。"九一八"后的第四天，夏承焘在他的日记中便满怀心事地写道："念国事日亟（日兵已陷吉林），犹敝心力于故纸，将贻陆沉之悔。"他忏悔自己在国难之际尚"沉醉于故纸"。此后，他还多次表示："国难如此，而犹沉湎于此不急急务，良心过不去。拟舍词学而为振觉民文学。""内忧外患如此，而予犹坐读无益于世之词书，问心甚疚。"② 希望自己的学问学术有所"益于世"。吴晗于1932年1月致信胡适，针对日益严重的民族危机他慷慨表示："假如自己还是个

---

① 梁启超：《清代学术概论》，《饮冰室合集》第8册，专集之三十四，中华书局1989年版，第3页。
② 夏承焘：《天风阁学词日记》，浙江古籍出版社1984年版，第235、393、394页。

人，胸腔中还有一滴热血在煮的时候，这苦痛如何能忍受？"他告诉自己的老师，自九一八事变以来的"过去4个月，无时无刻不被这种苦痛所蹂躏。最初的克制方法，是把自己深藏在图书馆中，但是一出了馆门，就仍被袭击。后来专写文章，冀图避免此项思虑，但是仍不成功"。① 反思个人对待民族危难的应对之方，表明埋头于学问已难消弭自身对时代感受的痛苦。九一八事变不久，汤用彤南下庐山，在佛教圣地大林寺撰写《大林书评》，在"序言"中他对自己于民族危机日益加重之时埋首古纸堆从事纯学术研究而深感不安。他写道："时当丧乱，独有孜孜于自学，结庐仙境，缅怀往哲，真自愧无地也。"② 一向反对学术经世的顾颉刚于1933年底撰写了新一年的《个人计划》，称："年来的内忧外患为中国有史以来所未有，到处看见的都是亡国灭种的现象，如果有丝毫的同情心，如何还能安居在研究室里？"③ 民族危难影响学者对学问的追求，再也不能心无旁骛地潜心学术，在古纸堆里追寻理想。更有学者毅然奔赴前线参加抗战。尹达在离开工作多年的史语所、奔赴抗日前线前夕宣称："别了，这相伴七年的考古事业！在参加考古工作的第一年，就是敌人铁蹄踏过东北的时候，内在的矛盾燃烧着愤怒的火焰，使我安心不下去作这样的纯粹学术事业！……现在敌人的狂暴更加厉害了，国亡家破的悲剧眼看就要在我们的面前排演，同时我们正是一幕悲剧的演员！我们不忍心就这样的让国家亡掉，让故乡的父老化作亡国的奴隶；内在的矛盾一天天的加重，真不能够再埋头写下去了！我爱好考古，醉心考古，如果有半点可能，也不愿意舍弃这相伴七年的老友！但是我更爱国家，更爱世世代代所居住的故乡，我不能够坐视不救！我明知道自己的力量有限，明知道这是一件冒险历危的工作，但是却不能使我有丝毫的恐怖和畏缩！"④ 言语之间充分透露出一个学者的爱国之情，在他内心学术与政治之间矛盾的纠缠，在万般无奈下只有舍弃学问以救国。此也体现出在民族危机、国

---

① 吴晗：《致胡适》（1932年1月30日），载中国社科院近代史所民国史组编《胡适来往书信选》中册，中华书局1979年版，第103页。
② 汤用彤：《〈大林书评〉序》，《汤用彤学术论文集》，中华书局1983年版，第36页。
③ 顾颉刚：《个人计划》，载顾潮编著《顾颉刚年谱》，中国社会科学出版社1993年版，第213页。
④ 转引自王汎森《民国的新史学及其批判者》，《20世纪的中国：学术与社会·史学卷》，山东人民出版社2001年版，第107—108页。

家危难之下学者的政治责任感。

　　国难之下，知识界开始反思"整理国故"运动中"非考据不足以言学术"之倾向的流弊。1932年《读书》月刊围绕大学国文系课程设置一事，发表文章称："近今学术上之考据之风大盛，即研究文学艺术者，亦惟以训诂历史相尚，而于文艺本身之价值反不甚注意。各大学国文系课程，往往文字训诂为重；其关于文学史之课程，内容亦多考证文人之生卒，诗文之目录，及其文法章句名物故事之类，而于文学批评与美术之品鉴忽焉。"① 此主要针对文艺之价值而发生的评论，著名文学家闻一多也在1934年表示："训诂学不是诗。"② 而朱自清更是批判那些"把诗只看成考据校勘或笺证的对象，而忘记了它还是一首整体的诗"的考据学者，是"诗人的劲敌"，他们的唯一特长，就是"把美人变成了骷髅"。③ 哲学家熊十力在强调胡适提倡的科学方法重要性的同时，也对胡适的"仅及于考据之业……无可语于穷大极深之业"提出了批评。④ 他指出"考据之科，其操术本尚客观。今所谓科学方法者行之。然仅限于文献或故事等等之探讨，则不足以成科学"。⑤ 他批评考据所针对的对象，所具有的弊病。史学家吕思勉于1935年底指出："考据之学，有其利亦有其弊；实事求是，其利也。眼光局促，思想拘滞，其弊也。学问固贵证实，亦须重理想。"他认为，学问可以分为上、中、下三乘，"凡研究学术，不循他人之途辙，变更方向自有发明，为上乘。此时势所造，非可强求。循时会之所趋，联接多数事实，发明精确定理者，为中乘。若仅以普通眼光，搜集普通材料，求得普通结论者，则下乘矣。此恒人所能也"。就考据而论，他写道："章太炎氏二十年前演讲，曾谓：'中国学术坏于考据，拘泥事实，心思太不空灵，学术进步受其阻碍。'此说，予当时不甚谓然。今日思之，确有至理。一切学问，有证据者未必尽是；无证据

---

① 凡：《书评：〈清华文史周刊专号〉》，《国立北平图书馆读书月刊》第1卷第9号，1932年6月。
② 闻一多：《匡斋尺牍》，《闻一多全集》第1卷，三联书店1982年版，第356页。
③ 王瑶：《念朱自清先生》，载郭良夫编《完美的人格——朱自清的治学和为人》，三联书店1987年版，第41页。
④ 熊十力：《纪念北京大学五十周年并为林宰平祝暇》，《国立北京大学五十周年纪念特刊》，第28页。
⑤ 熊十力：《读经示要》，载高瑞泉编选《返本开新——熊十力文选》，上海远东出版社1997年版，第192页。

者，未必尽非。非无证据，乃其证据猝不可得耳。此等处，心思要灵，眼光要远，方能辨别是非，开拓境界。"① 此论观点较之五四时期的整理国故已有显著差别，希望能够对历史有所"发明"，而并非罗列材料。就是此前以考据见长的张荫麟、钱穆，这时也开始反思考据之流弊。张荫麟认为"考据史学也，非史学之难，而史才实难"，并且对"史学界又往往徇考据而忘通义，易流于玩物丧志之途"提出了尖锐批评。② 钱穆在其《中国近三百年学术史》中称："近人言治学方法者，率盛推清代汉学，以为条理证据，有合于今世科学之精神，其说是矣；然汉学家方法，亦惟用之训诂考释则当耳。学问之事，不尽于训诂考释，则所谓汉学方法者，亦惟治学之一端，不足以竟学问之全体也。"③ 以此指出训诂考释之片面性，从而挖掘学术之多重意义。其他如朱谦之、常乃德、雷海宗等人也都纷纷对"整理国故"运动中"非考据不足以言学术"之倾向提出了批评。雷海宗在《历史警觉性的时限》一文中写道："历史的了解虽凭借传统的事实记载，但了解程序的本身是一种人心内在的活动，一种时代的精神的哲学表现，一种整个宇宙人生观应用于过去事实的思维反应。生于某一时代若对那一时代一切的知识、欲望、思想与信仰而全不了解，则绝无明了历史的能力……历史的了解是了解者整个人格与时代精神的一种表现，并非专由乱纸堆中所能找出的一种知识。"为此，他呼吁学术界要善于利用历史给予中华民族实现复兴的难得机会，"把埋没二千年的历史彻底寻出一个条理，不要终年累月的在训诂考据中去兜圈子"。④

学术界对"整理国故"运动中"非考据不足以言学术"之倾向的批评，主要是为了配合民族精神、民族自信心的建构，因为此项工作不仅仅需要史实重建，更重要的是需要对"义理"进行阐释和发挥。比如，在20世纪20年代初，学术界曾围绕屈原是否真有其人展开过讨论，胡适在"整理国故"思想的影响下认为屈原只不过是"箭垛式"的人物，但是到了抗战时期，

---

① 吕思勉：《丛书与类书》，《论学集林》，上海教育出版社1987年版，第163页。
② 张荫麟：《跋〈梁任公别录〉》，载张云台编《张荫麟文集》，教育科学出版社1993年版，第557页。
③ 钱穆：《中国近三百年学术史》上册，商务印书馆1997年版，第444页。
④ 雷海宗：《历史警觉性的时限》，《战国策》半月刊第11期，1940年9月。

屈原是否真有其人已不是学术界关心的重心,学术界关心或感兴趣的重心是:"屈原的诗篇为我们树立了多么崇高的爱国文学传统,鼓舞了几千年来民族的自豪感情和献身精神……我们今天的浴血抗战,也正是屈原精神继续存在的活见证。否定屈原的存在,对于抗战会有什么好处呢?"① 通过对历史人物的研究,挖掘中国的爱国传统,振奋民族精神,提高民族凝聚力,以为民族复兴贡献力量。就是"整理国故"中的一些所谓的新派人物,这时也逐渐转变观点和态度,比如,傅斯年从以前的"疑古"走向"重建",而顾颉刚则从"为学问而学问"到抱持经世致用的治学目的。这些显著的变化意味着他们对待传统态度的转变,希望能够运用中国优秀的传统文化以行救世之功用。

总之,面临空前的民族危难,知识界如果继续遵循"整理国故"运动中新文化派人士批判传统文化的观点,则显然会对民族凝聚力、民族自信心的建构产生消极影响,从而不利于抗战和民族复兴。因此,"整理国故"运动发展至此,已经不合时宜。学术界在反思此前"整理国故"运动的基础上,开始从"整理国故"转向"国故整理",即通过对中国传统学术和文化的发掘与阐释,来增强民族的自尊心、自信心和自豪感,以建设民族新文化,抵御日本的侵略,从而实现中华民族的伟大复兴。这正如美国学者艾恺在研究世界范围内的文化守成主义时所发现的那样:在经受外来侵略而自身各方面又十分落后的国家中,知识界常常在当下找不到民族复兴的根据,他们只能通过文化和历史来建构一种民族的神话,寻找出本民族的精神和文化的优越性,从而证明民族有复兴的可能。② 当时的中国就是一个正遭受日本帝国主义侵略而各方面又十分落后的国家。

(二)"九一八"后的"国故整理"

九一八事变后,学术界兴起了一股研究中国文化和历史的热潮。以文化研究为例,据不完全统计,民国时期出版的有关文化和中国文化史著作大约

---

① 郑临川:《永恒的怀念·代序》,《闻一多论古典文学》,重庆出版社1984年版,第2页。
② 参见[美]艾恺《世界范围内的反现代化思潮——论文化守成主义》,贵州人民出版社1999年版,第36页。

有 50 种，其中大部分出版于九一八事变后。正如有的研究者指出的那样，"以文化史振奋民族精神"，提高民族的自信力，这是九一八事变后"许多学者研究文化史的目的"。① 王德华的《中国文化史要略》出版于 20 世纪 30 年代中期，他在该书的"叙例"中就这样写道："中国人应当了解中国文化，则无疑问，否则，吾族艰难奋斗、努力创造之历史，无由明了，而吾人之民族意识，即无由发生，民族精神即无由振起。……兹者国脉益危，不言复兴则已，言复兴，则非着重文化教育，振起民族精神不可。本书之作，意即在此。"

张君劢于九一八事变不久即著《中华民族文化之过去与今后之发展》一文，重点论述了中国文化的特点及对世界文化的贡献。他指出，除了指南针、火药、造纸术、丝、茶、瓷器等这些为西人所津津乐道的东西外，中国文化在宗教、社会、学术和美术方面也具有自己的特点，并取得了举世公认的成绩，如浩繁的史籍为他国所罕见，美术、文学被西方人视为神品。尤其值得中国人骄傲的是，"中华文化之生命，较他族为独长。与吾族先后继起之其他文化民族，已墓木高拱矣，而吾华族犹巍然独存"。他并就此与古印度、古希腊、古埃及、古罗马文化进行了一番比较，以说明中国文化历久长存的原因。他指出，中国人"人种语言之纯一，文事武功之双方发展，文化根基之深厚，均有独到之处。虽云理智稍逊于希腊，然亦非全不发达，其性情又宽厚而能持久，且善于蕴蓄实力，以图卷土重来，此殆吾族所以历四千余年之久而犹存与"。我们决不可因今日中国的失败，而否认历史上中国文化所取得的成绩。实际上，与古代各民族相比，中国民族"不特无逊，且时有过之"。② 在另一篇文章里，张君劢进一步细化了中国传统文化中种种优秀因素的表现，他认为，中华民族文化中优秀因素包括：（1）"儒家哲学之注重身心，如佛学之博大精微，此思想史中之可表彰者也"；（2）"民本之精神，如乡约之制，如寓兵于农，此古代制度之可表彰者也"。（3）"吾国建筑，简易朴实，气象伟大，如云冈佛像之雕刻，如石涛之写意书，西人尤称道之不绝于口，此美术之可表彰者也"。这些文化因素具有普适意义，可

---

① 周积明：《本世纪上半叶中国文化史研究的特点》，《光明日报》1997 年 10 月 14 日"史学版"。
② 张君劢：《明日之中国文化》，商务印书馆 1936 年版，第 148—157 页。

以与世长存。而从时代需要来看，中国传统思想中也自有合于现代标准的元素：儒家的奋斗进取的精神，重义务，好学与积极向上的精神，平等的教育制度等，中国历史上也涌现出许多奋勇向上的榜样人物。① 所以，中华民族在今日不应妄自菲薄，中国历史经久不衰，中国文化博大精深，且其中的许多成分都可以作为当今民族复兴之养料，"吾不信中华民族不与能天地同其久长也"。② 傅斯年同样认为，中华民族和中华文化不是一个可以被人"灭亡"的民族和文化，"历史上与中国打来往的民族，如匈奴鲜卑突厥契丹女真蒙古等，固皆是一世之雄而今安在？中国人之所以能永久存立者，因其是世界上最耐劳苦的民族，能生存在他人不能生存的环境中，能在半生存的状态中进展文化"。具体而言，他指出，以智慧论，中国人"虽不十分优越，却也是上等中的中等，固曾以工商业及美术文学及大帝国之组织力昭示于历史"；以政治论，虽然在两千多年的帝制统治之下，社会犹如一盘散沙，但在"南北东西各有万里直径的方土中，人文齐一，不分异类"，中国现在所缺少的是"政治重心，一有政治重心，中国是能有大组织的"；"东北在备极昏暴的军阀治下能聚进人口，南洋及新大陆能以猪仔式的进身开拓生财，在这样最平庸的形式中，包含着超人的精神，比起娇贵的西洋人，器浅的倭人，我们也自有我们的优越处"。③ 1932 年 9 月 1 日创刊的《复兴月刊》发表的第一篇文章《中华民族之复兴与世界之关系》，在谈到中国文化对世界的贡献时指出："我五千年之文化，五千年之历史，危而不亡，颠而不倾，固自有精湛之特性，而非其他民族所能企及者。"具体而言，文章认为，中华民族及其文化有四个方面非其他民族及其文化所能企及的特性：（1）爱好和平，反对战争，作为中国文化代表的孔（子）老（子）学说，以不争为原则；（2）敢于反抗外来侵略，富有民族气节；（3）有很强的文化同化力，对于各种文化能兼容并包；（4）勤生节用，极富生产力，曾创造出灿烂的古代文明。④ 中华民族的这些特性正是中华民族能够实现复兴的凭借。

---

① 张君劢：《中华新民族性之养成》，《再生》第 2 卷第 9 期，1934 年 6 月 1 日。
② 张君劢：《中华民族之立国能力》，《再生》第 1 卷第 4 期，1932 年 8 月 20 日。
③ 孟真：《"九一八"一年了》，《独立评论》第 18 号，1932 年 9 月 18 日。
④ 参见寰澄《中华民族之复兴与世界之关系》，《复兴月刊》第 1 卷第 1 期，1932 年 9 月 1 日。

如果说九一八事变后文化史研究的目的是"以文化史振奋民族精神",提高民族的自信力的话,那么,九一八事变后研究历史的目的则是为了宣传民族主义思想,直接服从或服务于反对日本侵略的斗争需要。比如,我们前面已经提到的著名史学家顾颉刚,在日本帝国主义侵略东三省、策划成立伪满洲国之后,即提出要加强中国民族史与地理学的研究,并与谭其骧、冯家升、史念海等人发起成立"禹贡学会",出版《禹贡》半月刊。除上述这些活动外,顾颉刚还创办过《大众知识》。这是一份颇有影响力的通俗杂志,辟有论文、传记、漫谈、文艺、书评等栏目,其中"传记"所针对的人物包括中国优秀传统文化的代表孔子,出使西域沦落匈奴不改气节的苏武,出使西域开创丝绸之路的张骞,威震匈奴的李广,平定安史之乱的战将郭子仪,等等,这些历史人物多表现出优秀的民族气节与中华民族的传统美德。顾颉刚将这些历史和历史人物的相关事迹通俗化,以进行广泛宣传,他同时也亲自撰文,发表《石敬瑭和赵德钧》《赵延寿和杜重威》等文章,利用历史上汉奸的丑恶罪行讽刺当时投降者的行为。

和顾颉刚相似,作为现代科学主义史学的代表人物,傅斯年一向以在中国建立严格的历史科学为己任。为此,他对"学以致用"的提法持坚决反对的态度,认为"史学的工作是整理史料",而"不是去扶持或推倒这个运动,或那个主义"。[①] 然而,九一八事变后日甚一日的民族危机,使他的学术思想为之一变,决心以自己的学术研究为反对日本的侵略服务。为了驳斥日本人所散布的"满蒙在历史上非支那领土"之谬论,他邀集史学同人合撰《东北史纲》一书,并亲撰第一卷。在"卷首"引言中,他用大量的确凿史实揭露日本人称"东北"为"满洲"的险恶用心。他指出,"满洲"一词,"既非本地名,又非政治区域名",它是随着列强在中国划分势力范围而通行起来的,其中"南满""北满""东满"等名词,"尤为专图侵略或瓜分中国而造之名词,毫无民族的、地理的、政治的、经济的根据"。因此,"东北"不能称为"满洲"。他还通过对东北自远古以来历史文化的考证得出结论:"人种的、历史的、地理的,皆足以证明东北在远古即是中国之一

[①] 傅斯年:《中国学术界之基本谬误》,《傅斯年全集》第4册,联经出版公司1980年版,第169—170页。

体"，"东北之为中国，与江苏、福建之为中国又无二致也"，自古就是中国的领土，所谓"满蒙在历史上非支那领土"之谬论，只是"名白以黑，指鹿为马"的妄说，根本不值一驳。① 傅斯年撰写的《东北史纲》第一卷是研究"古代之东北"，主要叙述上古至隋代以前东北地区的民族分布、民族迁徙、区域关系、地理沿革等。尽管该书存在着这样或那样的问题或不足，但它的学术价值尤其是它的政治意义得到了学术界的充分肯定。这正如陈槃评价的那样："这部用民族学、语言学的眼光和旧籍的史地知识，来证明东北原是我们中国的郡县，我们的文化种族，和这一块地方有着不可分离的关系。这种史学方法和史识，是最先代的、科学的。"② 劳干也评论说："《东北史纲》一书，除去对于古代民族的演变有一个正确的整理之外，并且对于东北一地对中国有深切的关系，尤其有一个精详的阐发。"③ 该书出版后，由著名学者李济将其主要部分译成英文送交当时正在中国考察的国际联盟李顿调查团。从李顿调查团后来提交给国联的报告看，他们虽然偏袒日本对东北的侵略，但也承认东北"为中国之一部，此为中国与各国共认之事实"。无可否认，调查团得出上述结论的依据是多方面的，但傅斯年等人所著的《东北史纲》也起了一定作用。

北京大学历史系教授朱希祖，面对九一八事变后日益严重的民族危机，痛感国难深重，于是重新研究南明史乘，以发扬民族精神。为了揭发日寇以华制华阴谋和汉奸们为虎作伥、卖国求荣的恶行，他又钩稽两宋史料，先后撰成《伪楚录辑补》6卷、《伪齐录校补》4卷、《伪齐国志长编》16卷，借古喻今，以昭告国人。另一位史学家柳诒徵同样激于民族大义，于九一八事变后印行《嘉靖东南平倭通录》《俞大猷正气堂集》《郑开阳杂著》《任环山海漫谈》《三朝辽事实录》《经略复国要编》《经武七书》等书，或在于说明东北蒙古自古代以来就是中国不可分割的一部分，或整理历史上抗击异族入侵的民族英雄事迹，借以激发国人的爱国守土热情。④ 著名史学家钱穆的《中国近三百年学术史》写于九一八事变之后，他在书中"特'严夷

---

① 傅斯年：《中国史纲》第1卷，中央研究院历史与语言研究所1932年版，第3页。
② 陈槃：《怀念恩师傅孟真先生有述》，台湾《新时代》第3卷第3期。
③ 劳干：《傅孟真先生与近二十年中国历史学的发展》，台湾《大陆杂志》第3卷第1期。
④ 参见田亮《抗战时期史学研究》，人民出版社2005年版，第243、282页。

夏之防'",高扬以天下为己任的宋学传统,大力表彰明末清初诸儒的民族气节和操行,希望人们能加以继承和发扬。他在"自序"中写道:"斯编初讲,正值九一八事变骤起,五载以来,身处故都,不啻边塞,大难目击,别有会心。"① 其反抗外来侵略的写作意图跃然纸上。余英时就曾评论钱穆撰写《中国近三百年学术史》的学术主旨说:"《中国近三百年学术史》特'严夷夏之防',正是因为这部书在抗战前夕写成的。这时中国又面临另一次'亡国'的危机。因此书中'招魂'的意识表现得十分明显。"② 后来成为中国马克思主义史学"五老"之一的范文澜,于华北事变后开始偏离他长期信奉的正统汉学家的治学道路,而注重"学以致用",尝试以自己的史学作品来唤醒国人的民族意识,1935年12月到1936年,他编写出《大丈夫》一书,热情歌颂历史上那些用"血和生命"保卫中华民族根本利益的英雄人物。他在书前的"凡例"中写道:"本书志在叙述古人,发扬汉族声威,抗拒夷狄侵凌的事迹,所以历史上尽多堪作模范的伟人,因限于体例,概以省略。""每当外敌侵入中国的时候,总有许多忠臣义士,用各种方式参加民族间悲壮的斗争。有的事迹流传下来,有的连姓名都湮没了。他们拼出血和生命,去保证民族的生存,是永远应该崇敬的。本书所举二十余人,只是取其声名最著,做个代表的意思,读者千万不要忘了其余无数的忠义人。"③ 该书1936年7月由上海开明书店出版后,受到热烈欢迎,成为教育读者尤其是广大青年积极爱国、投身抗日运动的好材料,至1940年10月印行了四版。④

概而言之,九一八事变后的历史研究呈现出如下三个趋向。

一是重视对中国历史尤其是中国通史的研究。一个国家的历史是这个国家民族文化的重要载体。清代著名思想家龚自珍就说过:"灭人之国,先必去其史;隳人之枋,败人之纲纪,必先去其史;绝人之材,湮塞人之教,必先去其史;夷人之祖宗,必先去其史。"⑤ 章太炎曾用庄稼与水分来比喻民

---

① 钱穆:《中国近三百年学术史》"自序",中华书局1986年版,第4页。
② 余英时:《钱穆与中国文化》,上海远东出版社1996年版,第27页。
③ 转引自陈其泰《范文澜学术思想评传》,北京图书馆出版社2000年版,第45、46页。
④ 同上书,第44页。
⑤ 龚自珍:《古史钩沉论二》,《龚自珍全集》,上海人民出版社1975年版,第22页。

族主义与国史的关系，认为要提倡民族主义就必须重视国史的研究，从数千年的历史中发掘出可供人们以资借用的民族主义材料。他还指出，一国种脉之存续多依赖于本国的历史，"国于天地，必有与立，非独政教饬治而已，所以卫国性、类种族者，惟语言、历史为亟"。① 对历史于民族和国家的重要意义，九一八事变后的历史学家们也有充分的认识。朱希祖曾论说"国亡而国史不亡，则自有复兴之一日"，认为中国"民族之所以悠久，国家之所以绵延，全赖国史为之魂魄"，因而他主张开馆修史，"藉历史以说明国家之绵延，鼓励民族之复兴"。② 柳诒徵也认为，要讲民族主义，发挥爱国主义精神，就必须研究中国历史。他还认为，讲民族主义，鼓励民族精神，不能只讲岳飞、文天祥、史可法、林则徐等悲剧式的英雄人物，因为他们所处的时代是中国的衰弱时代，讲得太多，"不免使人丧气"，而应多讲中国历史上最为强盛的汉唐。用他的话说："欲求民族复兴之路，必须认清吾民族何时为最兴盛，其时之兴盛由于何故，使一般人知今日存亡危急之秋，非此不足以挽回溃势。"③ 为此，他在《国风》半月刊第5卷第1期发表了《从历史上求民族复兴之路》一文。历史学家缪凤林和邓之诚同样十分强调历史研究的重要性。缪凤林认为，"爱国雪耻之思，精进自强之念，皆以历史为原动力，欲提倡民族主义，必先昌明史学"。④ 邓之诚指出："二千年来，外患未尝一日或息，轩黄胄裔，危而复安，弱而能存，灭而再兴者何？莫非由群力群策得来。其艰难经历，非史事何由征之？故欲知先民缔造之迹，莫如读史"，"今诚欲救亡，莫如读史"。⑤ 正是基于对国史于民族和国家之重要意义的上述认识，这一时期的史学家们都十分重视中国史尤其是中国通史的研究，先后有缪凤林的《中国通史纲要》（由南京钟山书局出版，共3册，第1册出版于1931年9月，第2册出版于1933年2月，第3册出版于1935年8月）、邓之诚的《中华二千年史》（由商务印书馆出版，1933年10月初

---

① 章太炎：《重刊古韵标准序》，《章太炎全集》第4册，上海人民出版社1985年版，第203页。
② 傅振伦：《朱希祖传略》，《中国现代社会科学家传略》第5辑，山西人民出版社1983年版，第59页。
③ 柳诒徵：《从历史上求民族复兴之路》，《国风》半月刊第5卷第1期。
④ 缪凤林：《中国通史纲要》，钟山书局1933年版，第25页。
⑤ 邓之诚：《中华二千年史》"叙录"，商务印书馆1934年版。

版时叫《中国通史讲义》，次年再版时，经作者增加宋辽金元史，改名为《中华二千年史》）以及王桐龄的《中国全史》（出版者未详，"凡例"撰于1932年9月，初版时间未详）、章嵚的《中华通史》（商务印书馆1935年4月）、吕振羽的《殷周时代的中国社会》（上海不二书店1936年）等一批通史著作和断代史著作出版。

二是重视边疆史地和中华民族史的研究。近代以来，中国有过两次边疆史地研究高潮，一次是晚清的"西北史地学"研究，一次是民国尤其是20世纪三四十年代的"边政学"研究。据初步统计，民国时期成立的中国边疆学术研究团体共27个，其中24个成立于三四十年代，这其中又有12个成立于九一八事变之后和七七事变之前，它们是：西北协社（成立于1932年，地址北平，后迁西安，出版刊物《西北言论》）、西北问题研究会（成立于1932年，地址上海，出版刊物《西北问题季刊》）、开发西北协会（成立于1932年，1936年改名为西北建设协会，地址南京，后迁西安，出版刊物《开发西北》）、边疆政教制度研究会（成立于1933年，地址南京，出版刊物《边疆通讯》）、西北公学社（成立于1933年，地址北平，出版刊物《西北》）、西北论衡社（成立于1933年，地址北平，后迁西安，出版刊物《西北论衡》）、西北春秋社（成立于1934年，地址北平，出版刊物《西北春秋》）、禹贡学会（成立于1934年，地址北平，出版刊物《禹贡》半月刊）、边事研究会（成立于1934年，地址南京，出版刊物《边事研究》）、中国民族学会（成立于1934年，地址南京，出版刊物《西南边疆》月刊和《民族学报》）、边疆问题研究会（成立于1936年，地址北平，无出版刊物，但编有《燕京大学边疆问题研究会录报》）、边疆史地学会（成立于1937年，地址北平）。九一八事变后学术界之所以纷纷成立学术团体，出版刊物，重视边疆史地研究，一个重要原因便是日寇侵略引起的边疆危机的不断加深，促使学术界关注和研究边疆史地问题，从而为抵御日寇侵略、解决边疆危机和实现中华民族伟大复兴寻找方法和出路。比如，顾颉刚、谭其骧等人在《禹贡学会募集基金启》中就写道："本会之创立，目的在研治沿革地理，并进而任实地调查工作，以识吾中华民族自分歧而至混一之迹象，以识吾中华民族开辟东亚大地而支配之斗方术，以识吾中华民族艰难奋斗以保存其种姓之精神，蕲为吾民族主义奠定坚实之基础，且蕲为吾全国人民发生融合统一之力量。"① 按计划,他们想先做一些古代地理学研究的准备工作,但在"强邻肆虐,国之无日"的情况下,"遂不期而同于民族主义旗帜之下;又以敌人蚕食我土地,四境首当其冲,则又相率而趋于边疆史地研究"。② 因为"求民族自立而不先固其边防,非上策也"。而要"固其边防",就必须"使居中土者,洞悉边情,以谋实地考查,沟通其文化,融洽其感情",这样才能"隐患渐除,边圉以固矣"。③ 边事研究会的发起人朱霁青、唐柯三等人表示,"边疆问题,就是中国的存亡问题"④,他们发起成立边事研究会的目的,是要"研究边事问题,唤起国人注意边事,促进政府开发边疆,以期巩固国防、复兴中华民族为宗旨"。⑤ 边事研究会成立后,即制订了三期工作计划。第一期工作计划,强调研究边疆现实、边疆与列强关系等问题;第二期工作计划,主要包括边疆专门问题的研究(设立边疆教育、政教、产业、贸易、交通、军事、金融、边疆史地讨论会)、组织各种边疆专门问题演讲会进行演讲等;第三期工作计划,以政治区划为标准设立各种讨论会研究整个问题,其中包括外蒙、内蒙古、东北、新疆、西康、西藏、青海等问题讨论会。⑥ 由边事研究会创办的《边事研究》,自 1934 年 12 月创刊,到 1942 年 3 月出版第 13 卷第 1、2 期合刊后停刊,前后近 8 年之久,据研究者的初步统计,共刊登论文几近 800 篇(其中包括社评、小说、同一边疆研究论著的分期刊载等),涉及边疆自然环境、地理沿革、社会政治、经济、文化、军事、边疆国际关系等方面内容。⑦

在中华民族史研究方面,如前所述,中华民族形成较早,但民族意识十分淡薄,直到 1902 年梁启超才提出"中华民族"这一概念。自此以后,学术界虽然开始了对中华民族及其历史的研究,但直到九一八事变前,从事中华民族及其历史研究的学者并不多,除了梁启超的《历史上中国民族之观

---

① 《禹贡学会募集基金启》,《禹贡》半月刊第 4 卷第 11 期,1936 年 1 月 1 日。
② 《禹贡学会研究边疆计划书》,《史学史研究》1981 年第 1 期。
③ 《边疆丛书刊印缘起》,《禹贡》半月刊第 6 卷第 6 期,1936 年 11 月 16 日。
④ 边事研究会:《发刊词》,《边事研究》创刊号,1934 年。
⑤ 边事研究会:《边事研究会总章》,《边事研究》创刊号,1934 年。
⑥ 参见边事研究会《边事研究会总章》,《边事研究》创刊号,1934 年。
⑦ 参见段金生《20 世纪三四十年代的中国边疆研究及其发展趋向》,《中国边疆史地研究》2012 年第 1 期。

察》（1904）、杨度的《金铁主义说》（1907）、吴贯因的《五族同化论》（1913）、夏德渥的《中华六族同胞考说》（1914）、梁启超的《中国历史上民族之研究》（1922）外，其成果也非常有限。九一八事变后，这一状况有了根本改变，越来越多的学者投入到研究中华民族及其历史的队伍之中，先后出版了一大批相关成果，著作有易君左的《中华民族英雄故事集》（江南印书馆，1933年）、张其昀的《中国民族志》（商务印书馆，1933年）、王桐龄的《中国民族史》（北平文化学社，1934年）、吕思勉的《中国民族史》（世界书局，1934年）、宋文炳的《中国民族史》（中华书局，1935年）、缪凤林的《中国民族史》（中央大学，1935年）、吕思勉的《中国民族演进史》（上海亚细亚书局，1935年）、林惠祥的《中国民族史》（写于1936年，商务印书馆1939年出版）、郭维屏的《中华民族发展史》（1936）等，除此还有大量的文章，如赖希如的《中华民族论》、南丰的《中华民族之由来》、李梨的《关于中华民族（中华民族的起源及其种族血统的源流之研究）》，等等，这些成果"一定程度上冲破了传统史学体裁的束缚，建构了前所未有的中国民族史学科的新型框架"。[①]

  九一八事变后之所以有越来越多的学者投入到研究中华民族及中华民族史的队伍中来，一个重要原因，就是日本帝国主义为了替自己侵略中国寻找借口，挑拨中华民族内部各少数民族与汉民族的关系，以便达到分裂中国并进而占领中国的目的，大肆制造和散布生活在中国边疆和西北地区的蒙古族、藏族和回族等少数民族非中国民族论，越来越多的学者研究中华民族及其历史，就是要通过自己的研究说明，中国自古以来就是一个多民族的国家，生活在中国境内的各个民族，在长期的生产、生活和交往中，在血缘上已形成你中有我、我中有你的关系。汉族有其他少数民族的血统，其他少数民族也有汉族的血统，少数民族与少数民族之间也互有血统，生活在中国边疆和西北地区、西南地区的蒙古族、藏族、回族和苗族等民族都是中国人，都是中华民族的一分子，他们和汉族以及其他民族的人民一道共同创造了中国的历史和文化。这正如顾颉刚在《中华民族的团结》一文中指出的，"帝

[①] 王东：《略谈中国早期民族史学科的建构——以林惠祥著〈中国民族史〉为中心》，《西北民族大学学报》2006年第2期。

国主义的国家知道我们各族间的情意太隔膜了,就用欺骗手段来作分化运动,于是假借了各种机会用强力夺取我们的国土而成立某某国,又用金钱收买我国的奸徒,尽情捣乱,酝酿组织某某国。汉人马虎,他族上当,而敌人则大收不劳而获之利。如果我们再不做防微杜渐的工作,预遏将来的隐忧,眼看我们国内活泼泼的各族将依次做了呆木木的傀儡而同归于尽了"。①

王桐龄在《中国民族史》中,根据孙中山的"五族共和"思想,认为汉族是中国民族的中心,满族、蒙古族、回族、藏族、苗族已全部或一大部分与汉族融合,成了中国民族的组成分子。就此而言,他一再指出:"中国民族本为混合体,无纯粹之汉族,亦无纯粹之满人";"中华民国为汉、满、蒙、回、藏、苗六族混合体,亦绝无单纯血统"②;"中国人民为汉、满、蒙、回、藏、苗六族混合体,不必互相排斥"。③ 他进而对杂居、通婚、改用汉姓、收他民族子弟为养子、接受语言文化、改变服色(风俗)等民族融合的方式和途径进行了归纳和考察,指出民族同化有自然同化和强迫同化两种方式,强迫同化又可分为逆同化(即少数民族同化汉族)和横同化(即少数民族互相同化),正是在各种同化的基础上,各民族之间早已形成你中有我、我中有你的血缘和文化关系。林惠祥在考察了中国历史上各民族之间的交往与融合后指出:"历史上一民族常不止蜕嬗为现代一民族,而现代一民族亦常不止为历史上一民族之后裔。历史上诸民族永远相互接触,无论其方式为和平或战争,总之均为接触。有接触即有混合,有混合斯有同化,有同化则民族之成分即复杂而不纯矣。故从大体言之,可以指称古之某族之后即为今日之某族,或云今日某族即为古之某族之裔。然当知此外尚有其他有关系之族,不能一一指数也。"④ 因此,汉民族"不能自诩为古华夏系之纯种,而排斥其他各系",其他各系也不能认为自己血统不同,而排斥汉民族,实际上"其他各系亦皆含有别系之成分,然大抵不如华夏系所含之复杂,如蒙古或含有匈奴、东胡、突厥之血统"。⑤ 各个民族之间在血统上

---

① 顾颉刚:《中华民族的团结》,《民众周刊》(北平)第 2 卷第 3 期,1937 年。
② 王桐龄:《中国民族史·序》,北平文化学社 1934 年版,第 1—3 页。
③ 王桐龄:《中国民族史》,北平文化学社 1934 年版,第 669 页。
④ 林惠祥:《中国民族史》(上),商务印书馆 1993 年版,第 8 页。
⑤ 同上书,第 40 页。

已经相互融合，都是中国民族的一部分。宋文炳的《中国民族史》重点探讨了中国的主体民族汉族的发展规律以及中国各民族的融合历史，认为除汉族外，中国境内还生活着满、蒙、回、藏、苗等民族，并考察了各民族的起源、发展中的重大历史事件、与其他民族的融合、民族习俗及其生活状况等，他并形象地把"中华民族在往日同化的演进"比喻为"水波的一起一伏"，"有一次的混合，就要有一次的统合，前推后进，愈演愈广，所混合的成分益多，所活动的范围益大，所形成的势力亦益伟"。[①] 具体来说，当汉民族强大之时，便向外扩张，深入到少数民族地区，而当各少数民族强大起来，民族矛盾较为尖锐的时候，汉民族就收缩，但这一时期的民族融合就深广。经过几千年"同化的演进"，无论汉族，还是满、蒙、回、藏、苗等民族，都成了中国民族的一部分，而非中国之外的异民族。赖希如在《中华民族论》一文中也写道：今日中国境内大体可以分为六大民族，即汉、满、蒙、回、藏及苗族。尽管就人类学和民族学上看，汉族以及其他各族间当然有显著的分别，然而经过数千年长时期的接触，各族间互相交杂，在血统上实已混乱。"若细加分析，汉族的血统中，实包含有其他五族的若干成分，如满族之东胡、鲜卑、契丹、女真；蒙族之匈奴；回族之突厥、回纥；藏族之羌。元清两代，蒙族和满族之同化汉族，则尤为显著。至苗族如今云南之一部分进化的土司，亦渐已同化于汉族。此种同化，一方面是血统上的混合和生活上的同化，别方面是精神上接受汉族的文化，很自然地铸成了新中华民族团结的基础。"[②] 顾颉刚在《中华民族的团结》一文中同样强调：现在所认为的汉、满、蒙、回、藏的人民及其居住的区域，是在清代形成的。在清代以前，为了战争、征服、迁移和同化，各族间的血统已不知混合了多少次，区域也不少迁移了多少次。"所以汉族里早已加入了其他各族的血液，而其他各族之中也都有汉族的血液，纯粹的种族是找不到了。"尤其是汉族。相传孔子作《春秋》时，"诸侯用夷礼则夷之，夷而进于中国则中国之"。后人也都接受了这个见解。他只认文化之同而不认血统之异，所以只要愿意

[①] 宋文炳：《中华民族史》，中华书局1935年版，第31页。
[②] 赖希如：《中华民族论》，《中山文化教育馆秀刊》第2卷第4期，1935年。

加入的就可收容，其血统尤为复杂。①

除了说明中国是一个多民族国家，生活在中国境内的各民族，在长期的生产、生活和交往中，血缘上已形成你中有我、我中有你的关系外，这一时期的民族史研究，还致力于传播全民族整体化的"中华民族"或"中国民族"意识，"以激发团结抗战的力量，树立中华民族必将复兴的信念"。② 比如，李梨在《关于中华民族（中华民族的起源及其种族血统的源流之研究）》一文中就写道："我们现在所说的中华民族，就狭义讲，是指的中国境内的汉族；就广义讲，是统指中国境内的各种族（就是汉、满、蒙、回、藏及苗）。普通一般说的中华民族，总是以汉族为主，而以满、蒙、回、藏、苗为副，附带着混合说的，实际上这几个种族间相互的关系，是非常深切的，是拆不开，分不散的，是休戚相关、苦乐与共的，所以对于中华民族这一名词，我们应该有这么一个观念，中华民族是包含汉、满、蒙、回、藏六族而言。"③ 南丰的《中华民族之由来》一文也强调："所谓中华民族，当然是指近代中国境内各民族新结合的民族而言。这种结合有两方面的意义：一是历史上的意义，一是时与势的意义。"从历史上的意义来看，从商、周时代起，中国的各民族就逐渐向统一的路上走，中间虽经过许多冲突的波折，然而每在冲突平伏之后，统一的象征更外来得显著。至于时与势的意义，简单地说，是因为时代的需要和外力的压迫。自鸦片战争到辛亥革命的成功，"组织五族共和国家，中国境内各民族因外来的恶势压迫和时代的需要"，而结合起来，"形成中华民族"。尽管目前这种结合还不十分稳固，但"以现在客观的事实，中国境内各民族不特有结合的可能，的确有结合的必要"。④ 傅斯年在《独立评论》第181号上发表《中华民族是整个的》一文，指出两千多年前，中国各地有些不同的民族，说些不同的方言，据有高下不齐的文化，但经过两千多年间的相互交往和同化，已形成一个"说一种话，写一种字，据同一的文化，行同一的伦理，俨然是一个家族"的民族，即中

---

① 顾颉刚：《中华民族的团结》，《民众周报》（北平）第2卷第3期，1937年。
② 郑大华：《中国近代民族主义与中华民族自我意识的觉醒》，《民族研究》2013年第3期。
③ 李梨：《关于中华民族（中华民族的起源及其种族血统的源流之研究）》，《江苏反省院半月刊》第3卷第11期，1936年3月16日。
④ 南丰：《中华民族之由来》，《学校生活》第72期，1934年。

华民族。尽管在中华民族之上还"凭傅"着一些少数民族,"但我们中华民族自古有一种美德,便是无歧视少数民族的偏见,而有四海一家的风度",并没有把少数民族作为外族看待,所以说,"'中华民族是整个的'一句话,是历史的事实,更是现在的事实"。①

这一时期民族史著作的另一个主要内容便是对"中华民族外来说"的否定和批判。中国自古以来便是一个多民族的国家,但西方人对中国民族的起源则众说纷纭。早在1654年,德国人基尔什尔在其著作《埃及继解》和《中国图说》中提出埃及说,认为中国人是古埃及人的一个分支。1894年,法国人拉克伯里在其著作《中国古文明西源说》中提出巴比伦说,认为传说中的中国人始祖黄帝是古巴比伦巴克族的酋长,率领其族人东迁到中国。此外,还有印度说、土耳其说、非洲说、澳大利亚说,等等。其中,以巴比伦说影响最大,此即通常所讲的"中国人种西来说"。清末民初的一些学者,如梁启超、刘师培、章太炎、黄节等人,大多接受过"西来说"的影响,当时编撰的一些中国历史和地理教科书也多采此说。但随着考古学、人类学等学科的发展,包括"西来说"在内的"中华民族外来说"开始为中国学者所质疑。1922年,梁启超在《中国历史上民族之研究》一文中就明确表示:"中华民族为土著耶?为外来耶?在我国学界上从未发生此问题。问题之提出,自欧人也……吾以为在现有的资料之下,此问题只能作为悬案。中国古籍所记述,既毫不能得外来之痕迹,若撷拾文化一二相同之点,攀引渊源,则人类本能,不甚相远,部分的暗合,何足为奇。吾非欲以故见自封,吾于华族外来说,亦曾以热烈的好奇心迎之。惜诸家所举证,未足以起吾信耳。"②

进入20世纪30年代后,日益严重的民族危机,使越来越多的学者认识到,"中华民族外来说"不仅牵强附会,与历史事实不符,同时也不利于中华民族自信心的树立,而民族自信心的树立,对于抵御日本侵略,实现民族复兴,具有十分重要的意义。他们于是在著述中华民族史时,利用考古学、

---

① 傅斯年:《中华民族是整个的》,《独立评论》第181号,1935年12月15日。
② 梁启超:《中国历史上民族之研究》,《饮冰室合集》第8册,专集之四十二,中华书局1989年版,第2—3页。

人类学的研究成果对"中华民族外来说"提出了否定和批评。吕思勉为了批驳"中华民族外来说",他在《中国民族演进史》中专门设有一章(第二章)论述"中国民族的起源怎样",指出无论从考古遗迹和文化遗存,还是从体质遗骸来说,都可以证实"中国民族的起源,虽然还不能得到十分满足的答复,而中国民族,居于中国土地之上已久,其文化亦为时已久,则似乎可以假定的"。他还利用了当时的周口店考古发掘,说明"中国有发生最古文化的可能。虽然不一定就是现在中国文化的前身,然而说中国本土,不能或未曾发生文化,而必有待于外来的传播,则总是不确的了"。[①] 林惠祥的《中国民族史》从考古学的角度出发,竭力从历史文化遗存中寻找中国民族起源的证据,进而驳斥"中华民族外来说"等种种谬论。他指出,"蒙古利亚人种祖先发祥地在亚洲东部"的观点,"不过九文化区语法推测之辞,欲求确证全赖地下之史前材料","种族之分歧常由环境影响而后成,其初由母地分出之时想亦无甚差异,殆居住一地既久,方渐与他地他族发生歧异,而支族以成"。[②] 因此,即使能确定蒙古利亚人种的发祥地,也不能断定某支族先在该地成立,然后又移居到某处,所以,"中华民族外来说"根本不能成立。缪凤林先后发表《中国民族西来辨》和《中国民族由来论》等论文,对"中华民族外来说"进行辩驳。后来在《中国民族史》和《中国通史要略》等书中,他又采用"稽之载籍"而"考之古物"的研究方法,不惜笔墨,引经据典,证明中华民族起源于本土,所谓"中华民族外来说"或"西来说"不过是"西方中心论"的一种偏见而已。他不否认中国古代文化与古巴比伦文化有某些相似之处,但相似不等于同源,因为文化乃人类所造,"人莫不有欲,欲莫不求达",由于"禀赋环境之相似",而造成文化上的某些相似是很正常的现象。宋文炳的《中国民族史》在列举了"中华民族外来说"或"西来说"的种种观点后指出,中国民族的来源问题,"非根据文字兴起后,古代的半神半鬼的记载所能解决"的,因为此问题涉及文字还没有产生以前的历史,需要考古学家和人类学家发掘出大量的"地下资料",而"西洋学者仅凭一部分的文字或古史的传说,以臆断中华民族的起

[①] 吕思勉:《中国民族演进史》,上海亚细亚书局1935年版,第27、26页。
[②] 林惠祥:《中国民族史》,商务印书馆1939年版,第23—24页。

源，结果非为附会，即属穿凿"。① 赖希如同样认为，就西方学者所使用的材料和得出的结论来看，并不能证明中华民族是来源于西方或中国之外。当然，他也承认，我们现在也还不能完全得出中华民族的起源与西方或外国没有任何关系的结论，要解决中华民族的起源问题，还有待于人类学家、考古学家的继续努力工作。②

为了帮助国人树立民族自信心，这一时期的民族史著作还特别重视对优秀民族文化的发掘和研究。吕思勉在《中国民族演进史》一书中，一方面批评了"偏狭主义者"的观点，即那种认为"自己的文化，就是世界上最优秀的文化；因而更进一步，说自己的民族，就是世界上最优秀的民族；再进一步，就要说自己民族，负有宣传文化的使命"的观点；但另一方面，他又要人们相信，"我们的民族，实在是世界上优等——即不是说最优——的民族，我们的文化，确是世界上伟大的文化。这是有真实的历史，做证据的"。③ 他认为与"西洋文化"和"印度文化"比较，以汉族文化为主体的中国文化的伟大主要体现在同化他族方面。因为，首先，"中国文化的特色，在于宽容、伟大。自己的文化，极其伟大，而对他人的文化，则极其宽容，几千年来，住在我们国内的弱小民族，保守其固有的语文、信仰、风俗……我们都听其自然，不加干涉"。这与"西洋文化"不同。西洋文化"总想用强力消灭他人的文化，使之同化于我"，因而引起了无数的冲突和纠纷。我们中国文化对于他人文化"绝不用强迫手段"，然"其所成就反较欧洲人为优"。其次，"中国人的理想，以'易'与'中庸'为其根本"。由于主张"易"，看一切事物都不是不变的，而且是应该变的，"所以易于吸收他族的文化"。由于主张"中庸"，其"自处"之道是"合理"。"人谁不要合理呢？要合理就不得不同化于我。现在未能合理的人，辗转迁流，又谁能不终归于合理呢？到归于合理，就同化于我了"。能以和平的手段同化他族，"这就是中国文化所以伟大之处"。④

世界上曾出现过几大文明古国，但除中国外，其他文明古国都已成为历

---

① 宋文炳：《中华民族史》，中华书局1935年版，第11页。
② 参见赖希如《中华民族论》，《中山文化教育馆季刊》第2卷第4期，1935年。
③ 吕思勉：《中国民族演进史》，上海亚细亚书局1935年版，第12页。
④ 同上书，第201—202页。

史,成为遥远的美好记忆。为什么中国文明能薪火相传,历久弥新?其原因何在?王桐龄在《中国民族史》中从民族内在的文化方面对此进行了分析。他指出:中国是一个多民族国家,而汉族是中国的主体民族,中国文明之所以能延续下来,历久弥新,与汉族的"善蜕变"不无关系。"我中国建国之久,已历四千余年,与我国同时建国者埃及何在?美索波达米亚何在?墨西哥何在?秘鲁何在?而我则国犹如是,民犹如是,户口之多,有加于昔;虽内部经过许多变乱,外部受过许多骚扰,而我常能顺应环境,利用吾族文化,抵抗外族武力,每经过一次战争,常能吸收外来血统,销纳之于吾族团体之中,使之融合无间;中间受过几多压迫,忍过几多苦楚,而卒能潜滋暗长,造成庞大无伦之中国者,曰惟善蜕化之故。"①"善蜕化"的生存、壮大和发展,不"善蜕化"的被淘汰乃至灭亡,这不仅是人类社会,也是生物界的普遍法则。面对自然环境的变化,生物界中有的生物被淘汰而消失,有的生物不仅存在下来并且得到发展壮大,其关键原因也就在于能不能"蜕化","能蜕化者则生,否则死。前世界之大动物,其灭种者何限?现世界之生物,其灭种者何时限?曰惟不善蜕化之故"。例如,蚕,是小动物,初生时为卵,一变为成虫,再变为蛹,三变为蛾;蝶,也是小动物,初生时为卵,一变为虫,再变为蛹,三变为蝶:"乃能遗传其种族以至今日,曰惟善蜕化之故"。作为中国主体民族的汉族"善蜕化"是中国文明薪火相传、历久弥新的原因。那么,汉族为什么"善蜕化"呢?王桐龄的分析是:首先,"汉族性情喜平和,儒教主义尚中庸,不走极端,不求急进,此为善于蜕化之一大原因"。②其次,汉族"无种族界限"。这主要体现在以下几个方面:一是"对于外族之杂居内地者,向无歧视之见,故通婚之事自古有之";二是"对于外族之归化者,例与以平等待遇,故登庸外族人才之事自古有之";三是"对于外民族杂居内地者,照例与之合作。在汉族全盛时代之西汉有然,在汉族战败时代之两晋南北朝亦莫不如此"。③王桐龄在书中以大量的图表和史实表明,在几千年的历史发展进程中,由于汉族"无种族界

---

① 王桐龄:《中国民族史》,北平文化学社1934年版,序论第3页。
② 同上书,第2—3页。
③ 同上书,第36、37、116页。

限"，族群意识十分淡薄，这导致了族际通婚、任用他族人士和与他族合作现象的大量存在，从而促进了汉族与他族之间的交往与融合；又由于与他族比较，无论社会经济还是制度文化，汉族长期处于先进地位，其结果是他族在与汉族的交往与融合中纷纷被汉族所同化，甚至整族都"蜕化"成了汉族的一部分，"全国四亿人中，汉族竟占百分之九十五以上；其中经蜕化而来者固不少矣"。[1]

三是重视日本史特别是日本侵华史或中日关系史的研究。自甲午战争后，日本已逐渐取代英（国）俄（国）成为中国最危险的敌人。九一八事变的发生，更进一步暴露了日本想侵吞东北、进而觊觎华北以至将整个中国变成它的独占殖民地的侵略野心。古人云：知己知彼，才能百战不殆。要挫败日本的侵略，就必须对日本的历史与现状有较为清楚的了解。1932年12月6日，胡适在接受北平《晨报》的采访时曾指出："大凡一个国家的兴亡强弱，都不是偶然的。就是日本蕞尔小国，一跃而成为世界强国，再一跃而成为世界五强之一，更进而为世界三大海军国之一。所以能够如此，也有它的道理。我们不可认为是偶然的，我们要抵抗日本，也应研究日本，知己知彼，百战百胜。"[2] 因此，九一八事变后的学术界十分重视日本史特别是日本侵华史或中日关系史的研究，仅成立的研究团体，就有上海日本问题研究所、南京日本研究会等，其创办的刊物有《日本》《日本研究》《日本评论三日刊》等。日本学者实藤惠秀在《现代中国文化的日本化》一文中就指出："这时中国研究日本的决心甚为强大，出版了许多日本丛书之类，固然有彼等本身研究所得者，但大多数是翻译日本人关于日本的著述的。尤其关于时局问题的书，更翻译得快。"他甚至断言："至少在（七七）事变前，日本知识界明了现代中国的程度，远不及中国知识界明了日本的程度。"[3] 据不完全统计，九一八事变后至20世纪40年代，"国内共出版日本侵略中国史专著13部，国耻史5部，日本历史著译数部，有关论文不计其数"。[4]

---

[1] 王桐龄：《中国民族史》，北平文化学社1934年版，序论第3页。
[2] 胡明：《胡适传论》，人民文学出版社1996年版，第795页。
[3] 实藤惠秀：《现代中国文化的日本化》，《国立华北编译馆馆刊》第2卷，转引自王奇生《民国时期的日书汉译》，《近代史研究》2008年第6期，第57页。
[4] 田亮：《抗战时期史学研究》，人民出版社2005年版，第35页。

在日本侵华史（或中日关系史）的研究中，有一部书不能不提，这就是王芸生编辑的《六十年来中国与日本》。

先是九一八事变发生不久，天津《大公报》即确定以"明耻教战"为今后的编辑方针，即一方面通过揭露日本侵略中国的历史，使全国民众能对国耻发生的原因、过程、结果有一全面的了解，从而"振起民族之精神"，"人人怀抱为国家争存亡之心理"，万众一心，保家卫国；另一方面向全国民众传授最基本的军事知识，包括武器的使用、伤员的护理，以及防空、自救等知识，以期任何人在任何时候都能负起保家卫国的责任。1931年10月7日《大公报》的"社评"《明耻教战》在历数了"自前清海通以还，门户洞开，迭遭外侮"的事实后写道："前事不忘，后事之师。……今欲振起民众之精神，实宜普及历史之修养，使于历来国耻之发生，洞见本末，事后应付之方略，考其得失，然后府察现状，研讨利害。……盖能知新旧国家耻辱之症结，洞察夫今昔彼我长短之所在，即可立雪耻之大志，定应敌之方策"。依据上述"明耻教战"的编辑方针，《大公报》随即采取了两项措施：一是出于"雪耻"的宗旨，指派汪松年、王芸生负责编辑甲午以来的日本侵华史，不久，汪松年因不擅长于此项工作而退出，遂改由王芸生独立承担；二是出于"教战"的需要，特开辟《军事周刊》，并聘请著名军事理论家蒋百里主编，向国民传授军事、防空和护理等方面的知识。该《军事周刊》于1932年1月8日创刊，1933年12月30日停刊，共出版89期。

王芸生编辑的甲午以来的日本侵华史，自1932年1月11日开始，以"六十年来中国与日本"为题，在《大公报》上第一张第三版的显著位置上连载。《六十年来中国与日本》刊登后，引起社会的强烈反响。为满足社会需要，1932年4月30日，天津大公报社出版部又出版了经王芸生补充增订的《六十年来中国与日本》单行本（第一卷），至1934年5月4日，全书共七卷陆续出齐。① 《大公报》主笔张季鸾在为《六十年来中国与日本》单行本所写的"序言"中，对出版该书的宗旨作了如下论述："……救国之道，

---

① 该书虽号称《六十年来中国与日本》，但实际上只涉及从1871年中日订约到1919年五四运动前夜凡48年的中日关系史或日本侵华史，至于其后到九一八事变凡12年的中日关系史或日本侵华史，王芸生因社务繁忙（主要是写《大公报》的"社评"）而未能完成。

必须国民全体,先真耻真奋,是则历史之回顾,当较任何教训为深切,因亟纂辑中日通商以后之重要史实,载诸报端,欲使读本报者,抚今追昔,慨然生救国雪耻之决心。……今为便于读者诸君保存之计,更加增补,印单行本问世……愿全国各界,人各一编,常加浏览,以耻以奋。自此紧张工作,寸阴勿废,则中国大兴,可以立待。事急矣!愿立于兴亡歧路之国民深念之也。"① 其渗透于字里行间的民族主义和爱国主义的情感是何等的浓烈!

九一八事变后哲学方面的主要变化,是现代新儒学思潮得到了长足发展。现代新儒学发端于五四新文化运动时期。第一部对现代新儒学的思想方向的发展具有定位意义的著作是梁漱溟1921年讲演和出版的《东西文化及其哲学》。此书对中西印文化的比较,对文化之民族性和历史继承性的强调,对孔子儒家学说之生命智慧的肯定,对陆王心学的推崇,对唯科学主义的批判,对中国文化道路之中体西用式的选择,以及援西学入儒,努力结合西方柏格森生命哲学与中国儒家哲学的尝试,都在不同程度上对后来的现代新儒家产生过影响。② 五四时期另一部对现代新儒学的思想方向的发展具有定位意义的论著,是1923年张君劢在清华学校作的人生观演讲。张在《人生观》中提出的科学与哲学的分途,科学不能解决人生观问题,只有心性哲学才能揭示形上真理的基本主张,成了后来的新儒家学者所共同遵循的思想方向。③

作为一种文化和哲学思潮,现代新儒学虽然发端于五四时期,但其长足发展并成向走熟则是在九一八事变后的20世纪三四十年代,特别是贞下起元、民族复兴的全面抗战期间。这有两个方面的原因。首先,从历史背景来看:九一八事变后的三四十年代是日本加紧侵略中国,并悍然发动侵华战争的年代。在这国破族亡的紧急关头,首要的任务是如何团结人心、一致抗日,而作为中华民族数千年生活与斗争之结晶的传统文化,尤其是儒家文化,很自然地就成了人们鼓舞士气、增强民族自信心和凝聚力、以反抗日本侵略的有力武器。因此,强调民族性和历史继承性,对民族文化充满自豪感

---

① 王芸生:《六十年来中国与日本》第1卷"序",天津大公报社1932年4月印行。
② 参见郑大华《梁漱溟与现代新儒学》,《求索》2003年第2期。
③ 参见郑大华《张君劢与现代新儒学》,《天津社会科学》2003年第4期。

和续统意识的儒学思想,如果说在五四时期尚属背时之论的话,那么,到了九一八事变后的三四十年代则因民族救亡运动的日益高涨而为越来越多的人所同情和理解。现代新儒家也正是抓住了这一有利的历史机缘,而从事"儒学思想的新开展"的。其次,从现代新儒学自身的发展来看:经过长期的理论准备,特别是对西方哲学的理解和消化,新儒家的代表人物开始具备了创造比较系统、完整的理论体系的主观条件,尤其是一些曾留学欧美、对西方文化和哲学有相当研究的学者(如冯友兰、贺麟)的加盟,对推动现代新儒学走向成熟起了非常重要的作用。

首先创立的现代新儒学哲学体系是熊十力的"新唯识学"。熊十力被公认为是现代新儒家的思想"泰斗",其思想是连结第一代新儒家和1949年后活跃于台、港两地的第二代新儒家的"唯一之精神桥梁"。实际上就思想的发展逻辑、个人的生活经历和对生命的感受而言,熊十力当属于梁漱溟、张君劢的同时代人,只是他的学术思想的成熟和发生影响较梁、张二人稍晚。和梁漱溟一样,他的早年思想也曾"趋向佛法一路,直从大乘有宗唯识论入手。未几舍有宗,深研大乘空宗,投契甚深"。[①] 1920年秋,经梁漱溟介绍,熊十力入南京支那内学院师从欧阳竟无研究佛学。1922年冬,应北京大学校长蔡元培之邀请,入北大教唯识学,初印《唯识学讲义》,忠于师说。次年尽毁前稿,开始草创以儒家精神为根本义的"新唯识论"。1931年九一八事变发生后,熊十力即刻表明自己的态度和旨趣:"今外侮日迫,吾人必须激发民族思想,念兹在兹!"[②] 希望能够激发国人的民族思想以抗击日人的侵略。1932年初淞沪形势日趋紧张,1月25日,熊十力致电国民政府主席林森,表示要对日寇不宣而战。一·二八事变发生不久,他即亲赴上海慰问十九路军将士。这年,他积10年之功,出版了《新唯识论》的文言文本。熊十力的好友、被贺麟称为"代表传统中国文化的仅存的硕果"的马一浮对该书评价甚高,在该书的"序"中他写道:"唯有以见夫至赜而皆知,至动而贞夫一,故能资万物之始而不遗,冒天下之道而不过,浩浩焉与大化同流,而泊然为万象之主,斯谓尽物知天,如示诸掌矣。此吾友熊子十力之书

---

① 熊十力:《体用论·赘言》,上海龙门联合书局1958年版。
② 熊十力:《十力语要》卷1,辽宁教育出版社1997年版,第13页。

所为作也。十力精察识，善名理，澄鉴冥会，语皆造微。早宗护法，搜玄唯识，已而悟其乖真。精思十年，始出境论。将以昭宣本迹，统贯天人，囊括古今，不章华梵。其为书也，证智体之非外，故示之以《明宗》；辨识幻之从缘，故析之以《唯识》；抉大法之本始，故摄之以《转变》；显神用之不测，故寄之以《功能》；征器界之无实，故彰之以《成色》；审有情之能反，故约之以《明心》。其称名则杂而不越，其属辞则曲而能达，盖确然有见于本体之流行，故一皆出自胸襟，沛然莫之能御。尔乃尽廓枝辞，独标悬解，破集聚名心之说，立翕辟成变之义，足使生肇敛手而咨嗟，奘基挢舌而不下。拟诸往哲，其犹辅嗣之幽赞易道，龙树之弘阐中观。自吾所遇，世之谈者，未能成之先也。可谓深于知化，长于语变者矣。"① 当然，由于《新唯识论》批判的对象是唯识宗学说，因而也激起了以南京支那内学院师生为代表的佛学界的问难和攻击。为了答复他人的问难，熊十力又撰写《破〈新唯识论〉》一书。《新唯识论》文言文本和《破〈新唯识论〉》两书的出版，标志着熊十力的"新唯识学"思想体系的基本形成。

对现代新儒学思想方向的发展具有定位之功的梁漱溟，于九一八事变之前即已离开北京大学，先是到河南辉县百泉、后又到山东邹平从事"乡村建设"运动，并亲自担任山东乡村建设研究院研究部主任。九一八事变后不久（10月7日），他即在《大公报》上发表《对于东省事件之感言》，公开阐述其抗日主张，强调"日本欺压中国不只一次，是若干次数了。象这类似的事件，用强大的势力欺压弱小民族，也有百余年的历史"。我们应该像印度的甘地和丹麦的格隆伟学习，"设法在促进国民之理性、组织、感情、合作等等方面努力……以救中国"。② 在进行乡村建设运动的同时，梁漱溟还积极从事乡村建设的理论创作，先后完成和出版了《中国民族自救运动之最后觉悟》《乡村建设论文集》《梁漱溟教育文录》《乡村建设大意》《乡村建设理论》等关于乡村建设理论的著作。而梁漱溟从事乡村建设的目的，如本书第三章第一节所述，是要"创造新文化，救活旧农村"，通过复兴农村来实

---

① 马一浮：《新唯识论·序》，载《熊十力全集》第2卷，湖北教育出版社2001年版，第6—7页。
② 梁漱溟：《对于东省事件之感言》，《梁漱溟全集》第5卷，山东人民出版社1992年版，第295、300页。

现中华民族的复兴。

九一八事变后，另一位对现代新儒学思想方向的发展具有定位之功的张君劢，除摘译费希特的《对德意志民族的演讲》、宣传民族复兴的思想外，还数次赴山西、山东、广东、云南等地，演讲和发表了《民族复兴运动》《思想的自主权》《学术界之方向与学者之责任》《中华民族复兴之精神的基础》《中华新民族性之养成》《中华历史时代之划分及其第三振作期》等文。后来他将这些演讲文章汇集成书，以《民族复兴之学术基础》为名，于1935年6月由再生社出版。在是书中，张君劢视民族主义为立国的基本原则，认为近代欧洲国家所以强，原因就在于国民民族主义思想发达；中国近代所以弱，原因亦在于国民民族主义思想淡薄。他把日本帝国主义的侵略看成中华民族复兴的一大转机，认为形成民族主义的外部条件，因日本侵略的刺激已经成熟，当今的根本问题是如何发扬中华民族的民族思想。《民族复兴之学术基础》出版不久，张君劢又出版了另一部很重要的文化哲学著作——《明日之中国文化》。这是他在广州主持明德社和学海书院期间，在明德社学术研究班与青年会所作《中国与欧洲文化之比较》系列演讲和旧作《中华民族文化之过去与今后之发展》合印而成。在此书的"自序"中他写道："中华民族之在今日，如置身于生死存亡之歧路中，必推求既往之所以失败，乃知今后所以自处之道，必比较各民族在历史中之短长得失，乃知一行动之方向。"[1] 职是之故，张君劢在该书中探讨了人类文化的起源，分析了印度文化和欧洲文化的发展和特征，考察了中国过去三千年的文化史，分政治、社会、学术、宗教和艺术五个方面对中国文化做了总的评判，并在此基础上提出了对未来文化的主张，即以"造成以精神之自由为基础的民族文化"为中国未来文化的"总纲领"。[2] 而所谓"精神之自由"，有表现于政治者，有表现于道德者，有表现于学术者，有表现于艺术、宗教者。"精神之自由"表现于政治上，必须改变几千年来在君主政体下形成的那种"命令式之政治，命令式之道德，与夫社会类此之风尚"，使国民能像西方人那样，"于自己工作，于参与政治，于对外时之举国一致，皆能一切出自

---

[1] 张君劢：《明日之中国文化》，商务印书馆1936年版，"自序"第1页。
[2] 同上书，第121页。

于自动,不以他人之干涉而后然"。同时,切实保障人民的生命、财产、言论、结社以及参政议政之权利,一切政治上的设施都要以民意为前提,努力铲除"几千年来人民受统治于帝王,政治上之工作,等于一己之功名,故有意于致身显要者,争权夺利,无所不至"的现象。"精神之自由"表现于学术上,则不能像过去那样,专以利用厚生为目的,而缺乏游心邈远之精神自由,相反,应对于宇宙一切奥秘皆认为负有解决之义务;同时在思想上自受约束,而守论理学之种种规则,并使学问家具有高远的想象力,以促进高深学术的发展。"精神之自由"表现于宗教上,应从一人一宗教下手,改革僧道习惯,养成真正的宗教信仰。"精神之自由"表现于艺术上,除继续保持旧日的成绩外,应努力扩大新的领域,创作出如但丁之《神曲》、歌德之《浮士德》那样的长篇诗文,使西方所具有的艺术形式,中国也具有之。他相信,只要以"造成以精神之自由为基础的民族文化"为未来中国文化之新方向的"总纲领",并循此总纲领"以养成四万万独立人格为祈向,其终也,人人以诚恳真挚之心,形诸一己之立身,形诸接人待物,形诸团体生活,形诸思想与政治,形诸国际之角逐",那么,又"何患吾族文化之不能自脱于沉疴而臻于康强逢吉乎"?[①]

冯友兰是梁漱溟在北大任教时的学生,1918年北大哲学系毕业,一年后考取公费出国留学,到美国哥伦比亚大学研究院哲学系攻读博士学位,1923年学成归国,先后任中州大学、广东大学、燕京大学和清华大学教授。1932年一·二八事变发生,冯友兰以清华大学教职员公会对日委员会致电国民政府,称:"同人等以为沪战乃东北事变所引起,决不可局部解决,我军亦无在本国领土内自行退后之理。政府如对日妥协,将何以对已牺牲之将士、人民?"[②] 表示出反对与日妥协的立场。在任燕京大学和清华大学教授期间,他致力于中国哲学史的教学与研究,1931年他的《中国哲学史》脱稿,由上海神州国光社出版,1934年完成《中国哲学史》全书的写作,旋即由商务印书馆分上、下两册出版,并列入"大学丛书"。这部80多万字的《中国哲学史》,是近代中国第一部比较系统比较完整的哲学教科书。在此

[①] 张君劢:《明日之中国文化》,商务印书馆1936年版,"自序"第2页。
[②] 冯友兰:《三松堂全集》第14卷,河南人民出版社2000年版,第115页。

之前的1919年，胡适在他博士论文《中国古代哲学方法之进化史》（译成中文时取名《先秦名学史》）的基础上，增扩改写并出版了一部《中国哲学史大纲》（上），这部书出版后虽然影响极大，不到三年，就再版七次，但它只写到先秦，所以充其量只能算是一半或三分之一的中国哲学史，而冯友兰的《中国哲学史》则从先秦一直写到明清，是一部完整的中国哲学史著作。该书出版后好评如潮，著名逻辑学家金岳霖和著名历史学家陈寅恪在审查报告中，也对该书给予了很高的评价。陈寅恪在审查报告中写道：

"窃查此书，取材谨严，持论精确，允宜列入清华丛书，以贡献于学界。兹将其优点概括言之：凡著中国古代哲学史者，其对于古人之学说，应具了解之同情，方可下笔。盖古人著书立说，皆有所为而发；故其所处之环境，所受之背景，非完全明了，则其学说不易评论。而古代哲学家去今数千年，其时代之真相，极难推知。吾人今日可依据之材料，仅当时所遗存最小之一部；欲藉此残余断片，以窥测其全部结构，必须备艺术家欣赏古代绘画雕刻之眼光及精神，然后古人立说之用意与对象，始可以真了解。所谓真了解者，必神游冥想，与立说之古人，处于同一境界，而对于其持论所以不得不如是之苦心孤诣，表一种之同情，始能批评其学说之是非得失，而无隔阂肤廓之论。否则数千年前之陈言旧说，与今日之情势迥殊，何一不可以可笑可怪目之乎？但此种同情之态度，最易流于穿凿傅会之恶习；因今日所得见之古代材料，或散佚而仅存，或晦涩而难解，非经过解释及排比之程序，绝无哲学史之可言。然若加以联贯综合之搜集，及统系条理之整理，则著者有意无意之间，往往依其自身所遭际之时代，所居处之环境，所熏染之学说，以推测解释古人之意志。由此之故，今日之谈中国古代哲学者，大抵即谈其今日自身之哲学者也；所著之中国哲学史者，即其今日自身之哲学史者也。其言论愈有条理统系，则去古人学说之真相愈远；此弊至今日之谈墨学而极矣。今日之墨学者，任何古书古字，绝无依据，亦可随其一时偶然兴会，而为之改移，几若善博者能呼卢成卢，喝雉成雉之比；此近日中国号称整理国故之普通状况，诚可为长叹息者也。今欲求一中国古代哲学史，能矫傅会之恶习，而具了解之同情者，则冯君此作庶几近之；所以宜加以表扬，为之流布者，其理由实在于是。至于冯君之书，其取用材料，亦具通识，请略言之：以中国今日之考据学，已足辨别古书之真伪；然真伪者，不过相对问题，而最要在能审定伪材料之时代及作者而利用之。盖伪材料亦有时与真材料同一可贵。如某种伪材料，若径认为其所依托之时代及作者之真产物，固不可也；但能考出其作伪时代及作者，即据以说明此时代及作者之思想，则变为一真材料矣。中国古代史之材料，如儒家及诸子等经典，皆非一时代一作者之产物。昔人笼统认为一人一时之作，其误固不俟论。今人能知其非一人一时之所作，而不知以纵贯之眼光，视为一种学术之丛书，或一宗传灯之语录，而断断致辩于其横切方面，此亦缺乏史学之通识所致。而冯君之书，独能于此别具特识，利用材料，此亦应为表彰者也。"①

《中国哲学史》的出版，初步奠定了冯友兰在中国哲学界举足轻重的学术地位。该书也很快取代胡适的《中国哲学史大纲》（上），成了当时最有影响的中国哲学史著作。究其原因，除了我们上面提到的，胡适的《中国哲学史大纲》（上）充其量只是半部或三分之一中国哲学史，而冯友兰的《中国哲学史》是一部完整的中国哲学史这一原因外，另一重要原因，就是胡适的《中国哲学史大纲》（上）是以西方的科学主义精神为依归，通过对中国传统哲学思想的所谓解构，建立起符合西方学术观念的中国哲学史，用他在该书中的话说："我们今日的学术思想，有这两个大源头：一方面是汉学家传给我们的古书；一方面是西洋的新旧学说。这两大潮流汇合以后，中国若不能产生一种中国的新哲学，那就真是辜负了这个好机会了。"② 而冯友兰的《中国哲学史》是以中国的人文主义精神为依归，通过对中国传统哲学思想的重新诠释，以实现中国哲学的现代转换，他曾在《中国哲学史·自序二》中引用张载的话"为天地立心，为生民立命，为往圣继绝学，为万世开太平"，表明其研究中国哲学史是为了继往开来，因为"某民族的哲学，是接着某民族的哲学史讲底"。而进入20世纪30年代后，日益严重的民族危机，使人们认识到"接着"中国的"哲学史讲"更有利于民族自信心和凝聚力的树立。同时，只有民族的，才是世界的。冯友兰的《中国哲学史》出版不久，即被译成英文、日文等多种外国文字，并且走进了外国的大学课

---

① 陈寅恪：《冯友兰〈中国哲学史〉（上册）审查报告》，见冯友兰《中国哲学史》，商务印书馆1934年版。

② 胡适：《中国哲学史大纲》（上），商务印书馆1919年版，第10页。

堂。直到今天，《中国哲学史》还是外国人学习中国哲学史的必读书。1936年，冯友兰又把近几年来发表的中国哲学史方面的论文编成《中国哲学史补》一书，交由商务印书馆出版，就《中国哲学史》未能充分阐发的问题作了进一步的阐发。

和冯友兰一样，贺麟也是海归学者。他是1926年到美国留学的，先后在奥柏林大学、芝加哥大学和哈佛大学学习哲学，1930年他在哈佛大学取得硕士学位后，放弃了继续攻读博士学位的机会，而是转赴德国入柏林大学学习德国哲学，尤其是黑格尔哲学，直到1931年九一八事变前夕他才结束长达5年的留学生活，回到国内，任教于北京大学。如本书第一章第三节所述，九一八事变发生后，面对日本帝国主义的凶残侵略，贺麟不顾旅途劳顿，即应《大公报》文学副刊主编吴宓建议，着手撰写《德国三大哲人处国难时之态度》的长文，向中国读者介绍歌德、黑格尔、费希特在普法战争时的爱国主义事迹，表彰他们的爱国主义精神，并号召国人向他们学习，积极投身于抗日救亡的斗争行列。该文于1931年10月21日开始在《大公报》文学副刊分7期连载，文笔生动，资料丰富，将传主的生平思想和爱国主义品格有机地结合起来，同时，它也深刻地表露出贺麟自身作为一个学者在国难当头时的自我定位，以及他所具有的强烈的爱国意识和情感。这正如主编吴宓在1931年11月2日为该文所写的"按语"指出的那样："本年11月14日，为德国大哲学家黑格尔（1770—1831）逝世百年纪念。黑格尔之学，精深博大，为近世正宗哲学之中坚，允宜表彰。今贺麟君虽为叙述黑格尔处国难时之态度而作，其中已将黑格尔之性行，及其学说之大纲及精义，陈说略备。且作者于黑格尔之学，夙已研之深而信之笃。更取中国古圣及宋儒之思想，比较参证，融会贯通，期建立新说，以为中国今时之指针。故篇中凡描述黑格尔之处，亦即作者个人主张信仰及其成已他世之热诚挚意之表现也。"[①] 作为一位专攻西方哲学的学者，贺麟很清楚自己的责任不仅仅是把西方的哲学介绍到中国来，而应当借鉴和运用西方哲学的思想、理论和方法，来提高本民族的思维水平，创立自己的哲学思想体系。因此，他在翻译介绍黑格尔哲学等西方哲学的同时，开始把传统的儒家思想尤其是宋明新儒

---

① 《大公报》"文学副刊"1932年11月2日。

学中王阳明的心学同西方正宗的唯心主义哲学结合起来，试图创立自己的"新心学"哲学思想体系。当然，和冯友兰一样，这一时期贺麟还只是为创立自己的"新心学"思想体系做一些学术和理论上的准备工作，无论是冯友兰的"新理学"思想体系，还是贺麟的"新心学"思想体系，其最终建立都是在七七事变之后的全面抗战时期。

（三）"七七"后的"国故整理"

七七事变后，日本发动了全面的侵华战争。"天下兴亡、匹夫有责"，在中华民族面临生死存亡的紧急关头，中国的史学家们以救亡图存为己任，进一步转移原有的治史旨趣和研究方向，服从和服务于全面抗战的需要。借用田亮在《抗战时期史学研究》一书中的话说：不仅"反映史学政治倾向的史学评论要在爱国卖国这一'古今之通义'下进行，连史家的选题，治史方法甚至行文风格都要服从于抗战，爱国主义精神在任何派别（阶级、党派、政治倾向）的史学家及其著述中都有不同程度反映，近代以来不同历史时期不同层次的爱国主义内容在抗战时期的史学中都有所表现，抗战史学一时显得丰富而又简单"，在"治史旨趣上看，'致用'追求压倒了'求真'精神"。[①]

作为民国时期新考据学派代表人物的陈垣，治学素以考据见长，但七七事变后，其治学旨趣则发生了明显变化，他在给朋友的信中写道："从前专重考证，服膺嘉定钱氏；事变后，颇趋重实用，推尊昆山顾氏；近又进一步，颇提倡有意义之史学，故前两年讲《日知录》，今年讲《鲒埼亭集》，亦欲以正人心，端士习，不徒为精密之考证而已。此盖时势为之，若药不瞑眩，厥疾弗瘳也。"[②] 在《通鉴胡注表微·边事篇》中他又写道："史贵求真，然有时不必过泥。凡足以伤民族之感情，失国家之体统者，不载不失为求真也。"全面抗战的八年期间，他先后撰写了《明末殉国者陈于阶传》《明季滇黔佛教考》《南宋初河北新道教考》《中国佛教史籍概论》《清初僧诤记》《通鉴胡注表微》等一大批"有意义"之史学论著，倡导爱国思想，

[①] 田亮：《抗战时期史学研究》，人民出版社2005年版，第27—28页。
[②] 陈垣：《致方豪》，《陈垣全集》第22册，安徽大学出版社2009年版，第454页。

表彰民族气节，痛诋卖国求荣者，褒赞为国殉节者，赞扬眷念故国、不仕新朝的遗民精神，鞭挞投靠敌国、残害宗国的民族败类，其字里行间浸透着浓烈的民族主义和爱国主义情怀。比如，他写于1938—1940年间的《明季滇黔佛教考》一书，名为佛教考，实则在于阐发明末遗民思想和行动的政治意义，大力表彰他们不愿臣清的民族气节。20世纪50年代他在"重印后记"中揭示了他写作该书的思想意蕴和目的："此书作于抗日战争时，所言虽系明季滇黔佛教之盛，遗民逃禅之众，及僧徒拓殖本领，其实所欲表彰者乃明末遗民之爱国精神、民族气节，不徒佛教史迹而已。"写于1941年的《清初僧诤记》，表彰清初僧侣坚守高尚志节，鞭挞汉奸卖国求荣的无耻行为。写于1941年的《南宋初河北新道教考》，主要是利用道教金石碑刻，研究金灭北宋以后，北方人民的生活，尤其是河北人民的抗金活动。又比如，他在《通鉴胡注表微·夷夏篇》开宗明义便写道："夷夏者，谓夷夏之观念，在今语为民族意识。公羊成十五年传：'春秋内其国而外诸夏，内诸夏而外夷狄。'非尊己而卑人也，内外亲疏之情，出于自然，不独夏对夷有之，夏对夏宜然，是之谓民族意识。当国家承平及统一时，此种意识不显也；当国土被侵凌，或分割时，则此种意识特著。身之生民族意识显著之世，故能了解而发挥之，非其世，读其书，不知其意味之深长也。"他著《通鉴胡注表微》，就是为了大力提倡这种民族意识，肯定它存在的历史合理性，从而服务于反对日本帝国主义的侵略战争。这期间，他给学生讲授《开元释教录》，大力表彰"永嘉之乱，中原沦陷，凉上与中朝隔绝，张轨父子崎岖僻壤，世笃忠贞，虽困苦艰难，数十年间，犹本中朝正朔，此最难能可贵者也"。[①] 勉励学生向张轨父子学习，不忘故国。他还以全祖望《鲒埼亭集》作为教材，希望学生从明末清初东南地区抗清英雄人物身上汲取精神力量，坚持民族气节。后来（1949年后），陈垣在给友人的信中回忆当时的治学经历说："北京沦陷后，北方士气萎靡，乃讲全谢山之学以振之。（借）谢山排斥敌人，激发故国之思。所有《辑覆》、《佛考》、《诤记》、《道考》、《表微》等，皆此时作品……言道、言僧、言史、言考据皆托词，其实斥汉奸，

[①] 陈智超：《陈垣传略》，收入《中国现代社会科学家传略》第1辑，山西人民出版社1982年版。

斥日寇，责当政耳。"①

与陈垣同为民国时期新考据学派代表人物的陈寅恪，于七七事变后，携家离开北平，颠沛流离，历经千辛万苦，辗转于香港和内地之间，先后任教于西南联大、香港大学、广西大学和燕京大学。他在香港时（1941年）生活非常困难，敌人为了拉拢他，给送他面粉，但被他拒之门外。后来他乔装返回大陆。在极端艰苦的环境中，他潜心研究魏晋南北朝隋唐史，著有《隋唐制度渊源略论稿》《唐代政治史述论稿》以及许多论文，以"阐明保存和发扬民族文化的重要意义"。② 他的《隋唐制度渊源略论稿》写作于七七事变后日寇大举入侵，学人纷纷南迁，中华民族及其文化面临生死存亡的紧急关头。他写作此书的目的，便是希望南迁学人能像魏晋战乱中的河西诸儒一样，为保存中华文化而做出自己的贡献。李锦绣在《陈寅恪先生史学述略稿》的"代序"中便指出："魏晋南北朝时，中原板荡，河西生活尚称安定，以刘昞为代表的河西大儒，讲学不辍，保存文化，为寅恪先生高度赞赏，'惟此偏隅之地，保存汉代中原之文化学术，经历东汉末、西晋大乱及北朝扰攘之长期，能不失坠，卒得辗转灌输，加入隋唐统一混合之文化，蔚然为独立一源，继前启后，实吾国文化之一大业'。抗战期间，寅恪先生漂泊西南天地之间，以河西保存文化融入隋唐之功，勉励南迁学人，西南联大弦歌不辍，正保存文化之意。"③ 和陈垣一样，陈寅恪也特别推崇气节。在中国史学中，他对宋代史学评价最高，认为"中国史学莫盛于宋"。而在宋代的史学家中，他又对欧阳修、司马光的著作评价最高。他之所以高度评价宋代史学，尤其是欧阳修、司马光的著作，就在于他认为宋代史学，尤其是欧阳修、司马光著作，能"贬斥势利，尊崇气节，遂匡五代之浇漓，返之淳正"。

另一位史学大师钱穆，在全面抗战期间，随北大南迁昆明西南联大，继续从事中国历史和文化的教学、研究工作，先后有《国史大纲》《中国文化

---

① 陈垣：《致友人书》，转引自陈智超的《陈垣传略》，收入《中国现代社会科学家传略》第1辑，山西人民出版社1982年版。
② 田亮：《抗战时期史学研究》，人民出版社2005年版，第232页。
③ 李锦绣：《陈寅恪先生史学述略稿》"代序"，转引见田亮《抗战时期史学研究》，人民出版社2005年版，第238—239页。

史导论》等论著出版。"综观钱穆在抗战时期的史学、文化史著作及其学术活动,是以昂扬民族精神为主要内容的,强烈的民族意识是他这一时期思想的灵魂。这对于当时培育国人的民族自信心、凝聚民族向心力,重铸新的民族精神,确有其贡献。"① 例如,他 1940 年出版的《国史大纲》,意在"宣说历史文化主义的民族观和民族主义的历史观,强调在抗战中重建国家,必先复兴文化,在唤起民众的民族自觉,必先认识历史。针对全盘西化论者的历史虚无主义、浅薄狂妄的进化观、文化自谴及古史层累造成说,明白宣言对本国历史文化的了解应有'温情与敬意'"。② 因此,该书出版后,以其强烈的民族主义和爱国主义的精神,很快被国民政府教育部列为中国大学用书,并风行全国,对激发国民的爱国热情、树立民族自信心和凝聚力起了一定的促进作用。他的《中国文化史导论》,系统地论述了"中国文化体相、历史逻辑及其在厄运中能生机不息,在东西接触中还能再开新充实的生命力,指陈中国文化的复杂性、完整性和发展性,尤其是中国传统文化观念所表现的宏阔、活泼和宽容的文化精神"。③

作为中国马克思主义史学的创立者之一和"五老"之一,郭沫若于全面抗战爆发后,大力提倡爱国主义史学,其内容包括:"阐扬传统文化中自强不息、不畏强暴、抵御外侮的民族气节和民族精神;鞭挞日本帝国主义的黩武主义和投降卖国阻碍历史前进的反动势力;标举'人民本位',发掘传统文化中的民本主义、人本主义和和平主义思想内容;鞭挞反进步、反人民的腐朽思想;总结社会历史发展规律"。④ 他在 1940 年对明代抗倭名将戚继光产生了浓厚的兴趣,先后写成《关于"戚继光斩子"的传说》和《续谈"戚继光斩子"》等文章,宣传戚继光的抗倭爱国故事。此后,他又相继创作了《虎符》《南冠草》《屈原》等历史剧以及《由葛录亚想到夏完淳》《夏完淳之家庭师友及殉国前后》《钓鱼垮了访古》等文章,大力表彰那些抗击异族侵略、保持民族气节、不畏强暴、忠贞爱国、坚持抵抗、反对投降的历史人物。尤其是屈原,他花的精力最多,成果也最多,因为他认为"屈

---

① 田亮:《抗战时期史学研究》,人民出版社 2005 年版,第 258 页。
② 同上书,第 259 页。
③ 罗义俊:《钱宾四先生传略》,《钱穆印象》,学林出版社 1997 年版,第 46 页。
④ 田亮:《抗战时期史学研究》,人民出版社 2005 年版,第 78 页。

原是永远值得后人崇拜的一位伟大诗人,他的对于国家的忠烈和创作的绚烂,真真是光芒万丈。中华民族的尊重正义、抗拒强暴的优秀精神,一直到现在都被他扶植着。"① "他是一位民族诗人,他看不过国破家亡、百姓流离颠沛的苦况,才悲愤自杀。他把所有的血泪涂成了伟大的诗篇,把自己的生命殉了祖国,与国家共存亡,这是我们所以崇拜他的原因,也是他所以伟大的原因。"② 据统计,他写作的有关屈原的文章就有《革命诗人屈原》《关于屈原》《屈原研究》《屈原考》《屈原的艺术与思想》《蒲剑·龙船·鲤帜》《屈原不会是弄臣》《屈原的幸与不幸》等,特别是他创作的历史剧《屈原》在大后方上演后,其忧国忧民的爱国精神引起了观众共鸣,产生了很好的社会效果。

吕振羽是另一位中国马克思主义史学的创立者和"五老"之一,他于七七事变后,悄然离开北平,先到长沙,后回到邵阳老家,最后辗转来到重庆,一面从事抗战活动,一面从事史学研究,先后发表《中国社会史上的奴隶制问题》《纪念吴检斋先生》《三民主义的国民革命与日本法西斯的中国历史观》《日寇侵略中国之史的认识与历史给我们的试炼》《关于中国社会史的诸问题》《谈史学——致青年朋友》《伟大的历史时代与史学创作》《本国史研究提纲》《亚细亚生产方式和所谓中国社会的"停滞性"问题》《创造民族新文化与文化遗产的继承问题》《辛亥革命三十年》《五四运动的历史意义与教训》《怎样研究历史》等文章,其中部分文章收入《中国社会史诸问题》论文集,1942年由上海耕耘出版社出版。除《中国社会史诸问题》外,这一时期吕振羽出版的著作还有《简明中国通史》(上)。吕振羽史学研究的一大特色,就是高举爱国主义旗帜,为抗战服务。比如,《纪念吴检斋先生》一文,热情讴歌了为国捐躯的爱国学人吴承仕。他写道:检斋先生是章(太炎)、黄(侃)死后唯一的国学大师,是一位坚强的民族战士,是我们最敬爱的前辈友人。"检斋先生的伟大,却并不在于他是一位国学大师,正在于他是一位民族战士,对民族解放事业的忠诚和积极。""他的死,对我们民族的气节,该有所激励!""他已为民族而牺牲了!他的未了的志愿,

---

① 郭沫若:《关于屈原》,《郭沫若全集·文学编》第19卷,人民出版社1982年版,第23页。
② 郭沫若:《屈原考》,《郭沫若全集·文学编》第19卷,人民出版社1982年版,第114页。

便移到我们后死者的肩上。我们要完成他的未了的志愿，要为他报仇！"①和《纪念吴检斋先生》一样，吕振羽在这一时期写的其他文章和著作，其字里行间也都渗透了爱国主义精神。

同样是中国马克思主义史学的创立者之一和"五老"之一的翦伯赞，于全面抗战爆发后不久，出版了他的史学名著《历史哲学教程》。在该书的序言中，他明确表示："在这样一个伟大的历史变革时代，我们决没有闲情逸致埋头于经院式的历史理论之玩弄；恰恰相反，在我的主观上，这本书，正是为了配合这一伟大斗争的现实行动而写的。"因此，在该书中，他揭示了当时"隐藏在民族统一阵线理论与行动阵营中的'悲观主义'、'失败主义'等等有害的倾向"的"社会的、历史的根源"，"从历史哲学上"批判了"过去及现在许多历史理论家对中国历史之一贯的错误见解及其'魔术式'的结论"，强调中国人民只要团结起来，树立抗战必胜的信心，就一定能取得抗日战争的最后胜利。② 在全面抗战三周年之际，他写了《泛论中国抗战的历史原理及其发展的逻辑》一文，"试图总结社会历史发展规律，向艰苦奋战中的中国人民展现一个光明的前景，从而增强中国人民战胜强敌的民族自信心"。③ 除《历史哲学教程》外，全面抗战期间，翦伯赞还出版了《中国史纲》（前两卷）、《中国史论集》（两册）及《史料与史学》等论著，并有一大批史学文章发表。在这些著作和文章中，他"斥奸邪，扬忠良"，尊崇民族气节，痛诋妥协投降，总结反侵略民族战争的经验教训，以为全面抗战服务。比如，他通过对北宋抗辽名将杨业父子的考辨，得出结论认为："杨家祖孙三代，皆为宋代保卫疆土与外寇奋战于山西河北陕西一带，其忠勇之精神，壮烈之牺牲，悲惨之遭遇，实为当时人民所共见共闻，同声惋惜也。"④ 力图利用杨业父子遭潘美、王侁、王钦若之流打击迫害的历史，来褒扬抗击外族入侵的英雄，鞭挞和谴责对外妥协的投降派。又比如，他在总结两宋抗击外族入侵之历史的教训时写道："在反对侵略的斗争中，第一必须从自己的民族的阵线中，肃清汉奸、卖国贼以及妥协、动摇以及投降分

---

① 吕振羽：《纪念吴检斋先生》，《新蜀报》1940年1月2日。
② 以上引文见翦伯赞《历史哲学教程》，北京大学出版社1990年版，"序"第17页。
③ 田亮：《抗战时期史学研究》，人民出版社2005年版，第115页。
④ 翦伯赞：《杨家将故事与杨业父子》，《中国史论集》第2辑，文风书局1947年版，第230页。

子；其次必须巩固抗战的武装组织并提高对敌人汉奸之残害的警觉性；最后而又是最重要的，则是必须要巩固民族内部之团结统一，一心一意，对付共同的民族敌人。因此，民族的大团结、反汉奸的斗争与加强抗战的武装组织，是我们今日争取抗日胜利最基础的条件。"①

就具体的研究内容来看，七七事变后的历史研究继承了九一八事变后历史研究的三个趋向且有所发展。

一是继续重视中国历史尤其是中国通史的研究。1940年，著名史学家张荫麟在他的《中国史纲》"自序"中开宗明义地写道："现在发表一部新的中国通史，无论就中国史本身的发展上看，或就中国史学的发展上看，都可以说是恰当其时。就中国史本身的发展上看，我们正处于中国有史以来最大的转变关头，正处于朱子所谓'一齐打烂，重新造起'局面……第一次全民族一心一体地在血泊和瓦砾场中奋扎以创造一个赫然在望的新时代。倘把读史比于登山，我们正达到分水岭的顶峰，无论四顾与前瞻，都可以得到最广阔的眼界。在这时候，把全部的民族史和它所指向的道路，作一鸟瞰，最能给人以开拓心胸的历史的壮观。就中国史学的发展上看，过去的十年来可算是一新纪元中的一小段落；在这十年间，严格的考证的崇尚，科学的发掘的开始，湮灭的旧文献的新发现，新研究范围的垦辟，比较材料的增加，和种种输入史观的流播，使得司马迁和司马光的时代顿成过去；同时史界的新风气也结成了不少新的、虽然有一部分还是未成熟的成果……回顾过去十年来新的史学研究的成绩，把他们结集，把他们综合，在种种新史观的提警之下，写出一部（分）新的中国通史，以供一个民族在空前大转变时期的自知之助，岂不是史家应有之事吗？"② 也许正是张荫麟所讲的这两个原因，全面抗战期间，研究中国史，特别是"编著中国通史教材已蔚然成风"。③ 据不完全统计，这一时期编撰的中国通史性著作或教材有二三十种之多，其中较著名的有周谷城的《中国通史》（开明书店，1939年）、钱穆的《国史大纲》（商务印书馆，1940年）、陈恭禄的《中国史》第一册（长沙商务印书

---

① 翦伯赞：《两宋时代汉奸及傀儡组织史论》，《中国史论集》，文风书局1947年版，第137页。
② 张荫麟：《中国史纲》，上海古籍出版社1999年版，第1—2页。
③ 王家范：《导读》，载张荫麟《中国史纲》，上海古籍出版社1999年版，第13页。

馆，1940年)、吕思勉的《吕著中国通史》(写作于上海孤岛时期)、张荫麟的《中国史纲》(重庆青年书店，1941年)、范文澜的《中国通史简编》上册(延安新华书店，1941年)、吕振羽的《简明中国通史》(香港生活书店，1941年)、翦伯赞的《中国史纲》(重庆五十年代出版社1943年出版第一卷，重庆大呼出版公司1946年出版第二卷)等。这些著作尽管其史观、体例、内容、论述各不相同，但皆希望能够对现实有所助益，体现出浓厚的爱国主义情怀。这里我们仅就吕思勉的《吕著中国通史》、钱穆的《国史大纲》、范文澜的《中国通史简编》和吕振羽的《简明中国通史》作一介绍。

吕思勉著述十分丰富。他的一个基本观点即认为"学术为国家社会兴盛的根源"，"然要研究学术，却宜置致用于度外，而专一求其精深"。[①] 然而全面抗战爆发后，吕思勉的治学旨趣则发生了明显变化，史学研究要为抗战服务的意识日益增强起来。他于上海孤岛时期著述《中国通史》的目的，就是想从中总结出一些历史的经验，用来指导我们今后的行动。他说："颇希望读了的人，对于中国历史上重要文化现象，略有所知；因而知现状的所以然，对于前途可以预加推测；因而对于我们的行为，可以有所启示。"[②] 他在书中表达了对中华民族和民族文化的真挚热爱，对外来侵略者的深仇大恨，对抗击侵略的志士仁人的无比崇敬，并坚信中国一定取得抗日战争的最后胜利。书的最后一章，题为《革命途中的中国》，吕思勉以"大器晚成"这句成语，预祝革命必将成功。同时指出民族前途是光明的，应该有一百二十分的自信心。针对当时社会上流行的悲观主义，他指出："我们现在，所处的境界，诚极沉闷，却不可无一百二十分的自信心。岂有数万万的大族，数千年的大国、古国，而没有前途之理？悲观主义者流：'君歌且休听我歌，我歌今与君殊科。'"最后他引梁启超所译英国文豪拜伦的诗"难道我为奴为隶，今生便了？不信我为奴为隶，今生便了"作为全书的总结。吕思勉在这一章中特别强调，革命前途的重要问题，"不在对内而在对外"，认为"中国既处于今日之世界，非努力打退侵略的恶势力，决无可以自存之理"。

---

① 吕思勉：《蔡孑民论》，《吕思勉遗文集》(上)，华东师范大学出版社1997年版，第402—404页。

② 吕思勉：《吕著中国通史》，华东师范大学出版社1992年版，第6页。

具体而言，"在经济上，我们非解除外力的压迫，更无生息的余地，资源虽富，怕我们更无余沥可沾。在文化上，我们非解除外力的压迫，亦断无自由发展的余地，甚至当前的意见，亦非此无以调和"。[①]

钱穆的《国史大纲》原本是他20世纪30年代在北大历史系教授中国通史课的讲稿，1939年在云南蒙自、宜良整理撰写而成。他在"书成自记"中谈到成书的经过时说："二十六年（1937年）秋，卢沟桥倭难猝发，学校南迁，余藏平日讲通史笔计底稿数册于衣箱内，挟以俱行。取道香港，转长沙，至南岳。又随校迁滇。"1938年4月到达蒙自后，"自念万里逃生，无所靖献，复为诸生讲国史，倍增感慨。学校于播迁流离之际，图书无多，诸生听余讲述，颇有兴发，而苦于课外无书可读，仅凭口耳，为憾滋深。因复有意重续前三年之《纲要》，聊助课堂讲述之需。是年五月间，乃自魏晋以下，络续起稿，诸生有志者相与传抄；秋后，学校又迁回昆明，余以是稿未毕，滞留蒙自，冀得清闲，可以构思。而九月间空袭之警报频来，所居与航空学校隔垣，每晨抱此稿出旷野，逾午乃返，大以为苦。乃又转地至宜良，居城外西山岩泉下寺，续竟我业。而学校开课之期已至。昆明尘嚣居隘，不得已，乃往来两地间。每周课毕，得来山中三日，籀绎其未竟之绪。"[②]《国史大纲》全书共八部分、四十六章，以纲目体行文，提纲挈领地系统介绍了中国五千年的历史和文化。在该书的"引论"中，钱穆阐述了他撰写此书的宗旨和动机："若一民族对其已往历史无所了解，此必为无文化之民族。此民族中之分子，对其民族，必无甚深之爱，必不能为其民族真奋斗而牺牲，此民族终将无争存于并世之力量。今国人方蔑弃其本国已往之历史，以为无足重视；既已对民族已往文化，懵无所知，而犹空呼爱国。此其为爱，仅当于一种商业之爱，如农人之爱其牛。彼仅知彼之身家地位有所赖于是，彼岂复于其国家有逾此以往之深爱乎！凡今之断胆决胸而不顾，以效死于前敌者，彼则尚于其国家民族已往历史，有其一段真诚之深爱；彼固以为我神州华裔之生存食息于天壤之间，实自有其不可侮者在也。故欲其国民对国家有深厚之爱情，必先使其国民对国家已往历史有深厚的认识。欲其国民对国

---

① 吕思勉：《吕著中国通史》，华东师范大学出版社1992年版，第496—497页。
② 钱穆：《国史大纲》，商务印书馆1991年版，"书成自记"第3页。

家当前有真实之改进，必先使其国民对国家已往历史有真实之了解。我人今日所需之历史知识，其要在此。"① 这便是他于千辛万难之中，克服重重困难，撰写此书的重要原因。在书中，他通过对中国历史和文化的叙述，揭示出民族精神、民族文化乃是中华民族生命力量的源泉，是推动历史发展的不竭动力，进而提出我民族国家之前途，仍将于我先民文化所贻自身内部所得其生机。

范文澜的《中国通史简编》一书，也是在延安极为困难的条件下写成的。他在该书"序"中写道："我们要了解整个人类社会的前途，我们必须了解整个人类社会过去的历史；我们要了解中华民族的前途，我们必须了解中华民族过去的历史；我们要了解中华民族与整个人类社会共同的前途，我们必须了解这两个历史的共同性与其特殊性。只有真正了解了历史的共同性与特殊性，才能真正把握社会发展的基本法则，顺利地推动社会向一定目标前进。"② 通过对历史资料的认真分析，他提出了自己的中国历史分期，即：夏以前是原始社会；夏、商是原始社会逐渐解体和奴隶占有制社会；从西周到秦统一六国，是封建社会的初期阶段；从秦汉到南北朝，是封建社会的第二阶段；从隋唐到鸦片战争前，是封建社会的第三阶段。范文澜在论述中国历史的演变时，特别强调中国历史是中华民族创造的历史，而中华民族是中国境内各民族经过几千年的交往和融合而逐渐形成的，是中国境内各民族的统称。他指出："现代的中华民族是吸收无数种族，在一定文化一定种族的基础上，经四五千年的长期斗争和融合，才逐渐形成起来。"③ 这一论断，对于加强中国境内各民族的团结、挫败日寇企图分裂中华民族的阴谋、坚持全民族抗战具有十分重要的积极意义。在书中，范文澜还多次借古喻今，表达他坚持团结抗战、反对妥协投降的爱国立场。比如，他认为北宋之所以亡国，一个重要原因，就是"专力防内，对外族一贯取忍辱求和政策"。④ 南北朝时的南北战争，是"华夷种族战争"，战争表明："谁政治好，谁内部

---

① 钱穆：《国史大纲》，商务印书馆1991年版，"引论"第2—3页。
② 范文澜：《中国通史简编》，新知书店1947年版，序。
③ 同上书，第8页。
④ 同上书，第355页。

团结，谁就能获得胜利。"① 言下之意，中国要想在抗日战争中取得最后胜利，国民党就必须进行政治改革，维护抗日民族统一战线内部的团结。

吕振羽的《简明中国通史》上册写作于1930—1940年的重庆，其条件同样十分艰苦。据有关的追记记载：1939年，吕振羽通过友人在迁到重庆的复旦大学谋得一教职，每周几个钟点课，薪金极其微薄，而重庆的物价一日数涨，这样一点薪金，欲想维持一家人的生活，十分艰难。他们不能住豪华的公馆和别墅，就连市区的住宅也住不起，只好在北碚的嘉陵江对岸租了一个农家小屋。两间通风的篱笆房，一张夏凉冬更凉的竹床，一床旧被，一只衣箱，真是家徒四壁、两袖清风。吕振羽去复旦上课，总是穿着一双旧皮鞋，以步当车，跋涉数里之遥。有时他们连柴米油盐都难于为继，有时一日三餐只能吃红薯饭。就在这种情况下，他仍日以继夜地倾心于《通史》。一盏小小的煤油灯，常常伴随着他的不眠之夜。② 关于此书的写作，吕振羽在1959年该书修订本的"后记"中有个说明："本书上册脱稿和出版于一九四一年春。当时正在抗日民族革命战争的相持阶段，国民党的汪精卫派已公开投降日寇，以蒋介石为首的顽固派一面正大肆宣传'尊孔读经'的复古主义，一面又在疯狂地进行反共反人民和妥协投降的阴谋勾当，并通过其历史教学和研究去散布这类毒素。日寇也不断进行政治诱降的宣传活动和其军事的侵略行动相结合。针对这种情况，本书便以宣传爱国主义、坚持团结抗战、反对妥协投降为主要任务。"③ 因此，在书中，作者热情讴歌了伟大祖国的山河之美和中华民族的勇敢勤劳，中国地大物博，人口众多，中华民族在几千年的历史长河中创造了灿烂的古代文明。他指出："这是祖宗遗给全民族共有的遗产，我们不只要共同来继承，更须一体坚持我们不侵犯他人一寸土地一分权利，也不让他人侵犯我们一寸土地一分权利的原则来保障它。"④

除了这些通史性的著作或教材外，这一时期，还有蒋廷黻的《中国近代史》（长沙商务印书馆，1938年）、蒙文通的《周秦民族史》（四川大学出

---

① 范文澜：《中国通史简编》，新知书店1947年版，第225页。
② 转引自朱政惠《吕振羽学术思想评传》，北京图书馆出版社2000年版，第140—141页。
③ 吕振羽：《简明中国通史》（下），人民出版社1959年版，"后记"。
④ 吕振羽：《简明中国通史》（上），生活书店1945年版，第5页。

版社，1938年)、郭廷以的《近代中国史》(长沙商务印书馆，1940年)、周谷城的《中国政治史》(中华书局，1940年)、吕思勉的《先秦史》(重庆开明书店，1941年)、容肇祖的《明代思想史》(重庆开明书店，1942年)、方豪的《中外文化交通史》(重庆独立出版社，1943年)、罗香林的《唐代文化史研究》(重庆商务印书馆，1944年)、嵇文甫的《晚明思想史论》(重庆商务印书馆，1944年)等一批断代史和专门史著作出版。和这一时期出版的大多数通史性著作一样，这些断代史和专门史也都体现出了浓厚的爱国主义情怀。蒋廷黻的《中国近代史》，尽管其学术观点在当时和后世引起了极大争议，但作者的写作动机是为抗战建国提供借鉴。他说："现在我们要研究我们的近代史，我们要注意帝国主义如何压迫我们。我们要仔细研究每一个时期内的抵抗方案。我们尤其要分析每一个方案成败的程度和原因。我们如果能找出我国近代史的教训，我们对于抗战建国就更能有所贡献了。"①

在重视中国历史尤其是中国通史研究的同时，这一时期的中国史学界还特别重视历史人物的研究。这又可分为两类：一类是在历史上"抗秦、抗匈奴、抗契丹、抗元、抗金等正义战争和御倭、抗英、反教、驱荷、拒俄等反侵略斗争"中涌现出的爱国者或民族英雄，如屈原、张骞、苏武、班超、李纲、宗泽、岳飞、韩世忠、张世杰、陆秀夫、文天祥、戚继光、郑成功、史可法、林则徐等；一类是在历史上"抗秦、抗匈奴、抗契丹、抗元、抗金等正义战争和御倭、抗英、反教、驱荷、拒俄等反侵略斗争"中主张妥协投降，甚至卖国求荣的卖国贼或民族败类，如石敬瑭、刘豫、张邦昌、秦桧、贾似道、吴三桂、慈禧、李鸿章、袁世凯、汪精卫等。② 对于前者，给予了充分的肯定、褒扬和赞誉；对于后者，则进行了无情的揭露、批判和鞭挞。比如，顾颉刚主编的《文史杂志》第2卷第1期，就发表了杨效曾写的《艰苦抗金的民族英雄李彦仙》一文，热情歌颂了区区小吏李彦仙，在陕州残破之余，集合民兵，奋起抗金的英雄事迹。通对对这两类历史人物的一褒一贬、一赞一批，极大地鼓舞了中国人民战胜日本帝国主义的勇气，打击了主

---

① 蒋廷黻：《中国近代史》，长沙商务印书馆1938年版，第4页。
② 参见叶桂生、刘茂林《抗战时期的中国历史学》，《晋阳学刊》1986年第5期。

张对日妥协投降的汉奸卖国者的气焰,产生了很好的社会效益。

二是继续重视边疆史地以及中华民族和中华民族史的研究。1942年,一位署名"西尊"的作者在《边疆与国防》一书中写道:"我国边疆辽阔,人类寥落,且其边界均与列强接壤。有清末季,内政失修,外侮纷乘,藩篱尽撤,并有危及本土之趋势。'九一八'事变发生,满洲沦陷;'七七'抗战继起,内蒙又陷敌手;近来敌人侵占越南,断绝我滇越国际路线,复煽惑泰国,乘我抗战紧张之时,藉口民族自决,诱骗我边民,策动侵略,为其张目,更在西北煽动蒙回自主独立,意图分化我之团结,而我国人多注意内地各省之战事发展,殊不知敌人窥伺边疆野心之阴毒,并不亚于侵凌内地也。现西北西南边疆各地,已为吾国长期抗战之根据地,故其重要性愈益明显,吾人更应有密切注意之必要。"[1] 因此,七七事变后,学术界在此前研究的基础上,进一步加强了对边疆史地的关注和研究,尤其是对西南史地的关注和研究。据不完全统计,七七事变后到抗日战争胜利前成立的研究边疆问题的学术团体共有9个,它们是:西北研究社(成立于1939年,地址兰州,出版刊物《西北研究》)、中国边疆问题研究会(成立于1939年,地址重庆,出版刊物《边疆问题》)、中国边疆文化促进会(成立于1939年,地址重庆,出版刊物《边疆研究》)、中国边疆学会(成立于1939年,地址重庆,出版刊物《中国边疆》)、中国边疆学术研究会(成立于1939年,地址重庆)、中国边疆建设协会(成立于1940年,地址重庆,出版刊物《中国边疆建设集刊》)、南开大学文学院中国边疆研究室(成立于1940年,地址昆明,出版刊物《边疆人文》)、中国边政学会(成立于1941年,地址重庆,出版刊物《边政公论》)、金陵大学文学院边疆社会研究室(成立于1942年,地址成都,出版刊物《边疆研究通讯》)。在这些学术团体和出版物中,最有影响的是1941年成立的边政学会及其刊物《边政公论》。《边政公论》自1941年创刊到1948年停刊,先后出版7卷,刊发了一大批边疆研究者关于边疆研究的学术成果,内容涉及边疆地区的政治、经济、社会、宗教、民族、史地等问题。浙江大学史地系主办的《史地杂志》也是当时边疆史地尤其是西南边疆史地研究的重要学术园地。邵循正则整理西域史料,

---

[1] 西尊:《边疆与国防》,广东省地方行政干部委员会1942年编印,第1页。

对西北边疆史地有一定研究。中央研究院受中国太平洋国际学会的委托，编纂了《中国疆域沿革史》。

除上述这些学术团体和刊物外，一些报刊也开设专栏，加强对边疆史地问题的研究。比如，天津《益世报》于1938年12月在昆明复刊后，即开设"边疆周刊"专栏，邀请自九一八事变后就一直热心边疆史地研究的顾颉刚担任编辑。顾氏在《发刊词》中指出，国人过去只顾经营东部，对西北和西南视而不见，抗战全面爆发后，方才相顾扼腕，深知西北和西南乃是中国要实现复兴的根据地，但由于向来没有做任何准备，一时规划不出许多具体的方案，也召集不来许多实地工作的人员，创办"周刊"的目的，便"是要使一般人对自己的边疆得到些知识，要使学者们时刻不忘我们的民族史和疆域史，要使企业家肯向边疆的生产事业投资，要使有志青年敢到边疆去作冒险的考察，要把边疆的情势尽量贡献给政府而请政府确立边疆政策，更要促进边疆同胞和内地同胞的精诚合作的运动，并共同抵御野心国家的侵略，直到中华民国的全部笼罩在一个政权之下，边疆也成了中原而后歇手"。[①] 除了编辑《益世报》的"边疆周刊"，顾颉刚还编辑过成都《党军日报》的"边疆周刊"，因为在他看来，"要紧紧守住这些（指边疆——引者）地方的疆土和人民，只有一条路，那就是我们这班人肯挺身而起，尽量做边疆的工作，能调查的去调查，能服务的去服务，能宣传的去宣传，能开发的去开发……到那时，我国的疆土是整个的，不再有'边疆'这个不祥的名词存在；我国的民族是整个的，不再有'边民'这个类乎孽子的名词存在。这才是我们理想的境界"。他希望通过读者与作者的"联合"，达成"接引人们到边疆去的媒介"，鼓动"大家来尽量发挥它的功能"。[②] 顾颉刚还向国民参政会第三届第一次大会提出提案，呼吁"加紧边疆学术考察工作俾建国任务早日完成"，主张"敦聘各项专家，筹划充足经费，组织考察团体，作有计划与有系统之考察及独立自主之研究，限期进行，将探讨结果提供政府参考，俾建国工作早得完成，中华民族悉归团结"。

这一时期学术界对中华民族和中华民族史的研究，最值得关注的是关于

---

① 顾颉刚：《发刊词》，昆明《益世报·边疆周刊》第1期，1938年12月29日。
② 顾颉刚：《发刊词》，《党军日报·边疆周刊》第1期，1942年3月20日。

"中华民族是一个"的讨论。1939年1月1日，顾颉刚在昆明《益世报》的"星期评论"上发表《"中国本部"一名亟应废弃》一文，指出"中国本部"这一名词是日本侵略者为了分裂中国以达到侵略中国的目的而"硬造出来"的，目的"使得大家以为日本所垂涎的只是'中国本部'以外的一些地方，并不曾损害中国的根本"，这样，"中国人觉得尚可忍受，外国人觉得尚可原谅，而日本人的阴谋就得成遂。所以，我们该依据了国家的实界和自然区域来分划我们的全境"，而不再使用"中国本部"这一日本人"蒙混我们的名词"了。在该文的末尾，顾颉刚还特别提出，所谓汉、满、蒙、回、藏这"'五大民族'一名，它的危险性同'中国本部'这个名词一样"。[1] 顾颉刚的老朋友傅斯年看到这篇文章后，便提笔给顾颉刚写了一封信，除表示赞同顾的主张外，并进一步提出，"'中华民族是一个'，这是信念，也是事实"，因为经过数千年的交往同化，很难找到一个血缘上纯粹的汉族或其他民族了，"即如我辈，北方人谁敢保证其无胡人的血统，南方人谁敢保证其无百越、黎、苗的血统。今日之西南，实即千年前之江南、巴、粤耳。此非曲学也"。顾颉刚"读到这位老友的来信，顿然起了极大的共鸣和同情"。[2] 第二天（1939年2月9日）一早，因病"久已提不起笔管来"的他，便不顾自己身体的虚弱，扶杖到书桌前写了《中华民族是一个》，并于1939年2月13日发表在《益世报·边疆周刊》的第9期上。

文章开宗明义便写道："凡是中国人都是中华民族——在中华民族之内我们绝不该再析出什么民族——从今以后大家应当留神使用这'民族'二字。"因为"自古以来的中国人本只有文化的观念而没有种族的观念"，到秦始皇统一时，"'中华民族是一个'的意识就生根发芽了；从此以后，政权的分合固有，但在秦汉的版图里的人民大家是中国人了"。晋朝五胡乱华，虽然混乱了好多年，但中华民族却因此扩大了一次；宋朝时辽、金、元和西夏"迭来侵夺"，但结果是忘了种族的仇恨，而彼此成了一家人。中华民族既不组织在血统上，也不建立在同文化上。"现有的汉人的文化是和非汉人的共同使用的，这不能称为汉人的文化，而只能称为'中华民族的文化'。"

---

[1] 顾颉刚：《"中国本部"一名亟应废弃》，昆明《益世报·星期评论》1939年1月1日。
[2] 顾颉刚：《中华民族是一个·前言》，昆明《益世报·边疆周刊》第9期，1939年2月13日。

不仅汉人文化不能称为汉人文化，就是这"汉人"二字也是说不通的，汉人的血统既非同源，文化也不是一元的。"我们只是在一个政府之下共同生活的人，我们决不该在中华民族之外再有别的称谓。以前没有中华民族这个名称时，我们没有办法，只得因别人称我们为汉人而姑且自认为汉人，现在有了这个最适当的中华民族之名了，我们就当舍弃以前不合理的'汉人'的称呼，而和那些因交通不便而致生活方式略略不同的边地人民共同集合在中华民族一名之下，团结起来以抵抗帝国主义的侵略。这是我们的正理！也是我们的大义！"

接着，顾颉刚分析了所谓汉、满、蒙、回、藏"五大民族"的由来，认为"五大民族"之说，是中国人自己作茧自缚，成为帝国主义假借"民族自决"分化中国的口实。他指出，本来"民族"是 nation 的译名，"种族"是 race 的译名，不幸中国文字联合成一个名词时，从字面上表现的意义和实际的意义往往有出入，而人们看了这个名词也往往容易望文生义，于是一般人对于民族一名就起了错觉，以为民是人民，族是种族，民族就是一国之内的许多不同样的人民，于是血统和语言自成一格单位的他们称之为一个民族，甚至宗教和文化自成一个单位的他们也称之为一个民族，而同国之中就有了许多的民族出现。一方面，又因"中国本部"这个恶性名词的宣传，使得中国人又产生了一个错觉，以为本部中住的人民是主要的一部分，本部以外又有若干部分的人民，他们就联想及于满、蒙、回、藏，以为这四个较大的民族占有了从东北到西南的边隅，此外再有若干小民族分布在几个大民族的境内，于是就有了"五大民族"称谓。此外再有一个原因，就是清季的革命志士鼓吹的是"种族革命"，信仰的是"民族主义"，这无形之中就使得"种族"和"民族"相混淆而难别，而清政府又是从满洲兴起的，他们所统治的郡县为汉地，藩属为蒙、藏，从藩属改作郡县的有回部，从政治组织上看来确有这五部分的差别。于是，到了辛亥革命成功之后，革命党人便提出了"五族共和"的口号，又定出红、黄、蓝、白、黑的五色旗来。这"红、黄、蓝、白、黑"之"五色旗"与"汉、满、蒙、回、藏"之"五大民族"相配，就使得每一个国民都知道自己是属于哪一种"颜色"或"民族"的。"这种国旗虽只用了十五年便给国民政府废止了，但经它栽种在人民脑筋里的印象在数十年中再也洗不净了，于是造成了今日边疆上的种种危机。"

顾颉刚进一步指出:"这恶果的第一声爆裂,就是日本人假借了'民族自决'的名义夺取了我们的东三省而硬造一个伪'满洲国'。继此以往,他们还想造出伪'大元国'和伪'回回国'。自九一八以来,他们不曾放松过一步,甚至想用掸族作号召以捣乱我们的西南。此外也有别的野心国家想在我国边境上造出什么国来,现在不便讲。倘使我们自己再不觉悟,还踏着民国初年人们的覆辙,中了帝国主义者的圈套,来谈我们国内有什么民族什么民族,眼见中华民国真要崩溃了,自从战国、秦、汉以来无形中造成的中华民族也就解体了。从前人的口中不谈民族而能使全国团结为一个民族,我们现在整天谈民族而反使团结已久的许多人民开始分崩离析,那么我们岂不成了万世的罪人,有什么颜面立在这个世界之上?"就此,他"郑重"地告诉"全国同胞"说:"中国之内决没有五大民族和许多小民族,中国人也没有分为若干种族的必要。"中国对外只有一个民族,这就是"中华民族"。在该文的最后,他热切地希望内地青年到边疆去和那里的人民通婚,"使得种族的界限一代比一代的淡下去,而民族的意识一代比一代高起来"。这样,"中华民国就是一个永远打不破的金瓯了"!①

顾颉刚的这篇文章发表后,引起了很大的社会反响,重庆《中央日报》、南平《东南日报》、西安《西京平报》以及安徽屯溪、湖南衡阳、贵州、广东等地报纸纷纷转载,顾氏自己所主持的昆明《益世报·边疆周刊》也收到不少讨论文章和来信。就大多数文章和来信看,是支持顾颉刚的。比如,张维华在《读了顾颉刚先生的"中华民族是一个"之后》(1939年2月27日)中写道:自从抗战以来,敌人无日不想分化我们,在沦陷区,他一手制造了许多傀儡政府,和我们的中央政府相对抗;在我们的后方,他又利用我们种族上的分歧,想策动一个一个独立的"某种某种"的国家,借以减少我们抗战的力量。"在此危急存亡之严重时期,团结内部是极端要紧的一件事。顾先生这篇文章,是从历史的事实上说明我们是一家,坚强的建立起'中华民族是一个'的理论来,便于无形中加强我们团结的思想,这正是解救时敝的一副良剂,我们对于这个问题是当该十分留意的。"张维华对

---

① 顾颉刚:《中华民族是一个》,昆明《益世报·边疆周刊》第9期,1939年2月13日。

"中华民族是一个"的理论也作了自己的理解，他说："所谓'一个'的意义，据我个人看来，可从两方面说：一是从政治的联系上和社会生活各方面的联系上说，非成为一个不可。……第二方面是从血统上或是文化上，说明国内各部族是混一的，不是单独分立的，因为是混一的，所以成为一个。"①作为顾颉刚的学生，白寿彝在信中对老师提出的"中华民族是一个"表示由衷的敬佩，认为："'中华民族是一个'，从中国整个的历史上去看，的确是如此，而在此非常时代，从各方面抗战工作上，更切实地有了事实上的表现，但在全民心理上却还不能说已经成了一个普遍的信念，而还没有走出口号的阶段。"因此，他主张将"中华民族是一个"的思想贯穿到历史研究和历史编纂中，"中国史学家的责任，应该是以'中华民族是一个'为我们的新的本国史底一个重要观点，应该是从真的史料上写成一部伟大的书来证实这个观念。""'中华民族是一个'，应该是全中国底新史学运动底第一个标语。"顾颉刚在白寿彝来信的按语中，十分赞同白寿彝的意见，但同时又表示要在短时间内写出"这样的一部书来实在够困难。"②马毅的《坚持"中华民族是一个"的信念》一文，对抗战以来帝国主义利用民族问题冀图分化中华民族的阴谋进行了揭露，说历史的任务本是民族教育的工具，忘记研究学问的目的，这种态度是要不得的。中国各民族并无仇恨，只有加紧团结方可共御外侮。因此，坚持"中华民族是一个"的信念具有十分重要的意义。③

刚从国外留学回来的人类学者费孝通则对"中华民族是一个"提出了异议，并写了《关于民族问题的讨论》一文，和顾颉刚展开讨论。他根据自己的民族学、社会学调查，认为中国人不但在文化、语言、体质上有分歧，而且这些分歧时常成为社会分化的依据。在社会接触的过程中，文化、语言、体质是会发生混合的，但是这些混合并不一定会在政治上发生统一。因此，不能把国家与文化、语言、体质的团体画等号，即国家和民族不是一回事，不必否认中国境内有不同的文化、语言、体质的团体，亦即不同民族

---

① 张维华：《读了顾颉刚先生的"中华民族是一个"之后》，昆明《益世报·边疆周刊》第 11 期，1939 年 2 月 27 日。
② 《来函》，昆明《益世报·边疆周刊》第 16 期，1939 年 4 月 3 日。
③ 马毅：《坚持"中华民族是一个"的信念》，昆明《益世报·星期评论》，1939 年 5 月 7 日。

的存在。谋求政治的统一，不一定要消除"各种种族"以及各经济集团间的界限，而是在于消除因这些界限所引起的政治上的不平等。只要"我们的国家真能做到'五族共和'，组成国家的分子都能享受平等，大家都能因为有一个统一的政治团体得到切身的利益，这个国家会受各分子的爱护。不但不易受如何空洞名词的分化，而且即使有国外强力的侵略，自然会一同起来抗战的。若是空洞的名词就能分化的团体，这团体本身一定有不健全的地方。一个不健全的团体，现有敌人在分化时，消极的固然可以防止敌人分化的手段发生效力，而重要的还是积极的健全自己的组织"。[①]

费氏的这篇文发表在1939年5月1日出版的昆明《益世报·边疆周刊》第19期上。针对费孝通的质疑，顾颉刚又作《续论"中华民族是一个"——答费孝通先生》一长文，在《益世报·边疆周刊》第20期（1939年5月8日）和第23期（1939年5月29日）上连载。他指出，他虽然没有研究过社会人类学，不能根据专门的学理来建立自己的理论，"可是我所处的时代是中国有史以来最艰危的时代，我所得的经验是亲身接触的边民受苦受欺的经验，我有爱国心，我有同情心，我便不忍不这样说"。九一八事变以后，日本帝国主义加紧对中国进行侵略，用民族问题分化中国，这是他之所以主张慎用"民族"二字，并提出"中华民族是一个"的重要原因。顾颉刚认为，"语言、文化及体质"都不是构成民族的条件，构成民族的主要条件只是一个"团结的情绪"。一个民族里可以包含许多异语言、异文化、异体质的分子（如美国），而同语言、同文化、同体质的人们亦可因政治及地域的关系而分作两个民族（如英、美）。中国自从秦始皇统一之后，朝代虽有变更，种族虽有进退，但民族只有一个，这就是中华民族。为了更明确地表达自己的意思，他用了一个设问："或者有人要提出异议，说道'中华民族即是汉族的别名，汉人为一个民族是没有问题的，汉人以一个民族建国也是没有问题的。现在的问题乃是满蒙回藏苗是否都是民族？如是民族，则中华民国之内明有不少的民族，你就不应当说中华民族是一个'……我现在要问：汉人的成为一族，在血统上有根据吗？如果有根据，可以证明它是一个纯粹的血统，那么它也只是一个种族而不是民族。如果研究的结果，它不

[①] 费孝通：《关于民族问题的讨论》，昆明《益世报·边疆周刊》第19期，1939年5月1日。

是一个纯粹的血统,而是已含有满、蒙、回、藏、苗……的血液的,那么它就是一个民族而不是种族。它是什么民族?是中华民族,是中华民族之先进者,而现存的满、蒙、回、藏、苗……便是中华民族之后进者。他们既是中华民族之后进者,那么在他们和外边隔绝的时候,只能称之为种族而不能称之为民族。因为他们尚没有达到一个 nationhood,就不能成为一个 nation。他们如要取得 nation 的资格,惟有参加中华民族之内。既参加在中华民族之内,则中华民族还只有一个。"

顾颉刚的《续论"中华民族是一个"——答费孝通先生》发表后,作为争论另一方的费孝通再也没有发表论辩文章。关于个中原因,54 年后,亦即 1993 年,费孝通在参加顾颉刚诞生一百周年学术讨论会上的讲话中对此作了说明。他说:"后来我明白了顾先生是急于爱国热情,针对当时日帝国主义在东北成立'满洲国',又在内蒙古煽动分裂,所以义愤填膺,极力反对利用'民族'来分裂我国的侵略行为。他的政治立场我是完全拥护的。虽则我还是不同意他承认满、蒙是民族是作茧自缚或是授人以柄,成了引起帝国主义分裂我国的原因,而且认为只要不承认有这些'民族'就可以不致引狼入室。借口不是原因,卸下把柄不会使人不能动刀。但是这种牵涉到政治的辩论对当时的形势并不有利,所以我没有再写文章辩论下去。"①

费孝通虽然顾及政治上的影响没有再写文章与顾颉刚论辩,但学术界关于"中华民族是一个"的论辩仍在进行,有支持顾氏观点的,也有不同意顾氏观点的,也有持折中观点的。在不同意顾氏观点者中,马克思主义史学家翦伯赞的观点最具代表性。翦伯赞并没有看到顾颉刚的《中华民族是一个》一文,他只是看到了顾氏发表在《益世报·边疆周刊》第 23 期(1939年 5 月 29 日)上的《续论"中华民族是一个"——答费孝通先生(续)》。他认为,该文"虽然只是顾先生大作的一部分,但因为是他的结论,所以能使我们充分地看出他们对于民族一般乃至中华民族的整个理解"。翦伯赞指出:顾颉刚把中华民族当作一个问题提出,这是非常重要的,但"可惜当时的论争,大半陷于抽象的形式问题如名词的讨论。把论争的焦点转向问题的侧面,而不曾把中华民族与其现实的斗争关联起来,作统一的生动的研究,

---

① 费孝通:《顾颉刚先生百年祭》,《费孝通文集》第 13 卷,群言出版社 1999 年版,第 26—27 页。

以至问题并不曾得到正确的解决"。在他看来，顾颉刚提出"中华民族是一个"的命题本身就不太正确，"因为这一命题，就包含着否定国内少数民族之存在的意义，然而这与客观的事实是相背离的"。就民族理论而言，翦伯赞认为顾颉刚"犯了一些极幼稚的错误，而且这些错误，对于中国目前正在坚决执行中的民族解放斗争，是可能引起有害的影响的"。具体来说体现在五个方面：第一，把民族与民族意识混同起来，并且把"民族意识"当作"民族"。第二，把民族与国家混同起来，以为民族与国家是同时发生的，因而把"国家的组织"作为造成民族的因素之一。第三，把民族混合与民族消灭混为一谈，没有认识到民族的混合，不是片面的，而是相互的，不是所有外族，一与汉族接触便消灭了，便被汉族同化了，实际上直到今日，在中国的境内除汉族之外还存在着满、蒙、回、藏、苗等少数民族，这是一个不可否认的事实。第四，在解释种族与民族方面，以为前者为"纯合的血统"，后者则为"混合的血统"，实际上在具体的历史事实中，不但没有纯粹血统的"民族"，而且也没有纯粹血统的"种族"。第五，说民族的形成，不是内在的经济推动，而是外在的政治推动，即"强邻的压迫"。其实，假如没有共同的经济利害，即使有"强邻的压迫"，也不一定能形成一个民族。翦伯赞最后指出，我们要解决民族矛盾，实现民族团结，挫败敌人分裂中华民族的阴谋，关键的问题不是提出"中华民族是一个"的命题，而是要承认各民族之生存乃至独立与自由发展的权利，在民族与民族间建立经济的、政治的乃至文化的平等关系。"中华民族若离开经济的政治的平等概念，就否定了民族主义的革命意义，而与三民主义相违背的。"[①]

顾颉刚没有回应翦伯赞的批评。不久（1939年9月），他离开昆明赴成都，主持齐鲁大学的国学研究所，昆明《益世报》的《边疆周刊》因而停办，"中华民族是一个"的学术论辩也逐渐沉寂了下来。

综观这场"中华民族是一个"的讨论，具有鲜明的时代特征。顾颉刚之所以提出"中华民族是一个"，除了基于他对中国历史的研究和从社会调查中得到的感性认识外，一个重要原因，是他认为承认和确立"中华民族是一个"，有利于挫败日本帝国主义借"民族自决"来分裂中华民族、以达到

[①] 翦伯赞：《论中华民族与民族主义》，《中苏文化》第6卷第1期，1940年1月。

侵略中国之目的的阴谋，有利于中国人民的团结抗日和民族、国家的统一。费孝通尽管不赞成顾颉刚的观点，认为"中华民族是一个"既不符合民族学、社会学的理论，也与历史事实有一定的距离，但考虑到当时正处于全面抗战的特殊时期，"这种牵涉到政治的辩论对当时的形势并不有利"，因而没有与顾氏再继续争辩下去。作为马克思主义史学家，翦伯赞阐述了马克思主义的民族理论，并依据此理论批评顾颉刚"犯了一些极幼稚的错误"，但他同时也肯定顾氏把中华民族当作一个问题提出的重要意义。就纯学术的观点而言，顾颉刚的"中华民族是一个"理论，强调了中华民族的一体性，而忽略了中华民族的多元性，甚至否认满、蒙、回、藏、苗等民族的存在。顾颉刚提出"中华民族是一个"，本意是想以此来加强中国人民对中华民族的认同感，从而促进民族的团结和国家的统一，但由于其理论中暗含着大汉族主义的民族观，因此它提出后，引起了一些少数民族人士的不满和批评。比如，苗族人鲁格夫尔对"中华民族是一个"的观点就有所保留，认为"今日要团结苗夷共赴国难，并不须学究们来大唱同源论，我们不必忌讳，苗夷历史虽无专书记载，但苗夷自己决不承认是与汉族同源的。同源不同源，苗夷族不管，只希望政府当局能给以实际的平等权利"。"对变相的大汉族主义之宣传须绝对禁止，以免引起民族间之摩擦，予敌人以分化之口实。"[①] 费孝通和翦伯赞分别从民族学理论、社会学理论和马克思主义民族理论方面对顾氏的"中华民族是一个"理论提出了批评，而且他们的批评一针见血，比如他们都强调现实中的各民族之间的政治、经济、文化等方面的平等比之提出"中华民族是一个"理论更有利于民族的团结和国家的统一。但我们又不能不承认，无论是费孝通，还是翦伯赞，他们对顾颉刚的批评又存在一定的片面性，对顾氏观点的合理成分没有给予应有的肯定。从学术史的联系上看，这场关于"中华民族是一个"的讨论，对中国民族理论的发展和成熟产生过重要影响，"当年参加'中华民族是一个'学术论辩的学者，在新中国成立后，学术上更加精湛，不断提出新的理论。20世纪50年代，顾颉刚计划编辑《中国民族史料集》，对自己过去的提法有所修正，

---

① 鲁格夫尔的来函（后附顾颉刚的按语），昆明《益世报·边疆周刊》第21期，1939年5月13日。

说：'中华民族为多种民族所结合，中国文化为多种民族文化所荟萃，这是毫无疑问的事.'费孝通提出'多元一体格局'的民族理论，白寿彝提出'多种形式的多民族统一'的历史理论，反映了中国民族理论的日臻成熟。"[1]

讲到全面抗战爆发后的中华民族和中国民族史研究，有一个人不能不提，这就是傅斯年。我们前面已经讲到，顾颉刚之所以发表《中华民族是一个》一文，是因为他读了傅斯年"这位老友"的来信后，"顿然起了极大的共鸣和同情"。实际上，早在顾氏发表《中华民族是一个》之前的1935年12月15日，傅斯年就在胡适主编的《独立评论》第181号上发表过《中华民族是整个的》一文。他在文中写道："我们中华民族，说一种话，写一种字，据同一的文化，行同一的伦理，俨然是一个家族。也有凭附在这个民族上的少数民族，但我们中华民族自古有一种美德，便是无歧视小民族的偏见，而有四海一家的风度。即如汉武帝，正在打击匈奴最用气力时，便用一个匈奴俘虏作顾命大臣；在昭帝时，金日䃅竟和霍光同辅朝政。到了现在，我们对前朝之旗籍毫无歧视，满汉之旧恨，随清朝之亡而消灭。这是何等超越平凡的胸襟！所以世界上的民族，我们最大；世界上的历史，我们最长。这不是偶然，是当然。'中华民族是整个的'一句话，是历史的事实，更是现实的事实。"[2] "中华民族是整个的"，与"中华民族是一个"意义完全相同。就此而言，傅斯年是"中华民族是一个"理论的最先提出者。

虽然"中华民族是一个"的讨论与傅斯年有着直接关系，他本人却没有撰文参加这场争辩。但这并不表明他对这场争辩不关心，实际上傅斯年不仅关注着这场争辩的进展，而且还在行政上对争辩进行干预。费孝通是吴文藻的学生，所以当费孝通对顾颉刚的观点提出批评后，傅斯年即认为费的幕后推手是吴文藻，而吴当时由中英庚款董事会委派在云南大学工作。他于是致函此会的董事长朱家骅和总干事杭立武，希望将吴调离云南。他在函中写道："今中原避难之'学者'，来此后大在报屁股上做文，说这些地方是裸锣，这些地方是（焚）夷，更说中华民族不是一个，这些都是'民族'，有

---

[1] 周文玖、张锦鹏：《关于"中华民族是一个"学术论辩的考察》，《民族研究》2007年第3期。
[2] 傅斯年：《中华民族是整个的》，《独立评论》第181号，1935年12月15日。

自决权,汉族不能漠视此等少数民族。更有高调,为学问而作学问,不管政治……弟以为最可痛恨者此也。""夫学问不应多受政治之支配,固然矣。若以一种无聊之学问,其恶影响及于政治,自当在取缔之列。吴某所办之民族学会,即是专门提倡这些把戏的。他自己虽尚未作文,而其高弟子费某则大放厥词。若说此辈有心作祸,固不然,然以其拾取'帝国主义在殖民地发达之科学'之牙慧,以不了解政治及受西洋人恶习太深之故,忘其所以,加之要在此地出头,其结果必有恶果无疑也。"① 傅斯年对吴、费等人的厌恶之情溢于言表。但实事求是地讲,与傅斯年、顾颉刚一样,吴文藻、费孝通也是爱国学者,他们从事"边政学"研究、撰文批评"中华民族是一个"的理论,也是出于爱国的目的。

据傅斯年的侄子傅乐成说,1938 年秋到 1939 年春,即与"中华民族是一个"的争辩几乎同时,傅斯年在昆明正撰写《中华民族革命史稿》一书。但该书并未写完,只写出第一章"界说与断限"和第四章"金元之祸及中国人之抵抗",共约 2 万字,其内容主要是以历史为根据,阐述中华民族的整体性以及抵御外侮百折不挠的民族精神,用以鼓舞民心士气,增强国人的团结和自信心。傅斯年指出,中华民族虽在名词上有汉、满、蒙、回、藏等族,但事实上实为一族,经过数千年的同化融合,中国各民族之间已形成你中有我、我中有你的血统,尤其是汉族,具有强大的同化力,历史上的许多少数民族后来都成了汉族的一部分,汉族的历史,实际上也就是中华民族的形成史。他写道:"汉族一名,在今日亦已失其逻辑性,不如用汉人一名词。若必言族,则皆是中华民族耳。夫族之所以为族者,以其血统相贯,如家族之扩充耳。然汉族之伟大处,正在其血统不单元,历代之中,无时不吸取外来之血脉,故能智力齐全,保其滋大。无论今日刘、李、张、王各大姓,在历史上每是胡人所用之汉姓,在今日已泯其一切外来之踪迹……今日之北人,谁敢保其无胡人血统?今日之南人,谁敢保其无蛮越血统?故满洲人在今日变为汉人之情况,即元氏在唐代变为汉人之情况也。今日西南若干部落中人变为汉人之现象,即我辈先世在千年前经过之现象也。"所以,"论原

---

① 转引自傅乐成《傅孟真先生的民族思想》,王为松编《傅斯年印象》,学林出版社 1997 年版,第 202—203 页。

始论现事，与其曰汉族，毋宁曰汉人，名实好合也。若必问其族，则只有一体之中华民族耳"。① 傅斯年论述的目的，就是要强调中华民族是整个的，具有统一性和不可分割性，面对日本帝国主义的疯狂侵略，中华民族之间不要再分你族我族，而应团结一致，共同御敌。

为了增强中国人民战胜日本侵略者、实现民族复兴的自信心，傅斯年特别重视对中华民族之精神的阐发。首先，中华民族爱好和平，不侵略他人，但也不甘于被他人侵略。"中国民族者，不以侵略人为是，而不甘侵略之民族也。夫在中国之盛世，固曾南征北伐，拓地千里，然历代儒者，无不以为非是，虽世上稀有之英雄如秦皇、汉武者，在欧洲必为万世崇拜之人，在中国转为千年指摘之的。故秦汉之后，拓地者希，仅有盛唐初明之两朝耳。以如此众多之民族，如此广漠之疆土，意肯安居于大海之内，朔漠之南，不谓为酷好和平不可也……然而好和平与甘侵略非一事，和平固我先民之所好，侵凌则非我先民之所甘。汉室初建，匈奴百般欺凌之，历高后、文、景三代，尽量忍受。及乎孝武，遂张挞伐。迄于孝宣，单于稽首，于是大怨雪矣……李唐初建，称臣突厥，及太宗即位，数年之间即使之臣服。北宋亡于女真，南宋乃连兵蒙古以灭之于蔡州。南宋亡于蒙古，及元顺帝，四方民兵蜂起，以复宋为口号。凡此皆不甘侵凌之例也。"其次，中华民族的民族意识特强，永不甘于灭亡。"中国民族者，虽亦偶为人灭其国。却永不能为人灭其民族意识，纵经数百年，一旦环境之迁易，必起而解脱羁绊也。"所以，宋亡于元有明兴，明亡于清有中华民国的成立，"此其所谓'野火烧不尽，春风吹又生'者耶？识乎此，则知中国民族，乃永不甘于灭亡之民族也"。再次，中华民族富有收复失地的传统。"中国民族者，永不忘其失地者也。晋室南迁，亦曾苟安于建康矣，然而北伐之念，无世无之……唐之亡也，经五代之乱而燕云十六州于契丹，北宋于此念念不亡……南宋右文偃武，世称不竟，然京邑之复，永不亡于心……"最后，中华民族常能由弱变强，实现复兴。"中国民族，虽有时以政治紊乱故，顿呈虚弱之象，然一旦政治有方，领导得人，可由极弱变为极强……汉、唐、明之兴，皆如此也。"总之，傅斯年指出："识此四义，以瞻望将来，则我民族之人，但能同心协成，竭力自奋，将来之

---

① 傅乐成：《傅孟真先生的民族思想》，台北《传记文学》第 2 卷第 5、6 期，1963 年。

光明，必有不减于汉唐之盛者也。"① 傅斯年要人们相信，只要国人团结一致，发奋努力，就一定能打败日本侵略者，实现中华民族的伟大复兴。

就傅斯年对中华民族精神的阐发来看，我们同意学者的看法，"是有深刻的思想动机和良苦用心的，这既是他民族思想的精髓之所在，也是他用历史的知识和历史学的功能去唤起民族自尊心，团结和凝聚民族合力，全力抗日的学术动因"。② 因此，在他的笔下，中华民族是那样的酷爱和平，既不侵略别人，也不甘于被别人侵略。尽管历史上也偶尔被别的民族征服，亡过国，但中华民族的民族意识永远不会泯灭，不甘于当亡国奴，所以亡国后又能复国，无论历史还是文化都没有中断过。中华民族不忘收复失地，一旦获得时机，就能很快由弱变强，实现民族复兴。我们可以想见，在抗战初期中华民族处境十分艰难的情况下，读者读到傅氏的这些文字，一定会热血沸腾，增强战胜日本侵略者、实现中华民族伟大复兴的信心和勇气。

三是对日本学者秋泽修二的侵略史学的批判。抗战爆发后，中日关系史的著述逐步增加。西南联合大学历史系与北平图书馆成立"中日战争史料征辑会"。中日外交史研究的代表作有张健甫编的《中日外交简史》。此外，李绍和、沈洁对日本侵略中国史的回顾，李毓田对古代中日关系的总结，李季对两千年中日关系发展史的叙述，也颇具学术特色。

中国学术界尤其是中国马克思主义史学界对日本学者秋泽修二侵略史学的批判，是这一时期最值得注意的学术事件。为积极配合日本对中国的军事侵略，九一八事变后，尤其是七七事变后，日本学术界掀起了一股鼓吹对华侵略有理的学术和社会思潮。其中，秋泽修二是其典型代表。秋泽修二是日本一位颇有名气的哲学家，曾搞过所谓的"新兴科学"，在东亚学术界有一定的影响。但是在中日战争爆发后，他却成了日本侵略中国有理、有功的鼓吹者。1937年，他撰写了长达428页的《东亚哲学史》一书；不久，又有《中国社会构成》一书问世。两书自称是以新兴科学历史观来研究中国社会，但实际是歪曲中国的社会发展史，散布所谓"亚细亚的停滞性"，认为中国社会的根本性格是"停滞"和"倒退"的，其演化过程是"反复"和

---

① 傅乐成：《傅孟真先生的民族思想》，台北《传记文学》第2卷第5、6期，1963年。
② 焦润明：《傅斯年传》，人民出版社2002年版，第231页。

"循环"的，比如，"自汉到隋唐"的千年中，由于"奴隶制与农奴制相互制约的关系"，使中国在"同一社会过程中"被"反复""循环""倒退"，从而导致了"中国社会的停滞性"；自唐宋到鸦片战争的千余年中，"至元代，由于元代征服的结果，即奴隶制再复活"，中国社会再一次"反复""循环""倒退"；"入清以后"，中国没有资本主义因素出现，如果不发生外来资本主义的入侵，中国社会恐怕又要"'倒退'到奴隶制社会去了"。秋泽修二散布"亚细亚的停滞性"的目的，就是要为日本侵略中国提供理论依据。他本人在《中国社会构成》的"序文"中就直言不讳地写道："此次中日事变……皇军的武力，把那作为中国社会的'亚细亚的停滞性'的政治支柱，即所谓'军阀统治'，从中国广大的主要的区域中扫除了。与中国社会之特有的停滞性以最后之克服，与前进的自立的日本结合，开拓其获得真正自立的道路。"换言之，日本的侵略，扫除了影响中国社会发展的障碍，实现了与先进日本的结合，从而使中国获得了真正发展的机会。

秋泽修二散布和鼓吹日本侵略中国有理、有功的侵略史观，理所当然地受到了中国学术界，尤其是马克思主义史学界的批判。吕振羽指出，从唯物论的观点来看，所谓中国社会"停滞性"的说法是不正确的。他承认与欧洲的封建社会比较，中国封建社会经历的时间较长，发展速度比较缓慢，但缓慢，并非"停滞"，并非不发展，"中国社会在较迟缓的发展过程中，并没有'静止'、'退化'、'复归'或'循环'，而是螺旋式的前进"。[1] 实际上在相当长的时期内，中国的封建文化"比较其他任何国家的封建文化有着较高度的发展"。[2] 中国封建社会之所以发展缓慢，除了中国人口的增加和特有的地理因素外，还有其他几方面的原因：一是中国历史上曾发生过多次因农民战争而引起的大量人口向"少数民族地区和四周的移徙"，这些移徙既造成了"以汉族地区为中心的中国封建社会发展迟缓"，同时又"使社会内部的剩余劳动人口不断得到消纳。这又阻滞了商业资本向生产资本的转化和商品市场的扩大"。二是中国历史上发生过少数民族入主中原建立王朝的事情，其政治压迫和经济掠夺，不仅"直接在妨害生产力的发展，且在间接

---

[1] 吕振羽：《中国社会诸问题》，耕耘出版社1942年版，第54页。
[2] 同上书，第52页。

上，使农民和手工业者在苛重的负担和约束下，无力改进生产技术，从而又迫使商业资本不断向高利贷资本转化"。三是封建统治阶级的奢糜生活，"一面妨害了私人手工业生产的发展，一面削弱了商业资本的积极作用"。四是鸦片战争后，国际帝国主义成了"阻滞中国社会发展的主力"。[①] 秋泽修二之所以要散布和鼓吹中国社会"停滞论"，目的就是要替日本法西斯作"忠实宣传员"，为"'工业日本、农业中国'之'结合'"提供"历史的根据"。吕振羽还釜底抽薪，对秋泽修二的"亚细亚的停滞性"的两个主要依据进行了批驳。秋泽修二的一个依据，是所谓中国"农村公社的存续、残存"，认为这种"存续、残存"不仅规定着"父家长制的专制主义"，同时还是"中央集权制"的基础，即所谓中国的"中央集权制恰是以孤立的农村公社（农村公社的诸关系）为基础而建立起来的"，它不但没有被"奴隶制及封建制的诸关系"所完全破坏，相反还"根本制约"着"中国的奴隶制及封建制的发展"。这是造成中国社会"停滞"的第一个原因。秋泽修二认为造成中国社会"停滞"的第二个原因，是"人工灌溉"，亦即所谓"治水事业由国家担任"所形成的"集约性的小农业"，这种"集约性的小农业"是"中国农村社会发展的桎梏"和"中国集权的专制支配的基础"。针对秋泽修二的第一个依据，吕振羽指出，中国社会是存在着所谓"农村共同体的残余"，但"这种残余的东西，对社会发展形势并不能生出何种巨大的影响"。而且，"农村共同体的残余"，也并不是中国社会特有的现象，"农村共同体的存在，正和中世纪欧洲之公共牧场森林等存在一样，公有地之渐次为豪绅所支配或占有，也和那在欧洲之为封建地主所支配占有一样"。因此，所谓"父家长制的专制主义的支配"，"不过系建筑在秋泽修二的预定观念上的空中楼阁"。[②] 关于秋泽修二的第二个依据，吕振羽指出，"人工灌溉"，亦即所谓"治水事业由国家担任"，只是"在殷代有其相当意义"，在后来的中国历史上，公共工程的规模都很小，其作用仅限于地方，没有对全国产生重大影响。以殷代而概论中国整个历史，这显然是错误的。

吴泽则通过分析中国历史上的生产力发展状况，对秋泽修二的中国社会

[①] 吕振羽：《中国社会诸问题》，耕耘出版社1942年版，第54页。
[②] 同上书，第9—10页。

"停滞论"进行了批判。他在《中国社会历史是"停滞"、"倒退"的吗？——秋泽修二的法西斯侵华史观批判》一文中指出，商代以前的传说时代的劳动工具是粗糙而简单的，商代开始出现了青铜工具，与之相联系的是奴隶制生产方式。从西周到鸦片战争的封建社会中，生产工具不断取得进步，从西周的铁器，到汉代的"铁犁与织机"的广泛运用，再到唐宋工商业的发展、印刷术的出现、城市经济的发达，这些都无不表明唐宋社会"已向封建社会后期转化"；到了明中叶，随着生产力的进一步发展，中国已出现资本主义萌芽，封建经济日趋衰落，如果不发生资本主义的侵略，"中国社会早已在清王朝走上资本主义社会"。这一切都说明，中国并非像秋泽修二所说的那样是一个"停滞""循环""倒退"的社会。吴泽还批驳了秋泽修二的所谓魏晋南北朝和元代的经济"倒退"或"复归"到自然状态的观点。他指出，魏晋南北朝时期的战乱确实给社会经济造成了巨大破坏，然而"社会经济之构造，经济关系"并没有像秋泽修二所说的那样，"倒退"或"复归"到"奴隶制或初期封建制"，相反，大量的史事证明，"封建地主经济结构"还在"步步前进"着，土地兼并的现象越来越严重，大地主经济有了高度发展。至于元代，虽然蒙古族的军事征服极大地破坏了社会生产力，"但这样的时间并不长"，元世祖忽必烈入主中原后，即下令"恢复农业生产"，并采取了一些鼓励措施。所以，"一般地说，元代地主经济和商业资本是向前发展的"，尤其是在江南地区发展更快也更明显。总之，"元代社会是继唐宋封建社会而发展的，绝未倒退、反动、复归，变质为奴隶制社会"，秋泽修二的观点是站不住脚的，没有任何史事根据。[①]

华岗重点批判了秋泽修二的中国历史外铄论、中国历史循环论和中国历史停滞论。他在《评侵略主义的中国历史观》一文中指出，我们研究一个民族的历史，固然要注意到其他民族的历史影响，"但是这种交互作用，决不能代替某一个民族历史之发展内在矛盾的决定作用"。就中国历史而言，"虽然封建制久滞于亚细亚平原之上，但在鸦片战争之前，中国社会内部已出现了资本主义性质的工场手工业的萌芽，结果由于半封建社会的束缚与帝

---

① 吴泽：《中国社会历史是"停滞"、"倒退"的吗？——秋泽修二的法西斯侵华史观批判》，《读书月报》第2卷第8期，1940年。

国主义侵略的桎梏，得不到独立发展的机会，而陷于帝国主义列强的半殖民地"。然而秋泽修二则认为，中国社会处于长期的停滞状态，"官僚统治的中国封建制度的动摇、分解，中国社会经济的近代化过程，不是发生于中国社会自体内之资本主义生产方法的自生的发展，而是发生于欧洲资本主义之侵入中国"，正因为"欧洲资本主义的侵入，亚细亚的停滞的中国社会经济的特征之农业与手工业的直接结合终被破坏，以农业为中心的旧中国的生产机构终被解体，终创造出中国资本主义发生的条件"。秋泽修二的上述观点，显然是一种历史外铄论，即把中国社会的发展看作是"欧洲资本主义的侵入"的结果，其目的就是要为帝国主义的侵略中国，特别是日本帝国主义的侵略中国张目。秋泽修二宣称中国历史是"循环"的，中国历史上几次外来民族的入主中原，都造成了中国社会的"退化"，从原来的封建社会又退回到了奴隶制社会，所以中国是所谓的"退化民族"，但事实是，中国社会始终在缓慢地向前发展着，外来民族的入主中原虽然给中国社会生产力造成了一定的破坏，但并没有改变中国社会发展的方向。秋泽修二散布中国历史循环论，无非是想说只有通过"进步民族"日本的侵略，"退化民族"的中国才有可能打破历史循环的怪圈，实现社会进步。和吕振羽一样，华岗在批驳秋泽修二的中国历史停滞论时，重点批驳了秋泽修二的中国历史停滞论的理论依据。他指出，所谓"农村共同体"，早在欧洲资本主义入侵中国之前就已衰落了，用秋泽修二的话说成了"残存"，而"残存"的东西怎么"能给予全社会的经济政治思想以支配和决定"呢？至于秋泽修二所说的中国"中央集权主义"和"官僚体制统治"之基础的"人工灌溉"理论，不过是马札亚尔"水的理论"的翻版，没有任何新的东西，根本不值一驳。总之，华岗写道："一切侵略主义者的历史学，一切投降主义者的历史学，绝对不能或不愿正确记载解释过去的事变。他们站在暴力史观的立场，实行狂暴的侵略主义，为着适应他们的政治要求，便根据一定的侵略政策来制造历史，甚至不惜公开说谎。但是历史既没有停止在奴隶所有者与封建贵族的野蛮统治之前，当然更不会停止在帝国主义法西斯指挥刀与棍棒之下。同样，'历史的巨轮也是决不会因帮闲们的不满而停运的（鲁迅语）'。"[①]

---

① 华岗：《评侵略主义的中国历史观》，载吕振羽等《中国历史论集》，东方出版社1945年版，第92页。

除了吕振羽、吴泽、华岗外，在重庆的其他一些马克思主义史学家或史学工作者也投入到了批判秋泽修二的侵略史观的斗争之中，如李达的《中国社会发展停滞的原因》、罗克汀的《论中国社会发展阻滞的原因》、王亚南的《官僚政治对于中国社会长期停滞的影响》等，这些文章从不同角度批判了秋泽修二的"亚细亚的停滞性"理论，揭露了这一理论的侵略本质。比如，罗克汀在文中就指出，秋泽修二说什么中国社会历史是"退步""落后"和"循环"的，鼓吹"农业中国"与"工业日本"的结合，这是一种地道的"法西斯侵略主义的历史观"，是为日本帝国主义入侵中国服务的。[①]

在哲学上，如果说九一八事变后现代新儒学思潮有了长足发展，那么，七七事变后现代新儒学思潮则进一步走向了成熟。其标志之一是熊十力的"新唯识学"思想体系的进一步完善，冯友兰的"新理学"思想体系和贺麟的"新心学"思想体系的创立，以及马一浮的"六艺论"和"义理名相论"的提出，钱穆的《国史大纲》和《中国文化史导论》的出版。

七七事变的当天，熊十力即化装成商人，逃离北平回到湖北。在其故乡黄冈，熊十力悲从中来，痛哭流涕，大声声讨政府的不抗日主张，号召家乡的青年去找共产党的抗日队伍，进行抗日。后来熊十力辗转到四川，至壁山中学，宣扬民族精神，认为日寇决不能亡我国家、民族与文化。在四川，他写了本《中国历史讲话》的通俗小册子，大讲汉、满、蒙、回、藏五族同源，号召全国各族人民，不分你族我族，团结起来，一致对外，打倒日本帝国主义，实现中华民族的伟大复兴。在文中他写道："就吾中华民族即所谓五族而言，理应决定其出于同一之血统，因为同是一个以大中国为中心的分布四出的人种，决定是同根，而不会是多元的。如果五族之中，有些民族，是从他方转徙来入中国，而不是从这个伟大的中国分散出去，那么，便可以说这般民族另有祖宗。易言之，即中国各个民族，不是同一血统，是多元而不是一元。今中国所谓族，考其来历，明明都是中国的老土著人，没有一个是他方转徙来的……他们（指五族——引者）是一个小家庭之内的同胞兄弟，如何可说不同血统？全中国譬如一个小家庭，因为中国虽大，而在全地球上面来说，却是很小了。在这个小范围内的人类，如何可说各有所本而不

[①] 罗克汀：《论中国社会发展阻滞的原因》，《群众》第8卷第1、2期合刊。

是一元呢？所以我确信中国民族，是一元的，是同根的。"① 尽管从人类学的角度看，从中国民族的实际情况来看，熊十力的这本小册子的上述观点也许不是科学的，但它所表达出的爱国主义激情，则能够激发各族人民的抗日斗志和勇气，因此，中央陆军军官学校印发了这本小册子，作为军人的必读书籍。当时的条件虽然十分艰苦，但为了进一步完善自己的"新唯识学"思想体系，自1938年起，熊十力开始在《新唯识学》文言文本的基础上改写语体文本。他每天清晨4时就起床工作，中午稍事休息后，便一直工作到深夜，从未间断过。除了生活条件艰苦外，敌机还经常来骚扰、轰炸。1939年8月19日，敌机轰炸乐山，熊十力的寓所不幸中弹起火，他的左膝严重受伤，已写成的书稿也成了灰烬。但他以极大的毅力，于伤好之后从头再写，1940年《新唯识论》语体本上卷脱稿，两年后中卷杀青，1944年全书完成，由商务印书馆正式出版。至此，熊十力的"新唯识学"思想体系才最终形成。

　　和梁漱溟着眼于东西文化路向和人生态度的比较不同，熊十力的努力方向是重建儒家本体论，他是现代新儒家哲学形而上学的真正奠基者。"体用不二"是熊十力哲学的"纲宗"。他曾反复申明"《新论》本为发明体用而作"。"本书根本问题不外体用"，"学者如透悟体用义，即于宇宙人生诸大问题，豁然解了，无复凝滞"。② 在他看来，无论是唯心一元论的精神实体说，还是唯物一元论的物质实体说，抑或二元论和多元论，在立说上都犯了两大错误：一是把本体与现象、本体与功用割裂为二，一是把绝对与相对割裂为二。针对以上这两大错误，熊十力特别强调"本体现象不二，道器不二，天人不二，心物不二，理欲不二，动静不二"，总体来说，便是"体用不二"。他并以此为自己哲学的根本："本体以体用不二为宗，本原、现象不许离而为二，真实、变异不许离而为二，绝对、相对不许离而为二，质、力不许离而为二，天人不许离而为二。"③ 就熊十力"体用不二"论与传统哲学的关系而言，他主要继承了儒家思孟陆王一系的思想，但同时又吸取了

---

① 熊十力：《中国历史讲语》，《熊十力全集》第2卷，湖北教育出版社2001年版，第644—645页。
② 熊十力：《新唯识论》，中华书局1985年版，第241页。
③ 熊十力：《体用篇》，台湾学生书局1980年版，第336页。

《周易》大化流行、生生创造的精神。因此，他一方面强调，所谓"体"或"本体""实法"，"非是离自心外在境界，及非知识所行境界"，"吾心与万物本体，无二无别"。也就是说"体"或"本体""实法"，绝非物质实体，而是精神实体，所以他又称之为"本心"。同时他又指出，这个"体"绝非空寂虚无，而是生生不已的大化流行。"须知，实体是完完全全的变成万有不齐的大用，即大用流行之外，无有实体。"譬如大海水，显现为腾跃不已的"众沤"，离开"众沤"，也就没有什么大海水。

由"体用不二"出发，熊十力又合乎逻辑地推出了"翕辟成变"的思想。所谓"翕辟"，是实体功用，"翕"，即摄聚成物的能力，产生形质；"辟"，是刚健不物化的势用，形成精神意识。熊十力认为，整个宇宙的运动就是"翕"和"辟"的运动。翕辟虽然没有先后之分，同时存在于实体之中，实体正是依赖于一翕一辟的相反相成而流行不已，但因"翕"是物，"辟"是心，因此，它们只是"大用"的两个方面，而非两体，这两个方面的关系不是并列的，"翕的方面，唯主受，辟的方面，唯主施。受是顺承的意思，谓其顺承乎辟也。施是主动的意思，谓其行于翕而为之主也。……所以，翕辟两方面，在一受一施上成其融和。总之，辟毕竟是包含着翕，而翕究竟是从属于辟的"。①

与他的"体用不二""翕辟成变"的本体论相联系，在方法论上，熊十力严格"性智"与"量智"的划界。"量智"即一般人所谓的知识或"理智"，是以闻见之知为基础的理性思维方法；"性智"是超越理性思维之上的直觉体悟，是不待外求的"本心之自觉自证"。熊十力认为，要获得科学知识非"量智"莫属，但要认识本体，则只有靠"性智"之自我"冥悟证会"，"而无事于向外追索"，因为"性智是本心之异名，亦即是本体之异名"。② 概括熊十力的观点，"性智"具有以下几个特征：第一，性智是一种"天人合一"的道德境界，用他的话说："从来儒者所谓与天合德的境界，就是证会的境界。吾人达到与天合一，则造化无穷的蕴奥，皆可反躬自喻于

---

① 熊十力：《新唯识论》，中华书局1985年版，第236页。
② 同上书，第676页。

寂寞无形，炯然独明之地。"① 在此境界中，实现了真、善、美的完全统一。"从真的意义上说，把握了本体便是把握了宇宙的真实，不会执着于虚幻的假相；从善的意义上说，把握了道德的形而上学，根除一切邪恶的念头，找到真正的安身立命之地；从美的意义上说，养成高尚的审美情趣，找到仁者不忧的'孔颜乐处'。"② 第二，性智是一种先天具有的能力，其能力的强弱与每个人"根器"的敏锐迟钝密不可分，"根器"敏锐的人，性智能力就强；"根器"迟钝的人，性智能力就弱。性智能力的提高主要靠的是个人的自我修养，后天的学习对它并没有多大的作用。第三，性智是一种创造性思维，具有突发性、偶然性的特点。当然，性智虽然是一种突如其来的发现，"但亦同不时辛苦用功有关。它是在费了许多工夫的前提下，苦思冥想，由某种意外的启示，豁然开朗，对于活生生的本体达到了洞观彻悟，从平常的思维态势升华到前所未有的崭新境界"。③

如果说在本体论上熊十力强调的是"体用不二"，那么，在价值论上他主张的则是"成己成物"。"成己"也就是成就"内圣"，培养内在的道德价值；"成物"也就是成就"外王"，使内在的道德价值得以贯彻和实践。所以"成己成物"与"内圣外王"意义相同。在"成己"与"成物"这两个人生价值的取向中，熊十力虽然认为最主要的还是要"成己"，也就是要意重个人的道德修养，但他同时也反对对"成物"的忽视。他指出，传统的儒家尤其是宋明理学家没有正确处理好"成己"与"成物"的关系，往往是偏重"成己"而忽略"成物"，注重养心修性，而轻视事功，其结果使道德价值的源头干涸，无法在人生实践中加以贯彻。现代新儒家应该吸取他们的教训，努力做到"成己"与"成物"的有机统一。

继熊十力的"新唯识学"之后创立的是冯友兰的"新理学"思想体系。七七事变后不久，冯友兰随清华大学先南迁长沙，后又西迁昆明。在昆明，北京大学、清华大学、南开大学组成"西南联合大学"，简称"西南联大"，冯友兰任西南联大文学院院长兼哲学系教授。面对日本帝国主义的大举进攻

---

① 熊十力：《新唯识论》，中华书局1985年版，第89页。
② 宋志明：《熊十力评传》，百花洲文艺出版社1993年版，第168页。
③ 同上书，第169页。

和极为艰苦的生活条件,冯友兰始终相信中国人民的抗日战争一定能取得最后的胜利,中华民族一定能实现伟大复兴。他把这一时期称为"贞下起元"或"贞元之际"。依据冯友兰的解释:"所谓'贞元之际',就是说,抗战时期是中华民族复兴的时期:当时我想,日本帝国主义侵略了中国大部分领土,把当时的中国政府和文化机关都赶到西南角上。历史上曾有过晋、宋两朝的南渡。南渡的人都没有能活着回来的。可是这次抗日战争,中国一定要胜利,中华民族一定要复兴,这次'南渡'的人一定要活着回来。这就叫'贞下起元'。这个时期就叫'贞元之际'。"① 又说:"贞元者,纪时也。当我国家民族复兴之际,所谓贞下起元之时也。"② "贞""元"二字出自《周易》。《周易·乾卦》卦辞曰:"乾:元亨利贞。"后来人们把"元亨利贞"解释为一年四季的循环。元代表春,亨代表夏,利代表秋,贞代表冬。"贞下起元"或"贞元之际",即表示冬天即将过去,春天即将来临。正是抱着这一信念,1939 年冯友兰为西南联大写了校歌歌词,调寄《满江红》:

"万里长征,辞却了,五朝宫阙。暂驻足,衡山湘水,又成离别。绝徼移栽桢干质,九州遍洒黎元血。尽笳吹,弦诵在山城,情弥切。千秋耻,终当雪。中兴业,需人杰。便一成三户,壮怀难折。多难殷忧新国运,动心忍性希前哲。待驱除仇寇、复神京,还燕碣。"③

歌词表现出作者鲜明的爱国主义精神和终将战胜日寇、收复河山、实现中华民族伟大复兴的信心。在"七七"后的"贞元之际",冯友兰还先后写作和出版了《新理学》(1939 年)、《新事论》(1940 年)、《新世训》(1940年)、《新原人》(1943 年)、《新原道》(1944 年)和《新知言》(1946 年)等六本书,总称之为"贞元六书"或"贞元之际所著书"。在"贞元六书"或"贞元之际所著书"中,冯友兰创立了一个庞大的新儒学思想体系。冯曾声称,他的哲学是"接着"而非"照着"程朱理学往下讲的。所以,人们又把他的思想体系称为"新理学"。他在《新理学》一书的绪论中写道:"本书名为新理学。何以名为新理学?其理由有两点可说。就第一点说,照

---

① 冯友兰:《三松堂自序》,《三松堂全集》第 1 卷,河南人民出版社 1986 年版,第 259 页。
② 冯友兰:《新世训·自序》,《三松堂全集》第 4 卷,河南人民出版社 1986 年版,第 369 页。
③ 冯友兰:《三松堂自序》,《三松堂全集》第 1 卷,河南人民出版社 1986 年版,第 348 页。

我们的看法，宋明以后底道学，有理学心学二派。我们现在所讲之系统，大体上是承接宋明理学中之理学一派。我们说'大体上'，因为在许多点，我们亦有与宋明以来的理学大不相同之处。我们说'承接'，因为我们是'接着'宋明以来底理学讲，而不是'照着'宋明以来底理学讲底。因此我们自号我们的系统为新理学。"① 所谓"接着讲"而不是"照着讲"，包含有两个方面的意义：其一，就方法论或治学方法而言，区别了哲学家与哲学史家的不同任务："照着哲学史讲哲学，所讲的只是哲学史而不是哲学"；而接着哲学史讲哲学，所讲的是哲学而不是哲学史。② 其二，从继承与创性的关系来看，"照着讲"强调的是继承，是对传统哲学的延续，而接着讲强调的则是继承与创新的统一，是传统哲学的近代化。冯友兰曾明确指出："新的近代化的中国哲学，只能用近代逻辑学的成就，分析中国传统哲学中的概念，使那些似乎是含混不清的概念明确起来，这就是'接着讲'与'照着讲'的分别。"③

正因为冯友兰的"新理学"是"接着"而非"照着"程朱理学往下讲的，所以一方面他讨论的仍是理、气、道体和大全等一类传统哲学的范畴问题，而且就对这些问题的认识而言，也基本上采取的是程朱理学的立场，割裂了共相与殊相、一般与个别的关系，强调"理在事上""理在事先"。但另一方面又与程朱理学不同，他对这些问题的论证，采取的是新实在论的逻辑分析方法，这样不仅在理论深度上大大超过了程朱理学，而且在很大程度上克服了中国传统哲学笼统、直观、缺乏严密的逻辑论证的缺点。上面提到的"理，气，道体，及大全"，是冯友兰"新理学"的形上学系统的"四个主要底观念"，这"四个主要底观念"都是所谓"形式底观念"，是"没有积极内容底，是四个空底观念"，它们都是从"四组形式底命题推出来的"。④ 这"四组形式底命题"的第一组命题是：凡事物必然都是什么事物，是什么事物，必然是某种事物。有某种事物，必有某种事物之所以为某种事物者。借用中国旧日哲学家的话说："有物必有则。"第二组命题是：事物

---

① 冯友兰：《新理学·绪论》，《三松堂全集》第 4 卷，河南人民出版社 1986 年版，第 5 页。
② 冯友兰：《论民族哲学》，《三松堂全集》第 5 卷，河南人民出版社 1986 年版，第 311 页。
③ 冯友兰：《中国哲学史新编》第 7 册，河南人民出版社 1989 年版，第 166 页。
④ 冯友兰：《新原道》，《三松堂全集》第 5 卷，河南人民出版社 1986 年版，第 148 页。

必都能存在。存在底事物必都存在。能存在底事物必都有其所以能存在者。借用中国旧日哲学家的话说:"有理必有气。"第三组命题是:存在是一流行。凡存在都是事物的存在。事物的存在,是其气实现某理或某某理的流行。实际的存在是无际实现太极的流行。总所有的流行,谓之道体。一切流行涵蕴动。一切流行所涵蕴底动,谓之乾元。借用中国旧日哲学家的话说:"无极而太极。"或曰:"乾道变化,各正性命。"第四组命题是:总一切底有,谓之大全。大全就是一切底有。借用中国旧日哲学家的话说:"一即一切,一切即一。"大全也称宇宙。此所谓宇宙,并非物理学或天文学所说的宇宙。物理学或天文学所说的宇宙,是物质的宇宙,是属于实际的有。因此物质的宇宙虽也可以说全,但只是部分的全,而不是大全。大全亦可名为一。故借用佛家的话说:"一即一切,一切即一。"就他对这"四组形式底命题"和讨论来看,既来源于传统,又超越了传统,是以西方实在论的观点和方法对传统哲学,尤其是程朱理学的继承、发展和扬弃。

冯友兰指出,讨论理、气、道体及大全这四个"新理学"的形上学系统的"主要底观念"所要解决的问题,"是一个真正的哲学问题",亦即"'共相'和'殊相',一般和特殊的关系问题"。共相与殊相的关系问题,在程朱理学中,则表现为"理""气"问题,即每一类东西之所以然,即是那一类东西的共相,其中包括有那一类东西所共有的规定性。有了这个规定性,才使这一类东西与其他类的东西有了质的区别。这也就是说,某一类东西之所以然及某一类东西所共有的规定性,即是某一类东西的共相。与此相联系,具体世界中的具体事物所具有的特殊性质则称为殊相。比如,他举例道:人们造飞机,要先明飞机之理,而这个理是先于飞机而存在的,只是"他的有不在时间空间之内"而已。[①] 就此,他又引出了"实际"和"真际"的概念。在他看来,真际与实际不同,真际是指那些可称为"有"者,亦可名为"本然"。而实际指的是那些有事实的存在者,亦可名为"自然"。真际包含实际但又不等于实际,真际先于实际而存在。此即前面所说的,先有飞机之理(真际),后才有具体的飞机(实际)。把这种关系应用到本体论上,即是程朱理学所说的"理在事先"或"理在事上"。用冯友兰自己的

[①] 冯友兰:《新对话》,《三松堂全集》第5卷,河南人民出版社1986年版,第280页。

话说:"程朱理学和'新理学'都主张'理在事先'和'理在事上'。""新理学"只是换了个说法,"它称理世界为'真际',器世界为'实际'。它认为,真际比实际更广阔,因为实际中某一类东西之所以成为某一类东西,就是因为它依照某一类之理。实际中的某一类东西,就是真际中某一理的例证。"①

在哲学方法上,冯友兰在努力引入西方现代哲学的逻辑分析方法建构自己的哲学体系的同时,又认为逻辑分析的方法和其他方法一样也有它的局限性,所以必须用中国传统哲学的"负的方法"对它加以补充和修正。所谓"负的方法",也就是梁漱溟、熊十力所倡导的"冥悟证会"的直觉方法。用冯友兰的话说:"真正形上学的方法有两种:一种是正底方法;一种是负底方法。正底方法是以逻辑分析法讲形上学。负底方法是讲形上学不能讲,讲形上学不能讲,亦是一种讲形上学的方法。"② 他"贞元六书"中的《新知言》就是专门讨论所谓"正底方法"和"负底方法"的。《新知言》虽然发表于抗战胜利之后,但其思想则成熟于抗战之中,实际上它是此前发表的《论新理学在哲学中底地位及其方法》一文的扩充而成。讲"正底方法",亦即逻辑分析的方法,是对西方哲学方法的吸取,"新理学"的哲学体系主要是靠这种方法建构起来的;讲"负底方法",亦即"冥悟证会"的直觉方法,则是对中国传统哲学方法的继承。冯友兰之所以在讲"正底方法"的同时还要讲"负底方法",把中国传统的"冥悟证会"的直觉方法作为新理学方法的重要组成部分,"乃在于他对人生问题的关切"。③ 在谈到新理学的用处时,冯友兰便明确指出:"新理学知道它所讲的是哲学,知道哲学本来只能提高人的境界,本来不能使人有对于实际事物的积极的知识,因此亦不能使人有驾驭实际事物的才能",但是"这些观念可以知天、事天、乐天以至于同天"。故此他宣称:"道学尚讳言其近玄学近禅宗,新理学则公开承认其近玄学近禅宗。"④ 因为禅宗"于静默中立义境",乃是追求一种

---

① 冯友兰:《三松堂自序》,《三松堂全集》第1卷,河南人民出版社1985年版,第234、232—233页。
② 冯友兰:《新知言》,《三松堂全集》第5卷,河南人民出版社1986年版,第173页。
③ 李中华:《冯友兰评传》,百花洲文艺出版社1996年版,第158页。
④ 冯友兰:《新知言》,《三松堂全集》第5卷,河南人民出版社1986年版,第157页。

与"第一义所拟说者"同一的境界,这种境界即是道家"天地与我并生,万物与我为一"的境界,亦即玄学家"圣人体无"的境界。"体无者,言其与无同体也;佛家谓之'入法界';《新原人》中谓之'同天'。"① 这是冯友兰在讲"正底方法"的同时还要讲"负底方法"的根本原因。

从"新理学"以"提高人的境界"为目的这一立场出发,冯友兰在《新原人》一书中把人生境界分为四类:一是自然境界,在此境界中的人,对于自己的行为、行为的性质和意义都没有明确的理解,是浑沌无知的;二是功利境界,在此境界中的人,"其行为是'为利'底",其利是私利,其中包括名誉、地位等;三是道德境界,在此境界中的人,"其行为是'行义'底",而"义者,宜也",也就是行其所当行,行其所该行;四是天地境界,在此境界中的人,"其行为是'事天'底",所谓"事天",也即"天人合一"。冯友兰认为,他的"新理学"完全"可以使人的境界不同于自然、功利及道德诸境界",而进入天地境界。天地境界虽然是人生的最高境界,但它"又是不离乎人伦日用底",亦就是中国传统哲学所追求的"即世间而出世间"的境界。"这种境界以及这种哲学,我们说它是'极高明而道中庸'。"② 冯友兰把人生境界分为四个层次,其旨趣在于论证人的精神境界的提升和形成是一个由低向高、由浅入深的递进过程。这种递进过程,是以"自在"状态为出发点,通过正确解决义与利、群与己、天与人等关系而形成自觉的人生,达到人生的最高境界。它是冯友兰对传统儒家、特别是宋明理学人生理论的继承与发展。如有的研究者所指出的那样:"人生境界的层次的划分,标志中国传统人生哲学理论的近代化,同时它也体现了儒家的道德形上学对于人与世界之关系、人对自身及其存在于其中的世界的一种整体的体认和把握,也是中国传统哲学对人生的终极托付与关怀。"③

和《新原人》主要讨论人生境界不同,《新事论》讨论的主要是东西文化问题。实际上自青年时代起,冯友兰对这一问题就十分关心。他晚年《在接受哥伦比亚大学授予名誉博士学位的仪式上的答词》里说:"我生活在不

---

① 冯友兰:《新知言》,《三松堂全集》第5卷,河南人民出版社1986年版,第263页。
② 冯友兰:《新原道》,《三松堂全集》第5卷,河南人民出版社1986年版,第6—7页。
③ 李中华:《冯友兰评传》,百花洲文艺出版社1996年版,第193页。

同的文化矛盾冲突的时代。我所要回答的问题是如何理解这种矛盾冲突的性质；如何适当地处理这种冲突，解决这种矛盾；又如何在这种矛盾冲突中使自己与之相适应。"为此，他做出了非常可贵的探索。五四前后，受时代的影响，他以"地理区域来解释文化差别，就是说文化差别是东方、西方的差别"。20世纪30年代中期，他以"历史时代来解释文化差别，就是说文化差别是古代、近代的差别"。到抗战时期写作《新事论》时，他以"社会发展来解释文化差别，就是说文化差别是文化类型的差别"。① 正是根据文化类型说，冯友兰对19世纪中叶以来流行的各种文化观念和中西文化比较模式进行的清理和反省，认为无论是西化、中化，或中国本位、全盘西化等各种文化观念，还是"东西之别""古今之异"等中西文化比较模式，实际上"都是以特殊的观点以观事物"。从特殊的观点以观事物，就无法区分哪些是"主要底"，哪些是"偶然底"，那就势必把飞机大炮与狐步跳舞，甚至把民主自由与性解放混为一谈。但若从"类"的观点以看西洋文化，则我们可知所谓西洋文化之所以是"优越底"，并不是因为它是"西洋底"，或是"近代底"，而是因为它是某种"文化底"。于此我们所要注意的，并不是一"特殊底"西洋文化，而是一种文化类型。从此类型的观点以看西洋文化，则在其五光十色的诸性质中，我们可以说，也可以指出，何者对于此类是"主要底"，何者对于此类是"偶然底"，其"主要底"是我们所必须学习的，其"偶然底"是我们不必学习的。若从"类"的观点以看中国文化，则我们亦可知道我们近百年来所以到处吃亏，并不是因为我们的文化是"中国底"，或"古代底"，而是因为它是某种"文化底"。于此我们所要注意的，亦并不是一"特殊底"中国文化，而是某一种文化之类型。从此类型的观点以看中国文化，我们亦可以说，也可以指出，于此五光十色的诸性质中，何者对于此类是"主要底"，何者对于此类是"偶然底"，其"主要底"是我们所当抛弃的，其"偶然底"是我们所当保存的，至少是不必抛弃的。②

在冯友兰看来，如果以"文化类型"来解释中西文化的差别，那么，中国文化是生产家庭化的文化，西方文化是生产社会化的文化，生产家庭化

---

① 冯友兰：《三松堂自序》，《三松堂全集》第1卷，河南人民出版社1985年版，第338页。
② 冯友兰：《新事论》，《三松堂全集》第4卷，河南人民出版社1986年版，第226页。

的文化代表的是农业文化类型,生产社会化的文化代表的是工业文化类型。而农业文化类型落后于工业文化类型,这也是近代中国落后于西方、中国文化日渐衰落的根本原因。因此,要改变中国落后的状况,实现中国文化的复兴,进而实现中华民族的复兴,就必须改变中国的文化类型,使它从生产家庭化的文化变为生产社会化的文化,从农业文化类型变为工业文化类型。他还借用马克思的观点,形象地把工业与农业的差别,说成是城里与乡下的差别。"中国人之所以是'愚'、'贫'、'弱'者,并不是因为中国人是中国人,而是因为中国人是乡下人。""英国及西欧等国所以取得世界中城里人的地位,是因为经济上它们先有了一个大改革。这个大改革即所谓产业革命。这个革命使它们舍弃了以家庭为本位底生产方法,脱离了以家庭为本位底经济制度。经过这个革命以后,它们用了以社会为本位底生产方法,行了以社会为本位底经济制度。这个革命引起了政治革命及社会革命。"① 中国人"要想得到解放,惟一底办法,即是亦有这种底产业革命","以社会为本位底生产方法,替代以家庭为本位底生产方法","以社会为本位底生产制度,替代以家庭为本位底生产制度",实现由"生产家庭化底文化"向"生产社会化底文化"转变。② 尽管冯友兰的文化类型说存在着这样或那样的不足,但与此前或当时所流行的西化、中化,或中国本位、全盘西化等各种文化观念,以及"东西之别""古今之异"等各种中西比较模式相比,无疑是认识上的一大进步,具有它的历史意义。

  几乎与冯友兰同时,贺麟也完成了他的"新心学"新儒学思想体系的创建工作。七七事变后,贺麟随北京大学先南迁长沙,后又西迁昆明,任西南联大教授。尽管条件艰苦,环境恶劣,但这丝毫没有影响贺麟从事学术研究和理论创造的热情。1940年,他在《战国策》第3期上发表《五伦观念的新检讨》一文,开始建构他的"新心学"思想体系。接着,他又先后撰写和发表了《儒家思想的新开展》《宋儒的思想方法》《自然的知行合一论》等系列论文,进一步丰富他的"新心学"思想体系。1943年,重庆独立出版社出版了他的第一本学术论文集《近代唯心论简释》。1947年又出版了他的第二本学术论文

---

① 冯友兰:《新事论》,《三松堂全集》第4卷,河南人民出版社1986年版,第244页。
② 同上书,第256、252页。

集《文化与人生》，收入他在"七七"后的全面抗战时期所写的 37 篇论文。这两书的出版，标志着他的"新心学"思想体系的基本形成。

我们前面已经提到，贺麟曾留学美国和德国，是一位新黑格尔主义的哲学家。他的"新心学"实际上是黑格尔主义与陆王心学结合的产物。他晚年追述当年的思想历程道："我是从新黑格尔主义观点来讲黑格尔，而且往往参证了程朱陆王的理学心学。"① 他吸收康德哲学和新黑格尔主义的某些观点，重新阐释陆王"心即理"的命题，强调了"心即理"之"心"作为"逻辑之心""逻辑主体"的含义。他说："心有二义，一、心理意义的心；二、逻辑意义的心。"心理意义的心是物，而"心与物是不可分的整体"，不存在离物而存在的心，也不存在离心而存在的物，只是"为了方便计，分开来说，则灵明能思者为心，延扩有形者为物。据此界说，则心物永远平行而为实体之两面"。但这并不是说心物之间就没有分别，实际上心是主宰部分，物是工具部分。心为物之体，物为心之用。心为物的本质，物为心的表现。"故所谓物者非他，即此心之用具，精神之表现也。故无论自然之物，如植物，动物，甚至无机物等或文化之物，如宗教哲学艺术，科学道德政治等，举莫非精神之表现，此心之用具。"逻辑意义的心即理，"所谓'心即理'也"。心即理的心，"乃是'主乎身，一而不二，为主而不为客，命物而不命于物'之主体"。换言之，逻辑意义的心，"乃一理想的超经验的精神原则，但为经验行为知识以及评价之主体。此心乃经验的统摄者，行为的主宰者，知识的组织者，价值的评判者"。自然与人生之可以理解，之所以有意义，"条理与价值皆出于此心即理也之心"。② 就贺麟对"心理意义的心"与"逻辑意义的心"的上述说明来看，心物一体，但心是第一性的，物是第二性的，心是物的主宰，物是被主宰者，而理是心的本质或本体，是从"心"演绎出来的先验的逻辑理念。用他本人的话说："理是一个很概括的名词，包含有共相、原则、法则、范型、标准、尺度以及其他许多意义。就理之为普遍性的概念言，曰共相。就理之解释经验中的事物之根本概念

---

① 贺麟：《黑格尔哲学东渐记》，《中国哲学》第 2 辑。
② 贺麟：《近代唯心论简释》，《儒家思想的新开展——贺麟新儒学论著辑要》，中国广播电视出版社 1995 年版，第 216—217 页。

言，曰原理。其实理即是原理，理而不原始不根本，即不能谓之理。就理之为规定经验中事物的有必然性的秩序言，曰法则。就理之为理想的模型或规范言，曰范型或形式。就理之为经验中事物所必遵循的有效准则言，曰标准。就理之确定不易但又为规定衡量经验中变易无常的事物的准则言，曰尽度。"① 由此可见，贺麟所说的理，已不再是宋明理学中"放之四海而皆准，并行万世而不悖"的所谓"天理"，而是一个内涵十分丰富的哲学范畴，其中"包含着西方哲学史中柏拉图的理念世界、亚里士多德的形式、黑格尔的绝对理念等含义"。②

与他的心物一体，心是物的主宰之本体论相一致，在知行观上，贺麟强调的是知行合一，知主行从。所谓知行合一，概括贺麟的观点，主要表现在两个方面。第一，"知行同是活动"。什么是"知"？知指一切意识的活动，如感觉、记忆、推理的活动，如学问思辨的活动，都属于知的范围。简言之，"知是意识的或心理的动作"。什么是"行"？行指一切生理的活动，如五官四肢的运动，神经系的运动，以致脑髓的极细微的运动，或古希腊哲学家所谓火的原子的细微运动，都属于行的范围。简言之，"行是生理的或物理动作"。尽管知和行是两种性质不同的活动，但它们同是活动这是不能否认的，"我们不能说行是动的，知是静的。只能说行有动静，知也有动静"。③ 当然，无论知的活动也好，还是行的活动也好，是有显知与隐行、显行与隐行，甚至有"无知之知""不行之行"之区别的。第二，"知行永远合一"。因为知行不仅是同时发动的，时间上没有先后之分，而且是同一生理心理活动的两面，无无知之行，也无无行之知，"知与行永远在一起，知与行永远陪伴着"，如同一个人的手掌手背一样不可分离。同时，知和行还是平行的，它们次序相同，不能交互作用，并且各自成系统，"最低级的永远是最低级的行平行"。④

当然，贺麟指出，我们讲"知行合一"，并不是说知与行在"合一体"

---

① 贺麟：《哲学与哲学史论文集》，重庆独立出版社1943年版，第147页。
② 宗志明：《贺麟新儒学思想研究》，天津人民出版社1998年版，第229页。
③ 贺麟：《知行合一论》，《儒家思想的新开展——贺麟新儒学论著辑要》，中国广播电视出版社1995年版，第269—270页。
④ 同上书，第272—275页。

中就没有主从之分，实际上，在认识论的意义上，"'知'永远决定行为，故为主。'行'永远为知所决定，故为从。人之行不行，人之能行不能行，为知所决定。盖人决不能做他所绝对不知之事。人之行为所取的方向，所采的方法，亦为知所决定"。① 知与行的这种主从关系，又表现为体用关系和目的与手段的关系。就体用关系而言，"知是行的本质（体），行是知的表现（用）。行若不以知作主宰，为本质，不能表示知的意义，则行为失其所以为人的行为的本质，而成为纯物理的运动。因为物理的运动就是不表现任何思想方面、知识方面的意义的。……故知是体，行是用；知是有意义的、有目的的，行是传达或表现此意义或目的之工具或媒介"。② 从目的与手段的关系来看，"'知'永远是目的，是被追求的主要目标；'行'永远是工具，是附从的、追求的过程。任何人的活动都是一个求知的活动"。③ 比如，科学家的科学实验的目的，是为了求知"是什么"，哲学家推论分析的目的，是为了求知"为什么"，道德家的知识是关于"应做什么"的知识，他如军事家、政治家、工程师等的行为都是如此。应该说，贺麟对知行关系的认识，有其合理的因素，但总的来看，他片面夸大了"知"在认识过程中的作用，而贬低了行在认识过程中的地位和意义。

作为现代新儒家的代表人物之一，贺麟和熊十力、冯友兰等人一样，也是一个道德理想主义者。他一方面继承儒家传统的伦理思想，一方面借鉴西方资产阶级的道德观念，对儒家人格作了新的定位。他写道："何谓'儒者'，何谓'儒者气象'？须识者自己去体会，殊难确切下一定义，其实也不必呆板说定。最概括简单地说，凡有学问技能而又具有道德修养的人，即是儒者。儒者就是品学兼优的人。我们说，在工业化的社会里，须有多数的儒商、儒工以作柱石，就是希望今后新社会中的工人、商人，皆成为品学兼优之士，参加工商业建设，使商人和工人的道德水准和知识水平皆大加提高，庶可进而造成现代化、工业化的新文明社会。"④ 具体而言，贺麟认为，

---

① 贺麟：《知行合一论》，《儒家思想的新开展——贺麟新儒学论著辑要》，中国广播电视出版社1995年版，第281页。
② 同上。
③ 同上书，第282页。
④ 贺麟：《文化与人生》，商务印书馆1988年版，第13页。

作为一个现代儒家或儒者，应具备以下三种人格特征。第一，要合时代。"合时代就是审时度势、因应得宜。孔子为圣之时，礼以时为大。合时代不是漫无主宰，随波逐流。……合时代包含有'时中'之意，有'权变'之意，亦有'合理'之意。"① 比如，儒家的道德观念就要随着时代的变化而不断进化，作为一个现代儒家或儒者，就不能抱残守缺，而应根据时代的需要，而适时更新自己的道德观念。他写有一篇文章，题目就叫作《道德进化问题》。这也是他肯定五四新文化运动批判旧道德的一个原因。第二，要合人情。"合人情即求其'反诸吾心而安'"，"合人情不仅求己心之独安，亦所以设身处地，求人心之共安"。② 这首先要正确处理好"理"与"欲"、道德与功利的关系。在贺麟看来，它们并不像宋明理学家所认为的那样是互不相容的对立关系，要"存天理"就非"灭人欲"不可，而是相互补充的蕴涵关系，天理与人欲完全可以"调和"和"共济"。与"理"与"欲"相联系的是道德与功利的关系，它们也不是处于绝对对立的，而是一种主与从或体与用的关系，"非功利（道德的）是体，功利是用，理财与行仁政并不冲突，经济的充裕为博施济众之不可少的条件"。第三，要合理性。"合理性即所谓'揆诸天理而顺'"。贺麟所讲的"理性"或"天理"是道德观念的形而上学基础，是一种宇宙法则，用他的话说："理性主宰万物，作育万物，浸透万物，支配万物，利用万物，而为万物所不知。"贺麟认为，在合时代、合人情、合理性这三条中，合理性最为根本。如果只求合时代而不求合理性，便流为庸俗的赶时髦；如果只求合人情而不求合理性，便流为妇人之仁、感情用事或主观的直觉。他强调，"凡事皆能精研详究，以求合理、合时、便情，便可谓为'曲践乎仁义'，'从容乎中道'，足以代表儒家的态度了"。③ 他认为孙中山"在创立主义、实行革命原则中，亦以合理性、合人情、合时代为标准，处处皆代表典型中国人的精神，符合儒家的规范"。④ 因此，人们应该像孙中山学习，做一个真正的儒者。总之，"贺麟构想的合理性、合人情、合时代的儒者人格，既有现代的气息，又未脱离传统的基

---

① 贺麟：《文化与人生》，商务印书馆1988年版，第13页。
② 同上书，第66页。
③ 同上书，第13页。
④ 同上书，第66页。

调……试图把资产阶级伦理思想与儒家传统融为一体。他徘徊于传统与现代之间，在努力寻找二者之间的结合点"。① 我们无论对贺麟提出的儒家的理想人格如何评价，他的这种努力都应该给予充分的肯定。

这里需要指出的是，与梁漱溟、张君劢、熊十力，甚至冯友兰比较，贺麟对吸收、消化西学并使之与中国儒家思想结合起来的重要性有更深刻的认识。他在《儒家思想的新开展》一文中明确指出："儒家思想的新开展，不是建筑在排斥西洋文化上面，而乃建筑在彻底把握西洋文化上面。""欲求儒家思想的新发展，在于融会吸收西洋文化的精华与长处。"② 由于这一问题我们在下一章中将有详细讨论，此不叙及。

"七七"后的全面抗战时期，另一位对现代新儒学思潮走向成熟做出过重要贡献的是马一浮。马一浮和梁漱溟、熊十力一道，被人称为"现代儒家三圣"。然而除民国元年应蔡元培的一再邀请担任过三个星期的教育部秘书长外，到七七事变之前，马一浮基本上是隐迹林下，潜心读书治学，曾先后多次婉拒过北京大学、浙江大学的任教邀请。"七七事变"的枪声打破了马一浮平静的读书治学生活。抗战初期为避战争烽火，他携带书籍万卷由杭州南迁，先居桐庐，后转开化，不久因日寇进逼，怕书籍遗失，乃致函时在江西吉安的浙江大学校长竺可桢，请他代谋为所携书籍找一妥善的椽寄之处。竺可桢收函后，即飞电马一浮邀请他以大师名义到江西泰和浙大讲学。在当时已走投无路的情况下，马一浮不得已改变初衷，于1938年春节后不久到了泰和。马一浮在泰和讲的内容是国学。他以张载"为天地立心，为生民立命，为往圣继绝学，为万世开太平"四句教为宗旨，系统阐述了他的"六艺论"和"义理名相论"（"义理名相论"在泰和没有讲完）。听讲的除文科的学生外，还有包括竺可桢在内的各系教授，如文科教授梅迪生、张其昀，理科教授苏步青都听过他的讲学。他讲学的时间不分星期，是"逢五"进行，即每月的五号、十五号和二十五号，风雨无阻。为什么要"逢五"上课呢？他解释道："定五号为讲期自有义在。十即是一，故数穷于九，而

---

① 宋志明：《儒家思想的新开展——贺麟新儒学论著辑要·编序》，中国广播电视出版社1995年版，第34页。

② 贺麟：《儒家思想的新开展》，《思想与时代》第1期，1941年8月1日。

五居中。皇极位次于五，亦是此理。"在此期间，他还应竺可桢的请求，为浙大创作了校歌歌词。是年6月，浙大举行毕业典礼，马一浮应邀在典礼上向毕业生发表演讲，鼓励学生要树立"抗战必胜，正义必申"的坚定信念。马一浮在泰和共讲了11讲，后来讲稿辑成为《泰和会语》公开问世。1938年8月，赣北战事日紧。为避日锋，浙大师生于是月13日起，分批乘卡车西行，经湖南衡阳迁往广西宜山。马一浮没有随浙大师生一起走，而是南行过大庾岭，入广东，走水路到广西柳州，再乘车北上到桂林，与旧友马君武（时任广西大学校长）及弟子丰子恺、吴敬生相聚，到12月25日，他才离开桂林，到了宜山，继续他的浙大讲学。马一浮在宜山共讲了9讲，其主要内容是讲他在泰和没有讲完的"义理名相论"。他在宜山讲学的讲稿，后来辑成为《宜山会语》，与《泰和会语》一道合刻出版。

马一浮的新儒学思想，可以分为文化和哲学两个方面。在文化方面，他提出"六艺论"，认为在所有的学术中，唯有儒学真正圆满地体现和代表了人类学术和文化的根本目的和方向，"此即在于穷理尽性，变化气质，恢复人类心中本然之善，并最终在内圣与外王的所有层面上全面提升自己"，因而儒学反映了人心之全体大用，其他学术则只代表了人心体用的某一方面，不过是儒家六艺的流失而已。故此他主张以儒家六艺赅摄一切学术，其中包括西学。在哲学方面，他提出"义理名相论"，于本体论主张理气一元，心性一元，于认识论主张知行合一，性修不二。"其哲学从儒家三易学说出发，并引华严六相一如说证理气一元，引天台止观双运说证知行合一。通过以儒证佛、以佛证儒的方式，建立了他的'义理名相论'哲学理论体系。"[①]

作为现代新儒家中的唯一一位史学家，钱穆在"七七"后的全面抗战时期，出版了《国史大纲》和《中国文化史导论》等著作。由于本书的前面对钱穆以及他的《国史大纲》做过介绍，此不赘述。关于钱穆算不算现代新儒家的问题，目前学术界存在不同的看法。钱穆的学生、著名的美籍华裔学者余英时坚决反对把自己的老师算为现代新儒家，港、台的一些学者也持与余英时相同的观点，但大陆的方克立先生则坚决主张将钱穆纳入现代新

[①] 滕复：《马一浮》，见方克立主编《现代新儒家人物与著作》，南开大学出版社1995年版，第96页。

儒家阵营，早在1987年12月28日召开的"中国现代哲学史首届全国学术讨论会"的发言中，方先生就提出钱穆应该算为现代新儒家，他主持的1987年国家社科基金课题"现代新儒家研究"，重点研究的对象是梁漱溟、张君劢、熊十力、冯友兰、贺麟、钱穆、方东美、唐君毅、牟宗三、徐复观10人，用他的话说，上述10人"基本上属于现代新儒家的第一代和第二代，有的则是跨两代的人物（如张君劢、钱穆）"。① 笔者是赞同方克立先生意见的。如果只将现代新儒学视为哲学思潮，那么钱穆当然不能算为现代新儒家，因为他是史学家而非哲学家。但如果将现代新儒学视为文化和哲学思潮，那么钱穆理所当然地应当算为现代新儒家，因为钱穆提出的文化思想不仅与其他现代新儒家的文化思想有许多相通、相同、相似之处，例如，都强调中国文化的特殊性，都反对和批判过西化思潮和文化虚无主义，都主张以"中体西用"式的中西文化调和为中国文化道路的选择，等等，而且还对其他现代新儒家的文化思想产生过重要影响。比如，钱穆在《国史大纲》的"引论"中提出，对待中国的历史文化，首先必须怀有"温情与敬意"，这样才能认识"中国文化之优异之价值"。② 钱穆提出的这一主张，后来为其他现代新儒家所接受，1958年由唐君毅、牟宗三、徐复观和张君劢联名发表的《为中国文化敬告世界人士宣言——我们对中国学术研究及中国文化与世界文化前途之共同认识》（又称为《中国文化宣言》）就认为，中国文化为一"活的生命之存在"，是"中国民族之客观的精神生命之表现"，因此，不能抱一种"凭吊古迹"的态度来对待中国文化，不能把它作为一堆无生命的"国故"加以客观冷静的研究，而必须对它怀有"同情"和"敬意"，"敬意向前伸展增加一分，智慧之运用亦随之增加一分，了解也随之增加一分。"③ 实际上现代新儒学的第一部代表作，即梁漱溟的《东西文化及其哲学》，其标题就体现出了现代新儒学既是一种哲学思潮，又是一种文化思潮的性质。

---

① 方克立：《关于现代新儒家研究的几个问题》，《现代新儒学与中国现代化》，天津人民出版社1997年版，第22页。
② 钱穆：《国史大纲·引论》，商务印书馆1948年版，第28页。
③ 《中国文化的危机与展望——当代研究与趋向》，台北时报文化出版事业有限公司1986年版，第111页。

除了著书立说、创立新儒学的思想体系外，"七七"后的全面抗战时期，现代新儒家们还通过讲学和办报刊来宣传自己的主张，为现代新儒学运动培养接班人。这一时期最值得一提的是三大书院的开办。1939 年，马一浮在四川乐山乌尤寺办复性书院；次年，梁漱溟在重庆北碚金刚碑主持勉仁书院；同年 10 月，张君劢在云南大理创办民族文化书院。这三大书院仿照中国古代书院的办学形式，同时也吸收现代大学办研究院所的方法和特点，强调知识学问与道德人格的并进，培养了一大批现代新儒学的后继人才。实际上是现代新儒家对宋明儒家自由讲学传统的实践。比如，马一浮在《书院名称旨趣及其简要办法》中曾对书院为何取名"复性"做过解释，他说：书院，在古代的时候以地名命名，如鹅湖书院、白鹿洞书院，等等，进入近代以后开始出现以义命名的现象，如诂经书院、尊经书院等皆是，今如果以义命名，可命名为复性书院。因为"学术，人心所以纷歧，皆由溺于所习而失之，复其性则同然矣。复则无妄，无妄即诚也。又尧舜性之，所谓元亨，诚之通，汤武反之，所谓利贞，诚之复。自诚明，谓之性，自明诚，谓之教。教之为道，在复其性而已矣，今所以为教者，皆囿于习而不知有性。故今揭明复性之义，以为宗趣"。从马一浮的上述说明中可以看出，复性书院与一般的学校或研究院不同，它实质上是宋明时期的书院在现代的新版。而张君劢则在《民族文化书院缘起》中，将民族文化书院的宗旨与工作概括为四句话：（1）发挥吾族立国之精神；（2）采取西方学术之精神；（3）树立吾国学术之精神和新方向；（4）教育学子从事于学问深造和德性修养。[①]

在创办报刊方面，这一时期以及到中华人民共和国成立之前，现代新儒家们也做了大量的工作。1941 年 8 月，浙江大学的张其昀、谢幼伟等人主办的《思想与时代》杂志创刊。张、谢虽然不是现代新儒家，但他们办的刊物经常发表贺麟、熊十力、冯友兰等人的文章，贺麟那篇被视为现代新儒学之宣言的《儒家思想的新开展》一文，就是在《思想与时代》的创刊号上发表的。1945 年，熊十力的弟子唐君毅和周辅成在四川璧山创办《理想与文化》和《中国文化》杂志。1947 年 1 月，熊十力的弟子牟宗三和钱穆的

[①] 参见张君劢《民族文化书院缘起》，《中西印哲学论文集》（下），台湾学生书局 1981 年版，第 1431 页。

弟子姚汉源在南京创办《历史与文化》杂志，创刊号上发表了牟宗三写的发刊词《大难后的反省》，明确提出要对中国近代特别是五四以来的反传统主义思潮进行深刻的反省，并认为当时中国的问题实是一文化问题，只有实现民族文化的自我觉醒才能从根本上解决中国所面临的困难，实现中华民族的伟大复兴。同年5月，已服膺熊十力新儒学的原陆军少将徐复观在南京创办《学原》，大量发表熊十力、钱穆、唐君毅、牟宗三等人的文章，成为宣传新儒学的主要阵地。次年，熊十力的弟子程兆熊接受牟守三的建议，于当年朱陆之争的旧地江西铅山鹅湖创办鹅湖书院和《理想・历史・文化》杂志。在牟宗三等人起草的《鹅湖书院缘起》中，明确认定孔孟荀董为儒学的第一期，程朱陆王为儒学的第二期，现实则应为第三期，并相信这第三期的儒学运动比第一、二期任务更艰巨，也会有更大的发展。通过讲学和办报刊来宣传自己的主张，为现代新儒学运动培养接班人，这也是现代新儒学走向成熟的标志之一。

三 "学术中国化"和"文艺的民族形式"

"七七"后的全面抗战时期，中国共产党领导下的学术界在重庆、延安等地发起过"学术中国化"运动。"学术中国化"运动的开展既是"马克思主义中国化"运动的必然要求，又是近代以来中国人对中西文化关系的认识不断深化和"九一八"后日益严重的民族危机对学术影响的自然结果，在中国近代思想史和学术史上都有着十分重要的地位，它不仅推动着中国学术尤其是马克思主义学术的向前发展，而且也对新中国的学术产生过重大的影响。但长期以来，学术界在涉及"学术中国化"运动时往往有两种倾向，一是把"学术中国化"等同于"马克思主义中国化"，认为二者是一回事，研究了"马克思主义中国化"，也就等于研究了"学术中国化"。这也是到目前为止学术界对"学术中国化"及其运动缺乏深入而系统研究的一个重要原因。二是扩大"学术中国化"的内涵和外延，凡是强调中国本位、认同中国传统的都纳入"学术中国化"及其运动之中，如有的研究者就把冯友兰等人的现代新儒学、蒋介石的三民主义儒学化、钱穆的《国史大纲》等也算成"学术中国化"及其成果。实际上，这两种倾向都值得商榷。虽然"学术中国化"是"马克思主义中国化"的必然要求,但"学术中国化"并不等同于"马克思主义中国化",前者属于学术范畴,后者属于政治范畴,二者有着不同的内容、任务和目标。"学术中国化"既非"中体西用",也不是"中国本位",它以"马克思主义化"为"核心"或"本质",与文化保守主义或文化复古主义有着质的不同。此外,之前的研究多只强调"学术中国化"的积极意义,而很少提及它的负面影响。实际上"学术中国化"运动中产生的不少学术成果过度强调学术研究要为现实政治服务的取向,曾影响了新中国建立后学术的健康发展。在"学术中国化"运动兴起的同时,党领导下的广大进步的文艺工作者还围绕"文艺的民族形式"问题展开过热烈讨论,这次论争在当时对进一步促进全国抗战文艺的大众化、民族化,从而更好地为抗战服务,为中华民族的伟大复兴服务起了非常重要的作用。

(一)"学术中国化"的提出

1938年9月至12月,中国共产党在延安召开六届六中全会。这次会议在党的历史上具有十分重要的意义。毛泽东在会上代表政治局作《论新阶段》的重要报告。在报告中,毛泽东第一次提出了"马克思主义中国化"的问题。他说:"共产党员是国际主义的马克思主义者,但是马克思主义必须和我国的具体特点相结合并通过一定的民族形式才能实现。马克思列宁主义的伟大力量,就在于它是和各个国家具体的革命实践相联系的。对于中国共产党来说,就是要学会把马克思列宁主义的理论应用于中国的具体的环境。成为伟大中华民族的一部分而和这个民族血肉相联的共产党员,离开中国特点来谈马克思主义,只是抽象的空洞的马克思主义。因此,使马克思主义在中国具体化,使之在其每一表现中带着必须有的中国的特性,即是说,按照中国的特点去应用它,成为全党亟待了解并亟须解决的问题。洋八股必须废止,空洞抽象的调头必须少唱,教条主义必须休息,而代之以新鲜活泼的、为中国老百姓所喜闻乐见的中国作风和中国气派。"[①]

显而易见,毛泽东的"马克思主义中国化"是针对当时党内存在的主

---

① 毛泽东:《中国共产党在民族战争中的地位》,《毛泽东选集》第2卷,人民出版社1991年版,第534页。

观主义和教条主义倾向提出来的。但"马克思主义中国化"的提出，不仅得到了中国共产党人，也得到了包括生活在国统区内的广大进步的理论工作者和社会科学工作者的赞同和支持。毛泽东提出"马克思主义中国化"不久，张申府即在《战时文化》第 2 卷第 2 期上发表《论中国化》一文，高度肯定毛泽东有关"马克思主义中国化"的那段论述，认为"这一段话的意思完全是对的。不但是对的，而且值得欢喜赞叹。由这一段话，更可以象征出来中国最近思想见解上的一大进步"。[1] 为了克服党内存在的主观主义和教条主义，毛泽东在六届六中全会的报告中还向全党尤其是党的领导干部发出了"学习"的号召："我希望从我们这次中央全会之后，来一个全党的学习竞赛，看谁真正地学到了一点东西，看谁学的更多一点，更好一点。在担负主要领导责任的观点上说，如果我们党有一百个至二百个系统地而不是零碎地、实际地而不是空洞地学会了马克思列宁主义的同志，就会大大地提高我们党的战斗力量，并加速我们战胜日本帝国主义的工作。"[2] 根据毛泽东的这一号召，六中全会后，中共中央发起了"全党干部学习运动"。这场运动"对提高全党干部的理论文化水平，有头等重要的意义"。[3] 也正是在这场学习运动中，"学术中国化"被正式提了出来。1939 年 4 月 1 日，重庆的《读书月报》第 1 卷第 3 期率先开辟"学术中国化问题"专栏，发表柳湜的《论中国化》和潘寂的《学术中国化问题的发端》等论文，同时还发表了笔名为"逊"的《谈"中国化"》的笔谈文章。1939 年 4 月 15 日，《理论与现实》杂志在重庆创刊，千家驹、艾思奇、李达、沈志远、侯外庐、马哲民、曹靖华、潘梓年、钱俊瑞担任杂志创刊时的编委，沈志远担任主编。该刊以"学术中国化"和"理论现实化"为宗旨，在创刊号上刊登了潘梓年的《新阶段学术运动的任务》和侯外庐的《中国学术的传统与现阶段学术运动》两篇讨论"学术中国化"的重要论文。接着，在第 1 卷第 4 期（1940 年 2 月 15 日）和第 2 卷第 2 期（1940 年 4 月 15 日）上又有嵇文甫的《漫谈学术中国化问题》和吕振羽的《创造民族新文化与文化遗产的

---

[1] 张申府：《论中国化》，《战时文化》第 2 卷第 2 期，1939 年 2 月 10 日。
[2] 毛泽东：《中国共产党在民族战争中的地位》，《毛泽东选集》第 2 卷，人民出版社 1991 年版，第 533 页。
[3] 毛泽东：《反投降提纲》，《毛泽东文集》第 2 卷，人民出版社 1993 年版，第 224 页。

继承问题》等重要论文发表。此外,《新建设》等刊物也先后刊出了许崇清的《"学术中国化"与唯物辩证法》等讨论"学术中国化"的论文或文章。这些论文或文章阐述了为什么要"学术中国化"、什么是"学术中国化"以及如何使"学术中国化"等一系列重大的理论问题。

为什么要"学术中国化"?柳湜指出,表面看来,"学术中国化"的提出,好像是对我们过去不能正确对待外来学术思想尤其是辩证唯物论的一种纠正、一种号召,是对当前"洋八股"和"教条主义"的批判。如果仅从这方面来理解"学术中国化"的提出不是很适当的,至少是不全面的,我们应从"当前的政治实践所反映于文化的要求、反映于新的学术运动上"来"找它的根据"。经过一年多的抗战,中国军民粉碎了日本速亡中国的阴谋,进入到抗战的第二阶段,这奠定了抗战建国的基础,树立了战胜敌人的信心,提高了国民对于抗战建国的热情,同时也对文化提出了新的要求,即文化在今日不仅要承担起提高民族意识、动员全国人民投身抗战的任务,同时还要承担起提高中国新的文化、配合建设新中国的重任。就前者而言,表现为一般文化水准的提高、文化的普遍化和大众化;从后者来看,表现为提高新文化的质、开展新的学术运动。抗战一年多来,大众文化运动有了空前的开展,对新文化质的认识也在一天天地深化和提高,这说明"今日的抗战需要有全面全民族的动员在各社会层精诚团结之下进行,同时亦要求有一个新的、更高度的文化运动配合这一政治的要求,而领导这一民族的神圣战争与建国事业"。因此,"'中国化'这一口号,在新文化发展的今日……它绝不仅限于纠正过去我们对外来文化的不溶化,纠正我们学习上、学术上许多公式主义,教条主义,给我们一种警惕,而是创造新的中国文化之行动的口号和前提"。① 潘菽认为,学术之所以要"中国化",第一,为了使学术更容易了解。每种学术都包含着许多原理和原则,需要实际的例证加以说明,在外国学者那里,所有的例证都是外国的,这就造成了我们了解上的障碍,尤其是社会科学,我们最好根据中国所有并为一般人所熟悉的例证,来说明各种学术,这样的知识更容易为人们了解和接受。第二,为了使学术不成为超然的东西。无论何种学术,都与社会的整个生活和文化有着密切的联系,外

---

① 柳湜:《论中国化》,《读书月报》第 1 卷第 3 期,1939 年 4 月 1 日。

国的学术是与外国社会的整个生活和文化密切联系的,这种与外国社会的整个生活和文化密切联系的学术对于中国人来说,就成了一种抽象或超然的东西,其结果,"一方面使学术不能对于社会生活及个人生活尽其指导和帮助的功用,一方面也会妨碍了学术自身的发展……成了所谓的'洋八股'"。西方的科学介绍到中国已有很长的历史,但科学在中国并不发达,其中一个重要原因,就是没有与中国社会的整个生活和文化密切联系起来。因此,我们要使学术不成为抽象或超然的东西,就需要"把各种学术知识和中国自己的实际社会生活的种种方面关联起来"。第三,为了使学术适合于中国的需要。学术是为了解决社会的需要而产生和发展的。中国要抗战建国,从一个旧国家变成一个新国家,当然有种种政治、经济、国防、文化等方面的需要,这些需要"都有待于近代学术的帮助解决"。但外国的学术是为了解决外国社会的种种需要而产生和发展的,未必适合于中国的需要,要使它们适合于中国的需要,就必须实现学术的中国化。第四,为了使学术成为中国整个文化的有机部分。我们吸取学术,要充分予以消化,要使它成为中国整个文化的有机部分,而不可食而不化,否则,我们永远只能是学术的负贩者,也就永远没有自己真正的学术。第五,为了使中国的学术成为世界学术的积极的一部分。我们要把中国改造成世界上最进步、最自由幸福的国家,那也就必须把中国的学术提高到世界学术的最高水平,"要使中国在学术上也成为世界上的一等国"。而"要实现这一个目的,就必须先把各种学术加以彻底的消化,使成为自己的。只有彻底消化而成为自己的以后,才能有所创造,有所贡献"。[①] 在嵇文甫看来,中国需要现代化,需要尽量吸收世界上进步的学术和文化,使自己迅速壮大起来。然而,我们有自己的社会机构,有自己的民族传统,有自己的历史发展阶段,不是随便安上美国的头、英国的脚,要方就方、要圆就圆的。世界上任何好东西,总须经过我们的咀嚼消化,融入我们的血肉肌体中,然后对于我们方为有用。我们不能像填鸭似的,把外面的东西只管往肚里填,而不管它消化不消化;我们也不能像小儿学舌似的,专去背诵别人的言语,而不管它是什么意思。而要使学术适应自

---

① 潘菽:《学术中国化问题的发端》,《读书月报》第 1 卷第 3 期,1939 年 4 月 1 日。

己的需要,要把世界上许多好的东西变成自己的东西,就必须"学术中国化"。①

什么是"学术中国化"?概括潘梓年等人的观点,主要有以下几个方面。

第一,用马克思主义的唯物论和辩证法来研究中国问题,整理中国学术,并在此基础上建立起中国的社会科学和自然科学。潘梓年在《新阶段学术运动的任务》中指出:学术中国化的任务,就是用马克思主义的唯物论和辩证法,"去研究中国历史,中国的社会形态,中国社会在抗战中所起的各方变化,怎样来使这些变化向进步的方向走去,更快的发展前去,这样来建立起中国的社会科学。去研究中国自然环境中的各种资源动力,运用这些资源动力来建立起中国的现代化的各种国防工业以及其他各种工业,改进中国的农业,这样来建立起中国的自然科学"。②柳湜在谈到"学术中国化的具体内容"时也再三强调:"用辩证唯物论和历史唯物论去研究中国历史,中国问题,一切的问题。但反对过去一种脱离中国革命的实践,中国历史的运动,空洞的抽象的调头,或故意滥用科学方法去歪曲中国历史以达到自己不纯正的政治的目的。"③ 就此而言,所谓"学术中国化",亦就是中国学术的马克思主义化。这是学术中国化的本质。时任中共中央宣传部第一副部长(部长是时任总书记的张闻天)兼秘书长的杨松在《关于马列主义中国化的问题》一文中就明确指出:"学术中国化的本质是中国学术的马克思主义化,也就是要在学术思想领域确立起马克思主义的指导地位。"④

第二,充分吸收外来学术和文化,但这种吸收不是照抄照搬,而是通过消化,把外来的学术和文化变为自己的学术和文化,使之具有中国的味道、中国的特色。潘梓年指出:"学术,是决不会有什么国界的。如果在学术上把中国用一道万里长城和外国分疆划界起来,企图'互不侵犯',那就是自封自划,夜郎自大,不但不能使自己的学术发荣滋长,而且还要'瘦死狱中'。但是,学术虽无国界,却不能没有一个民族所特有的色彩与风光。学

---

① 嵇文甫:《漫谈学术中国化问题》,《理论与现实》第 1 卷第 4 期,1940 年 2 月 15 日。
② 潘梓年:《新阶段学术运动的任务》,《理论与现实》创刊号,1939 年 4 月 15 日。
③ 柳湜:《论中国化》,《读书月报》第 1 卷第 3 期,1939 年 4 月 1 日。
④ 杨松:《关于马列主义中国化的问题》,《中国文化》第 1 卷第 5 期,1940 年 7 月 25 日。

术中国化，绝不就等于保存国粹，而是要使我们的学术带着中国的味道、中国的光彩而发展生长起来，要使我们的学术成为中国的血液与肌肉，不成为单单用以章身的华服。"① 柳湜强调，学术中国化"不排斥外来文化，并承认世界文化的交流乃是历史的必然"。因此，"我们要在中国具体的历史条件下吸收一切进步的文化，溶化它，通过民族的特点、历史的条件和中国抗战建国过程中的一切具体问题，把它变为自己的灵魂，'创造新鲜活泼的、为中国老百姓所喜闻乐见的中国作风与中国气派'"。② 嵇文甫写道："学术中国化"是以吸收外来文化为其前提条件的，也就是要把外来文化变为自己的文化，而非关起门来，像国粹派那样，以为什么都是中国的好，一切都用中国固有的，在文化上实行排外主义。实际上，"学术中国化"并不反对外来文化，它所反对的，"是不顾自己的需要，不适应自己的消化能力，不和自己固有的东西有机地联系起来，而只把外来文化机械地、生吞活剥地往里面搬运"。③ 就此而言，所谓"学术中国化"，亦就是外来学术或文化的中国化，借用潘梓年的话说：是"把世界已经有了的科学，化为中国所有的科学"。④

第三，继承和发扬民族的文化遗产，但不是对民族文化遗产的全盘继承和发扬，而是去其糟粕，取其精华，继承和发扬的只是民族文化遗产中的优秀部分。柳湜指出：今日中国文化是要吸收世界文化一切优良的成果来丰富自己、武装自己，创造中国新文化。根据吸收世界文化这一点，我们提出"学术中国化"的口号来，有它的积极意义。然而这只是问题的一方面，问题的另一方面，我们并不是"言非同西方之理弗道，事非合西方之术弗行"（鲁迅语）的那种盲目西化论、奴化论者，我们在吸收世界文化一切优良的成果来丰富自己、武装自己的同时，也并未忘记"我们这个伟大民族数千年的历史，有它的发展法则，有它的民族特点，有它的许多珍贵品"，我们要"尊重自己的历史，好的民族的传统，批判的接受民族优良的传统，但不是

---

① 潘梓年：《新阶段学术运动的任务》，《理论与现实》创刊号，1939年4月15日。
② 柳湜：《论中国化》，《读书月报》第1卷第3期，1939年4月1日。
③ 嵇文甫：《漫谈学术中国化问题》，《理论与现实》第1卷第4期，1940年2月15日。
④ 潘梓年：《新阶段学术运动的任务》，《理论与现实》创刊号，1939年4月15日。

无所分别的一些陈腐残渣兼留并蓄"。① 嵇文甫指出，所谓"学术中国化"，就是要把现代世界性的文化，与中华民族自己的文化传统有机地结合起来，所以离开中华民族自己的文化传统，就无从讲"学术中国化"。但中华民族自己的文化传统非常复杂，简单地说"批判地接受"或"取优汰劣"这是不够的，因为何者为优，何者为劣，实在难以判断，即便你以是否符合"现代的生活"为标准，也还是无从辨认。"我们尽可以从某种意义上说它是好，同时，又可以从另一种意义上说它是不好。这些地方，参互错综，变动不居，不能机械地看。"那我们究竟应该如何继承和发扬我们自己的文化传统呢？对此，他以"传统的旧文化"为例，提出了以下几个原则：其一，传统的旧文化中，有许多东西，根本就带着一般性或共同性，根本就不是某一个特殊时代所独有，和现代生活根本就没有什么冲突，像许多立身处世的格言，有些固然已经失其时效，但有些直到今天仍然有其价值，如《论语》中的"知其不可为而为之"和"不知老之将至"这两句，就非常符合我们的时代精神，这些"当然可算作我们民族优良传统之一，是我们应该发扬光大的"。其二，传统的旧文化中，有些东西，虽然它原来的具体形态与现代生活不能相容，然而随着时代的发展、社会的进步，它的具体形态早已被历史淘汰，现在留给我们的只是它的某些精神或远景，而这些精神或远景在现代生活中又能发挥一些有益的作用或暗示，如《孟子》一书中所讲的"王道"，对于"这些东西，我们当然也可以接受"。其三，传统的旧文化中，有些东西，看着虽然是乌烟瘴气的，但其中却包含着某些真理，或近代思想的某些因素，如宋明理学中的"合理内核"，对于这些，我们应该像马克思对待黑格尔哲学那样，"从神秘的外衣中，剥取其合理的核心"。第四，传统的旧文化中，有些东西从现在的眼光来看，虽然没有什么道理，甚至非常荒谬，然而在当时却有它的进步意义，如晚明时代"左派"王学家的学说，"对于这些，我们不妨舍其本身，而单从历史发展的观点上，阐扬其进步性"。② 潘菽指出，"学术中国化"本身就包含着如何对待或处置中国旧学术的问题。在对待或处置中国旧学术问题上有三种办法：一是继续保留并应用

---

① 柳湜：《论中国化》，《读书月报》第 1 卷第 3 期，1939 年 4 月 1 日。
② 嵇文甫：《漫谈学术中国化问题》，《理论与现实》第 1 卷第 4 期，1940 年 2 月 15 日。

中国旧学术，而以新学术为补充或辅助。这也就是所谓的"中学为体，西学为用"。二是只管引进和吸收新学术，而对旧学术不管不问，让它自生自灭。这是五四运动以来对待或处置旧学术的办法。三是把旧学术变成新学术。而这第三种办法"可以说是'顺乎天理而合于人情'的，因此也就是最合理最妥当的办法"。因为"旧的学术里面也有许多可宝贵的成分，我们必须继承下来，我们假如忽视了它，那便是等于不顾现实，不顾历史，而要凭空有所作为，假如这样，我们也就无须学术中国化"。如何把旧学术变成新学术呢？潘菽认为，要把旧学术变成新学术，一方面把旧学术中的渣滓去掉，另一方面把旧学术中的精华提出来，以容纳于新学术之中。① 就此而言，所谓"学术中国化"，亦就是中国传统学术或传统文化的现代化。

第四，研究和解决中国的实际问题。侯外庐认为，"学术中国化的基本精神，就在于'知难行易'的传统的继承，使世界认识与中国认识，在世界前进运动实践中和中国历史向上运动实践中统一起来"。② 潘梓年指出，学术中国化"就是把目前世界上最进步的科学方法，用来研究中华民族自己历史上，自己所具有的各种现实环境上所有的一切具体问题，使我们得到最正确的方法来解决这一切问题"。③ 潘菽强调："所谓学术中国化的意义就是要把一切学术加以吸收，加以消化，加以提炼，加以改进，因以帮助解决新中国的建设中所有的种种问题。"④ 就此而言，学术中国化运动不仅是理论活动，更是一种实践活动，学术中国化的根本目的，就是要研究和解决中国的实际问题。

上述这四个方面的内容是相互联系的。柳湜在《论中国化》一文中就强调指出：学术"'中国化'是建设新中国文化的一个口号，是配合着抗战建国的过程中历史的任务而提出的，它的内容是丰富的、历史的、民族的，同时是国际的。它是学术的，同时是战斗的。它是综合我们这个伟大民族数千年的历史和世界的历史，它是我们一切优良珍贵的传统以及国际的一切优良的传统的一种交流，是代表今日人类最进步的立场，创造世界新文化一环

---

① 潘菽：《学术中国化问题的发端》，《读书月报》第 1 卷第 3 期，1939 年 4 月 1 日。
② 侯外庐：《中国学术的传统与现阶段学术运动》，《理论与现实》创刊号，1939 年 4 月 15 日。
③ 潘梓年：《新阶段学术运动的任务》，《理论与现实》创刊号，1939 年 4 月 15 日。
④ 潘菽：《学术中国化问题的发端》，《读书月报》第 1 卷第 3 期，1939 年 4 月 1 日。

的中国新文化为它的任务"。①

如何使"学术中国化"？潘菽指出，要使"学术中国化"，第一，透彻地吸收世界上各种学术，并在此基础上，"加以变化，加以选择，加以改进，加以适应"，"要在每种学术方面都学习到世界上任何人所能学习到的最多并最精到的知识，要在每种学术方面都至少有几个学者或专门家可以和世界上在这一种学术里面所有的最前进最优秀的后起学者或专门家并辔齐肩"。他尤其强调，透彻地吸收世界上各种学术，并加以批判、选择和消化，"这是学术中国化的基石"。第二，实际问题是学术的土壤，学术只有生根在实际问题的土壤中，才有活力并生长发展。"所以，使学术中国化的一个基本的条件，就是使学术和中国在建设中的种种实际问题密切关联起来。"一种学术只有当它"开始努力服务于中国社会所有的种种实际问题的时候"，它"才能开始中国化起来，开始具有生命起来而发展起来，而它的中国化的程度和生命的程度也将以它的那种服务的程度而定"。第三，学术的生命力在于研究和解决实际问题，而实际问题的妥善解决有待于深刻的理论指导。"所以，要使学术中国化，使能帮助解决现在正在一个大蜕变中的中国所有的那么繁多而繁重的现实问题，那就非加深理论的研究不可。"而这种"深刻的理论研究"，并不是指"冥渺的探索和无谓的剖析，而是仍和实践的问题紧密相结合的。这种研究帮助了实践，同时也提高了学术的本身"。第四，要勿以立异为高，即不要以为"学术中国化"就是故意将西方的各种学术改头换面一下，掺入进一点中国的故旧观念，使之成为一种特别的东西。实际上，"学术中国化与故意立异是绝对不同的，我们没有丝毫中国的陈见，也要捐除一切中西的陈见。我们所谓学术中国化其实乃是事实的要求，而同时也是我们所应该做的努力的自然结果"。除以上这几方面外，潘菽还提出，要使"学术中国化"，还必须改变留学政策，奖励个人著作，建立公众学术机构，开放大学教育。② 潘梓年认为，"科学化运动与接受优良传统，是学术中国化的两个支柱。基本条件则在精通科学方法，精通唯物辩证法，精通马列主义。同时这两个支柱，也不是各自独立，互不相关的。我们的科学化

---

① 柳湜：《论中国化》，《读书月报》第 1 卷第 3 期，1939 年 4 月 1 日。
② 潘菽：《学术中国化问题的发端》，《读书月报》第 1 卷第 3 期，1939 年 4 月 1 日。

运动要在阐发我国优良传统的过程中具体地进行起来,而我们的接受优良传统,也只有在科学化基础上才能产生巨大的实践作用"。他还特别提出,要使"学术中国化",就必须克服以下三个倾向:"第一是生吞活剥的移植,就是公式主义或教条式的搬运。第二就是'一切线装书都应抛入毛厕里去'的'左'倾幼稚病。第三是近于复古运动的所谓整理国故,如劝中学青年读庄子读文选之类。"[1] 柳湜指出,"中国化"针对的不是某一学术领域,而是所有的学术领域。具体来说,在哲学上,我们一方面要用唯物论和辩证法,纠正过去无目的、无认识、无选择的介绍外来思想和学说带来的种种不良影响,并对外来思想和学说做有选择的介绍;另一方面,又要运用唯物论和辩证法来研究中国哲学,研究当前中国的各种思想派别,鼓励有旧学根基的人学习和接受正确的方法论,同时要加强对当前一切武断、无知、落后思想的斗争。在政治学上,我们要配合当前中国所实践的民主革命的要求,在吸取目前世界上最完善最进步的民主思想和政治制度的基础上,创造出符合中国历史发展进程和特点的中国新的政治学,以指导中国的民主革命和抗战建国。在经济学上,用世界上最进步的经济学说和最正确的研究方法,来研究中国的社会经济,尤其是抗战过程中中国经济的运动法则,研究中国国民经济运动的诸方面,要在"学术中国化"的口号下加强对进步的经济理论的介绍和研究,同时要对违反历史发展规律、歪曲中国历史、反民生主义和社会主义的经济理论和思想做坚决斗争,因为中国新的经济理论的建立对于抗战建国有其重大影响。在历史领域,新史学在中国还是张白纸,中国人对自己的历史发展、特点及规律还知之甚少,而没有正确的历史知识,就不可能理解实际运动,建立正确的指导民族解放的斗争路线,担负起抗战建国的历史重任。因此,我们要扬弃"整理国故"时代的学者所抱持的纯学术态度和古老方法,接受并运用新的历史唯物论来研究中国历史,建立起中国自己的新史学。在自然科学领域,要求中国的自然科学家关心现实,为抗战建国服务,研究战时一切科学的和技术的问题,提出建国的科学方案。在文学方面,我们不仅反对文字上的无原则的"欧化"、文化上的"洋八股",而且要求今日的文学工作者,深刻了解中国历史的现阶段,并根据民主革命的

---

[1] 潘梓年:《新阶段学术运动的任务》,《理论与现实》创刊号,1939年4月15日。

要求和中华民族的特点，根据抗战建国过程中所需要的文学运动，创造出大量的新的文学作品来。①

以上这些论文或文章的发表，推动了"学术中国化"运动的兴起。郭沫若在《四年来之文化抗战与抗战文化》中指出："'学术中国化'口号的提出，更引起文化各部门的热烈响应，创作者热烈地讨论复兴文艺的民族形式问题；戏剧家研究各地方戏，作实验公演；音乐家也搜集各地民歌，研究改良，作实验演奏；社会科学家研究着中国的实际，中国的历史；自然科学家在研究着国防工业、交通运输、战时生产、医药卫生等中国具体问题，并提倡出了'中国科学化运动'的口号；哲学家在研究着中国的古代哲学与思想在抗战建国上的各种问题。"②

当然，"学术中国化"也引起了国民党的一些御用文人的反对。1939年7月6日，叶青在《时代精神》创刊号上发表《论学术中国化》一文，批评和攻击"学术中国化"。他认为毛泽东以及潘梓年等人所讲的"中国化"，并非真正的"中国化"，真正的"中国化是说欧洲乃至世界各国底学术思想到中国来要变其形态而成为中国底学术思想，这在哲学、社会科学和艺术等方面，特别要如此，其中以政治思想、经济思想、社会思想为尤甚。所以中国化是一般的或外国的学术思想变为特殊的中国的学术思想的意思。它必须变其形式，有如一个新东西，中国的东西，与原来的不同。这样才叫做化，才叫做中国化。所以化是带有改作和创造之性质的。理解、精通、继承、宣传、应用、发挥……都不是化，当然也都不是中国化了。"既然"学术中国化"的"意思"，是要把"一般的或外国的学术思想变为特殊的中国的学术思想"，那么"中国化与中国本位完全相同，所不同的，只是名词而非理论内容"。因为提倡"中国本位文化运动"的"十教授《宣言》底中心可归结于如次的一句话，即'吸收其所当吸收'以'创造将来'，或'吸收其所当吸收'以从事'中国本位的文化建设'。这不是说把吸收来的学术思想中国化吗？"据此，叶青否认当今的中国有提倡"学术中国化"的必要，即使要讲"学术中国化"，其功劳也不是中国共产党人，而是孙中山，"孙先生虽

---

① 柳湜：《论中国化》，《读书月报》第1卷第3期，1939年4月1日。
② 军事委员会政治部：《抗战四年》，青年书店1941年版，第190页。

然没有讲中国化三个字,却在实际上是中国化底开始者、实行者和成功者。他完成了欧美底政治思想、经济思想、社会思想之中国化。进一步说,三民主义适合中国,便于合中国需要的一切社会科学说来,有原则作用和方法作用"。那种企图在孙中山三民主义之外另求"学术中国化",无异于缘木求鱼,是根本不可能的。因此,与其提倡什么"学术中国化",还不如"认真研究孙先生,认真研究三民主义,尤其它底民生主义"。①

就叶青对"学术中国化"的批评可以看出,他批评"学术中国化"的实质,是要反对马克思主义的中国化,否定马克思主义对中国学术尤其是革命的指导地位;他之所以要把孙中山说成是"中国化底开始者、实行者和成功者",也是为了宣传国民党的主张和政治理念,维护国民党之正统地位,认为只有国民党所阐释、宣传的三民主义才符合中国国情,才是抗战建国的指导思想。毛泽东就曾一针见血地指出,叶青是"代表国民党写文章的人"。② 所以,《论学术中国化》一文发表后,叶青又在《中央周刊》第3卷第43期上发表《马克思主义中国化问题》一文,这次他把矛头直接指向了"马克思主义"和中国共产党,公开声称马克思主义"纯粹"是从国外"移植"到中国的"泊来品",根本"不适用于中国,作为它底经济学基础的资本论、政治学基础的国家论、社会学基础的阶级斗争论便亦不适用于中国"。"中国是不需要共产主义,不需要马克思主义的了。因此它也就不需要共产党,这是逻辑的结论。"③

叶青的上述言论,理所当然地受到了中国共产党人的批判。杨松指出,马克思主义并不像叶青所说的那样"纯粹"是从国外"移植"到中国的"泊来品",根本"不适用于中国",相反,它完全"适合于中国的国情",因为"经过一九一四——一九一八年帝国主义大战,中国民族资本主义进一步之发展和形成,造成了接受和发展马克思列宁主义的客观的历史和经济条件",这是马克思主义能够"在中国生长发育和日益壮大起来的"根本原因。他还依据毛泽东在《新民主主义论》中关于中国新文化发展脉络的概

---

① 叶青:《论学术中国化》,《时代精神》创刊号,1939年7月6日。
② 毛泽东:《反投降提纲》,《毛泽东文集》第2卷,人民出版社1993年版,第220页。
③ 叶青:《马克思主义中国化问题》,《中央周刊》第3卷第43期,1941年5月29日。

括，把自五四马克思主义传入到1940年毛泽东发表《新民主主义论》这一段历史的马克思主义中国化分为三个时期，并指出马克思主义之所以能够"中国化了和中国化着"，有它深厚的历史根源和阶级基础。他写道："从一九一九年五四运动起到一九二五年—二七年大革命止为第一个时期，十年苏维埃工农民主革命为第二个时期，从七七抗战以后到目前为第三个时期。在每个时期内中国无产阶级的思想代表者——中国马列主义者，都是与其他进步的阶级和阶层结成文化思想上的统一战线，以共同反对外国帝国主义的奴化政策和国内封建主义的文化，为新民主主义的文化而斗争；同时，在这个统一战线中宣传和发展自己的科学学说——马列主义，把马列主义具体地应用于中国的具体环境，把马列主义中国化了和中国化着，也使中国学术马列主义化了和马列主义化着。"① 杨松在这里创造性地提出了"化了"和"化着"这样两个概念，"化了"，表示"马克思主义中国化"已取得的具体成果；"化着"，是说"马克思主义"正在"中国化"的过程之中。"化着"是"化了"的开始，而"化了"是"化着"的结果，"马克思主义中国化"的过程也就是"化着"和"化了"的辩证运动的过程。艾思奇也指出："马克思主义之所以能够中国化，是由于中国自己本身早产生了马克思主义的实际运动。中国的马克思主义是在中国自己的社会经济发展中有它的基础，是在自己内部有着根源，决不是如一般的表面观察，说这是纯粹外来的"。② 叶青"利用中国的'特殊性'和'特殊的方法'等等漂亮的新名词，把'国情论'以及'中学为体，西学为用'的陈腐思想偷运到文化战线上来，想藉以取消了马克思主义中国化的运动"。③

在"学术中国化"问题上，如果说与叶青的争论属于马克思主义与反马克思主义之间的论争的话，那么，与向林冰的论争则是马克思主义内部的争论。向林冰于1940年3月4日在《大公报》上发表《论"民族形式"的中心源泉》一文，认为民族形式的中心源泉是在"中国老百姓所习见常闻的自己作风与自己气派的民间形式之中"，而民间形式"本质上乃是一个矛

---

① 杨松：《关于马列主义中国化的问题》，《中国文化》第1卷第5期，1940年7月25日。
② 艾思奇：《论中国的特殊性》，《中国文化》创刊号1940年2月。
③ 艾思奇：《抗战以来的几种重要哲学思想评述》，《中国文化》第3卷第1期，1941年6月20日。

盾的统一体，因为它也就是赋有自己否定的本性的发展中的范畴，亦即在它的本性上具备着可能转到民族形式的胚胎"。另外，他还在文章中否定了五四以来形成的新文艺传统。① 文章发表后遭到文艺界的普遍反对。葛一虹指出新的形式"惟有忠实地描写了具体地存在着新事物的生活，才能获得"。② 郭沫若也认为"民族形式的中心源泉，毫无可议的，是现实生活"。③ 罗荪针对向林冰对五四以来新文艺传统的否定指出：五四以来的新文艺尽管有很多弱点，但"我们不能忽略了它在二十多年来的思想领域里面所起的伟大领导的作用。正因为它曾经作为了反帝反封建的主要武器，它站在民主的一面，它站在革命的一面，二十多年的文学史做了它光荣的证明。今天并没有离开了历史发展的规律，抗日民主的要求，正是把反帝反封建更具体化的一个表现。我们必须在抗日民主的基础上来谈民族形式，同样民族形式在创造必须以进步的文艺形式为其发展的基础"。④ 向林冰的认识过于拘泥于"形式"，而忽视了民族形式所包含的"内容"。茅盾直截了当地指出："在世界大变革的前夜，在民族解放战争的第二阶段"，向林冰否定新文艺的主张是"求进反而倒退，成为复古派的俘虏"。⑤ 向林冰并不反对学术中国化运动，只是其主张脱离了现实社会生活。通过两次论争，人们丰富了对"学术中国化"的认识。

（二）"学术中国化"的成果

"学术中国化"的根本目的，是要"建立以新民主主义的内容为内容和以中华民族的形式为形式的中华民族新文化，并且在中国历史学、政治经济学、哲学、文学、音乐、美术、戏剧、诗歌和自然科学中，获得、巩固和发

---

① 向林冰（赵纪彬）：《论"民族形式"的中心源泉》，1940 年 3 月 24 日重庆《大公报》副刊《战线》。
② 葛一虹：《民族形式的中心源泉是在所谓"民间形式"吗?》，1940 年 4 月 10 日《新蜀报》副刊《蜀道》。
③ 郭沫若：《"民族形式"商兑》，《中国文化》第 2 卷第 1 期，1940 年 9 月 25 日。
④ 罗荪：《论争中的民族形式"中心源泉问题"》（下），《读书月报》第 2 卷第 9 期，1940 年 12 月。
⑤ 茅盾：《旧形式民间形式与民族形式》，《中国文化》第 2 卷第 1 期，1940 年 9 月 25 日。

展自己的地位"。① 在延安、重庆等地广大进步的社会科学工作者的积极参与下,"学术中国化"在各学术领域都有所推进,并取得了一些重要成果。下面我们仅就被视为其他学科中国化之基础和前提的史学和哲学"中国化"的有关情况作一介绍。

史学"中国化",成绩最为突出的是对马克思主义史学理论、中国通史、中国原始社会史和中国思想史的研究。

在马克思主义史学理论方面,有翦伯赞的《历史哲学教程》、侯外庐的《中国社会史导论》、吕振羽的《中国社会史诸问题》等著作出版。翦伯赞的《历史哲学教程》,"从历史发展的合法则性、历史的关系性、实践性、适应性诸方面,阐述了他对马克思主义历史理论的见解,坚持史的唯物论,又突出历史辩证法"。② 侯外庐的《中国社会史导论》,根据马克思主义有关"生产方式"的理论,探讨了亚细亚生产方式的形质,既不同意将亚细亚生产方式说成是"过渡期"的假说,也不赞成生产方式是奴隶制的"变种"的观点,而认为亚细亚生产方式是"土地氏族国有的生产资料和家族奴隶的劳动力二者间的结合关系,这个关系支配着东方古代的社会结构,它和'古典的古代'是同一个历史阶段的两种不同路径"。③ 吕振羽的《中国社会史诸问题》,批判了陶希圣等人在20世纪30年代中国社会史论中提出的一些错误观点,进一步阐述了他对亚细亚生产方式、中国奴隶制等问题的见解,认为和古代生产方式比较,尽管亚细亚生产方式有着自己的一些特点,但在本质上二者并无不同,中国殷商奴隶制社会同时具备了亚细亚生产方式的主要特征。④ 除上述这几部著作外,还有华岗的《历史为什么是科学和怎样变成科学》《研究中国历史的钥匙》《怎样研究中国历史》,潘梓年的《社会历史的研究怎样变成科学》,吴泽的《中国历史研究法》,吴玉章的《中国历史教程序论》等一批研究、运用和宣传马克思主义史学理论的文章先后

---

① 杨松:《关于马克思主义中国化的问题》,《中国文化》第1卷第5期,1940年7月25日。
② 蒋大椿:《20世纪中国马克思主义史学》,载罗志田主编《20世纪的中国学术与社会·史学卷》(上),山东人民出版社2001年版,第157页。
③ 侯外庐:《侯外庐史学论文选集》(上),人民出版社1987年版,第56页。
④ 蒋大椿:《20世纪中国马克思主义史学》,载罗志田主编《20世纪的中国学术与社会·史学卷》(上),山东人民出版社2001年版,第164—165页。

发表。

在中国通史方面，最具影响力的著作当属范文澜的《中国通史简编》。该书是应毛泽东的要求而撰写的，自 1940 年 11 月开始在《中国文化》上连载。如果说郭沫若的《中国古代社会研究》是运用马克思主义的社会形态学说研究中国古代社会的开篇之作，它的出版标志着中国马克思主义史学的形成，那么，范文澜的《中国通史简编》则是运用马克思主义社会形态学说研究中国通史的开篇之作，它的出版是中国马克思主义史学开始从形成走向发展和成熟的一个重要标志。齐思和在《近百年来中国史学的发展》一文中评论该书说："中国社会史之唯物辩证法的研究，到了范文澜先生所编著的《中国通史简编》，才由初期的创造而开始走进了成熟的时期。范先生对于中国旧学是一位博通的学者，而对于唯物辩证法又有深刻的研究，所以由他来领导这个研究工作，自然是最合适的了。这部书，对于史料，除了正史以外，以至文集笔记，都尝博观约取；所用的文字，又是由浅入深，使读者易于领悟。每章后，又附有提要，非常易于领悟，绝无公式化，使人如入五里雾中的毛病。"① 另一部有重大影响的马克思主义通史著作是吕振羽的《简明中国通史》。该书的上册出版于 1941 年 5 月，早范文澜的《中国通史简编》第一册 4 个月，下册则因工作耽搁，到 1948 年 5 月才出版，晚《中国通史简编》第二册 5 年。吕振羽在《简明中国通史》上册的"自序"中谈到了该书与"从来的中国通史著作"的"颇多不同"，最重要的有三点："第一，把中国史看作同全人类的历史一样，作为一个有规律的社会发展过程来把握。""第二，力避原理原则式的叙述和抽象的论断"，而是根据"学术中国化"的要求，从具体历史事实的陈述中，体现中国历史发展的规律。"第三，尽可能照顾中国各民族的历史和其相互作用，极力避免大民族主义和地方民族的观念渗入。"这三点的"不同"，集中体现了《简明中国通史》对于中国马克思主义史学的重大贡献。就此而言，吕振羽的《简明中国通史》撰写和出版，也是中国马克思主义史学开始从形成走向发展和成熟的标志之一。除范文澜的《中国通史简编》和吕振羽的《简明中国通史》外，这一时期出版的马克思主义中国通史著作，还有翦伯赞的《中国史纲》第

---

① 齐思和：《近百年来中国史学的发展》，《燕京社会科学》第 2 期，1949 年 10 月。

一卷（1943年）、吴泽的《中国历史简编》（1942年初版时取名《中国社会简史》）等。另外，华岗的《社会发展史纲》（1940年）和邓初民的《中国社会史教程》（1940年），实际上也涉及了中国通史的不少内容。

在中国原始社会史方面，吴泽于1942年完稿1943年出版的《中国原始社会史》一书，"论述了中国人种起源、中国原始社会的经济构造、社会组织与家族形态、原始社会的意识形态"，并依次批驳了各种所谓中国人种外来说，通过大量的考古材料证明，中国人种起源于中国本土，中华民族文化是独立的、自生的。"本书还首次对中国原始文化进行考察和初步整理，内容涉及语言的产生和发展、原始思维、原始宗教的起源及其形态、原始艺术和萌芽状态的科学技术等方面。"尽管该书的某些观点和结论有些牵强附会，缺少考古材料和文献资料的支撑，"但它对中国原始文化成果的研究，是具有开拓性的"。① 尹达早年参加过一系列的考古发掘，积累了大量的实物资料，1943年他依此为基本材料，并结合出土的甲骨文、古代文献和神话传说，撰写并出版了《从考古学上所见到的中国原始社会》。该书以马克思主义的理论和方法为指导，"叙述了从中国猿人直至殷末中国原始社会各阶段的结构，及其发生、发展和逐渐崩溃的漫长历史"。"尤其是该书根据当时所能掌握的新石器遗址发掘的丰富考古资料，排出了昂昂溪文化—仰韶文化—龙山文化的新石器时代各期文化演进序列，每一期中复分若干小时期，并对与之相应的社会结构和历史发展阶段作出判定，代表了当时新石器时代研究的新水平。"②

在中国思想史方面，主要有郭沫若和杜国庠的先秦诸子思想研究（代表作有《十批判书》《青铜时代》和《先秦诸子思想概要》《先秦诸子的若干研究》），吕振羽的中国政治思想史研究（代表作有《中国政治思想史》），侯外庐的中国古代思想史研究（代表作有《中国古代思想学说史》《中国近世思想学说史》）和嵇文甫的晚明思想史研究（代表作有《王船山的民族思想》《王船山（黄书）中的政治纲领》《晚明思想史论》）等。郭沫若、杜

---

① 蒋大椿：《20世纪中国马克思主义史学》，载罗志田主编《20世纪的中国学术与社会·史学卷》（上），山东人民出版社2001年版，第173页。
② 同上书，第173—174页。

国庠、吕振羽、侯外庐、嵇文甫等人运用辩证唯物论和历史唯物论的方法来研究古代中国的政治思想、哲学思想和文化思想，提出了许多新的观点和见解。如郭沫若以"人民为本位"的思想为评价人物的标准，对先秦时期诸多思想家的思想做出了不同于传统的新的评价。1945年5月，他在为《十批判书》写的"后记"中说："批评古人，我想一定要同法官断狱一样，须得十分周详，然后才不致有所冤枉。法官是依据法律来判决是非曲直的，我呢，是依据道理。道理是什么呢？便是以人民为本位的这种思想。合乎这种道理的便是善，反之便是恶。"① 杜国庠在研究先秦诸子思想时，善于从驳杂纷纭的现象中揭示出思想的内在逻辑，尤其是他对墨子、公孙龙、荀子思想的研究，得到了学术界的高度评价。比如，侯外庐在为《杜国庠文集》所写的"序"中就写道："他对公孙龙哲学思想规定为'多元的客观唯心主义'这一结论，我想是确乎难移的断案；他对公孙龙的'坚白离'和《墨经》的'坚白攫'的对立学说认为是战国时代唯心主义与唯物主义的两条路线斗争的重要方面，我想是卓越的发现；他对墨经在认识论和逻辑学上的珍贵遗产的诠解与评价，我想是功力很深的独创；他对荀子《成相篇》认为是文学上别创的风格以及其中有对其哲学思想总结的作用，我想论断是正确的；他对中国古代中世纪唯物主义者的一系列论断，我认为他为中国唯物主义发展史的编写开辟了一个新的途径。"② 吕振羽的《中国政治思想史》是中国哲学史上"第一部用唯物史观指导写成的中国哲学史专著"，其开创价值，首先在于"第一次按马克思主义的观点，提出了哲学史的对象和范围的新见解，为往后的哲学史研究提供了新的路径"。③ 侯外庐研究思想史的一大特点，是"始终注意社会史与思想史的关联"，他在分析思想史的变迁和思想家的理论时，注意分析和揭示出思想观念产生和变化的社会根源，在考察近300年中国思想史的演变时，着重对这一时期各种民主思想的因素及其发展趋势加以发掘和阐述。嵇文甫研究思想史，特别注重从社会经济的发展和阶级结构的变化来说明当时社会思想的状况，他在研究17世纪中国思

---

① 《郭沫若全集·历史编》第2卷，人民出版社1982年版，第482页。
② 侯外庐：《〈杜国庠文集〉序》，载《杜国庠文集》，人民出版社1962年版，第13页。
③ 朱政惠：《吕振羽学术思想评传》，北京图书馆出版社2000年版，第239页。

想的变动时,认为其"真正根源"是在"整个社会的发展上",在"当时经济生活的基础上"。另外,杜国庠、吕振羽、侯外庐等人还特别注重对过去一般思想史、哲学史著作所长期忽视、贬低的唯物主义学者,如王充、范缜、李贽、嵇康、葛洪、吕才、刘知几、刘禹锡、柳宗元、王安石、端临、何心隐、方以智等人思想中的唯物论和科学成分的研究。总之,郭沫若等人"研究的成果最终使人们对中国传统思想文化有了比较正确和全面的认识,并找到了一条'学术中国化'的具体路径"。①

哲学的"中国化",主要表现为两个结合,即马克思主义哲学与中国革命的具体实践相结合,马克思主义哲学与中国优秀传统思想文化相结合。实际上,早在1936年,陈唯实在《通俗辩证法讲话》一书中就提出了辩证法要实用化、中国化的主张,认为讲辩证法的书,"最紧要的,是熟能生巧,能把它具体化、实用化,多引例子或问题来证明它。同时语言要中国化、通俗化,使听者明白才有意义"。② 这里讲的"中国化"指的是语言要符合中国的习惯。1938年4月,亦即毛泽东在中共六届六中全会上正式提出"马克思主义中国化"之前,艾思奇在《自由中国》创刊号发表的《哲学的现状和任务》一文中提出了哲学研究的"中国化"问题。他在回顾了马克思主义哲学在中国所走过的通俗化、大众化的道路之后指出:"过去的哲学只做了一个通俗化的运动,把高深的哲学用通俗的词句加以解释。"这些成绩在打破哲学的神秘观点上、在使哲学与人们的日常生活接近等方面是有极大意义的,然而"通俗化并不等于中国化、现实化",它只是使外国哲学概念用中国的语言文字表达出来而已,并没有实现与中国革命实践的结合。因此,如果我们要继续指导哲学推向前进,就"需要来一个哲学研究的中国化、现实化运动"。同年7月,胡绳在《辩证唯物论入门》小册子的前言中,对辩证唯物论的"中国化"的含义进行了阐述,认为它有两方面的含义:一是"用现实的中国的具体事实来阐明理论";二是"在理论的叙述中随时述及中国哲学史的遗产以及近三十年来中国的思想斗争"。"学术中国

---

① 丁文善:《抗战时期重庆马克思主义史学研究》,博士学位论文,华东师范大学,2011年,第32—33页。

② 陈唯实:《通俗辩证法讲话》,新东方出版社1936年版,第7页。

化"运动兴起后,学术界尤其是马克思主义哲学界就哲学中国化的问题展开了讨论。和培元在《论新哲学的特性与新哲学的中国化》中指出,"哲学中国化"主要讲的是"新哲学"的中国化,"新哲学"也就是马克思主义哲学,马克思主义哲学即是指"辩证唯物主义与历史唯物主义"。所谓马克思主义哲学的中国化,其"本质"也就是"辩证唯物主义的普遍原理与中国的具体的革命实践的结合,与中国的历史实际的结合"。从这一"本质"出发,"我们的哲学家必须有系统地研究中国革命的历史,研究新民主主义,研究统一战线内部的联合与斗争,研究在各个不同历史时期,各个不同环境下的战略与策略,研究党的各种政策,把这些问题提到哲学的原则上来,做出哲学上的结论"。否则,"离开革命实践的哲学只能是抽象教条与名词的堆积……是没有内容的空谈"。"没有具体的有系统的中国历史的知识,便不能做到历史唯物主义的中国化。"有了系统的历史知识,还要"能够用历史唯物主义的原理阐明中国历史的发展的规律性,用中国历史的实际发展证明历史唯物主义的……普遍真理","不能做到这点,则我们对历史唯物主义的了解始终是比较抽象的,我们就无法把历史唯物主义真正中国化"。[①]艾思奇在《关于形式论理学和辩证法》一文中提出,哲学中国化或马克思主义哲学中国化,在"原则上不外两点:第一要能控制中国传统的哲学思想,熟悉其表现方式;第二要消化今天的抗战实践的经验与教训"。[②]换言之,马克思主义哲学中国化,必须处理好两方面的内容,一是马克思主义哲学与中国革命实践的关系,一是马克思主义哲学与中国传统哲学的关系。

在推动哲学中国化的过程中,延安新哲学会起了非常重要的促进作用。新哲学会是在毛泽东的提议下,于1938年9月底在原有哲学学习小组的基础上成立的。1938年9月30日,《解放周刊》发表了由陈伯达起草[③],艾思

[①] 和培元:《论新哲学的特性与新哲学的中国化》,《中国文化》第3卷第2、3期合刊,1941年8月20日。

[②] 艾思奇:《关于形式论理学和辩证法》,《艾思奇文集》第1卷,人民出版社1981年版,第420页。

[③] 关于《新哲学会缘起》的起草人是谁,学界有争论,一说是艾思奇,一说是陈伯达,可参见卢国英《智慧之路——一代哲人艾思奇》,人民出版社2006年版,第234页。

奇、张如心、杨松、周杨等18人联名的《新哲学会缘起》，介绍了发起成立新哲学会的原因及其宗旨：新学会的发起，"就是想把目前做得不很够的理论工作推进一步，我们反对脱离实践的贫乏空洞的'纯理论'研究，但这不是说我们不需要专门更深化的研究，相反的，正是为着要使理论更有实际的指导力量，在研究上就不仅仅要综合眼前抗战的实际经验和教训，而且更要接受一切中外最好的理论成果，要发扬中国传统中最优秀的东西"。新哲学会的目的，是要把"大家团结起来，为抗战建国服务，为着理论在中国的发展，用集体的力量来尽自己的责任，我们需要团结的不仅仅是研究哲学的人，也需要一切在实际活动中的人们以及自然科学家、社会科学家、历史学家、考古学家等，来共同合作，因为哲学只是一般的方法论上的基础，只是各科学及一切实践经验的综合，所以我们并不仅仅就哲学而研究哲学，而且也在哲学或方法论的具体化的发展的观点上，来研究一切抗战建国的经验教训，研究一切的其他的科学"。"我们也不能仅仅研究唯一派别的哲学思想，在抗战建国这个共同的正确的政治原则下，我们需要集合各种各样的哲学派别来做共同的研讨，希望不论旧的、新的、中国的或外来的各种派别都能加入这一共同的研究，而在研究中发展它的一切的优点。"1940年6月21日，新哲学会在延安举行了第一届年会，毛泽东、张闻天等中共领导人和学术界代表共50余人出席。毛泽东在讲话中强调了哲学工作者加强理论研究的重要性。他说：理论这件事是很重要的，中国革命有了许多年，但理论活动仍很落后，这是大缺憾。要知道革命如不提高革命理论，革命胜利是不可能的。过去我们注意得太不够，今后应加紧理论研究。现在人们的条件比过去好了，许多文化工作者与哲学家都会聚在这里。必须承认现在我们的理论水平还是很低，全国的理论水平还是很低，大家才能负起克服这种现象的责任。我们要求全国在这方面加以努力，首先要求延安的人多多努力。张闻天向新哲学会提出了四项任务，即："第一，要与反辩证唯物论的各种错误思想作斗争，没有这种斗争，新哲学的发展就不可能；第二，新哲学会应更多地研究中国革命的实际问题，以克服革命理论落后于实际的缺陷；第三，使新哲学的研究与实践斗争更密切地联系起来，使新哲学的研究，成为生动的实际的有兴趣的工作，而不是死板的条文的背诵；第四，新哲学会今后应推动各地研究新哲学的活动，供给他们研究的材料，通俗化的读本，以提高全国的理论水平。"① 会后，在艾思奇、何思敬等人的主持下，新哲学会在推动哲学中国化尤其是马克思主义哲学中国化方面做了大量工作。

第一，组织成员翻译和编辑了一批马克思主义著作，如郭大力、王亚南译的《资本论》第1、2、3卷、艾思奇译的《列宁关于辩证法的笔记》和《马克思恩格斯关于唯物史观的书信》、柯伯年译的列宁《论战斗的唯物论底意义》，博古译的斯大林《辩证唯物主义与历史唯物主义》、周杨编辑的《马克思主义与文艺》、艾思奇编辑的《马恩列斯思想方法论》以及《马克思恩格斯论中国》等。另外，还翻译和编辑了一些西方和苏联哲学家写的马克思主义的哲学著作，尤其是《联共（布）党史简明教程》的翻译和出版，对于推动马克思主义中国化有着重要意义。时任中共中央长江局宣传部部长的凯丰在《〈联共（布）党史简明教程〉的历史意义和国际意义》一文中就指出：该书出版的最大意义，就在于指出了"马克思主义理论也同一切其他科学一样，是在不断的发展着和完善着，不惧怕用适合于新的历史条件下的新的结论和论点去代替某些过时了的结论和论点"。② 中国共产党人正是从这里看到了自己在过去学习、应用和宣传马克思列宁主义过程中存在的缺点，即"以前我们的争论中间烦琐学派的影响较多"，现在通过学习《联共（布）党史简明教程》尤其是它的第四章"辩证法唯物论和历史唯物论"后，"这种倾向就有意识地渐被纠正，而走向更实际的方面了……直到现在，许多研究辩证法的人，仍然依据这一节的基本原则和精神，依据中国的抗战和革命的实际经验，努力想就辩证法和唯物论的一切问题，作一个全面的新的研究，而某些新的、不是简单抄袭而是有多少创造意义的成绩，也渐渐表现出来了"。③ 第二，组织成员编纂了一批哲学教科书，如艾思奇编著的《哲学讲座》、博古编著的《辩证唯物论与历史唯物论基本问题》、吴黎平和艾思奇编著的《唯物史观》、艾思奇编选的《哲学选辑》等。其中艾思奇编著的《哲学讲座》影响很大，该书从哲学是研究事物最一般规律的科学、哲学是党性的科学、辩证唯物论是马克思主义政党的世界观等三个方面论述

---

① 于良华、徐素华：《延安新哲学会史料介绍》（一），《毛泽东哲学思想研究动态》1984年第5期。
② 凯丰：《〈联共（布）党史简明教程〉的历史意义和国际意义》，《群众》第2卷第16期，1939年2月28日。
③ 艾思奇：《抗战以来的几种重要哲学思想评述》，《中国文化》第3卷第1期，1941年6月20日。

了什么是哲学；从事物的普遍联系、事物的运动变化、事物的对立统一、质量互变转化等方面论述了什么是辩证法。为了帮助干部和知识青年学习哲学，新哲学会还组织成员积极撰写文章，介绍理论联系实际的学习研究方法。如艾思奇的《怎样研究辩证法唯物论》《正确的工作态度和工作方法就是辩证法——学习哲学的基本认识》《关于研究哲学应注意的问题》《反对主观主义》等，徐特立的《怎样学习哲学》，刘亚生的《研究新哲学的方法问题——贡献给初学新哲学者的一点意见》，介绍了学习研究哲学的方法。第三，组织成员开展对中国传统哲学和思想文化的研究。这方面成果最多的是陈伯达。陈伯达当时是毛泽东的秘书，其旧学功底比较深厚，尤其擅长中国古代哲学和思想文化研究。"学术中国化"运动兴起后，他响应毛泽东在六届六中全会上向全党发出的"学习我们的历史遗产，用马克思主义方法给以批判的总结"的号召，先后撰写了《中国古代哲学的开端》《关于知和行问题的研究》《老子的哲学思想》《墨子的哲学思想》《孔子的哲学思想》等论文。其中《孔子的哲学思想》一文受到毛泽东的特别关注，他先后两次给当时兼任《解放》主编的张闻天写信，不赞成陈伯达对孔子的中庸思想、道德论、认识论等问题的评价，认为陈伯达对孔子的道德的批判"不大严肃"；对孔子的认识论、社会论中的辩证法因素"没有明白指出"，并指出陈伯达写文章"没有一个总的概念""缺乏系统性"，建议他作进一步的修改。1941年8月，艾思奇在《抗战以来的几种重要哲学思想评述》一文中对陈伯达的研究有过评论，他写道："由于中国古代社会史的问题大部分还没有解决，又由于中国古代文献的研究解释也还有不少的问题"，陈伯达对中国古代哲学和思想文化的研究，不可避免地还存在着这样或那样的问题，"不能说已完美无缺，然而在他这一部没有完成的著作里，是有许多新的见解的，特别是对于中国古代哲学开端的研究，对于墨子的学说的解释，都有着许多可贵的新的见解"。[①] 第四，组织成员对各种非马克思主义思想、思潮进行了批判。比如，艾思奇就撰文批判过陈立夫的"唯生论"、蒋介石的"力行哲学"、阎锡山的"中"的哲学、国家社会党的哲学、中国青年党

[①] 艾思奇：《抗战以来的几种重要哲学思想评述》，《中国文化》第 3 卷第 1 期，1941 年 6 月 20 日。

的哲学和张申府的哲学。① 胡绳批判过冯友兰的"新理学"②、贺麟的"新心学"③、钱穆的复古倾向。④

哲学中国化或马克思主义哲学中国化的最主要代表是毛泽东。他不仅一贯倡导和坚持马克思主义哲学要与中国革命实践相结合，要与中国优秀传统相结合，用马克思主义哲学的基本原理和方法来研究中国的历史实际和革命实际，批判地整理和继承中国的历史遗产和文化遗产，而且自身就是实践这两个结合的光辉典范。马克思哲学的中国化，正是以毛泽东哲学思想在这一时期的成熟为主要标志的。"具体说来，在辩证唯物论方面，是 1937 年 7、8 月写的《实践论》、《矛盾论》以及整风运动中提出的'实事求是，有的放矢'的思想路线；在历史唯物论方面，则是 1940 年 1 月发表的《新民主主义论》和 1945 年 4 月在党的'七大'上所作的题为《论联合政府》的报告。"⑤ 研究者认为，毛泽东哲学思想之所以能够成为马克思主义哲学中国化的主要形态，有三个方面的原因：第一，从理论渊源上，它吸收了当时国际上马克思主义哲学的最新成果。在写作《实践论》和《矛盾论》时，毛泽东除大量阅读了马、恩、列、斯的哲学原著以及西方哲学和科学著作外，还直接吸收了 20 世纪 30 年代苏联哲学家的研究成果，从而使自己对认识论的实践本质和辩证法的核心规律的集中阐发，达到了当时马克思主义哲学的时代水平。第二，从文化背景上，它批判地吸取了中国传统哲学的精华，对其进行了革命性的改造。毛泽东不仅旧学功底深厚，同时又吸取了范文澜等人对中国经学史的研究成果，所以能在批判地改造和继承一些传统哲学范畴和思想，特别是清代以来"汉学"古文经学派的"实事求是"的研究传统和近代"实学派""经世派"的"务实致用"的价值取向的基础上，把唯物主义的世界观和方法论简练地概括为"实事求是，有的放矢"，并将其规定为党的思想路

---

① 艾思奇：《抗战以来的几种重要哲学思想评述》，《中国文化》第 3 卷第 1 期，1941 年 6 月 20 日。
② 胡绳：《评冯友兰著〈新世训〉》和《评冯友兰著〈新事论〉》，《胡绳全书》第 1 卷（上），人民出版社 1998 年版，第 117—145、169—171 页。
③ 胡绳：《一个唯心论者的文化观》，《胡绳全书》第 1 卷（上），人民出版社 1998 年版，第 145—152 页。
④ 胡绳：《评钱穆著〈文化与教育〉》和《论历史研究和现实问题的关联》，《胡绳全书》第 1 卷（上），人民出版社 1998 年版，第 209—230、263—277 页。
⑤ 楼宇烈主编：《中外哲学交流史》，湖南教育出版社 1998 年版，第 464 页。

线和马克思主义的学风,从而使自己的哲学思想具有了鲜明的中国气派和中国风格。第三,从实践基础上,毛泽东思想是在总结革命实践经验,指导现实革命斗争中发展和成熟起来的,是中国革命具体实践的观念升华。①

除了史学和哲学外,其他学科的"中国化"也都取得了一定的成绩。比如,在经济学方面,王亚南认为经济学家要"站在中国人立场来研究经济学",要面对中国的实际问题,"要由政治经济学的研究,逐渐努力创造一种专为中国人攻读的政治经济学"。他本人在20世纪40年代中期出版了《中国经济原论》一书,创造性地运用马克思《资本论》所运用的方法,来考察旧中国的经济,该书被学术界誉为"中国式的《资本论》"。

(三)"学术中国化"的评价

以上我们介绍了"学术中国化"的提出、争论以及在史学和哲学方面所取得的成绩。那么,我们究竟应该如何评价"学术中国化"及其运动?

首先,"学术中国化"既是"马克思主义中国化"的必然要求,又是近代以来中国人对中西文化关系的认识不断深化和"九一八"后日益严重的民族危机对学术影响的自然结果。

为什么说"学术中国化"是"马克思主义中国化"的必然要求呢?因为,"马克思主义中国化"不仅是一个革命的实践问题,同时也是一个学术的创新问题,即建立起以马克思主义为指导的具有"中国作风和中国气派"的中国学术。杨松在《关于马列主义中国化的问题》一文中就明确指出,"马克思主义中国化",要求"马列主义者的文化人"在"马克思主义中国化"的过程中,"坚持自己的马克思主义的宇宙观和人生观,坚持自己对于科学的共产主义信仰,而应用马列主义的思想武器,应用马克思和列宁的唯物辩证法,去批判一切非无产阶级的思想意识,为建立以新民主主义的内容为内容和以中华民族的形式为形式的中华民族文化,并且在中国历史学、政治经济学、哲学、文学、音乐、美术、戏剧、诗歌和自然科学中,获得、巩固和发展自己的地位"。② 就此而言,"马克思主义中国化",本身就包含有

---

① 楼宇烈主编:《中外哲学交流史》,湖南教育出版社1998年版,第464—466页。
② 杨松:《关于马克思主义中国化的问题》,《中国文化》第1卷第5期,1940年7月25日。

"学术中国化"的内容。因此,随着"马克思主义中国化"的正式提出,也就必然会提出"学术中国化"的问题。换言之,"学术中国化"是"马克思主义中国化"的应有之义,是"马克思主义中国化"的内在理路,"马克思主义化"是"学术中国化"的"核心"或"本质"。既然"学术中国化"是"马克思主义中国化"的必然要求,"马克思主义化"是"学术中国化"的"核心"或"本质",那么,那种把冯友兰等人的现代新儒学、把蒋介石的三民主义儒学化、把钱穆的《国史大纲》等也算成"学术中国化"及其成果的观点便是十分错误的了。当然,我们说"学术中国化"是"马克思主义中国化"的必然要求,"马克思主义化"是"学术中国化"的"核心"或"本质",但这并不意味着"学术中国化"就等同于"马克思主义中国化",实际上,"学术中国化"属于学术领域,而"马克思主义中国化"属于政治领域,二者有着不同的内容、任务和目标。

为什么说"学术中国化"是近代以来中国人对中西文化关系的认识不断深化和"九一八"后日益严重的民族危机对学术影响的自然结果呢?我们先来看近代以来中国人对中西文化关系的认识。概而言之,在"学术中国化"正式提出之前,近代中国人对中西文化关系的认识大致经历过洋务运动时期洋务派的"中体西用"、清末时期国粹派的"国粹主义"、五四时期胡适等人的"西化"或"全盘西化"、20世纪30年代中国本位文化派的"中国本位"、"七七"前后的"新启蒙运动"和"学术通俗化运动"这样几个阶段,总的来看,人们对中西文化关系的认识处在不断深化的过程之中,到了"七七"前后,"新启蒙运动"的倡导者们开始认识到:中国"所要造的文化,不应该只是毁弃中国传统文化,而接受外来西洋文化,当然更不应该是固守中国文化,而拒斥西洋文化;乃应该是各种现有文化的一种辩证的或有机的综合。一种真正新的文化的产生,照例是由两种不同文化的结合。一种异文化(或说文明)的移植,不合本地的土壤,是不会生长的"。他们还认识到,一种新的文化运动,"应该不只是大众的,还应该带些民族性。处在今日的世界,一种一国的运动,似乎也只有如此,才有力量……今日的启蒙运动不应该只是'启蒙'而已,更应该是深入的,清楚的,对于中国文化,对于西洋文化,都应该根据现代的科学法更作一番切实的重新估价,有个真的深的认识。这样子,也才可以做到……文化的综合"。① 应该说,"新启蒙运动"的倡导者们的上述认识,相对于之前的"中体西用""国粹主义""西化"或"全盘西化""中国本位"对中西文化关系的认识来说,是一质的飞跃或巨大进步。与此同时,在学术通俗化运动中,一批思想敏锐的哲学工作者开始思考如何将马克思主义哲学通俗化、大众化的问题。继艾思奇的《大众哲学》之后,1936年上海生活书店又出版了沈志远的《现代哲学的基本问题》,这两书的最大特色就是将哲学的深奥理论与大众生活和社会实践密切联系起来,做到哲学的通俗化、大众化。此后,陈唯实出版了《通俗辩证法讲话》《通俗唯物论讲话》《新哲学体系讲话》《新哲学世界观》,胡绳出版了《新哲学的人生观》,并以书信的形式写成《漫谈哲学》。特别是1937年李达在上海笔耕堂书店出版的《社会学大纲》,形成了有中国特点的马克思主义哲学的整体性的教科书体系,毛泽东称之为"中国人自己写的第一部马列主义的哲学教科书"。②学术通俗化、大众化虽然还不是严格意义上的"学术中国化",但它无疑是"学术中国化"的初步。实际上,"学术中国化"运动就是上接"新启蒙运动"和"学术通俗化运动"而来,是近代以来中国人对中西文化关系的认识不断深化的自然结果。嵇文甫在他的《漫谈学术中国化问题》一文中就明确指出:"学术中国化运动,是伴随着学术通俗化运动,或大众化运动而生长出来的。当'一二九'学生救国运动——一个新的'五四'运动——爆发于北平的时候,上海方面早已有救国会诸先生在那里活跃。沈志远、钱俊瑞、艾思奇……各位先生们,乘着这个运动,努力展开学术通俗化运动,把世界上最前进的学术思想,和中国人民大众的现实生活,紧密地联系起来。这个运动极为广泛而深入,在中国青年中发生极大的影响……随着'七七'抗战的兴起,这个运动更加速的进展,直到最近,'中国化'这个口号乃在这个运动的高潮中很有力的涌现出来。我相信,从今以后,这个口号将响彻云霄,随着抗战建国运动而展开一个学术运动的新时代。"③ 也正是因为"学术中国化"运动上接"新启蒙运动"和"学术通俗化运动"而来,

---

① 张申府:《五四纪念与新启蒙运动》,《北平新报》1937年5月2日。
② 《李达文集》第1卷,人民出版社1980年版,第17页。
③ 嵇文甫:《漫谈学术中国化问题》,《理论与现实》第1卷第4期,1940年2月15日。

是近代以来中国人对中西文化关系的认识不断深化的自然结果。因此，"学术中国化"的倡导者们，一方面强调"学术中国化"运动与"七七"前后的"新启蒙运动"和"学术通俗化运动"之间的联系性，另一方面又强调"学术中国化运动"与之前的"中体西用""国粹主义""西化"或"全盘西化""中国本位"的区别与不同。柳湜在《论中国化》中就一再强调："学术中国化"的口号与"国粹主义"完全不能相提并论。"学术中国化"决不是要求大家"抱残守缺"，决不与今日复古的倾向有丝毫的姻缘，同时它也决不就是"中学为体，西学为用"或"中国本位"论的再版。"学术中国化"是反对这些国粹主义、文化的排外主义与文化偏颇论、中西文化对立论的，"学术中国化"的提倡者也绝不是盲目的西化论者和奴化论者。① 而就"九一八"后日益严重的民族危机对学术的影响来看，我们前面已经谈到，"九一八"后，随着民族危机的日益加深，人们越来越认识到，学术研究尤其是对中国固有学术的研究对增强民族的自尊心、自信心和自豪感，以抵御日本侵略、实现民族复兴有它的重要意义。借用熊十力的话说，"今外侮日迫，吾族类益危；吾人必须激发民族思想，念兹在兹。凡吾固有之学术思想、礼俗、信条，苟行之而无敝者，必不可弃"。这也是"九一八"后，学术界在反思此前"整理国故"运动的基础上，开始从"整理国故"转向"国故整理"的重要原因。到了"七七"之后，随着"抗战建国"的提出，人们又提出了"学术建国"的问题，认为"学术"在"抗战建国"和实现民族复兴的斗争中具有十分重要的作用，加强学术研究尤其是对中国传统学术和文化的研究，是"抗战建国"的一项重要工作。正是在这样的背景下，"学术中国化"被提了出来。因此，它的提出是"九一八"后日益严重的民族危机对学术影响的自然结果。

其次，在政治方面，"学术中国化"及其成果，产生了重要的社会影响，推动了抗战建国和民族复兴。郭沫若在《三年来的文化战》一文中写道："自武汉转移了阵地以后，文化阵线的动向是走向沉着、深刻、充实的道路上来了。学术界提出了学术中国化的要求，尤其是科学界的专家们在无

---

① 柳湜：《论中国化》，《读书月报》第1卷第3期，1939年4月1日。

声无臭之间奠定着大后方的各种新兴产业的基础。"①

最后，在学术方面，"学术中国化"及其成果，不仅推动着中国学术尤其是马克思主义学术的发展，而且也对新中国的学术产生过重大的影响。

如前所述，在延安、重庆以及其他国统区的广大进步的社会科学工作者的积极参与下，"学术中国化"运动取得不少的成绩，推动了中国学术尤其是马克思主义学术的向前发展。以马克思主义史学为例，1949年以前的马克思主义史学，可以分为三个时期②，即：第一个时期是五四新文化运动时期，这一时期是马克思主义史学理论的传入和马克思主义史学的奠基时期；第二个时期是20世纪20年代末到全面抗战爆发前，这一时期是马克思主义史学形成和初步发展时期；第三个时期是全面抗战爆发后到中华人民共和国成立，这一时期是马克思主义史学的发展并开始走向成熟的时期，而推动这一时期马克思主义史学发展的便是"学术中国化"运动，正是在"学术中国化"运动中，产生了像范文澜的《中国通史简编》、吕振羽的《简明中国通史》《中国社会史诸问题》和《中国政治思想史》、翦伯赞的《中国史纲》、郭沫若的《十批判书》和《青铜时代》、侯外庐的《中国古代思想学说史》和《中国近世思想学说史》等一大批在中国马克思主义史学史上有重大影响的标志性成果。又比如马克思主义哲学著作的翻译，五四时期主要是"章节片断的翻译"，1927—1937年主要是"重要著作的全译和单行本的发行"，那么，到了1937年以后则是"对基本著作的系列化出版和有针对性的专题性编译"③，实现了马克思主义哲学著作翻译的系统化和中国化。而对这一工作起过重要推动作用的便是"学术中国化"运动中延安成立的"新哲学会"。

就"学术中国化"取得的成就对新中国的学术影响而言，一方面，一大批活跃于"学术中国化"运动中的马克思主义学者，如马克思主义史学"五老"，即郭沫若、范文澜、吕振羽、翦伯赞、侯外庐以及华岗、吴泽、

---

① 姜义华：《中国现代思想史简编》第4卷，浙江人民出版社1983年版，第18页。
② 此可参考蒋大椿的《20世纪中国马克思主义史学》第一章"新民主主义革命时期的马克思主义史学"，载罗志田主编《20世纪的中国学术与社会·史学卷》（上），山东人民出版社2001年版，第132—187页。
③ 楼宇烈主编：《中外哲学交流史》，湖南教育出版社1998年版，第462页。

杜国庠、嵇文甫、艾思奇、胡绳、周扬、潘梓年、钱俊瑞等,新中国成立后成为新中国学术领域的主要领导人和学术研究的带头人。比如,郭沫若担任了新成立的中国科学院院长,范文澜担任了科学院近代史研究所所长,侯外庐担任了科学院历史研究所所长和北京师范大学历史学系主任,翦伯赞担任了北京大学历史学系主任,并兼任《历史研究》杂志编委,吕振羽担任了中央历史研究委员会委员和科学院历史研究所学术委员,华岗、杜国庠、嵇文甫、吴泽等人也都担任了一些高校和研究机构的负责人,领导并从事史学的教学和研究工作。另一方面,"学术中国化"运动中所取得的成果,为新中国的学术奠定了坚实基础,可以说,新中国的学术就是在"学术中国化"运动中所取得的成果的基础上建立和发展起来的。以历史学为例,郭沫若、范文澜、吕振羽、翦伯赞、侯外庐等人在"学术中国化"运动中的著作,影响了新中国的一代又一代的学者,他们就是在反复阅读"五老"等老一辈马克思主义史学家的研究成果的基础上成长起来的,"五老"等老一辈马克思主义史学家所运用、确立的研究方法和建立起来的中国通史、中国近代史和中国思想史的体裁、体系,甚至所讨论的一些主要问题、得出的一些主要结论,在相当长的一段时期内,为新中国的学者们奉为"经典"而被遵守、继承和发扬。正如当今有的学者所指出的那样:"新中国历史学创建时期历史研究的新进路,无论是通过中国奴隶制与封建制历史分期的讨论探求中国奴隶制社会和封建制社会的特点及其转化的路径,或是通过中国封建土地所有制形式特点的讨论探求中国封建制社会发展过程的阶段性及其转化路径,还是通过中国资本主义萌芽的讨论探求由封建生产方式向资本主义生产方式转化的难产性等,都是围绕着社会形态的变迁及其实现形式这一中国历史发展道路的主题展开的。这是对20世纪30—40年代中国马克思主义历史学优良传统的继承和发扬。"[①]

当然,我们在充分肯定"学术中国化"及其成果的同时,也要对"学术中国化"及其成果的负面影响有清醒的认识。1951年,范文澜在重修《中国通史简编》时,对抗战时期的通史写作有过回顾。他说旧本《中国通史简编》缺点和错误很多,最主要的有两个方面:一是书里有些地方的叙述

---

① 卢钟锋:《新中国历史学创建时期历史研究的新进路》,《中国史研究》2009年第4期。

有非历史主义的缺点;二是书中又有些地方因"借古说今"而损害了实事求是的历史观点。应该说,这两方面"缺点和错误"尤其是"借古说今"在当时马克思主义史学论著中是十分普遍的现象,有些还相当严重。因此,当时的学术界对马克思主义史学著作的学术价值普遍评价不高。如齐思和对郭沫若的《十批判书》的评价:"此书既专为研究古代思想而作,若以哲学眼光观之,则远不如冯友兰《中国哲学史》创获之丰,思想之密……吾人阅毕郭氏之书,颇难得新见,而郭氏之所矜为新见者,如以孔子为乱党,亦多非哲学问题。且多有已经前人驳辩而郭氏仍据以为事实者。故是书于先秦诸子之考证,远不及钱穆《先秦诸子系年》之精,论思想则更不及冯友兰氏之细,二氏书之价值,世已有定评,而郭氏对之皆甚轻蔑,也足见郭氏个性之强与文人气味之重矣。"① 又如1945年顾颉刚写的《当代中国史学》一书,他在评价抗战以来出版的中国通史性著作时写道:"中国通史的写作,到今日为止,出版的书虽已不少,但很少能够达到理想的地步……其中较近理想的,有吕思勉《白话本国史》《中国通史》、邓之诚《中华二千年史》、陈恭禄《中国史》、缪凤林《中国通史纲要》、张荫麟《中国史纲》、钱穆《国史大纲》等。其中除吕思勉、周谷城、钱穆三四先生的书外,其余均属未完成之作。钱先生的书最后出而创见最多。"② 顾颉刚在书中根本就没提及范文澜的《中国通史简编》、吕振羽的《简明中国通史》和翦伯赞的《中国史纲》等马克思主义的通史著作。这并非是他没有看到这些著作,而是他认为这些著作没有"达到"或"较近"他所认为的"理想的地步",所以不值一提。不可否认,学术界对马克思主义史学著作的学术价值普遍评价不高,其中有非学术的原因,如政治立场的不同、历史观的不同,等等,但我们也必须承认,范文澜所讲的两方面"缺点和错误"尤其是"借古说今"的普遍存在,就不能不使马克思主义史学著作的学术价值大打折扣。

马克思主义史学著作中之所以会普遍存在范文澜所讲的两方面"缺点和错误",一个重要原因,就是这些著作的作者没能正确处理好学术与政治的关系,过度强调了学术研究要为现实政治服务,要为当前的抗战建国服务,

---

① 齐思和:《评郭沫若十批判书》,《燕京学报》第39期,1946年。
② 顾颉刚:《当代中国史学》,上海古籍出版社2002年版,第81页。

他们不是"为了说明历史而研究历史",不是为学科自身建设的需要研究历史,而是为了革命的需要研究历史。因此,我们看到,他们在著作中,往往"借古说今""借古讽今""借古谕今",用历史事件、历史人物来抨击现实政治、现实人物。这方面最为典型的是郭沫若的屈原研究。郭沫若研究屈原,宣传屈原,其目的就是要"借我国古代一位伟大的人物屈原,备受打击迫害及其顽强斗争的史实作为比附,来反映极其复杂的现实斗争,即把'信而见疑,忠而被谤'的屈原和真正抗日的新四军联系起来,映衬楚怀王的昏庸无能,比自投降与国民党顽固派消极抗日、积极反共是同出一辙的,同时也表明历史上楚国内部两派在对外政策上的矛盾斗争与抗日战争时期中共与国民党的政治斗争是何其相似"。① 这种"为了应付眼前需要所写出来的历史,虽然表面上是在分析过去,而实质上则处处是在影射现在。这样一来,历史就变成了一个任人予取予求的事实仓库,它本身已没有什么客观演变的过程而言了"。② 范文澜所讲的两方面"缺点和错误"尤其是"借古说今"的影射史学,曾对马克思主义史学的发展产生过长期的不良影响,直到今天还有它的一定市场。对此,应引起我们高度重视。

(四)"文艺的民族形式"及其讨论

历史地看,"文艺的民族形式"的提出,是五四新文化运动以来文艺民族化、大众化潮流的继续和发展。早在五四新文化运动结束不久,一些有识之士在充分肯定五四新文艺所取得的成就的同时,开始反思其欧化主义倾向,探讨本民族文学遗产的继承问题。进入30年代,"左联"的文艺理论家们为消除文学中的欧化弊病,从而使文学能理好地贴近普罗大众,为普罗大众服务,便积极地提倡大众化,并围绕文艺的形式与内容、普及与提高、语言文字的通俗化以及民族化等问题展开过热烈讨论。抗战爆发后,严重的民族危机,使广大的文艺工作者都毫无例外地卷入战争的浪潮中去,或直接或间接地投入这场伟大的反侵略战争的行列,"文章下乡,文章入伍"成了他

---

① 丁文善:《抗战时期重庆马克思主义史学研究》,博士学位论文,华东师范大学,2011年,第188页。
② 余英时:《中国史学的现阶段:反省与展望》,《二十世纪中国史学史论》,北京大学出版社2010年版,第393页。

们的追求目标,"这就使得五四以来的文艺民族化、大众化方面的理论探讨,全然变成了一个最实际的问题"①,亦即文艺工作者们创作出来的文艺作品,怎样才能为人民大众所喜闻乐见,从而成为动员他们投身抗战的精神食粮呢?正如柯中平的《论文艺上的中国民族形式》一文所指出的那样:"是因为这伟大的民族解放战争,它要求文学、艺术为它服务,而文学、艺术也自觉起来为它服务了。但是在实际的服务工作中,文学和艺术碰了很多钉子,尤其是当文学和艺术要深入到广大的民众和士兵中去的时候,它们——文学和艺术碰了的钉子更不少。仔细检查这些碰钉子的原因很多,但最主要的一个原因是被确认了,这就是,因为我们今天的文学艺术,正缺乏中国多数人所熟悉的、或容易接受的那种民族形式。"②这是"文艺的民族形式"提出的历史原因。此外,"文艺的民族形式"的提出,也与当时中国共产党开展的"马克思主义中国化"运动有着紧密的关系,换言之,和"学术中国化"一样,"文艺的民族形式"也是"马克思主义中国化"的必然要求,但又不完全等同于"马克思主义中国化",二者有着不同的内容、任务和目标。宗珏在《文艺之民族形式问题的展开》一文中就写道:"这问题的提出,不但与抗战中的文艺运动相适应,而且,也是广泛的文化运动之中心要点。学术上的中国化运动,正是和文艺上以及艺术上的'民族形式'之创造运动,互相呼应。更广泛地说,也就是研究在整个革命的行程中,如何适应各个民族、国家的具体环境,而把国际主义的内容和民族文化的表现形式如何结合。换言之,一切学问,一切艺术,到了中国,产于中国,都得变成是中国的东西,一面是国际文化的一部分,一成却是中国自己特有的财富,带有中华民族的特征。"③

从理论渊源说,"文艺的民族形式"的提出,与当时苏联的影响有一定关联性。1930年斯大林在苏共十六大的报告中提出:"什么是无产阶级专政下的民族文化呢?这是一种社会主义内容和民族形式的文化,其目的均是用社会主义和国际主义精神来教育群众。"毛泽东将斯大林这一阐述民族文化

---

① 艾克恩编:《延安文艺史》(上),河北教育出版社2009年版,第143页。
② 柯中平:《论文艺上的中国民族形式》,《文艺战线》第1卷第5期,1939年11月16日。
③ 宗珏:《文艺之民族形式问题的展开》,香港《大公报》副刊《文艺》1939年12月12—13日。

的马克思主义原理运用到中国，进而在中国提出了"文艺的民族形式"问题。郭沫若在《"民族形式"商兑》一文就曾明确指出：文艺的"民族形式的提出，断然是由苏联方面得到的示唆。苏联有过'社会主义内容、民族形式'的号召"。①

如前所述，毛泽东是"文艺的民族形式"的提出者。1938 年 4 月间他在陕甘宁边区工人代表大会的晚会上，看了秦腔《升官图》《二进宫》《五典坡》等戏，对时任陕甘宁边区文艺界救亡协会副主席柯仲平说："老百姓来的这么多，老年人穿着新衣服，女青年擦粉戴花的，男女老少把剧场拥挤得满满的，群众非常欢迎这种形式。群众喜欢的形式，我们应该搞，就是内容太旧了。如果加进抗日内容，那就成了革命的戏了。"又说："要搞这种群众喜闻乐见的中国气派的形式。"② 毛泽东的建议很快在 5 月陕甘宁边区救亡协会发表的《我们关于目前文化运动的意见》中得到反映："文化的新内容和旧的形式结合起来，这是目前文化运动所需要强调提出的问题……忽略文化上旧的形式，则新文化的教育是很难深入最广大的群众的。因此，新文化的民族化（中国化）和大众化，二者实是不可分开的。"③ 7 月 4 日，边区民众剧团成立时，也明确提出了要以"中国气派，民族形式，工农大众，喜闻乐见"为努力方向。④ 这年 10 月，毛泽东在中共六届六中全会上代表政治局所作的《论新阶段》的报告中提出："洋八股必须废止，空洞抽象的调头必须少唱，教条主义必须休息，而代之以新鲜活泼的、为老百姓所喜闻乐见的中国作风和中国气派。把国际主义的内容与民族形式分离起来，是一点也不懂国际主义的人们的做法。""马克思主义必须和我国的具体特点相结合并通过一定的民族形式才能实现。"如我们在"学术中国化"中所指出的那样，尽管毛泽东的这一论述是针对党内的政治路线问题，亦即马克思主义的中国化问题提出来的，但"中国作风和中国气派""民族形式"等关键用词则具有普遍意义，适用于文艺领域，因而很快引起了文艺界和理论界的响应。

---

① 郭沫若：《"民族形式"商兑》，重庆《大公报》1940 年 6 月 9—10 日。
② 艾克恩编：《延安文艺史》（上），河北教育出版社 2009 年版，第 143—144 页。
③ 同上书，第 144 页。
④ 同上书，第 144 页。

1939年2月7日，柯中平率先在延安《新中华报》发表《谈"中国气派"》一文，认为"每一个民族，都有自己的气派。这是由那民族的特殊经济、地理、人种、文化传统造成的。""最浓厚的中国气派，被保留、发展在中国多数的老百姓中。你没有老百姓喜闻乐见的中国气派，老百姓决不会相信你的领导。你一站到民众中去，你一讲话、行动，老百姓可以立即分辨出你有没有中国味；正如听惯了平戏的人他一听得有人唱平戏，就会立即感觉那有没有平戏的味儿。"因此，中国的文艺工作者，"必须想法使作（并且是创造）中国气派。"他并向文艺工作者保证："你用中国气派，决不会叫你因此而浅薄起来"。[①] 同年4月16日陈伯达在《文艺战线》第3期发表《关于文艺的民族形式问题杂记》，这是最早提出"文艺的民族形式"的文章。陈伯达将抗战爆发后大众文艺如何利用旧形式问题的讨论，归结为"民族形式问题"，并指出：文艺的民族形式，包含着民族风俗、格调、语言等各种的表现形式，我们不应把文艺看成是从民族、从现实的历史、从具体的斗争中孤立出来。文艺应是具体的民族的、社会的真实生活之反映，同时又应成为感召千百万人民起来参与真实生活斗争（在目前上抗战）的武器。因此，民族形式，实质上，不是简单的形式问题，而且也是内容的问题。要文艺能更深刻地反映真实的生活，更灵活地把握大众的斗争，就不能不考虑其表现的形式。反之，其表现的形式如果是干枯的和生硬的，那么，其内容就时常是（虽则不完全是）薄弱的和无味的。就此而言，"所谓民族形式的问题，不只是简单旧形式的问题，同时也包含着创造和发展新形式的问题，只是不把新形式的创造从旧形式简单地截开而已。新形式不能是从'无'产生出来，而是从旧形式的扬弃中产生出来"。"利用旧形式不是复古，而是……新文艺运动的新发展，是要促进更大的、更高的、更深入的新文艺运动。"[②] 同期发表的还有艾思奇的《旧形式运用的基本原则》一文。该文开篇明义便指出："旧形式利用或运用的问题，在抗战以前早有人提起，而在抗战中间，却成为文艺运动中一个极重要的问题。要把这问题的意义表现得更明白，我们不妨把它扩大一些，把它归结为中国民族旧文化传统的继承和

---

① 柯中平：《谈"中国气派"》，《新中华报》1939年2月7日。
② 陈伯达：《关于文艺的民族形式问题杂记》，《文艺战线》第3期，1939年4月16日。

发扬的问题。"而继承和发扬中国民族旧文化传统的根本目的，是"要创造出新的民族的文艺"，"也就是大多数民众所接受的，它能被民众看作自己的东西"。"我们需要更多的民族的新文艺，也即是要以我们的民族的特色（生活内容方面和表现形式方面包括在一起）而能在世界上站一地位的新文艺。没有鲜明的民族特色的东西，在世界上是站不住脚的。"① 6 月 25 日，延安《文艺突击》第 1 卷第 2 期（总第 6 期）载辟"民族形式"讨论专栏，除时任中共宣传部副部长杨松的《论新文化运动的两条路线》外，还刊有艾思奇的《旧形式，新问题》、萧三的《论诗歌的民族形式》、罗思的《论美术上的民族形式和抗战内容》和柯中平的《介绍〈查路条〉并论创造新的民族歌剧》等讨论"文艺的民族形式"的文章。萧三提出："旧形式"的提法不妥，应该以"民族形式"取代之，因为有旧就有新，就五四以来中国的诗歌的新形式而言，它是欧化的、洋式的，不是民族的，而不具有民族形式的所谓新诗，不合中国人的口味，老百姓不喜欢读，读了也记不得。所以，一首好诗，不仅内容要好，形式也要好。"没有形式的所谓'诗'只是'矫揉造作，结构潦草'的东西，或者是有韵的，或者是无韵的散文（其实散文小说也都讲究节调拍子的），而不是诗。诗没有形式，诗味也就表现不出来。"那么，"什么是最适当的形式，使内容得以最好地、很艺术地表现出来，使内容能够感动人、记得住、流传的广呢？'一言以蔽之'——民族的形式！"② 罗思认为，"目前中国的美术还存着两种错误倾向：一种"内容是革命的，而形式不是民族的"；另外一种，"形式是民族的，而内容却是不革命的"。而这两种错误倾向，对于抗日宣传都是有害的。"为了纠正这两种错误倾向，必须把'民族形式和抗战内容'在理论和创作上打成一片，研究民族形式和现实主义问题，以创造民族形式的美术。"③ 柯中平介绍了马建铃创作并导演的喜剧《查路条》（又名《五里坡》）取得巨大成功的经验，即："能把握住一段抗战的现实，选用了旧剧的技巧，利用旧形式而又不为旧形式所束缚，达到相当谐和的境地，这是我们看过的许多利用旧形式

---

① 艾思奇：《旧形式运用的基本原则》，《文艺战线》第 3 期，1939 年 4 月 16 日。
② 萧三：《论诗歌的民族形式》，《文艺突击》第 1 卷第 2 期，1939 年 6 月 25 日。
③ 罗思：《论美术上的民族形式和抗战内容》，《文艺突击》第 1 卷第 2 期，1939 年 6 月 25 日。

的剧本尚未达到的。"① 7月8日,周恩来、博古邀请文艺界座谈,讨论"文艺的民族形式"问题。大家发言后,博古和周恩来分别作了较长的讲话,他们谈到了"民族形式"对于抗战时期的文艺的重要性,同时也强调"提倡民族形式须防反动复古派贩卖私货"。② 8月3日,中央局就民族形式问题召开文化界座谈会,艾思奇主持会议,会上发言踊跃,气氛热烈,各种观点都提了出来,相互交锋,大家在讨论、交流中深化了对民族形式诸问题的认识。据参加会议的冼星海的日记记载:"讨论非常激烈。尤以周扬、沙汀、何其芳及柯中平、赵毅敏等。晚十点半始散会。回到新的窑洞已经一时半了。"③

这样的座谈会在香港也召开过。早在1939年5月18日起,肖乾主编的香港《大公报》副刊《文艺》就连载过齐同从内地寄来的《大众文谈》。这是目前发现的在香港发表的第一篇关于"民族形式"问题的文章。同年9月肖乾赴欧,杨刚接编香港《大公报》的《文艺》副刊。1939年10月19日是鲁迅逝世三周年的纪念日。这天《文艺》副刊为纪念鲁迅,特邀在港的许地山、黄鼎、刘火子、陈畸、岑作云、黄文俞、田家、陈东、郁风、宗珏、曾洁孺、林焕平、刘思慕等21位文艺界人士座谈,其主题是"民族文艺的内容与技术问题"。袁水拍因事未到会,送来了书面发言稿。通过讨论,座谈会得出三点结论:第一,民族文艺是现阶段和中国文艺的将来所必要的一条路,它是抗战的、反汉奸的、大众的,有中国民族性的。第二,它的内容是抗战的现实,大众的生活(包括光明和暴露两方面),要有中国的典型环境与典型个性。第三,利用各种旧形式和外来形式,创造新的民族形式,要适合于群众的内容的形式,要叙述大众生活的、记录现实的诗和散文。④

在此前后,文艺界还发表了一批讨论民族形式的文章,如黄绳的《当前文艺的一个考察》(《文艺阵地》第3卷第9期,1939年8月16日)、巴人的《中国气派与中国作风》(《文艺阵地》第3卷第10期,1939年9月1日)、魏伯的《论民族形式与大众化》(《西线文艺》第1卷第3期,1939年

---

① 柯中平:《介绍〈查路条〉并论创造新的民族歌剧》,《文艺突击》第1卷第2期,1939年6月25日。
② 艾克恩编:《延安文艺史》(上),河北教育出版社2009年版,第141—142页。
③ 同上书,第142页。
④ 《〈文艺〉鲁迅念座谈会纪录》,香港《大公报》副刊《文艺》1939年10月25日。

10月10日)、沙汀的《民族形式问题》(《文艺战线》第1卷第5期,1939年11月16日)、何其芳的《论文学上的民族形式》(《文艺战线》第1卷第5期,1939年11月16日)、冼星海的《论音乐的民族形式》(《文艺战线》第1卷第5期,1939年11月16日)、黄药眠的《中国化和大众化》(香港《大公报》副刊《文艺》1939年12月10日)、杜埃的《民族形式创造诸问题》(香港《大公报》副刊《文艺》1939年12月11—12日)、宗珏的《文艺之民族形式问题的展开》(香港《大公报》副刊《文艺》1939年12月12—13日)、黄绳的《民族形式和语言问题》(香港《大公报》副刊《文艺》1939年12月25日)等。黄绳认为,当前的文艺运动,以大众化为主脉,在本质上是由对五四文艺运动的继续,而达到对五四文艺运动的否定,创造民族形式的大众文艺。在这种需求之下,我们要把"文艺上的民族优良传统的继承与发扬,当作当前重大的任务"。[①] 魏伯指出,在创造民族形式的问题上当时存在着两种观点:一是认为民族形式即是过去封建社会遗留下来的旧形式,并以为旧形式的使用,是大众化问题的解决,而且只有利用旧形式才能解决大众化的问题。由此,他们否定新文艺的大众化,否定新文艺的存在。二是认为完善的民族形式既要继承新文艺的成果,又批判地接受中国过去的文学遗产,利用欧洲手法,"使作品中有中国气派,有中国作风,由此达到中国化"。他自己是"主张后一种说法的"。[②] 根据沙汀的理解,民族形式包含着两方面涵义:一方面它是指作家应该站在人民大众的立场,民族的立场,用民间活的语言来描写他们的实际生活,他们的苦乐和希望;另一方面是指对于长久地、广泛地存在于民间的,曾反映了民族生活的某一方面的旧作品形式的利用。[③] 在何其芳看来,"目前所提出来的民族形式",是对五四以来的新文学的继承和发展,而不是要"重新建立新文学",当然它在继承和发展五四以来的新文学的同时,要"有意识地再到旧文学和民间文学里去找更多的营养"。[④] 冼星海告诉读者,中国音乐的民族形式可取的地方虽然很多,但其旧形式和旧内容则绝对的不适合现在,新内容配合旧形式

---

① 黄绳:《当前文艺的一个考察》,《文艺阵地》第3卷第9期,1939年8月16日。
② 魏伯:《论民族形式与大众化》,《西线文艺》第1卷第3期,1939年10月10日。
③ 沙汀:《民族形式问题》,《文艺战线》第1卷第5期,1939年11月16日。
④ 何其芳:《论文学上的民族形式》,《文艺战线》第1卷第5期,1939年11月16日。

显得不协调，而新内容配合新形式调和是调和了，但往往不能给大众很快和很自然的接受。因此，中国音乐的民族形式的创造"不是一件容易的事情"。他"个人是主张以内容决定形式，拿现代进步的音乐眼光来产生新的内容，使音乐的内容能反映现实，民族的思想、感情和生活"。① 黄药眠强调，无论任何艺术的形式，都决定于它的内容，而艺术内容又决定于人民的生活。当人民的生活已经改变，艺术的内容也应该改变的时候，过去的形式遂成为新的桎梏。所以要建立新的民族文艺形式，必须要打破旧形式的桎梏。这是真理。但另一方面，艺术之所以成为艺术，它不仅需要一定的内容，也需要一定的艺术形式，形式是构成艺术的一个部分。当我们说打破旧形式的时候，并不是说一切旧形式都抛弃不要，旧形式中那些足以表现新内容的成分，"可以作为构成新形式的资财"。② 杜埃也明确指出，民族形式的创造，并非是满足于固有的传统形式，相反，"它要在自己民族所固有的'本土的'形式之基位上，配合时代的中心内容，现实生活的本质发展而使之丰富健全，使之非特能更进一步的显现全民族的生活、思想、斗争、典型、格调等等特性，还须使之能对伟大时代的民族生活内容起积极的反作用"。③ 宗珏同样强调：民族的文艺形式，不完全等同于旧形式的利用，也"不仅是'民族旧文艺传统的继承的发扬的问题'，实际上它同时也是'五四'以来的新文艺传统的继承和发扬的问题"。④

1940年1月9日，毛泽东在陕甘宁边区文化协会第一次代表大会上发表的《新民主主义的政治与新民主主义的文化》的讲演中，更进一步明确提出了中国文化的"民族形式"问题。他说："中国文化应有自己的形式，这就是民族形式。民族的形式，新民主主义的内容——这就是我们今天的新文化。"⑤ 毛泽东的这篇讲演最先刊发于1940年2月15日在延安出版的《中国文化》创刊号上。同年2月20日在延安出版的《解放》第98、99期合刊又刊登了这篇讲演，但题目改成了《新民主主义论》。毛泽东在讲演中还谈到

---

① 冼星海：《论音乐的民族形式》，《文艺战线》第1卷第5期，1939年11月16日。
② 黄药眠：《中国化和大众化》，香港《大公报》副刊《文艺》1939年12月10日。
③ 杜埃：《民族形式创造诸问题》，香港《大公报》副刊《文艺》1939年12月11—12日。
④ 宗珏：《文艺之民族形式问题的展开》，香港《大公报》副刊《文艺》1939年12月12—13日。
⑤ 毛泽东：《新民主主义论》，《毛泽东选集》第2卷，人民出版社1991年版，第707页。

了如何正确对待外来文化与传统文化的问题,即对外来文化,既不能照搬照抄,也不能生吞活剥,而必须经过一番消化的功夫,排泄其糟粕,吸取其精华,要与民族的特点结合起来,使其具有民族的形式,才有用处;对于传统文化,要批判地继承,批判其封建性的糟粕,继承其民主性的精华。[①] 这一问题我们在下一章中还会论及,此不展开。毛泽东的讲演,是对他1938年以来提出的"中国作风和中国气派""民族形式"等问题的进一步思考、深化和发展,如果说开始时毛泽东指的是对具有民族特点的旧的艺术形式的利用,那么,讲演强调的则是文艺创作的民族化,亦即文艺作品要具有自己的民族性和民族特征。因此,讲演发表后产生了重大影响,也将文艺界正在进行的"文艺的民族形式"的讨论进一步推向了深入,在抗战大后方的文艺界和思想界还围绕"民族形式"的"中心源泉"问题发生过争论。

"民族形式"的"中心源泉"的争论是由通俗读物编刊社的主要成员之一向林冰(赵纪彬)引起的。1940年3月24日,向林冰在重庆《大公报》副刊《战线》发表了《论民族形式的中心源泉》一文。文中提出"民族形式的创造",首先应该解决的根本问题,是"究应以何者为中心源泉"的问题。而在"民族形式"提出以前,存在着两种"文艺形式":一是"五四以来新兴的文艺形式",二是"大众所习见常闻的民间文艺形式"。该文认为,应该成为"民族形式的中心源泉"的,是"大众所习见常闻的民间文艺形式",而不是"五四以来新兴的文艺形式"。因为,第一,流行民间的文艺形式,不是大众生活的偶然道伴,而是和大众喜闻乐见的一切别的形式一样,是其习惯常见的自己作风与自己气派,是其存在形态在文艺的质的规定上的反映。有了这样的大众存在,才有这样的文艺形式,这是不可动摇的真理。第二,由于"存在决定意识",所以"喜闻乐见",应以"习见常闻"为基础。这是争取文艺大众化—通俗化的根本前提。现存的民间形式,自然还不是民族形式,但民间形式由于是大众所习见常闻的自己作风和自己气派,是切合文盲大众欣赏形态的口头告白的文艺形式,所以便为大众所喜闻乐见,而成为大众生活系统中所不可缺少的精神食粮,换言之,民间形式"在本质上具备着可能转到民族形式的胚胎"。第三,"内容决定形式",这

---

① 参见毛泽东《新民主主义论》,《毛泽东选集》第2卷,人民出版社1991年版,第706—709页。

是解决民间形式与民族形式中间的矛盾、使民间形式内部的民族形式的胚胎发育完成而彻底肃清其反动的历史沉淀物的唯一锁钥。这也就是说，民间形式的批判的运用，是创造民族形式的起点，而民族形式的完成，则是民间形式运用的归宿。现实主义者应该在民间形式中发现民族形式的中心源泉。第四，民族形式的提出，是中国社会变革动力的发现在文艺上的反映，由于肯定了变革动力在人民大众，所以赋予民族形式以"中国老百姓所喜闻乐见的中国作风和中国气派"的界说。由此可见"民族形式的中心源泉，实在于中国老百姓所习见常闻的自己作风与自己气派的民间形式之中"，至于五四以来的新文艺，在创造民族形式的起点上，充其量也只能处于"副次的地位"。第五，肯定民间形式为民族形式的中心源泉，除其与社会变革动力的关系外，在方法论上亦有其根据。因为以民间形式为民族形式的中心源泉，则意味着文艺脱离大众的偏向的彻底克服，并配合着以大众为主体的抗战建国的政治实践的发展，创造出大众文艺的民族形式来。而以"五四以来新兴的文艺形式"为"民族形式的中心源泉"，则是一种"外因论的文艺大众化理论"，"即在起点上将大众置于纯粹被教育的地位，通过了大众的被觉醒，然后才把文艺交给大众，而成为大众的自己的文艺"。[1] 接着，向林冰又在1940年3月27日出版的《新蜀报》副刊《蜀道》发表《"国粹主义"简释》一文，指出一切"国粹主义"有一个共同特征，即认为历史上已有的一切都是尽善尽美的，"将来"被包括在"过去"里面，进步是每况愈下，改造是大逆不道，过去的圣贤之世才是人类的黄金时代。就此而言，"国粹主义"与"复古主义"是名异而实同。而主张以"民间形式"为"民族形式的中心源泉"，并不是要"保全"民间形式，而是要对它进行"扬弃"和"改造"，从而"使新事物从旧事物的内部矛盾过程中孕育成长起来"。因此，那种将这一主张视同为"新的国粹主义"的观点，实际上犯的是"指驴为马""认虎作豹"的错误。[2]

就向林冰的文章来看，他虽然没有全盘肯定"民间形式"，认为在"民

---

[1] 向林冰（赵纪彬）：《论民族形式的中心源泉》，重庆《大公报》副刊《战线》1940年3月24日。

[2] 向林冰：《"国粹主义"简释》，《新蜀报》副刊《蜀道》1940年3月27日。

间形式"里还有"反动的历史沉淀物"需要"彻底肃清",也没有全部否定五四以来的"新文艺形式"在"民族形式"形成中的作用,但总体上他是充分肯定"民间形式"的,而对五四以来的"新文艺形式"持的是批评和基本否定的态度,尤其是他主张以"民间形式"为"民族形式"的"中心源泉",很难为大多数参与"民族形式"讨论的文艺工作者所认同,因而引起了广泛批评。

最先出来针锋相对地与向林冰进行争论的是葛一虹。其实早在这年的3月15日,葛一虹就在《文学月报》第1卷第3期上发表过《民族遗产与人类遗产》一文,公开批评那种认为"大众化和民族形式的完成,只有到旧形式或民间形式里找寻。或者认为这样的追求是至少要'以民间形式为中心源泉',为'主导契机'"的观点,是"旧瓶装新酒"的"新的国粹主义"。他指出:"我们并不否认我们的民族遗产中间多少有些有助于我们完成大众化完成民族形式的东西,但是却不是'主导契机'或'中心源泉'。我们的'主导契机'或'中心源泉',还是在于我们的科学的世界观和我们的现实主义的创作方法。""民族革命的内容,自然需要着一个民族的形式,但是却不是像把新酒装到旧瓶似的单纯地把新内容塞到旧形式里面去就算完成了民族形式。这样的形式根本容载不了这样的内容的。我们的新内容自然不能借用属于旧内容、表现旧事物的凝结了的僵死了的形式表现出来的。它需要一个属于它自己的形式。"民族遗产只是人类遗产的一部分,"中心源泉论"或"主导契机论"看到的只是作为人类遗产一部分的民族遗产,因此,是一种"只见树木而不见森林"的"新的国粹主义"。[①] 我们上面提到的林向冰的《"国粹主义"简释》,其实就是为反驳葛一虹的批评而写的。林向冰的《论民族形式的中心源泉》发表后半个月(4月10日),葛一虹在《新蜀报》副刊《蜀道》发表《民族形式的中心源泉在所谓"民间形式"吗?》一文,对林向冰提出的"民族形式的中心源泉"是"大众所习见常闻的民间文艺形式"而不是"五四以来新兴的文艺形式"的观点进行了全面反驳。他指出:诚如向林冰所认为的那样,"新事物发生在旧事物的胎内",新事物的"抗战建国动力"是从旧事物里发展出来的,但是"新事物到底不是

---

① 葛一虹:《民族遗产与人类遗产》,《文学月报》第1卷第3期,1940年3月15日。

旧事物。表现旧事物是用了属于旧事物的旧形式来表现的。表现新事物而用属于旧事物的旧形式是决不可能的。新事物它一定需要一个活泼生动的新形式,这个新形式是它本身所决定出来的,发展出来的,与'旧事物'的旧形式是绝然不相等的"。"旧形式是历史的产物,当历史向前推动了的时候,即我们的社会由封建社会的低级形态发展到民主制度的高级形态的时候,旧形式的可悲命运也只是历史博物馆里的陈列品。"而林向冰所说的"民间形式",实质上就是这种已成为或即将成为"历史博物馆里的陈列品"的"旧形式","如鼓词、评书、各地流行的土戏小调章回小说之类",它无论如何也不可能成为"民族形式的中心源泉"的。诚然,"旧形式还以'习见常闻'的形态存在着",但那不是"大众生活的偶然的道伴",而有它深刻的社会根源。"旧形式的顽强的存在,是中国封建社会长期停滞,以及半封建的旧经济与旧政治在中国尚占着优势的反映。所以旧形式虽现今犹是'习见常闻',实在已濒于没落文化的垂亡时的回光返照。这是明白的。新社会的新兴势力正在蓬勃成长,作为封建残余反映的旧形式没有法子逃避其死灭的命运的。"他也承认,五四以来的"新文艺在普遍性上不及旧形式",但其主要原因"在于精神劳力与体力劳力长期分家以致造成一般人民大众的知识程度低下的缘故",所以,"目前我们的迫切课题是怎样提高大众有文化水准,而不是怎样放弃了已经获得的比旧形式'进步与完整'的新形式,降低水准的从'大众欣赏形态'的地方利用旧形式开始来做什么,而是继续了五四以来新文艺艰苦斗争的道路,更坚决地站在已经获得的劳绩上,来完成表现我们新思想新感情的新形式——民族形式。而这样的形式才是真正的新鲜活泼、为老百姓喜见乐闻的中国作风与中国气派"。①

如果说向林冰过多地肯定了"民间形式"的重要作用,而对五四以来的"新文艺"持的是基本否定态度的话,那么,葛一虹则正好相反。一方面,他认为五四以来的新文艺是十分完美的,尽管在普遍性上不如旧形式,但那不是新文艺本身有什么问题,而是人民大众的文化水准不高的缘故;另一方面,他又将"旧形式"或"民间形式"看成是"没落文化"、"封建残

---

① 葛一虹:《民族形式的中心源泉在所谓"民间形式"吗?》,《新蜀报》副刊《蜀道》1940年4月10日。

余",是没有任何生命的"历史博物馆里的陈列品",而予以了全面否定。就此而言,无论是向林冰,还是葛一虹,他们对"民间形式"或"旧形式"和五四以来的"新文艺"的看法都存在着一定的片面性。

葛一虹的文章发表后,向林冰又连续发表《封建社会的规律性与民间文艺的再认识——再论民族形式的中心源泉之一》(《新蜀报》副刊《蜀道》1940年4月21日)、《民间文艺的新生——再论民族形式的中心源泉之二》(《新蜀报》副刊《蜀道》1940年5月7日)、《新兴文艺的发展与民间文艺的高扬——再论民族形式的中心源泉之三》(《新蜀报》副刊《蜀道》1940年6月3日)、《民族形式的三个源泉及其从属关系——再论民族形式的中心源泉之四》(《新蜀报》副刊《蜀道》1940年7月9日),《关于民族形式问题敬质郭沫若先生》(重庆《大公报》副刊《战线》1940年8月6日—21日)等系列文章,反驳葛一虹和其他人的批评,继续阐述他的"大众所习见常闻的民间文艺形式"是"民族形式"的"中心源泉"的观点。比如,针对葛一虹将"民间形式"或"旧形式"说成是"没落文化"、"封建残余"的观点,他指出:"民间文艺的出现是封建社会自己矛盾的产物,民间文艺的抬头是封建社会自己炸裂的指标。总之,它是封建文艺的对立物,而不是其同一物,它是由未成向完成发展的幼芽(过去的返复夭亡是中国封建社会停滞性的结果),而不是由残余向死灭的残骸。"[1] "由于抗战建国要终结过去农民起义的反复失败而使之成为民主革命的动力之一,所以民间文艺过去的反复夭亡过程亦必终结,站在科学的世界观和现实主义的指导之下而生长为民主革命的文艺,即民间文艺的新生。"[2] 为了进一步说明"民间形式"是"民族形式"的"中心源泉",他把"民间文艺"分成三大块或"三个来源":第一,由于人民大众不识字,统治者不得不于自己所熟悉的古文形式之外,采用民间白话的口头告白的通俗化形式,以期大众易于理解和欣赏,但结果与统治者意愿相违,人民大众"学会了用以表现自己思想和情感的武器的制造法与使用法"。第二,封建社会的失意官吏或落魄文士,

---

[1] 向林冰:《封建社会的规律性与民间文艺的再认识——再论民族形式的中心源泉之一》,《新蜀报》副刊《蜀道》1940年4月21日。

[2] 向林冰:《民间文艺的新生——再论民族形式的中心源泉之二》,《新蜀报》副刊《蜀道》1940年5月7日。

对于封建统治的暴露、攻击与讽刺,这种思想,尤其在民间文艺中表现得最为露骨与具体。第三,封建社会下被压迫被剥削民众的自己创作,如歌谣、谚语、歇后语、传说故事、俗曲土调、乡土戏等口碑文艺,这是民间文艺最基本的来源。"上述民间文艺三个来源中所产出的任何一类作品,均大量包含着本质的缺陷,而且由于内容的决定性,在其形式上也有着普遍的反映;然而这正说明了我们所以要'批判的运用'而摒弃'无原则的利用'或'照样的抄袭',却不能由此而得出反对论、怀疑论的结论。"① 在反驳葛一虹和其他批评者的同时,向林冰也对自己的一些观点作了修正。比如,他在《民族形式的三个源泉及其从属关系——再论民族形式的中心源泉之四》一文中提出:"民间文艺形式的批判的运用与新兴文艺大众化的批判的继承,世界文艺的批判的移植,此三者就是缔造民族形式的三个源泉。"当然,在这三个源泉中,他又认为,"民间文艺形式的批判的运用为缔造民族形式的中心源泉或主导契机"。②

为了探讨民族形式的真正源泉,探索创造民族形式的正确途径,纠正对"民间文艺"和"五四以来新文艺"认识上的种种偏差,在中国共产党的领导下,大后方的广大进步的文艺工作者纷纷发表文章,就"民族形式"的"中心源泉"以及其他有关问题展开了热烈讨论,如田仲济的《"中心源泉"在哪里?》(《新蜀报》副刊《蜀道》1940年4月15日)、黄芝冈的《从抗日内容下看中心源泉》(《新蜀报》副刊《蜀道》1940年4月23日)、方白的《民族形式的"中心源泉"不在"民间形式"吗?》(《新蜀报》副刊《蜀道》1940年4月25日)、光未然的《文艺的民族形式问题》(《文学月报》第1卷第5期,1940年5月15日)、郭沫若的《"民族形式"商兑》(重庆《大公报》1940年6月9—10日)、莫荣的《还是生活第一》(《现代文艺》第1卷第3期,1940年6月25日)、潘梓年的《民族形式与大众化》(重庆《新华日报》1940年7月22日)、石滨的《民族传统与世界传统——民族形式中的一个问题》(《现代文艺》第1卷第4期,1940年7月25日)、

---

① 向林冰:《封建社会的规律性与民间文艺的再认识——再论民族形式的中心源泉之一》,《新蜀报》副刊《蜀道》1940年4月21日。
② 向林冰:《民族形式的三个源泉及其从属关系——再论民族形式的中心源泉之四》,《新蜀报》副刊《蜀道》1940年7月9日。

长虹的《民族语言：民族形式的真正的中心源泉》(《新蜀报》副刊《蜀道》1940年9月14日)、胡风的《论民族形式问题底提出和争点——对于若干反现实主义倾抽的批判提要，并以纪念鲁迅先生底逝世四周年》(《中苏文化》第7卷第5期，1940年10月25日)和《论民族问题的实际意义——对于若干反现实主义倾抽的批判提要，并以纪念鲁迅先生底逝世四周年》(《理论与现实》第2卷第3期，1941年1月25日)、郑伯奇的《关于民族形式的意见》(《抗战文艺》第6卷第3期，1940年11月1日)等。其中郭沫若和胡风的文章最值得关注。一方面，郭文旗帜鲜明地否定了向林冰的"民间形式"是"民族形式"的"中心源泉"论，指出："'民族形式'的这个新要求，并不是要求本民族在过去时代所已造出的任何既成形式的复活，它是要求适合于民族今日的新形式的创造……今天的民族现实的反应，便自然成为今天的民族文艺的形式。它并不是民间形式的延长，也并不是士大夫形式的转变。"郭文在否定林向冰的"中心源泉"论的同时，又认为民间形式和人民群众有着源远流长的密切关系，因此，我们在创造民族形式的过程中要尽可能地从"民间形式"那里"摄取些营养"，像旧小说中的个性描写，旧诗词中的谐和格调，都值得我们尽量摄取，尤其那些丰富的文白语汇，我们是要多多储蓄，来充实我们的武装的。他甚至认为，我们在动员大众、教育大众从事抗日斗争时，"不仅民间形式当利用，就是非民间的士大夫形式亦当利用。用鼓词、弹词、民歌、章回体小说来写抗日的内容固好，用五言、七言、长短句、四六体来写抗日的内容，亦未尚不可"。另一方面，对于五四以来的新文艺，郭文虽然给予了充分的肯定，但并不"以为新文艺是完善无缺或已经有绝好的成绩；相反的……是极端不能满意的一个"。在郭文看来，新文艺有两个"最今人不满意"的缺点：一是新文艺"未能切实的把握时代精神，反映现实生活"；二是新文艺"用意遣词的过于欧化"。要"祛除"新文艺的这两个缺点，"专靠几个空洞的口号是不济事的"，而"是要作家投入大众的当中，亲历大众的生活，学习大众的言语，体验大众的要求，表扬大众的使命。作家的生活能够办到这样，作品必能发挥反映现实的机能，形式便自然能够大众化的"。对此，郭文充满了乐观。因为自抗战以来，作家的生活彻底变革了，随着上海、南京、武汉等大都市的沦陷，作家们能动地被动地不得不离开了向来的狭隘的环境，而投入了广大的现实生活的洪炉——投入了军队,投入了农村,投入了大后方的产业界,投入了边疆的垦辟建设。"这些宝贵的丰富的生活体验,已经使新文艺改观,而且在不久的将来一定还会凑合成为更美满的结晶体。"① 郭文这种辩证而全面地评价"民间形式"和"五四以来的新文艺"在"民族形式"创造过程中的作用,强调"民族形式"的"中心源泉"既非"民间形式",也非"五四以来的新文艺",而是人民大众的"现实生活"的观点为多数参与讨论的文艺工作者所接受,比如潘梓年在新文艺民族形式座谈会上的总结发言中就明确指出:"今天郭沫若先生在《大公报》上发表的那篇论文,给我们很精辟地解决了不少论点。"② 胡风文章的题目本来叫作《论民族形式问题底提出、争论和实践意义》,但由于太长(大约五万多字),不得不分为两篇,分别发表在《中苏文化》和《理论与现实》上。用该文"附记"的话说:文章"主要批判对象是向林冰先生,这不但他底论点和新文艺底传统方向形成了鲜明的对立,而且因为他是想用自成体系的辩证法的观点来解决文艺问题。不幸的是,他底辩证法是脱离了实际生活的社会内容也脱离了实际的文艺发展过程的纸面上的图案,因而形成了对实际文艺运动不但无益而且有害的、主要的错误方向"。③ 在批判向林冰的"中心源泉"论的同时,他也对潘梓年、郭沫若、黄绳、艾思奇、光未然等人个别的"脱离了现实主义"的观点提出了批评。因为在他看来,"民族形式"不能是独立发展的形式,而是反映了民族现实的民主主义的内容所要求的,所包含的形式。既然是内容所要求的,所包含的,对于形式的把握就不能不从对于内容的把握出发,或者说,对于形式的把握正是对于内容把握的一条通路。"如果说现实底发展不能不通过人类的主观实践力量,那么,对于内容(形式)的真实把握当然得通过作为主观实践力量的正确的方法,那就是现实主义。"④ 所以,一切脱离现实主义的内容去追求所谓形式的理论,都应受到批判。

---

① 郭沫若:《"民族形式"商兑》,重庆《大公报》1940年6月9—10日。
② 《新文艺民族形式问题座谈会上潘梓年同志的发言》,重庆《新华日报》1940年7月4—5日。
③ 胡风:《论民族形式问题底提出和争点——对于若干反现实主义倾向的批判提要,并以纪念鲁迅先生底逝世四周年》,《中苏文化》第7卷第5期,1940年10月25日。
④ 胡风:《论民族问题的实际意义——对于若干反现实主义倾向的批判提要,并以纪念鲁迅先生底逝世四周年》,《理论与现实》第2卷第3期,1941年1月15日。

除发表文章外,《文学月刊》和《新华日报》还分别于 1940 年 4 月 21 日和 6 月 9 日专门召开了"民族形式座谈会",邀请在重庆的部分文艺界和思想界人士就"民族形式"的有关问题畅所欲言,展开讨论。

《文学月报》的座谈会由罗荪主持,参会者有黄芝冈、叶以群、向林冰、光未然、胡绳、梅林、姚蓬子、潘梓年、戈茅、臧云远、葛一虹、郑君里、陈白尘等 20 人。这次座谈会主要围绕什么是"民族形式"的"中心源泉"这一问题展开,除林向冰等个别人外,大多数发言者是不赞成以"民间形式"或其他某一形式为"民族形式"的"中心源泉"的。比如,臧云远指出:民族形式并不是有人或民间给我们准备好了,伸手便可以获取,只要拼一拼凑一凑便可以成功的东西;也不是外国人给我们准备好了,只要把外国的勾勾字换成中国的方块字就能够成功的东西。"主要的,还是要靠我们的作家们,在创作实践上刻苦的努力。"戈茅强调,民族形式不同于旧形式,不只是利用一下旧形式就能成功的,"而是如何创造新形式的问题"。而要创造新形式,首先不能离开抗日的内容,与现实生活大众生活相联系的作品才能真正具有民族形式;其次不能离开新文艺已有成绩的基础,"民族形是不能跳过新文艺二十几年的努力而仅仅以旧形式为其源泉的"。潘梓年提出,民族形式不是对旧形式的简单利用,但我们在创造民族形式时应该吸收旧形式的优点,"把它粉碎了消化了创造新的民族形式"。同时民族形式是五四以来新文艺运动的更进一步发展,它"不会把过去努力的成果放弃",而是要"吸收新东西"。他尤其强调:"民族形式的创造,吸收民族的遗产比较重要。中心是在研究遗产接受遗产。"在胡绳看来,"创造民族形式是继承五四以后新文艺中的健康的成分而向更进步的路上走",尽管在民族形式的创造过程中,"封建统治者的文艺传统和没落的资本主义文化及其在中国的移植"不会受到重视,但"国外的健康的写实主义文学与农民中的活泼有生气的文学形式则是可资取用的仓库"。①

《新华日报》座谈会由该报总编辑潘梓年主持。以群、戈宝权、臧云远、胡绳、罗荪、光未然、沙汀、葛一虹、戈茅、艾青等 17 人参加。这次讨论的主题仍然是"民族形式"的"中心源泉"问题。光未然既不赞成那

---

① 《文艺的民族形式问题座谈会》,《文学月报》第 1 卷第 5 期,1940 年 5 月 15 日。

种认为中国几千年来就已存在民族形式的观点，也不同意那种认为五四以来文艺的民族形式即已发生而且发展的看法。"如第一种意见，则就是把过去的文艺形式填一填就可以，第二种意见如果是对的，那么走下去就可以，何必打锣打鼓地提出民族形式的口号呢？"他认为五四以来的新文艺的方向是对的，但距离真正民族形式的创造还有很长的路走，"如果把这二十年来新文艺运动的收获一笔抹杀，我们叫他是'疯子'，反过来，如果把过去的缺点一概不承认，统统拾它起来，仿佛都是民族形式了，我们叫他为'妄人'"。梅林主张对民间形式要作区分，有的民间形式是死了的或半死不活的形式，有的民间形式是充满着生命活力的形式，我们在创造民族形式时，对前者要彻底抛弃，而后者可以成为"民族形式的基础"。而"向林冰先生所说的民间形式，就是那些半死不活的形式"，因而无论如何都不可能成为"民族形式"的"中心源泉"的。在以群看来，所谓民族形式的问题，实质上也就是"中国所发生的现实应该用怎样活泼的形式表达出来的问题，只有新的形式才能把中国社会复杂的内容表达出来，而这新形式，就是多少年来新文艺所试验着追求的形式"，即"废除洋八股，反对教条主义"。胡绳指出，我们并不否定民间形式，也承认新的东西是从旧的东西里成长出来的，就此而言，向林冰的理论根据是站得住脚的，向林冰的错误在于对旧的理解。由旧形式自然发展中产生民族形式，虽非绝不可能，但是相当困难的。向林冰另一个错误是对五四以来的新文艺的一概抹杀，其实五四以来的新文艺是分化的，其中既有买办阶级的文艺，也有大众化革命的文艺，对这两种文艺应该区别对待。而葛一虹的说法也不能说服人，他只提出思想，创作方法，并没有全部解决民族形式的创造问题。进步思想，创作方法，都必须中国化，必须研究怎样才能中国化的那些具体物。

除"民族形式"的"中心源泉"外，讨论还涉及对民族形式的理解、文艺的深与广、文艺的通俗化以及中国的音乐等问题。艾青所理解的"民族形式"和"中国化是一个意思"。而"所谓中国化是科学化的现代语，所表现某时某刻所发现的现实"。就此而言，艾青指出，"民族形式的发展不是从天上掉下来的，而是一时一刻也没有离开中国社会的发展的……新的民族形式，是新现实主义的再发展"。沙汀同意艾青的观点，认为"中国的民族形式是不能离开现实主义的"，关于"民族形式"的一切争论，都与对民形式的理解有关，"一般的看法，把形式看成章法，和旧形式大众化发生混淆，我觉得应该把它看成实现主义的口号"。以群提出，文艺的深与广不能统一于一篇作品之中，我们不能要求一篇作品既是高度的艺术，又有一定的普及性，但可统一于一个文化运动之中，一部分人努力于艺术水准的提高，另一部分人则努力于大众化和通俗化，"这是一个问题两方面的努力"。但在臧云远看来，"扫除文盲，普及文化教育，和提高文艺的艺术水准，这是统一于一个文化运动里的深与广的问题。而文艺本身，尤其是民族形式的文艺的本身，它包含着深与文的统一起来的可能性"。"一篇作品，如果真有高深的现实主义的艺术性，读者一定会在当时和后代是最多最广的。"真正具有"民族形式的新文艺"，既"是艺术的最高成就，同时也是流传最广的、革命大众的精神食粮"。光未然强调，通俗化，并不等同于民族形式，"如果认为凡是老百姓喜闻乐见就是民族形式的，显然是说不过去"。艾青承认通俗化工作很重要，但要有分工，作家不能因为广大老百姓不懂新诗，就去写"大狗跳两跳，小狗叫两叫"一类的作品。①

作为主持人，潘梓年在总结性发言中全面批驳了林向冰的"中心源泉"论，并提出了几个很重要的思想：第一，民族形式的提出，不能和通俗化、大众化问题混为一谈，我们要求文艺创作要用民族形式，但不能要求每一个文艺作品都是通俗化、大众化的读物。"民族形式的提出，不是简单地要求大众化，而是要求整个新文艺品质的提高。"第二，民族形式的提出，不是基于"狭隘的民族主义立场"，而是"从国际主义上提出的"，中国的文艺在国际文坛上要想占有自己的地位，做出自己独特的贡献，就"需要有自己的民族形式"。因此，"民族形式的提出，并不意味着欧化的排斥"。第三，不能离开内容来讲民族形式，因为形式可以分为外形式和内形式，外形式（如酒必须有瓶装，但酒瓶是玻璃瓶还是瓦瓶，这便是外形式）与内容关联不大，而内形式（如酒的色香味）与内容密不可分，我们讲的"民族形式，主要是指这种内形式而言"。第四，文艺的深与广并不是一对矛盾，我们既不能武断地说通俗的作品才是最好的作品，也不能笼统地说最好的作品就一定不通俗，创作出既好又通俗的作品，实现深与广的统一，这是作家应该追

---

① 《民族形式座谈笔记》，重庆《新华日报》1940年7月4日。

求的目标。① 随后,潘梓年又在 7 月 22 日出版的《新华日报》发表《民族形式与大众化》一文,就他在座谈会的总结性发言中提到、但"未能多讲"的"民族形式与大众化、民族形式与民间形式的关系这两个问题"作了进一步阐述。他首先指出:民族形式问题的提出,主要的要求是文艺活动与抗战建国的具体实践的结合,就是说要用工农大众自己的语言来描写工农大众自己为独立、自由、幸福而斗争的战斗生活,并为工农大众所享受。其主要的问题,是题材与语言的问题,而不是离开了写作的内容来空谈"旧形式的运用"和"旧瓶装新酒"的问题。"用中国人(占全人口百分之八十以上的工农大众)的语言描写中国人的生活的文艺,就是具有中国气派与中国作风的文艺,就是民族形式的文艺。"其次,民族形式的问题,是中国化问题,而不是大众化问题,至少在一般人民文化水平还很落后的现在是如此。虽然民族形式问题和大众化问题有很多密切的关系。譬如,鲁迅的《阿Q正传》是杰出的民族形式的作品,但不是大众化的作品。我们要求作家尽量写出能为大众所了解的作品,但不能说一些现在还不能为识字不多的大众了解的作品就不是好作品,不是民族形式的作品。再次,我们要重视民间文艺的研究,因为它"保藏着"的不仅有"很丰富的大众自己的语言",而且还有"民族的许多历史传统"。历史传统,我们所要接受的,所要发扬的,只是其中优良的一部分,但对于一个文艺作家,却不管是优良非优良,都要求他有充分的了解,不了解人民大众的一切历史传统,就不能对今天的他们有足够的了解。②

在大后方的文艺工作者围绕"民族形式"展开讨论的同时,延安的文艺工作者也就民族形式的相关问题继续发表自己的看法。周扬的《对旧形式利用在文学上的一个看法》一文指出:形式是由内容决定的,形式既由内容决定,新文艺的内容是新民主主义的,最适宜于表现这种内容的,就不能不是新形式。而民间旧有的形式,一则因为它是反映旧生活的,即反映建立在个体的、半自足的经济之上的比较单纯比较闲静的生活的,二则因为在它里面偶然包含有封建的毒素,所以它不能够在一切复杂性上、在那完全的意义

---

① 《新文艺民族形式问题座谈会上潘梓年同志的发言》,重庆《新华日报》1940 年 7 月 4—5 日。
② 梓年:《民族形式与大众化》,重庆《新华日报》1940 年 7 月 22 日。

去表现中国现代人的生活。当然,由于新文学的历史还短,又由于中国语言与文字的长期分离,文艺的民族新形式还没有完全形成,尤其是语方形式还存在着许多严重缺点,但新形式比之于旧形式,无论从哪方面讲都是一种进步。"新文学如要以正确的完全地反映现实为自己的任务,就不能不采取新形式,以发展新形式为主。"周扬强调"新文艺是接受了欧化的影响",但"欧化与民族性并不是两个绝不相容的概念"。五四时期的所谓"欧化,在基本精神上是接受西欧资产阶级民主革命时的思想,即'人的自觉',这个'人的自觉'是正符合于当时中国的'人民的自觉'与民族自觉的要求的"。实际上,外国的东西只有在中国社会需要的时候才能被吸收过来,这些符合中国社会需要而被吸收过来的东西,在中国特殊的环境中运用之后,也就不再是和原来一模一样的东西了,"而成为中国民族自己的血和肉之一个有机构成部分了"。周扬也承认,新文艺有新文艺的缺点,新文艺的最大缺点是不大众化,而"要匡正这缺点,有两个问题值得非常的注意:一是如何正确认识自己民族自己国家的问题,一是如何努力于文字形式的简洁明确的问题"。对此他提出,新文艺的作家们,一方面要投身到火热的抗战斗争中去,深入到人民大众中去,"直接向现实生活去找原料";另一方面"要向旧形式学习","向作为旧生活之反应的旧形式作品去寻找援助"。因为"在旧小说中可以窥见老中国人和旧社会的真实面貌;从民歌、民谣、传说、故事可以听出民间的信仰、风俗和制度。整个旧形式,作为时代现实之完全表现的手段,虽然已经不行,但这并不妨碍我们以之为反映现实之一种借镜,以之为可以发展的民族固有艺术要素,以之为可以再加精制的一部分半制品"。所以,新文艺的作家们要创造出具有"中国作风和中国缺派"并为老百姓"喜闻乐见"的文艺作品,就"必须把学习和研究旧形式当作认识中国、表现中国的工作之一个重要部分,把吸收旧形式中的优良成果当作新文艺上的现实主义上的一个必要源泉"。[①] 默涵的《"习见常闻"与"喜闻乐见"》一文重点批评了林向冰在《关于民族形式问题敬质郭沫若先生》中提出的"生活存在产生'习见常闻',而'习见常闻'则又产生'喜闻乐见'","由于'存在决定意识',所以'喜闻乐见'应以'习见常闻'为基础"的

[①] 周扬:《对旧形式利用在文学上的一个看法》,《中国文化》第1卷第1期,1940年2月15日。

观点，认为这一观点的实质"无非是'中学为体，西学为用'这一滥调的复活罢了"。文章指出：我们不仅不否认，而且完全承认在"习见常闻"的民间形式中包含着一些优良的东西，但它并不能成为民族形式的"中心源泉"。完全贩卖外国货，固然要变成洋八股，但认为民族形式的"中心源泉"是"习见常闻"的"民间形式"，"也难免要堕落到复古主义的泥沼中去"。① 王实味的《文艺形式问题上的旧错误与新偏向》一文开篇明义便指出，文艺的民族形式的提出，包含有两方面的意义：一方面，犹如马克思主义的民族形式一样，要排斥空洞的调头，排斥教条，排斥洋八股，以便使文艺更好地为我们伟大的民族解放战争服务，更好地现实主义地反映我们民族的现实生活；另一方面，由于抗战的需要，对于进步文艺以外的旧文艺，我们也不能不掌握运用，这就使我们有机会对我们的所谓民族文艺传统，来一个实践中的再批判，并从中吸收一些好的东西，哪怕只有一点一滴，以弥补五四新文艺运动的不足。接着该文对陈伯达、艾思奇和胡风等人的一些观点提出了商榷，认为文艺的民族形式，是世界进步文艺依据我们民族特点的具体运用。"民族形式只能从民族现实生活的正确表现中反映出来，没有抽象的'民族形式'。"在该文看来，新文艺不仅是"进步的"和"民族的"，而且从新文艺是新民主主义革命之一部分这一立场来说，也是"大众的"，它目前之所以还"没有大众化，最基本的原因是我们底革命没有成功，绝不是因为它是'非民族的'"。当然，"新文艺上还有许多公式教条与洋八股，也必须加紧克服"。②

当"民族形式"的提出和大后方以及延安的广大进步的文艺工作者围绕"民族形式"的"中心源泉"的问题展开激烈讨论的时候，作为进步文艺界的领军人物之一的茅盾在新疆，因而没有参加。1940年5月，他从新疆来到延安。到延安后，他十分关心并直接参加了这一讨论。7月25日，他在延安的《中国文化》第1卷第5期上发表《论如何学习文学的民族形式》一文，这是他在延安各文艺小组会上的演说词，提出学习或创造文学的民族形式，一是要向中华民族的文学遗产去学习，二是要向人民大众的生活去学

---

① 默涵：《"习见常闻"与"喜闻乐见"》，《中国文化》第2卷第3期，1940年10月25日。
② 王实味：《文艺形式问题上的旧错误与新偏向》，《中国文化》第2卷第6期，1941年5月25日。

习。不久（9 月 25 日），他的《旧形式·民间形式·民族形式》一文又在《中国文化》第 2 卷第 1 期上发表。该文开篇明义便写道："不久以前，大后方发生了关于民族形式的一场'论战'。据我所见的材料，论争的焦点是民族形式的所谓'中心源泉'的问题。"在他看来，向林冰的"中心源泉"论的错误主要有三个方面：（1）是把"五四"以来受了西方文艺影响的新文艺等看作是完全不适宜于"中国土壤"，或者是"中国土壤"上绝不能产生外来的异物，而不知各种文艺形式乃是一定的社会经济的产物，社会经济的发展到了一定的阶段时，就必然要产生某种文艺形式。至于因为民族的"特殊情形"而在大同中有了小异，而且在大同之中必有其独特的小异，这正是文艺的"民族形式"之所以被提出的原故。（2）是认为民间形式之所以能为民众所接受，纯粹是一个"口味"的问题，换言之，即认为民间形式既是不折不扣的"国货"，那么，中国人有中国人的口味，当然中国口味特别喜欢国货，而不知民众之所以能够接受民间形式，不是口味的问题，而是文化水准的问题，因为民间形式既是封建社会的农村社会的产物，则其表现方式自然合于农村社会的文化水准，因此，如果为了迁就民众的低下的文化水准计，而把民间形式作为教育宣传的工具，自然不坏，但若以为将要建设的民族形式的中心源泉，则是先把民众硬派为只配停留于目前的低下的文化水准，那是万万说不过去的谬论。（3）是把民族形式理解为狭隘的民族主义的口号，而不知恰恰相反，民族形式的建立正是到达将来世界大同的世界文学的必经阶段。该文在指出了向林冰的"中心源泉"论的三个错误之后强调："我们不承认民间形式可作民族形式的中心源泉，因为大体上民间形式只是封建社会所产生的落后的文艺形式，但是我们也承认民间形式的某些部分（不是民间形式的某一种，而是指若干形式中的某些小部分），尚具有较高的艺术性，可以作为建立民族形式的参考，或作为民族形式的滋养料之一。"[①]

茅盾对向林冰的"中心源泉"论的批评可以说是广大文艺工作者围绕这一问题的讨论的总结。此后，虽然还有人讨论"中心源泉"问题，但总的来看"中心源泉"已不再是人们讨论的重点，人们讨论的重点转移到民

---

① 茅盾：《旧形式·民间形式·民族形式》，《中国文化》第 2 卷第 1 期，1940 年 9 月 25 日。

族形式的一些更本质的问题，并开始涉及文艺的一些专门领域。比如，戏剧春秋社就先后在重庆和桂林召开过两次"戏剧的民族形式问题座谈会"。重庆的座谈会是1940年6月20日召开的，参加讨论的有阳翰生、葛一虹、黄芝冈、光未然、史东山、任光、陈白尘、章泯、吴作人、林千叶、田汉等15人。桂林的座谈会是1940年11月2日召开的，参加者有宋云彬、聂绀弩、易庸、夏衍、欧阳予倩、黄药眠、蓝馥心、姚平、许之乔、杜宣10人。这两次座谈会，除了戏剧外，还涉及音乐、美术、电影等民族形式问题。进入1941年后，抗日根据地的文艺工作者也纷纷加入到讨论文艺的"民族形式"问题的行列，《晋察冀日报》副刊《晋察冀艺术》、《奔流文艺丛刊》、《华北文艺》等抗日根据地的刊物先后发表过不少文章，如蒋天佐的《民族形式与阶级形式》（《奔流文艺丛刊》第1辑《决》1941年1月15日）、田间的《"民族形式"问题》（《晋察冀日报》副刊《晋察冀艺术》1941年2月25日），左唯央的《读〈民族形式问题〉后》（《晋察冀日报》副刊《晋察冀艺术》1941年3月7日）、孙犁的《"接受遗产"问题（提要）》（《晋察冀日报》副刊《晋察冀艺术》1941年3月15日）、蒋弼的《关于文艺的民族形式》（《华北文艺》第1卷第1期，1941年5月1日）、刘备耕的《民族形式，现实生活》（《华北文艺》第1卷第3期，1941年7月1日）、张秀中的《关于"民族形式"的主体》（《华北文艺》第1卷第4期，1941年8月1日）等。

文艺的"民族形式"的讨论前后延续了近三年之久，借用唯明在《抗战四年来的文艺理论》中的话说，这是抗战以来文艺上"最广大最长久的论争"，也是"文艺理论上方面最广意义最深"的讨论，"参加讨论的作家，也都是尽心尽力来发挥各自的见解，而且态度大抵是严肃的"。论争或讨论的中心议题是"民族形式"的"中心源泉"问题，也就是民族形式的创造应该以什么为基础或根据的问题。除这一中心议题外，还涉及"内容与形式问题，形式与风格问题，大众化与艺术性问题，文艺传统问题，旧形式问题，五四以来新文艺的评价与再认识，国际文艺成果的吸收问题，文字改革问题，大众语问题。但实际上还不止于此，如由民族形式谈到整个文化政策，便是民族形式理论发展到最广度的一例。同时在民族形式的实践方法上，已经有不少文艺创作者提供了许多意见。诸凡小说、诗歌、戏剧、音乐等文艺部门,都有专家发表的论著从事实践的研讨"。① 通过争论或讨论,广大文艺工作者提高了"民族形式"的理论自觉,并在一些问题上达成了共识或基本共识,收获多多。

比如,关于内容和形式,参与讨论的人几乎都认为内容决定形式,而当今的文艺作品的内容,是反对日本帝国主义侵略的抗日战争,是反帝反封建的新民主主义革命。郭沫若就指出:"内容决定形式,这是颠扑不破的真理。我们既要求民族的形式,就必须要有现实的内容。"② 胡绳也认为:"形式不能与内容分离,决定民族形式的是民主的内容。正因为我们今天在文艺的内容上以反帝的民主主义为号召,所以在形式上才会有民族的要求。"③ 黄芝冈同样强调:不能离开抗日的内容来谈民族形式,"抗日的内容,民族的形式",这是我们应该坚持的。④ 潘梓年在《新华日报》的座谈会总结性发言中,还专门谈了"形式不能离开内容来讲"的问题。易庸也谈到,"民族形式是不能离开内容来讨论的"。"今日中国正处在民族解放革命时候,由于生活的需要,提出了民族形式的号召。这中国民族形式,当然也应有它的内容。"⑤ 在流焚看来:内容决定形式,这虽然是一句老生常谈,然而却是一个颠扑不破的真理。"有了封建社会的现实,便有封建文艺的形式;有了资本主义社会的现实,便有资本主义文艺的形式。同样的,有了社会主义,也就有社会主义的现实主义。"⑥ 就是向林冰,他也是在肯定内容决定形式的前提下主张"民间形式"是"民族形式"之"中心源泉"的。他的《论民族形式的中心源泉》一文在强调了"内容决定形式"是"解决民间形式与民族形式中间的矛盾、使民间形式内部的民族形式的胚胎发育完成而彻底肃清其反动的历史沉淀物的唯一锁钥"后写道:"将以大众为主体的抗战建国新内容与民间文艺的旧形式相结合,通过批判的运用过程而引出的,不是内容的被歪曲被桎梏,而是形式的被扬弃被改造。并且,民间形式,只在其与封

---

① 唯明:《抗战四年来的文艺理论》,《文艺月刊》第 11 年 7 月号,1941 年 7 月。
② 郭沫若:《"民族形式"商兑》,重庆《大公报》1940 年 6 月 9—10 日。
③ 《文艺的民族形式问题座谈会》,《文学月报》第 1 卷第 5 期,1940 年 5 月 15 日。
④ 同上。
⑤ 《戏剧的民族形式问题座谈会》(桂林诸家),《戏剧春秋》第 1 卷第 2 期,1940 年 12 月 1 日。
⑥ 流焚:《谈谈文艺的民族形式》,《华北文艺》第 1 卷第 1 期,1941 年 5 月 1 日。

建内容相结合（如过去中国民间文艺），或与帝国主义思想相结合（如目前日寇在游击区的通俗宣传品）的场合，才是反动的；如果和革命的思想结合起来，即是有力的革命武器。"① 这里尤需指出的是，郭沫若等人不仅认为内容决定形式，而且还认识到了形式对内容的反作用。郭沫若就曾指出："形式也反过来可以影响内容的"。② 光未然也一再强调："内容和形式固不可分，但却又不是同一物；因此若仅仅抓紧内容，以'内容决定形式'一语为挡箭牌，而回避了对于形式问题，对于形式与内容的结合过程的探讨，那就无法解决这个问题，甚至有取消了这问题的危险。"③ 杜埃同样认为："内容优势的规定着形式，但形式却非绝对受动的东西，它还能对内容起积极的刺激的转化的作用。"④ 认识到内容决定形式，而形式又反作用于内容，这是"民族形式"讨论的重要收获之一。

再如，在对待传统文艺（或旧文艺）和五四以来的新文艺的认识与评价问题上，除向林冰、葛一虹等少数人外，参与讨论的绝大多数文艺工作者则能给予一分为二的认识和评价，即认为传统文艺（或旧文艺）有其精华，也有糟粕；五四以来的新文艺有好的一面，也有不好的东西，无论是传统文艺（或旧文艺），还是五四以来的新文艺，都不能一概肯定或一概否定。这方面的材料我们已引用了不少，这里不再引用。这里需要强调的是，除向林冰等少数人外，参与讨论的不少文艺工作者在认识和评价五四以来的新文艺的时候，充分肯定了鲁迅的文艺作品以及他所代表的五四以来的新文艺的民族化方向，认识到"民族形式"的创造并非从零开始，而是以鲁迅所代表的新文艺的民族化方向为起点，为基础的。艾思奇的《旧形式运用的基本原则》一文指出：鲁迅的作品不仅"表现了中国民族不屈不挠的斗争精神"，"而且很成功地发扬了民族的好的传统；他的作品所以成为五四新文艺运动的最高的成果，也正因为它在形式和内容上都不但是新的而且也是民族的"，具有"我们的民族气派和民族作风"。我们应该向鲁迅学习，坚持鲁迅所代

---

① 向林冰：《论民族形式的中心源泉》，重庆《大公报》副刊《战线》1940年3月24日。
② 郭沫若：《"民族形式"商兑》，重庆《大公报》1940年6月9—10日。
③ 《戏剧的民族形式问题座谈会》（重庆诸家），《戏剧春秋》第1卷第3期，1941年2月1日。
④ 杜埃：《民族形式创造诸问题》，香港《大公报》副刊《文艺》1939年12月11—12日。

表的五四以来的新文艺的民族化方向,创作出"更多的民族的新文艺"。① 周扬不同意那种认为五四以来的新文艺"是脱离大众的、欧化的、非民族的,民族新形式必须从头由旧形式发展出来"的观点,在他看来,五四以来的新文艺"是作为一个打破少数人的贵族文学建立多数人的平民文学的运动兴起的,是一直在为文艺与大众结合的旗帜下发展来的",无论是"在其发生上",还是"在其发展的基本趋势上",它"都不但不是与大众相远离,而正是与之相接近的"。其思想性和艺术性结合得最好的代表便是鲁迅的作品,鲁迅的"《狂人日记》以及其他短篇的形式虽为中国文学史上所从来未有过的,却正是民族的形式,民族的新形式"。因此,"完全的新民族形式之建立",并非是从头开始,是从无到有,而是"应当以这(鲁迅作品——引者)为起点,从这里出发的"。② 胡风也批评了五四以来的新文艺中根本不存在任何"民族形式"的观点,指出:"民族形式是由于活的民族斗争内容所决定的,能通过具体的活的形象,即中国作风与中国气派成功地反映了特定阶段的民族现实,就自然是民族的形式。"而五四时期的鲁迅小说"通过深刻的现实主义的方法绘出了特定时期的中国人民底典型,因而他的形式不但是他底文学斗争时代的民族形式,而且,在创造意志和斗争意志的深刻的结合上,在人物底现实性与典型性的高度统一上,也就是思想与艺术力的高度的统一上,正是现在的以至将来的文艺形式底典范或前驱"。就此而言,"民族形式本质上是'五四'的现实主义传统在新的情势下面主动地争取发展的道路",也就是说,"民族形式"的创造要以五四以来的新文艺的"现实主义的'五四'传统为基础,一方面在对象上更深刻地通过活的面貌把握民族的现实(包括对于民间文艺和传统文艺的吸取),一方面在方法上加强地接受国际革命文艺底经验(包括对于新文艺底缺点的克服),这才能够创造为了反映'民主主义的内容'的'民族的形式'"。③ 一分为二的认识和评价传统文艺(或旧文艺)和五四以来的新文艺,肯定鲁迅的文艺作品以及他所代表的五四以来的新文艺的民族化方向,这是"民族形式"讨论的

---

① 艾思奇:《旧形式运用的基本原则》,《文艺战线》第 3 期,1939 年 4 月 16 日。
② 周扬:《对旧形式的利用文学上的一个看法》,《中国文化》第 1 卷第 1 期,1940 年 2 月 15 日。
③ 胡风:《论民族形式问题的实际意义——对于若干反现实主义倾向的批判提要,并以纪念鲁迅先生底逝世四周年》,《理论与现实》第 2 卷第 3 期,1941 年 1 月 15 日。

又一收获。

又如，在"民族形式"的创造问题上，尽管向林冰主张"民间形式"是"民族形式"创造的"中心源泉"，他的这一主张也得到了方白等个别人的支持，但就绝大多数参与讨论的文艺工作者来看，他们认为"民族形式"的创造，要继承、借鉴和学习古今中外一切优秀的文艺形式。何其芳的《论文学上的民族形式》一文就强调，我们要建立一种"更中国化的文学形式，它需要承继着旧文学里的优良的传统，吸收着欧洲文学里的进步的成分，而尤其重要的是利用大众所能了解、接受和欣赏的民间形式"。而在旧文学、欧洲文学和民间形式三者之中，他尤其强调了"吸收欧洲文学里的进步的成分"对于"民族形式"创造的重要意义："欧洲的文学比较中国的旧文学和民间文学进步，因此新文学的继续生长仍然主要地应该吸收比较健康、比较新鲜、比较丰富的营养。这种吸收，尤其是在表现方法方面，不但无损而且更有益于把更中国化、更民族化的文学内容表现得更好。"[①] 与何其芳的看法相似，叶以群也认为"民族形式底创造应该以现今新文学所已经达成的成绩为基础，而加强吸收下列三种成分"：（1）继承中国历代文学优秀遗产——由《诗经》《楚辞》起，以至唐诗、宋词、元曲、明清小说等，不仅学习它们形式上的优长，更重要的学习作者处理现实的态度，与现实搏斗的方法。只有这样才能理解他们形式的特点，接受他们形式的精粹。（2）接受民间文艺的优良成分，即高尔基所说的"口碑文学"研究。对于这些文艺，学习的重点不在于表面的形式，而在于它丰富的语言或警句；这是新的文学语言的重要来源之一。（3）吸收西洋文学精华，以丰富自己，完成自己。[②] 在臧云远看来，"民族形式创造过程的基本营养"来源于"三个主要的宝藏"：一是要深切地理解在抗日战争中一切新的事物、新的生活内容所影响激起的、老百姓表现自己喜怒哀乐时的作风和气派。二是要系统地批判、理解和继承民族文学的全部遗产。"理解我们的历代祖先在文艺上，特别是在文艺形式上的成就和演变，理解历代的生活内容在文艺形式上所起的反应，理解庙堂文学和民间文学互相的彻透关系"，并通过理解"而消化而

---

① 何其芳：《论文学上的民族形式》，《文艺战线》第 1 卷第 5 期，1939 年 11 月 16 日。
② 《文艺的民族形式问题座谈会》，《文学月报》第 1 卷第 5 期，1940 年 5 月 15 日。

变成新文艺民族形式的营养"。三是要接受和吸纳西欧文艺的优秀成分。"我们没有理由单独去效颦哪一个作家,学哪一种形式的表现方法,我们要把所有西欧文学的优点与特长,放在我们抗战建国文坛的熔炉里,使它熔化,使它中国化,使它成为我们自己的东西。"①石滨反复告诫广大文艺工作者,"继承民族传统,并不是复古"。"民族传统,不仅是指历史悠久的旧文学和现有的民间形式,而且也包括着'五四'以来的新文艺。同时,一面继承民族遗产,一面更不可忽略了接受世界的遗产。""接受世界的丰富、进步的文学遗产,将中国的旧文学与新文艺加以综合与提炼,在学习世界伟大作家的过程中,提高自己的创作能力。"石滨还提出了一个非常重要的观点:即文艺的民族性与文艺的世界性是一种对立统一的关系,"文艺的民族特质和它的世界本质,是有着内在的关联。各民族文学发生相互关系,渐渐形成世界文学,是特质向本质的推移。在世界文学形成过程序中,民族文学是具有世界内容的"。中国现阶段进行的民族解放斗争"含着极大的世界意义,是世界发展进步中的一个重要环节",因此,以中国现阶段进行的民族解放斗争为内容的中国的新文艺理所当然地"具有世界的内容,是世界的与中国的历史的发展的结果"。但根据"内容是在形式中发展的,形式是内容存在的机构"这一原则,"现阶段中国现实的内容要求一种适合表现这一内容的有着民族特质的民族形式,换句话说,中国文学所具有的世界内容要求看中国的民族形式。形式是由内容所决定,有着民族价值的民族形式,这样也取得了世界价值"。②力扬也认为,"民族形式"的创造,既要继承中国文学里的优良传统,尤其是五四以来新文学的正确路向,同时又要吸取民间文学的适合于现代的因素,但绝不是因袭,更需要接受而非模仿世界文学的进步成分,"向前发展着的更进步的更高的形式"。③茅盾的《旧形式·民间形式·民族形式》一文在引用了《共产党宣言》关于"世界文学"的形成趋势的一段话后指出:"新中国文艺的民族形式的建立,是一件艰巨而久长的工作",我们在建立的过程中"要吸收过去民族文艺的优秀的传统,更要学

---

① 《文艺的民族形式问题座谈会》,《文学月报》第 1 卷第 5 期,1940 年 5 月 15 日。
② 石滨:《民族传统与世界传统——民族形式中的一个问题》,《现代文艺》第 1 卷第 4 期,1940 年 7 月 25 日。
③ 力扬:《关于诗的民族形式》,《文学月刊》第 1 卷第 3 期,1940 年 3 月 15 日。

习外国古典文艺以及新现实主义的伟大作品的典范,要继续发展五四以来的优秀作风,更要深入于今日的民族现实,提炼熔铸其新鲜活泼的素质"。他因此而号召"一切看清了前程、求进步、忠实于祖国文艺事业的任何作家和艺人",都应"当仁不让"地投身于"民族形式的建立的任务"中来,"贡献他们的经验智慧,在这一大事业中起积极的作用"。① 默涵在《"习见常闻"与"喜闻乐见"》一文中也一再告诉读者:"我们一方面要继承和摄取旧的传统中的好的遗产,另一方面也要大胆地接受外来的好的新品,使他们有机地结合起来,这才能造成真正的民族形式。"② 认识到民族形式的创造或建立,必须继承、借鉴和学习古今中外优秀的文艺形式,这是"民族形式"讨论的第三个收获。

这里尤需指出的是,广大文艺工作者在讨论"民族形式"时,不少人认识到"民族形式"的"中心源泉"既不是向林冰主张的"民间形式",也不是外来的文艺作品,而是人民大众的现实生活。郭沫若在《"民族形式"商兑》中就明确指出:"民族形式的中心源泉,毫无可议的是现实生活。"他呼吁广大文艺工作者"深入现实",从现实中"吸取出创作的源泉来","切实的反映现实",采用民众的语言并加以陶冶,"用以写民众的生活、要求、使命",从而创作出具有真正民族形式的文艺作品。③ 周扬的《对旧形式利用在文学上的一个看法》一文也认为:民族新形式的建立,主要的不是依靠于旧形式,而是依靠于作家自己对"民族现在生活的各方面的缜密认真的研究,对人民的语言、风习、信仰、趣味等等的深刻了解,而尤其是对目前民族抗日战争的实际生活的艰苦的实践"。所以,广大文艺工作者要深入到人民大众中去,"直接向现实生活去找原料",去认识、观察和了解"眼前的人民,他们的生活,他们的相互之间的关系,他们的观念、见解、风习、语言、趣味、信仰",并用"最简洁明了的文字形式,在活生生的真实性上写出中国人来,这自然就会是'中国作风和中国气派',就会是真正民族的形式"。④ 茅盾在《论如何学习文学的民族形式》的演说中再三强调:

---

① 茅盾:《旧形式·民间形式·民族形式》,《中国文化》第 2 卷第 1 期,1940 年 9 月 25 日。
② 默涵:《"习见常闻"与"喜闻乐见"》,《中国文化》第 2 卷第 3 期,1940 年 10 月 25 日。
③ 郭沫若:《"民族形式"商兑》,重庆《大公报》1940 年 6 月 9—10 日。
④ 周扬:《对旧形式的利用文学上的一个看法》,《中国文化》第 1 卷第 1 期,1940 年 2 月 15 日。

文艺工作者要创造出具有"中国作风和中国气派"且为老百姓真正"喜闻乐见"的作品,就必须"向人民大众的生活去学习"。那么怎样"向人民大众的生活去学习"呢?他指出:"所谓'向人民大众的生活去学习',无非是使(自己的)生活范围扩大起来,往复杂、往深处去的意思。换言之,就是要去经验各种各样的生活。"但人们的生活是有限的,"因此,在'经验'以外,不得不借助于观察"。所谓"向生活学习",就是把"经验"和"观察"统一起来的意思。从"经验"一边说,就是时时要以客观的态度对主观的"经验"进行分析研究;从"观察"一边说,就是须以主观的热情走进被客观观察的对象,"使'我'溶合于'人'的生活之中"。概而言之,"我们不能把'向人民大众的生活去学习'了解为狭义的经验论,但也不能了解为单纯的观察论"。他尤其强调文艺工作者在"向人民大众生活去学习"的过程中,要真正做到"经验"与"观察"的统一,"最基本的条件还在他先在思想上有了根基,即先有了进步的宇宙观人生观这一武器"。因为就像咀嚼食物不可缺少唾液一样,我们咀嚼生活经验时,也需要一种唾液,这就是进步的宇宙观人生观,否则,被咀嚼的东西就不能起化学分解作用,结果是白嚼一顿;同样,进行"观察"的时候,也不能不用精神的显微镜和分光镜,也就是站在什么样的立场——本于什么样的宇宙观人生观去看人生。只有树立了正确的宇宙观人生观,我们"观察"时才能既"广"又"深",既看"正面"又看"反面",既注意"表面的、显著的",也注意"内在的、隐微的",既能"具体",又能"概括"。① 莫荣文章的题目就叫作"还是生活第一",他指出,鲁迅的作品之所以能成为五四以来新文艺的典范,除了"他的古文学的修养"外,最根本的原因要"归结到他的对于生活认识的深刻——由此才能有深刻的思想力与'中国作风与中国气派'的"。所以,我们要创造民族形式,其"先决的条件",就是像鲁迅那样,"作者自己必须先是个中国人,熟悉中国的事与人。不然,对社会现实毫无理解,对所写人物毫无熟悉,则纵然你熟读了《诗经》与《庄子》,熟读了莎士比亚与歌德,还是无补于事的"。总之,"文艺大众化也罢,创造民族

---

① 茅盾:《论如何学习文学的民族形式》,《中国文化》第1卷第5期,1940年7月25日。

形式也罢，一句话，还是生活第一"。① 胡风的《论民族形式问题的实际意义》一文同样认为，民族形式这种新文艺现象是从"生活里出来的"，因此，文艺工作者必须深入到人民大众的生活中去，"理解中国人民（大众）底生活样相，解剖中国人民（大众）底观念形态，选积中国人民（大众）底文艺词汇"，从而更好地"把握他们底表现情感的方式，表现思维的方式，认识生活的方式，就是所谓中国作风与中国气派"。换言之，就是把"中国人民（大众）底不平、烦恼、苦痛、忧伤、怀疑、反抗、要求、梦想……通过作家底主观作用——现实主义的方法"反映或表现出来，从而"呈现出真实的面貌而取得思想力量或艺术力量"。② 蒋弼的《关于文艺的民族形式》一文在批评了林向冰的"民间形式"是"民族形式"的"中心源泉"的观点后也强调指出：除了要继承民族文艺的优良传统和吸收五四以来新文艺的健康素质外，"民族形式的中心源泉"是"离不开丰富动人的现实生活"的，即"要从大众生活中汲取活的语汇、语法和表现新鲜事物和情感的新的语言，这种语言，是中华民族的新生活发展的产物"。③ 光未然在《文艺的民族形式问题》中更是直截了当地写道："中国作风中国气派的东西，都不是在书斋中创造出来的，而是在群众生活中和群众工作中创造出来的。"④ 认识到"民族形式"的"中心源泉"或"民族形式"的真正建立，是人民大众的现实生活，这是"民族形式"讨论的第四个收获，尤其是茅盾提出的文艺工作者只有树立了"先进的宇宙观人生观"，"向人民大众生活去学习"才能取得真正的收获，从而创作出具有"中国作风和中国气派"且为老百姓真正"喜闻乐见"的作品的观点，振聋发聩，引人深思。

当然，我们在充分肯定"民族形式"的讨论所取得的收获的同时，也要看到它的不足或欠缺。其不足或欠缺之一，是不少讨论者都把"民族形式"等同于"大众化"了。"民族形式"是否就是"大众化"？参与讨论的文艺工作者是有不同的看法的。比如，潘梓年就认为"民族形式"不等同

---

① 莫荣：《还是生活第一》，《现代文艺》第1卷第3期，1940年6月25日。
② 胡风：《论民族形式问题的实际意义——对于若干反现实主义倾向的批判提要，并以纪念鲁迅先生底逝世四周年》，《理论与现实》第2卷第3期，1941年1月15日。
③ 蒋弼：《关于文艺的民族形式》，《华北文艺》第1卷第1期，1941年5月1日。
④ 光未然：《文艺的民族形式问题》，《文学月报》第1卷第5期，1940年5月15日。

于"大众化"。1940年4月21日,他在《文学月报》召开的"民族形式座谈会"的发言中就明确指出:"大众化不是一个问题",大众化比较笼统,为大家了解(形式),写大众的生活(内容),而民族形式比较专门,是大众化的进一步发展。6月9日,他在《新华日报》召开的"民族形式座谈会"上的总结发言中又强调:"民族形式问题的提出,不能和通俗化、大众化混为一谈。"不久,在《民族形式与大众化》一文中,潘梓年再次强调:"民族形式问题,可以说就是中国化问题,而不能说就是大众化问题——至少在一般人民文化水平还这样落后的现在,不能这样说。"① 但在郭沫若看来,"民族形式"就是"大众化"。他在《"民族形式"商兑》中写道:"民族形式"不外是"大众化"的同义语,"目的是要反映民族的特殊性以推进内容的普遍性"。② 就当时讨论的情况来看,占上风的是郭沫若的"民族形式"就是"大众化"的意见。把"民族形式"等同于"大众化",这显然是对"民族形式"的误解,至少是简单化的理解。从字面上讲,民族不等同于大众,民族是整体,而大众只是整体中的一部分或一大部分,比如我们讲的人民大众只是中华民族的一部分或大部分,除工人、农民、士兵、下层市民这些被视为人民大众的群体外,中华民族还包括知识精英、青年学生、企业家、官员等其他群体。就涵义分析,民族形式是指文艺作品从思想内容到艺术形式、倾向、风格、语言都要达到具有我们民族特征的普遍性状态。而大众化有两种涵义:一是指文艺作品要采用大众的语言和所喜爱的形式,尽量做到通俗易懂,从而使广大文化水平不高甚至一字不识的普通老百姓能读得懂,看得懂,能理解,能接受。二是指文艺工作者在思想上要与广大民众打成一片,接受他们的再教育,亦即世界观的改造问题。陈伯达的《关于文艺的民族形式问题杂记》一文写道:"文艺家同时也是教育家,但是不要以为自己不必受教育,马克思有句名言:'教育家本身也要受教育'。你要成为大众化的文艺家来教育大众吗?你首先应当向大众方面去受教育……不然,你就没有法子接近大众,大众也就没有法子去接近你,因此,你就不能成为真正大众化的艺术家。因此,我们说,应该根据文艺活动的实际生活来

---

① 梓年:《民族形式与大众化》,重庆《新华日报》1940年7月22日。
② 郭沫若:《"民族形式"商兑》,重庆《大公报》1940年6月9—10日。

克服文艺家过去的习气,不能以文艺活动的实际生活来服从文艺家过去的习气。"① 后来毛泽东《在延安文艺座谈会上的讲话》中更进一步明确指出:"什么叫做文艺大众化呢?就是我们的文艺工作者自己的思想情绪应与工农兵的思想情绪打成一片。""大众化"的这两种涵义,都与"民族形式"的涵义不同。把"民族形式"等同于"大众化"的结果,导致了一些文艺工作者在实际的创作中过于追求作品的通俗化和大众化,而忽略了对作品的艺术价值的追求,借用向林冰的话说:"目前大众所需要的通俗文艺,自然不是要求《夏伯阳》、《铁流》一类名著的同样的水准。"这是造成抗战时期真正有影响、有较高艺术价值的作品不多的一个重要原因。

其不足或欠缺之二,是对民间形式或旧形式在"民族形式"创造中的作用估价有些过高。尽管参加讨论的绝大多数文艺工作者不同意林向冰提出的"民间形式"是"民族形式"的"中心源泉"的主张,但总的来看,他们中的不少人对民间形式或旧形式在"民族形式"创造中的作用估价还是有些过高。实际上早在1939年11月,亦即"文艺的民族形式"问题的讨论开始不久,沙汀在《民族形式问题》一文中就已提出:"在动员广大的民众起来参加抗战的前提下,把旧形式利用作为目前文艺活动的主力,这是应该的。从文艺本身上说,它的活动也能给新文艺以若干新的刺激和营养,并且把大众的鉴赏能力提高,使其逐渐接近新文艺,加速文艺与大众结合的过程。""但我却不同意把旧形式利用在文艺上的价值抬得过高",因为"目前民众的现实生活已经和旧形式当中所表现的有着相当的距离了"。② 但遗憾的是,沙汀的上述意见并没有引起人们的重视。由于对民间形式或旧形式在"民族形式"创造中的作用估价过高,这就影响了一些文艺工作者的文艺创作,亦即他们在创作中过于依赖于民间形式或旧形式,从而影响了作品的艺术价值。何其芳就曾批评柯中平的诗,有的利用民间形式或旧形式是成功的,有的则"不适当,成了缺点"。"首先是不经济。"比如读柯中平写的《平汉路工人破坏大队的产生》,就像读《笔生花》、《再生缘》一类的弹词一样,"描写得太多,叙述得太铺张,故事进行得太慢"。"其次是不现代

---

① 陈伯达:《关于文艺的民族形式问题杂记》,《文艺战线》第3期,1939年4月16日。
② 沙汀:《民族形式问题》,《文艺战线》第1卷第5期,1939年11月16日。

化"。"过度地把民歌之类利用到长诗上是并不适当的"：或者由于各种形式的兼收并容和突然变换，使人感到不和谐，不统一（如《边区自卫军》）；或者是由于民间形式的调子太熟，太轻松，流动得太快，破坏了大的诗篇的庄严性（如《平汉路工人破坏大队的产生》）。① 实际上，在抗战时期像柯中平一样"不适当"地利用民间形式或旧形式的大有人在，这也是造成抗战时期真正有影响、有较高艺术价值的作品不多的另一重要原因。

其不足或欠缺之三，是在讨论中显露出了一些扣帽子、打棍子的"左"的学风倾向。总的来看，这场"民族形式"问题的讨论是在心平气和中进行的，参加讨论的大多数人能摆事实，讲道理，针对不同的观点提出自己的意见，但我们也必须看到，讨论中也显露出了一些扣帽子、打棍子的"左"的学风倾向。王实味就曾批评胡风的《论民族形式问题底提出和争论及其实践意义》一文有"过左的偏向"。② 比如，对向林冰的"民间形式"是"民族形式"的"中心源泉"的批评，这本来是一个纯学术问题，但有的讨论者则给他扣上了"唯心主义""复古主义""封建余孽""统治阶级代言人"等等帽子，甚至有意无意地往政治问题上引，以为他提出"民间形式"是"民族形式"的"中心源泉"就是反马克思主义的文艺理论。实际上，向林冰主张以"民间形式"为"民族形式"的"中心源泉"在理论上虽然是错误的，但他提出的是一个纯学术问题，其出发点是好的，同时他提出的问题对推动"民族形式"的讨论也是有积极意义的，应该给予肯定。借用光未然在《文学月报》召开的"文艺的民族形式座谈会"上发言的话说："没有争论，问题是不会深入的"，所以我们"应该感谢"向先生提出的问题以及他与葛先生的争论。③ 另外，在讨论中少数人也还存在着唯我正确、不以理服人的霸道学风。例如，王实味就对胡风的霸道学风提出过批评。他的《文艺民族形式上的旧错误与新偏向》一文在批评了"胡风先生的新偏向"后写道：胡风批评其他人"根本不懂现实主义……这样的批评是不能使人心折的，因为不符合事实"。"胡先生底批评，既不公平，又似乎带有现实主义

---

① 何其芳：《论文学上的民族形式》，《文艺战线》第 1 卷第 5 期，1939 年 11 月 16 日。
② 王实味：《文艺形式问题上的旧错误与新偏向》，《中国文化》第 2 卷第 6 期，1941 年 5 月 25 日。
③ 《文艺的民族形式问题座谈会》，《文学月报》第 1 卷第 5 期，1940 年 5 月 15 日。

'只此一家，别无分店'的傲慢气概。"他因而"希望胡先生能更虚心一点，因为更多的虚心将保证更大的成就"。①"文艺的民族形式"讨论中所存在的这两种不良的学风倾向，尤其是"左"的学风倾向后来是越演越烈，严重地影响了中国文艺事业的健康发展，其教训是沉重和深刻的，值得我们认真吸取。

文艺是一个民族和国家民族精神的集中体现，尤其是在民族危难之际，更加要求文艺能够具有解放民族、国家独立之功效。民族国家不仅需要武力上的保护，也要求文化力量的捍卫，"一个对自己文化艺术失去信心缺乏尊重的民族，必定是个失去了尊严的民族，是没有勇气求生存和发展的民族"。②"文艺的民族形式"及其讨论，从根本上说就是要求文艺能承担起树立民族意识、民族尊严之重担，从而更好地为抗战建国服务，为中华民族的伟大复兴报务。

---

① 王实味：《文艺形式问题上的旧错误与新偏向》，《中国文化》第2卷第6期，1941年5月25日。
② 黄宗贤：《抗战时期关于绘画"民族化"问题的论争》，《美术观察》2002年第11期。

第五章
民族文化与民族复兴

早在清末和五四时期,面对日益严重的民族和文化危机,以章太炎为代表的"国粹派"和以梁启超、梁漱溟为代表的"东方文化派"在提出民族复兴口号的同时,就提出和讨论过文化复兴问题。"九一八"后的抗日战争时期,在民族危亡的紧急关头,在中华文化遭到摧残的严重时刻,中国知识界在思考和探索民族复兴问题时,分析了民族文化复兴的必要性和可能性,并对如何实现民族文化的复兴问题进行了探讨,民族文化复兴理论成为民族复兴思潮的重要内容。

一 复兴民族文化的必要与可能

民族文化复兴,首先必须回答一个问题,即民族文化复兴的必要性和可能性。"九一八"后的抗日战争时期,中国知识界从文化复兴与民族复兴的关系、中国文化在世界文化中的重要地位、中国文化具有复兴的能力以及西方文化的没落与中国文化的复兴等几个方面,对民族文化复兴的必要性和可能性进行了回答。

(一) 复兴民族文化以实现民族复兴

当时人们的一个基本观点,即认为民族文化乃国家和民族立足的根本。因此,只有通过复兴民族文化来促进或实现民族的复兴。吕思勉认为,"国家民族之盛衰兴替,文化其本也,政事、兵力抑末矣"。[①] 所以,天底下最

[①] 吕思勉:《柳树人〈中韩文化〉叙》,《吕思勉遗文集》,华东师范大学出版社1997年版,第454页。

可怕的侵略，是"文化的侵略。别种侵略，无论如何利害，你自己总还记得自己；一旦事势转移，就可以回复过来了。独有文化的侵略，则使你自己忘掉自己。自己忘掉自己，这不就是灭亡么？民族是以文化为特征的，文化的侵略，岂不就是民族的危机么？"[1] 有鉴于此，吕思勉要人们相信，只要中国文化不失坠，中国就永远不会亡国，即使一时为异族所征服，也有复国之一日。中华民族不复兴则已，要复兴，首先一定是文化的复兴，然后才是民族的复兴，民族复兴只有通过文化复兴才能实现。李笑渊在《中国文化之复兴》一文中写道：一国家民族之所以能长存于世界，并非是其河山之险，也非是其天源之富，更不是它兵强卒众，而在于其文化。"其文化有存在之价值者，其国虽弱必强，虽仆必兴，反之，若其民族既无固有之文化，又不善吸引异族之文明以自养，则纵缴天倖，得以苟延，终必为强国所并灭而后已。"就此他得出结论，"文化存则国家民族存，文化衰则国家民族衰"，我们要谋中华民族的复兴，就必须"汲汲然"以谋中国文化的复兴。[2]

和吕思勉、李笑渊一样，钱穆也认为一个国家和民族的复兴，全赖本民族文化的复兴，如果一个国家民族没有了文化，那就没有了生命。"当知无文化，便无历史。无历史，便无民族。无民族，便无力量。无力量，便无存在。所谓民族争存，底里便是一种文化争存。所谓民族力量，底里便是一种文化力量。"[3] 在《中国文化传统之演进》一文中他写道："普通我们说文化，是指人类的生活；人类各方面各种样的生活总括汇合起来，就叫它做文化。但此所谓各方面各种样的生活，并不专指一时性的平铺面而言，必将长时间的绵延性加进去。譬如一个人的生活，加进长时间的绵延，那就是生命。一国家一民族各方面各种样的生活，加进绵延不断的时间演进，历史演进，便成所谓'文化'。因此文化也就是此国家民族的'生命'。如果一个国家民族没有了文化，那就等于没有了生命。因此凡所谓文化，必定有一段时间上的绵延精神。换言之，凡文化，必有它的传统的历史意义。故我们说文化，并不是平面，而是立体的。在这平面的、大的空间，各方面各种样的

---

[1] 吕思勉：《中国民族演进史》，亚细亚书局1935年版，第183页。
[2] 李笑渊：《中国文化之复兴》，《东方文化月刊》第1卷第2期，1938年。
[3] 钱穆：《革命教育与国史教育》，《文化与教育》，广西师范大学出版社2004年版，第69页。

生活，再经历过时间的绵延性，那就是民族整个的生命，也就是那个民族的文化。"① 在《国史大纲》一书中他又进一步指出："民族与国家者，皆人类文化之产物。举世民族、国家之形形色色，皆代表其背后之文化形形色色，如影随形，莫能违者。人类苟负有其一种文化演进之使命，则必抟成一民族焉，创建一国家焉，夫而后其背后之文化，始得有所凭依而发扬光大。若其所负文化演进之使命既中缀，则国家可以消失，民族可以离散。故非国家、民族不永命之可虑，而其民族、国家所由产生之'文化'之息绝为可悲。世未有其民族文化尚灿烂光辉，而遽丧其国家者；亦未有其民族文化已衰息断绝，而其国家之生命犹得长存者。"②

在丁广极看来，一个民族的文化，"乃是一个民族的生命力与争存力的表现"，有的民族之所以会衰落，其根本原因就在于民族的生命力和争存力的薄弱，民族文化不足以使整个民族调适于现实的环境，"所以要一个民族生命力与争存力的充实，必须要有优美的文化来调适该民族于那时的环境，有了优美的文化，民族能调适于当时的环境，才不致被别个民族或国家所侵略与摧毁"。③ 蒋坚忍指出："文化是民族生存的主要元素，往往一个民族的兴盛与衰落，都是由文化兴衰所促成，一个革命的成功与失败，也都与文化的盛衰有影响"，因此，要求一个民族的复兴，必先要求这个民族的文化复兴，从文化的兴盛中促成民族的繁荣，而民族的繁荣，又能够更进一步促进文化前途的光荣与灿烂。④ 江问渔同样认为，"凡是一个国家，一个民族，皆有一个特殊的东西，以支配他全部人民的生活，并延续他种族的生命。这种支配生活、延续生命的东西是什么呢？我以为就是文化"。⑤

视文化为国家民族的生命，民族文化复兴的必要性也就显而易见。这也是"九一八"后的抗日战争时期中国知识界倡导民族文化复兴的根本原因所在。朱谦之指出，民族不能复兴，乃由于民族文化不能复兴，"文化是民

---

① 钱穆：《中国文化传统之演进》，《中国文化史导论》"附录"，商务印书馆1994年修订版，第231—232页。
② 钱穆：《国史大纲·引论》，商务印书馆1996年版，第31—32页。
③ 丁广极：《文化建设与民族复兴》，《先导月刊》第2卷第4期，1934年。
④ 蒋坚忍：《复兴民族与革命先复兴文化》，《杭州民国日报》民国二十三年元旦特刊，1934年。
⑤ 江问渔：《中国过去的文化与将来的教育》，《复兴月刊》第3卷第10号，1935年6月1日。

族活力的原动力,所以今后中国民族的复兴,必先唤起中国文化的复兴。"①陈高佣强调:"一个民族的强弱盛衰完全以文化为标准,一个社会的发展与改进,亦是以文化为动力。所以我们以后不欲改进中国社会,解放中华民族,则亦已矣;如欲改进社会,解放民族,则文化运动仍为当务之急。"②吴铁城同样认为:文化是民族的生命力与生存力的表现,尤为任何民族求生图存、繁荣发展所不可须臾或离之生活素,今后救亡御侮复兴图强之道,自当遵循先总理孙中山的"迎头赶上"之遗教,"恢复我国民族固有创造文化之能力,努力于新的科学文化之创造,以谋适应现代民族生存之原则"。③吴念中告诉读者:"复兴民族是中国救亡的生路,建设文化是复兴民族的要图。"这是大家都应知道的道理。④林志云在《复兴民族与复兴文化运动》中写道:中华民族地位的杌陧,国家情形的危急,已到了千钧一发的时候。在这非常时期,民族复兴运动,实为每一个国民应有的自觉,应有的自信,应有的自奋。以往历史告诉我们,一个民族的强弱盛衰,完全基于文化的是否昌盛,所以我们在进行民族复兴的运动中,应该有一个切切实实的文化复兴运动,奠定民族复兴运动深厚而坚固的基础。而且唯有文化复兴运动的成功,民族复兴运动才能不徒托空言,才能如期实现历史所给予我们的伟大使命。⑤朱元懋在《文化建设与民族复兴》一文中一再呼吁:"要复兴中华民族,必先复兴中华民族文化。"⑥

为了说明复兴民族文化的必要性,"九一八"后的中国知识界还特别强调"文化"在民族竞争中的重要地位。陈安仁指出:"评断一国民族之盛衰,常可以文化之盛衰而推测之;评断一国文化之兴废,常可以民族之兴废而证验之。"他又说:根据近世的国家学说,"土地""人民""主权"固然构成"国家的要素",但一国倘若"文化不能独立",是不足以当"国家之名实"的,一些"弱小国家被侵略之后,土地已失,主权并丧,人民亦为

---

① 《朱谦之文集》第 6 卷,福建教育出版社 2002 年版,第 386 页。
② 陈高佣:《怎样使中国文化现代化》,《申报月刊》第 2 卷第 7 号,1933 年 7 月 15 日。
③ 吴铁城:《中国文化的前途》,《文化建设》月刊第 1 卷第 1 期,1934 年 10 月 10 日。
④ 吴念中:《人类文化与生物遗传》,《文化建设》月刊第 1 卷第 5 期,1935 年 2 月 10 日。
⑤ 参见林志云《复兴民族与复兴文化运动》,《浙江青年》(杭州)第 3 卷第 3 期,1937 年。
⑥ 朱元懋:《文化建设与民族复兴》,《先导月刊》第 2 卷第 2 期,1934 年。

牛马，而帝国主义者，尤且汲汲皇皇，以消灭弱小国家民族之文化"，原因就在于，"文化之停顿灭亡，诚国家与民族衰落沦没之联兆也"。① 贺麟认为：中国近百年来的危机，根本上是一个文化危机，文化上有失调整，就不能应付新的文化局势。中国近代政治上、军事上的国耻，也许可以说起源于1840年的鸦片战争，但中国学术上、文化上的国耻，实际上早在鸦片战争之前。作为中国文化核心的儒家文化之正式被中国青年们猛烈地反对和批判，虽然是从五四新文化运动开始的，但儒家思想的消沉、僵化、无生气、失掉孔孟的真精神和应付新文化需要的能力，却早腐蚀在五四新文化运动之前。儒家思想在中国文化生活上失掉了自主权，丧失了新生命，这才是中华民族的最大危机。因此，人们常说"中国当前的时代，是一个民族复兴的时代"。但"民族复兴不仅是争抗战的胜利，不仅是争中华民族在国际政治中的自由、独立和平等，民族复兴本质上应该是民族文化的复兴。民族文化的复兴，其主要的潮流、根本的成份就是儒家思想的复兴，儒家文化的复兴"。② 和贺麟相似，梁漱溟也认为，近百年来中华民族之不振，是文化上的失败。文化之所以失败，是由于不能适应世界大交通后的新环境。尽管近五六十年来，时时变化，时时适应，然而其结果不仅"无积极成功"，相反还加速了"本身文化之崩溃"。所以，民族文化的复兴，才是民族复兴的根本。而要实现民族文化的复兴，关键是要实现"文化的重新建造"。就此而言，"民族复兴问题，即文化重新建造问题"。③ 胡秋原通过对中国文化发展考察得出的结论指出：大体说来，在16世纪以前，中国文化丝毫没有落后。在唐宋，当今日欧洲各国还处在草昧时期，而中国科学已经非常发达，如果不是元人的"入侵"，中国文化的进一步发展是完全可能的。就是在元代，中国物质文明也远远胜过欧洲。但自此以后，"欧洲突飞猛进，我们渐渐落后"。而造成中国落后的原因，除了明清之际满族的"入侵"外，还有三个方面："第一是政治上的内争。第二是经济上工业家力量之薄弱。第三，忘却中国文化之真精神，反而为许多末学所绊住。"因此，我们今天"为复兴

---

① 陈安仁：《中国文化演进史观》，文通书局1942年版，自序。
② 贺麟：《儒家思想的新开展》，《思想与时代》第1期，1941年8月1日。
③ 梁漱溟：《由乡村建设以复兴民族案》，《梁漱溟全集》第5卷，山东人民出版社1992年版，第419—420页。

民族而奋斗之日，也是为复兴民族文化而奋斗之时。我们在抗战建国的过程中，客观上也是在复兴文化之过程中"。要实现中华民族的伟大复兴，就离不开抗战建国的胜利，而要取得抗战建国的胜利，除了"巩固统一，抗战到底；树立法治，发展工业"，还要实现民族文化的进步和复兴，从而"使文化帮助抗战建国之事业"。[①]

文化与经济、政治和社会发展密不可分。文化因素既对经济、政治行为和经济、政治的发展有重要影响，也影响社会的正常运行与社会的发展进步，甚至直接关系民族的存亡、维系民族的生命。因此，除了从文化在国家民族生命中以及民族竞争中的重要地位方面论证复兴中国文化的必要性外，中国知识界还从揭示民族文化与经济、政治和社会发展的内在关系入手，论证了民族文化复兴的必要性。陈高傭在《怎样使中国文化现代化》一文中指出："一个民族的强弱盛衰完全以文化为标准，一个社会的发展与改进，亦是以文化为动力"，"中国今日的文化真是极萎靡，极复杂，极矛盾"，由此导致了"中国国家之贫穷，衰弱与纷乱"，所以，"我们今日不欲使中国存在则已，欲使中国存立于世界，非把中国文化确实改造一番不可。我们能使中国文化适合于现代，中国国家然后可以存立于现代"。[②] 将中国的贫穷、衰弱与纷乱完全归咎于中国文化，视文化为社会发展的动力，尽管带有"文化决定论"之嫌，但强调文化与经济社会发展密切相关，仍有其合理性。陈石泉在《中国文化建设的动向》一文中写道："'文化建设'为国家政治经济一切建设的导线，未有文化低落或腐败的国家，能够在世界上繁荣滋长的。自然，中国文化建设，在现在更感觉到有十分迫切的需要。"[③] 将文化建设视为国家政治建设、经济建设的导线，既是对文化与经济社会发展关系的一种表达，又说明了民族文化复兴的必要性。

中国知识界还论证了民族文化与民族生存发展之间的密切关系，阐述了民族文化复兴对于中华民族复兴的重要意义。章渊若指出，中华民族曾经创造过灿烂辉煌的古代文明，但由于"文化创造能力之中绝"，自汉唐以后国

[①] 胡秋原：《中国文化复兴论》，载《中国现代思想史资料简编》第4卷，浙江人民出版社1983年版，第148—158页。
[②] 陈高傭：《怎样使中国文化现代化》，《申报月刊》第2卷第7号，1933年7月15日。
[③] 陈石泉：《中国文化建设的动向》，天津《大公报》1935年3月13—21日。

运渐衰,"首乱于五胡,继亡于蒙古,再亡于满清",尤其是 1840 年鸦片战争后,更受帝国主义列强的侵略和压迫,"亘五千年历史演进之结果,今乃深陷于衰落崩溃之末运!暴日侵凌,全局骚然。国本民运,益受重创"。因此,我们今日要挽救国家的危亡,实现民族的复兴,"首应根本恢复中国民族固有创造文化之能力,努力于新的科学文化之创造,以谋适应现代民族生存之原则,此种新的科学文化基础之确立,实为政治、经济、军事、教育以及一切国力发展之源泉。中国民族,因长期之保守与退化,在近代科学文化之竞试场上,实在在暴露其弱点与危机。故吾人欲使中国民族自拔于落后的状态,自跻于平等的地位,首应认清今后民族复兴运动之基点,创造民族文化科学的基础"。①朱元懋认为,中国"无论在任何方面",尤其是在世界文化史上,中国文化"是光芒万丈,无与比伦,这是绝对不可否认的事实。纵横数万里,上下几千年,有多少圣贤英雄挺生崛起,发挥他的智能,建树他的功业,为中国民族争光荣。然而近数十年来。因物质不如人,缺乏自卫之力,民族的自信力给外国的大炮毁得粉碎零乱"。"中华民族好像失了它固有的宝贝,无所自恃,遂走上了颓废丧气的歧途。其实我们的聪明才力,并不在任何优秀民族之下。不过过去文化发展的方向,变成畸形的发展,精神文明方面的黄金时代已成过去,现今的物质文明产生出来的自卫工具,又没有自造自卫的能力,所以中华民族在现阶段的衰落,根源就在文化的衰落,和文化潮流的转换。"既然中华民族衰落的根源是文化的衰落,那么,我们要实现中华民族的复兴,恢复中华民族昔日在世界上的重要地位,就必须积极从事文化建设,复兴民族文化。②在吴忠亚看来,"目前中国的根本问题实就是一个文化问题"。因为,广义的文化,指的是人类适应环境以满足其生存欲望的生活方式的全部,一个民族的盛衰兴亡就是看它的生活方式能不能同它所处的环境相适应。目前中国之所以贫,之所以弱,之所以受人欺负,原因虽非一端,但总括起来讲,可以说是由于我们的生活方式,我们的文化,在适应目前的环境上,赶不上一般先进的国家。因此,"我们现在要想自救,要想复兴,根本的道路就是努力生活方式的改进,努力建设起一部

---

① 章渊若:《复兴运动之基点》,《复兴月刊》第 2 卷第 1 期,1933 年 9 月 1 日。
② 朱元懋:《文化建设与民族复兴》,《先导月刊》第 2 卷第 2 期,1934 年。

最能适应现代环境的现代文化"。这也就是民族文化的复兴。① 陈方中视"民族意识的消长"为"国家兴亡和民族盛衰的表征":民族意识的消灭,是国家危亡民族衰落的征兆;民族意识高涨,是国家强盛民族兴旺的元素。而要增长民族意识,就端赖于对民族文化的培养,"一国文化的兴废,就可决定一国民族的盛衰,国家的兴亡"。所以,我们"要挽救国家民族的危亡,至要莫若民族复兴,而民族复兴当以文化复兴为条件"。②

复兴民族文化还具有反对"西化"或"全盘西化",恢复国民对本民族文化的自豪感和自信心的思想意义。笔者曾在《西化思潮的历史考察》一文中指出,西化思想或思想的最早源头可以追溯到戊戌变法时期。当时的湖南维新志士樊锥和易鼐,就提出过近似于"西化"甚至"全盘西化"的思想。1898年樊锥在《湘报》撰文提出,中国的"一切繁礼细故,猥尊鄙贵,文武名场,恶例劣范,铨选档册,谬条乱章,大政鸿法,普宪均律,四民学校,风情土俗,一革从前,搜索无剩,唯泰西者是效,用孔子纪年,除拜跪繁节,以与彼见而道群"。③ 易鼐在《中国宜以弱为强说》中同样主张,中国如果"欲毅然自立于五洲之间,使敦般之会以平等待我",则必须"改正朔,易服色,一切制度,悉从泰西,入万国公会,遵万国公法,庶各国知我励精图治,斩然一新"。④ "唯泰西者是效"和"悉从泰西",当然是主张西化甚至是全盘西化。到了20世纪初,所谓"欧化""欧化主义"这一类表示"西化"的名词在报刊上已屡见不鲜,当时的一些思想家曾对这种"醉心欧化"的西化思潮进行过批判。梁启超就明确表示,他既反对视欧人为"蛇蝎"的排外主义,也不赞成视欧人为"神明,崇之,拜之,献媚之,乞怜之"的崇外主义。⑤ 进入民国,特别是到了五四新文化运动时期,发端于晚清的西化思潮兴盛起来,并与文化保守主义思潮、马克思主义思潮一道,成了活跃于中国现代思想文化舞台上的主要文化思潮。新文化运动的不少倡导者,如陈独秀(新文化运动前期)、胡适、钱玄同、鲁迅、周作人、毛子

---

① 吴忠亚:《关于中国本位文化建设问题》,《文化建设》月刊第1卷第10期,1935年7月10日。
② 陈方中:《民族复兴与文化复兴》,《新东方杂志》第3卷第5期,1941年。
③ 樊锥:《开诚篇三》,《湘报》第24号,1898年4月2日。
④ 易鼐:《中国宜以弱为强说》,《湘报》第20号,1898年3月29日。
⑤ 梁启超:《忧国与爱国》,《饮冰室合集》第6册,专集之二,中华书局1989年版,第40页。

水、常燕生等，都是西化思潮的代表人物。前期的五四新文化运动，在某种意义上，也可以称为西化运动。"九一八"后，西化思潮又有了一些新的引人注目的发展，这就是"全盘西化"论的提出。从目前所发现的资料来看，"全盘西化"一词最早出现于1929年。那一年胡适用英文写了篇《中国今日的文化冲突》，发表在《中国基督教年鉴》上。在文中，胡适明确反对变相的折中论，而主张"wholesalewesternization"和"wholeheartedmodernization"。文章发表后，引起社会学教授潘光旦的注意，潘于是在英文《中国评论周报》上写了篇书评，指出胡适用的那两个词，前一个可译成"全盘西化"，后一个可译为"全力现代化"或"一心一意的现代化""充分的现代化"。他本人赞成"全力现代化"，不赞成"全盘西化"。"全盘西化"一词虽然最早是胡适于1929年提出来的，但从胡适前后的言论和主张来看，他并不真正主张"全盘西化"，他主张的是"充分西化"。[①] 真正主张"全盘西化"论的是时任广东岭南大学教授的陈序经。1933年底陈在中山大学作《中国文化的出路》的演讲，主张全盘西化，不久演讲稿刊登在广州《民国日报》副刊《现代青年》专栏上，并由此而在广东引发了一场规模不大的文化论战。当时参加论战的除陈本人外，还有许地山、谢扶雅、张磬、陈安仁、张君劢、卢观伟、吕学海、冯恩荣等。1934年初商务印书馆又出版了陈序经的《中国文化的出路》一书。该书的主要内容是批评文化上的复古派和折中派，进一步阐述"全盘西化"的理由和主张。后来，他又发表了不少鼓吹"全盘西化"的文章。[②]

"西化"尤其是"全盘西化"思潮的兴起和发展激起了知识界中的部分人的反对。[③] 他们认为"西化"尤其是"全盘西化"思潮造成的影响之一，便是导致了民族自豪感和自信心的丧失。比如，笔名叫"孟真"的作者就批评过在"西化"或"全盘西化"思潮的影响下，社会上所流行的盲目崇拜西洋文化的现象："吊人之丧，送经佛锡箔，那是迷信，而送花圈，则为文明。中国旧有的鼓吹则曰野蛮，而军乐则曰文明，所以不论婚丧之礼，都

---

① 郑大华：《胡适是"全盘西化论者"？》，《浙江学刊》2006年第4期。
② 参见郑大华《西化思潮的历史考察》，《湖南师范大学学报》2005年第2期。
③ 比如，王新命等十教授在《我们的总答复》中就批评"主张全盘西化"，是"反客为主""自甘毁灭"。

习用之。又如只会说中国话，那是不行，倘若能于中国话中夹几个外国字，或者说些'洋泾滨'，那么无疑的是个高等华人。所以虽是中国的街道商铺货物，其购买往来的对象多是国人，却非中西文并列（甚至只书西文）不足表示其高等。总之，时至今日，凡是中国的都该摈弃，凡是西洋的外国的都当崇拜信从。社会上的流行，原来早已盲目的以西洋为标准了……由这种盲目的崇拜与对自己的菲薄，于是产生了一个很明显的现象，即中国在今日，不仅在客观上丧失了独立自尊的地位，且在主观上亦自己蔑视，以为'中国不亡，是无天理'，中华民族是不可救药的民族。……今日所谓名流学者以及高等华人，却多是这种洋奴崇拜者。在这种情形中，要使每个人都有独立自尊的意识，担负起民族复兴的重任，那当然是不可能了！"[1] 而民族自豪感和自信心的丧失，又是导致近代以来中华民族衰落的一个重要原因。陈立夫就曾指出："中国民族的衰落，到了今天，已为显然的事实。这样具有悠久而光荣之历史的民族，何以衰落到这种地步，这是值得注意的一个问题。我的观察，这是由于民族自信力之衰落及物质创造力之缺乏所致。"[2] 所以，我们要实现民族复兴，就必须重新树立起民族的自豪感和民族的自信心，而要树立起民族的自豪感和民族的自信心，就必须复兴民族文化。用陈立夫的话说："要复兴民族，必先恢复民族的自信力，并促进物质的创造力。要恢复民族的自信力，必先检讨中国固有的文化以认识民族之光荣的过去……申言之，要复兴中华民族，必先复兴中华民族的文化。……民族文化的复兴运动，在原则上，实系恢复民族自信力的运动。民族自信力何由而恢复？即宜在认识中国光荣的历史与指征中国光明的未来两方面而努力。"[3] 陈立夫的上述观点，可以说代表了当时知识界中不少人的共同认识，这也是他们积极从事民族文化复兴的一个重要原因。

"九一八"后，中国面临严重的国难，内有军阀混战，外有强敌入侵，举国上下"岌岌自危"，尤其是第二次世界大战阴云密布，随时都有爆发的可能。对于战争所带来的生灵涂炭，处于水深火热中的中国人民应该感受最

---

[1] 孟真：《三个时期》，《文化建设》月刊第1卷第8期，1935年5月10日。
[2] 陈立夫：《中国文化建设论》，《文化建设》月刊第1卷第1期，1934年10月10日。
[3] 同上。

深,他们希望世界和平,早日结束战争。郑螺生认为,复兴中国文化是早日结束战争、实现民族复兴的一个重要契机。"总理手奠邦基,为世界和平而奋斗;党中同志,于此可知我国文化,对于世界所负之重任,东邻效德之缺遗,虽侥幸于一时,其能为万邦法乎?俄以阶级斗争,鼓吹世界无产革命,近犹加入国联,以谋人类幸福之实现。是知斯时拯救世界之危机,非和平不可。我国同胞,占世界人口四分之一,文化发源,亘五千年,大同之说,阐扬独到。是以法参议院长于一千九百一十九年巴黎和会时,备称代表东方之中国和平文化;可见欲安人类于衽席,非我国文化不为功!"由此揭示出中国文化所具有的拯救世界文化、繁荣中国自身文化的可能性。因为西方人所称的和平与中国文化上所希望的和平有截然不同的倾向:"欧人之言和平,既不以仁为中心,则其和平,亦不过列强均势之表现耳。海牙前后两次和会,反足促成一九一四年世界大战。斯时之德日亲善,法俄携手,亦何尝与战前同盟国协约国之对垒稍异?杀机四伏,愈倡和平而战争愈迫。……用战争求和平,无异抱薪救火,其谬误不言而喻!……惟有以中国文化为中心之和平,乃能实现!"① 将复兴民族文化与制止战争、实现和平结合起来,这从另一种意义上彰显出了复兴民族文化的必要性。

如果说郑螺生主要是从制止战争的角度彰显了复兴民族文化的必要性的话,那么,郭沫若等人主要是从反侵略的角度强调了复兴民族文化的必要性。七七事变不久,郭沫若发表《理性与兽性之战》一文,称中日战争是"理性与兽性之战","进化与退化之战","文化与非文化之战",由于日本"在尽力发挥着他们的兽性,要摧残世界文化",使我们目前的文化"濒着绝大的危机,不仅我们的学校、图籍、进步的学者和青年,遭了日本军部的摧残和屠杀,就是日本的学校、图籍、进步的学者和青年也同样遭了日本军部的摧残和屠杀"。日本帝国主义的这种疯狂的"兽性"行为,"如不加以理智的有力防止,世界文化的前途真正是有点不堪设想了"。他因此而大声呼吁中国人特别是中国的文化人肩负起"保卫文化的责任","我们不仅要争取我们民族的自由、祖国的独立,我们同时要发动至大至强的理智力来摧毁敌人一切矫伪的理论,暴露敌人的一切无耻的阴谋,廓清敌人的一切烟幕

---

① 郑螺生:《非中国文化不能促成世界和平》,《国民外交杂志》第5卷第1、2期合刊,1934年。

的言论，以保卫世界文化的进展，人类福祉的安全"。① 张申府在《为什么反侵略——反侵略的哲学——反侵略运动上的启蒙运动》一文中提出，新启蒙运动本质上就是中华民族的反文化侵略运动，换言之，也就是文化上的反侵略运动。"中国要成一个新国家，要有一个新的文化或文明，自必然地要反抗文化上的奴化，自必然地要反抗文化上的侵略。"② 就此而言，复兴民族文化又具有反对日本帝国主义文化侵略的重要意义。

以民族文化复兴谋求民族复兴的著述及文章在"九一八"后可谓是"雨后春笋般"地涌现，以至于有人认为太过偏颇。如我们在第一章第三节中提到的，清华大学优生学教授潘光旦在他的《民族复兴的一个先决问题》一文中就批评过这样的现象，认为"九一八"后人们大讲特讲"民族复兴"，但认真检阅这些议论，"几乎全部是偏在文化因素一方面的"，实际上"历史的文化"只是民族复兴的重要因素之一，我们不能只是强调这一方面，而忽视了其他的因素。

应该说潘光旦的批评有它一定的道理。确实在民族复兴这一问题上，当时知识界的一些人陷入了文化决定论的陷阱，以为只要复兴了民族文化就可以实现中华民族的复兴，把文化放到了不恰当的重要位置。但这只是问题的一个方面，问题的另一方面，如果放在当时特殊的环境下进行分析，强调文化因素在民族复兴中的重要作用可以说又是知识界不得已而为之的结果。因为近代已降，中国落后挨打，政治、经济、教育、军事等事事不如人，在这些方面已经没有让国人感到自豪和骄傲的东西了，唯一还值得国人自豪和骄傲的就是中国的传统文化。因此，从传统文化中寻求复兴民族的凭借，可能是最简单易行的方法。同时，这些人都是精神文明的生产者，不少人从事的还是中国历史、哲学、文学和思想文化的研究和教学工作，利用自己的专业知识为实现民族复兴服务，这可以说是他们自然而然的选择。实际上，潘光旦也是从自己的专业出发来论述民族复兴问题的。

特别需要指出的是，"九一八"后中国知识界所讲的民族文化复兴，就

---

① 郭沫若：《理性与兽性之战》，载《中国现代思想史资料简编》第4卷，浙江人民出版社1983年版，第9、10页。
② 张申府：《为什么反侵略——反侵略的哲学——反侵略运动上的启蒙运动》，《反侵略》第2卷第10期，1940年1月23日。

主流意识来看，它并非文化复古，而是新的文化的创造。陈立夫曾明确指出：文化"'复兴'是要把固有文化之好的优的，去发扬光大，以求开展和延展，同时还得吸收外来文化之好的优的，以求进展和创展，如果只是抱住老的旧的文化，而不知吸收外来文化以求进展和创展，这是保守，不是进步；这是复古，不是复兴"。① 朱谦之同样认为，"中国文化的复兴，不是旧的文化之因袭，而为新的民族文化之创造"。② 潘梓年也反复强调，我们决不能把接受民族传统、实现民族文化复兴"变成复古主义"。"对于民族传统要批判地去接受；不是一般的无条件的加以接受，而是把其中优良的部分接受过来。接受一种优良传统，决不能是把它当成固定的东西去接受，而要看出它的逻辑的发展趋势，并且使它更向前发展。"同时，接受民族的传统，实现民族文化的复兴，决不能变成自傲自大的排外运动，说我们用不到去学人家，自己家里自有好的东西。这种自傲自大，实际上就是自暴自弃。"因为这样就不能吸收人家的好处来使自己更往前进。接受优良传统，必须要把这些传统和现代科学结合起来。"③ 就其文化和政治立场而言，陈立夫是国民党要员，朱谦之是中山大学教授，潘梓年是共产党的高级干部，这三人可以说代表了左（潘）、中（朱）、右（陈）三方力量，但在民族文化复兴不是复古而是新的文化创造这一点上，他们又有着高度的一致性。当然，在新文化的性质和如何创造新文化的问题上，他们的分歧则又十分明显。此是后话，于此不论。

（二）中国文化在世界文化史上占有重要地位

从世界文明发展史的角度来追述中国文化昔日的辉煌，以说明中国文化是世界上最优秀的文化之一，完全具有复兴的可能性，这是"九一八"后知识界谋求民族文化复兴的一种努力。当时知识界的一个基本观点是，中国文化发达最早，当其他文化尚在萌芽之际，中国文化即已经具有许多成绩。周明认为，中国古代文化比其他民族文化起步都要早，在欧洲人尚在野蛮之

---

① 陈立夫：《中国文化建设论》，《文化建设》月刊第1卷第1期，1934年10月10日。
② 《朱谦之文集》第6卷，福建教育出版社2002年版，第386页。
③ 潘梓年：《新阶段学术运动的任务》，《理论与现实》创刊号，1939年4月15日。

际，中国文化就已经"灿然"，其哲学、机械学、经济学、理论学、政治学、法学、医学、农学、文学、工程学、音乐学、军事学、逻辑学等方面都"发明于外国之先，是则中国文化，无论其为精神，为物质，为政治，俱远胜欧洲各国"。周明还从追溯世界文化发源地入手，说明中国文化之于世界文化的重要意义。他指出，世界文化有三大发源地，中国、印度和希腊，但是现在，古印度和古希腊国家早已不复存在，其文化自然也消失得无影无踪了，只有中国文化还保留了下来，"我中国文化，犹屹然独立，悠悠绳绳，增长延续"。[1] 和周明一样，王鲁季也强调中国悠久的历史和文化是任何其他国家都不可比拟的，"战国之世，为中国文化黄金时代，尔时撒克逊及日耳曼民族，恐犹在深山大泽之中，度其茹毛饮血之生活也"。就此而言，他得出结论：中华民族是世界上最优秀之民族，中国文化是世界历史最悠久之文化。[2] 李笑渊也同样认为，"中国文化发源最早，当纪元前二千余年，希腊罗马之文明尚未萌芽时，中国即已有国家机体之存在。故研究古代文化，当以中国为最早最盛……中国民族之思想聪睿，在世界上不失为优秀之种族，观于其古代哲学之发达，文学之优美，政治思想，社会生活之完善而益信其然"。[3] 刘作金在《复兴中国文化之我见》一文中写道："中国文化肇源极早，此为世界人士所公认者也，溯当纪元前二千余年，希腊罗马之文明尚未达于萌芽时，我中国即已具有国家机体渐及，礼义冠裳亦复日臻美备，故研究古代文化者，莫不以中国为最早最盛。"[4] "白云"也一再强调：中华民族是一个"极光荣极伟大的民族，他有极悠久的历史和极优秀的文化"，中国文化既不像"埃及人向死后去追求快乐与幸福，又不像印度人轻视现实的人生而趋于灭绝为唯一的目的"，而是能够兼有"世界各民族文化的优点而能集其大成"。早在周秦之际，中国文化就已蔚然大观，而那个时候的欧洲则还处在茹毛饮血的年代，甚至还"没有知道如何做人，如何生活；而我们当时，文物制度已经具备了"。更不用说汉唐、元朝了，当时的中华民族可以说是"世界上最强最富的民族"，中国文化可以说是世界上影响最大、最

---

[1] 周明：《中国文化衰退之根本原因及其复兴之基本条件》，《县政研究》第 1 卷第 8 期，1939 年。
[2] 王鲁季：《论中国民族之精神》，《军需杂志》第 33 期，1935 年 10 月。
[3] 李笑渊：《中国文化之复兴》，《东方文化月刊》第 1 卷第 2 期，1938 年。
[4] 刘作金：《复兴中国文化之我见》，《国民杂志》第 2 卷第 3 期，1942 年。

具有创造力的文化。"我们历史上曾有过极英武的君主,极富有学问与道德的圣人,至于贤人学者,更不计其数。"正因为中国文化是世界上历史最悠久的文化,所以"今日欧美人士凡研究过世界文明史的,没有不惊奇敬慕我们中国过去光荣的事迹"的。如德国大哲学家黑格尔在他所著的《历史哲学》一书中就认为,"人类最古之世界,是中国人之世界,最古之文化,除中国的外,更无所谓文化也"。① 这从中可以看出他对悠久之中国文化的崇敬。鲁觉吾不仅肯定中国文化是世界上历史最悠久的文化,而且还对世界上几大最古老的文化进行了比较分析,试图从中寻找出中国文化之所以能延绵数千年而生命犹存的根本原因。他在《从中国文化衡量世界文化》一文中写道:从世界的眼光来看,有三大文化系统,即中国文化、印度文化和以古埃及文化为最早源头的西方文化。就中国文化和古埃及文化的比较而言,古埃及文化最盛时,其建筑、文字、历算、艺术、医学、宗教等都蔚然可观,并不亚于中国三代的文物,然而"金字塔一般辉煌"的古埃及文化,后来在中亚细亚游牧民族的入侵下消亡了,古埃及成了历史上的王国。反观我们中国,在同样面临四周少数民族入侵的情况下不仅屹然不动,而且还把入侵中国的一些少数民族给同化了,使他们最终成了中华民族的一部分。这"说明埃及的武力不及中国,而且没有吸收同化外来民族的方法",换言之,"埃及的'文化力'不能与当时的中国比较"。另外,古埃及的保守性还非常强,奴役人民的苛政较任何专制国家为甚。与古埃及不同,同时期的中国"已经竭力提倡仁民爱物的王道政治和苟日新又日新日日新的进步主义"。其结果,"埃及自然灭亡,华夏自然昌盛"。从中国文化与古印度文化的比较来看,古印度文化虽然有过辉煌,但它存在着三大缺点:一是缺乏组织力,内部长期处于复杂纷争的状态,二是哲学派别和语言众多,三是不重视自身的历史。而与此相反,中国统一的国家建立早,秦汉以后就实现了车同轨,书同文,中国尤其重视历史的记载和研究。这三点不同,是造成古印度文化后来中断而中国文化绵延不绝成为世界上最悠久之文化的重要原因。②

除历史悠久外,中国文化还对世界文化特别是西方文化产生过重要影

---

① 白云:《复兴中国民族的几个主要条件》,《社会主义月刊》第 1 卷第 9 期,1933 年。
② 鲁觉吾:《从中国文化衡量世界文化》,《国是》创刊号,1944 年。

响。刘华瑞的《中国文化在国际上的地位》一文指出：不仅东方的高丽文化、安南文化、南洋文化以及日本文化是由中国文化"孽乳而成"，就是西方的欧洲文化也深受中国文化的影响。"欧洲昔日，因得东方文化之灌溉与陶冶，遂有今日之灿烂文明，且欧洲至今日，仍不断吸收东方文物之菁华也。十六世纪至十八世纪间，中国文物在欧洲之地位，几成为当时欧洲文化中心，如中国瓷器、漆器、丝织品、糊墙纸、画及建筑，其作风造成整个欧陆洛可可派艺术，儒学影响莱卜尼兹、福禄特尔及百科全书诸君子，其他如中国政治思想，为葛斯勒取为彼生平学说之源泉，水彩画源于采取中国之园景。至大哲哥德，与中国文艺发生密切关系后，可称为欧洲与东方交融之成熟期，十八世纪初期，法国除倾慕中国化外，鲜知其他，当是时，洛可可派工艺，受中国南部之美术珍品意趣灌溉，而哲学思想之启明，事实上亦确得中国北部性理派孔学之助力，至唯物学派之理论，直取自中国之国家经济原则耳。此一世纪中，中国与欧洲之迩接，占欧洲文化史乘之重要地位。"[①]何炳松在《中国文化西传考》一文中开篇明义便写道：中国文化不仅对东方的朝鲜文化、日本文化、安南文化、暹罗文化、缅甸文化甚至现代土耳其民族文化产生过重要影响，而且也对西方的欧洲文化产生过重要影响，"在东西洋航路未通以前，有蚕桑术、印刷术、造纸术、火药、罗盘针等零零落落的西传，其影响欧洲文化进步之处，西洋人亦多不否认。自从航路开通以后，中国人的思想和艺术更是系统的输入了欧洲，在十八世纪的欧洲文化上产生出很大的影响。"接着他分"中欧交通的始末""洛可可艺术受中国的影响""德国启明思想中的中国""法国启明思想中的中国""'欧洲的孔子'和重农主义的经济学家""主情运动和中国的园林""歌德和中国""重商主义的贱视中国""老子在现代欧洲的复活"九个方面具体考察了中国文化的西传以及对欧洲文化的影响。就总的趋向来看，他指出，中国文化的西传，酝酿于16和17世纪，东西航路开通之后，到18世纪初年，经来华的天主教耶稣会传教士们的译介而传入到欧洲。"欧洲的洛可可运动既受中国南部美术的影响而发皇，德法诸地启明运动的思想又受中国北部孔子一派唯理哲学的影响而大形进展，重农主义的经济学说亦大都取材于中国古代

[①] 刘华瑞：《中国文化在国际上的地位》（未完），《国光杂志》第10期，1935年。

的文明,而最后'返诸自然'的主情运动又以中国式的园林为发泄热情的宫殿。中国文化统制欧洲的思想界几达百年之久。"尽管进入 19 世纪后,由于欧洲工业革命的兴起以及其他种种原因,中国文化对欧洲的影响几乎"完全终止",而西方的"物质文化"则"几有全部侵占中国的趋势",但近一二十年来,亦就是第一次世界大战后,欧洲人对中国老子的学说的兴趣日益浓厚,"现代欧洲的青年运动差不多就是一种崇拜老子的运动"。与此同时,曾被欧洲人遗忘了将近一个世纪之久的孔子学说也开始重新为欧洲人所重视。① 朱渺则以"儒学与法兰西的启蒙运动"为例,考察了"十七世纪中国文化对欧洲的输出及其影响",认为"中国文化向法兰西输出的结果",是"法兰西的启蒙运动接受了儒家精神",从而"创造了近代欧罗巴的文化"。② 陈诠写有《东方文化对西方文化的影响》一文,用他自己的话说,他写作此文的目的非他,是"要证明,西方文化最重要的成绩,都直接间接受了东方的影响"。此文煌煌上万字,从"物质文化和非物质文化"的各个方面,论述了东方文化尤其是中国文化是如何影响西方文化的。在文章的最后他写道:"关于东方文化对于西方文化发生的影响,如果要详细数来,决不是这一篇短文所能胜任。人类每三个人中间,就有一个中国人,这一个民族,有伟大的文学,有艺术的创作,有文化上无尽的宝藏",我们应该加强对中国文化的研究,并从研究中国文化里面,"得着一种新生命"。③ 1940 年,商务印书馆出版了朱谦之的《中国思想对于欧洲文化之影响》一书。该书是中国人所写的有关中国文化对欧洲文化的影响的第一本专著。在此之前的 1930 年,有张星烺的《中西交通史料汇编》共 6 册出版,但那是一部史料集,而非著作。朱谦之的《中国思想对于欧洲文化之影响》一书,是"站在整个中国学术思想的立场"上,研究"中国文化与欧洲文化的关系",而重点是中国文化对欧洲自文艺复兴到 18 世纪的文化的影响。该书认为欧洲文艺复兴的物质的基础,完全是建筑在蒙古征服欧洲后所传播的中国文明之上的,同时 16 世纪以来来华的耶稣会的传教士们回国后所传播的中国文化,

---

① 何炳松:《中国文化西传考》,《中国新论》第 1 卷第 3 期,1935 年。
② 朱渺:《儒学与法兰西的启蒙运动——十七世纪中国文化对欧洲的输出及其影响》,《民族文化》第 5 卷第 1 期,1945 年。
③ 陈诠:《东方文化对西方文化的影响》,《文化先锋》第 6 卷第 9—10 期合刊,1946 年。

为 18 世纪欧洲的思想启蒙运动提供了精神的基础。此外，中国哲学输入法国后，被认为是无神论、唯物论而受到了天主教及其学者的激烈攻击，但攻击的结果却造成了法国百科全书派的无神论、唯物论哲学。所以中国的思想哲学，对法国大革命乃有间接重大的影响。至于中国思想传入德国后，其反响更大，当时拥护中国哲学最力之人是莱布尼兹，莱布尼兹又影响了康德的老师吴尔夫氏，"遂造成德国观念论的古典哲学，并为德国精神革命之哲学的基础"。[①]

其实，中国文化对世界文化的影响是多方面的，但这一时期的知识界论述或介绍最多的是中国文化对西方文化的影响，而对东方尤其是中国四邻民族文化的影响只在论述或介绍中国文化对西方文化的影响的文章中顺带提及，很少有专门论述或介绍中国文化对东方尤其是中国四邻民族文化的影响的文章发表。这一现象的出现，既有学术方面的原因，更有现实方面的考虑和需要。就学术方面的原因而言，中国文化对东方尤其是中国四邻民族文化的影响的研究，无论在中国还是在西方都是一个老课题，此前出版和发表过不少相关成果的著作和文章，而中国文化对西方文化的影响的研究，则是进入 20 世纪后特别是第一次世界大战后在西方随后在中国才兴起的一个新课题，其相关成果大多出版或发表在 20 世纪的二三十年代。学术研究尤其是西方学术研究的这一变化，不能不对中国学术研究产生影响，我们翻阅这一时期中国学者论述或介绍中国文化对西方文化的影响的文章，大多利用的是西方有关研究的最新成果。比如，何炳松的《中国文化西传考》就是在参考了"一九二三年德国人雷赤文（Adolf Reichevein）所著的《中国与欧洲》一书"的基础上"草成"的。据何炳松介绍，该书的英译本，为鲍威尔（F. O. Powell）所译，1925 年在纽约出版，为英国剑桥大学教授奥格敦（C. K. Ogden）主编的《文化史丛书》之一种。他看的就是这个本子。[②] 再如，陈诠的《东方文化对西方文化的影响》一文，用他自己的话说，是根据德国亚可布（Georg Jacod）教授不久前发表的一篇文章"改写"而成

[①] 华星：《关于中国文化西渐的一个考察——读朱谦之氏著〈中国思想对于欧洲文化之影响〉书后》，《东方学报》创刊号，1944 年。

[②] 何炳松：《中国文化西传考》，《中国新论》第 1 卷第 3 期，1935 年。

的。① 除在西方学者成果的基础上"草成"或"改写"的文章外，当时的中国报刊还发表了不少西方学者研究中国文化对西方文化的影响的译文。从现实方面的考虑和需要来看，这一时期的知识界之所以着重于论述或介绍中国文化对西方文化的影响，主要是针对当时那种"妄自菲薄"中国文化的社会心理，试图以此来树立起国人对自己民族文化的自信心。何炳松就公开声明，他是为了"矫正现在一般国民藐视中国文化的态度"而"草成"《中国文化西传考》一文的，他希望国人在读了他这篇文章后，要树立起一种"誉我固然不足为荣，毁我亦实在不足为辱"的文化心态，认识到"我们现在所要的是取人之长，补己之短，而不是盲从他人，毁灭自己"。② 陈诠也是一样，他改写德国亚可布（Georg Jacod）教授的文章的目的，就是希望国人读了他的《东方文化对西方文化的影响》一文后，"能够提高民族自信的力量，追怀过去的光荣，努力将来的创造"③，以谋中国文化的复兴。嵇文甫的《中国文化与世界文化》一文开篇明义便写道，由于近代百年来种种惨重的打击，中国人都不敢相信自己的文化了，不敢将自己的文化拿到世界的大场面上去宣传了。我们不能不承认自己有着种种缺点，不能不好好地向人家学习，将世界上各种进步的文化尽量吸收过来。但是也不能太过于妄自菲薄，中国毕竟是"一个有悠久历史的民族，决不能因为这眼前一时的失败，遂根本抹杀其五千年的优良传统。我们应该知道，中国文化从来并没有被封锁在一个孤岛上而完全与世界其他部分相隔绝。他始终吸收着世界各方面的文化，而又时时把自己贡献给世界，它和世界文化始终是起着交流作用的"。我们且不远溯到上古时代东西各民族间文化交流的故事，也不夸耀大唐天可汗统治下的世界规模，甚至不提马可波罗从大蒙古帝国中所带去的新消息给当时西方世界以强烈的刺激和影响，"即单就近代西洋文化——现在被推以代表世界文化的——而言，也不能否认中国文化对于他们的贡献。关于这一点，颇有意义，能给予我们以革种启示，我们似乎应该特别谈一谈"。接着该文以近四分之三的篇幅介绍了自16世纪以来中国文化的西传以及对

---

① 陈诠：《东方文化对西方文化的影响》，《文化先锋》第 6 卷第 9—10 期合刊，1946 年。
② 何炳松：《中国文化西传考》，《中国新论》第 1 卷第 3 期，1935 年。
③ 陈诠：《东方文化对西方文化的影响》，《文化先锋》第 6 卷第 9—10 期合刊，1946 年。

西方文化的影响。比如，明末清初的传教士们曾将中国文化尤其是儒家的人文主义思想介绍到西方，这影响了当时西方的启蒙思想家们的思想，"孔子学说竟变成他们反抗天主教神学的旗帜，而卫护正宗教义的亦常拿孔子及一般中国文化作攻击的目标"；又比如，"重农学派的创始人魁奈，热心崇拜中国文化，他的全部理论几乎都是从中国经书中推演出来的。他主张天人一致——物理法与道德法的统一……他把教育看作国家的基本任务，以为世界上只有中国古圣人懂得这个道理。他理想的政治制度是家长式的君主政体，是恩惠的专制主义，他把中国看成是世界上唯一的模范国。他曾介邦巴度夫人劝法国路易十五效法中国君主举行春耕典礼，以表示重农之意。在他的大著《中国专制政治》中，随处可以看到他是个中国文化的热烈崇拜者，随处可发现他和中国的正统思想——儒家思想——有着许多共鸣之点。因此当时重农派学者称他为欧洲的孔子"。再如，德国的大哲学家莱布尼兹认为，"欧西格致推理之学胜于中国，而中国的实践哲学及政治道德论则超越欧西。因此他想请中国人到欧洲给他们讲自然的宗教，正好像他们欧洲人来中国传启示的宗教一样"。一般人都知道，"所谓近代西洋文化或世界文化，乃是理性主义胜利的产物，乃是英国经济革命、法国政治革命、德国思想革命的交汇。这一切，好像火炬一般，在我们眼前晃耀着，使我们憧憬，使我们羡慕，使我们追求。谁会想到这正是三百年前那班教士们播种在欧洲那一点中国文化所开的花，所结的实呢！谁会想到本为向中国传教而来的那班教士们，竟反把中国的教传向欧洲去！谁会想到古老的中国思想，竟成为近代欧洲的一颗炸弹！"在介绍完了自16世纪以来中国文化的西传以及对西方文化的影响后该文又写道："以上一大段话，无非证明中西文化间的血缘关系，无非证明近代西洋文化或世界文化里面也含有中国文化的成分。知道了这种情形，一方面使我们不至视西洋文化为异物，深闭固拒而不敢接近；同时也不至自惭形秽，不敢拿中国文化和世人相见。"实际上，只要我们树立信心，奋起直追，"也许在不久的将来，中国文化就可以恢复它的世界地位"①，实现复兴。

江亢虎则从时间和空间这两个维度考察了中国文化的影响力。首先从时

---

① 嵇文甫：《中国文化与世界文化》，《时代中国》第9卷第1期，1944年。

间的维度来看,"中国文化为世界最高尚最悠久文化之一。且既为中国固有之产物,当然与中国历史地理人情风俗最为相宜;惟当起废振衰,补偏救敝,并努力向上,以期发挥光大而已"。其次就空间的维度而言,中国文化流传甚广,"日本得之,世守勿失,传以泰西科学,形成现代国家,而其宗教、教育、政治、社会、文学、美术,至今犹奉中国文化为骨干"。也正因为中国文化在世界文化中占有重要的地位,欧美各国对中国文化的研究越来越多,且越来越重视,这说明"中国文化在世界上本身自具之价值"。① 和江亢虎相似,钱穆也从时间和空间两个维度通对中西文化的比较,得出了中国文化历史悠久、在世界文化中具有重要的地位的结论。就时间上讲,中国是一个人自始至终老在作长距离的赛跑,亦就是中国文化已有绵延不断的五千年历史;而欧洲是由多人接力赛跑,一面旗帜从某一个人手里依次传递到另一个人手里,如是不断地替换。就空前来看,欧洲文化,常有从一个中心向各方发散的形态,而且这些文化中心又常从这一处传到那一处,其结果则"常有文化中断的现象";而中国文化则很难说它有一个中心,"中国文化一摆开就在一个大地面上,那就是所谓中国,亦就是所谓中国的'体'了"。因此,"西方文化可说它有'地域性',而中国文化则决没有地域性存在"。②

中国文化在世界文化中的重要地位,除了悠久的历史外,还表现在其他各个方面。孙本文的《中国文化在世界上之地位》一文,就用五个"最"系统地总结了中国文化的世界地位:第一,"中国文化为世界最纯粹的文化——就大体而言,我国文化起自黄帝尧舜禹汤文武周公孔子以至中山先生,乃为一线相承的。此种有五千年纯粹文化,全世界唯我中国有之";第二,"中国文化为世界发达最早的文化——我国文化以儒家之六艺为基础,而六艺载尧舜以来文章典物,举凡政治、道德、法制、学艺等,均于四千余年前灿然大备,若以文献论,则有《尚书》,约起于三千八百年前",这些都发达极早,为"他国所无";第三,"中国文化为世界史迹最富之文化",仅正史,"现我国全部文献其总数不下四十万卷,而史部书至少在十万以上,

---

① 江亢虎:《中国文化与世界使命》,《讲坛复刊纪念号》第5期,1937年。
② 钱穆:《中国文化传统之演进》,《中国文化史导论》"附录",商务印书馆1994年修订版,第235—236页。

足见我国不但史籍之多,且文献亦繁富";第四,"中国文化为世界最悠久之文化","自距今四千六百三十五年前我轩辕黄帝建国以来,绵延继续,故以立国悠久言我国文化,在世界历史上已占第一位";第五,"中国文化为世界最大民族推行的文化——就人口四万万六千六百万论,为世界最多之民族;就语言统一论,为世界流行同一语言最广之民族,推行悠久而纯粹统一之文化,诚为有史来未有之现象"。总之,他认为"中国文化为世界最悠久的,最纯粹的,发达最早史籍最富的,而且为最大民族创造与推行之文化,而世界各国不可不承认我国文化占有优越之地位"。[①] 罗时实更进一步细致地罗列了中华民族对世界文化尤其是东方文化的具体贡献:"我中华民族在东亚大陆上,不仅文化发达最早,即物质创造,亦远在其他民族之上。试悬想四五千年前,世界各民族之物质生活为何如,在此时期,我中华民族,已有稼、穑、蚕、桑、衣服、宫室、药物、指南针、交通及战争器具及其他生活必需品,举凡衣、食、住、行之所以需者,已灿然俱备,世界各民族,莫不直接或间接食我中华民族发明之赐,而受我文化之熏染。故我民族,称为华族,华者光明华耀之义;我国家称为中国,言其居亚洲国家之中心,质物创造,我民族目前所自认不如人者也,而过去成就,已若是其炳伟,精神方面,更无论已。故我中华民族实为东方文化之创造,实为世界进化之明灯。至于武事,我民族在过去亦强盛莫与比伦。凡东亚民族间发生战争,胜利者悉为中华民族。我民族发源于黄河流域,其后逐渐扩张领域,而形成今日广大之版图。"他认为,中华民族之所以在古代"文化灿烂,国势强盛",原因就在于中华民族在过去的各民族间最能自竞。"但人类随时代而进化,环境因进化而变迁",一个民族"如不能应顺此前进之时代与变迁之环境,而懈怠其自竞"的话,那么很容易从辉煌走向衰落甚至被淘汰,这也就是中华民族"今日之退为不适者劣败者……国势之凌替,文化之晦塞"的重要原因。"故基于民族现在地位而言,则复兴不可以稍缓,而证以过去光荣之历史,则又知复兴之必能成功。"[②] 向子渔则从政治、艺术及道德等方面,对中国文化进行了审视。在政治方面,我们拥有非常伟大的政治天

[①] 孙本文:《中国文化在世界上之地位》,《史地社会论文摘要月刊》第3卷第9期,1937年。
[②] 罗时实:《民族复兴与精神资源》,《江苏教育》第5卷第3期,1936年。

才,这些人包括"周公,管仲,商鞅,诸葛亮,王安石诸人"。他们极具政治才能,也有天才的表现,建设了相当伟大的事业,至今都"为吾人守用者",他们的事业为今人所乐道。除了拥有这些伟大的政治人物外,中国的政治制度也有很多值得称道的地方。比如,在中国,监察和考试两种制度发展得最早,并且还形成了非常强大的力量。向子渔尤其重视考试制度的作用,认为考试制度的力量"破坏了传统的贵族政治,它是具有相当的功绩。到后来确是发生弊病,这仅是利用者不得其当,用一些不切实用的东西来做考试的标准,使一般国民的正当需要反无人顾及;也绝对不是考试制度的本身恶劣"。在思想方面,"孔孟的大同学说,至今尚为吾人乐道,墨子的兼爱,在学理上也有相当价值,二程、张载、朱熹、王阳明诸先生在世界文化史上也应有其相当地位"。这些是思想层面的成就。艺术层面上,"在我国历史上也不乏做好文章的,写好字的,画好图画的,以及作种种感人的音乐、诗歌、戏曲等等。"至于道德方面,"则孝悌忠信,礼义廉耻,至今仍为吾人立身处世所必具之美德。其他如善良风俗及习惯,在历史上亦在在皆是"。在向子渔的眼中,这些都是中国文化在各方面具有的伟大优美之处,并且在世界文化史上具有独特的地位。更重要的是,这些因素在今天,仍然是能为"吾人"提供借鉴的"资源",是我们复兴民族文化的最有利条件。[1] 孟馥在向子渔的基础上,进一步论述了中国文化的"先进的痕迹",即"指南针火药度量衡的发明是我们四千年前的科学,尧舜禅位禹汤选贤是我们四千年前的政治"。[2]

从一个比较的视角,也能看出中国文化在世界文化中的重要地位。张君劢在论述中国文化的特点以及对世界文化的贡献时,就特别重视与古印度、古希腊、古埃及、古罗马文化的比较,并得出结论认为,中国人人种语言之纯一,文事武功之双方发展,文化根基之深厚,均有独到之处。"虽云理智稍逊于希腊,然亦非全不发达,其性情又宽厚而能持久,且善于蕴蓄实力,以图卷土重来,此殆吾族所以历四千余年之久而犹存欤。"[3] 在另一篇文章

---

[1] 向子渔:《怎样复兴中国文化》,《扫荡旬刊》第 32 期,1934 年。
[2] 孟馥:《文化建设与民族复兴》,《学生生活》第 4 卷第 6 期,1935 年。
[3] 张君劢:《明日之中国文化》,商务印书馆 1935 年版,第 148—157 页。

中，张君劢进一步细化了中国优秀传统文化种种因素：（1）"儒家哲学之注重身心，如佛学之博大精微，此思想史中之可表彰者也"；（2）"民本之精神，如乡约之制，如寓兵于农，此古代制度之可表彰者也"；（3）"吾国建筑，简易朴实，气象伟大，如云冈佛像之雕刻，如石涛之写意书，西人尤称道之不绝于口，此美术之可表彰者也"。这些文化因素具有普世意义，可以与世长存。①鲁觉吾在比较了中国文化和世界其他文化后，总结出中国传统文化独特的优点：第一是"人的学问"丰富，中国政治哲学、伦理学非常发达，为任何国家所不及。第二是"重视记载历史"，中国历史的详尽正确又为任何国家所不及。第三是崇拜祖宗，与其他国家之信仰宗教有别。他认为，中国人崇拜祖宗是一种非常高明的民族主义。现在世界之所以会发生种种战争，其原因就在于没有树立深远悠久的政治理想，而政治理想不树立的原因，则是中国文化没有发挥威力的缘故。"科学毕竟是近代西洋文化的结晶，而高尚伟大的政治哲学与夫深远悠久的政治理想又原本是中国文化的极致，现在要确保永久和平，实现大同世界，唯有以中国的政治理想来指导西洋的科学。换句话说，置科学于王道政治之下。也就是说必须以中国文化来领导世界文化，世界才有长治久安的一日，而中国文化的价值也应该被世人所公认了。"②

当然，无论是从世界文化史发展的角度去论证中国文化是历史最悠久的文化，还是强调中国文化对世界文化尤其是西方的欧洲文化的重要影响，以说明中国文化在世界文化史上的重要地位，知识界都不是为了发思古之幽情，而是为了增强国人对本民族文化的自信心和对实现中华民族伟大复兴的自信心。比如，何炳松在分九个方面具体考察了中国文化的西传以及对欧洲文化的影响后得出结论："其实平心而论，现代欧洲人的藐视中国文化，固然徒显示其浅陋；他们从前那样崇拜中国，甚至主张'全盘中国化'，亦未尚有点矫情。"但不管现代欧洲人藐视中国文化也好，还是从前欧洲人崇拜中国文化也罢，"我们应该明白中国的文化，自有其不朽的地方"。而这"不朽的地方"，决定了中国文化有实现复兴的可能。"日本到如今还不失为

---

① 张君劢：《中华新民族性之养成》，《再生》第2卷第9期，1934年6月1日。
② 鲁觉吾：《从中国文化衡量世界文化》，《国是》创刊号，1944年。

一个华化的国家,但他因能兼采西方科学之长,遂成世界强国之一,就是明证。"① 张一清在《中华民族对于世界文明伟大之贡献与夫中途衰微之原因及今后复兴之方略》一文中也一再强调,无论是精神文明,还是物质文明,我们中华民族和中华文化对世界的贡献都是相当伟大的,远远超过世界上其他任何民族和文化。与世界上其他一些古老的民族和文化,如埃及文化、巴比伦文化等相比,中国文化虽然和它们几乎是同时"开化",但它们"早经沦丧",成了历史的遗迹,只有中华民族和中华文化还"巍然独存,不知经若干之危难浩劫,而仍能保持其英雄之伟姿"。由此可知中华民族和中华文化"实得天独厚,具非常之优越性,始能树立此宏伟之业绩"。而这也正是我们今天能复兴中华民族和中华文化的根基。因此,我们在"承受吾祖先所创造之伟大的文化宝库"时,"应思及其创造之艰难,成功之匪易",要"尽力揭开此宝库,加以整理",并使之"发扬光大"②,以实现中华民族和中华文化的伟大复兴。黄泽浦的《民族复兴的文化根据》一文同样写道:从历史上看,"中华民族的文化始终在不断地蜕化递进。在蜕化递进的历程中,虽然不能没有荣替起伏的现象,但其能亘数千年悠长的岁月一贯地生长革新,却是世界史上绝无仅有的。"这说明中华民族的文化根基是非常优良的。也正因为"中国在过去有优良的文化根基,中国人的文化同化力又是那么大,加以又有伟大的创造天才,中华民族在这一方面上便有复兴的最大把握了。文化是一个民族的灵魂,我们的灵魂康健,前途自然大有希望。我们回顾过去的光荣,认识自己的力量,则于体验当前的痛苦之下,便该刻苦努力,好好利用这一片广大的国土,悠长的传统产业,在今天、在明后天创造出更高等更动人的文化"。③

从历史上论证中国文化在世界文化史上占有重要的地位,以证明中国文化有实现复兴的可能性,这为民族复兴提供了思想文化上的支撑和助力。国人在民族文化上具有的优越心理,给民族复兴带来了种种希望。但这种希望乃是寄托在中国古代文化之优越性上的,这就很容易与中国文化的现状产生

---

① 何炳松:《中国文化西传考》,《中国新论》第 1 卷第 3 期,1935 年。
② 张一清:《中华民族对于世界文明伟大之贡献与夫中途衰微之原因及今后复兴之方略》,《江西省立图书馆馆刊》第 2 期,1935 年。
③ 黄泽浦:《民族复兴的文化根据》,《战时中学生》第 3 卷第 2 期,1941 年。

距离感，因为现实中的中国文化自进入近代以后，甚至在此之前即已走向了衰落。对于中国文化的衰落，"九一八"后参加民族复兴讨论的知识界并不否认。比如，我们上面刚提到的张一清，他的一篇讨论中华民族复兴的文章题目就叫做"中华民族对于世界文明伟大之贡献与夫中途衰微之原因及今后复兴之方略"，一方面他肯定中华民族和中华文化对世界文明做出过伟大贡献，但另一方面他又认为中国文化"至汉唐以后，复有停滞衰微之事实"。①亚云对处于衰落中的中华民族和中华文化的"处境"也有相当的体认，认为过去的中华民族和中华文化如同"日当正午，光明伟大，有蒸蒸日上的气象"，而"现今的"中华民族和中华文化则"已经到了萎靡不振，走向衰老灭亡的前途"。他甚至把"现今的"中华民族和中华文化比作"一叶扁舟"，"航行大海，既没有司方向的舵手，又没有稳定干练的舵工，四顾茫茫，波涛汹涌，前途的危机，可算是到了不堪设想的时候"。②"白云"同样认为近百年来的中国文化确实日益走向了衰落，最切身的感受，便是近代以来"几无一年没有国耻的事实，割地赔款，予取予求，瓜分共管的呼声，时时会震动你的耳鼓，加以近年来外受日帝国主义的节节进攻，似有整个的灭我之计划"。③那么，这就产生了一个问题：中国文化的过去辉煌并不等于现今的辉煌，现今已经衰落的中国文化还能不能实现复兴？中国文化除悠久的历史和对世界文化的贡献外，其文化自身具不具有复兴的素质和能力？而这正是一些国人极想知道的。所以，知识界在阐述中国文化历史悠久，并在世界文化史上占有重要地位的同时，又对中国文化自身所具有的复兴的素质和能力进行了发掘和阐述。因为这种发掘和阐述才能够真正使国人充满信心，即：中国悠久的民族文化是实现民族复兴的真正的源头活水。

（三）中国文化自身具有复兴的质素和能力

从文化本身的质素和能力来检视中国文化是否有复兴的可能性，是当时知识界谋求民族文化复兴的又一努力。大多数参与讨论的人认为，中国文化

---

① 张一清：《中华民族对于世界文明伟大之贡献与夫中途衰微之原因及今后复兴之方略》，《江西省立图书馆馆刊》第 2 期，1935 年。
② 亚云：《复兴中国民族的基本条件》，《扫荡旬刊》第 9 期，1933 年。
③ 白云：《复兴中国民族的几个主要条件》，《社会主义月刊》第 1 卷第 9 期，1933 年。

本身蕴含了很多可供自身复兴的因素和能力。"絮如"在承认中国文化处处不如人、日渐衰落的前提下,并不否认中国文化向前发展的可能性,现在中国文化的衰败"只是暂时文化之停顿,一时之不进步。我们只能把她复兴起来,决不能根本的全盘推翻"。在絮如眼中,中国文化中的许多道德因素是可以复兴的,他主张,"我们对于以往的四千年文化,应当从新估量一番。宜于我民生存的,要发扬光大起来。因为有许多的文化实有维系社会的力量。……足见道德的力量,也就是文化的力量是如何的大了。我们要提倡发扬这一类的固有的道德。同时更采取批判的选择的态度,吸收外来的文化"。[①] 复兴必须建构在文化自身所蕴含的道德因素之上,这一方面肯定了复兴的必要性,另一方面也彰显了中国文化自身就包含有复兴的因素。李笑渊也指出,中国文化富有强大的同化力和创造力,决定了中国文化能够复兴:"中国民族,不仅易于感受外来之优越文化,其特质尤在富于同化力与创造力。以富于同化力故,其文化虽受外力之侵混,恒能保持其独立之特质,无虑其消灭;以富于创造力故,其文化每经过一时期之变化刺激,辄有显著之进步。此二特质,其势力潜植于此老大民族灵魂之深处,在常态生活中,若不甚显著,然一旦感发而勃然兴起,则沛然莫之能御也。"[②] 富于"同化力"和"创造力"的"特质",为中国文化吸取其他文化之优秀因素创造了条件,从而使中国文化的复兴成了可能。

张其昀则从文化的变与不变入手,论证了中华文化具有复兴的可能性。他在《时代观念之认识》一文中指出,所谓"时代精神当贯注于三个方面,即总结前一时代之文化,代表此一时代之思潮,而为创造后一时代之种子。思想之伟大性,全视此三方面之深造程度而定"。而要"总结前一时代之文化",则应知道文化的"变与不变之义"。《易》曰:"穷则变,变则通,通则久。"董子曰:"天不变,道亦不变。"《易》和董仲舒说的"均有至理"。因为"制度文物因时移事异,多所损益,然变迁之中仍有不变者存"。孔子说:"自古皆有死,民无信不立。"如忠信之类,这是人类社会所赖以维系的基本道德,无所谓古今,无所谓新旧。程颢说:"圣人创法皆本乎人情,

---

[①] 絮如:《复兴民族和复兴文化》,《北方公论》1934年第78期。
[②] 李笑渊:《中国文化之复兴》,《东方文化月刊》第1卷第2期,1938年。

极乎物理,虽二帝三王,无不随时因革,踵事增损。然至乎为治之大原,牧民之要道,则前圣后圣岂不同条而共贯哉!"由此可见,"一国之民族性虽非一成不易,然有其历久不变之点,一面有不断之创造,一面有传统之典型,凡历史愈长之民族性,其内容亦愈经久而坚实。民族复兴之说即以此为根据"。[1] 中华民族是一个有着悠久历史的民族,其文化中包含着许多不变的具有普世价值的思想内容,正是这些不变的具有普世价值的思想内容则使中国文化的复兴成了可能。比如,他举例道:孔子以"仁"为诸德之统一原理而具有最高之价值,其学说于人生方面有独到之见解,确可代表中国的民族性。仁即社会意识,其后孟子配之以义,而称为仁义,义即真正之平等。真平等需要适宜的秩序,荀子于是发扬礼学,礼为适度之自由,故需讲求度量分际,以成健全之组织。"孔子孟荀之遗言,可以仁义礼三字概括之。"而现代文明之特色,一曰高速度,如飞机汽车无线电等,二曰大规模,如普及世界之国际贸易等,二者相互为用。今日对此高速度之物质文明,须有高度之组织以为制裁,对此大规模之国际关系,复须有普遍之秩序以相调节。这样仁义二字,在今日便有了崭新的意义,如何将自由与组织、平等与秩序,调和适中,确保平衡,以谋世界人类之安宁与幸福,此为世界最新之思潮,亦即儒家学说之基本概念。既然儒家学说之基本概念与世界最新之思潮有相通的地方,那么,我们要复兴以儒家学说为核心的中国文化就完全具有了可能性。这正如白璧德所说的那样,"现代精神应为古代中古近世东西文化之大综合,历史为有机之发展,每一时代必须综贯以前各时代文化之成绩,而后方有创造之可言"。前国际联盟派遣来华教育考察团报告书中也认为:"新中国必须振作其本身之力量,并从其本国之历史固有之文化中抽出材料,以创造一新文明。"就此而言,"中国现代之新文化",不是外来文化的简单移植,而是对古今中外文化的一种综合创造,是中国固有文化在新的历史条件下的复兴。[2]

吴醒亚通过对"中国文化的本质"的论述,来说明中国文化一定能够实现复兴。他指出:"中国民族是具有沉潜、远识、淳朴三特征的民族,所

---

[1] 张其昀:《时代观念之认识》,《思想与时代》第1期,1941年8月1日。
[2] 张其昀:《论现代精神》(续),《思想与时代》第3期,1941年10月1日。

以中国的文化也是最有价值最能和理想接近的文化，中国文化的基础建于王道观念之上，这个王道，就是最彻底的世界主义，也是大同主义。在王道下发育的文化，有六种特征：其一是淳朴，其二是博大，其三是精微，其四是重实践，其五是贵平等，其六是爱自由。"总之，"中国古代的文化，确有非他国所能望其项背的特长，虽自周秦以降，渐渐失去他的一部分特长，其大部分的特长，终不可没"。而这些"终不可没"的"特长"，将使中国文化的复兴成为可能。据此，他批评那种"相信中国文化已落后已烂熟，不能再发出一种炽烈的光辉"的"见解"是完全"错误的"。在他看来，中国现在所以不能抵抗外来的侵略，并不是由于中国文化的落后或烂熟，而是由于中国文化过于前进过于邻近理想的缘故。"过于前进的结果，别的民族当然赶不上，过于邻近理想的结果，举凡没有伟大理想的民族，也当然不能理解中国的文化。"中国的文化，既是一方过于前进成了后无来者的局面，一方过于邻近理想而不易为无理想的人们所了解，就必然会被一般人疑为落后而烂熟的文化，"但这并无害于中国文化的声誉"，也无害于中国文化的再次走向复兴。①

朱光潜则比较了中西文化的价值意识，并得出结论：中国文化的复兴是完全可能的。他指出，不同的民族在不同的时代对于文化常有着不同的理想或价值意识。比如说现代欧美文化倾向主要是三个方面的发展：一是物质的开发，二是政法的崇尚，三是武力与纵横捭阖的伸张。这三个方面都集中于一个"权"字。物质所以扩权，政治所以固权，武力与纵横捭阖所以争权。学问大半集中在这三方面，建设事业也集中在这三方面。物质开发到相当程度，政法建立到相当规模，资源像是富足而秩序像是稳定了，就突然来一个战争或革命，把已得的成就尽行摧毁，摧毁完了，于是又另起炉灶。但古代中国与现代西方不同。古代中国的先儒所着重的是义利、德刑、王霸三大分别。这值得现代人好好细心地体会。在古代中国的先儒看来，"后义而先利，不夺不厌"，所以义重而利轻；"道之以政，齐之以刑，民免而无耻；道之以德，刑之以礼，有耻且格"，所以德礼先于政刑；"以力假仁者霸，以德行仁者王，以力服人者非心服也，力不赡也，以德服人者心悦而诚服也"，

---

① 吴醒亚：《中国文化的本质》，《文化建设》月刊第 1 期，1934 年 10 月 10 日。

所以尊王道而耻言霸术。今天西方各国所倡导的路和古代中国先儒所倡导的路完全相反，这是价值意识问题，由于当今的世界是一个弱肉强食的世界，因而西方的这套价值意识成了"时代的风尚"，而中国先儒的这套价值意识则没有多少人认同了。但"我相信许多苦痛的经验将逐渐使人类觉悟已往的错误而纠正他们的价值意识。从这个观点看，中国思想经过发扬光大，或可成为决定未来世界文化趋向的原动力"。①

孙几伊认为，建设一种新文化，实现民族文化的复兴，"其迫切未有甚于今日者也"，"不但我国此时已有此迫切之需要，而且我国国民确有此充分之能力"。在他看来，文化建设大抵需要四种能力，即"创造力""吸收力""适应力"和"整理力"。而从中华民族的文化发展史来看，中国国民和文化完全具有这些能力，这也就具备了文化复兴的条件与可能。首先，就"创造力"而言。他指出，今人动不动就说中国人缺乏科学上的发明发现，举不如人，以此说明中国国人和文化缺乏创造力，实际上这一观点是不能成立的。我们且不论指南针、印刷术、火药这些中国人的大发明，就论"我国先民伟大丰富之创造力，更可于先秦诸子见之"。比如，儒家的老祖宗孔子，贫且贱，"然其想象之丰富，创造之伟大，真所谓民生以来所未有"。他虽说只是祖述尧舜，宪章文武，述而不作，"然即今以衡论孔子之道，其范围所及，若伦理，若政治，若经济，若社会，文史之学，特其余事"。如此广博的学问，丰富的想象，这不是创造力又是什么？其他如道家的老子、墨家的墨子，其学问都非常博大精深，想象非常丰富。"我国古代有如此灿烂之学术思想，可见我国国民具有伟大之创造力，而足以鼓励吾人之勇气者也。"其次，从"吸收力"来看。他指出，一种文化和另一种文化相接触，必然会呈现出迎拒这两种倾向，拒，就是不相往来，而迎，则需要吸收。"吸收云者，乃咀嚼外来文化，吸取其养料，使我固有文化发荣滋长也。"中国最先接触的外国文化是佛教，经过长期的交往与融合，最后"佛学成为我国之佛学"。这说明中国文化的吸收力是很强的。再次，来看"适应力"。他指出，时代潮流时有变迁，学术思想亦永无止境，"其能适应者，则发扬光大；其不能适应者，则萎缩以亡"。中国有宋一代，佛学极盛，学者无不受其影

---

① 朱光潜：《谈价值意识》，《思想与时代》第11期，1942年6月1日。

响,尤其是禅宗的心性之学,社会影响极大。"宋明理学即受此影响,以求适应此潮流者也。"宋明理学皆以穷理尽性为归,虽方法互异,有理学心学之分,"实则皆受禅门影响,主静主敬,即禅门之参悟也,其语录也多有相类者"。这是中国文化之具有"吸收力"的明证。最后,是"整理力"。这方面最为典型的例证,便是清乾嘉学派对中国传统学术的整理及其成果。总之,他指出:"此四力者,以创造为主,余三为辅,乃能使我国文化绵绵延延,永维于不坠也。"这也是中国文化能够复兴的原因所在。①

张申府在《我相信中国》一文中写道:"我是相信中国的。我有时简直迷信中国。我并不是说中国一切都是好的,但我相信中国有其过人的长处,我相信对于文化,中国有其特殊的贡献",也正是这种"特殊的贡献"使中国文化具有了复兴的素质和能力。在他看来,中国文化的"特优处"有如下几个方面:"第一,中国有其仁的人生理想。第二,中国有其易与'有天地然后有万物'的元学。第三,中国有其中的行动准则。第四,中国有其实的规范,与体度参验的方法。第五,中国有其人与生的重视。第六,中国有性近习远,'真积力久则入'的教学原则。第七,中国有其'充实之谓美'的美的标准。第八,中国有其活、时中、不迷信、不拘执的态度。第九,中国知道尽人力而知天命,而与境为乐,而不于人世之外别寻天国。第十,中国既重生,因很了解人生的享受,与闲暇的利用。"针对有人批评"中国文明是静的文明"的观点,张申府反驳道:"静的岂一定就有害?你不愿意安静么?你不愿意恬静么?你不愿意风平浪静么?静而不至于死静,静而犹能生动,静的正是好的。"他承认,中国的文明是农业文明,而今日是工业主宰的时代。但是根据反复、扬弃、否定之否定的原则,在未来的世界里必仍大有农业的地位。中国的农业文明与西洋的逻辑和科学结合之后,仍会开出光华灿烂之花来的,中国文化一定会实现复兴。因此,"我们不应仅仅怀想过去,鉴赏过去,我们更应重占过去,抉择过去,同时把握住现在,脚踏住现在,而努大力于共同创造那个光华灿烂的未来"②,为中国文化的复兴做出我们应有的贡献。

---

① 孙几伊:《中国文化建设之展望》,《复兴月刊》第 1 卷第 10 期,1933 年 6 月 1 日。
② 张申府:《我相信中国》,《金陵日报》1937 年 10 月 4 日。

林其瑞认为中国文化具有民本主义、大同主义与和平主义的特质以及忠孝仁义诸美德，而这些特质和美德能够成为中国文化复兴的"准绳"。他并对中国文化的这些特质和美德进行了细致的分析："（一）民本主义——欧洲民本思想，尚是近代之产品，而且是经过了许多的牺牲，许多的奋斗，才能得到的。然在我国，好几千年以前，便已经充满在各家学说之中，认民本主义为政治之极则了"；"中国古代的统治者，必以民本主义不可，不然，人民便可以起来反对，起来革命，使其地位根本动摇或就因此而覆灭"。"（二）大同思想——大同思想，是我国政治思想上最博大最崇高的文化，我国政治思想，虽有儒墨老庄等不同，但他们对于大同思想的主张，却又是不约而同的"；"不论任何学派，皆同具此目标，自古以迄现在，从未曾失掉磨灭"。"（三）和平主义——中国民族，是世界上最爱和平的民族，故中国文化，亦流露着和平精神，放射着温厚的异彩，如古代大思想家之孔孟老墨等都是和平倡导最典型的人物"；"中华民族一贯受和平思想所支配，而所谓'王道'文化的思潮，便深入于四万万民众的心理了"。"（四）忠孝仁爱诸美德——中国民族固有道德。"[1] 方治在《民族文化与民族思想》一文中开篇明义便写道："综观世界历史，没有如中国一样的久长……延绵四五千年而仍能巍然独存于今日世界，除中国外，恐怕没有第二个国家了。中国民族所以能延绵迄今的唯一生命线，就是优越的文化。在中国历史上，也尝有异族侵凌的事情……但是因为我们有优越的文化，所以侵入我国的异族，都是为我所同化，结果中国历史上的异族侵凌，反成了民族的同化和伸张。我国所以未遭灭种惨祸，就是因为有优越民族文化的关系。"他认为，中国文化的优点很多，但主要有以下四点，即：民本思想、和平思想、大同思想和固有道德。而这四个优点都是现代所缺乏而又特别需要的。因此，只要我们将它们"发扬光大"，中国文化的复兴也就是顺理成章的事情。[2]

　　陈立夫在《中国文化与世界文化》一文中指出，中国文化之所以能够复兴，不仅仅在于它有悠久的历史，是"人类全部文化历史之一贯性的象征"，而且更在于它的"特质"，"从这些文化特质上，我们才能具体的看出

---

[1] 林其瑞：《复兴文化与复兴民族》，《反省月刊》第11、12期合刊，1935年。
[2] 方治：《民族文化与民族思想》，《文化建设》月刊第1卷第2期，1934年11月10日。

中国是世界上最可爱的国家",中国文化是世界上最优秀的文化,完全具有复兴的素质与能力。陈立夫认为中国文化的"特质"主要体现在四个方面:"一、中国文化是以民生为中心的文化而归于行仁"。人类都爱生命,但只有中国人才真正了解生命,欣赏生命,同情生命,赞美生命,中国人看宇宙间的万事万物都是生命的流行,而人是宇宙中心,生命是人的生命。所以中国文化的根本问题,是人的问题,而不是物质的问题,这也是中国的修养人格之学发达的根本原因。在中国人看来,人的生命是一个积极行仁的过程,而其中心则在求民生之乐利。"所以中国文化的一个特质,是其以民生为中心,而生命的意义则归于行仁。""二、中国的文化是以大同为极则的文化而本于至公"。中国文化是伦理政治合一的文化,所以伦理之本在于仁爱,政治之本亦在于仁爱。仁爱之极则,以天下为一家,中国为一人。中国人主张王道,反对霸道,反对以力服人,自始就没有狭隘的国家观念,所以中国人是世界上最爱好和平的民族,也是世界上最反对侵略的民族。正因为中国人爱好和平,反对侵略,中国人特别的博大宽容,他们追求的是协和万邦,大同之治。而实现大同是人类的理想,所以"一切从事世界未来文化创造的人们,都应当努力具备中国文化的此种精神"。"三、中国文化是致中和的文化而成于力行"。所谓"致中和",亦就是"求中道",既不能"过",也不能"不及",恰到好处。中国文化求中道的精神,其目的在民族文化之悠久与无疆,悠久则永生,无疆则广生。中国文化之所以能成为世界上历史最为悠久的文化,其原因也就在此。所以中国人不仅最早发明中道,而且发挥得也最为透彻。"但中和之达致则于在力行,唯有恒久的力行以求中,才可以在时空不断的变化之中,把握住中道。""四、中国文化是尚礼义的文化而发于至诚"。中国文化之精神在中,亦即在诚。中国民族是最早认识诚之原理的民族。诚之原理贯乎宇宙人生,人能立诚故主敬,主敬故崇礼而尚义,尚义故择善而固执,择善固执故笃信而力行,力行故礼义之所在,危难在所不顾,身死在所不惜,刚毅忠诚,自强不息。与印度文化偏重于精神,西方文化偏重于物质不同,中国文化自始便是精神和物质合一的文化,究其原因有二:第一,从哲学意义上说,中国人是以生命统合精神和物质的,换言之,精神和物质都统一于生命之中;第二,中国人根据诚的道理的运用,则能表现精神于物质,而使物质亦合精神之意,精神呈现于物质,则为物质中的精神。在论述了中国文化的这四个"特质"后陈立夫强调指出：不容否认，近百年来中国文化出现了一些问题，"以上所举中国文化之可爱的特质"有些"我们已经丧失了"，但"历史文化是一长流，民族生命是一长流，永远是拥抱过去而奔赴将来。凡是我们固有的文化的优良之点，其种子均存在我们的血液中，我们要恢复它，是一定能够恢复的"。而这些"固有的文化的优良之点"亦即文化"特质"一旦恢复了，中国文化也就实现了复兴。①

这里尤须指出的是，"九一八"后参与民族复兴讨论的知识界在发掘和论述中国文化自身所具有的复兴的素质和能力的同时，也对中国文化进入近代以后甚至在此之前之所以会走向衰落的原因进行了分析，以说明中国文化走向衰落并不是文化本身不优秀或有本质上的缺陷，而是其他原因造成的，只要对症下药，除去造成中国文化衰落的原因，中国文化就一定能实现复兴。周明的《中国文化衰退之根本原因及其复兴之基本条件》一文梳理了造成中国文化进入近代以后"日见衰退"的十大原因：一是过于追求功利，缺乏研究精神；二是崇尚"沉思默想"，论理学思想不发达；三是生活的安逸以及异族入主中原所实行的软硬兼施的统治，造成了民族精神的一蹶不振；四是学统定于一尊，尤其是八股取士制度，严重束缚了人们的思想和创新能力；五是人民思想日趋因循保守和苟安，缺乏科学精神；六是封建专制政体对人们思想的束缚，桎梏了社会文化和国民精神的发展；七是周边各民族之文化程度的低下，"不能有竞争而有进步，有观摩而有增益"；八是海岸线短以及交通不便，长期处于封闭状态；九是自秦汉以后，社会经济停滞不进；十是19世纪后帝国主义的侵略与压迫。在梳理了造成中国文化"日见衰退"的这十大原因后文章写道：中国文化进入近代后虽然"日见衰退"，但其文化的本身是非常优秀的，只要我们针对这十大原因，"谋所以复兴之基本条件"，那么中国文化完全有复兴的可能。"我中国之文化，二千年前，已开灿烂之花，今反落欧美之后，是非无贤祖也，乃无贤孙为之发扬光大之过也。夫物竞天择，优者生存，劣者败亡，吾黄帝之贵胄，不欲立足宇宙则已，如欲立足宇宙，则当憬然于昔日之所以强盛，与今日之所以衰

---

① 陈立夫：《中国文化与世界文化》，《民族正气》第4卷第3—4期合刊，1945年。

弱，而谋恢复固有之精神"①，以实现中华文化的复兴，进而实现中华民族的复兴。在向子渔看来，造成中国文化"没落"的原因，并非是中国文化不优秀，或出现了什么大障碍，而"完全是不知在什么时候侵入我们中华民族、而现在还很盛行地流行着的虚伪和自私自利两点"。因为"我们民族相互间以虚伪往还，那文化的整体，自然生了动摇而不能不没落了"。拿道德方面来说：比如一个人，他自己待人就不义，然而他却教人家去待人以义，这当然是做不到的；又比如他自己无恶不作，却教别人家去必忠必信，这能有好的结果么？当然不会有。"这样一来，一天不如一天，一代不如一代，以至人们发生'世衰道微、江河日下'之感，而文化的本身便因人们的虚伪而没落了。"每一个人、每一个民族都会有自私自利的心理，但都没有现今的中华民族的自私自利的观念这样强烈，"因为自私自利的观念太强烈，简直成为'国家于我何关？民族于我何有'的一种现象，形成一个四万万人四万万个心毫无组织的国家"。也正因为自私自利，"一个人可以去作日本人御用的汉奸"，"可以不顾国家利益民族生存去作土匪"，"可以去作任何危害国家民族生存的勾当"。而自私自利的结果，"弄得国家政治混乱"，"弄得国民经济破产"，"弄得社会秩序不安"。"所以自私自利这个东西，真是我们民族复兴的一个内在的大敌人。"既然"虚伪和自私自利"是造成中国文化"没落"的主要原因，那么"我们这些作复兴中国民族复兴运动的人"，第一件要做的"重要事情"，就是"依身作则，首先去掉虚伪和自私自利的心，同时还需要绝对的自信力"。如果做到了这两点，我们就可以"利用种种方法去实行复兴中国文化"，中国文化也就没有不复兴的道理。②

亚云认为，造成中国文化"萎靡不振，走向衰老"的主要原因，并非中国文化本身的不优秀，而是"帝国主义政治经济的侵略"，以及中华民族"自身的不能振作"。"没有帝国主义者的侵略，中华民族，绝对不会到现在的地步；没有自身的不振作，帝国主义者，绝不敢肆无忌惮，任意侮辱。所以自身愈不振作，帝国主义者愈加紧压迫；自身愈奋发，帝国主义者愈畏惧，愈不敢轻视，这是必要的结果。"中国文化虽然是衰落了，但依然具有复兴

---

① 周明：《中国文化衰退之根本原因及其复兴之基本条件》，《县政研究》第 1 卷第 8 期，1939 年。
② 向子渔：《怎样复兴中国文化》，《扫荡旬刊》第 32 期，1934 年。

的可能。他以德意志和波兰作为例子进行说明。这两个国家曾经也在战争中损失惨重，割地赔款，如德国第一次世界大战后大量的赔款，割让惊人的领土给协约国，军备受严重的限制，殖民地、海军、商船、机车、客货车、海外投资以及侨民财产等"都被协约国瓜分的瓜分，抢夺的抢夺，真是百孔千疮，几乎剥夺到一无所有"，但正是国家到了奄奄一息的时候，德国人民能够"忍辱负痛，从事建设，以民族利益为目标，按照步骤，逐渐进行，以图大业之复兴"，最后"蓬蓬勃勃的复兴起来，而成了欧洲的强国"。波兰的状况也是如此。① 作者试图借此说明中国文化也有复兴的可能性，以此鼓舞国人的信心。

与周明等人不同，周作新主要是从文化的交流着眼来分析中国文化之所以会出现停滞和衰落之原因的。他在《世界文化与中国文化》一文中指出，"如果一个民族的文化，总不与较高的不同的文化相接触，便易走入衰落之途，虽然衰，却因无较高文化来征服，亦不易即灭亡"。中国文化的处境即是如此。不可否认，"中国文化，是世界伟大的文化之一，是世界中伟大的独立发达的文化之一。中国民族，奋其创造文化的伟大能力，在东亚的大陆上，独立创造了这个文化"。这说明中国文化的本身是非常优秀的，然而由于地理环境的因素，中国"四周都是些文化低落的民族"，中华民族在其发展的过程中根本没有机会与更高的异种文化相接触，于是导致了"二千年来大部分的文化，在停滞的状态中"。但时移势异，现在的情况与以前的情况有了很大的不同，现在的中国"遇到了"西方这一"更高文化的侵略"，这样中国文化就完全有可能通过吸取先进的西方文化而获得发展，实现复兴。因此，"我们不要妄自菲薄，要努力创造，更创出新的东西。要使中国在将来的世界文化中，有重要的地位，有新的贡献"。② 黄震遐的《中国文化黄金时代的到来》一文写道："引领着中国历史发展的中国文化运动的主流，有时化着奔腾的狂流，通过瀑布，泛滥过两岸；有时析为曲折的支流，变成浅滩，储为陈旧的死潭"。自近代以来，中国文化走上了后一种道路，成了"死潭"而衰落了，造成中国文化成了"死潭"而衰落的原因，是帝国主义

---

① 亚云：《复兴中国民族的基本条件》，《扫荡旬刊》第 9 期，1933 年。
② 周作新：《世界文化与中国文化》，《统一评论》第 1 卷第 10 期，1936 年。

的侵略,以及在帝国主义的文化侵略下,所形成的"一些次殖民地的抄袭文化和尾巴文化,全然缺乏独立自尊的进步的作品"。然而"七七"后,中国进入到"它过渡时期总清算的总阶段,逝去的终于逝去了——前面又是汪洋浩瀚的主流"。作者相信,中国抗战必定会取得最终胜利,而抗战的胜利,亦就预示着"中国文化黄金时代的到来"![1]

(四) 西方文化的"没落"与中国文化复兴

我们在本书的第一章第三节中已经提到,第一次世界大战的爆发和战争给人类造成的巨大灾难,不仅使西方世界笼罩在一片"世纪末"的悲凉气氛之中,也对中国社会产生了重大影响。和西方世界一样,"西方的没落"成了战后中国知识界的常用语,他们中的部分人"完全扫清"了昔日对中国文化的"悲观之观念","精神得以振作",开始重新认识中国文化的价值及其在世界文化对话中的地位。虽然后来随着欧洲从战争的废墟中走了出来,经济得到恢复和发展,"西方的没落"的声音在西方和中国开始消沉,但它的影响还存在,余音还在,"九一八"后的抗日战争时期致力于民族复兴的一些知识界人士也是第一次世界大战后"西方的没落"声音的传播者。

"九一八"前夜,一位名叫徐庆誉的作者在他的《中国民族与世界文化》一书中就认为西方文化正逐渐走向"没落",并指出西方文化"没落"的主要原因首先是"新专制主义"的出现。这种新专制主义,在意大利表现为法西斯蒂主义,意大利人的"精神上因无自由所感受的痛苦,决非言语可以形容!在这种新专制主义之下,充满了侵略杀伐的空气;对内对外,都很危险,一旦爆发不可收拾,世界文化将受重伤"。再就是"资本主义"。这和"新专制主义"一样,也是近代"世界文化病根之一,凡负有挽救世界文化和增进人类幸福的人,都当反对资本主义;不但反对它,而且要打倒它"。并且提出,"离开资本主义,便无所谓帝国主义,也无所谓战争,更无所谓压迫弱小民族。我们不挽救世界文化则已,若要挽救,非把这吃人的资本主义打倒不可!"最后是帝国主义,他认为这是近代世界文化的第三个

---

[1] 黄震遐:《中国文化黄金时代的到来》,《文化导报》创刊号,1941年。

病根。①

既然西方文化已经"没落",那么中国文化则应该在这个时候负起一定的补救责任,这就给中国文化提出了使命。但中国文化复兴则不能空谈,必须脚踏实地地做些具有成效的工作和事业。所以徐庆誉指出,"一国的文化,不是一个阶级的玩意儿,乃是全民精神生活中的精髓,所以我以为这时候谈文化,须将'普及'与'提高'两方面同时并重。目前这两项都没有办法哦,这是很可惜的一桩事!"怎样叫"普及"呢?要使全国国民都能读书识字,对于中国文学哲学和美术等,都能有相当的了解,然后才可以使一班国民对于祖国有深厚的感情,同时又可以使他们知道对于世界人类所负的责任。怎样叫"提高"呢?提高当分三方面进行:第一要"奖励学术团体",如科学会、农学会、国学社等,政府当特别奖励,须给以充分的补助金,扶助其发展,使他们能以全副精神研究科学、农学、国学等。第二要"国营文化事业",平常我们只知道国营实业的重要,很少的人能注意到国营文化事业的一点。所谓国营文化事业,即是国家自己担任关于文化上的事业;这不仅是指办学校,乃是指一切与文化有关的事业。若不在这些事情上注意,便就"够不上谈光复本国文化,更够不上谈改造世界文化"。②徐庆誉提出在几个方面注意,以此能够繁荣中国文化,实现中国文化的复兴,只有如此才能实现利用中国文化改造世界文化的目标。

不过,在实行改造之前,应该清楚,中国文化与西方文化之间存在着根本差别,"泰西文化发源于埃及、希腊、罗马,专尚武力竞争,商业交通,加以物质发达,欲望增进,于是欧美各国悉隶帝国主义,军国主义,资本主义支配下,虽经东方文化一部,如犹太基督教二千年之宣传,印度神秘学百余年之输布,仍不能挽回此劫运"。尤其是经过第一次世界大战,以及"现时国际间之纠纷冲突,各国内之革命,政变,失业,破产,不景气在在表现泰西文化之败象与末路。此后世界惟一希望,乃在中国文化之复兴与普及"。正是因为西方文化的衰落,只有依靠中国文化来拯救,中国文化的儒家教义"主张仁义存心,忠恕矩孝,孝悌齐家,礼乐治国,诚信格物,道德化民,

---

① 徐庆誉:《中国民族与世界文化》,世界学会1928年版,第21—34页。
② 同上书,第37—40页。

简单生活,和平统一,实针泰西文化流弊之良剂"。所以,该文的作者江亢虎主张以中国文化改造世界,因为这种改造"并不需要任何破坏与流血之牺牲;且中国文化向取兼容并包态度,亦不须推翻打倒其他文化。吾人非谓中国文化圆满无缺,绝对无二,特认其对泰西文化之流弊,为一种适当且有效的治疗与救济而已";"中国文化改造世界,应听各民族之自动接受,决不出以强聒及威胁行为,此与泰西文化宣传方法不同处";"中国文化改造世界,本国治而后天下平之义,当然应从中国做起,但现在国家关系繁复,必须内外同时并进,有时并须先向外发展,再向内进攻。吾人鉴于基督教不行于犹太,佛学不盛于印度,足见执地域之内外远近断推行之先后轻重为非是"。而其改造的具体方案,"则以新国家主义(即新国际主义)代帝国主义,谋民族之共存;以新民主主义,代军国主义,促地方之自治;以新社会主义,代资本主义,泯阶级之斗争"。① 实际上,江亢虎所主张的"新国家主义""新民主主义"和"新社会主义"都不是中国文化所固有的内涵。就此而言,他是要将中国文化作为一种精神实质,以填充相关的内容。换言之,也就是以中国文化为体,吸取西方文化为用。

江亢虎的文章写于 1937 年,其时第二次世界大战尚未爆发。雨棠的文章则写于第二次世界大战爆发之后的 1940 年,所以他的文章的题目就叫做《欧战与西方文化》。他在文章中开篇明义便写道:"此次欧洲大战,无论自悲观,抑或自乐观立场上观察,其为西方文化剧烈挣扎与呻吟,可谓毫无疑义。"战争给人类带来了巨大灾难,但它又是历史进化中不能避免之痛苦,世界各地都发生过战争,其中尤以欧洲为最。我们且不说古希腊、古罗马时代,就自中世纪来说,"俟国并吞,宗教相仇,兵连祸结,久久不休"。及18 世纪以迄今日,欧洲的物质进化,一日千里,而伴随之来的战争,规模和范围也是越来越大,越来越广,造成的财产损失和人员牺牲一次比一次严重,第一次世界大战,相持五年,流血亿万。凡尔赛条约缔结后,各国经济,普遍萧条。战败者创痛甚巨,饱尝割地赔款之苦。战胜者筋疲力尽,深受劳师耗饷之灾。但欧洲人并没有吸取第一次世界大战的惨痛教训,仍然在那里"祸衅相寻,仇视无已",最终引起了比第一次世界大战规模更大的第

---

① 江亢虎:《中国文化与世界使命》,《讲坛复刊纪念号》第 5 期,1937 年。

二次世界大战的发生。欧洲之所以战祸连年，而且战争的规模一次比一次大，损失一次比一次重，原因就在于"欧洲文化，一斗争的文化也。其哲学，一斗争的哲学也"。正由于欧洲文化"以斗争为出发点，故人我之辨极严，贪欲之图无厌，人人有好胜兼人之心，无守分安常之念。故其长在急步迈进，一往无前。而其短在发泄无余，冲突特甚"。也正由于欧洲文化"以斗争为出发点，因缘及于各方面，亦恒为其斗争性之表现。其在哲学，则个主义，功利主义，极盛一时。在经济上，则形成为资本主义，在国际政治上，则又谓之为帝国主义，亦或谓为军国主义。数者，皆异名而实同"。自18世纪以来，欧洲标榜的是所谓民主政治，"恒以博爱、平等、自由相号召"，但究其实际，所谓博爱，则拘于民族国家之界限，丝毫没有实现过；所谓平等，则亦因各阶级、各社会层之形成对立，"迄为相倾相轧之势"；至于自由，特别为欧洲人所自矜许，然而事实上是政府之权力日涨，人民之拘束弥甚，团体之生活日密，个人之行动转微，"较之东方人民，浩浩荡荡，日行于康衢坦途者，尤不可同年而语"。欧洲是一个金钱至上的社会，就是"号称为超然之文化界，亦皆为铜臭所薰染"，凡文人学士所发之言论，半属言不由衷。由于拜金主义盛行，造成"真理晦茫，如行长夜"。在社会生活方面，欧洲人的生活，可以用"纷忙"二字概括，其君子则日夜披览地图，核算军费，阴谋计划，夺人之国，拓己之疆，外求盟好，内激民气；其小人则孜孜工艺，从早到晚，无一刻之安闲，惟恐遗失机会，即使偶有娱乐，亦以纷忙之态度应付，无论做什么事，都以分秒计算，生怕浪费时间。尽管争分抢秒的生活，"能因事树功，及时奋发，然其于人生，亦良苦矣！"就刚刚爆发不久的第二次世界大战而言，作者并不反对那种认为战争能促进物质文明的进步，因此待战争结束之时，欧洲的物质文明之进展必一日千里的观点，然而作者强调：伴随战争带来的物质进步是人类的痛苦，因此，无论物质文明进步到何种程度，人类之痛苦亦必随之俱增。"一方面族国之壁垒森严，对立之形式益愈深刻。而由此次大战种下之恶因，他日亦必食同样之恶果。故此次大战后，欧洲即不全盘毁灭，而其缺点暴露亦为不可掩讳之事实。"所以第二次世界大战的序幕虽然才刚刚拉开，它给人类造成的巨大的财产损失和人员牺牲还没有完全显现出来，"然战争适足为西方文化破裂之表现，今日地球上五分之三之土地，早为西方文化之毒气所笼罩者，已因大战开始，而启其崩溃之端矣，将来战争延长，则崩溃亦愈加其速度"。就此作者得出结论：西方文化，不仅不能推动全人类，相反足以毁灭全人类，西方文化已走向没落，"不能复为时代之宠儿矣。继之而起者，即吾人所固有之东方文化也"。我们中国人要认识到，"挽救世界行将毁灭之文明，此则吾人今日之重任也"。①作者的上述观点，与五四时期的"东方文化派"的观点，如梁启超在《欧游心影录》、梁漱溟在《东西文化及其哲学》中提出的观点如出一辙，即：西方文化已经破产或没落，东方的中国文化将再次得到重视并出现复兴。

二　如何实现民族文化的复兴

中国文化既有复兴的必要，也有复兴的可能，然而应然并非等于必然，如何将可能性变成现实性，这是"九一八"后的抗战时期中国知识界思考的一个重要问题。为此，他们从树立民族的自尊心和自信心、认同和大力弘扬民族精神、正确认识和处理好中西文化关系、民族文化复兴的道路选择等方面，对这一问题进行了深入探讨。

（一）树立民族的自尊心和自信心

要实现民族复兴，首先，就必须树立民族的自尊心和自信心。瞿菊农在为张君劢译《菲希德〈对德意志国民讲演〉节本》所写的序言中写道："中国现在所处的国难，可以说是历史上向来没有的。但我们回顾我们伟大的文化，灿烂的历史，想到我们坚韧劳苦的国民，想到四千年来为民族扩大进展努力的先民，为民族生存努力而牺牲生命的先烈，乃至于在淞浦抵抗，在白山黑水间转战的国民所流的鲜血，我们应该激发我们的自知心，自信心，自尊心，努力创造我们的前途。我们要痛自检点我们的过失，改造内心，提高民族的自信力。这是君劢翻译这本摘要的主旨。我希望凡读到这本译文的读者，在未读本文之先，先想一想现在的国难。读本文的时候，不要忘记我们

---

① 雨棠：《欧战与西方文化》，《新东方杂志》第1卷第4期，1940年。

民族的灿烂庄严的过去，自信我们有光明灿烂的前途。"① 张君劢在《欧美派日本派之外交政策与吾族立国大计》一文中指出："国之立于大地者，必其国人自思曰：凡我之所能，为他人所不及；他人之所能者，我无一而不能，是为民族之自信力。英之所以有此国力，以其人民自信其航海通商与夫运用政治之技，为他国所不及焉；德之所以能仆而复兴者，菲希德氏尝言之，以其国民自信在具有原初性故焉；日人之所以连战连胜者，武士道精神实为之。虽各族各有特性，其政治军事文化之表现，因之而大异；然其为自信力则一。"也就是说，民族自信力或自信心对于一个国家的兴盛具有非常重要的意义。那么，当时的中国又是怎样的情形呢？张君劢认为中国是唯外国马首是瞻，"他国有共产，吾从而共产焉；他国有法西斯，吾从而法西斯焉；不独政治为然，而外国学者之权威，亦高于国人一等……此媚外心之日强，即自信力之日弱"。他认为照此情形下去，中国是不可能建成独立富强的民族国家的，中国必须先有争胜之心，也就是先要有民族自信力或自信心，自信自己是优秀的民族，然后"政治乃能与人并驾，而国家乃能与人平等"。② 天津《大公报》的"社评"提出，"今日欲救中国于危亡"，首先应该打倒那种认为中华民族除了"拱手待亡"没有其他出路的悲观消极心理，而大力"培养民族自信精神"，使全体中国人，尤其是那些"号为民族前驱之智识分子"，"不以艰危动其心，不以挫辱夺其气，共悬一鹄，努力迈进，要以复兴中国、光复故物为职志"。③ 沈碧涛在《国人的危机》一文中强调，"自信力为民族最要之观念"，但自中西交通以来，因中国的一败再败，中华民族的自信力受到沉重打击，这是"我们的最大的危机"之一。因此，我们要实现民族复兴，必须像费希特所讲的那样，从树立"自信力"做起。④ 在吴其昌看来，我们"这个庞大的民族能不能复兴"，关键是要看"我们的自信力了"。中华民族的复兴不是"能不能"的问题，而是我们"为不为"的问题；不是我们先天民族"有救"或"没有救"的问题，而是

---

① 瞿菊农：《菲希德〈对德意志国民讲演〉节本序》，《再生》第1卷第7期，1932年11月20日。
② 张君劢：《欧美派日本派之外交政策与吾族立国大计》，《再生》第2卷第1期，1933年10月1日。
③ 《民族复兴之精神基础》，天津《大公报》1934年5月15日"社评"，第3版。
④ 沈碧涛：《国人的危机》，《大公报》1931年11月3日"读者论坛"，第5版。

我们现代这些子孙"努力"或"不努力"的问题。只要我们像费希特所讲的那样，树立民族的自信力，相信中华民族既有灿烂的过去，也会有光明的未来，那么中华民族就没有不复兴的道理。①王造时指出，在人类历史的长河中，没有哪个国家不经历过强弱，也没有哪个民族不经历过盛衰的，但为什么有些国家可以转弱为强，有些民族可以转衰为盛，而有些国家或民族则终至被淘汰出局了呢？其关键的原因是要看该民族是否奋发有为，百折不挠地努力追求上进。"换言之，也就是要看该民族是否有自信力。有了自信力，亡可以复兴，弱可以转强，衰可以转盛，否则，只有开始于萎靡，沦落于奴隶，终至于消灭。"我们今日要打倒帝国主义，抵抗日本的侵略，实现民族复兴，"除了物质上的准备以外，须有精神上的振作，换言之，就是要恢复我们的民族自信力"。②雷震同样认为："一个民族如果失去民族的自信力，没有民族的自觉心，所谓'民心已死'，'民气颓丧'，这个民族决不能生存于地球之上，古今中外，决没有这样民族能够存在的先例。"③沈以定将民族自信力视为"复兴民族的三种必要力量"之一："我们现在要复兴中华民族，第一就是要使我们全国人民的脑海里深深地印下了一个民族的影像，使我们全国国民都具有一种——民族自信的力量——民族自信力。"因为，"对于被压迫民族，自信力是特别需要的，有了这种自信的力量，我们才有勇气奋斗向前进展，来复兴民族"。④魏冀徵在《复兴民族方案刍议》中提出，"自信力是一切精神的基础，是一切活动的渊源，一切事业的成功，均以自信力有无为决定……故中华民族要求复兴，先要大家要有自信力，要是自信力崩溃，民族的命运，就立刻走上末路"。⑤项致庄强调："中国国民当前的急务是民族复兴，而复兴民族的先决条件，尤贵培养民族自信力。"⑥梅力行也认为："想复兴中国，我们目前最要紧的，是莫过于恢复中国民族

---

① 吴其昌：《民族复兴的自信力》，《国闻周报》第13卷第39期，1936年10月5日。
② 王造时：《恢复民族的自信力》，《自由言论》半月刊第1卷第17期，1933年。
③ 雷震：《救国应先恢复民族精神》，《时代公论》第29号，1932年10月14日。
④ 沈以定：《复兴民族的三种必要力量——青年应负民族复兴之责》，《浙江青年》第2卷第7期，1936年。
⑤ 魏冀徵：《复兴民族方案刍议》，《苏衡月刊》第1卷第6期，1935年。
⑥ 项致庄：《培养民族自信力为国民当前之急务》，《江苏保安季刊》第4卷第1期，1937年。

的自信力。"①

树立民族自尊心和自信心是基于国人的民族自尊心和自信心的丧失而提出来的。谢耀霆认为,中华民族原本是世界上最优秀的民族,曾经创造了高度发达的古代文明,那时候"我民族自信力"是很强的,但晚清以来数次对外战争的失败,特别是抵抗八国联军侵华的失败,使"中华民族自信力丧失殆尽。以从前仇外鄙外之心理,一变而为媚外与畏外;从前之完全自信者,今则完全信于人;从前之完全不信于人者,今则完全不信于己"。近数十年来,中国之所以人心错综,道德日坠,文化堕落,工商不振,国难踵至,民族危机日益加深,其"溯本追源,莫不由于不能自信所致,此诚中华民族落伍之最大原因,足陷中华民族于万劫不复之境而不知"。既然"中华民族衰落的原因,完全是因为失去了自信力的缘故。那么,我们要复兴中华民族,亦只有首先恢复自信力,然后始有复兴民族的可能"。② 杨兴高指出,由于中国有着悠久的历史和文化,自古以来就以文明发达闻名于世,因此,中华民族向来为世界各民族所敬畏,所崇拜,中国的国际地位也超越于世界各国之上,呼之曰天朝,尊之为上国。"当是时也,我国民众,无不以世界最文明最优秀之民族自居,怀有极高之自尊心与极大之自信力。"然而自鸦片战争开关以后,"中外形式为之大变,外侮之来,无力抵抗,国际地位,一落千丈,昔以天朝自命之中国,今乃下降而为任人宰割之次殖民地,世界资本主义者,无不以中国为其政治经济文化等之最好侵略对象物"。其结果,使国人的民族自尊心和自信力大受打击,中华民族从一个追求上进、自强不息的民族,"变为自甘暴弃,不思振作,毫无自信力与自尊心之萎靡民族矣"。③ 而民族自尊心和自信力的丧失,又使国家进一步陷入了更深重的民族危机之中。陈立夫强调,民族自信力的丧失,是由于受了"西化"或"全盘西化"思潮的影响,"多数人不认识过去民族光荣的历史与光明的前程之故。不认识怎能生出信仰?不信仰怎能产生力量,自信力之消失乃是必然的结果。一个民族所以能够持续他的生命,必有他的恒久的光荣的历史作

---

① 梅力行:《如何恢复民族的自信力》,《民力周刊》第1卷第7期,1939年。
② 谢耀霆:《复兴民族须先恢复自信力》,《复兴月刊》第1卷第8期,1933年4月1日。
③ 杨兴高:《恢复中国固有民族精神与吸收外来文化》,《新文化月刊》第6期,1937年6月25日。

为推动的力量,有显著的光明的前程作为诱进的力量,使民族中个个份子对自己民族生存的绝对可能性与必要性都有深刻的自信,则对于民族的将来,自然负担起责任而无所期待,否则对于民族的过去,顿生疑虑,民族的将来,无所期许,自信力渐形衰微,凝结力因而疏懈,以致一旦遇到外侮,就没有法子可以抗御了"。① 所以民族自信力的丧失,是实现中华民族和民族文化面临的最大问题。明仲恂把民族自信力的丧失归咎于欧化教育。他在《保存中国固有的文化与恢复民族自信力》一文中写道:中国现代的教育太过欧化了,我们试看国内各学校的教材,多半是关于西方学术的介绍,对于本国固有的学术思想,反视同敝屣,一般学生,若是与他论及外国文化历史,则高谈雄辩,至于向他谈及本国文化历史,则好像在五里雾中,莫名其妙,这都是教育上偏于欧化的明证。这种教育,只会养成崇拜洋人的心理,只会使我们的民族自信力渐渐丧失。② 和明仲恂一样,一位笔名叫"拜铁女士"的作者在《这样如何能够恢复民族的自信心》中也把民族自信心的丧失,归于小学教科书的崇洋媚外。她指出:"要求得中华民族复兴,必先恢复民族的自信心。这是牢不可破的铁则。"而"要恢复民族自信心,必须从小学教育着手。这是过去德意志已经证实了的事实"。然而中国的小学教科书中,充斥的是"外国人有能力,什么事都办得好,中国人不如他们,什么事都不容易办得好,打仗打不过人家,办事也不如人家,并且就是西洋好的东西,到中国也就变坏了"一类的内容。"这种观念,就其本质上看来,实在是现社会上流行的崇拜洋大人、畏惧洋大人的心理,无意之中搬运到教科书中里来。"在这种教科书的教育之下,国人又怎么能够树立起民族的自信心呢?③ 在左翼学人潘梓年看来,民族自尊心与自信心,可以从两方面来说,要使中国人都相信中华民族是一个优秀的民族,有着几千年的历史与文化,具有优良的传统,具有良好的地理,丰美的物产,具有能够成为全世界优秀民族之一的力量,有它自己的特点,应该加以发挥;具有与其他民族竞胜的力量,不应自菲自弃。自从甲午中日之战以后,我们这一方面的民族自

---

① 陈立夫:《中国文化建设论》,《文化建设》月刊第 1 卷第 1 期,1934 年 10 月 10 日。
② 参见明仲恂《保存中国固有的文化与恢复民族自信力》,《诚化》第 5 期,1936 年。
③ 拜铁女士:《这样如何能够恢复民族的自信心》,《开封实验教育》第 1 卷第 5 期,1934 年。

尊心与自信心颇受斫伤，留学之风盛行一时之后，中国人就觉得什么都不如人家，就连西泠湖上的月亮也不及牛津桥畔的美丽，衣必洋服，食必西餐，宁请西医把病治死，不信中医中也有可用的。讲到文化，就只有希腊精神好，或者说必须全盘欧化；讲到民众力量，那义和团只是拳匪，民众武装只是土匪。总之，中国固有的东西，一切都是要不得的，这种民族自尊心与自信心的丧失，就形成了抗战前后"恐日病"的恶症，这是中国文化的一大危机。①

既然民族的自尊心和自信心对于实现中华民族的伟大复兴是如此的重要，那么，怎样才能重新树立或恢复国人对民族的自尊心和自信心呢？张君劢认为，要重新树立或恢复国人对民族的自尊心和自信心，首先必须尊重和表彰本国的历史和文化，"岂有一国人民不尊重自己文化而可以立国的"？据此，他对当时思想界出现的那种数典忘祖，"视吾国所固有者皆陈规朽败"，全盘否认中国的历史和文化的现象提出了严厉批评。② 笔名叫"子固"的作者强调："要建立一个民族的信心，决不能从骂我们的祖宗中得来的！我们必须用过去的文化伟绩、人格典型来鼓励我们向前，来领导我们奋斗。""我们应该纪念我们祖宗五千年来为我们民族屡次奋斗的艰难，我们应该发扬我们祖宗创造的文化的美点，从这种心理当中我们才能得到民族信心，得到勇气来破除目前的难关！"③ 谢耀霆与张君劢、子固的观点一致，认为"恢复自信力，亦为复兴民族之首要条件"，而要恢复国民的自信力，唯有努力去表彰、去发扬"中华民族过去的光荣与伟大"才有可能。具体而言，他主张要在全国学校尤其是小学中增加历史课程，要把中国历史上的英雄人物如岳飞、文天祥、汉光武、明太祖的事迹灌输到青年人的头脑中去，使他们能"在历史上去认识中华民族的伟大"，从而树立起他们的民族自信心，"决没有不是最高的自信心所驱使，而为祖国民族历史上的光荣而发挥

---

① 参见潘梓年《目前文化工作的具体内容——高度发扬民族的自尊心与自信心》，《翻译与评论》第4期，1939年3月1日。
② 张君劢：《思想的自主权》，载《民族复兴之学术基础》上卷，第152页；张君劢：《中华民族文化之过去与今后之发展》，《明日之中国文化》"附录"，商务印书馆1936年版，第158—159页。
③ 子固：《怎样才能建立起民族的信心》，《独立评论》第105号，1934年6月17日。

底"。① 陈立夫指出，民族自信力或自信心之所以会衰微，其原因就在于多数人不认识中华民族过去的光荣历史与未来的光明前程。因此，"要恢复民族的自信力，必先检讨中国固有的文化以认识民族光荣的过去"。② 一位名叫"华生"的作者也认识到了历史教育对重树国人民族自尊心和自信心的重要作用，提出"我们需要有适当的历史教育"，使国民对中华民族光荣的历史文化有一全面系统的了解，"以恢复民族的自信力"。③ 如前所述，明仲恂和拜铁女士认为，国人民族自信心的丧失，是由于我们教育过于欧化，其教材充斥的都是崇洋媚外的内容，因此，我们要保存固有文化，恢复民族自信心，其方法只有从教育入手。"如果教育当局能认识固有文化的优点，在教材上注意历史上学术思想的探讨，使一般学生对固有文化发生爱慕的感情，并且加以深刻的研究，则民族自信心，自然可以挽回，民族复兴运动，才可迅速的完成。"④

但与张君劢等人不同，胡适认为，民族自信心虽然是"一个民族生存的基础"，但它"必须建筑在一个坚固的基础之上。祖宗的光荣自是祖宗之光荣，不能救我们的痛苦羞辱。何况祖宗所建立的基业不完全是光荣"的。所以，民族自信心"不能建筑在歌颂过去上"，而只能"建筑在'反省'的唯一基础之上。反省就是要闭门思过，要诚心诚意的想，我们祖宗的罪孽深重，我们自己的罪孽深重，要认清了罪孽所在，然后我们可以用全副精力去消灾灭罪"。他"反省"的结果是：我们的固有文化实在是很贫乏的，谈不到"太丰富"的梦话。近代的科学文化、工业文化，我们可以不谈，因为那些方面，我们的贫乏未免太丢人了。就是我们能与希腊罗马相提并论的周秦时代，仅就文学、雕刻、科学、政治这四项而言，我们也要比希腊罗马的文化贫乏得多，尤其是造型美术与算学的两方面，我们真不能不低头愧汗。从此以后，我们所有的，欧洲也都有；我们所没有的，人家所独有的，人家都比我们强。至于我们所独有的宝贝：骈文、律诗、八股、小脚、太监、姨太太、五世同居的大家庭、贞节牌坊、地狱活显的监狱、廷杖、板子夹棍的

---

① 谢耀霆：《怎样复兴中华民族》，《复兴月刊》第1卷第6期，1933年2月1日。
② 陈立夫：《中国文化建设论》，《文化建设》月刊第1卷第1期，1934年10月10日。
③ 华生：《民族复兴与历史教育》，《复兴月刊》第2卷第9期，1934年5月1日。
④ 明仲恂：《保存中国固有的文化与恢复民族自信力》，《诚化》第5期，1936年。

法庭,"究竟都是使我们抬不起头来的文物制度"。就此,他强调指出,那种建立在肯定和尊重中国固有文化基础上的民族自信心是"无根据的自信心","是建筑在散沙上面"的自信心,根本"禁不起风吹草动,就会倒塌下来的"。"信心是我们需要的,但无根据的信心是没有力量的。"[1] 梁实秋的观点与胡适相类似,认为"振起民族自信力的方法,不是回忆已往的光荣,而应该是目前做出一点惊人的成绩来。我们现在不怕缺乏自信力,怕的是在事实上做不出足以启人自信的成绩。如果要表现民族自信力,我们不要用宣言的方式来表现,要在事实上来表现"[2]。一位名叫曹汉奇的南开大学学生也反对靠"翻家谱找祖宗"来恢复民族自信心的做法。他在《如何能恢复民族的自信心》一文中写道:"说中国人民失了自信心,我信。说我们应该恢复自信心,我也信。说恢复自信心就得翻家谱找祖宗,我不敢轻信,因为日本并不是找祖宗才坐上第一流交椅,土耳其也不是翻家谱便达到了独立!"实际上,80年前亦即第一次鸦片战争之前,我们不都是天之骄子,别人不都是夷狄吗?自信心之大,不谓绝后,可称空前。但是中华民族除了周秦诸子在哲学上有所贡献外,在征服自然上可有什么贡献?鸦片战失败,甲午战又失败,庚子战再失败,我们的自信心不还是很大吗?张之洞一类的人,仍信中学为体、西学为用,辜鸿铭仍说是向地下吐痰就是中国文化!但是这自信心,不但没有救我们,反而使我们的自信心终于不敢自信了!由此可见,"盲目的、枉自尊大的自信心,不但不强而且还可害国。鸦片战争到英法联军的一段历史很足给我们作很好证明。由中国的皇帝到叶名琛一类的大臣学士的自信心都不算小,但是一与外国人相碰就不得不他信了。所以我说要想使民族复兴起来,不是提倡空的自信,说几句大话,捧捧圣人,喊一段演讲,人民就会自信。而是必须另做一种使人民不能不自信的工作了"[3]。胡礼殷同样不赞成那种认为"要恢复民族自信力,便要自信悠久的历史和固有的文化可以复兴民族"的观点。在他看来,中华悠久的历史和固有的文化,的确可以证明中华民族的优秀,减少对自身的失望,但是我们与其相信

---

[1] 胡适:《信心与反省》,《独立评论》第103号,1934年6月3日。
[2] 梁实秋:《自信力与夸大狂》,《独立评论》第156号,1935年6月23日。
[3] 曹汉奇:《如何能恢复民族的自信心》,《南大周刊》第104期,1934年。

过去，毋宁相信过去和将来；与其自信中华民族趋于没落，古代胜于今代，毋宁相信今代胜于古代，中华民族究竟还在进步，而且将来更可以进步。回忆壮年的幸运，是老境凄凉中的慰藉，年少气盛的人便只知努力前程；称道祖功父德，只是破落户子弟的无聊消遣，兴家立失的人便无须于此。中华民族如果仅有壮年的幸运或祖功父德可以夸耀，那么也只好自遣自慰，但事实上中国两千年来是在不断的进步中，虽然远不及欧美日本进步得快，但决不是全无进步之可言，近数十年的进步，尤其相当的迅速。"这些有限的进步，虽不足满足我们的要求，适应时代的需要，但可以证明中华民族不是不能进步的民族，中国的前途决不是没有希望之可言，我们如果对于中国的进步和前途的希望失掉自信力，复兴民族的将来，倒是非常危险的。"① 上海《大公报》的"社论"则强调了"自信心"与"夸大或虚骄"的区别，指出："所谓民族自信心，并不是民族的夸大或虚骄。夸大虚骄是懦夫遮盖其弱点的表现。因为自己本身不行，自己才要把祖宗搬出来替自己撑门面；自己本来是胆怯，才要说大话以表示个人的勇敢。这是一种逃避事实的心理，是极没出息而且极无聊的心理。自信心却不如此。有自信心的人就是不否认事实的人。自己知道自己的短处，而自己却不护短；知道自己弱点，而却想办法来补救它。军械不如人是事实，科学不如人也是事实，但是我们绝不甘于终久的落伍。只要我们努力，我们终有如人之一日。"②

究竟怎样才能提高民族的自尊心和自信心呢？20 世纪 30 年代中叶，以《独立评论》为主要阵地，知识界展开过两次不大不小的讨论。第一次是胡适引起的。胡适连续发表《信心与反省》《再论信心与反省》《三论信心与反省》等文，提出我们在建立我们的民族自尊心和自信心时要有反省的意识，"要认清那个容忍拥戴'小脚、八股、太监、姨太太、骈文、律诗、五世同居的大家庭、贞节牌坊、地狱的监牢、夹棍板子的法庭'到几千几百年之久的固有文化，是不足迷恋的，是不能引导我们向上的"。"我们的光荣的文化不在过去，是在将来，是在那扫清了祖宗的罪孽之后重新改造出来的

---

① 胡礼殷：《固有文化与自信力》，《每周评论》1934 年第 141 期。
② 《民族自信心的恢复》，上海《大公报》1936 年 12 月 13 日"社论"。

文化。替祖宗消除罪孽，替子孙建立文明，这是我们人人的责任。"① 胡适的观点除得到周作人、梁实秋等少数几个人的支持外②，绝大多数人则提出了批评。吴其玉指出，胡适提出的民族的自尊心和自信心应该建筑在反省的基础之上，这是正确的，但"反省也应该建立在稳固的基础上"，就是"劣优并提"，既要"看人家的长，我们的短，更应当知道我们的长，人家的短"。比如，"我们的瓷器、丝织品、刺绣、建筑、文学以及哲学，虽并不光辉万丈，究没有什么羞辱中国文化的。并且这其中外来的成份虽然不少，而大半也正足表示中华民族是有改进与创造精神的……我们黄帝造舟车、造文字、造丝、造屋子的时期来和同时期欧洲——草昧未开的欧洲来比呢？这样一比我们与欧洲人不是半斤八两，差不了许多么？"因此，他认为，那种"过夸中国的文化、过夸中国人的创造力"的观点"固然不对"，但像胡适那样把西方文化"提得过高"、把中国文化"压得太低"的观点也是不正确的。"因为相信不如人，或'知耻'虽然可以作为努力的原动力，可是过分的自愧，也有流弊的，也会造成民族自暴、自弃的心理，造成他对于其他民族屈服卑鄙的心理。结果是可以亡种、亡国的。"③ 子固也指出，任何一种文化都有它的"美点与丑点"，我们不能由于过去有一些诸如骈文、律诗、八股之类的丑点，而否定我们整个的民族文化。否则，就像"一个不肖子因为他的母亲脸上有过几粒麻点而说她是世间顶丑的女人一样地不合道理"。我们不能因有小脚、八股一类不好的东西，而将"我们民族文化孕育产生的孔孟庄墨秦皇汉武李白杜甫岳飞朱元璋以及数不清的圣贤天才都因为小脚八股而一概抹杀"。④ 还有批评者认为，对于中国的固有文化既不能过于"捧"，也不能不加限制地"抑"，"'捧'狠了误事，'抑'狠了亦是误事的"。⑤

《独立评论》上的这种观点得到了不少人的支持。《复兴月刊》发文指出，我们既不能一味地"夸耀其过去的光荣"，也不能把过去说得一无是

---

① 胡适：《再论信心与反省》，《独立评论》第105号，1934年6月17日。
② 参见周作人《西洋也有臭虫》，《独立评论》第107号，1934年7月1日。
③ 吴其玉：《读信心与反省》，《独立评论》第106号，1934年6月24日。
④ 子固：《怎样才能建立起民族的信心》，《独立评论》第105号，1934年6月17日。
⑤ 寿生：《读"信心与反省"后》，《独立评论》第107号，1934年7月1日。

处,如果说前者的心理是"妄自夸大"的话,那么后者的心理则是"妄自菲薄",而无论是"妄自夸大",还是"妄自菲薄",都不是对待历史文化的正确心理。①《宪兵杂志》第3卷第3期的"卷头语"写道:有人以为我们中华民族,已经堕落到不可救药的地步,和欧美比较起来,不知相差了几世纪,一辈子也赶不上他们的程度。这便是缺乏自信心。其弊是自暴自弃。同时也有人迷恋着历史上的光荣,认为火药、指南针、印刷术等,哪一件不是我们发明的?所以他认定欧美的文化远不及我们的"国粹"。这不是自信心。这是夸大狂,其弊是虚骄自满。自暴自弃和虚骄自满的民族是不会有什么好的前途的。②《民力周刊》也刊文认为:我们要恢复民族自信心,就既不能像闭关自守时代的民族自尊,自高自大;也不能像全盘欧化者之"西方人优于东方人"的自馁自叹。前者是过于乐观,轻视他人;后者是过于悲观,看轻自己。轻视他人,则样样自满自足,难于求得进步。轻视自己,则事事志馁气短,毫无生气。这两种心理,都是要不得的,对恢复民族自信力或自信心有百害而无一利。③ 即便是胡适,通过辩论,最后也不得不承认"我们的固有文化"是有可以颂扬的地方的,至少"有三点是可以在世界上占数一数二的地位的",这就是"最简易合理的文法,平民化的社会构造,薄弱的宗教心"。④

关于如何建立民族自信心的第二次讨论,主要是在吴景超和潘光旦之间进行的。1935年7月7日,时任清华大学社会学教授的吴景超在天津《大公报》"星期论文"专栏上发表《自信力的根据》一文。他首先批评了当时中西文化讨论中的中国前途悲观论。他指出,有些人在比较了中西文化之后,发现"我们固有的文化相形见绌",于是"便丧失了自信心,以为我们的文化既不如人,便是我们这个民族不如别人的证据。天演的公例,既然是优胜劣败,所以中华民族的前途,是很黑暗的,是没有希望的"。实际上,"这种推论是错误的"。因为"自信心不应当建筑在某一时期的文化成绩之上"。如果在某一时期因自己的文化不如别人,便丧失了自信心,那么,在

---

① 华生:《民族复兴与历史教育》,《复兴月刊》第2卷第9期,1934年5月1日。
② 参见闻《自信力》,《宪兵杂志》第3卷第3期"卷头语",1935年。
③ 梅力行:《如何恢复民族的自信力》,《民力周刊》第1卷第7期,1939年。
④ 胡适:《三论信心与反省》,《独立评论》第107号,1934年7月1日。

埃及的金字塔时代，希腊罗马人的祖宗应当没有自信心了。同样，在希腊罗马的黄金时代，英国和德国人的祖宗应该没有自信心了。然而希腊人、罗马人、英国人和德国人，并没有因一时的落伍而丧失了奋起直追的勇气，"他们都是有自信心的，所以都能产生一个更伟大的时代"。在批评了中国前途悲观论后，吴景超进一步指出，"自信心不应当建筑在某一时期的文化成绩之上"，这只是消极地说明中华民族的复兴是可能的，我们不要因为历史上中国文化的落后而失去民族的自信心。"我们如想增加大众对自己的信心，还要提出别种证据来，作他们自信的基础"，使他们相信"中华民族是一个伟大的民族，是有一个灿烂的将来的"。为此，他提出了两条证据："第一，中华民族适应自然环境的力量，是任何民族所不及的。"这也是中国侨民能遍布世界的重要原因。"第二，中华民族的聪明才智，与任何民族比较都无愧色。"因为根据西方学者关于头颅容量和脑重量的研究成果，"中华民族的智慧，在世界的各色民族中，是位居前列的"。最后他写道："这些事实，是可以作我们自信心的根据的。我们遗传的优越，使我们自己对于前途觉得颇有把握。我们现在不如人，正如在万米赛跑中，有一刹那，在别人的后面几步似的，只要我们的脚劲不差，急起直追，那么在一两圈之后，不见得不能超过他人。"①

此文刊出后不久，以研究民族特性知名的清华大学教授潘光旦便写了篇《论自信力的根据》，刊发于1935年7月21日出版的《独立评论》第160号上。他虽然原则上赞同吴景超的基本看法，即民族自信力或自信心"非具有体力与智力的生物条件不可"，也表示接受吴景超提出的种种论证，不过他又认为吴的文章还有值得补充或修正的地方。首先，就吴景超提出的"中华民族适应自然环境的能力很强"而言，他指出，适应环境有三种情况，一是积极地改造环境，二是消极地迁就环境，三是半消极半积极地采用转移的方法，从不好的环境搬迁到好的环境。吴景超在文中所举证的中华民族种种适应环境的能力，"大多属于第二种，就是消极的"。"这消极的适应力虽不能说是一个弱点，至少也不能完全说优。"我们要培植民族的自信心，其第一步是要真正"了解我们民族性格的真相，优点固然值得注意，弱点也应明白

---

① 吴景超：《自信力的根据》，天津《大公报》1935年7月7日"星期论文"专栏。

的承认"。其次，从吴景超所讲的"民族的脑量与智力"来看，西方学者"因材料的不同，方法的各异，发见的结果，自然是瑕瑜互见"，既有说中国人好话的，也有说中国人不如西方人的，我们不能只采用讲中国人好话的研究结果，来证明中国人的智力优越。他最后强调指出，中华民族的弱点，并不会影响"真正的自信力"的建立。"自信力有两种，一是带伤感主义的色彩的，情绪的成分多于知识的成分，甚至于以假作真，以虚为实，来自己勉强安慰自己。第二种是以自我认识为基础的。以自我认识做基础的自信力才是真正的自信力。"况且，"一个民族的品质是一种流动的东西，这一代与下一代之间，就可因选择作用的不同，而发生变化"，优点如果不加培养，则有可能逐渐消失，而弱点因选择的得当，则会逐渐得到纠正。"明白了选择的道理，我们的自信力便更可以多一重保障。"①

针对潘文的补充或修正，吴景超又在《独立评论》第162号（1935年8月4日出版）上发表了《论积极适应环境的能力》一文，重点讨论潘光旦提出的中国人只能消极地适应环境而缺乏积极地改造环境的能力的问题。他认为，所谓积极地改造环境的能力，具体体现为"发明"的能力，"我们能够修正环境，转变环境，利用环境，控制环境，便是因为我们能够发明。发明的东西越多，积极适应环境的力量也越大"。"发明"如此重要，但"发明的能力"既不取决于社会的需要，也不取决于天才的多少，而取决于"文化基础"，爱迪生所以能够发明留声机，希腊罗马人不能，"并非希腊罗马人缺乏人才，而是因为他们的文化基础不够"。同理，"中国发明的成绩所以不如别人，乃是因为文化基础薄弱，而非由于民族的智慧有什么欠缺"。他进一步分析了中国之所以缺乏发明的文化基础的原因：第一，中国自西汉以后，知识分子的心力都用在了儒家的几部经典上，而没有用在自然科学上；第二，在19世纪中西交通之前，中国基本上没有与其他文明国家接触，因此"我们在建筑文化基础的过程中，受别个文明国家的益处太少"。这两个原因充分说明"中国不如人的问题，乃是文化不如人，而非遗传方面的不如人"。文化是可以改变的，通过人们的努力，落后可以变为先进，如果此后中国能够努力"吸收别国的文化"或"充分的世界化"，那么，"自然也

---

① 潘光旦：《论自信力的根据》，《独立评论》第160号，1935年7月21日。

能够发明许多东西，与欧美诸国并驾齐驱"。①

如果说关于如何建立民族自信心的第一次讨论，其核心是如何评价和对待中国固有文化的问题的话，那么第二次讨论的核心，是中国不如人的原因问题。曾接受过生物学和优生学训练的潘光旦认为中国的不如人主要是遗传引起的，因此他所开出的药方是从优生的角度提高中华民族的基本素质；而吴景超认为中国的不如人主要是文化的不如人，我们只要像希腊人、罗马人、英国人和德国人那样不因一时的落后而失去自信心，努力地去改变中国文化落后的局面，中国就有可能赶上和超过西方发达国家，实现民族复兴。

值得注意的是，人们在尊重本国历史和文化的同时，并没有因此而失去对本民族和文化之阴暗面的揭露和批判的反省意识。解炳如撰文指出："自历史上观之，凡一民族在极危难的周遭中，必有一种深刻而沉痛的反省，进而有努力挣扎向上的态度与民族复兴的冀求。"他认为，中华民族既有许多优良的民族品格，如勤劳、忍耐、省俭、实际性等，这些优良品格当然要保守并发扬光大，但这只是问题的一方面；另一方面，中华民族也有一些劣根性。概言之，主要表现在三方面：一利己；二虚伪；三文弱。这些劣根性是造成"国家不振""社会堕落"和"民族萎靡"的重要原因。因此，"在今日国难严森，民族危急之时"，我们要实现民族复兴的伟大理想，则"舍民族性的改造"没有其他道路可走。也就是说，"复兴民族从任何方面着手，均须以改造民族的劣根性为依归，则民族复兴始有希望"。故此，他大声疾呼："要想中华民族有出路，须铲除'利己'的劣根性！""想要中华民族存于天地间，须铲除'虚伪'的劣根性！""要想中华民族复兴，须铲除'文弱'的劣根性！"②江问渔也认为，中国的文化历经四五千年而不坠，必有它的优点，但近代以来之所以落伍，肯定又有它的不好方面，这好与不好都与中国的民族性有关。在他看来，中国的民族性主要表现在五个方面："第一，能适应环境，而不能征服环境。"由于能适应环境，所以中华民族无论居于何处，都能使子孙后代绵延不绝、兴旺发达，但当历史进入近代后，科学日新月异，人类征服自然的能力突飞猛进，物质文明丰富发达，而中国因

---

① 吴景超：《论积极适应环境的能力》，《独立评论》第162号，1935年8月4日。
② 解炳如：《民族复兴与民族性的改造》，《复兴月刊》第2卷第12期，1934年8月1日。

科学落后、征服自然能力差,而"不能完全创造现代的文明,与欧美人相较,遂不免处于劣败的地位"。"第二,善于保守,而不善于进取。"保守并不一定全是坏事,但如果"应保守而不保守,应进取而不进取,那就很坏了"。而就保守与进取比较,对一个民族和文化的发展来说,"进取的精神更重于保守"。中国人因缺乏进取性,所以不免到处吃亏,这是中国落后的一个重要原因。"第三,善于摹仿,而不善于创造。"中国文化经历过三个发展时期,即秦汉以前一个时期,秦汉到清代一个时期,清以后到现在一个时期,这三个时期中,只有第一个时期是"文化的创造时期",而也只有那个时期的文化最灿烂辉煌,此后不仅中国人"创造的能力渐渐消失,就是摹仿的能力也差的很"。在这样的情况下,中国哪有不落后的道理!"第四,洁身自好,而缺乏侠义的精神。"洁身自好,本来是一种好的品质,但如果超过了度,就把见义勇为的精神失掉了。中国人现在就是如此。这虽然和"国家政体、有力学说皆有关系",但也是汉代以后中国的侠义精神逐渐消失殆尽的结果。侠义精神的缺失,"这在民族精神上,不能不说是很大的损失"。"第五,安分守己,而没有团体生活的习惯。"现代文化的要素,一是科学,一是集团。而中国人独善其身则有余,团体生活则不足,团结的力量差得很,"因此,中国人便成一个无组织的民族,遇事皆受人家压迫,吃人家大亏"。基于对中国民族性的上述认识,他认为我们要建设中国的新文化,就应"把固有文化加以整理",民族性中不好的方面,"应设法除去";好的方面,"应设法扩充",这样民族文化的复兴才有可能。[①]

要实现民族复兴,除了张扬民族文化和历史的优点外,还要尽力去克服民族的劣根性或民族性的不好方面,否则,这些劣根性或民族性的不好方面会制约民族复兴的历程,影响民族复兴的实现,这可以说是当时知识界不少人的基本共识。赖希如就明确提出,要实现民族和文化复兴,就需要对中华民族的"民族性弱点"进行改造。在他看来,中华民族的"民族性弱点"可以从以下几个方面加以观察:第一,是从活动力及发展力方面观察。中国的民族风尚,向来尊崇道德,而蔑视才艺,以守分安命、顺时听天为极则。"此种崇尚宁静无为,苟安天命之结果,于不知不觉中,遂逐渐养成安闲自

[①] 江问渔:《中国过去的文化与将来的教育》,《复兴月刊》第3卷第10期,1935年6月1日。

适之民族惰性,而听天由命之宿命论,亦由是而深入人民之意识界。"第二,是从组织力及经营力方面观察。中华民族向来崇尚那种无拘无束之飞鸟式之自由,"缺乏秩序之观念,复无纪律之规范",西方人视中国人为一盘散沙。"人民本身之组织如是,其他对于事业之经营,亦正同出一理",中国人不擅于经济上的经营和竞争。第三,是从吸收力和理解力方面观察。在中华民族的意识中有两种消极元素,"一为唯我独尊,蔑视一切之'排他性';一为述而不作、信而好古之'保守性'",所以中国不善于吸收外来的先进文化,对外来文化往往不求甚解,"厌于讨论求详"。第四,从伦理道德之消极倾向方面观察。中国的伦理道德,有积极的一面,也有消极的一面。就消极的一面而言,比如"自私自利","人人但知有家庭,而不知有所谓社会。知有家族,而不知有所谓民族;家虽齐,而国不治"。第五,从务虚名而轻实际方面观察。中国人比较尚虚名,重形式,爱好体面,比如"吾国社会婚寿丧祭之礼仪,其形式之繁重,殆为世界各国之所无"。总之,赖希如指出,中华民族的民族性非常复杂,有"优点美点",也有"弱点劣点",对于前者,"吾人应使之充分发挥";对于后者,"尤应逐渐加以改造,以自求适应现代之生存"。而改造的"唯一工具",他认为是"国家之教育与文化",也就是首先要对国人进行"求知"的教育,国人有了"知识"就会产生"权力"观念,"有此权力,便能自己'实行改造',最后而达于'至善'之境"。[①]

署名为"立为"的作者认为,中华民族曾对人类文明做出过巨大的贡献,这是中华民族"可夸的价值"。但同时我们也应看到,中华民族的民族性中"所存在的过度保守与信仰浓厚之二性格",虽然在历史上也起过一定的积极作用,"但其本身是含着非合理的成分的。过度的保守与浓厚的信仰之充分的现实,在其反面便招来民族发展的障碍,这便是使中国民族不能在近代史上继续对世界史贡献其原始的使命的"原因。另外,中国之所以从以前的世界先进国家而"退潮,以至于走入危机的局势",其原因不外五点:"(1)由创造的崇拜文化转为追随的崇拜文化,不得不由跃进的世界文化中退潮;(2)爱好和平走入至极,不得不由竞争的世界人群中落伍;(3)恪

---

① 赖希如:《中华民族性弱点之改造论》,《建国月刊》第13卷第5期,1935年11月10日。

守正义而蔑视时间性与空间性,不得不遭受强暴的世界人群的践踏;(4)重视感情过度,招来内部无组织之危机,不得不遭受世界强力的压迫;(5)无恒心的崛起,必然敷衍主义弥漫,基此而生的'多一事不如少一事'的意识,蚕食了民族的发展力,不得不使民族势力趋于衰微,民族危机濒于落暮。"既然以上种种是导致"中国民族落后的基因",那么,我们要实现民族复兴,"要图民族重新抬头再向世界史上积极作种种不可磨灭的贡献",就必须先对上述国民性中"过度保守与信仰浓厚之二性格"进行改造,使之实现"最合理的转换",即"(1)保守性的扬弃,进取性的增长;(2)迷信偶像崇拜的扑灭,新民族意识形态的树立"。在此基础上,"更进而促使上述诸性格之不合理的转换再作新的转换,以达到最美善的境域"。[①] 魏冀徵认为中华民族"本身的缺陷"主要体现在五个方面:第一,自私自利的劣根性;第二,缺乏组织能力和团结精神;第三,国民体力的不健全;第四,民族精神的不振作;第五,没有民族意识和国家思想。这五个方面的"缺陷"是造成近代以来中国民族衰落的重要原因,因此,我们要实现民族复兴,就必须对它们进行改造或改正。[②]

在萧一山看来,"懦弱,自私,愚昧,这是中华民族现在每个人所具有的缺点,其来源是由于无武力,无组织,无学术而产生的",如果"我们不能克除这些缺点",我们就不可能建设"一个自由平等的现代国家",也就不可能实现中华民族的伟大复兴。那么,怎样才能"克除这些缺点"呢?"其道有三:尚武——恢复生存必要的抵抗力;组织——加强团结一致的精神;科学——'迎头赶上'欧美的文化。"因为,"尚武"需有组织的力量和科学的供给,不是光凭"匹夫之勇"和"血肉之躯";"组织"需要有尚武的精神和科学的方法,不是光凭"形式制度"和"老套文章";"科学"需要有尚武的通气和组织的运用,不是光凭"飞机大炮"和"乌合之众"。抗战以来,国人虽然在一定程度上认识到了"尚武""组织""科学"的重要性,但"怯懦""自私""愚昧"的"病根还未拔除净尽",要彻底拔除这些病根,就需要"敌人的炮火来摧毁、扫荡,民族的自觉来开拓、启发,

---

① 立为:《中国民族性的考察》,《远东杂志》第 2 卷第 2 期,1937 年 2 月 28 日。
② 参见魏冀徵《复兴民族方案刍议》,《苏衡月刊》第 1 卷第 6 期,1935 年。

教育的力量来改造、培植"。只要拔除了"怯懦""自私""愚昧"的"病根",建立起"尚武的精神,团结的意志,科学的文化",则"'抗战必胜','建国必成',民族复兴,犹反掌耳"。①

潘梓年一再强调,所谓民族的自尊和自信,与自傲自大没有丝毫相同之处。自傲自大的人只相信自己一个或自己身边的少数几个人,而民族的自尊和自信,不仅相信自己,同时也相信别人,相信全民族的一切同胞都或多或少具有抗战建国、实现民族复兴的伟大力量,不但要尊重自己,同时也尊重全民族的同胞,都是中华民族儿女,同样有着不可侵犯的人格和人权。"所以民族自尊心和自信心,就是尊重中华民族数千年来历史与文化,相信在这个历史文化的优良传统之下,中华民族的全数儿女都有自力更生的巨力,就是重视民众、相信民众的力量。"②

民族自信力或自信心是一个民族对自己历史文化的认同和对美好未来的坚信。它是一个民族生存和发展的力量之源和精神支柱。有感于近代以来民族自信力或自信心的丧失,"九一八"后的中国知识界认为,要实现中华民族的复兴,就必须树立或恢复中华民族的自尊心和自信心,并就如何树立和恢复中华民族的自尊心和自信心进行了讨论。就大多数人的观点来看,他们认为既不能夸大中国历史和文化的辉煌,也不能将中国历史和文化说得一无是处,前者是虚骄自满,后者是自暴自弃,虚骄自满和自暴自弃都不是我们对中国历史和文化的正确态度,也无助于民族自尊心和自信心的恢复或树立。他们尤其是在尊重本国历史和文化的同时,又能对民族和文化的阴暗面持一种揭露和批判的反省意识,认为要实现中华民族的伟大复兴,除了要认同和弘扬民族历史和文化的优点外,还要尽力克服民族的劣根性或不好的方面,否则,这些劣根性或不好的方面会制约民族复兴的历程,影响民族复兴的实现。上述这些观点,是很值得我们认真地思考和吸取的。

---

① 萧一山:《中华民族之特质及复兴之途径》,《经世战时特刊》第26期,1938年11月1日;第27期,1938年11月16日;第28期,1938年12月1日。
② 潘梓年:《目前文化工作的具体内容——高度发扬民族的自尊心与自信心》,《翻译与评论》第4期,1939年3月1日。

（二）认同和大力弘扬民族精神

我们前面已经提到，中国最早以"民族精神"为题的文章，是1903年发表在留日学生创办的《江苏》杂志第7、8期上的《民族精神论》一文，中国知识界比较多地使用"民族精神"一词是在五四时期。1924年初，孙中山在"三民主义"的系列演讲中，提出了我们"要恢复民族的固有地位，便要首先恢复民族的精神"的思想，第一次将"民族精神"与"民族复兴"联系了起来，认识到"民族精神"对于"民族复兴"的重要意义。九一八事变后不久，张君劢即摘译了费希特的《对德意志国民的演讲》，而费希特在演讲中提出的一个重要思想，便是认为要实现民族复兴，就必须认同和大力弘扬民族精神。受费希特这一思想的影响，"九一八"后的中国知识界在探讨民族复兴的问题时，也特别重视对民族精神的探讨。

陈茹玄指出，"普鲁士败于法兰西以后，几不能自立；而其国内学者，如黑智尔（即黑格尔——引者）、菲希特（即费希特——引者）等，以民族主义号召国人，竭力表扬其日耳曼民族之伟大与优秀，使其人民爱其国而自尊其种，养成刚健雄沉的民族精神"。因此，"吾人今日不愿中国民族趋于灭亡"，就应该向黑格尔、费希特等人那样，"设法挽回这颓败的民族精神"。[1] 雷震认为，"一个国家之强弱，要视形成此国家之民族之民族精神之兴盛与否以为断，民族精神若是兴旺，这个国家一定强盛，不然一定衰微，故一国之民族精神如何，可视为测度此国强弱之寒暑表也。……中国今日之所以一蹶不振者，亦由于民气消沉，民族精神颓唐衰废之故耳……所以我们今日要排除国难，要挽救中国，须先从恢复民族精神做起"。[2] 奋勇认为费希特所强调的两点，即：（1）"体力和武备绝不能获得最后的胜利，只有大无畏的精神，才能胜过一切"；（2）"认民族为永远不朽的团体，要将这种认识用精神的训练，培植于民众心理里面"，正是中国目前所需要的。[3] 也就是说，要救中国，实现民族复兴，费希特所说的自省的精神、爱国的精神

---

[1] 陈茹玄：《我国民族精神颓败之原因及其挽救方法》，《时代公论》第28号，1932年10月7日。
[2] 雷震：《救国应先恢复民族精神》，《时代公论》第29号，1932年10月14日。
[3] 奋勇：《费希德演说什么叫爱国心》，《国闻周报》第9卷第12期，1932年3月8日。

是中国所必需的。杨兴高更是明确指出,"在固有民族精神未丧失以前",我中华民族是世界上"最文明最优秀之民族",其先民"于困难之中,披荆棘,斩草莱,辟疆殖土,征服异国,成东亚一富强无比之大帝国"。但自"民族精神消失后",中华民族在世界上的地位一落千丈,成了任人宰割的次殖民地。"近来外人更以半开化之民族,无组织之国家等等侮辱语,公然加之于吾国家民族之上矣。"因此,"欲复兴中华民族,必先恢复中国之固有民族精神"。[①] 天津《大公报》的一篇名为《民族复兴之精神基础》的"社评"也认为,"重唤起中国民族固有之精神",这是"实现民族复兴之必要的原则"。[②] 邱楠在《复兴民族与复兴民族精神》一文中写道:历史上去看,没有一个民族的灭亡不是因为民族精神的衰落,也没有一个民族的复兴不是由于民族精神的振起。为什么印度会灭亡?为什么德意志经过上次欧战的大失败,现在还能够抬头?也都是由于民族精神的关系。"因为精神是一个民族的灵魂,一个民族的核心。只要核心健全,就会发生很大的抵御力。"我们要实现民族复兴,就必须复兴民族精神。[③] 寿昌指出,中华民族正处于帝国主义与帝国主义火并的时代,天灾人祸、内扰外患,交相攻袭,我们欲挽救这衰颓的局面,内政外交的整顿固然重要,但更重要的或最基本的则是"在民族精神的复兴"。[④] 在林景尹看来,一个国家文化的构成,是历史长期演进的结果,而非一朝一夕形成的。民族精神之所寄者此,国家命脉之所托者亦在于此。"故欲求国家复兴,臻于强盛之途,非发扬固有文化,振作民族精神,实不以为功。"[⑤] 作为左翼学人的郭沫若同样强调,"复兴民族是要复兴我们中华民族的精神"。[⑥]

"复兴民族是要复兴我们中华民族的精神",这可以说是知识界的基本共识。但什么是中华民族的"民族精神"呢?对此,知识界的认识又各有不同。王鲁季指出,一个民族之所以能生存于世界并得到发展,"要在其有

---

① 杨兴高:《恢复中国固有民族精神与吸收外来文化》,《新文化月刊》第6期,1937年6月25日。
② 《民族复兴之精神基础》,天津《大公报》1934年5月15日"社评",第3版。
③ 邱楠:《复兴民族与复兴民族精神》,《华北月刊》第1卷第3期,1934年。
④ 寿昌:《中华民族精神之复兴与亚洲的未来》,《建国月刊》第9卷第4期,1933年。
⑤ 林景尹:《发扬固有文化振兴民族精神》,《黄冑周刊》第1期,1937年。
⑥ 郭沫若:《复兴民族的真谛》,载《中国现代思想史资料简编》第4册,浙江人民出版社1983年版,第11页。

不可磨灭之民族精神", 如英国民族的保守沉着, 德国民族的尚武图强, 日本民族的崇尚侵略, "此皆其民族固有之精神, 亦即一民族与其他民族不同之点"。作为有着几千年悠久历史的中华民族, 也有自己的民族精神。中华民族的民族精神主要表现在"大同主义""民本主义""德治主义""和平主义"和"中庸主义"等方面。在清代以前, 中华民族的民族精神"甚为焕发", 这是中华民族和中华文化能够长盛不衰的重要原因。然而自清入关后, 尤其是鸦片战争后, 中华民族的民族精神逐渐丧失了, 中国因此而遭受列强的侵略, 甚至面临亡国灭种的危险。所以"吾人诚欲乞求中华民族之生存", 就必须向费希特所说的那样, "非努力发扬固有之民族精神不可"。[1] 郑贞文认为, "我民族固有的精神是忠孝仁爱信义和平"。具体来说, 如尧舜好察通言追求至善的精神, 大禹平治九州之水公而忘私的精神, 周公一沐三握发一饭三吐哺求贤致治的精神, 孔子口诛笔伐海人不倦的精神, 以及历史上每当外侮侵凌中原板荡的时候, 不论在朝的士大夫与在野的庶民, 或破敌致果视死如归, 或杀身成仁舍生取义, 其不屈不挠的精神, 大义凛然的气节, 都足以表明中华民族之精神的伟大。[2]

寿昌认为, 中华民族的精神主要体现在"同体同心成仁取义的精神""格物致治参赞化育的宏愿""修齐治平世界大同的理想"三个方面。首先, 就"同体同心成仁取义的精神"而言。孔子曾教导我们: "志士仁人, 无求生以害仁, 有杀身以成仁。" 孟子也说过: "生亦我所欲也, 义亦我所欲也, 二者不可得兼, 舍生而取义者也。" 所谓仁义, 即人我合一, 我物平等的大德。"仁义的至极, 即求成己成物, 与理合一, 以达于普遍圆满的境界。" 古圣先贤对于此项解释, 不计其数, 而见诸实践方面, 更能举出不少例子。它已成为中华民族精神的一部分。其次, 从 "格物致治参赞化育的宏愿" 来看。中华民族的理想, 一向是文质彬彬, 体用兼备。换句话说, 即理想与实践并重。上述所谓仁义至极, 本含有积极性, 本是行动的, 非特推己及人, 更须推己及物。其及物的结果, 自非探究天地的奥妙, 穷尽世间的物理不可。易言之, 即非参赞化育不可。故所谓 "能尽物之性, 则可以赞天地之

---

[1] 王鲁季:《论中国民族之精神》,《军需杂志》第 33 卷, 1935 年 10 月。
[2] 郑贞文:《发扬民族精神》,《现代青年》(福州) 新 1 卷第 3 期, 1940 年。

化育；可以赞天地之化育，则可与天地参矣"。最后，来看"修齐治平世界大同的理想"。《礼记》上说："大道之行焉，天下为公。"仅此一语，就已体现出了中华民族伟大高尚的博爱精神。"此种博爱的精神，退足以铲除社会的不平，进足以拯救天下的陷溺。"所以自古以来，中华民族追求的是己所不欲，勿施于人；而己所欲，更施于人。如果能将中华民族的这一精神发扬光大，"是则资本主义罪恶，帝国主义的侵掠，既无从发生，而国际间长治久安的基础，岂不随之树立"？总之，寿昌指出："中华民族的精神，分则为正德利用厚生三项，合则为格物致知诚意正心修身齐家治国平天下一以贯之的理想了。"①

郭沫若将中华民族的精神概括为："一、富于创造力；二、富于同化力；三、富于反侵略性。"他指出，我们的民族创造了五千年文明的历史，直到今天，我们所固有的文化，仍然在世界上焕发着灿烂的光辉，无论是语言、文字、思想，还是文艺、产业、生活，其中都有我们民族的特征。中华民族在创造文化的同时，还想方设法把自己先进的文化推广到四周比较落后的少数民族地区，使"我们的后进的兄弟民族得到了丰饶的享受"，通过文化的同化，这些落后的兄弟民族也进入到了"文明的畛域"。中华民族不仅善于创造文化，而且还善于吸收其他民族文化的精华，如印度的佛法、西域的音乐、斯基泰的艺术、希腊的星历，等等，都曾为我们民族所吸收，并"化为了我们自己的血、自己的肉"，成了我们民族文化的一部分。中华民族尤其具有反侵略的优良传统，"我们从不曾以武力去侵略过别人，但遇着别人以武力来侵略我们的时候，我们总是彻底的反抗，纵使绵亘至二、三百年，非将侵略者消灭或同化，我们永不中止"。然而中华民族的上述精神，在清王朝统治的二百多年间，"无可讳言"地遭到了重大"损失"，中华民族也因此"由进取变而为保守，由坚毅变而为懦弱，由生动变而为僵化，由自信自力变而为自暴自弃"，从世界上的先进民族变而成了落后的民族，并面临着空前严重的民族危难。因此，我们要复兴中华民族，首先就必须复兴我们的民族精神，"尽量地发挥我们的创造力、同化力和反侵

---

① 寿昌：《中华民族精神之复兴与亚洲的未来》，《建国月刊》第9卷第4期，1933年。

略性"。①

在吴坤淦看来，民族精神是伴随着民族道德而生长、形成的，两者互相益彰、互相影响，所以我们"要考究什么是民族精神，便先明了什么是民族道德"。那么什么是中华民族的民族道德呢？中华民族的民族道德可以用"忠孝""仁爱""信义""和平"八字来概括。与中华民族的民族道德相伴而生、相伴而长的中华民族的民族精神，也可以用八个字来概括，这就是"勇武""博大""勤奋""坚忍"。这八个字，就"是中华民族的精神，也就是中国的国魂"。我们要恢复民族的地位，实现民族的复兴，就必须恢复"勇武""博大""勤奋""坚忍"的"民族精神"，使之"焕发于东亚，弘扬于宇宙"。②刘琦强调，民族精神是一个民族适应环境或改变生活的能力，所以民族的生活环境对民族精神的形成具有决定性的作用。换言之，有什么样的生活环境，就会产生什么样的民族精神。就中华民族来看，我们的祖先最先活动的区域是在山东、河南、安徽的北部，河北、山西的南部一带。这一带土地肥沃，气候温暖，所以生存方式虽然简单幼稚，但生活资料的获得并不十分困难，在这样的自然环境下，中华民族的创造力就显得特别旺盛。早在殷周时代，当欧美还过着原始人的野蛮生活时，中华民族就创造出了灿烂的文化，无论哲学、政治、经济、伦理各科学，还是天文、气象、历算和制造，都处于世界的前列。所以"创造精神"是中华民族精神的表现之一。中华民族精神的表现之二是"战斗精神"。中国历史上曾发生过无数次的民族斗争。"中国民族每经一次斗争，民族势力就扩张一次，终造成今日融合汉、满、蒙、回、藏、苗的大中华民族，这就是战斗精神的成果。"然而清代以后尤其是近代以来，中华民族的"创造精神"和"战斗精神"都逐渐"消失了"，中国也"因而陷于今日的危殆境地"。因此，"我们反本求源，要解放民族，复兴国家"，就必须恢复和大力弘扬中华民族的"创造精神和战斗精神"。③

---

① 郭沫若：《复兴民族的真谛》，载《中国现代思想史资料简编》第4册，浙江人民出版社1983年版，第11—13页。
② 吴坤淦：《民族道德与民族精神之二》，转引自郑师渠、史革新主编《近代中国民族精神研究读本》，北京师范大学出版社2006年版，第224—231页。
③ 刘琦：《民族道德与民族精神之四》，转引自郑师渠、史革新主编《近代中国民族精神研究读本》，北京师范大学出版社2006年版，第245页。

知识界在讨论什么是中华民族的"民族精神"时,还分析了中华民族的"民族精神"为什么到清代以后尤其是近代以来会逐渐颓废甚至消失的原因。杨兴高认为原因有二:一是受"世界主义"思想的影响;二是"被异族征服之结果"。首先就"世界主义"思想的影响而言,他指出,中国成为东亚强国后,为了安抚四邻诸国,则采取了一系列的"世界主义之政策",这些政策虽然有利于"消灭"被征服民族的"民族思想"、实现国家的长治久安,但行之既久,本国民族亦会受到影响,而变为满含世界主义思想之民族。"世界主义思想既盛行于全国,则固有民族之精神与意识自然归之于消灭。"这是中华民族的民族精神之所以会逐渐衰落甚至消失的原因之一。其次从"被异族征服之结果"来看,一些少数民族入主中原后,"欲使中国多数民族,受其少数民族统治,且永远受其统治而无反抗复国之思想发生",则想方设法消灭多数民族的民族意识。如焚毁含有民族思想的书籍,使其忘却自己民族的光荣历史;大兴文字狱,使人不敢宣传民族主义思想;设科举,以消灭其人民之心思才力;对亲近者诱之以爵禄,对反抗者威之以杀戮,等等。其结果,中华民族的民族精神,"遂为之消灭殆尽"。这是中华民族的民族精神之所以会逐渐衰落甚至消失的原因之二。[①]

吴鼎第强调,民族精神简单地讲,就是一个国家"和一的情感",这种情感足以联系国民对内的团结和敌忾同仇的觉悟。就中华民族精神而言,它主要表现为"至刚"和"至大"这两个方面。在古代,由于中国长期处在世界的先进地位,中华民族的自尊心和自信力是很强的,所以,尽管有"异族为患",也有印度文化的东来,但中华民族之"至刚"和"至大"的精神"仍嬗衍未替"。然而自鸦片战争后,面对帝国主义的入侵,"初则中国尚存自大,终以睡狮被人家看破,乃由自傲一变而为自卑,自卑再变为媚外"。举凡外国的一事一物,皆盲目崇拜,以为中国的一切都不如别人,"驯至自信力失去","'刚'、'大'的精神荡然无存",再加上清代吏治腐败,节操不讲,舆论不顾,对外国的侵略"已麻木不仁","民族精神"也因而"丧失殆尽"。[②] 在刘琦看来,中华民族的民族精神的消失"自有其历史和社会

---

① 杨兴高:《恢复中国固有民族精神与吸收外来文化》,《新文化月刊》第6期,1937年6月25日。
② 吴鼎第:《综论民族精神》,《复兴月刊》第5卷第8号,1937年4月15日。

的背景"。中国自商周以后,多次受到异民族的危害,尤其是满族建立清朝后,起初采用暴力政策,大肆屠杀,以震慑人民,继又采取以汉制汉的阴谋,使一般高等知识分子受利禄的诱惑,心甘情愿地为清朝服务。"这样经过长期统治,民族意识,因以完全消沉了。"再加上受老庄虚无思想和印度佛教出世思想的影响,尤其是近代以来西化、奴化思想的影响,"使中国民族道德堕落了,民族精神消失了"。①

　　陈茹玄认为,造成"我国民族精神的颓败"的原因主要有两种:"第一种是醉心西洋文化的结果";"第二种是受频年内战的影响"。他指出:西洋文化有它的长处,尤其是物质文明的进步,我们应当效法。但自欧风东渐以来,国人震于西方的物质文明,盲目崇拜,认为西方的一切都好,而中国的一切都不好,以至于将一切国粹完全抹杀,旧有道德、旧有礼教都要打倒,甚至连汉字都主张废弃不用,而改用西方的罗马文字。见洋货即欢迎,遇洋人即崇拜,人民如此,官吏如此,男女老幼莫不如此,无论是物质,还是精神,都一味地迷信洋人,在这样的情况下,中华民族的民族精神又怎么能得到保存呢?自民国成立以来,尤其是近"二十年来,无年不战,无地不战,和平两字,更不复存于脑海"。而内战的结果,使"民族精神,日见枯萎"。因为,内战"即是自相残杀,兄弟可成寇仇,骨肉皆成冰炭,益以循环报复,反复无常,亲爱团结的精神,因以摧残净尽;中国固有的忠孝仁爱信义和平各种美德,因之亦斩丧无余"。而"忠孝仁爱信义和平诸美德,乃是中华民族精神所寄,今以内战而全被摧毁,民族精神自然日即颓败"。② 在俊荣看来,除了"受频年内战之影响"外,"民族间之隔膜"也是造成"民族精神衰退之最大原因"之一。他在《复兴民族精神问题之探讨》一文中写道:中华民族由多民族组成,而各民族间由于历史地理等原因,发展的程度有快有慢,居于中原地区的汉族发展得相对快些,而其他居于边疆的民族发展得相对慢些,汉族因而自尊自大,自称天朝上国,而称四周其他民族为"东夷、西戎、南蛮、北狄",对这些民族实行所谓的"羁縻政策,未得治

---

　　① 刘琦:《民族道德与民族精神之四》,转引自郑师渠、史革新主编《近代中国民族精神研究读本》,北京师范大学出版社2006年版,第245页。
　　② 陈茹玄:《我国民族精神颓败之原因及其挽救方法》,《时代公论》第28号,1932年10月7日。

本之方，仅言治标之策，致各民族间猜忌相生，隔膜日增"。尤其到了近代以后，各民族"不能团结一致，以共救国，是以五族之整个前途，为外人得乘间诱惑"，民族之精神也因而"颓废日成"。①

钟焕臻的《怎样恢复中华民族精神》一文，从"远因"和"近因"两个方面分析了"中华民族精神的消沉"的原因。他指出：中国自战国以来，诸子百家，学术横行，一般人民受邪说蛊惑，缺少固有思想，以坚其信念，而民族精神从此开始动摇。汉唐时，佛教传入中国，"寂静无为"的思想深入人们脑际，此亦影响民族精神甚大。至东晋南宋时，朝野人士，崇尚清谈，苟安求全，竟酿成怀愍二帝与徽钦二宗被掳的惨剧。当时程朱之学盛行，功利之毒，深入人心，一般社会，只知有利，不知有义，只知有物欲，不知有廉耻，此种空虚不合实际的学理，遂造成千余年来物欲横流的恶习。迄至清代，统治者对我们民族性的摧残，无所不至，二百年的高压，中华民族屈于威力之下，只知道歌功颂德，表现出的是一种敷衍妥协的精神。尤其是在鸦片战争后，清朝在历次对外战争中的失败，使中华民族仅存的一点民族自信力也因而丧失殆尽。这是"中华民族精神的消沉"的"远因"。"中华民族精神的消沉"的"近因"又可以从"外因"和"内因"两个方面来分析。"外因"主要指的是帝国主义的侵略，所导致的民族危机的日益加深；而"内因"主要指的是中华民族本身所具有的一些"通病"，如无团结心、无责任心、缺乏毅力、自私自利、不重实际等，而这些"通病"的"病根"，在于中华民族自古以来就缺乏民族意识，故民族思想淡薄，受其影响，对外缺乏抵抗力，对内缺乏团结力。因此，中华民族不图复兴则已，如图复兴，则"非着手复兴民族精神的工作不可"。②

笔名为"觉群"的作者重点分析了"帝国主义的压迫"对"中华民族精神消沉"的影响。他指出，"帝国主义的压迫"主要表现在三个方面：一是"天然淘汰力的压迫"。中华民族之所以"常为同化他族的主体，而能遗流繁盛到现在"，除了"高尚的文化"外，一个重要原因就是人口众多，因此那些人口较少的民族尽管有时占领了中国，甚至建立了自己的政权，但最

---

① 俊荣：《复兴民族精神问题之探讨》，《突崛》第 1 卷第 3 期，1934 年。
② 钟焕臻：《怎样恢复中华民族精神》，《觉是青年》第 1 卷第 2 期，1934 年。

后都被中华民族所同化，成了中华民族的一分子。然而现在侵略中国的东西方列强，不仅文明程度高，而且人口增长很快，"较之百年以前，德增两倍半，俄增四倍，英日三倍，美十倍"，而反观中国，因受天灾人祸的影响，人口增长很慢，乾隆时统计是四万万，前年（1932年）统计是四万万五千万，两百多年间才增加五千万人口。正如孙中山所担忧的那样，两相比较之下，中华民族在天然淘汰力的压迫之下至多仅可支撑百年。二是"政治上的压迫"。自鸦片战争以来，中国被迫与东西方列强签订了一系列不平等条约，主权丧失，领土被分割不少，民族地位一落千丈，已完全沦为"次殖民地"的国家，民族危机日益加重。三是"经济上的压迫"。帝国主义凭借不平等条约给予的优势地位和自身经济上的优势，向中国倾销商品、输出资本，掠夺中国人民的财富，不仅严重阻碍了中国资本主义的发展，而且更造成了中国农村经济的破产，中国人民的生活日益贫困化。正是在帝国主义这三方面的压迫之下，一些人产生了"仰慕敬惧外人的心理"，认为中国万事不如人，民族自信力和自尊心因而丧失。"最可痛心的，即'惧外'之不足，更加之以'媚外'；'媚外'之不足，又加之以'恃外'。这样一来，惧外媚外恃外三种心理同时并存，民族精神更丧失净尽了。"而民族精神的丧失净尽，又导致了人们的民族意识和国家观念的薄弱，只追求个人欲望的满足，而丝毫不关心民族国家的前途，大多数人抱着苟且偷安的心理，遇事持一种畏难敷衍的态度。凡此种种说明："中华民族的固有民族精神很显然地是消沉了。"①

除了分析中华民族的"民族精神"之所以会逐渐颓废甚至消失的原因外，知识界还重点探讨了如何恢复或复兴中华民族的民族精神的问题。吴鼎第认为，民族精神和民族意识关系非常紧密，"我们要能复兴民族，使民族精神健全，须要先有民族意识。有了民族意识，然后才有健全的民族精神"。而"要有民族意识，须具备国家的印象；有了国家印象，更需有复兴民族的自信力，这样健全的民族意识才能完成"。所谓"国家印象"，也就是国民要关心国家、热爱国家，要知道"现在民族兴衰怎样，未来的邦国前途怎样"。但仅有"国家印象"还不够，还需要有"民族自信力"，要相信自己

---

① 觉群：《中华民族精神消沉之原因及其恢复之我见》，《警醒半月刊》第2卷第1期，1934年。

能复兴民族,并担负起复兴民族的责任。总之,吴鼎第强调:"民族意识由国家的印象发动,由自信力推进,终乃形成健全的民族精神。由环境的刺激,反省诸己,谋取民族的出路——于此情状下产生的民族精神才是切实的,正确的,远大的,积极的,乐观的,勇敢的。"①

张君劢也特别强调民族意识的有无对于民族精神的形成乃至民族复兴的重要意义。他1933年在广州中山大学演讲《中华民族复兴之精神的基础》时指出:民族犹如个人,个人生于天地间,不能离开物质与精神,民族亦然。人之所以不同于动物,就在于人有意识。民族之所以为民族,亦在于民族有意识。"民族意识,乃民族之第一基本。"而民族意识,又具体表现在"民族情爱""民族智力"和"民族意力"三个方面。所谓"民族情爱",亦即作为民族一分子的个人对本民族的感情;"民族智力",亦即民族要有自己的思想和具有民族特点的独立学术;"民族意力",亦即民族的统一意志力或执行力。我们要恢复和弘扬民族精神,实现民族复兴,就"先则须从教养入手",使国民的"民族情爱、民族智力乃能逐渐提高,其后乃由意志之统一,终则为行动之统一。如是则民族可以自存,国家可以独立矣"。②

雷震对于费希特以国家高于个人,为谋求祖国的独立与生存而限制个人自由、舍身赴难的精神非常赞赏,在谈到如何恢复民族精神时,他特别肯定"菲希特以为唤起民族感情,涵养爱国热情之方法,莫过于从奖励教育着手"的主张,认为"我们要恢复民族精神,根本要从人格教育做起,无论何人,不能否认。不过我们过去的教育,不但没有养成健全的人格,连知识方面都不能满足,真是惭愧。我们今后以努力教育,尤其要注意人格教育,才能恢复民族精神,才能真正挽救中国"。③ 陈茹玄认为,我们要恢复或复兴中华民族的民族精神,关键在于"认清使民族精神颓败的两点重要原因,根本矫正"。具体来说,就是一方面,要尽力消弭内战,以不合作的方法来对待那些兴风作浪的军阀政客,人人以参加内战为可耻,恢复"忠孝仁爱信义和平诸美德";另一方面,要养成民族自尊自重的精神,自尊自重并非妄

---

① 吴鼎第:《综论民族精神》,《复兴月刊》第5卷第8期,1937年4月15日。
② 张君劢:《中华民族复兴之精神的基础》,《再生》第2卷第6—7期合刊,1934年4月1日。
③ 雷震:《救国应先恢复民族精神》,《时代公论》第29号,1932年10月14日。

自夸大,更不是要故步自封,拒绝学习他人,而是"自信其本能,自尊其人格",学习他人的目的,是取人之长,以为己有,"断非自残自弃,投降他人"。① 俊荣指出,我们"欲从事于民族复兴之道,首先必认清民族精神衰颓之重要原因,根本矫正"。如前所述,在他看来,民族精神衰颓的主要原因,一是"受频年内战之影响",二是"民族间之隔膜"。因此,他认为恢复民族精神,就必须"一方面便尽力消弭内战,使人人以参加内战为可耻;另一方面为谋五族整个之团结,联五族为一家,化仇敌为兄弟,共同担任挽救颓败民族之精神,恢复仁爱忠信诸美德,以养成民族自信自重之精神,爱国爱民之仁心,民族精神恢复,则不患列强之加于我也"。②

顾养元就"如何复兴中华民族精神"提出了三点建议:第一,"转移家族观念发挥民族意识"。他指出:中国人的家族观念、乡土观念非常浓厚,而民族意识则向不发达,影响所及,使四万万人民成了一盘散沙,没有团结,每个人都只知道个人的重要,而不知道自己和民族的密切关系,更没有自己的民族和他民族不同的思想。因而同族间的关系十分浅薄,感情不深,没有树立起同民族存则俱存、亡则俱亡的民族观念来。因此,我们要复兴中华民族精神,就必须从家族观念发展出民族意识,有了民族意识,民族思想才会发达,民族团结才能坚固,同时才肯牺牲自己的利益,努力图谋民族的生存。第二,培养民族美德铲除不良特性。每个民族都具有自己特殊的民族性,这种特性,有的不仅要保持,并且要发扬光大,有的则要设法铲除,不使遗留。我们中华民族的特性应当保存和发扬光大的,是忠孝仁爱信义和平诸美德,应当培养和鼓励的,是豪侠牺牲勇敢爱群诚实纪律等风尚,应当设法铲除的,是优柔寡断浪漫消沉自私自利的观念,只有当人人都能与民族共生存、同休戚,为民族利益牺牲自己的一切时,民族精神才能从颓废走向复兴。第三,坚强自信能力祛除畏外心理。鸦片战争之前,国人的自信力是满满的。但鸦片战争以后,国人对外心理几经变迁,每变迁一次,民族精神即堕落一次,民族自信力也随之降低,以至于对外人怀一种畏惧心理,自认为中华民族为劣等民族,欧美民族为优等民族,中华民族的一切文明制度和思

---

① 陈茹玄:《我国民族精神颓败之原因及其挽救方法》,《时代公论》第 28 号,1932 年 10 月 7 日。
② 俊荣:《复兴民族精神问题之探讨》,《突崛》第 1 卷第 3 期,1934 年。

想学说都不值一顾，而不管适合中国需要与否，欧美民族的文明制度和思想学说都是极有价值的宝贝。如此，民族精神哪有不颓废之理？古人说"哀莫大于心死"，只要人心不死，无论民族精神如何颓废，都可以复兴起来，关键要看民族自信力如何。所以，我们要复兴民族精神，就必须"祛除民族畏外心理，坚强民族自信力"。[①]

蔡衡溪认为，"复兴民族精神必先提倡乡土教育"。因为所谓民族精神，是一个民族所具有的一种特性，而民族特性的形成，则与某一地方的物质条件和历史的关系非常密切，乡土教育便可以将此种物质和历史的关系介绍给国民，使他们能认识其特点，发现其价值，并加以维持和发扬，从而为民族的生存和发展提供不竭的动力。这是"复兴民族精神必先提倡乡土教育的第一个理由"。除了物质条件和历史外，民族精神的形成与乡土风习也有非常密切的关系，比如乡土有俭约的风习，便可以形成民族节制而不浪费的精神，乡土有劳动的风习，便可以形成民族刻苦耐劳的精神，所以我们要复兴民族精神，必先设法保存和发扬乡土固有的优良风习，而欲保存和发扬乡土固有的优良风习，则必须实施乡土教育。这是"复兴民族精神必先提倡乡土教育的第二个理由"。此外，乡土信念为民族自信力之母，一个民族只有在了解乡土信念的基础上，才可以培养起民族的自信力。而乡土教育则可以帮助人们更好地了解乡土信念，从而为民族自信力的养成奠定坚实的基础。这是"复兴民族精神必先提倡乡土教育的第三个理由"。如果说乡土信念是民族自信力的基础，那么，乡土观念则是民族意识的基础。中国人民的乡土观念素重，无论何人，对于本乡本土总是觉得十分眷念，肯去卫护，甚至对于乡土之一草一木，都怀有深厚的感情。这种乐于乡土的情怀，就是一种乡土的观念，将这种观念扩大起来，便就成了民族的意识。所以说民族意识的形成，是由乡土观念发展而来的。乡土观念既然是民族意识的根本，那么我们要培养民族意识，就只能从培养乡土观念开始，而要培养乡土观念，就离不开乡土教育。这是"复兴民族精神必先提倡乡土教育的第四个理由"。尤其重要的是，中华民族的一些旧的道德观念，如忠孝仁爱信义和平等，虽在城市中多已消失得无影无踪，但它们在乡土人民的心目中还"遗留着不少的痕

---

① 顾养元：《如何复兴中华民族精神》，《江苏教育》第3卷第1、2期合刊，1934年。

迹","这种潜在于乡土间的旧道德,我们如果给以相当教育的指导,也必定可以作为民族精神复兴之基础。这更是复兴民族精神应从提倡乡土教育做起之重要的理由"。总之,蔡衡溪指出,乡土内容与民族精神的关系极深,民族精神的形成大半基于乡土之习惯及观念,如不谋乡土之习惯及观念的维护和发展,而只图民族精神之唤起,那不过是空洞的口号而已。"也就是说,如果讲复兴民族,而不谈乡土教育之实施,则民族精神也是终无复兴之一日,所以我说,复兴民族精神,必先提倡乡土教育。"① 曹中权则主张加强师范教育,充分发挥师范教育在"复兴民族精神"中的作用。因为教育为立国之本,是民族精神的原动力,师范教育尤为一般教育之基础,征诸各国教育的发展,无不以师范教育为实现其目的之工具,"其民族之兴替,其国民思想行动之方向,大都视师范教育为转移"。②

1939年,民意周刊社曾以"民族道德与民族精神"为题向全国征文,讨论民族道德与民族精神之间的关系问题。同年11月,获征文前五名的文章由独立出版社结集出版。吴锡泽指出,民族道德是民族精神的最高表现,民族精神之所以涣散,原因就在于民族道德的堕落,历史上民族精神最消沉的时期,也是民族道德最堕落的时期,所以,"欲发扬民族精神须先提高民族道德"。③ 吴坤淦通过具体考察民族道德与民族精神形成的历史后得出结论:民族精神初出于民族道德,但是出生以后便伴着民族道德共同发展。翻开中外历史,任何国家都逃不出这个规律。所以,自从封建政治发生以来,一个国家的道德愈良好,则民族精神亦愈焕发;民族精神愈焕发,则民族道德也愈高尚。"二者乃互为影响,互为益彰,如车辅之相依,实相需而相成。"因此,我们要恢复或复兴民族精神,就须同时恢复或复兴民族道德。④ 周明道认为,民族精神,含蓄于民族道德之中;而民族道德,又寄托在个人的人生观和全体的社会气节之中。不同的人生观和社会气节,形成不同的社

---

① 蔡衡溪:《复兴民族精神必先提倡乡土教育》,《河南教育月刊》第5卷第2期,1934年。
② 曹中权:《民族精神与师范教育》,《江苏教育》第3卷第1、2期合刊,1934年。
③ 吴锡泽:《民族道德与民族精神之一》,转引自郑师渠、史革新主编《近代中国民族精神研究读本》,北京师范大学出版社2006年版,第212—221页。
④ 吴坤淦:《民族道德与民族精神之二》,转引自郑师渠、史革新主编《近代中国民族精神研究读本》,北京师范大学出版社2006年版,第224页。

会道德，产生不同的民族精神，最后影响到整个国运的盛衰、民族的盛衰。所以，我们要完成"抗战建国"的使命，实现中华民族的伟大复兴，"须当发扬我们的民族精神；要发扬民族精神，当培植社会道德；首先应当做的工作，便是培植我们的人生观和社会气节"。[①]

民族精神是一个民族凝聚力的核心，是一个民族奋发向上的力量之源，是民族发展进步的精神支柱。它能对该民族的成员产生巨大的感召力，能够唤起一个民族的自尊心、自信心和自豪感，能够激励该民族的成员为本民族的解放和发展而团结奋斗。"九一八"后的中国知识界认为，要实现中华民族的复兴，就必须恢复和复兴中华民族的民族精神，尽管他们对中华民族的民族精神的认识各有不同，但都是从正面认识和肯定中华民族之民族精神的，尤其是他们有感于中华民族精神日渐颓废甚至消失，而提出了种种恢复或复兴中华民族精神的主张或措施，如培养民族意识，去掉洋化心理，追怀本民族的光荣历史，重视教育尤其是人格的教育，树立民族的自尊自信，消弭内战，处理好民族道德与民族精神的关系，"欲发扬民族精神须先提高民族道德"，等等，这些主张或措施不仅是针对他们当时所生存的时代而提出来的，有很强的针对性和现实意义，就是现在看来，其中许多观点仍然有其借鉴的历史价值，值得我们认真地思考和吸取。尤其需要指出的是，"九一八"后的知识界在讨论民族精神时，他们中已有人认识到，"民族复兴运动，并不是回复到旧的民族精神，而是旧的民族精神之展开，换句话，即是根据旧的民族精神为新的民族精神的创建"。[②] 这一认识在今天更是弥足珍贵。

（三）正确认识和处理好中西文化关系

要实现民族文化的复兴，一个关键的问题，就是如何正确认识和处理好中西文化的关系，从洋务时期的"中学为体，西学为用"，到清末的"保存国粹"和"醉心欧化"，再到五四新文化运动时期的"东西文化论战"，这个问

[①] 周明道：《民族道德与民族精神之三》，转引自郑师渠、史革新主编《近代中国民族精神研究读本》，北京师范大学出版社 2006 年版，第 234—235 页。

[②] 罗敦伟：《中山文化与本位文化》，《文化建设》月刊第 1 卷第 10 期，1935 年 7 月 10 日。

题可以说是近代知识界一直探索和争论的问题。"九一八"后,面对日益严重的民族危机,中国向何处去?中国文化向何处去?再次以更尖锐的形式被提了出来。发生于20世纪30年代中叶的"中国本位"与"全盘西化"的争论,集中体现了当时知识界对中国向何处去、中国文化向何处去的思考,而争论的中心问题,亦就是如何看待和处理西方文化与中国文化的关系问题。

1935年1月10日,王新命、何炳松、陶希圣等十教授联名在《文化建设》月刊第1卷第4期上发表《中国本位的文化建设宣言》(以下简称《宣言》),内容主要有三部分:(1)为什么要提出本位文化建设?《宣言》的回答是:中国在文化领域中已经消失,已失去它的特征,"要使中国能在文化领域中抬头",使它失去的特征得到恢复,就"必须从事中国本位的文化建设"。(2)检讨过去。《宣言》认为,中国文化曾在古代"大放异彩",在世界上占有过"很重要的位置",但从汉代起,特别是鸦片战争和五四运动后,却逐渐走向衰落,发生了严重的生存危机。近代以来的几次文化运动,包括五四新文化运动,不仅没有使危机得到解决,相反还造成了中国在文化领域中的消失。(3)如何从事本位文化建设?《宣言》只笼统提出"不守旧,不盲从,根据中国本位,采取批评态度,应用科学方法,来检讨过去,把握现在,创造将来",没有任何切实可行的具体方案。①

《宣言》发表后立即引起了巨大的社会反响,并在以陈立夫为理事长的"中国文化建设协会"的支持下,形成所谓"中国本位文化建设运动"。各种官方报刊纷纷发表社评、社论和文章,大力推崇、宣扬《宣言》的观点和主张。"中国文化建设协会"在各地的分会,相继组织召开所谓"中国本位文化建设座谈会",讨论、学习、宣传《宣言》。1月19日,上海"中国本位文化建设座谈会"首先召开,参加者有大学教授、新闻机构负责人及政府官员等20多人。3月,"文化建设协会"北平分会发起举办了旨在宣传本位文化建设的"大学生文化讲演竞赛会"。"文化建设协会"河北分会不仅组织了保定"中国本位文化建设座谈会",而且还创办了《文化前哨》杂志,出专刊宣传十教授的本位文化建设主张。4月,十教授在《文化建设月

---

① 王新命等十教授:《中国本位的文化建设宣言》,《文化建设》月刊第1卷第4期,1935年1月10日。

刊》上发表启事，就本位文化建设问题，举办有奖征文，以"集思广益……就教于国内鸿博"。据不完全统计，自1935年1月10日《宣言》发表到5月10日十教授登出《我们的总答复》仅5个月时间内，发表的支持、称赞、宣传和配合《宣言》的大小文章就达100多篇。

当然，《宣言》发表后也立即遭到了以胡适为代表的西化派以及其他一些人士的批评。3月20日，胡适在天津《大公报》"星期论文"专栏上发表《试评所谓"中国本位的文化建设"》一文（该文后又刊发在4月7日出版的《独立评论》第145号上），对十教授的主张提出了严厉批评。接着，陈序经、张佛泉、张熙若、严既澄、常燕生、梁实秋、熊梦飞、李麦麦等也相继发表文章，批评《宣言》。从这些文章的内容看，以胡适为代表的西化派与以十教授为代表的本位文化派的争论主要围绕以下几个问题展开。

第一，对中国实情的分析。十教授提出"本位文化"建设的一个重要理由，是认为中国文化的落后和中国社会的落后是中国自身文化的丧失造成的。他们在《宣言》中写道："中国在文化的领域中是消失了；中国政治的形态、社会的组织和思想的内容与形式，已经失去了它的特征。由这没有特征的政治、社会和思想所化育的人民，也渐渐的不能算得中国人。"但在胡适等西化派看来，中国今日的"大患"不在中国文化的丧失，"中国特征的丧失"，而在"中国旧有种种罪孽的特征"保存得"太多""太深"。"政治的形态，从娘子关到五羊城，从东海之滨到峨嵋山脚，何处不是中国旧有的把戏？社会的组织，从破败的农村，到簇新的政党组织，何处不具有'中国的特征'？思想的内容与形式，从读经祀孔，国术国医，到满街的性史，满墙的春药，满纸的洋八股，何处不是'中国的特征'？"正是由于"中国的特征"保留得"太多""太深"，"所以无论什么良德美意，到了中国都成了逾淮之橘，失去了原有的良德美意"。[①]

由于对中国实情的认识不同，以胡适为代表的西化派和以十教授为代表的本位文化派对于五四新文化运动的评价便也大相径庭。十教授认为，"中国在文化的领域中"之所以会"消失"，原因就在于近代的几次文化运动，特别是五四新文化运动，"轻视了中国空间时间的特殊性"，其结果不仅未

---

① 胡适：《试评所谓"中国本位的文化建设"》，《独立评论》第145号，1935年4月7日。

能解决中国文化的存在问题，相反导致了中国文化的失落。与十教授否定五四新文化运动相反，以胡适为代表的西化派则充分肯定五四新文化运动的历史功绩。他们指出，新文化运动的功绩之一，是认识到观察中国文化是否发展，"必须依着国际水平来测量"，而不能只从中国的传统中去寻求；功绩之二，是认识到只承认西洋文化的"器"或"用"，而不承认它的"道"或"体"，或只承认它的"物质"，而不承认它的"精神"这种二元论调的错误；功绩之三，是认识到中国固有文化不符合现代生活和社会环境，中国要进步，就必须把所谓"中国文化的特征"，如多妻制、束胸、缠足、男女不平等、迷信、安命、保守、忠孝、贞操等统统"扔到厕所去"。他们还一针见血地指出，十教授现在要为"被有革命意义的五四新文化运动扔到厕所去了"的这些"中国文化的特征"而惋惜，并要把它们重新拾起来，这"不是（对）五四运动的否定么？不是回到'皮毛的和改良的''中学为体，西学为用'时代去了？"①

第二，对中西文化的认识。十教授认为，绵延数千年的中国传统文化尽管有其不足，有其糟粕，但精华是主要的，这是中国历史所以能延续数千年，形成四万万人的大民族，并始终屹立在世界东方的一个重要原因。因此，中国传统文化不仅不能一概否定，而且还应发扬光大，使之成为今天中国新文化建设的根基。对于中国传统文化之精华的存在，除个别人外，以胡适为代表的西化派一般都是肯定的。但他们又认为，不能夸大中国文化精华的量，从整体上说，中国传统文化已不适应现代社会的需要，是创造新文化的障碍，不应像十教授主张的那样去发扬光大。他们还进一步指出，中国固有文化之精华的保存，"这要在我们的文化已经欧化、近代化之后才有可能，这犹之数千年来的中医虽保有一部分医药的经验，但要发扬这一部分医药的经验却非待中国的新医学发达之后不可。不这样，而强使现在的文化建设'具有中国的特征'，定会阻止中国走向近代文明之路"。②故此，胡适等西化派认为现阶段的文化运动不是以中国传统文化为新文化建设的根基，而是"明白的表示必须欧化、近代化"。

---

①② 李麦麦：《评〈中国本位的文化建设宣言〉》，《文化建设》月刊第 1 卷第 5 期，1935 年 2 月 10 日。

与上一问题相联系的是如何看待西方文化中的糟粕。无论以胡适为代表的西化派,还是以十教授为代表的本位文化派,一般都承认西方文化中确实有糟粕存在,如历史的"惰性","拜金主义","性史、春药、洋八股"等,他们对这一问题的争论主要集中在两点上:一是西方文化之"糟粕"的量的估价。十教授把西方文化之"糟粕"说得十分严重,甚至认为它已陷入了"慢性的恐慌"。但在西化派看来,西方文化的"糟粕"并不像十教授说的那么严重,与中国文化的"糟粕"相比,是微不足道的。有人还宣称,西方文化中不好的东西,也要比中国传统文化中最坏的东西好千百倍。二是如何吸收西方文化。十教授认为,既然西方文化有"糟粕",那么,我们在吸收西方文化时就应"取长舍短,择善而从"。但西化派认为,"在这个优胜劣败的文化变动的历程之中,没有一种完全可靠的标准可以指导整个文化的各个方面的选择去取"的。所以,引进西方文化就不能先存一个"精华"与"糟粕"的区分,而应让它与中国文化自由接触,经自然选择的作用,淘汰其"糟粕",存留其"精华"。①

第三,中国文化的出路是中国本位还是西化?这是以胡适为代表的西化派和以十教授为代表的本位文化派争论的焦点。我们已经指出,十教授提出的文化建设原则就是以中国为本位。对于十教授的这一主张,胡适等西化派予以了严厉抨击。3月20日,胡适指出,十教授提出的本位文化建设原则是早年张之洞的"中学为体,西学为用"主张"最新式的化装出现",无一句不可以用来替顽固反动军阀"何键、陈济棠诸公作有力的辩护的"。因为何、陈也不主张八股小脚,也不反对工业建设,他们所谓的新政建设标榜的也是"取长舍短,择善而从",他们的读经祀孔也可以挂在"'去其渣滓,存其精英'的金字招牌之下,他们所要建立的也正是中国本位的文化"。② 陈序经在《评〈中国本位的文化建设宣言〉》中也强调,虽然十教授标榜"不守旧""不复古",但就其主张的实质来看,它"仍是一个复古与守旧"的宣言。即使不说它完全守旧,那也是35年前张之洞的"中学为体,西学为用"的翻版。③ 胡

---

① 胡适:《试评所谓"中国本位的文化建设"》,《独立评论》第145号,1935年4月7日。
② 同上。
③ 陈序经:《评〈中国本位的文化建设宣言〉》,《全盘西化言论续集》,岭南大学学生自治会1935年版。

适等西化派在批评本位文化派的同时，也提出了自己对中国文化出路的主张。他们虽都认为"我们四万万人如果想继续在这世界上生存，便非西化不可"①，"西化"才是中国文化出路的选择，但在具体的提法上却存有不同。归纳起来有以下几种提法。

一是"充分西化"说。这是胡适提出来的，并得到严既澄等人支持。他们主张："虚心接受这个科学工艺的世界文化和它背后的精神文明，让那个世界文化充分和我们的老文化自由接触，自由切磋琢磨，借它的朝气锐气来打掉一点我们的老文化的惰性和暮气。"②

二是"根上西化"说。提出这一主张的是张佛泉。他在《西化问题之批判》一文中写道："我所主张的可以说是从根上或说是从基础上的西化论"，即整个地改造中国人的头脑，将中式的头脑换成一个西式的头脑，将《论语》式的头脑换成一个柏拉图《共和国》式的头脑。如果不换头脑，不彻底地从根上改造，中国人是永远也逃不开那些陈旧却很有力的窠臼的。所以"从根上西化才是我民族的出路"。③ 当时赞成这一主张的还有王青云。他赞成的理由有二：（1）"是世界同化的自然趋向，因为近代科学的进步太快了，各种交通利器缩短世界距离，人种接触的机会日见增多，民族间的成见与隔膜也日趋减少，所有各民族的风俗习惯伦理道德政治经济教育学术思想，以东西交通之日便，东方人模仿西方人，西方人亦多模仿东方人，经过长时间的接触，世界各民族是必归同化的。"（2）"是为了要争取我们民族的独立与自由，以打倒压迫我们的仇敌帝国主义，简单的说，就是西洋文化有几种优点，即科学、工业、集团生活、'力'的哲学、民主政治，都是我们现在所需要的。我们如能从根西化，才能打倒帝国主义，才能排除了世界大同的障碍。若不从根西化，中国是永无希望，甚至必归灭亡的"。④

三是"精神西化"说。此说与张佛泉的"根上西化"说很接近，它是吴忠亚在《关于中国本位文化建设问题》一文中提出来的。他说："我们无

---

① 张佛泉：《西化问题之批判》，《国闻周报》第12卷第12期，1935年4月1日。
② 胡适：《试评所谓"中国本位文化建设运动"》，《独立评论》第145号，1935年4月7日。
③ 张佛泉：《西化问题之批判》，《国闻周报》第12卷第12期，1935年4月1日。
④ 王青云：《欢迎陶希圣先生并论"中国本位的文化建设"问题》，济南《通俗日报》1935年4月11日。

论吸收人家的什么长处,都应该从精神上根本学人家,精神和物质是一个东西的两方面,根本不能分离",并且每个时代的每种文化都必须有其所以产生这种文化的精神做基础,有了希腊人的爱美精神才会有美的希腊的艺术和哲学,有了罗马人的伟大精神才会有伟大的罗马法律、道路、建筑和帝国。现代的欧洲文明是科学文明,它的基础也就是欧洲人的科学精神,我们现在要吸收人家的科学文明,首先必须要学着他们的科学精神。但可惜历史主持西化的人都很少能够注意到这一点,大家都误以为精神文明是中国文化的特征,不如人的只是在物质方面,因此,我们现在只要学点人家的物质就够了。我们过去数十年西化工作的失败,就正是这个原因。例如现代的民主政治是以现代的公民精神做基础的,我们没有这种精神而要勉强抄袭人家的民主制度,何怪"橘逾淮而成枳"？为什么连人家用得很好的制度,到我们这里就接连发生"洪宪""复辟""毁法"以及"贿选"等怪剧丑剧呢？没有民治主义的精神而要建立所谓民治的国家,没有法治主义的精神而要忙于所谓宪政的政治,结果的失败就有其甚于"缘木求鱼"的妄举。他还批评了那种以为"从精神上根本西化,不免有奴化的危险"的思想,以为这是过虑。因为,"如果我们的西化是盲目的、被动的,我们就不免于'奴化',反之,如果我们的西化是理智的、主动的,那就绝没有奴化的危险"。①

四是"全盘西化"说。陈序经是这一说的代表人物。赞同这一说的还有郑昕、冯恩荣等人。他们认为文化是一有机系统,不可分开,"加上今日西洋文化的优胜地位,所以取其一端,应当取其整体；牵其一发,往往会动我们全身"。因此之故,对于西方文化,只能采取全盘接受的态度,"而不能随意的取长去短"。"我们要吸收西洋的科学,我们就不得不连西洋文化的其他方面……也都吸收过来。"这"其他方面",包括"很不容易除去的渣滓"。既吸收科学,也吸收渣滓,当然也就是"全盘西化"。②

五是"西体中用"说。这是熊梦飞在《谈"中国本位文化建设"之闲天》中提出来的,并把它具体分解成"四大原则",即:(1)全盘地吸收西

---

① 吴忠亚:《关于中国本位文化建设问题》,《文化建设》月刊第1卷第10期,1935年7月10日。
② 陈序经:《再谈"全盘西化"》,《独立评论》第147号,1935年4月21日；《评〈中国本位的文化建设宣言〉》,《全盘西化言论续集》,岭南大学学生自治会1935年版。

洋文化之根本精神；（2）局部地吸取西洋文化之枝叶装饰；（3）运用西洋文化根本精神，调整中国固有之优美文化，剔除中国固有之毒性文化；（4）中西文化动向一致之条件下，保留中国民族特征，加以中国民族创造，成为一种新文化。①

针对以胡适为代表的西化派的批评、诘难，十教授也纷纷作文，并于1935年5月10日在《文化建设》月刊第1卷第8期上刊出《我们的总答复》，除为自己的本位文化建设主张辩解外，他们集中地批评了西化派的西化主张，特别是陈序经的"全盘西化"论。他们认为西化道路在中国根本走不通。因为，第一，西方有西方的时地背景，中国有中国的时地背景，由于时地背景不同，中国不可能西化。第二，所谓"西化"，其实质就是资本主义化，而"十九世纪标举个人自由的大旗的资本主义，在工业后进的中国不能通用"，中国通用的是"三民主义"。②他们批判"全盘西化"论"反客为主"，"自甘毁灭"，其最大错误是认为"中国固有的文化纵有可存，也不应存；西方文化纵有可舍，也不应舍"。③

除了以胡适为代表的西化派与以十教授为代表的本位文化派的争论外，在西化派内部也围绕"全盘西化"问题展开过争论。我们前面已经提到，"全盘西化"一词虽然最早是胡适于1929年提出来的，但真正主张"全盘西化"论的是时任广东岭南大学教授的陈序经。1935年1月10日十教授发表《中国本位的文化建设宣言》，陈序经又以"全盘西化"论与之论战。但陈氏的主张一提出，却遭到了不少人的批评。这些批评成了20世纪30年代中叶文化论战的一个组成部分。当时批评"全盘西化"论的意见非常庞杂，归纳起来，大致可分为两类：一类是以十教授为代表的本位文化派，一类是反对"本位文化"主张、并与十教授展开激烈论战的以胡适为代表的西化派。从当时的实际情况来看，对"全盘西化"论真正做出有理论深度批评的是以胡适为代表的西化派，而不是以十教授为代表的本位文化派。概而言之，西化派内部的批评与争论主要围绕陈氏提出的"全盘西化"的理由

---

① 参见熊梦飞《谈"中国本位文化建设"之闲天》，《文化建设旬刊》第50—52期，1935年。
② 陶希圣：《为什么否认现在的中国——答胡适》，《文化建设》月刊第1卷第7期，1935年4月10日。
③ 王新命等十教授：《我们的总答复》，《文化建设》月刊第1卷第8期，1935年5月10日。

展开。

陈序经主张"全盘西化"的理由之一,是认为文化是一个整体,分开不得,它表现出来的各方面都有连带及密切的关系,如果因内部或外来势力的冲动使某一方面发生变更,那么,其他方面也必然会受其影响,发生变更。"所以我们要格外努力去采纳西洋的文化,诚心诚意的全盘接受它,因为它自己本身上是一种系统,而它的趋势,是全部的,而非部分的。"[1] 但在吴景超看来,陈氏的"文化本身是分开不得"的说法只含有一部分的真理。他承认火车头与轨道这两种文化单位是分不开的,男女同学与社交这两种文化单位也是分不开的,人们不能一方面采纳西洋的火车头,一方面还保存中国的土路,一方面采纳西洋的男女同学,一方面还保存男女授受不亲的封建礼教。但从以上这两个例子中不能推导出所有的文化的各个部分都分开不得的结论。譬如,我们采纳了西洋的电灯,不一定要采纳西洋的跳舞;采纳了西洋的科学,也不一定要采纳西洋的基督教。故此,吴氏认为,"文化的各部分,有的分不开,有的是分得开。别国的文化,有的我们很易采纳,有的是无从采纳",因而"全盘西化"的理论,根本上"不能成立"。[2] 张佛泉也批评陈序经的观点"未免太过"。他指出:如果像陈氏所说的那样,采取旁人的文化必须"批发",不能"零售",采其一端就必须取其整体,牵一发就不能不动全身,"那么接受文化岂不倒变成了极简单的一件事了么?文化既是这样机械(或说是这样有严密的组织)的,岂不是只学了其中任何一样,便立刻可以得到其整个文化了么?"[3]

认为"西洋文化的确比我们进步得多",中国文化一切都不如人,这是陈序经主张"全盘西化"的又一条主要理由。他在《中国文化之出路》的演讲中强调:西洋文化无论在思想上、艺术上、科学上、政治上、教育上、宗教上、哲学上、文学上,都比中国的好。后来在《关于全盘西化答吴景超先生》一文中他又指出:"我们不能不承认中国文化,无论在那一方面,都比不上西洋文化。""从东西文化的程度来看,我们无论在文化那一方面,

---

[1] 转引自吴景超《建设问题与东西文化》,《独立评论》第139号,1935年2月24日。
[2] 吴景超:《建设问题与东西文化》,《独立评论》第139号,1935年2月24日。
[3] 张佛泉:《西化问题之批判》,《国闻周报》第12卷第12期,1935年4月1日。

都没有人家那样的进步。……从东西文化的内容来看，我们所有的东西，人家统统有，可是人家所有的很多东西，我们却没有。从文化的各方面的比较来看，我们所觉最好的东西，远不如人家的好，可是我们所觉为坏的东西，还坏过人家所觉得最坏的千万倍。"① 既然西方文化各方面都比中国文化好，那么陈氏的结论自然是："我们为什么不全盘彻底的采纳（西洋文化）？"② 对于陈序经的这一观点，绝大多数的西化派是不赞成的。张熙若就批评陈氏对西方文化和中国文化都缺乏"充分的认识和深确的了解"，其观点"过于笼统，过于武断"，因为西洋好的东西虽然很多，但并不是"甚么都好"；中国要不得的东西确实不少，但也不是"甚么都要不得"。比如，他举例说，中国的艺术造诣就向来极高，在许多方面比之西洋都毫不逊色，就是今天有教养的西洋人见了也佩服得五体投地。另外，中国的坛庙宫殿式的建筑也很有特色，能够将美丽与庄严两个原则配合到天衣无缝的圆满境界，如北京的故宫，世界上就没有其他建筑能与之媲美。如此等等，说明中国文化并不像陈序经认为的那样一切都不如西洋文化。③ 梁实秋在《自信力与夸大狂》一文中也认为："'全盘西化'是一个不幸的笼统名词，因为似是认定中国文化毫无保存价值，这显然是不公平的。"在梁氏看来，中西文化互有短长，尽管西方文化优长者多，中国文化优长者少，但这并不能得出中国文化各方面都不如西方文化的结论。④

　　陈序经主张"全盘西化"的第三条主要理由，是认为"西方文化是世界文化的趋势。质言之，西洋文化在今日就是世界文化"。他在《东西文化观》一书中写道："所谓西洋文化，可以叫做现代文化，或是世界文化。她是世界文化，因为世界任何一国都是采纳这种文化。她是现代文化，因为世界任何一国，都是朝向这种文化。简单的说，西洋的文化，是现代世界的文化。"正因为西洋文化是现代世界文化，所以中国如果要做现代世界的一个国家，就"应当彻底采纳而且必须全盘适应这个现代世界的文化"。⑤ 把西

---

① 陈序经：《关于全盘西化答吴景超先生》，《独立评论》第142号，1935年3月17日。
② 陈序经：《中国文化之出路》，广州《民国日报》1934年1月15日。
③ 张熙若：《全盘西化与中国本位》，《国闻周报》第12卷第23期，1935年6月17日。
④ 梁实秋：《自信力与夸大狂》，天津《大公报》"星期论文"1935年6月9日。
⑤ 陈序经：《东西文化观》，台北牧童出版社1976年版，第166—176页。

方文化说成是世界文化,这显然是一种西方中心主义的文化观。因为除西方文化外,世界上还有许多其他民族或地区的文化,如中国文化、印度文化、非洲文化、印第安人文化,等等,西方文化仅仅是世界文化的一个组成部分。认为西方文化就是世界文化,这不仅是陈序经,也是绝大多数西化派的基本共识,是他们主张西化的理论出发点之一。所以以胡适为代表的西化派在批评陈序经的"全盘西化"论时,很少有人对此进行批评。他们只是指出,西方文化内容复杂,其中"包含许多互相冲突、互不两立的文化集团。独裁制度是西化,民主政治也是西化;资本主义是西化,共产主义也是西化;个人主义是西化,集团主义也是西化;自由贸易是西化,保护政策也是西化"。所谓"全盘西化",究竟是化入独裁制度,还是化入民主制度呢?是化入资本主义,还是化入共产主义呢?由此可见,"西方文化本身的种种矛盾,是主张全盘西化者的致命伤"。①

面对吴景超、张佛泉等人的诘难,陈序经又先后作《关于全盘西化答吴景超先生》《再谈全盘西化》《从西化问题的讨论里求得一个共同信仰》等文,为自己的"全盘西化"的理由辩护。关于第一点,他坚持认为文化是不可分的,各个部分存在着一种"互有连带的关系"。人们有时把文化的各部分(如精神、物质)分别开来,这纯粹是为了研究上的便利起见,而不能说明文化各个部分不是统一的整体。关于第二点,他承认西洋文化在今日还没有达到"完美至善的地位",中国文化也有它的优长之处,但就整体而言,"中国文化根本上既不若西洋文化之优美,而又不合于现代的环境与趋势,故不得不彻底与全盘西化"。全盘西化,也许免不去所谓西洋文化的一些短处,"可是假使我们而承认西洋文化之长为百分之六十,中国文化之长为百分之四十,我们若能全盘西化,则我们至少有了百分之二十分的进步"。② 关于第三点,他也承认西方文化内容复杂,"五光十色,斑驳陆离",但"总而观之",他又认为西方文化"有共同的基础,共同的阶段,共同的性质,共同的要点",所以"全盘西化"的结果,不会出现无法克服的矛盾。

---

① 吴景超:《建设问题与东西文化》,《独立评论》第139号,1935年2月24日。
② 陈序经:《关于全盘西化答吴景超先生》,《独立评论》第142号,1935年3月17日。

综观发生于 20 世纪 30 年代中叶的这场文化论战，尽管以胡适为代表的西化派和以十教授为代表的本位文化派以及西化派内部围绕"中国本位"与"西化"或"全盘西化"存在着种种不同的争论，但他们在如何看待和处理西方文化与中国文化的关系问题上又存在着以下一些共同的认识。

第一，他们都承认文化具有它的时代性和民族性。笔者曾在一篇文章中指出，文化是民族性与时代性的集合体，但在五四前后的东西文化论战中，争论的双方对文化的民族性和时代性都缺乏全面、正确的认识，以陈独秀、胡适为代表的文化派一般比较强调文化的时代性，忽略甚至不承认文化的民族性；而以杜亚泉、梁漱溟为代表的东方文化派则一般比较强调文化的民族性，忽略甚至不承认文化的时代性。[①] 但到了 20 世纪 30 年代的这场文化论战，这种现象有了一定改变。以胡适为代表的西化派面对十教授提出的《中国本位的文化建设宣言》，尤其是《宣言》对五四新文化运动轻视了"中国时间空间的特殊性"的批评，他们在强调文化之时代性的同时，不得不思考和回答"新文化应不应有民族性，应该有什么样的民族性，这种民族性又如何和时代性相适应，这样一些文化建设中更深刻的问题"。因此，除个别人外，多数西化派并不否认未来的中国新文化应具有中国的民族特征。如熊梦飞的《谈"中国本位文化建设"之闲天》一文提出了"西体中用"的"四大原则"，其中第四条是："中西文化动向一致之条件下，保留中国民族特征，加以中国民族创造，成为一种新文化。"文中并就这第四条原则作了进一步的说明，指出："一国有一国特征，犹之乎'人心之不同，各如其面'。"此种特征由三个方面构成：一是自然环境；二是生理遗传；三是历史文化。外来文化的引进"必须与（这）三者相适应"，"而后（才）能树立巩固之基础"。这也就是所说的"文化之民族的色彩"。具体而言，如引进西方的机器工业到中国，发动是用汽力还是用水力或电力？是先引进重工业还是轻工业？这就要看中国的自然环境来决定。又如学习欧美法令规定中国学龄和婚龄，就不能抄袭任何一国成法，而要根据中国人生理发育情况来决定，如此等等。该文还特别强调了引进外来文化要考虑中国民族特征，亦即所谓"国情"的重要性，认为"中国六十余年，维新变法革命之所以失

[①] 参见郑大华《再评五四前后的东西文化论战》，《湖南师范大学学报》2003 年第 4 期。

败,由于不明国情,欧化者'削足适履',以致'橘过淮南为枳',欧美议会政治,搬到中国就成为猪仔政治"。① 和以胡适为代表的西化派一样,以十教授为代表的本位文化派面对西化派的复古主义的责难,也不得不思考和回答"发扬自己固有的文化要不要使其具有时代性的问题"。十教授在《我们的总答复》中就声明,他们反对复古,相信文化的形态应随着时地的需要而变动、而发展,"倘认现代的中国人不容再营封建时代的生活,那就不应当持保守的态度来阻止文化的演进,还必须扶着时代的大轮,努力踏上是新又是新的前程"。② 文化之民族性和时代性及其关系被凸显出来并得到讨论(尽管讨论还不充分),这是 20 世纪 30 年代文化论争的一个进步。

第二,他们都认为中西文化各有优点与不足。在五四前后的文化论争中,论争双方大多持一种僵硬的、形而上学的文化观,好就一切都好,坏就一切都坏,不是全盘肯定,就是全盘否定。③ 但到了 20 世纪 30 年代的文化论争,虽然持这种文化观的人还有,然而人数已经很少,绝大多数人能够程度不同地采取分析的态度。以西化派为例,除陈序经等个别人外,其他人(如张佛泉、张熙若、梁实秋、熊梦飞,甚至包括胡适)都能在充分肯定西方文化的同时,又指出它存在的问题,如历史的惰性,生活的奢侈,拜金主义,人与人的不平等……有人甚至称现代西方的阶级斗争、国际斗争之残酷为"西方文化之癌";在激烈批判中国固有文化的基础上,又承认它还具有某些精华,不能简单抛弃。正是由于能对中西文化持分析的态度,所以西化派中的绝大多数人不赞成陈序经的"全盘西化"论,认为西方文化的内容非常复杂,既有各种不同的甚至相对立的主义、学说和流派,也有各种不同性质、不同层次的组成部分,引进西方文化要有选择、有取舍(当然他们选择、取舍的标准不尽相同),并主张根据不同性质的西方文化,采取不同的引进方法。如吴景超就把西方文化分成四部分,对于第一部分的西方文化,"我们愿意整个的接受,而且用它来代替中国文化中类似的部分",如西方文化中的自然科学、医学等;对于第二部分西方文化,"我们愿意整个的接

---

① 熊梦飞:《谈"中国本位文化建设"之闲天》,《文化建设旬刊》第 50—52 期,1935 年。
② 王新命等十教授:《我们的总答复》,《文化建设》月刊第 1 卷第 8 期,1935 年 5 月 10 日。
③ 参见郑大华《再评五四前后的东西文化论战》,《湖南师范大学学报》2003 年第 4 期。

受，但只用以补充中国文化中类似的部分"，如哲学、文化等；对于第三部分西方文化，"我们愿意用作参考，但决不抄袭"，如资本主义的大生产方法是可取的，然而其唯利是图的动机则要抛弃；对于第四部分西方文化，"我们却不客气的要加以排弃"，如迷信的宗教、儿戏的婚姻、诲淫的跳舞、过分的奢侈等。① 熊梦飞、张佛泉等也主张对不同的西方文化不同对待。正如有的研究者指出的那样，对西方文化作如此区分，虽然不见得科学，但它至少说明"30年代中国知识界对'西方文化'的了解比以前具体深入了"。

第三，他们在理论上都不赞成守旧和中体西用。无论是以胡适为代表的西化派，还是以十教授为代表的本位文化派，他们都反对复古，反对固守中国文化，认为中国文化要实现复兴，就必须引进和吸纳西方文化。十教授的《中国本位的文化建设宣言》就提出"不守旧"，而"不守旧"的涵义，"是淘汰旧文化，去其渣滓，存其精英，努力开出新的道路"。② 后来在《我们的总答复》中他们又写道："我们的文化建设方针之一，应是不守旧，对于任何复古的企图，都采排斥的态度。我们敢说，封建的残骸，没有可迷恋的现实价值，凡是重演历史复活封建的作为，都必归于失败，纵有偶然的成功，也只是一时的昙花，一闪的泡影。"③ 以胡适为代表的西化派更是旗帜鲜明地反对"守旧"或"复古"的，他们之所以反对十教授的"本位文化"建设的主张，就是认为这一主张"仍是一个复古与守旧"的宣言。④ 他们也都不赞成"中体西用"，不赞成西方是物质文明、中国是精神文明，中国文化的出路是西方的物质文明加上中国的精神文明的主张。针对胡适把本位文化建设说成是早年张之洞的"中学为体，西学为用"主张"最新式的化装出现"的观点，十教授在《我们的总答复》中强调：他们不仅反对守旧，也反对"所谓'中体西用'的主张"。"中体西用论者以为西方的物质文明有其可贵的地方，中国的精神文明也有可贵的地方，如果用中国的精神文明

---

① 吴景超：《答陈序经先生的全盘西化论》，《独立评论》第147号，1935年4月27日。
② 王新命等十教授：《中国本位的文化建设宣言》，《文化建设》月刊第1卷第4期，1935年1月10日。
③ 王新命等十教授：《我们的总答复》，《文化建设》月刊第1卷第8期，1935年5月10日。
④ 陈序经：《评〈中国本位的文化建设宣言〉》，《全盘西化言论续集》，岭南大学学生自治会1935年版。

支配西方的物质文明，那就是最理想的凑合。抱着这种见解的人，大抵是认物质和精神之间有一不可逾越的铁限，物质的进步和精神的进步全无关系，西方的物质文明没有灵魂，中国的精神文明没有躯壳，所以应把中国的精神文明和西方的物质文明两相凑合，砌成一体。其实不然。物质和精神是一个东西的两方面，根本不能分离，我们不能说中国仅有精神的文明，亦不能说西方仅有物质的文明，就到体用，有什么体便有什么用，有什么用必有什么体，说什么中体西用，那简直是不通。"① 至于以胡适为代表的西化派，反对"中体西用"是他们一贯的立场。他们批评十教授的本位文化建设主张，其原因也是认为本位文化建设主张就是变相的"中体西用"论。

尽管发生于20世纪30年代中叶的这场文化论争，因民族危机的空前严重而到1936年春夏之交就已基本结束，前后不过一年多点时间，但通过这场论争，人们对中西文化之关系有了进一步的新的认识，即：要实现民族文化的复兴，就既不能"中主西奴"，也不能"西主中奴"，而应在平等的基础上实现中西文化之优长的融合，或者说是新的文化创造。陆曼在《民族复兴与文化使命》一文中就明确指出："我们经常听到几种论调，对于中国的民族文化，有的主张中国本位，有的主张全盘西化。前者的理论，以为中国有几千年历史，文化上也是精美无比，我们只要从尘封蠹绣的故纸堆中整理一番就够了；后者的意见，以为中国古旧的陈腐的文化，简直要不得，非得迎头赶上欧美，努力模仿学习，没有办法。其实这两种见解，都是太简单，都有过与不及的流弊。我们可以说，中国古文化决不如本位论者那样的神圣不可攀，也不如西化论者那样的破败不可用。中国文化自有它的价值，也自有它的缺点。"因此，我们要复兴民族，从事文化建设，就"要用批判的态度去整理吸收一切新旧文化"。② 刘云山的《复兴民族与文化建设》一文对复古论、西化论和中体西用论提出了批评，认为"这三种主张不用说都未免犯了严重的观点错误"。复古论者没有认清古代的文化是古人适应古代环境以求生存的产品，我们现在没有理由去复古。西化论者只看见欧美文化的所谓优点，而没有顾到时、地、人、物等各种条件，怎么能够去全盘接受呢？

---

① 王新命等十教授：《我们的总答复》，《文化建设》月刊第1卷第8期，1935年5月10日。
② 陆曼：《民族复兴与文化使命》，《中央周刊》第3卷第21期，1940年。

至于中体西用论者，不明了精神与物质不是两个各自分离的东西，而是一个东西的两面，中国的文明不能说完全只有精神，西方的文明也不能说完全只有物质，两者都有精神和物质，不过各有其特殊的发展，以两个各殊的文化，完全把它杂凑起来，仍然是做不到的。"目前中国需要的文化，既不是守旧复古，也不是盲从西化，更不是中体西用的杂凑，而有它自己的特殊性的。"① 张天泽在《东方杂志》上撰文指出：世界上最伟大最永久的事物都是属于创造的，而不是模仿的，无论是思想，还是科学上的发明，是建立帝国，还是创立宗教，其中最伟大的都是属于创造的。如果我们要复兴我们的民族，建设起一个空前的文化和文明的国家，我们也一定得彻底发挥我们的创造力量，我们固然得明了历史上以及那些和我们同时代的国家兴衰的道理和方法，用来做我们的参考，因为了解历史的教训和体会已往的经验，是人类进化的方法。可是我们决不可以只把人家的制度和方法拿来排在眼前，供抉择而已，换一句话说，我们决不可以只想模仿。不但不可以只想模仿，还不应当侧重模仿，而应当实实在在地侧重创造。唯有侧重创造，才能够充分激起我们潜在的伟大精神力量，我们的精神力量，唯有在创造的过程中才能整个地表现出来，才能够登峰造极。用这种登峰造极的精神力量去创造的，常常是世界的奇迹。反过来，侧重模仿的，在精神上就已经有了一种依赖的倾向，一定不能够充分地发挥伟大的精神力量，因此所得到的结果最好的只是次等，甚至三、四、五等不伦不类的东西。发挥创造性的精神力量的时候，别人的经验自然而然成为我们的借鉴，可是借鉴并不是目的，目的是要创造。"我们复兴民族一定得发挥我们潜在的伟大的创造力量，绞尽我们的脑汁，才能够创造奇迹——一个空前兴盛的中华民族。"② 沈清尘更是再三强调："模仿不足以言复兴，复古更不足以言复兴，中华民族之复兴在于能融合中西之特长，以造成新的民族精神。"③ 当然，由于各种原因，人们对什么是中国文化之长，什么又是西方文化之长又有着不同的认识。

沈天泽指出，要复兴民族文化，就应高举"建设新的民族文化的旗帜，

---

① 刘云山：《复兴民族与文化建设》，《革命与战争》第5期，1941年。
② 张天泽：《从民族复兴说到经济建设》，《东方杂志》第39卷第1号，1943年。
③ 沈清尘：《从民族历史之演进观察民族复兴之途径》，南京《黄埔》第3卷第6期，1935年。

我们不是极端的守旧派,主张消极的恢复固有文化,使中国文化永远流于停滞、落后、保守和退化;我们也不是极端的维新派,盲目的醉心西洋文化,使中国文化沦入动荡混乱与不能自主的状态。我们要以西洋的科学方法来逐渐地对中国固有文化,加番科学的整理与改造,更要整个接受西洋的科学文化,去有组织有计划的努力新的中国民族文化的建设"。[1] 作者所谓的"科学"与"科学文化",其实就是指的西方文化的精髓所在,他希望能够运用西方的"科学"方法对中国文化进行整理和改造,从而实现中西文化之优长的结合,建设一种"新的民族文化"。陈石泉认为,我们要正确认识和处理中西文化关系,首先必须了解我们民族现在所感受的国际、经济、政治、思想诸方面的危机,"把握住'时间'和'空间'的重心"。即在"空间"上,"中国是中国的中国,不是欧洲、美洲或亚洲其他一部分的中国,其他国家所有的一切文化的设施,均不尽能适合于中国";在"时间"上,"中国是现代的中国,不是十六世纪或十八世纪的中国,往昔的优美文化,不尽适合于现代中国"。因此,"不但对西洋文明不能盲从、抄袭,要以适合中国需要为前提,尤其要采取最进步的效用最大的新发明,若仅亦步亦趋的步着他人的后尘,那么,永远还是落在人后绝无与人并驾齐驱或凌驾他的愿望",民族文化亦就永远没有复兴的可能。同样,"夜郎自大唯我独尊的崇奉中国旧有文化,蔑视科学的效用",也是错误,也不能实现民族文化的复兴。我们"对西洋文化取其所当取,并要'迎头赶上去',对中国旧有文化存其所当存,且要'从根救起'"。[2]

上海沪江大学校长刘湛恩形象地把中国的文化建设比作弹钢琴,他指出,要从事中国的文化建设,实现民族文化复兴,绝不是单一的中国文化或者单一的西洋文化就能成功的,这就好像演奏音乐一样,要是只有一个钢琴,老是嘭嘭地弹,多么单调,所以一定要与别种乐器联合起来,才有意义。"世界的文化与中国的文化,也应该互相融合才是办法。中国固然要吸收西洋文化,但吸了西洋文化,要能够消化,消化之后,才是中国本位的文

---

[1] 沈天泽:《民族复兴与文化建设》,《统一评论》第 1 卷第 2 期,1935 年。
[2] 陈石泉:《中国文化建设的动向》,天津《大公报》1935 年 3 月 13—21 日。

化,这点是最要紧的。"① 林志云在《复兴民族与复兴文化运动》一文中写道:实现民族复兴的先决条件,是实现民族文化的复兴。而实现民族文化复兴的先决条件,是如何恢复民族建设文化的自信。"哀莫大于心死",假如一个民族对于建设文化失去了自信力,那这个民族还有什么希望呢?如今一般国民所犯的最大毛病,不是妄自夸大,便是妄自菲薄。在文化方面而言,妄自夸大的,便主张极端复古,妄自菲薄的,便主张全盘西化,这两种各走极端的主张,不仅于中国文化绝无裨益,反益促使中国走入更混乱更黑暗的境地,这也是中国民族不能长进的最大原因。"所以我们要复兴民族文化的态度,应该不妄自夸大,亦不妄自菲薄,而以自立自助之精神,取人之长,补己之短,建设一个世界上最健全的新文化。同时更须尽己之长,贡献他人,以发扬我们民族固有的特性,这是我们为复兴民族文化而努力,应采取的态度和步骤。"② 在李笑渊看来,要复兴中国文化,首先需要"保留中国固有文化精华",那么"中国数千年来具有历史性之民族特征,如五伦八德,以及一切优良之古训与遗传,应竭力保持无坠,更藉以为基础以拯欧美唯物主义,与放任主义之弊。考欧洲中世纪之文艺复兴,得力于希腊古训之研讨,故文艺复兴不啻古学复兴之结果。而浅薄之士言及复古,辄诋为落伍退化,此不足辩者也"。其次是"利用西方文化之优点",因为"中国文化长于伦理精神之修养,而绌于科学技术之运用,居今之世,非可以'小国寡民,使有什百之器而不用'所能生存,故应善取彼长济我所短。中国生存落后,四海困闲,尤应积亟提倡生产教育,期于最近期间,达成一般之水准"。③ 如此,将中国文化与西方文化相结合,汲取两者之所长,则容易实现中国民族文化的复兴。梁寒操强调,"不谈民族文化的发展则已,否则一定要以世界大同为依归,我们不要故步自封,也不要妄自菲薄。线装书固然不一定都是好东西,但好东西确乎不少,我们应该要善于选择,去掉坏的,留下好的,更把它发扬光大,同时又要不为线装书所迷,尽量吸收外国的好东西,截长补短,使我们的文化更见发扬光大"。另外,"世界大同不能抹

---

① 《中国本位文化建设座谈会》,《文化建设》月刊第 1 卷第 5 期,1935 年 2 月 10 日。
② 林志云:《复兴民族与复兴文化运动》,杭州《浙江青年》第 3 卷第 3 期,1937 年。
③ 李笑渊:《中国文化之复兴》,《东方文化月刊》第 1 卷第 2 期,1938 年。

杀任何民族的文化，否则便养成帝国主义的思想，把自己看成高级文化，眼高于顶，把别人都看成低级文化的民族"。[1] 上述这些认识或许过于绝对，但是不能不说，其中也有相当的见识，在中西文化的对比中，才能够真正观察出清晰的图景，以此做出正确的选择。暂且不说其中有约化的嫌疑，但是真正要发展和复兴中国文化，还确实需要这些细致内容的分析，而不是泛泛而论。

这里尤需指出的是，20世纪30年代的"中国本位"与"全盘西化"的论争后，人们开始超越"中体西用""中国本位""西化"或"全盘西化"这种二元对立的思维模式，而提出了一种新的"综合创新"的文化思想。1937年5月2日，张申府在《北平新报》上发表《五四纪念与新启蒙运动》一文，他在文中提出：要创造一种新的文化，实现民族文化的复兴，"不应该只是毁弃中国传统文化，而接受外来西洋文化，当然更不应该是固守中国文化，而拒斥西洋文化；乃应该是各种现有文化的一种辩证的或有机的综合。一种真正新的文化的产生，照例是由两种不同文化的接合"。而要实现文化的综合创新，"对于中国文化，对于西洋文化，都应该根据现代的科学法更作一番切实的重新估价，有个真的深的认识"。[2] 一年后，他在《抗战建国文化的建立发端》一文中又写道："不论怎样厌恶故旧，但令中国民族存在，中国旧来的文化必会部分地存在。不论怎样拒斥欧化，一部分的欧洲的东西也是已经拒绝不了了的。因此，今日建立新的文化问题，就是如何可以使得中西两方可以合拍：中国最好的东西可以保持而且光大下去，西洋最好的东西也可以真正地移植过来，融合起来。要做到这个，中学为体，西学为用，中主西奴的办法，固然不会达到目的。一般的中西混杂，也不会成功，而且不伦不类，也应非我们所欲。真正要产生出一个新的文化来，与对于哲学一样，惟一可采的方式或途术，也只是有机的化合。先对于中西文化都有甚深的了解。同时注意到时代的趋势，历史的可能，两方都有所扬弃，有所取舍，更努力于物质基础的打点布置。今日真正要自觉地建立一个新的文化，只有如此。否则，或不管过去的传统，或不管当前的环境，必都是徒

---

[1] 梁寒操：《民族文化与世界大同》，《国际编译》第2卷第3期，1944年。
[2] 张申府：《五四纪念与新启蒙运动》，《北平新报》1937年5月2日。

然的。"① "综合创新"的文化思想，强调中西文化的融合性及融合的辩证性、有机性。因此，它的提出是抗战时期中国知识界的一大理论成果。

以毛泽东为代表的中国共产党人在创立新民主主义文化理论的同时，也就如何正确认识和处理好中西文化关系提出了他们的主张和理论。毛泽东指出，要建设"民族的科学的大众的"中华民族的"新民主主义新文化"，"中国应该大量吸收外国的进步文化，作为自己文化食粮的原料"。"凡属我们今天用得着的东西，都应该吸收。"但是这种吸收不是无批判、无选择地生吞活剥，照搬照抄，更不是"全盘西化"，而必须经过一番"消化"的功夫，"把它分解为精华和糟粕两部分，然后排泄其糟粕，吸收其精华"。也就是说，外来先进文化，必须"和民族的特点相结合，经过一定的民族形式，才有用处"。在吸收外来先进文化的同时，我们还必须认识到，"中国现时的新政治新经济是从古代的旧政治旧经济发展而来的，中国现时的新文化也是从古代的旧文化发展而来，因此，我们必须尊重自己的历史，决不能割断历史"，必须对古代文化进行清理和继承，从孔夫子到孙中山，都要进行研究，任何民族虚无主义的观点都是十分错误的。但是，"尊重"历史，"是给历史一定的科学的地位，是尊重历史的辩证法的发展，而不是颂古非今，不是赞扬任何封建的毒素"；"继承"文化，"决不能无批判地兼收并蓄。必须将古代封建统治阶级的一切腐朽的东西和古代优秀的人民文化即多少带有民主性和革命性的东西区别开来"，"剔除其封建性的糟粕，吸收其民主性的精华"。②张闻天在谈到"中华民族的新文化与旧文化"的关系时强调，由于旧中国是一个半殖民地半封建的国家，因此，"旧文化中占统治地位的文化也是半殖民地半封建的。换句话说，即是买办性的封建主义的文化"。这种"买办性的封建主义的文化"，对外善于投降妥协、含垢忍辱，对列强充满恐怖心、依赖心、侥幸心，缺乏民族的自尊心与自信心；对内则提倡封建的旧道德、旧思想、旧制度，主张复古，尊孔读经，保存国粹；反对科学，提倡迷信、愚昧、无知、独断、盲从，提倡唯心主义，反对唯物主义，否认客观真理的存在。这种买办性的封建主义的文化也是提倡反对大

---

① 张申府：《抗战建国文化的建立发端》，《战时文化》创刊号，1938年5月25日。
② 毛泽东：《新民主主义论》，《毛泽东选集》第2卷，人民出版社1991年版，第706—709页。

众、远离大众的,拥护少数独裁特权者利益的贵族文化,反对解放大众、接近大众的平民文化,提倡古文文言文,反对今文白话文。对于这种"买办性的封建主义的文化",我们应给以"彻底的破坏和致命的打击",用全力加以彻底的"扫除"。"新文化是这种文化的彻底的否定"。当然,除了"买办性的封建主义的文化"外,"旧文化中也有反抗统治者、压迫者、剥削者,拥护被统治者、被压迫者、被剥削者,拥护真理与进步的民族的、民主的、科学的、大众的文化因素"。这些文化因素"是我们的祖先留给我们的宝贵的遗产","是值得我们骄傲的"东西。"对于这些文化因素,我们有从旧文化的仓库中发掘出来,加以接受、改造与发展的责任。这就叫'批判的接受旧文化'。所以新文化不是旧文化的全盘否定,而是旧文化的真正'发扬光大'。新文化不是从天上掉下来的奇怪的东西,而是过去人类文化的更高的发展"。中华民族的新文化,不仅要"批判的接受旧文化",还"应该充分的吸收外国文化的优良成果,而成为世界文化中优秀的一部分"。但这种"吸收",决不是完全抄袭外国文化的所谓"全盘西化",外国文化中的反动文化(如主张侵略,反对民族解放;主张独裁与法西斯主义,反对民主与自由;主张宗教迷信,反对科学真理;拥护压迫剥削,反对大众,反对社会主义的文化),是应该坚决排斥的;"也决不像'中学为体,西学为用'的'中国本位文化'论者那样,只吸收外国的自然科学,来发展中国的物质文明"。相反,"它要吸收外国文化的一切优良成果,不论是自然科学的、社会科学的、哲学的、文艺的",凡能够满足我们建设新文化需要的,"我们均应吸收过来。我们要在大胆吸收外国文化的优良的营养料中,使我们的新文化长大起来"。这种对外国文化"大胆的与批判的接受",也就是鲁迅的"拿来主义"。[①] 毛泽东和张闻天的以上论述,科学地回答了民族文化建设和复兴中的形式与内容、吸收和继承这些不少中国人(其中包括以十教授为代表的本位文化派和以胡适为代表的西化派)都试图回答而又未能回答的问题,是对近百年来中国人对中西文化关系之认识的扬弃和超越。

[①] 张闻天:《抗战以来中华民族的新文化运动与今后任务》,《张闻天文集》第3卷,中共党史出版社1994年版,第40—43页。

(四) 民族文化复兴的道路选择

民族文化复兴不是简单地回到过去，恢复传统，而是创立一种新的文化，实现对传统文化的超越与更新。那么，这种新文化究竟是一种什么性质的文化呢？我们应该选择什么样的文化发展道路？对此，中国知识界进行了思考，并提出了资本主义文化、社会主义文化、三民主义文化和新民主主义文化等各种文化主张。

1935年4月10日出版的《文化建设》月刊组织了一组"资本主义文化与社会主义文化讨论"的文章，叶青、陈高傭、李麦麦和朱通九参加了讨论。四人中李麦麦是主张资本主义文化的。他指出，中国文化建设的原则，决定于中国经济建设的原则，而中国经济建设的原则，则决定于中国历史发展的逻辑过程。因此，我们要讨论中国现实文化建设的原则，我们就不能不注意近代中国历史发展的逻辑过程。就中国近代历史发展的逻辑过程来看，"中国民族伟大的发展和文化建设工作只能在历史的新原则——社会主义前提之下，这是没有怀疑余地的"。换言之，"中国文化伟大的建设前途只能走社会主义道路，不能走资本主义道路，这是没有疑问的"。但社会主义文化至少具有以下几个特征：（1）社会主义文化是人类文化，不是阶级文化和革命文化，但"我们现在不仅不能消灭革命，而且为了民族解放和国民大众利益，我们的文化运动应把革命精神发挥到最高度"。（2）社会主义文化是消灭国家的文化，"然而我们现在是把建设一个独立和统一的国家当作革命运动的中心任务之一"。（3）社会主义文化是由必然王国到自由王国的飞跃，它的建设程序一切都是根据人类自由的计划制定的，"而我们现在无论进行任何一个文化工作，乃至出版一个杂志，都要受商品经济的盲目的法则所支配"。所以，在现有的经济条件下，中国的文化建设还不能走社会主义道路，而只能走资本主义道路。"就前途说，如果那时有人主张非发展资本主义文化不可，完全是反动。就目前说，主张中国发展资本主义文化非但不是反动，而且有极大的革命意义，且应去争取这种发展。"[①]

[①] 叶青、陈高傭、李麦麦、朱通九：《资本主义文化与社会主义文化讨论（三）》，《文化建设》月刊第1卷第7期，1935年4月10日。

陈高傭则反对中国的文化建设走资本主义文化的道路。他指出：今日西方各国的文化问题，就是资本主义文化与社会主义文化斗争的问题。中国是一个落后的民族，资本主义文化既没有建立起来，社会主义文化也没有产生的条件。理论上，西方各国所发生的资本主义文化和社会主义文化的斗争与中国没有什么关系。但是自从西方资本主义发达以来，它们的长途远征已把世界连成为一个互有关系的极大体系，所以中国自己虽然没有发达到资本主义的阶段，但是自从帝国主义的经济势力冲破中国的铜墙铁壁之后，中华民族已经尝到了资本主义文化的滋味。同时又因西方社会主义思想的输入和俄国共产革命成功的影响，中国的一部分人不仅知道了社会主义文化在西方萌芽生长，而且还想把它栽培到中国来。所以资本主义文化与社会主义文化的斗争虽然是西方国家的事情，但在中国也有一些反映。然而从事实上看，近年来的文化运动不仅社会主义文化没有影踪，就是资本主义文化亦没有具体的表现，实际上自1840年鸦片战争以来，在帝国主义的束缚下，"我们的文化一直是半殖民地的文化"。我们现在的文化建设，就是要"打破束缚，恢复自由，建设一种新文化"。但这种新文化究竟"是资本主义文化抑是社会主义文化"呢？他以为中国是世界的一个单元，中国固有它的特殊环境，然而人类历史总是在同一的道路上前进，所以中国固然不能盲目地模仿其他国家，但亦不应与世界文化发展的大势背道而驰，我们应当看到文化发展的必然趋向，把握住自己民族的本身需要，以自强不息的精神，去创造自己的新的文化。具体来说，一方面，我们今日因为国穷民困，需要民族资本的发展，但另一方面，因为资本主义文化已造成人类的罪恶，所以我们在发展民族资本的过程中，又要防备走入个人主义的路途。同时我们因为将来的人类的文化必然是社会主义的文化，所以我们虽然在此时因自身条件的不足，不能立刻走社会主义的道路，但对于社会主义文化的动向，我们是需要预先有所把握。"质言之，我们此时是要由发展民族资本的过程中，走上社会主义的路子，运用社会主义的集团精神，来发展我们的民族资本。一方面复兴民族，一方面解决民生，我们的文化路向如此而已。"[①]

[①] 叶青、陈高傭、李麦麦、朱通九：《资本主义文化与社会主义文化讨论（二）》，《文化建设》月刊第1卷第7期，1935年4月10日。

朱通九没有直接谈文化，而谈的是资本主义和社会主义，他既反对中国走资本主义的道路，也不赞成中国走社会主义的道路，而主张中国走民生主义的道路。在他看来，资本主义制度适合于工商业发达的国家，而中国是一个农业国家，80%以上的人口是农民，故资本主义对中国决不适用。而且资本主义以营利为目的，以自私自利为依归，剥夺劳工，至为残酷，力图兼并，无异于人类自相残杀，资本主义的种种弊端，早已暴露无遗，中国当然不能采用这种"为人道所不容的制度"。社会主义是为反对残酷的资本主义而产生和发展起来的，中国还是一个农业国家，远没有达到资本主义化的程度，社会主义也就理所当然地不能适用于中国；更何况马克思的阶级斗争理论，主张人与人之间的斗争，不符合自卫与人类合作的原则。他认为，适用于中国的是孙中山的民生主义。因为民生主义的最高目的，在使人类达到经济平等。这就使它与资本主义区别了开来。而它的最大优点系采用进化的方法，逐渐改良，入于正轨。"换言之，避免激烈的手段，多数的流血，及无谓的牺牲，而达到大同之域。"这又与社会主义的阶级战争不可同日而语。[①]

叶青是个老滑头，他没有明确表示中国的文化建设应该走什么道路，是资本主义文化的道路还是社会主义文化的道路，抑或其他什么文化的道路。用他自己在文章中开头的话说，他只是"把这两种文化，从纯学科上加以科学的研究，指明甚么是资本主义文化，甚么是社会主义文化，从而指明它们的异同和关系。一句话，陈说事实的真相而已"。他认为，资本主义文化是个人主义的文化，社会主义文化是社会本位的文化。它们的区别在于：前者以个人为本位，注重个体；后者以社会为本位，注重集体。它们的联系在于：资本主义文化产生社会主义文化，社会主义文化是资本主义文化的发展，最终社会主义文化将不可避免地要取代资本主义文化。就现阶段而言，资本主义文化随着资本主义的衰落已经衰落，而社会主义文化随着社会主义的发展则"气概勇毅，心雄万夫，要创造一切"。[②]

《文化建设》月刊组织的这组"资本主义文化与社会主义文化讨论"的

[①] 叶青、陈高佣、李麦麦、朱通九：《资本主义文化与社会主义文化讨论（四）》，《文化建设》月刊第 1 卷第 7 期，1935 年 4 月 10 日。

[②] 叶青、陈高佣、李麦麦、朱通九：《资本主义文化与社会主义文化讨论（一）》，《文化建设》月刊第 1 卷第 7 期，1935 年 4 月 10 日。

文章，实际上反映了"九一八"后的抗战时期中国知识界的文化取向。就当时中国知识界的文化取向来看，受1929年世界资本主义经济大危机和苏联"一五计划"成功的影响，在中国知识界中兴起了一般社会主义思潮，大多数人认为中国未来发展的道路应该走社会主义道路而不是资本主义道路（详见本书第三章第三节）。与此相一致，当时公开主张中国的文化建设走资本主义文化道路的人也不多，就是主张，也像李麦麦一样，并不认为资本主义文化要比社会主义文化好，只是认为当时的中国还不具备采用社会主义文化的条件，暂时还只能走资本主义文化的道路。当时中国知识界中大多数人主张中国的文化建设应该走非资本主义文化的道路或社会主义文化的道路。如丁遥思就认为，"目前中国之不需要再来提倡资本主义的文化，原因是在于资本主义的文化，无论在此刻的中国和世界，都是一条走不通的路子，这是由于客观的历史事实所规定着的，用不着我来多讲"。他甚至称"憧憬资本主义文化"的思想是"恶劣思想"。那么，中国的文化建设应该走什么样的路子，建设一种什么样的文化呢？他提出，中国"应该建设一种非资本主义的民族资本主义性的文化，这一种文化，是否定着资本主义的文化，同时又是过渡到社会主义文化所必经的桥梁"。中国有中国的国情和特殊性，建设社会主义文化必须"先从中国本位的非资本主义的文化建设开始"，这就好像俗话说的"行远必自弥，登高必自卑"一样。① 王青云在他的文章中同样强调："我们现在若不谈建设文化则已，如谈建设文化问题，则第一步工作，就是尽其力量求工业化，科学化，以求达到西洋文化的水平线，第二步工作，就是要时时作转入社会主义的准备。"② 李立中也反对中国的文化建设走资本主义文化路子，因为"中国没有资本主义的社会条件，因而它的资本主义文化运动是必然失败的"。在他看来，中国现阶段的社会，是一"变质的初期资本主义社会"，这种社会"是不能进展到资本主义社会的，它只有飞跃到另一高形态社会的可能"。在这种社会形式下的文化运动的主要任务，应当在高形态社会的飞跃到来之前，做积极的准备；而次要的

---

① 丁遥思：《论中国本位的文化建设》，《文化批判》第3卷第1期，1935年。
② 王青云：《欢迎陶希圣先生并论"中国本位的文化建设"问题》，济南《通俗日报》1935年4月11日。

任务，便是"绝对的克服与扬弃"障碍中国社会发展的一切前资本主义因素，这即是说，中国的文化建设"应该在实行这种双重任务的标准之下，作为未来的社会主义启蒙运动而出现"。① 周作新认为，在社会主义已成为一种时代潮流的情况下，我们要"照样保持中国的旧文化是不可能的事，而西洋的资产阶级文化，也到了将被否定的日子。社会主义的世界性的文化，必然地要到来，中国必将产生新文化，而为那世界的社会主义文化的一部分"。②

除了资本主义文化和社会主义文化外，还有一部分人主张的是孙中山的三民主义文化，这部分人主要以国民党人为主。比如，陈立夫在1935年5月10日出版的《文化与社会》第1卷第8期上发表过一篇《文化与中国文化之建设》的文章，就公开提出要以孙中山的三民主义为"中国文化建设之纲领"，并宣称：以孙中山的三民主义"建设国家，则国家得其生存，贡献世界，则世界得其进化，中国本位文化建设之真义，其在斯乎"。③ 我们上面提到的朱通九，他虽然在《文化建设》月刊组织的"资本主义文化与社会主义文化讨论"的文章中没有直接谈文化，而谈的是资本主义和社会主义，但资本主义文化和社会主义文化是资本主义和社会主义的意识形态，或者说是资本主义和社会主义的组成部分，因此，其文化主张也昭然若揭，即中国的文化建设既不能走资本主义的道路，也不能走社会主义的道路，而应该走孙中山的三民主义的道路。聿飞认为，从事中国文化建设的人，"应该完全接受孙中山先生的教义，创造以三民主义为中心的文化运动，而求中华民族复兴运动之实现"。④《中国本位的文化观》一文的作者也强调，"目前所需要建设的中国本位的文化，就是三民主义的文化，因为只有三民主义，才是东西历史文化之综合的结晶"。也只有三民主义文化，"才能从纵的方面，'把中国固有的从根救起来'，而非偏于守旧；横的方面，'把人家现有的迎头赶上去'，而不失之盲从"。具体来说，第一，我们要发扬忠孝仁爱信义和平之固有的民族精神，掺以近代西方的民族思想，而排除其诈伪攘夺

---

① 李立中：《中国本位文化建设批判总清算》，《文化建设》月刊第1卷第7期，1935年4月10日。
② 周作新：《世界文化与中国文化》，《统一评论》第1卷第10期，1936年。
③ 陈立夫：《文化与中国文化之建设》，《文化与社会》第1卷第8期，1935年5月10日。
④ 聿飞：《对于中国本位的文化建设宣言的意见》，北平《社会双周刊》第3卷第34期，1935年。

的倾向，以建设民族主义的文化。第二，我们应继承以孟子、黄梨洲、顾亭林诸先儒为代表的民权思想，混合欧美德谟克拉西之精华而弃其糟粕，实现民主集权的中心政治，而建设民权主义的文化。第三，我们要以"不患寡而患不均"的经济思想为出发点，融合"各尽所能各取所需"的理想社会制度，针对现实，以创造非资本主义的前途，而建设民生主义的文化。① 在丁广极看来，要实现民族文化的复兴，就必须"一方面能够发扬中国民族固有优美的文化，一方面又能尽量利用外国现有文明的特长，这样自会创造成一个新的文化系统起来，要知道单凭中国的优美精神文化和仅有现代西洋的科学文化是不足以解救中国民族（放大一点说世界各民族）的困难的，我们应该撤去了东西洋文化的劣点，而融汇贯通其优点，更得迎头赶上去创造出一种新兴的文化系统来，我们深信将来创造成的，这新兴文化系统就是解救世界一切人类的三民主义文化"。② 中西文化融合的结果，是创造出能"解救世界一切人类的三民主义文化"来。换言之，三民主义文化是中国文化建设要走的道路。

中国共产党及其知识界主张中国的文化建设应走新民主主义文化的道路。1940年初，毛泽东在延安《中国文化》杂志的创刊号上发表《新民主主义的政治与新民主主义的文化》（收入《毛泽东选集》时改为《新民主主义论》）一文，第一次系统地阐述了有关中国新民主主义革命的理论，尤其是新民主主义的政治、经济和文化问题。在谈到新民主主义的文化时，毛泽东指出，所谓新民主主义文化，首先是"民族的。它是反对帝国主义压迫，主张中华民族的尊严和独立的。它是我们这个民族的，带有我们民族的特性"。其次是"科学的。它是反对一切封建思想和迷信思想，主张实事求是，主张客观真理，主张理论和实践一致的"。最后是"大众的，因而即是民主的。它应为全民族中百分之九十以上的工农劳苦民众服务，并逐渐成为他们的文化"。总之，"民族的科学的大众的文化，就是人民大众反帝反封建的文化，就是新民主主义的文化，就是中华民族的新文化"，就是中国文

---

① 《中国本位的文化观》，杭州《东南日报》1935年1月12日。
② 丁广极：《文化建设与民族复兴》，《先导月刊》第2卷第4期，1934年。

化发展的方向。① 接着，张闻天也在《中国文化》第二期上发表了《抗战以来中华民族的新文化运动与今后任务》一文，进一步就"中华民族新文化的内容与实质""中华民族的新文化与旧文化""中华民族的新文化与外国文化"诸问题作了阐述。他指出，中华民族的新文化必须是"民族的""民主的""科学的"和"大众的"。所谓"民族的"，即"抗日第一，反帝、反抗民族压迫，主张民族独立与解放，提倡民族的自信心，正确的把握民族的实际与特点的文化"；所谓"民主的"，即"反封建，反专制，反独裁，反压迫人民自由的思想习惯与制度，主张民主自由、民主政治、民主生活与民主的作风的文化"；所谓"科学的"，即"反对武断、迷信、愚昧、无知，拥护科学真理，把真理当作自己实践的指南，提倡真能把握真理的科学与科学思想，养成科学的生活与科学的工作方法的文化"；所谓"大众的"，即"反对拥护少数特权者压迫剥削大多数人，愚弄欺骗大多数人，使大多数人永远陷于黑暗与痛苦的贵族的特权者的文化，而主张代表大多数人利益的、大众的、平民的文化，主张文化为大众所有，主张文化普及于大众而又提高大众"。他强调指出："上述新文化的四个要求是有机的联系着的。真正民族的，必然是民主的，科学的，大众的。但任何一种主义，一种学说，只要是对于上述要求中的一个要求或一个要求中的一点要求有所贡献，即可成为新文化的一个组成部分。任何一个主义，一种学说包办新文化的企图，都是有害。"② 应该说，中国共产党所主张的新民主主义文化，既符合文化的发展规律，也符合中国的国情和民众的需要，是能真正促进中国文化的发展和复兴的。但遗憾的是，中华人民共和国建立后，在相当长的一段时期内，新民主主义文化的主张，并没有得到真正的贯彻与实践，中国文化也因此而没有得到发展和复兴。

三 现代新儒家复兴民族文化的努力

自 1921 年梁漱溟在《东西文化及其哲学》中提出"孔学复兴"以来就

---

① 毛泽东：《新民主主义论》，《毛泽东选集》第 2 卷，人民出版社 1991 年版，第 706—709 页。
② 张闻天：《抗战以来中华民族的新文化运动与今后任务》，《张闻天选集》第 3 卷，中共党史出版社 1994 年版，第 38—39 页。

一直以复兴中国文化为己任的现代新儒家,"九一八"尤其是"七七"后,他们在此前对中国传统文化进行发掘、整理、研究和阐述的基础上,以更大的热情投入到对中国文化复兴问题的讨论和探索中,先后有张君劢的《立国之道》《胡适思想界路线评论》,熊十力的《读经示要》《新唯识论》(语体本),冯友兰的《新理学》《新事论》等"贞元六书",钱穆的《国史大纲》《中国文化史导论》《文化与教育》,贺麟的《宋儒思想的新评价》《五伦观念的新检讨》《儒家思想的新开展》,马一浮的《宜山泰和会语》,梁漱溟的《中国文化问题》《理性与理智之分别》等一大批著作或文章出版或发表,并以他们的努力促进了抗战时期民族文化复兴思潮的空前高涨。

(一)批判西化思潮和历史虚无主义

不破不立,要复兴中国文化,首先必须对近代以来,尤其是五四新文化运动以来流行的西化思潮进行批判。所以,批判西化思潮是现代新儒家复兴中国文化的努力之一。因 1923 年挑起"科学与人生观论战"而成为现代新儒家代表人物的张君劢,于 1940 年在《再生》杂志重庆版第 51 期上发表《胡适思想界路线评论》(又名《吾国思想界应超越欧洲文艺复兴而过之》)一文,对以胡适为代表的西化思潮进行了全面的清算,并将这种清算视之为中国"今后思想前进之出发点"。首先,他指出,胡适的努力不外追随欧洲文艺复兴以来之步骤,欲推行于中国而已。具体而言,欧洲文艺复兴,前后有三件大事:(1)古籍发现——胡适不深究欧洲古籍发现与清代汉学家注重古经真伪和文字训诂之间的异同,牵强附会,将二者相提并论,谓清代经学家之所为等于欧洲文艺复兴之古籍发现。(2)宗教革命——胡适以为欧洲人反对宗教的言论,可以用作反对孔教的理论武器,于是有打倒孔家店之口号的提出,而不知孔教并不是宗教,孔子所言不外乎人事或人伦。(3)科学运动——胡适只知道欧洲人的科学方法,而不辨科学与哲学的区分,将人生观及自由意志并于科学之中,以为科学的机械律,可以解决一切。伸言之,机械主义与自然主义完全支配了胡适的心理,如果有人持不同意见,即认为是仇视科学,而大声疾呼以反对之。

张君劢进一步指出,自 13、14 世纪文艺复兴以来,欧洲的思想和学术有了很大发展,然而胡适的思想则没有发展,仍然依循文艺复兴的覆辙,心中只有理性主义之启智时代的科学和哲学，而对于欧洲后来一些新的学说特别是一些相反的说学一概加以排斥。因此，他（1）只相信格里雷、牛顿的理物学和达尔文的进化论，反对杜里舒的生机主义；（2）只知机械主义或联合主义的心理学，反对自由意志说；（3）只崇拜边沁的乐利主义，反对道德论，如陆王心学、康德的伦理学等；（4）只信仰休谟的自然宗教和无神论对于宗教的态度，而对于宗教的根本精神不求了解。

张君劢认为，上述胡适对于欧洲学说的种种态度是十分有害的，因为，第一，如果名义上提倡科学，而实际上对于某部分之科学新说则借非科学之名加以排斥，那么，我们又怎么能大开门户吸纳世界各种学说呢？第二，建立一国文化，不仅需要保持理智，同时也需要信仰，人们需要宗教安身立命；第三，学术、宗教和政治的改造不能脱离具体的历史背景，否则，将种瓜得豆。据此，张君劢希望今后中国学术界能吸取胡适的教训，抛弃启智时代对于哲学和科学的那种浅薄主义的理解，于理智之外，须顾到意志主义，因为，"惟承认各个人与团体之意志，则对于国家建设与道德、宗教问题，自然有一中心方向"。此外，对各种哲学、科学应不抱成见，以开阔的心胸，招徕各种学说，在建设新政治制度的同时，注重道德与宗教问题，尤其不可将"心理上自然之要求"的宗教，视为迷信而排斥之。

在是文中，张君劢着重批判了胡适对中国文化，尤其对孔子和宋明理学的评价。他指出，孔子为中国文化之柱石，"其言内诸夏而外夷狄，树立各国民族主义之基础。其所谓正名定分，确立吾国社会上之秩序观念，其一身之学不厌，足见其爱智之切。其所谓祭神如神在，表示其对于神道不确言其有无，然亦不忘慎终追远之义。其删诗书，定礼乐，修春秋，将中国文化典章大加整理，以垂诸今日而不废除"。就是西方的一些思想家对于孔子及其学说亦大加赞扬。然而胡适却倡为"打倒孔家店之口号"，攻击孔子不遗余力，"是可谓对于中国文化、对于孔子有正确认识者乎"？西方文化之长在知识，在名学，所短在人伦，在心性修养。中国文化之长在人伦，在行为，所短在知识，在名学。然而胡适在其《中国哲学史》上卷中，则挟彼之长，来衡量孔孟以来的知识论，中国思想家之精神和我国文化之精神又从哪里表现出来呢？

针对胡适关于宋明理学的评价，张君劢指出，国之所以立，不能无义理。如逻辑学，如方法学，这是今日欧洲学术上的义理；如三权分立，如自由平等，这是今日欧洲政治上、法律上的义理。一个国家如果在学术上，在法律上无义理，那就像行舟一样没有指南针，难免迷失方向。宋儒在中国思想界经魏晋南北朝而消沉已极的情况下，受佛教影响之余，转而求思想之独立，乃发为无极太极之宇宙论，进而为天理情欲心性之分析，更进而以德性学问立一己修养之方，其于君臣、父子、夫妇、兄弟、朋友之伦，一本孔孟之成规，自宋而元而明，绝无出入。宋元明清四朝代嬗变之际，其忠臣义士于生死患难之际，每能大节凛然，不为民族之玷者，诚与宋明儒义理之学有关。然而胡适却不作如是观，他"每闻清代学者之遗风"，亦以反对宋明儒空谈心性倡导于国中，在反对宋明理学的同时，他又"追随清儒之后，称其治学方法能实事求是"。其实，清儒之学以西方的学术观点来看，是一种语言文字考据之学，它与宋明儒的义理之学是两种不同的学问。但胡适则"以推尊考据之故"，主张打倒义理之学，企图用知识上的辨别真伪之考据，来代替道德善恶的标准，这完全是错误的。

张君劢认为，胡适所以不能对中国文化尤其是孔子和宋明理学做出正确评价，一个重要原因，是他过于信仰理性主义，认为传统可任意推翻，而社会上一切问题都可以凭知识标准或曰真理标准加以解决。但实际上，传统与知识，或曰保守与进步，应如车之两轮，鸟之两翼，缺一不可。"若如过信理智之言，一切可以凭理智解决，则近十余年，社会上横决而不可收拾之局，其亦可以引为鉴戒者矣。"正因为胡适过于信仰理性主义，一切都以科学知识为出发点，未能处理好"传统与知识"之间的关系，故"其所贡献于社会者，在其勇于怀疑，勇于打倒传统"，但对于文化建设工作，则很少考虑，也鲜有建树。这不能不是胡适以及以他为代表的西化派的悲剧和遗憾。

在张君劢看来，要抗战建国，建立一国的文化，实现民族文化的复兴，就不能缺少三种态度：（1）宇宙各种现象囊括无遗；（2）各种不同学说公平论断，不可有入主出奴之见；（3）不忘本国历史与其所遗留下来的各种制度的真意义。有科学，同时不能无道德无宗教，不可因科学而排斥道德与宗教，亦不可因道德与宗教而排斥科学。更进而言之，主革新者，不可抹杀传统，同时也不可因传统而阻碍进步。"此则今后学术自主自立之大方针也。"[①]

[①] 张君劢：《胡适思想界路线评论》，《再生》（重庆版）第51期，1940年。

张君劢把胡适作为西化思潮的代表人物加以批判，这无疑是恰当的，就其所批判的具体内容来看，有的也是正确的，如他批判胡适不顾中国具体国情而一味照搬西方思想，因过于信仰理性主义而不能正确认识知识与信仰、传统与现代的关系，对中国文化尤其是孔子和宋明理学做出正确的评价，等等，特别是他对建立一国文化应持的三种态度以及对科学与道德，或曰"保守与进步"之关系的论述，更显示了他思想的深刻性。这也是张君劢的新儒学思想中有价值和值得充分肯定的地方。但另一方面，张君劢在批判胡适的西化思想和对中国文化进行评价时，往往又走到了另一极端，而犯了与胡适相类似的错误。

譬如，他在批判胡适"倡为打倒孔家店之口号"，全盘否定孔子，而不能认识孔子于中国文化形成过程中的伟大功绩时，却对孔子采取了全盘肯定的态度，甚至将孔子与中国文化等同起来，认为"孔子人格与中国文化本身，已成为一体而不可分"，所以，推翻孔子即"等于推翻国必有主之原则"。基于上述认识，他反对胡适和其他人对孔子及其学说的一切批判，并极力为它们辩护。胡适批判"孔子君臣之大义，为后世专制君主之凭借"。张君劢就此辩驳说："然世界何一国而无专制君主之一级？即孔子有尊君之说，亦犹今日服从政府之说，安见学说之有害于国民？"针对胡适及五四新文化运动时期的新文化派对于孔子及其礼教的批判，他写道："如因宋儒饿死事小失节事大之言，致有多少不再嫁之节妇，在愚夫愚妇或有行之过乎其度者，又何能以此定罪孔子与其所倡之礼教乎？"如果说胡适及其代表的西化派全盘否定孔子及其学说不对的话（胡适是否真如张君劢所说全盘否定过孔子及其学说，这个问题另当别论，参见笔者《西化思潮的历史考察》和《胡适是"全盘西化"论者？》两文[①]），那么，张君劢对孔子及其学说的全盘肯定同样也是错误的。实际上作为一个历史人物，孔子和他创立的儒学，既对中国文化的形成和发展产生过积极的影响，也对中国历史的进步起过一定的阻碍作用，尤其是当历史进入近代后，这种阻碍作用就更加明显。因此，对待孔子及其学说应该一分为二，任何简单化地全盘否定或全盘肯定都不是正确的态度。

---

① 郑大华：《西化思潮的历史考察》，《湖南师范大学学报》2005年第2期；《胡适是"全盘西化"论者？》，《浙江学刊》2006年第4期。

再如，他批判胡适"对于中国旧文化之估价，因其偏于知识，偏于机械主义、自然主义、乐利主义之故"，而"但见其短而不见其长"，否定得多而肯定得少。然而，他对中国旧文化之估价，则正好走到了胡适的反面，是但见其长而不见其短，肯定得多则否定得少。如他认为中国几千年的封建君主专制制度、科举制度、大家族制度和纳妾制都是中国文化的"特色"和"精华"，尤其是纳妾制度有利于"中国人口之繁殖"，其动机或为男女之欲，然"其结果即所以增加人口，扩大同族以自卫乡里。其间接之效，更以所增人口移殖于海外"，所以纳妾制要比一夫一妻制更能"维持于久远也"。张君劢批评胡适对中国文化的看法"未见其正确"，但他如此评价中国文化同样也是错误的，君主专制、大家族制度，尤其是纳妾制无论如何是不能作为中国文化的"特色""精华"而加以"发扬光大"的。

如果说张君劢重点批判的是以胡适为代表的西化思潮的话，那么，作为著名的历史学家，钱穆重点批判的则是历史研究中的民族虚无主义。1939年6月，钱穆在十分艰苦的条件下写成《国史大纲》一书，在书的扉页上他要求读者在阅读该书时"请先具下列诸信念"：（1）当信任何一国之国民，尤其是自称知识在水平线以上之国民，对其本国已往历史，应该略有所知（否则最多只算一有知识的人，不能算一有知识的国民）；（2）所谓对其本国已往历史略有所知者，尤必附随一种对其本国已往历史之温情与敬意（否则只算知道了一些外国史，不得云对本国史有知识）；（3）所谓对其本国已往历史有一种温情与敬意者，至少不会对其本国已往历史抱一种偏激的虚无主义（即视本国已往历史为无一点有价值，亦无一处足以使彼满意），亦至少不会感到现在我们是站在已往历史最高之顶点（此乃一种浅薄狂妄的进化观），而将我们当身种种罪恶与弱点，一切诿卸于古人（此乃一种似是而非之文化自谴）；（4）当信每一国家必待其国民备具上列诸条件者比数渐多，其国家乃再有向前发展之希望（否则其所改进，等于一个被征服国或次殖民地之改进，对其国家自身不发生关系。换言之，此种改进，无异是一种变相的文化征服，乃其文化自身之萎缩与消灭，并非其文化自身之转变与发展）。[①]

基于上述认识，钱穆在《国史大纲》的"引论"中对历史研究中的民

---

① 钱穆：《国史大纲》，商务印书馆1996年版，扉页。

族虚无主义进行了批判。他首先指出，中国为世界上历史最完备的国家，举其特点有三："一者'悠久'"，自传说中的黄帝算起有四千多年的历史；"二者'无间断'"，自周共和行政以下都有年代可查；"三者'详密'"，史事记载十分清楚。加上中国地域辽阔，民族众多，历史非常丰富多彩。而"一民族文化之评价，与其历史之悠久博大成正比，则我华夏文化，于并世固当首屈一指"。[1]然而自清末以来，一些所谓"革新派"的史学家和思想家，则从上层"政治制度"、中层"学术思想"和下层"社会经济"等方面全盘抹杀中国历史，宣扬民族虚无主义。如在"政治制度"方面，他们"于一切史事实，皆以'专制黑暗'一语抹杀。彼辈对当前病症，一切归罪于二千年来之专制"。在"学术思想"方面，他们认为"中国自秦以来二千年，思想停滞无进步"，孔子或老子要为中国的落后负责，甚至主张废除汉字，"创为罗马拼音"。在"社会经济"方面，他们把"中国自秦以来二千年"的社会说成是"封建社会"，认为"二千年来之政治，二千年来之学术，莫不与此二千年来之社会经济形态，所谓'封建时期'者相协应"。"我中国自秦以来二千年，皆封建社会之历史耳，虽至今犹然，一切病痛尽在是矣。"正因为一些所谓"革新派"的史学家和思想家把自秦以来的两千年的政治制度说成是"专制政体"，两千年的学术思想说成是"思想停滞"，两千年的社会经济说成是"封建社会"，所以在他们看来，"中国自秦以来二千年历史无精神，民族无文化"，各个方面都不能与西方相提并论。[2]

钱穆进一步指出，一些所谓"革新派"的史学家和思想家之所以把自秦以来的两千年的政治制度说成是"专制政体"，两千年的学术思想说成是"思想停滞"，两千年的社会经济说成是"封建社会"，原因就在于他们"莫不讴歌欧美，力求步趋，其心神之所向往在是，其耳目之所闻睹亦在是。迷于彼而忘其我，拘于貌而忽其情。反观祖国，凡彼之所盛自张扬而夸道者，我乃一无有。于是中国自秦以来二千年，乃若一冬蛰之虫，生气未绝，活动全失"。[3]如在政治制度上，中国既没有英国的"大宪章"与"国会"的

---

[1] 钱穆：《国史大纲》，商务印书馆1996年版，第1页。
[2] 同上书，第5—6页。
[3] 同上书，第10—11页。

"创兴",也不曾爆发过法国的"人权大革命",他们由此得出结论:中国"'自秦以来二千年,皆专制黑暗之历史'矣"。在学术思想上,中国没有经历过"文艺复兴运动",以及"各国学者蓬勃四起,各为其国家民族创造其特有新兴之文学",更没有发生过马丁·路德领导的"宗教革命",所以他们认为:中国"'自秦以来二千年,皆束缚于一家思想之下'矣"。在社会经济上,中国不曾产生过像达伽马、哥伦布那样的"凿空海外,发现新殖民地之伟迹"的人物,也没有出现过"今日欧美社会之光怪陆离、穷富极华之景象",无怪乎他们宣称:"'自秦以来二千年,皆沉眠于封建社会之下,长夜漫漫,永无旦日'矣。"[1] 钱穆对这种以西方的历史为标准来硬套和评价中国历史的现象提出了严厉批评。他指出:由于自然环境和社会背景的不同,不同民族和国家的文化发展是不一样的,研究或评价某一民族或国家历史,"必确切晓瞭其国家民族文化发展'个性'之所在,而后能把握其特殊之'环境'与'事业',而写出其特殊之'精神'与'面相'"。这就如同"为一个运动家作一年谱或小传,则必与为一音乐家所作者,其取材详略存灭远异矣"。因为"以音乐家之'个性'与'环境'与'事业'之发展,与运动家不同故;以网球家之个性与环境与事业之发展,又与足球家不同故;一人如此,一民族、一国家亦然"。因此,研究或评价中国历史的"第一任务,在能于国家民族之内部自身,求得其独特精神之所在"。[2] 但清末以来的一些所谓"革新派"的史学家和思想家则反其道而行之,他们以西方的历史为标准来硬套和评价中国历史,这就如同"为网球家作年谱,而抄袭某音乐家已成年谱之材料与局套"一样,"不知其人之活动与事业乃在网球不在音乐。网球家之生命,不能于音乐史之过程中求取"。[3] 实际上,他指出,中国历史并不像清末以来的一些所谓"革新派"的史学家和思想家认为的那样,自秦以来两千年"无进展""无精神""无文化",只不过和欧美"于'斗争'中"得"进展"、得"精神"、得"文化"不同,中国是"于'和平'中"得"进展"、得"精神"、得"文化"的。"若空洞设譬,

---

[1] 钱穆:《国史大纲》,商务印书馆1996年版,第10页。
[2] 同上书,第9、11页。
[3] 同上书,第10页。

中国史如一首诗,西洋史如一本剧。一本剧之各幕,均有其截然不同之变换。诗则只在和谐节奏中转移到新阶段,令人不可划分。"①

除以西方的历史为标准来硬套和评价中国的历史外,清末以来一些所谓"革新派"的史学家和思想家在研究和评价中国历史时存在的另一问题,是以人之"生力"比己之"病态",因而不能对中国历史做出实事求是的评价。他指出:一民族一国家历史之演进,有其生力焉,亦有其病态焉。生力,是其民族与国家历史之发展前进的根本动力。病态,是其历史演进过程中所遭遇的顿挫与波折。人类历史之演进,"常如曲线形之波浪,而不能成一直线以向前"。所以拿两个不同的民族或国家的历史相比较,"则常见此时或彼升而我降,他时或彼降而我升"。如果人们"只横切一点论之,万难得其真相"。清末以来一些所谓"革新派"的史学家和思想家在研究和评价中国历史时就犯了这一错误。他们适见中国之"骤落",而西方之"突进",于是"意迷神惑,以为我有必落,彼有必进,并以一时之进落为彼、我全部历史之评价,故虽一切毁我就人而不惜,惟求尽废故常,以希近似于他人以万一"。② 正因为他们是以人之"生力"比己之"病态",换言之,是以人之"突进"比己之"骤落",得出的自然是中国各方面都不能与西方相提并论的评价。他尤其对那种把中国今日之"病态"全归罪于"古人"、要古人为今人负责的做法提出了批评:"西人论史,盛夸其文明光昌,而渊源所自,必远本之于希腊、罗马。国人捧心效颦,方务于自谴责,而亦一一归罪古人,断狱于唐虞三代之上,貌是而神非,其矣其不知学也。"③

针对当时人们"率言革新"的现象,钱穆指出,"革新固当知旧"。"凡对于已往历史抱一种革命的蔑视者,此皆一切真正进步之劲敌也。"因为只有对过去的历史文化有真正了解和热爱的人,才能"对现在有真实之认识";而只有"对现在有真实之认识",才能"对现在有真实之改进"。"故所贵于历史智识者,又不仅于鉴古而知今,乃将为未来精神尽其一部分孕育与向导之责也。"否则,如果一个民族对其已往之历史无所了解,那么这个

---

① 钱穆:《国史大纲》,商务印书馆1996年版,第13页。
② 同上书,第25—26页。
③ 同上书,第27页。

民族必然是无文化之民族，此民族中之分子对其民族必无甚深之爱；而爱之不深，也就不能为其民族奋斗牺牲。这样的民族最终是不能立于世界民族之林的。"今国人方蔑弃本国已往之历史，以为无足重视；既已对其民族已往之文化懵无所知，而犹空呼爱国。"这样的爱，只能算作一种商业之爱，就如同农人之爱其牛一样，"仅知彼之身家地位有所赖于是"。因此，他认为，要使国民为了国家"断脰决胸而不顾，以效死于前敌"，就必须对他们进行历史教育，使他们对"国家民族已往历史"有真正的了解，产生"真诚之深爱"，从而认识到"我神州华裔之生存食息于天壤之间，实自有其不可侮者在也"。[①]这"其不可侮者"，也就是中国灿烂辉煌的古代文明。

如钱穆所批判的那样，自清末以来中国社会确实存在着一股全盘否定中国历史文化的民族虚无主义思潮。钱穆对它进行批判，反对以西方文化为评价标准，不加分析地把中西历史文化传统与性格的不同，看成是先进（西方）与落后（中国）的区别，把自秦以来两千年的中国历史说成是"中古时代"或"封建时代"的历史，否认中国历史文化的发展和进步；反对因目前中国的"骤落"和西方的"突进"，就瞧不起自己，而迷信洋人，甚至自我菲薄，归罪古人，把中国历史文化说得一无是处、一片漆黑。在《五十年来中国之时代病》中他写道："传统五千年，是中国人的生命，一切都象征着中国生命之健全与旺盛。最近五十年，则只是生命过程中之节病状。尽管健全旺盛的生命有时也该有病，病的对治正是生命的挣扎。没有为着五十年的病痛，便要根本埋冤到他五千年的生命本身之理。埋冤生命本身，只有自杀，自杀决非病的医治，为接近五十年来现状，而一口骂倒传统五千年，只是急躁，只是浅见。"[②]提出要认识"中国文化之优异之价值"，就必须对中国历史文化怀有"温情与敬意"，并用全部历史说明，"我民族命运之悠久，我国家规模之伟大，可谓绝出寡俦，独步于古今矣"。值此抗战建国之际，我民族国家之前途也不须外求，"仍将于我先民文化所贻自身内部获得其生机"。[③]这些无疑都是正确和深刻的，应该给予充分肯定。特别是他提

---

① 钱穆：《国史大纲》，商务印书馆1996年版，第2—3页。
② 钱穆：《五十年来中国之时代病》，《思想与时代》第21期，1943年4月1日。
③ 钱穆：《国史大纲》，商务印书馆1996年版，第32页。

出的"革新固当知旧",只有"知旧"才能更好地"革新"①,因而要加强对国民进行本民族历史教育的观点,在今天尤其具有重要的现实意义。

但这只是问题的一方面,问题的另一方面,他和清末以来一些所谓"革新派"的史学家和思想家一样,也不能正确地认识和评价中国的历史文化。比如,他以中国"立国规模""基本精神"和"演进渊源"与西方不同,而否认自秦以来两千年的中国政治制度是君主专制政体,并批评此种观点是不明"中国历史的真相"的"不情不实之谈"。在他看来,"中国传统政治,既非君主专制,又非贵族政体,亦非军人政府,同时也非阶级(或资产阶级或无产阶级)专政……自当属于一种民主政体,无可辩难。吾人若为言辞之谨慎,当名之曰中国式之民主政治。当知中国政府虽无国会,而中国传统政府中之官员,则完全来自民间,既经公开之考试,又分配其员额于全国之各地,又考试按照一定年月,使不断有新分子参加。是不啻中国政府早已全部由民众组织,则政府之意见,不啻即民间之意见。如此,则何必再架床叠屋,更有一民选国会以为代表民意之机关?中国政府既已为民众组织之政府,则政府一切法制章程,即系民意之产物,更何需别有一民选立法机关,再创一部宪法,强政府以必从?"② 他甚至认为,与西方的民主政治比较,秦以来两千年的"中国式的民主政治"更"适合于我国情",今人不要"妄肆破坏,轻言改革"。③ 如此言论,借用方克立先生批评的话说,"就不仅是'文化保守主义',且几乎走到'社会政治的保守主义'的立场上去了"。④

(二) 阐释中国文化的特殊性

1939年钱穆在完成《国史大纲》后,开始着手撰写《中国文化史导论》一书,并陆续在《思想与时代》杂志上刊出。钱穆首先探讨了中国文化发生的地理背景及其对中国文化的影响。他指出,人类文化一般都最先开始于灌溉区域不大而四周有天然屏障的江河流域,这样既易于农业生产,又可不受外敌的侵扰,如古埃及文化于尼罗河流域,古巴比伦文化于幼发拉底河和

---

① 钱穆:《国史大纲》,商务印书馆1996年版,第2页。
② 钱穆:《中国民主精神》,《文化与教育》,广西师范大学出版社2004年版,第82页。
③ 钱穆:《国史大纲》,商务印书馆1996年版,第16页。
④ 方克立:《现代新儒学与中国现代化》,天津人民出版社1997年版,第110页。

底格里斯河流域，古印度文化于印度河流域，莫不如此。但中国文化则有些特殊。他不同意那种笼统地说中国文化发源于黄河流域的观点，认为这种观点只看到了世界诸文明古国文化起源的共性，而没有注意到中国文化起源的特殊性，因为黄河本身并不适于灌溉与交通，准确地说，中国文化的发生并不依赖于黄河本身，依赖的是黄河的各条支流。每一支流的两岸和其流进黄河时两水相交形成的三角地带，即所谓的"水桠杈"，才是中国古代文化真正的摇篮。如唐、虞文化发生于山西的西南部，黄河大曲的东岸及北岸及其流入黄河的三角地带。夏文化发生于河南的西部，黄河大曲的南岸，伊水、洛水两岸，及其流入黄河的三角地带。周文化发生于陕西的东部，黄河大曲的西岸，渭水两岸及其流入黄河的三角地带。这些三角地带土地肥沃，交通便利，易于农耕，很早便形成了一个文化共同体。这是中国古代西部文化的发生过程。殷商文化发生于安阳附近，这是漳水和洹水流入黄河所形成的三角地带。殷商文化与东部一些发生于两水相交的三角地带的文化，形成了中国古代东部的文化系统。据此，钱穆得出三点结论：第一，古代文化的发展，均在一个小环境里开始，而不易形成伟大的国家组织，只有中国文化自始即在一个大环境下展开，因此容易养成并促进政治、社会以及人事等方面的团结与处理方法的才能，从而使中国人能迅速完成内部的统一。第二，在小的环境里产生的文化社会，容易受到周边文化程度较低的民族的"侵凌"，其发展被迫中断或受阻，只有中国文化是在大环境下展开的，并迅速完成了国家内部的团结与统一，因而对外族之抵抗力特别强大，得以免遭摧残，而保持其不断地向前发展，成为世界上历史最为悠久的国家。第三，在小地面的肥沃区域里产生的古代文明易达到其顶点，失去另一新鲜向前的刺激，从而导致"社会内部的腐败和退化"，只有中国文化因产生在贫瘠和广大的地面上，不断有新的刺激和新的发展，社会内部能始终保持一种勤奋和朴素的美德，其文化因而也常有新精力，不易腐化，直到现在"仍有其内在尚新之气概"。[①]

为了进一步说明中国文化的特殊性，在考察了中国文化赖以产生的独特环境以及由此而形成的中国文化的特殊性后，钱穆进一步对中国文化与欧洲

[①] 钱穆：《中国文化史导论》，商务印书馆1994年修订版，第7页。

文化进行了比较。因为在他看来，就全世界人类文化已往成绩而论，只有西方的欧洲文化和东方的中国文化算得上源远流长，直到现在成为人类文化的两大主干。概而言之，第一，就政治而论，中国从很早的时候起，就已成为一个统一的大国家，很少发生内争，而欧洲直到近代还是列国纷争，没有实现统一。中国人由于数千年来常在统一的和平局面下生活，注重的是对内问题而不是对外问题，常常"反身向着内看"，久而久之，"便成为自我一体浑然存在"。西方人由于常生活在"此起彼仆的斗争状态之下"，注重的是对外问题而不是对内问题，"常常是向外看的"，久而久之，"成为我与非我屹然对立"。唯其常向外看，认为有两体对立，所以西方人特别注意空间的"扩张"以及"权力"和"征服"。唯其常向内看，认为只有一体浑然，所以中国人特别注意时间的"绵延"以及"生长"和"根本"。第二，就经济而论，中国文化是建筑在农业上面的，是彻头彻尾的农业文化；而欧洲文化是建筑在商业上面的，是彻头彻尾的商业文化。西方常常运用国家力量来保护和推进其国外商业，中国则常常以政府法令来裁制国内商业势力的过分旺盛，使其不能远驾于农、工之上。因此在西方国家很早便带有一种近代所谓"资本帝国主义"的姿态，在中国自始至今采用的是一种近代所谓"民主社会主义"的政策。虽然中国历史上也不断有科学思想和创造发明，但由于采用的是所谓"民主社会主义"的政经政策，"不患寡而患不均"，对于机械生产不仅不加奖励，而且时时加以禁止与阻抑，以至工业落后，科学不发达。第三，就人生观念和人生理想而论，中国人向来既不注重自由，也不讲组织和联合。而西方人对自由特别重视，从某种意义上说，一部西方史，也就是一部人类自由的发展史，西方的全部文化，也就是一部人类发展自由的文化史。与自由相联系的，是组织和联合。如果说希腊代表着自由的话，那么，罗马和基督教会则代表的是组织和联合。"这是西方历史和文化的两大流，亦是西方人生之两大干。"我们只要把握了这两个概念，也就把握了隐藏在西方历史后面的"一切意义和价值"。中西这种人生观念和人生理想的不同，源于他们着眼点的不同。西方人注重向外看，看人和社会是"两体对立"的。因有两体对立，所以要求自由，同时又要求联合。中国人注重向内看，看人和社会是浑然一体的，这个浑然一体的根本，大言之，是自然，是天；小言之，则是各自的小我。"小我"与"大自然"浑然一体，这便是所谓的"天人合一"。《大学》讲修身，齐家，治国，平天下，一层一层地扩大，即是一层一层地生长，又是一层一层地圆成，最后融合而化，此身与家、国、天下并不构成对立。这便是中国人的人生观和文化精神。只有把握了中国人的这种人生观和文化精神，才能够正确地认识和评价中国历史和文化的特殊意义及价值。第四，就宗教信仰而论，西方人看世界是两体对立的，在宗教上也存在着"天国"和"人世"的对立；中国人则相反，他们看世界只有一个，不相信有与"人世"对立的"天国"存在。因此中国人要求永生，要求不朽，要求的是现世的永生和不朽。正因为中国人不相信"天国"的存在，所以在西方发展出的宗教观，在中国则发展成了伦理观。这也是中国人对世界对人生的"义务"观念，更重于"自由"观念的根本原因。[①]

在比较了中国文化与欧洲文化在政治、经济、人生观念和宗教等方面的不同后，钱穆提出了自己独特的中国文化演进过程的四期说。即第一时期是先秦时期。这一时期中国人把本民族的人生理想和信念确定了下来，这是中国文化演进的大方针，也是中国文化的终极目标所在，其具体表现为国家凝成和民族融合、古代观念和古代生活、古代文学和古代文字的形成。第二时期是汉唐时期。这一时期的中国人把政治、社会一切规模与制度大体上规划出了一个轮廓，这是人生的共通境界，必先把这一共通境界安顿妥当，然后才能够有各人的自我发展。第三时期是宋元明清时期。这一时期的特点是文学与艺术的发展，人生的共通境界安定下来，并开始了个性的自由伸展。第四时期是"当前面临着的最近将来的时期"。这一时期的最主要任务是如何实现中华文化的复兴。他又称第一时期为"宗教与哲学时期"，特点是确立人生之理想与信仰；第二时期为"政治与经济时期"，政治采用民主精神的文治政府，经济主张财富平衡的自由社会；第三时期为"文学与艺术时期"，文学艺术偏于现实人生，而又能代表一部分共同的宗教性能；第四时期为"科学与工业时期"，即采用西方的科学与工业以实现中华文化的复兴。[②]就钱穆的中国文化演进过程的四期说来看，在于从中国文化发展的内

[①] 钱穆：《中国文化史导论》，商务印书馆1994年修订版，第8—19页。
[②] 同上书，第228—229页。

在逻辑出发,既肯定中国文化有五千年一贯而上、一脉相承的传统,又强调不同发展时期所体现出来的不同特征,从而将中国文化发展的连续性的一般趋向与发展过程中的阶段性的不同特征有机地结合了起来。

和钱穆一样,梁漱溟也特别重视中国文化的特殊性。抗战期间,他在奔走国事之余,先后有《中国文化问题》《理性与理智之分别》等探讨中国文化特征和改造与复兴中国文化的文章发表。中国文化的特征是什么?梁漱溟认为,中国文化的特征"在人类理性开发得早"。[①] 何谓"理性"?根据梁漱溟的解释,"理性"是与"理智"不同的一种心理,理智属于"知的一面",而理性属于"情的一面"。比如中国人喜欢讲"读书明理",所明的是"父慈、子孝、知耻、爱人、公平、信实之类"的"理",而不是"自然科学之理",或"社会科学之理"。前一类的"理"可以称之为"情理",后一类的"理"可以称为"物理"。"情理"存于主观,而"物理"则属于客观。人类所以能明白许多情理,由于"理性";人类所以能明白许多物理,由于"理智"。再比如学校考试,学生将考题答错,是一种错误——知识上的错误。若舞弊行欺,则又另是一种错误——行为上的错误。前一错误,在学习上见出低能,应属智力问题;后一错误,便是品行问题。事后学生如果觉察到自己的错误,前一觉察属理智,后一觉察属理性。又譬如计算数目,计算之心是理智,而求正确之心便是理性。数目错了,不容自昧,就是一种极有力的感情。这一感情是无私的,不是为了什么生活问题。分析、计算、假设、推理……理智之用无穷,而独不作主张;作主张的是理性。理性之取舍不一,而要以无私的感情为其中心。总之,他强调:"必须屏除感情而后其认识乃明切锐入者,我谓之理智;必须藉好恶之情以为判别者,我谓之理性。"[②] 就梁漱溟的解释来看,他讲的"理性"并不是 18 世纪欧洲启蒙思想家所倡导的"理性"或"理性主义"。用他本人的话说:"西洋之所谓'理性主义',欧洲大陆哲学所谓'理性派',史家之指目十八世纪为'理性时代',要不过心思作用之抬头活跃而特偏于理智之发挥者;却与这里所谓

[①] 梁漱溟:《中国文化问题》,《梁漱溟全集》第 6 卷,山东人民出版社 1993 年版,第 107 页。
[②] 梁漱溟:《理性与理智之分别》,《梁漱溟全集》第 6 卷,山东人民出版社 1993 年版,第 405 页。

'理性'殊非一事。"① 西洋人的"理性主义"的"理"是"事理",是知识上的"理",虽与行为有关,却不能够发动行为;中国人的"理性主义"的"理",恰好是有力量的"理",是能够发动行为的"理"。② 梁漱溟这里所讲的中国人的"理性主义",实际上是儒家传统的道德智慧或道德自觉。他的一位门生在评论乃师的"理性"说时便明确指出:"先生之理性说,原即儒家心理学,亦即先生的心学或曰心理学,上承孔孟暨宋明诸哲的理学而来。"③

梁漱溟指出,人类与其他动物的区别之处,就在于人有理性。但理性之在人类,却是渐次开发出来的。就个体生命而论,理性的开发要随年龄和身体发育与心理成熟而来;从社会生命来看,理性是慢慢地随着经济的进步及其他文化条件的开发而来的。所谓理性在中国开发得早,即因其时候不到,条件尚未成熟,而理性竟得很大的开发。也正因为理性开发的早,中国没有走上宗教的道路。这是"中国文化与欧洲文化的分水岭"。④ 因为一般而言,人类文化都是以宗教开其端的,且每以宗教为中心。不仅人群秩序和政治,导源于宗教,人的思想知识以至各种学术,亦无不导源于宗教,然而中国却缺乏宗教。尽管像宗教一类的迷信及各种宗教行为,在中国人不是没有,这既散见于民间,也著见于往日的朝廷,佛教传入之后,还模仿而形成了中国独有的道教,世界上其他各大宗教,中国亦都有流传。但中国缺乏宗教这是绝大多数学者公认的事实。这表现在三个方面:(1)中国文化的发展不是托于宗教庇荫而来的;(2)中国没有足以和全部文化相称相配的宗教;(3)中国文化不依宗教为中心,而以孔子以来的教化即儒学为中心。儒学是一学派,而非一宗教。他引用美国学者桑戴克(Lyum Thorndike)著《世界文化史》的论述,以论证儒学是学派而非宗教:(1)孔子绝不自称为神所使,或得神启示,相反"不语怪、力、乱、神"。(2)孔子的言论贯注人身,有如光透过玻璃,使人立地省悟,绝非以感情引人,或以宗教神秘动

---

① 梁漱溟:《理性与理智之分别》,《梁漱溟全集》第6卷,山东人民出版社1993年版,第412—413页。
② 梁漱溟:《乡村建设理论》,《梁漱溟全集》第2卷,山东人民出版社1993年版,第267页。
③ 胡应汉:《梁漱溟先生年谱初稿》,自印本,第39页。
④ 梁漱溟:《理性与宗教之相违》,《梁漱溟全集》第6卷,山东人民出版社1993年版,第397页。

人；(3) 孔子标"恕"字为格言，浅近平易，曲尽人情的理性，与宗教家感情激越陈义太高大为不同。尤其是孔子不谈生死，"此为儒家非宗教的大证据"。因为"世间最动人感情的事，莫过所亲爱者之死，或自己的死亡。而在这里，恰又为人类知识所不及。一面人们最易于此接受宗教，一面宗教最易于此建立。所以宗教总脱不开生死鬼神这一套。孔子偏偏全副精神用在现有世界（现有世界就是我们知识中的世界），而不谈这一套"。①

与宗教的超绝、神秘和信仰主义相反，儒家"相信人有理性，而完全信赖人类自己"。所谓"是非之心，人皆有之"，什么事该做，什么事不该做，从理性上明明白白。万一不明白，试想一想，终可明白。因此孔子没有独断的标准给人，而要人自己反省。例如宰我嫌三年丧太久，似乎一周年就可以了，孔子并不直斥其非，只是和婉地问宰我："食夫稻，衣夫锦，于汝安乎？"宰我答"安"。孔子便说："汝安则为之。夫君子之居丧食旨不甘，闻乐不乐，居处不安，故不为也。今汝安，则为之！"说明理由，仍让宰我自己判断。又如子贡欲去告朔之饩羊，孔子亦只婉叹地说："赐也！尔爱其羊，我爱其礼！"指出彼此观点，不作断案，让子贡自己去选择。这和宗教之教人舍其自信而信他、弃其自力而靠他力者相反，儒家总是指点人回头看自己，指点人去理会事情而在自家身上用力，唤起人的自省与自求。儒家虽然也重视礼，但和宗教之礼不出于人的制作，其标准为外在的、呆定的、绝对的不同，儒家之礼则是人行其自己应行之事，斟酌于人情之所谊，标准不在外而在内，不是呆定的而是活动的。② 就此，梁漱溟指出，"儒家假如亦有其主义的话，应理就是'理性主义'"。③

在梁漱溟看来，"理性开发的早"，不仅是中国文化的"特征"，也是中国文化的"根本"，中国文化的长处和短处，中华民族的民族精神，以及与西方文化、印度文化的区别，就在于此。首先就长处而言，中国文化所表现出来的一些"总成绩"，如"国土开拓之广大，并能维持勿失"，"种族极其复杂而卒能同化融合，人口极其繁庶而卒能搏结统一，以成一伟大民族"，

---

① 梁漱溟：《理性与宗教之相违》，《梁漱溟全集》第 6 卷，山东人民出版社 1993 年版，第 382—384 页。
② 同上书，第 384—385 页。
③ 同上书，第 406 页。

"民族生命之悠久绵长","社会秩序自尔维持,殆无假于外力",等等,"莫非人事之优胜。……而于社会人事见其丰享优裕者,大约皆不外是理性了"。① 其次从短处来看,由于中国理性开发出来得早,影响了理智的发展,其结果造成了中国物质文明不发达,乃至有时受自然之压迫,尤其是民主和科学未能开发,科学技术落后,民主制度在中国始终未能建立起来。承认中国文化有长处,这是梁漱溟不同于反传统主义的西化派的地方,而承认中国文化有短处,又使他与全盘维护传统的复古主义者区别了开来。

如本书第一章第二节所述,民族精神是相对于时代精神的一个概念。任何文化都是时代性与民族性之集合体,时代性中那些代表历史前进方向的内容形成时代精神,民族性中那些代表民族生命力的内容形成民族精神。民族精神是一个民族在艰难困苦的环境中得以繁衍、发展、壮大的精神支柱,是激励和鼓舞本民族成员为着自己美好的目标积极奋进的精神动力,是沟通和联结本民族成员心灵的感情纽带,人们无论走到天涯海角,都会因本民族的民族精神而产生一种民族的认同感、自豪感和献身民族事业的责任感。所以,民族精神的绵延不绝和不断振兴,是一个民族具有勃勃生机的重要标志。无论哪一种民族文化都有自己的民族精神,正是这种民族精神才决定了一种民族文化的价值和意义。

我们认为,真正可以称为中华民族精神的,是那种能鼓舞中华民族儿女持久地从事与民族兴衰存亡密切相关之伟大事业的精神;是那种能使中华民族具有强大的凝聚力、生命力和创造力,从而自强不息、不断进取的精神;是那种不畏强暴,面对凶恶的外国侵略者和本国的独夫民贼,敢于斗争、善于斗争,不屈不挠的精神;是那种为了民族和国家的利益"鞠躬尽瘁,死而后已","舍生取义",勇于献身的精神;是那种热爱和平,主持正义,威武不屈,贫贱不移,富贵不淫,一身正气的精神;是那种"先天下之忧而忧,后天下之乐而乐",埋头苦干,克己奉公的精神……然而梁漱溟却不作如是观。他认为中华民族的民族精神即是所谓"理性"。他在《理性与理智之分别》一文中写道:"中国民族精神何在?我可以回答,就在富于理性。它表见在两点上:一为'向上之心强';又一为'相与之情厚'。""向上心"即

---

① 梁漱溟:《理性与宗教之相违》,《梁漱溟全集》第6卷,山东人民出版社1993年版,第416页。

是不甘于错误的心，知耻的心，嫌恶懒散而喜振作的心，好善服善的心，要求社会生活合理的心……"总之于人生利害得丧之外更有向上一念的便是。我们总称之曰'人生向上'"。①"相与情"即是人与人之间的感情，这种感情以伦理关系为基础，伦理关系又叫情谊关系，亦即相互间的一种义务关系。"中国人特别重伦理情谊；中国社会构成，即建筑于伦理之上。"② 如我们已指出的那样，梁漱溟所谓的理性，实际上是儒家传统的道德智慧或道德自觉，用他本人的话说，"理性"即是中国"古人的人生态度"，而"我们之所谓中国古人，就指孔子的这个学派，或者说孔子就是代表"。③ 把儒家传统的道德智慧或道德自觉说成是中华民族的民族精神，反映了梁漱溟以儒家文化为中国文化之正统和本位的思想特征。

就中西文化的区别而论，如果说中国是"理性早启"的话，那么西方则是"短于理性"。这主要表现在以下几个方面：（1）中古以来的西洋人生，大体上知有罪福而不知有是非，知有教诫而不知有理义，以宗教教条代替自己理性而茫无判别，茫无主张。（2）进入近代后宗教虽然有所失势，但西方形成的却是一种"自我中心，欲望本位"的新风，这时的人大体上知有利害而不知有是非，知有欲望而不知有理义，一切要为"我"而向前要求，要向着世界要求种种东西以自奉享，对于自然界取对待征服的态度。（3）讲力不讲理，崇尚斗争，与人斗，与天斗，与社会斗。④ 正因为中国是"理性早启"，影响了理智的发展，而西方是"短于理性"，理智却十分发达，所以"中西各有所偏"。比如在学术上，西方详于物理，而中国详于人事；西洋有学有术，而中国有术无学；西洋认识论发达，而中国盛行讲良知、看轻后天学识的"王学"；西方主张征服自然，而中国讲求人事优胜。⑤ 总之，"中国人以其理性觉醒，故耻言利，耻言力。反之，西洋人尚利尚力，征见其理性还没有抬头"。⑥

---

① 梁漱溟：《理性与理智之分别》，《梁漱溟全集》第 6 卷，山东人民出版社 1993 年版，第 416 页。
② 同上书，第 418 页。
③ 梁漱溟：《精神陶炼要旨》，《梁漱溟全集》第 5 卷，山东人民出版社 1992 年版，第 507 页。
④ 梁漱溟：《理性与理智之分别》，《梁漱溟全集》第 6 卷，山东人民出版社 1993 年版，第 419—424 页。
⑤ 同上书，第 412—415 页。
⑥ 同上书，第 425 页。

（三）探索中国文化复兴的道路

无论是批判西化思潮，还是对传统文化进行阐释，目的都是探索中国文化的复兴道路。张君劢在探索中国文化复兴的道路时，首先对那种因中国近百年的失败而在一部分人中滋长的民族文化自卑心理提出了批评。他指出，由于地理环境的不同，人文历史的差异，世界文化分成为西方、印度和中国三大系统，这三大系统各有其特点。概而言之，"欧洲人所重为科学，印人长于冥想，我们则专讲人伦"，各有其伟大之处，很难比较它们之间的高下优劣，我们决"不能因印度中国之削弱，而轻视自己文化。须知文化之特点不在一时之成败利钝，而在其对人类之永远贡献。国人不可因目前之失败，而遂看轻自家文化"。① 当然，这是问题的一方面，问题的另一方面，我们又必须承认，"以时代论，西方文化实为天之骄子"，而中国文化是个落伍者。自鸦片战争以来，无论政治制度，还是科学技术，或学术方法，中国都远不能与西方相提并论，中国要想在激烈的国际竞争中不重蹈古代其他文明如古埃及、古印度、古两河流域和古希腊、古罗马文化灭亡的覆辙，并实现文化复兴，就必须向西方学习，"以欧洲人之新思潮，从宗教革命起到民主政治止，以其理性发展，为吾们文化前进方向"。但这种学习并不是对西方文化的照抄照搬、全盘移植，而是根据中国的需要，有所选择。具体来说："（一）科学方面之实事求是与其正解性，大可纠正我们'差不多'之恶习；（二）哲学方面之论理学，大可纠正我们议论纵横、漫无规矩之恶习；（三）至于政治社会方面，应尊重人格，抬高民权，一方解除平民痛苦，他方许人民以监督政府之权利，使政界污浊风气可以廓清。"他相信，只要把西方的科学、哲学和民主政治这三样东西学过来，"中国之进为近代国家，一定可以成功"，中国文化也一定能够实现复兴。②

学习西方文化需要解决和中国文化的关系问题。20世纪二三十年代，以胡适、陈序经为代表的反传统主义的西化派认为，西方文化是新文化，中国文化是旧文化，而新旧文化犹如水火冰炭，不能并存。要想引进西方新文

---

① 张君劢：《立国之道》，1938年桂林版，1947年12月第4版，第275页。
② 同上书，第283页。

化，就必须打倒中国旧文化不可。对于西化派的这一看法，张君劢是不赞成的。他承认西方文化是新文化，中国文化是旧文化，但新旧文化并不像西化派认为的那样是水火冰炭，不能并存，相反"旧者并不妨碍新者之发生"。所以，我们"尽管采取新文化，旧文化不妨让其存在"。同时，他还进一步指出，引进西方文化不仅无须排斥中国文化，"动摇吾人对本国文化之信念"，而且还应以本国文化为基础，为本位，看它是否符合中国的国情，反之，"则新制无从运用"，西方文化会成为无根浮萍。①

如果从纯文化理论来分析，张君劢提出引进西方文化必须以本国文化为基础、为本位，符合中国的具体国情，这没有错，问题的关键在于他所讲的"本国文化"是什么。根据张君劢本人的说法，他所讲的"本国文化"是中国古代孔子创造的儒家文化。他说："中华民族中，欲求一可以范围百世之思想家，不能不推崇孔子。""孔子思想迄今两千余年，犹能支配人心。"这主要表现在五个方面：（1）因孔子天道观的影响，中国人不信有造物主之说，但信有主宰之天；（2）孔子敬祖尊宗之说，为后来人敬祖尊宗之根据；（3）现在社会上所流行的三年之丧，即根据《论语》中所谓"三年之丧，天下之通丧"一语；（4）中国人的基本道德观念，是孔子确定的；（5）中国政治的基本观念，是孔子所主张的"德治"，中国社会之基本观念，不出孔子所谓"君君、臣臣、父父、子子"的范围。② 张君劢的以"本国文化"为本位，也就是以孔子所创立的儒家文化为本位。要求引进西方文化以儒家文化为本位，这反映了张君劢的现代新儒家的立场和保守主义的文化心态。

实际上，自鸦片战争后不久，中国即开始了学习西方的历程，但为什么学习总不成功，西方的社会政治经济制度在中国始终未能真正地建立起来呢？张君劢认为，除了未能正确处理好西方文化与中国文化的关系外，另一重要原因是中国人没有养成与新的社会政治经济制度相适应的生活习惯。中国一方面采纳西方的制度，但另一方面又保存了几千年沿袭下来的旧生活习惯，这样就形成了制度自制度，习惯自习惯，二者不仅不能一致，相反还相互冲突的局面。比如，欧洲的现代国家，无一不是法治国家，不管是宪法，

---

① 张君劢：《立国之道》，1938年桂林版，1947年12月第4版，第274页。
② 同上书，第286—288页。

还是其他法律，一字即有一字的约束力，任何人都必须遵守，不得违背。而中国人向来对于政府所颁布的法律法令，视若具文，当成官样文章，政府自身也只执行那些对己有利的条款，对于那些于己无利的条款，则"以舞文的手段把搁开"。在此生活习惯下，又怎么能使西方的法律制度在中国真正建立起来呢？再以议会政治为例。本来以公忠精神为前提的议会政治在西方是个好东西，尽管各党各派为了获得政权，彼此斗争十分激烈，但无论何党何派都要遵守议会规则和议事程序，不能超出宪法许可的范围，更不能危害国家的利益。到了国家对外作战之日，党派之争无不偃旗息鼓，而一致对外。但议会政治搬到中国后，由于中国人的自私自利的习惯尚未消除，所以虽然有议会，有政党，而各党派却与议会之外的军人勾结，致使常有以武力解散议会的事件发生。画虎不成反类犬，这就是中国在未养成新的生活习惯之前就采纳西方政治制度的必然结局。故此，张君劢指出："今后要改造中国政治经济，其下手处应先从人生态度着手，或曰人生观应彻底改造。由此生活态度之改造中，乃生我们所要之新文化。有此新文化，不怕无新政治制度与新经济建设。"①

那么，应该怎样对中国人的人生态度或生活习惯进行改造呢？对此，张君劢提出了改造的六条标准："（一）由明哲保身变为杀身成仁；（二）由勇于私斗变为勇于公战；（三）由巧于趋避变为见义勇为；（四）由退有后言变为面责廷争；（五）由恩怨之私变为是非之公；（六）由通融办理变为严守法令。"此六条标准中，每条的上半句指的是国人之通病，下半句指的是改造之方向。这六条标准又可简化成五项原则，即"（一）由私而公；（二）由巧而拙；（三）由虚而实；（四）由懈怠至不懈怠；（五）由通融到守法"。② 他认为，只要按照这五条原则办事，再加上一种组织，就不怕中国的风气不能改造，新的社会政治经济制度不能建立，并在此基础上，使中国文化复兴起来。

犹如张君劢，钱穆也认为，要实现文化复兴，使中华民族立于世界民族之林，就必须处理好以下两个问题：即第一，如何奋起直追，赶快学到欧美

---

① 张君劢：《立国之道》，1938 年桂林版，1947 年 12 月第 4 版，第 274 页。
② 同上书，第 312—313 页。

西方文化的富强力量，好把自己国家和民族的地位支撑住；第二，如何学到欧美西方文化的富强力量，而不把自己传统文化以安为终极理想的农业文化之精神斫丧或戕伐了。换言之，即是如何吸收融合西方文化而使中国传统文化更光大与更充实。如果第一个问题不解决，中国的国家民族将根本不存在；如果第二个问题不解决，则中国国家民族虽得存在，然而中国传统文化仍将失其存在。① 而失去了自己文化的国家民族，是没有任何生命力的。以文化为国家民族的生命，这是自清末"国粹派"以来一切文化保守主义者的基本共识，也是他们于西方化的大潮中以维护和弘扬中国传统文化为职志的根本原因。

钱穆不赞成那种认为中国排斥外来文化的观点。他指出，中国在世界上虽然算得上是一个文化比较孤立的国家，但中国人对其他民族的文化则常抱有一种活泼广大的兴趣，愿接受而消化之，用其他民族文化的新材料来营养自己的旧传统。"不论在盛时如唐，或衰时如魏晋南北朝，对于外族异文化，不论精神方面如宗教信仰，或物质方面如美术工艺等，中国人的心胸是一样开放而热忱的。因此中国文化，虽则是一种孤立而自成的，但他对外来文化，还是不断接触到。中国人虽对自己传统文化，十分自信与爱护，但对外来文化，又同时宽大肯接纳。"② 以对西方文化的态度为例，尽管自明末西方文化开始传入中国以来的 300 年间，由于西方文化先是以宗教的形式、后又伴随鸦片大炮来到中国，因而引起了不少中国人的怀疑和反感，但总的来看，"这三百年来的中国人，对此西方异文化的态度，到底还是热忱注意虚心接纳"的。明末利玛窦初来，便得到了中国名儒徐光启、李鸿藻等一班人的笃信与拥护。清代经学家，对于天文、历法、算数、舆地、音韵诸学，一样注意到西方的新说而尽量利用。到了晚清末叶，中国士大夫不仅潜心西方理化制造之学的越来越多，对于西方政法、经济、社会组织、文、史、哲学等其他一切文化方面也都有人注意研究，中国人渐渐知道西方社会并不尽是些教堂与公司，牧师与商人，也不完全就是一个资本主义与帝国主义的富强侵略，他们对西方文化的"兴趣"变得越来

---

① 参见钱穆《中国文化史导论》，商务印书馆1994年修订版，第204—205页。
② 同上书，第206页。

越"浓厚"。①

当然，钱穆也不赞成五四以来所流行的那种"主张把中国传统全部文化机构都彻底放弃了，如此始好使中国切实学得像西方"的"见解"。他认为与西方文化比较，西方文化最超出中国，而为中国固有文化最感欠缺的，是他们的自然科学。自然科学是一种纯粹的真理，并非只为资本主义与帝国主义服务，中国人学习西方的自然科学，不是要学习西方的富强侵凌。而且这次世界大战的爆发，使中国人深切地感受到自己传统的一套和平哲学与天下太平世界大同的文化理想，实在对人类将来有重大的价值。但中国的现状又太贫太弱，除非学到西方人的科学方法，中国终将无以自存。"皮之不存，毛将焉附？"中国都不存在了，中国那套传统的文化理想又怎能传播于世界而造福于人类呢？所以，"此下的中国，必须急激的西方化。换辞言之，即是急激的自然科学化。而科学化了的中国，依然还要在中国传统文化的大使命里尽其责任"。②他相信，如此便能解决前面所提出的如何吸收融合西方文化而使中国传统文化更光大与更充实的问题。

要"急激的西方化"，亦即"急激的自然科学化"，必须回答"批评中国传统文化以及预期中国新文化前途的人所共同遇到的"一些问题，即："在中国传统文化机构里，为何没有科学的地位呢？中国传统文化机构里倘无科学的地位，中国要学习西方科学是否可能呢？中国学得科学而把新中国科学化了，那时是否将把中国固有文化机构损伤或折毁呢？"③对此，钱穆指出，尽管严格说来，在中国传统文化里并非没有科学，中国的天文、历法、算数、医药、水利制造等发达甚早，但我们必须承认，与西方比较，科学在中国传统文化中并不占有重要地位，尤其是进入18、19世纪后明显地比西方落后了。究其原因：第一，中西思想习惯不同。西方人好向外看，中国人好向内看，因此太抽象的偏于逻辑的思想和理论问题在中国不甚发展，中国人常爱以生活的直接经验去体悟，同时中国人缺乏向外征服的权力意识，对科学在自然中的运用不感兴趣。第二，文化产生环境不同。西

---

① 钱穆：《中国文化史导论》，商务印书馆1994年修订版，第212页。
② 同上书，第212—213、212页。
③ 同上书，第212页。

方文化是在一较小较狭的地区内产生的,本身分裂破碎,不易融凝合一,因此,西方人常爱寻求一个超现实的、抽象的、为一般共通的、绝对的概念来作弥补,如古希腊悲剧里的"命运观",哲学上的"理性观",罗马人的"法律观",耶稣教的"上帝观",近世科学界对于自然界之"秩序观"与"机械观"等,都源于一种超现实的、概括的、抽象的、逻辑的、理性的、和谐之要求。中国文化则自始是在一个广大协和的环境下产生的,缺憾的不是一种共通与秩序,而是在此种共通与秩序之下的一种"变通与解放"。因此,中国人感兴趣的不是绝对的、抽象的、逻辑的、一般的理性,而是活的、直接而具体的、经验的个别情感。但科学思想的精髓,则在对抽象理性的深信与执着。第三,科学才能表现不同。中国人只喜欢搞清"物之性",而不像西方人那样喜欢分析"物质构造",对物的研究缺乏理论上的说明,只知其然而不知其所以然,因而不能有许多实际的发明和制造。[1]应该说,钱穆对中国在科学上落后于西方之原因的分析是很有见地的,中西文化背景、思维方式的不同,的确是中国没有像西方那样发展出近代科学的重要原因。有不少学者对此做过论证。如冯友兰便认为:"中国人重'是什么',而不重'为什么',故不重知识,中国仅有科学萌芽,而无正式科学。"[2]冯友兰的这一认识,与钱穆如出一辙。这也说明,尽管钱穆对中国传统文化持的是维护和认同的态度,但他并不像有的批评者所指责的那样是一个文化复古主义者。

　　钱穆进一步指出,由于上述原因,虽然科学在中国传统文化中不占有重要地位,但这并不能说明中国没有接受西方科学的可能。实际上,近百年以来,西方的科学思想和科学方法已开始陆续传入中国,只要我们抱虚心学习的态度,加上国内国外的和平秩序的恢复,"科学在中国一定还有极高速度的发展"。[3]他同时要人们相信,"中国固有文化传统,将决不以近代西方科学之传入发达而受损。因为中国传统文化,一向是高兴接受外来新原素而仍可无害其原有的旧组织。这不仅在中国国民性之宽大,实亦由于中国传统

---

[1] 钱穆:《中国文化史导论》,商务印书馆1994年修订版,第213—219页。
[2] 冯友兰:《中国哲学史》,商务印书馆1934年版,第9—10页。
[3] 钱穆:《中国文化史导论》,商务印书馆1994年修订版,第220页。

文化特有的'中和'性格，使其可以多方面的吸收与融和"。① 比如，"科学"和"宗教"在西方是互相敌对的，信了科学就不能再信宗教，或信了宗教就不能再信科学，双方视同水火，互相排斥，但在中国固有文化的机构下，二者都可以"容受"。《中庸》上说："尽己之性，而后可以尽人之性，尽人之性而后可以尽物之性，尽物之性而后可以赞天地之化育。"承认有"天地之化育"是"宗教精神"，要求"尽物之性"是"科学精神"，而归本于"尽己之性"与"尽人之性"，则是"儒家精神"。儒家承认有"天地之化育"，但必须用"己"和"人"去"赞助"他，如此就不是纯宗教的了。儒家亦要"尽物之性"，但必须着重在"尽人之性"上下手，这样也就非偏于科学的了。因此西方人的科学与宗教之相互对立，一到儒家的思想范围里便失去了壁垒。"宗教与科学，在中国传统文化的意义下，都可有他们的地位，只是互相敌对，也不是各霸一方，他们将融和一气而以儒家思想为中心。"② 以"儒家思想为中心"来接纳或吸取西方科学，这便是钱穆为我们指出的复兴中国文化的道路。就此而言，和19世纪中叶的洋务派一样，钱穆也是一个"中体西用"论者。

（四）儒家思想的新开展

儒家思想或文化是中国传统文化的核心，要复兴中国文化，就必须复兴儒家思想或文化。用贺麟的话说："民族文化的复兴，主要的潮流，根本的成分，就是儒家思想的复兴，儒家文化的复兴。假如儒家思想没有新的前途，新的开展，则中华民族与夫民族文化也就会没有新的前途，新的开展。换言之，儒家思想的命运，与民族前途的命运、盛衰消长，是同一而不可分的。""儒家思想是否能够翻身、能够复兴的问题，也就是中国文化能否翻身、能否复兴的问题。"③ 因此，现代新儒家中致力于儒家思想之阐发和新儒家哲学体系之建立的熊十力、冯友兰、贺麟等人，或接着程朱理学往下讲，或接着陆王心学往下讲，先后创立了被称为"新唯识学""新理学"和

---

① 钱穆：《中国文化史导论》，商务印书馆1994年修订版，第221页。
② 同上书，第222—223页。
③ 贺麟：《儒家思想的新开展》，《思想与时代》第1期，1941年8月1日。

"新心学"的新儒家哲学体系，对推动中国文化尤其是儒家思想的复兴做出了重要贡献。1940年贺麟又在《思想与时代》第1期上发表文章，提出"儒家思想的新开展"的问题，并就如何进行儒家思想的新开展，以实现儒家思想的复兴阐明了自己的见解。他指出，就其在中国过去的传统思想而言，儒家思想乃是自尧舜禹汤文武成康周公孔子以来最古最旧的思想；就其在现代及今后的新发展而言，就其变迁中、发展中、改造中以适应新的精神需要与文化环境的有机体而言，也可以说是最新的新思想。在儒家思想的新开展里，也可以得到现代与古代的交融，最新与最旧的统一，从而实现儒家思想的复兴。

为了实现这一目的，贺麟主张对儒家思想进行新的检讨和评估，以便从这些检讨和评估中"把握传统观念中的精华"，"发现最新的近代精神"。[①]比如宋明理学是儒家思想发展的新阶段，曾对中国文化产生过巨大的影响。但自近代以来，特别是五四运动以来，它一直处于受批判的地位。为此，贺麟发表专文，对宋明理学进行新的检讨和评估。当时一些人常以程颐说的"饿死事小，失节事大"为根据，痛斥宋明理学压迫女性，刻薄不近人情，提倡片面的贞操，是"吃人的礼教"。贺麟认为程颐的这句话的确有错误，其错误就在认为妇女当夫死后再嫁为失节，因为婚姻是自主的，在西方和中国的古代都没有妇女不能再嫁的观念，但说后来的妇女不能再嫁的风俗礼教是因程颐的这句话形成的，则是过于夸大了程颐这句话的作用，实际上程颐的"'饿死事小，失节事大'一语，只不过为当时的礼俗加一层护符，奠一个理论基础罢了"。这是问题的一方面。问题的另一方面，从概括的伦理新原则来看，程颐的这句话恐怕不仅不是错误的，而且是"四海皆准，不惑"的真理。因为人人都有其立身处世而不可夺的大节，大节一亏，人格扫地。故凡忠臣义士，烈女贞夫，英雄豪杰，矢志不二的学者，大都愿牺牲性命以保持节操，亦即所以保持其人格。就此而言，程颐的这句话，只不过是孟子的"舍生取义""贫贱不能移"说法的另一说法而已，符合儒家的一贯思想。"今日很多爱国之士，宁饿死甚至被敌人迫害死而不失其爱国之节，今日许多穷教授，宁贫病致死，而不失其忠于教育和学术之节，可以说都是在

[①] 贺麟：《五伦观念的新检讨》，《战国策》第3期，1940年5月1日。

有意无意间遵循着伊川'饿死事小，失节事大'的遗训。"还有一些批评宋明理学的人把宋代国势衰弱和宋明亡于异族归罪于宋明儒家，但在贺麟看来这是一个"表面立论，似是而非的说法"。因为宋代国势的衰弱有其"军事和政治"的原因，而与当时主要从事"宇宙、人生、文化、心性方面"研究的"道学家"没有任何直接的关系，"今欲以宋代数百年祸患，而归罪这几位道学家，不仅诬枉贤哲，而且不太合事实，太缺乏历史眼光了"。实际上，他指出：当国家衰亡之时，宋明儒家并不像犹太学者那样，只知讲学，不顾国家的存亡，而是大力提倡民族气节，为了保持个人节操和民族正气，不惜牺牲自己的生命。"且于他们思想学说里，暗寓尊王攘夷的春秋大义，散布恢复民族、复兴文化的种子。"正是在这种"爱民族、爱民族文化"之思想的"熏陶培植"下，才涌现出了像文天祥、方孝孺、史可法那样的"义烈彪炳民族史上的大贤"。当国运昌盛之时，虽然也有个别宋明儒家受统治者的礼遇，但这并非他们的本意，而且就大多数宋明儒家来说，他们过的是一种"山林清简的生活"，"一遇专制君主或权奸在位，他们就成了有权势者的眼中钉。他们处处受逼害，受贬谪"，如宋时韩侂胄之禁伪书，明时魏忠贤之害东林党。宋明儒家的力量虽然弱小，"但却是唯一足以代表民意的呼声，反抗奸邪的潜力。他们在政治上自居于忠而见谤、信而见疑的孤臣孽子的地位。他们没有享受过国家给予他们的什么恩惠或权利，他们虽在田野里讲学论道，但他们纯全为尽名分，为实践春秋大义，为实现治国平天下的王道理想起见，他们决没有忘记过对民族的责任。他们对民族复兴和民族文化复兴有着很大的功绩和贡献"。贺麟尤其不同意那种认为宋明理学"空疏无用"的观点。他说："说这话的人，如果意思是说程朱陆王之学，只是道学，或哲学，不是军事、政治、经济、工程等实用科学，我们可以相当承认。因为他们不是万能，用现代分工分科的看法，他们只是哲学专家。谁也知道，哲学的用处是有限度的。"但如果就此说他们的学说"虚玄空疏无用"，则大错特错。因为就他们的学说"对几百年来中国文化、教育、政治、社会、人心、风俗各方面的实际影响而论，真可说大得惊人"。"试问宋儒之学如果是虚玄空疏无用之学，如何会有如此大的实际影响呢？"总之，贺麟指出，"宋儒思想中有不健康的成分"，这是我们必须承认的，但这只是问题的一方面，问题的另一方面，或主要方面，"宋儒哲学中寓有爱民族、爱民族文化的思想,在某意义下,宋明儒之学,可称为民族哲学,为发扬民族、复兴民族所须发挥光大之学"。① 针对近代以来,特别是五四以来思想界对宋明儒学的批评,贺麟对宋明儒学进行了新的检讨和评价,剥落宋明儒学的消极因素,而肯定它的积极价值,尤其是它所包含的"爱民族、爱民族文化"之思想,这在当时是有积极意义的,他提出的一些观点也有一定的说服力。当然,由于贺麟是站在现代新儒家的立场上重新评价宋明儒学的,因此,对宋明儒学的肯定有余,而批评不足,特别是他过分强调了宋明儒学的民族性,而讳言它的时代性。实际上,如有的批评者所批评的那样,"宋明理学既是一种民族哲学,又是一种官方哲学,贺麟只谈前者,而不谈后者,势必难以作出全面的批评"。②

再如五伦的观念,作为儒家"礼教的核心"和"几千年来支配了我们中国人的道德生活的最有力量的传统观念之一",自五四新文化运动以来,被人们批评为是"吃人的礼教",要为"中国的衰亡不进步"负责。但贺麟则不同意这种说法。他指出:"吃人的东西多着呢!自由平等观念何尝不吃人?许多宗教上的信仰,政治上的主义或学说,何尝不吃人?"我们既不能把几千年来"民族之兴盛之发展"归功于五伦观念,也不能把"中国的衰亡不进步"说成是它造成的,"因为有用无用,为功为罪,在两千多年的历史上,乃是一笔糊涂账,算也算不清楚,纵然算得清楚,也无甚意义"。他认为,我们要做的不是从实用主义出发,简单地评价它的功过,而应"分析五伦观念的本质,寻出其本身具有的意义",并在此基础上"指出其本质上的优点和缺点"。在他看来,"五伦观念实包含有下列四层要义":第一,特别重视人以及人与人之间的关系,而不十分重视人与神或人与自然的关系,即特别注重道德价值,而不十分注重宗教和科学的价值。但这并不是说"我们要介绍西方文化,要提倡科学精神和希伯来精神,就须得反对这注重人伦道德的五伦观念了"。实际上注重道德价值与注重宗教和科学价值并不矛盾,西方在重视人与神或人与自然的关系的同时,也很重视人与人的关系的,只不过西方的人"乃是经过几百年严格的宗教陶冶的'人'"。所以,我们今

---

① 贺麟:《宋儒的新评价》,《思想与时代》第34期,1944年8月1日。
② 宋志明:《贺麟新儒学思想研究》,天津人民出版社1998年版,第117页。

后不妨循着注重人伦和道德价值的方向迈进，同时不要忽略宗教价值和科学价值，而偏重狭义的道德价值，不要忽略天（神）与物（自然）的关系，而偏重狭义的人。第二，维系人与人之间正常永久的关系，认为这种关系是人所不能逃避的，并且规定出种种道德信条教人积极去履践、去调整这种关系，以尽君臣、父子、夫妇、朋友之道。缺点是这种维系人与人之间正常永久关系的五伦观念一经信条化、制度化，发生强制的作用，便损害了个人的自由与独立，而且如果把这种关系看得太狭隘，太僵死，不仅不能发挥道德政治的社会功能，相反还会有害于非人伦的超社会的种种文化价值。第三，以等差之爱为本而善推之。贺麟指出：持等差之爱说的人，并非不普爱众人，不过他重在一个"推"字，要推己及人，所谓"老吾老以及人之老，幼吾幼以及人之幼"。贺麟还对等差之爱提出了两点重要的补充：（1）若忽略了以物本身的价值及以精神的契合为准的等差爱，而偏重以亲属关系的等差爱，则未免失之狭隘，为宗法的观念所束缚，而不能领会真正的精神的爱；（2）普爱说与合理的等差爱之说并不违背，普爱说中有"爱仇敌"的教训，是站在宗教的精神修养的观点上说的。而只有爱仇敌之襟怀的人，方能取得精神的征服和最后的胜利。第四，以常德为准而竭尽片面之爱或片面的义务，而这种要求正是三纲说的本质。他认为，三纲说既是五伦观念之最基本意义，也是五伦说最高最后的发展，有其必然性。因为：（1）由五伦的相对之爱、进展为三纲说的绝对之爱、片面之爱，所以必有此进展，是由于相对之爱是无常的、不稳定的，社会基础的变化随时都可以发生，必进至绝对的爱，才可以补救相互关系的不稳定，以免人伦关系陷入循环报复的不稳定的关系之中。（2）由五伦进展为三纲，包含有由五常之伦进展为五常之德的过程，所谓"常德"，就是行为所止的极限，就是柏拉图式的理念或范型，也就是康德的道德律或无上命令。五伦说注重的是人对人的关系，而三纲说注重的是人对理、人对位分、人对常德的片面的绝对关系。譬如忠君，便不是要做暴君个人的奴隶，而是对名分、对理念的尽忠。他说："三纲说认君为臣纲，是说君这个共相，君之理是为臣这个职位的纲纪。说君不仁臣不可以不忠，就是说为臣者或居于臣的职分的人，须尊重君之理，君之名，亦即是忠于事，忠于其自己的职分的意思。完全是对名分、对理念尽忠，不是作暴君个人的奴隶。"他进一步指出：由于种种原因，数千年来

"三纲的真精神,为礼教的桎梏、权威的强制所掩蔽",而成了"桎梏人心,束缚个性,妨碍进步"的工具。但"自海通以来,已因时代的大变革,新思想新文化的介绍,一切事业近代化的推行",其"僵化性、束缚性"开始"逐渐减削其势力"。所以,现在的问题不是要"消极的破坏攻击三纲说的死躯壳",而是"如何从旧礼教的破瓦颓垣里,去寻找出不可毁坏的永恒的基石。在这基石上,重新建立起新人生新社会的行为的规范和准则"。① 如台湾学者韦政通所评价的那样,贺麟对五伦观念的上述检讨和评价是"颇具新意"的,作为国内研究黑格尔哲学的第一流学者,他受黑格尔关于"伦理性的东西就是理念的这些规定的体系,这一点构成了伦理性的东西的合理性"之思想的影响,"用披沙拣金的方法"考察出"构成五伦观念的基本素质",这值得肯定。但是,他把三纲说成了"常德",具有永恒和普遍的意义,要求人们加以继承,并在此基础上"重新建立起新人生新社会的行为的规范和准则",这又反映了他保守主义的文化心态。

这里需要指出的是,贺麟在对儒家思想进行新的检讨和评估时,虽然不赞成五四新文化运动以来流行的一些批评儒家思想的观点,但他对于五四新文化运动本身,则能从有利于儒家思想的复兴着眼,给予一定的同情理解。他指出,儒家思想之正式遭到思想界的猛烈批判,虽然起于五四新文化运动,但儒家思想的消沉、僵化、无生气,失掉孔孟的真精神和应对新文化的能力,却是在五四新文化运动之前。表面上看五四新文化运动主张打倒孔家店,推翻儒家思想,然而实际上却是促进儒家思想新发展的一大转机,其功绩和重要性乃远远超过了前一时期曾国藩、张之洞等人对儒家思想的提倡与实行。因为曾国藩、张之洞等人对儒家思想的提倡与实行只是旧儒家思想的回光返照,是其最后的表现与挣扎,而对于儒家思想的新开展,却殊少直接的贡献,相反是五四新文化运动要批判打倒的对象。在贺麟看来,"新文化运动之最大贡献,在于破坏扫除儒家的僵化部分的躯壳的形式末节,和束缚个性的传统腐化部分。他们并没有打倒孔孟的真精神、真意思、真学术,反而因他们洗刷扫除的工夫,使得孔孟程朱的真面目更是显露出来"。对于新文化运动的批判旧道德,提倡一切非儒家思想,亦即诸子之学,贺麟也能予

---

① 贺麟:《五伦观念的新检讨》,《战国策》第 3 期,1940 年 5 月 1 日。

以肯定的评价。用他的话说:"推翻传统的旧道德,实为建设新儒家的新道德作预备工夫。提倡诸子哲学,正是改造儒家哲学的先驱。用诸子来发挥孔孟,发挥孔孟以吸取诸子的长处,因而形成新的儒家思想。假如,儒家思想经不起诸子百家的攻击、竞争、比赛,那也就不成其为儒家思想了。愈反对儒家思想,儒家思想愈是大放光明。"①

贺麟进一步指出,除对儒家思想进行新的检讨和评估外,"西洋文化学术大规模的无选择的输入",也是"使儒家思想得到发展的一大动力"。表面上看,和五四新文化运动一样,西洋文化的输入,好像是代替儒家,推翻儒家,使儒家趋于没落消沉,但实际上一如印度佛教文化的输入就曾大大地促进了儒家思想的发展一样,西洋文化的输入,也必将"大大地促进儒家思想的新开展"。所以,对西洋文化采取什么样的态度,这是儒家思想能否复兴的关键,"假如儒家思想能够把握、吸收、融会、转化西洋文化,以充实自身,发展自身,儒家思想则生存、复活而有新的发展。如不能经过此考验,渡过此关头,它就会死亡、消灭、沉沦永不能翻身"。而要"把握、吸收、融会、转化西洋文化",首先就必须对西方文化"真正彻底、原原本本地了解",因为"认识就是超越,理解就是征服。真正认识了西洋文化便能超越西洋文化。能够理解西洋文化,自能吸收、转化、利用、征服西洋文化以形成新的儒家思想,新的民族文化"。就此而言,"儒家思想的新开展,不是建筑在排斥西洋文化上面,而乃建筑在彻底把握西洋文化上面。儒家思想的新开展,在西洋文化大规模的输入后,要求一自主的文化,文化的自主,也说是要求收复文化上的失地,争取文化上的独立与自主"。贺麟尤其强调了"文化上的独立与自主"的重要性,他指出:就个人言,如果一个人能自由自主,有理性,有精神,他便能以自己的人格为主体,以中外古今的文化为用具,以发挥其本性,扩展其人格。就民族言,如中华民族是自由自主、有理性、有精神的民族,便能够继承先人遗产,应付严重的文化危机,以儒家思想或民族精神为主体去儒化或华化西洋文化。"如果中华民族不能以儒家思想或民族精神为主体去儒化或华化西洋文化,则中国将失掉文化上的自主权,而陷于文化上的殖民地。"

---

① 贺麟:《儒家思想的新开展》,《思想与时代》第1期,1941年8月1日。

贺麟虽然认为"欲求儒家思想的新开展,在于融会吸收西洋文化的精华与长处",并且视科学为"西洋文化的特殊贡献",但他不赞成"儒学的科学化"或"科学化儒家思想"。因为科学以研究自然界的法则为目的,有其独立的领域。一个科学家在精神生活方面,也许信仰基督教,也许皈依佛法,也许尊崇孔孟,但他所发明的科学,乃属于独立的公共的科学范围,无所谓基督教化的科学,或儒化、佛化的科学。反之,儒家思想也有其指导人生、提高精神生活、发扬道德价值的特殊功效和独立领域,亦无须科学化。换言之,一个崇奉孔孟的人,尽可精通自然科学,但不必附会科学原则以曲解孔孟学说,把孔孟解释成为一个自然科学家。

在贺麟看来,融会吸收西洋文化的精华与长处的着眼点不在关乎事实领域的自然科学,而在关乎价值领域的宗教、哲学、艺术等方面,"从哲学、宗教、艺术各方面以发挥儒家思想",实现"儒家思想的新开展"。具体而言:第一,吸收西方正宗之哲学"以发挥儒家之理学",使儒学哲学化。他认为"东圣西圣,心同理同",西方的苏格拉底、柏拉图、亚里士多德、康德、黑格尔的哲学与中国的孔孟、老庄、程朱、陆王的思想有许多相似或相同的地方,但也有各自不同的特点,我们应该吸收西方的正宗哲学并使之与儒家思想"会合融贯",从而产生出一种"发扬民族精神的新哲学",这是"新儒家思想发展所必循的途径"。他自己就身体力行,在探索儒学哲学化方面下了不少的功夫。他吸收康德哲学和新黑格尔主义的某些观点,重新阐释陆王"心即理"的命题,强调了"心即理"之"心"作为"逻辑之心""逻辑主体"的涵义,用新黑格尔主义的"心即绝对"的观点发挥儒家的"仁"学,并在此基础上创立了一个被称为"新心学"的哲学体系。他认为,实现了哲学化的儒学,"内容更为丰富,体系更为谨严,条理更为清楚",不仅可以做道德的理论基础,同时也能做科学的理论基础。第二,吸收基督教的精华"以充实儒家之礼教",使儒学宗教化。贺麟指出,儒家的礼教虽然含有一种宗教的精神,但它毕竟"以人伦道德为中心",而不是宗教。宗教有精诚信仰、坚忍不二的精神,有博爱慈悲、服务人类的精神,有襟怀广大、超脱尘世的精神。基督教文明是西方文明的骨干,其支配西洋人的精神生活实深刻而周至,如果不是宗教的知"天"与科学的知"物"的结合,不是以宗教精神为体,以物质文明为用,就不会产生出"如此伟大灿烂的近代西洋文化"。我们要实现儒家思想的复兴，也就必须"接受基督教的精华则去其糟粕"，否则，"决不会有强有力的新儒家思想产生出来"。他认为，儒家思想在吸收了基督教的精华而宗教化后，将重新成为信仰的权威，获得"范围人心"的力量。第三，领略西洋艺术"以发挥儒家的诗教"，使儒学艺术化。他指出：儒家本来是很重视诗教、乐教的，但后来却走向了片面化，对艺术重视不够。由于《乐经》佚失，乐教中衰，诗教也式微，其他艺术亦因殊少注重与发扬而走向衰落，以至于在艺术方面无法与道家相提并论。正因为对艺术的重视不够，本来生动活泼的儒家思想则成了严酷、枯燥的说教。"故今后新儒家之兴起，与新诗教、新乐教、新艺术之兴起，应该是联合并进而不分离的"。总之，贺麟再三强调：儒学本来是合诗教、礼教、理学为一体的学养，也即艺术、宗教、哲学三者的"谐和体"。因此儒家思想也应在"融会吸收西洋文化的精华与长处"之基础上，循艺术化、宗教化、哲学化的方向开展，从艺术的陶养中去求具体美化的道德，从宗教的精诚信仰中去充实道德实践的勇气与力量，从哲学的探讨中以为道德行为奠定理论基础。经过艺术化、宗教化、哲学化的儒家思想，"不惟可以减少狭义道德观念的束缚，且反可以提高科学兴趣，而奠定新科学思想的精神基础"。他要人们相信："儒家思想的前途是光明的，中国文化的前途也是光明的"，中国文化必将因"儒家思想的新开展"而实现伟大的复兴，中华民族亦必将因中国文化的复兴而实现伟大的复兴。[①]

[①] 贺麟：《儒家思想的新开展》，《思想与时代》第1期，1941年8月1日。

结　　语
中国近代民族复兴思潮留给我们的启迪

知古是为了鉴今。近代以来，尤其是"九一八"后抗日战争时期的民族复兴思潮，为我们今天实现中华民族伟大复兴的"中国梦"留下了哪些启迪？

一　民族复兴不是汉族或某个少数民族的复兴，而是包括汉族和所有少数民族在内的整个中华民族的复兴

民族复兴不是汉族或某个少数民族的复兴，而是包括汉族和所有少数民族在内的整个中华民族的复兴，这是近代以来，尤其是"九一八"后的抗日战争时期知识界的基本共识。如前所述，1894年11月孙中山提出"振兴中华"的口号，是"中华民族复兴"思潮萌发的标志，但孙中山讲的"中华"，并不是现代意义上的"中华民族"，而是居住在中华大地上的"汉族"。"中华民族"观念最早是梁启超于1902年提出和使用的。但在清末，不仅使用"中华民族"的只有梁启超、杨度（1907年）和章太炎（1907年）等几个人，而且就他们所使用的"中华民族"的涵义来看，还不完全是中国境内各民族的共同称谓。

到了民国初年，尤其是五四运动前后，受孙中山提出的"五族共和""五族平等"的建国方针和第一次世界大战结束前后兴起的民族自决思潮的影响，有越来越多的人开始在中国境内各民族的共同称谓的含义上认同和使用"中华民族"观念。除北洋军阀外，五四前后的政治舞台上主要有三大

政治力量或政治派别，即以孙中山为代表的国民党人、以李大钊为代表的早期共产主义者和以梁启超为代表的研究系知识分子，而这三大派别对认同和使用"中华民族"都有一定的自觉性。

以孙中山为例，他在清末时没有使用过"中华民族"观念，使用的是意指汉族的"中华"一词（如"驱除鞑虏，恢复中华"）。进入民初，他对"中华民族"也只是偶尔用之，他用得最多的是"五族共和"。但到了五四前后，"中华民族"则经常出现在他的演讲或文章之中。比如，他在1919年9月写的《〈战后太平洋问题〉序》，10月写的《八年今日》，以及同年（具体月份不详）写的《三民主义》等文中，都使用过"中华民族"一词。在《〈战后太平洋问题〉序》中，孙中山强调了太平洋问题对于中华民族之生存的重要性，认为它"实关于我中华民族之生存，中华国家之运（命）命（运）者也"。[①] 在《八年今日》中，孙中山要求革命党人和一切拥护民国的有识之士，"服膺于革命主义，勉黾力行，以达革命之目的，而建设一为民所有、为民所治、为民所享之国家，以贻留我中华民族子孙万年之业"。[②] 在《三民主义》中，孙中山对清末的排满革命进行了深刻反省，认为清末的排满革命只是民族主义的消极目的，民族主义的积极目的是"汉族当牺牲其血统、历史与夫自尊自大之名称，而与满、蒙、回、藏之人民相见于诚，合为一炉而冶之，以成一中华民族之新主义，如美利坚之合黑白数十种之人民，而冶成一世界之冠之美利坚民族主义"。[③] 后来他又多次撰写文章或发表演讲，倡导汉族与满、蒙、回、藏等少数民族之间的融合，以形成一新的中华民族。1920年他在上海中国国民党本部会议的演说中就指出：民族主义当初是用来破坏清政府的专制统治，现在我们要把它扩充起来，"融化我们中国所有各民族，成个中华民族"。[④] 国民党改组后，融合各民族以成一中华民族，以便打倒帝国主义，实现民族的独立和自由，更成了国民党的行动纲领和基本国策。

中国早期马克思主义者，最早接受和使用"中华民族"的是我们前面

[①] 《孙中山全集》第5卷，中华书局1984年版，第119页。
[②] 同上书，第132页。
[③] 同上书，第187页。
[④] 同上书，第392页。

提到的李大钊。1917年2月，李大钊在《新中华民族主义》一文中首先使用了"中华民族"一词。陈独秀首次使用"中华民族"一词，是在五四运动后不久写的《我们究竟应当不应当爱国？》一文中，该文认为"我们中华民族，自古闭关，独霸东洋，和欧美日本通商立约以前，只有天下观念，没有国家观念"。①毛泽东对"中华民族"的首次使用，也是在五四运动后不久。1919年8月4日，他在《湘江评论》第4号发表的《民众的大联合》一文中写道："我们中华民族原有伟大的能力……他日中华民族的改革，将较任何民族为彻底。中华民族的社会，将较任何民族为光明。中华民族的大联合，将较任何地域任何民族而先告成功。"②作为五四后成立的马克思主义政党，中国共产党对"中华民族"观念的最早接受和使用是在1922年召开的第二次全国代表大会上。该大会通过的《宣言》在谈到中国现阶段的革命任务时指出，中国现阶段的革命任务之一，便是"推翻国际帝国主义的压迫，达到中华民族完全独立"。③1922年9月中共机关报《向导》创刊，其"发刊词"强调："国际帝国主义的外患，在政治上在经济上，更是钳制我们中华民族不能自由发展的恶魔……因此我们中华民族为被压迫的民族自卫计，势不得不起来反抗国际帝国主义的侵略，努力把中国造成一个完全的真正独立的国家。"1926年发表的《湖南省第一次农民代表大会宣言》，甚至还喊出了"中华民族解放万岁"的口号。

至于以梁启超为代表的研究系知识分子，他们对"中华民族"的认同和使用比以孙中山为代表的国民党人和以李大钊为代表的早期马克思主义者更早、更频繁，也更自觉。但与以孙中山为代表的国民党人和以李大钊为代表的早期马克思主义者不同的是，由于这时的梁启超已离开政治斗争舞台，而把主要精力放在了学术研究上，因此他不是从当下的政治需要，而是从学术研究的角度来讲中华民族的。1921年梁启超在天津南开大学课外演讲中国历史研究的方法问题，一学期结束，得《中国历史研究法》一书，共10万余言，1922年由商务印书馆出版印行。在书中他提出，"今欲成一适合于

---

① 陈独秀：《我们究竟应当不应当爱国？》，《独秀文存》，安徽人民出版社1987年版，第431页。
② 《毛泽东早期文稿》，湖南出版社1995年第2版，第393—394页。
③ 《中国共产党第二次全国代表大会宣言》，载中共中央统战部编《民族问题文献汇编》，中共中央党校出版社1991年版，第17页。

现代中国人所需之中国史",就必须对"中华民族"之形成和发展的有关问题进行研究。同年（1922年），梁启超又在18年前发表的《历史上中国民族之观察》的基础上写成《中国历史上民族之研究》一文。这是他晚年最重要的著作之一。在该文中，梁启超对于中华民族"多元一体"历史格局的形成过程和特点进行了考察和总结。他认为一开始便生活在黄河中下游地区的"华夏"或"诸夏"族群不仅是"中华民族之骨干"①，而且具有很强的民族"同化力"，他们在长期的生产和生活过程中，不断"化合"周边各族群，最终使"今日硕大无朋之中华民族，遂得以成立"。② 所以，中华民族"自始即为多元的结合"，这种结合从"诸夏"的名称上就能得到见证："吾族自名曰'诸夏'，以示别于夷狄。诸夏之名立，即民族意识自觉之表征。'夏'而冠以'诸'，抑亦多元结合之一种暗示也。"③ 梁启超还从地理、语言、文化、政治、经济和战争等多方面分析阐述了"中华民族同化力"之所以"特别发展"，作为"中华民族之骨干"的"华夏"或"诸夏"族群，在"三千余年"的"蜕化作用中"能不断地"化合"周边其他各族群，而不为其他各族群所"同化"，并最终"成为全世界第一大民族"的原因。④ 由于梁启超的学术地位及其社会影响力，他的这篇文章发表后产生了重大影响。1928年，钱穆在《国学概论》中就对梁启超此文给予了充分肯定，认为它"尤能着眼于民族的整个性，根据历史事实，为客观的认识"。⑤

五四前后，尽管有越来越多的人开始在中国境内各民族的共同称谓的含义上认同和使用"中华民族"一词，但是，第一，"中华民族"观念还没有为全国各族人民所普遍认同和使用，当时还有一些人认同和使用的是"中国民族""吾民族""全民族"等观念。例如，陈嘉异在《东方文化与吾人之大任》一文中，在对中西文化进行比较，尤其是在谈到中国的民族精神时，用的就是"中国民族""吾民族"（见《东方杂志》第18卷第1、2号）；常

---

① 梁启超：《中国历史上民族之研究》，《饮冰室合集》第8册，专集之四十二，中华书局1989年版，第4页。
② 同上书，第8页。
③ 同上书，第4页。
④ 同上书，第33页。
⑤ 钱穆：《国学概论》，商务印书馆2008年版，第363页。

燕生写有一篇参与五四文化争论的文章,其标题就叫作《中国民族与中国新文化之创造》(见《东方杂志》第 24 卷第 24 号)。就是以孙中山为代表的国民党人、以李大钊为代表的中国早期马克思主义者和以梁启超为代表的研究系知识分子,他们在接受和使用"中华民族"这一观念的同时,也在使用"中国民族""全民族"一类的观念。比如,1925 年共产党在《对于民族革命运动之议决案》和《中国共产党反抗帝国主义野蛮残暴的大屠杀告全国民众》等文件中,采用的便是"全民族"而非"中华民族"。同年 6 月,瞿秋白发表在中共中央理论刊物《新青年》月刊第 2 号上的《孙中山与中国革命运动》一文,用的也是"中国民族"。"中华民族"和"中国民族"虽然指的都是中国境内各民族,但在内涵上则有所不同。"中华民族"强调的是各民族之间的历史和文化上的联系或同一性,而"中国民族"强调的是各民族之间的政治和法律上的联系或同一性。就二者比较而言,"中华民族"更符合"民族"理论和中国各民族的历史事实,也更能得到各民族的认同。因为在历史上,中国的版图时有变动,政权(朝代)多有更迭,各民族之间的政治和法律上的联系也因而有所不同,但版图的变动、政权(朝代)的更迭并不影响各民族之间历史和文化上的联系或同一性。1924 年李大钊在《人种问题》一文中就指出:"民族的区别由其历史与文化之殊异,故不问政治、法律之统一与否,而只在相同的历史和文化之下生存的人民或国民,都可归之为一民族。例如台湾的人民虽现隶属于日本政府,然其历史、文化却与我国相同,故不失为中华民族。"[①] 第二,在认同和使用"中华民族"观念的人中,包括以孙中山为代表的国民党人、以李大钊为代表的早期共产主义者和以梁启超为代表的研究系知识分子,他们有时也是在"汉族"的含义上接受和使用"中华民族"观念的。比如,五四前后孙中山所讲的"中华民族",有时(主要是 1923 年后)指的是中国境内各民族,有时(主要是 1923 年前)指的就是同化了其他民族的汉族。1921 年 3 月 6 日,孙中山在中国国民党本部特设驻粤办事处的演说中解释他所提倡的"汉族底民族主义"时指出:所谓"汉族底民族主义",是"拿汉族来做个中心,使之(指满、蒙、回、藏等其他民族——引者)同化于我",并"仿美

[①] 李大钊:《人种问题》,《李大钊全集》第 4 卷,人民出版社 2006 年版,第 447 页。

利坚民族底规模,将汉族改为中华民族"。①他并且要人们相信,只要以汉族为中心同化满、蒙、回、藏等其他民族而为一新的"大中华民族",中国就一定能够"驾欧美而上之",成为世界上最发达富强的国家。②所以,笔者在《论孙中山晚年"中华民族"观念的演变及其影响》一文中,称孙中山的上述"中华民族"观念是"一种以同化为基础的一元一体"的大汉族主义民族观。③共产党也是如此。由于"在那个时候,党对解决中国民族问题的具体历史条件还缺乏深入的了解,还不能把马克思列宁主义关于解决民族问题的原理同中国的具体历史条件正确地恰当地结合起来"④,因此在不少情况下,共产党所讲的"中华民族"实际上指的也是汉族。⑤比如,我们上面引用过的中共二大《宣言》虽然把"推翻帝国主义的压迫,达到中华民族完全独立",作为"中国共产党的任务及其目前的奋斗"提了出来,但从前后文来看,这里所讲的"中华民族"指的是居于"中国本部"的汉族,并不包括居于"蒙古、西藏、回疆三部"的蒙古族、藏族、回族和其他少数民族,居于"蒙古、西藏、回疆三部"的蒙古族、藏族、回族和其他少数民族,在《宣言》中被称为"异种民族"。⑥

"中华民族"观念为全国各民族人民普遍认同,并成为中国境内各民族之共同称谓,是在九一八事变之后,尤其是华北事变和七七事变之后。其原因,主要有以下几方面。

首先,日本帝国主义是把中国作为一个整体来侵略的,他们在屠杀、烧抢、掠夺中国人民的时候,并没有什么汉族、满族、蒙古族、藏族、回族、苗族等民族的区分,这正如东北沦亡之后流行的《流亡三部曲》的歌曲所唱到的那样:"分什么你的我的,敌人打来,炮毁枪伤,到头来都是一样。"这在

---

① 孙中山:《在中国国民党本部特设驻粤办事处的演说》,《孙中山全集》第5卷,中华书局1985年版,第474页。
② 孙中山:《三民主义》,《孙中山全集》第5卷,中华书局1985年版,第187—188页。
③ 郑大华:《论晚年孙中山"中华民族"观念的演变及其影响》,《民族研究》2014年第2期。
④ 江平:《前言》,载中共中央统战部编《民族问题文献汇编》,中共中央党校出版社1991年版,第4页。
⑤ 参见郑大华《民主革命时期中共的"中华民族"观念》,《史学月刊》2014年第2期。
⑥ 《中国共产党第二次全国代表大会宣言》,载中共中央统战部编《民族问题文献汇编》,中共中央党校出版社1991年版,第17页。

客观上教育了中国各族人民,增强了他们不分你我的"中华民族"的认同感。比如,曾经传诵一时的《康藏民众代表慰问前线将士书》就如此满怀真情地写道:"中国是包括固有之二十八省、蒙古、西藏而成之整个国土,中华民族是由我汉、满、蒙、回、藏及其他各民族而成的整个大国族。日本帝国主义肆意武力侵略,其目的实欲亡我整个国家,奴我整个民族,凡我任何一部分土地,任何一部分人民,均无苟全幸存之理。"① 所以,当1935年田汉作词、聂耳作曲的《义勇军进行曲》问世后,"中华民族到了最危险的时候"的悲愤歌声,便很快传遍了长城内外、大江南北,广大汉族民众在唱它,满族、蒙古族、藏族、回族、苗族等少数民族的民众也在唱它,甚至在世界上每一个角落,只要有中国人的地方,无论他是哪一个民族的中国人,都会有人唱它。文化界名人曹聚仁曾经这样描述道:"从敌人进攻沈阳的那天起,中国民众心里,就燃起了一种不可遏的抵抗暴力的情绪;这情绪也就寄托在这样一首流行歌曲上。一个英国人在北戴河初闻此歌,为之感动流泪;一个日本的文化人,在上海街头听了不觉心神震动;这歌曲曾流传于印度河上,也曾洋溢于旧金山的一角;有着中国人的踪迹,就流行着这首悲愤的歌曲。"② 《义勇军进行曲》中的"中华民族到了最危险的时候,每个人被迫着发出最后的吼声"的悲愤歌声,极大地激发了各族人民对中华民族整体的认同感和爱国热情!

其次,国共两党对于中华民族的认同和宣传,尤其是抗日民族统一战线的建立和全民族抗战局面的形成,对于增强各族人民对中华民族整体的认同感起了非常重要的作用。

早在1927年4月18日,《国民政府定都南京宣言》就宣称,要秉承孙中山的遗教,"实现三民主义,使中华民国成为独立自由之国家,中华民族成为自由平等之民族,同享民有、民治、民享之幸福"。九一八事变后,尤其是华北事变和七七事变后,为了增强民族凝聚力,反对民族分裂势力,巩固自己的统治地位,国民党有意识地加强了对中华民族的认同和宣传。比如,1937年5—6月之间国民政府组织编辑的《绥蒙辑要》③,在题为"中华

---

① 《新华日报》1938年7月12日。
② 曹聚仁、舒宗侨编著:《中国抗战画史》,中国书店1988年影印发行,第56页。
③ 该《辑要》没有出版时间,但从其中采用了民国二十六年5月的有关资料、而没有涉及全面抗战的情况来看,应该编辑于1937年5—6月。

民族"的开篇说明中便写道:"中华民族,都是黄帝子孙。因为受封的地点不同,分散各地,年代悠久,又为气候悬殊,交通阻隔,而有风俗习惯之不同,语言口音之歧异,虽有汉满蒙回藏等之名称,如同张王李赵之区别,其实中华民族是整个的,大家好像一家人一样,因为我们中华,原来是一个民族造成的国家。孙总理说,中华民族,就是国族……民国成立以来,并将五族平等的原则订在约法,孙总理的民族主义亦完全以团结国内各民族,完成一大中华民族为目的。现在中央政府遵照总理遗教,对于国内各民族,竭全力以扶植之,时时刻刻,为我们边远的同胞,图谋幸福,解除痛苦,又特设蒙藏委员会,专为我们蒙藏同胞筹划一切的改进,中央委员也有蒙古人员。所以说五族,就是中华民族,就是国族。"[①] 1938年3月召开的中国国民党临时全国代表大会发表的"宣言"在解释"三民主义"的"民族主义"时指出:"中国境内各民族,以历史的演进,本已融合而成"统一的"中华民族"和"整个的国家"。国民党第一次全国代表大会宣言对诸少数民族有庄重的承诺,即"于反对帝国主义及军阀之革命获得胜利以后,当组织自由统一的(各民族自由联合的)中华民国"。而要实践此项承诺,"必有待于此次抗战之获得胜利"。否则,"吾境内各民族,惟有同受日本之压迫,无自由意志之可言。日本口中之民族自决,语其作用,诱惑而已,煽动而已;语其结果,领土之零星分割而已,民众之零星拐骗而已"。"宣言"因此而呼吁全国各族人民基于"中华民族"的立场,反对分裂,坚持抗战,"惟抗战获得胜利,乃能组织自由统一的即各民族自由联合的中华民国"。[②] 我们在本书第四章第三节中已经谈到,七七事变后,以顾颉刚、傅斯年为代表的一些学者,就中国是多民族的国家还是单一民族的国家展开过一场讨论。在讨论中,顾颉刚先后发表《中华民族是一个》《续论中华民族是一个》等文章,从历史上证明中国境内的所有种族,无论从血统上说还是从文化上说,早已融合为一,成为一个不可分割的"中华民族",到如今,"不要再说你属那一种族,我属那一种族,你们的文化如何,我们的文化如

---

① 《绥蒙辑要》,第1—2页。
② 《中国国民党历次代表大会及中央全会资料》(下),光明日报出版社1985年版,第467—468页。

何,我们早已成了一家人了",成了"中华民族"的一分子,除"中华民族"外,现实中不存在其他民族,所谓汉、满、蒙、回、藏"五大民族"之说,实在是"中国人自己作茧自缚",从而给了日本帝国主义和个别民族分裂分子以"民族自决"的名义图谋分裂中国的可乘之机。尽管顾颉刚提出"中华民族是一个"的目的,是要加强各民族对"中华民族"的认同感,以挫败日本帝国主义和个别民族分裂分子以"民族自决"的名义来分裂中国的阴谋,但他否认中国是一个多民族的国家,汉、满、蒙、回、藏"五大民族"只是"种族"而不是"民族"的观点则又是错误的,不符合历史事实。所以,他的文章和演讲发表后,受到了费孝通、翦伯赞等人的批评。然而,却得到了国民党和蒋介石的认同和采用。1942年8月27日,蒋介石在西宁对"汉满蒙回藏士绅、活佛、阿訇、王公、百千户"发表了题为《中华民族整个共同的责任》讲话,他从中华民族与中华民国的关系,中华民族成员之间平等的、荣辱与共的"整体"关系以及认知这些关系的现实必要性等各个方面,反复说明"中华民族是一个",包括汉、满、蒙、回、藏在内的所有民族都只能称为"宗族",而不能称为"民族",因为"历史的演进,文化的传统,说明我们五大宗族是生命一体",成了一个民族,即"中华民族"。[①] 后来,在《中国之命运》的第一章"中华民族的成长与发展"中,蒋介石又反复强调,中国只有一个民族,那就是"中华民族",其他所谓的"民族"都是"宗族",中华民族已有五千年的成长史,"就民族成长的历史来说:我们中华民族是多数宗族融和而成的。融和于中华民族的宗族,历代都有增加,但融和的动力是文化而不是武力,融和的方法是同化而不是征服"。[②] 蒋介石之所以认同和采用顾颉刚提出的"中华民族是一个"的理论,一个重要原因,就是这一理论在客观上的确有利于增强各民族对"中华民族"整体的认同感。以蒋介石的特殊地位,《中华民族整个共同的责任》和《中国之命运》曾被广泛宣传、转载、引用和出版,产生过巨大的社会影响,"中华民族"的观念也因此而得到了广泛传布。

---

① 蒋中正:《中华民族整个共同的责任》,《福建训练月刊》第4期,1943年。
② 蒋中正:《中国之命运》(增订本),正中书局1943年版,第2页。

九一八事变后，尤其是华北事变和七七事变后，中国共产党也同样重视对"中华民族"的认同和宣传。比如，1932年4月15日中华苏维埃共和国临时中央政府的《对日战争宣言》中就庄严宣告：中华苏维埃共和国临时中央政府将"领导全中国工农红军和广大被压迫民众，以民族革命战争，驱逐日本帝国主义出中国，反对一切帝国主义瓜分中国，以求中华民族彻底的解放和独立"。① 1935年12月25日瓦窑堡会议通过的《中央关于目前政治形势和党的任务决议》指出："日本帝国主义吞并华北并准备吞并全中国的行动，向着四万万人的中华民族送来了亡国灭种的大祸，这个大祸就把一切不愿当亡国奴，不愿充汉奸卖国贼的中国人，迫得走上一条唯一的道路：向着日本帝国主义及其走狗汉奸卖国贼展开神圣的民族战争"，以"驱逐日本帝国主义出中国，打倒日本帝国主义的走狗在中国的统治，取得中华民族的彻底解放"。② 1937年5月1日，时任中共中央总书记兼中央宣传部部长的张闻天发表《我们对于民族统一纲领的意见》，指出"民族统一纲领的基本方针"，就是"御侮救亡，复兴中国"，而"御侮救亡、复兴中国的实际内容"，包括对外和对内两个方面，即"对外争取中华民族的独立"，对内实现"民权自由与民生幸福"。③ 在第二天（5月2日）所作的《中国共产党苏区代表会议的任务》的报告中，张闻天更是无比自豪地宣布："在中共身上寄托着中华民族的伟大过去和将来。"中国共产党人"是伟大的中华民族最优秀的儿女"，中国共产党的胜利"与中华民族的胜利是不能分离的"，只有中国共产党的"存在和发展，才能使中华民族的最后胜利得到可靠的保证"。④ 七七事变发生的第二天，中国共产党中央委员会立即发出《中国共产党为日军进攻卢沟桥通电》，向全国各民族人民呼吁："平津危急！华北危急！中华民族危急！只有全民族实行抗战，才是我们的出路！"这年的9月22日，国民党中央通讯社发布了《中共中央为公布国共合作宣言》，该《宣言》强调国共合作对伟大的中华民族的前途有着极为"重大的意义"，认为它使得"民族团结的基础已经定下"，"民族独立自由解放的前提也已

---

① 中共中央统战部编：《民族问题文献汇编》，中共中央党校出版社1991年版，第182页。
② 《张闻天文集》第2卷，中共党史出版社1993年版，第42、46页。
③ 同上书，第256页。
④ 同上书，第267—268页。

创设",并呼吁:"寇深矣!祸亟矣!同胞们,起来,一致地团结啊!我们伟大的悠久的中华民族是不可屈服的……胜利是属于中华民族的。"① 此后,中国共产党又多次在宣言、文告、会议决议以及领导人的讲话或文章中,提到或论述过"中华民族",并以"中华民族"的优秀代表自居,一些共产党领导的抗日武装还自称为"中华民族抗日先锋队"或"中华民族抗日先遣队"。

这里需要指出的是,九一八事变后,尤其是华北事变和七七事变后,中国共产党不仅加强了对"中华民族"的认同和宣传,而且与国民党、蒋介石认为中国只有一个中华民族不同,抗战时期思想上已日益走向成熟的共产党则强调中国是一个多民族的国家,中华民族是中国境内多民族的共同称谓,中华民族内部各民族一律平等。1938年9月在延安召开的中国共产党六届六中全会,在中国共产党的历史上有着十分重要的意义。毛泽东在会议上代表政治局作《论新阶段》的重要报告,他不仅多次使用"中华各族"这一概念,认为"中华各族"是由"汉族"和"蒙、回、藏、苗、瑶、夷、番"等各少数民族组成的,我们要"团结中华各族,一致对日",要实行各民族一律平等,而且提出了一系列体现民族平等的政策和措施。② 在《论新阶段》中,毛泽东还向全党发出了"学习我们的历史遗产,用马克思主义方法给以批判的总结"的号召。③ 会后,一些党的高级干部,尤其是一些在延安的党的理论工作者开始研究起中国历史和民族史来。毛泽东本人也于六届六中全会后"发表了一系列著名的伟大著作,将马克思列宁主义的普遍真理与中国革命的具体实践相结合的毛泽东思想推向新的高峰",其中写于1939年12月的《中国革命与中国共产党》一文,"对于我们理解中国的民族问题有着直接的指导意义"。④ 在该文第一章第一节"中华民族"中,毛泽东论述了中华民族的起源、发展、构成以及基本使命。他指出:中国是世

---

① 转引自中共湖北省委党史资料征集编研委员会等编《抗战初期中共中央长江局》,湖北人民出版社1991年版,第63—64页。
② 毛泽东:《论新阶段》,载中共中央统战部编《民族问题文献汇编》,中共中央党校出版社1991年版,第595页。
③ 中共中央统战部编:《民族问题文献汇编》,中共中央党校出版社1991年版,第603页。
④ 江平:《前言》,载中共中央统战部编《民族问题文献汇编》,中共中央党校出版社1991年版,第6页。

界上最伟大的国家之一，拥有四亿五千万人口。"在这四亿五千万人口中，十分之九以上为汉人。此外，还有蒙人、回人、藏人、维吾尔人、苗人、彝人、壮人、仲家人、朝鲜人等，共有数十种少数民族，虽然文化发展的程度不同，但是都已有长久的历史。中国是一个由多数民族结合而成的拥有广大人口的国家。""中华民族的各族人民都反对外来民族的压迫，都要用反抗的手段解除这种压迫。他们赞成平等的联合，而不赞成互相压迫。"① 这年年底，由八路军政治部编写的《抗日战士政治课本》在论述"中华民族"时采纳了毛泽东的上述观点并明确指出："中国有四万万五千万人口，组成中华民族。中华民族包括汉、满、蒙、回、藏、苗、瑶、番、黎、夷等几十个民族……中华民族是代表中国境内各民族之总称。"② 很显然，中国共产党这种既承认中国是一个多民族的国家，主张各民族之间一律平等，同时又认为中国各民族已"组合"成为统一的"中华民族"的民族理论，与国民党、蒋介石的中国只有一个"中华民族"的民族理论相比，它更能为全国各族人民尤其是少数民族上层人物所接受，也更有利于他们树立起自己既是本民族的一分子又是中华民族一分子的民族认同感和归属感。这也是中国共产党及其领导的人民武装在抗日战争时期能够由弱变强、不断壮大的重要原因。我们今天就是在毛泽东所确立的这一含义上接受和使用"中华民族"这一观念的。

抗日战争全面爆发后，国共两党捐弃前嫌，实现第二次国共合作，并在此基础上，建立起最广泛的抗日民族统一战线，除少数汉奸和卖国贼外，全国各族人民不分党派、阶级、民族和性别，都投入到反对日本帝国主义侵略的斗争之中，形成了全民族抗战的局面。1937年7月29日，亦就是国民党中央通讯社发布《中共中央为公布国共合作宣言》后7天，"北平回民守土后援会"发出通电："国家兴亡，匹夫有责，誓本牺牲到底的精神为我政府及29军后盾。"③ 随后又成立"中国回民救国协会"，号召全国回民同胞本

---

① 毛泽东：《中国革命与中国共产党》，《毛泽东选集》第2卷，人民出版社1991年版，第621—623页。
② 《抗日战士政治课本》，载中共中央统战部编《民族问题文献汇编》，中共中央党校出版社1991年版，第807页。
③ 《晨报》1937年7月29日。

着民族大义,"团结奋起,保持爱国荣誉"。① "新疆民族反帝联合会"要求各族人民团结合作,"保卫新疆永为中国领土","一切为着抗日胜利"。② 西藏的喜饶嘉措大师发表《告蒙藏人民书》,号召蒙藏人民团结为国,支援抗战。著名的回族大阿訇马良骏在新疆第三次声援抗日大会上慷慨陈词:"我们只有一个敌人——日本,我们要一致抗战,我虽然是一个将七十岁的老朽,我愿意率全疆回族同胞为救国而战!"广西象县瑶族同胞在歌谣中这样唱道:"妹鸳鸯,情哥现在去前方;哥去前方打日本,回来我俩慢结双。妹鸳鸯,哥去前方妹莫忙;若是打得日本败,又得保护我家乡。哥去前方莫管他,想到抗战几发达;打得日本灭亡了,一来得保我中华。"③

抗日民族统一战线的建立和全民族抗战局面的形成,极大地促进了全国各民族人民对中华民族整体的认同感。1938年9月创办于武汉的救亡刊物《国民公论》的发刊词中就这样写道:"战争是个大熔炉,只有通过这个熔炉,一个民族才能打成坚强的不可分的一片。也只有通过这个熔炉,一个独立自由的国家才能在新的铸型上面建造起来。"事实证明,正是通过抗日战争这个"大熔炉",全国各族人民空前地实现了大团结、大联合。与此同时,各民族是一"共休戚、共存亡、共荣辱、共命运"的民族共同体——中华民族的民族认同感和归属感也得到了前所未有的加强。比如,1938年4月,由蒙、藏、回等各少数民族代表组成的"联合慰劳抗战将士代表团"在所发表的《蒙回藏族联合慰劳抗战将士代表团告前方将士书》《蒙回藏族联合慰劳抗战将士代表团告国内外同胞书》及《蒙回藏族联合慰劳抗战将士代表团告世界各友邦人士书》中就表示:"我们都是边疆人,来自遥远的地方,我们的宗教语言习惯虽有不同,但我们同是中华民国的国民,都是一家人,有着一条心……中华民族本来是整个的,其中固也分出若干旁支别系,那就好比手足枝叶一般,都是构成整体的一份子,和则两利,分则俱伤,日寇嫉我复兴,妄想一举亡我,以实现其独霸东亚的迷梦……我们对于抗战胜利具有十分的信心,同时也就是说明了一个真理,'中华民族是整个

---

① 《新华日报》1938年1月16日。
② 1938年10月31日黄火青在反帝总会民众联合总会联合代表大会上的报告。
③ 转引自娄贵品《共把日兵赶出境,保住我国好河山——记抗战时期中华民族认同意识的增强》,《中国民族报》2011年12月30日。

的，一致的，无论什么敌人也分化不了的'。"① 蒙古郡王旗札萨克图布升吉尔格勒在广播中说："我虽是个蒙古人，但也是中华民族的一份子。也知道亡国奴是没有等级的，何况我们汉、满、蒙、回、藏原是一家骨肉同胞兄弟呢，所以要本着国家至上、民族至上的原则，不分地域、不分男女、不分宗教，一起团结起来，集中我们的意志和力量打倒日军阀。"② 回族将领白崇禧在中国回教救国协会成立大会上再三强调，协会的使命是"救国兴教"，而要复兴回教，首先就要团结救国，他还批评了少数回民中存在的"争教不争国"的错误理念。他说："必须要使每个教胞都知道，有国家才有宗教，所谓'皮之不存，毛将焉附'，国家主权不能独立，宗教也就失去了保障……我们中国各民族应该遵照国父的民族主义，由家族、宗教而国族，造成一个伟大的中华民族。"③

"九一八"后形成的中华民族复兴思潮，对于增强各民族对中华民族整体的认同感同样起了重要的作用。当时的知识界兴起了一股研究中华民族的历史和文化热，出版了大量的有关中华民族文化和中华民族历史的著作，尽管这些著作的具体内容和观点不尽相同，但都致力于传播全民族整体化的"中华民族"意识，以激发团结抗战的力量，树立中华民族必将复兴的信念。此外，抗战时期，因战争而造成的人口大量迁移，尤其是处于战火中心的内地人口向西南和西北少数民族地区的大量迁移，促进了各民族之间的杂居、交往和融合，加上这一时期国民政府加强了对西南和西北少数民族地区的开发和管理，从而在一定程度上改变了这些地区相对闭塞的落后状况。这些都有助于增强西南和西北少数民族地区的民众对中华民族整体的认同感和归属感。

七七事变前夕，有人曾对"中华民族"观念的发展做过这样的总结："自（民国）十二年一直到现在，中华民族的思想渐渐成熟，尤其是'九一八'以后，国人对这种观念尤为明了，且求之甚切！"④ 而七七事变后全面

---

① 转引自娄贵品《共把日兵赶出境，保住我国好河山——记抗战时期中华民族认同意识的增强》，《中国民族报》2011年12月30日。
② 同上。
③ 转引自林松《白崇禧其人其事杂议》（打印稿）。
④ 陈健夫：《西藏问题》，商务印书馆1937年版，第142页。

抗战的大"熔炉",更进一步"把中华民族四万万五千万条心融冶成一座坚实的牢固不破的整体"了。① 从此,"中华民族"的观念深入人心,成了人们书面和口头的常用语。1936年编就、1938年由中华书局发行的大型辞书《辞海》中,第一次收入了关于"中华民族"的内容。在"中华民国"的专条里,曾特别说明:"民族合汉、满、蒙、回、藏、苗等人而成整个之中华民族。人口共约四万万七千余万。"《辞海》第一次收入有关"中华民族"的内容,说明"中华民族"之观念已为社会各界广泛接受,并对其含义有了基本共识。② 我们翻阅九一八事变后,尤其是华北事变和七七事变后出版的报刊和书籍就会发现,这一时期人们在统称中国各民族时一般都用的是"中华民族",而很少使用"中国民族""华族""国族"或"全民族"等其他概念。以中国共产党为例,九一八事变前,甚至在华北事变前,在其文件、宣言、会议决议以及领导人的讲话或文章中,经常是"中华民族"与"中国民族""全民族"互用,但到了华北事变后,尤其是到了七七事变后,不仅"中华民族"的用量大增,而且很少有与"中国民族""全民族"互用的情况发生。除个别民族分裂主义分子外,这一时期,无论是哪一个民族的人,都承认自己是中华民族的一分子。

与"中华民族"这一表示中国境内各民族是统一的民族共同体之观念得到全国各民族人民普遍认同相一致,人们认识到民族复兴不是汉族或其他某个少数民族的复兴,而是包括汉族和所有少数民族在内的整个中华民族的复兴。周炎在《民族复兴运动中之回民问题》一文中就明确指出:"中华民族是指汉、满、蒙、回、藏五族而言,现在我全国上下所致力的'民族复兴'运动,当然是要求我全国五大族之共存共荣,决不是单指汉族一族的复兴。"③ 回教阿訇马松亭在题为《中华民族的回教问题》的演讲中谈到回族复兴与中华民族复兴的关系时强调:国家如同一个机体,国民是机体中的各个细胞,回教有五千多万的同胞,有一千多年的历史,分散在全中国的各个地方,如果形成一个麻木不仁的组织体,抗外敌不能,自立更不能。"俗话

---

① 马天铎:《三民主义与回教青年》,《回教论坛》半月刊第2卷第9期。
② 黄兴涛:《民族自觉与符号认同:"中华民族"观念的萌生与确立的历史考察》,香港《中国社会科学评论》2002年第1期创刊号。
③ 周炎:《民族复兴运动中之回民问题》,《亚洲文化月刊》第2卷第5、6期合刊。

说，强国先强民。可是只有一部分民族强健，一部分民族不强健，等于遍身麻木，就像整个机体中坏了一部分细胞，全机体便不能灵活运动一样。"所以，我们要抵抗日本帝国主义的侵略，实现中华民族的伟大复兴，就必须使"国内各民族"都要"强健起来"，复兴起来，才有可能，"中华民族只要全部强健，还有何事不成呢？"① 孙绳武的《中华民族与回教》一文充分肯定了回族在中华民族中的重要地位，"无论从质或量说，中国回民都占了中华民族的重要部分"，而民族复兴，不仅仅是回族的复兴，更是整个中华民族的复兴，因此，"我们要憬然于本身责任的重大，要英勇地奋发图强，与各教各族的同胞联合起来，在最高领袖的指导之下，共同完成复兴民族的使命"。② 薛兴儒在《复兴中华民族与复兴蒙古民族》中也强调了蒙古民族的复兴与整个中华民族的复兴的一致性，他写道，"我蒙古为今之计"，谋本民族的强健，也就是谋整个中华民族的强健，蒙古民族既强健，则整个中华民族必强健；而整个中华民族强健了，蒙古民族亦就没有不强健的道理。"这样一来，我们蒙古民族与中华民族，不但可以复兴，并可以雄飞于大地之上。"③ 阿弼鲁德在《中华民族之复兴与西南夷》一文中同样强调：中国"民族复杂，疆域广阔"，社会、教育、经济、文化普遍处于衰落崩溃状态，在此情况下，"欲图复兴，实非一部分汉族之畸形发展所能挽救"，而应所有民族，当然也包括西南的少数民族，共同努力，"联成坚实的反帝战线，以抗强敌"，以实现"国内各民族共同兴奋"。他因而希望"我族青年，赶速觉悟，献身民族，努力牺牲奋斗！在不久之将来，喜马拉雅山之最高峰，其将敲奏庆祝整个中华民族复兴之钟声"。④ 人们常说，抗日战争的胜利是中华民族复兴的枢纽，而奠定这一枢纽的基础则是全国各族人民对"中华民族"之观念的普遍认同，以及基于这一认同得出的民族复兴不是汉族或其他某个少数民族的复兴，而是包括汉族和所有少数民族在内的整个中华民族的复兴的基本共识。

认识到民族复兴不是汉族或其他某个少数民族的复兴，而是包括汉族和

---

① 马松亭：《中华民族的回教问题》，《突厥》第 4 卷第 2 期。
② 孙绳武：《中华民族与回教》，《回民言论半月刊》（重庆版）第 1 卷第 7 期，1939 年。
③ 薛兴儒：《复兴中华民族与复兴蒙古民族》，《蒙古前途月刊》第 29 期，1935 年。
④ 阿弼鲁德：《中华民族之复兴与西南夷》，《新夷族》第 1 卷第 1 期，1936 年。

所有少数民族在内的整个中华民族的复兴，这对于我们今天实现中华民族伟大复兴的"中国梦"具有重要的启迪意义。

二　民族复兴不是复古，而是中华民族的浴火新生或再生

民族复兴不是复古，而是中华民族的新生或再生，这是自孙中山提出"振兴中华"的口号以来，尤其是在"九一八"后的抗日战争时期，知识界主流观点的又一基本共识。刘炳黎在《民族复兴的意义》一文中就明确指出："中国民族的复兴自有特殊的意义，这复兴是重生，也是再生。正如十四世纪发源于意大义的文艺复兴一样，它结束了中世纪宗教主义权威的残骸，勃兴了近代个人主义的自由的坦途，这复兴虽然是标名恢复希腊罗马的古代文化，即古代地中海商业经济之意识的反映，然而其所复兴起来的实质，并不是古代的商业经济之意识上的反映，乃是近代商业资本家所要求的商业的自由。古代地中海商业经济之意识上的反映——古代文化，自十四世纪复兴起来，成功了近代文化的序幕，所以文艺复兴虽然标名的是复古运动，而其实际却是古代文化的重生或再生运动，亦即是近代文化的初生或新生运动，古代的自由文化，经过了中世纪的践踏，在近代复兴起来，已经成为近代的自由文化。近代的自由文化，断不是古代的所有。中国民族复兴运动亦应作如是观。中国民族复兴运动断不是回返到帝国主义尚未开始侵略中国以前的民族的阶段，乃是因为帝国主义对中国民族的过度践踏了而自己要复兴起来，成功以后的新阶段的民族。这民族复兴运动并不是民族复古运动，乃是民族新生或再生运动。"[①] 石醉六在《民族复兴生活与佛教》中也再三强调："民族要求继续的生存，并要求继续而有光荣的生存，这就是民族复兴的意义。复兴不是复古。因为民族生活的过去时代，其全部都是古，在这所谓'古'的时代中，任何民族都经历过极光荣的生活期，也曾经历过不光荣的生活期。我民族当然也没有例外。如果复兴便是复古，便是毫无分晓的复古，这项结果，难免不走到所复的古，是不光荣生活期的古，或是

---

① 刘炳黎：《民族复兴的意义》，《前途》第 1 卷第 6 期，1933 年。

光荣与不光荣二者混杂无章的古。"① 胡铿同样认为，我们所说的民族复兴，"绝对不能是中国民族的单纯的'复兴'，而必须是具有新的内容的一种'复兴'"，也就是民族的新生或再生，"中国民族诚然有过相当光荣的历史，如三代的典章文物，汉唐的开疆拓土，但这些绝对不是历史上可以重复演出的。而且即使是重演出来，在现代帝国主义竞争中也无补于中国次殖民地的地位。中国民族必须在较高的生产力水平上'复兴'起来，而且也只有较高的生产力方能使中国民族'复''兴'起来"。② 何思明在《民族复兴与保存国粹及复古》一文中写道："在现在国破家亡，山河变色，农村毁灭，内忧外患的情形下"，人们"留恋过去的光荣，追忆已逝的美景"，并且"想把这种消极的留恋与追忆，变成积极的恢复与重现"，"这种想法未尝不可钦佩，未尝不可同情"，但如果把这种想法"认作真理"，以为"民族复兴"就是"复古"，就是"保存国粹""恢复旧有道德"，那就"失之毫厘，谬以千里"了。因为，"复兴决非复古"，而是民族的新生或再生，"国粹式的复兴民族，其结果还是民族灭亡而已"。③ 陈立夫则比较了"复兴"与"复古"的不同，他在"民族复兴不等于复古"的演讲中指出："复兴者以过去所用之材料及现在应用之材料，合而重建一民族新基；复古者墨守原有之材料，而保持其旧基也。二者根本不同，不宜混淆。"④

正因为知识界的主流意识认为，民族复兴不是复古，而是中华民族的新生或再生，他们因而对当时提倡尊孔读经等种种复古思想和运动提出了质疑和批评。艾毓英在《读经运动与复兴民族》一文中指出：读经运动与民族复兴这两句话，本来是联系不起来的，但最近以来，有许多博学鸿儒、热心卫道的先生们，在读经问题的争议中间，往往把这两个问题连类提及，好像读经运动，就是复兴民族文化，复兴民族文化，就是复兴民族。换言之，要复兴民族，就必须提倡读经。有好几个大学里头的国文教授，持的就是这种说法，并且说提倡读经是奉孙中山先生的遗教。因此，在我们实现民族复兴

---

① 石醉六：《民族复兴生活与佛教》，《政治评论》第 123 期，1934 年。
② 胡铿：《民族复兴与新生活运动》，《北方公论》第 75 期，1934 年。
③ 何思明：《民族复兴与保存国粹及复古》，《线路》第 35 期，1933 年。
④ 陈立夫：《民族复兴与复古不同：民国二十三年七月二十三日中委陈立夫先生在省府总理纪念周演词》，《河南政治》第 4 卷第 8 期，1934 年。

的过程中,读经问题是不容我们忽略的问题。而要搞清这一问题,先必须搞清楚"复兴这两个字的意义",而要搞清楚"复兴这两个字的意义",又先必须搞清楚"复兴"这个口号为什么会提出来的原因。那么,"复兴"这个口号是怎样得出来的呢?首先,最近百年以来,我们的土地不断丧失,我们的政治不能自主,我们的市场流入了外人的资本,充满了外人的货物,领土之内到处是外国租界,内河里头到处是外国航轮,尤其是"九一八""一·二八"事变发生以后,好几省的土地被日本人占领了,而我们没有力量收回,这就明显地昭示出,"我们的民族国家不仅是不'兴'盛,而且日益殖民地化了。这是要认识的一点"。其次,我们的民族,在最近虽然是日益衰微,但是在历史上,也有过光荣的记录,也有过伟大的贡献,只是近百年以来,因人家科学发达,文化进步,于是显示出我们的文化落伍,经济落伍,乃至整个的国力,都赶不上人家,因此才要"复兴",普遍地发出"复兴民族"的呼声来。假使我们民族现有的东西,都赶得上人家,没有什么愧色,那又何必谈复兴?再假使我们民族的过去,没有光荣的历史,没有伟大的贡献,那又何能谈复兴?由此可见"复兴"两字的涵义:"它是一、对中国固有的道德能力,从根救起;二、对西方最近的物质文化,迎头赶上去,把握此地的空间,并把握现在的时间,在时与空的交点底下,产生出伟大的复兴的力量来。今假只是迷恋过去,讴歌过去,对于现实的环境,不加认识,则其结果所造成的偏见,正与所谓全盘西化、否认过去的一切,犯同一样的错误。"而"目前的'读'经运动"则有"复古"之嫌,我们不能不表示"怀疑"和反对。虽然"经学是中国古圣昔贤学术思想之结晶,嘉言懿行之总汇,在民族复兴运动的高潮中,阐扬中国固有的优美文化,自然是基本工作之一种,但是莫要忘记总理所垂示我们的宝贵遗训:'除了恢复一切国粹之后,还要去学欧美的长处,然后才可以和欧美并驾齐驱。'"[①]

李公选的《民族复兴与复古运动》一文,采用"对话"形式,对那种"误认民族复兴即是复古",因而"提倡小学读经,恢复古礼,男女之别,尊卑之分"等"种种怪谬之异说"作了揭露和批判。他在文章中虚设了两个人物,一个是"以改造社会、拯救国家为职责"的"有为青年",一个是

[①] 艾毓英:《读经运动与复兴民族》,《每周评论》第 168 期,1935 年。

"主张一切均要恢复古之所有"的"泥古先生"。有一天,"有为青年"正把笔墨纸砚收拾妥当,准备写一篇关于民族复兴的文章,尚未动笔,忽然他过去的老师"泥古先生"曲躬驼背、穿着他自认为最摩登的——2世纪以前的衣履、迈着八字步走了进来。"泥古先生"问"有为青年"准备写什么。"有为青年"说准备写一篇民族复兴的文章。"泥古先生"问:什么是"民族复兴"?"有为青年"答:"民族复兴"就是要把中国过去固有的民族精神,择其适合于今天需要的恢复过来。"泥古先生"又问:现在为什么要民族复兴?"有为青年"答:因为目前中国到了一个很危急的时候,要挽救这危急,首先就要恢复中国过去固有的民族精神。"泥古先生"听后感叹地说:啊,复兴民族,原来就是如此!中国人现在才着急,我二十年前不就是这样主张的吗?可惜那时候的中国人醉心西洋文明,不听我的主张,所以中国是愈来愈糟,以至于有现在这样的处境。当然,亡羊补牢,尚未为晚,中国要实现民族复兴,先须做以下几件事情。"有为青年"问是哪几件事情。"泥古先生"答:尊孔、读经、复古礼、做文言文,以及其他诸如男女界限之别、职业尊卑之分等事情。"有为青年"不同意"泥古先生"的观点,说:目前提倡民族复兴之时,首要的工作不是盲目地尊孔、读经、复古礼、做文言文等这些事情,因为民族复兴不是复古,我们现在要做的,与你从前主张的不同。"泥古先生"听到这里便打断"有为青年"的话:不同?不同有什么两样?孔子是万世之师表、千古之圣人,追述尧舜禹汤之世,盛称文武成康之治,历代贤君圣王莫不尊重,所以现在要讲民族复兴,首先就必须尊孔,尊孔又先须读经,也就是四书五经,这些都是治国安邦的大典。现在天下之道德不讲,礼仪沦亡,其原因就在于把过去很多礼制都废除了,从而使人与鸟兽没有了区别。现在的所谓礼节,过于简单,无论什么样的大礼与大典,都只是点三下头而已。这真是可笑可耻的事情。你看以前的古礼,三跪九叩是何等的隆重!何等的威仪!人行礼不叩头,那要膝盖干吗?世界各国都没有中国古礼的隆重,这也是中国文明超过世界各国文明的地方。"文以载道",中国数千年的历史和文化都是用文言文记载的,而现在的人不学文言文,而学什么"浅显易懂"的白话文,甚至用白话文来写书,写中国的历史和文化,这简直是对中国历史和文化的糟蹋。其他如男女之别、尊卑之分,现在都不讲了,而提倡什么社交公开、职业平等,这哪有一点"中国应有的现象"？所以，中国要图复兴，必先要实行上面所讲的几件事情，然后尧舜禹汤之世，文武成康之治，才可以复见。就此而言，复兴和复古并没有什么不同。"有为青年"反驳"泥古先生"的话说：我们现在说的民族复兴，并不是复古。如果现在中国要复古，那不仅不能复兴中国，恐怕还会加速中国的灭亡。我们虽然主张复兴中国过去的民族精神，也就是过去的文化和道德，但并不是不作检讨地把过去所有的文化和道德都恢复过来，因为时代不同了，过去的文化和道德有的已不适应现代的需要。因为社会是进化的，每一天都在进步，如果现在要恢复尧舜之世，无异于要把中国倒退几千年，这违背了社会进化的原理，就是尧舜孔子复生到现在，他们也不会傻到主张恢复几千年前的古之制度。其他如读经、复古礼、做文言，都是同样的道理，不适合现代社会的需要，因而也都没有复兴的必要和可能。总之，"现在讲民族复兴，乃是要把中国固有文化及道德，择其适用于今日者则发扬而光大之，如果有不适宜现时代所需要，则弃而汰除之"。经过一番辩论，"泥古先生"最后同意了"有为青年"的主张，认为他说得"有相当的道理"。①

这里需要指出的是，民族复兴不是复古，而是中华民族的新生或再生，这虽然是自孙中山提出"振兴中华"以来，尤其是"九一八"后的抗日战争时期，知识界主流观点的一个基本共识，但正如前引艾毓英的《读经运动与复兴民族》和李公选的《复兴民族与复古运动》所批判的那样，认为民族复兴就是"复古"，恢复"古代的中国"地位，因而提倡文言文、提倡尊孔读经、提倡旧伦理旧道德，甚至认为"念佛打醮、超度轮回"都是"革命工作"的也大有人在。② 比如，孙乃湛在《中小学教授文言读经与民族复兴之关系》一文中就提出，"欲复兴我国民族，须恢复国人之固有精神二：（一）自爱，（二）自重。上述二精神，考诸我国历史，除战国及五代曾一度衰歇外，其他时代皆有显著之徵像，而有明一代为最盛，递乎清季，此风未竭。……因自爱自重之精神，涵养于文言文及经史子，中小学生读之，能

---

① 李公选：《复兴民族与复古运动》，《自新月刊》第 3 卷第 2 期，1935 年。
② 何思明：《民族复兴与保存国粹及复古》，《线路》第 35 期，1933 年。

如七十二人感化，此中小学恢复文言读经，所以能复兴民族也"。① 就是国民党搞的"新生活运动""国民经济建设运动""本位文化建设运动""国民精神总动员运动"等打着民族复兴旗号的各式各样运动，也都或多或少带有一些复古、保守甚至倒退的色彩。比如，新生活运动就主张恢复传统旧伦理旧道德。蒋介石自己就说得十分明白："我们所谓新生活的目的，就是要使全体国民，凡日常生活衣食住行，统统要照到我们中国固有的礼义廉耻道德的习惯来做。"② 在蒋介石看来，个人道德的堕落必然导致民族道德的堕落，从而"使国家赖以生存的东西——民族精神——民族道德，完全崩坏，而致民族国家于灭亡"。因此，要抵御外侮，实现民族复兴，"就要先恢复中国固有的忠、孝、仁、爱、信、义、和、平诸道德"。③ 为配合这一运动，国民党大力提倡尊孔。1934年5月31日，国民党中常会又通过决议，规定每年8月27日为孔子诞辰纪念日，恢复祭孔。同年7月，南京国民政府通令全国各党政军警机关、学校和各社会团体，于8月27日举行孔诞纪念活动。此后的1935年和1936年，全国也都举行过大规模的祭孔活动。对此，知识界曾予以了尖锐的批评。1934年2月26日北平《晨报》发文指出："自革命军兴，'打倒孔家店'之呼声，传遍全国，国民政府成立，且明令废止祀孔。曾几何时，向之主张废孔者，今又厉行尊孔。抚今追昔，真令人百感丛生，觉人事变幻，殆有非白云苍狗所能喻者，孔氏有知，度与吾人有同感矣。"同年9月9日，胡适在《独立评论》第117号上发表《写在孔子诞辰纪念之后》一文，批评国民政府的祭孔活动是"做戏无法，出个菩萨"的"开倒车"行为，并指出"开倒车是不会成功的"。④ 这也是中国共产党认为当时的"民族复兴"运动就是"民族复古"运动，因而在抗日民族统一战线的酝酿和建立之前很少使用"民族复兴"话语、在抗日民族统一战线的酝酿和建立前后有限度地使用"民族复兴"话语的原因之一。

---

① 孙乃湛：《中小学教授文言读经与民族复兴之关系》，《民鸣周刊》第1卷第13期，1934年。
② 蒋介石：《新生活运动的意义和目的》（1934年3月19日），《革命文献》第68辑，台湾"中央文物供应社"出版，第32页。
③ 蒋介石：《革命哲学的重要》（1932年5月23日），载《三民主义历史文献选编》，中共中央党校科研办公室1987年印，第304页。
④ 胡适：《写在孔子诞辰纪念之后》，《独立评论》第117号，1934年9月9日。

在今天,那种认为中华民族复兴就是要恢复中华民族的昔日辉煌,恢复中国传统文化的过去地位,因而提倡尊孔读经、提倡旧伦理旧道德的也还大有人在,并且呈现出越来越盛行之势,这应引起我们高度的重视和警惕。民族复兴决不是复古,而是在新的历史条件下,中华民族的浴火新生或再生。

三 民族复兴是一个系统工程,不能片面强调某一方面,更不能将民族复兴等同于文化复兴

如果说民族复兴不是汉族或某个少数民族的复兴,而是包括汉族和所有少数民族在内的整个中华民族的复兴,是"九一八"后的抗日战争时期中国知识界的基本共识;民族复兴不是复古,而是中华民族的新生或再生,是"九一八"后的抗日战争时期知识界的主流观点的话,那么,在通过何种路径来实现民族复兴的问题上,由于各自的政治立场、从事领域、擅长专业等方面的不同,知识界的认识很不一致,有的强调民主政治于民族复兴的重要意义,有的则强调经济建设在民族复兴中的重要作用,有的主张学术救国或建国,更有人将民族复兴等同于文化复兴,主张以文化复兴来实现民族复兴。

将民族复兴等同于文化复兴,主张以文化复兴来实现民族复兴,自19世纪末20世纪初民族复兴思想萌发以来就不绝如缕,20世纪初以章太炎为代表的"国粹派"就主张"古学复兴",五四时期梁启超、梁漱溟等"东方文化派"也提倡过"复兴"东方文化的主张。到了"九一八"后的抗日战争时期,将民族复兴等同于文化复兴,主张以文化复兴来实现民族复兴的观点更加盛行。如江问渔在《国难中民族复兴问题》一文中就明确写道:"'复兴'二字,可以分开来讲,'复'是复其旧有,'兴'是兴其未来,所谓民族复兴,也就是文化复兴。因为文化一部分是旧有的,应该竭力去恢复它,去光大它;一部分是新生的,应该竭力去吸取它,去融合它。"[①] 陈嘉异的《文化复兴与民族复兴(甲篇)——复兴中国文化为复兴中国民族之原论》一文提出,"复兴文化为复兴民族之源泉",只有复兴了中国文化,

---

① 江问渔:《国难中民族复兴问题》,《教育建设》1933年第5期。

才有可能实现中华民族的复兴。① 陈立夫在《文化复兴乃民族复兴之前提》一文中也再三强调："文化建设运动是创造将来,民族复兴之前提,必是文化复兴。"因此,"文化建设运动是否成功,实为民族是否可以复兴一大关键"。② 正如我们在本书第五章第一节中指出的那样,一方面,中国在政治、经济、军事、教育等领域里事事不如人,使人们不得不把民族复兴的希望寄托在相对而言我们还存在着一些优越心理的中国文化的身上;另一方面,参与讨论民族复兴的人中大多是从事精神文明的生产者,不少人从事的还是中国历史、哲学、文学和思想文化的研究和教学工作,利用自己的专业知识为实现民族复兴服务,这可以说是他们自然而然的选择。但将民族复兴等同于文化复兴,或主张以文化复兴来实现民族复兴,从性质上来说,这是一种文化决定论。清华大学的潘光旦教授在他的《民族复兴的一个先决问题》一文中就对这种文化决定论提出过批评。

民族复兴是一个系统工程,涉及政治、经济、文化等各个方面,各方面对于实现民族复兴都十分重要,我们不能只强调某一方面,而忽视其他方面,更不能把民族复兴等同于文化复兴,尤其是民族的解放和国家的独立,这是实现民族复兴最基本的前提或条件。我们设想,中华民族如果不能从帝国主义的奴役下解放出来,国家不能获得独立与自由,我们又怎能实现民族复兴?而要实现民族的解放和国家的独立,就离不开政治民主和经济发展。实际上,如我们在本书第一章第四节中提到的,在讨论怎样才能"建国"或"兴国",亦即将中国从一个前近代的传统国家建设成为一个近代的民族国家,从而实现中华民族的伟大复兴时,已有人认识到了这一问题。李拾豪就提出,我们"要建设一个现代国家",实现民族复兴,就必须要"有几个基本的条件",这就是:(1)对外求得独立;(2)建立一个宪政制度;(3)建设重工业;(4)农民解放。而在这四个"基本的条件"之中,"对外求独立,是一个建设现代国家的主要条件","民主的宪政制度的确立,又是建设现代国家的各种条件中的中心问题"。③ 陈独秀也认为,我们要实现

---

① 陈嘉异:《文化复兴与民族复兴(甲篇)——复兴中国文化为复兴中国民族之原论》,《丁丑杂志》第1卷第1期,1937年。
② 陈立夫:《文化复兴乃民族复兴之前提》,《皖光半月刊》1934年第6期。
③ 李拾豪:《抗战建国与确立民主的宪政制度》,《抗战十日》1938年第2期。

民族复兴，建设一个现代国家，需要完成"民族的国家独立与统一；立宪政治之确立；民族工业之发展；农民解放"这四个"主要的民主任务"。① 在陈方正看来，民族复兴与文化复兴存在着一种相辅相成的关系，"欲其文化复兴，而民族不复兴，则民族衰老，文化失去其推动力而陷于停顿，由停顿而陷于衰落，国家民族将濒于沦胥以亡；欲其民族复兴，而文化不复兴，则文化衰落，民族精神与民族意识，无所寄托，国家亦将随之而陷入不可挽救之深渊"。因此，"民族复兴与文化复兴，必须兼筹并进，同为着手解决"，而不能厚此薄彼，以文化复兴来取代民族复兴，文化复兴只是民族复兴的一个重要"条件"。②

将这一问题说得最清楚不过的是中国共产党人。1937年5月1日，张闻天在《我们对于民族统一纲领的意见》一文中在谈到如何实现"御侮救亡、复兴中国"这一"民族统一纲领的基本方针"时就指出：我们要"御侮救亡、复兴中国"，首先，"应该动员全中国的人力、财力、武力，实现全民族的抗战，以战胜日本帝国主义"，取消日本帝国主义在中国的一切租借地和领事裁判权以及其他一切不平等的权利，同时通过谈判协商的和平方式，收回各国领事裁判权和租界，修改各国不平等条约，整理外债，提高关税，以实现"中华民族的独立"。其次，要实现"民权自由"，这是"御侮救亡、复兴中国的重要关键"，它包括"保障人民有言论、出版、集会、结社、居住、信仰、罢工之自由，释放一切政治犯"，"国家行政机构的民主化"，改造旧有军队，实行地方自治等诸方面的内容。最后，要大力从事"国民经济建设"和"文化教育的建设"，改善人民生活，取消各种苛捐杂税，减轻人民生活负担，以实现"民生幸福"。他认为，只有"民族独立、民权自由、民生幸福"都得到了实现，"御侮救亡、复兴中国"的目也才能够真正"达到"。③ 不久，中共中央关于"民族统一纲领草案"致电共产国际时提出，要"使中国复兴为统一的民主共和国"，对外方面，要"抵御日本帝国主义对华之侵略，取得中华民族之独立解放"，对内方面，要"实施宪政，保障

---

① 陈独秀：《抗战与建国》，《政论旬刊》第1卷第9期，1938年4月25日。
② 陈方中：《民族复兴与文化复兴》，《新东方杂志》第3卷第5期，1941年。
③ 张闻天：《我们对于民族统一纲领的意见》，《张闻天文集》第2卷，中共党史出版社1993年版，第256—260页。

民权自由，发展国防经济，改善人民生活，求得民生幸福，以彻底实现孙中山先生之革命的三民主义"。① 后来，毛泽东在《论新阶段》（1938年10月）、《中国革命和中国共产党》（1939年12月）和《新民主主义论》（1940年1月）等文中，论述了在民族建国、民族复兴过程中政治、经济和文化的重要作用或地位问题，概括地说，就是经济是基础，政治是统帅，而"文化是一定社会的政治和经济的反映，又给予伟大影响和作用于一定社会的政治和经济"。② 在《新民主主义的宪政》（1943年）和《论联合政府》（1945年）等文中，毛泽东更进一步指出，"中国缺少的东西固然很多，但是主要的就是少了两件东西：一件是独立，一件是民主。这两件东西少了一件，中国的事情就办不好"。③ "没有一个独立、自由、民主和统一的中国，不可能发展工业。消灭日本侵略者，这是谋独立。废止国民党一党专政，成立民主的统一的联合政府，使全国军队成为人民的武力，实现土地改革，解放农民，这是谋自由、民主和统一。没有独立、自由、民主和统一，不可能建设真正大规模的工业。没有工业，便没有巩固的国防，便没有人民的福利，便没有国家的富强。"鸦片战争以来的历史，清楚地告诉人民，"一个不是贫弱的而是富强的中国，是和一个不是殖民地半殖民地的而是独立的，不是半封建的而是自由的、民主的，不是分裂的而是统一的中国，相联结的。在一个半殖民地的、半封建的、分裂的中国里，要想发展工业，建设国防，福利人民，求得国家的富强"，实现中华民族的伟大复兴，这是不可能的。"中国人民在抗日战争中学得了许多东西，知道在日本侵略者被打败以后，有建立一个新民主主义的独立、自由、民主、统一、富强的中国之必要，而这些条件是互相关联的，不可缺一的。"④

中国共产党人，尤其是毛泽东的以上论述，充分说明了民族复兴是一系统工程，涉及政治、经济、文化等各个方面，特别是民族独立和政治民主对于中华民族的伟大复兴具有十分重要的意义。自鸦片战争，尤其是孙中山提

---

① 《中共中央关于"民族统一纲领草案"致共产国际电》，载中共中央统战部编《民族问题文献汇编》，中共中央党校出版社1991年版，第466页。
② 毛泽东：《新民主主义论》，《毛泽东选集》第2卷，人民出版社1991年版，第663—664页。
③ 毛泽东：《新民主主义的宪政》，《毛泽东选集》第2卷，人民出版社1991年版，第731页。
④ 毛泽东：《论联合政府》，《毛泽东选集》第3卷，人民出版社1991年版，第1080—1081页。

出"振兴中华"的口号以来,一代一代的中国人不屈不挠,前赴后继,为实现中华民族的伟大复兴而英勇奋斗,但直到中华人民共和国成立以前,中华民族仍然积弱积贫,不能立于世界民族之林,受尽东西方帝国主义的侵略和欺负,最根本的原因,也就在于中国没有实现民族独立和政治民主,中国仍然是一个半殖民地半封建社会的国家,帝国主义和封建残余势力仍然主宰着中国人民的命运。"九一八"后的抗日战争时期,国民党和蒋介石提倡和宣传民族复兴尤其是文化复兴可谓不遗余力,并先后发动了"新生活运动""国民经济建设运动""本位文化建设运动""国民精神总动员运动"等打着民族复兴旗号的各式各样运动,但都收效甚微,中华民族并没有因此而实现复兴。究其原因,同样在于国民党和蒋介石始终坚持"一个政党、一个主义、一个领袖"的独裁政治,实行所谓"一党专制"和文化"统制政策",其结果别说民族,就是文化也没有实现复兴,甚至文化的健康发展还受到了严重的束缚。这深刻的教训应值得我们认真地总结和吸取。

我们说民族复兴是一系统工程,不能片面强调某一方面,更不能将民族复兴等同于文化复兴,或以文化复兴取代民族复兴,这并不是说文化复兴不重要。但文化复兴、文化繁荣只是实现民族复兴的一个条件或前提,而不等同于民族复兴的全部。我们在谋求文化复兴、文化繁荣的同时,更要谋求经济的发展和民主政治制度的建立。只有当中国真正实现了政治民主、经济发达、文化繁荣、社会文明,人们的精神生活和物质生活都得到极大的丰富和提高的时候,中华民族才能真正立于世界民族之林,才能为人类做出我们应有的贡献。也只有到那时,我们才能自豪地说:中华民族实现了伟大复兴。

四 要实现民族复兴,就必须调动一切积极因素,实现全国的大联合、大团结

要实现民族复兴,就必须调动一切积极因素,实现全国的大联合、大团结。这大联合、大团结,首先是中华民族内部各民族之间的大联合、大团结。我们知道,中国是一个多民族的国家,长期以来,由于统治民族的统治阶级对其他被统治民族实行民族压迫和民族歧视政策,加上各民族之间因历史和自然环境的原因造成的政治、经济和文化发展上的不平衡性,各民族之

间，尤其是统治民族（在清代是满族，在民国是汉族）和被统治民族（在清代是汉族和除满族外的其他一些少数民族，在民国是少数民族）之间存在着一定的隔阂和离心倾向。这种隔阂和离心倾向的存在不仅不利于中华民族的复兴，而且往往被帝国主义所利用，来实现它们侵略和分裂中国的目的。比如日本帝国主义就利用了这一倾向，策动所谓"满蒙自治"，企图将满洲和蒙古从中国分裂出去。王兴瑞在《抗战建国与边疆民族问题》一文中就曾指出："我国有三千五百万方里的土地，有四万万五千万的同胞，边地占去了一部分。这一部分的边疆土地同是中华民族的领土，这一部分的边疆民族同是中华民族的子孙。可是不幸得很，在最近数十年来中华民族生存斗争的舞台上，完全看不见他们的形影，有的只是国内民族间的摩擦和暗斗，反使国力消灭，敌人称快。直到整个民族生存临到最后关头的今日，仍不免有这种现象。……国内各民族间不能互相谅解，便不能互相合作。这个责任需由过去中央政府当局及边疆民族领袖各负其半。过去中央政府对于边疆问题，不特没有确定的治理方针，而且根本就没有注意。上焉者，有事时则敷衍塞责，无事时则置若罔闻；下焉者，则师前代故智，压迫、剥夺、愚弄种种手段，无所不用其极。遂使边地人民对政府的感情日坏一日，边疆民族与内地的隔膜也日深一日，敌人乘之，施以挑拨离间，边事便益增严重了。其在边地民族领袖方面，对有少数王公，愚昧无知，妄自尊大，野心勃勃，敌人利用这个弱点，加以花言巧语，利诱威胁，最后便走上卖国之路，甘为民族罪人。"①

因此，"九一八"后的抗日战争时期，随着民族复兴思潮的形成和高涨，人们要求民族团结的呼声也日益高涨起来。《蒙旗旬刊》第3卷第16期的"社论"《中华民族应怎样团结》开宗明义便写道："中华民国，是汉满蒙回藏五族组合而成的一个民主国家，换言之，中华民国，系五大民族共有的国家，非任何一个民族私有的国家，所以希望提高国家的地位和巩固国家的实力，必须使五大民族，和衷共济，努力团结，对内如手如足，对外同仇敌忾，畛域不分，五族一家，造成整个的大中华民族"，从而使"野心家再

---

① 王兴瑞：《抗战建国与边疆民族问题》，《民族文化半月刊》第1卷第2期，1938年。

不敢从中作祟，离间我兄弟"。① 刘宗基在《中华民族应一致团结起来》一文中呼吁："我各族同胞，迄于今日，非精诚无以求团结，非团结无所谋生存。中华民族生存之道，舍精诚团结外无别法，欲出危于深疴，脱险于夷域，尤非积极的谋团结，则无所适从。"② 顾颉刚的《中华民族的团结》一文认为，"中华民族的团结是一件大事"，而且这种团结不仅仅是"名义上"的，更不可是在"私利及压力下"勉强实现的，而是"在同情和合作中真诚的团结"，我们要认识到，"在中国的版图里只有一个中华民族，在这个民族里的种族，他们的利害荣辱是一致的，离之则兼伤，合之则并茂。我们要使中国成为一个独立自由的国家，非先从团结国内各种族入手不可"。③ 张其昀在《国难与统一》中指出：中国的一大特点，就是民族众多，其中，作为基本民族的汉族占总人口的95%，其他少数民族占总人口的5%，"少数民族都分布于中国边疆，其人口虽少而散布的地盘甚广，在目前边疆多事之秋，本属地方性质的民族纠纷，其安危足以牵动大局，甚至反客为主"，为外部势力所利用，来分裂国家。所以我们要救亡图存，实现民族复兴，就必须继承和发挥中华民族"不问基本民族或少数民族，都是一律平等相待"的"伟大精神"，加强各民族之间的团结，特别是基本民族汉族和边疆少数民族之间的团结。④ 周炎的《民族复兴运动中之回民问题》一文强调："总理（即孙中山——引者）指示我们联络世界弱小民族，当然先自国内联络起，使我们整个民族间无隔阂，无芥蒂，团结一致，同心同德，才可以齐一步伐，外御外侮，内言建设，然后再说组织'民族国际'，组织反帝阵线。如果国人忽视了这一点，置国内弱小民族问题而不顾，甚或歧视之，轻视之，其结果恐不惟减削了民族复兴的力量，甚且足以予敌人挑拨离间之机会，而使国土分崩，内忧日增。"⑤ 薛兴儒在《复兴中华民族与复兴蒙古民族》一文中同样认为，"当此险象环生，危机四伏的状态下，实为我中华民族之生死关头，前途诚不许乐观"，中华民族只有"同心协力，共存共荣"，

---

① 邵俊文：《中华民族应怎样团结》，《蒙旗旬刊》第3卷第16期"社论"，1931年。
② 刘宗基：《中华民族应一致团结起来》，《西陲宣化使公署月刊》第2期，1935年。
③ 顾颉刚：《中华民族的团结》，《民众周报》（北平）第2卷第3期，1937年。
④ 张其昀：《国难与统一》，《独立评论》第105号，1935年5月20日。
⑤ 周炎：《民族复兴运动中之回民问题》，《亚洲文化月刊》第2卷第5、6期合刊，1937年。

精诚团结，才能起死回生，有"灿烂的前途"，否则，民族危亡不可避免。因此，该文呼吁每一个国民都"要有共存共荣之意识"，"认清寸土之沦亡，乃整个国家之损失，一人被侮，为整个民族之耻辱，而我国家民族才有复兴之一日"。① 孙绳武的《中华民族与回教》一文也反复强调："我国全民族的复兴，必须以统一结合做基础，而统一结合赖坚固的团结力以完成。"② 阿弼鲁德在《中华民族之复兴与西南夷》一文中反复告诫国民：在这国际风云离奇变幻，国家多事、民族危急之时，中华民族"非团结，无法谈救国；非互助，无以谈图存"。③

中华民族的团结对于救亡图存、实现民族复兴是如此的重要。那么，怎样才能实现中华民族的团结呢？刘宗基提出，要实现中华民族的团结，全国同胞必须从以下四点做起：（1）要打破民族间已往"因宗教的信仰，生活的习惯，以及语言的不同"而形成的种种无谓的隔阂，以"牺牲小我，以成大我"的精神，"求整个民族的团结与生命"。（2）不因所居区域的"地形、气候，与夫所出的物产，以及居民的生活习惯的不同"，而产生出民族情感上的区别和隔阂。（3）要有"高尚远大的眼光"，紧跟世界发展的潮流，要认识到处在当今竞争激烈的世界中，只有实现"民族的大团结，才能与列强并立于世界，而获得整个民族的生存"。（4）要以"整个民族和国家的利益"，为各民族共同一致的目标，各民族分子，都应在自信、互信与共信的组织条件下精诚地团结起来，为实现"国家的强盛，民族的复兴"，而心往一处想、劲往一处使，切不可"同床异梦"，引起内部纷争。④ 顾颉刚认为，要使中华民族团结起来，必须做好"下列三方面的初步工作"：第一，物质方面，要加强边疆的经济建设。边疆人民的贫困是不可掩盖的事实，然而边疆上却尽多未开发的富源，不要说矿产还藏在山里，就是那边人民倚以为生的畜牧，也因没有医药设备，常常整群瘟死。屠宰之后骨角毛羽又弃置满地，使物不能尽其用。所以，政府应当鼓励农业和工业专家到边地去，指导当地人民提高技术，使得他们能用自力来开发。另外，交通的不方

---

① 薛兴儒：《复兴中华民族与复兴蒙古民族》，《蒙古前途月刊》第29期，1935年。
② 孙绳武：《中华民族与回教》，《回民言论半月刊》（重庆版）第1卷第7期，1939年。
③ 阿弼鲁德：《中华民族之复兴与西南夷》，《新夷族》第1卷第1期，1936年。
④ 刘宗基：《中华民族应一致团结起来》，《西陲宣化使公署月刊》第2期，1935年。

便也是阻碍边疆开发的一大原因，我们现在到新疆、西藏去，要比到欧美去还困难得多、不方便得多，这样就无法谋生产上的合作。所以铁路、公路、航运、飞行、邮电等交通网都应当次第设置，使全国各处的消息灵通，运输轻便，实收地域分工的厚利。第二，精神方面，要加强边疆的文化建设。各族间具有特殊的文化，须求充分的彼此了解。首先应注意的是语言文字的介绍工作。汉、蒙、回、藏四种语文，都是中华民国今日行用的国文国语，不可偏废。蒙、回、藏地方的学校应以本地语文为主，而以汉文为辅，内地学校应以汉文为主，而以蒙、回、藏文为辅。我们不但要保存当地的语言文字，更要发展当地的文学和艺术，充实他们的智慧遗产。要这样做，方可使国内不同文化的分子互相了解别的文化集团里的各种文化。第三，行政方面，要擢拔"边地人才"和扫除"旧有汉人腐败分子"。边区子弟并非无才，只是离中央较远，不能为政府所知而已。如果能在不违背他们风俗、宗教和社会组织的前提下，因边地富源的开发而在边地多设立学校，那么，就如同初垦的土地，因地力的丰厚而将获得巨大的生产一样，边地的"特殊人才"也必将随着学校的设立而"兴起"。至于旧有汉人的腐败势力，不顾国家大局，利用边地人民受国家法律保护的不周，欺侮善良，盘剥重利，诈取货物，无所不至，实为彼此合作的障碍，非扫除不可，否则当地人民将永远错解汉人是谋私利的，用了猜疑的眼光来看我们，我们的诚意合作就无从取得他们的信用了。①阿弼鲁德在《中华民族之复兴与西南夷》一文中则"深望政府当局，及我夷族同胞，为国家前途计，为整个中华民族之复兴计，为夷族自身之生存计，早下决心，对于西南国防有重大关系之我族，注重改造，创办学校，奖励生产，促进其文化，增长其知识，发扬其自卫能力，力谋民族文化之增进，社会经济之繁荣，群众生活之改善，使成中华民族之健全分子，永为国防屏障"。②

在杨青田看来，实现中华民族团结的关键，是要处理好汉族与边疆民族的关系，实现各民族的真正平等。他在《边疆纠纷与中国民族问题》一文中写道：自晚清以来，尤其是近年以来，边疆的纠纷有越演越烈之势，而这

---

① 顾颉刚：《中华民族的团结》，《民众周报》（北平）第 2 卷第 3 期，1937 年。
② 阿弼鲁德：《中华民族之复兴与西南夷》，《新夷族》第 1 卷第 1 期，1936 年。

些纠纷是与国内民族问题以及帝国主义的推波助澜有着密切的关系的。因此，要谋根本地消弭这些纠纷，就不能不使国内民族问题得到满意的解决，以及推翻帝国主义者的潜势力。而"建设边区交通，开发边区产业，发展边区文化等等，这些都是解决边疆问题的必要手段，可是要推行这些事业，必须有一个前提，那便是汉族与边疆各族先要有了比较调整的关系"，真正实现各民族的平等，不仅各族在"政治上（包括法律）经济上的地位与教育的机会都要绝对的平等"，而且"各族所特殊信仰的宗教也不应予以歧视"，"各族特有的语言、文字、历史、习惯、文化及生活方式等"都要得到"确实尊重"。我们过去之所以不能实现各民族的真正平等，一个重要原因，是"汉族不能改变其'汉族中心'的观念"。正是在这种观念的指导下，不仅"参加政治中心的几乎都是汉人"，而且在文化方面，"过去对于边区教育也只是专用汉文教科书，抹杀了边区各族的文化特殊性，就是在风俗习惯方面，汉人自己也牢抱着因袭的观念，要强迫各边区各族来接受"。然而，一个民族的特殊性"是最不易同化而富于充分的保守性的"，所以其结果必然要引起汉族和边疆其他民族的矛盾和冲突，引起边疆各民族的离心离德。不可否认，"汉族文化自然要较各族为高，无论在政治上的组织力、经济上的生活力以及教育等各方面说来，各族中都自然要居于领导的地位，但是这种领导作用只可由能力上表现出来，而在根本精神上是要放弃'汉族中心'的不正确的观念的，只有这样才能泯除边区各族对于汉族的隔膜，也才能从政治经济和文化的关系上得到各族间的真正的平等"。只有实现了各族间的真正的平等，"中华各族"才能"站在绝对平等的关系上，一同携手向着时代的前线迎头赶去，同时要赶出帝国主义者的势力，用自己的力量创立独立、自由、统一的国家"。[①]

张其昀认为处理好与边疆民族的关系、实现中华民族的团结的关键因素是中央政府，中央政府在"今日之民族统一工作"中，要抛弃传统的大汉族主义思想，"对边疆民族之语言宗教，仍当加以尊重，惟须藉教育社会与政治三种力量，保存其优点，补救其缺点"，尤其在"边疆政治"方面，要争取边疆少数民族的合作，用人只问德才，"决不因宗教礼俗的差别，而有

[①] 杨青田：《边疆纠纷与中国民族问题》，《中华月报》第2卷第10期，1934年。

所歧视"。① 孙绳武指出："边疆各族民众福利的增进，是增进中华民族统一结合与复兴的主要前提，而文化的提高和民意的发挥尤为当务之急。"目前边疆各族人才极其缺乏，而边疆建设又需要大量的人才，因此，中央对于边疆各族人才的培养应给予高度的重视，"一方面谋边疆教育的普及，一方面对于边疆各族堪资深造的青年，施以充分的训练，使成为未来的边疆干部人才。而最关重要的，是灌输他们以光明正大的意识，勖勉他们于学成以后，以牺牲的精神，远大的眼光，努力于边疆的种种建设"。② 回教最高学府（威达）师范学校代校长马松亭在纪念该校成立50周年的文章中就如何实现中华民族的团结提出了四点主张：（1）请政府设回教大学，研究及发扬回教文化；（2）改良寺院教育，培养适应新时代之阿訇；（3）联合全世界的回教民族以共同反侵略；（4）加强国内各民族团结，广泛发动回教同胞参加抗战。对此，《国民公论》第3卷发表《回教与抗战建国》一文，除了表示完全赞成马先生的上述意见，"并且愿意竭全力助成其理想的实现"外，该文"更以为回教志士们的这些意见，可以做全国同胞的模范。因为在抗战建国中是没有比民族团结与民族教育这两件事更重要的。不团结只有灭亡，愚昧与不求进步也便非亡国不可。这不但是回教同胞应有的觉悟，凡是一切中华民族的儿女，都会深切理解的"。③ 王兴瑞针对"边地人民对政府的感情日坏一日，边疆民族与内地的隔膜也日深一日"的状况，也提出了如何加强中华民族内部各民族之间尤其是与边疆少数民族之间团结的建议："中央政府必须迅速确定正确的治边方针，筹划具体计划，慎选治边人才，切切实实地做去……如尊重各民族自决、自主，注意发展边地教育、文化、经济、交通等等。"他相信，只要将这些措施"逐步实践起来，则过去边地与政府的隔膜自然一扫而空，边疆问题亦可待刃而解了"。同时，他认为"边疆民族的自身觉悟和努力"，对于加强中华民族内部各民族之间的团结尤其是消除边疆少数民族与中央政府之间的隔膜是"同样重要"的。令人高兴的是，自"七七"抗战以来，在血的教训面前，"边疆民族的自身觉悟和努力"已

---

① 张其昀：《国难与统一》，《独立评论》第105号，1935年5月20日。
② 孙绳武：《中华民族与回教》，《回民言论半月刊》（重庆版）第1卷第7期，1939年。
③ 《回教与抗战建国》，《国民公论》第3卷第10期，1940年。

经开始了：在中国军民的英勇抵抗和打击下，侵略中国的日军"无论哪一方面都露出捉襟见肘的窘态，一切损失急急要向我失地同胞的身上取偿，而于被诱入彀的边疆民族尤甚，兵源不足，不惜驱使边地民众上前线送死；资源不足，不惜横征暴敛；强盗的真面目赤裸裸的暴露出来了！边地民族从前误中毒计的，而在吃了真正的苦头，才翻然觉悟，敌人到底是敌人，兄弟到底是兄弟，纷纷来归。……尤其是一年来英勇抗战的结果，昭示了中华民族光荣的前途，于是各边区向来和中央政府断绝了关系的，现在也莫不欢欣鼓舞，诚心内向"。总之，"抗战的火焰已把整个中华民族熔合为一炉了"，而中华民族内部各民族的团结，尤其是"边疆民族"与中央政府隔膜的消除，这是我们取得抗战建国的最后胜利、实现中华民族伟大复兴最根本的保证。"我们试想想：运用了三千五百万方里的地方，和动员了四万万五千万的人力，那有抗战不胜建国不成之理？"[①]

七七事变后，面对亡国灭种的现实危险，国民党和共产党同样呼吁中华民族团结起来，以抵抗日本侵略，实现民族复兴。1941年4月，国民党第五届中央执行委员会第八次会议通过《关于加强国内各民族及宗教间之融洽团结以达成抗战胜利建国成功目的之施政纲要案》，强调了国内各民族的团结对于取得抗战胜利，建国成功，从而实现民族复兴的重要意义，并将过去历次会议通过的边疆建设的重要决议案，加以综合和归纳，形成《边疆施政纲要》，明确规定了边疆施政的一般原则及政治、经济、教育等各部门的设施建设。其具体内容如下：关于一般原则：（1）边疆各民族一切设施，应培养其自治能力，改善其生活，扶助其文化，以确立其自治之基；（2）边疆各民族一切设施，以尽先为当地土著人民谋利益为前提；（3）尊重各民族之宗教信仰自由及优良社会习俗，协调各民族之情感，以建立国族统一之文化。关于政治：（1）边疆及接近边省地方政府，应以振兴教育、改善人民生活为主要工作，关于此项经费预算，则应逐渐增加；（2）各边疆地方政府及各级行政机关，应适应环境情形，尽量以任用各民族地方人士为原则，其优秀者应特予以选拔，使其参与中央党政，以收集思广益之效。关于经济：（1）迅速开辟边疆主要的公路及铁路；（2）逐渐增设边疆各地金融机

[①] 王兴瑞：《抗战建国与边疆民族问题》，《民族文化半月刊》第1卷第2期，1938年。

构企业及合作组织，以扶助经济发展；（3）对于边疆人民原有之各种生产事业，政府当给予资本及技术协助。关于教育：（1）改进并扩大边疆之现有教育机关，以培植边疆人才；（2）于适当地点设置必需之各种专科学校，并设置各级师范学校，造就边疆各种人才，以适应建设之需要；（3）特设边疆语文之编译机关，编印各民族语文之书籍及学校用书；（4）设置边疆研究机关，敦聘专家搜集资料研究计划边疆建设问题，以贡献政府参考，从而提起政府建设边疆之兴趣。① 抗战期间，国民政府的蒙藏委员会还根据国民党中央委员会的有关指示，总结多年的治边经验，起草了《战后边疆政制建设计划纲要（草案）》，明确提出，"中华民族系汉满蒙回藏及苗夷各宗族所构成"，与汉族一样，边疆的"所谓满蒙回藏夷苗诸族不过同为中华民族之支系"，"既本同源，何必强自分裂"。因此，各族之间应加强其团结，"融洽其习俗，建立国族统一之文化，消弭狭隘之宗族界限，而完成整个大中华民族之建设"，以实现中华民族的伟大复兴。②

在共产党方面，如我们前面已提到的，1938年10月，毛泽东在中国共产党六届六中全会上代表政治局所作的《论新阶段》的政治报告中，提出"全民族的当前紧急任务"，其中第十三项就是"团结中华各族，一致对日"："我们的抗日民族统一战线，不但是国内各个党派各个阶级的，而且是国内各民族的。针对着敌人已经进行并还将加紧进行分裂我国内各少数民族的诡计，当前的第十三个任务，就在于团结各民族为一体，共同对付日寇。"为此，他提出如下政策：第一，允许蒙、回、蒙、苗、瑶、夷、番各民族与汉族有平等权利，在共同对日原则之下，有自己管理自己事务之权，同时与汉族联合建立统一的国家。第二，各少数民族与汉族杂居的地方，当地政府须设置由当地少数民族的人员组成的委员会，作为省县政府的一个部门，管理和他们有关的事务，调节各族间的关系，在省县政府委员中应有他们的位置。第三，尊重各少数民族的文化、宗教、习惯，不但不应强迫他们学汉文汉语，而且应帮助他们发展用各族自己言语文字的文化教育。第四，

---

① 张羽新、张双志编：《民国藏事史资汇编》第1集，学苑出版社2005年版，第207—208页。
② 乌兰少布：《中国国民党的对蒙政策（1928—1949）》，载《内蒙古近代史论丛》第3辑，内蒙古人民出版社1987年版，第280页。

纠正存在着的大汉族主义,提倡汉人用平等态度和各族接触,使日益亲善密切起来,同时禁止任何对他们带侮辱性与轻蔑性的言语、文字与行动。他再三强调:"上述政策,一方面,各少数民族应自己团结起来争取实现,一方面应由政府自动实施,才能彻底改善国内各族的相互关系,真正达到团结对外之目的,怀柔羁縻的老办法是行不通的了。"① 根据毛泽东的这篇报告,"团结中华各民族(汉、满、蒙、回、藏、苗、瑶、夷、番)等为统一的力量,共同抗日图存",又被写进了《六届六中全会政治决议案》。② 1941年6月22日,中共中央机关报《解放日报》发表《实行正确的民族政策》的"社论",其中写道:中国共产党人始终认为,抗战建国,民族复兴,"不是汉族一族之事,而是国内各民族共同的神圣事业,此种重大艰巨的事业,如果没有国内各少数民族积极地参加,就不能有最后胜利的保证。"因此,团结国内各少数民族共同抗日图存,实现民族复兴,"就是当前抗战中的严重任务之一"。③

要实现全国的大联合、大团结,除了中华民族内部各民族之间的大联合、大团结外,便是各阶级、各党派之间的大联合、大团结。而要实现各阶级、各党派之间的大联合、大团结,首先必须结束各党派之间的内战。众所周知,早在北洋军阀统治时期,各军阀之间的战争就连年不断,给人民的生命财产造成了巨大损失。国民党推翻北洋军阀统治、建立起南京国民政府后,名义上虽然统一了全国,但实际上全国并没有实现真正的统一,国民党内部各派系之间、国民党中央与地方实力派之间,以及地方军阀之间的内战时有发生,与北洋军阀统治时期的内战比较,国民党统治时期内战的规模更大、更频繁,给人民生命财产造成的损失也更大。与此同时,自国共第一次合作破裂后,中国共产党走上了以"革命的暴力"反抗"反革命的暴力"的道路,建立了自己的军队和根据地(苏区),而国民党则调集大军,对共产党的军队和根据地(苏区)进行"围剿",双方之间的"围剿"和"反围剿"的战争也从未停息。中国的内战给了日本帝国主义侵略中国和分裂中

---

① 中共中央统战部编:《民族问题文献汇编》,中共中央党校出版社1991年版,第595页。
② 同上书,第608页。
③ 同上书,第681—682页。

国的可乘之机。因此"九一八"后,随着民族危机的日益加深,知识界要求结束内战,实现各阶级、各党派之间的大团结,一致对外的呼声也逐渐高涨起来。

1932年5月18日,天津《大公报》发表《如何打开国家出路》的"社评",第一次明确地提出了"绝对防制内战"的要求,并视之为"打开国家出路"之"第一"要义。"社评"写道:"内战人民所同恶,然其发生也,决非偶然。国人俱恶军阀好斗,而不知政客策士之奔走挑拨,鼓动构煽,其罪恶尤在军阀之上,而政客策士之所以敢于纵横捭阖制造战祸者,国民宽容疏忽,盲从附和有以致之。现在国危民困,已达极点,休养生息,绝对需要,举凡政见异同,尽可从容研讨,苟无变更国体之巨奸,毋劳大利甲兵之使用。……抑国民今日所需要者为平和,任何人不应违反公意,轻启衅端。自今以往,无论何方面如何措辞,绝对不许以军事行动,为达到政治目的之用。"为了"防制内战","社评"还提议"由国民发起一大运动,将国内战争之祸害,自相残杀之耻辱,向士兵热烈宣传,请全国一致注意,对于迷信武力,制造内战者,防微杜渐,预事揭破,使无论政府与反政府方面,胥不取滥用兵力,强国民为无效无益之牺牲"。"社评"相信,此项运动如果能开展起来,并得到广大民众和士兵的响应,"则内战之根株绝,政客之作用失,军阀力量,自就衰颓,国民生机,得以保全",抗日斗争也就能取得最后胜利。①

在社会舆论的推动下,1932年5月28日,全国商会联合会、沪市商会、沪银行业同业分会、沪钱业同业分会在上海发起组织废止内战大同盟,并发表通电,声称"鉴于内忧外患之严重,特发起废止内战大同盟会,以期安内对外"。废止内战大同盟发起组织后,得到全国各界的热烈响应。《大公报》也先后发表《废止内战运动之诠释》(1932年5月30日)、《废止内战运动中之粤局》(1932年6月9日)、《进一步之废止内战运动!》(1932年7月21日)、《再论废战运动》(1932年7月22日)、《废止内战大同盟成立》(1932年8月27日)、《呼吁息战无效之后》(1932年10月20日)等多篇"社评",就废止内战运动的有关问题提出自己的看法和主张。首先它指出,

---

① 《如何打开国家出路》,《大公报》1932年5月18日"社评"。

废止内战运动之"本身便是精神的一大组织体","平时以猛虎在山之势,造成一种严正普遍的舆论,使国人以从事内战或挑拨军阀为耻辱与罪恶,则任何人不敢轻冒天下之大不韪,躬为社会指责之目标。万一祸机卒发,遏止无策,则人人奋其反对内战之心理作用,各就所能,各依本业,以坚壁清野之法,全体动员,对任何方面之军事行动,概不合作",从而使战争无从打起。它还驳斥了那种认为废止内战运动的目的是要反对军人的言论,强调"吾人反对内战,并非对军事持消极态度,对军人抱鄙夷思想",更不是要"打倒"军人,而是要"以公众之诚意,唤醒其肤浅愚暗之野心,引之使上光明远大之路,为国家民族效死力"。①

如前所述,当时的中国存在着两种性质的内战,一是国民党内部各派系之间、国民党中央与地方实力派之间,以及地方军阀之间的内战,一是国共之间的内战,亦即国民党军队对中共苏区进行"围剿"和中共军队"反围剿"的内战。包括发起组织废止内战大同盟的吴鼎昌、张公权、陈光甫、钱新之等人要求废止的只是第一种内战,而对于第二种内战亦即国民党军队对中共苏区的"围剿"持的则是支持的态度。换言之,他们所谓的废止内战运动,没有将国共之间的内战包括在内。但《大公报》则认为,如果"不将共产党问题包括在内,则废战运动为不能,且不通"。因为"废止内战之解释,即如其字义,在废止一切国内之战争。然一般观念,仿佛仅指各省军队长官与中央政府间、或各省与各省间而言。对于现在进行中之赤化与剿共之大战,反有熟视无睹之势。此就废战一义言,于理不通。盖分明为数十万军队之大规模内战,且延长至何时何地,直不可知;舍现实的大战不论,而只号呼中央与各省,或省与省间,将来勿有内战。是所欲废止者,仅一种性质之内战,而非一切之内战。是纵令成功,内战之进行若也"。它因而批评吴鼎昌、张公权、陈光甫、钱新之等人既发起组织所谓的废止内战大同盟,但又不把国共之间的内战包括在废止之内的做法,是"掩耳盗铃之举"。实际上,它指出,由于国共势不两立,国民党要消灭共产党,而共产党想推翻国民党,但"由现状态言,共党欲夺全国政权,实属做梦,政府欲消灭共党根株,亦为不能。是以此一战也,恐将绵延至亡国之日,犹不能息止!中国

---

① 《废止内战运动之诠释》,《大公报》1932年5月30日"社评"。

民族之精英，社会潜蓄之势力，将于此赤化战争中，整个消磨，同归于尽"。所以，与国民党各派系之间、国民党中央与地方实力派之间，以及地方军阀之间的内战相比，国共之间的内战"真关系国家民族之生死存亡，较之普通割据争权之战事，严重万万"。① 就此而言，废止内战运动不仅应包括国共之间的内战，而且已刻不容缓。

那么，怎样才能废止国共之间的内战呢？在《再论废战运动》的"社评"中，《大公报》提出了自己废止国共内战的方法。它建议，废止内战大同盟的发起组织者，在取得国民政府同意的前提下，应"躬赴江西，径访共党首领，问其能否废战，及如何方能废战。彼共党亦同胞，且多知识分子，对于此代表多数民意之使者（指废止内战大同盟的发起者——引者），势不能无条件拒绝，必将发表种种意见"。废止内战大同盟的发起组织者如果认为其意见错误，则立即加以论驳，促其反省；如果认为其意见有可取之处，则"归报政府，请其考量"，并且将它公诸舆论，请人们评判。"倘能发见一致之点，则和平之途径启矣。"它承认此方法"在形势上似甚难"，但"理论上则有充分之可能性"。因为，"就理论言，中山先生关于国民经济之基础主张，不外节制资本，平均地权，而共党所奉为劳工祖国之苏联所行者，原则上固不出此范围。又共党今日最得意之政略，为所谓分配土地，然苏联农政，主要为国营农场合作农场之推行，中国荒地占三分之二以上，国营合作皆可为报欲为，何必斤斤以割据小农土地摧残小产人民为计，为所谓革命之手段耶？至关于工业者，中山主义，本主国营，苏联办法，大抵可用，此无可争者，惟实行如何而已"。总之，就国内政策而言，共产党的主张与国民党先总理孙中山的主张有许多相似之处，这是废止国共内战"优有成功之望"的基础。"若夫对外大计，今日更无可争，民族的独立与生存，既为今日惟一之需要，凡足以达此目的之方法，无不可用，要在团结一致，本天良以奋斗而已。"②

从废止国共内战这一要求出发，《大公报》对国民党于九一八事变后提出的"剿共抗日"口号提出了异议。它在《进一步之废止内战运动！》的

---

① 《再论废战运动》，《大公报》1932年7月22日"社评"。

② 同上。

结语　中国近代民族复兴思潮留给我们的启迪　861

"社评"中指出："自九一八以还，当轴高标剿共抗日之议，且以不剿共则不能抗日为言。"站在国民党的立场，"剿共"自有道理。"然而，共之坐大也非一朝，日之相逼也，又不能令我有喘息之安，故剿共虽有近功，抗日则需要急效。将欲同时并举，事实自有所不能，将欲先剿共而后抗日，而无如彼方咄咄逼人，愈迫愈紧，其军阀早成无羁之马……直欲灭我全国，奴我全民，中国当局者，纵欲屈辱妥协，苟安旦夕，已决非日阀所许，藉曰许之，而彼曹宏图无限，血脉贲张，感情易动，夫谁得而保证其不变？由此判断，四万万中国国民，现已陷于非自救不可之运命，能抗固佳，不能抗亦当消除其所不能而力求其所以能，是则唤起民族意识，停止赤化斗争，使内顾无忧，举国一致，鞭策政府，俾得悉移剿共之兵力财力，以度此空前非常之国难，此真爱国志士所当剑及履及求其实现者也。"① 不久，在《如何结束共乱？》的"社评"中它又写道："九一八以来，支配中国政治之口号，曰抗日剿共。……自一种意义论之，殆为中国今日天经地义之国是也。虽然，此皆大问题也，仅其一端，犹虑力之不逮，况同时欲二者并行。事实上难于收功，固不待今日证明之后矣。而就二者相衡，日本侵华，志在征服而支配之，国家存亡，民族主权全系于此。中国民族，苟不甘亡国为奴隶，则必须抵抗此强邻之侵略，此诚万不得已，实逼处此者也。共党问题，则有异于是。盖人皆中国之人，事皆中国之事，自原则上言，中国人必应有以解决中国本身之事，倘其不能，是努力不足，诚意不逮，感格不行，再不然，则中国原则不配为和平统一之国家矣，无是理也。"② 既然抗日与"剿共"就像鱼与熊掌一样不能兼得，而日本侵略的目的是要吞并中国，灭绝我中华民族，共产党的问题则是中国人内部的问题，与民族的存亡无关，那么，"当兹中国将整个的被日本军阀摧毁吞并之时，为民族生存计，为中山主义计"，国民党就应改变"剿共"政策，"另辟平和的解决赤祸之路"。③ "与其持久内战，实力耗竭，对外失其抗拒力，而一方面又断无屈服苟免之余地，何若激发共党之良知良能，打破历史恩仇，尽捐党派情感，能抚则抚，力求团结

---

① 《进一步之废止内战运动！》，《大公报》1932年7月21日"社评"。
② 《如何结束共乱？》，《大公报》1933年4月2日"社评"。
③ 《蒋汪入京》，《大公报》1932年1月21日"社评"。

一致，先其所急，共同自卫，打开血路，而后以整个的国家民族本身之悠久利益，谋政治经济之大改革。"① 当然，《大公报》在对国民党的"抗日剿共"政策提出异议，并希望国民党"另辟平和的解决赤祸之路"的同时，也希望共产党能以民族大义为重，放弃推翻国民党的主张，回归法律秩序，从事合法斗争。否则，它警告共产党说："如再一味谬执成见，以军事行动，牵制政府兵力，使国家自卫陷于不能，则结局整个民族，终为日本蛮力压倒，姑无论理想的改革，愈成梦境，即令据有若干赤化地域，一旦全局沦陷，此区区者，又且可以苟存？且日本得势，国际忌妒，则竞争发泄之途，依然不出中国，边疆领土之分割，势力范围之复活，共管瓜分，势具难免，局面至此，民族且亡，更何有于党派之得失利钝？"② 总之，无论是为国家计，还是为自己计，共产党都不应该继续其武力推翻国民政府的赤色革命。

《大公报》不仅对国民党的"剿共抗日"口号提出了异议，而且它也不赞成国民党称共产党为"匪"，"剿共"便是"剿匪"的说法。因为，"匪云者，自通常言，不过武装盗贼聚众劫掠者之谓而已"。但共产党则不同，它"有知识分子之指挥，外运国际，内勾农工，且已有政治组织，蔓延数省间"，所以"不得以通常之匪论也"。"通常剿匪，以枪炮毙之，或招抚而散之，已矣。"如黄巢、张献忠、李自成等势力之所以"大势一非，如鸟兽散，事过境迁，烟消雾灭"，原因就在于"为匪故也"。而共产党不仅有组织，而且有确定的政治斗争之目的，"此虽为匪，而非通常之谓之匪也"。既然共产党不是通常所说的"匪"，而是有组织、有"政治斗争之目的"的政党，那么，就"不能仅赖乎枪炮"，用通常对付"匪"的方法来对付它，而"必须自政治上与之斗争"。③ "假使中国法治修明，军政入轨，地方安谧，民生得所，则纵有共产党之勾煽，又复何惧？假使中国思想自由，有法律保障，共产学说，得精深研讨，则社会纵有生计的恐慌，又何至引是丹非素之经济理论，为鼓惑之资料？"④ 所以，"剿"是不能解决

---

① 《进一步之废止内战运动！》，《大公报》1932 年 7 月 21 日 "社评"。
② 同上。
③ 《剿匪要义》，《大公报》1932 年 6 月 19 日 "社评"。
④ 《剿匪善后须有根本办法》，《大公报》1932 年 6 月 5 日 "社评"。

共产党的问题的,只要进行政治经济改革,共产党的问题才有可能得到根本解决。

在废止一切内战的基础上,《大公报》还提出了建立包括各阶级、各党派在内的"巩固的"抗日民族"统一战线"的主张。在《拥护民族利益为一切前提》的"社评"中它写道,"自九一八之变以迄今日",在日本军国主义的疯狂侵略下,"中国所谓各阶级,完全处同等地位,同受惨烈之摧残与破坏"。因此,中华民族要不亡国灭种,"拥护其独立自由",其"所有阶级",就"必须以巩固的统一战线,为长期的惨烈斗争";"一切新旧党派",皆要以"拥护民族利益为一切前提",民族利益高于一切党派利益。① 为了建立包括各阶级、各党派在内的"巩固的统一战线",《大公报》提出了两步走的策略:"第一步,愿国人一致高唱民族主义……凡军政经济各界,朝野各派,知识分子之各部门,一致先认定以拥护民族利益为一切之前提,其行动思想之不背民族利益者,政治上一概有合法活动之权,不论左右,大举包容,其惟一认为敌人者,即有反民族主义行动之人。""第二步,应一致向政府建议开放党禁之具体办法,即无论操任何政治经济主张之党派",只要不以武装暴动为政争的工具,就"概许其有结社之自由"。② 它认为,只有开放党禁,无论左倾右倾的所有党派都能公开活动,包括各阶级、各党派在内的"巩固的统一战线"才能建立起来;而只有建立起包括各阶级、各党派在内的"巩固的统一战线",中华民族的抗日斗争才有可能取得最后的胜利,中华民族也才有可能实现复兴。

自创办之日起,天津《大公报》就始终坚持"不党、不卖、不私、不盲"的"四不主义"的办报方针。所谓"不党",即不倚附于任何党派;"不卖",即不为金钱从事利益交换;"不私",即不为一己为一小团体的私利;"不盲",即不盲从,不附和,有自己的独立立场。因此,在当时知识界有着广泛的影响力,它的上述"社评",可以说是代表了知识界的大多数人要求结束内战,实现各阶级各党派大团结的呼声。比如,1931年10月23日,著名爱国人士马相伯发表《为日祸敬告国人书》,呼吁"今后国民,各

---

① 《拥护民族利益为一切前提》,《大公报》1932年2月28日"社评"。
② 《如何结束共乱?》,《大公报》1933年4月2日"社评"。

抱决心……群策群力，共赴国难"，"定息内争，共御外侮"，要求各阶级、各党派团结起来，一致内外。① 这年12月20日，由社会各界名流、爱国人士汇集而成的"中华民国国难救济会"发表宣言指出："人必自侮而后人侮之，国必自伐而后人伐之"，要挽救国难，其"入手关键，要视乎国我民之能否团结一致"。② 1933年1月15日，著名的地质学家、独立评论社的重要成员丁文江发表《假如我是蒋介石》的文章，提出团结御侮的三条办法：第一，"立刻完成国民党内部的团结"；第二，"立刻谋军事经济领域的合作"；第三，"立刻与共产党商量休战，休战的唯一条件是在抗日期内彼此互不相攻击"。③ 华北事变后，知识界要求结束内战，实现各阶级、各党派团结的呼声更加高涨起来。1935年12月上海文化界救国会成立后，即发表《民族解放运动的呼声》的宣言，主张立即结束内战，建立民族统一战线，实现各阶级、各党派的大团结。薛兴儒在《复兴中华民族与复兴蒙古民族》一文中也呼吁："吾同胞今后而欲复兴我整个民族，必要知道在国家完整独立这一大问题之前，其他一切问题都是次要的，是附属的。语云：'覆巢之下，安有完卵'。大家看穿这个道理，取消你我党派，共具挽救国家之精神，复兴民族之决心，不为利诱，不为势屈，纵环境更为险恶，国难更为严重，变能变危为安，由亡而兴也。"④ 1936年7月15日，沈钧儒、陶行知、章乃器、邹韬奋四人发表《团结御侮的几个条件和最低要求》的公开信，赞成和支持中国共产党在"八一宣言"中提出的建立抗日民族统一战线的主张，希望各党各派为了民族大义团结起来，并要求国民党改变"先安内后攘外"的政策，联合红军，共同抗日。⑤ 慎之在上海《社会评论》第2卷第10期上发文指出："今日的中国，已经如同快要绝气的病人，已经死去一半了；今日的中国民众，也已经开始在作亡国奴了。以如此危迫的民族命运，的确只要是不愿作亡国奴的人，将没有一个不感觉到应当集中全国的斗争力量，

---

① 《申报》1932年10月23日。
② 《申报》1932年12月20日。
③ 丁文江：《假如我是蒋介石》，《独立评论》第35号，1933年1月15日。
④ 薛兴儒：《复兴中华民族与复兴蒙古民族》，《蒙古前途月刊》第29期，1935年。
⑤ 参见沈钧儒、陶行知、章乃器、邹韬奋《团结御侮的几个条件和最低要求》，载《中国现代史资料选集》第4册，中国人民大学出版社1989年版，第408—419页。

来共同反抗日本帝国主义的进攻的,也非发动全民族的武装反日的战争,实无他法可以挽救目前的危亡。所以'停止内战'、'一致对外'这一要求,在原则上说,不但是不能反对的,而且也要求大众起来为这样主张奋斗。奋斗到它能真正实现出来,才能挽救中国。"① 少旭的《立即停止内战进行神圣的民族自卫战争》一文,要求立即停止国内一切内战,尤其是国共两党的内战,"用全体人民公意解决争端,签订停战协定,双方履行条约,用四万万人的权力,号令一切作战部队,把残杀自家弟兄的枪刀,共同抗日,违者以叛国罪论"。② 与此同时,面对亡国灭种的现实危险和国内知识界日益高涨的要求停止内战、一致对外的呼声,国共两党也开始着手调整自己的"剿共"和"反蒋"政策,秘密派员接触和商谈合作抗日事宜,尤其是中国共产党,不仅提出了建立抗日民族统一战线的主张,而且将原来的"反蒋抗日"的口号修改为"逼蒋抗日"。西安事变的和平解决,意味着国共两党内战的停止和抗日民族统一战线的酝酿和建立,这也是知识界之所以于西安事变和平解决后欢欣鼓舞,并要求国民政府将12月25日定为"民族复兴节"的一个重要原因。

综观中国近代史,尤其是"九一八"后的抗日战争史,我们发现,每当中国内部出现不团结甚至内乱或内战的时候,帝国主义就会乘机侵略、瓜分或分裂中国,中华民族也就会加速走向衰落和沉沦,而只要中华民族内部各民族团结起来,各阶级、各党派实现了大联合、大团结,中国人民就能战胜一切困难,打败疯狂的侵略者,使中华民族从沉沦走向复兴。中国人民之所以能取得抗日战争的最终胜利,也就在于自西安事变之后中国的各阶级、各党派实现了大联合、大团结,建立起抗日民族统一战线,尽管在统一战线内部存在着国共两党的斗争,有时还相当激烈,但直至抗战胜利结束,抗日民族统一战线这一形式还维持着,国共两党并没有完全走向对抗和分裂。中国人民之所以没有实现"抗战建国"的目标,将中国从一个前近代的传统国家建设成为一个近代的民族国家,实现中华民族的伟大复兴,也就在于抗战胜利后国共两党第二次合作的再次破裂,并迅速走向内战,内战毁灭了中

---

① 慎之:《"一致对外"与停止内战》,《社会评论》第2卷第10期,1936年。
② 少旭:《立即停止内战进行神圣的民族自卫战争》,《北大旬刊》1936年第2—4期。

华民族走向复兴的美好前景，直到 1949 年 10 月 1 日中华人民共和国的成立，中华民族才真正从沉沦开始走向伟大复兴。这一历史的经验和教训，值得我们认真地总结和吸取。我们要实现中华民族伟大复兴的"中国梦"，就必须调动一切积极因素，加强中华民族内部各民族之间的大团结，加强全国人民的大联合、大团结，心往一处想，劲往一处使。这就是抗日战争时期的民族复兴思潮给予我们的重要启迪。

附录一
本书主要参考文献
（以拼音为序）

一 报纸期刊

《北京大学社会科学季刊》《边事研究》《晨报》《晨报副刊》《大公报（天津）》《大中华杂志》《东方杂志》《独立评论》《读书生活》《读书月报》《翻译与评论》《反省月刊》《复兴月刊》《观察杂志》《国粹学报》《国风半月刊》《国论月刊》《国闻周报》《河南大学校刊》《湖南省政府公报》《甲寅月刊》《建国月刊》《江苏教育》《教育与中国》《教育杂志》《军需杂志》《康藏前锋》《理论与现实》《论衡半月刊》《每周评论》《民立报》《民众教育月刊》《民族文化》《努力周报》《群众周刊》《认识月刊》《扫荡月刊》《少年中国》《申报》《申报月刊》《盛京时报》《时代公论》《思想与时代》《文化建设》《先导月刊》《现代评论》《乡村建设》《向导周报》《新潮》《新教育评论》《新蒙古》《新青年》《新文化月刊》《新月月刊》《星期评论》《学衡杂志》《学艺杂志》《亚洲学术杂志》《益世报》《宇宙旬刊》《禹贡半月刊》《再生杂志》《战时文化》《中国经济》《中国青年》《中国文化》《中华教育界》《中央党务月刊》《中央日报》《中央周报》《中央周报》

二 文集资料

蔡尚思、方行编：《谭嗣同全集》，中华书局1981年版。

蔡尚思主编：《中国现代思想史资料简编》，浙江人民出版社1983年版。

陈独秀：《独秀文存》，安徽人民出版社1987年版。

陈崧编：《五四前后东西文化问题论战文选》（增订本），中国社会科学出版社1989年版。

陈先初编：《易白沙集》，湖南人民出版社2008年版。

陈旭麓编：《宋教仁集》，中华书局1981年版。

丁守和等主编：《抗战时期期刊介绍》，社会科学文献出版社2009年版。

费孝通：《费孝通文集》，群言出版社1999年版。

冯友兰：《三松堂全集》，河南人民出版社2012年版。

傅斯年：《傅斯年全集》，（台北）联经出版公司1980年版。

高平叔编：《蔡元培全集》，中华书局1984年版。

耿云志、欧阳哲生编：《胡适书信选》，北京大学出版社1996年版。

广东省社会科学院历史研究所等合编：《孙中山全集》，中华书局1981—1986年版。

郭沫若著作编辑出版委员会：《郭沫若全集·历史编》，人民出版社1982—1994年版。

郭沫若著作编辑出版委员会：《郭沫若全集·文学编》，人民出版社1982—1992年版。

韩信夫等编：《中华民国大事记》，中国文史出版社1997年版。

季羡林主编：《胡适全集》，安徽教育出版社2003年版。

姜义华、张荣华编校：《康有为全集》，中国人民大学出版社2007年版。

梁启超：《饮冰室合集》，中华书局1989年影印版。

刘晴波主编：《陈天华集》，湖南人民出版社1958年版。

刘晴波主编：《杨度集》，湖南人民出版社1986年版。

刘师培：《刘申叔先生遗书》，1936年宁武南氏铅印本。

刘泱泱编：《黄兴集》，湖南人民出版社2008年版。

罗荣渠主编：《从西化到现代化》，北京大学出版社1990年版。

吕希晨、陈莹编：《精神自由与民族文化——张君劢新儒学论著辑要》，中国广播电视出版社1995年版。

毛泽东：《毛泽东选集》，人民出版社1991年版。

莫世祥编：《马君武集》，华中师范大学出版社1991年版。

欧阳哲生编：《胡适文集》，北京大学出版社1998年版。

彭明主编：《中国现代史资料选辑》，中国人民大学出版社1993年版。

秦孝仪等：《中华民国重要史料初编：对日抗战时期》，中国国民党中央委员会党史委员会1981年版。

秦孝仪主编：《先总统蒋公思想言论总集》，中国国民党中央委员会党史委员会1984年版。

荣孟源主编：《中国国民党历次代表大会及中央全会资料选编》，光明日报出版社1988年版。

少年中国学会编：《国家主义论文集》，中华书局1925年版。

舒新城编：《中国近代教育史资料》，人民教育出版社1961年版。

宋恩荣编：《晏阳初全集》，湖南教育出版社1989年版。

宋志明编：《儒家思想的新开展——贺麟新儒学论著辑要》，中国广播电视出版社1995年版。

宋祖良、范进编：《会通集：贺麟生平与学术》，生活·读书·新知三联书店1993年版。

汤用彤：《汤用彤学术论文集》，中华书局1983年版。

汤志钧编：《康有为政论选集》，中华书局1981年版。

汤志钧编：《陶成章集》，中华书局1986年版。

汤志钧编：《章太炎政论选集》，中华书局1977年版。

滕复编：《默然不说声若雷——马一浮新儒学论著辑要》，中国广播电视出版社1995年版。

田文军编：《极高明而道中庸——冯友兰新儒学论著辑要》，中国广播电视出版社1995年版。

万仁元、方庆秋主编：《中华民国史史料长编》，南京大学出版社1993年版。

吴光主编：《马一浮全集》，浙江古籍出版社2013年版。

萧萐父主编：《熊十力全集》，湖北教育出版社2001年版。

许纪霖、田建业编：《杜亚泉文存》，上海教育出版社2003年版。

载逸主编：《二十世纪中华学案》（共10卷），北京图书馆出版社1999年版。

张岱年主编：《中国启蒙思想家文库》（16种），辽宁人民出版社1994年版。
张申府：《张申府文集》，河北人民出版社2005年版。
张云台编：《张荫麟文集》，教育科学出版社1993年版。
张枬、王忍之编：《辛亥革命前十年间时论选集》，生活·读书·新知三联书店1960—1963年版。
章开沅、罗福惠、严昌洪主编：《辛亥革命史资料新编》，湖北人民出版社2006年版。
章太炎：《章太炎全集》，上海人民出版社2014年版。
郑大华编：《孔子说学的重光——梁漱溟新儒学论著辑要》，中国广播电视出版社1995年版。
郑师渠、史革新主编：《近代中国民族精神研究读本》，北京师范大学出版社2006年版。
中共中央党史研究室第一研究部译：《联共（布）、共产国际与中国国民革命运动（1920—1925）》，北京图书馆出版社1997年版。
中共中央统战部编：《民族问题文献汇编》，中共中央党校出版社1991年版。
中共中央文献研究室、中共湖南省委《毛泽东早期文稿》编辑组编：《毛泽东早期文稿》，湖南出版社1990年版。
中共中央文献研究室编：《毛泽东文稿》，人民出版社1993年版。
中国第二历史档案馆编：《中国国民党中央执行委员会常务委员会会议录》，广西师范大学出版社2000年版。
中国第二历史档案馆编：《中华民国史档案资料汇编》，江苏古籍出版社1994年版。
中国国民党中央委员会党史史料编纂委员会：《革命文献》，（台北）"中央文物供应社"1978年版。
中国李大钊研究会编注：《李大钊全集》（最新注释本），人民出版社2006年版。
中国人民政治协商会议全国委员会文史资料研究委员会编：《文史资料选辑》第26辑，文史资料出版社1980年版。
中国史学会、中国社会科学院近代史研究所编，章伯锋、李宗一主编：《北洋军阀（1912—1928）》，武汉出版社1990年版。

中国文化书院学术委员会编:《梁漱溟全集》,山东人民出版社 1989—1993 年版。

《中华民国史事纪要》编辑委员会编:《中华民国史事纪要》,(台北)"中华民国史料研究中心"。

三 学术著作(含译著)

范文澜:《中国通史简编》,新知书店 1947 年版。
李剑农:《中国近百年政治史(1840—1926)》,复旦大学出版社 2002 年版。
林慧祥:《中国民族史》,商务印书社 1939 年版。
吕思勉:《吕著中国通史》,华东师范大学出版社 1992 年版。
吕思勉:《中国民族演进史》,商务印书馆 1939 年版。
吕振羽:《简明中国通史》,人民出版社 1959 年版。
吕振羽:《中国社会诸问题》,耕耘出版社 1942 年版。
钱穆:《国史大纲》,商务印书馆 1991 年版。
钱穆:《中国近三百年学术史》,商务印书馆 1997 年版。
钱穆:《中国文化史导论》,商务印书馆 1994 年版。
宋文炳:《中华民族史》,中华书局 1935 年版。
王桐龄:《中国民族史》,北平文化学社 1934 年版。
张君劢:《民族复兴之学术基础》,北平再生杂志社 1935 年版。
张君劢:《明日之中国文化》,商务印书馆 1936 年版。
张荫麟:《中国史纲》,上海古籍出版社 1999 年版。
[波] 弗·兹纳涅茨基:《知识人的社会角色》,郑斌祥译,译林出版社 2000 年版。
[德] 恩斯特·卡西尔:《国家的神话》,范进等译,华夏出版社 1999 年版。
[德] 罗伯特·米歇尔斯:《寡头统治铁律——现代民主制度中的政党社会学》,任军锋等译,天津人民出版社 2003 年版。
[德] 马克斯·韦伯:《学术与政治》,冯克利译,三联书店 2005 年版。
[德] 沃尔夫冈·查普夫:《现代性与社会转型》,陈黎、陆宏成译,社会科学文献出版社 2000 年版。

[德]尤尔根·哈贝马斯：《合法性危机》，刘北成、曹卫东译，上海人民出版社2000年版。

[法]爱弥尔·涂尔干：《宗教生活的基本形式》，渠东等译，上海人民出版社1999年版。

[法]弗朗索瓦·多斯：《碎片化的历史学：从〈年鉴〉到"新史学"》，马胜利译，北京大学出版社2008年版。

[法]吉尔·德拉诺瓦：《民族与民族主义》，郑文彬、洪晖译，三联书店2005年版。

[法]让-马克·夸克：《合法性与政治》，佟心平、王远飞译，中央编译出版社2002年版。

[法]让-诺埃尔·让纳内：《西方媒介史》，段慧敏译，广西师范大学出版社2005年版。

[加拿大]卜正民、施恩德编：《民族的构建：亚洲精英及其民族身份认同》，陈城等译，吉林出版集团有限责任公司2008年版。

[加拿大]罗伯特·W.考克斯：《生产、权力和世界秩序——社会力量在缔造历史中的作用》，林华译，世界知识出版社2004年版。

[美]阿尔文·托夫勒：《权力的转移》，吴迎春等译，中信出版社2006年版。

[美]艾恺：《最后一个儒家：梁漱溟与现代中国的困境》，郑大华等译，湖南人民出版社1989年版。

[美]艾伦·沃尔夫译：《合法性的限度——当代资本主义的政治矛盾》，沈汉等译，商务印书馆2005年版。

[美]保罗·S.芮恩施：《一个美国外交官使华记——1913—1919年美国驻华公使回忆录》，李抱宏、盛震溯译，商务印书馆1982年版。

[美]本杰明·史华兹：《寻求富强：严复与西方》，叶凤美译，江苏人民出版社2005年版。

[美]本尼迪克特·安德森：《想象的共同体：民族主义的起源与散布》，吴叡人译，上海人民出版社2005年版。

[美]杜赞奇：《从民族国家拯救历史：民族主义话语与中国的现代史研究》，王宪明等译，社会科学文献出版社2003年版。

［美］杜赞奇：《文化、权力与国家：1900—1942 的华北农村》，王福明译，江苏人民出版社 2006 年版。

［美］费约翰：《唤醒中国：国民革命中的政治、文化与阶级》，李恭忠、李里峰等译，生活·读书·新知三联书店 2004 年版。

［美］费正清、费维恺编：《剑桥中华民国史：1912—1949》，刘敬坤、杨品泉等译，中国社会科学出版社 1994 年版。

［美］格尔哈斯·伦斯基：《权力与特权：社会分层的理论》，关信平等译，浙江人民出版社 1988 年版。

［美］格里德：《胡适与中国的文艺复兴》，鲁奇译，江苏人民出版社 2005 年版。

［美］胡克：《历史中的英雄》，王清彬等译，上海人民出版社 1986 年版。

［美］加布里埃尔·A. 阿尔蒙德、小·G. 宾厄姆·鲍威尔：《比较政治学：体系、过程和政策》，曹沛霖等译，上海译文出版社 1987 年版。

［美］卡尔·博格斯：《知识分子与现代性的危机》，李俊、蔡海榕译，江苏人民出版社 2002 年版。

［美］卡尔顿·海斯：《现代民族主义演进史》，帕米尔译，华东师范大学出版社 2005 年版。

［美］柯博文：《走向"最后关头"——中国民族国家构建中的日本因素（1931—1937）》，马俊亚译，社会科学文献出版社 2004 年版。

［美］塞缪尔·P. 亨廷顿：《变动社会的政治秩序》，张岱云等译，译文出版社 1989 年版。

［美］威廉·亨利：《为精英主义辩护》，胡利平译，译林出版社 2000 年版。

［美］小约瑟夫·奈：《理解国际冲突》（第五版），张小明译，上海人民出版社 2005 年版。

［美］易劳逸：《流产的革命：国民党统治下的中国（1927—1937）》，陈谦平、陈红民等译，钱乘旦校，中国青年出版社 1992 年版。

［美］约瑟夫·列文森：《儒家中国及其现代命运》，郑大华、任菁译，广西师范大学出版社 2009 年版。

［美］詹姆斯·麦格雷戈·伯恩斯：《领袖论》，刘李胜等译，中国社会科学出版社 1996 年版。

［日］松本真澄：《中国民族政策之研究——以清末至1945年的"民族论"为中心》，忠慧译，民族出版社2003年版。

［以］耶尔·塔米尔：《自由主义的民族主义》，陶东风译，译文出版社2005年版。

［以］N.艾森斯塔德：《现代化：抗拒与变迁》，张旅平等译，中国人民大学出版社1988年版。

［英］埃里·凯杜里：《民族与民族主义》，张明明译，中央编译出版社2002年版。

［英］阿克顿：《自由史论》，胡传胜等译，译林出版社2001年版。

［英］埃里克·霍布斯鲍姆：《民族与民族主义》，李金梅译，上海人民出版社2006年版。

［英］安东尼·吉登斯：《现代性与自我认同：现代晚期的自我与社会》，赵旭东、方文译，生活·读书·新知三联书店1998年版。

［英］安东尼·史密斯：《民族主义：理论，意识形态，历史》，叶江译，上海人民出版社2006年版。

［英］安东尼·史密斯：《民族主义：理论，意识形态，历史》（第2版），叶江译，上海人民出版社2011年版。

［英］彼得·伯克：《历史学与社会理论》，姚朋等译，上海人民出版社2010年版。

［英］彼得·伯克：《制造路易十四》，郝名炜译，商务印书馆2006年版。

［英］厄内斯特·盖尔纳：《民族与民族主义》，韩红译，中央编译出版社2002年版。

［英］弗里德里希·奥古斯特·哈耶克：《通往奴役之路》，王明毅、冯兴元等译，中国社会科学出版社1997年版。

［英］霍布豪斯：《自由主义》，朱曾汶译，商务印书馆1996年版。

［英］齐格蒙·鲍曼：《立法者与阐述者：论现代性、后现代性和知识分子》，洪涛译，上海人民出版社2000年版。

［英］托马斯·卡莱尔：《英雄和英雄崇拜：卡莱尔讲演集》，张峰、吕霞译，三联书店1988年版。

［英］约翰·罗尔斯：《政治自由主义》，万俊人译，译林出版社2000年版。

陈连开：《中华民族研究初探》，知识出版社1994年版。

陈其泰：《范文澜学术思想评传》，北京图书馆出版社2000年版。

陈先初：《精神自由与民族复兴——张君劢思想综论》，湖南教育出版社1999年版。

陈勇：《钱穆传》，人民出版社2001年版。

邓野：《联合政府与一党训政：1944—1946年间国共政争》，社会科学文献出版社2003年版。

丁为祥：《熊十力学术思想评传》，北京图书馆出版社1999年版。

丁伟志、陈崧：《中西体用之间》，中国社会科学出版社1995年版。

方克立：《现代新儒学与中国现代化》，天津人民出版社1997年版。

冯峰：《"国难"之际的思想界：1930年代中国政治出路的思想论证》，三秦出版社2007年版。

傅乐诗等：《近代中国思想人物论——保守主义》，台湾时报出版事业有限公司1980年版。

高瑞泉：《中国近代社会思潮》，华东师范大学出版社1996年版。

耿云志：《近代中国文化转型研究导论》，四川人民出版社2008年版。

耿云志等：《西方民主在近代中国》，中国青年出版社2003年版。

顾潮：《顾颉刚评传》，百花洲文艺出版社1995年版。

郭齐勇、汪学群：《钱穆评传》，百花洲文艺出版社1995年版。

韩毓海主编：《20世纪的中国：学术与社会·文学卷》，山东人民出版2001年版。

胡伟希：《十字街头与塔——中国近代自由主义思潮研究》，上海人民出版社1991年版。

胡希伟主编：《辛亥革命与中国近代思想文化》，中国人民大学出版社1991年版。

贾晓慧：《〈大公报〉新论》，天津人民出版社2002年版。

江沛、纪亚光：《毁灭的种子——国民政府时期意识管制分析》，陕西人民教育出版社2000年版。

江沛：《战国策派思潮研究》，天津人民出版社201年版。

江宜桦：《自由主义、民族主义与国家认同》，（台北）扬智文化事业股份有限公司1998年版。

姜义华：《理性缺位的启蒙》，三联书店2000年版。

焦润明：《傅斯年传》，人民出版社2002年版。

金耀基：《从传统到现代》，广州文化出版公司1989年版。

金以林：《国民党高层的派系政治：蒋介石"最高领袖"地位是如何确立的》，社会科学文献出版社2009年版。

金泽：《英雄崇拜与文化形态》，（香港）商务印书馆有限公司1991年版。

李帆：《刘师培与中西学术》，北京师范大学出版社2003年版。

李国祈等：《近代中国思想人物论——民族主义》，台湾时报出版事业有限公司1980年版。

李宏图：《西欧近代民族主义思潮研究》，上海社会科学院出版社1997年版。

李泉：《傅斯年学术思想评传》，北京图书馆出版社2000年版。

李世涛主编：《知识分子立场：激进与保守之间的动荡》，时代文艺出版社2000年版。

李世涛主编：《知识分子立场：民族主义与转型期中国的命运》，时代文艺出版社2000年版。

李世涛主编：《知识分子立场：自由主义之争与中国思想界的分化》，时代文艺出版社2000年版。

李翔海：《民族性与时代性——现代新儒学与后现代主义比较研究》，人民出版社2005年版。

李新总主编，中国社会科学院近代史研究所中华民国史研究室编：《中华民国史》（全16册），中华书局2011年版。

李育民：《中国废约史》，中华书局2005年版。

刘俐娜：《顾颉刚学术思想评传》，北京图书馆出版社1999年版。

罗福惠：《国情、民性与近代化——以中、日文化问题为中心》，湖南人民出版社1988年版。

罗福惠：《黄祸论：东西文明的对立与对话》，（台北）立绪文化事业有限公司2007年版。

罗福惠主编：《中国民族主义思想论稿》，华中师范大学出版社1996年版。

罗荣渠：《现代化新论》，商务印书馆2004年版。

罗贤佑主编：《历史与民族——中国边疆的政治、社会和文化》，社会科学文献出版社2005年版。

罗志田：《国家与学术：清季民初关于"国学"的思想论争》，三联书店2003年版。

罗志田：《裂变中的传承：20世纪前期的中国文化与学术》，中华书局2003年版。

罗志田：《乱世潜流：民族主义与民国政治》，上海古籍出版社2001年版。

罗志田：《民族主义与中国近代思想》，（台北）东大图书公司1998年版。

罗志田主编：《20世纪的中国：学术与社会·史学卷》（上下册），山东人民出版社2001年版。

宁骚：《民族与国家》，北京大学出版社1995年版。

牛润珍：《陈垣学术思想评传》，北京图书馆出版社1999年版。

潘光哲：《华盛顿在中国——制作"国父"》，三民书局2006年版。

浦薛凤：《西洋近代政治思潮》，北京大学出版社2007年版。

史华兹等：《近代中国思想人物论——自由主义》，台湾时报出版事业有限公司1980年版。

宋志明：《冯友兰学术思想评传》，北京图书馆出版社2000年版。

宋志明：《贺麟新儒学思想研究》，天津人民出版社1998年版。

宋志明：《熊十力评传》，百花洲文艺出版社1993年版。

唐文权：《觉醒与迷误——中国近代民族主义思潮研究》，上海人民出版社1993年版。

陶绪：《晚清民族主义思潮》，人民出版社1995年版。

田亮：《抗战时期史学研究》，人民出版社2006年版。

田文军：《冯友兰传》，人民出版社2003年版。

汪学群：《钱穆学术思想评价》，北京图书馆出版社1998年版。

王春霞：《"排满"与民族主义》，三联书店1997年版。

王联主编：《世界民族主义论》，北京大学出版社2002年版。

王奇生：《党员、党权与党争——1924—1949年中国国民党的组织形态》，上海书店出版社2009年版。

王奇生：《革命与反革命：社会文化视野下的民国政治》，社会科学文献出版社 2009 年版。
王守常主编：《20 世纪的中国：学术与社会·哲学卷》，山东人民出版社 2001 年版。
王学典：《翦伯赞学术思想评传》，北京图书馆出版社 2000 年版。
王毅：《〈再生〉杂志的民族复兴思想研究》，广西人民出版社 2012 年版。
王永祥：《中国现代宪政运动史》，人民出版社 1996 年版。
王中江：《金岳霖学术思想评传》，北京图书馆出版社 1998 年版。
魏万磊：《20 世纪 30 年代再生派学人的民族复兴话语》，中国社会科学出版社 2011 年版。
吴雁南：《中国近代社会思潮》（全四卷），湖南教育出版社 1998 年版。
谢保成：《郭沫若学术思想评传》，北京图书馆出版社 1999 年版。
徐迅：《民族主义》，中国社会科学出版社 1998 年版。
许纪霖：《另一种启蒙》，花城出版社 2000 年版。
许纪霖：《寻求意义——现代化变迁和文化批评》，三联书店 1997 年版。
闫润鱼：《自由主义与近代中国》，新星出版社 2007 年版。
严昌洪：《20 世纪中国社会生活变迁史》，人民出版社 2007 年版。
杨奎松：《国民党的"联共"与"反共"》，社会科学文献出版社 2008 年版。
杨思信：《文化民族主义与近代中国》，人民出版社 2003 年版。
余建华：《民族主义：历史遗产与时代风云的交汇》，学林出版社 1999 年版。
余英时：《钱穆与中国文化》，上海远东出版社 1994 年版。
余英时：《士与中国文化》，上海人民出版社 2004 年版。
张海鹏主编：《中国近代通史》（全 10 卷），江苏人民出版社 2005 年版。
张灏：《梁启超与中国思想的过渡（1890—1907）》，江苏人民出版社 1995 年版。
张灏：《幽暗意识与民主传统》，新星出版社 2006 年版。
张汝伦：《现代中国思想研究》，上海人民出版社 2001 年版。
张淑娟：《民族主义与近代中国民族理论》，光明日报出版社 2011 年版。
张宪文：《中华民国史》（4 卷本），南京大学出版社 2006 年版。
张育仁：《自由的历险——中国自由主义新闻思想史》，云南人民出版社 2003 年版。

张昭军:《儒学近代之境——章太炎儒学思想研究》,社会科学文献出版社 2002年版。
赵克生:《明朝嘉靖时期国家祭礼改制》,社会科学文献出版社2006年版。
赵旭东:《文化的表达:人类学的视野》,中国人民大学出版社2009年版。
郑大华:《梁漱溟传》,人民出版社2001年版。
郑大华:《梁漱溟与胡适:文化保守主义与西化思潮的比较》,中华书局 1994年版。
郑大华:《梁漱溟与现代新儒学》,(台北)文津出版社1993年版。
郑大华:《民国思想家论》,中华书局2006年版。
郑大华:《民国思想史论(续集)》,社会科学文献出版社2008年版。
郑大华:《民国思想史论》,社会科学文献出版社2006年版。
郑大华:《民国乡村建设运动》,社会科学文献出版社2000年版。
郑大华:《晚清思想史》,湖南师范大学出版社2005年版。
郑大华:《张君劢传》,中华书局1997年版,商务印书馆2012年版。
郑大华:《张君劢学术思想评传》,北京图书馆出版社1999年版。
郑大华:《中国近代思想脉络中的文化保守主义》,湖南人民出版社2014 年版。
郑大华:《中国近代思想史学术前沿诸问题》,湖南师范大学出版社2012 年版。
郑大华、彭平一:《社会结构转型与近代文化变迁》,四川人民出版社2008 年版。
郑大华、邹小站主编:《传统思想的近代转换》,社会科学文献出版社2007 年版。
郑大华、邹小站主编:《思想家与近代中国思想》,社会科学文献出版社 2005年版。
郑大华、邹小站主编:《戊戌变法与晚清思想文化转型》,社会科学文献出 版社2010年版。
郑大华、邹小站主编:《西方思想与近代中国》,社会科学文献出版社2006 年版。
郑大华、邹小站主编:《辛亥革命与清末民初思想》,社会科学文献出版社

2013年版。

郑大华、邹小站主编：《中国近代史上的激进与保守》，社会科学文献出版社2012年版。

郑大华、邹小站主编：《中国近代史上的民族主义》，社会科学文献出版社2008年版。

郑大华、邹小站主编：《中国近代史上的社会主义》，社会科学文献出版社2011年版。

郑大华、邹小站主编：《中国近代史上的自由主义》，社会科学文献出版社2009年版。

郑师渠、史革新：《近代中西文化论争的反思》，高等教育出版社1991年版。

郑师渠：《晚清国粹派：文化思想研究》，北京师范大学出版社1991年版。

郑师渠：《在欧化与国粹之间——学衡派文化思想研究》，北京师范大学出版社2001年版。

郑永年：《中国民族主义的复兴：民族国家向何处去？》，（香港）三联书店1998年版。

周策纵：《五四运动：现代中国的思想革命》，江苏人民出版社1996年版。

朱政惠：《吕振羽学术思想评传》，北京图书馆出版社2000年版。

四　研究论文

陈廷湘：《论抗战时期的民族主义思想》，《抗日战争研究》1996年第3期。

陈再生：《论国共合作与民族复兴》，《福建论坛》（社科教育版）2010年第6期。

陈征平、毛立红：《经济一体化、民族主义与抗战时期西南近代工业的内敛化》，《思想战线》2011年第4期。

耿云志：《中国近代思想史上的民族主义》，《史学月刊》2006年第6期。

丁守和：《论抗日战争的思想文化》，《近代史研究》1995年第5期。

冯申：《"英雄崇拜"与"人民崇拜"》，《史学集刊》1990年第2期。

冯夏根：《论罗家伦的理性抗日观》，《史学月刊》2012年第10期。

郭德宏：《抗日战争时期的民族主义和爱国主义研究述评》，《北京党史研究》1995 年第 1 期。

郭少棠：《建立民族国家的阶段——从德国经验谈起》，《二十一世纪》1993 年第 16 期。

郭双林：《民族复兴话语下的中国现代学术》，《近代史研究》2014 年第 4 期。

胡涤非：《民族主义的概念及起源》，《山西师大学报》2005 年第 1 期。

黄岭峻：《试论抗战时期两种非理性的民族主义思潮——保守主义与"战国策派"》，《抗日战争研究》1995 年第 2 期。

黄顺力：《孙中山与章太炎民族主义思想之比较——以辛亥革命时期为例》，《厦门大学学报》2001 年第 3 期。

黄兴涛：《民国各政党与中华民族复兴论》，《近代史研究》2014 年第 4 期。

黄兴涛：《民国时期"中华民族复兴"观念之历史考察》，《中国人民大学学报》2006 年第 3 期。

黄兴涛：《民族自觉与符号认同："中华民族"观念的萌生与确立的历史考察》，香港《中国社会科学评论》2002 年创刊号。

黄兴涛：《现代"中华民族"观念的最初形成——兼论辛亥革命与中华民族认同之关系》，《浙江社会科学》2002 年第 1 期。

霍海丹：《五四运动是近代中华民族复兴的起点》，《中共党史研究》2009 年第 6 期。

江沛、迟晓静：《中国国民党"党国"体制述评》，《安徽史学》2006 年第 1 期。

江沛：《南京国民政府时期政治文化评析》，《史学月刊》1996 年第 2 期。

姜红：《"想象中国"何以可能——晚清报刊与民族主义的兴起》，《安徽大学学报》2011 年第 1 期。

姜新立：《民族主义之理论概念与类型模式》，香港《二十一世纪》1993 年第 16 期。

姜义华：《论二十世纪中国的民族主义》，《复旦学报》1993 年第 3 期。

姜义华：《现代中国思想文化嬗变轨迹的新探寻——民国时期思想文化史研究述评》，《近代史研究》1988 年第 6 期。

金冲及：《辛亥革命和中国近代民族主义》，《近代史研究》2001 年第 5 期。

雷振文：《政治秩序的理论基础：涵义、要素与特征》，《云南行政学院学报》2009年第1期。
雷振文：《政治秩序的实现何以可能》，《南京政治学院学报》2008年第1期。
李华兴：《近代中西文化冲突交融的历史考察》，《复旦学报》1986年第1期。
李里峰：《新政治史的视野与方法》，《福建论坛》（人文社会科学版）2009年第6期。
李良玉：《五四时期的文化民族主义》，《徐州师范大学学报》1998年第2期。
李明伟：《清末立宪派群体政治文化论》，《中州学刊》1998年第5期。
李明伟：《试论清末北洋集团的政治文化》，《史学月刊》1993年第5期。
李文海：《从民族沉沦到民族复兴》，《当代中国史研究》2009年第5期。
李文海：《对"民族主义"要做具体的历史分析》，《史学月刊》2006年第6期。
林凤升：《关于"个人崇拜"现象的再思》，《河北大学学报》1989年第1期。
林家有：《孙中山和中华民族复兴思想》，《历史教学》2005年第8期。
刘波儿：《中国知识精英对民族复兴的理论设想——以民国时期的优生学思潮为中心》，《自然辩证法研究》2012年第2期。
刘大年：《抗日战争的历史意义与民族精神》，《抗日战争研究》1994年第4期。
刘金鹏：《充分世界化与民族复兴——试论胡适的中西文化冲突解决方案》，《湖南科技大学学报》（社会科学版）2010年第2期。
罗福惠：《"黄祸论"与日中两国的民族主义》，《学术月刊》2008年第5期。
罗福惠：《历史事实和历史人物评价的多样范式》，《探索与争鸣》2006年第3期。
罗福惠：《孙中山时代华侨的祖国认同》，《近代史研究》1996年第6期。
马戎：《关于"民族"的定义》，《云南民族学院学报》2000年第1期。

苗光新：《中国共产党人的民族复兴目标、实践及启示》，《科学社会主义》
　　2012年第5期。
欧阳军喜：《论抗日战争时期的"学术中国化"运动》，《中共党史研究》
　　2007年第3期。
潘荣：《近代中华民族复兴的一个转折点——兼析对辛亥革命历史研究研究
　　认识的某些偏见》，《天津师范大学学报》（社会科学版）2002年第2期。
潘亚玲：《爱国主义与民族主义辨析》，《欧洲研究》2006年第4期。
彭兆荣：《人类学仪式研究评述》，《民族研究》2002年第2期。
秋石：《民族复兴中的文化使命》，《求是》2004年第6期。
任丙强：《中国民族主义的重新兴起：原因、特征及其影响》，《学海》2004
　　年第1期。
任丽君：《政治文化的历史足迹：由专制向民主的嬗变》，《学术探索》2007
　　年第6期。
桑兵：《世界主义与民族主义——孙中山对新文化派的回应》，《近代史研
　　究》2003年第2期。
沈坚：《法国史学的新发展》，《史学理论研究》2000年第3期。
陶绪：《章太炎民族主义思想的渊源》，《中州学刊》1996年第3期。
田亮：《"战国策派"民族主义史学在抗战期间的兴衰》，《河北学刊》2003
　　年第3期。
田亮：《抗战时期缪凤林的民族主义史学思想》，《史学史研究》2002年第
　　4期。
田亮：《略论吕思勉的民族主义史学思想——以抗战时期为中心》，《同济大
　　学学报》（社会科学版）2006年第6期。
汪晖：《文化与政治的变奏——战争、革命与1910年代的"思想战"》，《中
　　国社会科学》2009年第4期。
王续添：《音乐与政治：音乐中的民族主义——以抗战歌曲为中心的考察》，
　　《抗日战争研究》2008年第3期。
王耀：《民族复兴与民族精神》，《郑州大学学报》（哲学社会科学版）2004
　　年第1期。
魏万磊：《20世纪30年代中国民族复兴话语谱系的形成》，《复旦学报》（社

会科学版）2011 年第 2 期。

温小勇：《民族复兴语境下传统文化的转换和提升》，《云南社会科学》2012 年第 5 期。

闻黎明：《抗日战争时期宪政运动若干问题的再研究》，《近代史研究》2006 年第 5 期。

谢名家：《"文化经济"：历史嬗变与民族复兴的契机》，《思想战线》2006 年第 1 期。

徐锦中、曹跃明：《中国近代民族主义之路》，《天津社会科学》1996 年第 5 期。

徐蓝：《关于民族主义的若干历史思考》，《史学理论研究》1997 年第 3 期。

许纪霖：《共和爱国主义与文化民族主义——现代中国两种民族国家认同观》，《华东师范大学学报》2006 年第 4 期。

许纪霖：《现代中国的自由民族主义思潮》，《社会科学》2005 年第 1 期。

许小青：《辛亥革命与近代民族国家认同》，《史学月刊》2011 年第 4 期。

阎润鱼：《30 年代自由主义者关于中国政治秩序的一场争论》，《教学与研究》1998 年第 1 期。

杨兆贵：《"九一八"后的抗战民族复兴思潮》，《井冈山学院学报》2009 年第 1 期。

叶小文：《中国文化"和"的内涵与民族复兴的"文明依托"》，《理论前沿》2005 年第 15 期。

俞祖华、赵慧峰：《近代中华民族复兴观念的生成及其衍化》，《天津社会科学》2014 年第 3 期。

俞祖华：《"中华民族复兴"观念源流考》，《北京日报》2013 年 12 月 9 日。

俞祖华：《近代中日关系与中华民族复兴观念及历程》，《河北学刊》2014 年第 2 期。

俞祖华：《中华民族复兴论与国民性改造思潮》，《近代史研究》2014 年第 4 期。

袁银传：《爱国主义与中华民族复兴的精神动力》，《武汉大学学报》（社会科学版）2003 年第 5 期。

张丰清：《抗战时期毛泽东、蒋介石民族主义思想之比较——兼论二者对战后中国政局的影响》,《武汉理工大学学报》(社会科学版)2005年第3期。

张丰清:《论抗战时期蒋介石的民族主义思想》,《党史研究与教学》1999年第1期。

张丰清:《论抗战时期蒋介石民族主义思想的渊源和特点》,《学海》2004年第1期。

张海鹏:《走向民族复兴的重要标志——论抗日战争胜利的历史意义》,《抗日战争研究》2005年第3期。

张可荣:《费希特〈对德意志民族的演讲〉与"九一八"后民族复兴思潮》,《长沙理工大学学报》(社会科学版)2010年第2期。

张可荣:《近代"中华民族复兴"观念形成的历史考察》,《长沙理工大学报》(社会科学版)2010年第5期。

张可荣:《李大钊民族复兴思想初论》,《长沙理工大学学报》(社会科学版)2009年第2期。

张可荣:《试论全面抗战时期的民族复兴思潮》,《长沙理工大学学报》(社会科学版)2008年第4期。

张晓刚:《民族主义、文化民族主义、第三世界民族主义》,《战略与管理》1996年第3期。

张亦工、徐思彦:《20世纪初期资本家阶级的政治文化与政治行为方式初探》,《近代史研究》1992年第2期。

张亦工:《革命政治文化形成初探》,《民国研究》第2辑,南京大学出版社1995年版。

张亦工:《民国初年政治的结构与文化初探》,《天津社会科学》1993年第5期。

张玉法:《民族主义在国民党历史上的角色》,香港《二十一世纪》1993年第15期。

郑大华:《30年代思想界关于中国经济发展道路的争论》,《求索》2007年第3期。

郑大华:《"九一八"后的民主宪政运动》,《求索》2006年第3期。

郑大华:《"九一八"后的民族复兴思潮》,《学术月刊》2006年第4期。

郑大华：《"中华民族"自我意识的形成》，《近代史研究》2014 年第 4 期。

郑大华：《报刊与民国思想史研究》，《史学月刊》2011 年第 2 期。

郑大华：《重评 1946 年中华民国宪法》，《史学月刊》2003 年第 4 期。

郑大华：《关于"中国近代史上的民族主义"的对话》（与李文海等合作），《光明日报》2006 年 3 月 28 日"史学版"。

郑大华：《近代"中华民族复兴"之观念形成的历史考察》，《教学与研究》2014 年第 4 期。

郑大华：《近代中华民族复兴思想与实践》（与黄兴涛、俞祖华合作），《光明日报》2014 年 12 月 17 日"史学版"。

郑大华：《九一八事变后费希特民族主义思想的系统传入与影响》，《近代史研究》2009 年第 6 期。

郑大华：《理性民族主义之一例：九一八事变后的天津》，《浙江学刊》2009 年第 4 期。

郑大华：《梁漱溟与现代新儒学》，《求索》2003 年第 2 期。

郑大华：《论 30 年代初中国知识界的苏俄热》，（韩国）《中国史研究》2009 年第 1 期。

郑大华：《论"东方文化派"与五四新文化运动》，（韩国）《中国史研究》第 47 辑。

郑大华：《论邓小平对毛泽东中华民族复兴思想的继承和发展》，《当代中国史研究》2014 年第 3 期。

郑大华：《论革命派在辛亥革命中的历史作用》，《高校理论战线》2011 年第 10 期。

郑大华：《论近代中国民族主义的思想来源和形成》，《浙江学刊》2007 年第 1 期。

郑大华：《论近代中国社会变迁与社会转型的几个特点》，《光明日报》2010 年 12 月 14 日"史学版"。

郑大华：《论毛泽东的中华民族复兴思想》，《当代中国史研究》2013 年第 5 期。

郑大华：《论晚年孙中山"中华民族"观的演变及其影响》，《民族研究》2014 年第 2 期。

郑大华：《论张君劢对现代中国学术的贡献》，《浙江学刊》2004年第3期。

郑大华：《论中国近代民族主义的理论建构及其过程》，《华东师大学报》2010年第5期。

郑大华：《马一浮新儒学思想研探》，《中国文化研究》2006年冬之卷。

郑大华：《民主革命时期中共的"中华民族"观念》，《史学月刊》2014年第2期。

郑大华：《如何认识和评价中国近代及当下的民族主义》，《教学与研究》2013年第8期。

郑大华：《晚清思想家"振兴中华"使命感的历史考察》，《教学与研究》2006年第11期。

郑大华：《西化思潮的历史考察》，《湖南师范大学学报》2005年第2期。

郑大华：《辛亥革命与中国近代民族国家的初步建立》：《教学与研究》2011年第9期。

郑大华：《张君劢论儒家思想与中国现代化》，《孔子研究》2004年第1期。

郑大华：《张君劢新儒学思想的发展历程》，《中州学刊》2004年第1期。

郑大华：《张君劢与现代新儒学》，《天津社会科学》2003年第4期。

郑大华：《中国近代民族主义的来源、演变及其他》，《史学月刊》2006年第6期。

郑大华：《中国近代民族主义及其理论建构》，《近代史研究》（英刊）2012年第2期。

郑大华：《中国近代民族主义与中华民族自我意识的觉醒》，《民族研究》2013年第3期。

郑大华、刘妍：《中国知识界对国联处理九一八事变的不同反应——以胡适、罗隆基和胡愈之为例的考察》，《抗日战争研究》2009年第1期。

郑大华、谭庆辉：《30年代知识界的社会主义思潮》，《近代史研究》2008年第3期。

郑大华、喻春梅：《论九一八事变后文化民族主义思潮》，《天津社会科学》2011年第4期。

郑大华、张英：《论苏联"一五计划"对20世纪30年代中国知识界的影响》，《世界历史》2009年第2期。

郑大华、周元刚:《五四前后的民族主义与三大思潮之互动》,《学术研究》2008年第7期。

郑大华、周元刚:《五四时期的民族主义思潮及其特点》,《四川大学学报》2008年第2期。

郑师渠:《近代的文化危机、文化重建与民族复兴》,《近代史研究》2014年第4期。

郑师渠:《近代中国的文化民族主义》,《历史研究》1995年第5期。

附录二

民族复兴文章目录（1931—1945）

（以拼音为序）

1931 年

范西田：《亚细亚民族复兴运动之前途》，《新亚细亚》第 2 卷第 4 期，第 78—85 页，1931 年。

鄧悌：《民族主义与复兴中国：对本校考取之军事教官学术讲演》，《黄埔月刊》第 2 卷第 2 期，第 1—7 页，1931 年。

鄧悌：《亚细亚民族复兴运动之前途（续）》，《新亚细亚》第 2 卷第 6 期，第 88—106 页，1931 年。

李振翩：《中华民族的衰落与复兴：（一）中华民族衰落的原因》，《科学月刊》（上海）第 3 卷第 55 期，第 1—8 页，1931 年。

莲蕊：《民族复兴的曙光：纪念总理诞生：［诗歌］》，《前进》第 1 卷第 16 期，第 11 页，1931 年。

倚冈：《也来谈谈中华民族复兴》，《南开大学周刊》第 105 期，第 39—42 页，1931 年。

佚名：《时事评论：中国民族之复兴与国运之转机》，《同泽月刊》第 3 卷第 1 期，第 10—13 页，1931 年。

佚名：《校闻：民族复兴》，《南开大学周刊》第 103 期，第 37—38 页，1931 年。

1932 年

陈立夫：《民族复兴的原动力：二十一年八月二十二日在中央留京办事处纪念周演讲》，《中央周报》第 221 期，第 34—38 页，1932 年。

陈立夫：《民族复兴的原动力》，《海外月刊》创刊号，第 3—8 页，1932 年。

陈立夫：《民族复兴的原动力》，《血潮》第 1 卷第 26—27 期，第 51—57 页，1932 年。

陈振鹭：《民族复兴与经济国防》，《社会导报》第 1 卷第 11 期，第 0—2 页，1932 年。

程天放：《民族复兴：在励志社讲演》，《中央周报》第 216 期，第 39—41 页，1932 年。

丁迪豪：《中国民族复兴与文化运动》，《进展月刊》第 1 卷第 6 期，第 2—16 页，1932 年。

铎：《由东北沦亡说到民族复兴》，《实践》（北平 1932）第 2 期，第 13 页，1932 年。

何百希：《实现三民主义为纾解国难复兴民族之根本要图》，《胶济铁路管理局党义研究会会刊》第 3 期，第 79—82 页，1932 年。

胡定安：《专件：育婴保健是民族复兴的根本》，《广济医刊》第 9 卷第 12 期，第 22—25 页，1932 年。

寰澄：《中华民族之复兴与世界之关系》，《复兴月刊》第 1 卷第 1 期，第 14—27 页，1932 年。

黄静斋：《近世民族复兴运动之先例：土耳其民族运动》，《社会导报》第 1 卷第 9 期，第 2—3 页，1932 年。

堇男：《编者附志：四省合作训练所之开办，吾人认定为一种民族复兴运动之开始……》，《农村合作》第 7 期，第 8 页，1932 年。

梁冰弦：《民族复兴的物质条件》，《南国》第 1 卷第 4 期，第 2—3 页，1932 年。

林重远：《抗日方案与中华民族复兴》，《时代公论》（南京）第 33 期，第 9—13 页，1932 年。

刘天予：《十九路军血战抗日与中华民族的复兴》，《民声周报》第 17 期，第 3—4 页，1932 年。

骆叔和：《民族复兴运动中的中国共产党问题》，《新创造》第 1 卷第 6 期，第 26—38 页，1932 年。

彭百川：《民族复兴与教育基础：江苏教育馆第五届年会致辞》，《民众教育通讯》第 2 卷第 8 期，第 5—6 页，1932 年。

授丘：《从复兴中华民族说到中国童子军训练》，《中国童子军半月刊》第 5—6 期，第 12—17 页，1932 年。

天铎：《复兴中华民族是救国的唯一出路》，《国家与社会》第 1 期，第 1—5 页，1932 年。

铁民：《由中国历史说到中华民族复兴》，《军民导报》第 10 期，第 7—13 页，1932 年。

旭初：《中华民族复兴与吾人心理的建设》，《复兴月刊》第 1 卷第 2 期，第 22—32 页，1932 年。

杨幼炯：《复兴中国民族的新机运：纪念"五四"并发表我们的主张》，《社会导报》第 1 卷第 4 期，第 0—1 页，1932 年。

杨幼炯：《民族复兴运动》，《社会导报》第 1 卷第 9 期，第 0—1 页，1932 年。

佚名：《复兴民族的先锋队万岁》，《农村合作》第 7 期，第 0—1 页，1932 年。

佚名：《迁都洛阳为吾民族复兴之象征》，《剪报》第 10 期，第 165—167 页，1932 年。

佚名：《社闻：程委员天放在本社纪念周演讲"民族复兴"》，《励志》第 2 卷第 10 期，第 9—10 页，1932 年。

佚名：《言论：民族复兴运动：程校长在纪念周之报告》，《国立浙江大学校刊》第 93 期，第 873—875 页，1932 年。

永治：《复兴中华民族之路》，《军民导报》第 10 期，第 3—7，0 页，1932 年。

袁道丰：《欧战后的民族复兴运动》，《社会导报》第 1 卷第 13 期，第 0—1 页，1932 年。

章渊若：《民族复兴之基本运动》，《社会导报》第 1 卷第 10 期，第 0—1 页，1932 年。

章渊若：《民族复兴中之教育改造》，《社会导报》第 1 卷第 12 期，第 0—2 页，1932 年。

赵正平：《中华民族复兴问题之史的考察》（附图表）（未完），《复兴月刊》第 1 卷第 1 期，第 28—54 页，1932 年。

赵正平：《中华民族复兴问题之史的考察（续）》，《复兴月刊》第 1 卷第 2 期，第 34—59 页，1932 年。

赵正平：《中华民族复兴问题之史的考察（二续）》，《复兴月刊》第 1 卷第 3 期，第 64—89 页，1932 年。

赵正平：《中华民族复兴问题之史的观察（三续）》，《复兴月刊》第 1 卷第 4 期，第 18—27 页，1932 年。

支道三：《义勇军之奋斗与中华民族之复兴（附图表）》，《实践》（北平）第 5 期，第 4—7 页，1932 年。

周宪文：《农村经济的破产与民族复兴运动》，《社会导报》第 1 卷第 14 期，第 0—1 页，1932 年。

朱述先：《中国民族复兴的可能性》，《政治与教育》第 1 卷第 8 期，第 3—5 页，1932 年。

1933 年

R. Boda：《苏联境内小民族之复兴》，《行健月刊》第 2 卷第 5 期，第 114—122 页，1933 年。

白世昌：《苏俄民族复兴运动之观察》，《行健月刊》第 2 卷第 5 期，第 103—113 页，1933 年。

白云：《复兴中国民族的几个主要条件》，《社会主义月刊》第 1 卷第 9 期，第 20—25 页，1933 年。

卞宗孟：《民族主义与民族复兴运动》，《行健月刊》第 2 卷第 5 期，第 11—25 页，1933 年。

曹树钧：《改造人心与民族复兴》，《行健月刊》第 2 卷第 5 期，第 44—53

页，1933年。

陈公博：《复兴民族：[题词]》，《精诚杂志》第1卷第6—7期，第19页，1933年。

陈嘉异：《国难严重期中"文化的外交原则"之建议与民族复兴之道》，《复兴月刊》第2卷第3期，第8—50页，1933年。

陈立夫：《民族复兴的基础：二十二年二月四日在京市第三次全市代表大会讲演》，《中央周报》第245期，第49—55页，1933年。

陈鹏：《体育是复兴民族的要素》，《军国民杂志》第1卷第5期，第37页，1933年。

陈其英：《负起复兴民族之责任：九月十八日纪念周郑校长训话》，《暨南校刊》第74期，第5—6页，1933年。

陈其英：《复兴民族须赖健全青年：郑校长于十月八日在华安大厦招待粤港爪哇选手演词》，《暨南校刊》第77期，第3—4页，1933年。

陈其英：《复兴民族须先恢复民族精神：郑校长于二十二年双十节演说词》，《暨南校刊》第77期，第5—6页，1933年。

陈瑞昌：《复兴中华民族之途径》，《第一军月刊》第4卷第5期，第25—29页，1933年。

陈振鹭：《全民连责与民族复兴》，《复兴月刊》第1卷第6期，第57—76页，1933年。

成吉：《复兴民族工作中青年的先决问题》，《中州青年》第9期，第4—8页，1933年。

程科登：《国内教育新闻：全国运动大会：复兴民族底体育目的（十月十七日申报）》，《中华基督教教育季刊》第9卷第4期，第96—97页，1933年。

程石泉：《为复兴民族文化进一解》，《建国月刊》（上海）第9卷第6期，第1—4页，1933年。

冲：《民教短评：复兴民族与民众教育》，《浙江民众教育》第2卷第1期，第1页，1933年。

董成勋：《大学生文坛：从"诚"字谈到复兴我国民族》，《复兴月刊》第1卷第6期，第227—231页，1933年。

短兵：《殖民地资本之下的民族复兴观》，《长风》（上海）第 1 卷第 3 期，第 3—4 页，1933 年。

方觉慧：《复兴民族与我们工作的起点：二十二年十二月十八日在中央纪念周讲演》，《中央周报》第 290 期，第 32—34 页，1933 年。

方镇五：《民族复兴与发展农业》，《青年评论》第 25/26 期，第 32—41 页，1933 年。

冈林：《国民体育与民族复兴》，《军国民杂志》第 1 卷第 7 期，第 16—25 页，1933 年。

高阳：《由乡村建设以复兴民族：我们认识中之乡村建设问题》，《教育与民众》第 5 卷第 1 期，第 29—31 页，1933 年。

何明斋：《民族复兴运动与艺术教育：在本厅第五届暑期学校讲演》，《教育周刊》第 177 期，第 2—8 页，1933 年。

何思明：《民族复兴与保存国粹及复古》，《线路》第 35 期，第 1—4 页，1933 年。

鹤松：《复兴民族与农村应有之认识》，《民有半月刊》第 1 卷第 1 期，第 6—8 页，1933 年。

胡定安：《复兴民族与育婴保健》，《医事公论》第 1 期，第 18—21 页，1933 年。

胡封：《中华民族的出路与中华民族的革命：读了蒋坚忍先生的民族复兴与中国革命以后》，《空军》第 53 期，第 28—30 页，1933 年。

华林：《民族复兴与文艺运动》，《建国月刊》（上海）第 9 卷第 4 期，第 1—2 页，1933 年。

华山：《民族复兴的前哨战》，《青年评论》第 25/26 期，第 3—7 页，1933 年。

环家珍：《我国教育改造与民族复兴》，《教育与中国》创刊号，第 4—14 页，1933 年。

黄豪：《大学生文坛：国术在中华民族复兴上的地位》，《复兴月刊》第 1 卷第 5 期，第 196—200 页，1933 年。

黄宪章：《中国民族的衰落与复兴》，《新中华》第 1 卷第 21 期，第 36—41 页，1933 年。

黄有琚：《文化评论：珠江流域的文化和中国民族的复兴：廿二年二月九日广州民国日报》，《现代史学》第 1 卷第 2 期，第 64—68 页，1933 年。

加：《民族复兴与中心建设》，《北平周报》第 26 期，第 3—5 页，1933 年。

江山：《时事专论：中国民族复兴的障碍》，《行健旬刊》第 24 期，第 4 页，1933 年。

江问渔：《国难中民族复兴问题》，《教育建设》（上海）第 5 期，第 137—145 页，1933 年。

蒋坚忍：《民族复兴与中国革命》，《空军》第 49 期，第 1—5 页，1933 年。

金钟麒：《复兴农村与中华民族之前途》，《江苏省立南通中学校刊》第 12 期，第 25—31 页，1933 年。

居正：《复兴农村与复兴民族（二十二年七月十七日在国府纪念周讲）》，《长沙民报》第 28 期，第 1 页，1933 年。

举安：《复兴中华民族的重心：西康》，《康藏前锋》第 3 期，第 7—9 页，1933 年。

李恩弨：《一九三六年世界恐怖下的中国民族复兴运动》，《新中国》第 1 卷第 1 期，第 8—14 页，1933 年。

李锟：《民族复兴运动中之剿匪问题》，《青年与战争》第 15/16 期，第 204—211 页，1933 年。

梁父：《由中国政治说到复兴民族革命》，《评论之评论》第 1 卷第 26 期，第 9—13 页，1933 年。

梁明政：《民族复兴应从培养优良的国民性入手：苏鉴轩先生在纪念周演讲》，《广西大学周刊》第 4 卷第 12 期，第 1—5 页，1933 年。

梁明政：《中华民族复兴运动的前车：马校长在一月九日纪念周演讲》，《广西大学周刊》第 3 卷第 17 期，第 1—4 页，1933 年。

梁漱溟：《由乡村建设以复兴民族：民族复兴之问题与途径及乡村建设之要点》，《教育与民众》第 5 卷第 1 期，第 19—20 页，1933 年。

林应瑞：《中国民族复兴与教育：郑厅长在第五届暑期学校纪念周讲演》，《教育周刊》第 168 期，第 2—4 页，1933 年。

刘炳藜：《民族复兴的意义》，《前途》第 1 卷第 6 期，第 1—4 页，1933 年。

刘健羣：《对于福州叛变应有之认识及复兴中华民族之道路》，《老实话》第

14 期，第 3—8 页，1933 年。

刘健羣：《对于闽变应有之认识及复兴中华民族之道路：在北平军分会政训处讲演》，《中央周报》第 289 期，第 40—45 页，1933 年。

楼祖诒：《民族复兴与通信建设》，《复兴月刊》第 1 卷第 11 期，第 222—225 页，1933 年。

陆季蕃：《演进中回教民族之复兴运动》，《行健月刊》第 2 卷第 5 期，第 93—96 页，1933 年。

陆舒农：《中国民族复兴之社会学底考察》，《建国月刊》（上海）第 9 卷第 5 期，第 1—12 页，1933 年。

罗伯先：《复兴中国民族之新动向》，《偕行》第 1 卷第 7 期，第 12—32 页，1933 年。

马君武：《民族文化与民族复兴：在广西军校讲演》，《再生》第 1 卷第 11 期，第 1—6 页，1933 年。

明哲：《他山之石：一八一三年德意志民族的复兴》，《行健旬刊》第 30 期，第 11—12 页，1933 年。

穆文富：《土耳其民族复兴与运动之成功》，《行健月刊》第 2 卷第 5 期，第 97—102 页，1933 年。

潘光旦：《全国团契大会纪录：基督徒与民族复兴》，《中国基督徒学生运动特刊》第 12 期，第 93—100 页，1933 年。

庞宗仪：《第二次世界大战与中国民族复兴之关键及应有之准备》，《国防月刊》（南京）第 1 卷第 1 期，第 59—63 页，1933 年。

彭蠡：《中国民族之危机及其复兴前提》，《北方公论》第 44 期，第 3—7 页，1933 年。

平凡：《中华民族之危机与复兴及民族复兴运动之史的证论》，《西北公论》第 1 卷第 5 期，第 2—4 页，1933 年。

谦之：《波兰民族复兴与中心人物：匹尔斯基》，《行健月刊》第 2 卷第 5 期，第 131—136 页，1933 年。

邵蠋尘：《军国民主义与民族复兴》，《军国民杂志》第 1 卷第 3 期，第 38—40 页，1933 年。

邵汝干：《第五届全国运动大会与民族复兴：从民国二十二年全国运动大会

说到今后体育界应趋的路线》,《新中华》第 1 卷第 19 期,第 43—45 页,1933 年。

邵元冲:《民族生存与民族复兴(二十二年六月十二日在国府纪念周讲演)》,《长沙民报》第 25 期,第 1—2 页,1933 年。

寿昌:《中华民族精神的复兴与亚洲之未来》,《建国月刊》(上海)第 9 卷第 4 期,第 1—5 页,1933 年。

叔禹:《现在的教育真能救国吗?:复兴民族教育文论之一》,《生力》(南京)第 3 期,第 18—22 页,1933 年。

宋厚礽:《复兴民族的斗争》,《军校旬刊》第 5 期,第 8—9 页,1933 年。

汤德民:《中华民族复兴之路》,《交通职工月报》第 2 期,第 94—99 页,1933 年。

滕鸿凯:《中华民族复兴问题之一:东北义勇军运动之探讨》,《行健月刊》第 2 卷第 5 期,第 144—158 页,1933 年。

铁马:《耐苦的精神与民族复兴》,《晨光》(杭州)第 2 卷第 21 期,第 4—5 页,1933 年。

汪政:《复兴民族的几个根本条件》,《社会与民族》第 1 卷第 1 期,第 9—12 页,1933 年。

王世杰:《民族复兴史中之新页:[题词]、大会委员及选手之亲笔签名:[签名]》,《第五届全运专集》第 10 期,第 2 页,1933 年。

王维埔:《复兴中华民族运动中之党的领袖问题》,《青年评论》第 25/26 期,第 16—19 页,1933 年。

王新衡:《民族复兴与青年》,《青年评论》第 25/26 期,第 19—21 页,1933 年。

闻汝贤:《民族复兴之生物基础》,《青年评论》第 25/26 期,第 11—16 页,1933 年。

吴保鼎:《复兴中国民族应取的途径》,《线路》第 22 期,第 25—31 页,1933 年。

吴泽霖:《杂志论文分类摘要:社会:八、波斯的民族复兴(印维廉著)》,《图书评论》第 2 卷第 3 期,第 97 页,1933 年。

武军平:《如何复兴中华民族精神》,《感化月刊》第 1 卷第 1 期,第 36—46

页，1933 年。

武军平：《如何复兴中华民族精神》，《扫荡》第 29 期，第 153—164 页，1933 年。

武学和：《复兴中国民族之检讨》，《自新》第 41/42 期，第 75—84 页，1933 年。

武学和：《复兴中国民族之检讨（续）》，《自新》第 43/44 期，第 28—35 页，1933 年。

希庵：《青年生活：复兴民族与大学生》，《生机》第 24 期，第 13—14 页，1933 年。

希声：《关于民族复兴的一个问题》，《独立评论》第 65 期，第 5—8 页，1933 年。

夏来安：《复兴革命与复兴民族》，《线路》第 23—24 期，第 64—73 页，1933 年。

谢耀霆：《大学生文坛：复兴民族须先恢复自信力》，《复兴月刊》第 1 卷第 8 期，第 180—184 页，1933 年。

谢耀霆：《大学生文坛：怎样复兴中华民族?》，《复兴月刊》第 1 卷第 6 期，第 211—218 页，1933 年。

谢振华：《中国民族复兴之我见》，《青年评论》第 25/26 期，第 21—28 页，1933 年。

徐士达：《中华民族复兴运动之探讨》，《行健月刊》第 2 卷第 5 期，第 26—31 页，1933 年。

徐镇南：《社会病源的检讨与民族复兴的设计》，《政治评论》第 65 期，第 468—474 页，1933 年。

许汝祉：《大学生文坛：论民族复兴之外交（附图）》，《复兴月刊》第 1 卷第 12 期，第 220—233 页，1933 年。

亚云：《复兴中国民族的基本条件》，《扫荡》第 9 期，第 25—27 页，1933 年。

杨宁生：《读了蒋坚忍先生的"民族复兴与中国革命"以后》，《空军》第 53 期，第 20—27 页，1933 年。

杨卫玉：《复兴民族精神》，《光华附中半月刊》第 9 期，第 89—90 页，1933 年。

叶秋原:《民族复兴的地理观与历史观》,《十日谈》第6期,第6页,1933年。

一叶:《他山之石:土耳其民族之复兴运动》,《行健旬刊》第32期,第11—13页,1933年。

佚名:《"由乡村建设以复兴民族"》,《乡村建设》第3卷第6期,第4—10页,1933年。

佚名:《编余:我们认定中华民族到了这种危亡地步,只有我们青年大家起来参加复兴运动的工作……》,《乐群》第2卷第1期,第31页,1933年。

佚名:《长短评:民族复兴与史地的关系》,《华年》第2卷第40期,第4—5页,1933年。

佚名:《附录:(三)提倡复兴农村之言论:五、中央委员张溥泉氏在中央党部纪念周报告"民族灭亡速度及补救办法"(二十二年十月九日)》,《农村复兴委员会会报》第5期,第185—186页,1933年。

佚名:《复兴民族与旧道德:朱铁香在本署纪念周演讲》,《绥靖旬刊》第3期,第90—96页,1933年。

佚名:《复兴中华民族与本省办理民团军训之意义:白副总司令在全省行政会议闭幕之训词》,《政训旬刊》,第23期,第5—9页,1933年。

佚名:《蒋主席对训练所全体官长学员训词:立定志愿复兴中华民族,一致团结起来共御外侮》,《团务月刊》第1卷第1期,第86—88页,1933年。

佚名:《卷头语:中华民族之将来:复兴耶?毁灭耶?》,《行健月刊》第2卷第5期,第1—7页,1933年。

佚名:《社教社年会闭幕由乡村建设以复兴民族案议定办法下届年会将在陕豫粤桂择一地举行》,《云南民众教育》第1卷第3期,第38—39页,1933年。

佚名:《希特拉漫画像:德意志民族复兴英雄:[画图]》,《青年与战争》第9/10期,第1页,1933年。

佚名:《一月来之时事漫画(十九):民族复兴的基础:[漫画]》,《时事月报》第9卷第4期,第1页,1933年。

佚名：《由乡村建设以复兴民族：乡村建设事业的几条原则及当前急务》，《教育与民众》第5卷第1期，第23—28页，1933年。

佚名：《中华民族衰落的原因与复兴民族的途径：吴赓恕在本署学术讲演》，《绥靖旬刊》第3期，第107—113页，1933年。

佚名：《专家讲演：张义痴先生讲橡皮性的民族之崩溃及复兴之商榷》，《湖北地方政务研究周刊》第1卷第10期，第2—6页，1933年。

印维廉：《波斯的民族复兴》，《新亚细亚》第6卷第3期，第98—111页，1933年。

袁道丰：《德法两大民族之复兴经过》，《建国月刊》第9卷第4期，第1—9页，1933年。

云：《要复兴民族必须提高医师在社会上的地位》，《医事公论》第2期，第15—16页，1933年。

则文：《他山之石：波斯民族的复兴》，《行健旬刊》第27期，第14—15页，1933年。

则文：《他山之石：朝鲜民族之复兴运动》，《行健旬刊》第31期，第11—12页，1933年。

则文：《他山之石：德国民族之复兴》，《行健旬刊》第23期，第18—19页，1933年。

张炳钧：《民族复兴与民族革命》，《行健月刊》第2卷第5期，第32—43页，1933年。

张继桓：《中华民族复兴的展望》，《河南政治》第3卷第11期，第1—12页，1933年。

张君劢：《民族复兴运动：定州平民教育会讲演》，《再生》第1卷第10期，第1—8页，1933年。

赵正平：《中华民族复兴问题之史的观察（四续完）》，《复兴月刊》第1卷第5期，第80—88页，1933年。

振章：《短评：民族复兴之癌》，《晨光》（杭州）第2卷第10期，第2—3页，1933年。

郑宏述：《文艺之民族复兴的使命》，《复兴月刊》第2卷第4期，第22—56页，1933年。

郑奇：《复兴民族革命与现代青年》，《青年与战争》第 4 期，第 6—18 页，1933 年。

志衡：《希特拉与德意志民族的复兴》，《国民外交杂志》第 3 卷第 2 期，第 13—18 页，1933 年。

钟松若：《拯救国难与复兴民族：国家民族观念之重要性》，《社会与民族》第 1 卷第 1 期，第 16—21 页，1933 年。

周清缉：《中国民族复兴运动与经济建设》，《行健月刊》第 2 卷第 5 期，第 54—65 页，1933 年。

庄泽宣：《由乡村建设以复兴民族：如何防止乡村的崩溃》，《教育与民众》第 5 卷第 1 期，第 21—22 页，1933 年。

子日：《他山之石：外力压迫是否民族复兴的因素？》，《行健旬刊》第 18 期，第 16—18 页，1933 年。

1934 年

GJ：《提倡体育与复兴民族》，《公教周刊》第 295 期，第 4—6 页，1934 年。

安若定：《在民族复兴运动下告大侠魂同伴们！》，《求是季刊》第 1 卷第 1 期，第 29—36 页，1934 年。

白崇禧：《广西民团应负起复兴中华民族的使命》，《桂潮》第 5/6 期，第 1—9 页，1934 年。

白崇禧：《广西民团应负起复兴中华民族的使命（续）》，《桂潮》第 7 期，第 1—9 页，1934 年。

百川：《他山之石：阿拉伯华哈壁民族复兴运动》，《行健旬刊》第 37 期，第 16—17 页，1934 年。

冰时：《"九一八"纪念辞：纪念"九一八"要努力民族复兴运动》，《突围》第 1 卷第 6 期，第 9—11 页，1934 年。

伯灵：《新生活运动与复兴民族》，《民众旬刊》第 4 卷第 16/17 期，第 4—6 页，1934 年。

伯仁：《中国青年与中国民族复兴（未完）》，《青年与战争》第 3 卷第 8 期，第 12—13 页，1934 年。

伯仁：《中国青年与中国民族复兴（续）》，《青年与战争》第 3 卷第 9 期，第 12—14 页，1934 年。

蔡衡溪：《复兴民族精神必先提倡乡土教育》，《河南教育月刊》第 5 卷第 2 期，第 1—3 页，1934 年。

蔡可成：《中国民族复兴的基础》，《警醒》第 1 卷第 5 期，第 37—43 页，1934 年。

蔡孟坚：《德意志民族复兴给我们的认识》，《警醒》第 1 卷第 2 期，第 1—9 页，1934 年。

曹刍：《民族复兴与非常时代的教育》，《江苏教育》第 3 卷第 1/2 期，第 38—48 页，1934 年。

曹运：《民族复兴：救亡图存》，《政治学报》（上海 1929）第 4 期，第 1—6 页，1934 年。

常学琴：《中国民族文化的衰落与复兴》，《期刊》（天津）第 3 期，第 73—75 页，1934 年。

陈碧柳：《民族复兴与领袖》，《空军》第 107 期，第 1—7 页，1934 年

陈敦正：《复兴民族与提倡国术之意义（一）》，《国术周刊》（南京）第 127 期，第 1 页，1934 年。

陈敦正：《复兴民族与提倡国术之意义（二）》，《国术周刊》（南京）第 127 期，第 2—3 页，1934 年。

陈敦正：《复兴民族与提倡国术之意义（三）》，《国术周刊》（南京）第 129 期，第 2—3 页，1934 年。

陈访先：《如何复兴中华民族》，《铁血月刊》第 2—3 期，第 61—65 页，1934 年。

陈访先：《如何复兴中华民族》，《中央周报》第 291—292 期，第 48—51 页，1934 年。

陈馥润：《唯有干，才能复兴我中华民族！》，《学校生活》第 75 期，第 1—2 页，1934 年。

陈光华：《复兴农村与中华民族之前途》，《江苏省立南通中学校刊》第 1 期，第 19—32 页，1934 年。

陈立夫：《民族复兴与地方教育》，《江苏教育》第 3 卷第 1/2 期，第 96—97

页，1934 年。

陈立夫：《民族复兴与复古不同：民国二十三年七月二十三日中委陈立夫先生在省府总理纪念周演词（附图）》，《河南政治》第 4 卷第 8 期，第 1—12 页，1934 年。

陈立夫：《文化复兴乃民族复兴之前提：往北平各界欢迎会讲演》，《皖光》第 6 期，第 59—61 页，1934 年。

陈立夫：《文化复兴乃民族复兴之前提：在北平各界欢迎会讲演》，《自新》第 2 卷第 11/12 期，第 58—60 页，1934 年。

陈良玑：《健康教育与民族复兴》，《教育周刊》第 200 期，第 148—161 页，1934 年。

陈鸣佩：《新生活运动与民族复兴》，《中华周刊》第 481 期，第 2—4 页，1934 年。

陈晴初：《复兴民族方案》，《现代社会》第 3 卷第 4 期，第 6—10 页，1934 年。

陈舜钦：《复兴民族与国民军事教育》，《突击半月刊》第 1 卷第 5 期，第 26—27 页，1934 年。

成霞：《民族复兴运动下的农工教育》，《勇进》第 3 卷第 4 期，第 609—611 页，1934 年。

程碧冰：《劳动问题与民族复兴》，《晨光》（杭州）第 3 卷第 12 期，第 12—14 页，1934 年。

程天放：《民族复兴之途径：二十三年十二月三日在中央纪念周演讲》，《中央周报》第 340 期，第 35—39 页，1934 年。

程天放：《民族复兴之途径：在中央党部报告》，《反省月刊》第 3 期，第 48—53 页，1934 年。

程振章：《复兴中华民族文化》，《晨光》（杭州）第 2 卷第 35 期，第 10 页，1934 年。

储玉坤：《复兴民族的新人生观》，《前途》第 2 卷第 5 期，第 1—12 页，1934 年。

储志：《站在民众教育立场上论复兴中国民族之捷径》，《民众教育通讯》第 4 卷第 1 期，第 1—10 页，1934 年。

褚民谊：《复兴民族与提倡体育》，《湖北教育月刊》第 1 卷第 5 期，第 17—23 页，1934 年。

椿：《中国民族复兴的必然性》，《平汉新生活》第 5 期，第 4 页，1934 年。

醇：《民族复兴运动中创时代的文艺作家之需要》，《进展月刊》第 3 卷第 9 期，第 51—54 页，1934 年。

大道：《通讯：在复兴中华民族，复兴中国革命的运动进展中……》，《老实话》第 22 期，第 15 页，1934 年。

道生：《复兴民族之三要素》，《励志》第 2 卷第 43 期，第 1 页，1934 年。

邓深泽：《国民性之再认识与民族复兴运动》，《新文化》第 1 卷第 11 期，第 18—21 页，1934 年。

丁广极：《文化建设与民族复兴》，《先导月刊》（南京）第 2 卷第 4 期，第 13—16 页，1934 年。

董任坚：《民族复兴与师范教育（庄泽宣著）》，《图书评论》第 2 卷第 11 期，第 105 页，1934 年。

董益三：《民族复兴声中的民族健康问题》，《警光》第 2 卷第 6—7 期，第 98—110 页，1934 年。

杜佐周：《民族教育与乡村教育：一、民族复兴中之乡村教育》，《江苏教育》第 3 卷第 1/2 期，第 121—125 页，1934 年。

方元英：《中华民族复兴方案》，《学艺》第 13 卷第 3 期，第 135—146 页，1934 年。

冯嘉宾：《复兴民族与固有道德》，《自新》第 2 卷第 11/12 期，第 21—23 页，1934 年。

冯之烈：《短评：复兴民族与新生活运动》，《革命与战斗》第 3 卷第 11 期，第 2—3 页，1934 年。

傅骏铭：《实施国民体育与民族复兴》，《浙江体育月刊》第 6 期，第 59—67 页，1934 年。

高仁杰：《复兴民族的好方法》，《晓声》第 2 卷第 5 期，第 45—46 页，1934 年。

葛定华：《普及历史知识与民族复兴（未完）》，《史学》第 4 卷第 1 期，第 4—5 页，1934 年。

葛定华：《普及历史知识与民族复兴（续）（为中华史学社成立宣言）》，

《史学》第 4 卷第 2 期，第 0 页，1934 年。

葛定华：《普及历史知识与民族复兴：为中华史学社成立宣言》（未完），《河南大学校刊》第 52 期，第 2 页，1934 年。

葛定华：《普及历史知识与民族复兴（续）：为中华史学社成立宣言》，《河南大学校刊》第 53 期，第 2 页，1934 年。

弓：《"复兴民族几个必备条件"：读天津益世报二月二十四日社论以后》，《老实话》第 22 期，第 2—5 页，1934 年。

龚宝善：《民族复兴与民众教育》，《教育与中国》第 5 期，第 31—33 页，1934 年。

顾彭年：《都市对于民族复兴应负的使命》，《杭州市政季刊》第 2 卷第 3 期，第 1—8 页，1934 年。

顾养元：《如何复兴中华民族精神》，《江苏教育》第 3 卷第 1/2 期，第 178—181 页，1934 年。

光宇：《中国民族复兴与"海"之关系》，《复兴月刊》第 2 卷第 3 期，第 1 页，1934 年。

郭巨才：《我对于民族复兴的认识》，《自新》第 2 卷第 11/12 期，第 3—9 页，1934 年。

郭纨华：《复兴民族之路》，《汉口中学生》第 1 期，第 57—58 页，1934 年。

郭子杰：《民族复兴与文化建设》，《自新》第 2 卷第 11/12 期，第 27—31 页，1934 年。

郭子杰：《新生活运动与中华民族之复兴》，《自新》第 2 卷第 9/10 期，第 47—48 页，1934 年。

哈生：《民族复兴运动与青年》，《觉是青年》第 1 卷第 4 期，第 24—29 页，1934 年。

何尚端：《复兴民族的先决条件：如何重建这被摧残了的民族心理?》，《肇和》第 7 期，第 18—22 页，1934 年。

贺岳僧：《复兴民族当铲除泄□□之劣根性》，《每周评论》第 126 期，第 4—5 页，1934 年。

赫：《新生活运动与复兴民族的动力》，《汉口邮工月刊》第 1 卷第 2 期，第 5—7 页，1934 年。

洪以科：《言论：保卫团与复兴中华民族》，《浙江保卫月刊》第 8 期，第 6—7 页，1934 年。

胡久守：《民族复兴与青年的责任》，《觉是青年》创刊号，第 105—107 页，1934 年。

胡铿：《民族复兴与新生活运动》，《北方公论》第 75 期，第 8—12 页，1934 年。

华：《扫荡论坛：教养卫与复兴民族》，《扫荡》第 36 期，第 1—7 页，1934 年。

环家珍：《民族复兴与师范教育》，《教育与中国》第 5 期，第 25—31 页，1934 年。

焕亭：《现阶段之中华民族复兴论》，《社会周报》（北平）第 2 卷第 35 期，第 3—6 页，1934 年。

黄渠：《尼采精神与中国民族的复兴》，《警灯》第 1 卷第 3 期，第 84—94 页，1934 年。

黄长岳：《复兴民族之路线》，《法政半月刊》第 1 卷第 4 期，第 25—27 页，1934 年。

黄仲翔：《革命的五月与民族复兴》，《政治月刊》（南京）第 1 卷第 2 期，第 9—12 页，1934 年。

黄仲翔：《民族复兴与青年的使命》，《骨鲠》第 31 期，第 9—10 页，1934 年。

霍策时：《边疆危机与复兴中华民族的前途》，《边事研究》第 1 卷第 1 期，第 79—86 页，1934 年。

江问渔：《复兴民族教育问题》，《江苏教育》第 3 卷第 1/2 期，第 88—92 页，1934 年。

江问渔：《复兴民族教育问题》，《苏扬中小校刊》第 7 卷第 1—10 期，第 78—81 页，1934 年。

蒋坚忍：《复兴民族复兴革命与复兴文化》，《杭州民国日报二十三年元旦特刊》元旦特刊，第 39—40 页，1934 年。

蒋坚忍：《民族的危机与复兴的路线》，《空军》第 88 期，第 1—5 页，1934 年。

蒋坚忍：《民族复兴运动中之教育改造》，《浙江教育行政周刊》第 5 卷第 42 期，第 3—7 页，1934 年。

蒋建白：《复兴民族的四大精神》，《国立同济大学旬刊》第 42 期，第 12—14 页，1934 年。

蒋廷黻：《民族复兴的一个条件》，《国闻周报》第 11 卷第 28 期，第 1—2 页，1934 年。

蒋中正：《复兴国家民族惟有实行新生活（二十三年十一月十日在太原各界联合欢迎大会讲演）》，《中央周报》第 337 期，第 38—39 页，1934 年。

蒋中正：《复兴民族的基础》，《湖北教育月刊》第 1 卷第 6 期，第 7—9 页，1934 年。

蒋中正：《复兴民族基础》，《教育周刊》第 183 期，第 22—23 页，1934 年。

蒋中正：《复兴民族须提倡礼义廉耻（二十三年二月十二日在南昌行营扩大纪念周讲演）》，《中央周报》第 298 期，第 30—31 页，1934 年。

蒋中正：《复兴民族与礼义廉耻：二月十二日蒋委员长在赣行营演词》，《华侨半月刊》第 41 期，第 4—5 页，1934 年。

焦龙华：《陈立夫先生讲新生活运动与民族复兴》，《国立浙江大学校刊》第 172 期，第 1785—1787 页，1934 年。

觉羣：《青年应如何去负起复兴民族的责任》，《警醒》第 1 卷第 12 期，第 45—56 页，1934 年。

觉羣：《土耳其民族复兴运动成功的几个条件》，《警醒》第 2 卷第 4—5 期，第 90—101 页，1934 年。

解炳如：《民族复兴与民族性的改造》，《复兴月刊》第 2 卷第 12 期，第 185—192 页，1934 年。

解炳如：《民族复兴运动中民众教育应努力之方向》，《江苏教育》第 3 卷第 9 期，第 55—57 页，1934 年。

靳廷璧：《复兴民族必先复兴中国国民党》，《自新》第 2 卷第 11/12 期，第 10—18 页，1934 年。

俊荣：《复兴民族精神问题之探讨》，《突崛》第 1 卷第 3 期，第 13—16 页，1934 年。

赖琏：《新生活运动就是民族复兴之运动：二十三年三月十九日在京市府纪

念周讲演》，《中央周报》第 303 期，第 38—39 页，1934 年。

雷鸣：《在复兴中华民族，复兴中国革命的运动进展……》，《老实话》第 21 期，第 12 页，1934 年。

李承骧：《音乐与民族复兴》，《行健月刊》第 5 卷第 6 期，第 145—150 页，1934 年。

李鉴昭：《发扬民族意识与中国复兴》，《史学》第 4 卷第 8 期，第 0—1 页，1934 年。

李培基：《中国民族衰弱的原因和复兴的途径》，《河南民政月刊》第 18 期，第 143—151 页，1934 年。

李培基：《中国民族衰弱的原因和复兴的途径》，《河南政治》第 4 卷第 10 期，第 1—9 页，1934 年。

李权时：《保险事业与民族复兴》，《寿险界》第 2 卷第 4 期，第 8—9 页，1934 年。

李权时：《寿险事业与民族复兴》，《银行周报》第 18 卷第 33 期，第 4—5 页，1934 年。

李一非：《民族复兴与社会教育》，《江苏教育》第 3 卷第 1/2 期，第 135—139 页，1934 年。

李义暄：《复兴民族宜以改善农民生计提高农民知识为原则案》，《教育与职业》第 159 期，第 604—605 页，1934 年。

李挚宾：《中国之危机与民族复兴》，《青年》（杭州）第 1 卷第 14 期，第 217—220 页，1934 年。

李宗鸿：《复兴民族宜于农村间遍设农村补习学校开通民智以发展补习教育为原则案》，《教育与职业》第 159 期，第 609 页，1934 年。

李宗黄：《民族复兴与河南（廿三年十月八日在开封党政联合纪念周讲演)》，《中央周报》第 333 期，第 39—41 页，1934 年。

梁漱溟：《对于编制"由乡村建设复兴民族之具体实施方案"：致庄泽宣等六先生信》，《乡村建设》第 3 卷第 29 期，第 1—3 页，1934 年。

梁贤达：《科学与民族复兴》，《皖光》第 5 期，第 2—6 页，1934 年。

廖曙明：《中国民族复兴之路》，《华北月刊》第 1 卷第 3 期，第 1—7 页，1934 年。

林森：《民族复兴与固有道德的关系：二十三年十二月二十四日在国府纪念周讲演》，《中央周报》第343期，第32—33页，1934年。

林众可：《民族复兴与现代作家》，《教授与作家》第1卷第1期，第1—3页，1934年。

灵华：《从班禅大师就职词，想到民族良心之复兴》，《慈航画报》第34期，第1页，1934年。

刘彻：《从心理建设复兴中华民族：从心理建设推动物质之效用》，《南方杂志》（南宁）第3卷第3/4期，第1—15页，1934年。

刘广惠：《民族斗争圈内中华民族复兴的动向》，《政治月刊》（南京）第2卷第2期，第21—32页，1934年。

刘鸣皋：《复兴民族与提倡体育》，《每周评论》第117期，第4—5页，1934年。

刘振东：《民族复兴的根本问题》，《政治评论》第106期，第51—54页，1934年。

刘振东：《民族复兴与经济政策》，《前途》第2卷第5期，第1—9页，1934年。

柳诒征：《从历史上求民族复兴之路》，《国风》（南京）第5卷第1期，第1—7页，1934年。

卢建人：《新生活运动与复兴民族的关系》，《青年与战争》第4卷第1/2期，第37—38页，1934年。

庐于道：《科学的民族复兴》，《科学画报》第1卷第23期，第1页，1934年。

鲁直：《民族复兴运动中的知识分子》，《新中国》第1卷第4期，第48—54页，1934年。

陆华庭：《民族复兴与青年》，《稽中学生》第3期，第20—26页，1934年。

陆礼江：《民众教育在民族复兴运动中的地位：民众教育的根本信念（附图）》，《教育杂志》第24卷第1期，第69—73页，1934年。

罗霞天：《中国革命与民族复兴》，《杭州民国日报二十三年元旦特刊》元旦特刊，第37—38页，1934年。

马鸿儒：《警察责任与复兴中华民族：讲于湖北省会公安局纪念周》，《警醒》第1卷第10期，第39—44页，1934年。

马青泉:《中华民族复兴的教育路向和方式的研究》,《青岛教育》第 2 卷第 5 期,第 1—11 页,1934 年。

毛邦初:《负起民族复兴的责任》,《空军》第 63 期,第 1—2 页,1934 年。

孟:《短期间内中华民族复兴之可能性》,《史地社会论文摘要月刊》第 1 卷第 1 期,第 27 页,1934 年。

孟:《民族复兴的几个条件》,《史地社会论文摘要月刊》第 1 卷第 1 期,第 27 页,1934 年。

孟:《民族复兴的一个先决问题》,《史地社会论文摘要月刊》第 1 卷第 1 期,第 26 页,1934 年。

闵玉如:《复兴土耳其的民族英雄凯末尔》,《民族文艺》第 1 卷第 6 期,第 68—82 页,1934 年。

敏:《新生活运动与复兴民族》,《救国》第 2 卷第 3/4 期,第 14—16 页,1934 年。

缪庆邦:《复兴民族之途径》,《励志》第 2 卷第 52 期,第 1—3 页,1934 年。

乃凤:《怎样复兴中华民族》,《青年与战争》第 4 卷第 10 期,第 35—42 页,1934 年。

聂超如:《复兴民族与应有的准备》,《晨光(杭州)》第 3 卷第 6 期,第 10—12 页,1934 年。

欧元怀:《复兴民族的教育》,《农村改进》创刊号,第 7—10 页,1934 年。

潘光旦:《民族复兴的一个先决问题(未完)》(转载《东方杂志》),《华年》第 3 卷第 38 期,第 4—6 页,1934 年。

潘光旦:《民族复兴的一个先决问题(续)》,《华年》第 3 卷第 39 期,第 7—9 页,1934 年。

潘永年:《心理建设与民族复兴(未完)》,《民智月报》第 3 卷第 1 期,第 7—13 页,1934 年。

潘永年:《心理建设与民族复兴(续)》,《民智月报》第 3 卷第 2 期,第 7—13 页,1934 年。

庞宇振:《复兴民族与青年的责任》,《现代社会》第 3 卷第 4 期,第 3—5 页,1934 年。

裴可权：《拒毒运动与中华民族的复兴演词》，《学校生活》第 89 期，第 5 页，1934 年。

彭明俊：《复兴民族运动之实施》，《励志》第 2 卷第 45 期，第 2—3 页，1934 年。

萍芳：《国民基础教育在中华民族复兴运动中的地位》，《教育旬刊》第 1 卷第 7/8 期，第 34—39 页，1934 年。

启田：《文艺与复兴中国民族及世界革命》，《南菁学生》第 10 期，第 1—21 页，1934 年。

邱康乐：《民族复兴方案》，《学艺》第 13 卷第 4 期，第 135—145 页，1934 年。

邱楠：《复兴民族与复兴民族精神（未完）》，《华北月刊》第 1 卷第 3 期，第 1—4 页，1934 年。

邱楠：《复兴民族与复兴民族精神（续完）》，《华北月刊》第 1 卷第 4 期，第 1—4 页，1934 年。

秋实：《乡村建设与复兴民族》，《生生》第 3 卷第 2 期，第 1 页，1934 年。

茹春浦：《复兴中华民族精神方案的商榷（未完）》，《前途》第 2 卷第 12 期，第 1—8 页，1934 年。

邵元冲：《充实智能与复兴民族（廿三年六月廿三日在中央大学第七届毕业典礼讲演）》，《中央周报》第 336 期，第 38—40 页，1934 年。

邵元冲：《充实智能与复兴民族：二十三年六日二十三日在中央大学第七届毕业典礼时讲》，《建国月刊》（上海）第 11 卷第 1 期，第 1—4 页，1934 年。

邵元冲：《党的建设与民族复兴（二十三年八月十三日在中央纪念周讲演）》，《中央周报》第 324 期，第 38—41 页，1934 年。

邵元冲：《党的建设与民族复兴（未完）》，《励志》第 2 卷第 33 期，第 1—2 页，1934 年。

邵元冲：《党的建设与民族复兴（续）》，《励志》第 2 卷第 34 期，第 1—3 页，1934 年。

邵元冲：《心理建设与民族复兴：二十三年八月在汉口青年会讲演》，《中央周报》第 329 期，第 32—36 页，1934 年。

社英：《复兴民族责在妇女》，《医事公论》第 7 期，第 2—6 页，1934 年。

盛朗西：《复兴民族的教育》，《江苏教育》第 1/2 期，第 85—87 页，1934 年。

盛止功：《民众教育与民族复兴》，《民众教育月刊》第 2 卷第 3 期，第 13—17 页，1934 年。

石有纪：《复兴民族之康庄大道》，《党务周报》第 1 卷，第 8—9 页，1934 年。

石醉六：《民族复兴生活与佛教》，《政治评论》第 123 期，第 714—718 页，1934 年。

实斋：《复兴民族基础中"教""养""卫"三字之重大涵义》，《医事公论》第 10 期，第 2—3 页，1934 年。

史伯英：《国难，复兴，與民族的自觉，奋斗》，《突击半月刊》第 1 卷第 3—4 期，第 43—44 页，1934 年。

矢内原忠雄：《民族主义的复兴（未完）》，《乐群》第 2 卷第 16 期，第 11—13 页，1934 年。

矢内原忠雄：《民族主义的复兴（续）》，《乐群》第 2 卷第 17 期，第 16—18 页，1934 年。

矢内原忠雄：《民族主义的复兴》，《现代社会》第 2 卷第 4/5/6 期，第 1—10 页，1934 年。

孙乃湛：《中小学教授交言读经与民族复兴之关系》，《民鸣周刊》第 1 卷第 13 期，第 10—11 页，1934 年。

汤翼人：《民众教育与民族复兴运动》，《广东旅沪同乡会月刊》第 2 卷第 2 期，第 23—27 页，1934 年。

陶尧阶：《创刊词：中国民族的中正性与民族复兴运动》，《正中》第 1 卷第 1 期，第 12—16 页，1934 年。

汪精卫：《新生活运动与民族复兴》，《新生活周刊》第 1 卷第 29 期，第 2—3 页，1934 年。

王恩垲：《复兴民族与青年的责任》，《学生文艺丛刊》第 8 卷第 4 期，第 18—25 页，1934 年。

王贯一：《儿童年之发动与推向：民族之伟大在质不在量，民族之复兴从幼不从壮》,《现代父母》第 1 卷第 10 期,第 28—29 页,1934 年。

王光甫:《复兴民族与领袖独裁》,《自新》第 2 卷第 11/12 期,第 19—20 页,1934 年。

王鸿俊:《民族复兴与民众教育》,《存诚月刊》第 1 卷第 1 期,第 77—81 页,1934 年。

王祺:《组织照众训练民众以达到复兴民族与国家的目的:二十三年六月十一日在全国民运工作讨论会开幕礼讲演》,《中央周报》第 315 期,第 39—40 页,1934 年。

王寿朋:《复兴民族运动中我国人口问题》,《江汉思潮》第 2 卷第 1 期,第 7—9 页,1934 年。

王禧忠:《家事教育与中华民族复兴运动》,《师中季刊》第 3 卷第 1/2 期,第 93—99 页,1934 年。

王义周:《民族复兴运动中之民众教育(附表)》,《正中》第 1 卷第 1 期,第 44—51 页,1934 年。

王震:《教育部督学顾兆麐先生在本院讲如何复兴中华民族》,《并州学院月刊》第 1 卷第 7 期,第 24—29 页,1934 年

王政:《社会学与中国民族复兴运动》,《新社会科学》第 1 卷第 3 期,第 34—54 页,1934 年。

王佐堃:《复兴中国民族必先扫除文盲》,《河南教育月刊》第 5 卷第 1 期,第 13—18 页,1934 年。

韦:《卫生事业与民族复兴:五月一日民政厅长雷殷在播音台讲演》,《广西卫生旬刊》第 2 卷第 2 期,第 2—5 页,1934 年。

韦复祥:《复兴民族与中国前途之展望》,《新文化》第 1 卷第 12 期,第 24—26 页,1934 年。

伟公:《新生活运动和民族复兴》,《交通职工月报》第 2 卷第 1 期,第 12—16 页,1934 年。

魏普泽:《新生活运动与民族复兴》,《现代社会》第 3 卷第 1 期,第 23—27 页,1934 年。

魏绍征:《纪念国庆与如何复兴民族》,《每周评论》第 137 期,第 8—9 页,1934 年。

文渊:《时评:复兴中华民族与新生活运动》,《黑白》第 1 卷第 10 期,第 6—8 页,1934 年。

吴醒亚:《复兴农村为复兴民族之前卫:[题词]》,《沪农》第 1 卷第 6 期,第 7 页,1934 年。

吴用中:《读者园地:复兴中华民族之途径》,《扫荡》第 32 期,第 76—83 页,1934 年。

吴泽霖:《中国民族的衰落与复兴(黄宪章著)》,《图书评论》第 2 卷第 5 期,第 110—111 页,1934 年。

吴震亚:《民族复兴与中等教育》,《教育与中国》第 5 期,第 19—23 页,1934 年。

吴自强:《为复兴民族对于江西职业教育应有改革条例案》,《教育与职业》第 159 期,第 581—584 页,1934 年。

伍连德:《公共卫生与民族复兴》,《科学画报》第 2 卷第 4 期,第 1 页,1934 年。

武海楼:《民族复兴运动中教育应努力之方向》,《江苏教育》第 3 卷第 1/2 期,第 187—189 页,1934 年。

武军平:《如何复兴中华民族精神》,《河南政治》第 4 卷第 8 期,第 1—7 页,1934 年。

武陵:《复兴中国民族方案》,《学艺》第 13 卷第 3 期,第 148—155 页,1934 年。

夏含华:《怎样复兴中华民族》,《前途》第 2 卷第 3 期,第 1—9 页,1934 年。

夏之时:《民族复兴之途径》,《宪兵杂志》第 2 卷第 7 期,第 110—114 页,1934 年。

向绍轩:《民族复兴与江苏今后之中等教育(附表)》,《江苏教育》第 3 卷第 1/2 期,第 4—26 页,1934 年。

向子渔:《革命问题:复兴中华民族的新武器:提倡新生活运动》,《扫荡》第 63 期,第 53—65 页,1934 年。

向子渔:《新生活是复兴民族的基本工作》,《扫荡》第 37 期,第 28—42 页,1934 年。

谢德超：《复兴民族之我见》，《感化月刊》第 1 卷第 6 期，第 25—29 页，1934 年。

馨一：《民族复兴与大学教育》，《教育与中国》第 5 期，第 23—25 页，1934 年。

熊梦：《复兴民族兴新生活运动之展开：并以纪念总理逝世》，《中华周刊》第 473 期，第 5—6 页，1934 年。

熊世琳：《墨子教义与中华民族复兴之前途》，《复兴月刊》第 2 卷第 8 期，第 134—143 页，1934 年。

徐立人：《新生活运动舆复兴民族》，《武汉公论》第 5 期，第 20—22 页，1934 年。

徐舜宗：《乡村教育在复兴民族运动中的地位》，《乡村教育半月刊》第 34 期，第 1—4 页，1934 年。

徐颂周：《民族精神之衰歇及复兴》，《警醒》第 2 卷第 10 期，第 3—17 页，1934 年。

徐幼川：《卷头话：在"民族复兴"的期望与呼声中……》，《吴江县政》第 1 卷第 4 期，第 6 页，1934 年。

许绍棣：《德意志民族复兴的途径》，《浙江省地方自治专修学校校刊》第 19 期，第 29—31 页，1934 年。

絮如：《复兴民族和复兴文化》，《北方公论》第 78 期，第 6—8 页，1934 年。

薛德埍：《小学教师对于民族复兴应有的认识》，《嘉定教育》第 41 期，第 4—6 页，1934 年。

炎：《复兴民族的一个先决问题：革兴政治方式，实行领袖独裁》，《革命与战斗》第 3 卷第 13 期，第 7—13 页，1934 年。

焰生：《如何复兴民族》，《社会周报》（上海）第 1 卷第 6 期，第 101 页，1934 年。

焰生：《事业的人生观：民族复兴的一个条件》，《社会周报》（上海）第 1 卷第 16 期，第 301 页，1934 年。

杨汉生：《复兴中华民族的新生活运动》，《敬业附小周刊》第 20 期，第 27 页，1934 年。

杨季：《统制文化与复兴民族》，《前途》第 2 卷第 8 期，第 1—15 页，1934 年。

杨锦昱：《复兴民族与巩固统一》，《江汉思潮》第 1 卷创刊号，第 30—34 页，1934 年。

杨晓春：《一个复兴民族的教育方案》，《警醒》第 1 卷第 6 期，第 23—37 页，1934 年。

杨毓嘉：《在复兴民族革命运动中青年应有的修养》，《感化月刊》第 1 卷第 5 期，第 71—75 页，1934 年。

杨毓珣：《民族复兴底真精神》，《东北大学校刊》第 5 卷第 12 期，第 1—5 页，1934 年。

姚敬斋：《为志在复兴蒙古民族诸公进一言》，《新蒙古》第 2 卷第 5—6 期，第 6—9 页，1934 年。

叶涤亚：《复兴民族之路》，《汉口中学生》第 1 期，第 50—57 页，1934 年。

叶孚：《民众健康与民族复兴》，《社会教育月刊》第 1 卷第 8/9 期，第 5—8 页，1934 年

佚名：《"大路"是复兴民族的一条大路……》，《联华画报》第 4 卷第 22 期，第 1 页，1934 年。

佚名：《本国教育文化史的新页：文化建设上的新猷：中国科学社编辑科学的民族复兴》，《教育杂志》第 24 卷第 3 期，第 113—114 页，1934 年。

佚名：《秉农山先生讲演"科学与民族复兴"》，《河南大学校刊》第 62 期，第 1 页，1934 年。

佚名：《充实智能与民族复兴》，《每周评论》第 136 期，第 28—30 页，1934 年。

佚名：《第三期的几句话：蒋委员长说："……国家与民族之复兴，不在武力强大……"》，《健康生活》第 1 卷第 3 期，第 81 页，1934 年。

佚名：《复兴民族的基础：教养卫（节录蒋委员长在南昌行营讲词）》，《京沪沪杭甬铁路日刊》第 910 期，第 160 页，1934 年。

佚名：《复兴民族声中的新生活运动》，《蓝天月刊》第 5 期，第 21—23 页，1934 年。

佚名：《复兴民族思想以图生存案》，《教育与职业》第 159 期，第 620—621

页,1934年。

佚名:《复兴民族须从诚实做起(五月二十八日蒋委员长在南昌讲)》,《京沪沪杭甬铁路日刊》第987期,第193、195页,1934年。

佚名:《复兴民族须提倡礼义廉耻:蒋委员长在赣行营演词》,《动力半月刊》第1卷第10—11期,第13—16页,1934年。

佚名:《复兴中国文化之途径》,《甘肃教育公报》第25—28期,第123页,1934年。

佚名:《复兴中华到处是"民族英雄"》,《励志》第2卷第41期,第12页,1934年。

佚名:《广西民团应负起复兴中华民族的使命:白兼校长在本校总理纪念周讲演(元月八日)》,《军校旬刊》第14/15期,第2—6页,1934年。

佚名:《积极推行民众教育以复兴民族请愿书》,《社友通讯》第3卷第6期,封1、2页,1934年。

佚名:《国民革命运动,中国民族复兴运动也……》,《东路月刊》第3—4期,第83页,1934年。

佚名:《蒋委员长提倡新生活运动之讲演:复兴民族须提倡礼义廉耻》(廿三,二,十二,在行营扩大纪念周席上),《军政旬刊》第13/14期,第422—425页,1934年。

佚名:《教育消息:乡教社建议由乡村建设复兴民族》,《青岛教育》第2卷第6期,第1—6页,1934年。

佚名:《九一八后民族意识之复兴:阶级斗争主义的新评价》,《华北月刊》第1卷第1期,第5—8页,1934年。

佚名:《理学院第二次纪念周:请李燕亭先生讲演:民族复兴与青年修养》,《河南大学校刊》第57期,第1页,1934年。

佚名:《理学院举行第一次纪念周并由郝象吾院长讲演,民族复兴必由之途径》,《河南大学校刊》第51期,第1页,1934年。

佚名:《论评选辑:民族复兴之精神基础》,《国闻周报》第11卷第20期,第4—5页,1934年。

佚名:《民众自卫是复兴民族的基础》,《安徽民政公报》第4卷第2期,第335—336页,1934年。

佚名：《民族的复兴》，《儿童世界》（上海1922）第33卷第7期，第79页，1934年。

佚名：《民族复兴必由之途径》，《河南大学校刊》第52期，第1页，1934年。

佚名：《民族复兴的先决条件及其必然性：陈立夫先生对六党部委员训词》，《每周评论》第119期，第31—34页，1934年。

佚名：《民族复兴问题》，《东方杂志》第31卷第18期，第83页，1934年。

佚名：《民族复兴与民族意识》，《社会周报（北平）》第2卷第6期，封1页，1934年。

佚名：《民族复兴运动渐踏实地》，《华年》第3卷第13期，第1页，1934年。

佚名：《民族复兴中之公民教育问题》，《法政半月刊》第1卷第1期，第7—12页，1934年。

佚名：《时事纪略：蒋委长勉兰各界努力复兴民族，保存并发展固有道德》，《真光杂志》第33卷第12期，第74页，1934年。

佚名：《时事讲演：新生活与民族复兴之关系》，《中央周报》第308期，第50—51页，1934年。

佚名：《小品文字：民族复兴和儿童教养：为咪咪集儿童健美竞赛作》，《咪咪集》第1卷第3期，第108—111页，1934年。

佚名：《校闻：纪念周蒋建白先生演讲复兴民族四大精神》，《国立同济大学旬刊》第41期，第6—7页，1934年。

佚名：《新生活运动与复兴民族道德》，《社会周报》（北平）第2卷第9期，封1、2页，1934年。

佚名：《新生活运动之要义：蒋委员长于二月十九日在南昌行营扩大纪念周演讲词：知识分子应先负起复兴民族重任以昨死今生决心以达成新生活运动》，《动力半月刊》第1卷第10—11期，第17—32页，1934年。

佚名：《新生活运动中之全国舆论阐扬精义：（六）新生活运动与复兴民族基础》，《新生活专刊》，第54页，1934年。

佚名：《以有知识的农夫担负改造农村复兴民族的责任：陈军长对湖北第二区农林实验学校学生讲演》，《西三纵队月刊》第5期，第8—11页，1934

年。

佚名：《应本校聘秉农山先生莅校：上星期四作首次公开讲演，讲题为"科学之民族复兴"》，《河南大学校刊》第 61 期，第 1 页，1934 年。

佚名：《由乡村建设以复兴民族之实施要点》，《河北教育公报》第 7 卷第 35—36 期，第 84—86 页，1934 年。

佚名：《翟市长在本府纪念周演词汇志：九月三日演讲保存国粹与复兴民族》，《汕头市市政公报》第 104—107 期，第 25—26 页，1934 年。

佚名：《中国乡教社建议由乡村建设复兴民族》，《教育益闻录》第 6 卷第 6 期，第 676—679 页，1934 年。

尹桂生：《民族教育与国防教育：民族复兴是国防教育的目标，国防教育是民族教育的实施》，《江苏教育》第 3 卷第 1/2 期，第 151—156 页，1934 年。

友：《妇女运动与民族复兴运动》，《妇女共鸣》第 3 卷第 8 期，第 11—24 页，1934 年

于时夏：《怎样做到民族复兴？》，《乒乓世界·连环两周刊》（合刊）第 8 期，第 113—114 页，1934 年。

余汉民：《复兴民族之路》，《汉口中学生》第 1 期，第 58—63 页，1934 年。

余鸣时：《民族复兴运动（附照片）》，《青年与战争》第 4 卷第 3 期，第 4—7 页，1934 年。

余鸣时：《新生活运动与复兴中华民族》，《青年与战争》第 4 卷第 1/2 期，第 21—24 页，1934 年。

俞济时：《言论：保卫团是复兴民族运动的基本组织》，《浙江保卫月刊》第 6 期，第 1—3 页，1934 年。

俞庆赉：《土耳其民族复兴运动》，《警醒》第 2 卷第 4—5 期，第 33—41 页，1934 年。

俞庆赉：《新生活运动与中华民族复兴》，《警醒》第 1 卷第 7 期，第 77—85 页，1934 年。

俞佐庭：《复兴民族与提倡国货》，《国货月报》（上海1934）第 1 卷第 8 期，第 5—6 页，1934 年。

渔：《扫荡论坛：二次大战与民族复兴》，《扫荡》第 34 期，第 23—28 页，

1934年。

宇:《新青论坛:新生活运动与民族复兴》,《新青海》第2卷第4期,第2—3页,1934年。

玉宾:《通讯:关于民族复兴教育问题》,《前途》第2卷第7期,第1—2页,1934年。

袁昂:《民族复兴与幼儿教育(附表)》,《教育与中国》第5期,第10—15页,1934年。

袁海萍:《从实行新生活运动谈到复兴中华民族》,《江汉思潮》第2卷第1期,第65—68页,1934年。

月庭:《复兴农村与复兴民族》,《政治会刊》第3卷第1期,第14—37页,1934年。

云从龙:《复兴蒙古民族必先教育蒙古青年》,《新蒙古》第1卷第5期,第16—19页,1934年。

云从龙:《复兴蒙古民族与教育》,《新蒙古》第2卷第5—6期,第27—31页,1934年。

云从龙:《怎样复兴蒙古民族》,《新蒙古》第1卷第4期,第13—17页,1934年。

则文:《他山之石:印度民族之复兴运动》,《行健旬刊》第34期,第26—27页,1934年。

曾养甫:《复兴民族与建设》,《中央周报》第332期,第56—58页,1934年。

曾竹繁:《两个复兴的民族》,《创进月刊》第1期,第87—88页,1934年。

张崇业:《民族复兴与初等教育》,《教育与中国》第5期,第15—19页,1934年。

张莼秋:《世界民族英雄史略之一:复兴土耳其的凯玛尔》,《浙江保卫月刊》第11/12期,第1—15页,1934年。

张君俊:《"从民族复兴运动"说到"防痨运动"》,《防痨》创刊号,第3—6页,1934年。

张君劢:《中华民族复兴之精神的基础》,《再生杂志》第2卷第6/7期,第1—8页,1934年。

张克明：《从复兴民族说到新生活运动》，《武汉公论》第 5 期，第 24—26 页，1934 年。

张鸣冬：《从服用国货说到复兴民族》，《妇女共鸣》第 3 卷第 5 期，第 40—42 页，1934 年。

张韶舞：《复兴中华民族的实际方法》，《前途》第 2 卷第 2 期，第 1—7 页，1934 年。

张韶舞：《赠给本校第二期同学一点复兴中国民族的意见（附图）》，《空军》第 63 期，第 16—18 页，1934 年。

张学良：《新生活运动：新生活运动与民族复兴：人人应负责完成非常使命》（未完），《新生活周刊》第 1 卷第 26 期，第 2—5 页，1934 年。

张学良：《新生活运动：新生活运动与民族复兴（续一）》，《新生活周刊》第 1 卷第 27 期，第 2—5 页，1934 年。

张学良：《新生活运动：新生活运动与民族复兴（续二）》，《新生活周刊》第 1 卷第 28 期，第 2—5 页，1934 年。

张学良：《新生活运动与民族复兴（未完）》，《北方公论》第 82 期，第 1—2 页，1934 年。

张学良：《新生活运动与民族复兴（续一）》，《北方公论》第 83 期，第 1—4 页，1934 年。

张学良：《新生活运动与民族复兴（续二）》，《北方公论》第 84 期，第 1—6 页，1934 年。

张勋：《科学化运动与民族复兴》，《自新》第 2 卷第 11/12 期，第 24—26 页，1934 年。

张正藩：《民族复兴与教育改造》，《江苏教育》第 3 卷第 1/2 期，第 70—84 页，1934 年。

章如铨：《新生活运动与民族复兴》，《青年与战争》第 4 卷第 9 期，第 40—41 页，1934 年。

章益：《民族复兴与教育上应采之方法》，《江苏教育》第 3 卷第 1/2 期，第 35—37 页，1934 年。

章渊君：《民族复兴中之公民教育问题》，《法政半月刊》第 1 卷第 4 期，第 13—16 页，1934 年。

章渊若：《民族复兴与国民生活之改造》，《新生活运动促进总会会刊》第 12 期，第 46—53 页，1934 年。

章渊若：《应如何发展公民教育以复兴民族》，《政治评论》第 117 期，第 455—468 页，1934 年。

赵正平：《短期间内中华民族复兴之可能性》，《东方杂志》第 31 卷第 18 期，第 89—92 页，1934 年。

振声：《民族复兴与统制主义的教育》，《前途》第 2 卷第 6 期，第 1—12 页，1934 年。

正钦：《复兴民族与工人运动（附图）》，《勇进》第 2 卷第 11 期，第 493—496 页，1934 年。

郑重：《民族复兴方案》，《学艺》第 13 卷第 6 期，第 122—134 页，1934 年。

知非：《民族复兴与三民主义》，《党声半月刊》复刊号 4—5，第 22—24，26—36 页，1934 年。

智藏：《驳斥石醉六的"民族复兴生活与佛教"》，《海潮音》第 15 卷第 11 期，第 99—104 页，1934 年。

智藏：《复兴民族与佛教》，《海潮音》第 15 卷第 11 期，第 25—41 页，1934 年。

钟焕臻：《怎样复兴中华民族精神》，《觉是青年》第 1 卷第 2 期，第 19—28 页，1934 年。

周华：《民族复兴与教育建设》，《教育与中国》第 5 期，第 3—9 页，1934 年。

周椒青：《建设本社广播电台通全国职业教育声气及广播职业教育并普及补习教育以期完成民族复兴教育之使命案》，《教育与职业》第 159 期，第 611—612 页，1934 年。

朱芳春：《从民族复兴运动谈到幽默文学》，《存诚月刊》第 1 卷第 1 期，第 182—186 页，1934 年。

朱国基：《中华民族复兴的民族革命运动与法西斯主义运动》，《华北月刊》第 1 卷第 4 期，第 1—7 页，1934 年。

朱叔青：《革命的人生观与民族复兴运动》，《晨光》（杭州）第 2 卷第 37

期，第 3—4 页，1934 年。

朱湘云：《拒毒运动与复兴民族（六三拒毒纪念会演说竞赛演讲辞）》，《新民》第 64 期，第 6—8 页，1934 年。

朱元懋：《文化建设与民族复兴》，《先导月刊》（南京）第 2 卷第 2 期，第 7—10 页，1934 年。

朱桢华：《如何复兴中华民族》，《警灯》第 1 卷第 2 期，第 99—104 页，1934 年。

庄泽宣：《民族复兴与师范教育》，《浙江教育行政周刊》第 5 卷第 38 期，第 1—4 页，1934 年。

庄泽宣：《民族复兴与中等教育》，《中华基督教教育季刊》第 10 卷第 2 期，第 3—9 页，1934 年。

拙生：《警察对于民族复兴运动应有的贡献》，《警醒》第 1 卷第 10 期，第 70—73 页，1934 年。

紫剑：《复兴民族之基本工作》，《西北春秋》第 1 卷第 6/7 期，第 10—12 页，1934 年。

醉生：《中国民族复兴之曙光》，《宪兵杂志》第 2 卷第 6 期，第 226—227 页，1934 年。

左余孟：《新生活运动与复兴民族》，《河南政治》第 4 卷第 4 期，第 1—3 页，1934 年。

1935 年

艾毓英：《读经运动与复兴民族》，《每周评论》第 168 期，第 1—6 页，1935 年。

豹躂：《民族复兴与优生学遗传学之研究》，《健康生活》第 6 卷第 2 期，第 84—86 页，1935 年。

毕定：《复兴民族下之大学生》，《改造》创刊号，第 9—11 页，1935 年。

碧竹：《民族复兴过程中我们应该怎么读书》，《新生活周刊》第 1 卷第 57 期，第 6—7 页，1935 年。

伯周：《民族复兴运动中我们应有的责任》，《正中》第 1 卷第 9 期，第 71—

72 页，1935 年。

怖尔：《民族复兴途程中我们从话剧来开端》，《学生生活》第 3 卷第 7 期，第 7—10 页，1935 年。

蔡槐卿：《读书运动与复兴民族》，《青年》（杭州）第 1 卷第 23 期，第 366—368 页，1935 年。

陈敬中：《从坚苦中求民族之复兴》，《新生活周刊》第 1 卷第 40 期，第 10—11 页，1935 年。

陈敬中：《读书运动与复兴民族》，《学校生活》第 103 期，第 8—10 页，1935 年。

陈祥麟：《第二次世界大战与民族复兴》，《蒙藏月报》第 3 卷第 6 期，第 49—51 页，1935 年。

陈逸凡：《合作事业与民族复兴运动之关系（附图）》，《浙江合作》第 3 卷第 2 期，第 6—7 页，1935 年。

陈志一：《领袖国民与民族复兴之连锁性》，《交大学生》第 3 卷第 1 期，第 7—11 页，1935 年。

邓仁官：《青年和民族复兴的关系》，《丹阳教育》第 1 卷第 3—4 期，第 210—214 页，1935 年。

范国声：《防痨运动与中国民族复兴运动之关系（附照片）》，《防痨》第 1 卷第 12 期，第 631—635 页，1935 年。

冯国华：《从我的身体说到民族隐忧与民族复兴》，《社教通讯》（上海）第 1 卷第 5 期，第 4—7 页，1935 年。

黄瑞莲：《洗雪国耻与复兴民族》，《民教辅导》第 1 卷第 4 期，第 27—28 页，1935 年。

黄造雄：《民族复兴声中全国学者应有的新态度与新使命》，《新人周刊》第 1 卷第 32 期，第 5—8 页，1935 年。

黄振：《从防空演习说到中华民族的复兴》，《警光周刊》第 3 卷第 19 期，第 17—20 页，1935 年。

蒋慰祖：《大学生对于民族复兴运动应有之认识与努力》，《苏声月刊》第 2 卷第 3 期，第 80—81 页，1935 年。

俊：《民族复兴运动中对于家族制度之回顾（668）》，《史地社会论文摘要月刊》第 1 卷第 9 期，第 38—39 页，1935 年。

骏：《从努力剿匪到复兴民族》，《党声半月刊》复刊号 13，第 5—13 页，1935 年。

李公选：《复兴民族与复古活动》，《自新》第 3 卷第 2 期，第 5—8 页，1935 年。

李君朴：《劳资协调与民族复兴运动之实质：改正错误的观念整齐前进的步伐》，《勇进》第 4 卷第 6 期，第 99 页，1935 年。

李良辰：《复兴民族与独裁》，《自觉》第 32/33 期，第 70—77 页，1935 年。

李鸣岗：《民族复兴与国民体育：吾非运动家……》，《浙江体育月刊》第 2 卷第 6 期，第 9—22 页，1935 年。

李启枚：《复兴民族与文化运动》，《晨光周刊》第 4 卷第 25 期，第 8—11 页，1935 年。

李向田：《民众卫生与民族复兴》，《陕西教育月刊》（西安 1927）第 7 期，第 6—8 页，1935 年。

力遂：《复兴民族革命应以复兴民族心理做基础》，《河南保安月刊》第 1 期，第 39—41 页，1935 年。

厉绥之：《民族复兴声中之中国烟毒问题》，《医事公论》第 2 卷第 24 期，第 20—23 页，1935 年。

廖伯周：《民族复兴运动中我们应有的认识》，《正中》第 1 卷第 4 期，第 82—83 页，1935 年。

林廷柯：《整顿司法与复兴民族》，《法轨》第 2 卷第 1 期，第 41—48 页，1935 年。

刘觉：《暹罗民族复兴之伟人：郑王》，《华侨半月刊》第 64—65 期，第 76—79 页，1935 年。

刘慎旃：《复兴民族的体育》，《体育杂志》第 1 卷第 2 期，第 6—11 页，1935 年。

刘宗藩：《特种教育与复兴民族》，《湖北特教半月刊》第 1 卷第 5 期，第 8—10 页，1935 年。

卢锡荣：《新生活运动与民族复兴》，《励志》第 3 卷第 51 期，第 1—2 页，1935 年。

裴复恒：《复兴民族的责任》，《江苏省立上海中学校半月刊》第 87/88 期，第 3—6 页，1935 年。

彭干强：《警察应努力禁烟以复兴民族》，《警察月刊》（长沙）第 1 期，第 4 页，1935 年。

皮侠鸣：《复兴民族方策》，《江汉思潮》第 3 卷第 2 期，第 27—37 页，1935 年。

邵鹤亭：《言论：学教与社教打成一片和民族复兴》，《吴江教育月刊》第 4—5 期，第 10—12 页，1935 年。

邵元冲：《新生活运动与民族复兴》，《新生活》第 2 卷第 2—3 期，第 72—75 页，1935 年。

沈民九：《青年与复兴民族》，《空军》第 160 期，第 37—39 页，1935 年。

沈清尘：《从民族历史之演进观察复兴民族之途径》，《黄埔》（南京）第 3 卷第 6 期，第 19—26 页，1935 年。

孙希雨：《复兴民族与普及教育》，《晨光周刊》第 4 卷第 7 期，第 9—11 页，1935 年。

覃振：《民族复兴运动中对于家族制之回顾》，《东方杂志》第 32 卷第 10 期，第 19—21 页，1935 年。

王复旦：《民族复兴的体育动向》，《新中华》第 3 卷第 19 期，第 110—113 页，1935 年。

魏冀征：《复兴民族方案刍议》，《苏衡》第 1 卷第 6 期，第 52—66 页，1935 年。

魏绍征：《今日青年与复兴民族》，《江汉思潮》第 3 卷第 1 期，第 1—4 页，1935 年。

吴骥伯：《努力公共卫生以复兴民族》，《健康生活》第 4 卷第 2 期，第 126—127 页，1935 年。

吴曼君：《民族复兴与教育纠正问题：附书法》，《生计教育》创刊号，第 5—8 页，1935 年。

吴其瑞：《从儿童节说到中华民族的复兴》，《青岛教育》第 2 卷第 11/12 期，第 1—3 页，1935 年。

吴铁城：《国货运动与民族复兴：提倡国货之重大意义》，《首都国货周报》

第 1 期，第 2—4 页，1935 年。

吴蕴瑞：《吾国民族复兴中女子体育之重要》，《体育杂志》第 1 卷第 1 期，第 12—13 页，1935 年。

谢汝霖：《拥护领袖与复兴民族》，《保安月刊》第创刊号期，第 1—4 页，1935 年。

新一：《复兴民族之要件》，《京沪沪杭甬铁路日刊》第 1454 期，第 49—51 页，1935 年。

熊世琳：《墨子教义与中华民族复兴之前途》，《河南政治》第 5 卷第 7 期，第 1—8 页，1935 年。

熊腾云：《新江西之建设与中华民族的复兴》，《赣声》第 1 卷第 1 期，第 14—24 页，1935 年。

熊协梦：《新生活运动与民族复兴》，《苏声月刊》第 2 卷第 2 期，第 10—14 页，1935 年。

休休：《德意志民族复兴运动的成绩》，《宇宙》（香港）第 11 期，第 14—17 页，1935 年。

徐碧晖：《复兴民族和独裁政治》，《国衡》第 1 卷第 7 期，第 28—32 页，1935 年。

薛兴儒：《复兴中华民族与复兴蒙古民族》，《蒙古前途》第 29 期，第 5—6 页，1935 年。

杨纯青：《雪耻与复兴民族》，《民教辅导》第 1 卷第 4 期，第 28—32 页，1935 年。

一坡：《统制经济与中华民族之复兴》，《长城》（绥远）第 1 卷第 1 期，第 1—9 页，1935 年。

仪：《"统制经济""经济建设"与"农村复兴""民族复兴"》，《史地社会论文摘要月刊》第 1 卷第 11 期，第 28 页，1935 年。

佚名：《编后余谈："民族复兴"的呼声，现在已经喊遍了全国……》，《同钟》第 1 卷第 5 期，第 66—67 页，1935 年。

佚名：《陈立夫演讲："文化复兴与民族复兴"》，《警光周刊》第 2 卷第 7 期，第 8—9 页，1935 年。

佚名：《陆大月刊》，《民族复兴责任教育：节录蒋委员长关于新生活运动之训话》第 1 卷第 2 期，第 16 页，1935 年。

佚名：《民众教育与民族复兴：黄炎培先生在西安高级中学讲》，《陕西教育月刊》第 5 期，第 1—5 页，1935 年

佚名：《民族复兴之路：杨校长在集中军训队。入队典礼中之讲演词（未完）》，《河南大学校刊》第 76 期，第 2 页，1935 年。

佚名：《什么是精神建设及其重要性："精神建设与民族复兴"》，《丹阳教育》第 1 卷第 3—4 期，第 87 页，1935 年。

佚名：《时论选辑：复兴民族之要》，《国衡》第 1 卷第 3 期，第 69—74 页，1935 年。

佚名：《要民族复兴，就应朝着"自信""自立""自给""自足""自强""自救"的大道走》，《四川县训》第 2 卷第 1 期，第 10 页，1935 年。

佚名：《周佛海着精神建设与民族复兴》，《申报月刊》第 4 卷第 12 期，第 165 页，1935 年。

余荣昌：《复兴民族先要提高学术》，《民钟季刊》第 1 卷第 2 期，第 82—86 页，1935 年。

俞金宝：《中学组：民族复兴与国民体育：有健全之体魄……》，《浙江体育月刊》第 2 卷第 6 期，第 40—43 页，1935 年。

俞晋祥：《体育与民族复兴之关系（吴蕴瑞先生演讲于首都遗族学校）》，《体育杂志》第 1 卷第 2 期，第 15—16 页，1935 年。

俞新民：《复兴民族与建设心理》，《晨光周刊》第 3 卷第 40 期，第 16—17 页，1935 年。

云山：《健康教育与民族复兴之关系（附图）》，《文艺校刊》第 2 期，第 23—24 页，1935 年。

张大由：《民族复兴运动之内容及其前途之展望》，《反省月刊》第 9—10 期，第 35—41 页，1935 年。

张大由：《新生活运动与民族复兴》，《反省月刊》第 7—8 期，第 15—25 页，1935 年。

张芗甫：《从五九国耻纪念说到民族复兴运动》，《县训》第 2 卷第 2 期，第 21—23 页，1935 年。

章渊若：《民族复兴中之公民教育问题》，《法政半月刊》第 1 卷第 6 期，第

14—18 页，1935 年。

章渊若：《自力主义与民族复兴之动力》，《华年》第 4 卷第 32 期，第 6—10 页，1935 年。

章渊若：《自力主义与民族复兴之动力（续）》，《华年》第 4 卷第 33 期，第 11—14 页，1935 年。

长庚：《德意志民族的复兴》，《清华周刊》第 43 卷第 3 期，第 3—5 页，1935 年。

褚振华：《民族复兴中，青年应有之认识》，《励学》第 1 期，第 0—2 页，1935 年。

郑道宝：《劳动服务在民族复兴道上的重要》，《警光周刊》第 3 卷第 22 期，第 12—14 页，1935 年。

郑贞文：《中华民族复兴与推行国语：全国国语运动周在福州广播电台讲演》，《福建教育》第 7—8 期，第 6、8—9 页，1935 年。

志青：《从民族复兴的观点再论青海师范教育改革问题》，《新青海》第 3 卷第 5 期，第 24—27 页，1935 年。

周佛海：《精神建设的目标："精神建设与民族复兴"》，《丹阳教育》第 1 卷第 3—4 期，第 241 页，1935 年。

周亚文：《合作运动与复兴民族》，《农林新报》第 12 卷第 1 期，第 25—28 页，1935 年。

1936 年

H. Benjamin：《译述：丹麦教育与民族复兴》，《义教辅导》第 2 期，第 60—72 页，1936 年。

包惠僧：《新生活运动与民族复兴（二十五年四月十三日）》，《中央周报》第 427 期，第 40—42 页，1936 年。

波：《中华民族复兴的生机》，《新闻旬刊》第 1 卷第 4 期，第 3 页，1936 年。

蔡琏：《民族复兴与历史教学》，《浙江教育》第 11 期，第 3—7 页，1936 年。

曹凤阳：《禁烟与复兴民族》，《衡湘学生》第 11 期，第 87 页，1936 年。

曾扩情：《复兴民族之重大任务》，《四川旬报》第 5 期，第 9—11 页，1936 年。

曾铁忱：《土耳其民族复兴之检讨》，《外交月报》第 4 期，第 83—100 页，1936 年。

曾渭滨：《复兴民族必先改进农村的我见》，《县训》第 4 期，第 1718 页，1936 年。

常实干：《复兴民族与国家的生命力》，《革命空军》第 9 期，第 5—7 页，1936 年。

常实干：《中国的病源与复兴民族之途径》，《革命空军》第 11 期，第 1—3、15 页，1936 年。

陈天顾：《我也来为中国民族复兴贡献一点意见》，《统一评论》第 2 卷第 24 期，第 7—8 页，1936 年。

陈筱滋：《复兴民族必先复兴农村》，《浙江青年》（杭州）第 7 期，第 75—77 页，1936 年。

陈养锋：《蒋校长之复兴民族的理论体系》，《黄埔》（南京）第 4 期，第 116—124 页，1936 年。

陈庸甫：《读了精神建设与复兴民族以后》，《浙江省民众教育辅导半月刊》第 18 期，第 36—37 页，1936 年。

陈于妫：《复兴民族声中之妇女责任》，《福建学院月刊》第 2 卷第 8 期，第 1—3 页，1936 年。

程炎泉：《复兴民族的丹麦民众教育与墨西哥乡村教育》，《教育与职业》第 175 期，第 3373—55 页，1936 年。

创云：《"民族复兴"与"民族解放"》，《北大旬刊》第 2—4 期，第 27—28 页，1936 年。

丁趾祥：《国货运动与民族复兴》，《国货年刊》第 3 期，第 3—6 页，1936 年。

范镇亚：《国民营养与复兴民族之关系》，《药报》第 45 期，第 31—32 页，1936 年。

方治：《拥护革命领袖与复兴中华民族演词》，《军事杂志》（南京）第 96 期，第 14—16 页，1936 年。

冯乃蕃：《禁烟禁毒与民族复兴》，《铁工阵线》第 3 期，第 34—35 页，1936 年。

福善：《民族复兴与佛教》，《海潮音》第 9 期，第 16—26 页，1936 年。

皋：《乡村建设运动与民族复兴（张世文著）》，《福建县政》第 1 期，第 27—28 页，1936 年。

葛颐三：《复兴中华民族的小学教师》，《浙江小学教育》第 7 期，第 7 页，1936 年。

龚醒斋：《中医的内心卫生学与复兴民族之关系》，《医界春秋》第 118 期，第 19—22 页，1936 年。

顾学箕：《"民族复兴"声中新医界应有的自觉》，《医药评论》第 133 期，第 19—21 页，1936 年。

顾知义：《民族复兴与民众教育》，《正中》第 1 期，第 61—70 页，1936 年。

关星三：《生存与斗争：复兴民族应有的认识》，《时论》（南京）第 40 期，第 12—14 页，1936 年。

郭维屏：《复兴民族与小学教育》，《统一评论》第 1 卷第 13 期，第 6—8 页，1936 年。

郭维屏：《复兴民族与小学教育》，《西北问题季刊》第 1 卷第 1/2 期，第 286—290 页，1936 年。

郭逸樵：《蒋委员长与复兴民族：为蒋委员长五秩寿庆作》，《赈务旬刊》第 46 期，第 1—3 页，1936 年。

郭逸樵：《军政合一与复兴民族》，《赈务旬刊》第 20 期，第 2—3 页，1936 年。

汉：《资源保存与民族复兴（董时进）》，《福建县政》第 1 卷第 6—7 期，第 128—130 页，1936 年。

何炳松：《发刊词：国立大学的使命在于培植专门人才和研究高深学术而以复兴民族为最高的目标……》，《暨南学报》第 1 期，第 4—5 页，1936 年。

何炳松：《整理国史与复兴民族》，《新女性》第 3—4 期，第 98—101 页，1936 年。

何应钦：《童子军精神与民族复兴》（二十五年十月十日），《中央周报》第

436期，第65—67页，1936年。

后圣：《读周佛海先生"精神建设与民族复兴"（未完）》，《复兴月刊》第4卷第8期，第8—26页，1936年。

后圣：《读周佛海先生"精神建设与民族复兴"（续）》，《复兴月刊》第4卷第9期，第8—19页，1936年。

胡定安：《精神教育与精神卫生：读周佛海先生"精神建设与民族复兴"以后之联想》，《江苏教育》（苏州1932）第3期，第56—59页，1936年。

胡汉华：《波兰复兴与民族文学》，《江汉思潮》第4期，第11—12页，1936年。

胡庶华：《民族复兴运动中现代女子应负的责任》，《重大校刊》第2期，第2—5页，1936年。

黄继明：《复兴中华民族的小学教师》，《浙江小学教育》第7期，第56页，1936年。

黄裳：《时局回顾与民族复兴之希望》，《侨务月报》第1期，第160—162页，1936年。

季宗隽：《妇女与复兴民族》，《锄声》第2卷第5期，第15—17页，1936年。

贾书英：《从民族危机说到妇女在复兴运动中之地位》，《妇女共鸣》第5卷第3期，第31—35页，1936年。

建人：《统一国家与复兴民族》，《现代青年（北平）》第3期，第6—7页，1936年。

江华芳：《国民军事化与民族复兴》，《衡湘学生》第11期，第73—76页，1936年。

姜季辛：《意大利民族复兴史序》，《留东学报》第7期，第40—42页，1936年。

蒋会长：《为学做人与复兴民族之要道：五月十九日在昆明对各校员生之训词》，《四川省新生活运动促进会会刊》第6期，第0—5页，1936年。

蒋钦爵：《施行青年团训练与复兴民族》，《浙江青年》（杭州）第1期，第10—11页，1936年。

蒋中正：《巩固统一与复兴民族：二十五年双十节在全国童军大检阅典礼中

训词》,《知行月刊》第 10 期,第 4—7 页,1936 年。

蒋中正:《巩固统一与复兴民族:全国童子军大检阅典礼中训词》,《军事杂志》(南京)第 96 期,第 1—3 页,1936 年。

蒋中正:《巩固统一与复兴民族:童军大检阅典礼训词》,《时论》(南京)第 39 期,第 8—9 页,1936 年。

蒋中正:《民族复兴之路:军训的目的与青年学生之责任》,《青年生活》第 1 卷第 3 期,第 1—5 页,1936 年。

金凯:《青年训练与民族复兴》,《前导月刊》(安庆)第 1 期,第 101—7 页,1936 年。

金慕农:《防痨运动与中国民族复兴运动之关系(附表)》,《防痨月刊》第 2 卷第 6 期,第 9—15 页,1936 年。

径诩:《民众教育与民族复兴》,《浙江省民众教育辅导半月刊》第 13 期,第 3—6 页,1936 年。

菊:《民族复兴与读经运动》,《医药评论》第 143 期,第 74—75 页,1936 年。

君:《蒋委员长是我们的民族复兴唯一领袖》,《慕贞半月刊》第 2 卷第 9 期,第 5 页,1936 年。

开世伦:《精神建设与民族复兴》,《浙江省民众教育辅导半月刊》第 2 卷第 23 期,第 38 页,1936 年。

开世伦:《学员质疑解答:阅书质疑:精神建设与民族复兴》,《浙江省民众教育辅导半月刊》第 23 期,第 38 页,1936 年。

柯象峯:《民族复兴中的国人生命之浪费问题(附表)》,《政治评论》第 136 期,第 168—172 页,1936 年。

拉狄克:《蒙古民族的复兴》,《东大校刊》第 2 期,第 40—45 页,1936 年。

雷震:《复兴民族与救济流浪儿童(未完)》,《公教周刊》第 11 期,第 12—13 页,1936 年。

雷震:《复兴民族与救济流浪儿童(续)》,《公教周刊》第 12 期,第 12—13 页,1936 年。

雷震:《复兴民族与救济流浪儿童(续完)》,《公教周刊》第 13 期,第 10—11 页,1936 年。

雷震：《复兴民族与救济流浪儿童：全国儿童年实施委员会播音讲演》，《福建义教》第 7 期，第 2—5 页，1936 年。

冷弹：《怎样复兴民族》，《文化前哨月刊》第 2 卷第 9—10 期，第 11—14 页，1936 年。

李登云：《民族复兴与青年训练》，《湖北民教》第 4 期，第 1—5 页，1936 年。

李涵：《防痨运动和中国民族复兴运动之关系（附表）》，《防痨月刊》第 2 期，第 2538 页，1936 年。

李济万：《管教养卫合一与复兴民族（未完）》，《湖北民教》第 3 期，第 20—31 页，1936 年。

李济万：《管教养卫合一与复兴民族（续）》，《湖北民教》第 4 期，第 13—20 页，1936 年。

李声琳：《新生活运动为复兴民族的基本》，《尝试》第 6 期，第 19—23 页，1936 年。

李思民：《民族复兴中的乡村教育》，《遗族校刊》第 3 卷第 4 期，第 35—41 页，1936 年。

李柱：《复兴民族与精神国防》，《遗族校刊》第 3 卷第 4 期，第 56—57 页，1936 年。

梁鹏洲：《复兴中华民族的小学教师》，《浙江小学教育》第 7 期，第 3 页，1936 年。

梁小初：《推行复兴民族五项程序之计划案》，《同工》第 155 期，第 56—59 页，1936 年。

林云志：《复兴民族与拥护领袖》，《浙江青年》（杭州）第 2 卷第 10 期，第 36—39 页，1936 年。

刘昌合：《民族复兴声中我国体育应取之途径》，《湖北省党政军学体育促进委员会会刊》第 1 卷第 2 期，第 28—34 页，1936 年。

刘健群：《复兴民族之路》，《青年战士》第 1 卷第 3 期，第 41—50 页，1936 年。

刘庆科：《复兴民族之动向》，《集成》第 1 卷第 6 期，第 29—35 页，1936 年。

刘庆科：《复兴民族之动向》，《青年月刊》（南京）第 2 卷第 6 期，第 19—

26 页，1936 年。

刘寿朋：《提倡体育与复兴民族》，《湖北省党政军学体育促进委员会会刊》创刊号，第 16—20 页，1936 年。

刘树屏：《读精神建设与民族复兴后》，《皖声》第 1 期，第 55 页，1936 年。

刘文翮：《复兴民族之历史的教训》，《浙江青年》（杭州）第 1 期，第 53—67 页，1936 年。

刘倬环：《如何复兴民族》，《贵州新生活运动促进会会刊》创刊号，第 338—340 页，1936 年。

龙大均：《中华民族救亡复兴之路》，《新生活周刊》第 1 卷第 1 期，第 3—7 页，1936 年。

卢绍稷：《乡土教育和民族复兴》，《江苏教育》第 1/2 期，第 40—44 页，1936 年。

鲁杰：《蒋校长与中华民族复兴运动》，《黄埔》（南京）第 5 期，第 76—85 页，1936 年。

陆寅生：《一个民族的复兴》，《吴县教育》第 4 卷第 1 期，第 45—49 页，1936 年。

罗翰：《复兴民族与教育建设》，《福建教育》第 2 卷第 7 期，第 8—26 页，1936 年。

罗恒有：《复兴民族与领袖》，《黄埔》（南京）第 6 卷第 4 期，第 1—9 页，1936 年。

罗健吾：《新生活运动与复兴民族》，《知行月刊》第 6 期，第 31—34 页，1936 年。

骆梧冈：《复兴民族与保安制度》，《四川保安季刊》第 1 期，第 27—29 页，1936 年。

珞忒：《中华民族复兴领袖蒋介石（附图）》，《现代青年》（北平）第 4 期，第 29—30 页，1936 年

马秉义：《复兴民族之动向》，《突崛》第 3 卷第 2 期，第 11—13 页，1936 年。

马述尧：《复兴民族之路（未完）》，《伊斯兰青年》第 2 卷第 3 期，第 3—4 页，1936 年。

马述尧:《民族复兴之路（续）》,《伊斯兰青年》第 2 卷第 12 期,第 4—6 页,1936 年。

漫画:《在广大的民族复兴运动之下,自私自利的心思是不应有的》,《革命空军》第 3 期,第 10 页,1936 年。

苗俊长:《民族复兴运动声中的乡村小学教师应有的修养和使命》,《乡村改造》第 4 卷第 29—30 期,第 2—4 页,1936 年。

明仲恂:《儿童节与复兴民族》,《诚化》第 8 期,第 6—8 页,1936 年。

钮长耀:《卫生教育与民族复兴》,《教与学》第 1 期,第 17—21 页,1936 年。

潘公展:《铲除烟毒与民族复兴（二十五年四月二十日）》,《中央周报》第 418 期,第 33—34 页,1936 年。

潘玉:《复兴民族应厉行两大运动：十月三十一日在醴陵各界谈话会讲演》,《知行月刊》第 11 期,第 14—17 页,1936 年。

乔树民:《防痨运动与中国民族复兴运动之关系》,《防痨月刊》第 2 卷第 1 期,第 9—11 页,1936 年。

秦泽民:《中国儿童的前途与民族复兴》,《正中》第 4 期,第 14—22 页,1936 年。

晴峯:《民族复兴与民众心理之建设》,《宪兵杂志》第 4 卷第 1 期,第 26—33 页,1936 年。

邱椿:《教育与中华民族的复兴》,《师大月刊》第 28 期,第 168—184 页,1936 年。

日同:《如何复兴中华民族》,《湖南大学季刊》第 1 期,第 16—19 页,1936 年。

茹春浦:《复兴民族与法律关系》,《前途》第 2 期,第 40—50 页,1936 年。

邵元冲:《充实民族力与民族复兴（二十五年十月十日）》,《中央周报》第 436 期,第 63—65 页,1936 年。

邵元冲:《充实民族力与民族复兴》,《建国月刊》（上海）第 14 卷第 4 期,第 1—4 页,1936 年。

邵元冲:《建设"民族复兴文学"议》,《建国月刊》（上海）第 14 卷第 1 期,第 1—8 页,1936 年。

邵元冲：《民族复兴之条件》，《建国月刊》（上海）第 14 卷第 6 期，第 1—6 页，1936 年。

邵元冲：《民族复兴之条件》，《励志》第 25 期，第 3—5 页，1936 年。

邵元冲：《思想统一与民族复兴》，《建国月刊》（上海）第 14 卷第 15 期，第 1—4 页，1936 年。

沈刚泊：《现代主要民族复兴史（德意志）》，《市师周刊》第 33 期，第 11—14 页，1936 年。

沈九云：《战争与民族复兴》，《革命空军》第 2 期，第 3—5 页，1936 年。

沈雪夜：《复兴民族与职业教育》，《福建教育》第 2 期，第 5—9 页，1936 年。

沈以定：《复兴民族的三种必要力量：青年应负复兴民族之责》，《浙江青年》（杭州）第 2 卷第 7 期，第 1—4 页，1936 年。

盛梅村：《复兴中华民族的小学教师》，《浙江小学教育》第 7 期，第 17 页，1936 年。

霜：《时评：由德国毁约说到中华民族的复兴》，《赈务旬刊》第 26 期，第 3—4 页，1936 年。

谭欲灵：《复兴民族工业的基本条件》，《国货月刊》（广州）第 3 期，第 10—13 页，1936 年。

涛：《社会改造为民族复兴之前提……》，《快乐家庭》第 1 卷第 4 期，第 5 页，1936 年。

汪运坤：《卷头言：民族复兴的脱兆》，《现代青年》（北平）第 6 期，第 1 页，1936 年。

王传本：《青年对于复兴民族应负的责任》，《晨光周刊》第 30 期，第 811 页，1936 年。

王健吾：《中国运动会之转变与民族运动之复兴（未完）》，《国民体育汇刊》第 1 期，第 10 页，1936 年。

王书贤：《献机祝寿与复兴民族》，《前进半月刊》，第 8—10 页，1936 年。

王午夏：《复兴民族之途径》，《励进期刊》第 1 期，第 21—22 页，1936 年。

王元辅：《民族复兴与农村卫生》，《民教辅导》第 7 期，第 30—35 页，1936 年。

王梓圃：《复兴民族必以道德为基础》，《道德半月刊》第 4 期，第 9—12 页，1936 年。

韦宗运：《如何复兴我们的民族（未完）》，《秦风周报》第 28 期，第 22 页，1936 年。

韦宗运：《如何复兴我们的民族（续）》，《秦风周报》第 29 期，第 20 页，1936 年。

味音：《复兴民族与国民体育》，《市街》第 4—5 期，第 9—10 页，1936 年。

吴烈：《复兴民族与生产教育》，《建民周刊》第 15 期，第 14—16 页，1936 年。

吴其昌：《民族复兴的自信力：在青岛市政府大礼堂讲演》，《国闻周报》第 39 期，第 7—10 页，1936 年。

吴其昌：《民族复兴的自信力：在青岛市政府大礼堂讲演》，《青岛教育》第 4 卷第 5 期，第 5—9 页，1936 年。

吴铁成：《航空运动与民族复兴》，《航空杂志》第 6 期，第 1 页，1936 年。

吴铁城：《复兴民族的中心问题：在儿童年儿童节演说词》，《现代父母》第 4 期，第 1—2 页，1936 年。

吴铁城：《航空运动与民族复兴：二十五年五月在上海对全市市民讲演》，《中央周报》第 416 期，第 32—33 页，1936 年。

吴铁城：《航空运动与民族复兴》，《励志》第 28 期，第 5 页，1936 年。

吴兆名：《复兴民族的动力（附表）》，《青年》（杭州）第 3 卷第 20 期，第 392—396 页，1936 年。

吴兆名：《复兴民族之路》，《青年》（杭州）第 3 卷第 11 期，第 205—210 页，1936 年。

希瑗：《民族复兴运动之认识》，《文化与社会》第 6 期，第 18—23 页，1936 年。

夏水珍：《言论：复兴民族的我见》，《锄声》第 5 期，第 6—7 页，1936 年。

萧汉辅：《民众教育为复兴民族之先决问题》，《民众月刊》第 1 期，第 7—9 页，1936 年。

性康：《十日论坛：青年运动与民族复兴》，《时论》（南京）第 17 期，第 3—4 页，1936 年。

熊振汉：《我们怎样去做一个复兴中华民族的干部》，《蒲声》第 2 期，第 98—100 页，1936 年。

徐劳村：《民族复兴之理论与实际》，《前导月刊》（安庆）第 3 期，第 1—9 页，1936 年。

许鹃：《我们民众对复兴民族当前应有的认识》，《新民》第 48 期，第 90—93 页，1936 年。

旭日：《复兴民族与法律观念》，《青年》第 4 卷第 8/9 期，第 108 页，1936 年。

叙：《民族复兴的自信力（吴其昌）》，《福建县政》第 5 期，第 73—74 页，1936 年。

薛农山：《民族复兴与家庭改造》，《快乐家庭》第 4 期，第 121—3 页，1936 年。

鄢克定：《复兴民族与艺术》，《上海党声》第 2 卷第 24 期，第 7 页，1936 年。

阎宝航：《从卫生运动周说到复兴民族（转载）》，《四川省新生活运动促进会会刊》第 9 期，第 12—15 页，1936 年。

阎子清：《复兴中国回教民族的先决要件》，《突崛》第 10/11 期，第 4—6 页，1936 年。

杨国柱：《怎样培养国家复兴民族解放的力量（附照片）》，《航空》（上海）第 1 期，第 3 页，1936 年。

杨开渠：《民族复兴最后根据地：四川省当前的稻作增收计划书（附表）》，《现代读物》第 4 卷第 11 期，第 1—19 页，1936 年。

杨幼炯：《民族复兴与国防教育》，《教与学》第 7 期，第 50—60 页，1936 年。

佚名：《安徽文化史料：胡石青在省演讲民族复兴》，《学风》（安庆）第 6 卷第 7/8 期，第 3 页，1936 年。

佚名：《边疆通讯：民族复兴地原来如此：四川被灾县份的统计》，《边事研究》第 4 卷第 4 期，第 84—85 页，1936 年。

佚名：《复兴民族挽救危亡应有自信方及自治力》，《南京市政府公报》第 165 期，第 117—118 页，1936 年。

佚名：《复兴中华民族应先救济农村扩充农贷扶植农村经济利用公路改进农产运销》，《商务月刊》第 11 期，第 4—6 页，1936 年。

佚名：《复兴中华民族与国民体格之锻炼》，《康健杂志》第 9 期，第 2—8 页，1936 年。

佚名：《公民训练是复兴民族的根本事业……》，《贵州新生活运动促进会会刊》创刊号，第 416—417 页，1936 年。

佚名：《巩固统一与复兴民族（特载）：蒋委员长双十节对全国童军训词》，《浙江青年》（杭州）第 12 期，第 1—4 页，1936 年。

佚名：《巩固统一与复兴民族：蒋委员长十月十日在童军大检阅训话》，《安徽政务月刊》第 24 期，第 18—21 页，1936 年。

佚名：《巩固统一与复兴民族：蒋委员长向童军训词》，《江西地方教育》第 60 期，第 21—23 页，1936 年。

佚名：《巩固统一与复兴民族：蒋委员长在童军大检阅典礼训话》，《陆大月刊》第 11 期，第 5—7 页，1936 年。

佚名：《巩固统一与复兴民族：蒋委员长在童军检阅礼中训词》，《四川省政府公报》第 59 期，第 8—10 页，1936 年。

佚名：《胡先生对民族复兴的主张（节录自民族主义与民族复兴一文）》，《民间旬报》第 23 期第 4 期，第 4 页，1936 年。

佚名：《刘主席论复兴民族的精神建设与物质建设：新生活运动与国民经济建设运动》，《安徽政务月刊》第 16 期，第 38—39 页，1936 年。

佚名：《民族的复兴与生活的革新》，《龙溪县政月刊》第 12 期，第 56 页，1936 年。

佚名：《民族自信心的复兴（转载十二月十三日上海大公报社论）》，《外部周刊》第 145 期，第 29—31 页，1936 年。

佚名：《前日总理纪念周蔡竞平先生讲"从公用事业说到民族复兴"》，《国立浙江大学日刊》第 84 期，第 334—335 页，1936 年。

佚名：《前日总理纪念周林馨侯教授讲"复兴民族与心理建设"》，《国立浙江大学日刊》第 103 期，第 411—412 页，1936 年。

佚名：《青年与民族复兴：二十五年九月十七日周厅长在西安电台广播讲演词》，《陕西教育月刊》第 8/9 期，第 1—12 页，1936 年。

佚名:《新生活运动与民族复兴》,《津浦铁路日刊》第 1465—1482 期,第 69—71 页,1936 年。

佚名:《怎样复兴中华民族:蒋委员长在广州总理纪念会上演讲词》,《上海党声》第 16 期,第 1—2 页,1936 年。

佚名:《章渊若的自力主义说:(三)中国民族复兴的动力之培养:在时事新报发表"自力与力"文之一节》,《京沪沪杭甬铁路日刊》第 1739 期,第 79 页,1936 年。

佚名:《总理诞辰纪念日:唐子晋军长在广播电台讲演:培养正气复兴民族》,《四川省政府公报》第 63 期,第 103—108 页,1936 年。

殷作桢:《中国空军与中国民族复兴》,《革命空军》第 19 期,第 4—7 页,1936 年。

尹凌沧:《禁烟与复兴民族》,《衡湘学生》第 11 期,第 86 页,1936 年。

尹善骅:《学员质疑解答:阅书质疑:精神建设与民族复兴》,《浙江省民众教育辅导半月刊》第 3 卷第 1 期,第 51 页,1936 年。

印鲤:《复兴民族必需的几个条件》,《清华校刊》第 1/2 期,第 33—37 页,1936 年。

于天骥:《女子锻炼国术与复兴民族之意义》,《国术周刊》(南京)第 158/159/160 期,第 20—21 页,1936 年。

俞松汶:《"妇女运动与民族复兴"特辑:妇女应怎样去参加民族的战争》,《妇女共鸣》第 3 期,第 36—41 页,1936 年。

聿飞:《周佛海近著"精神建设与民族复兴"》,《现代评坛》第 13 期,第 12—14 页,1936 年。

袁晴晖:《民族动力中心与复兴民族》,《县训》第 4 卷第 2—3 期,第 17—20 页,1936 年。

詹根生:《剿减赤匪与复兴民族》,《反省月刊》第 19 期,第 12—15 页,1936 年。

詹行煦:《播音教育与复兴民族》,《播音教育月刊》第 1 卷第 2 期,第 10—11 页,1936 年。

张光涛:《民族复兴运动中的初中国文教学》,《文化前哨月刊》第 2 卷第 11—12 期,第 10—14 页,1936 年。

张汉英：《小学教师应以复兴中华民族为中心思想》，《浙江小学教育》第 3 期，第 5—9 页，1936 年。

张济时：《识字运动与复兴民族》，《鄂东民众》第 2 卷第 1 期，第 7—9 页，1936 年。

张家珍：《复兴民族与全民体育化》，《蜀铎》第 1 期，第 38 页，1936 年。

张金奎：《复兴民族之要图》，《勤奋体育月报》第 3 卷第 8 期，第 71 页，1936 年。

张凌高：《新生活运动与复兴民族》，《四川省新生活运动促进会会刊》第 10 期，第 105—107 页，1936 年。

张延仁：《复兴民族与乡村卫生》，《上海市国医公报》第 4 期，第 8—9 页，1936 年。

张振华：《中国青年应负起三役主义来复兴民族》，《青年》（杭州）第 10 期，第 190—192 页，1936 年。

张志智：《民族复兴运动中教育者的使命》，《义教辅导》第 1 卷第 2 期，第 16—23 页，1936 年。

章勃：《完成西南铁路系统与民族复兴（一）（附表）》，《交通杂志》第 4 卷第 10 期，第 1—17 页，1936 年。

章勃：《完成西南铁路系统与民族复兴（二）》，《交通杂志》第 4 卷第 11 期，第 1—19 页，1936 年。

章勃：《完成西南铁路系统与民族复兴（三）》，《交通杂志》第 4 卷第 12 期，第 1—13 页，1936 年。

章绳以：《提倡家事教育与民族复兴》，《教育与职业》第 179 期，第 707—710 页，1936 年。

章渊若：《民族复兴与公民教育问题》，《教与学》第 2 卷第 2 期，第 251—270 页，1936 年。

郑鹤声：《民族复兴与个人责任》，《福建反省院期刊》第 8 期，第 27—29 页，1936 年。

志然：《复兴民族与国术》，《侠魂》第 3 卷第 3 期，第 109—111 页，1936 年。

朱绍熹：《如何可以复兴中华专利号民族》，《蒲声》第 2 期，第 100—101

页,1936年。

庄静:《"妇女运动与民族复兴"特辑:首都妇运同志对本问题之意见》,《妇女共鸣》第5卷第3期,第28—30页,1936年。

1937 年

鲍信:《卫生设施为复兴民族健康的前提》,《新医药刊》第56期,第30—31页,1937年。

秉农山:《科学与民族复兴》,《科学的中学生》第2—3期,第2—5页,1937年。

补斋:《民族复兴教育成效的一斑:请看农村教育人员寄到职教社的两封报告信》,《国讯》第153期,第28—30页,1937年。

蔡智传:《全面抗战与民族复兴》,《同工》第166期,第24—25页,1937年。

曾国华:《复兴民族的新路线》,《江西民众教育》第创刊号期,第81—84页,1937年。

曾养甫:《大学生与复兴民族(七月十二日招待华南区第二届大学学生夏令会代表讲演词)》,《广东党务旬刊》第3期,第36—38页,1937年。

陈公侠:《建设国家与复兴民族》,《江苏省立上海中学校半月刊》第114期,第2—4页,1937年。

陈果夫:《怎样复兴我国家民族》,《上海党声》第29期,第3—4页,1937年。

陈嘉庚:《复兴民族与服制》,《东方杂志》第1期,第29—31页,1937年。

陈科美:《青年训练与民族复兴(附照片)》,《兴中月刊》第3期,第73—76页,1937年。

陈立夫:《电化教育特辑:教育电影与民族复兴》,《湖北民教》第9期,第10页,1937年。

陈叔猷:《民族复兴与国民经济建设》,《蜀青》第2期,第139—141页,1937年。

陈赞豪:《澄清吏治与复兴民族》,《国民周报》(南京)第1期,第2页,

1937年。

陈章支：《学员质疑解答：阅书质疑：精神建设与民族复兴》，《浙江省民众教育辅导半月刊》第20期，第1230页，1937年。

程登科：《复兴民族的体育目标》，《四川教育》第9期，第120—121页，1937年。

程其保：《体育音乐与民族复兴》，《晨光周刊》第15/16期，第2—3页，1937年。

程炎泉：《民族复兴与社会教育》，《社会教育季刊》（上海）第1期，第24—28页，1937年。

楚子：《给公务人员的第四封信：怎样复兴中华民族》，《更生（上海1937）》第4期，第58—60页，1937年。

春水：《从中国民族性观察民族复兴》，《国本》第9期，第11—13页，1937年。

导中：《民族复兴运动中民众运动之使命》，《邮协月刊》第2期，第28—30页，1937年。

德谟：《民族复兴及领袖论特辑：民族复兴与经济建设》，《远东杂志》第1期，第95—101页，1937年。

邓宗禹：《防痨与民族复兴》，《健康之路》第10期，第30—35页，1937年。

董绍良：《复兴民族的几个条件》，《统一评论》第2期，第18—19页，1937年。

范子平：《唯生哲学与民族复兴》，《文化前哨月刊》第5期，第3—8,1页，1937年。

方克刚：《复兴民族所需的新生血液》，《国防建设》第5—6期，第15—17页，1937年。

方治：《学生服务农村与复兴民族工作：中宣部方副部长在河南广播讲词》，《新运导报》第10期，第86—89页，1937年。

房宇园：《民族复兴运动与教育统制》，《浙江教育》第2期，第12—15页，1937年。

丰哉：《公民教育舆民族复兴》，《务实》第1期，第26—28页，1937年。

冯玉祥：《复兴民族的基本方策》，《东方杂志》第 1 期，第 13—14 页，1937 年。

冯玉祥：《复兴民族的基本方法》，《自理》第 1 期，第 33—34 页，1937 年。

傅继良：《民族复兴与地方教育问题（附图）》，《教育短波》第 101 期，第 10—13 页，1937 年。

傅作义：《全国动员应战：用鲜血争取民族复兴》，《黄埔》（南京）第 1/2 期，第 29—30 页，1937 年。

钢：《谁是复兴民族之中坚》，《青萍月刊》第 3 期，第 10—13 页，1937 年。

葛受元：《民族复兴应有之认识》，《华年》第 20 期，第 2—4 页，1937 年。

葛受元：《民族之复兴与沦亡》，《交通部上海广播电台半月刊》第 5 期，第 2—3 页，1937 年。

顾凤城：《民族复兴的精神基础》，《读书青年》第 10 期，第 6 页，1937 年。

郭维屏：《复兴民族与小学教育：小学教师寒假讲习会演说词》，《四川教育》创刊号，第 173—177 页，1937 年。

汉英：《我们机工要有复兴民族的自信力和责任》，《进化》第 6 期，第 5—6 页，1937 年。

何然棣：《中国民族复兴的危机》，《南尖季刊》第创刊号期，第 143—156 页，1937 年。

何协之：《复兴民族与焦土抗议》，《黄埔》（南京）第 3 期，第 43—47 页，1937 年。

胡俊英：《复兴民族与青年》，《天地人》第 4—5 期，第 21—24 页，1937 年。

胡兰：《提倡国货与复兴民族》，《首都国货导报》第 37 期，第 12—15 页，1937 年。

胡训已：《课外运动与复兴民族》，《集美周刊》第 13 期，第 11—12 页，1937 年。

胡愈之：《时事座谈：卢沟桥事件和民族复兴前途》，《关声》第 1 期，第 42—45 页，1937 年。

黄绍竑：《促进体育与民族复兴》，《湖北省党政军学体育促进委员会会刊》第 1 期，第 7—9 页，1937 年。

黄似馨：《科学与民族复兴》，《科学世界》（南京）第 6 期，第 429—433 页，1937 年。

黄文山：《复兴民族的几个基本原则》，《更生评论》第 1 期，第 1—7 页，1937 年。

黄文山：《民族复兴之心理基础：民国二十六年元旦献辞》，《政问周刊》第 53 期，第 1—6 页，1937 年。

吉人：《民族复兴及领袖论特辑：民族复兴真谛》，《远东杂志》第 1 期，第 92—95 页，1937 年。

姜天航：《六三禁烟纪念特辑：推展禁政与复兴民族》，《拒毒月刊》第 113 期，第 42—43 页，1937 年。

蒋次升：《养鸡事业与"农村建设""民族复兴"》，《鸡与蛋》第 1 期，第 29—31 页，1937 年。

蒋校长：《革新警政与复兴民族》，《保安半月刊》第 5 期，第 7—8 页，1937 年。

蒋中正：《抵御外侮与复兴民族》，《四川教育》第 12 期，第 5—34 页，1937 年。

蒋中正：《振刷精神复兴民族》，《广东禁烟季刊》第 1 期，第 36—37 页，1937 年。

金文煜：《民族复兴运动声中青年应注意的几点》，《崇实季刊》第 23 期，第 26—28 页，1937 年。

金兆均：《体育教育与复兴民族》，《勤奋体育月报》第 8 期，第 12—15 页，1937 年。

居正：《国家建设与民族复兴》，《晨光周刊》第 22/23 期，第 1—3 页，1937 年。

居正：《民族复兴与法律》，《东方杂志》第 1 期，第 25—27 页，1937 年。

居正：《民族复兴运动之先决条件》，《交大学生》第 1 期，第 3—5 页，1937 年。

开世伦：《阅书质疑：唯生论、精神建设与民族复兴》，《浙江省民众教育辅导半月刊》第 13 期，第 7—9 页，1937 年。

开应雏：《发明与民族复兴》，《科学画报》第 14 期，第 1 页，1937 年。

康民:《民族复兴及领袖论特辑:现代领袖论》,《远东杂志》第 1 期,第 86—91 页,1937 年。

孔庆咸:《复兴民族与四川教育》,《四川教育评论》第 3—4 期,第 24—26 页,1937 年。

雷锡龄:《民族复兴的契机在庐山》,《创导》第 6 期,第 7—11 页,1937 年。

李伯元:《推行"国语"为复兴民族运动之要途》,《进化》第 10 期,第 4—5 页,1937 年。

李季珍:《明太祖朱元璋的少年时代:复兴汉族的民族英雄》,《浙江省民众教育辅导半月刊》第 19 期,第 1168—1182 页,1937 年。

李进玉:《巩固西北国防与复兴中华民族》,《青海一中校刊》第 12 期,第 11—12 页,1937 年。

李耀卿:《复兴民族与青年之思想训练》,《中国青年》第 1 期,第 23—24 页,1937 年。

李知白:《怎样复兴我们的民族》,《小学教育的通讯》第 1 期,第 5—6 页,1937 年。

李宗仁:《民族复兴与焦土抗战(附题词)》,《东方杂志》第 1 期,第 17—23 页,1937 年。

李宗仁:《民族复兴与焦土抗战(附图)》,《创进》第 4 期,第 3—9 页,1937 年。

梁崇辅:《复兴民族之地理基础》,《群言》第 3 期,第 7—16 页,1937 年。

梁叔文:《青年运动与民族复兴》,《新粤》第 13 期,第 14—23 页,1937 年。

林:《民族复兴与民族团结》,《康藏前锋》第 6 期,第 7—12 页,1937 年。

林森:《禁烟与民族复兴:二十六年六月七日在国府纪念周讲演》,《中央周报》第 471 期,第 56—58 页,1937 年。

林云志:《复兴民族与复兴文化运动》,《浙江青年》(杭州)第 3 期,第 23—26 页,1937 年。

林主席:《禁烟与民族复兴》,《公教周刊》第 12 期,第 2 页,1937 年。

刘百闵:《回教教义之根本精神与复兴民族》,《回教青年月报》第 12—13

期,第 19—20 页,1937 年。

刘福安:《民族复兴之路》,《县训》第 8 期,第 14 页,1937 年。

刘光惠:《国民体育运动与复兴民族》,《绍兴县政公报》第 12 期,第 12—16 页,1937 年。

刘石臣:《军人精神教育:中华民族复兴的基本条件》,《军识选辑》第 3 期,第 594—601 页,1937 年。

楼云天:《民族复兴与体育》,《浙江青年》(杭州)第 5 期,第 11—13 页,1937 年。

卢于道:《民族复兴之路》,《图书展望》第 9—10 期,第 10—13 页,1937 年。

罗保吾:《青年思想与民族复兴》,《实报半月刊》第 7 期,第 7—10 页,1937 年。

马超俊:《新生活运动与复兴民族的精神建设》,《新运导报》第 10 期,第 85—86 页,1937 年。

马仲楷:《依平骚特与亚拉伯民族复兴》,《黄埔》(南京)第 2 期,第 96—102 页,1937 年。

茅远扬:《民族之危机及复兴途径(待续)》,《前进半月刊》第 3 期,第 13—20 页,1937 年。

茅远扬:《民族之危机及复兴途径(续)》,《前进半月刊》第 4 期,第 5—14 页,1937 年。

卯生:《历史的重要和民族复兴》,《崇实季刊》第 23 期,第 47—50 页,1937 年。

民:《汉记者会请规定民族复兴节》,《新闻杂志》第 17—18 期,第 141 页,1937 年。

慕飞:《民众教育与民族复兴》,《新青海》第 4 期,第 29—32 页,1937 年。

奈因:《拒毒评坛:清毒与民族复兴》,《拒毒月刊》第 108 期,第 4—6 页,1937 年。

倪士英:《评论:复兴民族先须改进中医始》,《国医砥柱月刊》第 4 期,第 1—3 页,1937 年。

潘公展:《铲除烟毒与民族复兴》,《兴华》第 20 期,第 4—5 页,1937 年。

彭光钦：《民族复兴与科学研究》，《北方青年》第 2 期，第 1—2 页，1937 年。

彭国钧：《体育军事化与民族复兴运动》，《湖北省党政军学体育促进委员会会刊》第 1 期，第 9—12 页，1937 年。

彭以异：《复兴中华民族过程中教育者应有之认识与实践》，《木铎》第 8 期，第 1—14 页，1937 年。

企云：《复兴民族应有的认识》，《浙江青年》（杭州）第 10 期，第 2—3 页，1937 年。

启：《复兴民族须注重道德：罗时实在南昌心远中学讲》，《学校新闻》第 51 期，第 1 页，1937 年。

邱采芹：《民族复兴过程中四川应有之社会事业建设》，《中华民国四川留日同学会会刊》建设专号期，第 70—79 页，1937 年。

屈家楠：《训练青年和复兴民族》，《浙江青年》（杭州）第 8 期，第 13—15 页，1937 年。

屈家楠：《训练青年和复兴民族（原稿载浙江青年）》，《清华校刊》第 1/2/3 期，第 7—9 页，1937 年。

曲佐民：《实施补教与民族复兴》，《新民》第 7—8 期，第 88—91 页，1937 年。

茹春浦：《民族复兴与思想统一》，《时论》（南京）第 46 期，第 3—6 页，1937 年。

沙龙：《奠定民族复兴基业之一战：为台庄大捷而写》，《克敌周刊》第 6 期，第 1 页，1937 年。

邵元冲：《军人精神教育：思想统一与民族复兴：二十五年十二月十日在西安广播电台讲》，《军识选辑》第 3 期，第 589—593 页，1937 年。

畲伟铺：《征文当选高中部第一名：民族复兴》，《粤中校刊》第 2 期，第 18—20 页，1937 年。

沈亦珍：《文化建设与民族复兴》，《江苏省立上海中学校半月刊》第 114 期，第 4—7 页，1937 年。

盛永堃：《我国民族的复兴和近况》，《光启中学》第 3 期，第 4—5 页，1937 年。

逝操：《复兴中华民族，先由建设农村做起》，《乡村工作》第 5 期，第 6—8 页，1937 年。

爽快：《孙李冯三先生复兴民族问题之读评》，《天文台》第 26 期，第 1 页，1937 年。

苏翠娥：《复兴民族声中女子应负的责任》，《集美周刊》第 13 期，第 10—11 页，1937 年。

覃振：《研究国学与复兴民族（在中和国专讲演）：孔是主张尊王攘夷者，是主张有文学必有武备者，是称许能执干戈卫社稷为国殇者》，《现代国际》第 2 期，第 60—62 页，1937 年。

谭树黔：《民族复兴及领袖论特辑：领袖论之理论的研究》，《远东杂志》第 1 期，第 76—81 页，1937 年。

汤增扬：《五三国耻纪念与民族复兴（附图）》，《兴中月刊》第 1 期，第 100—101 页，1937 年。

唐朔芳：《民族复兴及领袖论特辑：当代领袖与独裁政治》，《远东杂志》第 1 期，第 82—85 页，1937 年。

田稠：《复兴中华民族惟一的条件：只有坚决的成功和忍耐的生存》，《国际汇刊》第 1 期，第 33—38 页，1937 年。

宛蕙劳：《课外运动与民族复兴》，《新女性》第 6 期，第 57—59 页，1937 年。

王伯群：《对于民族复兴与青年运动之管见》，《交大学生》第 1 期，第 10—11 页，1937 年。

王关忠：《民族复兴之途径》，《光启中学》第 3 期，第 26 页，1937 年。

王锦第：《民族自信与民族复兴》，《再生》第 3 期，第 23—27 页，1937 年。

王克全：《新生活运动与复兴民族》，《新运导报》第 2 期，第 74—76 页，1937 年。

王彭寿：《民族复兴与体育》，《稽中学生》第 7 期，第 16—17 页，1937 年。

王青云：《教育与青年：青年训练与民族复兴》，《苏衡》第 22 期，第 19—23 页，1937 年。

王日蔚：《西安事变与民族复兴》，《民众周报》（北平）第 10 期，第 1—3 页，1937 年。

王漱芳:《民族复兴与青年运动》,《交大学生》第 1 期,第 5—8 页,1937 年。

王一鸣:《民族复兴年》,《礼拜六》第 674 期,第 2 页,1937 年。

王幼侨:《考古与复兴民族之关系(未完)》,《河南大学校刊》第 187 期,第 2 页,1937 年。

王幼侨:《考古与复兴民族之关系(续)》,《河南大学校刊》第 188 期,第 2 页,1937 年。

魏绍虞:《阅书质疑:唯生论、精神建设与民族复兴》,《浙江省民众教育辅导半月刊》第 15 期,第 896 页,1937 年。

魏质坚:《当前复兴民族之两大问题》,《励进》(北平)第 4 期,第 2 页,1937 年。

文眞熙:《民族复兴过程中四川经济建设的基本问题》,《中华民国四川留日同学会会刊》建设专号,第 20—31 页,1937 年。

翁应璋:《阅书质疑:精神建设与民族复兴》,《浙江省民众教育辅导半月刊》第 19 期,第 1165 页,1937 年。

吴抱岳:《民族复兴及领袖论特辑:女性与民族复兴(附表)》,《远东杂志》第 1 期,第 102—111 页,1937 年。

吴寂人:《论述:改造教育与复兴民族》,《浙东》第 5 期,第 4—6 页,1937 年。

吴铁城:《青年会对于民族复兴之使命》,《广州青年》(1931)第 14 期,第 1—2 页,1937 年。

吴仲溶:《民族复兴与划一度量衡》,《云南建设月刊》第 6/7 期,第 2—4 页,1937 年。

吴自强:《民族复兴应有的努力:为庆祝二十六年新年而作》,《政问周刊》第 54 期,第 10—12 页,1937 年。

萧艾:《"精神建设与民族复兴"释词(一)》,《教育辅导》第 2 期,第 15—23 页,1937 年。

萧汉辅:《复兴民族教育实施设计略案(附图、歌曲)》,《民众月刊》第 6 期,第 5—11 页,1937 年。

萧忠国:《提倡女子体育与中华民族之复兴》,《体育季刊》第 2 期,第 28—

30 页，1937 年。

谢嗣升：《讲演录：训练个人与复兴民族》，《长乐农讯》第 4 期，第 18—23 页，1937 年。

醒亚：《谈品：民族复兴之感想》，《正学》第 2 期，第 242—5 页，1937 年。

熊翘北：《中国今日救亡御侮与复兴民族之政治途径》，《县训》第 6 期，第 21—23 页，1937 年。

徐承斌：《论发扬八德与复兴民族》，《新运导报》第 1 期，第 122—124 页，1937 年。

徐景唐：《民族复兴与社训部讲》，《苦斗》第 7 期，第 9—12 页，1937 年。

许瀚：《西安事变专辑（自二十五年十二月十二日至二十六年一月五日）：蒋返京后全国热烈庆祝：汉市党部请定民族复兴纪念日》，《新闻杂志》第 17—18 期，第 38—39 页，1937 年。

许曼萍：《论青年心理建设与民族复兴》，《学生生活》第 10 期，第 5 页，1937 年。

薛：《上海俞市长演讲：储力与民族复兴（续完）》，《公教周刊》第 20 期，第 1 页，1937 年。

薛芳胤：《养成好习惯和复兴民族》，《集美周刊》第 13 期，第 13 页，1937 年。

杨虎：《负起复兴民族的使命》，《兴中月刊》第 1 期，第 14—15 页，1937 年。

杨廉：《培养儿童成为复兴民族的战斗员：四月四日为安徽省会庆祝儿童节特刊作》，《安徽政务月刊》第 27 期，第 110—112 页，1937 年。

杨廉：《培养儿童成为复兴民族的战斗员》，《安徽教育辅导旬刊》第 32—33 期，第 1—2 页，1937 年。

杨生荣：《读蒋委员长的"民族复兴之路"以后》，《遗族校刊》第 3 期，第 134—136 页，1937 年。

杨信：《关于民族复兴问题之一般的见解》，《保安半月刊》第 9 期，第 21—23 页，1937 年。

杨兆暄：《教育普及为复兴民族之基本工作》，《三秦政论》第 1 期，第 28—33 页，1937 年。

叶琛:《民众体育与民族复兴》,《勤奋体育月报》第 9 期,第 53—55 页,1937 年。

叶溯中:《复兴民族之枢纽》,《民意》(汉口)第 17 期,第 1 页,1937 年。

伊梅:《广西青年军训与民族复兴》,《创进》第 10 期,第 48—49 页,1937 年。

佚名:《〈科学的民族复兴〉出版》,《社友》第 60 期,第 3 页,1937 年。

佚名:《秉农山先生讲:科学与民族复兴》,《国立四川大学周刊》第 21 期,第 1—4 页,1937 年。

佚名:《陈立夫先生说:今欲求民族之复兴,须先恢复民族之自信》,《福建反省院期刊》第 3 期,第 61—122 页,1937 年。

佚名:《储力与民族复兴》,《交通部上海广播电台半月刊》第 12 期,第 2—3 页,1937 年。

佚名:《汉记者会请规定民族复兴节》,《新闻杂志》第 17—18 期,第 141 页,1937 年。

佚名:《纪念周童第周教授讲演词:题为"民族复兴与人种改良"》,《国立山东大学周刊》第 177 期,第 1 页,1937 年。

佚名:《蒋委员长说:"我们要救国,要复兴民族,必先要提倡精神建设……"》,《碧浪》第 4 期,第 17 页,1937 年。

佚名:《禁烟与民族复兴(六月七日总理纪念周林主席在国府报告)》,《保安半月刊》第 10 期,第 6—8 页,1937 年。

佚名:《禁烟与民族复兴》,《津浦铁路日刊》第 1866—1891 期,第 56—58 页,1937 年。

佚名:《卷首语:在我中华民族复兴的基础日趋巩固的现况下,负着双重使命而奋斗前进的本刊……》,《成师校刊》第 1/2 期,第 1 页,1937 年。

佚名:《考古学与民族复兴之关系》,《河南大学校刊》第 186 期,第 1 页,1937 年。

佚名:《考古与复兴民族之关系(未完)》,《河南大学校刊》第 187 期,第 1—2 页,1937 年。

佚名:《科学新闻:科学的民族复兴将出版》,《科学》第 21 期,第 71 页,1937 年。

佚名：《民族复兴的重要方案，共同努力的最大目标》，《江苏反省院半月刊》第 7 期，第 20 页，1937 年。

佚名：《民族复兴过程中四川应有的政治建设》，《中华民国四川留日同学会会刊》建设专号期，第 12—19 页，1937 年。

佚名：《民族复兴根据地四川》，《一周抗战概述》第 7 期，第 91—95 页，1937 年。

佚名：《厦门各界团体通电全国响应统一救国大同盟：以期全力复兴民族》，《公教周刊》第 44 期，第 22 页，1937 年。

佚名：《思想统一与民族复兴（民国二十五年十二月十日在西安广播电台讲）》，《建国月刊》（上海）第 2 期，第 14—18 页，1937 年。

佚名：《图民族之复兴，晋省实施民众训练》，《西北导报》第 7 期，第 20—21 页，1937 年。

佚名：《我们要"挽救危亡复兴民族"……》，《浙江省民众教育辅导半月刊》第 18 期，第 1047 页，1937 年。

佚名：《训练青年和复兴民族》，《浙江青年》（杭州）第 8 期，第 13—15 页，1937 年。

佚名：《阎主任训词：现在人人都喊挽救危亡复兴民族的口号……》，《山西省政公报》第 16 期，第 234 页，1937 年。

佚名：《以光荣牺牲的代价换取中华民族复兴：龚斯德博士在省党部讲演》，《中央通信社稿》第 11 月下期，第 380—381 页，1937 年。

佚名：《迎接民族复兴的民国廿七年》，《全民周刊》第 4 期，第 50—51 页，1937 年。

佚名：《在中国民族复兴运动划时代的展开之现阶段……》，《政治通讯（南京1937）》第创刊号期，第 1—3 页，1937 年。

佚名：《曾市长欢迎华南区第二届大学夏令会代表讲词：大学生与复兴民族》，《广州青年（1931）》第 29 期，第 3 页，1937 年。

易庸：《旧剧界赶紧起来为复兴民族奋斗》，《抗战戏剧》第 2 期，第 33—34 页，1937 年。

翼谋：《民族复兴之几个先决条件》，《青年》（上海）第 6 期，第 66—67 页，1937 年。

殷元良：《民族复兴之基本条件》，《国立东北中山中学校刊》第 8 期，第 8—11 页，1937 年。

尹其文：《旧约几位与以色列民族复兴有关的女子》，《真光杂志》第 5 期，第 38—40 页，1937 年。

英：《妇女教育是复兴民族的先决条件（附表）》，《妇女共鸣》第 6 期，第 7—8 页，1937 年。

于载畿：《论民族复兴与妇女应有之努力》，《青市女中校刊》第 9—10 期，第 14—17 页，1937 年。

余汉谋：《精诚团结为复兴国家民族的大路：民国二十六年二月二十一首都广播电台讲演》，《四路军月刊》第 7 期，第 1—3 页，1937 年。

余剑雄：《民族复兴问题的我见》，《浙江青年》（杭州）第 10 期，第 2—4 页，1937 年。

余永祚：《复兴民族与提倡体育》，《江西地方教育》第 114/115 期，第 4—6 页，1937 年。

余宗汉：《复兴中华民族的政治动向（附表）》，《亚洲文化》第 5/6 期，第 14—23 页，1937 年。

鱼行：《阐扬民族意识复兴固有文化：写在国学研究社成立后》，《文艺战线》第 10 期，第 0—3 页，1937 年。

远东少年：《从"民族复兴石"说到东北军》，《东北呼声》，第 27—28 页，1937 年。

恽娟珊：《小论文：航空建设与民族复兴》，《中华周刊》第 599 期，第 2 页，1937 年。

张崇楷：《民族复兴之史的教训》，《励进》（北平）第 4 期，第 3—4 页，1937 年。

张纯明：《民族自信的心复兴》，《新蒙古》第 4—5 期，第 28—30 页，1937 年。

张纯明：《民族自信心的复兴》，《学生生活》第 12 期，第 13—14 页，1937 年。

张公权：《民族复兴与专门人才》，《交大学生》第 2/3 期，第 1—2 页，1937 年。

张汉英：《民族复兴与小学教师的精神建设》，《嘉区教育月刊》第 3 期，第 4—7 页，1937 年。

张景苏：《复兴民族与发扬固有文化：绘画与石刻（附照片）》，《教与学》第 9 期，第 149—161 页，1937 年。

张彭年：《民族复兴与社会教育》，《浙江省民众教育辅导半月刊》第 7 期，第 369—371 页，1937 年。

张寿东：《复兴民族应有的几种力量》，《县训》第 7 期，第 202—202 页，1937 年。

张中之：《复兴民族音乐》，《火炬》第 9 期，第 1—2 页，1937 年。

章少力：《复兴民族的重要工作》，《学生生活》第 6—7 期，第 7—8 页，1937 年。

章廷俊：《国民体育训练与民族复兴》，《教与学》第 7 期，第 217—235 页，1937 年。

招观海：《民族复兴中中国的亚伦》，《自理》第 5—6 期，第 10—11 页，1937 年。

召宣：《短评：中华民族复兴的起点》，《浙江青年》（杭州）第 3 期，第 4—6 页，1937 年。

赵纪彬：《汉宋学派争论与清初民族复兴运动》，《政问周刊》第 76 期，第 11—15 页，1937 年。

赵澍：《民族复兴运动之回顾与前瞻》，《晨光周刊》第 18 期，第 4—7 页，1937 年。

郑善林：《复兴民族与文学》，《湘湖学生》第 1 期，第 1—3 页，1937 年。

郑伟夫：《中国民族复兴刍议》，《我存杂志》第 3 期，第 122—126 页，1937 年。

芝：《复兴民族唯一重要时期：蒋委员长国庆节广播讲演》，《四川教育》第 10—11 期，第 5—7 页，1937 年。

芝：《新运三周年纪念日，蒋会长中正广播训词，望今后力行五点完成复兴民族使命》，《四川公路月刊》第 14 期，第 6—9 页，1937 年。

志成：《民族复兴与教育》，《保安半月刊》第 4 期，第 12—16 页，1937 年。

钟伯毅：《六三禁烟宣言汇志：民族复兴根据地四川纪念林公则徐》，《四川省政府公报》第 83 期，第 8—10 页，1937 年。

周鉴文：《今后民族复兴之展望：上学期国文征文比赛高中第一名》，《江苏省立上海中学校半月刊》第 117 期，第 18—25 页，1937 年。

周鉴文：《今后民族复兴之展望》，《绸缪月刊》第 6 期，第 23—29 页，1937 年。

周炎：《民族复兴运动中之回民问题（未完）》，《亚洲文化》第 5/6 期，第 7—8 页，1937 年。

朱诚之：《家庭教育与复兴民族之关系》，《圣公会报》第 17 期，第 2—4 页，1937 年。

朱家骅：《民族之复兴，当自发扬固有文化之特色，充实国民经济能力始……》，《新湖州》第 1 期，第 23—24 页，1937 年。

祝家声：《青年训练与复兴民族》，《浙江省民众教育辅导半月刊》第 8/9 期，第 447—448 页，1937 年。

子英：《领袖与民族复兴》，《江汉思潮》第 4 期，第 3—4 页，1937 年。

宗河：《由地与人的关系谈到民族的复兴》，《滇黔》第 2 期，第 20—21 页，1937 年。

邹如：《民族复兴之路》，《双十半月刊》第 9—10 期，第 1—4 页，1937 年。

1938 年

宝贤：《读蒋委员长〈抵御外侮与复兴民族〉以后》，《创导》第 7 期，第 4—5 页，1938 年。

寸喁：《复兴民族与民众动员》，《青年向导》第 25 期，第 7 页，1938 年。

承烈：《复兴民族与推行兵役》，《青年向导》第 25 期，第 8—9 页，1938 年。

郭一予：《复兴民族与第二期抗战》，《青年向导》第 25 期，第 2—3 页，1938 年。

韩宗祥：《民族复兴与三民主义青年团》，《青年向导》第 32 期，第 4—6 页，1938 年。

胡秋原：《复论复兴国民党：国民党少壮干部无条件团结为民族复兴之一线

生机!》,《祖国》第 5 期,第 1—2 页,1938 年。

济翁:《从湖南妇训新阵容谈到民族复兴》,《抗战青年》第 7 期,第 11—13 页,1938 年。

蒋中正:《抵御外侮与复兴民族》,《时事半月刊》第 9 期,第 1—34 页,1938 年。

蒋中正:《抵御外侮与复兴民族(一)》,《会务旬报》第 55—56 期,第 1—5 页,1938 年。

蒋中正:《抵御外侮与复兴民族(二)》,《会务旬报》第 57—58 期,第 1—7 页,1938 年。

蒋中正:《抵御外侮与复兴民族(三)》,《会务旬报》第 59—60 期,第 2—6 页,1938 年。

蒋中正:《抵御外侮与复兴民族(四)》,《会务旬报》第 61—62 期,第 1—3 页,1938 年。

蒋中正:《抵御外海与复兴民族(五)》,《会务旬报》第 63 期,第 4—7 页,1938 年。

蒋中正:《抵御外侮与复兴民族(一)》,《公教周刊》第 37 期,第 1—3 页,1938 年。

蒋中正:《抵御外侮与复兴民族(二)》,《公教周刊》第 38 期,第 1—2 页,1938 年。

蒋中正:《抵御外侮与复兴民族(三)》,《公教周刊》第 39 期,第 3 页,1938 年。

蒋中正:《抵御外侮与复兴民族(四)》,《公教周刊》第 40 期,第 2—3 页,1938 年。

蒋中正:《抵御外侮与复兴民族(五)》,《公教周刊》第 41 期,第 4 页,1938 年。

蒋中正:《抵御外侮与复兴民族(六)》,《公教周刊》第 42 期,第 2—3 页,1938 年。

蒋中正:《抵御外侮与复兴民族(七)》,《公教周刊》第 43 期,第 3 页,1938 年。

蒋中正:《抵御外侮与复兴民族(九)》,《公教周刊》第 45 期,第 1—2 页,

1938 年。

蒋中正:《抵御外侮与复兴民族（十）》,《公教周刊》第 46 期,第 1—2 页,1938 年。

蒋中正:《抵御外侮与复兴民族（十一）》,《公教周刊》第 47 期,第 1—2 页,1938 年。

蒋中正:《抵御外侮与复兴民族（十二）》,《公教周刊》第 1 期,第 1—2 页,1938 年。

蒋中正:《抵御外侮与复兴民族（十三）》,《公教周刊》第 2 期,第 1—2 页,1938 年。

蒋中正:《抵御外侮与复兴民族（十四）》,《公教周刊》第 3 期,第 1—2 页,1938 年。

蒋中正:《抵御外侮与复兴民族（十五）》,《公教周刊》第 4 期,第 1—2 页,1938 年。

蒋中正:《言论:抵御外侮与复兴民族》,《主心月刊》第 3 期,第 4—7 页,1938 年。

蒋中正:《抵御外侮与复兴民族（续上）》,《主心月刊》第 4 期,第 4—7 页,1938 年。

蒋中正:《抵御外侮与复兴民族》,《四川省政府公报》第 107 期,第 6—17 页,1938 年。

蒋中正:《抵御外侮与复兴民族（续一〇七期）》,《四川省政府公报》第 109 期,第 4—14 页,1938 年。

蒋中正:《抵御外侮与复兴民族（续第一〇九期）》,《四川省政府公报》第 110 期,第 6—16 页,1938 年。

蒋中正:《抵御外侮与复兴民族（上篇）》,《蒙藏旬刊》第 144 期,第 7—19 页,1938 年。

蒋中正:《抵御外侮与复兴民族（中篇）》,《蒙藏旬刊》第 145 期,第 7—19 页,1938 年。

蒋中正:《抵御外侮与复兴民族（下篇）》,《蒙藏旬刊》第 146 期,第 2—14 页,1938 年。

蒋中正:《抵御外侮与复兴民族》,《闽政与公余非常时期合刊》第 17 期,第2—25页，1938年。

雷震：《拯救危亡复兴民族的基本原则：军国民教育》，《益华报》第23期，第363—366页，1938年。

李立侠：《民族复兴与抗战建国》，《青年向导》第25期，第9—10页，1938年。

林桂圃：《民族复兴与救济难民》，《青年向导》第25期，第14—15页，1938年。

刘光惠：《国民体育运动与复兴民族》，《绍兴县政公报》第12期，第12—16页，1938年。

路：《领导全民抗战，复兴中华民族之蒋总裁：［照片］》，《主心月刊》第5期，第1页，1938年。

罗敦伟：《民族复兴与青年运动》，《青年向导》第25期，第10—11页，1938年。

裴仲轩：《耶稣复活与民族复兴》，《益华报》第15期，第239页，1938年。

邱椿：《教育与中华民族的复兴（未完）》，《教育通讯》（汉口）第10期，第1—6页，1938年。

邱椿：《教育与中华民族的复兴（续完）》，《教育通讯》（汉口）第13期，第8—11页，1938年。

商承祖：《一个民族的复兴》，《新民族》第7期，第9—13页，1938年。

史良：《中国民族复兴运动之回顾与前瞻：纪念一二五民族复兴节》，《青年向导》第25期，第1—2页，1938年。

宋诚之：《家庭教育与复兴民族的关系》，《田家半月报》第24期，第18页，1938年。

韬奋：《民族复兴节》，《全民抗战》第44期，第579页，1938年。

童第周：《民族复兴与人种改良》，《科学世界》（南京）第5期，第171—173页，1938年。

王冠青：《湖南是民族的复兴线：西南之行通讯二》，《民意》（汉口）第5期，第15—16页，1938年。

王吉桃：《民族复兴与节约运动》，《青年向导》第25期，第12—14页，1938年。

王佶:《健康与复兴民族的关系》,《抗日民众》第10期,第2—3页,1938年。

王余膏:《体格锻炼为民族复兴之基本:杨厅长讲演词》,《新教育旬刊》第4期,第2—3页,1938年。

王裕凯:《学生集训与民族复兴》,《新大夏》第2期,第29—31页,1938年。

伍重光:《复兴民族与自力更生》,《更生评论》第5期,第10—15页,1938年。

西山:《中华民族复兴的信念》,《经世》战时特刊第7期,第17—20页,1938年。

萧一山:《中华民族之特质及复兴之途经:河南学生集训总队讲演词》(未完),《经世战时特刊》第26期,第1—3页,1938年。

萧一山:《中华民族之特质及复兴之途径(二)》,《经世战时特刊》第27期,第2—5页,1938年。

萧一山:《中华民族之特质及复兴之途径(三)》,《经世战时特刊》第28期,第10—13页,1938年。

徐景唐:《民族复兴与社训:在广州市社会军事训练总队部讲》,《苦斗》第7期,第9—12页,1938年。

薛:《蒋委员长讲:抵御外侮与复兴民族》,《四川公路月刊》第2期,第5—16页,1938年。

野风:《学校讲坛:怎样纪念民族复兴节》,《华美》第36期,第13—14页,1938年。

叶溯中:《复兴民族之枢纽》,《民意》(汉口)第17期,第1页,1938年。

佚名:《抵御外侮与复兴民族(未完)》,《老百姓》第5—6期,第1—4页,1938年。

佚名:《黄副会长最近言论:对日抗战与中国民族复兴之关系(十一月廿三日对广西省学生军演讲)》,《广西建设研究会会务汇刊》第1期,第84—90页,1938年。

佚名:《几个中心的政治问题:写给中华民族复兴大同盟同志》,《先锋》第4期,第6—7页,1938年。

佚名:《蒋会长致词愿同胞表现最高精神力量,摧毁敌人暴力以复兴民族》,《四川省政府公报》第 108 期,第 11—14 页,1938 年。

佚名:《蒋委员长广播讲演:愿同胞表现最高精神力量,摧毁敌人暴力以复兴民族》,《益华报》第 8 期,第 114—116 页,1938 年。

佚名:《蒋委员长讲抵御外侮与复兴民族》,《新南星》第 3 期,第 10 页,1938 年。

佚名:《民众师资对复兴民族的责任讲》,《闽政与公余非常时期合刊》第 20 期,第 2—5 页,1938 年。

佚名:《民族复兴宣传旬妇女日大会速写》,《妇女共鸣》第 3/4 期,第 15—16 页,1938 年。

佚名:《双十二民族复兴节刘委员长亲临主席》,《康导月刊》第 4 期,第 106—107 页,1938 年。

佚名:《为复兴民族创造新生命讲》,《闽政与公余非常时期合刊》第 18 期,第 12—14 页,1938 年。

佚名:《要复兴民族,当然要注重人口问题》,《新民族》第 1 期,第 15 页,1938 年。

佚名:《迎接民族复兴的民国廿七年》,《全民周刊》第 4 期,第 50—51 页,1938 年。

佚名:《中华民族复兴大同盟国民精神总动员纲要》,《先锋》第 2 期,第 2—7 页,1938 年。

逸云:《民族复兴节》,《妇女共鸣》第 3/4 期,第 2 页,1938 年。

余永祚:《复兴民族与提倡体育》,《江西地方教育》第 114/115 期,第 4—6 页,1938 年。

袁家佩:《复兴民族与一二·二五》,《青年向导》第 25 期,第 3—4 页,1938 年。

袁宇仁:《复兴民族与一元还债运动》,《青年向导》第 25 期,第 4—5 页,1938 年。

张初杏:《民族复兴与保甲制度》,《青年向导》第 25 期,第 15 页,1938 年。

张贵永:《瓦解与复兴:德国民族解放战争所给我们的教训》,《新民族》第

3 期，第 6—9 页，1938 年。

张君俊：《地理位置与民族复兴》，《国是公论》第 17 期，第 9—13 页，1938 年。

赵枕冬：《民族复兴与三民主义》，《青年向导》第 25 期，第 5—6 页，1938 年。

芝：《蒋委员长讲：抵御外侮与复兴民族（续）》，《四川公路月刊》第 3 期，第 3—24 页，1938 年。

朱纶：《民族复兴与妇女运动》，《青年向导》第 25 期，第 11—12 页，1938 年。

自切：《纪念民族复兴节》，《黄埔》（重庆）第 15 期，封 1—2 页，1938 年。

1939 年

John Prott：《中国民族复兴与日本侵略中国的失败（未完）》，《中央周刊》第 21 期，第 11—12 页，1939 年。

Johu Prott：《中国民族复兴与日本侵略中国的失败（续完）》，《中央周刊》第 22 期，第 7—8 页，1939 年。

蔡汝霖：《国家民族之复兴……》，《华东联中期刊》第 1 期，第 227 页，1939 年。

陈范予：《发刊词：这是一个大时代，一个中华民族复兴的时代……》，《现代青年》（福州）创刊号，第 1—2 页，1939 年。

此人：《我们需要的娱乐：复兴民族的娱乐》，《职业与修养》第 9 期，第 4 页，1939 年。

邓淮山：《提倡劳作教育与民族复兴》，《战教周刊》第 20 期，第 3—4 页，1939 年。

更生：《伟大的民族复兴纪元日》，《民意》（汉口）第 73 期，第 11 页，1939 年。

古楳：《中华民族复兴教育新趋势（上）》，《教育通讯》（汉口）第 16 期，第 1—5 页，1939 年。

古楳：《中等民族复兴与教育新趋势（下）》，《教育通讯》（汉口）第 17

期,第5—8页,1939年。

郭沫若:《复兴民族的真谛》,《新新新闻每旬增刊》第18期,第4页,1939年。

郭青白:《复兴民族中的抗战戏剧运动》,《复兴旬刊》第1期,第7—8页,1939年。

郭真:《辛亥革命与民族复兴》,《青年》(上海)第创刊号期,第12页,1939年。

胡鸣龙:《抗战建国中的中国民族复兴运动》,《胜利》第9期,第3—5页,1939年。

胡纫华:《妇女解放与民族复兴》,《动员通讯》第3期,第8—9页,1939年。

江康黎:《复兴民族之先决条件》,《中央周刊》第21—22期,第25—27页,1939年。

李仕祥:《读"民族复兴的征兆"以后》,《警声周刊》第30—31期,第23—25页,1939年。

刘家麟:《民族复兴前奏曲:欣庆皖南精神总动员协会成立》,《动员通讯》第4—5期,第1页,1939年。

陆祖德:《中国青年与民族复兴》,《决胜》第10期,第5—8页,1939年。

毛起鵁:《国家未负青年青年负了国家:纪念民族复兴节》,《民意》(汉口)第106期,第1页,1939年。

潘谷神:《从复兴民族说到复兴中国科学方法》,《青年向导》第26期,第1—5页,1939年。

仁:《时评:科学的民族复兴》,《时事半月刊》第11期,第10页,1939年。

尚策:《抗战与民族文艺的复兴》,《胜利》第38期,第16页,1939年。

史维焕:《中华民族复兴的基础》,《时事类编》第31期,第14—17页,1939年。

苏民:《七月七日是民族复兴的纪念日》,《动员》(绥靖)第29期,第1—4页,1939年。

汪德耀:《师范教育与民族复兴:第三次纪念周与学生讲话》,《国师季刊》第1期,第63—68页,1939年。

王荣骥：《青年运动与民族复兴》，《新青年》第 8 期，第 24—26 页，1939 年。

吴克：《"民族复兴节"纪念》，《学生生活》第 28—29 期，第 5—6 页，1939 年。

伍廷扬：《造产建产与复兴民族》，《浙江合作通讯：战时旬刊》第 2 期，第 1—2 页，1939 年。

曦：《论发扬八德与复兴民族之关系》，《师资月刊》第 3 期，第 53—54 页，1939 年。

侠子：《纪念民族复兴节》，《建军半月刊》第 9 期，第 2 页，1939 年。

萧一山：《中华民族之特质及复兴之途径》，《经世战时特刊》第 36 期，第 7—15 页，1939 年。

岫深：《小论坛：纪念民族复兴节》，《妇女新运通讯》第 4—5 期，第 0 页，1939 年。

耀华：《中华民族复兴大同盟的任务》，《先锋》第 1 期，第 6—8 页，1939 年。

叶寿康：《复兴民族与国民军训》，《浙江军训》第 2 期，第 14—17 页，1939 年。

一平：《一周间：民族复兴节》，《职业生活》第 9 期，第 1 页，1939 年。

佚名：《"九一八"与中华民族复兴运动》，《"九一八"八周年纪念》联合特刊，第 8—9 页，1939 年。

佚名：《几个中心的政治问题：写给中华民族复兴大同盟同志》，《先锋》第 4 期，第 6—7 页，1939 年。

佚名：《民族复兴的火炬》，《星岛周报》（香港）创刊号，第 2 页，1939 年。

佚名：《民族复兴节》，《方面军》第 9—10 期，第 1 页，1939 年。

佚名：《民族英雄在中华民族复兴史上创造出最光荣之一页：连长袁椅中等壮烈殉国：刘德善身中七枪仍奋战、上峰将予褒扬用彰忠烈》，《抗敌先锋》第 2 期，第 12 页，1939 年。

佚名：《前头语：纪念民族复兴节》，《大夏生活》第 6 期，第 1 页，1939 年。

佚名：《四川已成为复兴民族主要根据地》，《新四川月刊》第 4 期，第 2

页, 1939 年。

佚名:《新知现代语汇: 云南起义、民族复兴节》,《新知十日刊》第 4 期, 第 32 页, 1939 年。

佚名:《中华民族复兴大同盟为纪念抗战建国二周年告同胞书》,《先锋》第 4 期, 第 2—3 页, 1939 年。

茵:《民族复兴节给我的启示》,《大夏生活》第 6 期, 第 8 页, 1939 年。

应成一:《祝马先生百年寿与民族复兴》,《复旦同学会会刊》第 2 期, 第 11—12 页, 1939 年。

余牧人:《田家灵修日课: 耶稣圣诞节与民族复兴节》,《田家半月报》第 24 期, 第 11 页, 1939 年。

余牧人:《耶稣圣诞节与民族复兴节》,《田家半月报》第 24 期, 第 11 页, 1939 年。

郑鹤声:《中华民族之复兴与西南》,《西南导报》第 2/3 期, 第 18—21 页, 1939 年。

仲翔:《民族复兴中之黄埔精神》,《黄埔》(重庆) 第 13 期, 第 1—2 页, 1939 年。

周缉熙:《复兴民族的两大基石》,《抗敌》第 69 期, 第 5—6 页, 1939 年。

周可法:《科学文化与复兴民族》,《教育与文化》第 2 期, 第 12—13 页, 1939 年。

朱启贤:《三年来中国的进步: 纪念民族复兴节》,《教育短波》第 1 期, 第 3—5 页, 1939 年。

1940 年

陈崇桂:《九月廿日礼拜五: 以色列民族复兴》,《布道杂志》第 9/10 期, 第 58—59 页, 1940 年。

陈悄名:《中华民族复兴地的经济状况今昔观》,《生力旬刊》第 23/24 期, 第 18—20 页, 1940 年。

陈秀文:《国难和民族复兴》,《战干》(西安) 第 128—129 期, 第 3—5 页, 1940 年。

陈掖神:《民族复兴节专辑:民族复兴与民国革命》,《福建青年》第 3 期,第 14—17 页,1940 年。

陈仪:《民族领袖与民族复兴》,《闽政月刊》第 4 期,第 14 页,1940 年。

段麟郊:《大学之道与民族复兴》,《时代精神》第 5 期,第 5—12 页,1940 年。

段麟郊:《大学之道与民族复兴》,《时事半月刊》第 24 期,第 20—26 页,1940 年。

段麟郊:《中国民族文化复兴的体用》,《欧亚文化:中国留法比瑞同学会会刊》第 1 期,第 56—61 页,1940 年。

帆:《实施宪政与复兴民族》,《华东联中期刊》,第 47—48 页,1940 年。

高钟润:《四川与民族复兴(地理科)》,《青年月刊》(南京)第 4 期,第 17—19 页,1940 年。

古林:《民族复兴节》,《西南儿童》第 10 期,第 5 页,1940 年。

贺国光:《川康建设之一般问题:建设川康与复兴民族》,《新四川月刊》第 10—11 期,第 14—15 页,1940 年。

黄珍吾:《民族复兴节专辑:国家兴亡与民族志气》,《福建青年》第 3 期,第 6—11 页,1940 年。

李雄:《民族复兴节专辑:复兴民族与三民主义(未完)》,《福建青年》第 3 期,第 12—13 页,1940 年。

梁寒操:《民族复兴史上最光荣的一页》,《江西青年》第 6/7 期,第 1—2 页,1940 年。

林子荫:《普及国民体育与复兴民族》,《闽清教育通讯》第 3—4 期,第 3—4 页,1940 年。

刘平江:《培植新力复兴民族》,《新力》第 3 期,第 7—8 页,1940 年。

刘有光:《民族复兴节专辑:民族复兴与国民体育》,《福建青年》第 3 期,第 41—50 页,1940 年。

陆曼:《民族复兴与文化使命》,《中央周刊》第 21 期,第 5—7 页,1940 年。

马超俊:《中华民族复兴之象征》,《时事类编》第 48/49 期,第 10—16 页,1940 年。

民言：《青年思想与民族复兴》，《中原新潮》第 6 期，第 36—37 页，1940 年。

穆藕初：《复兴民族工业指南针：［题词］》，《纺织染工程》第 4 期，第 1 页，1940 年。

丘汉平：《精神动员与民族复兴：十二月一日总管理处第八次国民月会丘总经理讲词》，《省行通讯》第 2 期，第 26—27 页，1940 年。

若桂：《学生文坛：怎样复兴中国的民族》，《新亚》第 5 期，第 56—57 页，1940 年。

萨孟武：《民族解放与文化复兴》，《新政治》第 4 期，第 7—11 页，1940 年。

绍先：《半月时事述评：复兴民族文化的壁垒》，《新青年》第 4 期，第 4—5 页，1940 年。

王懋和：《民族复兴节专辑：民族复兴与国民经济建设》，《福建青年》第 3 期，第 25—28 页，1940 年。

王燕：《四川：民族复兴的根据地》，《新青年》第 11—12 期，第 8—10 页，1940 年。

味音：《民国体育与民族复兴》，《胜利》第 97 期，第 11—12 页，1940 年。

杨金宇：《民族复兴与健康运动：二十八年民族复兴节扩大宣传广播讲演词》，《成都市政府周报》第 16—19 期，第 1—2 页，1940 年。

杨鸣铎：《民族复兴节专辑：民族自决问题在中国》，《福建青年》第 3 期，第 36—40 页，1940 年。

杨人楩：《就历史论民族复兴信念》，《碧湖》第 40 期，第 2—4 页，1940 年。

杨人楩：《就历史论民族复兴信念》，《民族》第 14 期，第 9—12 页，1940 年。

姚虚谷：《民族复兴节专辑：民族复兴与国民教育》，《福建青年》第 3 期，第 18—24 页，1940 年。

佚名：《奉化分部校闻：民族复兴节：开游艺会庆祝圣诞，筹募捐款救济贫穷》，《浙东》第 6 期，第 10 页，1940 年。

佚名：《蒋委员长提倡复兴民族文化：创立民族文化书院》，《时事汇》第 2 期，第 20 页，1940 年。

佚名：《教材介绍：民族复兴根据地四川与西康》，《国民教育》第 4/5 期，第51—56页，1940年。

佚名：《流光如驶，第四度的民族复兴节，又欣然地来临了……》，《福建青年》第3期，第116页，1940年。

佚名：《民族复兴根据地四川与西康》，《国民教育》第4/5期，第51—56页，1940年。

佚名：《民族复兴节：开游艺会庆祝圣诞，筹募捐款救济贫穷》，《浙东》第6期，第10页，1940年。

佚名：《庆祝民族复兴节本校"川大剧社"联合朝大公演国防话剧》，《国立四川大学校刊》第8期，第7页，1940年。

余行达：《如何复兴中华民族（附图表）》，《学生之友》第2—3期，第75—82页，1940年。

俞思鸿：《亚洲民族复兴运动》，《新命》（南京）第2期，第9—10页，1940年。

禹陵：《东亚的"百年战"：纪念民族复兴节》，《生力旬刊》第21/22期，第4—8页，1940年。

云照坤：《奖励节储与复兴民族》，《农贷消息》第2期，第2—3页，1940年。

张群：《发刊词：西南为民族复兴根据地，早为全国有识之士所公认……》，《实业通讯》创刊号，第1页，1940年。

张群：《加紧建设民族复兴的根据地》，《现代读物》第7期，第6—8页，1940年。

郑永祥：《民族复兴节专辑：谁为复兴民族的主干》，《福建青年》第3期，第51—55页，1940年。

周僖：《民族复兴与民族战争：民族复兴节讲演》，《青年空军》第2期，第4—6页，1940年。

朱博能：《民族复兴节专辑：民族复兴的资源问题》，《福建青年》第3期，第29—35页，1940年。

朱启贤：《三年来中国的进步：纪念民族复兴节》，《教育短波》第1期，第3—5页，1940年。

1941 年

曹诚英：《根据遗传原理论女子与民族复兴（附图）》，《妇女月刊》第 1 期，第 15—17 页，1941 年。

陈德清：《庆祝复兴节要发扬民族正气》，《民族复兴节纪念特刊》特刊期，第 16—17 页，1941 年。

陈方中：《民族复兴与文化复兴》，《新东方杂志》第 5 期，第 49 页，1941 年。

陈建仁：《国家复兴与民族气节：不成功，便成仁，惟成仁，必成功》，《民族复兴节纪念特刊》特刊期，第 14—16 页，1941 年。

陈升儒：《共谋民族复兴》，《兴亚月刊》第 7 期，第 6—7 页，1941 年。

陈希豪：《整饬士气复兴民族：本年二月二日国父纪念周对本团全体职教学员讲》，《浙江省地方行政干部训练团团刊》第 16 期，第 31—37 页，1941 年。

范则欧：《复兴教育与发扬民族精神》，《江苏月刊》第 2 期，第 33—34 页，1941 年。

高迈：《儿童保护与民族复兴（附表）》，《时代精神》第 4 期，第 37—46 页，1941 年。

华景芳：《科学精神与民族复兴》，《青年正论》第 1—2 期，第 39—43 页，1941 年。

黄泽浦：《民族复兴的文化根据》，《战时中学生》第 2 期，第 8—14 页，1941 年。

黄征夫：《尼采哲学与民族复兴》，《新东方杂志》第 1 期，第 75—77 页，1941 年。

瑾：《"精神建设与民族复兴"》，《新动向》第 2 期，第 0 页，1941 年。

李健邦：《我们要如何纪念民族复兴节》，《民族复兴节纪念特刊》特刊期，第 12—13 页，1941 年。

莉芸：《民族复兴节之夕在东大》，《学生之友》第 3 期，第 59 页，1941 年。

梁培智：《民族复兴与青年出路》，《青年月刊》（南京）第 4 期，第 3—6

页，1941 年。

苓：《复兴民族与肃清烟毒》，《妇女新运通讯》第 11—12 期，第 1 页，1941 年。

刘守曾：《历史教育与民族复兴》，《新湖北季刊》第 2 期，第 77—80 页，1941 年。

刘云山：《复兴民族与文化建设》，《革命与战争》第 5 期，第 15—16 页，1941 年。

刘自新：《读"避孕减生育是消极亡国的条件生育发旺乃民族复兴的基础"》，《田家半月报》第 23 期，第 18 页，1941 年。

刘自新：《读"避孕减生育是消极亡国的条件生育发旺乃民族复兴的基础"（续）》，《田家半月报》第 24 期，第 18 页，1941 年。

平凡：《民族意识与民族复兴》，《新动向》第 6 期，第 1—2 页，1941 年。

宋训伦：《节约建国储蓄券与民族复兴》，《国讯：港版》第 2 期，第 30 页，1941 年。

孙逊：《东南民族复兴的精神堡垒：国立中正大学》，《学生之友》第 3 期，第 56—58 页，1941 年。

孙育方：《社会建设与民族复兴》，《社会旬报》第 3 期，第 4—6 页，1941 年。

天成：《怎样复兴中华民族》，《新动向》第 25 期，第 1—2 页，1941 年。

伍斌：《复兴民族与国民体育》，《江西动员》第 5 期，第 17—18 页，1941 年。

谢国馨：《民族复兴的枢机》，《文化导报》第 4 期，第 1—2 页，1941 年。

薛：《四川省军管区司令部为三十年民族复兴节举行第二届国民兵总检阅告全体国民兵书》，《四川兵役》第 11—12 期，第 2 页，1941 年。

佚名：《〈民族复兴节纪念特刊〉1941 年复兴节纪念特刊目录》、《民族复兴节纪念特刊》特刊期，1941 年。

佚名：《陈部长立夫训示：1. 文史地是复兴民族的基础……》，《抗建》第 3 期，第 1 页，1941 年。

佚名：《发扬民族精神，树立复兴基础（节录委员长抗战四周纪念日告全国军民书）》，《中苏文化杂志》第 1 期，第 90 页，1941 年。

佚名：《发扬民族精神树立复兴基础》，《指导通讯》第 17 期，第 6—7 页，

1941年。

佚名：《国防科学与复兴民族》，《学生月刊》第11期，第60—61页，1941年。

佚名：《宗教复兴，民族向上，当然是每个教民责无旁贷的任务……》，《回教周报》第70期，第1页，1941年。

余森：《民族复兴节感言》，《民族复兴节纪念特刊》特刊期，第18—19页，1941年。

张广汉：《问题青年与青年问题：为纪念民族复兴节而作》，《民族复兴节纪念特刊》特刊期，第13—14页，1941年。

正平：《民族复兴与民族教育》（上），《明灯》（上海1940）第10期，第2—6页，1941年。

郑杰民：《对于民族复兴应有的认识》，《民族复兴节纪念特刊》特刊期，第10—12页，1941年。

朱范：《民族复兴运动周在新昌》，《浙江青年》（金华）第11/12期，第57页，1941年。

祝平：《社论：在民族复兴的过程中青年所应具备的条件》，《青复月刊》第3期，第22—26页，1941年。

1942年

蔡乐生：《"教"与民族复兴（一）（附图表）》，《学思》第2期，第3—7页，1942年。

蔡乐生：《"养"与民族复兴》，《学思》第1期，第14—17页，1942年。

戴白发：《民族复兴运动与民族自觉精神》，《新动向》第30期，第5—6页，1942年。

冯商生：《东亚民族解放战与东亚文艺复兴》，《两仪》第1期，第65—71页，1942年。

复初：《音乐与民族复兴》，《华南学院校刊》第18—19期，第10—12页，1942年。

郭秀敏：《复兴民族与教育》，《新新新闻每旬增刊》第28—29期，第18—

25页,1942年。

何应钦:《国民体育与复兴民族》,《兵役月刊》第9—10期,第16—17页,1942年。

何应钦:《云南起义纪念日及民族复兴节(三十年十二月二十五日在本部纪念会训词)》,《政工周报》第1—2期,第2—3页,1942年。

黄炎培:《揭示民族兴亡周期律而抉破之》,《国讯》第313期,第4—6页,1942年。

金鼎勋:《社论:大东亚民族复兴运动会之感言》,《新东方》第1期,第9—12页,1942年。

柯远芬:《确立文化中心与复兴中华民族》,《闽声通讯社周年纪念特刊》特刊期,第29—30页,1942年。

李大超:《民族复兴节论民族复兴》,《华南校报》第2—3期,第9页,1942年。

李微:《民族健康与民族复兴》,《建设研究》第4期,第28—33页,1942年。

梁庆椿:《教员福利与民族复兴》,《思想与时代》第8期,第29—36页,1942年。

凌云:《讲座:通俗科学对于复兴民族的责任》,《时代生活》(重庆)创刊号,第33页,1942年。

马伯乐:《大东亚民族解放战与东亚文艺复兴》,《两仪》第1期,第72—80页,1942年。

绮:《回教民族复兴与大东亚解放之关系》,《回教周报》第90期,第0页,1942年。

思慧:《青年自觉与民族复兴》,《兴亚月刊》第4期,第7—10页,1942年。

田亮渊:《民族文化与民族复兴》,《杂说》第5期,第18—20页,1942年。

汪少伦:《民族意识与民族复兴》,《时代精神》第3期,第7—8页,1942年。

魏柘岩:《复兴民族与整顿保甲》,《保甲周刊》第14期,第6页,1942年。

孝伟光:《迎接民族的复兴:建国卅一年新年献词》,《梅县导报》第1期,第 11 页，1942 年。

谢东平：《论中国的家族主义与民族复兴》，《北战场》第 5/6 期，第 11—16 页，1942 年。

叶眉瑾：《圣诞节也是民族复兴节》，《现代文艺》（永安）第 4 期，第 160—166 页，1942 年。

佚名：《本报于民族复兴之推进宗教道德之宣扬之立场，特定方针》，《回教周报》第 90 期，1 页，1942 年。

佚名：《恭录委座训词：我们要复兴民族紧训……》，《兵役月刊》第 4 期，第 54、68 页，1942 年。

佚名：《国民体位向上与民族复兴》，《全家福》第 1 期，第 2 页，1942 年。

佚名：《纪念民族复兴节》，《集美周刊》第 11—12 期，第 11 页，1942 年。

佚名：《救主圣诞节，民族复兴节联合纪念日程》，《协大周刊》第 3 期，第 3 页，1942 年。

佚名：《卷首语：新国民运动与民族复兴》，《新动向》第 29 期，第 0 页，1942 年。

佚名：《民族复兴根据地的四川》，《国民教育指导月刊》第 10 期，第 63—65 页，1942 年。

佚名：《民族复兴节举行女青年烹饪比赛》，《集美周刊》第 11—12 期，第 11—12 页，1942 年。

佚名：《黔处民族复兴节同乐会之盛况》，《会声月报》第 3—4 期，第 80 页，1942 年。

佚名：《纪念民族复兴节》，《集美周刊》第 11—12 期，第 11 页，1942 年。

佚名：《救主圣诞节，民族复兴节联合纪念日程》，《协大周刊》第 3 期，第 3 页，1942 年。

佚名：《总裁：复兴民族之要道》，《福建训练月刊》第 6 期，第 66 页，1942 年。

再为：《女子教育应走的途径家政教育使民族复兴的力量完全由家庭中产生出来》，《回教周报》第 81 期，第 2 页，1942 年。

1943 年

郭书声:《青年与民族复兴》,《绥远青年》第 1 期,第 13—14 页,1943 年。

蒋介石:《为做人与复兴民族的要道》,《福建训练月刊》第 6 期,第 30 页,1943 年。

孙信达:《四川在地理人为民族复兴根据地战,请问四川在历史上有无民族英雄?》,《机声》第 2 期,第 47—48 页,1943 年。

魏柘岩:《复兴民族与整顿保甲》,《保甲周刊》第 14 期,第 6 页,1943 年。

佚名:《总裁:复兴民族之要道》,《福建训练月刊》第 6 期,第 66 页,1943 年。

张天泽:《从复兴民族说到经济建设》,《东方杂志》第 1 期,第 52—55 页,1943 年。

1944 年

罗文谟:《纪念美术节与复兴民族的艺术》,《新艺》第 3—4 期,第 14—15 页,1944 年。

邵冲霄:《民族复兴的最大关键》,《国讯》第 361 期,第 5—6 页,1944 年。

熊自明:《中国近百年来民族复兴运动的几个方案(一)》,《青年空军》第 1 期,第 26—29 页,1944 年。

徐馨仁:《如何发扬正气以复兴民族》,《民族正气》第 3 期,第 12—15 页,1944 年。

佚名:《创刊词:四川为我国民族复兴之根据地》,《四川建设》创刊号,第 1—2 页,1944 年。

佚名:《省政要闻:四、教育:本省定于民族复兴节日举行社教扩大运动周》,《闽政导报》第 35 期,第 8 页,1944 年。

佚名:《四川为我国民族复兴之根据地》,《四川建设》创刊号,第 1—2 页,1944 年。

袁月楼:《民族复兴论编著旨趣》,《出版界》(重庆)第 8/9 期,第 44—45

页，1944 年。

周谷城：《复兴民族之民主政治论》，《宪政》第 2 期，第 22—23 页，1944 年。

朱法：《青年生活与民族复兴》，《青年杂志》（重庆）第 1/2 期，第 19—23 页，1944 年。

1945 年

承纪云：《民族复兴根据地：四川》，《华侨评论》第 7 期，第 42—46 页，1945 年。

崔敬伯：《新生活运动与民族复兴》，《新运导报》第 6 期，第 8 页，1945 年。

顾毓琇：《文艺复兴与民族复兴》，《华声》第 5—6 期，第 18—20 页，1945 年。

琳君：《今年的希望：决战妇女新春纸上聚谈：与男子共同负起复兴民族的责任》，《妇女杂志》（北平）第 1 期，第 4—5 页，1945 年。

乃毅：《民族复兴的先锋：抗战中国的无名英雄》，《光》创刊号，第 46—47 页，1945 年。

徐北公：《民族复兴的发轫》，《立国周刊》创刊号，第 2 页，1945 年。

佚名：《本省定于民族复兴节日举行社教扩大运动周》，《闽政导报》第 35 期，第 8 页，1945 年。

佚名：《翁部长勖勉青年从军：把握建功立业之最好机会完成复兴民族之伟大事业》，《田家半月报》第 11/12 期，第 12—13 页，1945 年。

佚名：《浙江省各界近修建"民族复兴馆"一所……》，《民力周报》第 34 期，第 14 页，1945 年。

赵正平：《中华民族复兴问题史观》，《东方学报》第 3 期，第 21—24 页，1945 年。

人名索引

A

阿弼鲁德　837,851,852
蔼如　485
艾思奇　624,635,641,642,644-646,649,652,657-659,669,675,679,680
艾毓英　839,840,842

B

白云　703,704,715,843
包惠僧　133
包玉墀　491
毕云程　255,496
伯阳　215,216,687

C

蔡衡溪　759,760
蔡元培　140,141,325,566,618
曹谷冰　484,486
曹汉奇　737
曹中权　760
昌群　143
常燕生　106,148,151,270,292,698,763,826
陈安仁　693,694,698
陈邦国　498,499
陈彬龢　445,446,448,496-498
陈伯达　642,645,657,675,686,687
陈琮　441,443
陈德徵　531,532
陈独秀　68,99,110,131,147,148,153,154,217,220,221,494,536,697,772,824,845,846
陈范予　214
陈方中　697,846
陈高傭　515,693,695,782-784
陈果夫　195
陈嘉异　136,137,142,150,153,155,159,160,825,844,845
陈健夫　835
陈立夫　194,521,645,699,702,721-723,733,734,736,762,786,839,845
陈启天　172-174,255-257,264,265,270,274,275,283,285,288,324,385
陈诠　706-708
陈茹玄　748,754,757,758
陈石泉　695,777
陈受康　350

陈天华　35,38

陈唯实　641,649

陈西滢　488

陈序经　465-468,698,763,765,767-771,
　　773,774,807

陈寅恪　16,570,571,575

陈垣　573-575

陈真　405,408,409

陈振汉　435

陈振鹭　206,207,428

陈之迈　273,274,292,329,351-354,358,
　　360,361

成天一　436

程天放　298,299,308,309,488

D

戴霭庐　434,435,453,454,496,497

戴季陶　182,341

邓飞黄　445,447,448

邓实　85,86,88-97

邓孝慈　259

邓之诚　552,653

丁广极　692,787

丁文江　24,263,281,282,292,298,299,
　　307-309,313-315,318-321,486-
　　488,864

丁遥思　785

杜埃　660,661,679

杜若　483,493

杜亚泉（伧父）　110,111,142,145,147-
　　149,151-156,772

F

樊仲云　446,496,498

樊锥　697

范文澜　551,580,582,583,638,646,651-
　　654

方秋苇　454

方显廷　402-404,435,454-456

方元英　166,441

方治　721

费巩　355,356,359

费孝通　3,69,590-592,594-596,830

奋勇　176,179-181,748

冯桂芬　30,31,49

冯友兰　17,219,221,566,569-573,603,
　　606-613,616,618,620-622,646,648,
　　653,789,812,813

冯玉祥　178,195,283,284,292,460

傅斯年　165,263,264,362,370,372,379,
　　385,519,536,546,548-550,558,559,
　　587,595-598,829

G

高灵光　258-261

葛定华　518,519

葛一虹　636,664-667,670,671,677,679

龚自珍　68,92,551

谷春帆　506

顾颉刚　520,535,538-540,542,543,546,
　　549,553,555-558,584,586-596,653,
　　829,830,850-852

顾实 540
顾养元 758,759
顾毓琇 514,532
光未然 667,669,670,672,677,679,685,688
郭力文 215
郭沫若 159,385,576,577,633,636,638 - 641,650 - 654,656,666 - 669,674,678,679,683,686,700,701,749,751,752
郭维屏 516,517,555
郭湛波 539

H

韩稼夫 481
寒松 503
汉驹 38
汉民(胡汉民) 29,35,37,40,44 - 47,72 - 74,117,119,133,134,216,292,433,555 - 557
郝耀东 181
何炳松 705 - 708,713,714,762
何汉文 410
何会源 426,427
何廉 401 - 404,455,456
何其芳 659,660,681,687,688
何思明 839,842
和培元 642
贺麟 14,175,176,522 - 525,566,572,573,603,613 - 618,620,621,646,694,789,813 - 821
贺岳僧 466,467
侯外庐 284,285,624,630,637,639 - 641,651,652
胡道维 24,292,312,313
胡风 668,669,675,680,685,688
胡铿 839
胡秋原 288,495,498,499,525,526,694,695
胡适 13,16,24,110,145,147,148,151,263,265 - 271,273,275 - 277,282,287,292,297 - 300,303,304,306,307,309 - 312,314 - 316,318,321,327,328,332,334 - 339,342,349,350,362,363,465,486,487,489,535 - 545,563,570,571,595,648,697,698,736 - 740,763 - 766,768,771 - 775,781,789 - 793,807,843
胡先骕 525,531
胡愈之 213,285,486
华生 517,518,736,740
华星 707
化鲁 145
寰澄 163,201,202,548
黄伯樵 164
黄郛 161,196
黄豪 209
黄节 40,85,86,90,91,96,559
黄绳 659,660,669
黄文山 533,534
黄兴 36,44,47,60 - 64,124
黄炎培 47,254,284,324,326,327,362,363,367,370,372,373,378 - 380,382,383,385
黄药眠 660,661,677
黄泽浦 714
黄震遐 725,726

黄宗贤　689

霍宝树　502

J

嵇文甫　518,584,624,626－629,639,640,649,652,708,709

吉林　240

季子　256

济孟　216

寄生(汪东)　37

贾士毅　429,449

坚冰　483,484

坚瓠(钱智修)　142,150,151,154

翦伯赞　578－580,592－594,637,638,651－653,830

建一　285,286

剑云　247,248

江亢虎　709,710,728

江平　827,832

江问渔　209,210,515,516,692,743,744,844

蒋弼　677,685

蒋坚忍　692

蒋介石(蒋中正)　2,5,11,12,14,27,124,132,160,166,178,181－196,211,229,230,232,233,236,240,241,243－245,247,292,311,321,323,328,329,333,335,336,341,343,362,363,367,370,372,374,376－379,384－388,390,393,396,397,438,498,583,622,645,648,830,832,833,843,848,864

蒋廷黻　24,263,265－267,273,281,292,305－307,309,310,312－315,318－321,486,583,584

解炳如　743

金马　37

金鸣盛　349

金钟麟　446,447

金仲华　453,496

经农(朱经农)　328,329

瞿菊农(瞿世英)　175,178,730,731

觉群　755,756

觉一　494

君达　264

君衡　335,336

俊荣　754,755,758

骏声　483,484

K

凯丰　644

康有为　15,28,35－38,64,75,173,252,253

柯中平　655,657－659,687,688

克多　493

克己　148,482,504,805

L

赖希如　555,557,561,744,745

蓝名古　410

雷海宗　545

雷震　176,373,389,390,396,732,748,757

李炳寰　469－471,479

李大超　241

李大钊　1,4,6－8,18,19,27,76,99－116,

131,132,147,159,160,243,823,824,826

李公选　840,842

李建帮　233,241,242

李景汉　410,411,414-416,431

李梨　555,558

李立侠　218,219,287,288

李立中　785,786

李麦麦　763,764,782-785

李启枚　211

李圣五　454,496

李拾豪　219,220,259,260,845

李思纯　144

李思明　517

李笑渊　691,703,716,778

李中华　610,611

李宗仁　195,372

力扬　682

立为　745,746

梁寒操　342,778,779

梁启超　1,4-7,23,25,27,31,33,43,64-84,97,98,100,101,106,107,109,117,124,136,142,146,147,149,152,153,155,158-160,169-171,173,216,252,275,288,319,494,539-542,554,555,559,580,690,697,730,822-826,844

梁潜翰　434,435,452,453

梁实秋　12,345,737,739,763,770,773

梁漱溟　1,7,14,25,27,142,147-149,153-160,197,285,329,362,363,377,378,380,386,387,444,445,458,460-469,471,473-479,565-567,569,604,610,618,620,621,690,694,730,772,788,789,802-806,844

梁廷枏　251

梁贤达　514

林惠祥　555,556,560

林纪东　345

林景尹　749

林其瑞　721

林一新　203

林志云　693,778

刘炳黎　838

刘大钧　481

刘华瑞　705

刘镜园　498,499

刘麟生　163,512,513

刘师培　37,39,40,45,85,86,88,92,93,97,559

刘守曾　535

刘云山　775,776

刘子华　469,470

刘宗基　850,851

刘作金　703

流焚　678

柳湜　624,625,627-633,650

柳适中　361,362

柳诒徵　156,157,282,519,539-542,550,552

鲁觉吾　704,713

陆曼　775

吕振羽　525,534,553,577,578,580,583,599,600,602,603,624,637-641,651-653

罗宝册　218,224

罗敦伟　455,761

罗克汀　603

罗隆基　12,24,292,295,296,332,337,338,
　　354,355,367,368,370－372,377,378,
　　380,385
罗时实　711
罗思　658
罗荪　636,670
罗吟圃　419－424,433,496,497,504,505

M

马乘风　413
马季廉　265,329,503,504
马君武　362,363,514,515,619
马松亭　836,837,854
马天铎　836
马一浮　14,566,567,603,618,619,621,789
马毅　590
马寅初　288,437,450,481,502
毛泽东　5,8,18,20,99,119,124,227,228,
　　244,248,249,253,362,366,372,410,
　　481,623,624,633－635,638,641－647,
　　649,655,656,661,662,687,780,781,
　　787,788,824,832,833,847,856,857
毛子水　536－539,697
梅光迪　541
梅力行　732,733,740
孟馥　712
明仲恂　734,736
缪凤林　552,555,560,653
莫荣　667,684,685
默涵　674,675,683
穆藕初　502,503,505,506

N

南丰　555,558

O

欧元怀　517

P

潘公展　488,489
潘谷神　214
潘光旦　161,200,201,209,290,698,701,
　　740－743,845
潘菽　525,528,625,626,629－631
平凡　166,203

Q

漆琪　440,442,443,473－475,477－479
齐思和　266,270,271,638,653
弃疾（柳亚子）　44,85,495
千家驹　449,451,458,476,624
钱端升　24,292,300,301,303－305,307,
　　309,318－321,327,370,372
钱俊瑞　213,372,413,414,422,432,624,
　　649,652
钱穆　14,18,19,545,550,551,575,576,
　　579－582,603,619－622,646,648,653,
　　691,692,710,789,793－799,801,802,
　　809－813,825

丘汉章　347,348
邱康乐　162
邱楠　749

R

任孟闲　533
阮毅成　282,283

S

萨孟武　344,354,391
沙汀　659,660,670,671,687
少旭　865
邵俊文　850
邵元冲　195
沈碧涛　731
沈秉成　213
沈钧儒　254,262,285,288,289,324,326,
　327,362,363,367,371,372,378,380,
　383,385,864
沈清尘　776
沈天泽　776,777
沈以定　207,208,732
沈亦云　163,165,196
慎之　864,865
石滨　667,682
石西民　452
石醉六　838,839
寿昌　749-751
寿生　739
叔方　247
宋教仁　61-64

宋士英　313,361
宋文炳　555,557,560,561
孙本文　710,711
孙怀仁　421,422,427-429,431
孙几伊　163,204,205,719,720
孙科　325,341,342,344,346,347,363,371,
　374,379,383,385-388,393
孙乃湛　842,843
孙绳武　837,851,854
孙晓村　412,422,425-427
孙冶方　446
孙中山　1,2,4-8,14,18,19,23,27,28,
　31-41,44,46-55,57-61,64,74,76,
　96-98,106,107,109,116-129,131-
　134,137-142,159,160,181,182,188,
　193,195,216,217,232,253,278,279,
　288,319,322,323,334,336,339,345,
　346,356,374-377,381,386,394,395,
　494,500,524,527,528,530,556,617,
　633,634,693,748,756,780,784,786,
　822-824,826-828,838,839,842,847,
　850,860
孙倬章　498,499

T

汤德民　165
唐庆增　434,448,496
陶希圣　219,222,292,362,498,637,762,
　766,768,785
田北湖　89
铁心　255
涂允檀　348,351,352

W

万钟庆　469－471

汪奠基　533

汪精卫（精卫）　41,44,68,133,134,262,292,328,336,337,341,362,366,379,498,583,584

王鸿一　460－462

王鲁季　703,749,750

王枚　216

王青云　766,785

王荣骥　166

王实味　675,688,689

王世杰　341,377－379,385,389,390,393

王韬　31,252

王桐龄　553,555,556,562,563

王希和　299,315－317

王禧忠　166

王新命　698,762,768,773－775

王兴瑞　849,854,855

王揖唐　347

王芸生　564,565

王造时　253－255,271,272,274－277,290,323,324,326,327,330,332,333,336,365,367,371,377,732

王子建　466－468

唯明　677,678

尉素秋　214,215

魏伯　659,660

魏寒铁　277,278

魏源　30,49,92,250,251

文华　174,440

闻一多　544,546

翁文灏　18－20,264,438,453,478－480

吴博民　254,255

吴鼎第　753,756,757

吴贯因　323,331,337,555

吴经熊　341,342,344,346,390,392,393,396

吴景超　266,267,292,295,320,321,434,435,439,440,453－455,457,458,464－473,475－480,740－743,769－771,773,774

吴觉农　436,457,496,498

吴克　238,239

吴念中　693

吴其昌　181,203,731,732

吴其玉　739

吴铁城　379,382,389,390,393,396,693

吴惟平　293,294

吴晓晨　413,414

吴醒亚　717,718

吴泽　525,534,535,600,601,603,637,639,651,652

吴泽霖　161,205,496

吴钊　163

吴知　436,468,505

吴忠亚　696,697,766,767

伍藻池　289

伍忠道　503

X

西尊　585

希声　196,197

人名索引

侠子 242,243
冼星海 659-661
向林冰 635,636,662-671,676,678,679,681,683,687,688
向子渔 711,712,724
项致庄 732
萧三 658
萧一山 746,747
谢耀霆 733,735,736
熊梦飞 763,767,768,772-774
熊十力 544,566,567,603-606,610,616,618,620-622,650,789,813
岫深 240
徐敦璋 265
徐继畲 250,251
徐庆誉 726,727
徐正学 431-433,446-449
许持平 329
许涤新 404,406,432,433,449,476
许守微 88,90,91,93,94
旭初 208,209
絮如 716
薛丹英 532,533
薛兴儒 837,850,851,864
迅行(鲁迅) 87,88,110,488,602,628,659,668,669,673,679,680,684,685,697,781

Y

亚云 210,211,715,724,725
严复 17,68,76,253,319
阎鸿声 454
晏阳初 362,414-416,441,442,444

杨秉薄 502
杨笃生 39,40
杨度 4,6,46,72-76,106,117,119,555,822
杨虎 228,237,241
杨锦昱 286,287
杨青田 852,853
杨松 5,224-227,627,634,635,637,643,647,658
杨兴高 159,733,749,753
杨幸之 418-420,423,424,433,445,496,497
姚溥荪 469
叶青 633-635,782-784
叶作舟 491,504
亦英 434,435,502
易蒱 697
逸云 237,238
尹思鲁 345,346
印鲤 210
瀛洲 490
于右任 328
余家菊 172,173,219
余捷琼 439
余霖 416
余牧人 233
余荣昌 511,512
余一 44
余之伴 441
雨棠 728,730
聿飞 786
袁聘之 420,446,473,475,476
袁忠珩 532

愿云 45

月廷 443,444

韫明 257,258,261,262

Z

曾琦 172,173,254,256,262,275,283,284,290,325,362,366,367

曾仲鸣 272,273

张东荪(东荪) 12,255,256,281,292,314,331,339,340

张佛泉 278,279,290,292,334-337,339,340,356-358,763,766,769,771,773,774

张公权 26,429,457,458,859

张弘 293,303,309

张金鉴 301-303

张君劢 2,9,11-14,18,19,142,149,162,165,171,172,174-176,178,180,181,197-199,275,279-282,289,292,296,314,315,321,330-334,336,362,363,365,367,370-376,378-383,385,386,388-394,396,397,500,509-511,519,520,547,548,565,566,568,569,618,620,621,698,712,713,730,731,735,736,748,757,789-793,807-809

张良辅 423,453,493,496,498,504

张培刚 404,415,434,472,473

张培均 268,272

张其昀 264,525,530,531,555,618,621,716,717,850,853,854

张申府 256,367,371,372,380,525,529,530,624,646,649,701,720,779,780

张水淇 163,456,457

张素民 208,398,453,454

张天泽 776

张维华 589,590

张闻天 248,627,643,645,780,781,788,831,846

张奚若 283,372

张锡昌 411

张熙若 292,299,300,312,314,763,770,773

张肖梅 438

张耀华 493,503,504

张一清 211,212,714,715

张荫麟 545,579,580,653

张知本 212,213,222,223,341,371

张柱 449-451

章太炎(太炎) 4,6,25,28,35,36,38-41,44,73,74,85-89,92,93,96-98,106,124,159,254,324,544,551,552,559,577,690,822,844

章行严(章士钊) 104,110,142,146,151,152,370,459-462

章有义 413,414,416,430

章渊若 208,443,695,696

赵正平 161,163,196,199,200,205,206

郑观应 31,252

郑宏述 203,209,512

郑林庄 452,471-473,477-479,505

郑螺生 700

郑善林 513

郑学稼 420,496

郑贞文 750

郑重 106,122,124,202,362,363,491,589

郑庄林　454
志远　494,503,624,649
智藏　164
钟焕臻　755
周恩来　363,381,384-386,388,659
周佛海　162,194,195,534
周谷城　290,291,579,584,653
周明　702,703,723-725,760,761
周前之　289
周僖　237
周宪文　222,439,457,496
周炎　836,850
周扬　652,659,673,674,680,683
周友苍　491
周作人　110,697,739
周作新　725,786
朱采真　256,325
朱光潜　718,719
朱渺　706
朱蔚如　303

朱亦松　299,305,317
朱元懋　693,696
朱子帆　418,438,439
朱自清　544
诸青来　12,265,324,345,496
资耀华　163,423,435,436,455,456
子固　92,735,739
梓年（潘梓年）　258,371,525-528,624,627,628,630-633,637,652,667,669,670,672,673,678,685,686,702,734,735,747
宗珏　655,659-661
邹枋　427
邹容　35,40,45,513
邹韬奋（韬奋）　239,243,285,364,365,367-369,371,377,495,864
邹文海　166,289,294,295
左宏禹　284
左舜生　174,284,324,326,363,367,370-372,377-381

书成后记

　　实现中华民族的伟大复兴，既是当代国人的强烈愿望，也是近代以来中华民族孜孜以求、魂牵梦萦的大事。人们常以十年磨一剑形容为学的不易和艰辛，该书我就用了整整十年。我开始研究中国近代民族复兴思想或思潮是在 2005 年。这年 8 月，"纪念中国人民抗日战争暨世界反法西斯战争胜利 60 周年学术研讨会"在北京昌平举行，我提交的参会论文是《"九一八"后的民族复兴思潮》。该文于第二年（2006 年）发表在《学术月刊》第 4 期上。这是我发表的直接以民族复兴为标题的第一篇学术论文。接着我又发表了几篇研究中国近代民族复兴思想或思潮的文章。2007 年，我以"抗战时期知识界的民族复兴思想研究"为课题申报湖南省教育厅重大项目，获得通过；2009 年，我又以"抗战时期民族复兴思潮研究"为课题申报国家社科基金一般项目，获得通过；2011 年，我再一次以"中国近代以来民族复兴思潮研究"为课题申报中国社会科学院重点课题，获得通过。经过数年努力，这三个课题都先后结项，等级全部为优，尤其是国家社科基金一般课题结项结果是 2015 年 11 月国家社科基金网公布的，当时共公布的结项课题有 700 多项，其中优秀等级 14 项，14 项中历史学只有 1 项，就是我的"抗战时期民族复兴思想研究"。2016 年由学习出版社出版、全国哲学社会科学规划办公室编写的《国家社会科学基金年度报告》对本课题作了如下介绍："郑大华教授主持完成的'抗战时期民族复兴思潮研究（1931—1945）'，是目前国内第一项关于中国近代以来，尤其是'九一八'后的抗战时期中华民族复兴思潮的成果，开启了中国近代民族复兴研究之先河，既有重要的学术价值，也有很强的现实意义，最可贵的是成果在前人研究基础上以更加丰富的材料，更加深入的探讨，提出了自己的见解，构建了自己的理论体系，显示出作者思想史研究的深厚功底和扎实的学风。"

本书是在上述三个课题成果的基础上综合整理而成，也许我孤陋寡闻，它是目前国内外第一部系统研究中国近代民族复兴思潮的专著。2016年，本书又有幸先后入选"中国社会科学院文库"和"国家哲学社会科学成果文库"。这里需要说明的是，书中的个别章节，曾收入我以前出版的论文集中。当然，纳入本书时，根据需要又作了一定的修改。

本书的出版，首先要感谢湖南省教育厅重大项目、国家社科基金一般项目和中国社会科学院重点课题的支持，感谢这三个课题的立项和结项的评委们的厚爱，没有他们慧眼识珠和宽容，这一课题的研究我也许早就知难而退了；感谢"中国社会科学院文库"和"国家哲学社会科学成果文库"的支持，文库所提供的资助使本书得以顺利出版；感谢我近10多年来的工作单位——中国社会科学院近代史研究所和湖南师范大学历史文化学院——的领导和同事们，是他们给我提供了优良的研究条件和宽松和谐的研究环境；感谢我的硕士研究生导师、湖南师范大学已故林增平教授和我的博士研究生导师、北京师范大学已故龚书铎教授，是他们把我引领进了学术研究的神圣殿堂，没有两位恩师的精心栽培，也就没有我今天的成就；感谢我的父母对我的培养以及为培养我所付出的心血，父母虽然是一字不识的农民，但却以他们的善良和勤劳，含辛茹苦地培养出了两位博士、两位大学生和两位中专生（我们兄妹七人，大哥早年参加工作），因长期积劳成疾，母亲和父亲先后辞世，我谨以本书和已出版、发表的所有著作和文章作为鲜花，供奉于父母的灵前，安息吧！父母双亲，儿子没有辜负你们的期望；感谢我的妻子任菁和儿子郑韬对我所从事工作的长期理解和支持，因为在经济大潮的今天，从事纯学术研究，既不能给家人带来任何物质文明，也没有时间陪家人享受丰富的精神文明成果；感谢中国社会科学出版社的领导，尤其是本书的责任编辑刘志兵先生，他那认真负责、一丝不苟的工作态度和一切为作者、读者着想考虑的职业精神令我十分感动；感谢所有长期关心我、支持我、帮助我的师长、同事、亲人和朋友。滴水之恩，必当涌泉相报。我也真诚地希望能继续得到他们的关爱、支持和帮助。

我在湖南师范大学的第一个博士后、湖南大学的刘平副教授通读了全书，校正了不少错别字，并对个别语句作了润色和修改；我已毕业的博士生、现为中央党校副教授的王毅，我已毕业的硕士生、现为湖南师范大学教授的郭辉，我已出站的博士后、现为湖南师范大学副教授的尹红群，我已毕业的博士生、原为湖南师范大学历史文化学院党委书记的杨智勇，以及我在中国社会科学院和湖南师范大学的博士生和硕士生曾科、刘纯、李鹏、任志胜、翟明龙、刘姗、王余辉等，或帮我收集资料，或帮我撰写小部分初稿，或帮我录入部分文字，在此一并致谢。

最后，我真诚地希望广大读者对本书提出批评和指正，因为作为目前国内外第一部系统研究中国近代民族复兴思潮的专著，本书的欠缺甚至错误肯定多多，同时我也深信，正常的学术批评，是帮助作者进步、促进学术繁荣最有效的途径之一。来信请寄北京市东城区王府井大街东厂胡同一号近代史研究所，邮编100006；或湖南省长沙市湖南师范大学历史文化学院，邮编410081；也可以发至我的电子邮箱：zhengdh2002@126.com。在此，表示衷心的感谢！

郑大华

2016年12月30日

图书在版编目(CIP)数据

中国近代民族复兴思潮研究：以抗战时期知识界为中心/郑大华著. —北京：中国社会科学出版社，2017.3

(国家哲学社会科学成果文库)

ISBN 978-7-5161-9925-1

Ⅰ.①中… Ⅱ.①郑… Ⅲ.①社会思潮—研究—中国—近代 Ⅳ.①D092.6

中国版本图书馆 CIP 数据核字(2017)第 039057 号

出 版 人	赵剑英
责任编辑	刘志兵
责任校对	石春梅
封面设计	肖　辉　孙婷筠
责任印制	戴　宽

出　　版	中国社会科学出版社
社　　址	北京鼓楼西大街甲 158 号
邮　　编	100720
网　　址	http://www.csspw.cn
发 行 部	010-84083685
门 市 部	010-84029450
经　　销	新华书店及其他书店

印刷装订	北京君升印刷有限公司
版　　次	2017 年 3 月第 1 版
印　　次	2017 年 3 月第 1 次印刷

开　　本	710×1000　1/16
印　　张	62.75
字　　数	996 千字
定　　价	228.00 元(上、下)

凡购买中国社会科学出版社图书，如有质量问题请与本社营销中心联系调换
电话：010-84083683
版权所有　　侵权必究